आर. गुप्ता® कृत

ऑब्जेक्टिव

गणित

OBJECTIVE MATHEMATICS

विशिष्ट अध्ययन सामग्री

एवं

वस्तुनिष्ठ प्रश्नोत्तर सहित

ए.आई.ई.ई.ई., आई.आई.टी. एवं अन्य राज्यों के सभी इंजीनियरिंग कॉलेजों की प्रवेश परीक्षाओं, शिक्षक भर्ती परीक्षा तथा अन्य प्रतियोगी परीक्षाओं के लिए सर्वोत्तम पुस्तक

रमेश पब्लिशिंग हाउस, नई दिल्ली

प्रकाशक

ओ.पी. गुप्ता, **रमेश पब्लिशिंग हाउस**

प्रशासनिक कार्यालय

12-H, न्यू दरियागंज रोड, ऑफिसर्स मेस के सामने,
नई दिल्ली-110002 ✆ 23261567, 23275224, 23275124

E-mail: info@rameshpublishinghouse.com
Website: www.rameshpublishinghouse.com

विक्रय केन्द्र

- बालाजी मार्किट, नई सड़क, दिल्ली-6 ✆ 23253720, 23282525
- 4457, नई सड़क, दिल्ली-6, ✆ 23918938

Book Code: R-1381

3rd Edition: 1912

ISBN: 978-93-5012-079-8

मूल्य: ₹ 495

मुद्रक: दीपक ऑफसैट, दिल्ली

अनुक्रमणिका

1. समुच्चय, सम्बन्ध एवं फलन (Sets, Relations and Functions) 3
2. असमिकाएँ (Inequations or Inequalities) 21
3. लघुगणक (Logarithms) 37
4. श्रेणियाँ (Series) 49
5. सम्मिश्र संख्याएँ (Complex Numbers) 69
6. द्विपद प्रमेय (Binomial Theorem) 84
7. आव्यूह (Matrices) 95
8. सारणिक (Determinant) 119
9. क्रमसंचय एवं संचय (Permutation and Combination) 144
10. द्विघातीय समीकरण (Quadratic Equation) 155
11. गणितीय आगमन (Mathematical Induction) 170
12. कार्तीय निर्देशांक (Cartesian Co-ordinates) 177
13. सरल रेखा एवं रेखायुग्म (Straight Line and Pair of Straight Line) 191
14. वृत्त (Circle) 211
15. परवलय (Parabola) 231
16. अतिपरवलय (Hyperbola) 252
17. दीर्घवृत्त (Ellipse) 272
18. सदिश बीजगणित (Vector Algebra) 293
19. फलन (Function) 317
20. सीमा, सतत्ता एवं अवकलनीयता (Limit, Continuity and Differentiability) 336
21. अवकलन (Differentiation) 356
22. अवकलन के अनुप्रयोग (Application of Derivatives) 380
23. अनिश्चित समाकलन (Indefinite Integrals) 411

24. निश्चित समाकलन (Definite Integral) 436
25. निश्चित समाकलन के अनुप्रयोग (Application of Definite Integral) 457
26. अवकल समीकरण (Differential Equation) 478
27. त्रिकोणमितीय अनुपात एवं सर्वसमिकायें (Trigonometrical Ratio and Identities) 504
28. त्रिकोणमितीय समीकरण (Trigonometrical Equation) 527
29. त्रिभुजों के गुण (Properties of Triangles) 542
30. ऊँचाई एवं दूरी (Height and Distance) 560
31. प्रतिलोम त्रिकोणमितीय फलन (Inverse Trigonometrical Functions) 576
32. प्रायिकता (Probability) 595
33. त्रिविमीय ज्यामिति (Three Dimensional Geometry) 613
34. स्थिति विज्ञान (Statics) 638
35. गति विज्ञान (Dynamics) 655
36. सांख्यिकी (Statistics) 679
37. गणितीय विवेचन (Mathematical Reasoning) 695

ऑब्जेक्टिव गणित

1

समुच्चय, सम्बन्ध एवं फलन
(SETS, RELATIONS AND FUNCTIONS)

समुच्चय (Sets)

समुच्चय, सुपरिभाषित वस्तुओं का सुनिश्चित संग्रह है, जिसमें उपस्थित प्रत्येक वस्तु समुच्चय का अवयव कहलाती है। समुच्चय को सामान्यतः अंग्रेजी के बड़े अक्षरों द्वारा तथा अवयव को छोटे अक्षरों द्वारा सूचित करते हैं। जैसे– स्वरों के समुच्चय को यदि A से निरूपित करें तब $A = \{a, e, i, o, u\}$ जहाँ a अवयव है A का, e अवयव है A का इत्यादि। उसे $a \in A$ से सूचित करते हैं।

समुच्चयों का निरूपण (Representation of Sets)

समुच्चयों के निरूपण की दो विधियाँ हैं:

(i) सूची विधि

(ii) समुच्चय निर्माण या गुण प्रकटीकरण विधि।

(i) **सूची विधि (Listing Method):** इस विधि में समुच्चय के सभी अवयवों को कॉमा (,) द्वारा अलग-अलग मँझले { } कोष्टक में रखा जाता है। इस तरह से समुच्चय को दर्शाने की विधि को रोस्टर विधि (Roaster Method) भी कहते हैं।

जैसेः A = प्राकृत संख्या 7 से छोटी।

$\Rightarrow \ A = \{1, 2, 3, 4, 5, 6\}$

(ii) **समुच्चय निर्माण विधि (Set Builder Method):** इस विधि में समुच्चय के गुण के आधार पर उसके अवयव को लिखा जाता है।

जैसेः $A = \{x : x \in N$ तथा $x < 8\}$

$\Rightarrow \ A = \{1, 2, 3, 4, 5, 6, 7\}$

समुच्चयों के प्रकार (Types of Sets)

(i) **रिक्त समुच्चय (Empty Sets):** वह समुच्चय जिसमें एक भी अवयव नहीं हो, उसे रिक्त समुच्चय कहते हैं। इसे { } या ϕ से सूचित करते हैं।

जैसेः $A = \{x : x$ वास्तविक मूल है $x^2 + 5 = 0\}$

$A = \phi$

(ii) **एकल समुच्चय (Singleton Sets):** वे समुच्चय जिसमें केवल एक ही अवयव हो, एकल समुच्चय कहलाते हैं।

जैसेः $\{1\}, \{0\}, \{x : x + 5 = 9\}$

युग्म समुच्चय (Pair Sets): वे समुच्चय जिसमें दो अवयव हों, उसे युग्म समुच्चय कहते हैं।

जैसेः $A = \{1, 5\}, B = \{0, 1\}, C = \{x \mid x^2 = 25\}$

परिमित समुच्चय (Finite Sets): वह समुच्चय जिसके अवयवों की गिनती निश्चित हो, परिमित समुच्चय कहलाता है।

जैसेः $\{a, o, u, i, e\}$ तथा 10 से छोटी घनपूर्ण संख्याओं का समुच्चय।

अपरिमित समुच्चय (Infinite Sets): वह समुच्चय जिसके अवयवों की गिनती निश्चित न हो, अपरिमित समुच्चय कहलाता है।

जैसेः A – प्राकृतिक संख्याओं का समुच्चय।

समतुल्य समुच्चय (Equivalent Sets): दो समुच्चय (परिमित) A तथा B समतुल्य समुच्चय होंगे, यदि अवयव भिन्न परंतु संख्या समान हो अर्थात्

$n(A) = n(B)$.

जैसेः समुच्चय $\{3, 4\}$ तथा $\{x : x^2 = 4\}$ समतुल्य समुच्चय है।

समान (बराबर) समुच्चय (Equal Sets): दो समुच्चय A तथा B बराबर होंगे यदि A एवं B के सभी अवयव समान हो।

जैसेः $A = \{2, -2\}, B = \{x : x^2 = 4\}$

उप समुच्चय (Sub Set): यदि A और B दो समुच्चय हो जिसमें A का प्रत्येक अवयव B का भी अवयव हो, तो समुच्चय A को समुच्चय B का उपसमुच्चय कहते हैं। इसे $\subseteq$ से सूचित करते हैं यहाँ $A \subseteq B$.

गणितीय परिभाषाः $A \subseteq B \Rightarrow x \in A \Rightarrow x \in B$

जैसेः $A = \{1, 2, 3, 4\}$

$B = \{x \mid x \in N$ तथा $x < 7\}$

A का प्रत्येक सदस्य B में है अतः $A \subseteq B$.

उचित उपसमुच्चय (Proper Subset): यदि A और B दो समुच्चय हो जिसमें A का प्रत्येक अवयव B में हो परंतु B में कम-से-कम एक अवयव ऐसा हो जो A में न हो, तब समुच्चय A को B का उचित उपसमुच्चय कहा जायेगा। अर्थात $A \subset B$ यदि $A \subseteq B$ और $A \neq B$.

अधिसमुच्चय (Super Set): यदि समुच्चय A, समुच्चय B का उपसमुच्चय हो तो A को उपसमुच्चय एवं B को A का अधिसमुच्चय कहते हैं।

जैसेः यदि $A = \{1, 2\}$ तथा $B = \{-2, -1, 0, 1, 2\}$ हो, तो $A \subset B$ या $B \supset A$.

समष्टि समुच्चय या सार्वत्रिक समुच्चय (Universal Set): वह समुच्चय जिसके सभी निश्चित समुच्चय उपसमुच्चय हो सार्वत्रिक समुच्चय कहलाता है। इसे $\cup$ से प्रदर्शित करते हैं।

शक्त समुच्चय (Power Set): किसी समुच्चय के सभी उपसमुच्चयों का समुच्चय शक्त समुच्चय कहलाता है।

जैसेः $A = \{1, 2, 3\}$

$P(A) = \{\phi, \{1\}, (2\}, \{3\}, \{1, 2\}\ \{1, 3\}, \{2, 3\}, \{1, 2, 3\}\}$

वेन आरेख (Venn Diagram): समुच्चयों का ज्यामितीय निरूपण वेन आरेख कहलाता है। इसे चित्रों या आरेखों द्वारा प्रदर्शित किया जाता है।

समुच्चयों की गणितीय संक्रियाएं

(Mathematical Operations of Sets)

(*i*) समुच्चयों का संघ (Union of Sets): यदि A और B दो समुच्चय हो तो उसका संघ भी एक समुच्चय होता है जिसके अवयव वे सभी हैं जो A में हों या B में हों या दोनों में हों, A तथा B का संघ कहलाता है। इसे $A \cup B$ से प्रदर्शित करते हैं।

जैसेः यदि $A = \{1, 2, 3, 4\}, B = \{4, 5, 6, 7\}$

तो $A \cup B = \{1, 2, 3, 4, 5, 6, 7\}$

समुच्चयों का सम्मिलन के लिए वेन आरेख

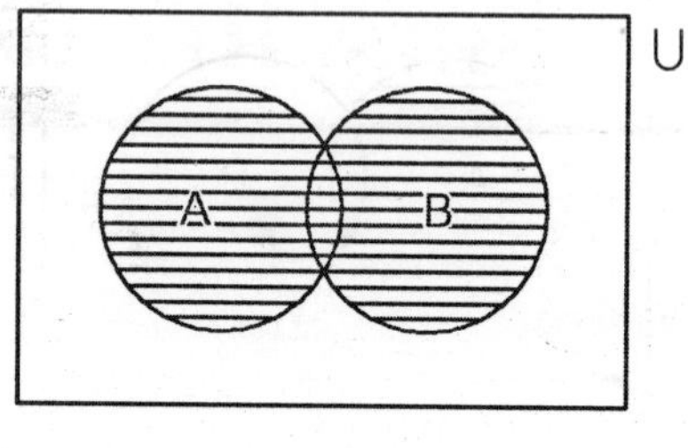

A ∪ B

(*ii*) समुच्चयों का प्रतिच्छेद (Intersection of Sets): यदि A और B दो समुच्चय हो तो उनके उभयनिष्ठ अवयवों का समुच्चय, A तथा B का प्रतिच्छेद समुच्चय कहलाता है। इसे $A \cap B$ से प्रदर्शित करते हैं।

जैसेः यदि $A = \{0, 1, 2, 3\}, B = \{0, 5\}$

तो $A \cap B = \{0\}$.

समुच्चयों का प्रतिच्छेद के लिए वेन आरेख

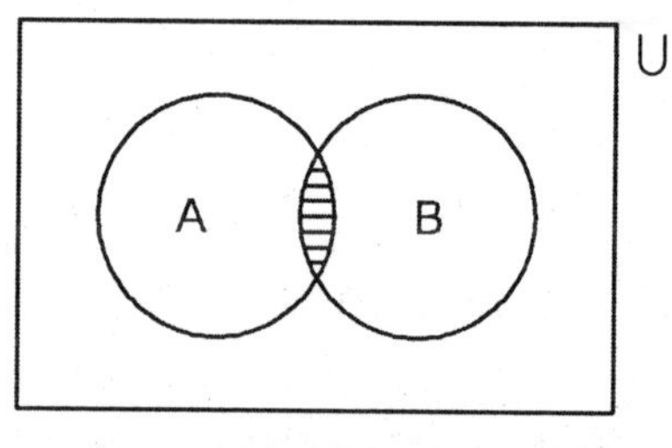

A ∩ B

असंयुक्त समुच्चय (Disjoint Set): दो समुच्चय A तथा B असंयुक्त समुच्चय कहलाते हैं यदि इसमें एक भी अवयव उभयनिष्ठ (Common) न हो।

अर्थात $A \cap B = \phi$

अतः दो समुच्चयों का सर्वनिष्ठ यदि रिक्त समुच्चय हो तो यह असंयुक्त समुच्चय कहलाता है।

अन्तर समुच्चय (Difference Set): दो समुच्चय A और B का अन्तर $A - B$ भी एक समुच्चय होता है जिसके सदस्य वे सभी हैं जो A के अवयव हो परंतु B के अवयव नही हों।

इसी प्रकार $B - A$ में B के अवयव होंगे A के नहीं।

गणितीय रूप (Mathematical Form):

$A - B = \{x \mid x \in A$ तथा $x \notin B\}$

$B - A = \{x \mid x \in B$ तथा $x \notin A\}$

वेन आरेख

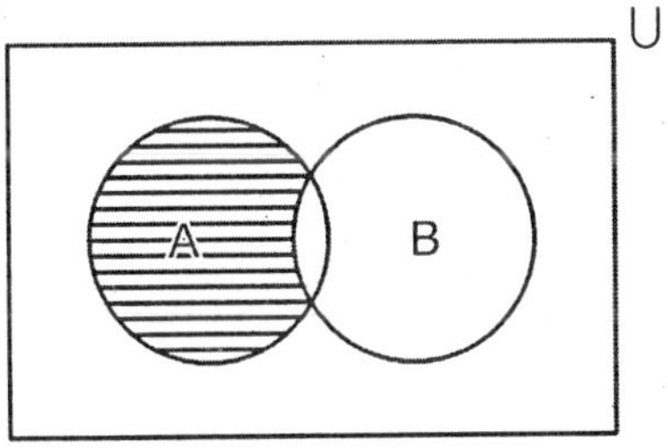

A – B

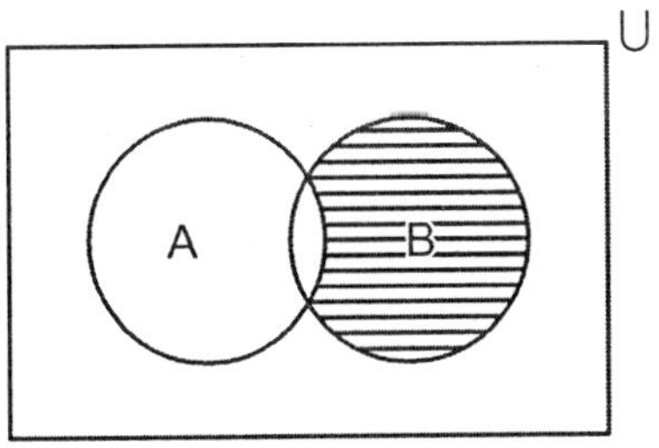

B – A

पूरक समुच्चय (Complement Set): किसी समुच्चय A का पूरक A' या A^c भी एक समुच्चय है जिसके अवयव सार्वत्रिक समुच्चय एवं समुच्चय A का अन्तर होता है।

अर्थात् $A' = U - A = \{x \mid x \in U$ तथा $x \notin A\}$

अतः यदि $x \in A' \Rightarrow x \notin A$

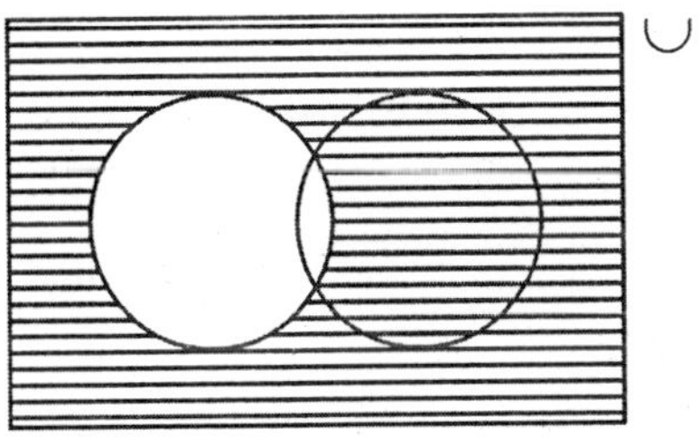

समुच्चयों का सममित अन्तर (Symmetric Difference of Sets): यदि A और B दो समुच्चय हों तब $(A - B) \cup (B - A)$ भी एक समुच्चय है जिसे A और B का सममित अन्तर समुच्चय कहते हैं। इसे $A \Delta B$ से प्रदर्शित करते हैं।

समुच्चयों के बीजगणितीय नियमः यदि A, B, C तीन समुच्चय हैं तब

(i) $A \cup A = A$

(ii) $A \cap A = A$ (वर्गसम नियम)

(iii) $A \cup \phi = A$

(iv) $A \cap U = A$ (तत्समक नियम)

(v) $A \cup B = B \cup A$ (क्रम विनिमय नियम)

(vi) $A \cap B = B \cap A$ (क्रम विनिमय नियम)

(vii) $A \cup (B \cap C) = (A \cup B) \cap (A \cup C)$

(viii) $A \cap (B \cap C) = (A \cap B) \cap C$ (साहचर्य नियम)

डी-मार्गन नियम (De-morgan's Law)

(a) $(A \cup B)' = A' \cap B'$

(b) $(A \cap B)' = A' \cup B'$

महत्वपूर्ण परिणाम (Important Results)

(i) $A - B = A \cap B'$

(ii) $B - A = B \cap A'$

(iii) $A - (B \cup C) = (A - B) \cap (A - C)$

(iv) $A - (B \cap C) = (A - B) \cup (A - C)$

(v) $n(A \cup B) = n(A) + n(B) - n(A \cap B)$

यदि $A \cap B = \phi$ तो

(vi) $n(A \cup B) = n(A) + n(B)$

(vii) $n(A - B) = n(A) - n(A \cap B)$

(viii) $n(A \cup B \cup C) = n(A) + n(B) + n(C) - n(A \cap B) - n(B \cap C) - n(C \cap A) + n(A \cap B \cap C)$

(ix) n अवयव वाले समुच्चय का कुल उपसमुच्चय 2^n होता है।

उदाहरण 1 : 60 व्यक्तियों के समूह में प्रत्येक चाय या कॉफी में से कम-से-कम एक अवश्य लेते हैं। यदि 20 व्यक्ति कॉफी न पीकर चाय पीते हैं तथा 35 व्यक्ति चाय पीते हैं तो उन व्यक्तियों की संख्या निकालें जो

(i) चाय एवं कॉफी दोनों पीते हैं।

(ii) चाय न पीकर कॉफी पीते हैं।

हलः यदि A = चाय पीने वाले व्यक्ति।

तथा B = कॉफी पीने वाले व्यक्ति।

तो प्रश्नानुसार, $n(A \cup B) = 60, n(A) = 35,$

तथा $n(A - B) = 20$

(i) चूँकि $n(A) = n(A - B) + n(A \cap B)$

अतः $35 = 20 + n(A \cap B)$

$\therefore \; n(A \cap B) = 15$

अतः चाय एवं कॉफी दोनों पीने वाले व्यक्तियों की संख्या = 15

(ii) पुनः $n(A \cup B) = n(A) + n(B) - n(A \cap B)$

$\Rightarrow 60 = 35 + n(B) - 15$

$\therefore n(B) = 60 + 15 - 35 = 40$

अतः उन व्यक्तियों की संख्या जो चाय न पीकर कॉफी पीते हैं।

$n(B - A) = n(B) - n(A \cap B)$

$= 40 - 15 = 25$

उदाहरण 2: यदि A और B दो समुच्चय हों तब $A - (B - A)$ का मान क्या होगा?

हल: चूँकि $B - A$ में कोई भी अवयव A के उभयनिष्ठ नहीं हैं, अतः $A - (B - A) = A'$

उदाहरण 3: यदि $U = \{1, 2, 3, 4, 5, 6, 7, 8, 9, 10\}$

$A = \{2, 4, 6, 8\}$

$B = \{1, 2, 3, 4, 5\}$

तो $(A \cap B)'$ का मान ज्ञात करें।

हल: $A \cap B = \{2, 4\}$

$(A \cap B)' = U - (A \cap B) = \{1, 3, 5, 6, 7, 8, 9, 10\}$

कार्तीय गुणन (Cartesian Product): यदि A और B दो अरिक्त समुच्चय हों तो उसका कार्तीय गुणन भी एक समुच्चय होता है जिसके अवयव क्रमित युग्म (Ordered Pair) होते हैं, जहाँ $a \in A$ तथा $b \in B$। इसे $A \times B$ से सूचित करते हैं।

अर्थात् $A \times B = \{(a, b) \mid a \in A, b \in B\}$

जैसे $A = \{2, 4, 6\}$ तथा $B = \{1, 3, 5\}$

$A \times B = \{(2, 1) (2, 3) (2, 5) (4, 1) (4, 3) (4, 5) (6, 1) (6, 3) (6, 5)\}$

परन्तु $B \times A = \{(1, 2) (1, 4) (1, 6) (3, 2) (3, 4) (3, 6) (5, 2) (5, 4) (5, 6)$

अतः $A \times B \neq B \times A$

चूँकि क्रमित युग्म का क्रम बदल जाता है।

यदि $n(A) = 4, n(B) = 5$

तो $n(A \times B) = 4 \times 5 = 20$

अर्थात् $A \times B$ में अवयवों की कुल संख्या 20 होगी।

सम्बन्ध (Relation): यदि A और B दो अरिक्त समुच्चय हों तो, A से B में संबंध R, $A \times B$ का एक उपसमुच्चय है।

गणितीय रूप (Mathematical Form): यदि R, A से B में एक संबंध है तो $R \subseteq A \times B$. यदि $(a, b) \in R$ तो उसे $a R b$ से सूचित करते है तथा 'a का संबंध b से' पढ़ते हैं।

सम्बन्ध के परास एवं प्रान्त (Range and Domain of a Relation): यदि समुच्चय A से समुच्चय B में संबंध R है तो R के सदस्यों के प्रथम निर्देशांकों (First Coordinates) का समुच्चय R का प्रान्त तथा दूसरे निर्देशांकों (Second Coordinates) का समुच्चय R का परास (Range) कहलाता है।

Domain $(R) = \{a : a \in A$ तथा $(a, b) \in R\}$

Range $(R) = \{b : b \in B$ तथा $(a, b) \in R\}$

उदाहरण: यदि $A = \{1, 2, 3, 4\}$ तथा $B = \{a, b, c\}$

$R = \{(2, a), (3, b), (4, a), (4, c)\}$

Domain $(R) = \{2, 3, 4\}$

Range $(R) = \{a, b, c\}$

प्रतिलोम सम्बन्ध (Inverse Relation): यदि A पर संबंध R है, तब A पर R^{-1} प्रतिलोम संबंध कहलाता है।

अर्थात् $R^{-1} = \{(b, a) \mid (a, b) \in R\}$

अतः Domain (R^{-1}) = Range (R)

Range (R^{-1}) = Domain (R)

संबंध के प्रकार (Types of Relation)

(i) **स्वतुल्य सम्बन्ध (Reflexive Relation) :** माना A अरिक्त समुच्चय है यदि $aRa \;\forall\; a \in A$ अर्थात् $(a, a) \in R \;\forall\; a \in A$ तब A पर R को स्वतुल्य सम्बन्ध कहते हैं।

(ii) **सममित सम्बन्ध (Symmetric Relation):** यदि $a R b \Leftrightarrow b R a$ अर्थात् $(a, b) \in R \;\forall\; (b, a) \in R$ $a, b \in$ A हो, तब A पर R को सममित संबंध कहते हैं।

(iii) **संक्रमक संबंध (Transitive Relation):** यदि $a R b$ तथा $b R c \Rightarrow a R c$ अर्थात्
यदि $(a, b) \in R$ तथा $(b, c) \in R$
तो $(a, c) \in R, \;\forall\; a, b, c \in A$ हो तब A पर R को संक्रमक सम्बन्ध कहते हैं।

(iv) **प्रति-सममित संबंध (Anti-symmetric Relation):** यदि $a R$ b तथा $b R a \Rightarrow a = b \;\forall\; a, b \in A$ हो तब A पर R को प्रति-सममित संबंध कहते हैं।

तुल्यता संबंध (Equivalence Relation): वह संबंध जो स्वतुल्य, संक्रमक एवं सममित हो, तुल्यता संबंध कहलाता है। तुल्यता सम्बन्ध को प्रायः ~ से निरूपित किया जाता है।

उदाहरण 1: माना $A = \{1, 2, 3\}$ तथा $R = \{(1, 1) (2, 2) (1, 2) (3, 3) (2, 1) (2, 3)\}$ कोई संबंध A में है, तो R किस प्रकार का संबंध है?

हल: $(1, 1) \in R, (2, 2) \in R$ तथा $(3, 3) \in R$

अतः यह एक स्वतुल्य संबंध है।

उदाहरण 2: यदि $A = \{a, b, c\}$ तब A में संबंध $R = \{(a, b)\ (a, c)\ (b, c)\}$ का परास ज्ञात करें।

हल: द्वितीय निर्देशांक परास कहलाता है।

अतः परास $= \{b, c\}$

फलन (Function)

यदि A एवं B दो अरिक्त समुच्चय हैं तथा किसी निश्चित नियम f के अन्तर्गत यदि A के प्रत्येक अवयव (सदस्य) का B में संगत अद्वितीय अवयव प्राप्त हो तथा A में ऐसा एक भी अवयव नहीं हो जिसका B में संगत अवयव नहीं हो तो f, A से B में फलन कहलाता है तथा इसे $f : A \to B$ से सूचित करते हैं।

जहाँ A को प्रान्त तथा B को सह प्रान्त कहते हैं, एवं समुच्चय $f(A) = \{f(x) : x \in A\}$ को f की परास कहते हैं।

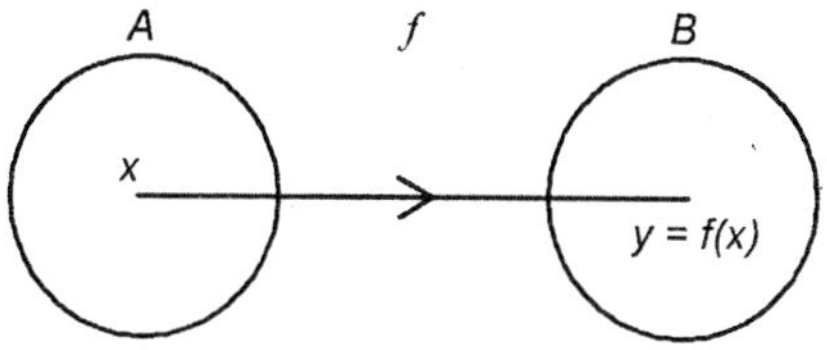

$$y = f(x)$$

y, f प्रतिबिम्ब है x का।

फलन के प्रकार (Types of Function)

(*i*) **बहु-एकैक प्रतिचित्रण (Many-one Mapping):** माना $f : A \to B$, यदि A के दो या अधिक अवयवों का B में एक ही संगत मान (प्रतिबिम्ब) हो, तो f को बहु-एकैक प्रतिचित्रण कहते हैं।

जैसे

A $\quad f(x) \to x^2 \forall\ x \in I$ $\quad B$

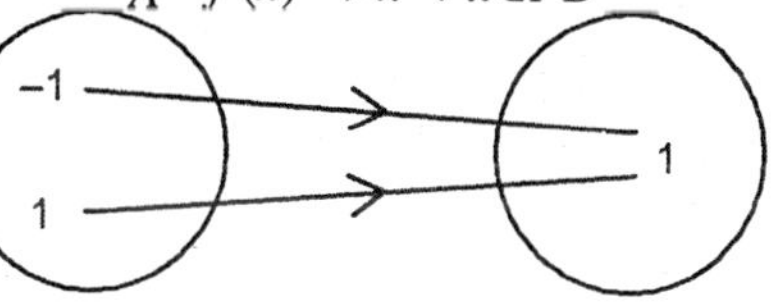

यदि $f(x_1) = f(x_2) \Rightarrow x_1 \neq x_2, \forall x_1\, x_2 \in A$ या $x_1 \neq x_2 \Rightarrow f(x_1) = f(x_2)$

(*ii*) **एकैकी प्रतिचित्रण (One-one Mapping):** माना $f : A \to B$ है। यदि A के विभिन्न अवयवों के लिए B में संगत मान (प्रतिबिम्ब) भिन्न-भिन्न हो, तो f को एकैकी प्रतिचित्रण कहते हैं।

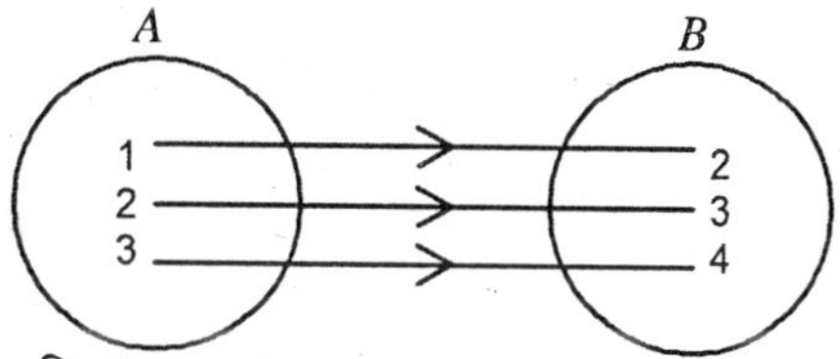

यदि $f(x_1) = f(x_2) \Rightarrow x_1 = x_2$

अर्थात, $x_1 \neq x_2 \Rightarrow f(x_1) \neq f(x_2)$

(*iii*) **आच्छादक प्रतिचित्रण (Onto Mapping):** माना $f : A \to B$, यदि B का प्रत्येक अवयव A के किसी अवयव का प्रतिबिम्ब अवश्य हो, तब f को आच्छादक प्रतिचित्रण कहते हैं।

अतः यदि f आच्छादक है $\Leftrightarrow$ परास $(f) = B$.

जैसे

$f(x) \to x^2$

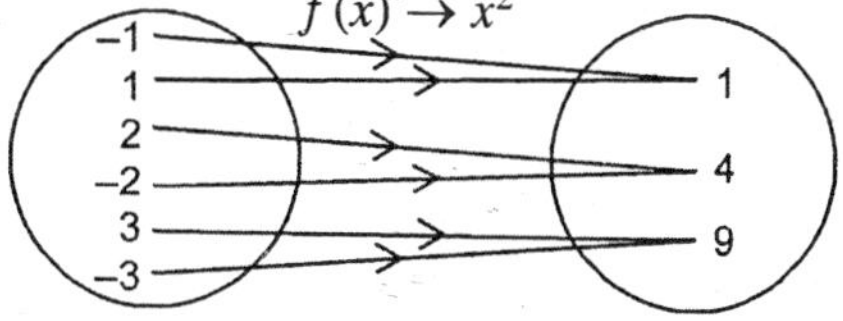

(*iv*) **अन्तःक्षेपी प्रतिचित्रण (Into Mapping):** माना $f : A \to B$, यदि B में कम-से-कम एक अवयव ऐसा हो कि वह अवयव A के किसी अवयव का संगत मान (प्रतिबिम्ब) नहीं हो, तब f को अन्तःक्षेपी प्रतिचित्रण कहते हैं।

$f(x) \to x + 1$ $\quad x \in R$

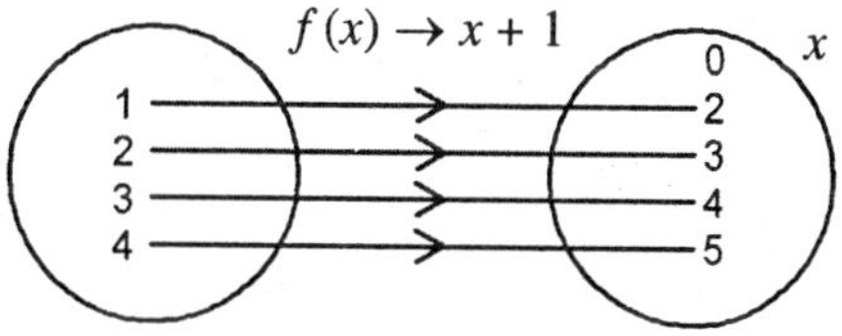

(*v*) **एकैकी आच्छादक फलन (Bijective Functions):** वह फलन जो एकैकी एवं आच्छादक दोनों फलन हो, को एकैकी आच्छादक फलन कहते हैं।

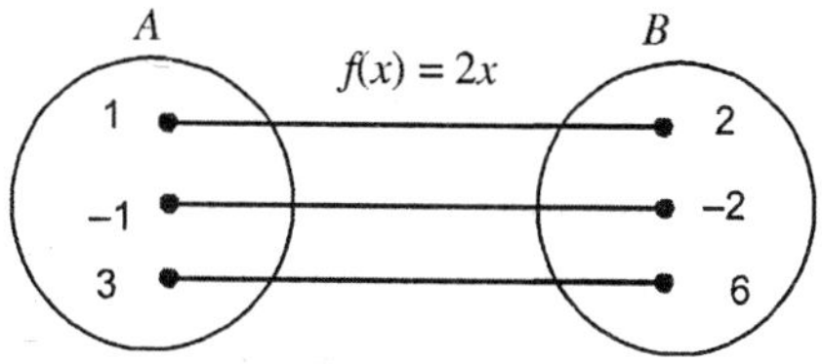

(*vi*) यदि किसी समुच्चय में n अवयव हो, तो इसके कुल एकैकी आच्छादक फलनों की संख्या $\underline{|n}$ होगी।

(*vii*) **अचर फलन (Constant Function):** माना $f: A \to B, f(x) = c \ \forall \ x \in A$(और $c \in B$) इस प्रकार परिभाषित है कि A के सभी अवयवों का B में एक ही संगत मान (प्रतिबिम्ब) हो तब f को अचर फलन कहते हैं।

अचर फलन की परास एक एकल समुच्चय होता है।

(*viii*) **सम फलन (Even Function):** कोई फलन सम फलन होगा यदि और केवल यदि $f(-x) = f(x) \ \forall \ x \in D_f$ जहाँ D_f फलन का प्रान्त है।

जैसे– कोई फलन $f(x) = x^2 + 1$ है जहाँ $D_f = R$

अतः $x \in D_f \Leftrightarrow (-x) \in D_f$

पुनः $f(-x) = (-x)^2 + 1$

$= x^2 + 1 = f(x) \ \forall \ x \in R$

अतः f एक सम फलन है।

(*ix*) **विषम फलन (Odd Function):** कोई फलन विषम फलन होगा यदि और केवल यदि $f(-x) = -f(x) \ \forall \ x \in D_f$ जहाँ D_f, फलन का प्रान्त है।

जैसे– कोई फलन $f(x) = x^3$ जहाँ $D_f = R$

अतः $x \in D_f \Leftrightarrow (-x) \in D_f$

तथा $f(-x) = (-x)^3 = -x^3 = -f(x) \ \forall \ x \in R$

अतः f एक विषम फलन है।

साधित उदाहरण (Solved Examples)

1. ज्ञात करें कि दिया गया फलन $f(x) = \dfrac{x^2+4x+30}{x^2-8x+18}$ एकैकी है या नहीं।

हल: माना $f(x) = 2$

$$\frac{x^2+4x+30}{x^2-8x+18} = 2$$

$\Rightarrow \ 2x^2 - 16x + 36 = x^2 + 4x + 30$

$\Rightarrow \ x^2 - 20x + 6 = 0$

$\Rightarrow \ x = \dfrac{20 \pm \sqrt{400-24}}{2} = 10 \pm \sqrt{94}$

$\Rightarrow \ f\left(10+\sqrt{94}\right) = 2 = f\left(10-\sqrt{94}\right)$

$\Rightarrow \ f$ एकैकी नहीं है।

2. फलन $f(x) = \log(1-x) + \sqrt{x^2-1}$ का प्रान्त ज्ञात करें।

हल: माना $g(x) = \log(1-x)$

तथा $h(x) = \sqrt{x^2-1}$

तब $f(x) = g(x) + h(x)$

$\Rightarrow \quad D_f = D_g \cap D_h$ ...(*i*)

D_g के लिए, $1 - x > 0 \Rightarrow 1 > x \Rightarrow x < 1$

$\therefore \quad D_g = (-\infty, 1)$ ...(*ii*)

D_h के लिए : $x^2 - 1 \geq 0 \Rightarrow x^2 \geq 1 \Rightarrow |x| \geq 1$

$\therefore \quad D_h = (-\infty, -1) \cup (1, \infty)$ ...(*iii*)

अतः समीकरण (*i*), (*ii*) एवं (*iii*) से

$D_f = (-\infty, 1) \cap \left[(-\infty, -1)\right] \cup [1, \infty]$

$= (-\infty, -1)$

3. फलन $f(x) = \sin\left[\log \dfrac{\sqrt{4-x^2}}{1-x}\right]$ का प्रान्त एवं परास ज्ञात करें।

हल: D_f के लिए, $f(x)$ अवश्य एक वास्तविक संख्या होगी।

$\Rightarrow \dfrac{\sqrt{4-x^2}}{1-x} > 0 \ \Rightarrow 4 - x^2 > 0$ तथा $1 - x > 0$

$\Rightarrow x^2 < 4$ तथा $x < 1$

$\Rightarrow |x| < 2$ तथा $x < 1$

$\Rightarrow -2 < x < 2$ तथा $x < 1$

$D_f = (-2, 1)$

चूँकि $-1 \leq \sin x \leq 1 \ \forall \ x \in R$

$\Rightarrow R_f = [-1, 1]$

4. फलन $f(x) = \dfrac{[x]+2}{[x]-2}$ का प्रान्त ज्ञात करें। क्या यह फलन एकैकी है?

हल: D_f के लिए, $f(x)$ अवश्य एक वास्तविक संख्या होगी।

$\Rightarrow [x] \neq 2 \Rightarrow x \notin [2, 3]$

$(\because [x] = 2, \text{ iff } 2 \geq x \leq 3)$

$\therefore D_f = R - [2, 3]$

दिया गया फलन f एकैकी नहीं है क्योंकि सभी x के लिए $x \in [0, 1]$, $[x] = 0$

साधित उदाहरण (Solved Examples)

1. माना समुच्चय $A = \{a, b, c\}$, संबंध R समुच्चय A में हैं तो निम्नलिखित के लिए उदाहरण दें।

(*i*) स्वतुल्य एवं सममित परंतु संक्रमक नहीं।

(*ii*) सममित एवं संक्रमक परंतु स्वतुल्य नहीं।

(*iii*) स्वतुल्य एवं संक्रमक परंतु सममित नहीं।

हलः

(*i*) माना संबंध $\{(a, a), (a, b), (b, a), (b, c), (c, b), (b, b), (c, c)\}$ A में है

यहाँ R एक संबंध है जो सममित एवं स्वतुल्य हैं परन्तु संक्रमक नहीं है।

($\because (a, b) \in R$ तथा $(b, c) \in R$ लेकिन $(a, c) \notin R$)

(*ii*) माना संबंध $R = \{(a, b), (b, a), (a, c), (c, a), (b, c), (c, b)\}$ में है।

यहाँ R सममित एवं संक्रमक हैं परंतु स्वतुल्य नहीं।

$(\because (a,a),(b,b),(c,c) \notin R)$

(*iii*) माना संबंध $R = \{(a, a), (b, b), (c, c), (a, b), (b, c), (c, a)\}$ में है।

यहाँ R स्वतुल्य एवं संक्रमक है परंतु सममित नहीं।

$(\because (a, b) \in R$ लेकिन $(b, a) \notin R)$

2. माना R कोई संबंध है N में जो परिभाषित है $x\,R\,y$ यदि और केवल यदि $x + 2y = 8$ तो R का प्रान्त निकालें।

हल : R का प्रान्त $= \{x \in N : xRy$ जहाँ $y \in N$
$= \{2, 4, 6\}$

$\because x = 8 - 2y, y \in N \qquad \therefore x = \begin{cases} 6 \text{ जब } y = 1 \\ 4 \text{ जब } y = 2 \\ 2 \text{ जब } y = 3 \end{cases}$

3. यदि R संबंध $\{11, 12, 13\}$ से $\{8, 9, 10\}$ में $y = x - 3$ से परिभाषित है। तब R^{-1} का मान ज्ञात करें।

हल : $R = \{(x, y) : y = x - 3\}$, $x = 11$ या 12 या 13

$y = 8$ या 9 या 10

$= \{(11, 8), (13, 10)\}$

$\therefore R^{-1} = \{(y, x) : (x, y) \in R = (8, 11)\,(10, 13)\}$

4. यदि $f\left(x + \frac{1}{x}\right) = x^2 + \frac{1}{x^2}, x \in R - \{0\}$ हो तो $f(x)$ का मान ज्ञात करें।

हलः $f\left(x + \frac{1}{x}\right) = x^2 + \frac{1}{x^2} = \left(x + \frac{1}{x}\right)^2 - 2$

$f(x) = x^2 - 2$

5. माना फलन $f : R \to R, f(x) = 2x + \sin x$ जहाँ $x \in R$ से परिभाषित है तब सिद्ध करें कि यह एकैक आच्छादक फलन है।

हल : यहाँ $f(x) = 2x + \sin x$

$\Rightarrow f'(x) = 2 + \cos x \geq 1 > 0$

$(\because -1 \leq \cos x \leq 1 \;\therefore 1 \leq 2 + \cos x \leq 3)$

$\Rightarrow f$ अपरिवर्तित बढ़ता हुआ फलन है

$\Rightarrow f$ एकैक है R में

पुनः सभी उद्रग रेखाएँ ग्राफ पर प्रतिच्छेद नहीं करती है अतः f आच्छादक है।

6. किसी तल में L सभी सरल रेखाओं का समुच्चय है। माना दो सरल रेखा l_1 तथा l_2, R से परिभाषित है यदि और केवल यदि $l_1 \perp l_2$ तब संबंध R किस प्रकार का संबंध है?

हल : चूँकि कोई सरल रेखा स्वयं पर लम्बवत नहीं हो सकती अतः R स्वतुल्य नहीं है।

चूँकि $l_1 \perp l_2 \Rightarrow l_2 \perp l_1$ अतः R सममित है।

पुनः R संक्रमक नहीं है क्योंकि यदि $l_1 \perp l_2$ तथा $l_2 \perp l_3 \Rightarrow l_1 \parallel l_3$

वस्तुनिष्ठ प्रश्न

1. यदि $A=\{1,2,4\}$, $B=\{2,4,5\}$ तथा $C=\{2,5\}$ हो, तब $(A-C)\times(B-C)$ का मान है–

(a) $\{(1,4)\}$ (b) $\{(1,4),(4,4)\}$

(c) $\{(4,1),(4,4)\}$ (d) इनमें से कोई नहीं

2. यदि $A=\{x\in c: x^2=1\}$ तथा $\{x\in c: x^4=1\}$, तब $A\,\Delta\,B$ का मान है–

(a) $\{-1,1\}$ (b) $\{-1,1,i,-i\}$

(c) $\{-i,i\}$ (d) इनमें से कोई नहीं

3. समुच्चय $(A\cup B\cup C)\cap(A\cap B'\cap C')'\cap C'$ बराबर है–

(a) $B\cap C'$ (b) $A\cap C$

(c) $B'\cap C'$ (d) इनमें से कोई नहीं

4. यदि $A=\left\{\theta: 2\cos^2\theta+\sin\theta\le 2\right\}$ तथा

$B=\left\{\theta:\frac{\pi}{2}\le\theta\le\frac{3\pi}{2}\right\}$ हो, तब $A\cap B$ का मान है–

(a) $\left\{\theta:\frac{\pi}{2}\le\theta\le\frac{5\pi}{6}\right\}$

(b) $\left\{\theta:\pi\le\theta\le\frac{3\pi}{2}\right\}$

(c) $\left\{\theta:\frac{\pi}{2}\le\theta\le\frac{5\pi}{6}\ \text{या}\ \pi\le\theta\le\frac{3\pi}{2}\right\}$

(d) इनमें से कोई नहीं

5. किसी शहर में 25% परिवारों के पास फोन है तथा 15% परिवारों के पास कार है, 65% परिवारों के पास न तो फोन है और न ही कार है। 2000 परिवारों के पास फोन और कार दोनों है।

इस सम्बन्ध में निम्न कथनों पर विचार कीजिए–

1. 5% परिवारों के पास कार व फोन दोनों है।
2. 35% परिवारों के पास या तो कार है या फोन है।
3. शहर में 40000 परिवार हैं।
4. इनमें से कोई नहीं

(a) 1 व 2 (b) 1 व 3

(c) 2 व 3 (d) 1, 2 व 3

6. यदि $A=\left\{(x,y): x^2+y^2\le 1; x,y\in R\right\}$ तथा

$B=\left\{(x,y): x^2+y^2\ge 4; y\in R\right\}$ हो, तब–

(a) $A-B=\phi$ (b) $B-A=\phi$

(c) $A\cap B\ne\phi$ (d) $A\cap B=\phi$

7. एक सर्वे के अनुसार 63% अमेरिकन पनीर पसंद करते हैं जबकि 76% अमेरिकन सेब पसंद करते हैं। यदि $x\%$ अमेरिकन पनीर व सेब दोनों पसंद करते हैं तब–

(a) $x=39$ (b) $x=63$

(c) $39\le x\le 63$ (d) इनमें से कोई नहीं

8. माना $A=\{p,q,r\}$ है। A में निम्न में से कौन सम्बंध समतुल्य सम्बन्ध है?

(a) $R_1=\{(p,q),(q,r),(p,r),(p,p)\}$

(b) $R_2=\{(r,q),(r,p),(r,r),(q,q)\}$

(c) $R_3=\{(p,p),(q,q),(r,r),(p,q)\}$

(d) इनमें से कोई नहीं

9. यदि $R\subseteq A\times B$ तथा $S\subseteq B\times C$ दो सम्बंध हैं, तब $(S\,o\,R)^{-1}$ का मान है–

(a) $S^{-1}oR^{-1}$ (b) RoS

(c) $R^{-1}oS^{-1}$ (d) इनमें से कोई नहीं

10. मान $f(x)=\frac{x-1}{x+1}$ हो, तो $f[f(x)]$ है–

(a) $\frac{1}{x}$ (b) $-\frac{1}{x}$

(c) $\frac{1}{x+1}$ (d) $\frac{1}{x-1}$

11. माना $f: R \to R$ व $g: R \to R$ दो फलन इस प्रकार हैं कि $f(x) = \log\left(\frac{1+x}{1-x}\right), g(x) = \frac{3x+x^3}{1+3x^2}$ तब $\text{fog}(x)$ का मान है–

(a) $-f(x)$ (b) $f(x)$
(c) $-3f(x)$ (d) $3f(x)$

12. माना $f: R \to R$ व $g: R \to R$ दो फलन इस प्रकार है कि $f(x) = 2x - 3,\ g(x) = x^3 + 5$ तब $(f\,o\,g)^{-1}(x)$ का मान है–

(a) $\left(\frac{x+7}{2}\right)^{1/3}$ (b) $\left(x - \frac{7}{2}\right)^{1/3}$

(c) $\left(\frac{x-2}{7}\right)^{1/3}$ (d) $\left(\frac{x-7}{2}\right)^{1/3}$

13. माना $f(x) = -1 + |x-1|,\ -1 \le x \le 3$ तथा $g(x) = 2 - |x+1|,\ -2 \le x \le 2$ तब $(f\,o\,g)(x)$ बराबर है–

(a) $\begin{cases} x+1 & -2 \le x \le 0 \\ x-1 & 0 < x \ge 2 \end{cases}$

(b) $\begin{cases} x-1 & -2 \le x \le 0 \\ x+1 & 0 < x \le 2 \end{cases}$

(c) $\begin{cases} -1-x & -2 \le x \le 0 \\ x-1 & 0 < x \le 2 \end{cases}$

(d) इनमें से कोई नहीं

14. z में aRb यदि और केवल यदि $ab \ge 0$ द्वारा परिभाषित सम्बन्ध R है–

(a) स्वतुल्य (b) सममित
(c) संक्रमक (d) समतुल्य सम्बंध

15. यदि $f(x)$ एक फलन है, तब $\frac{1}{2}[f(x) + f(-x)]$ सदैव है–

(a) सम
(b) विषम
(c) न तो सम न ही विषम
(d) इनमें से कोई नहीं

16. माना $f(x) = \frac{\sqrt{\sin x}}{1 + 3\sqrt{\sin x}}$ है, तब $Domain(f)$ में होगा–

(a) $(0, \pi)$ (b) $(0, 2\pi)$
(c) $(2\pi, 4\pi)$ (d) $(4\pi, 6\pi)$

17. फलन $f(x) = \sin[x], -\frac{\pi}{4} \le x \le \frac{\pi}{4}$ जहाँ $[x]$ महत्तम पूर्णांक $\le x$ को निरूपित करता है, की परास है–

(a) $\{0\}$ (b) $\{0, -1\}$
(c) $\{0, \pm \sin 1\}$ (d) $\{-\sin 1, 0\}$

18. किसी विद्यालय की तीन ऐथलीटिक टीमों में, 21 खिलाड़ी बास्केटबॉल टीम में, 26 खिलाड़ी हॉकी टीम में तथा 29 खिलाड़ी फुटबॉल टीम में हैं। 14 खिलाड़ी हॉकी व बास्केटबॉल खेलते हैं, 15 खिलाड़ी हॉकी व फुटबॉल, 12 खिलाड़ी फुटबॉल व बास्केटबॉल तथा 8 खिलाड़ी तीनों खेलते हैं। कुल खिलाड़ियों की संख्या है–

(a) 42 (b) 43
(c) 45 (d) इनमें से कोई नहीं

19. यदि $f(x_1) - f(x_2) = f\left(\frac{x_1 - x_2}{1 - x_1 x_2}\right) \forall\ x_1,$ $x_2 \in (-1, 1)$ तब $f(x)$ है–

(a) $\log\left(\frac{1-x}{1+x}\right)$ (b) $\log\left(\frac{2+x}{1-x}\right)$

(c) $\tan^{-1}\left(\frac{1-x}{1+x}\right)$ (d) $\tan^{-1}\left(\frac{1+x}{1-x}\right)$

20. यदि $f: [1, \infty] \to [2, \infty]$ इस प्रकार है कि $f(x) = x + \frac{1}{x}$, तब f^{-1} बराबर है–

(a) $\frac{x+\sqrt{x^2-4}}{2}$ (b) $\frac{x\pm\sqrt{x^2-4}}{2}$

(c) $\frac{x-\sqrt{x^2-4}}{2}$ (d) $1+\sqrt{x^{-4}}$

21. माना $R=\{(4,5),(1,4),(4,6),(7,6),(3,7)\}$ है, तो $R^{-1}oR$ का मान है–

(a) $\{(1,1),(4,4),(7,4),(4,7),(7,7)\}$

(b) $\{(1,1),(4,4),(4,7),(7,4),(7,7),(3,3)\}$

(c) $\{(1,5),(1,6),(3,6)\}$

(d) इनमें से कोई नहीं

22. माना A व B दो समुच्चय इस प्रकार है कि $n(A\times B)=6$ यदि $A\times B$ के अवयव $(3,2),(7,5),(8,5)$ हैं, तब–

(a) $A=\{3,7\}$ (b) $B=\{2,5,7\}$

(c) $B=\{2,5\}$ (d) इनमें से कोई नहीं

23. यदि $aN=\{an: n\in N\}, bN=\{bn; n\in N\}, cN=\{cn; n\in N\}$ तथा $dN=\{dn; n\in N\}$ जहाँ $a,b,c,d\in N$ तथा b व c परस्पर सहअभाज्य हैं, तब–

(a) $b=cd$ (b) $c=bd$

(c) $d=bc$ (d) इनमें से कोई नहीं

24. यदि $A=\{1,2,3\}, B=\{3,4\}, C=\{4,5,6\}$ हो, तब $(A\times B)\cap(B\times C)$ का मान है–

(a) $\{(1,4)\}$ (b) $\{(3,4)\}$

(c) $\{(1,4),(3,4)\}$ (d) इनमें से कोई नहीं

25. यदि $aRb, |a^2-b^2|\le 5$ द्वारा A में परिभाषित सम्बन्ध R है। निम्न में से असत्य कथन है–

(a) $R=\{(1,1),(2,2),(3,3),(2,1),(1,2),(2,3),(3,2)\}$

(b) $R^{-1}=R$

(c) $\text{Domain}(R)=\{(1,2,3)\}$

(d) $\text{Range}(R)=\{5\}$

26. माना U एक समष्टि समुच्चय है तथा $A\cup B\cup C=U$ हो, तब $\{(A-B)\cup(B-C)\cup(C-A)\}^c$ बराबर है–

(a) $A\cup B\cup C$ (b) $A\cup(B\cap C)$

(c) $A\cap B\cap C$ (d) $A\cap(B\cup C)$

27. यदि $A=\{1,2,3,4\}$ से $B=\{1,3,5\}$ में सम्बंध R '<' है अर्थात् $(a,b)\in R$ यदि और केवल यदि $a<b$ है, तब RoR^{-1} है–

(a) $\{(1,3),(1,5),(2,3),(2,5),(3,5),(4,5)\}$

(b) $\{(3,1),(5,1),(3,2),(5,2),(5,3),(5,4)\}$

(c) $\{(3,3),(3,5),(5,3),(5,5)\}$

(d) $\{(3,3),(3,4),(4,5)\}$

28. यदि $f(x)=4x-x^2,\ x\in R$ हो, तब $f(a+1)-f(a-1)$ को मान है–

(a) $2(4-a)$ (b) $4(2-a)$

(c) $4(2+a)$ (d) $2(4+a)$

29. माना $X=\{1,2,3,4,5\}$ तथा $Y=\{1,3,5,7,9\}$ निम्न में से कौन-सा सम्बन्ध X से Y में नहीं है?

(a) $R_1=\{(x,y): y=x+2, x\in X, y\in Y\}$

(b) $R_2=\{(1,1),(2,1),(3,3),(4,3),(5,5)\}$

(c) $R_3=\{(1,1),(1,3),(3,5),(3,7),(5,7)\}$

(d) $R_4=\{(1,3),(2,5),(2,4),(7,9)\}$

30. यदि $f(x)=x^3+5$ से परिभाषित प्रतिचित्रण $f: R\to R$ है, तब $f^{-1}(x)$ बराबर है–

(a) $(x+5)^{1/3}$ (b) $(x-5)^{1/3}$

(c) $(5-x)^{1/3}$ (d) $5-x$

31. यदि फलन $f : R \to A, f(x) = \frac{x^2}{x^2+1}$ से परिभाषित है, आच्छादक है, तब A बराबर है–

(a) R (b) $[0, 1)$

(c) $(0, 1]$ (d) $[0, 1)$

32. यदि $f(x) = \cos(\log x)$ हो तब

$f(x) f(y) - \frac{1}{2}\left[f\left(\frac{x}{y}\right) + f(xy)\right]$ का मान है–

(a) 1 (b) 1/2

(c) –2 (d) 0

33. माना $f(\theta) = \sin\theta(\sin\theta + \sin 3\theta)$, तब $\sin^2 2x$

(a) ≥ 0 केवल जब $\theta \geq 0$

(b) $\leq 0 \ \forall \ \theta$

(c) $\geq 0 \ \forall \ \theta$

(d) ≥ 0 केवल जब $\theta \leq 0$

34. n का वह मान जिसके लिए फलन $f(x) = \frac{\sin nx}{\sin\left(\frac{n}{x}\right)}$ का आवर्तनांक 4π है–

(a) 2 (b) 3

(c) 4 (d) 5

35. यदि $f(x) = \frac{x}{x-1}$ हो, तो $\frac{f(a)}{f(a+1)}$ का मान है–

(a) $f(-a)$ (b) $f(1/a)$

(c) $f(a^2)$ (d) $f\left(\frac{-a}{a-1}\right)$

36. फलन $f(x) = [\sin 3x] + |\cos 6x|$ का आवर्तनांक है–

(a) π

(b) $2\pi/3$

(c) 2π

(d) $\pi/2$

37. फलन $f(x) = \frac{10^x - 10^{-x}}{10^x + 10^{-x}} + 1$ का प्रतिलोम है–

(a) $\log_{10} \frac{x}{2-x}$ (b) $\frac{1}{2}\log_{10}\frac{x}{2-x}$

(c) $\frac{1}{2}\log_{10}\frac{x}{1-x}$ (d) इनमें से कोई नहीं

38. यदि $f : R \to R$, $g : R \to R$ व $h : R \to R$ इस प्रकार है कि $f(x) = x^2, g(x) = \tan x$ व $h(x) = \log x$। यदि $x = \sqrt{\pi/2}$ हो, तब $ho(gof)(x)$ का मान होगा–

(a) 0 (b) 1

(c) –1 (d) इनमें से कोई नहीं

39. माना $f : [0, 1] \to [0, 1]$ तथा $g : [0, 1] \to [0, 1]$ दो फलन इस प्रकार है कि $f(x) = \frac{1-x}{1+x}$ तथा $g(x) = 4x(1-x)$, तब $(fog)(x)$ का मान है–

(a) $\frac{8x(1-x)}{(1+x)^2}$ (b) $\frac{4(1-x)}{(1+x)}$

(c) $\frac{1-4x+4x^2}{1+4x-4x^2}$ (d) इनमें से कोई नहीं

40. फलन $f(x) = 2\cos\left(\frac{x-\pi}{3}\right)$ का आवर्तनांक है–

(a) 6π (b) 4π

(c) 2π (d) π

निर्देश (प्रश्न सं. 41-44):

अनुच्छेद-1 (Paragraph-1)

माना A, B, C तीन परिमित समुच्चय है जहाँ

$n(A) = 27, n(B) = 35, n(C) = 40,$

$n(A \cap B) = 8, n(B \cap C) = 9, n(C \cap A) = 7$ तथा

$n(A \cap B \cap C) = 3$

41. $n(A \cup B \cup C)$ का मान है–

(a) 84 (b) 81

(c) 78 (d) इनमें से कोई नहीं

42. $n[(A \cup B) \cap C']$ का मान है–

(*a*) 45 (*b*) 47
(*c*) 41 (*d*) 50

43. $n(A \cap B' \cap C') \cup (A' \cap B \cap C') \cup (A' \cap B' \cap C)$ का मान है–

(*a*) 63 (*b*) 66
(*c*) 80 (*d*) 45

44. $n(A \cap B \cap C') \cup (B \cap C \cap A') \cup (C \cap A \cap B')$ का मान है–

(*a*) 18 (*b*) 21
(*c*) 12 (*d*) 15

निर्देश (प्रश्न सं. 45-46):

अनुच्छेद-2 (Paragraph-2)

माना $A = \{1, 2, 3, 4, 5, 6, 7\}$ तथा $A_1 = \{1, 3, 4\}$, $A_2 = \{5, 6\}$, $A_3 = \{2, 4\}$, A के उपसमुच्चय है

45. तब $A_1 \times A_1$ संबंध A में है–

(*a*) स्वतुल्य एवं सममित (*b*) स्वतुल्य एवं संक्रमक
(*c*) सममित एवं संक्रमक (*d*) इनमें से कोई नहीं

46. A के उचित समुच्चयों (Proper Subsets) की संख्या होगी–

(*a*) 127 (*b*) 128
(*c*) 126 (*d*) इनमें से कोई नहीं

दृढ़कथन-कारण (Assertion-Reason)

निर्देश (प्रश्न सं. 47-49): *नीचे दिए गए कूटों (a), (b), (c) एवं (d) से सही उत्तर का चयन करें।*

(*a*) वक्तव्य-I सत्य है; वक्तव्य-II सत्य है; वक्तव्य-II वक्तव्य-I का सही स्पष्टीकरण है।
(*b*) वक्तव्य-I सत्य है; वक्तव्य-II सत्य है; वक्तव्य-II वक्तव्य-I का सही स्पष्टीकरण नहीं है।
(*c*) वक्तव्य-I सत्य है; वक्तव्य-II असत्य है।
(*d*) वक्तव्य-I असत्य है; वक्तव्य-II सत्य है।

47. माना समुच्चय $A = \{0, 1, \{0, 1\}, 2, 3\}$

तथा $B = \{0, 1\}$

वक्तव्य-I : B उपसमुच्चय है A का।

वक्तव्य-II : समुच्चय A का एक अवयव B है।

48. माना $A = \{a, b, c, d, e, f, g, h\}$

तथा $R = \{(a, a), (b, b), (a, g), (b, a), (b, g), (g, a), (g, b), (g, g), (b, b)\}$

वक्तव्य-I : $R \subset A \times A$

वक्तव्य-II : R, A में सम्बन्ध नहीं है।

49. वक्तव्य-I : फलन $f : R \to R$ जहाँ $f(a) = a^3 \ \forall \ a \in R$ एकैकी है।

वक्तव्य-II : $f(a) = f(b) \Rightarrow a = b \ \forall \ a, b \in R$

50. मिलान करें (Match These)

माना $A = \{a, b, c, d\}$

वर्ग-I	वर्ग-II
A. $R = \{(a, a), (b, b), (c, c), (d, d)\}$ संबंध है A में	*p.* स्वतुल्य
B. $R_2 = \{(a, b), (b, b), (b, a), (a, a)\}$ संबंध है A में	*q.* सममित
C. $R_3 = \{(c, c), (c, d)\}$ संबंध है A में	*r.* प्रतिसममित
D. $R_4 = \{(b, d), (d, c)\}$ संबंध है A में	*s.* संक्रमक
	t. समतुल्य संबंध

(*a*) $A - p, q, r, s, t;\ B - q, s;\ C - r, s;\ D - r$
(*b*) $A - p, q;\ B - r, s;\ C - q, r;\ D - s$
(*c*) $A - p;\ B - q;\ C - r;\ D - s$
(*d*) इनमें से कोई नहीं

उत्तरमाला

1	2	3	4	5	6	7	8	9	10
(b)	(c)	(a)	(c)	(d)	(d)	(c)	(d)	(c)	(b)
11	**12**	**13**	**14**	**15**	**16**	**17**	**18**	**19**	**20**
(d)	(d)	(d)	(d)	(a)	(a)	(d)	(b)	(a)	(b)
21	**22**	**23**	**24**	**25**	**26**	**27**	**28**	**29**	**30**
(b)	(c)	(c)	(b)	(d)	(c)	(c)	(b)	(d)	(b)
31	**32**	**33**	**34**	**35**	**36**	**37**	**38**	**39**	**40**
(b)	(d)	(c)	(a)	(c)	(b)	(b)	(a)	(c)	(a)
41	**42**	**43**	**44**	**45**	**46**	**47**	**48**	**49**	**50**
(b)	(c)	(a)	(d)	(c)	(a)	(b)	(c)	(a)	(a)

व्याख्यात्मक उत्तर

1. $\because A - \{1, 2, 4\},\ B = \{2, 4, 5\}$ व $C = \{2, 5\}$

$A - C = \{1, 4\}$ तथा $B - C = \{4\}$

$\therefore (A - C) \times (B - C) = \{(1, 4), (4, 4)\}$

2. $\because x^2 = 1 \Rightarrow x = -1, 1$

$\therefore A = \{-1, 1\}$ तथा

$x^4 = 1 \Rightarrow x^2 = -1, 1 \Rightarrow x = -i, i, -1, 1$

$\therefore B = \{-i, i, -1, 1\}$

अतः $A \Delta B = (A - B) \cup (B - A)$

$= \phi \cup \{-i, i\} = \{-i, i\}$

3. $(A \cup B \cup C) \cap (A \cap B' \cap C')' \cap C'$

$= (A \cup B \cup C) \cap (A' \cup B \cup C) \cap C'$

$= [(A \cap A') \cup (B \cup C)] \cap C'$

$= (\phi \cup B \cup C) \cap C' = (B \cup C) \cap C'$

$= (B \cap C') \cup (C \cap C') = (B \cap C') \cup \phi = B \cap C'$

4. माना $2\cos^2\theta + \sin\theta \le 2$ तथा $\dfrac{\pi}{2} \le \theta \le \dfrac{3\pi}{2}$

$\Rightarrow 2 - 2\sin^2\theta + \sin\theta \le 2$

$\Rightarrow 2\sin^2\theta - \sin\theta \ge 0 \Rightarrow \sin\theta(2\sin\theta - 1) \ge 0$

$\Rightarrow \pi/2 \le \theta \le 5\pi/6$

या $\pi \le \theta \le \dfrac{3\pi}{2}$

5. माना $x =$ सभी परिवारों का समुच्चय

$P =$ फोन वाले परिवारों का समुच्चय

तथा $C =$ कार वाले परिवारों का समुच्चय

माना कुल परिवारों की संख्या $= x$

$\because n(P \cap C) = \dfrac{x}{20} \Rightarrow 2000 = \dfrac{x}{20} \Rightarrow x = 40,000$

$\therefore$ कथन 3 सत्य है।

$n(C \cap P) = 2000 = \dfrac{2000}{40000} \times 100\% = 5\%$

$\therefore$ कथन 1 सत्य है।

$n(P \cup C) = \dfrac{7x}{20} = \dfrac{7 \times 40000}{20} = 14000$

संख्या का प्रतिशत $= \dfrac{14000}{40000} \times 100\% = 35\%$

$\therefore$ कथन 2 भी सत्य है।

6. $A = \{(x, y) : x^2 + y^2 \le 1;\ x, y \in R\}$

$=$ वृत्त $(x^2 + y^2 = 1)$ के सभी अन्तः बिन्दुओं का समुच्चय

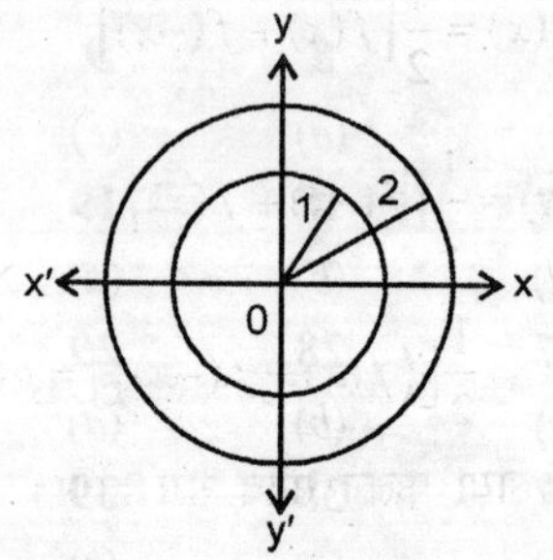

$B=\{(x, y): x^2+y^2 \geq 4;\ x, y \in R\}$

$=$ वृत्त $(x^2+y^2=4)$ के सभी बाह्य बिन्दुओं का समुच्चय

$\therefore\ A-B=A$

$B-A=B$

$A \cap B=\phi$

7. $n(X)=100, n(C)=63, n(A)=76, n(C \cap A)=x.$

अब $n(C \cup A)=n(C)+n(A)-n(C \cap A)$

$\therefore n(C \cup A)=63+76-x=139-x$

$\therefore 139-x \leq 100$ या $x \leq 39$

तथा $C \cap A \subseteq C$ और $C \cap A \subseteq A$

$\therefore n(C \cap A) \leq n(C)$ तथा $n(C \cap A) \leq n(A)$

$\Rightarrow n(C \cap A) \leq 63$ तथा $n(C \cap A) \leq 76$

$\Rightarrow n(C \cap A) \leq 63 \Rightarrow x \leq 63\ \therefore 39 \leq x \leq 63$

8. R_1 स्वतुल्य नहीं है,

$(q, q),\ (r, r) \notin R_1$

$\therefore\ R_1$ समतुल्य संबंध नहीं है।

R_2 स्वतुल्य नहीं है,

$\because\ (p, p) \notin R_2$

R_3 स्वतुल्य है परन्तु सममित नहीं है।

$\because\ (p, p), (q, q), (r, r) \in R$

$(p, q) \in R_3$ परन्तु $(q, p) \notin R_3$

9. A से C में एक सम्बन्ध $(S o R)$ है।

$\therefore C$ से A में एक सम्बन्ध $(S o R)^{-1}$ है।

तथा R^{-1} व S^{-1} क्रमशः B से A व C से B में सम्बन्ध है।

$\therefore\ R^{-1} o S^{-1}$, C से A में एक सम्बन्ध होगा।

माना $(C, a) \in (S o R)^{-1}$

$\therefore\quad (a, c) \in S o R$

$\exists\ b \in B:(a, b) \in R$ तथा $(b, c) \in S$

$\therefore\ (b, a) \in R^{-1}$ तथा

$(c, b) \in S^{-1} \Rightarrow (c, a) \in R^{-1} o S^{-1}$

$\Rightarrow (S o R)^{-1} \subseteq R^{-1} o S^{-1}$

पुनः माना

$(C, a) \in R^{-1} o S^{-1}$

$\exists\ b \in B:(c, b) \in S^{-1}$ तथा $(b, a) \in R^{-1}$

$\therefore\ (b, c) \in S$ तथा $(a, b) \in R$

$\Rightarrow (a, c) \in S o R \Rightarrow (c, a) \in (S o R)^{-1}$

$\therefore R^{-1} o S^{-1} \subseteq (S o R)^{-1}$

अतः $(S o R)^{-1}=R^{-1} o S^{-1}$

10. $f(x)=\frac{x-1}{x+1}$

$$\therefore f[f(x)]=\frac{\frac{x-1}{x+1}-1}{\frac{x-1}{x+1}+1}=\frac{x-1-x-1}{x-1+x+1}=\frac{-2}{2x}=-\frac{1}{x}$$

11. $fog(x)=f[g(x)]=f\left[\frac{3x+x^3}{1+3x^2}\right]$

$$=\log\left(\frac{1+\frac{3x+x^3}{1+3x^2}}{1-\frac{3x+x^3}{1+3x^2}}\right)$$

$$=\log\left(\frac{1+3x^2+3x+x^3}{1+3x^2-3x-x^3}\right)$$

$$=3\log\left(\frac{1+x}{1-x}\right)=3f(x)$$

12. $\because f: R \to R,\ g: R \to R$

तथा $f(x) = 2x - 3$ व $g(x) = x^3 + 5$

$\because f(x)$ व $g(x)$ दोनों एकैकी फलन है।

$\therefore fog$ भी एकैकी होगा।

$$fog(x) = f(g(x)) = f(x^3 + 5)$$

$$= 2(x^3 + 5) - 3 = 2x^3 + 7$$

$$(fog)(x) = y \Rightarrow 2x^3 + 7 = y$$

$$\Rightarrow x = \left(\frac{y-7}{2}\right)^{1/3}$$

$$\therefore (fog)^{-1}(x) = \left(\frac{x-7}{2}\right)^{1/3}, x \in R$$

13. $$fog(x) = \begin{cases} (x+3), & 1 \le +3 \le 2 \\ f(-x+1), & -1 \le -x+2 \le 2 \end{cases}$$

$$= \begin{cases} f(x+3), & 1 \le x+3 \le 2 \\ f(-x+1), & -1 \le -x+1 \le 2 \\ f(-x+1), & 1 \le -x+1 \le 2 \end{cases}$$

$$= \begin{cases} x+1 & -2 \le x \le -1 \\ -x+1 & -1 \le x \le 0 \\ x = 1 & 0 \le x \le 2 \end{cases}$$

14. $a \in z$ के लिए, $a \,.\, a = a^2 \ge 0$

$\therefore aRa \ \forall \ a \in z$

$\therefore R$ स्वतुल्य है।

माना $aRb \ \therefore ab \ge 0$ या $ba \ge 0,\ bRa$

$\therefore R$ सममित सम्बन्ध है।

तथा aRb व $bRc \Rightarrow ab \ge 0, bc \ge 0$

$\Rightarrow (ab)(bc) \ge 0 \Rightarrow b^2(ac) \ge 0 \Rightarrow ac > 0$

$\therefore R$ संक्रमक है। अतः R समतुल्य सम्बंध है।

15. माना $g(x) = \frac{1}{2}[f(x) + f(-x)]$

$$\therefore g(-x) = \frac{1}{2}[f(-x) + f(x)]$$

$$= \frac{1}{2}[(f(x) + f(-x))] = g(x)$$

$\therefore$ दिया गया फलन सदैव सम होगा।

16. $\therefore f(x) = \dfrac{\sqrt{\sin x}}{1 + 3\sqrt{\sin x}}$

$f(x)$ परिभाषित होगा यदि $\sin x \ge 0$

तथा $1 + 3\sqrt{\sin x} \ne 0 \Rightarrow x \in (0, \pi)$

17. $\therefore \ \dfrac{-\pi}{4} \le x < 0$ या $0 \le x \le \dfrac{\pi}{4}$

$\Rightarrow \ [x] = -1$ या $[x] = 0$

$\Rightarrow \ \sin[x] = \sin(-1)$ या $\sin 0$

$\Rightarrow \ \sin[x] = -\sin 1$ या 0

$\therefore \ f$ की परास $= \{-\sin 1, 0\}$

18. $\because n(B) = 21, n(H) = 26, n(F) = 29,$

$n(H \cap B) = 14, n(H \cap F) = 15,$

$n(F \cap B) = 12, n(B \cap H \cap F) = 8$

$\therefore n(B \cup H \cup F) = n(B) + (n(H) + n(F)$

$-n(B \cap H) - n(H \cap F) - n(B \cap F)$

$+n(B \cap H \cap F)$

$= 21 + 26 + 29 - 14 - 15 - 12 + 8 = 43$

19. माना $f(x) = \log\left(\dfrac{1-x}{1+x}\right)$

$$f(x_1) - f(x_2) = \log\left(\frac{1-x_1}{1+x_1}\right) - \log\left(\frac{1-x_2}{1+x_2}\right)$$

$$= \log\frac{(1-x_1)(1+x_2)}{1+x_1-x_2-x_1x_2} = \log\frac{1-x_1+x_2-x_1x_2}{1+x_1-x_2-x_1x_2}$$

$$\therefore f\left(\frac{x_1-x_2}{1-x_1x_2}\right)=\log\frac{1-\frac{x_1-x_2}{1-x_1x_2}}{1+\frac{x_1-x_2}{1-x_1x_2}}$$

$$=\log\left(\frac{1-x_1x_2-x_1+x_2}{1-x_1x_2+x_1-x_2}\right)$$

20. $f(x)=x+\frac{1}{x}$

माना $f(x)=y,\ y=\frac{x^2+1}{x}$ या $xy=x^2+1$

$\Rightarrow x^2-xy+1=0 \Rightarrow x=\frac{y\pm\sqrt{y^2-4}}{2}$

$\therefore f^{-1}(x)=\frac{x\pm\sqrt{x^2-4}}{2}$

21. $R=\{(4,5),(1,4),(4,6),(7,6),(3,7)\}$

$\therefore R^{-1}=\{(5,4),(4,1),(6,4),(6,7),(7,3)\}$

$\therefore R^{-1}oR=\{(4,4),(1,1),(4,7),(7,4),(7,7),(3,3)\}$

22. $\because$ $(3,2),\ (7,5),\ (8,5)\in A\times B$

$\therefore$ $3,7,8\in A$ एवं $2,5\in B$ तथा

$n(A\times B)=6=3\times 2$

$\therefore A=\{3,7,8\}$ व $B=\{2,5\}$

23. $\because$ $bN=\{bn:n\in N\},\quad cN=\{cn:n\in N\}$ तथा

$dN=\{dn:n\in N\}$

$\because bN\cap cN=dN$

$\therefore bc=d$ ($\because b$ पर c परस्पर सह-अभाज्य है।)

24. $\because$ $A=\{1,2,3\}, B=\{3,4\}$ व $C=\{4,5,6\}$

$\therefore A\times B=\{1,2,3\}\times\{3,4\}$

$=\{(1,3),(1,4),(2,3),(2,4),(3,3),(3,4)\}$

तथा $B\times C=\{(3,4),(3,5),(3,6),(4,4),(4,5),(4,6)\}$

$\therefore (A\times B)\cap(B\times C)=\{(3,4)\}$

25. $R=\{(1,1)(1,2)(2,1)(2,2)(3,2)(2,3)(3,3)\}$

$R^{-1}=\{(y,x):(x,y)\in R\}$

$=\{(1,1)(2,1)(1,2)(2,2)(3,2)(2,3)(3,3)\}=R$

$Domain\,(R)=\{1,2,3\}$ तथा $Range\,(R)=\{1,2,3\}$

26. चित्र में छायांकित भाग

$(A-B)\cup(B-C)\cup(C-A)$को निरुपित करता है, तब

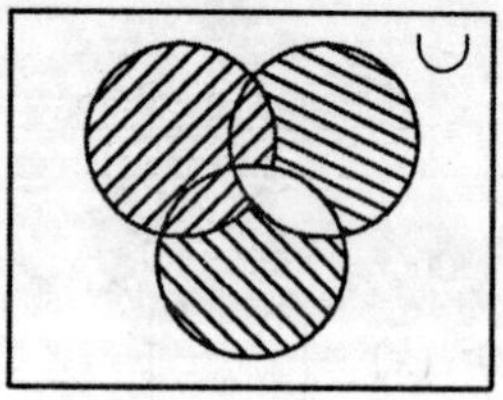

$\{(A-B)\cup(B-C)\cup(C-A)\}^c=A\cap B\cap C$

27. $\because$ $A=\{1,2,3,4\},\ B=\{1,3,5\},$

$R=\{(a,b):a<b,\ a\in A, b\in B\}$

$=\{(1,3),(1,5),(2,3),(2,5),(3,5),(4,5)\}$

$\therefore R^{-1}=\{(3,1),(5,1),(3,2),(5,2),(5,3),(5,4)\}$

अतः $RoR^{-1}=\{(3,3),(3,5),(5,3),(5,5)\}$

28. $\because$ $f(x)=4x-x^2$

$\therefore$ $f(a+1)-f(a-1)$

$=4(a+1)-(a+1)^2$

$-4(a-1)+(a-1)^2$

$=4(a+1-a+1)-a^2-1-2a+a^2+1-2a$

$=8-4a=4(2-a)$

29. R_1 भी X से Y में सम्बन्ध है

$\because$ $R_1\subseteq X\times Y$ R_2 भी X से Y में सम्बन्ध है

$\because$ $R_2\subseteq X\times Y$ R_3 भी X से Y में सम्बन्ध है

$\because$ $R_3\subseteq X\times Y$ R_4 X से Y में सम्बन्ध नहीं है,

$(2,4),(7,9)\notin X\times Y$

30. माना $f(x) = y \Rightarrow x^3 + 5 = y \Rightarrow x = (y-5)^{1/3}$

$\therefore\ f^{-1}(x) = (x-5)^{1/3},\ x \in R$

31. यदि $f(x) = y, y \geq 0$ तथा $f(x) = y$

$\Rightarrow \frac{x^2}{x^2+1} = y \Rightarrow \frac{x^2+1}{x^2} = \frac{1}{y}$ ($y > 0$ के लिए)

$\Rightarrow \frac{1}{x^2} = \frac{1-y}{y} \Rightarrow x = \sqrt{\frac{y}{1-y}}$

अब, $x \in R$ यदि $\sqrt{\frac{y}{1-y}}$ real है

$\Rightarrow \frac{y}{1-y} \geq 0 \Rightarrow 0 \leq y < 1$

$\therefore$ परास = [0, 1), अतः A = [0, 1)

32. $f(x)\, f(y) - \frac{1}{2}\left[f\left(\frac{x}{y}\right) + f(xy)\right]$

$= \cos(\log x)\cos(\log y)$

$-\frac{1}{2}\left[\cos\left(\log\frac{x}{y}\right) + \cos(\log xy)\right]$

$= \cos(\log x)\cos(\log y)$

$-\frac{1}{2} 2\cos(\log x)\cos(\log y)$

$= \cos(\log x)\cos(\log y)$

$-\cos(\log x)\cos(\log y) = 0$

33. $f(\theta) = \sin\theta(\sin\theta + \sin 3\theta)$

$= \sin\theta\left(\sin\theta + 3\sin\theta - 4\sin^3\theta\right)$

$= \sin^2\theta\left(4 - 4\sin^2\theta\right)$

$= 4\sin^2\theta\cos^2\theta \geq 0 \,\forall\, \theta$

$= \sin^2 2\theta \geq 0\ \forall\ \theta$

34. $\because\ \frac{2\pi}{n}$ व $2\pi n$ का ल0 स0 $= 2n\pi$

$\therefore\ f(x)$ का आवर्तनांक $= 2n\pi$

$\Rightarrow 2n\pi = 4\pi \Rightarrow n = 2$

35. $\because\ f(x) = \frac{x}{x-1} \quad \therefore f(a) = \frac{a}{a-1}$

तथा $f(a+1) = \frac{a+1}{a-1+1} = \frac{a+1}{a}$

$\Rightarrow \frac{f(a)}{f(a+1)} = \frac{a}{a-1} \times \frac{a}{a+1} = \frac{a^2}{a^2-1} = f(a^2)$

36. दिए गए फलन का आवर्तनांक $= \frac{2\pi}{3}$ व $\frac{\pi}{6}$ का

ल0स0 $= \frac{2\pi}{3}$

37. माना $\frac{10^x - 10^{-x}}{10^x + 10^{-x}} + 1 = y \Rightarrow x = \frac{1}{2}\log_{10}\frac{y}{2-y}$

$= f^{-1}(x) = \frac{1}{2}\log_{10}\frac{x}{2-x}$

38. $(gof)(x) = g\left(f(x)\right) = g(x^2) = \tan x^2$

$\left[h(gof)(x)\right] = ho(\tan x^2) = \log(\tan x^2)$

$\left[h(gof)\right] = \log\left(\tan \pi/2\right) = \log\infty = 0$

39. $(fog)(x) = f\{g(x)\} = f(4x - 4x^2)$

$= \frac{1-4x+4x^2}{1+4x-4x^2}$

40. $\because\ f(x) = 2\cos\left(\frac{x-\pi}{3}\right) = 2\cos\left(2\pi + \frac{x-\pi}{3}\right)$

$\therefore\ f(x)$ का आवर्तनांक $= \frac{2\pi}{1/3} = 6\pi$

41. $n(A \cup B \cup C) = n(A) + n(B) + n(C) - n(A \cap B)$

$-n(B \cap C) - n(C \cap A) + n(A \cap B \cap C)$

$= 27 + 35 + 40 - 8 - 9 - 7 + 3$

$= 81$

42. $n[(A\cup B)\cap C']$

$=n\{(A\cap C')\cup(B\cap C')\}$

$=n(A\cap C')+n(B\cap C')$

$-n(A\cap C')\cap(B\cap C')$

$=n(A)-n(A\cap C)+n(B)-n(B\cap C)$

$-n(A\cap B\cap C')$

$=n(A)+n(B)-n(A\cap C)-n(B\cap C)$

$-\{n(A\cap B)-n(A\cap B\cap C)\}$

$=27+35-7-9-\{8-3\}=41$

43. $n(A\cap B'\cap C')=n(A)-n(A\cap B)$

$-n(A\cap C)+n(A\cap B\cap C)$

$=27-8-7+3=15$

इसी प्रकार $n(A'\cap B'\cap C)=40-9-7+3=27$

अतः अभीष्ट संख्याएं $=15+21+27=63$

44. $n(A\cap B\cap C')=n(A\cap B)-n(A\cap B\cap C)$

$=8-3=5$

इसी प्रकार $n(B\cap C\cap C')=9-3=6$

तथा $n(C\cap A\cap B')=7-3=4$

अतः अभीष्ट संख्या $=5+6+4=15$

45. यहाँ $A_1\times A_1=\{(x,y):x,y\in A_1\}$

= {(1,1), (1,3), (1,4), (3,1), (3,3), (3,4), (4,1), (4,3), (4,4)}

यह संबंध सममित तथा संक्रमक संबंध हैं A_1 में तथा A में।

46. A के सभी उपसमुच्चयों की संख्या 2^7 है। इसके अलावा सिर्फ एक समुच्चय A उचित समुच्चय नहीं हैं।

$\therefore$ उचित समुच्चयों की संख्या $=2^7-1=127$

47. दोनों वक्तव्य-I एवं वक्तव्य-II सत्य है क्योंकि $0,1\in A$

अतः $B\subset A$ तथा पुनः $B=\{0,1\}\in A$

परंतु वक्तव्य-II; वक्तव्य-I का सही स्पष्टीकरण नहीं है।

48. हम जानते हैं कि $A\times A$ के सभी उपसमुच्चय एक संबंध में है अतः वक्तव्य-I सत्य है। परंतु वक्तव्य-II असत्य है।

49. $f(a)=a^3$ एकैक फलन है चूँकि $f(a)=f(b)$ $\Rightarrow a=b$ अतः वक्तव्य-I एवं वक्तव्य-II दोनों सत्य है, तथा वक्तव्य-II; वक्तव्य-I का सही स्पष्टीकरण है।

50. R_1- समतुल्य संबंध है A में तथा R_1 प्रतिसममित भी है।

अतः $A-p,q,r,s,t$

R_2- सममित एवं संक्रमक है परंतु स्वतुल्य एवं प्रतिसममित नहीं है।

अतः $B-q,s$

R_3- संक्रमक तथा प्रतिसममित है, परंतु स्वतुल्य एवं सममित नहीं है।

अतः $C-r,s$

R_4- प्रतिसममित हैं परंतु स्वतुल्य, सममित या संक्रमक नहीं है।

अतः $D-r$

2

असमिकाएँ (INEQUATIONS OR INEQUALITIES)

निम्नलिखित प्रकार के वक्तव्य–

(i) $ax+b<0$

(ii) $ax+b\leq 0$

(iii) $ax+b>0$

(iv) $ax+b\geq 0$ जहाँ $a,b\in R$ जहाँ $a\neq 0$ को असमिकाएँ कहते हैं।

कोई वास्तविक संख्या α उपरोक्त असमिकाएँ के हल होंगें यदि,

(i) $ax+b<0$ यदि तथा केवल यदि $a\alpha+b<0$

(ii) $ax+b\leq 0$ यदि तथा केवल यदि $a\alpha+b\leq 0$

(iii) $ax+b>0$ यदि तथा केवल यदि $a\alpha+b>0$

(iv) $ax+b\geq 0$ यदि तथा केवल यदि $a\alpha+b>0$

उदाहरण 1: निम्नलिखित असमिकाओं को हल करें।

(i) $ax+b\leq 0$

(ii) $ax+b\geq 0$

हल :

(i) $ax+b\leq 0 \Leftrightarrow ax\leq -b \Leftrightarrow x\leq \dfrac{-b}{a}$

अतः असमिका $ax+b\leq 0$ के लिए हल समुच्चय (जहाँ $a>0$ है) $\left[-\infty,\dfrac{-b}{a}\right]$ होगा।

(ii) $ax+b\geq 0 \Leftrightarrow ax\geq -b \Leftrightarrow x\geq \dfrac{-b}{a}$

अतः असमिका $ax+b\geq 0$ के लिए हल समुच्चय (जहाँ $a>0$ है) $\left[\dfrac{-b}{a},\infty\right]$ होगा।

असमिकाओं के गुण (Properties of Inequalities)

(i) यदि $a>b$ तथा $b>c$ हो, तो $a>c$ होगा। व्यापक रूप में, यदि $a_1>a_2, a_2>a_3, \ldots a_{n-1}>a_n$ तो $a_1>a_n$

(ii) यदि $a>b$ है तब $a\pm c>b\pm c\ \forall c\in R$

(iii) यदि $a>b$ है तब $m>0$ के लिए $am>bm, \dfrac{a}{m}>\dfrac{b}{m}$ तथा $m<0$ के लिए $am<bm, \dfrac{a}{m}<\dfrac{b}{m}$

(iv) यदि $a>b>0$ है तब,

(a) $a^2>b^2$

(b) $|a|>|b|$

(c) $\dfrac{1}{a}<\dfrac{1}{b}$

तथा यदि $a<b<0$ हो तब,

(a) $a^2<b^2$

(b) $|a|<|b|$

(c) $\dfrac{1}{a}>\dfrac{1}{b}$

(v) यदि $a<0<b$ हो तब,

(a) $a^2>b^2$, यदि $|a|>|b|$

(b) $a^2<b^2$, यदि $|a|<|b|$

(vi) यदि $a_i>b_i>0$ जहाँ $i=1,2,3,\ldots n$ तब, $a_1\,a_2\,a_3\ldots a_n>b_1\,b_2\,b_3\ldots b_n$

(vii) यदि $\dfrac{a}{b}>0$ हो तब,

(a) $a>0$ यदि $b>0$

(*b*) $a<0$ यदि $b<0$

(*viii*) यदि $a>b>0$ हो तब, $\frac{1}{a}<\frac{1}{b}$

(*ix*) यदि $a_i>b_i$ जहाँ $i=1,2,3,\ldots n$ तब,

$a_1+a_2+a_3+\ldots+a_n>b_1+b_2+b_3+\ldots+b_n$

(*x*) $|a+b|\le|a|+|b|$

समान्तर, गुणोत्तर एवं हरात्मक माध्य असमिकाएँ

(Arithmetic Mean, Geometric Mean and Harmonic Mean Inequalities)

हम जानते हैं कि $A.M.>G.M.>H.M.$

अतः यदि $a,b>0$ तथा $a\ne b$ तब

(*i*) $\frac{a+b}{2}>\sqrt{ab}>\frac{2}{\frac{1}{a}+\frac{1}{b}}$

(*ii*) यदि $a_i>0$ जहाँ $i=1,2,3\ldots n$ हो तब

$$\frac{a_1+a_2+\ldots+a_n}{n}\ge(a_1\,a_2\,a_3\ldots a_n)^{\frac{1}{n}}$$

$$\ge\frac{n}{\frac{1}{a_1}+\frac{1}{a_2}+\frac{1}{a_3}+\ldots+\frac{1}{a_n}}$$

(*iii*) यदि $a_1=a_2=\ldots=a_n$ हो तब $A.M.=G.M.$

(*iv*) $\frac{a^m+b^m}{2}>\left(\frac{a+b}{2}\right)^m$ यदि $m<0$ या $m>1$

(*v*) $\frac{a^m+b^m}{2}<\left(\frac{a+b}{2}\right)^m$ यदि $0<m<1$

(*vi*) यदि $0<a<1$ तथा m,n धनात्मक परिमेय संख्या है तब

(*a*) $m>n\Rightarrow a^m<a^n$

(*b*) $m<n\Rightarrow a^m>a^n$

(*vii*) यदि a तथा b धनात्मक वास्तविक संख्याएँ हैं तब,

(*a*) $a<b\Rightarrow\frac{a+c}{b+c}>\frac{a}{b}\;\forall\,c>0$

(*b*) $a>b\Rightarrow\frac{a+c}{b+c}<\frac{a}{b}\;\forall\,c>0$

(*viii*) यदि a एक धनात्मक वास्तविक संख्या है, तब

$a+\frac{1}{a}\ge-2$

तथा यदि a एक ऋणात्मक वास्तविक संख्या हैं तब

$a+\frac{1}{a}\le-2$

द्विघातीय असमिकाएँ (Quadratic Inequalities)

1. यदि a तथा b दो भिन्न वास्तविक संख्या हो तथा $a<b$, तब

(*i*) $(x-a)(x-b)\ge0$ यदि तथा केवल यदि $x\le a$ या $x\ge b$

(*ii*) $(x-a)(x-b)\le0$ यदि तथा केवल यदि $a\le x\le b$

(*iii*) $(x-a)(x-b)>0$ यदि तथा केवल यदि $x<a$ या $x>b$

(*iv*) $(x-a)(x-b)<0$ यदि तथा केवल यदि $a<x<b$

उदाहरण 2: यदि $x\in R$, तब m के किस मान के लिए असमिका $-3\le\frac{x^2+mx-2}{x^2-x+1}\le2$ संतुष्ट होगा।

हल: $x^2-x+1=\left(x-\frac{1}{2}\right)^2+\frac{3}{4}\ge\frac{3}{4}\forall x\in R$

अब $-3\le\frac{x^2+mx-2}{x^2-x+1}\le2$

$\Rightarrow-3x^2+3x-3<x^2+mx-2\le2x^2-2x+2$

$\Rightarrow-3x^2+3x-3\le x^2+mx-2$ तथा

$x^2+mx-2\le2x^2-2x+2$

$\Rightarrow4x^2+(m-3)x+1\ge0$ तथा

$$x^2-(2+m)x+4\ge 0$$

$$\Rightarrow (m-3)^2-4.4.1\le 0$$

तथा $(2+m)^2-4.1.4\le 0$

$\left(\because ax^2+bx+c\ge 0\ \forall\ x\in R\right.$

यदि $a>0$ तथा $\left.b^2-4ac\le 0\right)$

$\Rightarrow (m-3)^2\le 16$ तथा $(2+m)^2\le 16$

$\Rightarrow |m-3|\le 4$ तथा $|2+m|\le 4$

$\Rightarrow -4\le m-3\le 4$ तथा $-4\le 2+m\le 4$

$\Rightarrow -1\le m\le 7$ तथा $-6\le m\le 2$

$\Rightarrow -1\le m\le 2$

उदाहरण 3: असमिका $3x^2-2x\le 1$ का हल समुच्चय ज्ञात करें।

हलः दिया है $3x^2-2x\le 1\Rightarrow 3x^2-2x-1\le 0$

$$\Leftrightarrow\ 3\left(x+\frac{1}{3}\right)(x-1)\le 0$$

$$\Leftrightarrow\ x\in\left[-\frac{1}{3},1\right]$$

उदाहरण 4: असमिका $3x^2-4x\ge 4$ को हल करें।

हलः दिया हुआ है $3x^2-4x\ge 4$

$\Leftrightarrow 3x^2-4x-4\ge 0$

$\Leftrightarrow (3x+2)(x-2)\ge 0$

$\Rightarrow 3x+2\ge 0$ या $x-2\ge 0$

$\Rightarrow x\le -\frac{2}{3}$ तथा $x\ge 2$

अतः हल समुच्चय $\left(-\infty,-\frac{2}{3}\right)\cup[2,\infty]$

उदाहरण 5: असमिका $2(2x+3)-10<6(x-2)$, $\frac{2x-3}{4}+6>2+\frac{4x}{3}$ को हल करें।

हलः $2(2x+3)-10<6(x-2)$, $\frac{2x-3}{4}+6>2+\frac{4x}{3}$

$\Rightarrow 4x-6x<-12+10-6,\ 3(2x-3)+72>24+16x$

$\Rightarrow -2x<-8,\ 6x-16x>24-72+9$

$\Rightarrow x>4,\quad 10x>\quad 39$

$\Rightarrow x>4, x<\frac{39}{10}$ जो संभव नहीं है।

उदाहरण 6: असमिकाएँ $2x-1\le 3$ तथा $3x+1\ge -5$ का हल निकालें।

हलः दिया गया हैं, $2x-1\le 3,\ 3x+1\ge -5$

$\Rightarrow 2x\le 3+1,\ 3x\ge -5-1$

$\Rightarrow 2x\le 4,\ 3x\ge -6$

$\Rightarrow x\le 2,\ x\ge -2$

$\Rightarrow -2\le x<2$

अभीष्ट हल $\Rightarrow [-2,2]$

भारित माध्य असमिकाएँ (Weighted Mean Inequalities)

(*i*) यदि $a_i>0, i=1,2,3\ldots n$ तथा $m_1,m_2,m_3,\ldots m_n$ धनात्मक परिमेय संख्या है तब

$$\left(\frac{m_1a_1+m_2a_2+m_3a_3+\ldots+m_na_n}{m_1+m_2+m_3+\ldots+m_n}\right)\ge \left(a_1^{m_1}.a_2^{m_2}.a_3^{m_3}\ldots a_n^{m_n}\right)^{\frac{1}{m_1+m_2+\ldots+m_n}}$$

(*ii*) यदि $a_1, a_2,\ldots,a_n$ तथा $b_1,b_2,\ldots,b_n$ परिमेय संख्याएँ है तथा m एक परिमेय संख्या है तो

(*a*) $$\frac{b_1\,a_1^m+b_2\,a_2^m+\ldots+b_n\,a_n^m}{b_1+b_2+\ldots+b_n}>\left(\frac{b_1\,a_1+b_2\,a_2+\ldots+b_n\,a_n}{b_1+b_2+b_3\ldots+b_n}\right)^m$$

यदि $m<0$ या $m>1$

(b) $$\frac{b_1 a_1^m + b_2 a_2^m + \dots b_n a_n^m}{b_1 + b_2 + \dots + b_n}$$

$$< \left(\frac{b_1 a_1 + b_2 a_2 + \dots + b_n a_n}{b_1 + b_2 + \dots + b_n}\right)^m$$

यदि $0<m<1$

कुशी-श्वार्ज असमिका (Cauchy-Schwartz Inequality)

यदि $a_1, a_2, a_3 \dots a_n$ तथा $b_1, b_2, b_3 \dots b_n$ वास्तविक संख्याएँ इस प्रकार है कि

$$(a_1 b_1 + a_2 b_2 + \dots + a_n b_n) \le$$
$$\left(a_1^2 + a_2^2 + \dots + a_n^2\right) \times \left(b_1^2 + b_2^2 + \dots + b_n^2\right)$$

तो बराबर (समान) होंगे यदि तथा केवल यदि

$$\frac{a_1}{b_1} = \frac{a_2}{b_2} = \dots = \frac{a_n}{b_n}$$

यदि $x_1, x_2, \dots x_n, n$ वास्तविक संख्याएँ इस प्रकार हैं कि $x_1 + x_2 + \dots + x_n = c$ हो। गुणनफल $x_1 x_2 \dots x_n$ महत्तम होगा, जब $x_1 \quad x_2 = \dots = x_n = \frac{c}{n}$ तथा महत्तम मान $\left(\frac{c}{n}\right)^n$ होगा।

यदि $x_1, x_2, \dots, x_n$ चर तथा $m_1, m_2, \dots, m_n$ धनात्मक वास्तविक संख्याएँ इस प्रकार हैं कि $x_1 + x_2 + x_3 + \dots + x_n = c$ हों, तब $x_1^{m_1} . x_2^{m_2} . x_2^{m_3} \dots . x_n^{m_n}$ महत्तम होगा यदि

$$\frac{x_1}{m_1} = \frac{x_2}{m_2} = \dots \frac{x_n}{m_n} = \frac{x_1 + x_2 + \dots + x_n}{m_1 + m_2 + \dots + m_n}$$

साधित उदाहरण (Solved Examples)

1. $x^2 + 2ax + 10 - 3a > 0$ जहाँ $x \in R$ तब a किस अन्तराल में होगा? ज्ञात करें।

हलः $x^2 + 2ax + 10 - 3a > 0, x \in R$

अतः $(2a)^2 - 4(10-3a) < 0$ (विवेचक < 0)

अर्थात् यदि $a^2 + 3a - 10 < 0$

$\Rightarrow (a+5)(a-2) < 0$

$\Rightarrow \{a-(-5)\}(a-2) < 0$

$\Rightarrow -5 < a < 2$

$\Rightarrow (-5, 2)$

2. यदि $\left|x^2 - 9x + 20\right| > x^2 - 9x + 20$, तब x किस अंतराल में होगा

हलः दिया है, $\left|x^2 - 9x + 20 < 0\right| > x^2 - 9x + 20$

$\Rightarrow x^2 - 9x + 20 < 0$

$(\because |a| > a)$ यदि और केवल यदि $a < 0$ जब $a \in R$

$\Rightarrow (x-4)(x-5) < 0$

$\Rightarrow 4 < x < 5$

3. असमिका $\frac{x+2}{x^2+1} > \frac{1}{2}$ के सभी हल पूर्णांक निकालें।

हलः दिया है $\frac{x+2}{x^2+1} > \frac{1}{2}$

$\Rightarrow 2(x+2) > x^2 + 1 \qquad \left(\because x^2 + 1 \ge 1 > 0\right)$

$\Rightarrow x^2 + 1 - 2x - 4 < 0$

$\Rightarrow (x-3)(x+1) < 0$

$\Rightarrow (x-3)\left[(x-(-1))\right] < 0$

$\Rightarrow -1 < x < 3$

अतः x के सभी पूर्णांक मान जो दिए गए असमिका को संतुष्ट करते हैं, वह $0, 1, 2$ है।

4. यदि $3^x + 2^{2x} \ge 5^x$, तब x के लिए दिए गए असमिका का हल समुच्चय निकालें।

हलः दिया गया है, $3^x + 2^{2x} \ge 5^x$

$$\Rightarrow \left(\frac{3}{5}\right)^x + \left(\frac{4}{5}\right)^x \geq 1 \quad \ldots (i)$$

जब $x \leq 0$, तब $\left(\frac{3}{5}\right)^x \geq 1, \left(\frac{4}{5}\right)^x \geq 1$

$$\Rightarrow \left(\frac{3}{5}\right)^x + \left(\frac{4}{5}\right)^x \geq 2$$

अतः $(-\infty, 0)$ हल समुच्चय का एक भाग है।

पुनः जब $x > 2$

अर्थात् $0 < x \leq 2$ के लिए,

$$\left(\frac{3}{5}\right)^x + \left(\frac{4}{5}\right)^x \geq \left(\frac{3}{5}\right)^2 + \left(\frac{4}{5}\right)^2 = 1$$

अतः समीकरण (i) $x \in (0, 2)$ के लिए संतुष्ट है।

अतः समीकरण (i) का हल समुच्चय

$(-\infty, 0) \cup (0, 2) = (-\infty, 2)$ होगा।

5. असमिका $|x-1|+|x+1|<4$ का हल समुच्चय ज्ञात करें।

हलः दिया गया है $|x-1|+|x+1|<4$

वर्ग करने पर,

$$(x-1)^2 + (x+1)^2 + 2|(x-1)(x+1)| < 16$$

$$\Rightarrow x^2 + 1 + |x^2 - 1| < 8$$

$$\Rightarrow x^2 + |x^2 - 1| < 7 \quad \ldots (i)$$

यदि $x^2 \leq 1$ अर्थात् $-1 \leq x \leq 1$, तब समीकरण (i),

$x^2 + (1 - x^2) < 7$ हो जाती है जो सत्य है।

अतः $[-1, 1]$ दिए गए असमिका के हल समुच्चय का एक भाग है।

यदि $x^2 > 1$ तब समीकरण (i) से,

$$x^2 + x^2 - 1 < 7$$

$$\Rightarrow x^2 < 4 \Rightarrow |x| < 2$$

$$\Rightarrow \left[x : x^2 > 1, |x| < 2\right] = (-2, -1) \cup (1, 2)$$

भी हल समुच्चय का एक भाग होगा

अतः पूर्ण हल

$$= [-1, 1] \cup (-2, -1) \cup (1, 2) = (-2, 2)$$

6. किन्ही दो विभिन्न धनात्मक संख्याओं a एवं b के लिए,

सिद्ध करें कि $\left(ab^n\right)^{\frac{1}{n+1}} < \frac{a+bn}{n+1}$

हलः सभी संख्याएँ भिन्न हैं।

$\therefore$ A.M > G.M

$$\frac{\overbrace{a+b+b\ldots+b}^{n \text{ बार}}}{n+1} > (\underbrace{a.\, b.\, b.\, b.......b}_{n \text{ बार}})^{\frac{1}{n+1}}$$

$$\Rightarrow \frac{a+nb}{n+1} > \left(ab^n\right)^{\frac{1}{n+1}}$$

7. यदि $b_1, b_2, b_3 \ldots b_n \neq 0$, सिद्ध करें कि

$$\left(\frac{a_1}{b_1} + \frac{a_2}{b_2} + \ldots + \frac{a_n}{b_n}\right)^2 \leq \left(a_1^2 + a_2^2 + \ldots + a_n\right) \left(b_1^{-2} + b_2^{-2} + \ldots + b_n^{-2}\right)$$

हलः कुशी-श्वार्ज असमिका से,

$$\left(a_1\, b_1^{-1} + a_2\, b_2^{-1} + \ldots + a_n\, b_n^{-1}\right)^2 \leq \left(a_1^2 + a_2^2 + \ldots a_n^2\right) \times \left(b_1^{-2} + b_2^{-2} + \ldots b_n^{-2}\right)$$

$$\Rightarrow \left(\frac{a_1}{b_1} + \frac{a_2}{b_2} + \ldots + \frac{a_n}{b_n}\right)^2 \leq \left(a_1^2 + a_2^2 + \ldots + a_n^2\right) \times \left(\frac{1}{b_1^2} + \frac{1}{b_2^2} + \ldots \frac{1}{b_n^2}\right)$$

8. वास्तविक धनात्मक संख्याओं a, b, c के लिए

$\frac{b+c}{a} + \frac{c+a}{b} + \frac{a+b}{c}$ का न्यूनतम मान ज्ञात करें।

हलः $\because \quad \frac{1}{6}\left(\frac{a}{b}+\frac{b}{a}+\frac{b}{c}+\frac{c}{b}+\frac{c}{a}+\frac{a}{c}\right)$

$$\geq\left(\frac{a}{b}\cdot\frac{b}{a}\cdot\frac{b}{c}\cdot\frac{c}{b}\cdot\frac{c}{a}\cdot\frac{a}{c}\right)^{\frac{1}{6}}$$

$$\Rightarrow \left(\frac{a}{b}+\frac{b}{a}+\frac{b}{c}+\frac{c}{b}+\frac{c}{a}+\frac{a}{c}\right)\geq 6$$

$\Rightarrow \frac{a+b}{c}+\frac{c+a}{b}+\frac{b+c}{a}$ का न्यूनतम मान 6 है।

9. यदि $m>1$ तथा $n\in N$ सिद्ध करें कि

$$1^m+2^m+3^m+...+n^m>n\left(\frac{n+1}{2}\right)^m$$

हलः हम जानते हैं कि $m>1$ के लिए

$$\frac{a_1^m+a_2^m+...+a_n^m}{n}>\left(\frac{a_1+a_2+...+a_n}{n}\right)^m$$

$$\Rightarrow \frac{1^m+2^m+...+n^m}{n}>\left(\frac{1+2+...+n}{n}\right)^m$$

$$\Rightarrow \frac{1^m+2^m+...+n^m}{n}>\left[\frac{n(n+1)}{2n}\right]^m$$

$$\Rightarrow \frac{1^m+2^m+...+n^m}{n}>\left(\frac{n+1}{2}\right)^m$$

$$\Rightarrow 1^m+2^m+...+n^m>n\left(\frac{n+1}{2}\right)^m$$

10. यदि A, B, C न्यूनकोण इस प्रकार है कि $\tan A+\tan B+\tan C=\tan A\cdot\tan B\cdot\tan C$ तो

सिद्ध करें $\cot A\cdot\cot B\cdot\cot C\leq\frac{1}{3\sqrt{3}}$

हलः $\frac{\tan A+\tan B+\tan C}{3}\geq(\tan A\cdot\tan B\cdot\tan C)^{\frac{1}{3}}$

$$\Rightarrow \frac{\tan A\cdot\tan B\cdot\tan C}{3}\geq(\tan A\cdot\tan B\cdot\tan C)^{\frac{1}{3}}$$

$$\Rightarrow (\tan A\cdot\tan B\cdot\tan C)^{2/3}\geq 3$$

$$\Rightarrow (\tan A\cdot\tan B\cdot\tan C)\geq 3^{3/2}$$

$$\Rightarrow \frac{1}{\tan A\cdot\tan B\cdot\tan C}\leq\frac{1}{(3)^{3/2}}$$

अतः $\cot A\cdot\cot B\cdot\cot C\leq\frac{1}{3\sqrt{3}}$

वस्तुनिष्ठ प्रश्न

1. यदि a और b धनात्मक संख्याएं है जिनका योग λ है, तब $\sqrt{\left(1+\frac{1}{a}\right)\left(1+\frac{1}{b}\right)}$ का न्यूनतम मान है–

(a) $\lambda-\frac{1}{\lambda}$ (b) $\lambda-\frac{2}{\lambda}$

(c) $1+\frac{1}{\lambda}$ (d) $1+\frac{2}{\lambda}$

2. यदि $\left|x+\frac{2}{x}\right|<3$ हो, तो x होगा अन्तराल–

(a) $(-2,-1)\cup(1,2)$ में

(b) $(-\infty,-2)\cup(-1,1)\cup(2,\infty)$ में

(c) $(-2,2)$ में

(d) $(-3,3)$ में

3. यदि $a^2+b^2+c^2=1$ हो, तब $ab+bc+ca$ होगा, अन्तराल–

(a) $[1,2]$ में (b) $\left[0,\frac{1}{2}\right]$ में

(c) $\left[-\frac{1}{2},1\right]$ में (d) $[0,1]$ में

4. यदि $\log_2\left(x^2-3x+18\right)<4$ हो, तो x होगा अन्तराल—

(a) $(1,2)$ में (b) $(2,16)$ में

(c) $(1,16)$ में (d) इनमें से कोई नहीं

5. यदि $ab=4\left(a,b\in R^+\right)$ हो, तो—

(a) $a+b\le 4$ (b) $b+a=4$

(c) $(a+b)\ge 4$ (d) इनमें से कोई नहीं

6. यदि $a+b=8$ हो, तब ab का मान महत्तम होगा, जब—

(a) $a=4, b=4$ (b) $a=3, b=5$

(c) $a=6, b=2$ (d) इनमें से कोई नहीं

7. $49\cdot 4-\left(\frac{27-x}{10}\right)<47\cdot 4-\left(\frac{27-9x}{10}\right)$ को संतुष्ट करने वाला न्यूनतम पूर्णांक है—

(a) 2 (b) 3

(c) 4 (d) इनमें से कोई नहीं

8. यदि $x\in R$ तथा $y=\frac{x^2}{1+x^4}$ हो, तब—

(a) $0\le y\le 1$ (b) $0\le y\le 2$

(c) $0\le y\le \frac{1}{2}$ (d) इनमें से कोई नहीं

9. यदि $a+2b+3c=12\left(a,b,c\in R^+\right)$ हो, तब ab^2c^3 का मान है—

(a) $\ge 2^3$ (b) $\ge 2^6$

(c) $\le 2^6$ (d) इनमें से कोई नहीं

10. यदि $x=\log_5^3+\log_7^5+\log_9^7$ हो, तब x हैं—

(a) $\ge\frac{3}{2}$ (b) $\ge\frac{1}{2^{1/3}}$

(c) $\ge\frac{3}{2^{1/3}}$ (d) इनमें से कोई नहीं

11. यदि A, B, C त्रिभुज के कोण इस प्रकार है कि C अधिककोण है, तब—

(a) $\tan A\tan B<1$ (b) $\tan A\tan B>1$

(c) $\tan A\tan B=1$ (d) इनमें से कोई नहीं

12. असमिकाएँ $(x-1)(x-2)<0$ व $(3x-7)(2x-3)>0$ के मानों को संतुष्ट करने वाले x के मानों का अन्तराल है—

(a) $(1,2)$ (b) $(2,7/3)$

(c) $(1,7/3)$ (d) $\left(1,\frac{3}{2}\right)$

13. $\left(0,\frac{\pi}{2}\right)$ अन्तराल में $\sin x<x$ तथा $x<\tan x$ हो, तो इसी अन्तराल में—

(a) $\sin^2 x<\tan^2 x$ (b) $\sin x>\tan x$

(c) $\sin^2 x>\tan^2 x$ (d) $|\sin x|>|\tan x|$

14. $x\in R$ के लिए $x^{(\log_{10}x)^2-3\log_{10}x+1}>1000$ के हल हैं—

(a) $(10,\infty)$ (b) $(100,\infty)$

(c) $(1000,\infty)$ (d) $(1,\infty)$

15. यदि $x\in R$ के लिए $\frac{1}{3}<\frac{x^2-2x+4}{x^2+2x+4}<3$ हो, तब

$\frac{9\cdot 3^{2x}-6\cdot 3^x+4}{9\cdot 3^{2x}+6\cdot 3^x+4}$ स्थित होगा—

(a) $\frac{1}{2}$ व 2 के बीच में (b) $\frac{1}{3}$ व 3 के बीच में

(c) 0 व 2 के बीच में (d) इनमें से कोई नहीं

16. धनात्मक वास्तविक संख्याओं a, b, c के लिए सत्य कथन है—

(a) $a^2+b^2+c^2\ge bc+ca+ab$

(b) $(b+c)(c+a)(a+b)\le 8\,abc$

(c) $\frac{a}{b}+\frac{b}{c}+\frac{c}{a}\le 3$

(d) $a^3+b^3+c^3\ge abc$

17. असमिका $4^{-x+0\cdot5}-7\cdot2^{-x}<4, x\in R$ के हलों का समुच्चय है–

(a) $(-2,\infty)$ (b) $2,\infty$

(c) $2, 7/2$ (d) इनमें से कोई नहीं

18. $4^{\sin^2 x}+4^{\cos^2 x}$ है–

(a) ≤ 4 (b) ≥ 4

(c) ≤ 2 (d) ≥ 2

19. यदि $\frac{\lambda x^2+3x+4}{x^2+2x+2}<5\ \forall\ x\in R,$ तब

(a) $\lambda>5$ (b) $\lambda<\frac{71}{24}$

(c) $\lambda<9$ (d) इनमें से कोई नहीं

20. $|2x-3|<|x+2|$ का हल है–

(a) $\left(-\infty,\frac{1}{3}\right)$ (b) $\left(\frac{1}{3},5\right)$

(c) $(5,\infty)$ (d) $\left(-8,\frac{1}{3}\right)\cup(5,\infty)$

21. यदि x एक वास्तविक संख्या है, तब व्यंजक $\frac{x^2+2x-11}{x-3}$, a व b के बीच के वास्तविक मानों को छोड़कर शेष सभी मान ले सकता है, तब a व b हैं–

(a) $-12,-4$ (b) $-12, 2$

(c) $4, 12$ (d) $-4, 4$

22. $\left|3^{\tan\pi x}-3^{1-\tan\pi x}\right|\ge 2$ के हलों का समुच्चय है–

(a) $\bigcup_{m\in z}\left[m+\frac{1}{4}, m+\frac{1}{2}\right]\cup\left(m+\frac{1}{2}, m-1\right)$

(b) $\bigcup_{m\in z}\left[m-\frac{1}{4}, m+\frac{1}{2}\right]\cup\left(m-\frac{1}{2}, m+1\right)$

(c) $\bigcup_{m\in z}\left[m+\frac{1}{4}, m+\frac{1}{2}\right]\cup\left(m+\frac{1}{2}, m+1\right)$

(d) इनमें से कोई नहीं

23. यदि x एक वास्तविक संख्या है, तब $y=3^{x-1}+3^{-x-1}$ का न्यूनतम मान है–

(a) 2 (b) 6

(c) $\frac{2}{3}$ (d) इनमें से कोई नहीं

24. यदि a, b, c विभिन्न धनात्मक वास्तविक संख्याएँ इस प्रकार है कि $(b+c-a),(c+a-b)$ तथा $(b+a-c)$ धनात्मक है, तब $(a+b-c)(b+c-c)(c+a-b)-abc$ हैं–

(a) धनात्मक (b) ऋणात्मक

(c) अधनात्मक (d) अऋणात्मक

25. असमिका $x^{12}-x^9+x^4-x+1>0$ के लिए वृहत्तम अन्तराल है–

(a) $-4<x\le 0$ (b) $0<x<1$

(c) $-100<x<100$ (d) $0<x<\infty$

26. यदि $\lambda x^2-9\lambda x+5\lambda+1>0, \forall x\in R,$ तब λ का अन्तराल होगा–

(a) $\left(\frac{-4}{61},0\right)$ में (b) $\left(0,\frac{64}{61}\right)$ में

(c) $\left(0,\frac{4}{61}\right)$ में (d) इनमें से कोई नहीं

27. यदि $x^2+6x-27>0$ तथा $x^2-3x-4<0$ हो, तब–

(a) $x>3$ (b) $x<4$

(c) $3<x<4$ (d) $x=\frac{7}{2}$

अनुच्छेद-1 (Paragraph-1)

माना $f(x) = ax^2 + bx + c$, जहाँ a, b, c वास्तविक संख्याएँ तथा $a \neq 0$

28. यदि $y = f(x)$ का ग्राफ अधोमुखी परवलय (Downward parabola) हो तो–

(*a*) $a < 0$ (*b*) $a = 0$

(*c*) $a > 0$ (*d*) इसमें से कोई नहीं

29. यदि $x \in R$ के सभी मानों के लिए यदि $f(x)$ का हमेशा ऋणात्मक मान होता है तब–

(*a*) $a > 0$ तथा $b^2 - 4ac < 0$

(*b*) $a < 0$ तथा $b^2 - 4ac < 0$

(*c*) $a > 0$ तथा $b^2 - 4ac > 0$

(*d*) $a < 0$ तथा $b^2 - 4ac > 0$

30. यदि $2a + 3b + 6c = 0$, तब समीकरण $f(x) = 0$ के–

(*a*) कोई वास्तविक मूल नहीं

(*b*) परिमेय मूल

(*c*) एक वास्तविक मूल 0 तथा 1 के मध्य

(*d*) इसमें से कोई नहीं

अनुच्छेद-2 (Paragraph-2)

माना $f(x) = \sqrt{3x^2 - 7x - 30}$ तथा

$g(x) = \sqrt{2x^2 - 7x - 5}$ जहाँ x वास्तविक संख्या है।

31. समीकरण $f(x) = x$ के हल है

(*a*) $\left[6, \frac{-5}{2}\right]$ (*b*) $\left[\frac{-5}{2}\right]$

(*c*) $\left[\frac{5}{2}, -6\right]$ (*d*) $[6]$

32. समीकरण $f(x) - g(x) = x - 5$ का हल है–

(*a*) $\left[6, \frac{-5}{2}\right]$ (*b*) $\left[6, \frac{-5}{2}, 5\right]$

(*c*) $[6, 5]$ (*d*) इसमें से कोई नहीं।

33. समीकरण $f(x) - g(x) = x + 5$ का हल है–

(*a*) $\left[6, \frac{-5}{2}\right]$ (*b*) $\left[6, \frac{-5}{2}, -5\right]$

(*c*) $[-5]$ (*d*) इसमें से कोई नहीं।

दृढ़कथन-कारण (Assertion–Reason)

निम्नलिखित प्रश्नों के लिए नीचे दिए गए कूटों (*a*), (*b*), (*c*), (*d*) एवं (*e*) से सही उत्तर का चयन करें।

(*a*) वक्तव्य–I सत्य है; वक्तव्य–II सत्य है; वक्तव्य–II वक्तव्य–I का सही स्पष्टीकरण है।

(*b*) वक्तव्य–I सत्य है; वक्तव्य–II सत्य है; वक्तव्य–II वक्तव्य–I का सही स्पष्टीकरण नहीं हैं।

(*c*) वक्तव्य–I सत्य है; वक्तव्य–II असत्य है।

(*d*) वक्तव्य–I असत्य है; वक्तव्य–II सत्य है।

(*e*) वक्तव्य–I असत्य है; वक्तव्य–II असत्य है।

34. **वक्तव्य–I :** यदि $a > 0$, तब $ax^2 + bx + c$ का लघुत्तम मान $\frac{4ac - b^2}{4a}$ है।

वक्तव्य–II : $a < 0$, तब $ax^2 + bx + c$ का लघुत्तम मान $\frac{4ac - b^2}{4a}$ है।

35. **वक्तव्य–I :** यदि $b^2 - 4ac \geq 0$, तब समीकरण $ax^2 + bx + c = 0$ के मूल वास्तविक तथा यदि $b^2 - 4ac < 0$, तब समीकरण $ax^2 + bx + c = 0$ के मूल अवास्तविक हैं।

वक्तव्य–II : समीकरण $ix^2 + 3ix + 2i = 0$ के मूल अवास्तविक होंगे क्योंकि $b^2 - 4ac$ का मान $9i^2 - 4i(2i) = -9 + 8 = -1$ ऋणात्मक है।

36. **वक्तव्य–I :** यदि $1 \le x \le 2$ तब

$$\sqrt{x+2\sqrt{x-1}}+\sqrt{x-2\sqrt{x-1}}=2$$

वक्तव्य–II : यदि $1 \le x \le 2$ तब $x-1>1$

37. मिलान करें (Match These)–

	वर्ग-I		**वर्ग-II**
A.	यदि $x \in (5,7)$ तब x, असमिका को संतुष्ट करेगा	*p.*	$x^2-2x>15$
B.	किस असमिका का हल समुच्चय का उपसमुच्चय अन्तराल $(5,6)$ के मध्य है।	*q.*	$x^2-8x+15>0$
C.	यदि $0<x<2$ तब x संतुष्ट करेगा।	*r.*	$x^2-4x<12$
D.	$x>5$ के सभी मान है	*s.*	$x^2-11x+28<0$

कोड :

	A	B	C	D
(*a*)	*p*, *q*	*q*, *r*	*r*, *s*	*s*, *p*
(*b*)	*p*, *q*, *r*	*s*	*p*, *s*	*s*, *p*, *q*
(*c*)	*p*, *q*, *s*	*p*, *q*, *r*, *s*	*q*, *r*	*p*, *q*

(*d*) इसमें से कोई नहीं।

उत्तरमाला

1	2	3	4	5	6	7	8	9	10
(*d*)	(*a*)	(*c*)	(*a*)	(*c*)	(*a*)	(*b*)	(*c*)	(*c*)	(*c*)
11	**12**	**13**	**14**	**15**	**16**	**17**	**18**	**19**	**20**
(*a*)	(*d*)	(*a*)	(*c*)	(*b*)	(*a*)	(*a*)	(*b*)	(*b*)	(*b*)
21	**22**	**23**	**24**	**25**	**26**	**27**	**28**	**29**	**30**
(*c*)	(*c*)	(*c*)	(*b*)	(*d*)	(*c*)	(*c*)	(*a*)	(*b*)	(*c*)
31	**32**	**33**	**34**	**35**	**36**	**37**			
(*d*)	(*c*)	(*c*)	(*c*)	(*e*)	(*c*)	(*c*)			

व्याख्यात्मक उत्तर

1. माना $A=\sqrt{\left(1+\frac{1}{a}\right)\left(1+\frac{1}{b}\right)}$

$$\Rightarrow A^2=1+\frac{1}{a}+\frac{1}{b}+\frac{1}{ab}=1+\frac{a+b+1}{ab}$$

$$\Rightarrow A^2=1+\frac{\lambda+1}{ab}$$

$$(\because \lambda=a+b)$$

उपरोक्त व्यंजक न्यूनतम होगा जब ab अधिकतम होगा

$$\because a+b=\lambda \Rightarrow a=b=\frac{\lambda}{2}$$

$$\because A^2=1+\frac{\lambda+1}{\left(\frac{\lambda}{2}\right)^2}=\frac{\lambda^2+4\lambda+4}{\lambda^2}$$

$$=\left(\frac{\lambda+2}{\lambda}\right)^2 \Rightarrow A=1+\frac{2}{\lambda}$$

2. $-3<x+\frac{2}{x}<3 \Rightarrow -3<\frac{(x^2+2)}{x^2}x<3$

$$\Rightarrow -3x^2<(x^2+2)x<3x^2 \Rightarrow x(x^2+3x+2)>0$$

तथा $x\left(x^2-3x+2\right)<0 \qquad (x \neq 0)$

$\Rightarrow x(x+1)(x+2)>0$ तथा $x(x-1)(x-2)<0$

$\Rightarrow x \in (-2,-1) \cup (0,\infty) \qquad ...(i)$

तथा $x \in (-\infty,0) \cup (1,2) \qquad ...(ii)$

$\Rightarrow x \in (-2,-1) \cup (1,2)$

3. $(a+b+c)^2 = a^2+b^2+c^2$

$+2(ab+bc+ca) \geq 0$

$\Rightarrow 2(ab+bc+ca) > -1$

$\Rightarrow (ab+bc+ca) > -\frac{1}{2}$

तथा $a^2+b^2+c^2-ab-bc-ca$

$=\frac{1}{2}\left[(a-b)^2+(b-c)^2+(c-a)^2\right] \geq 0$

$\Rightarrow ab+bc+ca \leq a^2+b^2+c^2$

$\Rightarrow ab+bc+ca \leq 1$

4. $\log_2\left(x^2-3x+18\right)<4$

$\Rightarrow x^2-3x+18<2^4 \Rightarrow x^2-3x+18<16$

$\Rightarrow x^2-3x+2<0 \Rightarrow (x-1)(x-2)<0$

$\Rightarrow 1<x<2$

5. $\because A.M. \geq G.M.$

$\Rightarrow \frac{(a+b)}{2} > \sqrt{ab} \Rightarrow \frac{(a+b)}{2} > \sqrt{4} \Rightarrow (a+b) \geq 4$

6. $\because A.M. \geq G.M.$

$\Rightarrow \frac{(a+b)}{2} \geq \sqrt{ab} \Rightarrow \frac{8}{2} \geq \sqrt{ab}$

$\Rightarrow \sqrt{ab} \leq 4 \Rightarrow ab \leq 16$

7. $49 \cdot 4-\left(\frac{27-x}{10}\right)<47 \cdot 4-\left(\frac{27-9x}{10}\right)$

$\Rightarrow 49 \cdot 4-47 \cdot 4<\frac{27-x}{10}-\frac{27-9x}{10}$

$\Rightarrow 2<\frac{27-x-27+9x}{10}$

$\Rightarrow 2<\frac{8x}{10}$

$\Rightarrow x>5/2$

$\therefore$ अभीष्ट पूर्णांक 3 है।

8. $\because y=\frac{x^2}{1+x^4}$

$\Rightarrow y+yx^4=x^2$

$\Rightarrow yx^4-x^2+y=0$

$\Rightarrow x^2=\frac{1 \pm \sqrt{1-4y^2}}{2}$

$\Rightarrow 1-4y^2>0$

$\Rightarrow -\frac{1}{2} \leq y \leq \frac{1}{2}$

परन्तु $y \geq 0 \Rightarrow 0 \leq y \leq \frac{1}{2}$

9. $\frac{a+b+b+c+c+c}{6} \geq \sqrt[6]{ab^2c^3}$

$\Rightarrow \frac{a+2b+3c}{6} \geq \sqrt[6]{ab^2c^3}$

$\Rightarrow ab^2c^3 \leq 2^6$

10. $\frac{\log_5^3+\log_7^5+\log_9^7}{3} \geq \left(\log_5^3 \log_7^5 \log_9^7\right)^{1/3}$

$\Rightarrow x \geq 3\left(\frac{\log 3}{\log 5} \cdot \frac{\log 5}{\log 7} \cdot \frac{\log 7}{\log 9}\right)^{1/3}$

$\Rightarrow x \geq 3\left(\frac{1}{2}\right)^{1/3}$

$\Rightarrow x \geq \frac{3}{2^{1/3}}$

11. $\because \angle C$ अधिक कोण है। इसलिए A व B न्यूनकोण होंगे तथा $A+B$ भी न्यूनकोण होगा। अतः $tanA$, $tanB$ व $tan\,(A+B)$ सभी धनात्मक होंगे।

$$\therefore \tan(A+B) = \frac{\tan A + \tan B}{1 - \tan A \tan B} = \text{धनात्मक}$$

उपरोक्त सत्य होगा, यदि $\tan A \tan B < 1$

12. $(x-1)(x-2) < 0 \Rightarrow 1 < x < 2$ ...(i)

व $(3x-7)(2x-3) > 0 \Rightarrow x < \frac{3}{2}$ या $x > \frac{7}{3}$ ...(ii)

समीकरण (i) और (ii) से $1 < x < \frac{3}{2}$

13. अन्तराल $\left(0, \frac{\pi}{2}\right)$ में $\sin x < x$ तथा $x < \tan x$

$\Rightarrow \sin x < x < \tan x$

$\Rightarrow \sin^2 x < \tan^2 x$

14. $\left[(\log_{10} x)^2 - 3\log_{10} x + 1\right]\log_{10} x > 3\log_{10} 10$

$\Rightarrow (\log_{10} x)^3 - 3(\log_{10} x)^2 + \log_{10} x > 3$

$\Rightarrow (\log_{10} x)^2(\log_{10} x - 3) + (\log_{10} x - 3) > 0$

$\Rightarrow (\log_{10} x - 3)\left[(\log_{10} x)^2 + 1\right] > 0$

$\Rightarrow \log_{10} x > 3 \Rightarrow x > 10^3 = 1000$

$\Rightarrow x \in (1000, \infty)$

15. $$\frac{9\cdot 3^{2x} - 6\cdot 3^x + 4}{9.3^{2x} + 6.3^x + 4} = \frac{\left(3^{(x+1)}\right)^2 - 2.3^{(x+1)} + 4}{\left(3^{x+1}\right)^2 + 2\,3^{(x+1)} + 4}$$

$\left(\text{माना } t = 3^{x+1}\right) = \dfrac{t^2 - 2t + 4}{t^2 + 2t + 4}$ ...(i)

$$\because \frac{1}{3} < \frac{x^2 - 2x + 4}{x^2 + 2x + 4} < 3$$

$$\Rightarrow \frac{1}{3} < \frac{t^2 - 2t + 4}{t^2 + 2t + 4} < 3$$

16. $A.M \geq G.M \therefore \dfrac{a^2 + b^2}{2} \geq \sqrt{a^2 b^2}$

$$\Rightarrow \frac{a^2 + b^2}{2} \geq ab$$

इसी प्रकार, $\dfrac{b^2 + c^2}{2} \geq bc$ तथा $\dfrac{c^2 + a^2}{2} \geq ca$

$\Rightarrow a^2 + b^2 + c^2 \geq ab + bc + ca$

पुनः $\dfrac{a^3 + b^3 + c^3}{3} \geq \left(a^3\, b^3\, c^3\right)^{1/3}$

$\Rightarrow a^3 + b^3 + c^3 \geq 3abc$

अब $\dfrac{b+c}{2} \geq \sqrt{bc}, \dfrac{c+a}{2} \geq \sqrt{ca}, \dfrac{a+b}{2} \geq \sqrt{ab}$

$$\Rightarrow \left(\frac{b+c}{2}\right)\left(\frac{c+a}{2}\right)\left(\frac{a+b}{2}\right) \geq \sqrt{a^2 b^2 c^2}$$

$\Rightarrow (a+b)(b+c)(c+a) \geq 8abc$

पुनः

$$\frac{1}{3}\left(\frac{a}{b} + \frac{b}{c} + \frac{c}{a}\right) \geq \left(\frac{a}{b}.\frac{b}{c}.\frac{c}{a}\right)^{1/3} \Rightarrow \left(\frac{a}{b} + \frac{b}{c} + \frac{c}{a}\right) \geq 3$$

17. माना $2^{-x} = t$, $\therefore 2t^2 - 7t - 4 < 0$

$\Rightarrow (t-4)(2t+1) < 0$

$\Rightarrow 2(t-4)\left(t - \left(-\frac{1}{2}\right)\right) < 0,$

$\Rightarrow \dfrac{-1}{2} < t < 4$

$\because t = 2^{-x} > 0\ \forall\ x \in R \ \because 0 < t < 4$

$\because$ हलों का $(-2, \infty)$ समुच्चय है।

18. $4^{\sin^2 x}+\dfrac{4}{4^{\sin^2 x}}\geq 2\sqrt{4^{\sin^2 x}\dfrac{4}{4^{\sin^2 x}}}$

$\Rightarrow 4^{\sin^2 x}+4^{\cos^2 x}\geq 4$

19. $\dfrac{\lambda x^2+3x+4}{x^2+2x+2}<5$

$\Rightarrow \lambda x^2+3x+4<5x^2+10x+10$

$\Rightarrow (5-\lambda)x^2+7x+6>0, \forall x\in R$

$\Rightarrow (5-\lambda)>0$ तथा $7^2-4.6(5-\lambda)<0$

$\Rightarrow \lambda<5$ तथा $-71+24\lambda<0$

$\Rightarrow \lambda<5$ तथा $\lambda<\dfrac{71}{24}$

$\Rightarrow \lambda<\dfrac{71}{24}$

20. $|2x-3|<|x+2|$

$\Rightarrow -|x+2|<2x-3<|x+2|$

दशा-*I* $x+2\geq 0$

$\Rightarrow -(x+2)<2x-3<x+2$

$\Rightarrow -x-2<2x-3<x+2$

$\Rightarrow 1<3x$ तथा $x<5$

$\Rightarrow \dfrac{1}{3}<x<5$

दशा-*II* $x+2<0\Rightarrow (x+2)<2x-3<-(x+2)$

$\Rightarrow -(x+2)>2x-3>(x+2)$

$\Rightarrow 1>3x$ तथा $x>5\Rightarrow \dfrac{1}{3}>x$ तथा $x>5$ जो कि संभव नहीं है।

21. $y=\dfrac{x^2+2x-11}{x-3}\Rightarrow xy-3y=x^2+2x-11$

$\Rightarrow x^2+(2-y)x+(3y-11)=0$

$\Rightarrow D\geq 0$ ($\because$ वास्तविक है)

$\Rightarrow (2-y)^2-4(3y-11)\geq 0$

$\Rightarrow 4+y^2-4y-12y+44\geq 0$

$\Rightarrow y^2-16y+48\geq 0$

$\Rightarrow y^2-12y-4y+48\geq 0$

$\Rightarrow (y-4)(y-12)\geq 0$

$\Rightarrow y\leq 4$ या $y\geq 12$

22. $\left|3^{\tan\pi x}-3^{1-\tan\pi x}\right|\geq 2$

$\Rightarrow \left|y-\dfrac{3}{y}\right|\geq 2,$ जहाँ $y=3^{\tan\pi x}>0$

$\Rightarrow y-\dfrac{3}{y}\geq 2$ या $y-\dfrac{3}{y}\leq -2$

$\Rightarrow y^2-2y-3\geq 0$ या $y^2+2y-3\leq 0$

$\because y>0,$

$\therefore\ y\geq 3$ या $y\leq 1\Rightarrow 3^{\tan\pi x}\geq 3,$ या $3^{\tan\pi x}\leq 1$

$\Rightarrow \tan\pi x\geq 1$ या $\tan\pi x\leq 0$

$\Rightarrow \bigcup_{m\in z}\left[m+\dfrac{1}{4},m+\dfrac{1}{2}\right]\cup\left(m+\dfrac{1}{2},m+1\right)$

23. $\dfrac{3^{x-1}+3^{-x-1}}{2}\geq\sqrt{3^{x-1}\,3^{-x-1}}$

$\Rightarrow \dfrac{3^x+3^{-x}}{3}\geq\dfrac{2}{3}\sqrt{3^x\,3^{-x}}$

$\Rightarrow 3^{x-1}+3^{-x-1}\geq\dfrac{2}{3}$

अतः $y=3^{x-1}+3^{-x-1}$ का

न्यूनतम मान $\dfrac{2}{3}$ है।

24. $\because\ \dfrac{(a+b-c)+(b+c-a)}{2}$

$\geq\sqrt{(a+b-c)(b+c-a)}$

$\Rightarrow b \ge \sqrt{(a+b-c)(b+c-a)}$ ...(i)

$$\frac{(b+c-a)+(c+a-b)}{2} \ge \sqrt{(b+c-a)(c+a-b)}$$

$\Rightarrow c \ge \sqrt{(b+c-a)(c+a-b)}$ ...(ii)

तथा $\dfrac{(c+a-b)+(a+b-c)}{2} \ge \sqrt{(c+a-b)(a+b-c)}$

$\Rightarrow a \ge \sqrt{(c+a-b)(a+b-c)}$ ...(iii)

समीकरण (i), (ii) और (iii) से,

$abc \ge (a+b-c)(b+c-a)(c+a-b)$

$\Rightarrow (a+b-c)(b+c-a)(c+a-b)-abc \le 0$

$\because a, b, c$ विभिन्न है।

$\therefore (a+b-c)(b+c-a)(c+a-b)-abc < 0$

25. $x^{12}-x^9+x^4-x+1>0,$

जब $0<x<1$:

$x^4>x^9$ तथा $1>x$

$\therefore \quad x^{12}+(x^4-x^9)+(1-x)>0$

पुनः जब $x>1,\ x^{12}-x^9+x^4-x+1>0$

$\therefore$ वृहत्तम अन्तराल $(0,\infty)$ है।

26. $\lambda x^2-(9\lambda)x+(5\lambda+1)>0-\forall\ \lambda \ge 0$ तथा $D<0$

$\Rightarrow \lambda \ge 0$ तथा $(9\lambda)^2-4\lambda(5\lambda+1)>0$

$\Rightarrow \lambda \ge 0$ तथा $61\lambda^2-4\lambda>0 \Rightarrow 0 \le \lambda < \dfrac{4}{61}$

27. $x^2+6x-27>0$ तथा $x^2-3x-4<0$

$\Rightarrow (x+9)(x-3)>0$ तथा $(x-4)(x+1)<0$

$\Rightarrow x \in (-\infty,-9)\cup(3,\infty)$ तथा $-1<x<4$

$\Rightarrow 3<x<4$

28. $y=f(x)=ax^2+bx+c$

या $y=a\left(x^2+\dfrac{b}{a}x\right)+c$

या $y-c=a\left(x+\dfrac{b}{2a}\right)^2-\dfrac{b^2}{4a}$

$\therefore \quad y-\left(c-\dfrac{b^2}{4a}\right)=a\left(x+\dfrac{b}{2a}\right)^2$

$\Rightarrow \dfrac{1}{a}\left[y-\dfrac{4ac-b^2}{4a}\right]=\left(x+\dfrac{b}{2a}\right)^2$

यह एक अधोमुखी परवलय होगा यदि

$a<0$ (अधोमुखी परवलय का रूप $x^2=4ay$)

29. चूँकि $f(x)$ का केवल ऋणात्मक मान है, अतः $f(x)\ne 0$ (x के किसी वास्तविक मान के लिए)

$\Rightarrow b^2-4ac<0$ तथा $a<0$

चूँकि $ax^2+bx+c=a\left(x+\dfrac{b}{2a}\right)^2+\dfrac{4ac-b^2}{4a}$

$$=a\left[\left(x+\frac{b}{2a}\right)^2-\frac{b^2-4ac}{4a^2}\right]$$

30. माना $\phi(x)=\dfrac{ax^3}{3}+\dfrac{bx^2}{2}+cx$

अतः ϕ सतत् एवं अवकलनीय है, x के सभी वास्तविक मानों के लिए,

$\Rightarrow \phi\ [0,1]$ में सतत् है तथा $[0,1]$ में अवकलनीय है, पुनः $\phi(0)=0$

तथा $\phi(1)=\dfrac{a}{3}+\dfrac{b}{2}+c=\dfrac{1}{6}(2a+3b+6c)=0$

$\Rightarrow \phi(0) = \phi(1)$

$\Rightarrow \phi$ संतुष्ट करता है रॉल्स प्रमेय को $[0,1]$

$\Rightarrow$ अतः $[0,1]$ अन्तराल में एक t अवश्य है

जहाँ $\phi(t) = 0$

$\Rightarrow at^2 + bt + c = 0$

$\Rightarrow t$, वास्तविक मूल है $f(x) = 0$ में

31. $f(x) = x, x > 0$

$\Rightarrow 3x^2 - 7x - 30 = x^2$

$\Rightarrow 2x^2 - 7x - 30 = 0$ (बायां पक्ष $\nless 0$)

$x = 6$ के लिए समीकरण संतुष्ट है

32. दिया है, $f(x) - g(x) = x - 5$

$\Rightarrow f(x) = (x-5) + g(x)$

$\Rightarrow \sqrt{3x^2 - 7x - 30} = (x-5) + \sqrt{2x^2 - 7x - 5}$

को वर्ग करने पर,

$\Rightarrow 3x^2 - 7x - 30 = (x-5)^2 + 2x^2 - 7x - 5 + 2(x-5)\sqrt{2x^2 - 7x - 5}$

$\Rightarrow (x^2 - 25) - (x-5)^2 - 2(x-5) \times \sqrt{2x^2 - 7x - 5} = 0$

$\Rightarrow (x-5)\left[x + 5 - x + 5 - 2\sqrt{2x^2 - 7x - 5}\right] = 0$

$\Rightarrow x = 5$ या $5 = \sqrt{2x^2 - 7x - 5}$

$\Rightarrow x = 5$ या $25 = 2x^2 - 7x - 5$

$\Rightarrow x = 5$ या $2x^2 - 7x - 30 = 0$

$\Rightarrow x = 5$ या $2x^2 - 12x + 5x - 30 = 0$

$\Rightarrow x = 5$ या $2x(x-6) + 5(x-6) = 0$

$\Rightarrow x = 5$ या $x = 6, \frac{-5}{2}$

लेकिन $\frac{-5}{2}$ दिए गए समीकरण को संतुष्ट नहीं करता है, अतः $x = 5, 6$

33. उपरोक्त की तरह, हम पाते हैं

$x = -5$ या $\sqrt{2x^2 - 7x - 5} = -5$

यहाँ हम पाते हैं $x = 5, 6$

34. $ax^2 + bx + c = a\left(x + \frac{b}{2a}\right)^2 + \frac{4ac - b^2}{4a} \geq \frac{4ac - b^2}{4a}$ यदि $a > 0$

पुनः $ax^2 + bx + c = a\left(x + \frac{b}{2a}\right)^2 + \frac{4ac - b^2}{4a} \leq \frac{4ac - b^2}{4a}$ यदि $a > 0$

$\Rightarrow$ जब $a < 0$, तो $ax^2 + bx + c$ का महत्तम मान $\frac{4ac - b^2}{4a}$ है।

अतः वक्तव्य-II असत्य हैं, परन्तु वक्तव्य-I सत्य है

35. यदि a, b, c वास्तविक एवं $b^2 - 4ac \geq 0$, तब मूल वास्तविक होंगे परन्तु यदि $b^2 - 4ac < 0$, तब मूल अवास्तविक होंगे।

वक्तव्य-II के लिए दिया गया समीकरण

$ix^2 - 3ix + 2i = 0$ या $i(x^2 - 3x + 2) = 0$

$\Rightarrow x^2 - 3x + 2 = 0 \; (i \neq 0)$

$\Rightarrow x = 1, 2$ यह वास्तविक है। (असत्य है)

36. वक्तव्य-II असत्य है क्योंकि $1 \leq x \leq 2$

$\Rightarrow 0 \leq x - 1 \leq 1$ अर्थात् $x - 1$ एक धनात्मक संख्या है। 0 एवं 1 के मध्य पुनः $\left[1 + (x-1) + 2\sqrt{x-1}\right]^{1/2}$

$$+\left[1+(x-1)-2\sqrt{x-1}\right]^{1/2}$$

$$=\left(1+\sqrt{x-1}\right)+\left(1-\sqrt{x-1}\right)=2$$

अतः वक्तव्य-I सत्य है

37. वर्ग-II के असमिका को हल करने पर,

(*p*) $x^2-2x>15 \Rightarrow x^2-2x-15>0$

$\Rightarrow (x-5)(x+3)>0$

$\Rightarrow x<-3$ या $x>5$

अतः x के सभी मानों के लिए $(5,7),(5,6)$ एवं $(5,\infty)$ असमिका $x^2-2x>15$ को संतुष्ट करेगा

(*q*) असमिका $x^2-8x+15>0$ को हल करने पर

$\Rightarrow (x-3)(x-5)>0$

$\Rightarrow x<3$ या $x>5$

अतः x के सभी मानो के $(5,7)$ या $(5,6)$ या $(5,\infty)$ या $(0,2)$ दिए गए असमिका को संतुष्ट करेगा

(*r*) असमिका $x^2-4x<12$ को हल करने पर,

$\Rightarrow x^2-4x-12<0$

$\Rightarrow (x-6)(x+2)<0$

$\Rightarrow -2<x<6$

अतः $(0,2),(5,6)$ असमिका को संतुष्ट करेगा,

(*s*) असमिका $x^2-11x+28<0$ को हल करने पर,

$\Rightarrow (x-4)(x-7)<0$

$\Rightarrow 4<x<7$

अतः $(5,6)$ या $(5,7)$ दिए गए असमिका को संतुष्ट करेगा।

3

लघुगणक (LOGARITHMS)

लघुगणक (Logarithm)

यदि $a^N = x$ जहाँ $a > 0, \neq 1$ तब N को संख्या x का आधार a पर लघुगणक कहते हैं। अर्थात् $N = \log_a x$ जहाँ x धनात्मक होता है। यदि $x < 0$ तो $\log_a x$ अपरिभाषित है।

लघुगणक के गुण (Properties of Logarithm)

यदि $m, n > 0, a > 0$ तथा $\neq 1$ हो तब,

(i) $\log_a(m.n) = \log_a m + \log_a n$

(ii) $\log_a\left(\frac{m}{n}\right) = \log_a m - \log_a n$

(iii) $\log_a m^n = n \log_a m$

(iv) $x > 0, a > 0, \neq 1$ के लिए,

(a) $\log_a n(x) = \frac{1}{n}\log_a x$

(b) $\log_a{}^n x^m = \left(\frac{m}{n}\right)\log_a x$

(v) आधार परिवर्तन :

(a) $\log_a x = \frac{1}{\log_x a}, x, a > 0, \neq 1$

(b) $\log_a x = \log_b x \,.\, \log_a b = \frac{\log_b x}{\log_b a}$

(vi) $a^{\log_a x} = x;\ a \neq 0, \pm 1, x > 0$

(vii) $a^{\log_b x} = x^{\log_b a}, a > 0, b > 0, \neq 1, x > 0$

(viii) $\log_a a = 1,$

(ix) $\log_a 1 = 0$

(x) $x > y > 0$ के लिए

(a) $\log_a x > \log_a y$

(b) $\log_a x < \log_a y$, यदि $0 < a < 1$

(xi) यदि $a > 1$ हो, तब

(a) $\log_a x > p \Rightarrow x > a^p$

(b) $0 < \log_a x < p \Rightarrow 0 < x < a^x$

उदाहरण 1: सिद्ध करें

$$3\log_{10} 2 + 2\log_{10} 3 + \log_{10} 5 = \log_{10} 360$$

हल: बायाँ पक्ष, दिया गया है,

$$3\log_{10} 2 + 2\log_{10} 3 + \log_{10} 5$$

$$= \log_{10} 2^3 + \log_{10} 3^2 + \log_{10} 5$$

$$= \log_{10} 8 + \log_{10} 9 + \log_{10} 5 = \log_{10}(8 \times 9 \times 5)$$

$= \log_{10} 360$ सिद्ध हुआ

उदाहरण 2: यदि

$\log_4 2 + \log_4 4 + \log_4 16 + \log_4 x = 6$ तो x का मान ज्ञात करे।

हल: $\log_4 2 + \log_4 4 + \log_4 16 + \log_4 x = 6$

$$\Rightarrow \log_4(2 \times 4 \times 16 \times x) = 6$$

$$\Rightarrow \log_4(128x) = 6$$

$$\Rightarrow 128x = 4^6 = 4 \times 4 \times 4 \times 4 \times 4 \times 4$$

$$\Rightarrow x = \frac{4 \times 4 \times 4 \times 4 \times 4 \times 4}{128} = 2 \times 4 \times 4 = 32$$

$$\Rightarrow x = 32$$

उदाहरण 3: यदि a, b, c $G.P.$ (गुणोत्तर श्रेणी) में हो तथा

$x^a = y^b = z^c$ तो सिद्ध करें $\log_y x = \log_z y$

हलः चूंकि a, b, c गुणोत्तर श्रेणी में हैं

$$\therefore\ b^2 = ac \qquad ...(i)$$

पुनः $x^a = y^b = z^c = k \quad \therefore a\log x = \log k$

$$\therefore a = \frac{\log k}{\log x},\quad b = \frac{\log k}{\log y},\quad c = \frac{\log k}{\log z}$$

समीकरण (i) से, $\left(\log_y k\right)^2 = \log_x k, \log_z k$

$$\Rightarrow \frac{\log_y k}{\log_x k} = \frac{\log_z k}{\log_y k}$$

$\Rightarrow \log_y x = \log_z y$ सिद्ध हुआ

लघुगणकीय श्रेणी (Logarithmic Series)

(i) $\log(1+x) = x - \frac{x^2}{2} + \frac{x^3}{3} - \frac{x^4}{4} + ...\infty$

जहाँ $-1 \le x \le 1$

$x = 1$, मान रखने पर,

$$\log(1+1) = 1 - \frac{1}{2} + \frac{1}{3} - \frac{1}{4} + ...\infty$$

अर्थात् $\log 2 = 1 - \frac{1}{2} + \frac{1}{3} - \frac{1}{4} + ...\infty$

(ii) $\log(1-x) = -\left(x + \frac{x^2}{2} + \frac{x^2}{3} + \frac{x^4}{4} + ...\infty\right)$

(जहाँ $-1 \le x \le 1$)

(iii) $\frac{1}{2}\log\left(\frac{1+x}{1-x}\right) = x + \frac{x^3}{3} + \frac{x^5}{5} + ...$

(iv) $\sum_{n=1}^{\infty} \frac{(-1)^{n-1}.x^n}{n} = x - \frac{x^2}{2} + \frac{x^3}{3} - \frac{x^4}{4}$

$+.... = \log e^{(1+x)}$

(v) $\sum_{n=1}^{\infty} \frac{-x^n}{n} = -\left[x + \frac{x^2}{2} + \frac{x^3}{3} + ...\infty\right] = \log e^{(1-x)}$

उदाहरण 4: श्रेणी $\log_4 2 - \log_8 2 + \log_{16} 2....$ का योगफल ज्ञात करें।

हलः माना योगफल S है

अतः $S = \log_4 2 - \log_8 2 + \log_{16} 2....$

$$= \frac{\log 2}{\log 4} - \frac{\log 2}{\log 8} + \frac{\log 2}{\log 16}....$$

$$= \frac{\log 2}{2\log 2} - \frac{\log 2}{3\log 2} + \frac{\log 2}{4\log 2}....$$

$$= \frac{1}{2} - \frac{1}{3} + \frac{1}{4}.... \qquad (i)$$

हम जानते हैं $\log(1+x) = x - \frac{1}{2}x^2 + \frac{1}{3}x^3 - \frac{1}{4}x^4 + ...$

$x = 1$, मान रखने पर,

$$\log 2 = 1 - \frac{1}{2} + \frac{1}{3} - \frac{1}{4} + ...$$

$$\Rightarrow \frac{1}{2} - \frac{1}{3} + \frac{1}{4}.... = 1 - \log 2$$

$$\Rightarrow S = 1 - \log 2$$

$$= \log_e e - \log e^2 = \log e^{\left(\frac{e}{2}\right)}$$

उदाहरण 5: यदि $|x| < 1$ तब

$\frac{2}{1}x + \frac{3}{2}x^2 + \frac{4}{2}x^3 + ...$ का मान ज्ञात करें।

हलः $(1+1)x + \left(1 + \frac{1}{2}\right)x^2 + \left(1 + \frac{1}{3}\right)x^3 + ...$

$$= \left(x + x^2 + x^3 + ...\infty\right) + \left(x + \frac{x^2}{2} + \frac{x^3}{3} + \frac{x^4}{4} + ...\infty\right)$$

(= गुणोत्तर श्रेणी में है + लघुगणक श्रेणी में है)

$$= \frac{x}{1-x} + \left(x + \frac{x^2}{2} + \frac{x^3}{3} + \frac{x^4}{4} + ...\infty\right)$$

$$= \frac{x}{1-x} - \left[-\left(x + \frac{x^2}{2} + \frac{x^2}{3} + \frac{x^4}{4} + \ldots\infty \right) \right]$$

$$= \frac{x}{1-x} - \log(1-x)$$

उदाहरण 6: यदि $y = x - \frac{x^2}{2} + \frac{x^3}{3} - \frac{x^4}{4} + \ldots$, तब x का मान ज्ञात करें।

हलः $y = x - \frac{x^2}{2} + \frac{x^3}{3} - \frac{x^4}{4} + \ldots$

$$\Rightarrow y = \log(1+x) \Rightarrow 1 + x = e^y$$

$$\Rightarrow x = e^y - 1$$

उदाहरण 7: श्रेणी $1 + \log e^z + \frac{(\log e^z)^2}{\lfloor 2} + \frac{(\log e^z)^3}{\lfloor 3} + \ldots$ का मान ज्ञात करें।

हलः हम जानते हैं $1 + x + \frac{x^2}{\lfloor 2} + \frac{x^3}{\lfloor 3} + \ldots\infty$

$= e^x$ (घातांकीय श्रेणी)

अतः $1 + \log e^z + \frac{(\log e^z)^2}{\lfloor 2} + \frac{(\log e^z)^3}{\lfloor 3} + \ldots\infty = e^{\log e^z}$

$= z$

उदाहरण 8: श्रेणी $\frac{1}{3} + \frac{1}{3^2} \cdot \frac{1}{2} + \frac{1}{3^3} \cdot \frac{1}{3} + \frac{1}{3^4} \cdot \frac{1}{4} + \ldots$ का योगफल ज्ञात करें।

हलः दी गयी श्रेणी $x + \frac{x^2}{2} + \frac{x^3}{3} + \ldots$ के रूप में है

जहाँ $x = \frac{1}{3}$

अतः श्रेणी का योगफल

$$= -\log e^{(1-x)} = -\log e^{\left(1-\frac{1}{3}\right)} = -\log e^{\frac{2}{3}}$$

$$= \log e^{\left(\frac{3}{2}\right)}$$

साधित उदाहरण (Solved Examples)

1. यदि $a^x = b^y = c^z = d^w$, तब $x\left(\frac{1}{y} + \frac{1}{z} + \frac{1}{w}\right)$ का मान ज्ञात करें।

हलः दिया है, $a^x = b^y = c^z = d^w$

$$\Rightarrow x = y \log a^b, x = z \log a^c, x = w \log a^d$$

$$\Rightarrow x\left(\frac{1}{y} + \frac{1}{z} + \frac{1}{w}\right) = \log a^{bcd}$$

2. यदि $x = \log_a bc,\ y = \log_b ca,\quad z = \log_c ab$ तब $\frac{x}{1+x} + \frac{y}{1+y} + \frac{z}{1+z}$ का मान ज्ञात करें।

हलः $\frac{x}{1+x} + \frac{y}{1+y} + \frac{z}{1+z}$

$$= 1 - \frac{1}{1+x} + 1 - \frac{y}{1+y} + 1 - \frac{1}{1+z}$$

$$= 3 - \left(\frac{1}{1+x} + \frac{1}{1+y} + \frac{1}{1+z}\right) = 3 - 1 = 2$$

चूँकि $\frac{1}{1+x} + \frac{1}{1+y} + \frac{1}{1+z} = \log abc^{abc} = 1$

3. मान ज्ञात करें $7^{2\log_7 5}$

हलः $7^{2\log_7 5} = 7^{\log_7 25} = 25$

4. श्रेणी $\frac{1}{1.3} + \frac{1}{2.5} + \frac{1}{3.7} + \frac{1}{4.9} + \ldots$ का योगफल निकालें।

हलः माना $S = \frac{1}{1.3} + \frac{1}{2.5} + \frac{1}{3.7} + \frac{1}{4.9} + \ldots$

$$\therefore\ T_n = \frac{1}{n(2n+1)} = \frac{1}{n} - \frac{2}{2n+1}$$

$$\Rightarrow S=\sum_{n=1}^{\infty}Tn=\sum_{n=1}^{\infty}\left(\frac{1}{n}-\frac{2}{2n+1}\right)$$

$$\Rightarrow S=1-\frac{2}{3}+\frac{1}{2}-\frac{2}{5}+\frac{1}{3}-\frac{2}{7}+\frac{1}{4}-\frac{2}{9}+....$$

$$=1+\frac{1}{2}-\frac{1}{3}+\frac{1}{4}-\frac{1}{5}+....$$

$$=1-\left(-\frac{1}{2}+\frac{1}{3}-\frac{1}{4}+\frac{1}{5}-....\right)$$

$$=1-(\log 2-1)=2-\log 2$$

5. $\log_2 20\log_2 80-\log_2 5\log_2 320$ का मान निकालें।

हल: $\log_2 20\log_2 80-\log_2 5\log_2 320$

$$=\log_2\left(2^2\times 5\right)\log_2\left(2^4\times 5\right)-\log_2 5\log_2\left(2^6\times 5\right)$$

$$=(2+\log_2 5)\ (4+\log_2 5)\quad \log_2 5\ (6+\log_2 5)$$

$$=8+6\log_2 5+(\log_2 5)^2-6\log_2 5-(\log_2 5)^2$$

$$=\ 8$$

6. श्रेणी $\log_9 3+\log_{27} 3-\log_{81} 3+\log_{243} 3....$ का योगफल निकालें।

हल: माना $S=\ \log_9 3+\log_{27} 3\quad \log_{81} 3+\log_{243} 3...$

$$=\log_{3^2} 3+\log_{3^3} 3-\log_{3^4} 3+\log_{3^5} 3....$$

$$=\frac{1}{2\log_3^3}+\frac{1}{3\log_3^3}-\frac{1}{4\log_3^3}+\frac{1}{5\log_3^3}$$

$$=\frac{1}{2}+\frac{1}{3}-\frac{1}{4}+\frac{1}{5}+....$$

$$=1-1+\frac{1}{2}+\frac{1}{3}-\frac{1}{4}+\frac{1}{5}....$$

$$=\ \log_e(1+1)=\log_e 2$$

7. श्रेणी $\frac{5}{1.2.3}+\frac{7}{3.4.5}+\frac{9}{5.6.7}+....$ का योगफल ज्ञात करें।

हल: $\frac{5}{1.2.3}+\frac{7}{3.4.5}+\frac{9}{5.6.7}+....$

$$=\frac{3+2}{1.2.3}+\frac{5+2}{3.4.5}+\frac{7+2}{5.6.7}+...$$

$$=\left(\frac{1}{1.2}+\frac{2}{1.2.3}\right)+\left(\frac{1}{3.4}+\frac{2}{3.4.5}\right)+\left(\frac{1}{5.6}+\frac{2}{5.6.7}\right)+....$$

$$=\left(\frac{1}{1.2}+\frac{1}{3.4}+\frac{1}{5.6}+...\right)+$$

$$2\left(\frac{1}{1.2.3}+\frac{1}{3.4.5}+\frac{1}{5.6.7}+....\right)$$

$$=\left(1-\frac{1}{2}\right)+\left(\frac{1}{3}-\frac{1}{4}\right)+\left(\frac{1}{5}-\frac{1}{6}\right)+....$$

$$+\left[\left(\frac{1}{1.2}-\frac{1}{2.3}\right)+\left(\frac{1}{3.4}-\frac{1}{4.5}\right)+....\right]$$

$$=\left[\left(1-\frac{1}{2}+\frac{1}{3}-\frac{1}{4}+\frac{1}{5}-\frac{1}{6}+....\right)\right]$$

$$+\left[\left(1-\frac{1}{2}\right)-\left(\frac{1}{2}-\frac{1}{3}\right)+\left(\frac{1}{3}-\frac{1}{4}\right)-\left(\frac{1}{4}-\frac{1}{5}\right)+....\right]$$

$$=\log 2+2\left(1-\frac{1}{2}-\frac{1}{3}+\frac{1}{4}-\frac{1}{5}+....\right)$$

$$=\log 2+2\log 2-1$$

$$=3\log 2-1$$

8. यदि $\log_2\sin x-\log_2\cos x-\log_2\left(1-\tan^2 x\right)=-1$ तो x का मान ज्ञात करें।

हल: $\log_2\sin x-\log_2\cos x-\log_2\left(1-\tan^2 x\right)=-1$

$$\Rightarrow \log_2\left\{\frac{\sin x}{\cos x(1-\tan^2 x)}\right\}=-1$$

$$\Rightarrow \log_2 \frac{\tan x}{1-\tan^2 x} = -1$$

$$\Rightarrow \frac{\tan x}{1-\tan^2 x} = 2^{-1}$$

$$\Rightarrow \frac{2\tan x}{1-\tan^2 x} = 2.2^{-1} = 2^0 = 1$$

$$\Rightarrow \tan 2x = 1 = \tan\frac{\pi}{4}$$

$$\Rightarrow 2x = n\pi + \frac{\pi}{4} \Rightarrow x = \frac{n\pi}{2} + \frac{\pi}{8}, n \in z$$

9. $\frac{1}{1+\log_b a+\log_b c}+\frac{1}{1+\log_c a+\log_c b}$

$+\frac{1}{1+\log_a b+\log_a c}$ का मान ज्ञात करें।

हलः $\frac{1}{1+\log_b a+\log_b c}+\frac{1}{1+\log_c a+\log_c b}$

$$+\frac{1}{1+\log_a b+\log_a c}$$

$$= \frac{\log b}{\log a+\log b+\log c}+\frac{\log c}{\log a+\log b+\log c}$$

$$+\frac{\log a}{\log a+\log b+\log c}$$

$$= \frac{\log a+\log b+\log c}{\log a+\log b+\log c} = 1$$

10. यदि $\log_3 2, \log_3\left(2^x-5\right), \log_3\left(2^x-\frac{7}{2}\right)$ समान्तर श्रेणी में हो तो x का मान ज्ञात करें।

हलः $\log_3 2, \log_3\left(2^x-5\right), \log_3\left(2^x-\frac{7}{2}\right)$ समान्तर श्रेणी में है।

अतः $2\log_3\left(2^x-5\right) = \log_3 2+\log_3\left(2^x-\frac{7}{2}\right)$

$$\Rightarrow \log_3\left(2^x-5\right)^2 = \log_3 2\left(2^x-\frac{7}{2}\right)$$

$$\Rightarrow \left(2^x-5\right)^2 = 2\left(2^x-\frac{7}{2}\right)$$

$2^x = t$ माना

$$\Rightarrow (t-5)^2 = 2\left(t-\frac{7}{2}\right)$$

$$\Rightarrow t^2-12t+32=0$$

$$\Rightarrow t = 4, 8$$

$\Rightarrow 2^x = 2^2$ तथा $2^x = 2^3$

$$\Rightarrow x = 2, 3$$

अब $x=2$ के लिए $2^x-5<0$

अतः $x=3$

वस्तुनिष्ठ प्रश्न

1. यदि $y = 2^{1/\log x^8}$ हो, तब x का मान है–

(a) y (b) y^2

(c) y^3 (d) इनमें से कोई नहीं

2. $\log_{1/4}\left(a^2-1\right) < \log_{1/2}(a+1)$ हो, तब

(a) $a<1$ (b) $a<-1$

(c) $a>1$ (d) इनमें से कोई नहीं

3. सर्वसमिका

$\log_a n \log_b n + \log_b n \log_c n + \log_c n \log_a n$ है–

(a) $\frac{\log_a n \log_b n \log_c n}{\log_{abc} n}$

(*b*) $\dfrac{\log_{abc} n}{\log_a n}$

(*c*) $\dfrac{\log_b n}{\log_{abc} n}$

(*d*) इनमें से कोई नहीं

4. यदि $\log_3 \log_4 x > 0$ हो, तब–

(*a*) $x > 1$ (*b*) $x > 4$

(*c*) $x > 64$ (*d*) इनमें से कोई नहीं

5. यदि $\log_{\cos x} \sin x \le 2$ तथा $x \in [0, 3\pi]$ हो, तब $\sin x$ होगा अन्तराल–

(*a*) $\left[0, \frac{1}{2}\right]$ में (*b*) $\left[\frac{\sqrt{5}-1}{2}, 1\right]$ में

(*c*) $\left[0, \frac{\sqrt{5}-1}{2}\right]$ में (*d*) इनमें से कोई नहीं

6. यदि $\log_{10} x < 1$ हो, तब–

(*a*) $0 < x < 10$ (*b*) $x > 10$

(*c*) $x < 10$ (*d*) $0 \le x < 10$

7. समीकरण $_x\log_{x^2} = \log_3(x+y)$ तथा $x^2 + y^2 = 65$ के हल हैं–

(*a*) $x = 8, y = 1$ (*b*) $x = 1, y = 8$

(*c*) (*a*) और (*b*), दोनों

(*d*) इनमें से कोई नहीं

8. यदि a, b, c क्रमशः गुणोत्तर श्रेणी के p वें, q वें व r वें पद हैं, तब $(q-r)\log a + (r-p)\log b + (p-q)\log c$ के बराबर है–

(*a*) 0 (*b*) 1

(*c*) 1 (*d*) abc

9. निम्न कथन पर विचार कीजिए-

1. असमिका $\log_5(x^2 \quad 11x + 43) < 2$ का हल $(0, 2)$ है।

2. यदि $(x \quad 1)^{(\log x^2 - 2\log x^9)} = (x-1)^7$ हो, तब हल 2 व 81 हैं।

इनमें से सही कथन हैं-

(*a*) केवल (1) (*b*) केवल (2)

(*c*) (1) व (2) (*d*) इनमें से कोई नहीं

10. यदि $\log_e\left(\frac{a+b}{2}\right) = \frac{1}{2}(\log_e a + \log_e b)$ हो, तब-

(*a*) $a = b$ (*b*) $a = b/2$

(*c*) $2b = a$ (*d*) $a = b/3$

11. यदि a, b, c गुणोत्तर श्रेणी में हो, तब $\log_{ax} x, \log_{bx} x, \log_{cx} x$ होंगे-

(*a*) गुणोत्तर श्रेणी में (*b*) हरात्मक श्रेणी में

(*c*) समान्तर श्रेणी में (*d*) इनमें से कोई नहीं

12. $\log_{|\sin x|}(1 + \cos x) = 2, \quad x \in [0, n\pi], n \in z$ को सन्तुष्ट करने वाले x के मानों की संख्या है-

(*a*) 0 (*b*) n

(*c*) $2n$ (*d*) इनमें से कोई नहीं

13. यदि $\log_{0.5} \sin x = 1 - \log_{0.5} \cos x$ हो, तब अन्तराल $(\ 2\pi, 2\pi)$ में हलों की संख्या है-

(*a*) 1 (*b*) 2

(*c*) 3 (*d*) 4

14. यदि $A = \log_2 \log_2 \log_4 256 + 2\log_{\sqrt{2}} 2$ हो, तब A बराबर है-

(*a*) 2 (*b*) 3

(*c*) 5 (*d*) 7

15. यदि $\log_k A . \log_5 k = 3$ हो, तब A का मान है-

(*a*) $5k^3$ (*b*) k^3

(*c*) 125 (*d*) 243

16. $\sqrt{\log_{0.5}^2 4}$ का मान है-

(*a*) -2 (*b*) $\sqrt{-4}$

(*c*) 2 (*d*) इनमें से कोई नहीं

17. यदि $4^{\log_9^3}+9^{\log_2^4}=10^{\log x^{83}}$, $x\in R$ हो, तब x का मान है-

(a) 4 (b) 9
(c) 10 (d) इनमें से कोई नहीं

18. $x>1$ के लिए, $2\log_{10}x-\log_x(0.01)$ का न्यूनतम मान है-

(a) 1 (b) 2
(c) 4 (d) 6

19. यदि $\log_2 x+\log_2 y\ge 6$ हो, तब $(x+y)$ का न्यूनतम मान है–

(a) 4 (b) 8
(c) 16 (d) 32

20. $\log_7\log_7\left(\sqrt{7\sqrt{7\sqrt{7}}}\right)$ का मान हैं–

(a) $3\log_2 7$ (b) $1-3\log_3 7$
(c) $1-3\log_7 2$ (d) इनमें से कोई नहीं

21. यदि $\log_{\operatorname{cosec}x}\sin x>0$ हो, तब–

(a) $x>0$ (b) $x<0$
(c) $-1<x<1$ (d) इनमें से कोई नहीं

22. निम्न में से सत्य कथन है–

(a) $\frac{1}{\log_3\pi}+\frac{1}{\log_4\pi}<2$

(b) $\log_3 5$ एक परिमेय संख्या है

(c) $\log_{\sqrt{8}}x=\frac{10}{3}\Rightarrow x=32$

(d) इनमें से कोई नहीं

23. $(0.16)^{\log_{2.5}\left(1/3+1/3^2+....\infty\right)}$ का मान है–

(a) 4 (b) 3
(c) 2 (d) 5

24. असमिका $\log_{1.5}\left(\frac{2x-8}{x-2}\right)>0$ का हल है–

(a) $x>2$
(b) $x<2$
(c) $x>4$
(d) $x\in(-\infty,2)\cup(6,\infty)$

25. य $n=1983!$ हो तब व्यंजक

$\frac{1}{\log_2 n}+\frac{1}{\log_3 n}+\frac{1}{\log_4 n}+....+\frac{1}{\log_{1983} n}$ का मान है–

(a) 0 (b) 1
(c) 2 (d) 3

26. यदि $\log_a(ab)=x$ हो, तब $\log_b(ab)$ का मान है–

(a) $\frac{1}{x}$ (b) $\frac{x}{1+x}$

(c) $\frac{x}{x-1}$ (d) $\frac{x}{1-x}$

27. यदि $\frac{\log a}{b-c}=\frac{\log b}{c-a}=\frac{\log c}{a-b}$ हो, तो $a^a b^b c^c$ का मान है–

(a) 1 (b) 2
(c) 3 (d) 4

अनुच्छेद (Paragraph)

यदि $\log(1+x)=x-\frac{x^2}{2}+\frac{x^2}{3}-\frac{x^4}{4}+....\infty$

तथा $\log(1-x)=-\left(x+\frac{x^2}{2}+\frac{x^3}{3}+\frac{x^4}{4}+....\infty\right)$

28. $\sum_{n=1}^{\infty}\frac{(-1)^{n-1}}{n}$ का मान है–

(a) $1-\log_e 2$ (b) $\log_e 2$

(c) $\frac{1}{\log_e 2}$ (d) इसमें से कोई नहीं

29. $\sum_{n=1}^{\infty}\frac{x^{2n-1}}{2n-1}$ का मान है–

(a) $\log\frac{(1-x)}{1+x}$ (b) $2\log\frac{1+x}{1-x}$

(c) $\frac{1}{2}\log\left(\frac{1+x}{1-x}\right)$ (d) इसमें से कोई नहीं

दृढ़कथन-कारण (Assertion-Reason)

निम्नलिखित प्रश्नों के लिए नीचे दी गई कूटों (a), (b), (c) एवं (d) से सही उत्तर का चयन करें।

(a) वक्तव्य–I सत्य है; वक्तव्य–II सत्य है; वक्तव्य–II वक्तव्य–I का सही स्पष्टीकरण है।

(b) वक्तव्य–I सत्य है; वक्तव्य–II सत्य है; वक्तव्य–II वक्तव्य–I का सही स्पष्टीकरण नहीं है।

(c) वक्तव्य–I सत्य है; वक्तव्य–II–असत्य है।

(d) वक्तव्य–I असत्य है; वक्तव्य–II सत्य है।

30. **वक्तव्य–I:** यदि

$$\log_2 x+\log_2\sqrt{x}+\log_2\left(\sqrt[4]{x}\right)+\log_2\left(\sqrt[8]{x}\right)+....=4$$

तब $x=4$

वक्तव्य–II: $1+\frac{1}{2}+\frac{1}{4}+\frac{1}{8}+....=2$

31. **वक्तव्य–I:** यदि x, y, z हरात्मक श्रेणी में हो तब $\log(x+z)+\log(x-2y+z)=2\log(x-z)$

वक्तव्य–II: $\log_a m+\log_a n=\log_a mn$ तथा $\log_a m^n=n\log_a m$

उत्तरमाला

1	2	3	4	5	6	7	8	9	10
(c)	(b)	(a)	(b)	(c)	(a)	(a)	(a)	(b)	(a)
11	**12**	**13**	**14**	**15**	**16**	**17**	**18**	**19**	**20**
(b)	(a)	(b)	(c)	(c)	(a)	(c)	(c)	(c)	(c)
21	**22**	**23**	**24**	**25**	**26**	**27**	**28**	**29**	**30**
(d)	(c)	(a)	(d)	(b)	(c)	(a)	(b)	(c)	(a)
31									
(a)									

व्याख्यात्मक उत्तर

1. $\because\ y=2^{1/\log_x 8}$

$\Rightarrow y=2^{\log_8 x}$

$\Rightarrow y=2^{\log_2\sqrt[3]{x}}$

$\Rightarrow y=\sqrt[3]{x}\Rightarrow y^3=x$

2. $\log_{1/4}\left(a^2-1\right)<\log_{(1/4)}(a+1)^2$

$\Rightarrow a^2-1>(a+1)^2$

$\Rightarrow a^2-1>a^2+1+2a$

$\Rightarrow 2a+2<0\Rightarrow a<-1$

3. $\log_a n \log_b n + \log_b n \log_c n + \log_c n \log_a n$

$$= \frac{\log_n c + \log_n a + \log_n b}{\log_n a \log_n b + \log_n c} = \frac{\log_n (abc)}{\log_n a \log_n b \log_n c}$$

$$= \frac{\log_a n \log_b n \log_c^n}{\log_{abc} n}$$

4. $\log_3 \log_4 x > 0$

$\Rightarrow \log_4 x > 3^0$

$\Rightarrow \log_4 x > 1 \Rightarrow x > 4^1$

$\Rightarrow x > 4$

5. $\log_{\cos x} \sin x \le 2 \Rightarrow \sin x \le \cos^2 x$

$\Rightarrow \sin x \le 1 - \sin^2 x$

$\Rightarrow \sin^2 x + \sin x - 1 \le 0 \Rightarrow \left(\sin x + \frac{1}{2}\right)^2 - \frac{5}{4} \le 0$

परन्तु लघुगणक की परिभाषा से–

$\Rightarrow \sin x > 0, \cos x > 0, \cos x \ne 1 \Rightarrow \sin x + \frac{1}{2} \le \frac{\sqrt{5}}{2}$

$\Rightarrow 0 < \sin x \le \frac{\sqrt{5}-1}{2}$

6. $\because \log_{10} x < 1$

$\Rightarrow 0 < x < 10$

7. $x^{\log_x 2} = 2 = \log_3 (x+y)$

$\Rightarrow x + y = 9$ तथा $x^2 + y^2 = 65$

$\Rightarrow x = 8, y = 1$ या $x = 1, y = 8$

परन्तु $x \ne 1 \Rightarrow x = 8, y = 1$

8. $a = \alpha\beta^{p-1}, b = \alpha\beta^{q-1}$ तथा $c = \alpha\beta^{r-1}$

(जहाँ α व β गुणोत्तर श्रेणी के क्रमशः प्रथम पद व सार्वनुपात है)

$\therefore \log a = \log\alpha + (p-1)\log\beta$ ...(i)

$\log b = \log\alpha + (q-1)\log\beta$ ...(ii)

$\log c = \log\alpha + (r-1)\log\beta$ ...(iii)

अब, $(q-r)\log a + (r-p)\log b + (p-q)\log c$ में

$\log a, \log b$ व $\log c$ का मान रखने पर,

$(q-r)[\log\alpha + (p-1)\log\beta]$
$+ (r-p)[\log\alpha + (q-1)\log\beta]$
$+ (p-q)[\log\alpha + (r-1)\log\beta]$
$= (q-r+r-p+p-q)\log\alpha + [(q-r)(p-1)$
$+ (r-p)(q-1) + (p-q)(r-1)]\log\beta = 0$

9. (1) $\log_5 (x^2 - 11x + 43) < 2$

$\Rightarrow x^2 - 11x + 43 > 0$ तथा $x^2 - 11x + 43 < 25$

$\Rightarrow \left(x - \frac{11}{2}\right)^2 + \frac{51}{4} > 0$ तथा $x^2 - 11x + 18 < 0$

$\Rightarrow \left(x - \frac{11}{2}\right)^2 + \frac{51}{4} > 0$ तथा $(x-2)(x-9) < 0$

$\Rightarrow$ हल $(2, 9)$ है।

(2) प्रांत के लिए, $x - 1 \ne 0 \Rightarrow x \ne -1$ अब $|x-1| = 1$ अर्थात् $x - 1 = \pm 1 \Rightarrow x = 0, 2$

$x = 0$ प्रान्त में नहीं है तथा $x = 2$ दिए गए समीकरण को संतुष्ट करता है। यदि $x - 1 > 0$ अर्थात् $x > 1$, तब दिया गया समीकरण

$$2\log_3 x - \frac{4}{\log_3 x} = 7$$

$\Rightarrow x = 81, \frac{1}{\sqrt{3}}$ परन्तु $x \ne \frac{1}{\sqrt{3}}$

$\therefore x = 2, 81$

10. $\log_e \left(\frac{a+b}{2}\right) = \frac{1}{2}(\log_e a + \log_e b)$

$\Rightarrow \frac{a+b}{2} = \sqrt{ab}$

$\Rightarrow a + b - 2\sqrt{ab} = 0 \Rightarrow \sqrt{a} = \sqrt{b} \Rightarrow a = b$

11. $\log_{ax} x = \dfrac{1}{\log_x ax} \Rightarrow \log_{ax} x = \dfrac{1}{1+\log_x a}$

इसी प्रकार, $\log_{bx} x = \dfrac{1}{1+\log_x b}$;

$\log_{cx} x = \dfrac{1}{1+\log_x c}$

यदि a, b, c गुणोत्तर श्रेणी में है।

$\Rightarrow \log_x a, \log_x b, \log_x c$ समान्तर श्रेणी में है।

$\Rightarrow (1+\log_x a), (1+\log_x b), (1+\log_x c)$ समान्तर श्रेणी में है।

$\Rightarrow \dfrac{1}{1+\log_x a}, \dfrac{1}{1+\log_x b}, \dfrac{1}{1+\log_x c}$ हरात्मक श्रेणी में है।

$\Rightarrow \log_{ax} x \log_{bx} x \log_{cx} x$ हरात्मक श्रेणी में है।

12. $\log_{|\sin x|}(1+\cos x) = 2$

$\Rightarrow 1+\cos x = |\sin x|^2 \Rightarrow |1+\cos x| = 1-\cos^2 x$

$\Rightarrow \cos x(1+\cos x) = 0 \Rightarrow \cos x = 0\ (\because 1+\cos x \neq 0)$

$\Rightarrow \sin x = 1$ जो कि सम्भव नहीं है क्योंकि लघुगणक का आधार 1 नहीं हो सकता है।

13. $\log_{0.5} \sin x + \log_{0.5} \cos x = 1$

$\Rightarrow \log_{0.5} \sin x \cos x = 1$

$\Rightarrow \sin x \cos x = (0.5)^1 = \dfrac{1}{2}$

$\Rightarrow \sin 2x = 1$

$\Rightarrow 2x = n\pi + (-1)^n \dfrac{\pi}{2}$

$\Rightarrow x = \dfrac{n\pi}{2} + (-1)^n \dfrac{\pi}{4}$

$\because \log_{0.5} \sin x$ व $\log_{0.5} \cos x$ वास्तविक हैं।

$\therefore\ \sin x$ व $\cos x$ प्रथम चतुर्थांश में होंगे।

$\therefore\ x = \dfrac{\pi}{4}, -2\pi + \dfrac{\pi}{4}$

$\therefore$ हलों की संख्या 2 है।

14. $\because A = \log_2 \log_2 \log_4 256 + 2\log_{\sqrt{2}} 2$

$= \log_2 \log_2 \log_4 4^4 + 4\log_{\sqrt{2}} \sqrt{2}$

$= \log_2 \log_2 2^2 + 4 = \log_2 2 + 4 = 1 + 4 = 5$

15. $\log_k A . \log_5 k = 3 \Rightarrow \dfrac{\log A}{\log k} . \dfrac{\log k}{\log 5} = 3$

$\Rightarrow \dfrac{\log A}{\log 5} = 3$

$\Rightarrow \log_5 A = 3$

$\Rightarrow A = 5^3 = 125$

16. $\sqrt{\log_{0.5}^2 4} = \log_{0.5} 4$

$= -2 \log_2{}^2 = -2$

17. $4^{\log_3 2^{2^3}} + 9^{\log_2 2^{2^3}} = 10^{\log_x 83}$

$\Rightarrow 4^{1/2} + 9^2 = 10^{\log_x 83}$

$\Rightarrow 2 + 81 = 10^{\log_x 83}$

$\Rightarrow 83 = 10^{\log_x 83}$

$\Rightarrow x = 10$

18. $2\log_{10} x - \log_x \dfrac{1}{100} = 2\log_{10} x + 2\log_x 10$

$= 2\left(t + \dfrac{1}{t}\right) \geq 4$

19. $\log_2 x + \log_2 y \geq 6,\ \log_2 xy \geq 6$

$\Rightarrow xy \geq 2^6$

अब $\dfrac{x+y}{2} \geq \sqrt{xy}$

$\Rightarrow \dfrac{x+y}{2} \geq 2^3$

$\Rightarrow x + y \geq 2^4$

$\therefore\ x + y$ का न्यूनतम मान $= 2^4 = 16$

20. $\log_7 \log_7 \left(7\sqrt{7\sqrt{7}}\right) = \log_7 \log_7 7^{7/8}$

$= \log_7 \frac{7}{8}(\log_7 7) = \log_7\left(\frac{7}{8}\right)$

$= \log_7 7 - \log_7 8 = 1 - 3\log_7^{\,2}$

21. $\log_{\text{cosec}\, x} \sin x > 0, \quad \text{cosec } x > 1$

$\Rightarrow \sin x > \text{cosec } x$

$\Rightarrow \sin x > 1$ जो कि सम्भव नहीं है।

22. (*a*) $\frac{1}{\log_3 \pi} + \frac{1}{\log_4 \pi} = \log_\pi 3 + \log_\pi 4$

$= \log_\pi 12 > 0 \qquad (\because 12 > \pi^2)$

(*b*) $\log_3 5$ सम अपरिमेय संख्या है।

(*c*) $\log \sqrt{8}^{\,x} = \frac{10}{3}$

$\Rightarrow x = \left(\sqrt{8}\right)^{10/3} = 2^5$

$\Rightarrow x = 32$

23. $(0.16)^{\log 2.5\left(\frac{1}{3}+\frac{1}{3^2}+....\infty\right)} = (0.16)^{\log 2.5\left(\frac{1/3}{2/3}\right)}$

$= (0.16)^{\log 2.5 (1/2)} = 4$

24. $\log_{1.5}\left(\frac{2x-8}{x-2}\right) > 0$

$\Rightarrow \frac{2x-8}{x-2} > 1$

$\Rightarrow \frac{2(x-4)(x-2)}{(x-2)^2} > 1$

$\Rightarrow 2(x-4)(x-2) > (x-2)^2$

$\Rightarrow (x-2)(2x-8-x+2) > 0 \Rightarrow (x-2)(x-6) > 0$

$\therefore x \in (-\infty, 2) \cup (6, \infty)$

25. $\frac{1}{\log_2 n} + \frac{1}{\log_3 n} + \frac{1}{\log_4 n} + ... + \frac{1}{\log_{1983} n}$

$= \log_n 2 + \log_n 3 + \log_n 4 + ... \log_n 1983$

$= \log_n (2.3.4....1983) = \log_n (1983!) = \log_n n = 1$

26. दिया है $x = \log_a ab = \frac{\log ab}{\log a} = \frac{\log a + \log b}{\log a}$

$\Rightarrow x = 1 + \log_a b,\ x - 1 = \log_a b$

$\Rightarrow \log_b a = \frac{1}{x-1}$

अब $\log_b(ab) = \frac{\log ab}{\log b} = \frac{\log a}{\log b} + \frac{\log b}{\log b} = 1 + \log_b a$

$= 1 + \frac{1}{x-1} = \frac{x-1+1}{x-1} = \frac{x}{x-1}$

27. माना $\frac{\log a}{b-c} = \frac{\log b}{c-a} = \frac{\log c}{a-b} = k$

$\Rightarrow \log a = (b-c)k$

पुनः $\log b = (c-a)k$ तथा $\log c = (a-b)k$ तथा

माना $A = a^a b^b c^c$,

$\log A = a\log a + b\log b + c\log c$

$= [a(b-c) + b(c-a) + c(a-b)]k$

$= k(ab - ac + bc - ab + ac - bc) = 0$

$\Rightarrow A = e^0 = 1$

$\Rightarrow A = a^a b^b c^c = 1$

28. $\sum_1^\infty \frac{(-1)^{n-1}}{n} = 1 - \frac{1}{2} + \frac{1}{3} - \frac{1}{4} + ...$

$\log_e(1+x) = x - \frac{x^2}{2} + \frac{x^3}{3} - \frac{x^4}{4} + ...\infty$

$x = 1$ रखने पर,

$\Rightarrow \log(1+1) = 1 - \frac{1}{2} + \frac{1}{3} - \frac{1}{4} + ...\infty$

$\Rightarrow \log_e 2 = 1 - \frac{1}{2} + \frac{1}{3} - \frac{1}{4} ......\infty$

29. $\sum_{n=1}^{\infty}\frac{x^{2n-1}}{2n-1}=\frac{x}{1}+\frac{x^3}{3}+\frac{x^5}{5}+....$

दिया है $\log_e(1+x)=x-\frac{x^2}{2}+\frac{x^2}{3}-\frac{x^4}{4}+....$

तथा $\log_e(1-x)=-\left(x+\frac{x^2}{2}+\frac{x^3}{3}+\frac{x^4}{4}+....\right)$

घटाने पर,

$$\log_e(1+x)-\log_e(1-x)=2x+\frac{2x^3}{3}+\frac{2x^5}{5}+....$$

$$\Rightarrow \log_e\frac{(1+x)}{(1-x)}=2\left(x+\frac{x^3}{3}+\frac{x^5}{5}+....\right)$$

$$\therefore \frac{1}{2}\log_e\frac{(1+x)}{1-x}=x+\frac{x^3}{3}+\frac{x^5}{5}+....$$

30. वक्तव्य–I एवं वक्तव्य–II सत्य हैं क्योंकि दिए गए समीकरण से, $\log_2\left[x^{1+\frac{1}{2}+\frac{1}{4}+\frac{1}{8}+\frac{1}{16}}\right]=4$

$$\Rightarrow \log_2\left(x^2\right)=4$$

$\Rightarrow x^2=16$ या $x=4$

अतः वक्तव्य–II सही स्पष्टीकरण है।

31. दिया गया संबंध सत्य होगा यदि,

$$\log(x+z)(x-2y+z)=\log(x-z)^2$$

$$\Rightarrow (x+z)(x-2y+z)=(x-z)^2$$

$$\Rightarrow \frac{x+z}{x-z}=\frac{x-z}{x-2y+z}$$

$\Rightarrow \frac{2x}{2z}=\frac{2x-2y}{2y-2z}$ (योगान्तर निष्पत्ति से)

$$\Rightarrow \frac{x}{z}=\frac{x-y}{y-z}$$

अतः वक्तव्य–I एवं वक्तव्य–II दोनों सत्य है तथा वक्तव्य–II, वक्तव्य–I, का सही स्पष्टीकरण है।

4

श्रेणियाँ (SERIES)

समान्तर श्रेणी (Arithmetic Series)

वह अनुक्रम, जिसके किसी दो क्रमागत पदों का अन्तर सदैव अचर हो, समान्तर श्रेणी कहलाता है।

अनुक्रम के प्रथम पद को प्रथम पद (first term) एवं पदों के अन्तर को सार्वअन्तर (common difference) कहते हैं।

जैसे : $a, a + d, a + 2d, ...$

अतः प्रथम पद = a, सार्वअन्तर = d है।

श्रेणी का n वाँ पद $T_n = a + (n - 1)d$

श्रेणी का अन्तिम पद, $l = a + (n - 1)d$

श्रेणी के n पदों का योगफल, $S_n = \frac{n}{2}[2a+(n-1)d]$

$$= \frac{n}{2}(a+l)$$

उदाहरण 1. अनुक्रम $-3, -7, -11, -15, ...$ का कौन सा पद -403 है?

हल : $-3, -7, -11, -15$ .... समान्तर श्रेणी में है

जहाँ $a = -3$ तथा सार्वअन्तर, $d = -4$

माना दिए गए अनुक्रम का n वाँ पद -403 है

अतः $-403 = (-3) + (n - 1)(-4)$

$\Rightarrow 4(n - 1) = 400 \Rightarrow n - 1 = 100$

$\Rightarrow n = 101$

उदाहरण 2. किसी समान्तर श्रेणी में यदि $S_3 = 6$ तथा $S_6 = 3$ हो तब इसका सार्वअन्तर निकालें।

हल : $S_3 = 6$ तथा $S_6 = 3$

$\Rightarrow \frac{3}{2}(2a+2d)=6$

तथा $\frac{6}{2}(2a + 5d) = 3$

$\Rightarrow 2a + 2d = 4$ ...(*i*)

तथा $2a + 5d = 1$ ...(*ii*)

(*i*) एवं (*ii*) को हल करने पर, $d = -1$

महत्त्वपूर्ण परिणाम (Important Results)

(*i*) यदि किसी समान्तर श्रेणी के n पदों का योग S_n से निरूपित हो, तो श्रेणी का n वाँ पद $T_n = S_n - S_{n-1}$, $n > 1$

(*ii*) किसी n पदों की समान्तर श्रेणी में अन्त से k वाँ पद $= l + (k - 1)(-d)$, जहाँ l अन्तिम पद और d सार्वअन्तर है।

(*iii*) समान्तर श्रेणी के प्रारंभ और अन्त से समान दूरी वाले पदों का योगफल अचर होता है।

(*iv*) सम पदों वाली समान्तर श्रेणी में दो मध्य पद n वाँ तथा $\left(\frac{n}{2}+1\right)$ वाँ या $\frac{n+2}{2}$ वाँ पद होगें।

(*v*) विषम पदों वाली समान्तर श्रेणी में एक मध्य पद $\frac{(n+1)}{2}$ वाँ पद होगा।

(*vi*) समान्तर श्रेणी में तीन पद क्रमशः $a - d, a, a + d$ होते हैं।

(*vii*) समान्तर श्रेणी में चार पद क्रमशः $a - 3d$, $a - d$, $a + d$, तथा $a + 3d$ होते हैं।

(*viii*) समान्तर श्रेणी में पाँच पद क्रमशः $a - 2d, a - d$, a, $a + d, a + 2d$ होते हैं।

उदाहरण 3. समान्तर श्रेणी के तीन लगातार पदों का योग -3 तथा उसका गुणनफल 8 है। तब संख्याएँ निकालें।

हल : माना स॰ श्रे॰ के तीन पद $a - d, a, a + d$ है, तब

प्रश्नानुसार, $a-d+a+a+d=-3$

$\Rightarrow 3a = -3 \Rightarrow a = -1$

तथा गुणनफल $=(a-d).a(a+d)=8$

$\Rightarrow \quad a\left(a^2-d^2\right)=8 \quad \Rightarrow (-1)\left(1-d^2\right)=8$

$\Rightarrow -1+d^2=8 \Rightarrow d^2=9 \quad \Rightarrow d=\pm 3$

जब $a =\ \ 1$ और $d =\ \ 3$ हो, तो संख्याएँ 2, 1, 4 होंगी तथा जब $a = 1$ और $d = 3$ हो, तो संख्याएँ 4, 1, 2 होंगी।

उदाहरण 4. समान्तर श्रेणी के लगातार पाँच पदों का योग $12\frac{1}{2}$ तथा प्रथम एवं अन्तिम पदों का अनुपातः 2 : 3 है, तो संख्या निकालें।

हल : माना संख्याएँ $= a-2d, a-d, a, a+d, a+2d$

प्रश्नानुसार, $(a \quad 2d+a \quad d+a+a+d+a+2d)$

$= \frac{25}{2}$

$\Rightarrow 5a = \frac{25}{2} \Rightarrow a = \frac{5}{2}$

पुनः $\frac{a-2d}{a+2d} = \frac{2}{3} \qquad \Rightarrow 10d = a$

$\Rightarrow d = \frac{a}{10} = \frac{5}{20} = \frac{1}{4}$

अतः संख्याएँ $2, \frac{9}{4}, \frac{5}{2}, \frac{11}{4}, 3$.

उदाहरण 5. किसी समान्तर श्रेणी के n पदों का योग $5n^2 + 2n$ है तो श्रेणी ज्ञात करें।

हल : दिया है, $S_n = 5n^2 + 2n$

$\therefore S_{n \quad 1} = 5(n \quad 1)^2 + 2(n \quad 1)$

$= 5(n^2 \quad 2n + 1) + 2n \quad 2$

$= 5n^2 \quad 8n + 3$

लेकिन $S_n = S_{n\ 1} + T_n$

$\therefore T_n = S_n \quad S_{n\ 1}$

$= 5n^2 + 2n \quad 5n^2 + 8n \quad 3$

$T_n = 10n \quad 3$

$n = 1, 2, 3, 4$ .... मान रखने पर, श्रेणी 7, 17, 27, 37, ... है।

समान्तर माध्य (Arithmetic Mean)

(*i*) दो राशियों a एवं b के बीच समान्तर माध्य $A = \frac{a+b}{2}$

(*ii*) यदि दो राशियों के बीच में n समान्तर माध्य पद हो, अर्थात् $a, A_1, A_2, A_3 \ldots\ldots A_n, b$

तो $A_1 = \frac{an+b}{n+1}, \ A_2 = \frac{a(n-1)+2b}{n+1},$

$A_3 = \frac{a(n-2)+3b}{n+1}, \ldots\ldots, A_n = \frac{a+nb}{n+1}$ होंगे।

उदाहरण 6. 2 एवं 16 के बीच छः (6) समान्तर माध्य निकालें।

हल : माना $A_1, A_2, A_3, A_4, A_5, A_6$ छः स. मा. है

तो $2, A_1, A_2, A_3, A_4, A_5, A_6, 16$

अतः पदों की संख्या = 8

माना सार्वअन्तर $= d$

तब $16 = 2 + (8 \quad 1)d$

$\Rightarrow 7d = 14 \Rightarrow d = 2$

$\therefore A_1 = a + d = 2 + 2 = 4$

$A_2 = a + 2d = 2 + 4 = 6$

....

....

$A_6 = a + 6d = 2 + 12 = 14.$

उदाहरण 7. यदि a और b के बीच समान्तर माध्य A हो तब सिद्ध करें

$$(A \quad a)^2 + (A \quad b)^2 = \frac{1}{2}(a-b)^2$$

हल : बायाँ पक्ष

L.H.S.

$$(A-a)^2+(A-b)^2=\left(\frac{a+b}{2}-a\right)^2+\left(\frac{a+b}{2}-b\right)^2 \qquad \left(\because A=\frac{a+b}{2}\right)$$

$$=\frac{1}{4}(b-a)^2+\frac{1}{4}(a-b)^2=\frac{2}{4}(a-b)^2$$

$$=\frac{1}{2}(a-b)^2 = \qquad \text{R.H.S.}$$

गुणोत्तर श्रेणी (Geometrical Progression)

यदि किसी अनुक्रम का कोई पद तथा इसके पूर्व पद का अनुपात् सदैव अचर हो तब उसे गुणोत्तर श्रेणी कहते हैं। जैसे– यदि $a_1, a_2, a_3, ..., a_n$ गुणोत्तर श्रेणी में हों, तो

$$\frac{a_2}{a_1}=\frac{a_3}{a_2}=\frac{a_4}{a_3}=........=\frac{a_n}{a_{n-1}}=r$$

अचर पद अर्थात r को श्रेणी का सार्वनुपात कहते हैं। गुणोत्तर श्रेणी a, ar, ar^2, ar^3 ..... में
प्रथम पद $= a$ एवं सार्वनुपात $= r$

गुणोत्तर श्रेणी का n वाँ पद (n^{th} term of G.P.)

$T_n = ar^{n-1}$

यदि अन्तिम पद l हो तब, $l = ar^{n-1}$.
गुणोत्तर श्रेणी के n पदों का योगफल

$$S_n = \begin{cases} \dfrac{a(r^n-1)}{r-1}, & r>1 \\ \dfrac{a(1-r^n)}{1-r} & r<1 \end{cases}$$

गुणोत्तर श्रेणी के अनन्त पदों का योगफल

$$S_\infty=\frac{a}{1-r}$$

जहाँ $|r|<1$.

उदाहरण 8. किसी गुणोत्तर श्रेणी का आठवाँ (8th term) पद 128 तथा सार्वनुपात 2 है तो इसके प्रथम पांच पदों का गुणनफल ज्ञात करें।

हल : माना प्रथम पद $= a$ तब $T_8 = 128 \Rightarrow ar^7 = 128$
$\Rightarrow a(2)^7 = 128 \qquad \Rightarrow a = 1$

अतः प्रथम पाँच पदों का गुणनफल $= (T_3)^5 = (ar^2)^5$
$= (1 \times 2^2)^5 = 4^5$.

उदाहरण 9. यदि तीन धनात्मक संख्याएं a, b, c गुणोत्तर श्रेणी में हो तो सिद्ध करें $\log a, \log b, \log c$ समान्तर श्रेणी में होगा।

हल : a, b, c गुणोत्तर श्रेणी में है।
अतः $b^2 = ac$
दोनों ओर लघुगणक लेने पर,

$\log b^2 = \log ac$

$\Rightarrow 2 \log b = \log a + \log c$

$\Rightarrow \log a, \log b, \log c$ स॰ श्रे॰ में हैं।

उदाहरण 10. अनुक्रम 5 + 55 + 555+ .... का n वाँ पद निकालें।

हल : माना $S_n=5+55+555+.......+T_{n-1}+T_n$ ....(i)

तब $S_n = 5 + (55 + ... + T_{n-1} + T_n)$ ...(ii)

समीकरण (ii) में से (i) को घटाने पर,

$0 = 5 + 50 + 500 + ...$ n पद तक $-T_n$

$$\Rightarrow T_n=\frac{5(10^n-1)}{10-1}=\frac{5}{9}(10^n-1).$$

उदाहरण 11. अनन्त पदों का योगफल निकालें।

$$\frac{1}{7}+\frac{2}{7^2}+\frac{1}{7^3}+\frac{2}{7^4}+.........\infty$$

हल : $\left(\frac{1}{7}+\frac{1}{7^3}+\frac{1}{7^5}+.......\infty\right)+2\left(\frac{1}{7^2}+\frac{1}{7^4}+\frac{1}{7^6}+......\right)$

$$=\frac{\frac{1}{7}}{1-\frac{1}{7^2}}+\frac{2\left(\frac{1}{7^2}\right)}{1-\frac{1}{7^2}}$$

$$=\frac{7}{49-1}+\frac{2}{49-1}=\frac{9}{48}=\frac{3}{16}.$$

महत्वपूर्ण परिणाम (Important Results)

(i) किसी गुणोत्तर श्रेणी के n पदों का योग S हो, तो श्रेणी का n वाँ पद $t_n = S_n - S_{n-1}, n > 1$ तथा प्रथम पद $t_1 = S_1$

(ii) गुणोत्तर श्रेणी के तीन क्रमागत पद $\frac{a}{r}, a, ar$

(iii) गुणोत्तर श्रेणी के चार क्रमागत पद $\frac{a}{r^3}, \frac{a}{r}, ar, ar^3$

(iv) गुणोत्तर श्रेणी के पाँच क्रमागत पद क्रमशः

$\frac{a}{r^2}, \frac{a}{r}, a, ar, ar^2$

गुणोत्तर माध्य (Geometric Mean)

दो राशियों a और b के मध्य गुणोत्तर माध्य

$$G = \sqrt{ab}$$

(a) यदि दो राशियों a और b के मध्य n गुणोत्तर माध्य हो अर्थात्

$a, G_1, G_2, G_3, \ldots\ldots\ldots G_n, b$

तो $G_1 = a\left(\frac{b}{a}\right)^{\frac{1}{n+1}}, G_2 = a\left(\frac{b}{a}\right)^{\frac{2}{n+1}}, \ldots\ldots\ldots,$

$G_n = a\left(\frac{b}{a}\right)^{\frac{n}{n+1}}.$

(b) दो राशियों a व b के बीच n गुणोत्तर मध्य पदों का गुणनफल उन राशियों के गुणोत्तर माध्य की n वीं घात के बराबर होता है।

$$G_1 G_2 G_3 \ldots\ldots G_n = (ab)^{\frac{n}{2}} = (G)^n.$$

उदाहरण 12. गुणोत्तर श्रेणी के तीन पदों का योग 19 तथा उसका गुणनफल 216 है तो श्रेणी ज्ञात करें।

हल : माना $\frac{a}{r}, a, ar$ तीन पद गुणोत्तर श्रेणी में हैं।

प्रश्न से, $\frac{a}{r} \times a \times ar = 216 \Rightarrow a^3 = 6^3 \Rightarrow a = 6$

पुनः योग $= \frac{a}{r} + a + ar = 19$

$\Rightarrow a\left(\frac{1+r+r^2}{r}\right) = 19$

$\Rightarrow 6r^2 + 6r + 6 = 19r$

$\Rightarrow 6r^2 - 13r + 6 = 0$

$\Rightarrow r = \frac{13 \pm \sqrt{169-144}}{12} = \frac{13 \pm 5}{12}$

$\therefore r = \frac{3}{2}$ तथा $r = \frac{2}{3}$

अतः जब $r = \frac{3}{2}$, तब श्रेणी 4, 6, 9 तथा जब $r = \frac{2}{3}$, तब श्रेणी 9, 6, 4 होगी।

उदाहरण 13. 3 तथा 96 के मध्य 4 गुणोत्तर माध्य निकालें।

हल : 3, G_1, G_2, G_3, G_4, 96

माना r सर्वानुपात है, कुल पदों की संख्या 6

$\therefore 96 = ar^{6-1} = 3r^5 \Rightarrow r^5 = 2^5 \Rightarrow r = 2$

$\therefore G_1 = ar = 3.2 = 6; G_2 = ar^2 = 3.2^2 = 12$

$G_3 = ar^3 = 3.2^3 = 24; G_4 = ar^4 = 3.2^4 = 48.$

उदाहरण 14. यदि दो धनात्मक राशियों a तथा b के बीच समान्तर माध्य, गुणोत्तर माध्य का दुगुना है तो इस संख्या के बीच अनुपात निकालें।

हल : दिया है A.M = 2 × G.M.

$\Rightarrow \frac{a+b}{2} = 2\sqrt{ab} \Rightarrow \frac{a+b}{2\sqrt{ab}} = \frac{2}{1}$

$\Rightarrow \frac{a+b+2\sqrt{ab}}{a+b-2\sqrt{ab}} = \frac{2+1}{2-1}$ (योगान्तर निष्पत्ति से)

$\Rightarrow \left(\frac{\sqrt{a}+\sqrt{b}}{\sqrt{a}-\sqrt{b}}\right)^2 = \frac{3}{1} \Rightarrow \frac{\sqrt{a}+\sqrt{b}}{\sqrt{a}-\sqrt{b}} = \frac{\sqrt{3}}{1}$

$\Rightarrow \frac{2\sqrt{a}}{2\sqrt{b}} = \frac{\sqrt{3}+1}{\sqrt{3}-1}$ (योगान्तर निष्पत्ति से)

$\Rightarrow \frac{a}{b} = \frac{(\sqrt{3}+1)^2}{(\sqrt{3}-1)^2} = \frac{3+1+2\sqrt{3}}{3+1-2\sqrt{3}}$

$\Rightarrow \frac{a}{b} = \frac{2+\sqrt{3}}{2-\sqrt{3}}$

उदाहरण 15. श्रेणी $\sqrt{2}+\sqrt{8}+\sqrt{18}+\sqrt{32}+$ .... के n पदों का योगफल निकालें।

हल : $\sqrt{2}+\sqrt{8}+\sqrt{18}+\sqrt{32}+$ ....

$$=\sqrt{2}(1+2+3+\ldots\ldots\ldots)$$

$$=\sqrt{2}\ \Sigma n$$

$$=\sqrt{2}\,\frac{(n)(n+1)}{2}=\frac{n(n+1)}{\sqrt{2}}$$

हरात्मक श्रेणी (Harmonic Progression)

वह श्रेणी जिसके पदों का व्युत्क्रम समान्तर श्रेणी में हो, हरात्मक श्रेणी कहलाती है।

यदि $a_1, a_2, \ldots\ldots, a_n$ हरात्मक श्रेणी में है, तब $\frac{1}{a_1},\frac{1}{a_2},\ldots,\frac{1}{a_n}$ समान्तर श्रेणी में होंगे।

हरात्मक श्रेणी में n वाँ पद (n^{th} term of *H.P.*)

$$H=\frac{2ab}{a+b} \text{ या } T_n \frac{a_1a_2}{a_2+(n-1)(a_1-a_2)}$$

दो राशियों के बीच हरात्मक माध्य : यदि a एवं b दो राशि हैं तथा H हरात्मक माध्य है तो $H=\frac{2ab}{a+b}$

समान्तर माध्य, गुणोत्तर माध्य एवं हरात्मक माध्य में सबंध : यदि a एवं b दो वास्तविक संख्या है तथा A, G, H क्रमशः स॰ मा॰, गुणों॰ मा॰ एवं ह॰ मा॰ हों तो,

$$G^2=AH \text{ तथा } A>G>H$$

उदाहरण 16. यदि दो संख्याओं के बीच समान्तर माध्य 5 है तथा गुणोत्तर माध्य 4 है तो हरात्मक माध्य निकालें।

हल : $G^2=AH\Rightarrow H=\frac{G^2}{A}=\frac{4^2}{5}=\frac{16}{5}$

उदाहरण 17. यदि $a, 4, b$ समान्तर श्रेणी में हों; $a, 2, b$ गुणोत्तर श्रेणी में हो तब $a, 1, b$ किस श्रेणी में होंगे?

हल : दिया है $4=\frac{a+b}{2}$ तथा $2=\sqrt{ab}$

$$\Rightarrow \frac{2ab}{a+b}=\frac{2\times4}{4\times2}=1$$

अतः $a, 1, b$ हरात्मक श्रेणी में होंगे।

उदाहरण 18. यदि a, b, c समान्तर श्रेणी में हो; b, c, d गुणोत्तर श्रेणी में हो तथा c, d, e हरात्मक श्रेणी में हो तो a, c, e किस श्रेणी में होंगे।

हलः दिया है, $b=\frac{a+c}{2}, c^2=bd, d=\frac{2ce}{c+e}$

$$\Rightarrow c^2=\frac{2ce}{c+e}\times\frac{a+c}{2}$$

$$\Rightarrow c(c+e)=e(a+c)$$

$$\Rightarrow c^2=ae$$

$\Rightarrow a, c, e$ गुणोत्तर श्रेणी में होंगे।

साधित उदाहरण (Solved Examples)

1. यदि $1+6+11+\ldots+x=148$ तब x का मान निकालें

हल : यदि कुल पदों की संख्या n हो तो

$$148=S_n=\frac{n}{2}\{2\times1+5(n-1)\}$$

$$\Rightarrow 296=n(5n-3)$$

$$\Rightarrow 5n^2-3n-296=0$$

$$\Rightarrow n=8 \therefore x=T_8=1+5(8-1)$$

$$\therefore x=36$$

2. $9.9^{\frac{1}{2}}.9^{\frac{1}{4}}.9^{\frac{1}{8}}$ .... ∞ का मान निकालें

हल : $9\times9^{\frac{1}{2}}\times9^{\frac{1}{4}}\times9^{\frac{1}{8}}\ldots\ldots\ldots\infty=9^{1+\frac{1}{2}+\frac{1}{4}+\frac{1}{8}+\ldots\ldots\infty}$

$$=9^{\frac{1}{1-\frac{1}{2}}}=9^2=81$$

3. यदि तीन धनात्मक असमान संख्याएं a, b, c हरात्मक श्रेणी में हों तो सिद्ध करें कि $a^n+c^n>2b^n$, जहाँ $n\in N$

हल : चूँकि a, b, c हरात्मक श्रेणी में है अतः $b=\frac{2ac}{a+c}$

$$\because G>H\Rightarrow \sqrt{ac}>b$$

$$\Rightarrow a^{\frac{1}{2}}c^{\frac{1}{2}}>b$$

$\Rightarrow a^{n/2}.c^{n/2} > b^n$ ...(i)

$\because \left(a^{n/2} - c^{n/2}\right)^2 > 0$

$\Rightarrow a^n + c^n - 2a^{n/2}.c^{n/2} > 0$

$\Rightarrow a^n + c^n > 2a^{n/2}.c^{n/2}$ ...(ii)

समीकरण (i) एवं (ii) से,

$a^n + c^n > 2b^n$

4. यदि $A = 1 + r^a + r^{2a} + \ldots\ldots \infty$ तब r का मान ज्ञात करें–

हल : दिया है $A = 1 + r^a + r^{2a} + \ldots\ldots\infty$

$\Rightarrow A = \frac{1}{1-r^a} \Rightarrow \frac{1}{A} = 1 - r^a$

$\Rightarrow \frac{1}{A} - 1 = -r^a \Rightarrow r^a = 1 - \frac{1}{A}$

$\Rightarrow r = \left(\frac{A-1}{A}\right)^{\frac{1}{a}}$

5. यदि a, b, c तथा x अशून्य धनात्मक राशियां है तो a, b, c किस श्रेणी में होंगे जिससे समीकरण $(a^2 + b^2)x^2 - 2b(a + c)x + b^2 + c^2 = 0$ संतुष्ट होगी।

हल : $a^2x^2 + b^2x^2 - 2abx - 2bcx + b^2 + c^2 = 0$

$\Rightarrow a^2x^2 - 2abx + b^2 + b^2x^2 - 2bcx + c^2 = 0$

$\Rightarrow (ax - b)^2 + (bx - c)^2 = 0$

यह तभी होगा जब $ax - b = 0$ तथा $bx - c = 0$

अर्थात् $x = \frac{b}{a}$ तथा $x = \frac{c}{b}$

या, $\frac{b}{a} = \frac{c}{b} \Rightarrow b^2 = ac$

अतः a, b, c गुणोत्तर श्रेणी में होंगे।

6. यदि a, b, c गुणोत्तर श्रेणी में हो तथा $a^x = b^y = c^z$ तब x, y, z किस श्रेणी में होगा?

हल : $a^x = b^y = c^z = k$ (माना)

$\Rightarrow a = k^{\frac{1}{x}},\ b = k^{\frac{1}{y}},\ c = k^{\frac{1}{z}}$

तथा $b^2 = ac$ ($\because a, b, c$ गुणोत्तर श्रेणी में है)

अतः $\left(k^{\frac{1}{y}}\right)^2 = k^{\frac{1}{x}} \times k^{\frac{1}{z}} = k^{\frac{1}{x}+\frac{1}{z}}$

$\Rightarrow k^{\frac{2}{y}} = k^{\frac{1}{x}+\frac{1}{z}}$

$\Rightarrow \frac{2}{y} = \frac{1}{x} + \frac{1}{z}$

$\Rightarrow \frac{1}{x}, \frac{1}{y}, \frac{1}{z}$ समान्तर श्रेणी में हैं

$\Rightarrow x, y, z$ हरात्मक श्रेणी में होगा

7. श्रेणी $\left(1^2 - 2^2\right) + \left(3^2 - 4^2\right) + \left(5^2 - 6^2\right) + \ldots\ldots$ के n पदों का योगफल ज्ञात करें।

हल : $(1^2 - 2^2) + (3^2 - 4^2) + (5^2 - 6^2) + \ldots$ n पदों तक

$= (1 - 2)(1 + 2) + (3 - 4)(3 + 4) + (5 - 6)(5 + 6) \ldots\ldots$ n पदों तक

$= (-1)\{1 + 2 + 3 + 4 + \ldots\ldots 2n$ पदों तक$\}$

$= (-1)\frac{2n(2n+1)}{2} = -n(2n+1)$

वस्तुनिष्ठ प्रश्न

1. एक श्रेणी जिसका n वाँ पद $\left(\frac{n}{x}\right) + y$ है, के r पदों का योगफल होगा–

(a) $\left\{\frac{r(r+1)}{2x}\right\} + ry$ (b) $\left\{\frac{r(r-1)}{2x}\right\} + ry$

(c) $\left\{\frac{r(r-1)}{2x}\right\} - ry$ (d) $\left\{\frac{r(r+1)}{2y}\right\} - rx$

2. 2 और 41 के बीच r समान्तर मध्य पद हैं। यदि चौथे और $(r - 1)$ वें समान्तर मध्य पदों का अनुपात 2:5 हो, तो r का मान होगा–

(*a*) 12 (*b*) 11
(*c*) 10 (*d*) 8

3. किसी समान्तर श्रेणी का p वाँ पद $\frac{1}{q}$ है q वाँ पद $\frac{1}{p}$ है, तो pq पदों का योगफल होगा–

(*a*) $\frac{1}{2}(pq+1)$ (*b*) $\frac{1}{2}(pq-1)$

(*c*) $\frac{1}{2}(p+1)$ (*d*) $\frac{1}{2}(pq+3)$

4. दो श्रेणियों के n पदों के योगफल में $(2n + 1) . (2n + 5)$ का अनुपात है, उनके चौथे पद का अनुपात होगा–

(*a*) 19:23 (*b*) 17:23
(*c*) 16:19 (*d*) 15:19

5. एक समान्तर श्रेणी का p वाँ पद x और q वाँ पर y है, तो $(p + q)$ पदों का योग होगा–

(*a*) $\frac{p+q}{2}\left[x+y+\frac{(x-y)}{(p-q)}\right]$

(*b*) $\frac{p+q}{2}\left[x+y-\frac{(x-y)}{(p-q)}\right]$

(*c*) $\frac{p+q}{2}\left[x-y+\frac{(x+y)}{(p+q)}\right]$

(*d*) $\frac{p+q}{2}\left[x-y+\frac{(x+y)}{(p-q)}\right]$

6. किसी समान्तर श्रेणी के m पदों का योग नही है जो r पदों का है, तो $(m + r)$ पदों का योगफल होगा–

(*a*) 1 (*b*) 0
(*c*) –1 (*d*) mr

7. 500 और 800 के बीच की उन संख्याओं का योगफल, जो 6 से विभाज्य है होगा–

(*a*) 6000 (*b*) 85000
(*c*) 32550 (*d*) 66660

8. किसी चतुर्भुज के कोण समान्तर श्रेणी में हैं, उसका सार्वान्तर 10° है, तो चतुर्भुज का महत्तम कोण होगा–

(*a*) 75° (*b*) 85°
(*c*) 95° (*d*) 105°

9. किसी सरल रेखीय आकृति के अन्तः कोण समान्तर श्रेणी में हैं, सबसे छोटा कोण 88° और सार्वान्तर 10° है। भुजाओं की संख्या होगी–

(*a*) 6 (*b*) 7
(*c*) 5 (*d*) 8

10. एक गुणोत्तर श्रेणी में प्रथम तीन पदों के योग तथा प्रथम छः पदों के योग का अनुपात 125:152 है, तब सर्वानुपात है–

(*a*) $\frac{1}{5}$ (*b*) $\frac{2}{5}$

(*c*) $\frac{3}{5}$ (*d*) $\frac{4}{5}$

11. किसी समान्तर श्रेणी के पदों की संख्या सम है, विषम स्थानों के पदों का योगफल 24 एवं सम स्थानों के पदों का योगफल 30 है। अन्तिम पद प्रथम पद से $10\frac{1}{2}$ बड़ा है, पदों की संख्या होगी–

(*a*) 8 (*b*) 6
(*c*) 12 (*d*) 18

12. श्रेणी 0.7 + 0.77 + 0.777 + ... के n पदों तक योगफल होगा–

(*a*) $\frac{7}{9}n-\frac{7}{81}\left(1+10^{-n}\right)$

(*b*) $\frac{7}{9}n+\frac{7}{81}\left(1+10^{-n}\right)$

(*c*) $\frac{7}{9}n-\frac{7}{81}\left(1-10^{-n}\right)$

(*d*) उपरोक्त में से कोई नहीं

13. यदि किसी गुणोत्तर श्रेणी का पहला पद a, सर्वानुपात r हो और उसके $2n$ पदों का योगफल उस गुणोत्तर श्रेणी के n पदों के योगफल के बराबर हो जिसका पहला पद b और सर्वानुपात r^2 है, तो पहली श्रेणी के पहले दो पदों के योगफल का मान होगा–

(a) b (b) $ar + b$
(c) $ar + b^2$ (d) $a + br$

14. यदि दो राशियों के मध्य एक गुणोत्तर माध्य G और दो समान्तर माध्य p और q हो, तो–
(a) $G^2 = (2p - q)(q - p)$
(b) $G^2 = (2p - q)(q - 2p)$
(c) $G^2 = (2p - q)(q + 2p)$
(d) $G^2 = (2p - q)(2q - p)$

15. यदि a, b, c समान्तर और $a, b, c + 1$ गुणोत्तर श्रेणी में हो, तो–
(a) $4a = (c - a)^2$ (b) $4a = (c + a)^2$
(c) $4a = (c - a)^3$ (d) $2a = (c + a)^2$

16. यदि a, b, c समान्तर श्रेणी में और x, y, z गुणोत्तर श्रेणी में हों तो $x^{b-c}\, y^{c-a}\, z^{a-b}$ का मान होगा–
(a) 1 (b) $(xyz)^{a+b+c}$
(c) $x^a\, y^b\, z^c$ (d) इसमें से कोई नहीं

17. $2^{1/4}.\ 4^{1/8}.\ 8^{1/16}.\ 16^{1/32}......\ \infty$ का मान है–
(a) 1 (b) 2
(c) $\frac{3}{2}$ (d) 5/2

18. उस श्रेणी के n पदों का योगफल क्या होगा जिसका n वाँ पद $3(4^n + 2n^2) - 4n^3$ है?
(a) $4(4^n - 1) + n(n+1)(1 + n - n^2)$
(b) $3(4^n - 1) + n(n+1)(1 + n - n^2)$
(c) $2(4^n - 1) + n(n+1)(1 + n - n^2)$
(d) $3(4^n + 1) + n(n-1)(1 + n - n^2)$

19. श्रेणी $1^2 + (1^2 + 2^2) + (1^2 + 2^2 + 3^2) + (1^2 + 2^2 + 3^2 + 4^2) +$........... के n पदों का योगफल होगा–
(a) $\frac{1}{4}n(n+1)^2(n+2)$
(b) $\frac{1}{3}n(n+1)^2(n+2)$
(c) $\frac{1}{12}n(n+1)(n+2)^2$
(d) $\frac{1}{12}n(n+1)^2(n+2)$

20. श्रेणी $3.1^2 + 2^2 + 3.3^2 + 4^2 +$......... के प्रथम n पदों का योग $\frac{n(n+1)(4n-1)}{6}$ है जबकि n सम है। यदि विषम हो तब प्रथम n पदों का योगफल होगा–
(a) $\frac{n(n+1)(4n-1)}{6}$ (b) $\frac{n(n+1)(4n+1)}{6}$
(c) $\frac{n(n+1)(4n+5)}{6}$ (d) $\frac{n(n+1)(4n+3)}{6}$

21. दो व्यक्ति एक ही सड़क पर एक साथ चलना आरम्भ करते हैं। उनमें से एक व्यक्ति लगातार 10 km प्रति दिन चलता है और दूसरा व्यक्ति पहले दिन 8 km चलता है फिर प्रतिदिन पहले दिन से आधा किलोमीटर अधिक चलता रहता है। बताओं कितने दिन पश्चात् दूसरा व्यक्ति पहले व्यक्ति को पकड़ लेगा?
(a) 8 (b) 9
(c) 10 (d) 12

22. 81 तथा 719 के मध्य 5 से विभाजित होने वाले पूर्णांकों का योग है–
(a) 50800 (b) 51800
(c) 53800 (d) 5400

23. एक अनन्त गुणोत्तर श्रेणी का योग 23 है तथा इसके अनन्त पदों के वर्गों का योग 69 है, तब इसका प्रथम पद होगा–
(a) $\frac{69}{13}$ (b) $\frac{10}{3}$
(c) $\frac{9}{10}$ (d) $\frac{13}{69}$

24. n के किस मान के लिए $\frac{a^{n+1}+b^{n+1}}{a^n+b^n}$, a और b के बीच गुणोत्तर माध्य होगा?

(a) -1 (b) $-\frac{1}{2}$

(c) $\frac{3}{2}$ (d) $-\frac{3}{2}$

25. किसी समान्तर श्रेणी के p वें, q वें एवं r वें पद क्रमशः a, b, c हो, तो $a(q-r)+b(r-p)+c(p-q)$ का मान है–

(a) $a+b+c$ (b) $p+q+r$

(c) $ap+bq+cr$ (d) 0

26. किसी गुणोंत्तर श्रेणी का p वाँ पद l तथा q वाँ पद m है, तो n वाँ पद होगा–

(a) $\sqrt{lm}$

(b) $\left(\frac{l^{n-q}}{m^{n-p}}\right)^{\frac{1}{p-q}}$

(c) $p^{(n-q)(p-q)}m^{(n-q)/(p-q)}$

(d) इनमें से कोई नहीं

27. श्रेणी $a, ar, ar^2,......$ के n पदों के व्युत्क्रमों का योगफल होगा–

(a) $\frac{1-r^n}{a}$ (b) $\frac{1-r^n}{a(1-r)}$

(c) $\frac{1-r^n}{1-r}$ (d) $\frac{1-r^n}{a(1-r)r^{n-1}}$

28. यदि x, y, z गुणोत्तर श्रेणी में हैं $a^x = b^y = c^z$, तब–

(a) $\log_c b = \log_a c$ (b) $\log_a c = \log_b a$

(c) $\log_a b = \log_c b$ (d) $\log_b a = \log_c b$

29. यदि किसी गुणोत्तर श्रेणी के p वें, q वें, r वें तथा s वें पद गुणोत्तर श्रेणी में हो, तो $p-q, q-r, r-s$ होंगे–

(a) समान्तर श्रेणी में (b) गुणोत्तर श्रेणी में

(c) हरात्मक श्रेणी में (d) (a) एवं (b) दोनों

30. यदि $1, \log_y x, \log_z y, -15\log_x z$ समान्तर श्रेणी में हैं तब–

(a) $x = z^3$ (b) $x=\frac{1}{y}$

(c) $y=\frac{1}{z^3}$ (d) तीनों सत्य है

31. यदि a, b, c, d तथा p भिन्न वास्तविक संख्याएं है, जहाँ $(a^2+b^2+c^2)p^2 - 2(ab+bc+cd)p+(b^2+c^2+d^2) \le 0$ तब a, b, c, d होगी–

(a) समान्तर श्रेणी में (b) गुणोत्तर श्रेणी में

(c) हरात्मक श्रेणी में (d) $ab = cd$

32. यदि $\frac{a^{n+1}+b^{n+1}}{a^n+b^n}$, a तथा b का हरात्मक माध्य हो, तब n का मान है–

(a) 1 (b) $-\frac{1}{2}$

(c) -1 (d) 0

33. यदि $(b-c)^2, (c-a)^2, (a-b)^2$ समान्तर श्रेणी में हों, तो $(b-c), (c-a), (a-b)$ होंगे–

(a) समान्तर श्रेणी में (b) गुणोत्तर श्रेणी में

(c) हरात्मक श्रेणी में (d) इनमें से कोई नहीं

34. यदि a, b, c समान्तर श्रेणी में हों; b, c, d गुणोत्तर श्रेणी; तथा एवं c, d, e हरात्मक श्रेणी में हों तब a, c, e होंगे–

(a) समान्तर श्रेणी में (b) गुणोंत्तर श्रेणी में

(c) हरात्मक श्रेणी में (d) इनमें से कोई नहीं

35. श्रेणी $1 + 2.2 + 3.2^2 + 4.2^3 + ... + 100.2^{99}$ का योगफल होगा–

(a) $1 + 100.2^{99}$ (b) $1 + 99.2^{100}$

(c) $2 + 99.2^{100}$ (d) $2 + 100.2^{99}$

36. श्रेणी $\frac{1}{2.4}+\frac{1}{4.6}+\frac{1}{6.8}+....$ के n पदों तक और अनन्त पदों तक मान होगा–

(a) $\frac{n}{4(n+1)},\frac{1}{4}$ (b) $\frac{n}{2(n+1)},\frac{1}{2}$

(c) $\frac{n}{(n+1)},1$ (d) $\frac{2n}{(n+1)},2$

37. श्रेणी $\frac{1}{2!}+\frac{1}{4!}+\frac{1}{6!}+......$ का योग है–

(*a*) $\frac{e^2-1}{2}$ (*b*) $\frac{(e-1)^2}{2e}$

(*c*) $\frac{e^2-1}{2e}$ (*d*) $\frac{e^2-2}{e}$

38. माना किसी समान्तर श्रेणी का r वाँ पद T_r है, पहला पद a तथा सार्वान्तर d है। यदि किन्ही दो धनपूर्णाकों m व n के लिए $(m \neq n)$, $T_m = \frac{1}{n}$ तथा $T_n = \frac{1}{m}$ है, तो $a \quad d$ बराबर है–

(*a*) 0 (*b*) 1

(*c*) $\frac{1}{mn}$ (*d*) $\frac{1}{m}+\frac{1}{n}$

39. श्रेणी $1+\frac{1}{4.2!}+\frac{1}{16.4!}+\frac{1}{64.6!}+.........\infty$ का योग है–

(*a*) $\frac{e+1}{2\sqrt{e}}$ (*b*) $\frac{e-1}{2\sqrt{e}}$

(*c*) $\frac{e}{2\sqrt{e}}$ (*d*) $\frac{e+1}{3\sqrt{e}}$

40. यदि x_1, x_2, x_3, व y_1, y_2, y_3 दोनों गुणोत्तर श्रेणी में उभयनिष्ठ अनुपात में हों तब बिन्दु (x_1, y_1), (x_2, y_2) तथा (x_3, y_3) है–

(*a*) सरल रेखा पर स्थित (*b*) दीर्घवृत्त पर स्थित

(*c*) वृत्त पर स्थित (*d*) त्रिभुज के शीर्ष

अनुच्छेद-1 (Paragraph-1)

अनुक्रम $\{a_n\}$ निम्न गुणों को संतुष्ट करता है
$a_{n+1} = a_n + a_{n\ 1}$, $n \geq 2$ के लिए
तथा $a_1 = a_2 = 1$.

41. उपरोक्त अनुक्रम के लिए a_6 का मान

(*a*) 5 (*b*) 13

(*c*) 8 (*d*) इसमें से कोई नहीं

42. अनुक्रम $\{a_n\}$ के लिए $\sum_{n=1}^{6} a_n$ का मान

(*a*) 12 (*b*) 33

(*c*) 20 (*d*) इसमें से कोई नहीं

43. यदि $n \geq 2$ तब

(*a*) $a_{n-1} < \sqrt{a_n a_{n-1}}$

(*b*) $a_{n-1} < \sqrt{a_n a_{n-1}}$

(*c*) $a_{n+1} > \sqrt{a_n a_{n-1}}$

(*d*) $\frac{a_{n+1}}{2} \geq \sqrt{a_n a_{n-1}}$

अनुच्छेद-2 (Paragraph-2)

माना $1 + r + r^2 + r^3 +..... \infty = A$ जहाँ $r \neq 1$

44. $1 + 2r + 3r^2 + 4r^3 + ... \infty$ का मान

(*a*) rA (*b*) $\frac{A}{1-r}$

(*c*) $\frac{rA}{1-r}$ (*d*) इसमें से कोई नहीं

45. $1 + 3r + 5r^2 + 7r^3 + ... \infty$ का मान

(*a*) $\frac{A}{(1-r)^2}$ (*b*) $\frac{1+r}{(1-r)^2}A$

(*c*) $\frac{1+r}{1-r}A$ (*d*) इसमें से कोई नहीं

46. $1^2 + 2^2 r + 3^2 r^2 + 4^2 r^3 + ... \infty$ का मान

(*a*) $\frac{1+r}{(1-r)^2}A$ (*b*) $\frac{1+r}{(1-r)^3}A$

(*c*) $\frac{1}{(1-r)^3}A$ (*d*) इसमें से कोई नहीं

दृढ़कथन-कारण (Assertion-Reason)

निम्नलिखित प्रश्नों के लिए नीचे दिए गए कूटों (*a*), (*b*), (*c*) एवं (*d*) से सही उत्तर का चयन करें।

(*a*) वक्तव्य–I सत्य है; वक्तव्य–II सत्य है; वक्तव्य–II वक्तव्य–I का सही स्पष्टीकरण है।

(*b*) वक्तव्य–I सत्य है; वक्तव्य–II सत्य है; वक्तव्य–II वक्तव्य–I का सही स्पष्टीकरण नहीं है।

(*c*) वक्तव्य–I सत्य है; वक्तव्य–II असत्य हैं

(*d*) वक्तव्य–I असत्य है; वक्तव्य–II सत्य है।

47. वक्तव्य–I : समीकरण $(5+\sqrt{2})x^2-(4+\sqrt{5})x+\left(8+2\sqrt{5}\right)=0$ के मूलों का हरात्मक माध्य 8 है।

वक्तव्य–II : a और b दो राशियों का हरात्मक माध्य $\frac{2ab}{a+b}$ है।

48. वक्तव्य–I : अनन्त पदों वाले गुणोत्तर श्रेणी का प्रथम पद x है तथा $S_\infty=5$ तब x का मान 0 एवं 10 के बीच होगा।

वक्तव्य–II : अनन्त पदों वाले गुणोत्तर श्रेणी में यदि प्रथम पद a एवं सार्वनुपात r हो तथा $|r| \le 1$ तो $S_\infty=\frac{a}{1-r}$

49. वक्तव्य–I : यदि x, y, z हरात्मक श्रेणी हो तब $\log(x+z)+\log(x-2y+2)=2\log(x-z)$

वक्तव्य–II : $\log m+\log n=\log mn$ तथा $\log m^n = n\log m$

50. मिलान करें (Match These)–

	वर्ग–I		वर्ग–II
A.	यदि $x, x+1, x+2$ गुणोत्तर श्रेणी में हो तो x का मान	*p.*	-1
B.	यदि $x, 1, \frac{1}{x}$ गुणोत्तर श्रेणी में हो तब x का मान	*q.*	-4
C.	यदि $x, 2x+2, 3x+3$ गुणोत्तर श्रेणी में हो तो x का मान	*r.*	$\frac{1}{2}$
D.	यदि $x+x^2+x^3+\ldots\ldots\ldots\infty$ पद तक = 1 तो x का मान	*s.*	0
		t.	कोई मान नहीं

(*a*) $A-p; B-q; C-r; D-s$

(*b*) $A-t; B-p, q, r; C-q; D-r$

(*c*) $A-t, ; B-p, q, r ; C-q ; D-r$

(*d*) $A-p, t; B-q, r; C-r, s; D-q, s$

उत्तरमाला

1	2	3	4	5	6	7	8	9	10
(*a*)	(*a*)	(*a*)	(*d*)	(*a*)	(*b*)	(*c*)	(*d*)	(*c*)	(*c*)
11	**12**	**13**	**14**	**15**	**16**	**17**	**18**	**19**	**20**
(*a*)	(*c*)	(*a*)	(*d*)	(*a*)	(*a*)	(*b*)	(*a*)	(*d*)	(*c*)
21	**22**	**23**	**24**	**25**	**26**	**27**	**28**	**29**	**30**
(*b*)	(*a*)	(*a*)	(*b*)	(*d*)	(*b*)	(*d*)	(*d*)	(*d*)	(*a*)
31	**32**	**33**	**34**	**35**	**36**	**37**	**38**	**39**	**40**
(*b*)	(*c*)	(*c*)	(*b*)	(*b*)	(*a*)	(*b*)	(*a*)	(*a*)	(*a*)
41	**42**	**43**	**44**	**45**	**46**	**47**	**48**	**49**	**50**
(*c*)	(*c*)	(*d*)	(*b*)	(*c*)	(*a*)	(*d*)	(*a*)	(*a*)	(*c*)

व्याख्यात्मक उत्तर

1. $n=1$ रखने पर, श्रेणी का प्रथम पद $a=\frac{1}{x}+y$ तथा

$n=2$ रखने पर, द्वितीय पद $\frac{2}{x}+y$

$$\therefore\ d=\left(\frac{2}{x}+y\right)-\left(\frac{1}{x}+y\right)=\frac{1}{x}$$

श्रेणी के r पदों का योगफल

$$=\frac{r}{2}\left[2\left(\frac{1}{x}+y\right)+(r-1)\frac{1}{x}\right]$$

$$=\frac{r}{2}\left[\frac{2}{x}+2y+\frac{r}{x}-\frac{1}{x}\right]$$

$$=\frac{r}{x}+ry+\frac{r^2}{2x}-\frac{r}{2x}=\frac{r^2-r+2r}{2x}+ry$$

$$=\frac{r^2+r}{2x}+ry=\left\{\frac{r(r+1)}{2x}\right\}+ry.$$

2. पदों की संख्या $= r+2$

प्रश्नानुसार, $r+2$ वाँ पद $= 41 = 2+(r+2-1)d$

या $39=(r+1)d \quad \Rightarrow\ d=\frac{39}{r+1}$

चौथा समान्तर मध्य पद $=2+\frac{4\times 39}{r+1}$

$(r-1)$ वाँ समान्तर मध्य पद $=2+\frac{(r-1)\times 39}{r+1}$

प्रश्नानुसार, $\frac{2(r+1)+156}{(r+1)}\times\frac{r+1}{41r-37}=\frac{2}{5}$

या, $10r+790=82r-74$

या $72r=864 \ \therefore\ r=\frac{864}{72}=12.$

3. प्रश्नानुसार, $\frac{1}{q}=a+(p-1)d$ ...(*i*)

$\frac{1}{p}=a+(q-1)d$ ...(*ii*)

समीकरण (*i*) और (*ii*) को हल करने पर

$$a=d=\frac{1}{pq},\ S_{pq}=\frac{pq}{2}\left[2\times\frac{1}{pq}+(pq-1)\times\frac{1}{pq}\right]$$

$$=\frac{pq}{2}\times\frac{pq+1}{pq}=\frac{1}{2}(pq+1).$$

4. माना पहली श्रेणी का प्रथम पद a_1 तथा सार्वअन्तर d_1, और दूसरी श्रेणी का प्रथम पद a_2 तथा सार्वअन्तर d_2 है।

प्रश्नानुसार,

$$\frac{\frac{n}{2}[2a_1+(n-1)d_1]}{\frac{n}{2}[2a_2+(n-1)d_2]}=\frac{2n+1}{2n+5}$$

या $\frac{2a_1+(n-1)d_1}{2a_2+(n-1)d_2}=\frac{2n+1}{2n+5},$

$\frac{n-1}{2}=3 \Rightarrow n=7$ रखने पर,

$$\frac{a_1+3d_1}{a_2+3d_2}=\frac{15}{19}.$$

5. प्रश्नानुसार, $x=a+(p-1)d$ ...(*i*)

और $y=a+(q-1)d$ ...(*ii*)

समीकरण (*i*) व (*ii*) से सार्वअन्तर, $d=\frac{x-y}{p-q}$

तथा प्रथम पद, $a=x-(p-1)\ \frac{x-y}{p-q}$

$(p+q)$ पदों का योग

$$=\frac{p+q}{2}\left[2\frac{(px-qx-px+x+py-y)}{p-q}+(p+q-1).\frac{x-y}{p-q}\right]$$

$$=\frac{p+q}{2}\left[2\left\{\frac{(x-qx)+(py-y)}{p-q}\right\}+\frac{px+qx-x-py-qy+y}{p-q}\right]$$

$$=\frac{p+q}{2}\left[\frac{px-qx+x-y+py-qy}{p-q}\right]$$

$$=\frac{p+q}{2}\left[\frac{x(p-q)+y(p-q)+x-y}{p-q}\right]$$

$$=\frac{p+q}{2}\left[\frac{(p-q)(x+y)+(x-y)}{(p-q)}\right]$$

$$=\frac{p+q}{2}\left[(x+y)+\frac{x-y}{p-q}\right].$$

6. प्रश्नानुसार,

$$\frac{m}{2}\left[2a+(m-1)d\right]=\frac{r}{2}\left[2a+(r-1)d\right]$$

$\Rightarrow 2am + m(m-1)d = 2ar + r(r-1)d$

$\Rightarrow 2am - 2ar = r(r-1)d - m(m-1)d$

$\Rightarrow 2a(m-r) = (r^2 - r - m^2 + m)d$

$\Rightarrow 2a(m-r) = \left\{r^2-m^2+(m-r)\right\}d$

$\Rightarrow 2a(m-r) = (m-r)\left[-(m+r)+1\right]d$

$\therefore\ 2a=(-md-rd+d)$

$(m+r)$ पदों का योगफल

$$=\frac{m+r}{2}\left[2a+(m+r-1)d\right]$$

$$=\frac{m+r}{2}\left[-md-rd+d+md+rd-d\right]$$

$$=\frac{m+r}{2}\times 0=0.$$

7. 6 से विभाज्य संख्याएँ एक समान्तर श्रेणी बनाएगी, जिसका प्रथम पद 504 और अन्तिम पद 798 तथा सार्वअन्तर 6 होगा।

यदि पदों की संख्या n हो, तो

$798 = 504 + (n-1)6 \Rightarrow n = 50$

अतः अभीष्ट योगफल

$$=\frac{50}{2}\left[2\times 504+(50-1)\times 6\right]=32550.$$

8. माना चतुर्भुज के चार कोण $a°$, $(a+10)°$, $(a+20)°$, $(a+30°)$ हैं।

चारों कोणों का योग $= a + (a+10) + (a+20) + (a + 30) = 4a + 60$

अर्थात् $4a + 60 = 360$ या $4a = 300 \therefore a = 75°$

अतः चतुर्भुज के चार कोण 75°, 85°, 95 तथा 105° हैं। अतः महत्तम कोण 105° होगा।

9. माना बहुभुज में भुजाओं की संख्या $= n$

बहुभुज के अन्तः कोणों का योगफल $= (n-2)\times 180°$

प्रश्नानुसार,

$$(n-2)\times 180°=\frac{n}{2}\left[2\times 88°+(n-1)\times 10°\right]$$

या $(n-2)\times 180° = \left[88n+n(n-1)\times 5\right]$

या $5n^2 + 88n - 5n - 180n + 360 = 0$

या $5n^2 - 97n + 360 = 0$

$\Rightarrow n = 5, \dfrac{72}{5}$

क्योंकि n पूर्णांक है, अतः $n = 5$.

10. प्रश्नानुसार, $\dfrac{S_3}{S_6}=\dfrac{a(1-r^3)}{1-r}.\dfrac{1-r}{a(1-r^6)}=\dfrac{125}{152}$

$$\Rightarrow \frac{1}{1+r^3}=\frac{125}{152}\Rightarrow r=\frac{3}{5}.$$

11. माना $a, a+d, a+2d, \ldots\ldots\ldots a+(2n-1)d$ एक समान्तर श्रेणी है।

प्रश्नानुसार,

$$a+(a+2d)+\ldots\ldots+\left\{a+(2n-2)d\right\}=24$$

$$\Rightarrow \frac{n}{2}\left[a+a+(2n-2)d\right]=24$$

$\Rightarrow n\left\{a+(n-1)d\right\}=24$ ...(*i*)

पुनः $(a+d)+(a+3d)+\ldots\ldots\ldots+\left\{a+(2n-1)d\right\}=30$

$\Rightarrow \frac{n}{2}\left[(a+d)+\{a+(2n-1)d\right]=30$

$\Rightarrow n(a+nd)=30$ ... (ii)

पुनः प्रश्नानुसार, $a + (2n-1)\,d = a + 10\frac{1}{2}$

या $(2n-1)\ d=\frac{21}{2}$ ...(iii)

समीकरण (i) को समीकरण (ii) से घटाने पर,

$nd = 6$ ...(iv)

समीकरण (iii) और समीकरण (iv) से, $n = 4$

अतः पदों सख्या $= 2n = 8$

12. यदि इस श्रेणी के n पदों का योगफल S_n हो, तो

$S_n = 7(0.1 + 0.11 + 0.111 + ...\ n$ पदों तक)

$=\frac{7}{9}(0.9 + 0.99 + 0.999 + ...\ n$ पदों तक)

$=\frac{7}{9}[(1-0.1) + (1-0.01) + (1-0.001) + n$

.... n पदों तक]

$=\frac{7}{9}[n-(0.1 + 0.01 + 0.001 + ...\ n$ पदों तक)]

$=\frac{7}{9}\left[n-\left(\frac{1}{10}+\frac{1}{10^2}+\frac{1}{10^3}+.........n \text{ पदों तक}\right)\right]$

$=\frac{7}{9}\left[n-\frac{\frac{1}{10}\left(1-\frac{1}{10^n}\right)}{1-\frac{1}{10}}\right]=\frac{7}{9}n-\frac{7}{81}\left(1-\frac{1}{10^n}\right).$

13. प्रथम श्रेणी के $2n$ पदों का योग $S_1=\frac{a\left(r^{2n}-1\right)}{r-1}$

द्वितीय श्रेणी के n पदों का योग $S_2=\frac{b\left(r^{2n}-1\right)}{r^2-1}$

($\because$ सार्वनुपात r^2 है)

अब, $S_1 = S_2$

$\Rightarrow \frac{a\left(r^{2n}-1\right)}{r-1}=\frac{b\left(r^{2n}-1\right)}{r^2-1}\Rightarrow a=\frac{b}{r+1}$

(क्योंकि $r \neq 1$)

$\Rightarrow a + ar = b$

$\therefore$ पहली श्रेणी के पहले दो पदों का योग $a + ar = b$

14. $\because$ a और b का गुणोत्तर माध्य G है,

$\therefore\ G^2 = ab$

पुनः a और b के बीच दो समान्तर माध्य p और q हैं

$\therefore\ a, p, q, b$ समान्तर श्रेणी में हैं, अतः

$p - a = q - p = b - q$

$\Rightarrow p - a = q - p$ या $2p - q = a$

तथा, $q - p = b - q$ या $2q - p = b$

गुणा करने पर, $(2p - q)(2q - p) = ab = G^2$.

15. $\because$ a, b, c समान्तर श्रेणी में है।

अतः $2b = a + c$ तथा $a, b, c + 1$ गुणोत्तर श्रेणी में हैं

अतः $b^2=a(c+1)\Rightarrow\left(\frac{a+c}{2}\right)^2=ac+a$

$\Rightarrow a^2 + 2ac + c^2 = 4ac + 4a$

$\Rightarrow 4a = a^2 - 2ac + c^2 = (c-a)^2$.

16. चूँकि $a,\ b,\ c$ समान्तर श्रेणी में हैं

अतः $(b-a) = (c-b)=\frac{1}{2}(c-a)$ ...(i)

चूँकि x, y, z गुणोत्तर श्रेणी में हैं,

अतः $y^2 = xz$ ...(ii)

समीकरण (i) और (ii) से,

$(y^2)^{(c-a)/2} = x^{c-b}\ z^{b-a}$

$\Rightarrow y^{c-a}=x^{c-b}\ \ z^{b-a}=\frac{1}{x^{b-c}\ z^{a-b}}$

$\Rightarrow x^{b-c}y^{c-a}\ z^{a-b}=1$

17. माना $x=2^{1/4}\cdot 4^{1/8}\cdot 8^{1/6}\cdot 16^{1/32}\ .....\infty$

$x=2^{1/4+2/8+3/16+4/32}\ \ +......\infty$

माना $S=\frac{1}{4}+\frac{2}{8}+\frac{3}{16}+\frac{4}{32}+.........\infty$

$\frac{1}{2}S=\frac{1}{8}+\frac{2}{16}+\frac{3}{32}+.........\infty$

घटाने पर,

$$\frac{1}{2}S=\frac{1}{4}+\frac{1}{8}+\frac{2}{16}+\frac{1}{32}........\infty=\frac{\left(\frac{1}{4}\right)}{\left(1-\frac{1}{2}\right)}=1$$

$\therefore x = 2^1 = 2.$

18. श्रेणी का n वाँ पद $= 3\,(4^n + 2n^2) \quad 4n^3$

$n = 1, 2, 3, ... n$ रखने पर, श्रेणी के n पदों का योगफल

$S_n = 3(4^1 + 4^2 + 4^3 + ... + 4^n) + 6(1^2 + 2^2 + 3^2 + ... n^2) \quad 4(1^3 + 2^3 + 3^3 + ... + n^3)$

$$=3\left[\frac{4\left(4^n \quad 1\right)}{4 \quad 1}\right]+6\left[\frac{1}{6}n(n+1)(2n+1)\right] \quad 4\left[\frac{1}{2}n\,(n+1)\right]^2$$

$$=4\left(4^n-1\right)+n(n+1)\left[(2n+1)-n(n+1)\right]$$

$$=4\left(4^n-1\right)+n(n+1)\left(1+n-n^2\right)$$

19. माना अभीष्ट योगफल S_n हैं

श्रेणी का n वाँ पद $=1^2+2^2+3^2+.........+n^2$

$$=\frac{1}{6}n(n+1)(2n+1)=\frac{1}{3}n^3+\frac{1}{2}n^2+\frac{1}{6}n$$

$\therefore$ अभीष्ट योगफल

$$S_n=\frac{1}{3}\Sigma n^3+\frac{1}{2}\Sigma n^2+\frac{1}{6}\Sigma n$$

$$=\frac{1}{3}\left[\frac{n(n+1)}{2}\right]^2+\frac{1}{2}\left[\frac{n(n+1)(2n+1)}{6}\right]+\frac{1}{6}\left[\frac{n(n+1)}{2}\right]$$

$$=\frac{n(n+1)}{12}\left[n(n+1)+(2n+1)+1\right]$$

$$=\frac{n(n+1)}{12}.(n^2+3n+2)$$

$$\Rightarrow S_n=\frac{n(n+1)^2(n+2)}{12}.$$

20. $S_n=\dfrac{n(n+1)(4n-1)}{6}$ जबकि n सम है।

$\therefore$ प्रथम n पदों का योग, जबकि n विषम है

$$=S_{n\ 1}+T_n=\frac{1}{6}(n-1)n\left[4(n-1)-1\right]+3n^2$$

$$=\frac{1}{6}n\ \left[(n-1)(4n-5)+18n\right]$$

$$=\frac{1}{6}n\left(4n^2+9n+5\right)=\frac{1}{6}n(n+1)(4n+5).$$

21. माना पहले व्यक्ति को दूसरा व्यक्ति n दिन पश्चात् पकड़ लेगा। तब n दिन में पहले व्यक्ति द्वारा चली गई दूरी $= 10n$ km

n दिन में दूसरे व्यक्ति द्वारा चली गई दूरी

$$=\frac{n}{2}\left\{2\times 8+(n-1)\frac{1}{2}\right\}=\frac{n}{2}\left\{\frac{1}{2}(31+n)\right\}$$

अतः $\dfrac{n}{4}(31+n)=10n$

$\Rightarrow 31+n=40 \Rightarrow n=9$

अतः 9 दिन पश्चात् दूसरा व्यक्ति पहले व्यक्ति को पकड़ लेगा।

22. 81 एवं 719 के बीच 5 से विभाजित होने वाले पूर्णांक 85, 90, 95 ...... 715 हैं। यदि श्रेणी में n पद हों, तो $715 = 85 + (n \quad 1) \times 5 \Rightarrow n = 127$

$\therefore 85 + 90 + 95 + ...+ 715$

$$=\frac{127}{2}(85+715)=50800$$

23. माना गुणोत्तर श्रेणी $a, ar, ar^2, ...$ हैं।

$$\therefore 23 = a + ar + ar^2 + ... =\frac{a}{(1-r)} \quad ...(i)$$

$$\text{और } 6a = a^2 + a^2r^2 + a^2r^4 + ... =\frac{a^2}{\left(1-r^2\right)} \quad ...(ii)$$

समीकरण (i) व (ii) को हल करने पर $a=\dfrac{69}{13}.$

24. माना दिया हुआ व्यंजक a और b के बीच एक गुणोत्तर माध्य है, तब

$$\frac{a^{n+1}+b^{n+1}}{a^n+b^n}=\sqrt{ab} \text{ या } \left(\frac{a^{n+1}+b^{n+1}}{a^n+b^n}\right)^2=ab$$

या $a^{2(n+1)}+b^{2(n+1)}+2a^{n+1}\cdot b^{n+1}$

$= ab\left(a^{2n} + b^{2n} + 2a^n.b^n\right)$

या $a^{2n}.a^2 + b^{2n}.b^2 - ab.a^{2n} - ab.b^{2n} = 0$

या $a^{2n+1}(a-b) = b^{2n+1}(a-b)$

या $a^{2n+1} = b^{2n+1} \Rightarrow 2n+1 = 0$ या $n = -\frac{1}{2}.$

25. माना दी हुई श्रेणी का प्रथम पद x तथा सार्वअन्तर y है, तो

$a = x + (p-1)y$ ....(i)

$b = x + (q-1)y$ ...(ii)

तथा $c = x + (r-1)y$ ...(iii)

समीकरण (i) में से समीकरण (ii) को घटाने पर,

$a - b = (p-q)y$ ....(iv)

समीकरण (ii) में से समीकरण (iii) को घटाने पर,

$b - c = (q-r)\,y$ ....(v)

∴ समीकरण (iv) को समीकरण (v) से भाग देने पर,

$$\frac{a-b}{b-c} = \frac{p-q}{q-r}$$

अर्थात् $(a-b)(q-r) = (p-q)(b-c)$

अर्थात् $a(q-r) + b(r-p) + c(p-q) = 0.$

26. माना गुणोत्तर श्रेणी का प्रथम पद A तथा सार्वानुपात R है, तब p वाँ पद $= AR^{p-1} = l$ ...(i)

q वाँ पद $= AR^{q-1} = m$ ...(ii)

समीकरण (i) को समीकरण (ii) से भाग देने पर,

$$\frac{R^{p-1}}{R^{q-1}} = \frac{l}{m}$$

या $R^{p-q} = \frac{l}{m}$ या $R = \left(\frac{l}{m}\right)^{1/p-q}$

∴ श्रेणी का n वाँ पद

$$AR^{n-1} = AR^{p-1}\frac{R^{n-1}}{R^{p-1}} = lR^{n-p}$$

$$= l\left(\frac{l}{m}\right)^{(n-p)/(p-q)}$$ (समीकरण (i) से)

$$= \frac{l.l^{(n-p)/(p-q)}}{(m)^{(n-p)/(p-q)}} = \frac{l^{(n-q)/(p-q)}}{m^{(n-p)/(p-q)}} = \left[\frac{l^{n-q}}{m^{n-p}}\right]^{\frac{1}{p-q}}.$$

27. श्रेणी a, ar, ar^2 .... के व्युत्क्रमों से बनी श्रेणी

$\frac{1}{a}, \frac{1}{ar}, \frac{1}{ar^2}$....... है जिसका प्रथम पद $= \frac{1}{a}$

तथा सार्वनुपात $= \frac{1}{r}$

इस श्रेणी के n पदों का योगफल

$$= \frac{\frac{1}{a}\left[1 - \left(\frac{1}{r}\right)^n\right]}{1 - \frac{1}{r}}$$

$$= \frac{\frac{1}{a}\left(\frac{r^n - 1}{r^n}\right)}{\left(\frac{r-1}{r}\right)} = \frac{r^n - 1}{ar^n}.\frac{r}{r-1} = \frac{1-r^n}{a(1-r)r^{n-1}}.$$

28. अतः $x = \log_a \lambda,\ y = \log_b \lambda,\ z = \log_c \lambda$

x, y, z गुणोत्तर श्रेणी में हैं अर्थात्

$$\frac{y}{x} = \frac{z}{y} \Rightarrow \frac{\log_b \lambda}{\log_a \lambda} = \frac{\log_c \lambda}{\log_b \lambda}$$

या $\frac{\log a}{\log b} = \frac{\log b}{\log c}$

या $\log_b a = \log_c b.$

29. माना कि गुणोत्तर श्रेणी का प्रथम पद x तथा सार्वनुपात y है।

$T_p = xy^{p-1}, T_q = xy^{q-1}, T_r = xy^{r-1}$ तथा $T_s = xy^{s-1}$

∴ दिए गए शर्तानुसार,

$$\frac{xy^{q-1}}{xy^{p-1}} = \frac{xy^{r-1}}{xy^{q-1}} = \frac{xy^{s-1}}{xy^{r-1}}$$

या $y^{q-p} = y^{r-q} = y^{s-r}$ ∴ $q - p = r - q = s - r$

या $p - q = q - r = r - s$

अतः $p-q$, $q-r$ और $r-s$ गुणोत्तर श्रेणी एवं समान्तर श्रेणी दोनों में हैं।

30. माना d सार्वअन्तर है, तब

$\log_y x = 1+d \Rightarrow x = y^{1+d}$

$\log_z y = 1 + 2d \Rightarrow y = z^{1+2d}$

और $-15 \log_x z = 1 + 3d$

$\Rightarrow z = x^{-(1+3d)/15}$ $\therefore x = x^{-(1+d)(1+2d)(1+3d)/15}$

अर्थात् $(1 + d)(1 + 2d)(1 + 3d) = -15$

$\therefore (d + 2)(6d^2 - d + 8) = 0$

इसलिए $d = -2$

$\therefore x = y^{-1}, y = z^{-3}$ या $x = z^3$.

31. दिए गए सम्बंध को पुनः लिखने पर

$(a^2p^2 - 2abp + b^2) + (b^2p^2 - 2bcp + c^2) + (c^2p^2 - 2cdp + d^2) \le 0$

या $(ap - b)^2 + (bp - c)^2 + (cp - d)^2 \le 0$

$ap - b = 0, bp - c = 0, cp - d = 0$

$$\Rightarrow \frac{b}{a}=\frac{c}{b}=\frac{d}{c}=p$$

अतः a, b, c, d गुणोत्तर श्रेणी में होंगें।

32. $$\frac{a^{n+1}+b^{n+1}}{a^n+b^n}=\frac{2ab}{a+b}$$

$$\Rightarrow a^{n+2}+ab^{n+1}+a^{n+1}b+b^{n+2} = 2a^{n+1}b+2ab^{n+1}$$

$$\Rightarrow a^{n+2}-a^{n+1}b=-b^{n+2}+ab^{n+1}$$

$$\Rightarrow a^{n+1}(a-b)=b^{n+1}(a-b)$$

$$\Rightarrow \left(\frac{a}{b}\right)^{n+1}=1=\left(\frac{a}{b}\right)^0$$

$$\Rightarrow n+1=0 \quad \Rightarrow n=-1$$

33. चूँकि $(b-c)^2, (c-a)^2, (a-b)^2$ समान्तर श्रेणी में हैं। इसलिए

$$(c-a)^2-(b-c)^2=(a-b)^2-(c-a)^2$$

$$\Rightarrow (a-b)(a+b-2c) = (b-c)(b+c-2a)$$

$$\Rightarrow \frac{a+b-2c}{b-c}=\frac{b+c-2a}{a-b}$$

$$\Rightarrow \frac{(b-c)+(a-c)}{(b-c)(c-a)}=\frac{(c-a)+(b-a)}{(a-b)(c-a)}$$

$$\Rightarrow \frac{1}{c-a}-\frac{1}{b-c}=\frac{1}{a-b}-\frac{1}{c-a}$$

$\therefore \frac{1}{b-c}, \frac{1}{c-a}, \frac{1}{a-b}$ समान्तर श्रेणी में हैं।

या $b-c$, $c-a$, $a-b$ हरात्मक श्रेणी में हैं।

34. यहाँ $2b = a + c$ ...(i)

$c^2 = bd$ ...(ii)

तथा $d=\frac{2ce}{c+e}$ ...(iii)

समीकरण (ii) में (i) व (iii) से मान रखने पर,

$$c^2=\frac{1}{2}(a+c)\left[\frac{2ce}{c+e}\right] \Rightarrow c(c+e) = (a+c)e$$

$\Rightarrow c^2 = ae$

$\Rightarrow a, c, e$ गुणोत्तर श्रेणी में हैं।

35. माना अभीष्ट योगफल S है।

$\therefore S = 1 + 2.2 + 3.2^2 + 4.2^3 + ... + 100.2^{99}$

दोनों पक्षों में 2 से गुणा करने पर

$2S = 1.2 + 2.2^2 + 3.2^3 + ... + 100.2^{100}$

घटाने पर,

$-S = (1 + 2 + 2^2 + 3^3 + ... + 100$ पदों तक$)$ $- 100.2^{100}$

$$=\frac{1(2^{100}-1)}{2-1}-100.2^{100}$$

$$= 2^{100} - 1 - 100.2^{100} = -1 - 99.2^{100}$$

$$\therefore S = 1 + 99.2^{100}$$

36. $\frac{1}{2.4}+\frac{1}{4.6}+\frac{1}{6.8}+\frac{1}{8.10}+...$

$$=\frac{1}{2}\left[\left(\frac{1}{2}-\frac{1}{4}\right)+\left(\frac{1}{4}-\frac{1}{6}\right)+...\left(\frac{1}{2n}-\frac{1}{2n+2}\right)\right]$$

$$\therefore\ \frac{1}{2}\left(\frac{1}{2}-\frac{1}{2n+2}\right)=\frac{1}{4}\ \frac{n}{n+1}$$

अनन्त पदों का योगफल

$$S_\infty=\lim_{n\to\infty} S=\frac{1}{4}.$$

37. हम जानते हैं कि

$$e=1+\frac{1}{1!}+\frac{1}{2!}+\frac{1}{3!}+...\infty \qquad ...(i)$$

तथा $e^{-1}=1-\frac{1}{1!}+\frac{1}{2!}+\frac{1}{3!}+...\infty \qquad ...(ii)$

समीकरण (i) व (ii) को जोड़ने पर,

$$e+e^{-1}=2+\frac{2}{2!}+\frac{2}{4!}+...\infty$$

$$\Rightarrow e+\frac{1}{e}=2+\frac{2}{2!}+\frac{2}{4!}+...\infty$$

$$\Rightarrow \frac{e^2+1}{e}-2=\frac{2}{2!}+\frac{2}{4!}+...\infty$$

$$\Rightarrow \frac{e^2+1-2e}{e}=2\left[\frac{1}{2!}+\frac{1}{4!}+...\infty\right]$$

$$\Rightarrow \frac{(e-1)^2}{2e}=\frac{1}{2!}+\frac{1}{4!}+...\infty.$$

38. दिया है कि $T_m=\frac{1}{n}$

$$\Rightarrow a+(m-1).d=\frac{1}{n} \qquad ...(i)$$

तथा $T_n=\frac{1}{m}$

$$\Rightarrow a+(n-1).d=\frac{1}{m} \qquad ...(ii)$$

समीकरण (i) तथा (ii) को हल करने पर,

$$a=\frac{1}{mn} \text{ तथा } d=\frac{1}{mn}$$

अतः $a-d=\frac{1}{mn}-\frac{1}{mn}=0.$

39. चूँकि हम जानते हैं कि

$$e^x=1+x+\frac{x^2}{2!}+.....$$

$$e^{-x}=1-x+\frac{x^2}{2!}-.....$$

तथा $\frac{e^x+e^{-x}}{2}=1+\frac{x^2}{2!}+\frac{x^4}{4!}+...$

$x=\frac{1}{2}$ रखने पर,

$$\frac{e^{1/2}+e^{-1/2}}{2}=1+\left(\frac{1}{2}\right)^2.\frac{1}{2!}+\left(\frac{1}{2}\right)^4.\frac{1}{4!}+...$$

$$\Rightarrow 1+\left(\frac{1}{2}\right)^2.\frac{1}{2!}+\left(\frac{1}{2}\right)^4.\frac{1}{4!}+...=\frac{e+1}{2\sqrt{e}}.$$

40. यदि x_1, x_2, x_3 और y_1, y_2, y_3 गुणोत्तर श्रेणी में हों तब $x_2=rx_1, x_3=r^2x_1$ और $y_2=ry_1, y_3=r^2y_1$ जिसका सार्वनुपात r है, तब

(x_1y_1), (rx_1ry_1) और (r^2x_1, r^2y_1)

$$\therefore \begin{vmatrix} x_1 & y_1 & 1 \\ x_2 & y_2 & 1 \\ x_3 & y_3 & 1 \end{vmatrix} = \begin{vmatrix} x_1 & y_1 & 1 \\ rx_1 & ry_1 & 1 \\ r^2x_1 & r^2y_1 & 1 \end{vmatrix}$$

$$=(x_1y_1)\begin{vmatrix} 1 & 1 & 1 \\ r & r & 1 \\ r^2 & r^2 & 1 \end{vmatrix}=0$$

[∴ दो स्तम्भ एक समान हैं]

अतः ये बिन्दु एक सरल रेखा पर स्थित होंगे।

41. $\therefore\ a_{n+1} = a_n + a_{n-1}$

$\therefore\ a_3 = a_1 + a_2 = 1+1 = 2$

$a_4 = a_2 + a_3 = 1+2 = 3$

$a_5 = a_3 + a_4 = 2+3 = 5$

$a_6 = a_4 + a_5 = 3+5 = 8.$

42. $\sum_{n=1}^{6} a_n = a_1 + a_2 + a_3 + a_4 + a_5 + a_6$

$= 1+1+2+3+5+8 = 20.$

43. चूँकि $a_{n+1} = a_n + a_{n-1}$

अतः $\frac{a_{n+1}}{2}$ समान्तर माध्य है a_n तथा a_{n-1} का

$\Rightarrow \frac{a_{n+1}}{2} \geq \sqrt{a_n a_{n-1}} \quad (\because A.M \geq G.M).$

44. माना $S = 1 + 2r + 3r^2 + 4r^3 + ...\infty$ ... (*i*)

दोनो ओर r से गुणा करने पर

$rS = r + 2r^2 + 3r^3 + 4r^4 + ...\infty$ ...(*ii*)

समीकरण (*i*) में से (*ii*) घटाने पर,

$S(1-r) = 1 + r + r^2 + r^3 + ...\infty$

$\Rightarrow S(1-r) = A$

$\therefore\ S = \frac{A}{1-r}.$

45. $1 + 3r + 5r^2 + 7r^3 + ...\infty$

$= (1 + 2r + 3r^2 + 4r^3 + ...\infty) + (r + 2r^2 + 3r^3 .....\infty)$

$= (1 + 2r + 3r^2 + 4r^3 + ...\infty) + r(1 + 2r^2 + 3r^2 + ...\infty)$

$= \frac{A}{1-r} + r\frac{A}{1-r} = \left(\frac{1+r}{1-r}\right)A.$

46. माना $S = 1^2 + 2^2 r + 3^2 r^2 + 4^2 r^2 + ...$ ...(*i*)

दोनो तरफ r से गुणा करने पर,

$rS = 1^2 r + 2^2 r^2 + 3^2 r^3 + 4^2 r^3 + ...$ ...(*ii*)

समीकरण (*i*) में से (*ii*) घटाने पर,

$S(1-r) = 1 + 3r + 5r^2 + 4r^3 + ... \infty$

$S(1-r) = \left(\frac{1+r}{1-r}\right)A \Rightarrow S = \frac{1+r}{(1-r)^2}A.$

47. वक्तव्य–II एक प्रामाणिक परिणाम है परंतु वक्तव्य–I असत्य है।

48. वक्तव्य–II सत्य है यह एक प्रामाणिक परिणाम है चूँकि

दिया गया है $S_\infty = 5 = \frac{x}{1-r} \Rightarrow r = 1 - \frac{x}{5}$

लेकिन $|r| < 1 \Rightarrow -1 < r < 1$ या $-1 < 1 - \frac{x}{5} < 1$

(– 1) से गुणा करके असमिका के चिह्न को बदलने पर,

$0 < \frac{x}{5} < 2$ or $0 < x < 10$

अतः वक्तव्य–I सत्य है एवं वक्तव्य–II का सही स्पष्टीकरण है।

49. वक्तव्य–II एक प्रामाणिक सत्य है।

दिए गए संबंध सत्य होंगे यदि

$\log(x+z)(x-2y+z) = \log(x-z)^2$

या यदि $(x + z)(x - 2y + z) = (x - z)^2$

या यदि $\frac{x+z}{x-z} = \frac{x-z}{x-zy+z}$

योगान्तर निष्पत्ति से

$\frac{2x}{2z} = \frac{2x-2y}{2y-2z}$ या यदि $\frac{x}{z} = \frac{x-y}{y-z}$

अतः वक्तव्य–II सत्य है तथा वक्तव्य–I का सही स्पष्टीकरण है।

50. A. $x, x+1, x+2$ गुणोत्तर श्रेणी में है

$\Rightarrow \quad (x+1)^2 = x(x+2), x \neq 0$

$\Rightarrow \quad x+1 \neq 0, x+2 \neq 0$

$\Rightarrow \quad 1 = 0$ जो कि संभव नहीं है

अतः A x का कोई मान नहीं है।

B. $x, 1\ \frac{1}{x}$ हमेशा गुणोत्तर श्रेणी में होगा जब $\frac{1}{x}$ परिभाषित हो। अतः यह परिणाम x के सभी मानों $x \neq 0$ के लिए सत्य है।

अतः B का मान $-1, -4, \frac{1}{2}$ होगा।

C. $x, 2x+2, 3x+3$ गुणोत्तर श्रेणी में है

$\Rightarrow \quad (2x+2)^2 = x(3x+3), x \neq 0$

$2x+2 \neq 0, 3x+3 \neq 0$

$\Rightarrow \quad x^2 + 5x + 4 = 0 \Rightarrow x = -1, -4$

लेकिन, जब $x = -1$, तब

$2x + 2 = 0 = 3x + 3$

अतः $x = -4$ ही संभव मान है।

D. $x + x^2 + x^3 - 1 + \dots\dots\ \infty = 1$

$\Rightarrow \quad \frac{x}{1-x} = 1 \Rightarrow x = 1 - x \Rightarrow x = \frac{1}{2}$

5

सम्मिश्र संख्याएँ (COMPLEX NUMBERS)

वह संख्या जिसका वर्ग ऋणात्मक संख्या को निरूपित करता है, उसे काल्पनिक संख्या (Imaginary number) कहते हैं। जैसे $\sqrt[n]{-9}$ जहाँ 9 धनात्मक वास्तविक संख्या है।

अतः $\sqrt{-5} = \sqrt{5} \times \sqrt{-1} = \sqrt{5} \times i$ जहाँ $i = \sqrt{-1}$

अब $i = \sqrt{-1},\ i^2 = -1$

$i^3 = i^2 \times i = -1 \times i = -i$

$i^4 = i^2 \times i^2 = 1$

सम्मिश्र संख्याएँ (Complex Numbers)

$(x + iy)$ के रूप की प्रत्येक संख्या जहाँ $x, y \in R$ तथा $i = \sqrt{-1}$ है, को सम्मिश्र संख्या कहते हैं। इसे z से सूचित करते हैं। अर्थात् $z = x + iy$

x को सम्मिश्र संख्या का वास्तविक भाग (Real part) कहते हैं। इसे Re(z) से सूचित करते हैं।

y को सम्मिश्र संख्या का काल्पनिक भाग (Imaginary part) कहते हैं। इसे Im(z) से सूचित करते हैं।

सम्मिश्र संख्याओं की गणितीय संक्रियाएँ (Mathematical Operation of Complex Numbers)

सम्मिश्र संख्याओं का योग एवं गुणनफल।

माना $z_1 = x_1 + iy_1$ तथा $z_2 = x_2 + iy_2$ दो सम्मिश्र संख्याएँ हैं। जहाँ $x_1, y_1, x_2, y_2 \in R$

तो $z_1 + z_2 = (x_1 + x_2) + i(y_1 + y_2)$

तथा $z_1.z_2 = (x_1x_2 - y_1y_2) + i(x_1y_2 + y_1x_2)$

सम्मिश्र संख्याओं के योग के गुण

(*i*) $z_1, z_2 \in C \Rightarrow z_1 + z_2 \in C$

(*ii*) यदि $z_1 + z_2 = z_2 + z_1\ \forall\ z_1, z_2 \in C$ (क्रम विनिमेय नियम)

(*iii*) $(z_1 + z_2) + z_3 = z_1 + (z_2 + z_3)\ \forall\ z_1, z_2, z_3 \in C$ (साहचर्य गुण नियम)

(*iv*) $z + 0 = 0 + z$ (जहाँ $0 + i0 = 0$)

(*v*) $z + (-z) = 0 = (-z) + z$ (योगात्मक प्रतिलोम)

सम्मिश्र संख्याओं के गुणा का गुण (Properties of Multiplication of Complex Numbers)

(*i*) $z_1z_2 = z_2z_1$ (क्रम विनिमेय)

(*ii*) $(z_1z_2)z_3 = z_1(z_2z_3)$ (साहचर्य नियम)

(*iii*) $z_1z_2 = 1 = z_2z_1$ जहाँ $z_2 = \frac{1}{z_1}$ (या z_1^{-1}) को गुणात्मक प्रतिलोम कहते हैं।

यदि $z = x + iy$ तब $\frac{1}{z} = \frac{x}{x^2 + y^2} + \frac{-y}{x^2 + y^2}i$

सम्मिश्र संख्याओं का घटाव एवं भाग (Subtraction and Division of Complex Numbers)

यदि $z_1 = x_1 + iy_1$ तथा $z_2 = x_2 + iy_2$

जहाँ $x_1, x_2, y_1, y_2 \in R$

$z_1 - z_2 = z_1 + (-z_2) = (x_1 - x_2) + i(y_1 - y_2)$

यदि $z_2 \neq 0$

$$\text{तो } \frac{z_1}{z_2} = z_1 \times \left(\frac{1}{z_2}\right) = (x_1 + iy_1)\left(\frac{1}{x_2 + iy_2}\right)$$

$$= (x_1 + iy_1)\left\{\frac{x_2}{x_2^2 + y_2^2} + \frac{(-y_2)}{x_2^2 + y_2^2}i\right\}$$

$$= \frac{1}{x_2^2 + y_2^2}\left[(x_1x_2 + y_1y_2) + i(x_2y_1 - x_1y_2)\right]$$

संयुग्मी सम्मिश्र संख्याएँ
(Conjugate of Complex Numbers)

माना $z = x + iy$ एक सम्मिश्र संख्या है तब z के संयुग्मी को $\bar{z}$ से सूचित करते है तथा $\bar{z} = x - iy$।

संयुग्मी निकालने के लिए i की जगह $-i$ मान रखें।

उदाहरण 1 : यदि $i = \sqrt{-1}$ तथा n कोई धनात्मक पूर्णांक हो। $i^n + i^{n+1} + i^{n+2} + i^{n+3}$ का मान ज्ञात करें।

हल : $i^n + i^n \times i + i^n \times i^2 + i^n \times i^3$

$$= i^n + i \times i^n - i^n - i \times i^n \qquad \left\{\begin{matrix} \because i^3 = -i \\ i^2 = -1 \end{matrix}\right\}$$

$= 0.$

उदाहरण 2 : $1 + i^2 + i^4 + i^6 + \ldots$ 1001 पदों तक का मान ज्ञात करें।

हल : $1 + i^2 + i^4 + i^6 + \ldots$ 1001 पदों तक

$$= \frac{1[1-(i^2)^{1001}]}{1-i^2}$$

($\because$ गुणोत्तर श्रेणी में है जिसका सार्वनुपात $= i^2$)

$$= \frac{[1 - i^{2000} \times i^2]}{1-(-1)} = \frac{1 - 1 \times (-1)}{2} = \frac{2}{2} = 1$$

अतः 1 मान होगा।

उदाहरण 3 : n के किस लघुत्तम धनात्मक पूर्णांक के लिए

$$\left(\frac{1+i}{1-i}\right)^n = 1$$

हल : $\dfrac{1+i}{1-i} = \dfrac{(1+i)(1+i)}{(1-i)(1+i)} = \dfrac{1+2i+i^2}{1-i^2} = \dfrac{2i}{2} = i$

तथा $1 = i^4$

अतः $(i)^n = i^4 \Rightarrow n = 4.$

उदाहरण 4 : x के किस मान के लिए $\dfrac{3 + 2i \sin x}{1 - 2i \sin x}$ पूर्ण वास्तविक होगा।

हल :

माना $z = \dfrac{3 + 2i \sin x}{1 - 2i \sin x} = \dfrac{(3 + 2i \sin x)}{(1 - 2i \sin x)} \times \dfrac{(1 + 2i \sin x)}{(1 + 2i \sin x)}$

$$= \frac{(3 - 4\sin^2 x) + i(8 \sin x)}{1 + 4 \sin^2 x}$$

अब z पूर्णतः वास्तविक होगा यदि $8 \sin x = 0$

$\Rightarrow \sin x = 0 \Rightarrow x = n\pi, n \in I.$

उदाहरण 5 : व्यंजक $x^4 - 6x^3 + 14x^2 - 6x + 20$ का मान ज्ञात करें, यदि $x = 3 + 2i$।

हल : $x = 3 + 2i \Rightarrow x - 3 = 2i$

$\Rightarrow (x-3)^2 = 4i^2 \Rightarrow x^2 - 6x + 9 = -4$

$\Rightarrow x^2 - 6x + 13 = 0$ ...(i)

अब $x^4 - 6x^3 + 14x^2 - 6x + 20$

$= (x^2 - 6x + 13)(x^2 + 1) + 7$

दीर्घ विभाजन विधि द्वारा

$= 0 + 7$ {समीकरण (i) से}

$= 7.$

संयुग्मी सम्मिश्र संख्याओं के गुण
(Properties of Complex Conjugate)

(i) $\bar{\bar{z}} = z \quad \forall z \in C$

(ii) $z + \bar{z} = 2\,\text{Re}(z),\ z - \bar{z} = 2i\,\text{Im}(z) \ \forall z \in C$

(iii) $z\bar{z} = |z|^2 \ \forall z \in C$ तथा यदि $z \neq 0$

$$z^{-1} = \frac{\bar{z}}{|z|^2}$$

जहाँ $|z| = \sqrt{\{\text{Re}(z)\}^2 + \{\text{Im}(z)\}^2}$

(iv) $\overline{z_1 + z_2} = \bar{z}_1 + \bar{z}_2,\ \overline{z_1 - z_2} = \bar{z}_1 - \bar{z}_2$

$\forall z_1, z_2 \in C$

(v) $\overline{z_1 z_2} = \bar{z}_1 \bar{z}_2$ तथा $\overline{\left(\dfrac{z_1}{z_2}\right)} = \dfrac{\bar{z}_1}{\bar{z}_2}$ जहाँ $z_2 \neq 0$

उदाहरण 6 : x एवं y के किस मान के लिए संख्याएँ $-3 + x^2yi$ तथा $x^2 + y + 4i$ एक-दूसरे के संयुग्मी होंगे?

हल : $-3 + x^2yi$ का संयुग्मी $-3 - x^2yi$

$\therefore -3 - x^2yi = x^2 + y + 4i$

$\Rightarrow x^2 + y = -3$ ...(i) (वास्तविक भाग एवं काल्पनिक भाग

तथा $x^2y = -4$ ...(ii) को बराबर करने पर)

समीकरण (*ii*) से $x^2 = -\frac{4}{y}$ समीकरण (*i*) में रखने पर

$$-\frac{4}{y} + y = -3$$

$\Rightarrow y^2 + 3y - 4 = 0 \Rightarrow (y-1)(y+4) = 0$

$\therefore\ y = 1$ या -4

जब $y = 1$ तब $x^2 = -4$

अतः x अवास्तविक है।

जब $y = -4$ तब $x^2 = 1$ तथा $x = \pm 1$

अतः $x = 1, y = -4; x = -1, y = -4$

सम्मिश्र संख्याओं के मापांक एवं कोणांक

(Modulus and Amplitude of Complex Numbers)

यदि $z = x + iy; x, y \in R$ तो z के मापांक को $|z|$ से सूचित करते हैं तथा

$$|z| = \sqrt{(\text{Re}\, z)^2 + (\text{Im}\, z)^2} \quad \forall z \in C$$

एवं कोणांक $(z) = \theta$ जहाँ $r\cos\theta = \text{Re}(z)$

तथा $r\sin\theta = \text{Im}(z)$ जहाँ $r = |z|, z \neq 0.$

अतः $\tan\theta = \frac{\text{Im}\ (z)}{\text{Re}\ (z)}.$

उदाहरण 7 : $\frac{1+i}{1-i}$ का कोणांक निकालें।

हल : $\frac{1+i}{1-i} \times \frac{1+i}{1+i} = \frac{(1+i)^2}{1-i^2} = \frac{1+2i-1}{1-(-1)} = \frac{2i}{2} = i$

$\Rightarrow i = \cos\frac{\pi}{2} + i\sin\frac{\pi}{2}$

अतः दी गई संख्या का कोणांक $\frac{\pi}{2}$ होगा।

उदाहरण 8 : सम्मिश्र संख्या $\sin\frac{6\pi}{5} + i\left(1 + \cos\frac{6\pi}{5}\right)$ का कोणांक निकालें।

हल : $\sin\frac{6\pi}{5} + i\left(1 + \cos\frac{6\pi}{5}\right)$

$$= 2\sin\frac{3\pi}{5}.\cos\frac{3\pi}{5} + i\left(2\cos^2\frac{3\pi}{5}\right)$$

$$= 2\cos\frac{3\pi}{5}\left(\sin\frac{3\pi}{5} + i\cos\frac{3\pi}{5}\right)$$

$$= -2\cos\frac{3\pi}{5}\left(-\sin\frac{3\pi}{5} - i\cos\frac{3\pi}{5}\right)$$

$$\left(\because \cos\frac{3\pi}{5} < 0\right)$$

$$= -2\cos\frac{3\pi}{5}\left\{\cos\left(\frac{3\pi}{2} - \frac{3\pi}{5}\right) + i\sin\left(\frac{3\pi}{2} - \frac{3\pi}{5}\right)\right\}$$

$$= -2\cos\frac{3\pi}{5}\left(\cos\frac{9\pi}{10} + i\sin\frac{9\pi}{10}\right)$$

जहाँ $r = -2\cos\frac{3\pi}{5}$ तथा $\theta = \frac{9\pi}{10}$

अतः अभीष्ट कोणांक $= \frac{9\pi}{10}.$

उदाहरण 9 : यदि z_1 एवं z_2 दो सम्मिश्र राशियाँ ऐसी हैं कि $|z_1| = |z_2|$ तथा कोणांक z_1 + कोणांक $z_2 = \pi$ हो तो z_1 का मान निकालें।

हल : माना $z_1 = r(\cos\theta + i\sin\theta)$

तथा $z_2 = r(\cos\phi + i\sin\phi)$

दिया है $|z_1| = |z_2|$ तथा $\theta + \phi = \pi \Rightarrow \theta = \pi - \phi.$

$\Rightarrow z_1 = r\{\cos(\pi - \phi) + i\sin(\pi - \theta)\}$

$= r(-\cos\phi + i\sin\phi)$

$= -r(\cos\phi - i\sin\phi)$

अतः $z_1 = -\overline{z_2}$

डिमायवर प्रमेय

(De Moivre's Theorem)

(*i*) यदि n एक परिमेय संख्या है, तब

$(\cos\theta + i\sin\theta)^n = \cos n\theta + i\sin n\theta$

(*ii*) यदि $z = (\cos\theta_1 + i\sin\theta_1)(\cos\theta_2 + i\sin\theta_2)\ ...\ (\cos\theta_n + i\sin\theta_n)$

तब $z = \cos(\theta_1 + \theta_2 + \theta_3 + ... + \theta_n) + i\sin(\theta_1 + \theta_2 + ...\ \theta_n)$

(*iii*) $(\cos\theta - i\sin\theta)^n = \cos n\theta - i\sin n\theta$

(iv) $\dfrac{1}{\cos\theta + i\sin\theta} = (\cos\theta + i\sin\theta)^{-1}$

$= (\cos\theta - i\sin\theta).$

उदाहरण 10 : $\left(\dfrac{1+\cos\frac{\pi}{8}+i\sin\frac{\pi}{8}}{1+\cos\frac{\pi}{8}-i\sin\frac{\pi}{8}}\right)^8$ का मान ज्ञात करें।

हल : माना $z = \cos\frac{\pi}{8} + i\sin\frac{\pi}{8}$

$\therefore \dfrac{1}{z} = \left(\cos\frac{\pi}{8} + i\sin\frac{\pi}{8}\right)^{-1}$

$\Rightarrow \dfrac{1}{z} = \cos\frac{\pi}{8} - i\sin\frac{\pi}{8}$

अतः दी गई राशि $= \left(\dfrac{1+z}{1+z^{-1}}\right)^8$

$= \left\{\dfrac{z(1+z)}{(1+z)}\right\}^8 = z^8$

$= \left(\cos\frac{\pi}{8} + i\sin\frac{\pi}{8}\right)^8$

$= \cos\pi + i\sin\pi = -1.$

उदाहरण 11 : $\dfrac{1}{1+\cos\theta - i\sin\theta}$ का काल्पनिक भाग निकालें।

हल : $\dfrac{1}{1+\cos\theta - i\sin\theta} = \dfrac{1}{2\cos^2\frac{\theta}{2} - 2i\sin\frac{\theta}{2}.\cos\frac{\theta}{2}}$

$= \dfrac{1}{2\cos\frac{\theta}{2}\left(\cos\frac{\theta}{2} - i\sin\frac{\theta}{2}\right)}$

$= \dfrac{1}{2\cos\frac{\theta}{2}\left(\cos\left(-\frac{\theta}{2}\right) + i\sin\left(-\frac{\theta}{2}\right)\right)}$

$= \dfrac{1}{2\cos\frac{\theta}{2}}\left\{\cos\left(-\frac{\theta}{2}\right) - i\sin\left(-\frac{\theta}{2}\right)\right\}$

$= \dfrac{1}{2\cos\frac{\theta}{2}}\left(\cos\frac{\theta}{2} + i\sin\frac{\theta}{2}\right)$

काल्पनिक भाग $= \dfrac{1}{2}\tan\dfrac{\theta}{2}.$

सम्मिश्र संख्या का वर्गमूल

(Square Root of Complex Number)

माना सम्मिश्र संख्या $a + ib$ का वर्गमूल $x + iy$ है

अर्थात् $\sqrt{a+ib} = x + iy$

तब $a + ib$ का वर्गमूल, यदि b धनात्मक हो

तो $\sqrt{a+ib} =$

$\pm\sqrt{\frac{1}{2}\left\{\sqrt{a^2+b^2}+a\right\}} + i\sqrt{\frac{1}{2}\left\{\sqrt{a^2+b^2}-a\right\}}$

पुनः $a + ib$ का वर्गमूल, यदि b ऋणात्मक हो

तब $\sqrt{a+ib} =$

$\pm\sqrt{\frac{1}{2}\left\{\sqrt{a^2+b^2}+a\right\}} - i\sqrt{\frac{1}{2}\left\{\sqrt{a^2+b^2}-a\right\}}$

उदाहरण 12 : सम्मिश्र संख्या $7 - 30\sqrt{-2}$ का वर्गमूल निकालें।

हल : $7 - 30\sqrt{-2} = 7 - 30\sqrt{2}\,i$

चूँकि b ऋणात्मक है अतः

$\sqrt{7 - 30\sqrt{2}\,i} =$

$\pm\sqrt{\frac{1}{2}\{\sqrt{49+1800}+7\}} - i\sqrt{\frac{1}{2}\sqrt{49+1800}-7}$

$= \pm\sqrt{\frac{1}{2}\{43+7\}} - i\sqrt{\frac{1}{2}(43-7)}$

$\sqrt{7-30\sqrt{2}i} = \pm\left(5-3\sqrt{2}i\right)$

इकाई के *n*वें मूल (The *n*th Roots of Unity)

माना इकाई का nवां मूल x है तो $x^n = 1$

$\Rightarrow x^n = 1 + i \times 0 = \cos 0° + i \sin 0°$

$\Rightarrow x^n = \cos 2k\pi + i \sin 2k\pi$ (n एक पूर्णांक है)

$\therefore\ x = \cos\dfrac{2k\pi}{n} + i\sin\dfrac{2k\pi}{n},\ k = 0, 1, 2, \ldots n-1$

माना $\alpha = \cos\dfrac{2\pi}{n} + i\sin\dfrac{2\pi}{n}$

तो इकाई के nवें मूल $1, \alpha, \alpha^2, \ldots \alpha^{n-1}$ होंगे।

(*i*) इकाई के nवें मूल का योग शून्य होता है।

$$1+\alpha+\alpha^2+\alpha^3+\ldots+\alpha^{n-1} = \frac{1-\alpha^n}{1-\alpha} = 0$$

(*ii*) इकाई के nवें मूल का गुणनफल ± 1 होता है (1 जब n विषम हो तथा -1 जब n सम हो)।

इकाई के घनमूल

(Cube Roots of Unity)

$n = 3$ रखने पर इकाई के घनमूल का मान प्राप्त होता है। यह

$1,\ \cos\dfrac{2\pi}{3} + i\sin\dfrac{2\pi}{3}$, तथा $\cos\dfrac{4\pi}{3} + i\sin\dfrac{4\pi}{3}$

अर्थात् $1,\ \dfrac{-1+i\sqrt{3}}{2},\ \dfrac{-1-i\sqrt{3}}{2}$ है।

जहाँ $\dfrac{-1+i\sqrt{3}}{2} = \omega$ एवं $\dfrac{-1-i\sqrt{3}}{2} = \omega^2$ से सूचित किया जाता है।

अतः इकाई के घनमूल $1, \omega, \omega^2$ हैं।

इकाई के घनमूल के गुण

(Properties of Cube Roots of Unity)

(*i*) $\omega^3 = 1$

(*ii*) $1 + \omega + \omega^2 = 0$

(*iii*) $1 + \omega^n + \omega^{2n} = 3$ (n, 3 का गुणज है)

(*iv*) $1 + \omega^n + \omega^{2n} = 0$

(n एक पूर्णांक है जो 3 का गुणज नहीं है)

उदाहरण 13 : $\left(-1+\sqrt{-3}\right)^2 + \left(-1-\sqrt{-3}\right)^2$ का मान निकालें।

हलः $\left(-1+\sqrt{-3}\right)^2 + \left(-1-\sqrt{-3}\right)^2 = (2\omega)^2 + (2\omega^2)^2$

$= 4\omega^2 + 4\omega^4$

$= 4\omega^2 + 4\omega \quad (\because\ \omega^3 = 1)$

$= 4(\omega + \omega^2) = -4.$

उदाहरण 14 : यदि α एक सम्मिश्र राशि हो जहाँ $\alpha^2 + \alpha + 1 = 0$ तब α^{30} का मान निकालें।

हलः $\alpha^2 + \alpha + 1 = 0 \Rightarrow (\alpha - 1)(\alpha^2 + \alpha + 1) = 0, \alpha \neq 1$

$\Rightarrow \alpha^3 - 1 = 0, \alpha \neq 1 \Rightarrow \alpha^3 = 1$

$\therefore\ \alpha^{30} = (\alpha^3)^{10} = (1)^{10} = 1.$

उदाहरण 15 : यदि ω इकाई के घनमूल हों तो $(1 + \omega)(1 + \omega^2) \ldots 2n$ पद तक का मान निकालें।

हल : $(1 + \omega)(1 + \omega^2)(1 + \omega^4)(1 + \omega^8)(1 + \omega^{16}) \ldots$ $2n$ पदों तक

$= [(1 + \omega)(1 + \omega^2)]\ [(1 + \omega)(1 + \omega^2)] \times [(1 + \omega)(1 + \omega^2)] \ldots n$ युग्म गुणनखंड

$(\because\ \omega^3 = \omega^6 = \omega^{15} = \omega^{30} = \ldots = 1)$

$= (1 + \omega + \omega^2 + \omega^3)^n = (0 + 1)^n = 1.$

उदाहरण 16 : यदि α, β अवास्तविक इकाई के घनमूल है तब $(1 - \alpha)(1 - \beta)(1 - \beta^2)(1 - \beta^4)$ का मान निकालें।

हल : चूँकि α, β अवास्तविक इकाई के घनमूल हैं

अतः $\alpha^2 = \beta, \beta^2 = \alpha, \alpha + \beta = -1$ तथा $\alpha\beta = 1$

अतः $(1 - \alpha)(1 - \beta)(1 - \beta^2)(1 - \beta^4)$

$= (1 - \alpha)(1 - \beta)(1 - \alpha)(1 - \beta)$

$(\because\ \beta^4 = (\beta^2)^2 = \alpha^2 = \beta)$

$= [(1 - \alpha)(1 - \beta)]^2 = [1 - (\alpha + \beta) + \alpha\beta]^2$

$= [1 - (-1) + 1]^2 = 3^2 = 9.$

उदाहरण 17 : $\left(\dfrac{2}{i+\sqrt{3}}\right)^{100} + \left(\dfrac{2}{i-\sqrt{3}}\right)^{100}$ का मान निकालें।

हल : $\left(\dfrac{2}{i+\sqrt{3}}\right)^{100} + \left\{\dfrac{2}{\left(i-\sqrt{3}\right)}\right\}^{100}$

$$= \left(\frac{2i}{i^2+\sqrt{3}i}\right)^{100} + \left(\frac{2i}{i^2-\sqrt{3}i}\right)^{100}$$

$$= \left(\frac{2i}{-1+\sqrt{3}i}\right)^{100} + \left(\frac{2i}{-1-\sqrt{3}i}\right)^{100}$$

$$= \left(\frac{i}{\omega}\right)^{100} + \left(\frac{i}{\omega^2}\right)^{100}$$

$$= \frac{1}{\omega^{100}} + \frac{1}{\omega^{200}}$$

$$= \frac{1}{\omega} + \frac{1}{\omega^2} = \frac{\omega^2+\omega}{\omega^3} = -1.$$

उदाहरण 18 : यदि $\omega = \dfrac{-1+\sqrt{3}i}{2}$, तब $(3+\omega+3\omega^2)^4$ का मान ज्ञात करें।

हल : $(3+\omega+3\omega^2)^4 = \{3(1+\omega^2)+\omega\}^4$

$= \{3(-\omega)+\omega\}^4 \qquad \{\because 1+\omega+\omega^2=0\}$

$= (-2\omega)^4 = 16\omega^3.\omega$

$= 16\omega.$

साधित उदाहरण
(Solved Examples)

1. यदि $u, v, x, y \in \mathbb{R}$ तथा $u+iv=(x+iy)^3$, तब $\dfrac{u}{x}+\dfrac{v}{y}=\lambda(x^2-y^2)$ तो λ का मान ज्ञात करें।

हलः दिया हुआ है $u+iv=(x+iy)^3$

$\Rightarrow u+iv = x^3+i^3y^3+3xiy\,(x+iy)$

$= x^3 - iy^3 + 3x^2yi - 3xy^2$

$= x^3-3xy^2+i(3x^2y-y^3)$

$\Rightarrow u = x^3-3xy^2$ तथा $v = 3x^2y-y^3$

(वास्तविक एवं काल्पनिक भागों को बराबर करने पर)

$$\Rightarrow \frac{u}{x}+\frac{v}{y} = \frac{x(x^2-3y^2)}{x} + \frac{y(3x^2-y^2)}{y}$$

$= 4x^2-4y^2 = 4(x^2-y^2)$

तुलना करने पर $\lambda = 4$.

2. यदि $x+\dfrac{1}{x}=2\cos\alpha$, तब $x^n-\dfrac{1}{x^n}$ का मान ज्ञात करें।

हलः $x+\dfrac{1}{x}=2\cos\alpha$

$\Rightarrow x^2-2x\cos\alpha+1=0$

$$\Rightarrow x = \frac{2\cos\alpha \pm \sqrt{4\cos^2\alpha-4}}{2}$$

$\Rightarrow x = \cos\alpha \pm i\sin\alpha$

$\Rightarrow x = \cos\alpha + i\sin\alpha$ या $x=\cos\alpha - i\sin\alpha$

अतः

$$x^n - \frac{1}{x^n} = (\cos\alpha+i\sin\alpha)^n - \frac{1}{(\cos\alpha+i\sin\alpha)^n}$$

$= (\cos n\alpha + i\sin n\alpha) - (\cos\alpha+i\sin\alpha)^{-n}$

$= \cos n\alpha + i\sin n\alpha - (\cos n\alpha - i\sin n\alpha)$

$= 2i\sin n\alpha$

अतः $x^n - \dfrac{1}{x^n} = 2i\sin n\alpha$ या $-2i\sin n\alpha$.

3. मान ज्ञात करें

$$\begin{vmatrix} 1 & 1+i+\omega^2 & \omega^2 \\ 1+i & -1 & -\sqrt{3}i \\ i & -i-1+\omega & -\omega \end{vmatrix}$$

हलः $R_2 \to R_2-(R_1+R_3)$

$$\begin{vmatrix} 1 & 1+i+\omega^2 & \omega^2 \\ 0 & 0 & 0 \\ i & -i-1+\omega & -\omega \end{vmatrix} = 0$$

4. यदि $x=\sqrt{-1-\sqrt{-1-\sqrt{-1-\sqrt{-1....}}}}$ तब x का मान ज्ञात करें।

हलः दिया है $x = \sqrt{-1-x} \Rightarrow x^2 = -1 - x$

$\Rightarrow x^2 + x + 1 = 0 \Rightarrow x = \dfrac{-1 \pm \sqrt{3}i}{2}$

$\Rightarrow x = \omega$ या ω^2.

5. यदि $(1 + i)(1 + 2i)(1 + 3i) \ldots (1 + ni) = x + yi$ जहाँ $x, y \in R$ तथा $n \in N$ तब $2 \times 5 \times 10 \times \ldots (1 + n^2)$ का मान ज्ञात करें।

हल : दिया है $(1 + i)(1 + 2i)(1 + 3i)(1 + 4i) \ldots (1 + ni) = x + iy$

दोनों ओर मापांक लेने पर,

$|(1+i)(1+2i)(1+3i)\ldots(1+ni)| = |x+iy|$

$\Rightarrow |1+i||1+2i||1+3i|\ldots|1+ni| = |x+iy|$

$\Rightarrow \sqrt{1^2+1^2}.\sqrt{1^2+2^2}.\sqrt{1^2+3^2}\ldots\sqrt{1^2+n^2}$

$= \sqrt{x^2+y^2}$

$\Rightarrow$ दोनों ओर वर्ग करने पर,

$2 . 5 . 10 \ldots (1 + n^2) = x^2 + y^2$.

6. यदि $\left|\dfrac{z-4}{z-8}\right| = 1$, तब Re$(z)$ का मान प्राप्त करें।

हल : माना $z = x + iy; x, y \in R$, तब

$\left|\dfrac{z-4}{z-8}\right| = 1 \Rightarrow |x+iy-4| = |x+iy-8|$

$\Rightarrow \sqrt{(x-4)^2+y^2} = \sqrt{(x-8)^2+y^2}$

$\Rightarrow -8x + 16 = -16x + 64 \quad \Rightarrow \quad x = 6$

7. यदि $x \in R$, तब वर्गमूल निकालें।

$$x + i\sqrt{x^4+x^2+1}$$

हलः $x + i\sqrt{x^4+x^2+1} = \dfrac{1}{2}\left\{2x + 2i\sqrt{x^4+x^2+1}\right\}$

$= \dfrac{1}{2}\left\{(x^2+x+1) - (x^2-x+1) + 2i\sqrt{x^2+x+1}\sqrt{x^2-x+1}\right\}$

$\left\{\because x^4 + x^2 + 1 = (x^2+x+1)(x^2-x+1)\right\}$

$= \dfrac{1}{2}\left(\sqrt{x^2+x+1} + i\sqrt{x^2-x+1}\right)^2$

अतः अभीष्ट वर्गमूल

$= \pm\dfrac{1}{\sqrt{2}}\left(\sqrt{x^2+x+1} + i\sqrt{x^2-x+1}\right)$.

8. यदि z एक सम्मिश्र राशि है तब सिद्ध करें कि $|3z-1| = 3|z-2|$ एक सरल रेखा प्रदर्शित करती है जो y-अक्ष के समान्तर है।

हलः $|3z-1| = 3|z-2|$, $z = x + iy$, $x, y \in R$

$\Rightarrow \sqrt{(3x-1)^2+(3y)^2} = 3\sqrt{(x-2)^2+y^2}$

$\Rightarrow 9x^2 + 9y^2 - 6x + 1 = 9x^2 + 9y^2 - 36x + 36$

$\Rightarrow 30x = 35 \Rightarrow x = \dfrac{7}{6}$

अतः यह एक सरल रेखा का समीकरण है जो y-अक्ष के समान्तर है।

9. सिद्ध करें समीकरण $|z+3i|^2 - |z-3|^2 = 6$ एक सरल रेखा को प्रदर्शित करती है।

हल : माना $z = x + iy; x, y \in R$, तब

$|z+3i|^2 - |z-3|^2 = 6$

$\Rightarrow |x+iy+3i|^2 - |x+iy-3|^2 = 6$

$\Rightarrow x^2 + (y+3)^2 - \left\{(x-3)^2 + y^2\right\} = 6$

$\Rightarrow 6x + 6y = 6$

$\Rightarrow x + y = 1$ सिद्ध हुआ।

वस्तुनिष्ठ प्रश्न

1. $\dfrac{(1-i\sqrt{3})}{(1+i\sqrt{3})}$ का कोणांक है–

(*a*) 60° (*b*) 120°
(*c*) 210° (*d*) 240°

2. सम्मिश्र संख्या $5 + 12i$ का वर्गमूल होगा–

(*a*) $\pm(3 + 2i)$ (*b*) $\pm(3 - 2i)$
(*c*) $\pm(2 + 3i)$ (*d*) $\pm(2 - 3i)$

3. यदि $\dfrac{1+7i}{(2-i)^2} = a + bi$ है, तो–

(*a*) $a = 0, b = 1$ (*b*) $a = -1, b = 1$
(*c*) $a = 1, b = 1$ (*d*) $a = 1, b = -1$

4. यदि सम्मिश्र संख्याएँ $\sin x + i\cos 2x$ और $\cos x - i\sin 2x$ एक दूसरे की संयुग्मी हैं, तो–

(*a*) $x = n\pi$ (*b*) $x = \left(n+\dfrac{1}{2}\right)\pi$
(*c*) $x = 0$ (*d*) x का कोई मान नहीं

5. $9 + 3i^7$ का मापांक होगा–

(*a*) 12 (*b*) $3\sqrt{10}$
(*c*) $6\sqrt{2}$ (*d*) 90

6. n का सबसे छोटा धनात्मक पूर्णांक मान, जिसके लिए $\left(\dfrac{1+i}{1-i}\right)^n = 1$ है, निम्न होगा–

(*a*) 2 (*b*) 4
(*c*) 8 (*d*) 12

7. यदि चर सम्मिश्र संख्या $z = x + iy$ ऐसी है कि $\dfrac{z-1}{z+1}$ का कोणांक सदैव 45° है, तो $x^2 + y^2 - 2y$ का मान होगा–

(*a*) 0 (*b*) $2x$
(*c*) -1 (*d*) 1

8. यदि $(a_1 + ib_1)(a_2 + ib_2) = A + iB$, तो $(a_1^2 + b_1^2)(a_2^2 + b_2^2)$ का मान है–

(*a*) $A^2 + B^2$ (*b*) $A^2 - B^2$
(*c*) 2AB (*d*) $A^4 + B^4$

9. $(x + iy)^{1/3} = a + ib$ तब $\dfrac{x}{a} + \dfrac{y}{b} =$

(*a*) 0 (*b*) 1
(*c*) -1 (*d*) इनमें से कोई नहीं

10. यदि z_1, z_2 दो अशून्य सम्मिश्र संख्या है तथा $\dfrac{z_1}{z_2}$ एक शुद्ध काल्पनिक संख्या है, तब $|z_1 + z_2|^2$ का मान है–

(*a*) $|z_1|^2 + |z_2|^2 + z|z_1 z_2|$

(*b*) $|z_1|^2 + |z_2|^2$

(*c*) $2|z_1||z_2|$

(*d*) इनमें से कोई नहीं

11. $\left(\dfrac{1+i}{\sqrt{2}}\right)^8 + \left(\dfrac{1-i}{\sqrt{2}}\right)^8$ का मान है–

(*a*) 8 (*b*) 16
(*c*) 4 (*d*) 2

12. यदि $\dfrac{3}{2+\cos\theta + i\sin\theta} = x + iy$,

तब $(x - 1)(x - 3) =$

(*a*) y^2 (*b*) $-y^2$
(*c*) 0 (*d*) 1

13. यदि $z = x + iy$ और $\omega = (1 - iz)/(z - i)$ है, तब $|\omega| = 1$ बताता है, कि सम्मिश्र तल में–

(*a*) z काल्पनिक अक्ष पर स्थित है

(*b*) z इकाई वृत्त पर स्थित है

(*c*) z वास्तविक अक्ष पर स्थित है

(*d*) इनमें से कोई नहीं

14. दिया है कि समीकरण $z^2 + (p + iq)z + r + is = 0$, जहाँ p, q, r, s अशून्य हैं, के मूल वास्तविक हैं, तब–

(*a*) $pqr = r^2 + p^2s$ (*b*) $prs = q^2 + r^2p$

(*c*) $qrs = p^2 + s^2q$ (*d*) $pqs = s^2 + q^2r$

15. यदि $\frac{(1+i)x - 2i}{3+i} + \frac{(2-3i)y + i}{3-i} = i$ तब x और y के वास्तविक मान निम्न हैं–

(*a*) $x = -3, y = -1$ (*b*) $x = 3, y = -1$

(*c*) $x = 3, y = 1$ (*d*) $x = 1, y = -3$

16. योग $\sum_{n=1}^{13}(i^n + i^{n+1})$ का मान, जहाँ $i = \sqrt{(-1)}$, है–

(*a*) i (*b*) $i - 1$

(*c*) $-i$ (*d*) 0

17. यदि $\frac{(\cos x + i \sin x)(\cos y + i \sin y)}{(\cot u + i)(1 + i \tan v)} = A + iB$,

तब $\frac{B}{A} =$

(*a*) $\tan (x + y)$

(*b*) $\tan u . \cot v \tan (x + y)$

(*c*) $\tan (x + y - u - v)$

(*d*) $\tan (x + y) - \tan (u + v)$

18. यदि $x = a + b, y = a\omega + b\omega^2, z = a\omega^2 + b\omega$ तो xyz का मान है–

(*a*) $(a + b)(a^2 + b^2)$ (*b*) $ab(a + b)$

(*c*) $a^3 + b^3$ (*d*) 0

19. यदि $\omega = \frac{z}{z - \frac{1}{3}i}$ तथा $|\omega| = 1$ हो, तब z स्थित है–

(*a*) परवलय (*b*) सरल रेखा पर

(*c*) वृत पर (*d*) दीर्घवृत पर

20. यदि $(2z + 1)/(iz + 1)$ का काल्पनिक भाग –2 है, तब सम्मिश्र तल में z का बिन्दुपथ है–

(*a*) एक वृत (*b*) एक सरल रेखा

(*c*) एक परवलय (*d*) इनमें से कोई नहीं

अनुच्छेद-1 (Paragraph-1)

माना $x = a + b, y = a\alpha + b\beta$ तथा $z = a\beta + b\alpha$ जहाँ α, β अवास्तविक इकाई के घनमूल हैं।

21. $x + y + z$ बराबर होगा–

(*a*) 0 (*b*) a

(*c*) b (*d*) इसमें से कोई नहीं

22. $x^2 + y^2 + z^2$ बराबर होगा–

(*a*) $a^2 + b^2$ (*b*) $6ab$

(*c*) 0 (*d*) इसमें से कोई नहीं

23. $x^3 + y^3 + z^3$ बराबर होगा–

(*a*) $9ab$ (*b*) $a^3 + b^3$

(*c*) $3(a^3 + b^3)$ (*d*) इसमें से कोई नहीं

अनुच्छेद-2 (Paragraph-2)

माना $\alpha \neq 1$ इकाई के nवें मूल हैं, जहाँ n धनात्मक पूर्णांक तथा 1 से बड़ी है।

24. $1 + \alpha + \alpha^2 + ... + \alpha^{n-1}$ बराबर है

(*a*) 0 (*b*) 1

(*c*) -1 (*d*) इसमें से कोई नहीं

25. $1, \alpha, \alpha^2, \alpha^3, ..., \alpha^{n-1}$ का गुणनफल है–

(*a*) 1 (*b*) -1

(*c*) 1 या -1 (*d*) इसमें से कोई नहीं

26. $\alpha^n + \alpha^{2n} + \alpha^{3n} + ... + \alpha^{n^2}$ का मान–

(*a*) 0 (*b*) n

(*c*) -1 (*d*) इसमें से कोई नहीं

दृढ़कथन-कारण (Assertion-Reason)

निम्नलिखित प्रश्नों के लिए नीचे दिए गए कूटों (*a*), (*b*), (*c*), (*d*) से सही उत्तर का चयन करें।

(*a*) वक्तव्य-I सत्य है; वक्तव्य-II सत्य है; वक्तव्य-II वक्तव्य-I का सही स्पष्टीकरण है।

(*b*) वक्तव्य-I सत्य है; वक्तव्य-II सत्य है; वक्तव्य-II वक्तव्य-I का सही स्पष्टीकरण नहीं है।

(*c*) वक्तव्य-I सत्य है; वक्तव्य-II असत्य है।

(*d*) वक्तव्य-I असत्य है; वक्तव्य-II सत्य है।

27. वक्तव्य-I : $\left|\frac{5+12i}{3+4i}\right| = \frac{169}{25}$

वक्तव्य-II : $\left|\frac{z_1}{z_2}\right| = \frac{|z_1|}{|z_2|}, \quad z_2 \neq 0\,(0+0i)$

28. वक्तव्य-I : i के चार लगातार (consecutive) पूर्णांक घात का योग शून्य होता है अर्थात् $i^n + i^{n+1} + i^{n+2} + i^{n+3} = 0$

वक्तव्य-II : $i = \sqrt{-1}$.

29. वक्तव्य-I : यदि z_1, z_2, z_3 सम्मिश्र राशियाँ हैं जहाँ

$$|z_1| = |z_2| = |z_3| = \left|\frac{1}{z_1} + \frac{1}{z_2} + \frac{1}{z_3}\right| = 1$$

तब $|z_1 + z_2 + z_3 = 1|$

वक्तव्य-II : यदि z_1 तथा z_2 दो सम्मिश्र राशियाँ हैं, तब $z_1\bar{z}_1 = 1, \quad z_2\bar{z}_2 = 1, |z_1| = |\bar{z}_1|$ तथा $|z_2| = |\bar{z}_2|$

30. मिलान करें (Match These)–

	वर्ग-I		वर्ग-II
A.	$(0+0i)$ का मापांक	*p.*	$-\frac{3\pi}{4}$
B.	$(-1-i)$ का मापांक	*q.*	$\frac{5\pi}{4}$
C.	$\left(-\sqrt{3}-\sqrt{3}i\right)$ का मापांक	*r.*	π
D.	$(-1+0i)$ का मापांक	*s.*	$-\pi$
		t.	अपरिभाषित

(*a*) A—*r*; B—*p*; C—*p*, *q*; D—*r*, *s*

(*b*) A—*t*; B—*p*; C—*p*, *q*; D—*r*, *s*

(*c*) A—*q*, *r*; B—*p*; C—*r*, *s*; D—*q*

(*d*) इसमें से कोई नहीं

उत्तरमाला

1	2	3	4	5	6	7	8	9	10
(*d*)	(*a*)	(*b*)	(*d*)	(*b*)	(*b*)	(*d*)	(*a*)	(*d*)	(*b*)
11	**12**	**13**	**14**	**15**	**16**	**17**	**18**	**19**	**20**
(*d*)	(*b*)	(*c*)	(*d*)	(*b*)	(*d*)	(*c*)	(*c*)	(*b*)	(*b*)
21	**22**	**23**	**24**	**25**	**26**	**27**	**28**	**29**	**30**
(*a*)	(*b*)	(*c*)	(*a*)	(*c*)	(*b*)	(*d*)	(*a*)	(*a*)	(*b*)

व्याख्यात्मक उत्तर

1. $\frac{1-i\sqrt{3}}{1+i\sqrt{3}} = \frac{\left(1-i\sqrt{3}\right)^2}{1-3i^2} = -\frac{1}{2} - \frac{\sqrt{3}}{2}i$

$= \cos 240° + i \sin 240°$

$\therefore$ अभीष्ट कोणांक $= 240°$.

2. माना $5 + 12i = a + bi$

$\Rightarrow a = 5, b = 12 > 0$ तथा $|5+12i| = 13$

$\therefore \quad \sqrt{5+12i}$

$$= \pm\left[\sqrt{\frac{13+5}{2}} + i\sqrt{\frac{13-5}{2}}\right] = \pm(3+2i).$$

3. $$\frac{1+7i}{(2-i)^2} = \frac{1+7i}{4+i^2-4i} = \frac{1+7i}{4-1-4i} = \frac{1+7i}{3-4i}$$

$(3 + 4i)$ से अंश व हरे में गुणा करने पर,

$$= \frac{(1+7i)(3+4i)}{(3-4i)(3+4i)} = \frac{3+4i+21i+28i^2}{9-16i^2}$$

$$= \frac{3+25i-28}{9+16}$$

$$= \frac{-25+25i}{25} = \frac{25(-1+i)}{25} = -1+i$$

अतः $a = -1, b = 1$.

4. यदि $\sin x + i\cos 2x$ और $\cos x - i\sin 2x$ एक दूसरे की संयुग्मी है, तब

$\overline{(\sin x + i\cos 2x)} = \cos x - i\sin 2x$

$\Rightarrow \sin x - i\cos 2x = \cos x - i\sin 2x$

$\Rightarrow \sin x = \cos x$ और $\cos 2x = \sin 2x$

$\Rightarrow \tan x = 1$ और $\tan 2x = 1$

यह दोनों समीकरण एक साथ सत्य नहीं हो सकती।

5. $\because \; i^2 = -1$

$9 + 3i^7 = 9 + 3(i^2)^3.i = 9 + 3(-1)^3.i = 9 - 3i$

$\therefore$ अभीष्ट मापांक $= |9-3i|$

$$= \sqrt{(9)^2 + (-3)^2} = \sqrt{81+9} = \sqrt{90}$$

$$= \sqrt{9\times 10} = 3\sqrt{10}.$$

6. $$\left(\frac{1+i}{1-i}\right)^n = \left[\frac{(1+i)^2}{(1-i)(1+i)}\right]^n = (i)^n$$

परन्तु $\left(\frac{1+i}{1-i}\right)^n = 1$

$\therefore \quad i^n = 1 = i^4 \Rightarrow n = 4.$

7. माना $z = x + iy$

$\therefore \quad \frac{z-1}{z+1}$

$$= \frac{x+iy-1}{x+iy+1} \times \frac{x+1-iy}{x+1-iy} = \frac{x^2-(1-iy)^2}{(x+1)^2+y^2}$$

$$= \frac{x^2-1+y^2+2iy}{(x+1)^2+y^2}$$

$$= \left[\frac{x^2+y^2-1}{(x+1)^2+y^2}\right] + i\left[\frac{2y}{(x+1)^2+y^2}\right]$$

$$\therefore \quad \frac{2y}{x^2+y^2-1} = \tan 45° = 1$$

$\Rightarrow x^2 + y^2 - 1 = 2y \quad \Rightarrow \quad x^2 + y^2 - 2y = 1.$

8. यदि $(a_1 + ib_1)(a_2 + ib_2) = A + iB$

या $a_1a_2 - b_1b_2 + i(a_1b_2 + a_2b_1) = A + iB$, तो

$A = a_1a_2 - b_1b_2$

तथा $B = a_1b_2 + a_2b_1$

$A^2 + B^2 = (a_1a_2 - b_1b_2)^2 + (a_1b_2 + a_2b_1)^2$

$$= a_1^2a_2^2 + b_1^2b_2^2 + a_1^2b_2^2 + a_2^2b_1^2$$

$$= (a_1^2 + b_1^2)(a_2^2 + b_2^2)$$

द्वितीय विधि

$$|(a_1+ib_1)(a_2+ib_2)| = |A+iB|$$

$$\Rightarrow |a_1+ib_1||a_2+ib_2| = |A+iB|$$

$$\Rightarrow \sqrt{a_1^2+b_1^2}\sqrt{a_2^2+b_2^2} = \sqrt{A^2+B^2}$$

$$\therefore \quad (a_1^2+b_1^2)(a_2^2+b_2^2) = A^2+B^2.$$

9. $(x + iy) = (a + ib)^3$

$= a^3 + i^3b^3 + 3ai^2b^2 + 3ia^2b$

$= a^3 - 3ab^2 + i(3a^2b - b^3)$

$\Rightarrow x = a^3 - 3ab^2,\ y = 3a^2b - b^3$

$$\Rightarrow \frac{x}{a} + \frac{y}{b} = (a^2 - 3b^2) + (3a^2 - b^2) = 4(a^2 - b^2).$$

10. माना $\frac{z_1}{z_2} = \frac{x+iy}{a+ib} = \frac{x+iy}{a+ib} \times \frac{a-ib}{a-ib}$

$$= \frac{ax + by + i(ay - bx)}{a^2 + b^2}$$

यदि $z_1|z_2$ एक शुद्ध काल्पनिक संख्या है,
तब $ax + by = 0$

$|z_1 + z_2|^2 = |x + iy + a + ib|^2$

$= (x + a)^2 + (y + b)^2$

$= x^2 + y^2 + a^2 + b^2 + 2(ax + by)$

$= x^2 + y^2 + a^2 + b^2 = |z_1|^2 + |z_2|^2.$

11. $1 + i = \sqrt{2}\left(\cos\frac{\pi}{4} + i\sin\frac{\pi}{4}\right)$

$1 - i = \sqrt{2}\left(\cos\frac{\pi}{4} - i\sin\frac{\pi}{4}\right)$

$$\left(\frac{1+i}{\sqrt{2}}\right)^8 + \left(\frac{1-i}{\sqrt{2}}\right)^8$$

$$= \left[\frac{\sqrt{2}\left(\cos\frac{\pi}{4} + i\sin\frac{\pi}{4}\right)}{\sqrt{2}}\right]^8 + \left[\frac{\sqrt{2}\left(\cos\frac{\pi}{4} - i\sin\frac{\pi}{4}\right)}{\sqrt{2}}\right]^8$$

$$= \left(\cos\frac{\pi}{4} + i\sin\frac{\pi}{4}\right)^8 + \left(\cos\frac{\pi}{4} - i\sin\frac{\pi}{4}\right)^8$$

$$= \cos\frac{8\pi}{4} + i\sin\frac{8\pi}{4} + \cos\frac{8\pi}{4} - i\sin\frac{8\pi}{4}$$

$$= 2\cos\frac{8\pi}{4} = 2\cos 2\pi = 2.1 = 2.$$

12. $x + iy = \frac{3[2 + \cos\theta - i\sin\theta]}{(2 + \cos\theta)^2 + \sin^2\theta}$

$$= \frac{3(2 + \cos\theta) - i(3\sin\theta)}{5 + 4\cos\theta}$$

$\therefore x = \frac{3(2 + \cos\theta)}{5 + 4\cos\theta}$ और $y = -\frac{3\sin\theta}{5 + 4\cos\theta}$

$\Rightarrow (x - 1)(x - 3)$

$$= \frac{(1 - \cos\theta)}{5 + 4\cos\theta} \cdot \frac{(-9)(1 + \cos\theta)}{5 + 4\cos\theta}$$

$$= \frac{-9\sin^2\theta}{(5 + 4\cos\theta)^2} = -y^2.$$

13. $|\omega| = \left|\frac{1 - iz}{z - i}\right| = 1$

$\Rightarrow |1 - iz|^2 = |z - i|^2$

$\Rightarrow (1 - iz)(1 + i\bar{z}) = (z - i)(\bar{z} + i)$

$\Rightarrow 2i(z - \bar{z}) = 0 \Rightarrow 2i(2iy) = 0$

$\Rightarrow y = 0$

जोकि वास्तविक अक्ष की समीकरण है। अतः z वास्तविक अक्ष पर स्थित है।

14. माना $z = x + iy$

$(x + iy)^2 + (p + iq)(x + iy) + r + is = 0$

$\Rightarrow (x^2 - y^2 + px - qy + r)$
$\quad + i(2xy + py + qx + s) = 0$

$\Rightarrow x^2 - y^2 + px - qy + r = 0 \quad ...(i)$

और $2xy + py + qx + s = 0 \quad ...(ii)$

यदि मूल वास्तविक हैं, तो $y = 0$

$\therefore\ x^2 + px + r = 0$ ...(iii)

तथा $qx + s = 0$ ...(iv)

समीकरण (iii) और (iv) से

$pqs = s^2 + q^2r.$

15. $\dfrac{(1+i)x-2i}{3+i} + \dfrac{(2-3i)y+i}{3-i} = i$

$\Rightarrow \dfrac{(3-i)\{(1+i)x-2i\}+(3+i)\{(2-3i)y+i\}}{3^2-(i)^2} = i$

$\Rightarrow (4+2i)x - (2+6i) + (9-7i)y + (3i-1) = 10i$

$\Rightarrow (4x+9y-3) + i(2x-7y-13) = 0$

अतः $4x + 9y - 3 = 0$ और $2x - 7y - 13 = 0$

$\Rightarrow x = 3, y = -1.$

16. $\sum_{n=1}^{13}(i^n + i^{n+1}) = \sum_{n=1}^{13} i^n + \sum_{n=1}^{13} i^{n+1}$

$= i + 0 - 1 + 0 = i - 1$

$\sum_{n=2}^{13} i^n$ में 12 पद हैं और 12, 4 से विभाज्य है, अतः योगफल शून्य होगा।

17. $\dfrac{(\cos x + i\sin x)(\cos y + i\sin y)}{(\cot u + i)(1 + i\tan v)}$

$= \dfrac{(\cos x\cos y - \sin x\sin y) + i(\sin x\cos y + \cos x\sin y)}{\left(\dfrac{\cos u + i\sin u}{\sin u}\right)\left(\dfrac{\cos v + i\sin v}{\cos v}\right)}$

$= \dfrac{\sin u\cos v[\cos(x+y) + i\sin(x+y)]}{[\cos u\cos v - \sin u\sin v] + i[\cos v\sin u + \sin v\cos u]}$

$= \dfrac{\sin u\cos v[\cos(x+y) + i\sin(x+y)]}{\cos(u+v) + i\sin(u+v)} \times \dfrac{\cos(u+v) - i\sin(u+v)}{\cos(u+v) - i\sin(u+v)}$

$= \dfrac{\sin u\cos v[\cos(x+y)\cos(u+v) + \sin(x+y)\sin(u+v)] + i\{\sin(x+y)\cos(u+v) - \cos(x+y)\sin(u+v)\}}{\cos^2(u+v) + \sin^2(u+v)}$

$= \sin u\cos v[\cos(x+y-u-v) + i\sin(x+y-u-v)]$

$= A + iB$

$\therefore\ A = \sin u\cos v\cos(x+y-u-v)$

और $B = \sin u\cos v\sin(x+y-u-v)$

$\therefore\ \dfrac{B}{A} = \tan(x+y-u-v).$

18. $xyz = (a+b)(a\omega + b\omega^2)(a\omega^2 + b\omega)$

$= (a+b)\left[a^2\omega^3 + ab\omega^2 + ab\omega^4 + b^2\omega^3\right]$

$= (a+b)\left[a^2.1 + ab\omega^2 + ab\omega + b^2\right]$ $[\because \omega^3 = 1]$

$= (a+b)\left[a^2 + ab(\omega^2+\omega) + b^2\right]$

$= (a+b)\left[a^2 + ab(-1) + b^2\right]$ $[\because \omega^2 + \omega + 1 = 0]$

$= (a+b)(a^2 - ab + b^2) = a^3 + b^3$

19. दिया है $\omega = \dfrac{z}{z - i/3}$ तथा $|\omega| = 1$

$\Rightarrow \left|\dfrac{z}{z-i/3}\right| = 1 \Rightarrow |z| = \left|z - \dfrac{i}{3}\right|$

$\Rightarrow z$, (0, 0) व $\left(0, \dfrac{1}{3}\right)$ को मिलाने वाली रेखा के लम्ब समद्विभाजक पर स्थित है अर्थात् z एक सरल रेखा पर स्थित है।

20. $\dfrac{2z+1}{iz+1} = \dfrac{(2x+1)+2iy}{(1-y)+ix}$

$= \dfrac{[(2x+1)+2iy].[(1-y)-ix]}{(1-y)^2 - i^2x^2}$

$= \dfrac{(2x-y+1) - (2x^2+2y^2+x-2y)\,i}{1+x^2+y^2-2y}$

∴ काल्पनिक भाग

$$= \frac{-(2x^2 + 2y^2 + x - 2y)}{1 + x^2 + y^2 - 2y} = -2$$

(दिया है, काल्पनिक भाग = –2)

$\Rightarrow (x + 2y - 2) = 0$ जो एक सरल रेखा है।

21. चूँकि α, β इकाई के, अवास्तविक घनमूल हैं अतः $\alpha^3 = \beta^3 = 1, \alpha^2 = \beta, \beta^2 = \alpha, \alpha + \beta = -1$ तथा $\alpha\beta = 1$ इस गुण का उपयोग करने पर,
$x + y + z = a + b + a\alpha + b\beta + a\beta + b\alpha$
$= a(1 + \alpha + \beta) + b(1 + \alpha + \beta)$
$= a \times 0 + b \times 0 = 0.$

22. $x^2 + y^2 + z^2$
$= (a + b)^2 + (a\alpha + b\beta)^2 + (\alpha\beta + b\alpha)^2$
$= a^2(1 + \alpha^2 + \beta^2) + b^2(1 + \beta^2 + \alpha^2) + 2ab + 4ab\alpha\beta$
$= a^2(1 + \beta + \alpha) + b^2(1 + \alpha + \beta) + 2ab + 4ab$
$= a^2 \times (0) + b^2 \times (0) + 6ab$
$= 6ab.$

23. उपरोक्त प्रश्न संख्या (21) से
$x + y + z = 0$
$\Rightarrow x^3 + y^3 + z^3 = 3xyz = (3x)(yz)$
$= 3(a + b)\{(a\alpha + b\beta)(a\beta + b\alpha)\}$
$= 3(a + b)(a^2\alpha\beta + b^2\beta\alpha + ab\alpha^2 + ab\beta^2)$
$= 3(a + b)\{(a^2 + b^2 + ab(\alpha^2 + \beta^2)\}$
$= 3(a + b)\{(a^2 + b^2 + ab(\beta + \alpha)\}$
$= 3(a + b)\{(a^2 + b^2 + ab(-1)\}$
$= 3(a^3 + b^3).$

24. $1 + \alpha + \alpha^2 + ... + \alpha^{n-1}$ (n पदों का गुणोत्तर श्रेणी)

$$= \frac{1(\alpha^n - 1)}{\alpha - 1} = 0$$

25. $1.\alpha.\alpha^2 ... \alpha^{n-1} = \alpha^{1+2+3+...(n-1)}$

$$= \alpha^{\frac{n(n-1)}{2}} = \left[\left\{\cos\frac{2\pi k}{n} + i\sin\frac{2\pi k}{n}\right\}^{\frac{n}{2}}\right]^{n-1}$$

$$\left[\because \alpha = \cos\frac{2\pi k}{n} + i\sin\frac{2\pi k}{n}\right]$$

$$= \left[\cos\frac{2\pi k}{n}.\frac{n}{2} + i\sin\frac{2\pi k}{n}.\frac{n}{2}\right]^{n-1}$$

$$= (\cos\pi k + i\sin\pi k)^{n-1}$$

$$= \left|(-1)^k\right|^{n-1} = 1 \text{ या } -1.$$

26. $\alpha^n + \alpha^{2n} + \alpha^{3n} + ... + \alpha^{n^2}$

$$= (\alpha^n)^1 + (\alpha^n)^2 + (\alpha^n)^3 + ... (\alpha^n)^n$$

$$= 1 + 1 + 1 + ... + 1 \ (\because \alpha^n = 1) = n.$$

27. वक्तव्य-II सत्य है क्योंकि यह मापांक का गुण है।

वक्तव्य-I $|a + ib| = \sqrt{a^2 + b^2}$ अतः $\frac{13}{5}$ मान होगा।

अतः असत्य है।

28. चूँकि $i = \sqrt{-1} \Rightarrow i^2 = -1$
$\Rightarrow i^2 + 1 = 0$
∴ व्यंजक $i^n(1 + i^2) + i^{n+1}(1 + i^2) = 0$
अतः वक्तव्य-I एवं वक्तव्य-II दोनों सत्य है तथा वक्तव्य-II; वक्तव्य-I का सही स्पष्टीकरण है।

29. चूँकि $|z_1| = |z_2| = |z_3| = 1$ अतः

$$z_1\overline{z_1} = z_2\overline{z_2} = z_3\overline{z_3} = 1$$

$$\therefore 1 = \left|\frac{1}{z_1} + \frac{1}{z_2} + \frac{1}{z_3}\right| \quad 1 = \left|\overline{z_1} + \overline{z_2} + \overline{z_3}\right|$$

$$= \left|\overline{z_1 + z_2 + z_3}\right| \Rightarrow 1 = |z_1 + z_2 + z_3|$$

अतः वक्तव्य-I तथा वक्तव्य-II दोनों सत्य हैं तथा वक्तव्य-II; वक्तव्य-I का सही स्पष्टीकरण है।

30. A. $(0 + 0i)$ का मापांक अपरिभाषित है। A—t

B. $(-1 - i)$ का मापांक

$= \text{मापांक } \sqrt{2}\left(-\frac{1}{\sqrt{2}}-\frac{1}{\sqrt{2}}i\right)\Big\}$

$\left(\text{चूँकि } |-1-i| = \sqrt{(-1)^2+(1)^2} = \sqrt{2}\right)$

$= \text{मापांक } \sqrt{2}\left(\cos\frac{5\pi}{4}+i\sin\frac{5\pi}{4}\right)\Big\}$

$= \text{मापांक } \sqrt{2}\cos\left(\frac{5\pi}{4}-2\pi\right)+i\sin\left(\frac{5\pi}{4}-2\pi\right)$

$= -\frac{3\pi}{4}$

B—p

C. मापांक $\left(-\sqrt{3}-\sqrt{3}\,i\right)$

मापांक $\sqrt{6}\left(-\frac{1}{\sqrt{2}}-\frac{1}{\sqrt{2}}i\right)$

$\left(\text{चूँकि } |-\sqrt{3}-\sqrt{3}i| = \sqrt{\left(-\sqrt{3}\right)^2+\left(-\sqrt{3}\right)^2} = \sqrt{6}\right)$

$= \text{मापांक } \left\{\sqrt{6}\left(\cos\frac{5\pi}{4}+i\sin\frac{5\pi}{4}\right)\right\}$

$= \frac{5\pi}{4}+2n\pi, \quad n\in I$

C—p, q

D. मापांक $(-1+0i)$ = मापांक $(\cos\pi+i\sin\pi)$

$= \pi+2n\pi, \; n\in I$

D—r, s

6

द्विपद प्रमेय (BINOMIAL THEOREM)

द्विपद प्रमेय धनात्मक पूर्णांक घातांक के लिए

(Binomial Theorem for Positive Integral Index)

यदि n प्राकृत संख्या तथा x एवं a वास्तविक संख्या हो तब,

$(x+a)^n = {}^nc_0x^n + {}^nc_1x^{n-1}a + {}^nc_2x^{n-2}a^2 + \ldots + {}^nc_n a^n$

तथा $(x-a)^n = {}^nc_0x^n - {}^nc_1x^{n-1}a + {}^nc_2x^{n-2}a^2 - \ldots + (-1)^n a^n$.

${}^nc_0, {}^nc_1, {}^nc_2 \ldots {}^nc_n$ को द्विपद गुणांक (Binomial Coefficient) कहते हैं।

द्विपद प्रमेय का व्यापक पद

(General Term of Binomial Theorem)

T_{r+1}वाँ पद को द्विपद प्रमेय का व्यापक पद कहते हैं जहाँ $T_{r+1} = {}^nc_r . x^{n-r}.a^r$.

उदाहरण 1 : $\left(2x^2 - \frac{1}{3x^3}\right)^{10}$, के प्रसार में 5वाँ पद ज्ञात करें।

हल : व्यापक पद $T_{r+1} = {}^{10}c_r (2x^2)^{10-r}.\left(-\frac{1}{3x^3}\right)^r$

5वाँ पद निकालने के लिए $r+1=5$

अर्थात् $r=4$

$$\therefore T_5 = {}^{10}c_4 (2x^2)^{10-4}.\left(-\frac{1}{3x^3}\right)^4$$

$$= \frac{10\times9\times8\times7}{4\times3\times2\times1}(2^6x^{12})\left(\frac{1}{3^4.x^{12}}\right)$$

$$= \frac{210\times2^6}{3^4} = \frac{4480}{27}.$$

द्विपद प्रमेय के गुण

(Properties of Binomial Theorem)

(*i*) $(x+a)^n$ के प्रसार में पदों की कुल संख्या $= n+1$

(*ii*) पहला पद x^n एवं अन्तिम पद a^n.

(*iii*) प्रत्येक पद में x एवं a के घातांकों का योग n होता है।

(*iv*) प्रारंभ एवं अन्त से एक समान दूरी के पदों के द्विपद गुणांक समान होते हैं।

(*v*) अन्त से $(x+1)$वाँ पद = प्रारंभ से $(n-r+1)$वाँ पद

(*vi*) $(x+a)^n - (x-a)^n = 2\{{}^nc_1x^{n-1}a + {}^nc_3x^{n-3}a^3 + {}^nc_5x^{n-5}a^5 + \ldots\}$

जैसे– $(x+a)^3 = x^3 + 3x^2a + 3ax^2 + a^3$

(*i*) अत: 3 घात वाले बहुपद प्रसार में $3+1=4$ पद है।

(*ii*) पहले पद में x^3 तथा अंतिम पद में a^3 है।

(*iii*) प्रत्येक पद में x एवं a घातांकों का योग 3 है।

द्विपद गुणांकों के गुण

(Properties of Binomial Coefficient)

(*i*) ${}^nc_0 + {}^nc_1 + \ldots + {}^nc_n = 2^n$

(*ii*) ${}^nc_0 + {}^nc_2 + {}^nc_4 + \ldots + = {}^nc_1 + {}^nc_3 + \ldots. = 2^{n-1}$

(*iii*) ${}^nc_0 - {}^nc_1 + {}^nc_2 - {}^nc_3 + \ldots + (-1)^n\,{}^nc_n = 0$

(*iv*) $\frac{{}^nc_r}{{}^nc_{r-1}} = \frac{n-r+1}{r}$

(*v*) ${}^nc_r + {}^nc_{r-1} = {}^{n+1}c_r$

(*vi*) ${}^nc_1 + 2.{}^nc_2 + 3.{}^nc_3 + \ldots + n\,{}^nc_n = n.2^{n-1}$

(*vii*) $c_0^2 + c_1^2 + c_2^2 + \ldots. + c_n^2 = \frac{(2n)!}{(n!)^2}$

द्विपद प्रसार में मध्य पद

(Middle Term in a Binomial Expansion)

(*i*) $(x+a)^n$ के प्रसार में मध्य पद $\left(\frac{n}{2}+1\right)$ वाँ पद होता है, जब n एक सम संख्या है।

$$T_{\frac{n}{2}+1} = {}^n c_{n/2} \cdot x^{n/2} \cdot a^{n/2}$$

(*ii*) $(x+a)^n$ के प्रसार में मध्य पद $\left(\frac{n+1}{2}\right)$ वाँ एवं $\left(\frac{n+3}{2}\right)$ वाँ पद होते हैं, जब n एक विषम संख्या है।

$$T_{\frac{n+1}{2}} = {}^n c_{\frac{n-1}{2}} . x^{\frac{n+1}{2}} . a^{\frac{n-1}{2}}$$

तथा $T_{\frac{n+3}{2}} = {}^n c_{\frac{n+1}{2}} . x^{\frac{n-1}{2}} . a^{\frac{n+1}{2}}$

उदाहरण 2 : $(1-2x+x^2)^n$ के प्रसार में मध्य पद ज्ञात करें।

हल : चूँकि $1-2x+x^2 = (1-x)^2$

अतः $(1-2x+x^2)^n = (1-x)^{2n}$, यहाँ घातांक $= 2n$ समसंख्या अतः केवल एक मध्य पद होगा।

अर्थात् $\left(\frac{2n}{2}+1\right)$ वाँ पद $= (n+1)$वाँ पद मध्य पद होगा

अभीष्ट मध्य पद $= T_{n+1} = {}^{2n}c_n \cdot (1)^{2n-n} \cdot (-x)^n$

$= (-1)^n . {}^{2n}c_n x^n$

$= (-1)^n \frac{\lfloor 2n}{\lfloor n \lfloor n} x^n$

$= (-1)^n \frac{\lfloor 2n}{(\lfloor n)^2} x^n.$

उदाहरण 3 : $\left(x+\frac{1}{x}\right)^n$ के प्रसार में मध्य पद निकालें, जहाँ n एक समसंख्या है।

हल : n सम संख्या है अतः इसका केवल एक ही मध्य पद होगा, $\left(\frac{n}{2}+1\right)$ वाँ पद मध्य पद होगा।

अतः अभीष्ट मध्य पद $= T_{\frac{n}{2}+1} = {}^n c_{\frac{n}{2}} . x^{n-\frac{n}{2}} . \left(\frac{1}{x}\right)^{\frac{n}{2}}$

$$= \frac{\lfloor n}{\lfloor \frac{n}{2} \lfloor \frac{n}{2}} x^{\frac{n}{2}} . \frac{1}{x^{\frac{n}{2}}}$$

$$= \frac{\lfloor n}{\left(\lfloor \frac{n}{2}\right)^2}.$$

उदाहरण 4 : $\left(2x-\frac{x^2}{4}\right)^9$ के प्रसार में मध्य पद निकालें।

हल : यहाँ पदों की संख्या $= 9 + 1 = 10$ (समसंख्या)

अतः इसके मध्य पद की संख्या 2 होगी।

मध्य पद $T_{\frac{9+1}{2}}$ अर्थात् T_5 एवं T_6 वाँ पद

$$T_5 = {}^9c_4 \, (2x)^{9-4} . \left(-\frac{x^2}{4}\right)^4$$

$$= \frac{9\times8\times7\times6}{4\times3\times2\times1} 2^5 . x^5 . (-1)^4 \frac{x^8}{2^8} = \frac{63}{4} x^{13}$$

$$T_6 = {}^9c_5 \, (2x)^{9-5} . \left(-\frac{x^2}{4}\right)^5$$

$$= \frac{9\times8\times7\times6}{4\times3\times2\times1} \times 2^4 . x^4 \, (-1)^5 \frac{x^{10}}{2^{10}}$$

$$= -\frac{63}{32} x^{14}.$$

x से स्वतंत्र पद

(Term Independent of x)

व्यापक पद में आए x के घातांक को शून्य के बराबर करने पर प्राप्त पद को x से स्वतंत्र पद कहते हैं।

उदाहरण 5 : $\left(x+\frac{1}{x}\right)^{2n}$ के प्रसार में x से स्वतंत्र पद ज्ञात करें।

हल : व्यापक पद, $T_{r+1} = {}^{2n}c_r\, x^{2n-r}.\left(\frac{1}{x}\right)^r$

$= {}^{2n}c_r x^{2n-2r}$ ...(i)

x से स्वतंत्र पद के लिए $2n - 2r = 0 \Rightarrow r = n$

अतः $r = n$ समीकरण (i) में रखने पर

$$T_{n+1} = {}^{2n}c_n x^0 = {}^{2n}c_n = \frac{\lfloor 2n}{(\lfloor n)^2}.$$

महत्वपूर्ण प्रसार

(Important Expansions)

(i) $(1-x)^n = 1 - nx + \frac{n(n-1)}{\lfloor 2}x^2 - \ldots + (-1)^r \frac{n(n-1)\ldots(n-r+1)}{\lfloor r}.x^r$

(ii) $(1+x)^{-1} = 1 - x + x^2 - x^3 + x^4 - x^5 + \ldots + (-1)^r x^r + \ldots$

(iii) $(1-x)^{-1} = 1 + x + x^2 + x^3 + \ldots + x^r + \ldots$

(iv) $(1+x)^{-2} = 1 - 2x + 3x^2 - 4x^3 + \ldots + (-1)^r (r+1) x^r + \ldots$

(v) $(1-x)^{-2} = 1 + 2x + 3x^2 + 4x^3 + \ldots + (r+1) x^r + \ldots$

उदाहरण 6 : सरल करें

${}^{15}c_3 + {}^{15}c_5 + {}^{15}c_7 \ldots + {}^{15}c_{15}.$

हल : $({}^{15}c_1 + {}^{15}c_3 + {}^{15}c_5 + {}^{15}c_7 + \ldots) - {}^{15}c_1$

$= \{(1+x)^{15}$ के प्रसार में सम पदों के गुणांकों का योग $- {}^{15}c_1\}$

$= 2^{15-1} - {}^{15}c_1$

$= 2^{14} - 15 = 16384 - 15$

$= 16369.$

द्विपद प्रमेय (किसी भी घातांक या परिमेय घातांक के लिए)

Binomial Theorem (For any Index or Rational Index)

माना n एक परिमेय संख्या है तथा x एक वास्तविक संख्या है, जहाँ $|x| < 1$ तब,

$(1+x)^n =$

$$1 + nx + \frac{n(n-1)}{\lfloor 2}x^2 + \frac{n(n-1)(n-2)}{\lfloor 3}x^3 + \ldots$$

$(1+x)^n$ के प्रसार में व्यापक पद [General term in the expansion of $(1+x)^n$].

$$T_{r+1} = \frac{n(n-1)(n-2)\ldots\{n-(r-1)\}}{\lfloor r}x^r.$$

साधित उदाहरण

(Solved Examples)

1. मूल्यांकन करें-

$\left(4+2\sqrt{3}\right)^5 - \left(4-2\sqrt{3}\right)^5.$

हल : हम जानते हैं कि,

$(x+a)^n - (x-a)^n = 2\{{}^nc_1 x^{n-1} a + {}^nc_3 x^{n-3} a^3 + {}^nc_5 x^{n-5} a^5 + \ldots\}$

अतः $n = 5, x = 4$ तथा $a = 2\sqrt{3}$ का मान रखने पर,

$\left(4+2\sqrt{3}\right)^5 - \left(4-2\sqrt{3}\right)^5$

$= 2\left\{{}^5c_1 4^4.\left(2\sqrt{3}\right)^1 + {}^5c_3 4^2.\left(2\sqrt{3}\right)^3 + {}^5c_5.\left(2\sqrt{3}\right)^5\right\}$

$= 2\left\{5 \times 256 \times 2\sqrt{3} + 10 \times 16 \times 24\sqrt{3} + 288\sqrt{3}\right\}$

$= 2\sqrt{3}\,(2560 + 3840 + 288)$

$= 13376\sqrt{3}.$

2. $(1.01)^{1000000}$ तथा 10,000 में कौन-सी बड़ी है?

हल : $1.01 = 1 + .01$ (द्विपद प्रमेय का उपयोग करने पर)

अतः $(1+.01)^{1000000} = 1 + {1000000}_{C_1}\,(.01) + {1000000}_{C_2}\,(.01)^2 + \ldots$ उच्च घात

$= 1 + 1000000 \times \frac{1}{100}$ धनात्मक संख्याएँ

$= 1 + 10000 +$ धनात्मक संख्याएँ > 10000

अतः हम पाते हैं कि $(1.01)^{1000000}$, 10000 से बड़ी संख्या है।

अर्थात् $(1.01)^{1000000} > 10000$.

3. $(1 + x)^3 (1 - x)^6$ के प्रसार में x^5 का गुणांक निकालें।

हल : $(1 + x)^3 (1 - x)^6 = \{(1 + x)^3 (1 - x)^3\} (1 - x)^3$

$= (1 - x^2)^3 (1 - x)^3$

$= (1 - 3x^2 + 3x^4 - x^6) (1 - 3x + 3x^2 - x^3)$

$= ... + \{(-3)(-1) + 3(-3)\}x^5 + ...$

अतः x^5 का गुणांक $= 3 - 9 = -6$.

4. $(x + y)^n$ के प्रसार में, चौथे व तेरहवें पद के गुणांक समान हैं, तब n का मान ज्ञात करें।

हल : $(x + y)^n$ के प्रसार में

$T_4 = T_{3+1} = {}^nc_3\, x^{n-3} y^3$

तथा $T_{13} = T_{12+1} = {}^nc_{12}\, x^{n-12} y^{12}$

प्रश्नानुसार, ${}^nc_3 = {}^nc_{12}$

$\Rightarrow n = 3 + 12 = 15$

$\Rightarrow n = 15$.

5. $(1 + x)^n$ के प्रसार में यदि 5वाँ, 6ठा एवं 7वाँ पद समान्तर श्रेणी (A.P.) में हो तो n का मान ज्ञात करें।

हल : $(1 + x)^n$ के प्रसार में

$T_5 = {}^nc_4\, x^4,\ T_6 = {}^nc_5\, x^5,\ T_7 = {}^nc_6\, x^6$

प्रश्न से T_5, T_6 एवं T_7 के गुणांक समान्तर श्रेणी में हैं।

अतः 2(T_6 का गुणांक) = T_5 का गुणांक + T_7 का गुणांक

$\Rightarrow 2.{}^nc_5 = {}^nc_4 + {}^nc_6$

$$\Rightarrow \frac{2\lfloor n}{\lfloor n-5 \lfloor 5} = \frac{\lfloor n}{\lfloor n-4 \lfloor 4} + \frac{\lfloor n}{\lfloor n-6 \lfloor 6}$$

$$\Rightarrow \frac{2}{5(n-5)} = \frac{1}{(n-4)(n-5)} + \frac{1}{6 \times 5}$$

$$\Rightarrow \frac{2}{5(n-5)} = \frac{30 + (n-4)(n-5)}{5 \times 6\,(n-4)(n-5)}$$

$\Rightarrow 2(n - 4) \times 6 = 30 + (n - 4)(n - 5)$

$\Rightarrow 12n - 48 = 30 + n^2 - 9n + 20$

$\Rightarrow n^2 - 21n + 98 = 0$

$\Rightarrow (n - 7)(n - 14) = 0$

$\Rightarrow n = 7$ या 14.

6. $\left(\frac{1-x}{1+x}\right)^2$ के प्रसार में x^4 का गुणांक ज्ञात करें।

हल : $\left(\frac{1-x}{1+x}\right)^2 = (1 - x)^2 (1 + x)^{-2}$

$= (1 - 2x + x^2)(1 - 2x + 3x^2 - 4x^3 + 5x^4 - ...)$

अतः $\left(\frac{1-x}{1+x}\right)^2$ के प्रसार में x^4 का गुणांक

$= 1 \times 5 - 2 \times (-4) + 1 \times 3$

$= 5 + 8 + 3 = 16$.

7. सिद्ध करें–

$(1 + x + x^2 + x^3 + ...)(1 - x + x^2 - x^3 + ...)$

$= (1 + x^2 + x^4 + x^6 + ...)$

हल : $(1 + x + x^2 + x^3 + ...)(1 - x + x^2 - x^3 + ...)$

$= \{(1 - x)^{-1}\}\{(1 + x)^{-1}\}$

$= (1 - x^2)^{-1}$

$= 1 + x^2 + x^4 + x^6 + ...$

8. यदि $(1 + x)^n = c_0 + c_1x + c_2x^2 + ... + c_nx^n$ तो सिद्ध करें $c_1 + 2.c_2 + 3.c_3 + ... + n.c_n = n.2^{n-1}$.

हल : बायां पक्ष (L.H.S.) $c_1 + 2.c_2 + 3.c_3 + ... + n.c_n$

$$= n + \frac{2n(n-1)}{1.2} + \frac{3(n-1)(n-2)}{1.2.3} + ... + n.1$$

$$= n\left[1 + \frac{n-1}{1} + \frac{(n-1)(n-2)}{1.2} + ... + 1\right]$$

$$= n\left[{}^{n-1}c_0 + {}^{n-1}c_1 + {}^{n-1}c_2 + ... + {}^{n-1}c_{n-1}\right]$$

$= n\left[(1 + x)^{n-1}\right.$ के प्रसार में गुणांकों का योग$\left.\right]$

$= n.2^{n-1}$.

वस्तुनिष्ठ प्रश्न

1. $\left(\frac{\sqrt{x}}{3}+\frac{3}{2x^2}\right)^{10}$ के प्रसार में x से स्वतन्त्र पद होगा–

(a) $\frac{3}{2}$ (b) $\frac{5}{4}$

(c) $\frac{5}{2}$ (d) इनमें से कोई नहीं

2. $\left(\sqrt{5}+1\right)^5-\left(\sqrt{5}-1\right)^5$ का मान है–

(a) 252 (b) 352

(c) 452 (d) 552

3. $(x^2-2x)^{10}$ के प्रसार में x^{16} का गुणांक है–

(a) – 1680 (b) 1680

(c) 3360 (d) 6720

4. यदि $(1+x)^n$ के प्रसार के पाँचवें, छठवें तथा सातवें पदों के गुणांक समानान्तर श्रेणी में हो, तो n का मान है–

(a) केवल 7 (b) केवल 14

(c) 7 या 14 (d) इनमें से कोई नहीं

5. $\frac{c_1}{c_0}+\frac{2.c_2}{c_1}+\frac{3.c_3}{c_2}+...+\frac{15.c_{15}}{c_{14}}$ बराबर है–

(a) 100 (b) 120

(c) – 120 (d) इनमें से कोई नहीं

6. $\left(x+\frac{1}{x}\right)^{10}$ के प्रसार में मध्य पद है–

(a) ${}^{10}c_4\frac{1}{x}$ (b) ${}^{10}c_5$

(c) ${}^{10}c_5\,x$ (d) ${}^{10}c_7\,x^4$

7. $\left(\sqrt{2}+1\right)^6$ से कम या बराबर महत्तम पूर्णांक है–

(a) 196 (b) 197

(c) 198 (d) 199

8. श्रेणी $3.c_0-8.c_1+13.c_2-18.c_3+...$ के $(n+1)$ पदों का योग है–

(a) 0 (b) 1

(c) – 1 (d) इनमें से कोई नहीं

9. $(1+x+x^2+x^3)^n$ के प्रसार में x^4 का गुणांक है–

(a) ${}^nc_4$ (b) ${}^nc_4+{}^nc_2$

(c) ${}^nc_4{}^nc_2+{}^nc_4{}^nc_2$ (d) ${}^nc_4+{}^nc_2+{}^nc_1{}^nc_2$

10. यदि $(1+x-2x^2)^6=1+a_1x+a_2x^2+...+a_{12}x^{12}$ हो, तब व्यंजक $a_2+a_4+a_6+...+a_{12}$ का मान है–

(a) 32 (b) 63

(c) 64 (d) इनमें से कोई नहीं

11. $\left(ax-\frac{1}{bx^2}\right)^{11}$ के प्रसार में x^{-7} का गुणांक होगा–

(a) $\frac{462a^2}{b^3}$ (b) $\frac{462a^5}{b^6}$

(c) $\frac{-462a^5}{b^6}$ (d) $\frac{-462a^6}{b^5}$

12. यदि $\left(x^4+\frac{1}{x^3}\right)^{15}$ के प्रसार में rवाँ पद में x^4 आता है, तो r का मान है–

(a) 7 (b) 8

(c) 9 (d) 10

13. यदि $\left(2+\frac{x}{3}\right)^n$ में x^7 तथा x^8 के गुणांक बराबर हैं, तब n है–

(a) 56 (b) 55

(c) 45 (d) 15

14. $(1+x)^{2n+2}$ के प्रसार में महत्तम गुणांक है–

(a) $\frac{(2n)!}{(n!)^2}$ (b) $\frac{(2n+2)!}{\{(n+1)!\}^2}$

(c) $\frac{(2n+2)!}{n!(n+1)!}$ (d) $\frac{2n!}{n!(n+1)!}$

15. यदि $(1 - x + x^2)^n = a_0 + a_1 x + a_2 x^2 + ... a_{2n} x^{2n}$ हो, तो

$(a_0 + a_2 + a_4 + ... + a_{2n})$ बराबर है–

(a) $\frac{3^n - 1}{2}$ (b) $\frac{3^n + 1}{2}$

(c) $\frac{1 - 3^n}{2}$ (d) $\frac{3^{n+1}}{2}$

16. $(1 + x + x^2 + x^3)^5$ के प्रसार में x की सम घातों के गुणांकों का योगफल है–

(a) 256 (b) 128
(c) 512 (d) 64

17. यदि $(1 + x)^n = c_0 + c_1 x + c_2 x^2 + ... + c_n x^n$ हो, तो

$c_0 + 2.c_1 + 3.c_2 + ... + (n + 1).c_n$ का मान होगा–

(a) $(n + 2)\, 2^{n-1}$ (b) $(n + 1)\, 2^n$
(c) 2^{n-1} (d) $(n + 2)\, 2^n$

18. माना n एक विषम पूर्णांक है। यदि θ के सभी मानों के

लिए $\sin n\theta = \sum_{r=0}^{n} b_r \sin^r \theta$ हो, तो–

(a) $b_0 = 1, b_1 = 3$
(b) $b_0 = 0, b_1 = n$
(c) $b_0 = -1, b_1 = n$
(d) $b_0 = 0, b_1 = n^2 - 3n + 3$

19. $\frac{\frac{1}{2}.\frac{2}{2}}{1^3} + \frac{\frac{2}{2}.\frac{3}{2}}{1^3 + 2^3} + \frac{\frac{3}{2}.\frac{4}{2}}{1^3 + 2^3 + 3^3} + ... + n$ पदों तक

का योगफल होगा–

(a) $\left(\frac{n}{n+1}\right)^2$ (b) $\left(\frac{n}{n+1}\right)^3$

(c) $\left(\frac{n}{n+1}\right)$ (d) $\left(\frac{1}{n+1}\right)$

20. यदि $(1 + x)^n$ के प्रसार में तीन क्रमागत गुणांक 28, 56 तथा 70 हैं, तब n का मान है–

(a) 6 (b) 4
(c) 8 (d) 10

अनुच्छेद-1 (Paragraph-1)

यदि $(1 + 2x - x^2)^{10}$, तब

21. $a_0 + a_1 + a_2 + ... + a_{20}$ का मान–

(a) 0 (b) 2^{10}
(c) -2^{10} (d) इसमें से कोई नहीं

22. $a_0 + a_2 + a_4 + ... + a_{20}$ का मान–

(a) 0 (b) 2^{10}
(c) -2^{10} (d) इसमें से कोई नहीं

23. $a_1 + a_3 + a_5 + ... + a_{14}$ का मान–

(a) 0 (b) -2^{10}
(c) 2^{10} (d) इसमें से कोई नहीं

अनुच्छेद-2 (Paragraph-2)

यदि x कोई वास्तविक संख्या हो जहाँ $-1 < x < 1$ तथा

माना $1 + x + x^2 + ... + \infty = A$ तब

24. $1 + 2x + 3x^2 + 4x^3 + ... \infty$ का मान है–

(a) $A + \frac{1}{A}$ (b) $\frac{1}{A^2}$

(c) $\frac{1}{A^3}$ (d) इसमें से कोई नहीं

25. $1 + 3x + 6x^2 + 10x^3 + ... \infty$ का मान है–

(a) 3A
(b) A^3
(c) $\frac{1}{A^3}$
(d) इसमें से कोई नहीं

26. $1 + 3x + 4x^2 + 5x^3 + ... \infty$ का मान है–

(a) 3A
(b) A^3
(c) $A(x + A)$
(d) इसमें से कोई नहीं

दृढ़कथन-कारण (Assertion-Reason)

प्रत्येक प्रश्न में वक्तव्य-I (दृढ़कथन) एवं वक्तव्य-II (कारण) है। इसे ध्यानपूर्वक पढ़कर सही उत्तर चुनें।

(*a*) वक्तव्य-I सत्य है; वक्तव्य-II सत्य है; वक्तव्य-II वक्तव्य-I का सही स्पष्टीकरण है।
(*b*) वक्तव्य-I सत्य है; वक्तव्य-II सत्य है; वक्तव्य-II वक्तव्य-I का सही स्पष्टीकरण नहीं है।
(*c*) वक्तव्य-I सत्य है; वक्तव्य-II असत्य है।
(*d*) वक्तव्य-I असत्य है; वक्तव्य-II सत्य है।

27. वक्तव्य-I: यदि n एवं r धनात्मक पूर्णांक संख्याएँ हैं तथा $1 \le r \le n$, तब

$$\frac{^nc_r}{^nc_{r-1}} = \frac{n-r+1}{r}.$$

वक्तव्य-II : $^nc_r = \dfrac{\lfloor n}{\lfloor n-r \lfloor r}$.

28. वक्तव्य-I : यदि $(1+x)^{44}$ के प्रसार में 21वाँ पद एवं 22वाँ पद बराबर हो, तब x का मान $\frac{7}{8}$ है।

वक्तव्य-II : $(x+y)^n$ के प्रसार में,

$$T_{r+1} = {}^nc_{r+1}.x^{n-r+1}.y^{r+1}.$$

29. वक्तव्य-I : $(a-b)^n$ के प्रसार में 5वाँ एवं 6ठे पदों का योग यदि शून्य हो जहाँ $n \le 5$ तब

$$\frac{a}{b} = \frac{n-4}{5}.$$

वक्तव्य-II : $(x+y)^n$ के प्रसार में प्रारंभ से $(r+1)$वें पद को व्यापक पद कहते हैं जहाँ $T_{r+1} = {}^nc_r\, x^{n-r}\, y^r$.

30. मिलान करें (Match These)–
यदि n एक धनात्मक पूर्णांक है।

	वर्ग-I		वर्ग-II
A.	$(1+x)^{2n}$ के प्रसार में x^n का गुणांक	*p.*	$^{2n}c_n$
B.	$\left(1+\frac{1}{x}\right)^{2n}$ के प्रसार में अचर पद	*q.*	2^n
C.	$(1+x)^n$ के प्रसार में गुणांकों का योग	*r.*	$\frac{\lfloor 2n}{(\lfloor n)^2}$
D.	यदि किसी समुच्चय में n अवयव हो तो इसके कुल उपसमुच्चयों की संख्या	*s.*	$^nc_0 + {}^nc_1 + {}^nc_2 + ... + {}^nc_n$

(*a*) A—*p, r*; B—*p, r*; C—*q, s*; D—*q, s*
(*b*) A—*p, r*; B—*p, s*; C—*q, r*; D—*p, q*
(*c*) A—*p*; B—*q*; C—*r*; D—*s, q*
(*d*) A—*p, q*; B—*p, s*; C—*r, s*; D—*q, r*

उत्तरमाला

1	2	3	4	5	6	7	8	9	10
(*b*)	(*b*)	(*c*)	(*c*)	(*b*)	(*b*)	(*b*)	(*a*)	(*d*)	(*d*)
11	**12**	**13**	**14**	**15**	**16**	**17**	**18**	**19**	**20**
(*b*)	(*c*)	(*b*)	(*b*)	(*b*)	(*c*)	(*a*)	(*b*)	(*c*)	(*c*)
21	**22**	**23**	**24**	**25**	**26**	**27**	**28**	**29**	**30**
(*b*)	(*b*)	(*a*)	(*d*)	(*b*)	(*c*)	(*a*)	(*c*)	(*b*)	(*a*)

व्याख्यात्मक उत्तर

1. माना x से स्वतंत्र पद $(r+1)$वाँ पद है।

$$\therefore\ T_{r+1} = {}^{10}c_r \left(\frac{x}{3}\right)^{\frac{10-r}{2}} . \left(\frac{3}{2x^2}\right)^r$$

$$= {}^{10}c_r \frac{x^{\left(\left(\frac{10-r}{2}\right)-2r\right)}}{3^{\frac{10-r}{2}}} . \frac{3^r}{2^r}$$

$$\therefore\ \frac{10-r}{2} - 2r = 0 \Rightarrow 10 - 5r = 0 \Rightarrow r = 2$$

$$\therefore\ x \text{ से स्वतंत्र पद } = {}^{10}c_2 \times \frac{1}{3^4} \times \frac{3^2}{2^2}$$

$$= \frac{10\times 9}{2\times 1} \times \frac{1}{3\times 3\times 2\times 2} - \frac{5}{4}.$$

2. $\left(\sqrt{5}+1\right)^5 - \left(\sqrt{5}-1\right)^5$

$$= 2\left\{ {}^5c_1\left(\sqrt{5}\right)^4 + {}^5c_3\left(\sqrt{5}\right)^2 + {}^5c_5.1 \right\}$$

$= 2[5.25 + 10\times 5 + 1] = 2(125 + 50 + 1)$

$= 2 \times 176 = 352.$

3. $(x^2 - 2x)^{10}$ के प्रसार में x^{16} का गुणांक

$= x^{10}(x-2)^{10}$ के प्रसार में x^{16} का गुणांक

$= (x-2)^{10}$ के प्रसार में x^6 का गुणांक

$= {}^{10}c_4.2^4 \quad (\because T_{r+1} = {}^nc_r\, x^{n-r}\, a^r)$

$= 210 \times 16 = 3360.$

4. T_5 का गुणांक $= {}^nc_4$, T_6 का गुणांक $= {}^nc_5$

व T_7 का गुणांक $= {}^nc_6$

प्रश्नानुसार, T_5, T_6, T_7 के गुणांक समानान्तर श्रेणी में हैं।

$\Rightarrow {}^nc_4, {}^nc_5, {}^nc_6$ समानान्तर श्रेणी में हैं।

$2\,{}^nc_5 = {}^nc_4 + {}^nc_6$

$$\Rightarrow 2\left[\frac{n!}{(n-5)!5!}\right]$$

$$= \left[\frac{n!}{(n-4)!4!} + \frac{n!}{(n-6)!6!}\right]$$

$$\Rightarrow 2\left[\frac{1}{(n-5)\,5}\right] = \left[\frac{1}{(n-4)\,(n-5)} + \frac{1}{6\times 5}\right]$$

$$\Rightarrow \frac{2n-8-5}{5(n-5)\,(n-4)} = \frac{1}{6\times 5}$$

$\Rightarrow 12n - 78 = n^2 - 9n + 20$

$\Rightarrow n^2 - 21n + 98 = 0 \Rightarrow (n-7)\,(n-14) = 0$

$\Rightarrow n = 7$ या 14.

5. $\dfrac{c_1}{c_0} + 2.\dfrac{c_2}{c_1} + 3.\dfrac{c_3}{c_2} + \ldots + 15.\dfrac{c_{15}}{c_{14}}$

$= 1 + 2 + 3 + \ldots + 15$

$$= 15 \times \left(\frac{15+1}{2}\right) = 15 \times 8 = 120.$$

6. $\because$ प्रश्नानुसार, $n = 10$

$\therefore$ मध्य पद $= \left(\dfrac{10}{2}+1\right)$वाँ पद $= 6$वाँ पद

$\therefore\ T_6 = T_{5+1} = {}^{10}c_5.$

7. माना $\left(\sqrt{2}+1\right)^6 = k + f$, जहाँ k पूर्णांक एवं f भिन्न है $(0 \le f < 1)$।

माना $\left(\sqrt{2}-1\right)^6 = f', (0 < f' < 1)$

$\because\ 0 < \sqrt{2} - 1 < 1,$

अब $k + f + f' = \left(\sqrt{2}+1\right)^6 + \left(\sqrt{2}-1\right)^6$

$$= 2\left\{ {}^6c_0.2^3 + {}^6c_2.2^2 + {}^6c_4.2 + {}^6c_6 \right\} = 198 \quad \ldots(i)$$

$\therefore\ f + f' = 198 - k =$ एक पूर्णांक

परन्तु $0 \le f < 1$ व $0 < f' < 1 \Rightarrow 0 < f + f' < 2$

$\Rightarrow f + f' = 1 \qquad (\because f + f'$ एक पूर्णांक है।)

समीकरण (i) से,

$k = 198 - (f + f') = 198 - 1 = 197.$

8. $\because\ (1-x)^n = c_0 - c_1 x + c_2 x^2 + \ldots + (-1)^n c_n x^n \quad \ldots(i)$

x के सापेक्ष अवकलन करने पर,

$-n(1-x)^{n-1} = -c_1 + 2.c_2x + ... + (-1)^n c_n \, n x^{n-1}$ ...(ii)

समीकरण (i) व (ii) में $x = 1$ रखने पर,

$c_0 - c_1 + c_2 - ... + (-1)^n c_n = 0$

व $-c_1 + 2c_2 + ... + (-1)^n {}^nc_n = 0$

अब $3c_0 - 8c_1 + 13c_2 - 18c_3 + ...$

$= 3(c_0 - c_1 + c_2 + ...) + 5(-c_1 + 2c_2 + ...)$

$= 0 + 0 = 0.$

9. $(1 + x + x^2 + x^3)^n = \{(1+x)^n (1+x^2)^n\}$

$= (1 + {}^nc_1 x + {}^nc_2 x^2 + ... + {}^nc_n x^n)(1 + {}^nc_1 x^2 + {}^nc_2 x^4 + ... {}^nc_n x^{2n})$

अतः x^4 का गुणांक $= {}^nc_2 + {}^nc_2 \, {}^nc_1 + {}^nc_4$

$= {}^nc_4 + {}^nc_2 + {}^nc_1 \, {}^nc_2.$

10. $(1 + x - 2x^2)^6 = 1 + a_1x + a_2x^2 + ... + a_{12}x^{12}$

$x = 1$ रखने पर,

$(1 + 1 - 2)^6 = 1 + a_1 + a_2 + ... + a_{12}$

$0 = 1 + a_1 + a_2 + ... + a_{12}$ ...(i)

$x = -1$ रखने पर,

$(1 - 1 - 2)^6 = 1 - a_1 + a_2 - ... + a_{12}$

$2^6 = 1 - a_1 + a_2 - a_3 + ... + a_{12}$ ...(ii)

समीकरण (i) व (ii) को जोड़ने पर,

$64 = 2(1 + a_2 + a_4 + ... + a_{12})$

$\Rightarrow a_2 + a_4 + a_6 + ... + a_{12} = 31.$

11. माना $\left(ax - \frac{1}{bx^2}\right)^{11}$ के प्रसार में x^{-7}, $(r+1)$वें पद में आता है।

$T_{r+1} = {}^{11}c_r a^{11-r} x^{11-r}\left(-\frac{1}{b}\right)^r x^{-2r}$

$= {}^{11}c_r a^{11-r}.x^{11-3r}\left(-\frac{1}{b}\right)^r \quad \therefore 11 - 3r = -7$

$\Rightarrow 3r = 18 \Rightarrow r = 6$

$\therefore T_7 = T_{6+1} = {}^{11}c_6 (a)^{11-6} \frac{1}{b^6}$

$= {}^{11}c_6\left(\frac{a^5}{b^6}\right) = \frac{462a^5}{b^6}.$

12. चूँकि $\left(x^4 + \frac{1}{x^3}\right)^{15}$ के प्रसार में x^4, rवें पद में आता है।

$\therefore T_r = {}^{15}c_{r-1} (x^4)^{15-r+1}(x^{-3})^{r-1}$

$= {}^{15}c_{r-1} x^{64-4r-3r+3}$

$= {}^{15}c_{r-1}.x^{67-7r}, \quad \therefore 67 - 7r = 4$

$\Rightarrow 7r = 63 \Rightarrow r = 9.$

13. T_8 तथा T_9 में x^7, x^8 आएँगे। चूँकि T_8 तथा T_9 के गुणांक बराबर हैं।

$\therefore \; {}^nc_7.2^{n-7}\left(\frac{1}{3}\right)^7 = {}^nc_8.2^{n-8}\left(\frac{1}{3}\right)^8$

$\Rightarrow {}^nc_7 \, 2 = {}^nc_8\left(\frac{1}{3}\right) \Rightarrow \frac{6}{n-7} = \frac{1}{8}$

$\Rightarrow n - 7 = 48 \Rightarrow n = 55$

14. $(1+x)^{2n+2}$ के प्रसार में मध्य पद $= (n+2)$वाँ पद

$T_{n+2} = T_{(n+1)+1} = {}^{2n+2}c_{n+1}.x^{n+1}$

$\therefore$ महत्तम पद का गुणांक $= {}^{2n+2}c_{n+1} = \frac{(2n+2)!}{[(n+1)!]^2}.$

15. दिया है,

$(1 - x + x^2)^n = a_0 + a_1x + a_2x^2 + ... + a_{2n}x^{2n}$

$x = 1$ रखने पर,

$(1 - 1 + 1)^n = a_0 + a_1 + a_2 + ... + a_{2n}$

$\Rightarrow 1 = a_0 + a_1 + a_2 + ... + a_{2n}$ ...(i)

$x = -1$ रखने पर,

$3^n = a_0 - a_1 + a_2 - ... + a_{2n}$ ...(ii)

समीकरण (i) व (ii) को जोड़ने पर,

$\frac{3^n + 1}{2} = a_0 + a_2 + a_4 + ... + a_{2n}.$

16. $(1 + x + x^2 + x^3)^5 = (1+x)^5 (1+x^2)^5$

$= (1 + 5x + 10x^2 + 10x^3 + 5x^4 + x^5) \times (1 + 5x^2 + 10x^4 + 10x^6 + 5x^8 + x^{10})$

अतः अभीष्ट गुणांकों का योग $= (1 + 10 + 5).2^5$
$= 16 \times 32 = 512.$

17. $c_0 + 2.c_1 + 3.c_2 + \ldots + (n+1).c_n$
$= c_0 + c_1 + c_2 + \ldots + c_n + (c_1 + 2.c_2 + \ldots + n.c_n)$
$= 2^n + n.2^{n-1} = 2^{n-1}(n+2)$.

18. दिया है $\sin n\theta = \sum_{r=0}^{n} b_r \sin^r \theta$

$\Rightarrow \sin n\theta = b_0 \sin^0 \theta + b_1 \sin^1 \theta + b_2 \sin^2 \theta + b_3 \sin^3 \theta + \ldots + b_n \sin^n \theta$

$\Rightarrow \sin n\theta = b_0 + b_1 \sin\theta + b_2 \sin^2\theta + \ldots + b_n \sin^n \theta$ (n विषम पूर्णांक है)

$\because \sin n\theta = {}^nc_1 \sin\theta \cos^{n-1}\theta - {}^nc_3 \sin^3\theta \cos^{n-3}\theta + \ldots$

$= {}^nc_1 \sin\theta (1-\sin^2\theta)^{(n-1)/2} - {}^nc_3 \sin^3\theta (1-\sin^2\theta)^{(n-3)/2} + \ldots$

$\therefore b_0 = 0, b_1 = \sin\theta$ का गुणांक $= {}^nc_1 = n$

($\because$ $n-1, n-3$ सभी सम पूर्णांक हैं।)

19. $$T_n = \frac{\frac{n(n+1)}{2.2}}{1^3 + 2^3 + 3^3 + \ldots + n^3} = \frac{\frac{n(n+1)}{4}}{\left(\frac{n(n+1)}{2}\right)^2}$$

$$= \frac{1}{n(n+1)} = \frac{1}{n} - \frac{1}{n+1}$$

$$\therefore S_n = \sum T_n = \sum\left(\frac{1}{n} - \frac{1}{n+1}\right)$$

$$= \left(1-\frac{1}{2}\right) + \left(\frac{1}{2}-\frac{1}{3}\right) + \left(\frac{1}{3}-\frac{1}{4}\right) + \ldots + \left(\frac{1}{n}-\frac{1}{n+1}\right)$$

$$= 1 - \frac{1}{n+1} = \frac{n}{n+1}.$$

20. माना तीन क्रमिक पद

${}^nc_{r-1} = 28, {}^nc_r = 56$ व ${}^nc_{r+1} = 70$ है।

$$\frac{{}^nc_r}{{}^nc_{r-1}} = \frac{n-r+1}{r} = \frac{56}{28} = 2 \quad \ldots(i)$$

व $$\frac{{}^nc_{r+1}}{{}^nc_r} = \frac{n-r}{r+1} = \frac{70}{56} = \frac{5}{4} \quad \ldots(ii)$$

समीकरण (i) से, $\frac{n-r+1}{r} = 2$

$\Rightarrow n - 3r + 1 = 0 \quad \ldots(iii)$

समीकरण (ii) से, $\frac{n-r}{r+1} = \frac{5}{4}$

$\Rightarrow 4n - 4r = 5r + 5$

$\Rightarrow 4n - 9r - 5 = 0 \quad \ldots(iv)$

समीकरण (iii) व (iv) को हल करने पर, $n = 8$.

(प्र॰ 21–23 के लिए)

दिया हुआ है कि

$(1 + 2x - x^2)^{10} = a_0 + a_1x + \ldots + a_{20}x^{20} \quad \ldots(i)$

$x = 1$ समीकरण (i) में रखने पर,

$(1 + 2 - 1)^{10} = a_0 + a_1 + \ldots + a_{20}$

$\Rightarrow a_0 + a_1 + a_2 + \ldots + a_{20} = 2^{10} \quad \ldots(ii)$

पुनः $x = -1$ (i) में रखने पर,

$(1 - 2 - 1)^{10} = a_0 - a_1 + a_2 - a_3 + \ldots + a_{20}$

$\Rightarrow a_0 - a_1 + a_2 - a_3 + \ldots + a_{20} = 2^{10} \quad \ldots(iii)$

(ii) एवं (iii) को जोड़ने पर,

$2(a_0 + a_2 + a_4 + \ldots + a_{20}) = 2 \times 2^{10}$

$a_0 + a_2 + a_4 + \ldots + a_{20} = 2^{10}$

पुनः (iii) को (ii) में से घटाने पर

$2(a_1 + a_3 + a_5 + \ldots + a_{19}) = 0$

$\Rightarrow a_1 + a_3 + a_5 + a_7 + \ldots + a_{19} = 0.$

(प्र॰ 24–26 के लिए)

दिया हुआ है कि

$A = 1 + x + x^2 + \ldots \infty$

$\Rightarrow A = (1-x)^{-1} \quad \ldots(i)$

अतः $1 + 2x + 3x^2 + \ldots \infty = (1-x)^{-2}$

$\Rightarrow \{(1-x)^{-1}\}^2 = A^2$

और $1 + 3x + 6x^2 + 10x^3 + \ldots$

$\Rightarrow (1-x)^{-3} = \{(1-x)^{-1}\}^3 = A^3$

पुनः $1 + 3x + 4x^2 + 5x^3 + \ldots\infty$
$= (1 + x + x^2 + x^3 + \ldots, \infty) + (2x + 3x^2 + 4x^2 + \ldots \infty)$
$= (x + x^2 + x^3 + \ldots \infty) + (1 + 2x + 3x^2 + \ldots \infty)$
$= x(1 + x + x^2 + \ldots \infty) + A^2$
$= xA + A^2 = A(x + A).$

27. $^nc_r = \dfrac{\lfloor n}{\lfloor n-r \lfloor r}$ तथा $^nc_{r-1} = \dfrac{\lfloor n}{\lfloor r-1 \lfloor n-r+1}$

$$\Rightarrow \frac{^nc_r}{^nc_{r-1}} = \frac{\lfloor n}{\lfloor r \lfloor n-r} \times \frac{\lfloor r-1 \lfloor n-r+1}{\lfloor n}$$

$$= \frac{n-r+1}{r}$$

अतः दोनों वक्तव्य सही है तथा वक्तव्य-II, वक्तव्य-I का सही स्पष्टीकरण है।

28. 21वाँ पद $= T_{21} = {}^{44}c_{20}\, x^{20}$

22वाँ पद $= T_{22} = {}^{44}c_{21}\, x^{21}$

$$\Rightarrow x = \frac{\lfloor 44}{\lfloor 20 \lfloor 24} \times \frac{\lfloor 21 \lfloor 23}{\lfloor 44} = \frac{21}{24} = \frac{7}{8}$$

परंतु स्पष्टतः वक्तव्य-II असत्य है।

29. $T_5 + T_6 = 0$
$\Rightarrow {}^nc_4\, a^{n-4}(-b)^4 + {}^nc_5 (a)^{n-5}(-b)^5 = 0$

$$\therefore \frac{^nc_5}{^nc_4} = \frac{a^{n-4}}{a^{n-5}} \times \frac{b^4}{b^5} = \frac{a}{b}$$

$$\Rightarrow \frac{n-r+1}{r} = \frac{n-4}{5} \;(r = 5 \text{ के लिए}) = \frac{a}{b}$$

दोनों वक्तव्य सत्य हैं, परंतु वक्तव्य-II वक्तव्य-I का सही स्पष्टीकरण नहीं है।

30. $(1 + x)^{2n}$ के प्रसार में $T_{r+1} = {}^{2n}c_r\, x^r$.

A. $\Rightarrow x^r$ का गुणांक $= {}^{2n}c_r$

$\Rightarrow x^n$ का गुणांक $= {}^{2n}c_n = \dfrac{\lfloor 2n}{\lfloor n \lfloor n} = \dfrac{(2n)!}{(n!)^2}$

B. $\left(1 + \dfrac{1}{x}\right)^{2n}$ के प्रसार में

$$T_{r+1} = {}^{2n}c_r\, x^{2n-r}\left(\frac{1}{x}\right)^r$$

$= {}^{2n}c_r\, x^{2n-2r}$

अतः x से स्वतंत्र पद के लिए $2n - 2r = 0$

$\Rightarrow n = r$

$\therefore$ $(1 + x)^{2n}$ में अचर पद $T_{r+1} = {}^{2n}c_n = \dfrac{\lfloor 2n}{\lfloor n \lfloor n}$

C. $(1 + x)^n$ के प्रसार में गुणांकों का योग

$^nc_0 + {}^nc_1 + {}^nc_2 + \ldots + {}^nc_n = 2^n.$

D. स्पष्टतः n अवयव वाले समुच्चय के कुल उपसमुच्चयों की संख्या $= 2^n$.

7

आव्यूह (MATRICES)

mn संख्याओं (वास्तविक या अवास्तविक) का समुच्चय, जो एक आयताकार सारणी (Rectangular Array) में व्यवस्थित हो तथा जिसमें m पंक्तियाँ एवं n स्तम्भ हो, $m \times n$ कोटि का आव्यूह कहलाता है।

इसे [ ] से सूचित किया जाता है।

जैसे—$m \times n$ कोटि के आव्यूह को सामान्यतः निम्न प्रकार से लिखा जाता है।

$$A = \begin{bmatrix} a_{11} & a_{12} & a_{13} & \cdots a_{1n} \\ a_{21} & a_{22} & a_{23} & \cdots a_{2n} \\ a_{31} & a_{32} & a_{33} & \cdots a_{3n} \\ \cdots & \cdots & \cdots & \cdots \\ \cdots & \cdots & \cdots & \cdots \\ a_{m1} & a_{m2} & a_{m3} & \cdots a_{mn} \end{bmatrix}$$

तथा इसे $A = \left[a_{ij}\right]_{m \times n}$ या $A = \left[a_{ij}\right]$ से व्यक्त किया जाता है।

जैसे— $A = \begin{bmatrix} 4 & 3 & -2 \\ 2 & 1 & 3 \end{bmatrix}$ एक आव्यूह है जिसमें 2 पंक्तियाँ एवं 3 स्तम्भ है अतः आव्यूह की कोटि 2×3 होगी।

उदाहरण 1. एक 3×4 कोटि के आव्यूह $A = \left[a_{ij}\right]$ का निर्माण करें, जिसके अवयव $a_{ij} = i + j$ हो।

हल : $A = \begin{bmatrix} a_{11} & a_{12} & a_{13} & a_{14} \\ a_{21} & a_{22} & a_{23} & a_{24} \\ a_{31} & a_{32} & a_{33} & a_{34} \end{bmatrix}$

जहाँ $a_{ij} = i + j$

$\therefore a_{11} = 1+1 = 2,\ a_{12} = 1+2 = 3,\ a_{13} = 1+3 = 4$

$a_{21} = 2+1 = 3,\ a_{22} = 2+2 = 4,\ a_{23} = 2+3 = 5$

$a_{31} = 4,\ a_{32} = 5,\ a_{33} = 6,\ a_{34} = 7$

$a_{14} = 5,\ a_{24} = 6$

अतः $A = \begin{bmatrix} 2 & 3 & 4 & 5 \\ 3 & 4 & 5 & 6 \\ 4 & 5 & 6 & 7 \end{bmatrix}$ होगा

आव्यूह के प्रकार (Types of Matrices)

(*i*) **पंक्ति आव्यूह (Row Matrix) :** वह आव्यूह जिसमें केवल एक पंक्ति हो, पंक्ति आव्यूह कहलाता है। जैसे $A = [5\,6 -1\ 2]$ में आव्यूह की कोटि 1×4 है।

(*ii*) **स्तम्भ आव्यूह (Column Matrix) :** वह आव्यूह जिसमें केवल एक स्तम्भ हो, स्तम्भ आव्यूह कहलाता है। जैसे—

$A = \begin{bmatrix} 2 \\ 3 \\ 4 \\ 5 \end{bmatrix}$, 4×1 कोटि का आव्यूह है।

(*iii*) **वर्ग आव्यूह (Square Matrix) :** वह आव्यूह जिसमें पंक्तियों की संख्या एवं स्तम्भ की संख्या समान हो। यदि n पंक्तियाँ एवं n स्तम्भ हो तो आव्यूह की कोटि n होगी। जैसे—

$\begin{bmatrix} 5 & 4 & 1 \\ 3 & -2 & 5 \\ 1 & 2 & 4 \end{bmatrix}$ एक वर्ग आव्यूह है जिसकी कोटि 3 है।

(iv) विकर्ण आव्यूह (Diagonal Matrix) : एक वर्ग आव्यूह $A=\left[a_{ij}\right]^{m\times n}$ एक विकर्ण आव्यूह होगा। यदि मुख्य विकर्ण को छोड़कर शेष सभी अवयव शून्य हो। अर्थात् $a_{ij}=0\ \forall\ i\neq j$

जैसे–

$$A=\begin{bmatrix}2&0&0\\0&3&0\\0&0&4\end{bmatrix}$$ एक विकर्ण आव्यूह है।

जिसे $A=$ विकर्ण $[2,3,4]$ से सूचित करते हैं।

(v) अदिश आव्यूह (Scalar Matrix) : एक विकर्ण आव्यूह जिसके विकर्ण अवयव समान हो अदिश आव्यूह कहलाता है।

जैसे–

$$\begin{bmatrix}4&0&0\\0&4&0\\0&0&4\end{bmatrix}$$ एक अदिश आव्यूह है।

(vi) इकाई आव्यूह (Unit Matrix) : एक वर्ग आव्यूह $A=\left[a_{ij}\right]_{m\times n}$ इकाई आव्यूह होगा यदि,

(a) $a_{ij}=0\ \forall\ i\neq j$

(b) $a_{ij}=1\ \forall\ i$

अर्थात् यदि विकर्ण आव्यूह के मुख्य विकर्ण के सभी अवयव 1 हो तो यह इकाई आव्यूह होगा।

जैसे–

$$\begin{bmatrix}1&0&0\\0&1&0\\0&0&1\end{bmatrix}$$ कोटि 3 का इकाई आव्यूह है।

(vii) उपरि त्रिभुजीय आव्यूह (Upper Triangular Matrix) : एक वर्ग आव्यूह $A=\left[a_{ij}\right]$ उपरि त्रिभुजीय आव्यूह है यदि $a_{ij}=0\ \forall\ i>j$

जैसे–

$$A=\begin{bmatrix}1&2&4&3\\0&5&1&3\\0&0&2&9\\0&0&0&5\end{bmatrix}$$ एक उपरि त्रिभुजीय आव्यूह है।

(viii) निम्न त्रिभुजीय आव्यूह (Lower Traingular Matrix) : एक वर्ग आव्यूह $A=\left[a_{ij}\right]$ को निम्न त्रिभुजीय आव्यूह कहते हैं, यदि $a_{ij}=0\ \forall\ i<j$

जैसे–

$$A=\begin{bmatrix}2&0&0\\3&2&0\\4&5&3\end{bmatrix}$$ को निम्न त्रिभुजीय आव्यूह कहते हैं।

(ix) आव्यूहों की समता (Equality of Matrices) : दो आव्यूहों $A=\left[a_{ij}\right]_{m\times n}$ तथा $B=\left[b_{ij}\right]_{r\times s}$ समान (बराबर) होंगे यदि–

(a) $m=r$, A में पंक्तियों की संख्या $=B$ में पंक्तियों की संख्या

(b) $n=s$, A में स्तम्भों की संख्या $=B$ में स्तम्भों की संख्या

(c) $a_{ij}=b_{ij}$ जहाँ $i=1,2,\ldots m$ तथा $j=1,2,\ldots n$

जैसे–

$$A=\begin{bmatrix}3&2&1\\x&y&5\\1&-1&4\end{bmatrix},\ B=\begin{bmatrix}3&2&1\\-1&0&5\\-1&-1&z\end{bmatrix}$$

दो आव्यूह समान होंगे यदि $x=-1$, $y=0$ तथा $z=4$

पुनः $\begin{bmatrix}0&0\\0&0\end{bmatrix}$ तथा $\begin{bmatrix}0&0&0\\0&0&0\end{bmatrix}$

समान आव्यूह नहीं है क्योंकि दोनों की कोटि समान नहीं है।

उदाहरण 2. यदि $\begin{bmatrix}x-y&2x+z\\2x-y&3z+w\end{bmatrix}=\begin{bmatrix}2&5\\3&0\end{bmatrix}$ तो x, y, z, w का मान ज्ञात करें।

हल : $x-y=2$ ...(i)

$2x-y=3$ ...(ii)

$2x+z=5$ ...(iii)

$3z+w=0$ ...(iv)

समीकरण (i) एवं (ii) से,

$x=1, y=-1$

समीकरण (*iii*) से $2\times1+z=5 \Rightarrow z=3$

समीकरण (*iv*) से $3\times3+w=0$

$w=-9$

अतः $x=1, y=-1, z=3, w=-9.$

आव्यूहों का योग (Addition of Matrices)

माना A और B दो आव्यूह $m\times n$ कोटि के हैं, तो $A+B$ भी एक आव्यूह $m\times n$ कोटि का होगा, जो A एवं B के संगत अवयवों का योग करने पर प्राप्त होता है।

जैसे– $A=\left[a_{ij}\right]_{m\times n}$ तथा $B=\left[b_{ij}\right]_{m\times n}$

तब $(A+B)_{ij}=a_{ij}+b_{ij}$

जहाँ $i=1,2,3....m$

$j=1,2,3....n$

उदाहरण 3. माना $A=\begin{bmatrix}2&3&4\\5&6&7\end{bmatrix}, B=\begin{bmatrix}8&9&0\\11&12&13\end{bmatrix}$

तब A + B का मान ज्ञात करें।

हल– $$A+B=\begin{bmatrix}10&12&4\\16&18&20\end{bmatrix}.$$

आव्यूह योग के गुण
(Properties of Matrix Addition)

(*i*) आव्यूहों का योग क्रमविनिमेय होता है, अर्थात् $(A+B)_{ij}=(B+A)_{ij}$

(*ii*) आव्यूहों का योग साहचर्य गुण का पालन करती है अर्थात् $\left[(A+B)+C\right]_{ij}+\left[A+(B+C)\right]_{ij}$

(*iii*) यदि O एक $m\times n$ कोटि का आव्यूह है तथा $A+O=O+A$ हो, तब O को योगात्मक तत्समक कहते हैं।

(*iv*) यदि प्रत्येक आव्यूह $A=\left[a_{ij}\right]_{m\times n}$ के लिए एक आव्यूह $\left[-a_{ij}\right]_{m\times n}$ उपस्थित हों

जहाँ $A+(-A)=0=(-A)+A$

जैसे– यदि $A=\begin{bmatrix}1&-5&3&-2\\2&4&-1&-3\end{bmatrix}$

तब

$$(-A)=\begin{bmatrix}-1&5&-3&2\\-2&-4&1&3\end{bmatrix}$$

(*v*) आव्यूहों का योग निरस्त नियम का पालन करता है।

यदि A, B, C तीन समान कोटि के आव्यूह हों,

तब $A+B=A+C \Rightarrow B=C$ (बायाँ निरस्त नियम)

तथा $B+A=C+A \Rightarrow B=C$ (दायाँ निरस्त नियम)

दो आव्यूहों का व्यकलन
(Subtraction of Two Matrices)

यदि दो आव्यूह A और B समान कोटि के हों तो $A-B=A+(-B)$

आव्यूह का अदिश से गुणन
(Multiplication of Matrix by Scalar)

यदि $A=\left[a_{ij}\right]_{m\times n}$ एक आव्यूह तथा k एक अदिश राशि है, तब A के प्रत्येक अवयव को k से गुणा करने पर प्राप्त आव्यूह को A का अदिश गुणन कहते हैं। इसे kA से सूचित करते हैं।

अतः $kA=\left[ka_{ij}\right]_{m\times n}$

जैसे– $A=\begin{bmatrix}1&3&5\\2&4&6\\4&9&0\end{bmatrix}$ तब $5A=\begin{bmatrix}5&15&25\\10&20&30\\20&45&0\end{bmatrix}$

अदिश गुणन की विशेषताएँ
(Properties of Scalar Multiplication)

यदि $A=\left[a_{ij}\right]_{m\times n}, B=\left[b_{ij}\right]_{m\times n}$ दो आव्यूह हैं तथा K_1 एवं K_2 दो अदिश राशियाँ हैं तब,

(a) $K_1(A+B)=K_1A+K_1B$

(b) $(K_1+K_2)A=K_1A+K_2A$

(c) $(K_1K_2)A=K_2(K_1A)=K_1(K_2A)$

(d) $(-K_1)A=-(K_1A)=K_1(-A)$

उदाहरण 4. आव्यूह X को निकालें जब $2A+B+X=O$,जहाँ

$$A=\begin{bmatrix}-1 & 2\\ 3 & 4\end{bmatrix} \text{ तथा } B=\begin{bmatrix}3 & -2\\ 1 & 5\end{bmatrix}.$$

हल– $2A+B+X=O$

$\Rightarrow X=-2A-B$

$$X=-2\begin{bmatrix}-1 & 2\\ 3 & 4\end{bmatrix}-\begin{bmatrix}3 & -2\\ 1 & 5\end{bmatrix}$$

$$X=\begin{bmatrix}2 & -4\\ -6 & -8\end{bmatrix}+\begin{bmatrix}-3 & 2\\ -1 & -5\end{bmatrix}$$

$$X=\begin{bmatrix}-1 & -2\\ -7 & -13\end{bmatrix}$$

उदाहरण 5. आव्यूह समीकरण $\begin{bmatrix}x^2\\ y^2\end{bmatrix}-3\begin{bmatrix}x\\ 2y\end{bmatrix}=\begin{bmatrix}-2\\ -9\end{bmatrix}$ को हल करें।

हल– $\begin{bmatrix}x^2-3x\\ y^2-6y\end{bmatrix}=\begin{bmatrix}-2\\ -9\end{bmatrix}$

$\Rightarrow x^2-3x+2=0$ तथा $y^2-6y+9=0$

$\Rightarrow (x-1)(x-2)=0$ तथा $y=\dfrac{6\pm\sqrt{36+36}}{2}$

$\Rightarrow x=1,\ 2$ तथा $y=3\pm 3\sqrt{2}.$

आव्यूहों का गुणन (Multiplication of Matrices)

दो आव्यूह A एवं B गुणन के योग्य होंगे यदि A में स्तम्भों की संख्या तथा B में पंक्तियों की संख्या के बराबर हो।

अर्थात्, यदि $A=\left[a_{ij}\right]_{m\times n}$ तथा $B=\left[b_{ij}\right]_{n\times p}$ दो आव्यूह कोटि $m\times p$ के हो तो इसके गुणनफल $C=(A\ B)$ का कोटि $m\times p$ होगा।

अतः $C=\left[c_{ij}\right]_{m\times p}$

जहाँ $c_{ij}=\sum_{k=1}^{n}a_{ik}b_{kj}=a_{i1}b_{1j}+a_{i2}b_{2j}+\ldots+a_{in}b_{nj}$

आव्यूहों के गुणन की विशेषताएँ (Properties of Multiplication of Matrices)

(i) आव्यूह गुणन सामान्यतः क्रमविनिमेय नियम का पालन नहीं करता है।
$AB\neq BA$

(ii) आव्यूह गुणन साहचर्य होता है।
$(AB)C=A(BC)$

(iii) आव्यूह गुणन वितरण नियम का पालन करता है।
$A(B+C)=AB+AC$

(iv) यदि $AB=0$ हो तब यह आवश्यक नहीं है कि $BA=0$ हो।

(v) दो आव्यूहों का गुणन शून्य आव्यूह हो सकता है। जबकि उनमें से कोई भी आव्यूह शून्य आव्यूह न हो।

उदाहरण 6. यदि $A=\begin{bmatrix}3 & 1\\ -1 & 2\end{bmatrix}$ तो सिद्ध करें,

$$A^2-5A+7I_2=0$$

हल– $A^2=\begin{bmatrix}3 & 1\\ -1 & 2\end{bmatrix}\begin{bmatrix}3 & 1\\ -1 & 2\end{bmatrix}$

$$A^2=\begin{bmatrix}9-1 & 3+2\\ -3-2 & -1+4\end{bmatrix}=\begin{bmatrix}8 & 5\\ -5 & 3\end{bmatrix}$$

$$-5A=-5\begin{bmatrix}3 & 1\\ -1 & 2\end{bmatrix}=\begin{bmatrix}-15 & -5\\ 5 & -10\end{bmatrix}$$

तथा $7I_2=7\begin{bmatrix}1 & 0\\ 0 & 1\end{bmatrix}=\begin{bmatrix}7 & 0\\ 0 & 7\end{bmatrix}$

$$\therefore A^2 - 5A + 7I_2 = \begin{bmatrix} 8 & 5 \\ -5 & 3 \end{bmatrix} + \begin{bmatrix} -15 & -5 \\ 5 & -10 \end{bmatrix} + \begin{bmatrix} 7 & 0 \\ 0 & 7 \end{bmatrix}$$

$$= \begin{bmatrix} 8-15+7 & 5-5+0 \\ -5+5+0 & 3-10+7 \end{bmatrix}$$

$$\therefore \quad A^2 - 5A + 7I_2 = 0$$

उदाहरण 7. माना $A = \begin{bmatrix} 1 & -2 & 3 \\ 3 & 2 & -1 \end{bmatrix}$ तथा

$$B = \begin{bmatrix} 2 & 3 \\ -1 & 2 \\ 4 & -5 \end{bmatrix}$$

तो AB तथा BA निकालें, क्या AB, BA के बराबर है?

हल– $AB = \begin{bmatrix} 1 & -2 & 3 \\ 3 & 2 & -1 \end{bmatrix} \begin{bmatrix} 2 & 3 \\ -1 & 2 \\ 4 & -5 \end{bmatrix}$

$$= \begin{bmatrix} 2+2+12 & 3-4-15 \\ 6-2-4 & 9+4+5 \end{bmatrix}$$

$$AB = \begin{bmatrix} 16 & -16 \\ 0 & 18 \end{bmatrix}$$

पुनः B, 3×2 कोटि का आव्यूह है तथा A, 2×3 कोटि का आव्यूह है। अतः BA गुणन के योग्य है। अब

$$BA = \begin{bmatrix} 2 & 3 \\ -1 & 2 \\ 4 & -5 \end{bmatrix} \begin{bmatrix} 1 & -2 & 3 \\ 3 & 2 & -1 \end{bmatrix}$$

$$= \begin{bmatrix} 2+9 & -4+6 & 6-3 \\ -1+6 & 2+4 & -3-2 \\ 4-15 & -8-10 & 12+5 \end{bmatrix}$$

$$BA = \begin{bmatrix} 11 & 2 & 3 \\ 5 & 6 & -5 \\ -11 & -18 & 17 \end{bmatrix}$$

अतः $AB \neq BA$

परिवर्त्त आव्यूह (Transpose of a Matrix)

A का यदि $A = [a_{ij}]$ एक $m \times n$ आव्यूह है तब A का परिवर्त्त आव्यूह एक $n \times m$ कोटि का आव्यूह होगा तथा इसे A' या A^1 से सूचित करते हैं।

अर्थात् $(A')_{ij} = a_{ji} \ \forall \ i = 1, 2, ... m$

$j = 1, 2, ... n$

अतः किसी आव्यूह का परिवर्त्त इसके पंक्तियों को स्तम्भों में तथा स्तम्भों को पंक्तियों में बदल कर प्राप्त किया जाता है।

जैसे– $A = \begin{bmatrix} 1 & 2 & 3 & 4 \\ 5 & 6 & 7 & 8 \\ 9 & 10 & 11 & 12 \end{bmatrix}$ तब $A' = \begin{bmatrix} 1 & 5 & 9 \\ 2 & 6 & 10 \\ 3 & 7 & 11 \\ 4 & 8 & 12 \end{bmatrix}$

परिवर्त्त के गुण (Properties of Transpose)

(*i*) किसी आव्यूह A के लिए $(A')' = A$

(*ii*) यदि दो आव्यूह A तथा B का कोटि समान हो तो $(A+B)' = A' + B'$

(*iii*) यदि A कोई आव्यूह है तथा K अदिश है तो $(KA)' = K(A')$

(*iv*) यदि A तथा B दो आव्यूह गुणन AB के योग्य हो तब, $(AB)' = B'A'$

उदाहरण 8. यदि $A = \begin{bmatrix} -1 \\ 2 \\ 3 \end{bmatrix}$ तथा $B = [-2 \quad -1 \quad -4]$ तो

सत्यापित करें $(AB)' = B'A'$

हल– $A=\begin{bmatrix}-1\\2\\3\end{bmatrix}$ तथा $B=\begin{bmatrix}-2 & -1 & -4\end{bmatrix}$

$$AB=\begin{bmatrix}-1\\2\\3\end{bmatrix}\begin{bmatrix}-2 & -1 & -4\end{bmatrix}$$

$$\Rightarrow AB=\begin{bmatrix}2 & 1 & 4\\-4 & -2 & -8\\-6 & -3 & -12\end{bmatrix}$$

$$\Rightarrow (A\,B)'=\begin{bmatrix}2 & -4 & -6\\1 & -2 & -3\\4 & -8 & -12\end{bmatrix} \quad ....(i)$$

तथा $B'\,A'=\begin{bmatrix}-2 & -1 & -4\end{bmatrix}'\begin{bmatrix}-1\\2\\3\end{bmatrix}'$

$$=\begin{bmatrix}-2\\-1\\-4\end{bmatrix}\begin{bmatrix}-1 & 2 & 3\end{bmatrix}$$

$$=\begin{bmatrix}2 & -4 & -6\\1 & -2 & -3\\4 & -8 & -12\end{bmatrix} \quad ....(i)$$

अतः समीकरण (*i*) एवं (*ii*) से, $(A\,B)'=B'\,A'$

सममित आव्यूह (Symmetric Matrix)

यदि वर्ग आव्यूह A का परिवर्त्त, पुनः आव्यूह A प्राप्त हो तो इसे सममित आव्यूह कहते हैं। अर्थात् $A'=A$

जैसे– $A=\begin{bmatrix}a & h & g\\h & b & f\\g & f & c\end{bmatrix}$ तब $A'=\begin{bmatrix}a & h & g\\h & b & f\\g & f & c\end{bmatrix}=A$

विषम सममित आव्यूह (Skew Symmetric Matrix)

एक वर्ग आव्यूह $A=(a_{ij})$ विषम सममित आव्यूह होगा यदि,

(*i*) $a_{ij}=-a_{ji}\ \forall\ i_{ij}$

(*ii*) $A'=-A$

(*iii*) मुख्य विकर्ण के अवयव शून्य होंगे।

जैसे– $A=\begin{bmatrix}0 & -3 & 5\\3 & 0 & 2\\-5 & -2 & 0\end{bmatrix}$

तब $A'=\begin{bmatrix}0 & 3 & -5\\-3 & 0 & -2\\5 & 2 & 0\end{bmatrix}$

$$A'=-\begin{bmatrix}0 & -3 & -5\\3 & 0 & 2\\-5 & -2 & 0\end{bmatrix}$$

$A'=-A$

सभी वर्ग आव्यूह को सममित एवं विषम सममित के योग के रूप में व्यक्त किया जा सकता है।

उदाहरण 9. आव्यूह $A=\begin{bmatrix}3 & 2 & 3\\4 & 5 & 3\\2 & 4 & 5\end{bmatrix}$ को सममित एवं विषम सममित के योग में व्यक्त करें।

हल– $A=\begin{bmatrix}3 & 2 & 3\\4 & 5 & 3\\2 & 4 & 5\end{bmatrix}\Rightarrow A'=\begin{bmatrix}3 & 4 & 2\\2 & 5 & 4\\3 & 3 & 5\end{bmatrix}$

अब $A+A'=\begin{bmatrix}6 & 6 & 5\\6 & 10 & 7\\5 & 7 & 10\end{bmatrix}$

तथा $A - A' = \begin{bmatrix} 0 & -2 & 1 \\ 2 & 0 & -1 \\ -1 & 1 & 0 \end{bmatrix}$

माना, $P = \frac{1}{2}(A + A') = \begin{bmatrix} 3 & 3 & \frac{5}{2} \\ 3 & 5 & \frac{7}{2} \\ \frac{5}{2} & \frac{7}{2} & 5 \end{bmatrix}$

तथा $Q = \frac{1}{2}(A - A') = \begin{bmatrix} 0 & -1 & \frac{1}{2} \\ 1 & 0 & -\frac{1}{2} \\ \frac{-1}{2} & \frac{1}{2} & 0 \end{bmatrix}$

तब $P' = \begin{bmatrix} 3 & 3 & \frac{5}{2} \\ 3 & 5 & \frac{7}{2} \\ \frac{5}{2} & \frac{7}{2} & 5 \end{bmatrix}' = \begin{bmatrix} 3 & 3 & \frac{5}{2} \\ 3 & 5 & \frac{7}{2} \\ \frac{5}{2} & \frac{7}{2} & 5 \end{bmatrix} = P$

तथा $Q' = \begin{bmatrix} 0 & -1 & \frac{1}{2} \\ 1 & 0 & -\frac{1}{2} \\ -\frac{1}{2} & \frac{1}{2} & 0 \end{bmatrix}' = \begin{bmatrix} 0 & 1 & -\frac{1}{2} \\ -1 & 0 & \frac{1}{2} \\ \frac{1}{2} & -\frac{1}{2} & 0 \end{bmatrix}$

अतः P सममित एवं Q विषम सममित है।

पुनः $P + Q = \begin{bmatrix} 3 & 3 & \frac{5}{2} \\ 3 & 5 & \frac{7}{2} \\ \frac{5}{2} & \frac{7}{2} & 5 \end{bmatrix} + \begin{bmatrix} 0 & -1 & \frac{1}{2} \\ 1 & 0 & -\frac{1}{2} \\ -\frac{1}{2} & \frac{1}{2} & 0 \end{bmatrix}$

$P + Q = \begin{bmatrix} 3 & 2 & 3 \\ 4 & 5 & 3 \\ 2 & 4 & 5 \end{bmatrix} = A$

लाम्बिक आव्यूह (Orthogonal Matrix)

यदि वर्ग आव्यूह A तथा इसके परिवर्त्त A' का गुणनफल इकाई आव्यूह हो तब A को लाम्बिक आव्यूह कहते हैं।

अर्थात् $A A' = I$

वर्ग आव्यूह का सहखण्डज (Adjoint of a Square Matrix)

माना $A = [a_{ij}]_{m \times n}$ एक वर्ग आव्यूह है तथा C_{ij}, $|A|$ में a_{ij} का सहखण्डज है, तो प्रत्येक आव्यूह जो कि A के प्रत्येक अवयव को उसके सहखण्डज से प्रतिस्थापित करके प्राप्त किया गया है, के परिवर्त्त को $adj\ A$ से व्यक्त करते हैं अर्थात्

$adj\ A = B'$ जहाँ $B = [C_{ij}]$

आव्यूह के सहखण्डज के गुण (Properties of Adjoint of Matrix)

(i) $(adj\ A)A = A(adj\ A) = |A|\ I_n$

(ii) $|adj\ A| = |A|^{n-1}$, यदि $|A| \neq 0$

(iii) $adj(AB) = (adj\ B)(adj\ A)$

(iv) $adj(adj\ A) = |A|^{n-2} A$

(v) $adj\ A' = (adj\ A)'$

उदाहरण 10. आव्यूह $A = \begin{bmatrix} 1 & 1 & 1 \\ 2 & 1 & -3 \\ -1 & 2 & 3 \end{bmatrix}$ के सहखण्डज (Adjoint) निकालें।

हल– माना C_{ij} आव्यूह A, a_{ij} का सहखण्डज है तब आव्यूह A के अवयव का सहखण्डज निम्नलिखित है–

$C_{11} = \begin{vmatrix} 1 & -3 \\ 2 & 3 \end{vmatrix} = 9$, $C_{12} = -\begin{vmatrix} 2 & -3 \\ -1 & 3 \end{vmatrix} = -3$,

$C_{13} = \begin{vmatrix} 2 & 1 \\ -1 & 2 \end{vmatrix} = 5$

$C_{21} = -\begin{vmatrix} 1 & 1 \\ 2 & 3 \end{vmatrix} = -1$, $C_{22} = \begin{vmatrix} 1 & 1 \\ -1 & 3 \end{vmatrix} = 4$,

$C_{23} = \begin{vmatrix} 1 & 1 \\ -1 & 2 \end{vmatrix} = -3$

$$C_{31} = \begin{vmatrix} 1 & 1 \\ 1 & -3 \end{vmatrix} = -4, \quad C_{32} = -\begin{vmatrix} 1 & 1 \\ 2 & -3 \end{vmatrix} = 5,$$

$$C_{33} = \begin{vmatrix} 1 & 1 \\ 2 & 1 \end{vmatrix} = -1,$$

$$\therefore \quad adj\ A = \begin{bmatrix} 9 & -3 & 5 \\ -1 & 4 & -3 \\ -4 & 5 & -1 \end{bmatrix}' = \begin{bmatrix} 9 & -1 & -4 \\ -3 & 4 & 5 \\ 5 & -3 & -1 \end{bmatrix}$$

आव्यूह का व्युत्क्रम (Inverse of a Matrix)

दो वर्ग आव्यूह A तथा B समान कोटि के इस प्रकार हो कि $AB = BA = I_n$, तब B को A का व्युत्क्रम कहते हैं।

$$A^{-1} = B$$

यदि $|A| \neq 0$ हो तब

$$A^{-1} = \frac{adj\ A}{|A|}$$

आव्यूह के व्युत्क्रम के गुण

(Properties of Inverse of a Matrix)

(i) $(AB)^{-1} = B^{-1}A^{-1}$

(ii) $(ABC)^{-1} = C^{-1}B^{-1}A^{-1}$

(iii) $(A')^{-1} = (A^{-1})'$

(iv) $(K\,A)^{-1} = \frac{1}{K}A'$

(v) $|A^{-1}| = |A|^{-1} \Rightarrow |A^{-1}| = \frac{1}{|A|}$

अव्युत्क्रमणीय आव्यूह (Singular Matrix)

यदि A एक वर्ग आव्यूह है तथा $|A| = 0$ हो तब A को अव्युत्क्रमणीय आव्यूह कहते हैं।

जैसे : $A = \begin{bmatrix} 1 & 3 \\ 2 & 6 \end{bmatrix}$

तथा $|A| = 6 - 6 = 0$

$\therefore$ A अव्युत्क्रमणीय आव्यूह है।

व्युत्क्रमणीय आव्यूह (Non-Singular matrix)

यदि A एक वर्ग आव्यूह है तथा $|A| \neq 0$ तब A को व्युत्क्रमणीय आव्यूह कहते हैं।

जैसे– $A = \begin{bmatrix} 3 & 4 \\ 5 & 6 \end{bmatrix}$

$$\Rightarrow \quad |A| = \begin{vmatrix} 3 & 4 \\ 5 & 6 \end{vmatrix} = 18 - 20 = -2 \neq 0$$

अतः A व्युत्क्रमणीय आव्यूह है।

उदाहरण 11. यदि $A = \begin{vmatrix} 1 & 2 & 0 \\ -1 & 1 & 2 \\ 2 & -1 & 1 \end{vmatrix}$ तब

$\det[adj(adj\ A)]$ का मान ज्ञात करें।

हल–यहाँ *det* (सारणिक) $A = \begin{vmatrix} 1 & 2 & 0 \\ -1 & 1 & 2 \\ 2 & -1 & 1 \end{vmatrix}$

$= 1(1+2) + 1(2-0) + 2(4-0)$

$= 3 + 2 + 8 = 13 \neq 0$

अतः $adj(adj\ A) = (\det A)^{3-2}\ A = 13A$

$\Rightarrow \det[adj(adj\ A)] = 13^3 (\det A)$

$= 13^3 \times 13 = 13^4.$

उदाहरण 12. x का मान ज्ञात करे यदि आव्यूह

$$\begin{bmatrix} x+a & b & c \\ a & x+b & c \\ a & b & x+c \end{bmatrix}$$ अव्युत्क्रमणीय

(Singular) आव्यूह है।

हल– दिया गया आव्यूह अव्युत्क्रमणीय होगा यदि $|A|=0$

अर्थात् $\begin{vmatrix} x+a & b & c \\ a & x+b & c \\ a & b & x+c \end{vmatrix}=0$

क्रिया $C_1 \to C_1+C_2+C_3$

$$\begin{vmatrix} x+a+b+c & b & c \\ x+a+b+c & x+b & c \\ x+a+b+c & b & x+c \end{vmatrix}=0$$

$$(x+a+b+c)\begin{vmatrix} 1 & b & c \\ 1 & x+b & c \\ 1 & b & x+c \end{vmatrix}=0$$

क्रिया $R_2 \to R_2-R_1$ एवं $R_3 \to R_3-R_2$

$$(x+a+b+c)\begin{vmatrix} 1 & b & c \\ 0 & x & 0 \\ 0 & -x & x \end{vmatrix}=0$$

$$\Rightarrow x^2(x+a+b+c)=0$$

$x=0$, या $x=-(a+b+c)$.

उदाहरण 13. आव्यूह $\begin{bmatrix} 1 & 0 & 0 \\ a & 1 & 0 \\ b & c & 1 \end{bmatrix}$ का व्युत्क्रम ज्ञात करें।

हल– माना $A=\begin{bmatrix} 1 & 0 & 0 \\ a & 1 & 0 \\ b & c & 1 \end{bmatrix} \Rightarrow |A|=1\neq 0$

$$\Rightarrow \quad A^{-1}=\frac{(adj\ A)}{|A|}=\frac{1}{1}\begin{bmatrix} 1 & -a & ac-b \\ 0 & 1 & -c \\ 0 & 0 & 1 \end{bmatrix}'$$

$$\Rightarrow A^{-1}=\begin{bmatrix} 1 & 0 & 0 \\ -a & 1 & 0 \\ ac-b & -c & 1 \end{bmatrix}$$

उदाहरण 14. यदि $A=\begin{bmatrix} \cos x & \sin x \\ -\sin x & \cos x \end{bmatrix}$ तथा

$A(adj\ A)=\lambda\begin{bmatrix} 1 & 0 \\ 0 & 1 \end{bmatrix}$ तब λ का मान ज्ञात करें।

हल– हम जानते हैं कि, $A(adj\ A)=|A|I$

अतः $\lambda=|A|=\begin{bmatrix} \cos x & \sin x \\ -\sin x & \cos x \end{bmatrix}$

$$=\sin^2 x+\cos^2=1$$

$$\therefore \quad \lambda=1.$$

उदाहरण 15. यदि A एक वर्ग आव्यूह है जहाँ $A^3=I$ तब A^{-1} का मान ज्ञात करें।

हल– $A^3=I \Rightarrow A\,A^2=A^2A=I$

$\Rightarrow A^{-1}=A^2$

अतः $A^{-1}=A^2$.

आव्यूह की रैंक (Rank of a Matrix)

एक दिए गए आव्यूह का रैंक r होगा यदि

(*i*) $(r+1)$ कोटि का प्रत्येक उपसारणिक (*Minor*) शून्य हो।

(*ii*) r कोटि का कम-से-कम एक उपसारणिक (*Minor*) अशून्य हो।

रैखिक समीकरणों $AX=B$ जहाँ A कोटि n का वर्ग आव्यूह है, के निकाय की संगतता (Consistency of a System of Linear Equation $AX=B$ Where A is a Square Matrix of Rank n)

(*i*) यदि $|A|\neq 0$ अर्थात्, A एक व्युत्क्रमणीय आव्यूह है तब समीकरण निकाय संगत (अद्वितीय हल सहित) होगा।

(*ii*) यदि $|A|=0$ तथा $(adj\ A)B$ एक शून्य आव्यूह है, तब समीकरण निकाय संगत (अनन्त हलों सहित) होगा।

(*iii*) यदि $|A|=0$ तथा $(adj\ A)B$ एक अशून्य आव्यूह हैं, तब समीकरण निकाय असंगत होगा।

अविरोधी (Consistent) : यदि निकाय का अद्वितीय अथवा अनन्त हल हो (अर्थात् निकाय का हल हो) तो समीकरण अविरोधी होगा।

विरोधी (Inconsistent) : यदि निकाय का कोई हल नहीं हो तो समीकरण निकाय विरोधी होगा।

तुच्छ हल (Trivial Solution) : यदि समीकरण निकाय के सभी चरों का मान शून्य हो अर्थात् $x = y = z = 0$ हो तो हल को तुच्छ हल करते हैं।

साधित उदाहरण (Solved Examples)

1. यदि $A = \begin{bmatrix} 0 & c & -b \\ -c & 0 & a \\ b & -a & 0 \end{bmatrix}$

तथा $B = \begin{bmatrix} a^2 & ab & ac \\ ab & b^2 & bc \\ ac & bc & c^2 \end{bmatrix}$

तो AB का मान ज्ञात करें।

हल– $AB = \begin{bmatrix} 0 & c & -b \\ -c & 0 & a \\ b & -a & 0 \end{bmatrix}\begin{bmatrix} a^2 & ab & ac \\ ab & b^2 & bc \\ ac & bc & c^2 \end{bmatrix}$

$$= \begin{bmatrix} 0 & 0 & 0 \\ 0 & 0 & 0 \\ 0 & 0 & 0 \end{bmatrix} = 0$$

2. यदि $A = \begin{bmatrix} 4 & -5 & -2 \\ 5 & -4 & 2 \\ 2 & 2 & 8 \end{bmatrix}$ तब

$A(adj\, A)$ का मान ज्ञात करें।

हल– हम जानते हैं कि $A(adj\, A) = |A| I$

अतः $A(adj\, A)$ अवश्य अदिश आव्यूह होगा। यहाँ $|A| = 0$

$\therefore \quad A(adj\, A) = 0I = 0.$

3. λ के किस मान के लिए समीकरणों $x + y + z = 1$, $x + 2y + 2z = 3$, $x + 2y + \lambda z = 4$ का कोई हल नहीं होगा?

हल– $\begin{bmatrix} 1 & 1 & 1 \\ 1 & 2 & 2 \\ 1 & 2 & \lambda \end{bmatrix} = 0$

$$\Rightarrow \begin{vmatrix} 1 & 1 & 1 \\ 0 & 1 & 1 \\ 0 & 1 & \lambda - 1 \end{vmatrix} = 0 \qquad \Rightarrow (\lambda - 1) - 1 = 0 \qquad \Rightarrow \lambda = 2.$$

4. यदि $f(x) = x^2 + 4x - 5$ तथा $A = \begin{bmatrix} 1 & 2 \\ 4 & -3 \end{bmatrix}$ तब $f(A)$ का मान ज्ञात करें।

हल– $f(x) = x^2 + 4x - 5 \quad f(A) = A^2 + 4A - 5I$

$$f(A) = \begin{bmatrix} 1 & 2 \\ 4 & -3 \end{bmatrix}\begin{bmatrix} 1 & 2 \\ 4 & -3 \end{bmatrix} + 4\begin{bmatrix} 1 & 2 \\ 4 & -3 \end{bmatrix} - 5\begin{bmatrix} 1 & 0 \\ 0 & 1 \end{bmatrix}$$

$$= \begin{bmatrix} 1+8 & 2-6 \\ 4-12 & 8+9 \end{bmatrix} + \begin{bmatrix} 4 & 8 \\ 16 & -12 \end{bmatrix} - \begin{bmatrix} 5 & 0 \\ 0 & 5 \end{bmatrix}$$

$$= \begin{bmatrix} 9+4-5 & -4+8-0 \\ -8+16-0 & 17-12-5 \end{bmatrix} = \begin{bmatrix} 8 & 4 \\ 8 & 0 \end{bmatrix}.$$

5. यदि $A = \begin{bmatrix} 5 & 5\alpha & \alpha \\ 0 & \alpha & 3\alpha \\ 0 & 0 & 5 \end{bmatrix}$ तथा यदि $|A^2| = 25$ तो $|\alpha|$ का मान निकालें।

हल– $\because \; |A| = 25\alpha$ (मुख्य विकर्ण के अवयवों का गुणनफल)

दिया है $|A^2| = 25$

$\Rightarrow |A|^2 = 25$

$$\Rightarrow (25\alpha)^2 = 25$$

$$\Rightarrow \alpha^2 = \frac{1}{25}$$

$$\Rightarrow \alpha = \pm\frac{1}{5} \Rightarrow |\alpha| = \frac{1}{5}.$$

6. यदि ω इकाई के घनमूल हो तथा $A = \begin{bmatrix} \omega & 0 \\ 0 & \omega \end{bmatrix}$ हो तब A^{70} का मान ज्ञात करें।

हल– $A^2 = A \times A = \begin{bmatrix} \omega & 0 \\ 0 & \omega \end{bmatrix}\begin{bmatrix} \omega & 0 \\ 0 & \omega \end{bmatrix} = \begin{bmatrix} \omega^2 & 0 \\ 0 & \omega^2 \end{bmatrix}$

$$\therefore \quad A^3 = A^2 A = \begin{bmatrix} \omega^2 & 0 \\ 0 & \omega^2 \end{bmatrix}\begin{bmatrix} \omega & 0 \\ 0 & \omega \end{bmatrix} = \begin{bmatrix} \omega^3 & 0 \\ 0 & \omega^3 \end{bmatrix}$$

$$A^3 = \begin{bmatrix} 1 & 0 \\ 0 & 1 \end{bmatrix} = I$$

$$\Rightarrow (A^3)^{23} = (I)^{23} = I$$

$$\Rightarrow A^{69} = I$$

अतः $A^{70} = A^{69} \times A = IA = A$

अतः $A^{70} = A.$

7. यदि $A = \begin{bmatrix} 4 & 2 \\ -1 & 1 \end{bmatrix}$, तब $(A-2I)(A-3I)$ का मान ज्ञात करें।

हल– $(A-2I)(A-3I) = \left\{\begin{bmatrix} 4 & 2 \\ -1 & 1 \end{bmatrix} - 2\begin{bmatrix} 1 & 0 \\ 0 & 1 \end{bmatrix}\right\}$

$$\left\{\begin{bmatrix} 4 & 2 \\ -1 & 1 \end{bmatrix} - 3\begin{bmatrix} 1 & 0 \\ 0 & 1 \end{bmatrix}\right\}$$

$$= \begin{bmatrix} 2 & 2 \\ -1 & -1 \end{bmatrix} \times \begin{bmatrix} 1 & 2 \\ -1 & -2 \end{bmatrix}$$

$$= \begin{bmatrix} 2-2 & 4-4 \\ -1+1 & -2+2 \end{bmatrix} = \begin{bmatrix} 0 & 0 \\ 0 & 0 \end{bmatrix} = 0$$

अतः $(A-2I)(A-3I) = 0.$

8. आव्यूह $\begin{bmatrix} 1 & 2 \\ 1 & 3 \end{bmatrix}$ का व्युत्क्रम ज्ञात करें।

हल– $\begin{bmatrix} 1 & 2 \\ 1 & 3 \end{bmatrix}^{-1} = \dfrac{1}{\det\begin{bmatrix} 1 & 2 \\ 1 & 3 \end{bmatrix}} adj \begin{bmatrix} 1 & 2 \\ 1 & 3 \end{bmatrix}$

$$= \frac{1}{3-2}\begin{bmatrix} 3 & -1 \\ -2 & 1 \end{bmatrix}' \Rightarrow \begin{bmatrix} 1 & 2 \\ 1 & 3 \end{bmatrix}^{-1} = \begin{bmatrix} 3 & -2 \\ -1 & 1 \end{bmatrix}.$$

9. यदि $A = \begin{bmatrix} a & b \\ b & a \end{bmatrix}$ तथा $A^2 = \begin{bmatrix} \alpha & \beta \\ \beta & \alpha \end{bmatrix}$, तब α, β का मान ज्ञात करें।

हल– $A^2 = \begin{bmatrix} \alpha & \beta \\ \beta & \alpha \end{bmatrix}$

$$\Rightarrow \begin{bmatrix} \alpha & \beta \\ \beta & \alpha \end{bmatrix} = \begin{bmatrix} a & b \\ b & a \end{bmatrix}\begin{bmatrix} a & b \\ b & a \end{bmatrix}$$

$$\Rightarrow \begin{bmatrix} \alpha & \beta \\ \beta & \alpha \end{bmatrix} = \begin{bmatrix} a^2+b^2 & 2ab \\ 2ab & a^2+b^2 \end{bmatrix}$$

$\Rightarrow \alpha = a^2 + b^2$ तथा $\beta = 2ab.$

10. यदि $A = \begin{bmatrix} 1 & 2 \\ 0 & 1 \end{bmatrix}$, तब A^n का गान ज्ञात करें।

हल– $A^2 = \begin{bmatrix} 1 & 2 \\ 0 & 1 \end{bmatrix}\begin{bmatrix} 1 & 2 \\ 0 & 1 \end{bmatrix} = \begin{bmatrix} 1 & 4 \\ 0 & 1 \end{bmatrix} = \begin{bmatrix} 1 & 2.2 \\ 0 & 1 \end{bmatrix}$

$$A^3 = \begin{bmatrix} 1 & 4 \\ 0 & 1 \end{bmatrix}\begin{bmatrix} 1 & 2 \\ 0 & 1 \end{bmatrix} = \begin{bmatrix} 1 & 6 \\ 0 & 1 \end{bmatrix} = \begin{bmatrix} 1 & 2.3 \\ 0 & 1 \end{bmatrix}$$

$$\Rightarrow A^n = \begin{bmatrix} 1 & 2n \\ 0 & 1 \end{bmatrix}.$$

वस्तुनिष्ठ प्रश्न

1. $A+B=\begin{bmatrix}1 & 2 & 3\\4 & 5 & 6\end{bmatrix}$, $A-B=\begin{bmatrix}-1 & 4 & 5\\2 & 7 & 4\end{bmatrix}$, तब A तथा B हैं–

(a) $\begin{bmatrix}0 & -3 & 4\\-3 & 6 & 5\end{bmatrix}, \begin{bmatrix}-1 & 1 & 1\\1 & -1 & 1\end{bmatrix}$

(b) $\begin{bmatrix}0 & 3 & 4\\3 & 6 & 5\end{bmatrix}, \begin{bmatrix}1 & -1 & -1\\1 & -1 & 1\end{bmatrix}$

(c) $\begin{bmatrix}1 & -1 & -1\\1 & -1 & 1\end{bmatrix}, \begin{bmatrix}0 & 3 & 4\\3 & 8 & 5\end{bmatrix}$

(d) $\begin{bmatrix}4 & 3 & 0\\5 & 6 & 3\end{bmatrix}, \begin{bmatrix}3 & 1 & 2\\1 & 5 & 1\end{bmatrix}$

2. यदि $A=\begin{bmatrix}1 & 1\\0 & 1\end{bmatrix}$, तो A^n का मान है–

(a) $\begin{bmatrix}1 & n\\0 & 1\end{bmatrix}$ (b) $\begin{bmatrix}n & n\\0 & n\end{bmatrix}$

(c) $\begin{bmatrix}n & 1\\0 & n\end{bmatrix}$ (d) $\begin{bmatrix}1 & 1\\0 & n\end{bmatrix}$

3. यदि $A=\begin{bmatrix}0 & 1\\0 & 0\end{bmatrix}$ तथा $B=\begin{bmatrix}1 & 0\\0 & 0\end{bmatrix}$, तब–

(a) $AB=BA$ (b) $AB=BA=0$

(c) $AB=0, BA\neq 0$ (d) $AB\neq BA=0$

4. यदि $A=\begin{bmatrix}2 & 2\\a & b\end{bmatrix}$ तथा $A^2=0$, तब (a, b) का मान है–

(a) $(-2, -2)$ (b) $(2, -2)$

(c) $(-2, 2)$ (d) $(2, 2)$

5. यदि $A=\begin{bmatrix}\cos^2\theta & \sin\theta\cos\theta\\\cos\theta\sin\theta & \sin^2\theta\end{bmatrix}$,

$B=\begin{bmatrix}\cos^2\phi & \sin\phi\cos\phi\\\cos\phi\sin\phi & \sin^2\phi\end{bmatrix}$ और θ तथा ϕ में $\pi/2$ का अन्तर है, तो AB बराबर है–

(a) 1 (b) 0

(c) –1 (d) इनमें से कोई नहीं

6. यदि $U=[2\ -3\ 4]$, $X=[0\ 2\ 3]$, $V=\begin{bmatrix}3\\2\\1\end{bmatrix}$ तथा $Y=\begin{bmatrix}2\\2\\4\end{bmatrix}$ तब $UV+XY$ का मान है–

(a) 20 (b) $[-20]$

(c) –20 (d) $[20]$

7. यदि $M=\begin{bmatrix}1 & 2\\2 & 3\end{bmatrix}$ तथा $M^2-\lambda M-I_2=0$, तो λ का मान है–

(a) –2 (b) 2

(c) –4 (d) 4

8. यदि $A=\begin{bmatrix}1 & 0 & 1\\0 & 1 & 1\\1 & 0 & 0\end{bmatrix}$, तब A है–

(a) सममित (b) विषम सममित

(c) व्युत्क्रमणीय (d) अव्युत्क्रमणीय

9. यदि $A=\begin{bmatrix}a & 0 & 0\\0 & b & 0\\0 & 0 & c\end{bmatrix}$, तो A^n का मान है–

(a) $\begin{bmatrix} na & 0 & 0 \\ 0 & nb & 0 \\ 0 & 0 & nc \end{bmatrix}$ (b) $\begin{bmatrix} a & 0 & 0 \\ 0 & b & 0 \\ 0 & 0 & c \end{bmatrix}$

(c) $\begin{bmatrix} a^n & 0 & 0 \\ 0 & b^n & 0 \\ 0 & 0 & c^n \end{bmatrix}$ (d) इनमें से कोई नहीं

10. $adj(AB)-(adj\ B)(adj\ A)$ का मान है–

(a) $adj\ A - adj\ B$ (b) 1

(c) 0 (d) इनमें से कोई नहीं

11. आव्यूह $\begin{bmatrix} 1 & a & 2 \\ 1 & 2 & 5 \\ 2 & 1 & 1 \end{bmatrix}$ व्युत्क्रमणीय नहीं है, यदि 'a' का मान है–

(a) 2 (b) 1

(c) 0 (d) –1

12. यदि $A=[1\,2\,3]$, $B=\begin{bmatrix} 2 \\ 3 \\ 4 \end{bmatrix}$ और $C=\begin{bmatrix} 1 & 5 \\ 0 & 2 \end{bmatrix}$, तब [20] निम्न प्रकार परिभाषित होगा–

(a) AB (b) BC

(c) $(AB).C$ (d) $(AC).B$

13. यदि A कोटि 3 का आव्यूह है और $|A|=8$, तब $|adj\ A|$ का मान है–

(a) 1 (b) 2

(c) 2^3 (d) 2^6

14. यदि A व B, $m \times n$ कोटि के दो वर्ग आव्यूह हैं तब $(A-B)^2$ का मान होगा–

(a) $A^2 - B^2$

(b) $A^2 - 2AB + B^2$

(c) $A + 2AB + B^2$

(d) $A^2 - AB - BA + B^2$

15. यदि $A=\begin{bmatrix} 1 & -2 & 1 \\ 2 & 1 & 3 \end{bmatrix}$ और $B=\begin{bmatrix} 2 & 1 \\ 3 & 2 \\ 1 & 1 \end{bmatrix}$, तब $(AB)^T$ का मान होगा–

(a) $\begin{bmatrix} -3 & -2 \\ 10 & 7 \end{bmatrix}$ (b) $\begin{bmatrix} -3 & 10 \\ -2 & 7 \end{bmatrix}$

(c) $\begin{bmatrix} -3 & -7 \\ 10 & 2 \end{bmatrix}$ (d) इनमें से कोई नहीं

16. यदि $D_p=\begin{bmatrix} p & 15 & 8 \\ p^2 & 35 & 9 \\ p^3 & 25 & 10 \end{bmatrix}$,

तब $D_1+D_2+D_3+D_4+D_5$ का मान होगा–

(a) 0 (b) 25

(c) 625 (d) इनमें से कोई नहीं

17. यदि $A=\begin{bmatrix} 1 & 2 & 0 \\ 0 & 1 & 2 \\ 2 & 0 & 1 \end{bmatrix}$, तब $Adj\ A$ का मान है–

(a) $\begin{bmatrix} 1 & 4 & -2 \\ -2 & 1 & 4 \\ 4 & -2 & 1 \end{bmatrix}$

(b) $\begin{bmatrix} 1 & -2 & 4 \\ 4 & 1 & -2 \\ -2 & 4 & 1 \end{bmatrix}$

(c) $\begin{bmatrix} 1 & 2 & 4 \\ -4 & 1 & 2 \\ -4 & -2 & 1 \end{bmatrix}$

(d) इनमें से कोई नहीं

18. यदि A एक अव्युत्क्रमणीय आव्यूह है, तब $\det\left(A^{-1}\right)$ का मान है–

(a) $\det\left(\frac{1}{A^2}\right)$ (b) $\frac{1}{\det\left(A^2\right)}$

(c) $\det\left(\frac{1}{A}\right)$ (d) $\frac{1}{\det A}$

19. यदि किसी आव्यूह तथा उसके परिवर्त्त आव्यूह का गुणनफल इकाई सदिश हो, तो आव्यूह के सारणिक का मान होगा–

(a) –1 (b) 0

(c) ±1 (d) 1

20. यदि $A=\begin{bmatrix}1&0&0\\0&1&0\\a&b&-1\end{bmatrix}$, तब A^2 का मान होगा–

(a) शून्य आव्यूह (b) इकाई आव्यूह

(c) $-A$ (d) A

21. एक आव्यूह A इस प्रकार है कि

$4A^3+2A^2+7A+I=0$, A^{-1} का मान होगा–

(a) $\left(4A^2+2A+7I\right)$

(b) $-\left(4A^2+2A+7I\right)$

(c) $-\left(4A^2-2A+7I\right)$

(d) $\left(4A^2+2A-7I\right)$

22. यदि A व B दो वर्ग आव्यूह इस प्रकार हैं कि $B=-A^{-1}BA$ तब $(A+B)^2$ का मान है–

(a) 0 (b) A^2+B^2

(c) $A^2+2AB+B^2$ (d) $A+B$

23. यदि $A=\begin{bmatrix}\cos\theta&-\sin\theta\\\sin\theta&\cos\theta\end{bmatrix}$, तब निम्न में से कौन-सा कथन सत्य नहीं है?

(a) A एक लाम्बिक आव्यूह है

(b) A' एक लाम्बिक आव्यूह है

(c) $|A|=1$

(d) A व्युत्क्रमणीय है।

24. यदि $A=\begin{bmatrix}0&2\\3&-4\end{bmatrix}$ और $kA=\begin{bmatrix}0&3a\\2b&24\end{bmatrix}$, तब k,a,b का मान क्रमशः होगा–

(a) –6, –12, –18, (b) –6, 4, 9

(c) –6, –4, –9 (d) –6, 12, 18

25. यदि $\begin{bmatrix}2+x&3&4\\1&-1&2\\x&1&-5\end{bmatrix}$ अव्युत्क्रमणीय आव्यूह हो, तो x का मान होगा–

(a) $\frac{9}{25}$ (b) $\frac{-25}{13}$

(c) $\frac{5}{13}$ (d) $\frac{25}{13}$

26. आव्यूह $A=\begin{bmatrix}1&1&0\\1&2&1\\2&1&0\end{bmatrix}$ के लिए सत्य कथन होगा–

(a) $A^3+3A^2-I=0$ (b) $A^3-3A^2-I=0$

(c) $A^3+2A^2-I=0$ (d) $A^3-A^2+I=0$

27. आव्यूह $A=\frac{1}{3}\begin{bmatrix}1&2&2\\2&1&-2\\-2&2&-1\end{bmatrix}$ है–

(a) लाम्बिक आव्यूह (b) अन्तर्वलित आव्यूह

(c) वर्गसम आव्यूह (d) शून्यभावी आव्यूह

28. यदि $A^2-A+I=0$ तब A^{-1} का मान है–

(a) A^{-2} (b) $A+I$

(c) $I-A$ (d) $A-I$

29. आव्यूह $\begin{bmatrix}2&\lambda&-4\\-1&3&4\\1&-2&-3\end{bmatrix}$ व्युत्क्रमणीय होगा, यदि–

(a) $\lambda \neq -2$ (b) $\lambda \neq 2$
(c) $\lambda \neq 3$ (d) $\lambda \neq -3$

30. यदि $A = \begin{bmatrix} -1 & 2 \\ 2 & -1 \end{bmatrix}$ और $B = \begin{bmatrix} 3 \\ 1 \end{bmatrix}$, $AX = B$, तब X का मान है–

(a) $[5\ 7]$ (b) $\frac{1}{3}\begin{bmatrix} 5 \\ 7 \end{bmatrix}$

(c) $\frac{1}{3}[5\ 7]$ (d) $\begin{bmatrix} 5 \\ 7 \end{bmatrix}$

31. यदि आव्यूह $A = \begin{bmatrix} 0 & -1 \\ 1 & 0 \end{bmatrix}$, तब A^{16} का मान है–

(a) $\begin{bmatrix} 0 & -1 \\ 1 & 0 \end{bmatrix}$ (b) $\begin{bmatrix} 0 & 1 \\ 1 & 0 \end{bmatrix}$

(c) $\begin{bmatrix} -1 & 0 \\ 0 & 1 \end{bmatrix}$ (d) $\begin{bmatrix} 1 & 0 \\ 0 & 1 \end{bmatrix}$

32. यदि 3, –2 किसी व्युत्क्रमणीय आव्यूह A के आइन (Eigen) मान है तथा $|A| = 4$, तब $adj(A)$ के आइन (Eigen) मान होंगे–

(a) $\frac{3}{4}, \frac{-1}{2}$ (b) $\frac{4}{3}, -2$
(c) 12, 8 (d) –12, 8

33. यदि $\begin{bmatrix} x+y & 2x+z \\ x-y & 2z+w \end{bmatrix} = \begin{bmatrix} 4 & 7 \\ 0 & 10 \end{bmatrix}$, तब x, y, z, w के मान क्रमशः होंगे–

(a) 2, 2, 3, 4 (b) 2, 3, 1, 2
(c) 3, 3, 0, 1 (d) इनमें से कोई नहीं

34. आव्यूह $A = \begin{bmatrix} 3 & 2 & 4 \\ 1 & 2 & -1 \\ 0 & 1 & 1 \end{bmatrix}$ और $A^{-1} = \frac{1}{k} adj(A)$, तब k का मान है–

(a) 7 (b) –7

(c) $\frac{1}{7}$ (d) 11

35. यदि $P = \begin{bmatrix} i & 0 & -i \\ 0 & -i & i \\ -i & i & 0 \end{bmatrix}$ और $Q = \begin{bmatrix} -i & i \\ 0 & 1 \\ i & -i \end{bmatrix}$, तब PQ का मान होगा–

(a) $\begin{bmatrix} -2 & 2 \\ 1 & -1 \\ 1 & -1 \end{bmatrix}$ (b) $\begin{bmatrix} 2 & -2 \\ -1 & 1 \\ -1 & 1 \end{bmatrix}$

(c) $\begin{bmatrix} 2 & -2 \\ -1 & 1 \end{bmatrix}$ (d) $\begin{bmatrix} 1 & 0 & 0 \\ 0 & 1 & 0 \\ 0 & 0 & 1 \end{bmatrix}$

36. समीकरणों $x + ay = 0$, $az + y = 0$ और $ax + z = 0$ के अनन्त हल हों, तब a का मान होगा–

(a) –1
(b) 1
(c) 0
(d) कोई वास्तविक मान नहीं

37. यदि $A = \begin{bmatrix} 3 & 2 \\ 0 & 1 \end{bmatrix}$, तब $(A^{-1})^3$ के बराबर है–

(a) $\frac{1}{27}\begin{bmatrix} 1 & -26 \\ 0 & 27 \end{bmatrix}$ (b) $\frac{1}{27}\begin{bmatrix} -1 & 26 \\ 0 & 27 \end{bmatrix}$

(c) $\frac{1}{27}\begin{bmatrix} 1 & -26 \\ 0 & -27 \end{bmatrix}$ (d) $\frac{1}{27}\begin{bmatrix} -1 & -26 \\ 0 & -27 \end{bmatrix}$

38. यदि A व B दो आव्यूह इस प्रकार हैं कि $AB = B$ तथा $BA = A$, तब $A^2 + B^2$ का मान है–

(a) $2AB$ (b) $2BA$
(c) $A + B$ (d) AB

39. यदि $A = \begin{bmatrix} \frac{1}{a} & a^2 & bc \\ \frac{1}{b} & b^2 & ca \\ \frac{1}{c} & c^2 & ab \end{bmatrix}$ हो तब $|A|$ है–

(*a*) 0 (*b*) 1

(*c*) –1 (*d*) *abc*

40. यदि $A=\begin{bmatrix}1 & 3\\2 & 1\end{bmatrix}$, तब A^2-2A के सारणिक का मान होगा–

(*a*) 5 (*b*) 25

(*c*) –5 (*d*) –25

अनुच्छेद-1 (Paragraph-1)

माना $A=\begin{bmatrix}1 & 2\\3 & -4\end{bmatrix}$ तथा $B=\begin{bmatrix}-4 & -2\\-3 & 1\end{bmatrix}$

41. A^2 बराबर होगा।

(*a*) $\begin{bmatrix}1 & 4\\9 & 16\end{bmatrix}$ (*b*) $\begin{bmatrix}7 & -6\\-9 & 22\end{bmatrix}$

(*c*) $\begin{bmatrix}-7 & 6\\9 & -22\end{bmatrix}$ (*d*) इसमें से कोई नहीं।

42. *AB* का गुणनफल होगा–

(*a*) $\begin{bmatrix}-4 & -4\\-9 & -4\end{bmatrix}$ (*b*) $\begin{bmatrix}10 & 0\\0 & 10\end{bmatrix}$

(*c*) $\begin{bmatrix}-10 & 0\\0 & -10\end{bmatrix}$ (*d*) इसमें से कोई नहीं

43. A^{-1} बराबर होगा–

(*a*) $\begin{bmatrix}-4 & -2\\-3 & 1\end{bmatrix}$ (*b*) $-\frac{1}{10}\begin{bmatrix}-4 & -2\\-3 & 1\end{bmatrix}$

(*c*) $\frac{1}{10}\begin{bmatrix}-4 & -2\\-3 & 1\end{bmatrix}$ (*d*) इसमें से कोई नहीं।

अनुच्छेद-2 (Paragraph-2)

$$A=\begin{bmatrix}0 & 0 & 0\\a & 0 & 0\\0 & b & 0\end{bmatrix}, ab\neq 0$$

44. A^3 बराबर है–

(*a*) I_3 (*b*) *A*

(*c*) *0* (*d*) इसमें से कोई नहीं।

45. *tr A* बराबर है–

(*a*) $a+b$ (*b*) 0

(*c*) *ab* (*d*) इसमें से कोई नहीं।

46. निम्न में से कौन-सा कथन सत्य है–

(*a*) विषम सममित आव्यूह है।

(*b*) सममित आव्यूह है।

(*c*) अव्युत्क्रमणीय आव्यूह है।

(*d*) व्युत्क्रमणीय आव्यूह है।

दृढ़कथन-कारण (Assertion-Reason)

निम्नलिखित प्रश्नों के लिए चार कूट (*a*), (*b*), (*c*) एवं (*d*) दिए गए हैं, सही उत्तर का चयन करें।

(*a*) वक्तव्य-I सत्य है; वक्तव्य-II सत्य है; वक्तव्य-II, वक्तव्य-I का सही स्पष्टीकरण है।

(*b*) वक्तव्य-I सत्य है; वक्तव्य-II सत्य है; वक्तव्य-II, वक्तव्य-I का सही स्पष्टीकरण नहीं है।

(*c*) वक्तव्य-I सत्य है; वक्तव्य-II असत्य है।

(*d*) वक्तव्य-I असत्य है; वक्तव्य-II सत्य है।

47. वक्तव्य-I : आव्यूह $\begin{bmatrix}1 & 3\\4 & 5\end{bmatrix}$ का व्युत्क्रम नहीं होगा।

वक्तव्य-II : आव्यूह व्युत्क्रमणीय (Non Singular) है।

48. वक्तव्य-I : आव्यूह $\begin{bmatrix}\alpha & -1\\\beta & 1\end{bmatrix}$ व्युत्क्रम प्रदर्शित करती है। जहाँ α, β द्विघात समीकरण $x^2-2x-3=0$ के मूल हैं।

वक्तव्य-II : $\alpha+\beta\neq 0$

49. वक्तव्य-I : यदि आव्यूह *A* कोटि 3 का विषम सममित आव्यूह है तो इसके सारणिक का मान शून्य होगा।

वक्तव्य-II : यदि *A* वर्ग आव्यूह है तब

$\det A=\det A'=\det(-A')$

50. मिलान करें (Match These)

	वर्ग–I		**वर्ग–II**
A.	यदि A, 2×2 आव्यूह है तब $\lvert adjA \rvert =$	$p.$	$\lvert A \rvert^4$
B.	यदि A, 2×2 आव्यूह, है, तब $\lvert adj(adjA) \rvert$ बराबर होगा।	$q.$	$\lvert A \rvert^2$
C.	यदि A, 3×3 विषम सममित आव्यूह है तब $\lvert adj(adjA) \rvert =$	$r.$	$\lvert A \rvert$
D.	यदि A, 3×3 आव्यूह है तब $\lvert adjA \rvert =$	$s.$	1

(*a*) A – *p*; B – *q*; *C* – *r*; D – *s*

(*b*) A – *q*; B – *r*; C – *s*; D – p

(*c*) A – *r*; B – *r*; C – *p*; D – *q*

(*d*) इसमें से कोई नहीं।

उत्तरमाला

1	2	3	4	5	6	7	8	9	10
(*b*)	(*a*)	(*c*)	(*a*)	(*b*)	(*d*)	(*d*)	(*c*)	(*c*)	(*c*)
11	**12**	**13**	**14**	**15**	**16**	**17**	**18**	**19**	**20**
(*b*)	(*a*)	(*d*)	(*d*)	(*b*)	(*d*)	(*b*)	(*d*)	(*c*)	(*b*)
21	**22**	**23**	**24**	**25**	**26**	**27**	**28**	**29**	**30**
(*b*)	(*a*)	(*d*)	(*c*)	(*b*)	(*b*)	(*a*)	(*c*)	(*a*)	(*b*)
31	**32**	**33**	**34**	**35**	**36**	**37**	**38**	**39**	**40**
(*d*)	(*b*)	(*a*)	(*d*)	(*b*)	(*a*)	(*a*)	(*c*)	(*a*)	(*b*)
41	**42**	**43**	**44**	**45**	**46**	**47**	**48**	**49**	**50**
(*b*)	(*c*)	(*b*)	(*c*)	(*b*)	(*c*)	(*d*)	(*a*)	(*d*)	(*c*)

व्याख्यात्मक उत्तर

1. $\because A+B=\begin{bmatrix}1 & 2 & 3\\4 & 5 & 6\end{bmatrix}$ तथा

$$A-B=\begin{bmatrix}-1 & 4 & 5\\2 & 7 & 4\end{bmatrix}$$

$$\therefore \quad A=\frac{1}{2}\left\{\begin{bmatrix}1 & 2 & 3\\4 & 5 & 6\end{bmatrix}+\begin{bmatrix}-1 & 4 & 5\\2 & 7 & 4\end{bmatrix}\right\}$$

$$=\frac{1}{2}\begin{bmatrix}0 & 6 & 8\\6 & 12 & 10\end{bmatrix}=\begin{bmatrix}0 & 3 & 4\\3 & 6 & 5\end{bmatrix}$$

तथा $B=\frac{1}{2}\left\{\begin{bmatrix}1 & 2 & 3\\4 & 5 & 6\end{bmatrix}-\begin{bmatrix}-1 & 4 & 5\\2 & 7 & 4\end{bmatrix}\right\}$

$$=\frac{1}{2}\begin{bmatrix}2 & -2 & -2\\2 & -2 & 2\end{bmatrix}=\begin{bmatrix}1 & -1 & -1\\1 & -1 & 1\end{bmatrix}.$$

2. $\because A=\begin{bmatrix}1 & 1\\0 & 1\end{bmatrix}$

$$A^2=\begin{bmatrix}1 & 1\\0 & 1\end{bmatrix}\begin{bmatrix}1 & 1\\0 & 1\end{bmatrix}=\begin{bmatrix}1 & 2\\0 & 1\end{bmatrix}$$

व $A^3=A^2.A=\begin{bmatrix}1 & 2\\0 & 1\end{bmatrix}\begin{bmatrix}1 & 1\\0 & 1\end{bmatrix}=\begin{bmatrix}1 & 3\\0 & 1\end{bmatrix}$

इसी प्रकार,

$$A^n=A^{n-1}\cdot A=\begin{bmatrix}1 & n-1\\0 & 1\end{bmatrix}\begin{bmatrix}1 & 1\\0 & 1\end{bmatrix}=\begin{bmatrix}1 & n\\0 & 1\end{bmatrix}.$$

3. $A = \begin{bmatrix} 0 & 1 \\ 0 & 0 \end{bmatrix}$ तथा $B = \begin{bmatrix} 1 & 0 \\ 0 & 0 \end{bmatrix}$

$$\therefore \; AB = \begin{bmatrix} 0 & 1 \\ 0 & 0 \end{bmatrix}\begin{bmatrix} 1 & 0 \\ 0 & 0 \end{bmatrix} = \begin{bmatrix} 0 & 0 \\ 0 & 0 \end{bmatrix} = 0$$

तथा $BA = \begin{bmatrix} 1 & 0 \\ 0 & 0 \end{bmatrix}\begin{bmatrix} 0 & 1 \\ 0 & 0 \end{bmatrix} \neq 0.$

4. $\because A = \begin{bmatrix} 2 & 2 \\ a & b \end{bmatrix}, A^2 = \begin{bmatrix} 2 & 2 \\ a & b \end{bmatrix}\begin{bmatrix} 2 & 2 \\ a & b \end{bmatrix}$

$$= \begin{bmatrix} 4+2a & 4+2b \\ 2a+ab & 2a+b^2 \end{bmatrix} = 0$$

$$\Rightarrow \begin{bmatrix} 4+2a & 4+2b \\ 2a+ab & 2a+b^2 \end{bmatrix} = \begin{bmatrix} 0 & 0 \\ 0 & 0 \end{bmatrix}$$

$\Rightarrow 4 + 2a = 0, \; 4 + 2b = 0,$

$2a + ab = 0, \; 2a + b^2 = 0$

$\Rightarrow a = -2, b = -2.$

5. $$AB = \begin{bmatrix} \cos^2\theta & \sin\theta.\cos\theta \\ \sin\theta.\cos\theta & \sin^2\theta \end{bmatrix}\begin{bmatrix} \cos^2\phi & \sin\phi\cos\phi \\ \sin\phi\cos\phi & \sin^2\phi \end{bmatrix}$$

$$= \begin{bmatrix} \cos^2\theta\cos^2\phi + \sin\theta\sin\phi\cos\theta\cos\phi & \cos^2\theta\sin\phi\cos\phi + \sin^2\phi\sin\theta\cos\theta \\ \cos^2\phi\sin\theta\cos\theta + \sin^2\theta\sin\phi\cos\phi & \sin\theta\cos\theta\sin\phi\cos\phi + \sin^2\theta\sin^2\phi \end{bmatrix}$$

$$= \begin{bmatrix} \cos\theta\cos\phi\cos(\theta-\phi) & \cos\theta\sin\phi\cos(\theta-\phi) \\ \cos\phi\sin\theta\cos(\theta-\phi) & \sin\theta\sin\phi\cos(\theta-\phi) \end{bmatrix}$$

$$= \begin{bmatrix} \cos\theta\cos\phi\cos\frac{\pi}{2} & \cos\theta\sin\phi\cos\frac{\pi}{2} \\ \cos\phi\sin\theta\cos\frac{\pi}{2} & \sin\theta\sin\phi\cos\frac{\pi}{2} \end{bmatrix}$$

$$= \begin{bmatrix} 0 & 0 \\ 0 & 0 \end{bmatrix} = 0 \qquad \left(\because \theta - \phi = \frac{\pi}{2}\right)$$

6. $\because U = [2 - 3 \;\; 4]$ तथा $V = \begin{bmatrix} 3 \\ 2 \\ 1 \end{bmatrix}$

$$\therefore \; UV = [2 - 3 \;\; 4]\begin{bmatrix} 3 \\ 2 \\ 1 \end{bmatrix} = (6 - 6 + 4) = [4]$$

और $X = [0 \; 2 \; 3]$ तथा $Y = \begin{bmatrix} 2 \\ 2 \\ 4 \end{bmatrix}$

$$\therefore \; XY = [0 \; 2 \; 3]\begin{bmatrix} 2 \\ 2 \\ 4 \end{bmatrix} = [0 + 4 + 12] = [16]$$

अतः $UV + XY = [4] + [16] = [20].$

7. $M = \begin{bmatrix} 1 & 2 \\ 2 & 3 \end{bmatrix}, \quad M^2 = \begin{bmatrix} 1 & 2 \\ 2 & 3 \end{bmatrix}\begin{bmatrix} 1 & 2 \\ 2 & 3 \end{bmatrix}$

$$= \begin{bmatrix} 1+4 & 2+6 \\ 2+6 & 4+9 \end{bmatrix} = \begin{bmatrix} 5 & 8 \\ 8 & 13 \end{bmatrix}$$

अब चूँकि $M^2 - \lambda M - I_2 = 0$

$$\Rightarrow \begin{bmatrix} 5 & 8 \\ 8 & 13 \end{bmatrix} - \lambda\begin{bmatrix} 1 & 2 \\ 1 & 3 \end{bmatrix} - \begin{bmatrix} 1 & 0 \\ 0 & 1 \end{bmatrix} = 0$$

$$\Rightarrow \begin{bmatrix} 5-\lambda-1 & 8-2\lambda \\ 8-2\lambda & 13-3\lambda-1 \end{bmatrix} = \begin{bmatrix} 0 & 0 \\ 0 & 0 \end{bmatrix}$$

$\Rightarrow 4 - \lambda = 0 \Rightarrow \lambda = 4.$

8. $A = \begin{bmatrix} 1 & 0 & 1 \\ 0 & 1 & 1 \\ 1 & 0 & 0 \end{bmatrix}, \quad \Delta = \begin{vmatrix} 1 & 0 & 1 \\ 0 & 1 & 1 \\ 1 & 0 & 0 \end{vmatrix} = -1$

अतः आव्यूह व्युत्क्रमणीय है।

9. चूँकि $A^2 = A.A = \begin{bmatrix} a & 0 & 0 \\ 0 & b & 0 \\ 0 & 0 & c \end{bmatrix}\begin{bmatrix} a & 0 & 0 \\ 0 & b & 0 \\ 0 & 0 & c \end{bmatrix}$

$= \begin{bmatrix} a^2 & 0 & 0 \\ 0 & b^2 & 0 \\ a & 0 & c^2 \end{bmatrix}$ व $A^3 = \begin{bmatrix} a^3 & 0 & 0 \\ 0 & b^3 & 0 \\ 0 & 0 & c^3 \end{bmatrix}$

इसी प्रकार, $A^n = A^{n-1}.A$

$$A = \begin{bmatrix} a^{n-1} & 0 & 0 \\ 0 & b^{n-1} & 0 \\ 0 & 0 & c^{n-1} \end{bmatrix}\begin{bmatrix} a & 0 & 0 \\ 0 & b & 0 \\ 0 & 0 & c \end{bmatrix}$$

$$A^n = \begin{bmatrix} a^n & 0 & 0 \\ 0 & b^n & 0 \\ 0 & 0 & c^n \end{bmatrix}.$$

10. $adj\,(AB) - adj\,B\;adj\,A = adj(AB) - adj(AB) = 0.$

11. दिया गया आव्यूह $\begin{bmatrix} 1 & a & 2 \\ 1 & 2 & 5 \\ 2 & 1 & 1 \end{bmatrix}$ व्युत्क्रमणीय नहीं है, यदि

$$\begin{vmatrix} 1 & a & 2 \\ 1 & 2 & 5 \\ 2 & 1 & 1 \end{vmatrix} = 0$$

$\Rightarrow 1(2-5) - a(1-10) + 2(1-4) = 0$

$\Rightarrow -3 + 9a - 6 = 0 \Rightarrow 9a = 9 \Rightarrow a = 1.$

12. चूँकि $A = [1\ 2\ 3]$, $B = \begin{bmatrix} 2 \\ 3 \\ 4 \end{bmatrix}$ व $C = \begin{bmatrix} 1 & 5 \\ 0 & 2 \end{bmatrix}$

$$BA = \begin{bmatrix} 2 \\ 3 \\ 4 \end{bmatrix}[1\,2\,3] = \begin{bmatrix} 2 & 4 & 6 \\ 3 & 6 & 9 \\ 4 & 8 & 12 \end{bmatrix}$$

$$AB = [1\,2\,3]\begin{bmatrix} 2 \\ 3 \\ 4 \end{bmatrix} = [20].$$

13. हम जानते हैं, $A.adj(A) = \begin{bmatrix} |A| & 0 & 0 \\ 0 & |A| & 0 \\ 0 & 0 & |A| \end{bmatrix}$

$$\therefore\ |A|.|adj(A)| = \begin{vmatrix} |A| & 0 & 0 \\ 0 & |A| & 0 \\ 0 & 0 & |A| \end{vmatrix}$$

$\therefore\ |A||adj\ A| = |A|^3$

दिया है, $|A| = 8,\ \therefore\ 8|adj\ A| = 8^3$

$\Rightarrow |adj\ A| = 8^2 = \left(2^3\right)^2 = 2^6.$

14. A तथा B, $m \times n$ कोटि के दो आव्यूह हैं, हम जानते हैं कि

$(A - B)^2 = (A - B)\,(A - B) = A^2 - AB - BA + B^2$

$(\because AB \neq BA).$

15. $AB = \begin{bmatrix} 1 & -2 & 1 \\ 2 & 1 & 3 \end{bmatrix}\begin{bmatrix} 2 & 1 \\ 3 & 2 \\ 1 & 1 \end{bmatrix}$

$= \begin{bmatrix} 2-6+1 & 1-4+1 \\ 4+3+3 & 2+2+3 \end{bmatrix} = \begin{bmatrix} -3 & -2 \\ 10 & 7 \end{bmatrix}$

$\therefore\ (AB)^T = \begin{bmatrix} -3 & -2 \\ 10 & 7 \end{bmatrix}^T = \begin{bmatrix} -3 & 10 \\ -2 & 7 \end{bmatrix}.$

16. $D_1 = \begin{vmatrix} 1 & 15 & 8 \\ 1 & 35 & 9 \\ 1 & 25 & 10 \end{vmatrix}$, $D_2 = \begin{vmatrix} 2 & 15 & 8 \\ 4 & 35 & 9 \\ 8 & 25 & 10 \end{vmatrix}$,

$D_3 = \begin{vmatrix} 3 & 15 & 8 \\ 9 & 35 & 9 \\ 27 & 25 & 10 \end{vmatrix}$, $D_4 = \begin{vmatrix} 4 & 15 & 8 \\ 16 & 35 & 9 \\ 64 & 25 & 10 \end{vmatrix}$,

$D_5 = \begin{vmatrix} 5 & 15 & 8 \\ 25 & 35 & 9 \\ 125 & 25 & 10 \end{vmatrix}$

$$\Rightarrow D_1+D_2+D_3+D_4+D_5=\begin{bmatrix}15 & 75 & 40\\55 & 175 & 45\\225 & 125 & 50\end{bmatrix}$$

$$\Rightarrow 15(3125)-75(-7375)+40(-32500)$$

$$=46875+553125-13,00,000=-7,00,000.$$

17. $A=\begin{bmatrix}1 & 2 & 0\\0 & 1 & 2\\2 & 0 & 1\end{bmatrix}$ $\begin{matrix}A_{11}=1, A_{21}=-2, A_{31}=4\\A_{12}=4, A_{22}=1, A_{32}=-2\\A_{13}=-2, A_{23}=4, A_{33}=1\end{matrix}$

$$\therefore\ Adj(A)=\begin{bmatrix}A_{11} & A_{21} & A_{31}\\A_{12} & A_{22} & A_{32}\\A_{13} & A_{23} & A_{33}\end{bmatrix}=\begin{bmatrix}1 & -2 & 4\\4 & 1 & -2\\-2 & 4 & 1\end{bmatrix}.$$

18. $\det\left(A\,A^{-1}\right)=\det 1$

$$\Rightarrow \det A^{-1}=\frac{1}{\det A}.$$

19. माना $A=\begin{bmatrix}\pm1 & 0 & 0\\0 & \pm1 & 0\\0 & 0 & \pm1\end{bmatrix}$ तथा

$$A^T=\begin{bmatrix}\pm1 & 0 & 0\\0 & \pm1 & 0\\0 & 0 & \pm1\end{bmatrix}$$

$$\therefore\ A\,A^T=\begin{bmatrix}1 & 0 & 0\\0 & 1 & 0\\0 & 0 & 1\end{bmatrix}$$

$$\because\ |A|=\begin{vmatrix}\pm1 & 0 & 0\\0 & \pm1 & 0\\0 & 0 & \pm1\end{vmatrix}=\pm1.$$

20. $A^2=A\,.\,A=\begin{bmatrix}1 & 0 & 0\\0 & 1 & 0\\a & b & -1\end{bmatrix}\begin{bmatrix}1 & 0 & 0\\0 & 1 & 0\\a & b & -1\end{bmatrix}$

$$=\begin{bmatrix}1 & 0 & 0\\0 & 1 & 0\\a-a & b-b & 1\end{bmatrix}=\begin{bmatrix}1 & 0 & 0\\0 & 1 & 0\\0 & 0 & 1\end{bmatrix}=I$$

अतः A^2 सम इकाई आव्यूह है।

21. $\because\ 4A^3+2A^2+7A+I=0,$

A^{-1} से गुणा करने पर,

$$\Rightarrow A^{-1}\left[4A^3+2A^2+7A+I\right]=A^{-1}0$$

$$\Rightarrow 4IA^2+2IA+7I+A^{-1}I=0$$

$$\Rightarrow I\left(4A^2+2A+7\right)+A^{-1}I=0$$

$$\Rightarrow A^{-1}=-\left(4A^2+2A+7I\right).$$

22. माना $A=\begin{bmatrix}1 & 2 & 3\\1 & 2 & 3\\-1 & -2 & -3\end{bmatrix},$

$$A^2=\begin{bmatrix}1 & 2 & 3\\1 & 2 & 3\\-1 & -2 & -3\end{bmatrix}\begin{bmatrix}1 & 2 & 3\\1 & 2 & 3\\-1 & -2 & -3\end{bmatrix}$$

$$=\begin{bmatrix}1+2-3 & 2+4-6 & 3+6-9\\1+2-3 & 2+4-6 & 3+6-9\\-1-2+3 & -2-4+6 & -3-6+9\end{bmatrix}=\begin{bmatrix}0 & 0 & 0\\0 & 0 & 0\\0 & 0 & 0\end{bmatrix}$$

$$\Rightarrow A^2=0$$

अतः A एक शून्यभावी आव्यूह है।

23. $\because\ A\,A'=\begin{bmatrix}\cos\theta & -\sin\theta\\\sin\theta & \cos\theta\end{bmatrix}\begin{bmatrix}\cos\theta & \sin\theta\\-\sin\theta & \cos\theta\end{bmatrix}$

$$=\begin{bmatrix}\cos^2\theta+\sin^2\theta & \cos\theta\sin\theta-\sin\theta\cos\theta\\\sin\theta\cos\theta-\sin\theta\cos\theta & \sin^2\theta+\cos^2\theta\end{bmatrix}$$

$$=\begin{bmatrix}1 & 0\\0 & 1\end{bmatrix}=I$$

अतः A व A' लाम्बिक आव्यूह हैं।

अब $|A| = \begin{vmatrix} \cos\theta & -\sin\theta \\ \sin\theta & \cos\theta \end{vmatrix} = \cos^2\theta + \sin^2\theta = 1$

$\Rightarrow |A| = 1 \neq 0$

$\therefore$ A व्युत्क्रमणीय आव्यूह है।

24. $\because \; kA = \begin{bmatrix} 0 & 3a \\ 2b & 24 \end{bmatrix}$

$$\Rightarrow k\begin{bmatrix} 0 & 2 \\ 3 & -4 \end{bmatrix} = \begin{bmatrix} 0 & 3a \\ 2b & 24 \end{bmatrix}$$

$$\Rightarrow \begin{bmatrix} 0 & 2k \\ 3k & -4k \end{bmatrix} = \begin{bmatrix} 0 & 3a \\ 2b & 24 \end{bmatrix}$$

दोनों पक्षों की तुलना करने पर,

$a = \frac{2}{3}k,\; b = \frac{3}{2}k$ तथा $k = -6$

$\therefore$ $k = -6,\; b = -9$ तथा $a = -4.$

25. चूँकि $A = \begin{bmatrix} 2+x & 3 & 4 \\ 1 & -1 & 2 \\ x & 1 & -5 \end{bmatrix}$ एक अव्युत्क्रमणीय आव्यूह है,

तब

$$\begin{vmatrix} 2+x & 3 & 4 \\ 1 & -1 & 2 \\ x & 1 & -5 \end{vmatrix} = 0$$

$$\Rightarrow (2+x)(5-2) - 3(-5-2x) + 4(1+x) = 0$$

$$\Rightarrow 6 + 3x + 15 + 6x + 4 + 4x = 0$$

$$\Rightarrow 13x = -25$$

$$\Rightarrow x = -\frac{25}{13}.$$

26. $A^2 = A\,.\,A = \begin{bmatrix} 1 & 1 & 0 \\ 1 & 2 & 1 \\ 2 & 1 & 0 \end{bmatrix}\begin{bmatrix} 1 & 1 & 0 \\ 1 & 2 & 1 \\ 2 & 1 & 0 \end{bmatrix}$

$$= \begin{bmatrix} 2 & 3 & 1 \\ 5 & 6 & 2 \\ 3 & 4 & 1 \end{bmatrix}$$

$$\Rightarrow A^3 = A^2.A \begin{bmatrix} 2 & 3 & 1 \\ 5 & 6 & 2 \\ 3 & 4 & 1 \end{bmatrix}\begin{bmatrix} 1 & 1 & 0 \\ 1 & 2 & 1 \\ 2 & 1 & 0 \end{bmatrix}$$

$$= \begin{bmatrix} 7 & 9 & 3 \\ 15 & 19 & 6 \\ 9 & 12 & 4 \end{bmatrix}$$

यहाँ $A^3 - 3A^2 = \begin{bmatrix} 1 & 0 & 0 \\ 0 & 1 & 0 \\ 0 & 0 & 1 \end{bmatrix} = I$

$$\Rightarrow A^3 - 3A^2 - I = 0.$$

27. $A = \frac{1}{3}\begin{bmatrix} 1 & 2 & 2 \\ 2 & 1 & -2 \\ -2 & 2 & -1 \end{bmatrix},\; A^T = \frac{1}{3}\begin{bmatrix} 1 & 2 & -2 \\ 2 & 1 & 2 \\ 2 & -2 & -1 \end{bmatrix}$

$$AA^T = \frac{1}{9}\begin{bmatrix} 1 & 2 & 2 \\ 2 & 1 & -2 \\ -2 & 2 & -1 \end{bmatrix}\begin{bmatrix} 1 & 2 & -2 \\ 2 & 1 & 2 \\ 2 & -2 & -1 \end{bmatrix}$$

$$= \frac{1}{9}\begin{bmatrix} 1+4+4 & 2+2-4 & -2+4-2 \\ 2+2-4 & 4+1+4 & -4+2+2 \\ -2+4-2 & -4+2+2 & 4+4+1 \end{bmatrix}$$

$$= \frac{1}{9}\begin{bmatrix} 9 & 0 & 0 \\ 0 & 9 & 0 \\ 0 & 0 & 9 \end{bmatrix} = I$$

$$\Rightarrow A\,A^T = I$$

$\therefore$ A एक लाम्बिक आव्यूह है।

28. $\because \; A^2 - A + I = 0$

$$\Rightarrow A^{-1}A^2 - A^{-1}A + A^{-1}I = 0$$

$\Rightarrow A - I + A^{-1} = 0$

$\Rightarrow A^{-1} = I - A.$

29. $A = \begin{bmatrix} 2 & \lambda & -4 \\ -1 & 3 & 4 \\ 1 & -2 & -3 \end{bmatrix}$ एक व्युत्क्रमणीय आव्यूह है, यदि

$|A| \neq 0, |A| = \begin{vmatrix} 2 & \lambda & -4 \\ -1 & 3 & 4 \\ 1 & -2 & -3 \end{vmatrix}$

$\Rightarrow \begin{vmatrix} 1 & \lambda+3 & 0 \\ -1 & 3 & 4 \\ 1 & -2 & -3 \end{vmatrix} \neq 0 \left[R_1 \to R_1 + R_2\right]$

$\Rightarrow \begin{vmatrix} 1 & \lambda+3 & 0 \\ 0 & 1 & 1 \\ 0 & -\lambda-5 & -3 \end{vmatrix} \neq 0 \begin{bmatrix} R_2 \to R_2 + R_3 \\ R_3 \to R_3 - R_1 \end{bmatrix}$

$\Rightarrow -3 + \lambda + 5 \neq 0 \Rightarrow \lambda + 2 \neq 0$

$\Rightarrow \lambda \neq -2.$

30. $A = \begin{bmatrix} -1 & 2 \\ 2 & -1 \end{bmatrix}, \quad B = \begin{bmatrix} 3 \\ 1 \end{bmatrix}$

$|A| = \begin{vmatrix} -1 & 2 \\ 2 & -1 \end{vmatrix} = -3, adjA = \begin{vmatrix} -1 & -2 \\ -2 & -1 \end{vmatrix}$

$\therefore \quad A^{-1} = \frac{1}{|A|} adjA$

$= \frac{1}{3}\begin{bmatrix} 1 & 2 \\ 2 & 1 \end{bmatrix}$

$X = A^{-1} B = \frac{1}{3}\begin{bmatrix} 1 & 2 \\ 2 & 1 \end{bmatrix}\begin{bmatrix} 3 \\ 1 \end{bmatrix}$

$= \frac{1}{3}\begin{bmatrix} 3+2 \\ 6+1 \end{bmatrix} = \frac{1}{3}\begin{bmatrix} 5 \\ 7 \end{bmatrix}.$

31. $A = \begin{bmatrix} 0 & -1 \\ 1 & 0 \end{bmatrix}, A^2 = A \,.\, A = \begin{bmatrix} 0 & -1 \\ 1 & 0 \end{bmatrix}\begin{bmatrix} 0 & -1 \\ 1 & 0 \end{bmatrix}$

$= \begin{bmatrix} -1 & 0 \\ 0 & -1 \end{bmatrix}$

अतः $A^{16} = \left(A^2\right)^8 = \begin{bmatrix} -1 & 0 \\ 0 & -1 \end{bmatrix}^8$

$= \begin{bmatrix} (-1)^8 & 0 \\ 0 & (-1)^8 \end{bmatrix} = \begin{bmatrix} 1 & 0 \\ 0 & 1 \end{bmatrix}.$

32. चूंकि $A^{-1} = \frac{adj\ A}{|A|}$ तथा यदि λ आव्यूह A का आइन मान है, तब λ^{-1}, A^{-1} का आइन मान होगा।

अतः $adj(A)X = \left(A^{-1}X\right)|A| = |A|\,\lambda^{-1} I$

अतः $\lambda = 3$ का संगत आइन मान 4/3 है तथा $\lambda = -2$ का संगत आइन मान $4/-2 = -2$ है।

33. चूँकि $\begin{bmatrix} x+y & 2x+z \\ x-y & 2z+w \end{bmatrix} = \begin{bmatrix} 4 & 7 \\ 0 & 10 \end{bmatrix}$

दोनों पक्षों की तुलना करने पर,

$x + y = 4$ ...(*i*)

$x - y = 0$ ...(*ii*)

समीकरण (*i*) व (*ii*) को हल करने पर,

$x = 2, y = 2$

$\therefore \quad 2x + z = 7 \Rightarrow z = 3$

तथा $2z + w = 10 \Rightarrow w = 4$

34. चूँकि $A^{-1} = \frac{1}{k} adj\ A$ परन्तु,

$A^{-1} = \frac{1}{|A|} adj\ A$

$\Rightarrow k = |A|$

$= \begin{vmatrix} 3 & 2 & 4 \\ 1 & 2 & -1 \\ 0 & 1 & 1 \end{vmatrix}$

$$= 3\begin{bmatrix} 2 & -1 \\ 1 & 1 \end{bmatrix} - 2\begin{bmatrix} 1 & -1 \\ 0 & 1 \end{bmatrix} + 4\begin{bmatrix} 1 & 2 \\ 0 & 1 \end{bmatrix}\begin{bmatrix} 1 & 2 \\ 0 & 1 \end{bmatrix}$$

$$= 3(2+1) - 2(1) + 4(1) = 9 - 2 + 4 = 11.$$

35. $P = \begin{bmatrix} i & 0 & -i \\ 0 & -i & i \\ -i & i & 0 \end{bmatrix}$ तथा $Q = \begin{bmatrix} -i & i \\ 0 & 0 \\ i & -i \end{bmatrix}$

$$PQ = \begin{bmatrix} i & 0 & -i \\ 0 & -i & i \\ -i & i & 0 \end{bmatrix}\begin{bmatrix} -i & i \\ 0 & 0 \\ i & -i \end{bmatrix}$$

$$= \begin{bmatrix} -i^2 - i^2 & i^2 + i^2 \\ +i^2 & -i^2 \\ i^2 & -i^2 \end{bmatrix} = \begin{bmatrix} 2 & -2 \\ -1 & 1 \\ -1 & 1 \end{bmatrix}.$$

36. माना $A = \begin{bmatrix} 1 & a & 0 \\ 0 & 1 & a \\ a & 0 & 1 \end{bmatrix}$

दिए गए समीकरण निकाय के अनेक हल होंगे

यदि $|A| = 0 \Rightarrow \begin{bmatrix} 1 & a & 0 \\ 0 & 1 & a \\ a & 0 & 1 \end{bmatrix} = 0$

$$\Rightarrow 1\begin{vmatrix} 1 & a \\ 0 & 1 \end{vmatrix} - a\begin{vmatrix} 0 & a \\ a & 1 \end{vmatrix} + 0 = 0$$

$$\Rightarrow 1 + a\left(a^2\right) = 0 \Rightarrow a^3 = -1 \Rightarrow a = -1.$$

37. $|A| = 3, adj\ A = \begin{bmatrix} 1 & -2 \\ 0 & 3 \end{bmatrix}, A^{-1} = \frac{1}{3}\begin{bmatrix} 1 & -2 \\ 0 & 3 \end{bmatrix}$

$$\therefore \left(A^{-1}\right)^3 = \frac{1}{27}\begin{bmatrix} 1 & -2 \\ 0 & 3 \end{bmatrix}^3 = \frac{1}{27}\begin{bmatrix} 1 & -26 \\ 0 & 27 \end{bmatrix}.$$

38. चूँकि $AB = B \Rightarrow ABA = BA$

$\Rightarrow A . A = A$

$\Rightarrow A^2 = A$

इसी प्रकार $B^2 = B$

$\therefore\ A^2 + B^2 = A + B.$

39. $A = \begin{bmatrix} \frac{1}{a} & a^2 & bc \\ \frac{1}{b} & b^2 & ca \\ \frac{1}{c} & c^2 & ab \end{bmatrix}$

$$\therefore |A| = \frac{1}{a}\left(b^3 a - c^3 a\right) - a^2(a - a) + bc\left[\frac{c^2}{b} - \frac{b^2}{c}\right]$$

$$= b^3 - c^3 + c^3 - b^3 = 0.$$

40. $A = \begin{bmatrix} 1 & 3 \\ 2 & 1 \end{bmatrix}$

$$\therefore\ A^2 = \begin{bmatrix} 1 & 3 \\ 2 & 1 \end{bmatrix}\begin{bmatrix} 1 & 3 \\ 2 & 1 \end{bmatrix} = \begin{bmatrix} 7 & 6 \\ 4 & 7 \end{bmatrix}, 2A = \begin{bmatrix} 2 & 6 \\ 4 & 2 \end{bmatrix},$$

तथा $A^2 - 2A = \begin{bmatrix} 5 & 0 \\ 0 & 5 \end{bmatrix},$

$$\det\left(A^2 - 2A\right) = \begin{bmatrix} 5 & 0 \\ 0 & 5 \end{bmatrix} = 25.$$

41. $A^2 = A\,A = \begin{bmatrix} 1 & 2 \\ 3 & -4 \end{bmatrix}\begin{bmatrix} 1 & 2 \\ 3 & -4 \end{bmatrix}$

$$= \begin{bmatrix} 1+6 & 2-8 \\ 3-12 & 6+16 \end{bmatrix} = \begin{bmatrix} 7 & -6 \\ -9 & 22 \end{bmatrix}.$$

42. $AB = \begin{bmatrix} 1 & 2 \\ 3 & -4 \end{bmatrix}\begin{bmatrix} -4 & -2 \\ -3 & 1 \end{bmatrix}$

$$= \begin{bmatrix} -4-6 & -2+2 \\ -12+12 & -6-4 \end{bmatrix} = \begin{bmatrix} -10 & 0 \\ 0 & -10 \end{bmatrix}.$$

43. चूँकि $AB=\begin{bmatrix}-10 & 0\\ 0 & -10\end{bmatrix}=(-10)I$

$\therefore\ A\left(-\frac{1}{10}B\right)=I$

$\Rightarrow\ A^{-1}=-\frac{1}{10}B=-\frac{1}{10}\begin{bmatrix}-4 & -2\\ -3 & 1\end{bmatrix}.$

44. यहाँ

$$A^2=A\times A=\begin{bmatrix}0&0&0\\a&0&0\\0&b&0\end{bmatrix}\begin{bmatrix}0&0&0\\a&0&0\\0&b&0\end{bmatrix}$$

$$=\begin{bmatrix}0&0&0\\0&0&0\\ab&0&0\end{bmatrix}$$

$$\Rightarrow\ A^3=A^2\times A\begin{bmatrix}0&0&0\\0&0&0\\ab&0&0\end{bmatrix}\begin{bmatrix}0&0&0\\a&0&0\\0&b&0\end{bmatrix}$$

$$=\begin{bmatrix}0&0&0\\0&0&0\\0&0&0\end{bmatrix}=0.$$

45. $T_r\ A=$ मुख्य विकर्ण का योग

$=0+0+0=0.$

46. चूँकि $|A|=0$ अतः अव्युत्क्रमणीय आव्यूह है।

47. वक्तव्य–I असत्य है, वक्तव्य–II सत्य है।

$\begin{bmatrix}1&3\\4&5\end{bmatrix}=5-12=-7\neq 0.$

48. वक्तव्य-I एवं वक्तव्य-II दोनों सत्य है तथा वक्तव्य-II, वक्तव्य-I का सही स्पष्टीकरण है। क्योंकि आव्यूह का सारणिक $=\alpha+\beta$ तथा $\alpha+\beta\neq 0.$

49. वक्तव्य-I असत्य है परन्तु वक्तव्य-II सत्य है क्योंकि $\det A'=\det(-A')$ सत्य नहीं है लेकिन $\det(-A')=(-1)^3\det A'$

अब $A=-A'$ (A विषम सममित है)

$\det A=\det(-A')=-\det(A')=-\det A$

$\Rightarrow\ \det A=0.$

50. A. $n\times m$ आव्यूह के लिए,

$|adj\ A|=|A|^{n-1}$

अतः 2×2 आव्यूह के लिए,

$|adj\ A|=|A|^{2-1}=|A|$

$A-r$ सही है।

B. 2×2 आव्यूह के लिए,

$adj\ (adj\ A)=A$

$\Rightarrow |adj(adj\ A)|=|A|$

$B-r$ सही है।

C. $n\times m$ विषम सममित आव्यूह के लिए

$adj(adj\ A)=|A|^{n-2}\ A$

$\Rightarrow 3\times 3$ आव्यूह के लिए

$adj(adj\ A)=|A|^{3-2}\ A=|A|A$

$\Rightarrow\ |adj(adj\ A)|=\det(|A|A)$

$=|A|^3\det A$

$=|A|^3\times|A|\ =|A|^4$

$\therefore\ \ C-p$ सही है।

D. 3×3 आव्यूह के लिए, विषम सममित है।

$|adjA|=|A|^{3-1}=|A|^2$

$D-q$ सही है।

8

सारणिक (DETERMINANT)

प्रत्येक वर्ग आव्यूह (Square Matrix) से संबद्ध एक अद्वितीय संख्या को उस वर्ग आव्यूह का सारणिक कहते हैं। इसे $|A|$ से सूचित किया जाता है।

कोटि 1 के वर्ग आव्यूह का सारणिक (Determinant of a Square Matrix of Order 1)

यदि $A = [a_{11}]$ एक वर्ग आव्यूह कोटि 1 का है तो सारणिक की a_{11} से परिभाषित करते हैं।

जैसे : सारणिक $[3] = 3$

सारणिक $[-8] = -8$

अतः सामान्यतः प्रत्येक वर्ग आव्यूह

$$A = \begin{bmatrix} a_{11} & a_{12} & \cdots & a_{1n} \\ a_{21} & a_{22} & \cdots & a_{2n} \\ a_{31} & a_{32} & \cdots & a_{3n} \\ \vdots & \vdots & \vdots & \vdots \\ a_{n1} & a_{n2} & \cdots & a_{nn} \end{bmatrix}$$

से संम्बद्ध व्यंजक $\begin{bmatrix} a_{11} & a_{12} & \cdots & a_{1n} \\ a_{21} & a_{22} & \cdots & a_{2n} \\ a_{31} & a_{32} & \cdots & a_{3n} \\ \vdots & \vdots & \vdots & \vdots \\ a_{n1} & a_{n2} & \cdots & a_{nn} \end{bmatrix}$

को सारणिक कहते हैं।

सहखण्ड (Cofactors)

$A = (a_{ij})$ अवयव का सहखण्ड आव्यूह का A एक सारणिक होता है जिसमें i वीं पंक्ति व j वें स्तम्भ को छोड़कर प्राप्त किया जाता है तथा इसे $(-1)^{i+j}$ से गुणा किया जाता है।

अर्थात् सहखण्ड $= (-1)^{i+j}$ सारणिक $a_{ij}, i, j = 1, 2, 3 \ldots n$,

जैसे:

$$\text{सारणिक } A = \begin{vmatrix} a_{11} & a_{12} & a_{13} \\ a_{21} & a_{22} & a_{23} \\ a_{31} & a_{32} & a_{33} \end{vmatrix}$$

$$a_{12} \text{ का सहखण्ड } = (-1)^{1+2} \begin{vmatrix} a_{21} & a_{23} \\ a_{31} & a_{33} \end{vmatrix}$$

सारणिक का उपसारणिक (Minors of a Determinant)

माना $A = [a_{ij}]$ एक कोटि n का वर्ग आव्यूह है, तब a_{ij} का उपसारणिक M_{ij} $(n-1)$ कोटि के वर्ग आव्यूह का सारणिक होता है। जिसे i वीं पंक्ति एवं j वें स्तम्भ को छोड़कर प्राप्त किया जाता हैं।

$$\text{सारणिक } \begin{vmatrix} a_1 & b_1 & c_1 \\ a_2 & b_2 & c_2 \\ a_3 & b_3 & c_3 \end{vmatrix}$$

के अवयवों a_1, b_1, c_1 के उपसारणिक क्रमशः

$\begin{vmatrix} b_2 & c_2 \\ b_3 & c_3 \end{vmatrix}, \begin{vmatrix} a_2 & c_2 \\ a_3 & c_3 \end{vmatrix}$ तथा $\begin{vmatrix} a_2 & b_2 \\ a_3 & b_3 \end{vmatrix}$ होगा।

सारणिक की कोटि (Order of Determinant)

(*i*) कोटि 1 के सारणिक का मान (Value of Determinant of Order 1) यदि $A = [a_{11}]$ का वर्ग आव्यूह है, तब

$|A| = a_{11}$

(*ii*) कोटि 2 के सारणिक का मान (Value of Determinant of Order 2)

यदि $A = \begin{bmatrix} a_{11} & a_{12} \\ a_{21} & a_{22} \end{bmatrix}$ एक कोटि 2×2 का वर्ग आव्यूह है,

तब सारणिक $|A| = \begin{vmatrix} a_{11} & a_{12} \\ a_{21} & a_{22} \end{vmatrix}$ होगा।

$$|A| = \begin{vmatrix} a_{11} & a_{12} \\ a_{21} & a_{22} \end{vmatrix} = a_{11}\, a_{22} - a_{12}\, a_{21}$$

(*iii*) कोटि 3 के सारणिक का मान (Value of Determinant of Order 3)

यदि $A = \begin{bmatrix} a_{11} & a_{12} & a_{13} \\ a_{21} & a_{22} & a_{23} \\ a_{31} & a_{32} & a_{33} \end{bmatrix}$ एक वर्ग आव्यूह है।

अतः संगत सारणिक $|A| = \begin{vmatrix} a_{11} & a_{12} & a_{13} \\ a_{21} & a_{22} & a_{23} \\ a_{31} & a_{32} & a_{33} \end{vmatrix}$ होगा

$$|A| = a_{11} \begin{vmatrix} a_{22} & a_{23} \\ a_{32} & a_{33} \end{vmatrix} - a_{12} \begin{vmatrix} a_{21} & a_{23} \\ a_{31} & a_{33} \end{vmatrix} + a_{13} \begin{vmatrix} a_{21} & a_{22} \\ a_{31} & a_{32} \end{vmatrix}$$

सारणिक के गुण (Properties of Determinant)

(*i*) यदि किसी सारणिक के पंक्ति या स्तम्भ के सभी अवयव शून्य हो। तब सारणिक का मान शून्य होता है।
जैसे:

$$\begin{vmatrix} a_1 & b_1 & 0 \\ a_2 & b_2 & 0 \\ a_3 & b_3 & 0 \end{vmatrix} = \begin{vmatrix} a_1 & b_1 & c_1 \\ 0 & 0 & 0 \\ a_3 & b_3 & b_3 \end{vmatrix} = 0$$

(*ii*) यदि किसी सारणिक की पंक्तियों (या स्तम्भों) को स्तम्भों (या पंक्तियों) में परिवर्तित किया जाए, तो सारणिक का मान अपरिवर्तित रहता है।
जैसे :

$$\begin{vmatrix} a_1 & b_1 & c_1 \\ a_2 & b_2 & c_2 \\ a_3 & b_3 & b_3 \end{vmatrix} = \begin{vmatrix} a_1 & a_2 & a_3 \\ b_1 & b_2 & b_3 \\ c_1 & c_2 & c_3 \end{vmatrix}$$

(*iii*) यदि किसी सारणिक की किन्हीं दो पंक्तियों (या स्तम्भों) को परस्पर बदला जाए तो सारणिक के मान में चिन्ह परिवर्तित हो जाता है।
जैसे :

$$\begin{vmatrix} a_1 & b_1 & c_1 \\ a_2 & b_2 & c_2 \\ a_3 & b_3 & c_3 \end{vmatrix} = -\begin{vmatrix} a_1 & c_1 & b_1 \\ a_2 & c_2 & b_2 \\ a_3 & c_3 & b_3 \end{vmatrix}$$

(*iv*) यदि किसी सारणिक की एक पंक्ति (या स्तम्भ) के अवयव किसी दूसरी पंक्ति (या स्तम्भ) के अवयवों के समान (सर्वसम) अथवा समानुपाति हो, तो सारणिक का मान शून्य होता है।

$$\begin{vmatrix} a_1 & a_2 & a_3 \\ b_1 & b_2 & b_3 \\ ka_1 & ka_2 & ka_3 \end{vmatrix} = \begin{vmatrix} a_1 & ka_1 & a_2 \\ b_1 & kb_1 & b_2 \\ c_1 & kc_1 & c_2 \end{vmatrix} = 0$$

(*v*) $\begin{vmatrix} \alpha_1 + \beta_1 & \alpha_2 + \beta_2 & \alpha_3 + \beta_3 \\ a_2 & b_2 & c_2 \\ a_3 & b_3 & c_3 \end{vmatrix}$

$$= \begin{vmatrix} \alpha_1 & \alpha_2 & \alpha_3 \\ a_2 & b_2 & c_2 \\ a_3 & b_3 & c_3 \end{vmatrix} + \begin{vmatrix} \beta_1 & \beta_2 & \beta_3 \\ a_2 & b_2 & c_2 \\ a_3 & b_3 & c_3 \end{vmatrix}$$

(*vi*) यदि किसी सारणिक की किसी पंक्ति (या स्तम्भ) के सभी अवयवों को एक अचर k से गुणा कर दिया जाए, तो सारणिक का मान k गुणा हो जाता है।

यदि $A = \begin{vmatrix} a_1 & b_1 & c_1 \\ a_2 & b_2 & c_2 \\ a_3 & b_3 & c_3 \end{vmatrix}$

तब $\begin{vmatrix} ka_1 & b_1 & c_1 \\ ka_2 & b_2 & c_2 \\ ka_3 & b_3 & c_3 \end{vmatrix} = kA.$

(*vii*) यदि कोई सारणिक चर x में बहुपद हो जहाँ $x = a$ के लिए बहुपद शून्य हो जाए तो $x - a$ दिए गए सारणिक का एक गुणनखंड होता है।
जैसे:

$$\begin{vmatrix} 1 & 1 & 1 \\ a & b & c \\ a_2 & b_2 & c_2 \end{vmatrix}$$

यदि $a = b$ मान रखा जाए तो हम पाते हैं कि इसका दो स्तम्भ c_1 तथा c_2 सर्वसम हो जाता है अतः सारणिक शून्य हो जाएगा इस प्रकार $a - b$ सारणिक का एक गुणनखंड होगा।

उदाहरण 1. यदि $A = \begin{vmatrix} 4 & -7 \\ -3 & 2 \end{vmatrix}$, तब उपसारणिक (Minors) ज्ञात करें

हल : a_{11} का उपसारणिक = 2, a_{12} का उपसारणिक = –3, a_{21} का उपसारणिक = –7, a_{22} का उपसारणिक = 4

उदाहरण 2. यदि $A = \begin{vmatrix} 1 & 2 & 3 \\ -3 & 2 & -1 \\ 2 & -4 & 3 \end{vmatrix}$,

तब उपसारणिक एवं सहखंड (Minors and Cofactors) ज्ञात करें।

हल : a_{11} का उपसारणिक अर्थात्

1 का उपसारणिक = $\begin{vmatrix} 2 & -1 \\ -4 & 3 \end{vmatrix} = 2$

a_{12} का उपसारणिक अर्थात्

2 का उपसारणिक = $\begin{vmatrix} -3 & -1 \\ 2 & 3 \end{vmatrix} = -7$

a_{13} का उपसारणिक अर्थात्

3 का उपसारणिक = $\begin{vmatrix} -3 & 2 \\ 2 & -4 \end{vmatrix} = 8$

a_{21} का उपसारणिक अर्थात्

–3 का उपसारणिक = $\begin{vmatrix} 2 & 3 \\ -4 & 3 \end{vmatrix} = 18$

a_{22} का उपसारणिक अर्थात्

2 का उपसारणिक = $\begin{vmatrix} 1 & 3 \\ 2 & 3 \end{vmatrix} = -3$

a_{23} का उपसारणिक अर्थात्

–1 का उपसारणिक = $\begin{vmatrix} 1 & 2 \\ 2 & -4 \end{vmatrix} = -8$

a_{31} का उपसारणिक अर्थात्

2 का उपसारणिक = $\begin{vmatrix} 2 & 3 \\ 2 & -1 \end{vmatrix} = -8$

a_{32} का उपसारणिक अर्थात्

–4 का उपसारणिक = $\begin{vmatrix} 1 & 3 \\ -3 & -1 \end{vmatrix} = 8$

a_{33} का उपसारणिक अर्थात्

3 का उपसारणिक = $\begin{vmatrix} 1 & 2 \\ -3 & 2 \end{vmatrix} = 8$

सहखंड (Cofactors)

$$c_{11} = (-1)^{1+1}\begin{vmatrix} 2 & -1 \\ -4 & 3 \end{vmatrix} = 2$$

$$c_{12} = (-1)^{1+2}\begin{vmatrix} -3 & -1 \\ 2 & 3 \end{vmatrix} = 7$$

$$c_{13} = (-1)^{1+3}\begin{vmatrix} -3 & -2 \\ 2 & -4 \end{vmatrix} = 8$$

$$c_{21} = (-1)^{2+1}\begin{vmatrix} 2 & 3 \\ -4 & 3 \end{vmatrix} = -18 \text{ इत्यादि}$$

उदाहरण 3. सारणिक $\begin{vmatrix} a+ib & c+id \\ -c+id & a-ib \end{vmatrix}$ का मान ज्ञात करें।

हल : $= [(a+ib)(a-ib)] - [(-c+id)(c+id)]$

$= (a^2 - i^2b^2) - (i^2d^2 - c^2)$

$= a^2 + b^2 - (-d^2 - c^2) \qquad (\because i^2 = -1)$

$= a^2 + b^2 + c^2 + d^2$

उदाहरण 4. सिद्ध करें कि सारणिक

$\begin{vmatrix} x & \sin\theta & \cos\theta \\ -\sin\theta & -x & 1 \\ \cos\theta & 1 & x \end{vmatrix}$, θ से स्वतंत्र है।

हल : माना $\Delta = \begin{vmatrix} x & \sin\theta & \cos\theta \\ -\sin\theta & -x & 1 \\ \cos\theta & 1 & x \end{vmatrix}$

$$\therefore \Delta = x\left(-x^2-1\right)-\sin\theta\left(-x\sin\theta-\cos\theta\right)+\cos\theta\left(-\sin\theta+x\cos\theta\right)$$

$$= -x^3-x+x\sin^2\theta+\sin\theta.\cos\theta-\sin\theta.\cos\theta+x\cos^2\theta$$

$$= -x^3-x+x\left(\sin^2\theta+\cos^2\theta\right)$$

$$= -x^3-x+x = -x^3$$

जो θ से स्वतंत्र है।

उदाहरण 5. सारणिक $\begin{vmatrix} 41 & 1 & 5 \\ 79 & 7 & 9 \\ 29 & 5 & 3 \end{vmatrix}$ का मान ज्ञात करें।

हल : माना $\Delta = \begin{vmatrix} 41 & 1 & 5 \\ 79 & 7 & 9 \\ 29 & 5 & 3 \end{vmatrix}$

क्रिया $C_1 \to C_1 + (-8)C_3$ हम पाते हैं,

$$\Delta = \begin{vmatrix} 1 & 1 & 5 \\ 7 & 7 & 9 \\ 5 & 5 & 3 \end{vmatrix} = 0$$ (क्योंकि C_1 तथा C_2 समान स्तम्भ है)

उदाहरण 6. यदि ω इकाई के घनमूल हों तो दिखाएँ

$$\begin{vmatrix} 1 & \omega & \omega^2 \\ \omega & \omega^2 & 1 \\ \omega^2 & 1 & \omega \end{vmatrix} = 0$$

हल : माना $\Delta = \begin{vmatrix} 1 & \omega & \omega^2 \\ \omega & \omega^2 & 1 \\ \omega^2 & 1 & \omega \end{vmatrix}$

क्रियाः $C_1 \to C_1 + C_2 + C_3$

$$\Delta = \begin{vmatrix} 1+\omega+\omega^2 & \omega & \omega^2 \\ 1+\omega+\omega^2 & \omega^2 & 1 \\ 1+\omega+\omega^2 & 1 & \omega \end{vmatrix}$$

$$= \begin{vmatrix} 0 & \omega & \omega^2 \\ 0 & \omega^2 & 1 \\ 0 & 1 & \omega \end{vmatrix} \qquad \left(\because 1+\omega+\omega^2=0\right)$$

$= 0$ (स्तम्भ C_1 के सभी अवयव शून्य है)

उदाहरण 7. सिद्ध करे सारणिक $\begin{vmatrix} b-c & c-a & a-b \\ c-a & a-b & b-c \\ a-b & b-c & c-a \end{vmatrix} = 0$

हल : माना $\Delta = \begin{vmatrix} b-c & c-a & a-b \\ c-a & a-b & b-c \\ a-b & b-c & c-a \end{vmatrix}$

क्रियाः $C_1 \to C_1 + C_2 + C_3$

$$\Delta = \begin{vmatrix} 0 & c-a & a-b \\ 0 & a-b & b-c \\ 0 & b-c & c-a \end{vmatrix} = 0$$

($\because C_1$ स्तम्भ के सभी अवयव शून्य है)

सारणिकों का गुणनफल (Product of Determinants)

माना $\Delta_1 = \begin{vmatrix} a_1 & b_1 & c_1 \\ a_2 & b_2 & c_2 \\ a_3 & b_3 & c_3 \end{vmatrix}$ तथा $\Delta_2 = \begin{vmatrix} \alpha_1 & \beta_1 & \gamma_1 \\ \alpha_2 & \beta_2 & \gamma_2 \\ \alpha_3 & \beta_3 & \gamma_3 \end{vmatrix}$ तब

$\Delta_1 \times \Delta_2 =$

$$\begin{vmatrix} a_1\alpha_1+b_1\alpha_2+c_1\alpha_3 & a_1\beta_1+b_1\beta_2+c_1\beta_3 & a_1\gamma_1+b_1\gamma_2+c_1\gamma_3 \\ a_2\alpha_1+b_2\alpha_2+c_2\alpha_3 & a_2\beta_1+b_2\beta_2+c_2\beta_3 & a_2\gamma_1+b_2\gamma_2+c_2\gamma_3 \\ a_3\alpha_1+b_3\alpha_2+c_3\alpha_3 & a_3\beta_1+b_3\beta_2+c_3\beta_3 & a_3\gamma_1+b_3\gamma_2+c_3\gamma_3 \end{vmatrix}$$

उदाहरण 8. यदि $A = \begin{bmatrix} 2 & 5 \\ 2 & 1 \end{bmatrix}$ तथा $B = \begin{bmatrix} 4 & -3 \\ 2 & 5 \end{bmatrix}$ जाँच करें

$$|AB| = |A||B|$$

हल : $A=\begin{bmatrix}2 & 5\\2 & 1\end{bmatrix}$ तथा $B=\begin{bmatrix}4 & -3\\2 & 5\end{bmatrix}$

$$AB=\begin{bmatrix}18 & 19\\10 & -1\end{bmatrix}$$

अत : बायाँ पक्ष (LHS)

$$|AB|=\begin{vmatrix}18 & 19\\10 & -1\end{vmatrix}=-18-190=-208$$

$$|A|=\begin{vmatrix}2 & 5\\2 & 1\end{vmatrix}=2-10=-8$$

$$|B|=\begin{vmatrix}4 & -3\\2 & 5\end{vmatrix}=20+6=26$$

पुनः दाँया पक्ष (RHS)

अतः $|A||B|=-8\times 26=-208$

$\therefore$ बायाँ पक्ष = दायाँ पक्ष

क्रेमर का नियम (Cramer's Rule)

माना समीकरण $a_1x+b_1y+c_1z=d_1$
$a_2x+b_2y+c_2z=d_2$ तथा $a_3x+b_3y+c_3z=d_3$ के गुणाकों का सारणिक D है, तब

$$D=\begin{vmatrix}a_1 & b_1 & c_1\\a_2 & b_2 & c_2\\a_3 & b_3 & c_3\end{vmatrix}$$

यदि $D\neq 0$ हो तो $\dfrac{x}{D_1}=\dfrac{y}{D_2}=\dfrac{z}{D_3}=\dfrac{1}{D}$ होगा।

जहाँ $D_1=\begin{vmatrix}d_1 & b_1 & c_1\\d_2 & b_2 & c_2\\d_3 & b_3 & c_3\end{vmatrix}$ $D_2=\begin{vmatrix}a_1 & d_1 & c_1\\a_2 & d_2 & c_2\\a_3 & d_3 & c_3\end{vmatrix}$ एवं

$$D_3=\begin{vmatrix}a_1 & b_1 & d_1\\a_2 & b_2 & d_2\\a_3 & b_3 & d_3\end{vmatrix}$$

यदि $D=0$ हो तो क्रेमर नियम लागू नहीं होता है।

उदाहरण 9. क्रेमर नियम से निम्न समीकरण को हल करें।

$$2x-y=17$$
$$3x+5y=6$$

हल : $D=\begin{vmatrix}2 & -1\\3 & 5\end{vmatrix}=10+3=13\neq 0$

अब, $D_1=\begin{vmatrix}17 & -1\\6 & 5\end{vmatrix}=85+6=91$ तथा

$$D_2=\begin{vmatrix}2 & 17\\3 & 6\end{vmatrix}=12-51=-39$$

अतः क्रेमर नियम से, $x=\dfrac{D_1}{D}=\dfrac{91}{13}=7$

$y=\dfrac{D_2}{D}=\dfrac{-39}{13}=-3 \quad \therefore \quad x=7, y=-3$

(i) **सारणिक का ज्यामितीय प्रयोग (Application of Determinant in Geometry) :** यदि किसी त्रिभुज के शीर्ष क्रमशः $(x_1, y_1), (x_2, y_2)$ एवं (x_3, y_3) हो तब त्रिभुज का क्षेत्रफल

$$\Delta=\frac{1}{2}\begin{vmatrix}x_1 & y_1 & 1\\x_2 & y_2 & 1\\x_3 & y_3 & 1\end{vmatrix}$$

(ii) **तीन बिन्दुओं के समरेख होने का प्रतिबंध (Condition of Collinearity of Three Points):** माना तीन बिन्दु क्रमशः $A(x_1, y_2), B(x_2, y_2)$ तथा $C(x_3, y_3)$ है, तब तीनों बिन्दु समरेख होंगे यदि ΔABC का क्षेत्रफल

$$=0 \text{ या } \begin{vmatrix}x_1 & y_1 & 1\\x_2 & y_2 & 1\\x_3 & y_3 & 1\end{vmatrix}=0$$

(iii) **दो बिन्दुओं से होकर जाने वाली रेखा का समीकरण (Equation of a Line Passing Through Two Points) :**
माना दो बिन्दु $A\ (x_1\ y_1)$ एवं $B\ (x_2, y_2)$ है तथा $C\ (x, y)$ कोई बिन्दु, बिन्दुओं A तथा B को मिलाने वाली रेखा पर स्थित है, तब रेखा का समीकरण,

$$\text{सारणिक } \begin{vmatrix}x & y & 1\\x_1 & y_1 & 1\\x_2 & y_2 & 1\end{vmatrix}=0$$

उदाहरण 10. त्रिभुज के शीर्ष क्रमशः $A\ (5, 4), B\ (-2, 4), C\ (2,-6)$ है तो त्रिभुज का क्षेत्रफल ज्ञात करें।

हल : त्रिभुज ABC का क्षेत्रफल, $\Delta=\dfrac{1}{2}\begin{vmatrix}5 & 4 & 1\\-2 & 4 & 1\\2 & -6 & 1\end{vmatrix}$

क्रियाः $R_2\to R_2-R_1, R_3\to R_3-R_1$

$$\Delta=\frac{1}{2}\begin{vmatrix}5 & 4 & 1\\ -7 & 0 & 0\\ -3 & -10 & 0\end{vmatrix}=\frac{1}{2}.1\begin{vmatrix}-7 & 0\\ -3 & -10\end{vmatrix}$$

$=\frac{1}{2}\times 70=35$ वर्ग इकाई।

उदाहरण 11. दिखाएँ कि बिन्दु $\left[a,(b+c)\right],\left[b,(c+a)\right]$ तथा $\left[c,(a+b)\right]$ समरेख हैं।

हल : $\Delta=\begin{vmatrix}a & b+c & 1\\ b & c+a & 1\\ c & a+b & 1\end{vmatrix}$

क्रिया $C_1\to C_1+C_2$

$$=\begin{vmatrix}a+b+c & b+c & 1\\ a+b+c & c+a & 1\\ a+b+c & a+b & 1\end{vmatrix}$$

$$\Delta=(a+b+c)\begin{vmatrix}1 & b+c & 1\\ 1 & c+a & 1\\ 1 & a+b & 1\end{vmatrix}=(a+b+c)\times 0=0$$

$\because$ C_1 तथा C_3 समवर्ग है अतः बिन्दुएँ समरेख हैं।

साधित उदाहरण (Solved Examples)

1. सारणिक $\begin{vmatrix}1+a^3 & a & a^2\\ 1+b^3 & b & b^2\\ 1+c^3 & c & c^2\end{vmatrix}$ का मान ज्ञात करें।

हल : $\begin{vmatrix}1 & a & a^2\\ 1 & b & b^2\\ 1 & c & c^2\end{vmatrix}+\begin{vmatrix}a^3 & a & a^2\\ b^3 & b & b^2\\ c^3 & c & c^2\end{vmatrix}$

$$=\begin{vmatrix}1 & a & a^2\\ 1 & b & b^2\\ 1 & c & c^2\end{vmatrix}+(abc)\begin{vmatrix}a^2 & 1 & a\\ b^2 & 1 & b\\ c^2 & 1 & c\end{vmatrix}$$

$$=\begin{vmatrix}1 & a & a^2\\ 1 & b & b^2\\ 1 & c & c^2\end{vmatrix}(1+abc)$$

क्रिया $R_1\to R_1-R_2, R_2\to R_2-R_3$

$$=\begin{vmatrix}0 & (a-b) & (a+b)(a-b)\\ 0 & (b-c) & (b+c)(b-c)\\ 1 & c & c^2\end{vmatrix}(1+abc)$$

$$=(a-b)(b-c)\begin{vmatrix}0 & 1 & a+b\\ 0 & 1 & b+c\\ 1 & c & c^2\end{vmatrix}(1+abc)$$

$$=(a-b)(b-c)(c-a)(1+abc).$$

2. यदि $\frac{1}{a}+\frac{1}{b}+\frac{1}{c}=0$ तब

सारणिक $\begin{vmatrix}1+a & 1 & 1\\ 1 & 1+b & 1\\ 1 & 1 & 1+c\end{vmatrix}$ का मान ज्ञात करें।

हल : $\begin{vmatrix}1+a & 1 & 1\\ 1 & 1+b & 1\\ 1 & 1 & 1+c\end{vmatrix}=abc\begin{vmatrix}\frac{1}{a}+1 & \frac{1}{a} & \frac{1}{a}\\ \frac{1}{b} & 1+\frac{1}{b} & \frac{1}{b}\\ \frac{1}{c} & \frac{1}{c} & 1+\frac{1}{c}\end{vmatrix}$

क्रियाः $R_1\to R_1+R_2+R_3$

$$=abc\left(1+\frac{1}{a}+\frac{1}{b}+\frac{1}{c}\right)\begin{vmatrix}1 & 1 & 1\\ \frac{1}{b} & \frac{1}{b}+1 & \frac{1}{b}\\ \frac{1}{c} & \frac{1}{c} & \frac{1}{c}+1\end{vmatrix}$$

क्रिया : $C_2\to C_2-C_1, C_3\to C_3-C_1$

$$=abc\left(1+\frac{1}{a}+\frac{1}{b}+\frac{1}{c}\right)\begin{vmatrix}1 & 0 & 0\\ \frac{1}{b} & 1 & 0\\ \frac{1}{c} & 0 & 1\end{vmatrix}$$

$$=abc\left(1+\frac{1}{a}+\frac{1}{b}+\frac{1}{c}\right)$$

$=abc(1+0)$ $\left[\because \frac{1}{a}+\frac{1}{b}+\frac{1}{c}=0\right]$

$=abc.$

3. यदि $a^2+b^2+c^2=0$ तथा

$$\begin{vmatrix} b^2+c^2 & ab & ac \\ ab & c^2+a^2 & bc \\ ac & bc & a^2+b^2 \end{vmatrix} = ka^2b^2c^2$$

तब k का मान ज्ञात करें।

हल : दिया है $a^2+b^2+c^2=0$ तब

$$= \begin{vmatrix} -a^2 & ab & ac \\ ab & -b^2 & bc \\ ac & bc & -c^2 \end{vmatrix}$$

$$= abc\begin{vmatrix} -a & b & c \\ a & -b & c \\ a & b & -c \end{vmatrix}$$

$$= (abc)\times(abc)\begin{vmatrix} -1 & 1 & 1 \\ 1 & -1 & 1 \\ 1 & 1 & -1 \end{vmatrix}$$

क्रिया : $R_2 \to R_2 + R_1, R_3 \to R_3 + R_1$

$$a^2b^2c^2\begin{vmatrix} -1 & 1 & 1 \\ 0 & 0 & 2 \\ 0 & 2 & 0 \end{vmatrix} = a^2b^2c^2[-1(-4)]$$

$$= 4a^2b^2c^2$$

अतः $k = 4$.

4. यदि a, b, c समान्तर श्रेणी में हो तब

सारणिक $\begin{vmatrix} x+1 & x+2 & x+a \\ x+2 & x+3 & x+b \\ x+3 & x+4 & x+c \end{vmatrix}$ का मान ज्ञात करें।

हल : क्रिया $R_2 \to R_2 - \dfrac{R_1+R_3}{2}$

$$= \begin{vmatrix} x+1 & x+2 & x+a \\ 0 & 0 & \dfrac{2x+a+c}{2}-x-b \\ x+3 & x+4 & x+c \end{vmatrix}$$

$$= \begin{vmatrix} x+1 & x+2 & x+a \\ 0 & 0 & \dfrac{2(x+b)}{2}-x-b \\ x+3 & x+4 & x+c \end{vmatrix}$$

($\because$ a, b, c समान्तर श्रेणी में है $a+c=2b$)

$$= \begin{vmatrix} x+1 & x+2 & x+a \\ 0 & 0 & 0 \\ x+3 & x+4 & x+c \end{vmatrix} = 0$$

अतः सारणिक का मान शून्य होगा।

5. सारणिक $\begin{vmatrix} 1 & 1 & 1 \\ {}^nc_1 & {}^{n+1}c_1 & {}^{n+2}c_1 \\ {}^nc_2 & {}^{n+1}c_2 & {}^{n+2}c_2 \end{vmatrix}$ का मान ज्ञात करें।

हल : दिया गया सारणिक

$$\begin{vmatrix} 1 & 1 & 1 \\ n & n+1 & n+2 \\ \dfrac{n(n-1)}{2} & \dfrac{n(n+1)}{2} & \dfrac{(n+1)(n+2)}{2} \end{vmatrix} \text{ है}$$

क्रिया : $C_3 \to C_3 - C_2$ तथा $C_2 \to C_2 - C_1$

$$\begin{vmatrix} 1 & 0 & 0 \\ n & 1 & 1 \\ \dfrac{n(n-1)}{2} & n & n+1 \end{vmatrix} = 1(n+1-n) = 1.$$

6. यदि a, b, c एक दूसरे से भिन्न धनात्मक संख्या हो तो सिद्ध करें सारणिक $\begin{vmatrix} 1 & 1 & 1 \\ b & c & a \\ c & a & b \end{vmatrix}$ का मान < 0 होगा।

हल : क्रिया $C_2 \to C_2 - C_1$ तथा $C_3 \to C_3 - C_1$

$$\begin{vmatrix} 1 & 0 & 0 \\ b & c-b & a-b \\ c & a-c & b-c \end{vmatrix}$$

$$= (c-b)(b-c)-(a-b)(a-c)$$

$$= -b^2-c^2+2bc-a^2-bc+ac+ab$$

$$= -a^2-b^2-c^2+ab+bc+ca$$

$$= -\left[a^2+b^2+c^2-ab-bc-ca\right]$$

$$= \frac{-1}{2}\left[(a-b)^2+(b-c)^2+(c-a)^2\right]<0$$

अतः सारणिक < 0.

7. यदि a, b, c धनात्मक तथा p वां, q वां एवं r वां पद किसी गुणोत्तर श्रेणी का हो तब सिद्ध करें–

$$\Delta = \begin{vmatrix} \log a & p & 1 \\ \log b & q & 1 \\ \log c & r & 1 \end{vmatrix} = 0.$$

हल : माना A प्रथम पद तथा R सर्वानुपात किसी गुणोत्तर श्रेणी का है। तब

$$a = AR^{p-1} \Rightarrow \log a = \log A + (p-1)\log R$$

$$b = AR^{q-1} \Rightarrow \log b = \log A + (q-1)\log R$$

$$c = AR^{r-1} \Rightarrow \log c = \log A + (r-1)\log R$$

$$\therefore \Delta = \begin{vmatrix} \log A + (p-1)\log R & p & 1 \\ \log A + (q-1)\log R & q & 1 \\ \log A + (r-1)\log R & r & 1 \end{vmatrix}$$

क्रिया $C_2 \to C_2 - C_3$

$$\Delta = \begin{vmatrix} \log A + (p-1)\log R & p-1 & 1 \\ \log A + (q-1)\log R & q-1 & 1 \\ \log A + (r-1)\log R & r-1 & 1 \end{vmatrix}$$

क्रिया $C_1 \to C_1 - (\log A)C_3 - (\log R)C_2$

$$\Delta = \begin{vmatrix} 0 & p-1 & 1 \\ 0 & q-1 & 1 \\ 0 & r-1 & 1 \end{vmatrix} = 0$$

अतः सारणिक $= 0$.

8. सिद्ध करें सारणिक

$$\begin{vmatrix} b+c & c+a & a+b \\ q+r & r+p & p+q \\ y+z & z+x & x+y \end{vmatrix} = 2\begin{vmatrix} a & b & c \\ p & q & r \\ x & y & z \end{vmatrix}$$

हल : माना $\begin{vmatrix} b+c & c+a & a+b \\ q+r & r+p & p+q \\ y+z & z+x & x+y \end{vmatrix}$

क्रिया : $C_1 \to C_1 + C_2 + C_3$

$$\Delta = \begin{vmatrix} 2(a+b+c) & c+a & a+b \\ 2(p+q+r) & r+p & p+q \\ 2(x+y+z) & z+x & x+y \end{vmatrix}$$

$$\Delta = 2\begin{vmatrix} a+b+c & c+a & a+b \\ p+q+r & r+p & p+q \\ x+y+z & z+x & x+y \end{vmatrix}$$

क्रिया : $C_2 \to C_2 - C_1, C_3 \to C_3 - C_1$

$$= 2\begin{vmatrix} a+b+c & -b & -c \\ p+q+r & -q & -r \\ x+y+2 & -y & -z \end{vmatrix} = 2\begin{vmatrix} a & -b & -c \\ p & -q & -r \\ x & -y & -z \end{vmatrix}$$

अतः $\Delta = 2\begin{vmatrix} a & b & c \\ p & q & r \\ x & y & z \end{vmatrix}$.

9. सारणिक $\begin{vmatrix} (a^x+a^{-x})^2 & (a^x-a^{-x})^2 & 1 \\ (a^y+a^{-y})^2 & (a^y-a^{-y})^2 & 1 \\ (a^z+a^{-z})^2 & (a^z-a^{-z})^2 & 1 \end{vmatrix}$ का मान ज्ञात करें।

हल : माना सारणिक $= \Delta$

क्रियाः $C_1 \to C_1 - C_2$

$$\Delta = \begin{vmatrix} 4 & (a^x-a^{-x})^2 & 1 \\ 4 & (a^y-a^{-y})^2 & 1 \\ 4 & (a^2-a^{-2})^2 & 1 \end{vmatrix} = 4\begin{vmatrix} 1 & (a^x-a^{-x})^2 & 1 \\ 1 & (a^y-a^{-y})^2 & 1 \\ 1 & (a^z-a^{-z})^2 & 1 \end{vmatrix} = 0$$

$$\left[\because (a+b)^2-(a-b)^2 = 4ab\right]$$

वस्तुनिष्ठ प्रश्न

1. $\begin{vmatrix} b+c & a & a \\ b & c+a & b \\ c & c & a+b \end{vmatrix}$ का मान है–

(a) abc (b) $2abc$
(c) $3abc$ (d) $4abc$

2. $\begin{vmatrix} b+c & a+b & a \\ c+a & b+c & b \\ a+b & c+a & c \end{vmatrix}$ का मान है–

(a) $a^3 + b^3 + c^3 - 3abc$ (b) $2abc\,(a + b + c)$
(c) 0 (d) इनमें से कोई नहीं

3. $\begin{vmatrix} 1 & 1 & 1 \\ a & b & c \\ a^3 & b^3 & c^3 \end{vmatrix}$ का मान है–

(a) $a^3+b^3+c^3-3abc$
(b) $a^3+b^3+c^3+3abc$
(c) $(a+b+c)(a-b)(b-c)(c-a)$
(d) इनमें से कोई नहीं

4. $\begin{vmatrix} a-b-c & 2a & 2a \\ 2b & b-c-a & 2b \\ 2c & 2c & c-a-b \end{vmatrix}$ का मान है–

(a) $(a+b+c)^2$
(b) $(a+b+c)^3$
(c) $(a+b+c)(ab+bc+ca)$
(d) उपरोक्त में से कोई नहीं

5. यदि $A=\begin{vmatrix} 1 & 1 & 1 \\ a & b & c \\ a^3 & b^3 & c^3 \end{vmatrix}, B=\begin{vmatrix} 1 & 1 & 1 \\ a^2 & b^2 & c^2 \\ a^3 & b^3 & c^3 \end{vmatrix},$

$C=\begin{vmatrix} a & b & c \\ a^2 & b^2 & c^2 \\ a^3 & b^3 & c^3 \end{vmatrix}$ तो कौन-सा सम्बन्ध सत्य है?

(a) $A = B$ (b) $A = C$
(c) $B = C$ (d) इनमें से कोई नहीं

6. $\begin{vmatrix} b^2-ab & b-c & bc-ac \\ ab-a^2 & a-b & b^2-ab \\ bc-ac & c-a & ab-a^2 \end{vmatrix}$ का मान है–

(a) $abc(a+b+c)$
(b) $3\,a^2b^2c^2$
(c) 0
(d) इनमें से कोई नहीं

7. $\begin{vmatrix} 1 & x & y \\ 2 & \sin x+2x & \sin y+2y \\ 3 & \cos x+3x & \cos y+3y \end{vmatrix}$ का मान है–

(a) $\sin(x-y)$ (b) $\cos(x-y)$
(c) $\cos(x+y)$ (d) $xy\sin(x-y)$

8. यदि a, b, c असमान हों तो सारणिक

$$\Delta=\begin{vmatrix} a & a^2 & a^3+1 \\ b & b^2 & b^3+1 \\ c & c^2 & c^3+1 \end{vmatrix}$$

का मान शून्य होने का प्रतिबंध है–

(a) $1+abc=0$
(b) $a+b+c=1$
(c) $(a-b)(b-c)(c-a)=0$
(d) इनमें से कोई नहीं

9. यदि a, b, c समान्तर श्रेणी में हों, तो

$$\begin{vmatrix} x+2 & x+3 & x+a \\ x+4 & x+5 & x+b \\ x+6 & x+7 & x+c \end{vmatrix}$$ का मान होगा–

(a) $x-(a+b+c)$ (b) $9x^2+a+b+c$

(c) $a+b+c$ (d) 0

10. यदि $\begin{vmatrix} a & b & c \\ m & n & p \\ x & y & z \end{vmatrix} = k$, तब $\begin{vmatrix} 6a & 2b & 2c \\ 3m & n & p \\ 3x & y & z \end{vmatrix}$ का मान होगा–

(a) $k/6$ (b) $2k$

(c) $3k$ (d) $6k$

11. यदि $a \neq 6, a, b, c$ सारणिक $\begin{vmatrix} a & 2b & 2c \\ 3 & b & c \\ 4 & a & b \end{vmatrix} = 0$ को संतुष्ट करते हैं, तब abc का मान है–

(a) $a + b + c$ (b) 0

(c) b^3 (d) $ab + bc$

12. $\begin{vmatrix} \sin x & \cos x & \cos x \\ \cos x & \sin x & \cos x \\ \cos x & \cos x & \sin x \end{vmatrix} = 0$ के भिन्न-भिन्न वास्तविक हलों की संख्या होगी–(जबकि $-\frac{\pi}{4} \leq x \leq \frac{\pi}{4}$)

(a) 0 (b) 2

(c) 1 (d) 3

13. यदि $\omega = -\frac{1}{2} + i\frac{\sqrt{3}}{2}$, तब सारणिक

$$\begin{vmatrix} 1 & 1 & 1 \\ 1 & -1-\omega^2 & \omega^2 \\ 1 & \omega^2 & \omega^4 \end{vmatrix}$$ का मान होगा–

(a) $3\,\omega$ (b) $3\,\omega(\omega-1)$

(c) $3\,\omega^2$ (d) $3\,\omega(1-\omega)$

14. यदि $c = 2\cos\theta$, तब सारणिक $\Delta = \begin{vmatrix} c & 1 & 0 \\ 1 & c & 1 \\ 6 & 1 & c \end{vmatrix}$ का मान होगा–

(a) $\frac{\sin 4\theta}{\sin\theta}$

(b) $\frac{2\sin^2\theta}{\sin\theta}$

(c) $4\cos^2\theta(2\cos\theta-1)$

(d) इनमें से कोई नहीं

15. यदि $A = \begin{vmatrix} a & b \\ b & a \end{vmatrix}$ और $A^2 = \begin{vmatrix} \alpha & \beta \\ \beta & \alpha \end{vmatrix}$ हो तब–

(a) $\alpha = a^2+b^2, \beta = 2ab$

(b) $\alpha = a^2+b^2,\ \beta = a^2-b^2$

(c) $\alpha = a^2+b^2, \beta = a^2-b^2$

(d) इनमें से कोई नहीं

16. $\begin{vmatrix} 1+ax & 1+bx & 1+cx \\ 1+a_1x & 1+b_1x & 1+c_1x \\ 1+a_2x & 1+b_2x & 1+c_2x \end{vmatrix}$

$= A_0 + A_1x + A_2x^2 + A_3x^3$, तब A_1 का मान होगा–

(a) abc (b) 0

(c) 1 (d) इनमें से कोई नहीं

17. यदि $\begin{vmatrix} a+x & a-x & a-x \\ a-x & a+x & a-x \\ a-x & a-x & a+x \end{vmatrix} = 0$, तो x के मान होंगे

(a) $x=0, x=4a$ (b) $x=0, x=a$

(c) $x=0, x=2a$ (d) $x=0, x=3a$

18. $\begin{vmatrix} 1 & 1 & 1 \\ a & b & c \\ a^2-bc & b^2-ac & c^2-ab \end{vmatrix}$ का मान है–

(*a*) 0 (*b*) 1

(*c*) 2 (*d*) 3*abc*

19. $\begin{vmatrix} a^2 & -ab & -ac \\ -ab & b^2 & -bc \\ ca & bc & -c^2 \end{vmatrix}$ का मान होगा–

(*a*) $4a^2b^2$ (*b*) $2abc$

(*c*) $4abc$ (*d*) $4a^2b^2c^2$

20. यदि $\Delta = \begin{vmatrix} \sin(\theta+\alpha) & \cos(\theta+\alpha) & 1 \\ \sin(\theta+\beta) & \cos(\theta+\beta) & 1 \\ \sin(\theta+\gamma) & \cos(\theta+\gamma) & 1 \end{vmatrix}$, तब–

(*a*) सभी θ के लिये $\Delta = 0$

(*b*) Δ, θ का विषम फलन है

(*c*) यदि $\theta = \alpha+\beta+\gamma, \Delta = 0$

(*d*) Δ, θ से स्वतंत्र है–

21. यदि समीकरण $2x+3y+5=0,\ x+ky+5=0$

$kx-12y-14=0$ संगत हो, तो k का मान है–

(*a*) $-2, \frac{12}{5}$ (*b*) $-1, \frac{1}{5}$

(*c*) $-6, \frac{17}{5}$ (*d*) $6, -\frac{12}{5}$

22. यदि ω इकाई का एक घनमूल हो, तो $\begin{vmatrix} 1 & \omega^3 & \omega^2 \\ \omega^3 & 1 & \omega \\ \omega^2 & \omega & 1 \end{vmatrix}$

का मान है–

(*a*) 0 (*b*) 1

(*c*) 2 (*d*) 3

23. यदि सारणिक $\begin{vmatrix} a & b & a\alpha-b \\ b & c & b\alpha-c \\ 2 & 1 & 0 \end{vmatrix} = 0$ तथा $\alpha \neq \frac{1}{2}$, तो–

(*a*) *a*, *b*, *c* समान्तर श्रेणी में है

(*b*) *a*, *b*, *c* गुणोत्तर श्रेणी में है

(*c*) *a*, *b*, *c* हरात्मक श्रेणी में है

(*d*) इनमें से कोई नहीं

24. यदि $\begin{vmatrix} a & b & a+b \\ b & c & b+c \\ a+b & b+c & 0 \end{vmatrix} = 0$ तब *a*, *b*, *c* होंगे–

(*a*) समान्तर श्रेणी में (*b*) गुणोत्तर श्रेणी में

(*c*) हरात्मक श्रेणी में (*d*) इनमें से कोई नहीं

25. यदि $\begin{vmatrix} a_1 & b_1 & c_1 \\ a_2 & b_2 & c_2 \\ a_3 & b_3 & c_3 \end{vmatrix} = 5$ तब

$\begin{vmatrix} b_2c_3-b_3c_2 & c_2a_3-c_3a_2 & a_2b_3-a_3b_2 \\ b_3c_1-b_1c_3 & c_3a_1-c_1a_3 & a_3b_1-a_1b_3 \\ b_1c_2-b_2c_1 & c_1a_2-c_2a_1 & a_1b_2-a_2b_1 \end{vmatrix}$ का मान होगा–

(*a*) 5 (*b*) 25

(*c*) 125 (*d*) 0

26. सारणिक $\Delta = \begin{vmatrix} a+x & b & c \\ b & x+c & a \\ c & a & x+b \end{vmatrix}$

के लिये निम्न में से एक गुणनखंड होगा–

(*a*) $x-(a+b+c)$ (*b*) $x+(a+b+c)$

(*c*) $a+b+c$ (*d*) $-(a+b+c)$

27. $\begin{vmatrix} a & a+b & a+2b \\ a+2b & a & a+b \\ a+b & a+2b & a \end{vmatrix}$ का मान होगा–

(a) $9a^2(a+b)$ (b) $9b^2(a+b)$

(c) $a^2(a+b)$ (d) $b^2(a+b)$

28. $\begin{vmatrix} \log_3 512 & \log_4 3 \\ \log_3 8 & \log_4 9 \end{vmatrix} \times \begin{vmatrix} \log_2 3 & \log_8 3 \\ \log_3 4 & \log_3 4 \end{vmatrix}$ का मान है–

(a) 7 (b) 10

(c) 13 (d) 17

29. यदि $2x+3y+4z=9, 4x+9y+3z=10,$ तथा $5x+10y+5z=11$ हो, तो x का मान है–

(a) $\begin{vmatrix} 9 & 3 & 4 \\ 10 & 9 & 3 \\ 11 & 10 & 5 \end{vmatrix} \div \begin{vmatrix} 2 & 3 & 4 \\ 4 & 9 & 3 \\ 5 & 10 & 5 \end{vmatrix}$

(b) $\begin{vmatrix} 9 & 4 & 3 \\ 10 & 3 & 9 \\ 11 & 5 & 10 \end{vmatrix} \div \begin{vmatrix} 2 & 3 & 4 \\ 4 & 9 & 3 \\ 5 & 10 & 5 \end{vmatrix}$

(c) $\begin{vmatrix} 9 & 4 & 9 \\ 10 & 3 & 3 \\ 11 & 5 & 10 \end{vmatrix} \div \begin{vmatrix} 3 & 2 & 4 \\ 9 & 4 & 3 \\ 10 & 5 & 5 \end{vmatrix}$

(d) इनमें से कोई नहीं

30. दी गई सारणिक स्वतंत्र है

$$\begin{vmatrix} 1 & 1 & 1 \\ \cos nx & \cos(n+1)x & \cos(n+2)x \\ \sin nx & \sin(n+1)x & \sin(n+2)x \end{vmatrix}$$

(a) x से (b) n से

(c) x व n से (d) इनमें से कोई नहीं

31. $\begin{vmatrix} 1^2 & 2^2 & 3^2 \\ 2^2 & 3^2 & 4^2 \\ 3^2 & 4^2 & 5^2 \end{vmatrix}$ का मान होगा

(a) 8 (b) –8

(c) 400 (d) इनमें से कोई नहीं

32. समीकरण $\begin{vmatrix} 1+x & 1 & 1 \\ 1 & x+1 & 1 \\ 1 & 1 & x+1 \end{vmatrix} = 0$ के मूल है–

(a) $(0, -3)$ (b) $0, 0, -3$

(c) $0, 0, 0, -3$ (d) इनमें से कोई नहीं

33. यदि $2x+3y-5z=7,\ x+y+z=6,$ तथा $3x-4y+2z=1$, तो x का मान है–

(a) $\begin{vmatrix} 2 & -5 & 7 \\ 1 & 1 & 6 \\ 3 & 2 & 1 \end{vmatrix} \div \begin{vmatrix} 7 & 3 & -5 \\ 6 & 1 & 1 \\ 1 & -4 & 2 \end{vmatrix}$

(b) $\begin{vmatrix} -7 & 3 & -5 \\ -6 & 1 & 1 \\ -1 & -4 & 2 \end{vmatrix} \div \begin{vmatrix} 2 & 3 & -5 \\ 1 & 1 & 1 \\ 3 & -4 & 2 \end{vmatrix}$

(c) $\begin{vmatrix} 7 & 3 & -5 \\ 6 & 1 & 1 \\ 1 & -4 & 2 \end{vmatrix} \div \begin{vmatrix} 2 & 3 & -5 \\ 1 & 1 & 1 \\ 3 & -4 & 2 \end{vmatrix}$

(d) इनमें से कोई नहीं

34. समीकरणों के निकाय $2x+y-z=7,$ $x-3y+2z=1$ तथा $x+4y-3z=5$ के हलों की संख्या होगी–

(a) 3 (b) 2

(c) 1 (d) 0

35. यदि $x+y-z=0,\ 3x-\alpha y-3z=0,$ तथा $x-3y+z=0$ का अतुच्छ हल हो, तो α का मान है–

(a) –1 (b) 0

(c) 1 (d) –3

36. यदि $\begin{vmatrix} 6i & -3i & 1 \\ 4 & 3i & -1 \\ 20 & 3 & i \end{vmatrix} = x+iy$ हो, तब–

(*a*) $x=3, y=1$ (*b*) $x=1, y=3$

(*c*) $x=0, y=3$ (*d*) $x=0, y=0$

37. $\begin{vmatrix} 5^2 & 5^3 & 5^4 \\ 5^3 & 5^4 & 5^5 \\ 5^4 & 5^5 & 5^7 \end{vmatrix}$ का मान होगा–

(*a*) 5^2 (*b*) 0

(*c*) 5^{13} (*d*) 5^9

38. सारणिक $\begin{vmatrix} x & a & b+c \\ x & b & c+a \\ x & c & a+b \end{vmatrix}$ का मान शून्य होगा यदि–

(*a*) $x = a$ (*b*) $x = b$

(*c*) $x = c$ (*d*) x का कोई भी मान हो

39. यदि $ab + bc + ca = 0$ और

$$\begin{vmatrix} a-x & c & b \\ c & b-x & a \\ b & a & c-x \end{vmatrix} = 0,$$ तो x का मान होगा–

(*a*) $\left(a^2+b^2+c^2\right)^{1/2}$

(*b*) $\left[\frac{3}{2}\left(a^2+b^2+c^2\right)\right]^{1/2}$

(*c*) $\left[\frac{1}{2}\left(a^2+b^2+c^2\right)\right]^{1/2}$

(*d*) इनमें से कोई नहीं

40. सारणिक $\Delta = \begin{vmatrix} a & b & ax+b \\ b & c & bx+c \\ ax+b & bx+c & 0 \end{vmatrix} = 0,$

तो a, b, c होंगे–

(*a*) समान्तर श्रेणी में (*b*) गुणोत्तर श्रेणी में

(*c*) हरात्मक श्रेणी में (*d*) इनमें से कोई नहीं

अनुच्छेद-1 (Paragraph-1)

माना $2x+py+6z=8,\ x+2y+qz=5$

तथा $x+y+3z=4$ तीन समीकरण है जहाँ p, q वास्तविक संख्या हैं।

41. दिए गए समीकरणों के अद्वितीय हल होंगे जब,

(*a*) $p \neq 2$ (*b*) $q \neq 3$

(*c*) $p \neq 2$ तथा $q \neq 3$ (*d*) इसमें से कोई नहीं।

42. दिए गए समीकरणों के अनन्त अनेक हल होंगे यदि,

(*a*) $p=2$ (*b*) $p=2, q=3$

(*c*) $p \neq 2, q=3$ (*d*) इसमें से कोई नहीं

43. दिए गए समीकरणों का कोई हल नहीं होगा जब,

(*a*) $p=2$ (*b*) $p \neq 2$

(*c*) $p=2, q=3$ (*d*) $p \neq 2, q=3$

अनुच्छेद-2 (Paragraph-2)

माना $A = \begin{vmatrix} 1 & x^a & x^b \\ 1 & y^a & y^b \\ 1 & z^a & z^b \end{vmatrix}$

जहाँ x, y, z वास्तविक तथा a, b प्राकृत संख्या है।

44. यदि $a = b$, तब सारणिक $A =$

(*a*) 1 (*b*) 0

(*c*) xyz (*d*) इसमें से कोई नहीं

45. यदि $a = 2$ तथा $b = 3$ तब सारणिक

(*a*) $(x-y)(y-z)(z-x)$

(*b*) $(x-y)(y-z)(z-x)(x+y+z)$

(*c*) $(x-y)(y-z)(z-x)(xy+yz+zx)$

(*d*) इसमें से कोई नहीं

46. यदि $a = 1$ तथा $b = 2$ एवं सारणिक $A = 0$ तब

(*a*) $x = y = z$

(*b*) x, y, z भिन्न संख्याएँ है।

(*c*) x, y, z में से कम-से-कम दो समान है

(*d*) इसमें से कोई नहीं

दृढ़कथन-कारण (Assertion-Reason)

निम्नलिखित प्रश्नों के लिए चार कूट (*a*), (*b*), (*c*) एवं (*d*) दिए गए हैं, सही उत्तर का चयन करें।

(*a*) वक्तव्य-I सत्य है; वक्तव्य-II सत्य है; वक्तव्य-II वक्तव्य-I का सही स्पष्टीकरण है।

(*b*) वक्तव्य-I सत्य है; वक्तव्य-II सत्य है; वक्तव्य-II वक्तव्य-I का सही स्पष्टीकरण नहीं है।

(*c*) वक्तव्य-I सत्य है; वक्तव्य-II असत्य है।

(*d*) वक्तव्य-I असत्य है; वक्तव्य-II सत्य है।

47. वक्तव्य-I : दिए गए समीकरणों $2x+4y+1=0$, $4x+8y+3=0$ के कोई हल नहीं होगें।

वक्तव्य-II : समीकरणों $a_1x+b_1y+a=0$ तथा $a_2x+b_2y+c_3=0$ के कोई हल नहीं होंगे यदि, $\frac{a_1}{a_2}=\frac{b_1}{b_2}$

48. वक्तव्य-I : सारणिक $\begin{vmatrix} 1 & a & bc \\ 1 & b & ca \\ 1 & c & ab \end{vmatrix}$ तथा $\begin{vmatrix} 1 & a & a^2 \\ 1 & b & b^2 \\ 1 & c & c^2 \end{vmatrix}$ दोनों सर्वसम नहीं है।

वक्तव्य-II : यदि दो पंक्ति (स्तम्भ) सर्वसम हो तो सारणिक का मान शून्य होता है।

49. वक्तव्य-I : यदि $x=-9$ सारणिक $\begin{vmatrix} x & 3 & 7 \\ 2 & x & 2 \\ 7 & 6 & x \end{vmatrix}=0$ का एक मूल है तो अन्य मूल 2 एवं 7 होंगे।

वक्तव्य-II : यदि $x=\alpha$ मान देने पर किसी सारणिक का मान शून्य हो जाता है तो $(x-\alpha)$ उस सारणिक का एक गुणनखंड होगा।

50. मिलान करें (Match These)–

वर्ग–I	वर्ग–II
A. यदि *a*, *b*, *c* गुणोत्तर श्रेणी में हों, तब $\begin{vmatrix} a & b & a\alpha+b \\ b & c & b\alpha+c \\ a\alpha+b & b\alpha+c & 0 \end{vmatrix}=$	*p.* 2
B. $\begin{vmatrix} a-b & b-c & c-a \\ b-c & c-a & a-b \\ c-a & a-b & b-c \end{vmatrix}=$	*q.* –3
C. यदि $\begin{vmatrix} 3 & -x & 5 \\ 2 & -x-1 & 2 \\ -x+1 & 4 & 1 \end{vmatrix}=0$ तब $x=$	*r.* 1
D. यदि $\begin{vmatrix} x & -6 & -1 \\ 2 & -3x & x-3 \\ -3 & 2x & x+2 \end{vmatrix}=0$, तब $x=$	*s.* 0

(*a*) A – *p*; B – *s*; C – *p*, *q*; D – *p*, *r*

(*b*) A – *s*; B – *s*; C – *p*, *q*; D – *p*, *q*, *r*

(*c*) A – *q*; B – *r*, *s*; C – *p*, *q*; D – *r*

(*d*) इसमें से कोई नहीं।

उत्तरमाला

1	2	3	4	5	6	7	8	9	10
(*d*)	(*a*)	(*c*)	(*b*)	(*d*)	(*c*)	(*a*)	(*a*)	(*d*)	(*d*)
11	**12**	**13**	**14**	**15**	**16**	**17**	**18**	**19**	**20**
(*c*)	(*c*)	(*b*)	(*d*)	(*b*)	(*b*)	(*d*)	(*a*)	(*d*)	(*d*)
21	**22**	**23**	**24**	**25**	**26**	**27**	**28**	**29**	**30**
(*c*)	(*d*)	(*b*)	(*b*)	(*b*)	(*b*)	(*b*)	(*b*)	(*a*)	(*d*)
31	**32**	**33**	**34**	**35**	**36**	**37**	**38**	**39**	**40**
(*b*)	(*b*)	(*c*)	(*d*)	(*d*)	(*d*)	(*b*)	(*d*)	(*a*)	(*b*)
41	**42**	**43**	**44**	**45**	**46**	**47**	**48**	**49**	**50**
(*c*)	(*a*)	(*d*)	(*b*)	(*c*)	(*c*)	(*c*)	(*d*)	(*a*)	(*b*)

व्याख्यात्मक उत्तर

1. $\begin{vmatrix} b+c & a & a \\ b & c+a & b \\ c & c & a+b \end{vmatrix} = \begin{vmatrix} 0 & -2c & -2b \\ b & c+a & b \\ c & c & a+b \end{vmatrix}$

$[R_1 \to R_1 - (R_2 + R_3)]$

$= 2cb(a+b-c) - 2bc(b-c-a)$

$= 2bc(a+b-c-b+c+a) = 2bc(2a) = 4abc.$

2. $\Delta = \begin{vmatrix} b+c & a+b & a \\ c+a & b+c & b \\ a+b & c+a & c \end{vmatrix} =$

$\begin{vmatrix} 2(a+b+c) & 2(a+b+c) & (a+b+c) \\ c+a & b+c & b \\ a+b & c+a & c \end{vmatrix}$

$[R_1 \to R_1 + R_2 + R_3]$

$= (a+b+c)\begin{vmatrix} 2 & 2 & 1 \\ c+a & b+c & b \\ a+b & c+a & c \end{vmatrix}$

$= (a+b+c)\begin{vmatrix} 0 & 0 & 1 \\ a-b & c-b & b \\ b-c & a-c & c \end{vmatrix} \begin{bmatrix} C_1 \to C_1 - C_2 \\ C_2 \to C_2 - 2C_3 \end{bmatrix}$

$= (a+b+c)\begin{vmatrix} a-b & c-b \\ b-c & a-c \end{vmatrix}$

$= (a+b+c)[(a-b)(a-c) - (b-c)(c-b)]$

$= (a+b+c)[a^2 + b^2 + c^2 - ab - bc - ca]$

$= a^3 + b^3 + c^3 - 3abc.$

3. $\begin{vmatrix} 1 & 1 & 1 \\ a & b & c \\ a^3 & b^3 & c^3 \end{vmatrix} = \begin{vmatrix} 1 & 0 & 0 \\ a & b-a & c-a \\ a^3 & b^3-a^3 & c^3-a^3 \end{vmatrix}$ तथा

$\begin{bmatrix} C_2 \to C_2 - C_1 \\ C_3 \to C_3 - C_1 \end{bmatrix}$

$= (b-a)(c-a)\begin{vmatrix} 1 & 0 & 0 \\ a & 1 & 1 \\ a^3 & a^2+b^2+ab & c^2+a^2+ac \end{vmatrix}$

$= (b-a)(c-a)(c^2 + a^2 + ac - a^2 - b^2 - ab)$

$= (a-b)(b-c)(c-a)(a+b+c).$

4. $\begin{vmatrix} a-b-c & 2a & 2a \\ 2b & b-c-a & 2b \\ 2c & 2c & c-a-b \end{vmatrix}$

$= \begin{vmatrix} a+b+c & a+b+c & a+b+c \\ 2b & b-c-a & 2b \\ 2c & 2c & c-a-b \end{vmatrix}$

$[R_1 \to R_1 + R_2 + R_3]$

$= (a+b+c)\begin{vmatrix} 1 & 0 & 0 \\ 2b & a+b+c & 0 \\ 2c & 0 & a+b+c \end{vmatrix}$

$(a+b+c)^3 \begin{vmatrix} 1 & 0 & 0 \\ 2b & 1 & 0 \\ 2c & 0 & 1 \end{vmatrix}$

$= (a+b+c)^3.$

5. $\because\ A=\begin{vmatrix}1 & 1 & 1\\ a & b & c\\ a^3 & b^3 & c^3\end{vmatrix}$

$=(a-b)(b-c)(c-a)(a+b+c)$

$B=\begin{vmatrix}1 & 1 & 1\\ a^2 & b^2 & c^2\\ a^3 & b^3 & c^3\end{vmatrix}$

$=(a-b)(b-c)(c-a)(ab+bc+ca)$

$C=\begin{vmatrix}a & b & c\\ a^2 & b^2 & c^2\\ a^3 & b^3 & c^3\end{vmatrix}=abc\begin{vmatrix}1 & 1 & 1\\ a & b & c\\ a^2 & b^2 & c^2\end{vmatrix}$

$=abc(a-b)(b-c)(c-a)$

उपरोक्त से स्पष्ट है कि $A\neq B\neq C$

6. $\begin{vmatrix}b^2-ab & b-c & bc-ac\\ ab-a^2 & a-b & b^2-ab\\ bc-ac & c-a & ab-a^2\end{vmatrix}$

$=\begin{vmatrix}b(b-a) & (b-c) & c(b-a)\\ a(b-a) & (a-b) & b(b-a)\\ c(b-a) & (c-a) & a(b-a)\end{vmatrix}$

$\Delta=(b-a)(b-a)\begin{vmatrix}b & b-c & c\\ a & a-b & b\\ c & c-a & a\end{vmatrix}$

$C_2\to C_2+C_3$

$=(a-b)^2\begin{vmatrix}b & b & c\\ a & a & b\\ c & c & a\end{vmatrix}=0.$

7. $\Delta=\begin{vmatrix}1 & x & y\\ 2 & \sin x+2x & \sin y+2y\\ 3 & \cos x+3x & \cos y+3y\end{vmatrix}$

$=\begin{vmatrix}1 & x & y\\ 0 & \sin x & \sin y\\ 0 & \cos x & \cos y\end{vmatrix}\begin{pmatrix}R_2\to R_2-2R_1\\ R_3\to R_3-3R_1\end{pmatrix}$

$=\begin{vmatrix}\sin x & \sin y\\ \cos x & \cos y\end{vmatrix}$

$=\sin x\cos y-\cos x\sin y=\sin(x-y).$

8. $\Delta=\begin{vmatrix}a & a^2 & a^3+1\\ b & b^2 & b^3+1\\ c & c^2 & c^3+1\end{vmatrix}=0$

$\Delta=\begin{vmatrix}1 & a & a^2\\ 1 & b & b^2\\ 1 & c & c^2\end{vmatrix}+abc\begin{vmatrix}1 & a & a^2\\ 1 & b & b^2\\ 1 & c & c^2\end{vmatrix}=0$

$\Rightarrow (1+abc)\begin{vmatrix}1 & 1 & 1\\ a & b & c\\ a^2 & b^2 & c^2\end{vmatrix}=0$

$\Rightarrow (1+abc)(a-b)(b-c)(c-a)=0$

$\because\ a,b,c$ भिन्न-भिन्न है।

$\therefore\quad (a-b)(b-c)(c-a)\neq 0$

$\Rightarrow 1+abc=0,\ abc=-1.$

9. $\Delta=\begin{vmatrix}x+2 & x+3 & x+a\\ x+4 & x+5 & x+b\\ x+6 & x+7 & x+c\end{vmatrix}$

$$\Delta = \begin{vmatrix} x+2 & 1 & x+a \\ x+4 & 1 & x+b \\ x+6 & 1 & x+c \end{vmatrix} \left(C_2 \to C_2 - C_1\right)$$

$$\Rightarrow \Delta \begin{vmatrix} x+2 & 1 & x+a \\ 2 & 0 & b-a \\ 4 & 0 & c-a \end{vmatrix}$$

$$\left(R_2 \to R_2 - R_1, R_3 \to R_3 - R_1\right)$$

$$= -1 \begin{vmatrix} 2 & b-a \\ 4 & c-a \end{vmatrix} = -1(2c - 2a - 4b + 4a)$$

$$= 2(2b - c - a)$$

$\because$ a, b, c समान्तर श्रेणी में है

$\therefore$ $\Delta = 2(2b - 2b) = 0.$

10. दिया है– $\begin{vmatrix} a & b & c \\ m & n & p \\ x & y & z \end{vmatrix} = k$

$$\therefore \begin{vmatrix} 6a & 2b & 2c \\ 3m & n & p \\ 3x & y & z \end{vmatrix} = 2 \times 3 \begin{vmatrix} a & b & c \\ m & n & p \\ x & y & z \end{vmatrix} = 6k.$$

11. $\begin{vmatrix} a & 2b & 2c \\ 3 & b & c \\ 4 & a & b \end{vmatrix} = 0$

$$\Rightarrow \begin{vmatrix} a-6 & 0 & 0 \\ 3 & b & c \\ 4 & a & b \end{vmatrix} = 0 \quad \left[R_1 \to R_1 - 2R_2\right]$$

$$\Rightarrow (a-6) \begin{vmatrix} b & c \\ a & b \end{vmatrix} = 0$$

$$\Rightarrow (a-6)\left(b^2 - ac\right) = 0$$

$$\Rightarrow b^2 - ac = 0 \qquad (\because a \neq 6)$$

$$\therefore ac = b^2$$

$$\Rightarrow abc = b^3.$$

12. $\begin{vmatrix} \sin x & \cos x & \cos x \\ \cos x & \sin x & \cos x \\ \cos x & \cos x & \sin x \end{vmatrix} = 0$ यहाँ

$$\begin{vmatrix} \sin x + 2\cos x & \cos x & \cos x \\ \sin x + 2\cos x & \sin x & \cos x \\ \sin x + 2\cos x & \cos x & \sin x \end{vmatrix} = 0$$

$$\left(C_1 \to C_1 + C_2 + C_3\right)$$

$$\Rightarrow (2\cos x + \sin x) \begin{vmatrix} 1 & \cos x & \cos x \\ 1 & \sin x & \cos x \\ 1 & \cos x & \sin x \end{vmatrix} = 0$$

$$\Rightarrow (2\cos x + \sin x) \begin{vmatrix} 1 & \cos x & \cos x \\ 0 & \sin x - \cos x & 0 \\ 0 & 0 & \sin x - \cos x \end{vmatrix}$$

$$= 0 \qquad \begin{bmatrix} R_2 \to R_2 - R_1 \\ R_3 \to R_3 - R_1 \end{bmatrix}$$

$$\Rightarrow (2\cos x + \sin x)(\sin x - \cos x)^2 = 0$$

$\therefore$ $\tan x = -2, 1$ परन्तु $\left[-\frac{\pi}{4}, \frac{\pi}{4}\right]$ में $\tan x \neq -2$

$\therefore$ $\tan x = 1$

अतः $x = \pi/4.$

13. $\Delta = \begin{vmatrix} 1 & 1 & 1 \\ 1 & -1-\omega^2 & \omega^2 \\ 1 & \omega^2 & \omega^4 \end{vmatrix} = \begin{vmatrix} 3 & 1 & 1 \\ 0 & -1-\omega^2 & \omega^2 \\ 0 & \omega^2 & \omega \end{vmatrix}$

$$\left(C_1 \to C_1 + C_2 + C_3 \because 1 + \omega + \omega^2 = 0\right)$$

$$= 3 \begin{vmatrix} -1-\omega^2 & \omega^2 \\ \omega^2 & \omega \end{vmatrix} - \begin{vmatrix} 0 & \omega^2 \\ 0 & \omega^2 \end{vmatrix} + \begin{vmatrix} 0 & -1-\omega^2 \\ 0 & \omega^2 \end{vmatrix}$$

$= 3\left[\omega.\omega - \omega^4\right] = 3\left(\omega^2 - \omega\right) = 3\omega(\omega - 1).$

14. $\Delta = \begin{vmatrix} c & 1 & 0 \\ 1 & c & 1 \\ 6 & 1 & c \end{vmatrix} = c\begin{vmatrix} c & 1 \\ 1 & c \end{vmatrix} - 1\begin{vmatrix} 1 & 1 \\ 6 & c \end{vmatrix}$

$= c\left[c^2 - 1\right] - 1[c - 6]$

$\because c = 2\cos\theta$

$\therefore\ \Delta = 2\cos\theta\left(4\cos^2\theta - 1\right) - \left(2\cos\theta - 6\right)$

$\Rightarrow \Delta = 8\cos^3\theta - 4\cos\theta + 6.$

15. $A^2 = \begin{vmatrix} a & b \\ b & a \end{vmatrix}\begin{vmatrix} a & b \\ b & a \end{vmatrix} = \begin{vmatrix} a^2 + b^2 & 2ab \\ 2ab & a^2 + b^2 \end{vmatrix}$

परन्तु $A^2 = \begin{vmatrix} \alpha & \beta \\ \beta & \alpha \end{vmatrix}$

$\therefore \alpha = a^2 + b^2$

तथा $\beta = 2ab.$

16. $\begin{vmatrix} 1 + ax & 1 + bx & 1 + cx \\ 1 + a_1x & 1 + b_1x & 1 + c_1x \\ 1 + a_2x & 1 + b_2x & 1 + c_2x \end{vmatrix}$

$= A_0 + A_1x + A_2x^2 + A_3x^3$

$\Rightarrow (1 + ax)\left[(1 + b_1x)(1 + c_2x) - (1 + b_2x)(1 + c_1x)\right]$

$+ (1 + bx)\left[(1 + c_1x)(1 + a_2x) - (1 + a_1x)(1 + c_2x)\right]$

$+ (1 + cx)\left[(1 + a_1x)(1 + b_2x) - (1 + b_1x)(1 + a_2x)\right]$

$= A_0 + A_1x + A_2x^2 + A_3x^3.$

हल करने पर x का गुणांक 0 होगा। $\therefore A_1 = 0$

17. $\begin{vmatrix} a + x & a - x & a - x \\ a - x & a + x & a - x \\ a - x & a - x & a + x \end{vmatrix} = 0$

$\Rightarrow \begin{vmatrix} 3a - x & a - x & a - x \\ 3a - x & a + x & a - x \\ 3a - x & a - x & a + x \end{vmatrix} = 0$

$[C_1 \to C_1 + C_2 + C_3]$

$\Rightarrow (3a - x)\begin{vmatrix} 1 & a - x & a - x \\ 1 & a + x & a - x \\ 1 & a - x & a + x \end{vmatrix}$

$\Rightarrow (3a - x)\begin{vmatrix} 1 & a - x & a - x \\ 0 & 2x & 0 \\ 0 & 0 & 2x \end{vmatrix}$

$[R_2 \to R_2 - R_1, R_3 \to R_3 - R_1]$

$\Rightarrow (3a - x)(4x)^2 = 0$

$\Rightarrow x = 0,\ 3a.$

18. $\begin{vmatrix} 1 & 1 & 1 \\ a & b & c \\ a^2 - bc & b^2 - ac & c^2 - ab \end{vmatrix}$

$= \begin{vmatrix} 1 & 0 & 0 \\ a & b - a & c - a \\ a^2 - bc & (b - a)(a + b + c) & (c - a)(a + b + c) \end{vmatrix}$

$[C_2 \to C_2 - C_1, C_3 \to C_3 - C_1]$

$= (b - a)(c - a)\begin{vmatrix} 1 & 0 & 0 \\ a & 1 & 1 \\ a^2 - bc & (a + b + c) & (a + b + c) \end{vmatrix}$

$= 0$ ($\therefore$ दो स्तम्भ समान है)

19. $\begin{vmatrix} a^2 & -ab & -ac \\ -ab & b^2 & -bc \\ ac & bc & -c^2 \end{vmatrix} = abc\begin{vmatrix} a & -a & -a \\ -b & b & -b \\ c & c & -c \end{vmatrix}$

$$= abc\begin{vmatrix} a & 0 & 0 \\ -b & 0 & -2b \\ c & 2c & 0 \end{vmatrix} \quad C_2 \to C_2 + C_1 \text{ तथा}$$

$$C_3 \to C_3 + C_1$$

$$= abc\left[a(0+4bc)\right] = 4a^2b^2c^2.$$

20. दिया है, $\Delta = \begin{vmatrix} \sin(\theta+\alpha) & \cos(\theta+\alpha) & 1 \\ \sin(\theta+\beta) & \cos(\theta+\beta) & 1 \\ \sin(\theta+\gamma) & \cos(\theta+\gamma) & 1 \end{vmatrix}$

$$R_2 \to R_2 - R_1, R_3 \to R_3 - R_1$$

$$\Delta = \begin{vmatrix} \sin(\theta+\alpha) & \cos(\theta+\alpha) & 1 \\ \sin(\theta+\beta)-\sin(\theta+\alpha) & \cos(\theta+\beta)-\cos(\theta+\alpha) & 0 \\ \sin(\theta+\gamma)-\sin(\theta+\alpha) & \cos(\theta+\gamma)-\cos(\theta+\alpha) & 0 \end{vmatrix}$$

$$\therefore \Delta = \left[\cos(\theta+\gamma)-\cos(\theta+\alpha)\right]$$

$$\left[\sin(\theta+\beta)-\sin(\theta+\alpha)\right]-\left[\cos(\theta+\beta)-\cos(\theta+\alpha)\right]$$

$$\left[\sin(\theta+\gamma)-\sin(\theta+\alpha)\right]$$

$$= \sin(\beta-\gamma)-\sin(\beta-\alpha)-\sin(\alpha-\gamma)$$

जो कि θ से स्वतंत्र होगें।

21. चूँकि समीकरणें संगत हैं, तो निकाय के एक या अधिक तुच्छ हल होंगे।

$$\Delta = \begin{vmatrix} 2 & 3 & 5 \\ 1 & k & 5 \\ k & -12 & -14 \end{vmatrix} = 0$$

$$\Rightarrow 5k^2 + 13k - 102 = 0$$

$$\Rightarrow 5k^2 + 30k - 17k - 102 = 0$$

$$\Rightarrow 5k(k+6) - 17(k+6) = 0$$

$$\Rightarrow (5k-17)(k+6) = 0$$

$$\Rightarrow k = -6, \frac{17}{5}.$$

22. $\begin{vmatrix} 1 & \omega^3 & \omega^2 \\ \omega^3 & 1 & \omega \\ \omega^2 & \omega & 1 \end{vmatrix} = \begin{vmatrix} 1 & 1 & \omega^2 \\ 1 & 1 & \omega \\ \omega^2 & \omega & 1 \end{vmatrix}$

$$= \begin{vmatrix} 2+\omega^2 & 2+\omega & 1+\omega+\omega^2 \\ 1 & 1 & \omega \\ \omega^2 & \omega & 1 \end{vmatrix}$$

$$\left[R_1 \to R_1 + R_2 + R_3\right]$$

$$= \begin{vmatrix} 2+\omega^2 & 2+\omega & 0 \\ 1 & 1 & \omega \\ \omega^2 & \omega & 1 \end{vmatrix} = \begin{vmatrix} 4+\omega+\omega^2 & 2+\omega & 0 \\ 2+\omega & 1 & \omega \\ 0 & \omega & 1 \end{vmatrix}$$

$$(C_1 \to C_1 + C_2 + C_3)$$

$$= \begin{vmatrix} 3 & 2+\omega & 0 \\ 2+\omega & 1 & \omega \\ 0 & \omega & 1 \end{vmatrix} = 3\begin{vmatrix} 1 & \omega \\ \omega & 1 \end{vmatrix} - (2+\omega)\begin{vmatrix} 2+\omega & \omega \\ 0 & 1 \end{vmatrix}$$

$$= 3(1-\omega^2) - (2+\omega)^2 = 3 - 3\omega^2 - 4 - \omega^2 - 4\omega$$

$$= 3 - 4(1+\omega+\omega^2) = 3.$$

23. $\begin{vmatrix} a & b & a\alpha-b \\ b & c & b\alpha-c \\ 2 & 1 & 0 \end{vmatrix} = 0$

$$\Rightarrow a\begin{vmatrix} c & b\alpha-c \\ 1 & 0 \end{vmatrix} - b\begin{vmatrix} b & b\alpha-c \\ 2 & 0 \end{vmatrix} + (a\alpha-b)\begin{vmatrix} b & c \\ 2 & 1 \end{vmatrix} = 0$$

$$\Rightarrow a\left[-(b\alpha-c)\right] - b\left[-2(b\alpha-c)\right] + (a\alpha-b)$$

$$(b-2c) = 0$$

$\Rightarrow -ab\alpha + ac + 2b^2\alpha - 2bc + ab\alpha - 2ac\alpha$

$-b^2 + 2bc = 0$

$\Rightarrow ac + 2b^2\alpha - 2ac\alpha - b^2 = 0$

$\Rightarrow \left(ac - b^2\right) - 2\alpha\left(ac - b^2\right) = 0$

$\Rightarrow ac - b^2 = 0$ या $1 - 2\alpha = 0$

$\Rightarrow b^2 = ac$ या $\alpha = \dfrac{1}{2}$

$\therefore \ \alpha \neq \dfrac{1}{2} \therefore b^2 = ac$

अतः a, b, c गुणोत्तर श्रेणी में है।

24. $\begin{vmatrix} a & b & a+b \\ b & c & b+c \\ a+b & b+c & 0 \end{vmatrix} = 0$

$\Rightarrow \begin{vmatrix} a & b & 0 \\ b & c & 0 \\ a+b & b+c & a+2b+c \end{vmatrix} = 0$

$C_3 \to C_1 + C_2 - C_3$

$\Rightarrow (a+2b+c)\begin{vmatrix} a & b \\ b & c \end{vmatrix} = 0$

$\Rightarrow (a+2b+c)\left(ac - b^2\right) = 0$

$\Rightarrow ac - b^2 = 0 \ (\because a + 2b + c \neq 0)$

$\Rightarrow b^2 = ac$

$\Rightarrow a, b, c$ गुणोत्तर श्रेणी में है।

25. $\begin{vmatrix} b_2c_3 - b_3c_2 & c_2a_3 - c_3a_2 & a_2b_3 - a_3b_2 \\ b_3c_1 - b_1c_3 & c_3a_1 - c_1a_3 & a_3b_1 - a_1b_3 \\ b_1c_2 - b_2c_1 & c_1a_2 - c_2a_1 & a_1b_2 - a_2b_1 \end{vmatrix}$

$= |adj\ A|,$

जहाँ $A = \begin{vmatrix} a_1 & b_1 & c_1 \\ a_2 & b_2 & c_2 \\ a_3 & b_3 & c_3 \end{vmatrix} = |A|^{3-1}$

$\left(\because |adj\ A| = |A|^{n-1}\right)$

$= 5^2 = 25.$

26. $\Delta = \begin{vmatrix} a+x & b & c \\ b & x+c & a \\ c & a & x+b \end{vmatrix}$

$= \begin{vmatrix} x+a+b+c & b & c \\ x+a+b+c & x+c & a \\ x+a+b+c & a & x+b \end{vmatrix}$

$[C_1 \to C_1 + C_2 + C_3]$

$= (x+a+b+c)\begin{vmatrix} 1 & b & c \\ 1 & x+c & a \\ 1 & a & x+b \end{vmatrix}$

उपरोक्त से स्पष्ट है कि दिए सारणिक का एक गुणनखंड $(x+a+b+c)$ है।

27. $\begin{vmatrix} a & a+b & a+2b \\ a+2b & a & a+b \\ a+b & a+2b & a \end{vmatrix}$

$\begin{vmatrix} 3a+3b & a+b & a+2b \\ 3a+3b & a & a+b \\ 3a+3b & a+b & a \end{vmatrix}$

$(C_1 \to C_1 + C_2 + C_3)$

$= 3(a+b)\begin{vmatrix} 1 & a+b & a+2b \\ 1 & a & a+b \\ 1 & a+2b & a \end{vmatrix}$

$$= 3(a+b)\begin{vmatrix} 1 & a+b & a+2b \\ 0 & -b & -b \\ 0 & b & -2b \end{vmatrix}$$

$$(R_3 \to R_3 - R_1, R_2 \to R_2 - R_1)$$

$$= 3(a+b)1\begin{vmatrix} -b & -b \\ b & -2b \end{vmatrix}$$

$= 3(a + b)(2b^2 + b^2)$

$= 9b^2(a+b).$

28. $\begin{vmatrix} \log_3 512 & \log_4 3 \\ \log_3 8 & \log_4 9 \end{vmatrix} \times \begin{vmatrix} \log_2 3 & \log_8 3 \\ \log_3 4 & \log_3 4 \end{vmatrix}$

$$= \frac{\log_{512}}{\log_3} \times \frac{\log_9}{\log_4} - \frac{\log_3}{\log_4} \times \frac{\log_9}{\log_3}$$

$$\left(\frac{\log_3}{\log_2} \times \frac{\log_4}{\log_3} - \frac{\log_3}{\log_8} \times \frac{\log_4}{\log_3}\right)$$

$$= \left(\frac{\log_2^9}{\log_3} \times \frac{\log_3^2}{\log_2^2} - \frac{\log_2^3}{\log_2^2}\right) \times \left(\frac{\log_2^2}{\log^2} - \frac{\log_2^2}{\log_2^3}\right)$$

$$= \left(\frac{9 \times 2}{2} - \frac{3}{2}\right)\left(2 - \frac{2}{3}\right) = \frac{15}{2} \times \frac{4}{3} = 10.$$

29. दी गई समीकरणें निम्न हैं–

$2x + 3y + 4z = 9$ ...(i)

$4x + 9y + 3z = 10$ ...(ii)

$5x + 10y + 5z = 11$ ...(iii)

$$\therefore\ D = \begin{vmatrix} 2 & 3 & 4 \\ 4 & 9 & 3 \\ 5 & 10 & 5 \end{vmatrix} \text{ तथा } D_1 = \begin{vmatrix} 9 & 3 & 4 \\ 10 & 9 & 3 \\ 11 & 10 & 5 \end{vmatrix}$$

$$\therefore\ x = \frac{D_1}{D}$$

$$= \begin{vmatrix} 9 & 3 & 4 \\ 10 & 9 & 3 \\ 11 & 10 & 5 \end{vmatrix} \div \begin{vmatrix} 2 & 3 & 4 \\ 4 & 9 & 3 \\ 5 & 10 & 5 \end{vmatrix}.$$

30. $\Delta = \begin{vmatrix} 1 & 1 & 1 \\ \cos nx & \cos(n+1)x & \cos(n+2)x \\ \sin nx & \sin(n+1)x & \sin(n+2)x \end{vmatrix}$

$$= \begin{vmatrix} 2(1-\cos x) & 1 & 1 \\ 0 & \cos(n+1)x & \cos(n+2)x \\ 0 & \sin(n+1)x & \sin(n+2)x \end{vmatrix}$$

$$= 2(1-\cos x)\left[\sin(n+2)x\cos(n+1)x - \cos(n+2)x\sin(n+1)x\right]$$

$$= 2(1-\cos x)\sin(n+2-n-1)x$$

$$\Delta = 2(1-\cos x)\sin x$$

$\Rightarrow \Delta, n$ से स्वतंत्र है।

31. $\begin{vmatrix} 1^2 & 2^2 & 3^2 \\ 2^2 & 3^2 & 4^2 \\ 3^2 & 4^2 & 5^2 \end{vmatrix} = \begin{vmatrix} 1 & 4 & 9 \\ 4 & 9 & 16 \\ 9 & 16 & 25 \end{vmatrix}$

$[R_2 \to R_2 - 4R_1, R_3 \to R_3 - 9R_1]$

$$\begin{vmatrix} 1 & 4 & 9 \\ 0 & -7 & -20 \\ 0 & -20 & -56 \end{vmatrix} = 1[(-7)(-56) - (-20)(-20)]$$

$= 392 - 400 = -8.$

32. $\begin{vmatrix} 1+x & 1 & 1 \\ 1 & 1+x & 1 \\ 1 & 1 & 1+x \end{vmatrix} = 0$

$$\Rightarrow \begin{vmatrix} 3+x & 0 & 1 \\ 3+x & x & 1 \\ 3+x & -x & 1+x \end{vmatrix} = 0$$

$$\begin{pmatrix} C_1 \to C_1 + C_2 + C_3 \\ C_2 \to C_2 - C_3 \end{pmatrix}$$

$$\Rightarrow x(x+3)\begin{vmatrix} 1 & 0 & 1 \\ 1 & 1 & 1 \\ 1 & -1 & 1+x \end{vmatrix} = 0$$

$$\Rightarrow x(x+3)\begin{vmatrix} 1 & 0 & 1 \\ 0 & 1 & 0 \\ 0 & -1 & x \end{vmatrix} = 0 \begin{pmatrix} R_2 \to R_2 - R_1 \\ R_3 \to R_3 - R_1 \end{pmatrix}$$

$$\Rightarrow x(x+3)x = 0$$

$$\Rightarrow x = 0,\ 0,\ -3.$$

33. $\because D = \begin{vmatrix} 2 & 3 & -5 \\ 1 & 1 & 1 \\ 3 & -4 & 2 \end{vmatrix}$ तथा $D_1 = \begin{vmatrix} 7 & 3 & -5 \\ 6 & 1 & 1 \\ 1 & -4 & 2 \end{vmatrix}$

$$\therefore\ x = \frac{D_1}{D}$$

$$= \begin{vmatrix} 7 & 3 & -5 \\ 6 & 1 & 1 \\ 1 & -4 & 2 \end{vmatrix} \div \begin{vmatrix} 2 & 3 & -5 \\ 1 & 1 & 1 \\ 3 & -4 & 2 \end{vmatrix}.$$

34. $D = \begin{vmatrix} 2 & 1 & -1 \\ 1 & -3 & 2 \\ 1 & 4 & -3 \end{vmatrix}$

$$= 2(9-8) - 1(-3-2) - 1(4+3) = 7 - 7 = 0$$

तथा $D_1 = \begin{vmatrix} 7 & 1 & -1 \\ 1 & -3 & 2 \\ 5 & 4 & -3 \end{vmatrix}$

$$= 7(9-8) - 1(-3-10) - 1(4+15)$$

$$= 7 + 13 - 19 = +1$$

$$\Rightarrow D_1 \neq 0$$

$\therefore$ समीकरण निकाय के हलों की संख्या 0 है।

35. दिए गए समघातीय समीकरण निकाय का शून्य हल है अतः

$$\Delta = 0 \text{ अर्थात् } \begin{vmatrix} 1 & 1 & -1 \\ 3 & -\alpha & -3 \\ 1 & -3 & 1 \end{vmatrix} = 0$$

$$\Rightarrow 1\begin{vmatrix} -\alpha & -3 \\ -3 & 1 \end{vmatrix} - 1\begin{vmatrix} 3 & -3 \\ 1 & 1 \end{vmatrix} - 1\begin{vmatrix} 3 & -\alpha \\ 1 & -3 \end{vmatrix} = 0$$

$$\Rightarrow 1(-\alpha - 9) - 1(3+3) - 1(-9+\alpha) = 0$$

$$\Rightarrow -\alpha - 9 - 6 + 9 - \alpha = 0$$

$$\Rightarrow -2\alpha - 6 = 0 \Rightarrow 2\alpha = -6$$

$$\Rightarrow \alpha = -3.$$

36. $\begin{vmatrix} 6i & -3i & 1 \\ 4 & 3i & -1 \\ 20 & 2 & i \end{vmatrix} = x + iy$

$$\Rightarrow \begin{vmatrix} 6i+4 & 0 & 0 \\ 4 & 3i & -1 \\ 20 & 3 & i \end{vmatrix} = x + iy$$

$$(R_1 \to R_1 + R_2)$$

$$\Rightarrow (6i+4)(-3+3) = 0 = x + iy$$

$$\Rightarrow x = 0,\ y = 0.$$

37. $\begin{vmatrix} 5^2 & 5^3 & 5^4 \\ 5^3 & 5^4 & 5^5 \\ 5^4 & 5^5 & 5^7 \end{vmatrix} = 5^2 \,.\, 5^3 \,.\, 5^4 \begin{vmatrix} 1 & 1 & 1 \\ 5 & 5 & 5 \\ 5^2 & 5^2 & 5^3 \end{vmatrix} = 0$

($\therefore$ दो स्तम्भ समान है)

38. $\Delta = (x+a+b+c)\begin{vmatrix} 1 & a & b+c \\ 1 & b & c+a \\ 1 & c & a+b \end{vmatrix}$

$(C_1 \to C_1 + C_2 + C_3)$

$= (x+a+b+c)(a+b+c)\begin{vmatrix} 1 & 1 & b+c \\ 1 & 1 & c+a \\ 1 & 1 & c+b \end{vmatrix} = 0,$

$(C_2 \to C_2 + C_3)$

अतः x का मान कुछ भी हो सकता है।

39. $\begin{vmatrix} a-x & c & b \\ c & b-x & a \\ b & a & c-x \end{vmatrix} = 0$

$\Rightarrow \begin{vmatrix} a+b+c-x & c & b \\ a+b+c-x & b-x & a \\ a+b+c-x & a & c-x \end{vmatrix} = 0$

$(C_1 \to C_1 + C_2 + C_3)$

$\Rightarrow (a+b+c-x)\begin{vmatrix} 1 & c & b \\ 1 & b-x & a \\ 1 & a & c-x \end{vmatrix}$

$= (a+b+c-x)\begin{vmatrix} 1 & c & b \\ 0 & b-x-c & a-b \\ 0 & a-c & c-x-b \end{vmatrix}$

$(R_2 \to R_2 - R_1, R_3 \to R_3 - R_1)$

$= (a+b+c-x)[(b-x-c)(c-x-b) - (a-c)(a-b)]$

$= (a+b+c-x)[bc - bx - b^2 - cx + x^2 + bx - c^2 + cx + bc - a^2 + ab + ac - bc]$

$= (a+b+c-x)(bc - b^2 + x^2 - c^2 - a^2 + ab + ac)$

$\Rightarrow (a+b+c-x)\left[x^2 - (a^2+b^2+c^2)\right] = 0$

$\therefore x = a+b+c$ अथवा $(a^2+b^2+c^2)^{1/2}$.

40. $x = 1$ रखने पर,

$\Delta = \begin{vmatrix} a & b & a+b \\ b & c & b+c \\ a+b & b+c & 0 \end{vmatrix}$

$= \begin{vmatrix} a & b & 0 \\ b & c & 0 \\ a+b & b+c & a+c+2b \end{vmatrix}$

$C_3 \to C_1 + C_2 - C_3$

$\Rightarrow \Delta = (a+c+2b)(ac - b^2) = 0$

$\therefore b^2 = ac$ अथवा $(a+c = -2b)$

$\therefore$ a, b, c गुणोंत्तर श्रेणी में है।

41. अद्वितीय हल के लिए $|A| \neq 0$ अर्थात्
$(p-2)(q-3) \neq 0$ या $p \neq 2$ एवं $q \neq 3$.

42. अनन्त अनेक हल के लिए
$|A| = |A_1| = |A_2| = |A_3| = 0$
$\Rightarrow (p-2)(q-3) = 0$ एवं $(4q-15)(p-2) = 0$
तथा $p-2=0 \Rightarrow p=2$.

43. कोई हल नहीं होगा यदि,
$|A| = 0$ तथा कम से कम एक
$|A_1|, |A_2|, |A_3|$ में से अशून्य होना चाहिए।
$\therefore (p-2)(q-3) = 0$ तथा
या तो $(q-3)(p-2) \neq 0$

या $p-2\neq 0$ या $q-3=0$

अर्थात् $p\neq 2$ या $q=3$

$\Rightarrow q=3, p\neq 2.$

44. जब $a=b$ तब $C_2=C_3$ अतः सारणिक $A=0.$

45. जब $a=2,\ b=3$

$$|A|=\begin{vmatrix}1 & x^2 & x^3\\1 & y^2 & y^3\\1 & z^2 & z^3\end{vmatrix}$$

$$=(x-y)(y-z)(z-x)(xy+yz+zx).$$

46. दिया है, $\begin{vmatrix}1 & x & x^2\\1 & y & y^2\\1 & z & z^2\end{vmatrix}=0$

$\Rightarrow (x-y)(y-z)(z-x)=0$

$\Rightarrow$ कम-से-कम एक $(x-y),(y-z),(z-x)$ शून्य होगा।

$\Rightarrow$ x, y, z में से कम-से-कम दो समान होंगे।

47. वक्तव्य-I सत्य है क्योंकि,

$$\frac{a_1}{a_2}=\frac{b_1}{b_2}\neq\frac{c_1}{c_2}\left[\frac{1}{2}=\frac{1}{2}\neq\frac{1}{3}\right]$$

परन्तु वक्तव्य-II असत्य है क्योंकि,

$\frac{a_1}{a_2}=\frac{b_1}{b_2}\neq\frac{c_1}{c_2}$ के लिए

कोई हल नहीं होगा।

48. वक्तव्य-II सत्य है (सारणिक गुण से) वक्तव्य-I के लिए,

माना $\Delta=\begin{vmatrix}1 & a & bc\\1 & b & ca\\1 & c & ab\end{vmatrix}=\frac{1}{abc}\begin{vmatrix}a & a^2 & abc\\b & b^2 & abc\\c & c^2 & abc\end{vmatrix}$

क्रिया $R_1\to aR_1, R_2\to bR_2, R_3\to cR_3$

$$\Delta=\frac{1}{abc}\times abc\begin{vmatrix}a & a^2 & 1\\b & b^2 & 1\\c & c^2 & 1\end{vmatrix}=\begin{vmatrix}1 & a & a^2\\1 & b & b^2\\1 & c & c^2\end{vmatrix}$$

$$\therefore \begin{vmatrix}1 & a & bc\\1 & b & ca\\1 & c & ab\end{vmatrix}=\begin{vmatrix}1 & a & a^2\\1 & b & b^2\\1 & c & c^2\end{vmatrix}$$

अतः वक्तव्य-I असत्य है।

49. वक्तव्य-II सत्य है (सारणिक गुण से) वक्तव्य-I

दिया गया है $\begin{vmatrix}x & 3 & 7\\2 & x & 2\\7 & 6 & x\end{vmatrix}=0$

क्रिया $R_1\to R_1+R_2+R_3$, हम पाते हैं

$$\begin{vmatrix}x+9 & x+9 & x+9\\2 & x & 2\\7 & 6 & x\end{vmatrix}=0$$

या $(x+9)\begin{vmatrix}1 & 1 & 1\\2 & x & 2\\7 & 6 & x\end{vmatrix}=0$

क्रिया $C_2\to C_2-C_1$ तथा $C_3\to C_3-C_1$

$$(x+9)\begin{vmatrix}1 & 0 & 0\\2 & x-2 & 0\\7 & -1 & x-7\end{vmatrix}=0$$

$\Rightarrow (x+9)(x-2)(x-7)=0$

या $x = 2, 7, -9$ मूल है

अतः अन्य मूल 2, 7 है

वक्तव्य-I सत्य है तथा वक्तव्य-II वक्तव्य-I का सही स्पष्टीकरण है।

50. A. $\begin{vmatrix} a & b & a\alpha+b \\ b & c & b\alpha+c \\ a\alpha+b & b\alpha+c & 0 \end{vmatrix}$

क्रिया $R_3 \to R_3 - \alpha R_1 - R_2$

$$= \begin{vmatrix} a & b & a\alpha+b \\ b & c & b\alpha+c \\ 0 & 0 & -(a\alpha^2+2b\alpha+c) \end{vmatrix}$$

$$= -(a\alpha^2+2b\alpha+c)(ac-b^2)$$

$$= (b^2-ac)(a\alpha^2+2b\alpha+c) = 0$$

(दिया है कि a, b, c गुणोंत्तर श्रेणी में है अर्थात् $b^2 = ac$)

B. $\begin{vmatrix} a-b & b-c & c-a \\ b-c & c-a & a-b \\ c-a & a-b & b-c \end{vmatrix}$

क्रिया– $C_1 \to C_1 + C_2 + C_3$

$$\begin{vmatrix} 0 & b-c & c-a \\ 0 & c-a & a-b \\ 0 & a-b & b-c \end{vmatrix}$$

अतः सारणिक का मान $= 0$

C. दिया है, $\begin{vmatrix} 3 & -x & 5 \\ 2 & -x-1 & 2 \\ -x+1 & 4 & 1 \end{vmatrix} = 0$

$$\Rightarrow 3(-x-1-8) + x[2-2(-x+1)] + 5[8-(x^2-1)] = 0$$

$$\Rightarrow -3x - 27 + 2x^2 + 45 - 5x^2 = 0$$

$$\Rightarrow x^2 + x - 6 = 0$$

$$\Rightarrow x = 2, -3$$

D. दिया है, $\begin{vmatrix} x & -6 & -1 \\ 2 & -3x & x-3 \\ -3 & 2x & x+2 \end{vmatrix} = 0$

क्रिया : $R_2 \to R_2 - R_1, R_3 \to R_3 - R_1$

$$\Rightarrow \begin{vmatrix} x & -6 & -1 \\ 2-x & -3x+6 & x-2 \\ -3-x & 2x+6 & x+3 \end{vmatrix} = 0$$

$$\Rightarrow (x-2)(x+3)\begin{vmatrix} x & -6 & -1 \\ -1 & -3 & 1 \\ -1 & 2 & 1 \end{vmatrix} = 0$$

क्रिया : $C_1 \to C_1 + C_3$

$$\Rightarrow (x-2)(x+3)\begin{vmatrix} x-1 & -6 & -1 \\ 0 & -3 & 1 \\ 0 & 2 & 1 \end{vmatrix} = 0$$

$$\Rightarrow (x-2)(x+3)(x-1)(-5) = 0$$

$\Rightarrow x = 2, -3$ या 1

9

क्रमसंचय एवं संचय
(PERMUTATION AND COMBINATION)

क्रमगुणित संकेत (Factorial Notation)

प्रथम n प्राकृत संख्याओं के लगातार (continued) गुणनफल को क्रमगुणित n कहते हैं। इसे $n!$ या $\underline{|n}$ से सूचित किया जाता है।

अतः $\underline{|n} = n(n-1)(n-2)(n-3) \ldots 4 \times 3 \times 2 \times 1$

जैसे $\underline{|8} = 8 \times 7 \times 6 \times 5 \times 4 \times 3 \times 2 \times 1 = 40320$

$\underline{|6} = 6 \times 5 \times 4 \times 3 \times 2 \times 1 = 720$

पुनः $\underline{|n} = n(n-1)(n-2)(n-3) \ldots 3.2.1$

$= n\underline{|n-1}$ जहाँ $n > 1$

$= n(n-1)\underline{|n-2}$ जहाँ $n > 2$

$= n(n-1)(n-2)\underline{|n-3}$ जहाँ $n > 3$

अतः हम देखते हैं कि

$\underline{|n}$ को $\underline{|n-1}, \underline{|n-2}, \underline{|n-3}, \ldots$ के रूप में व्यक्त किया जा सकता है

जैसे $\underline{|8} = 8.7.6.5.4.3.2.1$

$= 8\underline{|7} = 8.7\underline{|6} = 8.7.6\underline{|5}$ इत्यादि।

उदाहरण 1 : गुणनफल $2 \times 6 \times 10 \times \ldots$, 50 गुणनफल तक को क्रमगुणित के रूप में लिखें।

हल : $(2 \times 1)(2 \times 3)(2 \times 5)(2 \times 7) \ldots$ 50 युग्म गुणन

$= 2^{50}(1 \times 3 \times 5 \times 7 \ldots$ 50 गुणन तक)

$= 2^{50}(1 \times 3 \times 5 \times 7 \times \ldots \times 99)$

[50वाँ विषम प्राकृत संख्या = 99]

$$= 2^{50}\frac{(1 \times 2 \times 3 \times 4 \times 5 \times 6 \times 7 \ldots 99 \times 100)}{2 \times 4 \times 6 \times 8 \ldots \times 100}$$

$$= \frac{2^{50}\underline{|100}}{(2 \times 1)(2 \times 2)(2 \times 3)(2 \times 4)\ldots(2 \times 50)}$$

$$= \frac{2^{50}\underline{|100}}{2^{50}\underline{|50}} = \frac{\underline{|100}}{\underline{|50}}.$$

उदाहरण 2 : x का मान निकालें यदि

$$\frac{1}{\underline{|8}} + \frac{3}{\underline{|7}} = \frac{x}{\underline{|9}}$$

हल : दोनों ओर $\underline{|9}$ से गुणा करने पर

$$\frac{\underline{|9}}{\underline{|8}} + \frac{3 \times \underline{|9}}{\underline{|7}} = x$$

$\Rightarrow x = 9 + 3 \times 9 \times 8$

$\Rightarrow x = 9 + 216 = 225$

अतः $x = 225.$

उदाहरण 3 : सिद्ध करें : $1.3.5.7\ldots(2n-1) = \dfrac{\underline{|2n}}{\underline{|n}.2^n}$.

हल : $1.3.5\ldots(2n-1) = \dfrac{1.2.3.4\ldots.(2n-1)(2n)}{2.4.6\ldots(2n)}$

$$= \frac{\underline{|2n}}{(2 \times 1)(2 \times 2)(2 \times 3)\ldots(2 \times n)}$$

$$= \frac{\underline{|2n}}{2^n\underline{|n}}$$ सिद्ध हुआ।

उदाहरण 4 : $\dfrac{\underline{|n}}{\underline{|r}\,\underline{|n-r}}$ का मान ज्ञात करें, यदि $n = 9, r = 4$.

हल : $\dfrac{\lfloor 9}{\lfloor 4 \lfloor 9-4} = \dfrac{\lfloor 9}{\lfloor 5 \times \lfloor 4} = \dfrac{9 \times 8 \times 7 \times 6 \lfloor 5}{\lfloor 5 \times \lfloor 4}$

$$= \frac{9 \times 8 \times 7 \times 6}{4 \times 3 \times 2} = 126.$$

मुख्य बिन्दु (Main Points)

(*i*) $\lfloor 0 = 1$

(*ii*) भिन्न संख्या एवं ऋणात्मक पूर्णांक संख्या का क्रमगुणित (Factorial) अपरिभाषित होता है।

वर्ग एवं क्रम या क्रमानुसार (Groups and Arrangements) : यदि हमारे पास 3 अक्षर a, b, c हों तो दो अक्षरों को एक साथ चयन करने पर वर्ग निम्नलिखित होंगे–

(*i*) ab (*ii*) ac तथा (*iii*) bc

उपरोक्त प्रत्येक वर्ग के अक्षरों को दो भिन्न तरीकों से क्रमानुसार व्यवस्थित कर सकते हैं।

ab, ba, ac, ca, bc, cb इस प्रकार कुल क्रमानुसार 6 होंगे।

क्रमचय (Permutation) : दी गई वस्तुओं में से कुछ या सभी वस्तुओं को लेकर किए गए विभिन्न विन्यासों (arrangement) में से प्रत्येक को क्रमचय कहते हैं।

जैसे : दिए गए तीन अक्षरों a, b, c में से 2 को एक साथ लेकर किए गए विन्यास ab, ba, bc, cb, ca, ac हैं, तब कुल विन्यासों की संख्या = 6, प्रत्येक विन्यास क्रमचय कहा जाता है।

महत्वपूर्ण परिणाम (Important Results)

(*i*) n विभिन्न वस्तुओं में से r वस्तुओं को एक साथ लेकर बने क्रमचयों की संख्या को ${}^np_r$ से निरूपित करते हैं।

अतः ${}^np_r = \dfrac{\lfloor n}{\lfloor n-r}, \quad \forall\ 0 \le r \le n.$

(*ii*) यदि वस्तुओं में से p वस्तुएँ एक प्रकार की, q वस्तुएँ दूसरे प्रकार की, r वस्तुएँ तीसरे प्रकार की तथा शेष वस्तुएँ भिन्न-भिन्न प्रकार की हो, तब सभी n वस्तुओं को एक साथ लेकर बने क्रमचयों की संख्या = $\dfrac{\lfloor n}{\lfloor p \lfloor q \lfloor r}$

(*iii*) यदि n वस्तुओं में से r वस्तुओं को लेकर, जिनमें प्रत्येक वस्तु की पुनरावृति हो सकती है, बने कुल क्रमचयों की संख्या = n^r.

(*iv*) n विभिन्न वस्तुओं में से r वस्तुओं का चयन इस प्रकार किया जाए जिससे एक विशेष वस्तु प्रत्येक विन्यास में अवश्य हो, तो कुल क्रमचयों की संख्या = $r.{}^{n-1}p_{r-1}$.

(*v*) n विभिन्न वस्तुओं में से r वस्तुओं का चयन इस प्रकार किया जाए कि विशेष वस्तु प्रत्येक विन्यास में न हो, तब कुल क्रमचयों की संख्या = ${}^{n-1}p_r$

गणना का आधारभूत सिद्धान्त (Fundamental Principle of Counting)

(*a*) **गुणन का आधारभूत सिद्धान्त (Fundamental Principle of Multiplication) :** यदि किसी कार्य को m प्रकार से सम्पन्न किया जाता है और इसके बाद दूसरे कार्य को n प्रकार से सम्पन्न किया जाता है, तो दोनों कार्यों को क्रमानुसार करने के कुल तरीके = $m \times n$

जैसे : किसी हॉल में 12 दरवाजे हैं। तब कोई व्यक्ति कुल कितने तरीकों से हॉल के अन्दर तथा अन्य दरवाजे (जिससे गया उसे छोड़कर) बाहर आ सकता है?

कुल तरीकों की संख्या = 12 × 11 = 132.

क्योंकि : हॉल के अन्दर 12 दरवाजे में से किसी 1 से जा सकता है, कुल तरीके = 12; पुनः बाहर आने के लिए जिस दरवाजे से गया उसे छोड़ना है, अतः कुल तरीके = 11.

अतः कुल तरीके = 12 × 11 = 132 होगा।

(*b*) **योग का आधारभूत सिद्धान्त (Fundamental Principle of Addition) :** यदि दो कार्य जो एक दूसरे से पूर्णतः स्वतंत्र हैं, में पहले कार्य को m प्रकार से तथा दूसरे कार्य को n प्रकार से सम्पन्न किया जाता है, तो दोनों में से कम से कम एक कार्य को करने की संख्या $(m + n)$ होगी।

जैसे : किसी संस्था में 20 आदमी एवं 12 औरत है तो इसमें से किसी एक को सचिव चुनने के कुल तरीकों की संख्या = 20 + 12 = 32 होगी।

क्योंकि 20 आदमियों में से एक (1) को चुनने के कुल तरीके = 20

इसी प्रकार 12 औरतों में से किसी एक (1) को चुनने के कुल तरीके = 12

अतः सचिव के लिए एक आदमी या औरत को चुनने के तरीकों की संख्या = 20 + 12 = 32.

उदाहरण 5 : दस विद्यार्थी किसी दौड़ में भाग लेते हैं तो प्रथम तीन पुरस्कारों को कितने तरीके से प्राप्त कर सकते हैं?

हल : यहाँ 10 विद्यार्थी है तथा पुरस्कार की संख्या = 3 चूँकि कोई भी विद्यार्थी एक (1) से अधिक पुरस्कार प्राप्त नहीं कर सकता है।

अतः 10 विद्यार्थी द्वारा 3 पुरस्कार जीतने के

कुल तरीके $= {}^{10}P_3 = \dfrac{\lfloor 10}{\lfloor 10-3} = 10 \times 9 \times 8 = 720.$

उदाहरण 6 : 7 कुर्सियों पर 4 लड़के एवं 3 लड़कियों को क्रम से कितने तरीके से बिठाया जाय, यदि दो लड़के या लड़कियाँ एक साथ न हों।

हलः B G B G B G B

4 लड़के विषम स्थान पर कुल ${}^4P_4$ तरीके से बैठ सकते हैं। इसी प्रकार लड़कियों के बैठने के कुल तरीके $= {}^3P_3$.

अतः गुणन के आधारभूत सिद्धान्त से, कुल तरीके $= {}^4P_4 \times {}^3P_3$ $= \lfloor 4 \times \lfloor 3 = 144.$

उदाहरण 7 : यदि किसी सिक्के को 7 बार उछाला जाए तो कुल संभव परिणाम क्या होंगे?

हल : प्रत्येक बार उछालने पर दो संभव परिणाम होंगे।

अतः कुल परिणामों की संख्या (यदि सिक्के को 7 बार उछाला जाए) $= 2 \times 2 \times 2 \times 2 \times 2 \times 2 \times 2 = 2^7.$

उदाहरण 8 : शब्द ENGINEERING को कुल कितने संभव तरीके से लिखा जा सकता है?

हल : शब्द ENGINEERING में कुल अक्षरों की संख्या = 11 जिसमें E की संख्या = 3, N की संख्या = 3, G की संख्या = 2 तथा I की संख्या = 2 तथा शेष अलग अक्षर हैं।

अतः कुल क्रमचय $= \dfrac{\lfloor 11}{\lfloor 3 \lfloor 3 \lfloor 2 \lfloor 2} = 277200.$

उदाहरण 9 : अंक 2, 3, 4, 5, 6 से 400 एवं 1000 के बीच कितनी संख्या प्राप्त कर सकते हैं, यदि संख्या में अंकों की पुनरावृति नहीं हो?

हल : 400 एवं 1000 के बीच संख्याओं में तीन अंक होंगे तथा सैंकड़ा के स्थान पर 4 या इससे अधिक का अंक होगा। अतः सैंकड़ा के स्थान को 4, 5, 6 अर्थात 3 तरीके से भरा जा सकता है। अब दहाई के स्थान एवं इकाई के स्थान को शेष 5 अंकों से भरा जाएगा जिसके कुल तरीके $= {}^5P_2$

अतः कुल प्राप्त संख्या $= 3 \times {}^5P_2 = 3 \times \dfrac{\lfloor 5}{\lfloor 3} = 3 \times 20 = 60.$

उदाहरण 10 : 5 लड़कों एवं 5 लड़कियों को एक पंक्ति में कुल कितने संभव तरीके से बिठाया जाय कि सभी लड़कियाँ एक साथ एवं सभी लड़के एक साथ बैठे हों।

हल : लड़के एवं लड़कियों के दो वर्ग हैं। अतः ये वर्ग आपस में $\lfloor 2$ तरीके से क्रमबद्ध होंगे। पुनः 5 लड़कियाँ आपस में $\lfloor 5$ तरीके से क्रमबद्ध होंगे, इसी प्रकार 5 लड़के आपस में कुल $\lfloor 5$ तरीके से क्रमबद्ध होंगे।

अतः कुल संभव तरीके $= \lfloor 2 \times \lfloor 5 \times \lfloor 5 = \lfloor 2 \times (\lfloor 5)^2.$

वृत्तीय क्रमचय (Circular Permutation)

यदि वस्तुओं को एक संवृत वक्र (closed curve) के अनुदिश व्यवस्थित करते हैं, तो इस प्रकार के क्रमचय को वृत्तीय क्रमचय कहते हैं।

जैसेः n आदमियों को यदि पंक्तिबद्ध रखना हो तो इसके कुल तरीके $= \lfloor n$ होंगे। परंतु यदि इन्हीं आदमियों को किसी गोल मेज पर बिठाया जाय तो प्रत्येक वृत्तीय क्रम (विन्यास), n क्रमबद्ध (विन्यास) एक रेखा पर समतुल्य होगा। अतः n आदमियों को किसी गोलीय मेज पर बिठाने के कुल तरीके $= \lfloor n-1.$

परन्तु यदि वामावर्त्ती एवं दक्षिणावर्त्ती क्रमचयों को एक माना जाए (Not distinct), तो कुल वृत्तीय क्रमचयों की संख्या $= \dfrac{1}{2}\lfloor n-1.$

उदाहरण 11 : 4 लड़कों एवं 4 लड़कियों को किसी गोलीय मेज पर कुल कितने तरीके से बिठाया जाय कि दो लड़के या लड़कियाँ एक साथ न हों?

हल : 4 लड़कों को किसी गोलीय मेज पर बिठाने के कुल तरीके $\lfloor 4-1 = \lfloor 3 = 6.$

लड़कों के बैठने के प्रत्येक तरीके के लिए लड़कियों के क्रमबद्ध होने के $\lfloor 4 = 24$ तरीके हैं।

अतः कुल तरीके = 6 × 24 = 144.

संचय (Combination) : दी गई वस्तुओं में से कुछ या सभी को लेकर बनाए गए समूहों में से प्रत्येक समूह को संचय कहते हैं।

जैसेः तीन वस्तुओं x, y, z में से 2 को एक साथ लेने पर कुल समूह $= xy, yz, zx$ अर्थात 3 होंगे। इसमें प्रत्येक को संचय कहते हैं।

क्रमचय एवं संचय में अन्तर (Difference between Permutation and Combination) : क्रमचय में वस्तुओं का क्रम महत्वपूर्ण होता है परंतु **संचय** में वस्तुओं के समूह का महत्व होता है क्रम का नहीं।

महत्वपूर्ण परिणाम (Important Results)

(*i*) n विभिन्न वस्तुओं में से r वस्तु को लेकर बनाए गए संचयों की संख्या $= {}^nc_r$ या $c(n, r)$

या $\binom{n}{r} = \dfrac{\lfloor n}{\lfloor n-r \lfloor r}$ या $\dfrac{n!}{r!(n-r)!}$

(*ii*) ${}^nc_r = {}^nc_{n-r}$

(*iii*) ${}^nc_r + {}^nc_{r-1} = {}^{n+1}c_r$

(*iv*) ${}^nc_x = {}^nc_y \Leftrightarrow x = y$ या $x + y = n$

(*v*) $\dfrac{{}^nc_r}{{}^nc_{r-1}} = \dfrac{n-r+1}{r}$

(*vi*) ${}^nc_0 + {}^nc_1 + {}^nc_2 + \ldots + {}^nc_n = 2^n$

(*vii*) ${}^nc_0 + {}^nc_2 + {}^nc_4 + \ldots = {}^nc_1 + {}^nc_3 + {}^nc_5 + \ldots = 2^{n-1}$

(*viii*) ${}^nc_n + {}^{n+1}c_n + {}^{n+2}c_n + {}^{n+3}c_n + \ldots {}^{2n-1}c_n = {}^{2n}c_{n+1}$

(*ix*) n विभिन्न वस्तुओं में से r वस्तुएँ लेनी हो जबकि p वस्तुएँ लेना अनिवार्य हो तो कुल संचयों की संख्या $= {}^{n-p}c_{r-p}$.

(*x*) n विभिन्न वस्तुओं में से r वस्तुएँ लेनी हो जबकि p वस्तुओं को कभी नहीं लिया जाए तो संचयों की कुल संख्या $= {}^{n-p}c_r$.

(*xi*) n विभिन्न वस्तुओं में से कम से कम एक वस्तु लेकर बने संचयों की संख्या
$= {}^nc_1 + {}^nc_2 + {}^nc_3 + \ldots + {}^nc_n = 2^n - 1$

(*xii*) एक प्रकार (same kind) की n वस्तुओं को लेकर बने संचयों की संख्या $= n + 1$

व्यतिक्रम (Dearrangement) : किसी दिए गए क्रम में किसी प्रकार का परिवर्तन व्यतिक्रम कहलाता है।

यदि n वस्तुओं को एक पंक्ति में इस प्रकार व्यवस्थित किया गया है कि प्रत्येक वस्तु अपने मूल स्थान पर न हो तो कुल तरीकों की संख्या

$$= \lfloor n \left(1 - \frac{1}{\lfloor 1} + \frac{1}{\lfloor 2} - \frac{1}{\lfloor 3} + \ldots + (-1)^n \frac{1}{\lfloor n}\right)$$

साधित उदाहरण (Solved Examples)

उदाहरण 1 : एक समतल पर 10 बिन्दु स्थित हैं। इन 10 बिन्दुओं में से 4 बिन्दु एक सरल रेखा पर स्थित है। इन चार बिन्दुओं को छोड़कर कोई तीन बिन्दु सरेख नहीं है। तब

(*i*) इन बिन्दुओं से बने त्रिभुजों की संख्या ज्ञात कीजिए।

(*ii*) इन बिन्दुओं से बनी सरल रेखाओं की संख्या ज्ञात करें।

हल : (*i*) 10 बिन्दुओं में से 3 बिन्दुओं के चयनों की संख्या

$$= {}^{10}c_3 = \frac{10 \times 9 \times 8}{\lfloor 3} = 120$$

4 सरेख बिन्दुओं में से तीन बिन्दुओं के चयनों की संख्या $= {}^4c_3 = 4$

$\therefore$ अभीष्ट तरीकों की संख्या $= 120 - 4 = 116$

(*ii*) 10 बिन्दुओं में से 2 बिन्दुओं के चयनों की संख्या

$$= {}^{10}c_2 = \frac{10 \times 9}{\lfloor 2} = 45$$

4 बिन्दुओं में से 2 बिन्दुओं के चयनों की संख्या, जब केवल एक सरल रेखा बने

$$= {}^4c_2 = \frac{\lfloor 4}{\lfloor 2 \lfloor 2} = 6$$

$\therefore$ अभीष्ट तरीकों की संख्या $= {}^{10}c_2 - {}^4c_2 + 1$
$= 45 - 6 + 1 = 40.$

उदाहरण 2 : 7 व्यंजनों एवं 4 स्वरों में से 3 व्यंजनों एवं 2 स्वरों को लेकर कितने शब्द बनाये जा सकते हैं?

हल : 7 व्यंजनों में से 3 व्यंजनों का चयन ${}^7c_3$ तरीके से किया जा सकता है, इसी प्रकार 4 स्वरों में से 2 का चयन ${}^4c_2$ तरीकों से होगा।

अतः गणना के आधारभूत सिद्धान्त रो कुल संचयों की संख्या $= {}^7c_3 \times {}^4c_2$

अब 5 अक्षरों का प्रत्येक संचय आपस में $\lfloor 5$ तरीके से क्रमानुसार रखे जा सकते हैं।

अतः कुल शब्दों की संख्या $= {}^7c_3 \times {}^4c_2 \times \lfloor 5$

$$= \frac{7.6.5}{3.2.1} \times \frac{4.3}{2.1} \times 120$$
$$= 25200.$$

उदाहरण 3 : अंक 1, 2, 3, 4 तथा 5 का प्रयोग एक साथ (इसमें अंकों की पुनरावृत्ति न हों) करते हुए कुल कितनी समसंख्याएँ बनाई जा सकती हैं?

हल : चूँकि समसंख्या है, अतः ईकाई के स्थान पर 2 या 4 होंगे। अतः ईकाई के स्थान को 2 प्रकार से भरा जा सकता है, शेष 4 स्थान को बचे 4 अंकों से भरने का कुल तरीका $= {}^4p_4$

अतः कुल समसंख्याएँ $= 2 \times {}^4p_4 = 2 \times \lfloor 4 = 48.$

उदाहरण 4 : कितने तरीकों से 5 भारतीय तथा 4 अंग्रेज एक गोल मेज के चारों ओर बैठ सकते हैं यदि

(*i*) सभी अंग्रेज एक साथ बैठे?

(*ii*) कोई दो अंग्रेज एक साथ न बैठे?

हलः (*i*) 4 अंग्रेजों को एक व्यक्ति मानने पर कुल व्यक्तियों की संख्या = 6

अतः 6 व्यक्ति मेज के चारों ओर $\lfloor 6-1$ तरीकों से बैठ सकते हैं। पुनः 4 अंग्रेज आपस में $\lfloor 4$ तरीकों से व्यवस्थित हो सकते हैं।

$\therefore$ अभीष्ट तरीके $= \lfloor 6-1 \times \lfloor 4 = \lfloor 5 \times \lfloor 4.$

(*ii*) चूँकि भारतीयों पर कोई प्रतिबन्ध नहीं है, अतः 5 भारतीय मेज के चारों ओर $\lfloor 5-1 = \lfloor 4$ तरीकों से बैठ सकते हैं।

अतः 4 अंग्रेज प्रत्येक दो भारतीयों के बीच 5 स्थान पर ${}^5p_4$ तरीकों से बैठ सकते हैं।

$\therefore$ अभीष्ट तरीकों की संख्या $= \lfloor 4 \times {}^5p_4 = \lfloor 4 \times \lfloor 5.$

उदाहरण 5 : अंक 1, 3, 5, 7, 9 में कुछ या सभी अंकों का प्रयोग करते हुए (जिसमें अंकों की पुनरावृत्ति न हो) सभी संभव संख्याओं की कुल संख्या क्या होगी?

हल : चूँकि सभी संभव संख्या निकालनी है, अतः 1 अंक द्वारा निर्मित संख्या, दो अंकों वाली संख्या, तीन अंकों वाली, चार अंकों वाली एवं पाँच अंकों वाली संख्याएँ क्रमशः ${}^5p_1$, ${}^5p_2$, ${}^5p_3$, ${}^5p_4$ एवं ${}^5p_5$ होंगी।

अतः अभीष्ट संख्या $= {}^5p_1 + {}^5p_2 + {}^5p_3 + {}^5p_4 + {}^5p_5$
$= 5 + 20 + 60 + 120 + 120$
$= 325.$

उदाहरण 6 : 8 विभिन्न प्रकार के फूलों (flowers) से एक माला को गूँथना है तो 4 विशेष फूलों को एक साथ रखते हुए इसे कितने प्रकार से गूँथा जा सकता है?

हल : स्पष्टतः माला गूँथने में वामावर्ती एवं दक्षिणावर्ती भिन्न होंगे। अतः 4 विशेष फूल को एक मानने पर कुल फूलों की संख्या = 5

अतः 5 फूलों से माला गूँथने के कुल तरीके $= \frac{1}{2}\lfloor 5-1$

$= \frac{1}{2}\lfloor 4$

पुनः चार विशेष फूल आपस में कुल $\lfloor 4$ तरीके से व्यवस्थित होंगे।

अतः कुल गूँथने के तरीके $= \frac{1}{2} \times \lfloor 4 \times \lfloor 4$

$= \frac{1}{2} \times 4 \times 3 \times 2 \times 4 \times 3 \times 2$
$= 288.$

उदाहरण 7 : यदि ${}^nc_3 = {}^nc_2$ तो n का मान ज्ञात करें।

हल : हम जानते है ${}^nc_r = {}^nc_{n-r}$

अतः ${}^nc_3 = {}^nc_2 = {}^nc_{n-2}$

$\Rightarrow {}^nc_3 = {}^nc_{n-2}$

$\Rightarrow 3 = n - 2$

$\Rightarrow n = 5. \left(\begin{matrix}\text{यदि } {}^nc_x = {}^nc_y \\ \therefore x = y\end{matrix}\right)$

वस्तुनिष्ठ प्रश्न

1. 10 फूलों के एक हार को कितने प्रकार से गूँथा जा सकता है?

(*a*) 10! (*b*) 9!

(*c*) 2(9!) (*d*) $\frac{1}{2}(9!)$

2. एक बॉक्स में दो सफेद, तीन काली तथा चार लाल गेंद हैं। इस बॉक्स से तीन गेंद कुल कितने विभिन्न प्रकारों से निकाली जा सकती है, जिनमें कम से कम एक काली गेंद अवश्य हो?

(*a*) 64 (*b*) 45

(*c*) 46 (*d*) इनमें से कोई नहीं

3. INDEPENDENCE शब्द के अक्षरों से कितने शब्द बनाये जा सकते हैं, जिसमें स्वर हमेशा साथ रहे?

(*a*) 16800 (*b*) 16630
(*c*) 163200 (*d*) इनमें से कोई नहीं

4. 5 इनामों को 4 विद्यार्थियों में कितने प्रकार से बाँटा जा सकता है, जबकि कोई भी विद्यार्थी एक या अधिक इनाम प्राप्त कर सकता है?

(*a*) 1024 (*b*) 625
(*c*) 120 (*d*) 600

5. 6 आदमी एवं 4 औरतों में से 5 सदस्यों की एक समिति कितने प्रकार से बनाई जा सकती है, यदि समिति में कम से कम 1 औरत अवश्य हो?

(*a*) 186 (*b*) 246
(*c*) 252 (*d*) इनमें से कोई नहीं

6. 12 रिक्त स्थानों को भरने के लिए 25 उम्मीदवार हैं जिनमें से 5 अनुसूचित जाति के हैं। यदि 3 स्थान अनुसूचित जाति के उम्मीदवारों के लिये आरक्षित हों जबकि शेष में खुली प्रतियोगिता है, तो चुनाव के कुल तरीके हैं–

(*a* ${}^5c_3 \times {}^{22}c_9$ (*b*) ${}^{22}c_9 - {}^3c_3$
(*c*) ${}^{22}c_3 + {}^5c_3$ (*d*) इनमें से कोई नहीं

7. किसी समतल में 16 बिन्दु हैं जिनमें से 6 संरेखीय हैं, तो इन बिन्दुओं को मिलाकर कुल कितनी रेखायें खींची जा सकती हैं?

(*a*) 106 (*b*) 105
(*c*) 60 (*d*) 55

8. अंकों 1, 2, 3, 4, 5, 6 से तीन अंकों की कितनी विषम संख्यायें बनाई जा सकती हैं, यदि अंकों की पुनरावृत्ति सम्भव है?

(*a*) 60 (*b*) 108
(*c*) 36 (*d*) 30

9. 7 पुरूष और 7 महिलाओं को एक वृत्ताकार मेज के चारों तरफ कितने प्रकार से बैठाया जा सकता है जबकि कोई भी दो महिलायें एक साथ न बैठे?

(*a*) $(\underline{|7})^2$ (*b*) $\underline{|7} \times \underline{|6}$
(*c*) $(\underline{|6})^2$ (*d*) $\underline{|7}$

10. एक विद्यार्थी को किसी परीक्षा में 13 में से 10 प्रश्नों का उत्तर इस प्रकार देना है कि वह प्रथम पाँच प्रश्नों में से 4 प्रश्न का चुनाव कर सकता है, तो वह कुल कितने प्रकार से प्रश्नों का उत्तर दे सकता है?

(*a*) 140 (*b*) 196
(*c*) 280 (*d*) 346

11. "ARTICLE" शब्द के अक्षरों से बनने वाली शब्दों की कुल संख्या, जबकि स्वर सम स्थान पर आयें, होगी–

(*a*) 36 (*b*) 574
(*c*) 144 (*d*) 754

12. m पुरुष तथा n महिलाओं को सरल रेखा में इस प्रकार बिठाना है कि दो महिलाएँ एक साथ न बैठें। यदि $m > n$ हो, तब इन्हें बिठाने के कुल प्रकार हैं–

(*a*) $\dfrac{\underline{|m}\,\underline{|(m+1)}}{\underline{|(m-n+1)}}$ (*b*) $\dfrac{\underline{|m}\,\underline{|(m-1)}}{\underline{|(m-n+1)}}$

(*c*) $\dfrac{\underline{|(m-n+1)}}{\underline{|m}\,\underline{|(m+1)}}$ (*d*) इनमें से कोई नही

13. किसी कमरे में उपस्थित प्रत्येक व्यक्ति एक दूसरे से हाथ मिलाते हैं। यदि कुल हाथ मिलाये जाने की संख्या 66 हो, तो कमरे में उपस्थित कुल व्यक्तियों की संख्या है–

(*a*) 11 (*b*) 12
(*c*) 13 (*d*) 14

14. किसी समतल में 10 बिन्दु हैं जिसमें 4 संरेखीय हैं, तो इन बिन्दुओं को मिलाकर कुल कितने त्रिभुज बनाये जा सकते हैं?

(*a*) 60 (*b*) 116
(*c*) 120 (*d*) इनमें से कोई नहीं

15. 4 अधिकारियों एवं 8 जवानों में से 6 व्यक्ति कुल कितने प्रकार से चुने जा सकते हैं, यदि कम से कम एक अधिकारी को अवश्य शामिल किया जाए?

(a) 224 (b) 672

(c) 896 (d) इनमें से कोई नहीं

16. 11 किताबें, जिसमें से 5 गणित की, 4 भौतिकी की तथा 3 रसायन की हैं, किसी अलमारी में रखी हुई हैं। तो इन्हें अलमारी में कितने प्रकार से रखा जा सकता है, जबकि एक विषय की किताबें एक साथ आयें?

(a) $\lfloor 4 \lfloor 2$ (b) $\lfloor 11$

(c) $\lfloor 5 . \lfloor 4 . \lfloor 3 . \lfloor 2$ (d) इनमें से कोई नहीं

17. एक बहुभुज में 44 विकर्ण हैं, तब बहुभुज में भुजाओं की संख्या होगी–

(a) 13 (b) 12

(c) 11 (d) 10

18. कुणाल अपने पाँच मित्रों को पत्र तथा संगत लिफाफों पर पते लिखता है। पत्रों को लिफाफों में रखने के तरीकों की संख्या, ताकि कम से कम दो पत्र गलत लिफाफों में रखे हों, है–

(a) 120 (b) 125

(c) 119 (d) इनमें से कोई नहीं

19. न्यूनतम प्राकृतिक संख्या जिसके 20 भाजक हैं, है–

(a) 120 (b) 180

(c) 240 (d) 300

20. एक समतल के 18 बिन्दुओं में से 5 सरेखीय बिन्दुओं को छोड़कर कोई भी तीन बिन्दु समान सरल रेखा में नहीं है। इन बिन्दुओं को मिलाने से बनने वाली

(i) सरल रेखाओं की संख्या है।

(a) 140 (b) 142

(c) 144 (d) 146

(ii) त्रिभुजों की संख्या है–

(a) 816 (b) 806

(c) 800 (d) 750

अनुच्छेद-1 (Paragraph-1) : शब्द 'INDIAN OIL' को पंक्तिबद्ध सभी संभव तरीकों से व्यवस्थित किया गया (अर्थ या अर्थहीन)

21. कुल शब्दों की संख्या

(a) $\frac{\lfloor 9 \lfloor 2}{\lfloor 3}$ (b) $\frac{\lfloor 2 \lfloor 3}{\lfloor 2}$

(c) $\frac{\lfloor 9}{\lfloor 3 \lfloor 2}$ (d) इनमें से कोई नहीं

22. शब्दों की संख्या जिसके प्रारंभ एवं अन्त में I हो

(a) $\lfloor 2 \times \lfloor 7$ (b) $\frac{\lfloor 7}{\lfloor 2}$

(c) $\frac{2 \lfloor 7}{\lfloor 3}$ (d) इनमें से कोई नहीं

23. शब्दों की संख्या जिसमें सभी तीन I एक साथ हों

(a) $\frac{3 \lfloor 7}{\lfloor 2}$ (b) $\frac{\lfloor 3 \lfloor 7}{\lfloor 2}$

(c) $\frac{7}{\lfloor 3 \lfloor 2}$ (d) $\frac{\lfloor 7}{\lfloor 2}$

अनुच्छेद–2 (Paragraph-2) : किसी तल में n बिन्दु हैं तथा इन बिन्दुओं को मिलाने वाली रेखाएँ हैं।

24. यदि तीन बिन्दु एक रैखिक नहीं हों तो कुल रेखाएँ कितनी होगी–

(a) $2n$ (b) n^2

(c) ${}^nc_2$ (d) इनमें से कोई नहीं

25. इन बिन्दुओं को मिलाने से कुल कितनी रेखाएँ होगी–

(a) ${}^nc_2$ (b) n^2

(c) $2n$ (d) इनमें से कोई नहीं

26. यदि कोई तीन बिन्दु एक रैखिक नहीं हो, $m (< n)$ को छोड़कर जो एक ही सरल रेखा पर है तो इन बिन्दुओं को मिलाने पर बने सरल रेखाएँ होगी–

(a) ${}^nc_2 - {}^mc_2$ (b) ${}^nc_2 - {}^mc_2 + 1$

(c) ${}^{n-m}c_2 + 1$ (d) इनमें से कोई नहीं

दृढ़कथन-कारण (Assertion-Reason)

निम्नलिखित प्रश्नों के लिए नीचे दिए गए कूटों (a), (b), (c) तथा (d) से सही उत्तर का चयन करें।

(*a*) वक्तव्य-I सत्य है; वक्तव्य-II सत्य है; वक्तव्य-II वक्तव्य-I का सही स्पष्टीकरण है।

(*b*) वक्तव्य-I सत्य है; वक्तव्य-II सत्य है; वक्तव्य-II वक्तव्य-I का सही स्पष्टीकरण नहीं है।

(*c*) वक्तव्य-I सत्य है; वक्तव्य-II असत्य है।

(*d*) वक्तव्य-I असत्य है; वक्तव्य-II सत्य है।

27. **वक्तव्य-I :** n विभिन्न वस्तुओं में से एक भी नहीं, एक, दो, तीन, ... सभी वस्तुओं के चयन के सभी संभव तरीके 2^n हैं।

वक्तव्य-II : किसी प्राकृत संख्या n के लिए $^nc_0 + {}^nc_1 + {}^nc_2 + ... + {}^nc_n = 2^n$.

28. **वक्तव्य-I :** किसी वृत्त (circle) पर n बिन्दुओं को गिलाने वाली रेखाएँ $(n \geq 2)$, $\dfrac{n(n-1)}{2}$ है।

वक्तव्य-II : $^nc_2 = \dfrac{n(n-1)}{2}$.

29. **वक्तव्य-I :** $^nc_r + 4.{}^nc_{r-1} + 6.{}^nc_{r-2} + 4.{}^nc_{r-1} + {}^nc_{r-4} = {}^{n+4}c_r$.

वक्तव्य-II : $^nc_r + {}^nc_{r-1} = {}^{n+1}c_r$.

30. मिलान करें (Match These) :

	वर्ग-I		वर्ग-II
A.	720 के कुल गुणनखंड	*p.*	$\dfrac{^8c_4}{\lfloor 2}$
B.	अंक 1, 2, 3, 4, 5, 9 से बनी दो अंकों की संख्याएँ जबकि संख्या में अंकों की पुनरावृति न हो।	*q.*	$\dfrac{\lfloor 8}{\lfloor 4 \lfloor 2}$
C.	शब्द "ASSASSIN" में सभी अक्षरों से बने कुल संभव शब्दों की संख्या।	*r.*	$^6p_2$
D.	आठ विभिन्न वस्तुओं को दो बराबर भाग में बाँटने के सभी संभव तरीके।	*s.*	$5 \times 3 \times 2$

(*a*) A—*p*; B—*q*; C—*r*; D—*s*

(*b*) A—*q*; B—*r*; C—*s*; D—*p*

(*c*) A—*r*; B—*s, p*; C—*p, q*; D—*q*

(*d*) A—*r, s*; B—*r, s*; C—*q*; D—*p*

उत्तरमाला

1	2	3	4	5	6	7	8	9	10
(*d*)	(*a*)	(*a*)	(*b*)	(*b*)	(*a*)	(*a*)	(*b*)	(*b*)	(*b*)
11	**12**	**13**	**14**	**15**	**16**	**17**	**18**	**19**	**20**
(*c*)	(*a*)	(*b*)	(*b*)	(*c*)	(*d*)	(*c*)	(*c*)	(*c*)	(*c, b*)
21	**22**	**23**	**24**	**25**	**26**	**27**	**28**	**29**	**30**
(*c*)	(*b*)	(*d*)	(*c*)	(*a*)	(*b*)	(*a*)	(*a*)	(*a*)	(*d*)

व्याख्यात्मक उत्तर

1. क्योंकि n फूलों से एक हार $\dfrac{1}{2}(n-1)!$ प्रकार से गूँथा जा सकता है।

अतः $n = 10$ रखने पर, 10 फूलों से एक हार गूँथने के तरीकों की संख्या

$$= \frac{1}{2}(10-1)! = \frac{9!}{2}$$

2. कम-से-कम एक काली गेंद सम्मिलित करते हुए 3 गेंदों का चयन निम्नलिखित 3 परस्पर दशाओं से किया जा सकता है—

(a) 1 काली गेंद तथा 2 अन्य गेंद
$= {}^3c_1 \times {}^6c_2 = 3 \times 15 = 45$

(b) 2 काली गेंद तथा 1 अन्य गेंद
$= {}^3c_2 \times {}^6c_1 = 3 \times 6 = 18$

(c) 3 काली गेंद तथा अन्य कोई गेंद नहीं $= {}^3c_3 = 1$

$\therefore$ कुल विन्यासों की संख्या $= 45 + 18 + 1 = 64$

3. INDEPENDENCE शब्द में स्वर 1I, 4E तथा व्यंजन 3N, 2D, IP, 1C हैं।

$\therefore$ अभीष्ट तरीकों की संख्या $= \dfrac{8!}{2!\,3!} \times \dfrac{5!}{4!} = 16800$

4. प्रत्येक इनाम को 4 प्रकार से दिया जा सकता है।
$\therefore$ अभीष्ट प्रकार $= (5)^4 = 625$

5. 5 सदस्यों को एक समिति जिसमें कम-से-कम 1 औरत हो, निम्न प्रकार से बनायी जा सकती है–
1 औरत व 4 आदमी $= {}^4c_1 \times {}^6c_4 = 4 \times 15 = 60$
2 औरत व 3 आदमी $= {}^4c_2 \times {}^6c_3 = 6 \times 20 = 120$
3 औरत व 2 आदमी $= {}^4c_3 \times {}^6c_2 = 4 \times 15 = 60$
4 औरत व 1 आदमी $= {}^4c_4 \times {}^6c_1 = 1 \times 6 = 6$
$\therefore$ अभीष्ट समितियों की संख्या $= 60 + 120 + 60 + 6 = 246$

6. 5 अनुसूचित जाति के उम्मीदवारों में से 3 स्थान भरने के प्रकार $= {}^5c_3$ तथा शेष 9 स्थान जिनमें 22 उम्मीदवार से भरने के प्रकार $= {}^{22}c_9$
$\therefore$ चुनाव के कुल तरीकों की संख्या $= {}^5c_3 \times {}^{22}c_9$

7. अभीष्ट रेखायें = 16 बिन्दुओं से बनी रेखायें – (6 सरेखीय बिन्दुओं से बनी रेखायें) + 1

$= {}^{16}c_2 - {}^6c_2 + 1 = \dfrac{16 \times 15}{2 \times 1} - \dfrac{6 \times 5}{2 \times 1} + 1$

$= 120 - 15 + 1 = 106$

8. विषम संख्या होने के लिए इकाई के स्थान पर विषम अंक (1, 3, 5) होना चाहिये।
सैंकड़ा के स्थान को भरने के प्रकार = 6
दहाई के स्थान को भरने के प्रकार = 6
इकाई के स्थान को भरने के प्रकार = 3
$\therefore$ अभीष्ट प्रकार $= 6 \times 6 \times 3 = 108$

9. एक पुरुष का स्थान निश्चित करने पर 6 पुरुषों को बैठाने के प्रकार = 6!
दो महिलायें एक साथ न बैठे अर्थात 7 महिलाओं की 7 रिक्त स्थानों में दो क्रमानुगत पुरुषों के मध्य बैठाने के प्रकार = 7!
अतः कुल तरीकों की संख्या $= 7! \times 6!$

10. दिये हुये प्रश्न के दो संभावित हल हो सकते हैं–
(i) प्रथम 5 प्रश्नों में से 4 तथा शेष 8 में से 6 प्रश्नों को चुनने के तरीकों की संख्या $= {}^5c_4 \times {}^8c_6 = 140$
(ii) प्रथम 5 प्रश्नों में से 5 तथा शेष 8 में से 5 प्रश्नों को चुनने के तरीकों की संख्या $= {}^5c_5 \times {}^8c_5 = 56$
$\therefore$ अभीष्ट प्रकार $= 140 + 56 = 196$

11. 7 स्थानों में से, 4 विषम तथा 3 सम स्थान है। अतः तीन स्वर तीन स्थानों में ${}^3p_3$ प्रकार से व्यवस्थित कर सकते हैं तथा शेष 4 व्यंजन 4 विषम स्थानों में ${}^4p_4$ प्रकार से व्यवस्थित कर सकते हैं।
अतः बनने वाले कुल शब्दों की संख्या $= {}^3p_3 \times {}^4p_4$
$= 3! \times 4!$
$= 6 \times 24 = 144$

12. प्रथमतः m पुरुषों को एक सरल रेखा में $m!$ प्रकार से विन्यास किया जाता है।
चूँकि $n < m$ तथा दो महिलाएँ एक साथ नहीं बैठ सकती है। अतः $m!$ विन्यासों में से किसी एक में, $(m + 1)$ स्थानों पर n महिलाओं को ${}^{m+1}p_n$ प्रकार से विन्यासत किया जा सकता है।
m पुरुष तथा n महिलाएँ विन्यासित करने के कुल तरीकों की संख्या

$= m!\,{}^{m+1}p_n = \dfrac{m!\,(m+1)!}{(m-n+1)!}$

13. माना कमरे में n व्यक्ति उपस्थित हैं
$\therefore {}^nc_2 = 66$
$\Rightarrow \dfrac{n(n-1)}{2} = 66 \Rightarrow n(n-1) = 132,$
$\Rightarrow n(n-1) = 12.11$
$\Rightarrow n = 12$

14. अभीष्ट त्रिभुजों की संख्या $= {}^{10}c_3 - {}^4c_3$

$$= \frac{10 \times 9 \times 8}{3 \times 2} - 4 = 120 - 4 = 116$$

15. 6 व्यक्तियों में से कम से कम एक अधिकारी हों, निम्न प्रकार से चुना जा सकता है–

1 अधिकारी व 5 जवान $= {}^4c_1 \times {}^8c_5$

2 अधिकारी व 4 जवान $= {}^4c_2 \times {}^8c_4$

3 अधिकारी व 3 जवान $= {}^4c_3 \times {}^8c_3$

4 अधिकारी व 2 जवान $= {}^4c_4 \times {}^8c_2$

अभीष्ट प्रकार $= {}^4c_1 \times {}^8c_5 + {}^4c_2 \times {}^8c_4 + {}^4c_3 \times {}^8c_3 + {}^4c_4 \times {}^8c_2$

$= 4 \times 56 + 6 \times 70 + 4 \times 56 + 1 \times 28$

$= 224 + 420 + 224 + 28 = 896$

16. 5 गणित की किताबों को व्यवस्थित करने के तरीकों की संख्या = 5!;

4 भौतिकी की किताबों को व्यवस्थित करने के तरीकों की संख्या = 4!;

तथा 3 रसायन की किताबों को व्यवस्थित करने के तरीकों की संख्या = 3!

$\therefore$ कुल तरीकों की संख्या = 5!.4!.3!

17. माना बहुभुज के भुजाओं की संख्या $= n$

$\therefore \; {}^nc_2 - n = 44$

$$\Rightarrow \frac{n(n-1)}{2} - n = 44 \Rightarrow n^2 - 3n - 88 = 0$$

$\Rightarrow (n-11)(n+8) = 0 \Rightarrow n = 11 \; (\because n \neq -8)$

18. अभीष्ट तरीकों की संख्या

$$= \sum_{r=2}^{5} \frac{5!}{r!(5-r)!} r! \left\{1 - \frac{1}{1!} + \frac{1}{2!} - \frac{1}{3!} + \ldots + \frac{(-1)^r}{r!}\right\}$$

$$= \sum_{r=2}^{5} \frac{5!}{(5-r)!} \left\{\frac{1}{2!} - \frac{1}{3!} + \ldots + \frac{(-1)^r}{r!}\right\}$$

$$= \frac{5!}{3!}\left(\frac{1}{2!}\right) + \frac{5!}{2!}\left(\frac{1}{2!} - \frac{1}{3!}\right) + \frac{5!}{1!}\left(\frac{1}{2!} - \frac{1}{3!} + \frac{1}{4!}\right)$$

$$+ \frac{5!}{0!}\left(\frac{1}{2!} - \frac{1}{3!} + \frac{1}{4!} - \frac{1}{5!}\right)$$

$= 10 + 20 + (60 - 20 + 5) + (60 - 20 + 5 - 1)$

$= 10 + 20 + 45 + 44 = 119$

19. $\because 20 = 5 \times 2 \times 2$

$\therefore$ न्युनतम प्राकृतिक संख्या जिसके 20 भाजक हैं, $2^4 \times 3 \times 5 = 240$ है।

20. दिया है, 18 बिन्दु में से 5 संरेखीय हैं।

(*i*) रेखाओं की संख्या $= {}^{18}c_2 - {}^5c_2 + 1$

$$= \frac{18 \times 17}{2 \times 1} - \frac{5 \times 4}{2 \times 1} + 1$$

$= 153 - 10 + 1 = 144$

(*ii*) त्रिभुजों की संख्या $= {}^{18}c_3 - {}^5c_3$

$$= \frac{18 \times 17 \times 16}{3 \times 2 \times 1} - \frac{5 \times 4}{2 \times 1} = 816 - 10 = 806$$

21. कुल अक्षरों की संख्या = 9

N की पुनरावृति = 2

I की पुनरावृति = 3

अतः कुल शब्दों की संख्या $= \frac{\lfloor 9}{\lfloor 2 \lfloor 3}$

22. जब दोनों I एक प्रारंभ तथा एक अन्त में सुनिश्चित किया जाए तो शेष बचे अक्षर (7) को व्यवस्थित करने

के कुल तरीके $= \frac{\lfloor 7}{\lfloor 2}$ (N की पुनरावृति 2 है)

23. जब I को एक साथ रखा जाए तो इसे एक अक्षर मानने पर शेष 7 अक्षरों जिसमें N की पुनरावृति 2 है को व्यवस्थित करने के कुल तरीके $= \frac{\lfloor 7}{\lfloor 2}$

24. प्रत्येक दो बिन्दुओं के चयन से एक रेखा का निर्माण होता है।

अतः रेखाओं की कुल संख्या $= {}^nc_2$

25. यदि किसी तल में n बिन्दु हैं तथा इसमें कोई तीन बिन्दु एक रैखिक नहीं है तो इससे बनने वाली कुल रेखाएँ $= {}^nc_2$

(a) सही उत्तर है।

26. माना m बिन्दु एक रेखा पर स्थित है तो इससे केवल एक ही रेखा प्राप्त होगी न कि ${}^mc_2$ रेखाएँ (यदि m बिन्दुओं में से कोई तीन एक रेखा पर नहीं हो, कुल रेखाओं की संख्या ${}^mc_2$ होगी)

अतः रेखाओं की कुल संख्या $= {}^nc_2 - {}^mc_2 + 1$

(b) सही उत्तर है।

27. n विभिन्न वस्तुओं में से एक भी नहीं, एक, दो, ... के चयन के कुल तरीके क्रमशः ${}^nc_0, {}^nc_1, {}^nc_2, \ldots {}^nc_n$.

अतः चयन के कुल तरीके $= {}^nc_0 + {}^nc_1 + \ldots + {}^nc_n$.

पुनः प्रत्येक n वस्तुओं को दो प्रकार से व्यक्त किया जा सकता है, इसे चयन करें या चयन न करें। अतः सभी n वस्तुओं को $2 \times 2 \times 2 \times \ldots \times 2$ अर्थात 2^n से व्यक्त किया जा सकता है।

इस प्रकार ${}^nc_0 + {}^nc_1 + {}^nc_2 + \ldots + {}^nc_n = 2^n$

अतः (a) सही उत्तर है।

28. प्रत्येक दो बिन्दुओं के चयन से एक सरल रेखा प्राप्त होती है।

अतः अभीष्ट रेखाओं की संख्या $= {}^nc_r$

$$\text{तथा } {}^nc_2 = \frac{\lfloor n}{\lfloor n-2 \lfloor 2} = \frac{n(n-1)\lfloor n-2}{\lfloor n-2 \lfloor 2}$$

$$= \frac{n(n-1)}{2}$$

अंतः दोनों वक्तव्य सत्य है तथा वक्तव्य-II वक्तव्य-I का सही स्पष्टीकरण है।

अतः (a) सही उत्तर है।

29. चूँकि $4 = 1 + 3, 6 = 3 + 3, 4 = 3 + 1$

तथा ${}^nc_r + {}^nc_{r-1} = {}^{n+1}c_r$

$$\therefore \text{ E} = {}^{n+1}c_r + {}^{3n+1}c_{r-1} + {}^{3n+1}c_{r-2} + \ldots + {}^{n+1}c_{r-3}$$

चूँकि $3 = 1 + 2$

अतः $\text{E} = {}^{n+2}c_r + {}^{2n+2}c_r + {}^{n+2}c_{r-2}$

चूँकि $2 = 1 + 1$

अतः $\text{E} = {}^{n+3}c_r + {}^{n+3}c_{r-1} = {}^{n+4}c_r$

वक्तव्य-I एवं II दोनों सही हैं तथा वक्तव्य-II सही स्पष्टीकरण है।

$\therefore$ (a) सही उत्तर है।

30. A. $720 = 2^4 \times 3^2 \times 5^1$

अतः 720 के कुल गुणनखंड $= (4 + 1)(2 + 1)(1 + 1) = 5 \times 3 \times 2$

B. दहाई के स्थान पर अंक होने के कुल तरीके = 6

इकाई के स्थान पर अंक होने के कुल तरीके = 5

अतः दो अंकों की कुल संख्या $= 6 \times 5 = 30 = {}^6p_2 = 5 \times 3 \times 2$

C. अभीष्ट संख्याएँ $= \dfrac{\lfloor 8}{\lfloor 4 \lfloor 2}$

(चूँकि A की पुनरावृति 2 तथा S की पुनरावृति 4 है)

D. अभीष्ट संख्याएँ $= \dfrac{{}^8c_4 \cdot {}^4c_4}{\lfloor 2} = \dfrac{{}^8c_4}{\lfloor 2}$

$(\because {}^4c_4 = 1)$

अतः (d) सही उत्तर है।

10

द्विघातीय समीकरण (QUADRATIC EQUATION)

परिमेय व्यंजक $f(x) = a_0 + a_1x + a_2 x^2 + ... + a_n x^n$ जहाँ $a_0, a_1, a_2 .... a_n$ वास्तविक संख्याएँ हैं तथा x की घात अऋणात्मक पूर्णांक (Non Negative Integer) है, को बहुपद कहते हैं।

चर (x) के उच्चतम घात बहुपद के घात कहलाते हैं।

द्विघातीय बहुपद एवं समीकरण (Quadratic Polynomial and Equation) : यदि $f(x)$ की घात 2 है तो उसे द्विघातीय बहुपद तथा $f(x) = 0$ द्विघातीय समीकरण कहते हैं।

सर्वसमिका एवं समीकरण में अन्तर (Difference Between Identity and Equation) : दो व्यजंकों के बीच समता के कथन को जो चर के प्रत्येक मान के लिए संतुष्ट (Satisfied) होता है, को सर्वसमिका कहते हैं।

जैसे : $(a - b)^2 + 4ab = (a + b)^2$

$\text{Sec}^2 A = 1 + \tan^2 A$

परंतु जब चर के किसी निश्चित मान के लिए संतुष्ट हो तो उसे समीकरण कहते हैं। जैसे : $x^2 - 7x + 10 = 0$ एक समीकरण है जो कि 5 एवं 2 के अतिरिक्त किसी भी मान से संतुष्ट नहीं होती है।

मूल (Root) : कोई समीकरण चरों के जिस मान के लिए संतुष्ट होते हैं, समीकरण के मूल कहलाते हैं।

(*i*) n घातों वाले समीकरण के n मूल होते हैं।

(*ii*) यदि किसी समीकरण का एक मूल $a + \sqrt{b}$ या $a + ib$ है, तो दूसरे मूल क्रमशः $a - \sqrt{b}$ तथा $(a - ib)$ होंगे।

द्विघातीय समीकरण के दो मूल होते हैं। प्रामाणिक रूप $ax^2 + bx + c = 0$, जहाँ $x \neq 0$

$$x = \frac{-b \pm \sqrt{b^2 - 4ac}}{2a}$$

जहाँ $b^2 - 4ac$ को विविक्तकर कहते हैं, इसे D सूचित करते हैं।

द्विघातीय समीकरण के गुणांक एवं मूलों में संबंध

(Relation Between Roots and Coefficient of Quadratic Equation)

यदि द्विघातीय समीकरण $ax^2 + bx + c = 0$ के मूल α, β हों तो

$$\alpha + \beta = -\frac{b}{a}, \ \alpha\beta = \frac{c}{a}.$$

घन समीकरण : (Cubic Equation)

यदि $ax^3 + bx^2 + cx + d = 0$ के मूल α, β, γ है तब

$$\alpha + \beta + \gamma = -\frac{b}{a}$$

$$\alpha\beta + \beta y + \gamma\alpha = \frac{c}{a}$$

$$\alpha\beta\gamma = -\frac{d}{a}.$$

उदाहरण 1. समीकरण $\left(x+\frac{1}{x}\right)^3 + \left(x+\frac{1}{x}\right) = 0$ के वास्तविक मूल निकालें।

हल : $\left(x+\frac{1}{x}\right)^3 + \left(x+\frac{1}{x}\right) = 0$

$$\left(x+\frac{1}{x}\right)\left\{\left(x+\frac{1}{x}\right)^2 + 1\right\} = 0$$

$$x+\frac{1}{x} = 0 \qquad \left\{\because \left(x+\frac{1}{x}\right)^2 + 1 \geq 1\right\}$$

$\Rightarrow \quad x^2 + 1 = 0 \Rightarrow x^2 = -1 \Rightarrow x = \pm i$

अतः दिए गए समीकरण के वास्तविक मूल नहीं होंगे।

उदाहरण 2. समीकरण $4^x - 3.2^{x+3} + 128 = 0$ के मूलों को निकालें।

हलः $4^x - 3.2^{x+3} + 128 = 0$

$\Rightarrow 4^x - 3.2^x.\ 2^3 + 128 = 0$

$\Rightarrow (2^x)^2 - 3.8\ 2^x + 128 = 0$

$\Rightarrow t^2 - 24t + 128 = 0$ ($2^x = t$ माना)

$\Rightarrow t = 16, 8 \Rightarrow 2^x = 16, 2^x = 8$

$\Rightarrow 2^x = 2^4$ तथा $2^x = 2^3$

अतः $x = 4, 3$ मूल है।

उदाहरण 3. समीकरण $x^2 - 2|x| - 3 = 0$ के मूल ज्ञात करें।

हलः $x^2 - 2|x| - 3 = 0$

$\Rightarrow |x|^2 - 2|x| - 3 = 0 \qquad \left(\because |x|^2 = x^2\right)$

$\Rightarrow (|x|-3)(|x|+1) = 0$

$\Rightarrow |x| = 3 \qquad (\because |x|+1 \geq 1)$

$\Rightarrow x = \pm 3$

अतः समीकरण के दो मूल होंगे।

मूलों की प्रकृति (Nature of the Roots)

माना समीकरण $ax^2 + bx + c = 0$ है, तो

(*i*) यदि $D = b^2 - 4ac > 0$ है, तो मूल वास्तविक एवं असमान (भिन्न) होंगे।

(*ii*) यदि $D = b^2 - 4ac = 0$ है, तो मूल वास्तविक एवं समान (बराबर) होंगे।

(*iii*) यदि $D = b^2 - 4ac < 0$ है, तो मूल काल्पनिक होंगे।

(*iv*) यदि $D = b^2 - 4ac > 0$ तथा पूर्ण वर्ग हो तो मूल परिमेय होंगे।

(*v*) यदि $D = b^2 - 4ac > 0$ तथा पूर्ण वर्ग न हो, तो समीकरण के मूल अपरिमेय होंगे।

उदाहरण 4. यदि समीकरण $ax^2 + bx + c = 0$; $a, b, c \in R,\ a \neq 0$ का एक मूल $\frac{1}{3-4i}$ है तो दूसरा मूल ज्ञात करें।

हलः हम जानते हैं कि $a + ib$ यदि एक मूल है तो दूसरा मूल $a - ib$ होगा। अतः $\frac{1}{3-4i}$ को $a + ib$ के रूप में लिखने पर,

$$\frac{1}{3-4i} = \frac{1}{3-4i} \times \frac{3+4i}{3+4i} = \frac{3}{25} + \frac{4}{25}i$$

अतः दूसरा मूल $= \frac{3}{25} - \frac{4}{25}i$ होगा।

उदाहरण 5. यदि $2 + \sqrt{3}\,i$ समीकरण $x^2 + px + q = 0$ का एक मूल हो जहाँ $p, q \in R$ तो p एवं q का मान निकालें।

हलः चूँकि $2 + \sqrt{3}\,i$ एक मूल है, अतः दूसरा मूल $2 - \sqrt{3}\,i$ होगा।

अब मूलों का योग $\Rightarrow 2 + \sqrt{3}i + 2 - \sqrt{3}i = -p$

$\therefore p = -4$

मूलों का गुणनफल

$q = \left(2+\sqrt{3}\,i\right)\left(2-\sqrt{3}i\right)$

$\Rightarrow q = 4 + 3 = 7.$

उदाहरण 6. यदि समीकरण $12x^2 + mx + 5 = 0$ के मूलों का अनुपात 3 : 2 है, तो m का मान ज्ञात करें।

हलः माना मूल क्रमशः 3α एवं 2α है।

तो मूलों का योगफल $= \frac{-m}{12}$

$5\alpha = \frac{-m}{12} \qquad ...(i)$

मूलों का गुणनफल $(3\alpha \times 2\alpha) = \frac{5}{12}$

$\Rightarrow\ 6\alpha^2 = \frac{5}{12} \Rightarrow \alpha^2 = \frac{5}{72} \qquad ...(ii)$

समीकरण (*i*) एवं (*ii*) से

$25 \times \frac{5}{72} = \frac{m^2}{144} \Rightarrow m^2 = \frac{25 \times 5 \times 144}{72}$

$\Rightarrow m^2 = 250 \Rightarrow m = \pm 5\sqrt{10}.$

उदाहरण 7. यदि समीकरण $(a^2 + b^2)x^2 - 2(ac + bd)x + (c^2 + d^2) = 0$ के मूल वास्तविक हो $a, b, c, d, \in R$, तो सिद्ध करें कि यह समान होगा।

हलः विविक्तकर (विवेचक) $=b^2-4ac$

$$=4(ac+bd)^2-4(a^2+b^2)\left(c^2+d^2\right)$$

$$=-4\left(ad-bc\right)^2\leq 0$$

अतः दिए गए समीकरण के मूल अवास्तविक होंगे या वास्तविक एवं समान होंगे। चूँकि मूल वास्तविक है, अतः समान होंगे।

उदाहरण 8. यदि समीकरण $a(b-c)x^2+b(c-a)x+c(a-b)=0$ के मूल समान हो तो सिद्ध करें कि a, b, c हरात्मक श्रेणी में होंगे।

हलः माना $A=a(b-c)$, $B=b(c-a)$ एवं $C=c(a-b)$

अतः $A+B+C=0\Rightarrow B=-(A+C)$

दिया है मूल समान है, अतः

$B^2-4AC=0$

$$\left\{-\left(A+C\right)\right\}^2-4AC=0$$

$$\Rightarrow \left(A-C\right)^2=0 \ \Rightarrow \ A=C$$

अर्थात $a(b-c)=c(a-b)$

$$\Rightarrow 2ac=ab+bc\Rightarrow \frac{2}{b}=\frac{1}{a}+\frac{1}{c}$$

अतः $\frac{1}{a},\frac{1}{b},\frac{1}{c}$ समान्तर श्रेणी में है

अतः a, b, c हरात्मक श्रेणी में होंगे।

यदि समीकरणों $a_1x^2+b_1x+c_1=0$ तथा $a_2x^2+b_2x+c_2=0$ का एक मूल उभयनिष्ठ (α) हो तो

$$\alpha=\frac{c_1a_2-c_2a_1}{a_1b_2-a_2b_1} \quad \text{या} \quad \frac{b_1c_2-b_2c_1}{c_1a_2-c_2a_1}$$

यदि समीकरणों $a_1x^2+b_1x+c_1=0$ तथा $a_2x^2+b_2x+c_2=0$ के दोनों मूल उभयनिष्ठ हो तो

$$\frac{a_1}{a_2}=\frac{b_1}{b_2}=\frac{c_1}{c_2}$$

सममित फलन (Symmetric Function)

माना समीकरण $ax^2+bx+c=0$ के मूल α एवं β हैं तो

$$\alpha+\beta=-\frac{b}{a} \text{ तथा } \alpha\beta=\frac{c}{a}.$$

(*i*) $\alpha^2+\beta^2=\left(\alpha+\beta\right)^2-2\alpha\beta$

(*ii*) $\alpha^3+\beta^3=\left(\alpha+\beta\right)^3-3\alpha\beta\left(\alpha+\beta\right)$

(*iii*) $\alpha^4+\beta^4=\left[\left(\alpha+\beta\right)^2-2\alpha\beta\right]^2-2\left(\alpha\beta\right)^2$

(*iv*) $\alpha-\beta=\sqrt{\left(\alpha+\beta\right)^2-4\alpha\beta}$

(*v*) $\alpha^2-\beta^2=\sqrt{\left(\alpha^2+\beta^2\right)^2-\left(2\alpha\beta\right)^2}.$

उदाहरण 9. यदि समीकरण $x^2-11x+a=0$ तथा $x^2-14x+2a=0$ के एक मूल उभयनिष्ठ हो तो a का मान ज्ञात करें।

हलः माना उभयनिष्ठ मूल α है तो

$$\alpha^2-11\alpha+a=0 \qquad ...(i)$$

तथा $$\alpha^2-14\alpha+2a=0 \qquad ...(ii)$$

समीकरण (*i*) में से (*ii*) घटाने पर,

$$3\alpha-a=0\Rightarrow \alpha=\frac{a}{3}$$

समीकरण (*i*) में α का मान रखने पर,

$$\Rightarrow \quad \frac{a^2}{9}-11\times\frac{a}{3}+a=0$$

$$\Rightarrow \quad a^2-33a+9a=0$$

$$\Rightarrow \quad a(a-24)=0$$

अतः $a=0, 24$

उदाहरण 10. यदि α, β समीकरण $x^2-px+36=0$ के मूल हो तथा $\alpha^2+\beta^2=9$, तब p का मान ज्ञात करें।

हलः यहाँ $\alpha+\beta=p$ तथा $\alpha\beta=36$

$\therefore \ \alpha^2+\beta^2=9\Rightarrow(\alpha+\beta)^2-2\alpha\beta=9$

$\Rightarrow p^2-2\times 36=9$

$\Rightarrow p^2=81\Rightarrow p=\pm 9.$

उदाहरण 11. यदि *a*, *b* समीकरण $8x^2 - 3x + 27 = 0$ के मूल हों तो $\left(\frac{\alpha}{\beta^2}\right)^{1/3} + \left(\frac{\beta}{\alpha^2}\right)^{1/3}$ का मान ज्ञात करें।

हलः $\alpha + \beta =$ मूलों का योगफल $= \frac{3}{8}$

तथा $\alpha\beta =$ मूलों का गुणनफल $= \frac{27}{8}$

$$\therefore \left(\frac{\alpha}{\beta^2}\right)^{1/3} + \left(\frac{\beta}{\alpha^2}\right)^{1/3} = \frac{\alpha+\beta}{\left(\alpha^2\beta^2\right)^{1/3}} = \frac{\frac{3}{8}}{\left(\frac{27}{8}\right)^{2/3}}$$

$$= \frac{\frac{3}{8}}{\left(\frac{3}{2}\right)^2} = \frac{3}{8} \times \frac{4}{9} = \frac{1}{6}.$$

उदाहरण 12. यदि समीकरण $3x^2 - (1 + 4\lambda)x + \lambda^2 + 2 = 0$ का एक मूल दूसरे का एक तिहाई (one third) हो तो λ का मान निकालें।

हलः माना मूल α, 3α है

$$\therefore \alpha + 3\alpha = \frac{1+4\lambda}{3} \text{ तथा } \alpha \times 3\alpha = \frac{\lambda^2+2}{3}$$

$$\Rightarrow \alpha = \frac{1+4\lambda}{12} \quad \text{ तथा } \alpha^2 = \frac{\lambda^2+2}{9}$$

$$\Rightarrow \left(\frac{1+4\lambda}{12}\right)^2 = \frac{\lambda^2+2}{9}$$

$$\Rightarrow 16\lambda^2 + 8\lambda + 1 = 16\lambda^2 + 32$$

$$\Rightarrow \lambda = \frac{31}{8}.$$

उदाहरण 13. यदि $x \in R$, तो $\frac{x^2+14x+9}{x^2+2x+3}$ का महत्तम एवं न्यूनतम मान ज्ञात करें।

हलः माना $\frac{x^2+14x+9}{x^2+2x+3} = m$, तब

$$(1 - m)x^2 + (14 - 2m)x + (9 - 3m) = 0$$

$$D = (14 - 2m)^2 - 4(1 - m)(9 - 3m) \geq 0 \quad (\because x \in R)$$

$$\Rightarrow 4m^2 - 56m + 196 - 12m^2 + 48m - 36 \geq 0$$

$$\Rightarrow -8m^2 - 8m + 160 \geq 0$$

$$\Rightarrow m^2 + m - 20 \leq 0$$

$$\Rightarrow (m + 5)(m - 4) \leq 0$$

$$\Rightarrow \{m - (-5)\}(m - 4) \leq 0$$

महत्तम मान = 4, न्यूनतम मान = – 5.

यदि मूल ज्ञात हो तो समीकरण निकालना

(*i*) यदि द्विघातीय समीकरण के मूल α, β हो तो समीकरण $x^2 - (\alpha + \beta)x + \alpha\beta = 0$ होगी।

(*ii*) यदि घन समीकरण के मूल α, β, γ हो तो समीकरण

$$x^3 - (\alpha+\beta+\gamma)x^2 + (\alpha\beta+\beta\gamma+\gamma\alpha)x - \alpha\beta\gamma = 0$$

साधित उदाहरण (Solved Examples)

उदाहरण 1. यदि $1, a_1, a_2, a_3 \ldots\ldots\ldots a_{n-1}$ इकाई के *n* वें मूल हैं, तो $(1 - a_1)(1 - a_2), \ldots\ldots\ldots (1 - a_{n-1})$ का मान ज्ञात करें।

हलः $x^n - 1 = (x - 1)(x - a_1)(x - a_2) \ldots\ldots (x - a_{n-1})$

$= (x - 1)p$ जहाँ $p = (x - a_1)(x - a_2) \ldots\ldots (x - a_{n-1})$

x के सापेक्ष दोनों पक्षों का अवकलन करने पर,

$$nx^{n-1} = p + (x-1)p'$$

$x=1$ रखने पर

$$n = (1 - a_1)(1 - a_2) \ldots\ldots\ldots (1 - a_{n-1}) + 0$$

$$\Rightarrow (1 - a_1)(1 - a_2) \ldots\ldots (1 - a_{n-1}) = n.$$

उदाहरण 2. α, β यदि समीकरण $x^2 - px + 4 = 0$ के मूल के हों तथा $\alpha^2 + \beta^2 = 9$ तब *p* का मान ज्ञात करें।

हलः यहाँ $\alpha + \beta = p$ तथा $\alpha\beta = 4$

$$\therefore \alpha^2 + \beta^2 = 9 \Rightarrow (\alpha + \beta)^2 - 2\alpha\beta = 9$$

$$\Rightarrow p^2 - 2 \times 4 = 9$$

$$\Rightarrow p^2 = 17 \quad \Rightarrow p = \pm\sqrt{17}.$$

उदाहरण 3. यदि समीकरण

$(4 - m)x^2 - 2(m + 2)x + 1 + 8m = 0$ के मूल बराबर (equal) है तो *m* का मान ज्ञात करें।

हलः मूल बराबर हैं अतः $D = 0$ अर्थात् $b^2 - 4ac = 0$

$$\Rightarrow \{-2(m + 2)\}^2 - 4(4 - m)(1 + 8m) = 0$$

$$\Rightarrow 4(m^2 + 4m + 4) - 4(4 - m + 32m - 8m^2) = 0$$

$$\Rightarrow 36m^2 - 108m = 0$$

$$\Rightarrow 36m(m - 3) = 0 \quad \Rightarrow m = 0, 3.$$

उदाहरण 4. यदि समीकरण $5x^2 - 7x + k = 0$ का एक मूल, दूसरे का व्युत्क्रमानुपाती हो तो k का मान ज्ञात करें।

हलः माना मूल $\alpha, \frac{1}{\alpha}$ है

तब $\alpha \times \frac{1}{\alpha} = \frac{k}{5}$ $\quad \therefore \quad k = 5$

उदाहरण 5. यदि समीकरण $x^3 + px^2 + qx + r = 0$ के दो मूलों का योग शून्य हो तो pq का मान निकाले

हलः यदि मूल α, β, γ हो तब

$\alpha + \beta + \gamma = -p, \alpha\beta + \beta\gamma + \gamma\alpha = q$

$\alpha\beta\gamma = -r$

माना $\alpha + \beta = 0 \Rightarrow \gamma = -p$

$\alpha\beta + \gamma(\beta + \alpha) = q$

$\alpha\beta = q$ तथा $\gamma = -p \Rightarrow \alpha\beta\gamma = q(-p)$

$\Rightarrow -r = -pq \Rightarrow pq = r.$

उदाहरण 6. यदि α, β समीकरण $3x^2 - 6x - 5 = 0$ के दो मूल हों, तो वह समीकरण निकालें जिसका मूल $\alpha + \beta$ और $\frac{2}{\alpha+\beta}$ है।

हलः मूलों का योग $= (\alpha+\beta) + \frac{2}{\alpha+\beta}$

$$\Rightarrow = \frac{(\alpha+\beta)^2 + 2}{\alpha+\beta}$$

$$= \frac{(2)^2 + 2}{2} = 3$$

मूलों का गुणनफल $= (\alpha+\beta) \times \frac{2}{\alpha+\beta} = 2$

अतः अभीष्ट समीकरण $x^2 - (3)x + 2 = 0$

अतः $x^2 - 3x + 2 = 0.$

उदाहरण 7. यदि x एक वास्तविक संख्या हो, तो $x^2 - 8x + 17$ का लघुत्तम मान क्या होगा?

हलः $x^2 - 8x + 17 = x^2 - 8x + 16 + 1$

$= (x-4)^2 + 1 \geq 1$

($\because (x-4)^2 \geq 0$, x के सभी वास्तविक मानों के लिए)

अतः लघुत्तम मान 1 होगा।

वस्तुनिष्ठ प्रश्न

1. यदि समीकरणों $x^2 - bx + c = 0$ व $x^2 - cx + b = 0$ के मूलों का अन्तर समान हो, तो $b + c$ का मान है–

(*a*) 4 (*b*) 1

(*c*) 0 (*d*) –4

2. यदि x वास्तविक है, तो $x^2 - 8x + 17$ का न्यूनतम मान होगा–

(*a*) –1 (*b*) 0

(*c*) 1 (*d*) 2

3. k का वह मान जिसके लिए समीकरण $2x^2 - kx + x + 8 = 0$ के मूल वास्तविक एवं बराबर हों, है–

(*a*) –9 व –7 (*b*) 9 व 7

(*c*) –9 व 7 (*d*) 9 व –7

4. वह द्विघातीय समीकरण जिसके गुणांक वास्तविक है तथा जिसका एक मूल $7 + 5i$ है, होगा–

(*a*) $x^2 - 14x + 74 = 0$

(*b*) $x^2 + 14x + 74 = 0$

(*c*) $x^2 - 14x - 74 = 0$

(*d*) $x^2 + 14x - 74 = 0$

5. यदि $x^2 + bx + 1$, व्यंजक $ax^3 + bx + c$ का एक गुणनखण्ड हो, तो –

(*a*) $a^2 + c^2 = -ab$

(*b*) $a^2 - c^2 = -ab$

(*c*) $a^2 - c^2 = ab$

(*d*) इनमें से कोई नहीं

6. यदि l, m, n वास्तविक हों व $l \neq m$, तो समीकरण $(l-m)x^2 - 5(l+m)x - 2(l-m) = 0$ के मूल होंगे–

(*a*) सम्मिश्र

(*b*) वास्तविक व भिन्न

(*c*) वास्तविक व समान

(*d*) इनमें से कोई नहीं

7. यदि समीकरण $x^2 - 8x + (a^2 - 6a) = 0$ के मूल वास्तविक हो, तो

(a) $-2 < a < 8$ (b) $2 < a < 8$
(c) $-2 \leq a \leq 8$ (d) $2 \leq a \leq 8$

8. यदि समीकरणों $k(6x^2 + 3) + rx + 2x^2 - 1 = 0$ व $6k(2x^2 + 1) + px + 4x^2 - 2 = 0$ के दोनों मूल उभयनिष्ठ हों, तो $2r - p$ का मान होगा–

(a) –1 (b) 0
(c) 1 (d) 2

9. यदि समीकरण $x^2 + x + 1 = 0$ के मूल α, β तथा समीकरण $x^2 + px + q = 0$ के मूल $\frac{\alpha}{\beta}, \frac{\beta}{\alpha}$ हों तो p का मान–

(a) –2 (b) –1
(c) 1 (d) 2

10. यदि समीकरण $x^2 + 2mx + m^2 - 2m + 6 = 0$ के मूल बराबर हो, तो m का मान होगा–

(a) 3 (b) 0
(c) 2 (d) –1

11. यदि समीकरण $x^3 - 3x + 2 = 0$ के दो मूल बराबर हों, तो मूल होंगे–

(a) 2, 2, 3 (b) 1, 1, –2
(c) –2, 3, 3 (d) –2, 2, 1

12. यदि समीकरण $a(b - c)x^2 + (c - a)x + c(a - b) = 0$ का एक मूल 1 हो, तो दूसरा मूल होगा–

(a) $\frac{a(b-c)}{b(c-a)}$ (b) $\frac{b(c-a)}{a(b-a)}$

(c) $\frac{c(a-b)}{a(b-c)}$ (d) इनमें से कोई नहीं

13. यदि α, β द्विघातीय समीकरण $ax^2 + bx + c = 0$ के मूल हों और k कोई वास्तविक संख्या है, तो वह प्रतिबन्ध जिसके लिए $a < k < b$ है, होगा–

(a) $ac > 0$
(b) $ak^2 + bk + c = 0$
(c) $ac < 0$
(d) $a^2k^2 + abk + ac < 0$

14. यदि समीकरण $ix^2 - 2(i + 1)x + (2 - i) = 0$ का एक मूल $2 - i$, हो तो समीकरण का दूसरा मूल होगा–

(a) $-i$ (b) i
(c) $2 + i$ (d) $2 - i$

15. यदि $x^2 - hx - 21 = 0, x^2 - 3hx + 35 = 0$ $(h > 0)$ एक उभयनिष्ठ मूल रखते हैं, तब h का मान हैं–

(a) 1 (b) 2
(c) 3 (d) 4

16. यदि $\left|\alpha^2 - \beta^2\right| = \frac{7}{4}$, जहाँ α, β समीकरण $2x^2 + 7x + c = 0$ के मूल हों, तो c का मान है–

(a) 4 (b) 0
(c) 6 (d) 2

17. यदि α और β, समीकरण $2x^2 - 7x + 6 = 0$ के मूल हों, तब समीकरण जिसके मूल α^2 और β^2 हैं, होगा–

(a) $4x^2 + 73x + 36 = 0$
(b) $4x^2 + 25x + 36 = 0$
(c) $4x^2 - 25x + 36 = 0$
(d) $4x^2 + 25x - 36 = 0$

18. यदि $x = \sqrt{6 + \sqrt{6 + \sqrt{6 + ...\infty}}}$ हो, तब–

(a) x एक अपरिमेय संख्या है
(b) $2 < x < 3$
(c) $x = 3$
(d) इनमें से कोई नहीं

19. यदि x वास्तविक हो, तो समीकरण $x^2 - 6x + 10 = 0$ का न्यूनतम मान होगा–

(a) 1 (b) 2
(c) 3 (d) 1/0

20. यदि समीकरण $x^2 + px + q = 0$ के मूलों का अन्तर 1 है, तो –

(a) $p^2 = 4q$ (b) $p^2 = 4q + 1$
(c) $p^2 = 4q - 1$ (d) इनमें से कोई नहीं

21. यदि x वास्तविक है, तो व्यंजक $\frac{x^2 + 14x + 9}{x^2 + 2x + 3}$ के अधिकतम एवं न्यूनतम मान क्रमशः होंगे–

(*a*) 4, –5 (*b*) 5, –4
(*c*) –4, 5 (*d*) –4, –5

22. यदि $a < b < c < d$, तो समीकरण $(x-a)(x-c) + 2(x-b)(x-d) = 0$ के मूल होंगे–
(*a*) वास्तविक एवं भिन्न
(*b*) वास्तविक एवं बराबर
(*c*) काल्पनिक
(*d*) इनमें से कोई नहीं

23. समीकरण $|x|^2 - 3|x| + 2 = 0$ के वास्तविक हलों की संख्या है–
(*a*) 1 (*b*) 2
(*c*) 3 (*d*) 4

24. यदि समीकरण $\frac{x^2-bx}{ax-c} = \frac{m-1}{m+1}$ के मूल बराबर व विपरीत चिह्नों के हों, तो m का मान होगा–
(*a*) $\frac{a-b}{a+b}$ (*b*) $\frac{b-a}{a+b}$
(*c*) $\frac{a+b}{a-b}$ (*d*) $\frac{b+a}{b-a}$

25. यदि समीकरणों $x^2 + px + q = 0$ व $x^2 + \alpha x + \beta = 0$ का एक मूल उभयनिष्ठ हो, तो इसका मान होगा ($p \neq \alpha$ और $q \neq \beta$)
(*a*) $\frac{q-\beta}{\alpha-p}$
(*b*) $\frac{p\beta-\alpha q}{q-\beta}$
(*c*) $\frac{q-\beta}{\alpha-p}$ या $\frac{p\beta-\alpha q}{q-\beta}$
(*d*) इनमें से कोई नहीं

26. वह द्विघातीय समीकरण जिसका एक मूल $\frac{1}{2+\sqrt{5}}$ है, है–
(*a*) $x^2 + 4x - 1 = 0$
(*b*) $x^2 + 4x + 1 = 0$
(*c*) $x^2 - 4x - 1 = 0$
(*d*) $\sqrt{2}\,x^2 - 4x + 1 = 0$

27. यदि समीकरण $Ax^2 + Bx + c = 0$ के मूल α, β एवं समीकरण $x^2 + px + q = 0$ के α^2, β^2 हो, तो p का मान है–
(*a*) $\frac{B^2-2AC}{A^2}$ (*b*) $2AC$
(*c*) $\frac{AC}{B^2-A^2}$ (*d*) $\frac{2AC-B^2}{A^2}$

28. यदि समीकरण $4x^3 + 16x^2 - 9x - 36 = 0$ के दो मूलों का योग शून्य हो, तो मूल होगे–
(*a*) 1, 2, –3 (*b*) $-2, \frac{2}{3}, -\frac{2}{3}$
(*c*) $-3, \frac{3}{2}, -\frac{3}{2}$ (*d*) $-4, \frac{3}{2}, -\frac{3}{2}$

29. यदि $x^2 + px + 12 = 0$ का एक मूल 4 हो, जबकि समीकरण $x^2 + px + q = 0$ के मूल बराबर हैं, तो q का मान होगा–
(*a*) 4 (*b*) $\frac{4}{49}$
(*c*) $\frac{49}{4}$ (*d*) इनमें से कोई नहीं

30. यदि समीकरण $3x^2 - 6x + 5 = 0$ के मूल α, β हो, तो वह समीकरण जिसके मूल $\alpha + \beta$ व $\frac{2}{\alpha+\beta}$ हैं, होगा–
(*a*) $x^2 + 3x - 1 = 0$ (*b*) $x^2 + 3x - 2 = 0$
(*c*) $x^2 + 3x + 2 = 0$ (*d*) $x^2 - 3x + 2 = 0$

31. समीकरण $(p-q)x^2 + (q-r)x + (r-p) = 0$ के मूल हैं–
(*a*) $\frac{p-q}{r-p}, 1$ (*b*) $\frac{q-r}{p-q}, 1$
(*c*) $\frac{r-p}{p-q}, 1$ (*d*) $1, \frac{q-r}{p-q}$

32. यदि दो समीकरणों $x^2 - cx + d = 0$ व $x^2 - ax + b = 0$ का एक उभयनिष्ठ मूल हो तथा दूसरा समीकरण समान मूल रखता है, तब $2(b + d)$ का मान है–

(*a*) 0 (*b*) $a + c$

(*c*) ac (*d*) $-ac$

33. यदि $\sqrt{3x^2-7x-30}+\sqrt{2x^2-7x-5} = x + 5$ हो, तो x बराबर है–

(*a*) 2 (*b*) 3

(*c*) 6 (*d*) 5

34. यदि α, β समीकरण $2x^2 - 35x + 2 = 0$ के मूल हैं, तो $(2\alpha - 35)^3 . (2\beta - 35)^3$ का मान है–

(*a*) 1 (*b*) 64

(*c*) 57 (*d*) 7

35. $2+\cfrac{1}{2+\cfrac{1}{2+......\infty}}$ का मान है–

(*a*) $1-\sqrt{2}$ (*b*) $1+\sqrt{2}$

(*c*) $1\pm\sqrt{2}$ (*d*) इनमें से कोई नहीं

अनुच्छेद-1 (Paragraph-1)

माना p, q भिन्न वास्तविक संख्या है तथा माना $f(x) = x^2 + px + q$, $g(x) = x^2 + qx + p$ दो बहुपद है

36. यदि $1 + p + q = 0$ तब समीकरण $f(x) = 0$ तथा $g(x) = 0$ का–

(*a*) दोनों मूल उभयनिष्ठ है

(*b*) केवल एक ही अवास्तविक उभयनिष्ठ मूल

(*c*) एक वास्तविक मूल

(*d*) इनमें से कोई नहीं

37. यदि समीकरण $f(x) = 0$ के मूलों का अन्तर 1 है तो $p^2 - 4q$ होगा–

(*a*) 0 (*b*) 1

(*c*) 2 (*d*) इनमें से कोई नहीं

38. यदि $1 + p + q = 0$ तब $f(x).g(x) = 0$ के भिन्न वास्तविक मूलों की संख्या (यदि मूलों का अन्तर 1 हो)–

(*a*) 1 (*b*) 2

(*c*) 3 (*d*) 0

अनुच्छेद-2 (Paragraph-2)

माना α, β किसी समीकरण $ax^2 + bx + c = 0$ के मूल है जहाँ a, b, c वास्तविक संख्या है तथा $a \neq 0$

39. यदि $\beta = \alpha$; तब–

(*a*) $b^2 = 4ac$ (*b*) $b = 2ac$

(*c*) $b^2 - a^2 = 4ac$ (*d*) इनमें से कोई नहीं

40. यदि $\beta = n\alpha$; तब–

(*a*) $(n^2 + 1)\, ac = nb^2$

(*b*) $(n^2 + 1)\, ac = n\,(b^2 - 2ac)$

(*c*) $(n + 1)^2\, ac = nb^2$

(*d*) इसमें से कोई नहीं

41. यदि γ, δ मूल हो $Ax^2 + Bx + c = 0$ तथा $|\alpha - \beta| = |\gamma - \delta|$ तब–

(*a*) $\dfrac{b^2-ac}{a^2}=\dfrac{B^2-AC}{A^2}$

(*b*) $\dfrac{b^2-ac}{a}=\dfrac{B^2-AC}{A}$

(*c*) $\dfrac{b^2-4ac}{a^2}=\dfrac{B^2-4AC}{A^2}$

(*d*) इनमें से कोई नहीं

दृढ़कथन-कारण (Assertion-Reason)

निम्नलिखित प्रश्नों के लिए नीचे दिए गए कूटों (*a*), (*b*), (*c*) एवं (*d*) से सही उत्तर का चयन करें।

(*a*) वक्तव्य-I सत्य है; वक्तव्य-II सत्य है; वक्तव्य-II वक्तव्य-I का सही स्पष्टीकरण *a* है।

(*b*) वक्तव्य-I सत्य है; वक्तव्य-II सत्य है; वक्तव्य-II वक्तव्य-I का सही स्पष्टीकरण नहीं है।

(*c*) वक्तव्य-I सत्य है; वक्तव्य-II असत्य है

(*d*) वक्तव्य-I असत्य है; वक्तव्य-II सत्य है।

42. **वक्तव्य-I :** $b = -5$ के लिए, $x^3 + 2x^2 + bx - 6 = 0$ का $x + 3$ गुणनखंड है।

वक्तव्य-II : यदि $f(x)$ कोई बहुपद है तथा $f(a) = 0$, तब $f(x)$ का $(x - a)$ एक गुणनखंड होगा।

43. **वक्तव्य-I :** समीकरण $2x^2 - \sqrt{2}px + p = 0$ के मूल बराबर होंगे यदि p का मान 0 तथा 4 हो।

वक्तव्य-II : समीकरण $ax^2 + bx + c = 0$ के मूल वास्तविक एवं समान होंगे यदि विवेचक = 0।

44. **वक्तव्य-I :** समीकरण $x^3 - mx^2 + 3x - 2 = 0$ में m के $\frac{2}{3}$ मान के लिए मूल बराबर परंतु चिह्न विपरीत होंगे।

वक्तव्य–II : यदि समीकरण $ax^3 + bx^2 + cx + d = 0$ के मूल α, β, γ हो तब $\alpha + \beta + \gamma = -\frac{b}{a}$

$\alpha\beta + \beta\gamma + \gamma\alpha = \frac{c}{a}$ तथा $\alpha\beta\gamma = \frac{-d}{a}$.

45. मिलान करें (Match These)—

वर्ग-I

A. $x^2 - |x| - 2 = 0$ के कितने वास्तविक मूल है

B. व्यंजक $x^2 + x + 1$ का लघुत्तम मान

C. समीकरण $4x^2 - 11x + 6 = 0$ का एक मूल

D. समीकरण $x^3 - 7x + 6 = 0$ का एक मूल

वर्ग-II

p. $\frac{3}{4}$ *q.* -3

r. 2 *s.* 0

(*t*) 1

(*a*) $A - p; B - q; C - p, r; D - q, r$

(*b*) $A - r; B - p; C - p, r; D - q, r, t$

(*c*) $A - p, q, r; B - t, C - p, q; D - S$

(*d*) इनमें से कोई नहीं

उत्तरमाला

1	2	3	4	5	6	7	8	9	10
(*d*)	(*c*)	(*d*)	(*a*)	(*c*)	(*b*)	(*c*)	(*b*)	(*c*)	(*a*)
11	**12**	**13**	**14**	**15**	**16**	**17**	**18**	**19**	**20**
(*b*)	(*c*)	(*d*)	(*a*)	(*d*)	(*c*)	(*c*)	(*c*)	(*a*)	(*b*)
21	**22**	**23**	**24**	**25**	**26**	**27**	**28**	**29**	**30**
(*a*)	(*a*)	(*d*)	(*a*)	(*c*)	(*a*)	(*d*)	(*d*)	(*c*)	(*d*)
31	**32**	**33**	**34**	**35**	**36**	**37**	**38**	**39**	**40**
(*c*)	(*c*)	(*c*)	(*b*)	(*b*)	(*b*)	(*b*)	(*c*)	(*a*)	(*c*)
41	**42**	**43**	**44**	**45**					
(*c*)	(*a*)	(*a*)	(*b*)	(*b*)					

व्याख्यात्मक उत्तर

1. माना समीकरण $x^2 - bx + c = 0$ के मूल α और β हैं, तब $\alpha + \beta = b; \alpha\beta = c$

$$\therefore \alpha - \beta = \sqrt{(\alpha+\beta)^2 - 4\alpha\beta} = \sqrt{b^2 - 4c} \quad ...(i)$$

दोबारा, माना समीकरण $x^2 - cx + b$ के मूल γ और δ हैं, तब $\gamma + \delta = c, \gamma\delta = b$

$$\therefore \gamma - \delta = \sqrt{(\gamma+\delta)^2 - 4\gamma\delta} = \sqrt{c^2 - 4b} \quad ...(ii)$$

दिया है: $\alpha - \beta = \gamma - \delta \Rightarrow b^2 - 4c = c^2 - 4b$

$\Rightarrow b^2 - c^2 = 4c - 4b$

$\Rightarrow (b - c)(b + c) = 4(c - b)$

$\Rightarrow b + c = -4.$

2. $x^2 - 8x + 17 = (x-4)^2 + 1 \geq 1$

[$\because (x-4)^2 \geq 0$, x के सभी वास्तविक मानों के लिए].

3. वास्तविक एवं बराबर मूलों के लिए,

$D = b^2 - 4ac = 0$

$\Rightarrow (-k+1)^2 - 4(2)(8) = 0$

$\Rightarrow k^2 - 2k - 63 = 0$

$\Rightarrow k = -7$ or 9.

4. हम जानते हैं कि $a + ib$ यदि एक मूल है तो दूसरा मूल $a - ib$ होगा। अतः दूसरा मूल $7 - 5i$ होगा।

$\therefore$ मूलो का योग $= (7+5i) + (7-5i) = 14$

मूलो का गुणनफल $= (7+5i)(7-5i) = 49 + 25 = 74$

अतः अभीष्ट समीकरण निम्न है–

$x^2 - 14x + 74 = 0.$

5. $ax^3 + bx + c = (x^2 + bx + 1)(ax - ab) + x(b - a + ab^2) + (c + ab)$

यदि $x^2 + bx + 1$, व्यंजक $ax^3 + bx + c$ का एक गुणनखण्ड हो, तो $x(b - a + ab^2) + c + ab = 0$

$\Rightarrow b - a + ab^2 = 0$ या $c + ab = 0 \Rightarrow b = -\dfrac{c}{a}$

$= -\dfrac{c}{a} - a + a\left(-\dfrac{c}{a}\right)^2 = 0$

$\Rightarrow -c - a^2 + c^2 = 0$

$\Rightarrow ab - a^2 + c^2 = 0 \qquad [\because c = -ab]$

$\Rightarrow a^2 - c^2 = ab.$

6. $D = b^2 - 4ac = \{-5(l+m)\}^2 - 4\{(l-m)(-2)(l-m)\} = 25(l+m)^2 + 8(l-m)^2$

चूँकि $l \neq m$, $D \geq 0$, अतः दिए गए समीकरण के मूल वास्तविक व भिन्न हैं।

7. वास्तविक मूल के लिए

$D \geq 0 \Rightarrow b^2 - 4ac \geq 0$

$\Rightarrow (-8)^2 - 4(a^2 - 6a) \geq 0$

$\Rightarrow 4a^2 - 24a - 64 \leq 0$

$\Rightarrow (a-8)(a+2) \leq 0$

$\Rightarrow -2 \leq a \leq 8.$

8. दिए गए समीकरण इस प्रकार हैं–

$(6k+2)x^2 + rx + (3k-1) = 0 \qquad ...(i)$

और $(12k+4)x^2 + px + (6k-2) = 0$

$\Rightarrow (6k+2)x^2 + \dfrac{p}{2}x + (3k-1) = 0 \qquad ...(ii)$

समीकरण (i) और (ii) की तुलना करने पर,

$r = \dfrac{p}{2} \Rightarrow 2r - p = 0.$

9. $\alpha + \beta = -1; \alpha\beta = 1$

$\therefore \dfrac{\alpha}{\beta} + \dfrac{\beta}{\alpha} = -p \; ; \; \dfrac{\alpha}{\beta}.\dfrac{\beta}{\alpha} = q = 1$

$\Rightarrow \dfrac{\alpha^2 + \beta^2}{\alpha\beta} = -p \Rightarrow \dfrac{(\alpha+\beta)^2 - 2\alpha\beta}{\alpha\beta} = -p$

$\Rightarrow \dfrac{(-1)^2 - 2(1)}{1} = -p \Rightarrow p = 1.$

10. माना समीकरण $x^2 + 2mx + (m^2 - 2m + 6)$ के मूल α और α हैं।

$\alpha + \alpha = -2m; \alpha.\alpha = m^2 - 2m + 6$

$\Rightarrow \alpha = -m; \alpha^2 = m^2 - 2m + 6$

$\therefore m^2 = m^2 - 2m + 6 \Rightarrow m = 3.$

11. माना समीकरण $x^2 - 3x + 2 = 0$ के तीन मूल α, α और β हैं।

$\alpha + \alpha + \beta = 0; \alpha\beta + \alpha\alpha + \beta\alpha = -3; \alpha\alpha\beta = -2$

$\Rightarrow 2\alpha + \beta = 0; \alpha^2 + 2\alpha\beta = -3; \alpha^2\beta = -2$

$\Rightarrow \beta = -2\alpha$

$\therefore \alpha^2(-2\alpha) = -2 \Rightarrow \alpha = 1$

$\therefore \beta = -2$

अतः 1, 1, –2 तीन मूल हैं।

12. माना समीकरण $a(b-c)x^2 + (c-a)x + c(a-b) = 0$ के दो मूल α और 1 हैं।

$$\alpha + 1 = -\frac{(c-a)}{a(b-c)}\,;\ \alpha \times 1 = \frac{c(a-b)}{a(b-c)}$$

$$\Rightarrow \alpha = \frac{c(a-b)}{a(b-c)}.$$

13. दिया है, द्विघातिय समीकरण $ax^2 + bx + c = 0$ के दो मूल α और β हैं।

$a\alpha^2 + b\alpha + c = 0$ ...(*i*)

$a\beta^2 + b\beta + c = 0$ ...(*ii*)

समीकरण (*i*) और (*ii*) को हल करने पर,

$a(\alpha + \beta) + b = 0.$

यदि k कोई वास्तविक संख्या है,

$a(ak^2 + bk + c) < 0$

$\Rightarrow a^2k^2 + abk + ac < 0.$

14. माना समीकरण $ix^2 - 2(i + 1)x + (2 - i) = 0$ के दो मूल α और $2 - i$ हैं।

$$\alpha + (2-i) = \frac{2(i+1)}{i}\,;\ \alpha(2-i) = \frac{(2-i)}{i}$$

$\Rightarrow \alpha = -i.$

15. चूँकि दिए गए समीकरणों $x^2 - hx - 21 = 0$ तथा $x^2 - 3hx + 35 = 0$ का उभयनिष्ठ मूल A है, अतः

$A^2 - hA - 21 = 0$ ...(*i*)

$A^2 - 3hA + 35 = 0$ ...(*iii*)

समीकरण (*i*) व (*ii*) को वज्रगुणन विधि से हल करने पर,

$$\frac{A^2}{(-h)(35)-(-3h)(-21)} = \frac{A}{(-21)-(35)}$$

$$= \frac{1}{(-3h)-(-h)}$$

$$\Rightarrow \frac{A^2}{-98h} = \frac{A}{-56} = \frac{1}{-2h}$$

$$\therefore A^2 = \frac{-98h}{-2h} \text{ तथा } A = \frac{-98h}{-56}$$

$$\Rightarrow A = 7 \text{ तथा } A = \frac{7}{4}h$$

$\therefore h = 4.$

16. $\alpha + \beta = -\frac{7}{2}$ तथा $\alpha\beta = \frac{c}{2}$

$$\therefore \left|\alpha^2 - \beta^2\right| = \frac{7}{4} \Rightarrow \alpha^2 - \beta^2 = \pm\frac{7}{4}$$

$$\Rightarrow (\alpha + \beta)(\alpha - \beta) = \pm\frac{7}{4}$$

$$\Rightarrow -\frac{7}{2}\left[\sqrt{\left(-\frac{7}{2}\right)^2 - 2c}\right] = \pm\frac{7}{4}$$

$\Rightarrow \sqrt{49-8c} - 1$

$\Rightarrow c = 6.$

17. $\alpha + \beta = \frac{7}{2},\ \alpha\beta = \frac{6}{2} = 3$

$\therefore \alpha^2 + \beta^2 = (\alpha + \beta)^2 - 2\alpha\beta$

$= \frac{49}{4} - 6$

$= \frac{25}{4}$

$\alpha^2\beta^2 = (\alpha\beta)^2 = 9$

अतः वह समीकरण जिसके मूल α^2 और β^2 हैं, है

$$x^2 - \frac{25}{4}x + 9 = 0 \Rightarrow 4x^2 - 25x + 36 = 0.$$

18. $x = \sqrt{6 + \sqrt{6 + \sqrt{6 + \ldots..}}}$

$\Rightarrow x = \sqrt{6 + x}$

$\Rightarrow x^2 - x - 6 = 0$

$\Rightarrow x = 3, -2$

लेकिन $x \neq -2,\ x = 3.$

19. $x^2 - 6x + 10 = (x - 3)^2 + 1 \geq 1$

[$\because (x - 3)^2 \geq 0$, x के सभी वास्तविक मानों के लिए]

20. माना समीकरण $x^2 + px + q$ के मूल $\alpha, \alpha - 1$ हैं, तब $\alpha + (\alpha - 1) = -p; \alpha(\alpha - 1) = q$

$$\Rightarrow \alpha = \frac{-p+1}{2}; \alpha^2 - \alpha = q$$

$$\therefore \left(\frac{-p+1}{2}\right)^2 - \left(\frac{-p+1}{2}\right) = q$$

$\Rightarrow 1 + p^2 - 2p + 2p - 2 = 4q$
$\Rightarrow p^2 - 1 = 4q.$

21. माना $y = \dfrac{x^2+14x+9}{x^2+2x+3}$

$\Rightarrow y(x^2 + 2x + 3) - x^2 - 14x - 9 = 0$

$\Rightarrow (y - 1)x^2 + (2y - 14)x + 3y - 9 = 0$

$\because x$ वास्तविक है, $D \geq 0$

$\therefore 4(y - 7)^2 - 4(y - 1) 3(y - 1) 3 (y - 3) \geq 0$

$\Rightarrow y^2 + y - 20 \leq 0$ या $(y - 4)(y + 5) \leq 0$

स्थिति I. $y - 4 \geq 0$ $y \geq 4$ व $y + 5 \leq 0 \Rightarrow y \leq -5$ यह असंभव है;

स्थिति II. $y - 4 \leq 0 \Rightarrow y \leq 4$ व $y + 5 > 0 \Rightarrow y \geq -5$

दोनों प्रतिबन्ध, यदि $-5 \leq y \leq 4$

अतः दिए गए फलन का अधिकतम मान 4 व न्यूनतम मान -5 है।

22. दिया गया समीकरण निम्न है–
$(x - a)(x - c) + 2(x - b)(x - d) = 0$
$\Rightarrow 3x^2 - (a + c + 2b + 2d)x + (ac + 2bd) = 0$
अब $D = (a + c + 2b + 2d)^2 - 4.3(ac + 2bd)$

$$= \{(a+2d)+(c+2b)\}^2 - 12(ac+2bd)$$

$$= \{(a+2d)-(c+2b)\}^2 + 4(a+2d)(c+2b) - 12(ac+2bd)$$

$$= \{(a+2d)-(c+2b)\}^2 + 8(c-b)(d-a)$$

$\Rightarrow D \geq 0$

चूँकि $a < b < c < d$, अतः दिए गए समीकरण के मूल वास्तविक व भिन्न हैं।

23. दिया गया समीकरण $|x|^2 - 3|x| + 2 = 0$ है।

स्थिति I. $x < 0$, तो समीकरण $x^2 + 3x + 2 = 0$

$\Rightarrow x^2 + 2x + x + 1 = 0 \Rightarrow (x + 2)(x + 1) = 0$

$\Rightarrow x = -2, -1$

स्थिति II. $x > 0$, तो समीकरण $x^2 - 3x + 2 = 0$

$\Rightarrow x^2 - 2x - x + 2 = 0 \quad \Rightarrow (x - 2)(x - 1) = 0$
$\Rightarrow x = 2, 1$

अतः $x = -1, 1, 2, -2$, इसलिए अभीष्ट हलों की संख्या 4 है।

24. दिया गया समीकरण निम्न है–

$$\frac{x^2 - bx}{ax - c} = \frac{m-1}{m+1}$$

$$\Rightarrow (m + 1)x^2 - \{m(a+b)-(a-b)\}x + c(m-1) = 0$$

माना दिए गए समीकरण के मूल α व $-\alpha$ हैं, तब मूलों का योग

$$0 = \frac{m(a+b)-(a-b)}{m+1} \Rightarrow m(a+b) = (a-b)$$

$$\Rightarrow m = \frac{a-b}{a+b}.$$

25. चूँकि दिए गए समीकरण $x^2 + px + q = 0$ तथा $x^2 + \alpha x + \beta = 0$ हैं।
माना दिए गए समीकरणों का उभयनिष्ठ मूल A है।

$\therefore A^2 + pA + q = 0$ ...(*i*) व $A^2 + \alpha A + \beta = 0$ ...(*ii*)

समीकरण (*i*) व (*ii*) को वज्रगुणन विधि से हल करने पर,

$$\frac{A^2}{p\beta - q\alpha} = \frac{A}{q - \beta} = \frac{1}{\alpha - p}$$

$$\Rightarrow A = \frac{q-\beta}{\alpha - p} \text{ व } \frac{A^2}{A} = A = \frac{p\beta - q\alpha}{q - \beta}.$$

26. माना $\alpha = \dfrac{1}{2+\sqrt{5}}$, तब दूसरा मूल $\beta = \dfrac{1}{2-\sqrt{5}}$

$\therefore$ मूलों का योग, $\alpha + \beta = \frac{1}{2+\sqrt{5}} + \frac{1}{2-\sqrt{5}} = -4$

एवं मूलों का गुणनफल $\alpha\beta = \frac{1}{(2+\sqrt{5})(2-\sqrt{5})} = -1$

अतः अभीष्ट समीकरण निम्न है–

$x^2 - (\alpha + \beta)x + \alpha\beta = 0$, $x^2 + 4x - 1 = 0.$

27. $\because$ समीकरण $Ax^2 + Bx + C = 0$ के मूल α व β हैं।

$\therefore \alpha + \beta = \frac{-B}{A}$ तथा $\alpha\beta = \frac{C}{A}$

तथा समीकरण $x^2 + px + q = 0$ के मूल α^2 व β^2 हैं।

$\therefore \alpha^2 + \beta^2 = -p$ तथा $(\alpha\beta)^2 = q$

अब $\alpha^2 + \beta^2 = -p$

$\Rightarrow \left(\frac{-B}{A}\right)^2 - \frac{2C}{A} = -p \Rightarrow \frac{B^2 - 2AC}{A^2} = -p$

$\Rightarrow p = \frac{2AC - B^2}{A^2}.$

28. माना दिए गए समीकरण $4x^3 + 16x^2 - 9x - 36 = 0$ के मूल α, β, γ हैं।

प्रश्नानुसार, $\alpha + \beta = 0$ ...(*i*)

$\therefore \alpha + \beta + \gamma = -\frac{16}{4} = -4, \gamma = -4$ ...(*ii*)

तथा $(\alpha + \beta)\gamma + \alpha\beta = -\frac{9}{4} \Rightarrow \alpha\beta = -\frac{9}{4}$

$\therefore \alpha - \beta = 3$ ...(*iii*)

समीकरण (*i*) व (*iii*) से $\alpha = \frac{3}{2}, \beta = -\frac{3}{2}$

$\therefore$ समीकरण के मूल $\frac{3}{2}, -\frac{3}{2}, -4$ है।

29. $\because$ समीकरण $x^2 + px + 12 = 0$ का एक मूल 4 है।

$x = 4$, समीकरण $x^2 + px + 12 = 0$ में रखने पर,
$(4)^2 + 4p + 12 = 0 \Rightarrow 4p + 28 = 0$

$p = -7$ तथा दूसरे समीकरण $x^2 + px + q = 0$ के बराबर मूल हैं।

इसलिए $p^2 = 4q \Rightarrow q = \frac{49}{4}.$

30. चूँकि समीकरण $3x^2 - 6x + 5 = 0$ के मूल α व β हैं।

$\therefore \quad \alpha + \beta = 2, \alpha\beta = 5/3$

$\therefore \quad \alpha + \beta + \frac{2}{\alpha+\beta} = 2 + \frac{2}{2} = 3$ तथा

$(\alpha+\beta)\frac{2}{(\alpha+\beta)} = 2$

अतः अभीष्ट समीकरण निम्न है–

$x^2 - \left(\alpha + \beta + \frac{2}{\alpha+\beta}\right)x + 2 = 0 \Rightarrow x^2 - 3x + 2 = 0.$

31. दिया गया समीकरण निम्न है–
$(p - q)x^2 + (q - r)x + (r - p) = 0$

$\therefore \quad x = \frac{(r-q) \pm \sqrt{(q-r)^2 - 4(r-p)(p-q)}}{2(p-q)}$

$\Rightarrow x = \frac{(r-q) \pm (q+r-2p)}{2(p-q)}$

'+' चिह्न लेने पर,

$x = \frac{(r-q)+(q+r-2p)}{2(p-q)} = \frac{2(r-p)}{2(p-q)} = \frac{r-p}{p-q}$

'–' चिह्न लेने पर,

$x = \frac{r-q-q-r+2p}{2(p-q)} = 1.$

32. माना समीकरण $x^2 - cx + d = 0$ के मूल α, β हैं तथा समीकरण $x^2 - ax + b = 0$ के मूल α, α हैं।

$\therefore \alpha + \beta = c, \alpha\beta = d$ तथा $\alpha + \alpha = a, \alpha^2 = b$

$\therefore 2(b + d) = 2(\alpha^2 + \alpha\beta) = 2\alpha(\alpha + \beta) = \frac{2a}{2}(c) = ac.$

33. $\sqrt{3x^2 - 7x - 30} + \sqrt{2x^2 - 7x - 5} = x + 5$

$\sqrt{3x^2 - 7x - 30} = (x+5) - \sqrt{2x^2 - 7x - 5}$

दोनों पक्षों का वर्ग करने पर,

$3x^2 - 7x - 30 = (x + 5)^2 + 2x^2 - 7x - 5$

$- 2(x + 5)\sqrt{2x^2 - 7x - 5}$

$\Rightarrow 3x^2 - 7x - 30 = x^2 + 10x + 25 + 2x^2 - 7x - 5 - 2(x+5)\sqrt{2x^2-7x-5}$

$\Rightarrow \sqrt{2x^2-7x-5} = 5 \Rightarrow \quad 2x^2 - 7x - 30 = 0$

$\Rightarrow x = 6.$

34. चूँकि α, β समीकरण $2x^2 - 35x + 2 = 0$ के मूल हैं।

$\alpha + \beta = \dfrac{35}{2}$ एवं $\alpha\beta = 1$

$\therefore 2\alpha^2 - 35\alpha = -2 \Rightarrow 2\alpha - 35 = -\dfrac{2}{\alpha}$

इसी प्रकार $2\beta^2 - 35\beta = -2 \Rightarrow 2\beta - 35 = -\dfrac{2}{\beta}$

अब $(2\alpha - 35)^3 . (2\beta - 35)^3$

$= \left(-\dfrac{2}{\alpha}\right)^3 \left(-\dfrac{2}{\beta}\right)^3 = \dfrac{8.8}{\alpha^3\beta^3} = \dfrac{64}{1} = 64.$

35. माना $x = 2 + \cfrac{1}{1 + \cfrac{1}{2 + \dots\infty}} \Rightarrow x = 2 + \dfrac{1}{x}$

$\Rightarrow x^2 - 2x - 1 = 0$

$\Rightarrow x = \dfrac{2 \pm \sqrt{4+4}}{2} \Rightarrow x = \dfrac{2 \pm 2\sqrt{2}}{2} \Rightarrow x = 1 \pm \sqrt{2}$

परन्तु $x \neq 1 - \sqrt{2} \therefore x = 1 + \sqrt{2}.$

36. जब $1 + p + q = 0$ तब $f(1) = 0 = g(1)$

$\Rightarrow$ 1 एक उभयनिष्ठ मूल है

$f(x) = 0$ का दूसरा मूल q होगा

($\therefore$ मूलों का गुणनफल $= q$)

इसी प्रकार,

$g(x) = 0$ का दूसरा मूल p होगा तथा $p \neq q$

अतः दिए गए समीकरण का केवल एक मूल उभयनिष्ठ है।

37. माना समीकरण $f(x) = 0$ के दो मूल α, β हैं, तब

$\alpha + \beta = -p$ तथा $\alpha\beta = q$

तथा $|\alpha + \beta| = 1 \Rightarrow |\alpha - \beta|^2 = 1$

$\Rightarrow (\alpha - \beta)^2 \Rightarrow \alpha - \beta = 1$

$\Rightarrow (\alpha - \beta)^2 - 4\alpha\beta = 1$

$\Rightarrow p^2 - 4q = 1.$

38. जब $1 + p + q = 0$ तब समीकरण $f(x) = 0$ के दो मूल 1 तथा q एवं समीकरण $g(x) = 0$ के दो मूल 1 एवं p होंगे।

$\therefore f(x) = (x-1)(x-q)$

तथा $g(x) = (x-1)(x-p)$

$\Rightarrow f(x) . g(x) = 0$ अमान्य है

लेकिन $(x-1)^2 (x-p)(1-q) = 0$ के तीन विभिन्न मूल $1, p$ तथा q होंगे।

39. $\alpha + \beta = -\dfrac{b}{a} \Rightarrow \alpha + \alpha = -\dfrac{-b}{a}$

$\Rightarrow \alpha = \dfrac{-b}{2a}$

तथा $\alpha\beta = \dfrac{c}{a} \Rightarrow \alpha^2 = \dfrac{c}{a}$

$\Rightarrow \left(\dfrac{-b}{2a}\right)^2 = \dfrac{c}{a} \quad \left(\because \alpha = -\dfrac{b}{2a}\right)$

$\Rightarrow \dfrac{b^2}{4a^2} = \dfrac{c}{a} \Rightarrow b^2 = 4ac.$

40. $\alpha + \beta = \dfrac{-b}{a} \Rightarrow \alpha + n\alpha = \dfrac{-b}{a}$

$\Rightarrow \alpha(1+n) = -\dfrac{b}{a} \Rightarrow \alpha = \dfrac{-b}{a(1+n)}$

पुनः $\alpha\beta = \dfrac{c}{a} \Rightarrow n\alpha^2 = \dfrac{c}{a}$

$\Rightarrow \alpha^2 = \dfrac{c}{na}$

$$\therefore \frac{b^2}{a^2(1+n)^2}=\frac{c}{na} \quad \left\{\because \alpha=-\frac{b}{a(1+n)}\right\}$$

$\Rightarrow nb^2 = ac(1 + n)^2.$

41. दिया गया है $|\alpha-\beta|=|\gamma-\delta|$

$$\Rightarrow |\alpha-\beta|^2=|\gamma-\delta|^2$$

$$\Rightarrow (\alpha-\beta)^2 = (\gamma-\delta)^2$$

$$\Rightarrow (\alpha+\beta)^2 - 4\alpha\beta = (\gamma+\delta)^2 - 4\gamma\delta$$

$$\Rightarrow \left(\frac{-b}{a}\right)^2-4\left(\frac{c}{a}\right)=\left(-\frac{B}{A}\right)^2-4\left(\frac{C}{A}\right)$$

$$\Rightarrow \frac{b^2-4ac}{a^2}=\frac{B^2-4AC}{A^2}.$$

42. $x^3 + 2x^2 - 5x - 6 = 0$ का गुणनखंड $(x + 3)$ है।

वक्तव्य–I सत्य है तथा वक्तव्य–II प्रामाणिक है एवं वक्तव्य–I का सही स्पष्टीकरण है।

अतः (*a*) सही उत्तर है।

43. दिया गया है समीकरण $2x^2-\sqrt{2}px+p=0$ के मूल बराबर है।

$$\therefore D = \left(-\sqrt{2}\,p\right)^2-4\times 2\times p=0$$

$\Rightarrow 2p^2 - 8p = 0$ या $p = 0, 4$

वक्तव्य–I सत्य है तथा वक्तव्य–II भी सत्य है तथा वक्तव्य–I का स्पष्टीकरण है।

अतः (*a*) सही उत्तर है।

44. दिए गए समीकरण $x^3 - mx^2 + 3x - 2 = 0$ में

$\alpha + \beta = 0$ तथा $\alpha + \beta + \gamma = m \quad \Rightarrow \gamma = m$

चूँकि γ दिए गए समीकरण का एक मूल है।

अतः चूँकि $m^3 - m.m^2 + 3m - 2 = 0$

$$\Rightarrow m = \frac{2}{3}$$

वक्तव्य–I सत्य है; वक्तव्य–II भी सत्य है परंतु वक्तव्य–I का सही स्पष्टीकरण नहीं है।

अतः (*b*) सही उत्तर है।

45. *A.* $x^2 - |x|-2=0$

$\Rightarrow |x|^2-|x|-2=0 \Rightarrow |x|=2,-1$ लेकिन $|x|\neq -1$

$\therefore |x|=2 \Rightarrow x = \pm 2$

दो वास्तविक मूल हैं

अतः $A - r$

$$B.\ x^2 + x + 1 = x^2 + x + \frac{1}{4}+\left(1-\frac{1}{4}\right)$$

$$=\left(x+\frac{1}{2}\right)^2+\frac{3}{4}\geq\frac{3}{4}$$

$$x=\frac{3}{4}$$

अतः $B \to p$

$C.\ 4x^2 - 11x + 6 = 0$

$$x=\frac{11\pm\sqrt{121-96}}{8}=\frac{11\pm 5}{8}$$

$$=2,\frac{3}{4}$$

अतः $C \to p, r$

D. माना $f(x) = x^3 - 7x + 6 = 0$

चूँकि $f(1) = 1 - 7 + 6 = 0$

अतः 1, समीकरण $x^3 - 7x + 6 = 0$ का एक मूल हैं।

$\Rightarrow (x - 1), f(x)$ का गुणनखंड है।

अतः $f(x) = (x - 1)(x^2 + x - 6)$

$$x = 1,\ x = \frac{-1\pm\sqrt{1+24}}{2}=\frac{1\pm 5}{2}=-2,3$$

$D \to q, r, t$

अतः (*b*) सही उत्तर है।

11

गणितीय आगमन (MATHEMATICAL INDUCTION)

किसी निश्चित या विशेष (Particular) परिणाम का प्रसार (Generalised) कर गणितीय निष्कर्ष तक पहुँचने की क्रिया गणितीय आगमन कहलाता है।

जैसे, माना $P(n)$ एक कथन है जहाँ n प्राकृतिक संख्या है। $P(n)$ को सभी प्राकृतिक संख्याओं के लिए सत्य सिद्ध करने के लिए निम्न पदों का उपयोग करते हैं।

(*i*) सर्वप्रथम यह सिद्ध करते हैं कि दिया गया कथन $p(1)$ के लिए सत्य है।

(*ii*) $p(k)$ को सत्य मानते हैं।

(*iii*) पुनः (*i*) एवं (*ii*) का उपयोग कर $n = k + 1$ के लिए कथन को सिद्ध करते है।

कथन को प्रायः $p(n)$ से सूचित किया जाता है।

साधित उदाहरण (Solved Examples)

1. यदि $p(n)$ कथन है "$n^3 + n$" 3 से विभाज्य है। तब दिखाएँ $p(3)$ सत्य है परंतु $p(4)$ असत्य है।

हलः दिया है $p(n) = n^3 + n$

$\therefore p(3) = 3^3 + 3 = 30$

स्पष्टतः यह 3 से विभाज्य है, $p(3)$ सत्य है

पुनः $p(4) = 4^3 + 4 = 64 + 4 = 68$

जो 3 से विभाज्य नहीं है।

अतः $p(4)$, असत्य है।

2. गणितीय आगमन का प्रयोग कर सिद्ध करें

$$1+2+3+.....+n=\frac{n(n+1)}{2}$$

हलः माना $p(m)$ सत्य है, $m \in N \Rightarrow 1+2+3+..... m=\frac{m(m+1)}{2}$

दोनो ओर $(m + 1)$ जोड़ने पर

$$1+2+3+.........+m+(m+1)=\frac{m(m+1)}{2}+(m+1)$$

$$=(m+1)\left\{\frac{m}{2}+1\right\}=\frac{(m+1)(m+2)}{2}$$

$\therefore$ $p(m + 1)$, सत्य है।

3. यदि $p(n)$ कोई कथन "$3^{2n+2} - 8n - 9$, 64 से विभाज्य है"। सिद्ध करें कि यदि यह कथन $p(m)$ के लिए सत्य है, तब यह $p(m + 1)$ के लिए भी सत्य होगा, जहाँ $m \in N$.

हलः माना $p(m)$ सत्य है, $m \in N$, तब

$3^{2m+2} - 8m - 9$, 64 से विभाज्य है

$\Rightarrow$ $3^{2m+2} - 8m - 9 = 64\lambda$, जहाँ λ कोई पूर्णांक है।

हम साबित करना चाहते हैं कि $p(m + 1)$,

अर्थात्, $3^{2(m+1)+2} - 8(m + 1) - 9$, 64 से विभाज्य है।

अब $3^{2(m+1)+2} - 8(m + 1) - 9 = 3^{(2m+2)+2} - 8m - 17$

$= 3^{2m+2}.\ 3^2 - 8m - 17$

$= (64\lambda + 8m + 9).9 - 8m - 17$

$= (64 \times 9)\lambda + 72m + 81 - 8m - 17$

$= (64 \times 9)\lambda + 64m + 64$

$= 64\ (9\lambda + m + 1)$, 64 का गुणज है।

$\therefore 3^{2(m+1)+2} - 8(m+1)-9$, 64 से विभाज्य है।

$\Rightarrow p(m + 1)$ सत्य है।

4. गणितीय आगमन से सिद्ध करें

$\cos\theta.\ \cos2\theta.\ \cos2^2\theta,\ ....\ \cos2^{n-1}\theta$

$$=\frac{\sin 2^n \theta}{2^n \sin\theta} \quad \forall m \in N.$$

हलः यदि $\cos\theta.\ \cos2\theta.\ \cos2^2\theta.\ \cos2^3\theta\ ....\cos2^{m-1}$

$$=\frac{\sin 2^m \theta}{2^m \sin\theta}$$

$\cos 2^m\theta$ से दोनों ओर गुणा करने पर हम पाते हैं,

$\cos\theta.\ \cos2\theta.\ \cos2^2\theta.\ \cos2^3\theta....\ \cos 2^{m-1}\theta...\cos2^m\theta$

$$=\frac{\cos 2^m \theta.\sin 2^m \theta}{2^m \sin\theta}$$

$$=\frac{\sin 2^{m+1}\theta}{2^{m+1}\sin\theta}$$

अतः $(m + 1)$ के लिए सत्य है।

5. गणितीय आगमन का प्रयोग कर सिद्ध करें

$a^{2n-1}-1$, विभाज्य है $(a - 1)$ से जहाँ $n \in N$.

हलः माना $p(n) = a^{2n-1} - 1$, $(a - 1)$ से विभाज्य है।

अब $p(1) = a^{2-1} - 1 = a - 1$, $(a - 1)$ से विभाज्य है

अतः $p(1)$ सत्य है

माना $p(m)$ सत्य है, अर्थात् $a^{2m-1} - 1$, $(a - 1)$ से विभाज्य है, $m \in N$.

$\Rightarrow \quad a^{2m-1} - 1 = (a - 1)\,Q$

जहाँ Q, a में कोई बहुपद है

अब हम सिद्ध करना चाहते हैं कि $p(m + 1)$ भी सत्य है

अर्थात् $a^{(2m+1)} - 1$, $(a - 1)$ से विभाज्य है

अब $a^{(2m+1)} - 1 = a^{(2m-1)+2} - 1 = a^{2m-1}\,a^2 - 1$

$$= \{1 + (a - 1)\,Q\}a^2 - 1$$
$$= a^2 + a^2\,(a - 1)\,Q - 1$$
$$= (a - 1)\,\{(a + 1) + a^2\,Q\}$$

$\Rightarrow$ $a^{2m+1}-1$, $(a - 1)$ से विभाज्य है $\Rightarrow p(m + 1)$ सत्य है।

6. गणितीय आगमन से दिखाएँ $|\sin nx| \leq n\,|\sin x|$ जहाँ n एक धनात्मक पूर्णांक है।

हलः $n = 1$ के लिए

$|\sin x| \leq |\sin x|$ जो सत्य है।

माना कि उपरोक्त परिणाम $n = m$ के लिए भी सत्य है।

अतः $|\sin mx| \leq m\,|\sin x|$ ...(i)

$n = m + 1$ के लिए,

$$= |\sin(m+1)x| = |\sin(mx+x)|$$

$$= |\sin mx|\cdot|\cos x| + |\cos mx|\cdot|\sin x|$$

$(\therefore |\cos\theta| \leq 1)$

$$\leq m|\sin x| + |\sin x|$$ (समीकरण (i) से)

$$\leq (m+1)|\sin x|$$

अतः परिणाम $n = m + 1$ के लिए भी सत्य है।

7. गणितीय आगमन से सिद्ध करें $(n + 3)^2 < 2^{n+3}$

हलः माना कथन $p(n) = (n + 3)^2 \leq 2^{n+3}$

तब $\quad p(1) = (1 + 3)^2 \leq 2^{1+3} = 4^2 < 2^4 = 16 \leq 16$

अतः $p(1)$ के लिए सत्य है।

माना $p(m)$ के लिए सत्य है।

अर्थात् $p(m) = (m + 3)^2 \leq 2^{m+3}$ ...(i)

अब $(m + 4)^2 = m^2 + 8m + 16$

$$= (m^2 + 6m + 9) + (2m + 7)$$
$$= (m + 3)^2 + (2m + 7)$$

$< (m + 3)^2 + (m + 3)^2 \qquad (\because 2m + 7 \leq (m + 3)^2)$

$\Rightarrow \; (m + 4)^2 \leq 2(m + 3)^2 \leq 2 \times 2^{m+3}$

$\Rightarrow \; (m + 4)^2 \leq 2^{m+4}$

$\Rightarrow \quad p(m + 1)$ भी सत्य हैं।

8. गणितीय आगमन से सिद्ध करें $\frac{1}{2}+\frac{1}{4}+\frac{1}{8}+.........+\frac{1}{2^n}=1 \;\; \frac{1}{2^n}$

हलः माना $p(n) \equiv \frac{1}{2}+\frac{1}{4}+\frac{1}{8}+.........+\frac{1}{2^n}=1 \;\; \frac{1}{2^n}$

$\therefore \quad p(1) \equiv \frac{1}{2} = 1 \;\; \frac{1}{2} = \frac{1}{2}$

अतः $p(m)$ भी सत्य है, $m \in N$

$$\Rightarrow \quad \frac{1}{2}+\frac{1}{4}+\frac{1}{8}+........+\frac{1}{2^m} = 1 \;\; \frac{1}{2^m}$$

हमें सिद्ध करना है $p\,(m + 1)$ के भी सत्य होगा

अर्थात् $\frac{1}{2}+\frac{1}{4}+\frac{1}{8}+..........\frac{1}{2^m}+\frac{1}{2^{m+1}}=1 \;\; \frac{1}{2^{m+1}}$

$\frac{1}{2^{m+1}}$ दोनों पक्षों में जोड़ने पर,

$$\frac{1}{2}+\frac{1}{4}+\frac{1}{8}+..........\frac{1}{2^m}+\frac{1}{2^{m+1}}=1 \;\; \frac{1}{2^m}+\frac{1}{2^{m+1}}$$

$$=1 \;\; \frac{1}{2^m}\left(1 \;\; \frac{1}{2}\right) = 1-\frac{1}{2^m}\times\frac{1}{2}$$

$$=1-\frac{1}{2^{m+1}}$$

$\therefore \; p\,(m + 1)$ के लिए भी सत्य है।

वस्तुनिष्ठ प्रश्न

1. यदि $p(n) : 3^n < n!, n \in N$ हो, तब $p(n)$ सत्य है–

(*a*) $n \geq 6$ के लिए

(*b*) $n > 7$ के लिए

(*c*) $n \geq 3$ के लिए

(*d*) सभी n के लिए

2. $n \in N$ के लिए, $3^{2n} - 1$ विभाज्य है–

(*a*) 8 से (*b*) 16 से

(*c*) 32 से (*d*) इनमें कोई नहीं

3. यदि $p(n)$ एक कथन इस प्रकार है कि $p(3)$ सत्य हैं। माना सभी $n \geq 3$ के लिए $p(k)$ सत्य है, $p(k+1)$ भी सत्य है, तब $p(n)$ सत्य है–

(*a*) सभी n के लिए (*b*) $n \geq 3$ के लिए

(*c*) $n \geq 4$ के लिए (*d*) इनमें कोई नहीं

4. माना $p(n) : n^2 + n + 1$ एक सम संख्या है। यदि $p(k)$ सत्य है $\Rightarrow p(k+1)$ सत्य है। इसलिए $p(n)$ सत्य है–

(*a*) $n > 1$ के लिए

(*b*) $n \in N$ के लिए

(*c*) $n > 2$ के लिए

(*d*) इनमें से कोई नहीं

5. यदि $p(n)$ $(n \in N)$ एक कथन इस प्रकार है कि यदि $p(k)$ सत्य है, $k \in N$ के लिए $p(k+1)$ सत्य है, तब $p(n)$ सत्य है–

(*a*) सभी n के लिए

(*b*) सभी $n > 1$ के लिए

(*c*) सभी $n > 2$ के लिए

(*d*) कुछ नहीं कहा जा सकता है।

6. प्रत्येक $n \in N$ के लिए $10^{2n-1} + 1$ विभाज्य है–

(*a*) 11 से (*b*) 13 से

(*c*) 9 से (*d*) इनमें से कोई नहीं

7. $P(n): 1 + 3 + 5 + \ldots\ldots\ldots + (2n-1) = n^2$

(*a*) सभी $n \in N$ के लिए सत्य है

(*b*) $n > 1$ के लिए सत्य है

(*c*) किसी भी n के लिए सत्य नहीं है

(*d*) इनमें से कोई नहीं

8. $x(x^{n-1} - na^{n-1}) + a^n(n-1)$, $(x-a)^2$ से विभाज्य है–

(*a*) $n > 1$ के लिए

(*b*) $n > 2$ के लिए

(*c*) सभी $n \in N$ के लिए

(*d*) इनमें से कोई नहीं

9. असमिका $n! > 2^{n-1}$ सत्य है–

(*a*) $n > 2$ के लिए (*b*) $n \in N$ के लिए

(*c*) $n > 3$ के लिए (*d*) इनमें से कोई नहीं

10. $n! < \left(\dfrac{n+1}{2}\right)^n$ के लिए n का न्यूनतम धनात्मक मान है

(*a*) 1 (*b*) 2

(*c*) 3 (*d*) 4

11. यदि $p(n) : 2 + 4 + 6 + \ldots\ldots\ldots + (2n)$, $n \in N$ तब $p(k) = k(k+1) + 2 \Rightarrow k \in N$ के लिए $p(k+1) = (k+1)(k+2) + 2$ सत्य है इसलिए कथन $p(n) = n(n+1) + 2$ सत्य है–

(*a*) $n \geq 1$ के लिए (*b*) $n \geq 2$ के लिए

(*c*) $n \geq 3$ के लिए (*d*) इनमें से कोई नहीं

12. सभी $n \in N$ के लिए $2.4^{2n+1} + 3^{3n+1}$ विभाज्य है

(*a*) 2 से (*b*) 9 से

(*c*) 3 से (*d*) 11 से

13. सभी $n \in N$ के लिए, $(n+2)(n+3)(n+4)(n+5)(n+6)$ को विभाजित करने वाला महत्तम धनात्मक पूर्णांक है–

(*a*) 4 (*b*) 720

(*c*) 240 (*d*) 24

14. $2^{3n} - 7n - 1$ विभाज्य है–

(*a*) 64 से (*b*) 36 से

(*c*) 49 से (*d*) 25 से

15. यदि m, n दो विषम धनात्मक पूर्णांक है, $n < m$ तब $m^2 - n^2$ को विभाजित करने वाला महत्तम धनात्मक पूर्णांक है–

(*a*) 4 (*b*) 6

(*c*) 8 (*d*) 9

अनुच्छेद (Paragraph)

माना $p(n) : n(n + 1)$ एक विषम पूर्णांक संख्या है

16. $P(n)$ सत्य होगा।

(*a*) $n \geq 1$ (*b*) $n \geq 2$

(*c*) $n \geq 3$ (*d*) इसमें से कोई नहीं

17. यदि m प्राकृत संख्या है तथा $p(m)$ सत्य है तब

(*a*) $p(m + 1)$ सत्य है

(*b*) $p(m + 1)$ सत्य नहीं है

(*c*) $p(m + 1)$ के संबंध में कुछ नहीं कहा जा सकता।

(*d*) इसमें से कोई नहीं।

18. चूँकि $p(m) \Rightarrow p(m + 1)$ तब हम निष्कर्षतः कह सकते हैं।

(*a*) $p(n)$ सत्य जहाँ $n \in N$, गणितीय आगमन से

(*b*) $p(n)$ सत्य है $n \geq m$, गणितीय आगमन से

(*c*) गणितीय आगमन दिए गए प्रश्न में प्रयोग नहीं किया जा सकता है।

(*d*) इनमें से कोई नहीं।

दृढ़कथन–कारण (Assertion-Reason) : निम्नलिखित प्रश्न के लिए चार कूट (*a*), (*b*), (*c*) एवं (*d*) दिए गए है, सही उत्तर का चयन करें।

(*a*) वक्तव्य–I सत्य है; वक्तव्य–II सत्य है;
वक्तव्य–II वक्तव्य–I का सही स्पष्टीकरण है;

(*b*) वक्तव्य–I सत्य है; वक्तव्य–II सत्य है;
वक्तव्य–II वक्तव्य–I का सही स्पष्टीकरण नहीं है।

(*c*) वक्तव्य–I सत्य है; वक्तव्य–II असत्य है।

(*d*) वक्तव्य–I असत्य है; वक्तव्य–II सत्य है।

19. वक्तव्य–I : $(n + 3)^2 \leq 2^{n+3}, n \in N$

वक्तव्य–II : $(2n + 7) < (n + 3)^2, n \in N$

20. वक्तव्य–I : यदि x तथा a दो संख्याएं है, जहाँ $n \in N$ तब $(x + a)^n = {}^nc_0 x^n + {}^nc_1 x^{n-1} a + {}^nc_2 x^{n-2} a^2 + \ldots\ldots + {}^nc_{n-1} xa^{n-1} + {}^nc_n a^n$.

वक्तव्य–II : माना $p(n)$ कथन ऐसा है, जो $p(1)$ के लिए सत्य है तथा $p(m) \Rightarrow p(m + 1), m \in N$, तब $p(n)$ सत्य है सभी $n \in N$ लिए।

21. वक्तव्य–I : $n \geq 2$, n प्राकृत संख्या है

$$\frac{1}{\sqrt{1}}+\frac{1}{\sqrt{2}}+\frac{1}{\sqrt{3}}+\ldots\ldots+\frac{1}{\sqrt{n}}>\sqrt{n}.$$

वक्तव्य–II : $n \geq 2$, जहाँ n प्राकृत संख्या है $\sqrt{n(n+1)}<n+1$.

उत्तरमाला

1	2	3	4	5	6	7	8	9	10
(*a*)	(*a*)	(*b*)	(*d*)	(*d*)	(*a*)	(*a*)	(*c*)	(*a*)	(*b*)
11	12	13	14	15	16	17	18	19	20
(*d*)	(*d*)	(*b*)	(*c*)	(*c*)	(*d*)	(*a*)	(*c*)	(*a*)	(*a*)
21									
(*a*)									

व्याख्यात्मक उत्तर

1. $p(7) : 3^7 < 7!$ सत्य है।
माना $p(k) : 3^k < k!$ $\therefore$ $p(k+1) : 3^{k+1}$
$= 3.3\ k < 3\ (k+1)\ k!$.

2. $p(1)$ $n = 8$ के लिए सत्य है
माना $p(k)$ सत्य है अर्थात् $3^{2n} - 1 = 8r$
$p(k+1) : 3^{2k+1} - 1 = (8r+1)(9) - 1 = 72r + 8$
अतः $p(k+1)$ भी सत्य है।
$\therefore p(n) : 3^{2n} - 1$, 8 से विभाज्य है।

3. $p(3)$ सत्य है।
माना $p(k)$ सत्य है। $\Rightarrow p(k+1)$ भी सत्य है।
$\because p(3)$ सत्य है, $\therefore p(4)$ सत्य है।
$\Rightarrow P(4)$ सत्य है $\Rightarrow p(5)$ सत्य है।
दिया गया कथन $n \geq 3$ के लिए सत्य है।

4. $p(n) : n^2 + n + 1$, एक सम संख्या है।
$p(1) = 1$ एक सम संख्या नहीं है।
$\therefore p = n(n+1) + 1$ एक विषम संख्या होगी।

5. जब तक $p(1)$ को सत्य सिद्ध नहीं करते है; तब तक कुछ नहीं कहा जा सकता।

6. $p(1)$, 11 के लिए सत्य है।
माना $p(k) : 10^{2k+1} + 1$, 11 से विभाजित है।
$\therefore p(k+1) : (10^{2k+1} + 1) = (11r - 1)\ 100 + 1$
$= 1100r - 99$
$\therefore p(k+1)$ सत्य है। $\therefore 10^{2n-1} + 1$, 11 से विभाज्य है।

7. $\because p(n) : 1 + 3 + 5 + ... + (2n - 1) = n^2$
(1) $n = 1$ के लिए
$\Rightarrow p(1)$ सत्य है।
(2) माना $p(k)$ सत्य है
$\therefore 1 + 3 + ... + (2k - 1) = k^2$
$\therefore p(k+1) : 1 + 3 + ... + (2k+1) = k^2 + 2k + 1$
$\Rightarrow 1 + 3 + ... + (2k+1) = (k+1)^2$
$\therefore$ कथन सभी $n \in N$ के लिए सत्य है।

8. $p(n) : n(x^{n-1} - na^{n-1}) + a^n\ (n-1)$
$= (x-a)^n\ g(x)$
$p(1) = 0$ सत्य है।
माना $p(k)$ सत्य है।
$\therefore x(x^{k-1} - ka^{k-1}) + a^k(k-1) = (x-a)^2\ g(x)$
अब $p(k+1) : x(x^k - (k+1)\ a^k) + a^{k+1}\ (k)$
$= (x-a)^2\ (xg(x) + ka^{k-1})$
$\therefore p(k+1)$ सत्य है।
$\therefore$ सभी $n \in N$ के लिए $p(n)$ सत्य है।

9. $p(3) : 6 > 4$
माना $p(k) : k! > 2^{k-1}$ सत्य है।
$p(k+1) = (k+1)! = (k+1)\ k! > (k+1)^2\ 2^{k-1} > 2^k$
$\because (k+1 > 2)$.

10. $n = 1$ रखने पर, $1! < \left(\frac{1+1}{2}\right)^1 \Rightarrow 1 = 1$

$n = 2$ रखने पर, $2! < \left(\frac{2+1}{2}\right)^2 \Rightarrow 4 < \frac{9}{4}$

$\therefore$ दी गई असमिका $n > 2$ के लिए सत्य है।

11. $p(1) = 2$ तथा $k(k+1) + 2 = 4$
$\therefore p(1)$ सत्य नहीं है।

12. $p(1) \equiv 128 + 81 = 209$ केवल 11 से विभाज्य है।

13. महत्तम धनात्मक पूर्णांक $= 6 \times 5 \times 4 \times 3 \times 2 \times 1 = 720$.

14. $p(1) = 0$
$p(2) = 49$
$p(1)$ व $p(2)$, 49 से विभाज्य है।
माना $p(k) : 2^{3k} - 7k - 1 = 49r$
$\therefore p(k+1) : 2^{3k+3} - 7k - 8$
$= 8(49r + 7k + 1) - 7k - 8$

$= 49(8r) + 49k = 49(8r + k)$

$\therefore$ $p(k + 1)$ भी 49 से विभाज्य है

$\therefore$ $p(n)$ भी $n \in N$ के लिए सत्य है।

15. माना $m = 2k + 1$ तथा $n = 2k - 1,\ k \in N$

$m^2 - n^2 = 4k^2 + 1 + 4k - 4k^2 - 1 + 4k = 8k$

$\therefore$ $m^2 - n^2$, 8 से विभाजित होगा।

16. चूँकि $n(n + 1)$ दो लगातार पूर्णांकों का गुणनफल है अतः यह हमेशा 2 का गुणज होगा अर्थात $n(n + 1)$ सदैव सम संख्या होगी।

17. जब $p(m)$ सत्य है $\Rightarrow m(m + 1)$ एक विषम धनपूर्णांक है।

$\Rightarrow (m + 1)(m + 2) = (m + 1)m + 2(m + 1)$

$(m + 1)m$ + सम संख्या

= विषम संख्या + समसंख्या

= विषम संख्या

$\Rightarrow p(m + 1)$ सत्य है।

अतः $p(m + 1)$ सत्य है।

18. उपरोक्त कथन के अनुसार, गणितीय आगमन के सिद्धान्त पूर्णतः सत्य नहीं है क्योंकि $p(1)$ सत्य नहीं है।

19. वक्तव्य-II से, माना $p(n) = 2n + 7 < (n + 3)^2$

$\therefore$ $p(1) = 9 < 16$ सत्य है

माना $p(m)$ = सत्य है

अतः $2m + 7 < (m + 3)^2$ ...(i)

अब, $2(m + 1) + 7 = (2m + 7) + 2$

$\leq (m + 3)^2 + 2$

(समीकरण (*i*) से)

$\leq (m^2 + 6m + 11) + (2m + 5)$

$\leq m^2 + 8m + 16$

$\leq (m + 4)^2$

$\Rightarrow 2(m + 1) + 7 < (m + 1 + 3)^2$

अतः गणितीय आगमन से $p(n)$, n सभी मानों के लिए सत्य है। जहाँ $n \in N$.

वक्तव्य–I से, माना $p(n) \equiv (n+3)^2 \leq 2^{n+3}$

अब $p(1) \equiv (1+3)^2 \leq 2^{1+3}$

$\equiv (4)^2 \leq 2^4$

$\Rightarrow 16 \leq 16.$

माना कि यह $p(m)$ के लिए सत्य है।

$\Rightarrow (m + 3)^2 \leq 2^{m + 3}$ ...(*ii*)

अब $(m + 4)^2 = m^2 + 8m + 16$

$= (m^2 + 6m + 9) + (2m + 7)$

$= (m + 3)^2 + (2m + 7)$

$< (m + 3)^2 + (m + 3)^2$

कथन–I से $2m + 7 \leq (m + 3)^2$

$\Rightarrow (m + 4)^2 \leq 2(m + 3)^2 \leq 2 \times 2^{m+3}$

$\leq 2m + 4$

अतः $p(m + 1)$ के लिए भी सत्य है।

अतः वक्तव्य–I एवं वक्तव्य–II दोनों सत्य है तथा वक्तव्य–II; वक्तव्य–I का सही स्पष्टीकरण है।

20. वक्तव्य–I गणितीय आगमन का सिद्धांत है। तथा वक्तव्य–II द्विपद प्रमेय का; जिसका घात धनात्मक पूर्णांक है इसे गणितीय आगमन द्वारा सिद्ध किया जा सकता है।

21. चूँकि $\sqrt{n(n+1)} < \sqrt{(n+1)(n+1)}$

अतः $\sqrt{n(n+1)} < n+1 \quad \forall\ n$

अतः वक्तव्य–II सत्य है।

वक्तव्य–II का उपयोग करके गणितीय आगमन द्वारा वक्तव्य–I को स्थापित किया जा सकता है।

$n = 2$ के लिए परिणाम सत्य है।

यदि $n=k\in N$ के सत्य है तो

$$\frac{1}{\sqrt{1}}+\frac{1}{\sqrt{2}}+\text{..........}+\frac{1}{\sqrt{k}}>\sqrt{k}$$

अतः

$$\frac{1}{\sqrt{1}}+\frac{1}{\sqrt{2}}+\text{........}+\frac{1}{\sqrt{k}}+\frac{1}{\sqrt{k+1}}>\sqrt{k}+\frac{1}{\sqrt{k+1}}$$

$$\Rightarrow \frac{\sqrt{k(k+1)}+1}{\sqrt{k+1}}>\frac{\sqrt{k(k+1)}}{\sqrt{k+1}}=\sqrt{k+1}$$

(वक्तव्य–II से, $\sqrt{n(n+1)}<n+1$)

$$\Rightarrow \sqrt{n}<\sqrt{n+1} \Rightarrow \sqrt{n+1}>\sqrt{n}$$

$$\Rightarrow \frac{1}{\sqrt{1}}+\frac{1}{\sqrt{2}}+\text{........}+\frac{1}{\sqrt{k}}+\frac{1}{\sqrt{k+1}}>\sqrt{k+1}.$$

12

कार्तीय निर्देशांक (CARTESIAN CO-ORDINATES)

***X*-अक्ष**–किसी तल में क्षैतिज सरल रेखा को *X*-अक्ष कहते हैं।

***Y*-अक्ष**–*X*-अक्ष पर लम्बवत् सरल रेखा *Y*-अक्ष कहलाती है।

कार्तीय निर्देशांक अक्ष–माना $X\,O\,X'$ तथा $Y\,O\,Y'$ दो निर्देशित सरल रेखा एक दूसरे पर लम्ब है। तथा $X\,O\,X'$ बिन्दु *X*-अक्ष, $Y\,O\,Y'$ – *Y*-अक्ष तथा बिन्दु *O* को मूल बिन्दु कहते हैं।

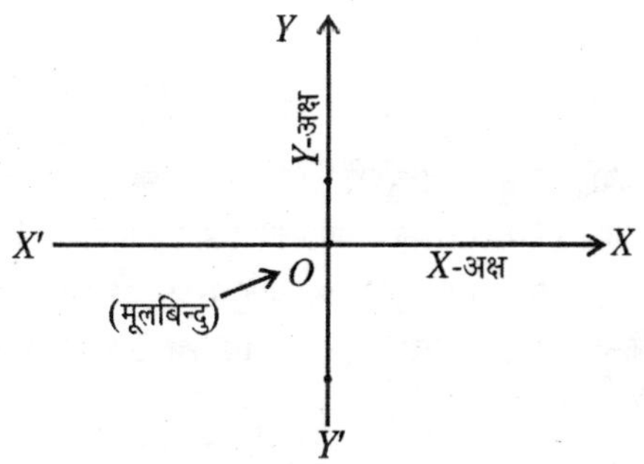

किसी बिन्दु का कार्तीय निर्देशांक

(Cartesian Co-ordinate of a Point)

माना किसी समकोणीय तल में कोई बिन्दु *P* है तो *P* से $PM \perp X\,O\,X'$ खींचा तब, *O, M* को *X*-निर्देशांक तथा *PM* को *Y*-निर्देशांक कहते हैं। इसे क्रमशः कोटि तथा भुज भी कहा जाता है।

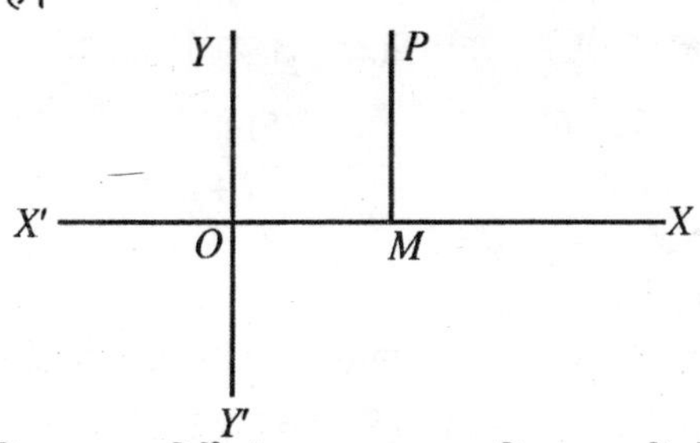

बिन्दु *P* का निर्देशांक (x, y) एक क्रमित युग्म में होता है अर्थात् सर्वप्रथम *X*-निर्देशांक तत्पश्चात *Y*-निर्देशांक।

X-अक्ष पर स्थित बिन्दु का *Y*-निर्देशांक शून्य होता है। तथा *Y*-अक्ष पर स्थित बिन्दु का *X*-निर्देशांक शून्य होता है।

चतुर्थांश – किसी तल को दो समकोणीय सरल रेखाएँ चार भागों में विभाजित करती है। उसका प्रत्येक भाग चतुर्थांश कहलाता है।

माना $X\,O\,X'$ एवं $Y\,O\,Y'$ दो सरल रेखा एक दूसरे को (समकोणीय) बिन्दु *O* पर प्रतिच्छेदित करती है तब सामान्यतः *OX* को धनात्मक दिशा एवं *OX'* को ऋणात्मक दिशा मानते हैं। इसी प्रकार *OY*-धनात्मक एवं *OY'*-ऋणात्मक होता है।

(*i*) **प्रथम चतुर्थांश**– $X\,O\,Y$ को कहते हैं जहाँ $x, y > 0$, अतः दोनों धनात्मक होता है।

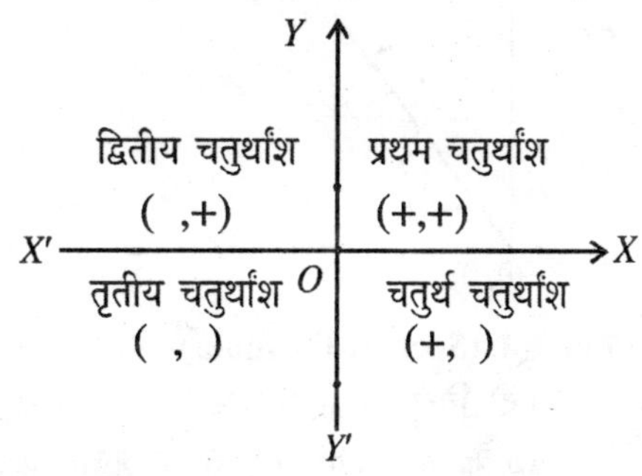

(*ii*) **द्वितीय चतुर्थांश** – $Y\,O\,X'$ को द्वितीय चतुर्थांश कहते हैं जहाँ $x < 0, y > 0$ अर्थात् $(-, +)$

(*iii*) **तृतीय चतुर्थांश** – $X'\,O\,Y'$ को तृतीय चतुर्थांश कहते हैं जिसमें $x < 0, y < 0$ अर्थात् $(-, -)$

(*iv*) **चतुर्थ चतुर्थांश** – $Y'\,O\,X$ को चतुर्थ चतुर्थांश कहते हैं जहाँ $x >, y < 0$ अर्थात् $(+, -)$ निर्देशांक होता है।

दो बिन्दुओं के बीच की दूरी

(Distance Between Two Points)

यदि किसी तल में दो बिन्दु $A(x_1, y_1)$ तथा $B(x_2, y_2)$ हो तो उसके बीच की दूरी *AB*

$$=\sqrt{(x_2-x_1)^2+(y_2-y_1)^2}$$

$$=\sqrt{(\text{कोटियों का अन्तर})^2+(\text{भुजों का अन्तर})^2}$$

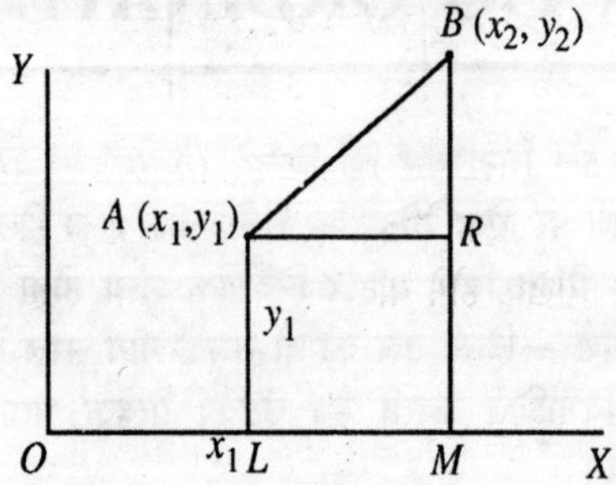

दो बिन्दुओं के बीच की दूरी जब एक बिन्दु मूल बिन्दु हो तब

$$OP=\sqrt{(x-0)^2+(y-0)^2}$$

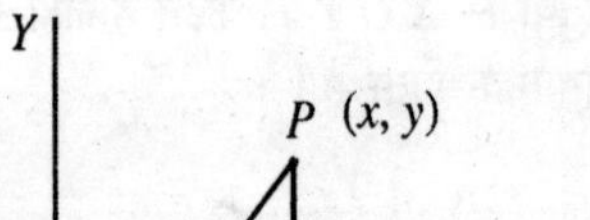

विभाजन सूत्र (Section Formula)– माना $A(x_1, y_1)$ तथा $B(x_2, y_2)$ दो बिन्दु किसी तल में है तथा माना बिन्दु $P(x, y)$ रेखा AB को $m : n$ के अनुपात में अन्तः विभाजित करता है। तब $x=\frac{mx_2+nx_1}{m+n}$ तथा $y=\frac{my_2+ny_1}{m+n}$

(i) यदि $P(x, y)$ बहिःविभाजित करता है तब

$$x=\frac{mx_2-nx_1}{m-n}\quad y=\frac{my_2-ny_2}{m-n}.$$

(ii) यदि $P(x, y)$ सरल रेखा AB का मध्य बिन्दु हो तब

$$x=\frac{x_1+x_2}{2},\ y=\frac{y_1+y_2}{2}.$$

उदाहरण 1– यदि (0, 0), (3, 0) तथा (x, y) किसी समबाहु त्रिभुज के शीर्ष हैं तब x, y का मान ज्ञात करें।

हल – माना बिन्दु $O(0, 0), A(3, 0)$ तथा $B(x, y)$ हैं।

तब $OA=\sqrt{(3)^2+(0)^2}=3$ ...(i)

$OB=\sqrt{x^2+y^2}$ ...(ii)

तथा $AB=\sqrt{(x-3)^2+(y-0)^2}=\sqrt{(x-3)^2+y^2}$

चूँकि त्रिभुज समबाहु है अतः ...(iii)

$OA = OB = AB$

समीकरण (i) एवं (ii) से, $x^2 + y^2 = 9$ ...(iv)

तथा $(x-3)^2 + y^2 = x^2 + y^2$

$\Rightarrow x^2 - 6x + 9 + y^2 = x^2 + y^2$

$\Rightarrow 6x = 9 \Rightarrow x = \frac{9}{6} = \frac{3}{2}$

समीकरण (iv) से, $x=\frac{3}{2}$ रखने पर,

$$y^2=9-\frac{9}{4}=\frac{27}{4}\qquad \Rightarrow y=\pm\frac{3\sqrt{3}}{2}.$$

उदाहरण 2– बिन्दुओं (3, –1) एवं (–6, 5) को समत्रिभाजित (Trisect) करने वाली बिन्दुओं का नियामक निकालें।

हल– माना $P(3, -1)$ तथा $Q(-6, 5)$ दो बिन्दु है तथा माना बिन्दु A एवं B रेखा PQ को समत्रिभाजित करती है

$P(3,-1)$ — $A(x_1, y_1)$ — $B(x_2, y_2)$ — $Q(-6, 5)$

∴ A सरल रेखा PQ को (1 : 2) के अनुपात में अन्तः विभाजित करता है। अतः $A(x_1, y_1)$ का नियामक

$$x_1=\frac{1(-6)+2(3)}{1+2},\ y_1=\frac{1(5)+2(-1)}{1+2}$$

$\Rightarrow x_1 = 0, y_1 = 1$

अतः $A(0, 1)$

पुनः B सरल रेखा PQ को (2 : 1) के अनुपात में अन्तः विभाजित करती है। अतः $B(x_2, y_2)$ का नियामक

$$x_2=\frac{2(-6)+1(3)}{2+1},\ y_2=\frac{2(5)+1(-1)}{2+1}$$

$\Rightarrow x_2 = -3, y_2 = 3$

अतः $B(-3, 3)$.

उदाहरण 3– किसी समान्तर चतुर्भुज के तीन शीर्षों के नियामक क्रमशः (4, –11), (5, 3) तथा (2, 15) है तब चतुर्थ शीर्ष का नियामक ज्ञात करें।

हल– माना $ABCD$ कोई समान्तर चतुर्भुज (Parallelogram) है जहाँ $A(4, -11)$, $B(5, 3)$, $C(2, 15)$ तथा चतुर्थ शीर्ष $D(x, y)$ है।

तब AC के मध्य बिन्दु का नियामक $=\left(\frac{4+2}{2}, \frac{-11+15}{2}\right)$

$=(3, 2)$

तथा BD के मध्य बिन्दु का नियामक $=\left(\frac{5+x}{2}, \frac{3+y}{2}\right)$

चूँकि समान्तर चतुर्भुज में विकर्ण मध्य बिन्दु पर प्रतिच्छेदित करती है।

अतः $\frac{5+x}{2}=3$ तथा $\frac{3+y}{2}=2$

$\Rightarrow\ x = 1,\ y = 1$

अतः चतुर्थ शीर्ष का नियामक (1, 1) है।

उदाहरण 4– बिन्दुओं (4, 5) एवं (1, 2) को मिलाने वाली सरल रेखा X-अक्ष को किस अनुपात में विभाजित करती है।

हल– माना बिन्दु $A(4, 5)$ एवं $B(1, 2)$ को मिलाने वाली रेखा X-अक्ष को $P(x, y)$, पर $k : 1$ अनुपात में विभाजित करती है तब $x=\frac{kx_2+x_1}{k+1},\ y=\frac{ky_2+y_1}{k+1}$

लेकिन P बिन्दु $-x$ अक्ष पर है

अतः y–नियामक $= 0$

$$\Rightarrow \frac{k(2)+(5)}{k+1}=0$$

$$\Rightarrow k=-\frac{5}{2}$$

X-अक्ष रेखा AB को $-5 : 2$ या $5 : 2$ अनुपात में बहिर्विभाजित करती है।

त्रिभुज का क्षेत्रफल (Area of Triangle)– माना त्रिभुज ABC के शीर्ष $A(x_1, y_1)$, $B(x_2, y_2)$ एवं $C(x_3, y_3)$ हैं

तब त्रिभुज $\Delta\, ABC$ का क्षेत्रफल

$$\Delta=\frac{1}{2}\left[x_1(y_2-y_3)+x_2(y_3-y_1)+x_3(y_1-y_2)\right]$$

$$=\frac{1}{2}\begin{vmatrix} x_1 & y_1 & 1 \\ x_2 & y_2 & 1 \\ x_3 & y_3 & 1 \end{vmatrix}$$

तीन बिन्दुएँ $A(x_1, y_1)$, $B(x_2, y_2)$ तथा $C(x_3, y_3)$ एकरैखिक (Collinear) होंगे यदि ΔABC का क्षेत्रफल $= 0$

अर्थात् $$\frac{1}{2}\begin{vmatrix} x_1 & y_1 & 1 \\ x_2 & y_2 & 1 \\ x_3 & y_3 & 1 \end{vmatrix}=0$$

उदाहरण 5– सिद्ध करें कि बिन्दुएँ $(a, b + c)$, $(b, c + a)$ तथा $(c, a + b)$ एक रैखिक (Collinear) है।

हलः बिन्दुएँ एकरैखिक होंगे यदि सारणिक का मान शून्य होगा।

अतः Δ का क्षेत्रफल $$=\frac{1}{2}\begin{vmatrix} a & b+c & 1 \\ b & c+a & 1 \\ c & a+b & 1 \end{vmatrix}$$

$$=\frac{1}{2}\begin{vmatrix} a+b+c & b+c & 1 \\ a+b+c & c+a & 1 \\ a+b+c & a+b & 1 \end{vmatrix}$$

(क्रिया $C_1 \to C_1 + C_2$)

$$=\frac{1}{2}\begin{vmatrix} 1 & b+c & 1 \\ 1 & c+a & 1 \\ 1 & a+b & 1 \end{vmatrix}(a+b+c)$$

$$= 0 \quad (\because\ C_1 = C_3)$$

समलम्ब का क्षेत्रफल (Area of Trapezium) – यदि समलम्ब $ABCD$ के शीर्ष $A(x_1, y_1)$, $B(x_2, y_2)$, $C(x_3, y_3)$ तथा $D(x_4, y_4)$ हैं, तब समलम्ब का क्षेत्रफल

$$=\frac{1}{2}\left[(y_1+y_2)(x_1-x_2)+(y_1+y_3)(x_3-x_1)\right.$$

$$\left.-(y_2+y_3)(x_3-x_2)\right]$$

$=\frac{1}{2}$ (समान्तर भुजाओं का योग)

× (रेखाओं की लम्बवत् दूरी)

त्रिभुज का केन्द्रक (Centroid of the Triangle)– माना त्रिभुज ABC के शीर्षो के नियामक (निर्देशांक) $A(x_1, y_1)$, $B(x_2, y_2)$ तथा $C(x_3, y_3)$ हैं तब त्रिभुज के केन्द्रक का नियामक $\left(\frac{x_1+x_2+x_3}{3}, \frac{y_1+y_2+y_3}{3}\right)$ होगा।

उदाहरण 6– त्रिभुज ABC का केन्द्रक ज्ञात करें यदि $A(3, -5)$, $B(-7, 4)$ तथा $C(10, -2)$ त्रिभुज के शीर्ष का नियामक हो।

हल– x-नियामक $= \dfrac{3+(-7)+10}{3} = 2$

y-नियामक $= \dfrac{(-5)+(4)+(-2)}{3} = -1$

केन्द्रक का नियामक $(2, -1)$ होगा।

त्रिभुज का परिकेन्द (Circumcentre of Triangle)– माना $A(x_1, y_1)$, $B(x_2, y_2)$ तथा $C(x_3, y_3)$ किसी त्रिभुज के शीर्षों के नियामक हैं, तब त्रिभुज के परिकेन्द्र का नियामक

$$\left(\frac{ax_1\cos A+bx_2\cos B+cx_3\cos C}{a\cos A+b\cos B+c\cos C}, \frac{ay_1\cos A+by_2\cos B+cy_3\cos C}{a\cos A+b\cos B+c\cos C}\right)$$

होंगे जहाँ a, b, c त्रिभुज की भुजाओं की लम्बाई है।

बिन्दुपथ (Locus)

दिए गए ज्यामितीय प्रतिबन्धों के अन्तर्गत किसी बिन्दु या बिन्दु समुच्चय द्वारा बनाया गया वक्र उस बिन्दु (बिन्दु समुच्चय) का बिन्दुपथ (locus) कहलाता है।

बिन्दुपथ का समीकरण (Equation of Locus)– बिन्दुपथ का समीकरण (तत्समक) उन सभी बिन्दुओं का समुच्चय है जो दिए गए समीकरण (तत्समक) को संतुष्ट करता है।

उदाहरण 7– $2l$ लम्बाई का कोई सरिया (छड़) (Rod) दो परस्पर लम्बवत् सरल रेखा के बीच लुढ़क (Slides) रहा है तो उसके मध्य बिन्दु का बिन्दुपथ ज्ञात करें।

हल– माना लम्बवत् रेखाएँ क्रमशः X-अक्ष एवं Y-अक्ष है तथा AB कोई छड़ है जिसकी लम्बाई $2l$ है तथा जो X–अक्ष के A बिन्दु एवं Y–अक्ष के B–बिन्दु पर मिलती है। माना $OA = a$ तथा $OB = b$ तब समकोण त्रिभुज OAB में

$$a^2 + b^2 = 4l^2 \qquad ...(i)$$

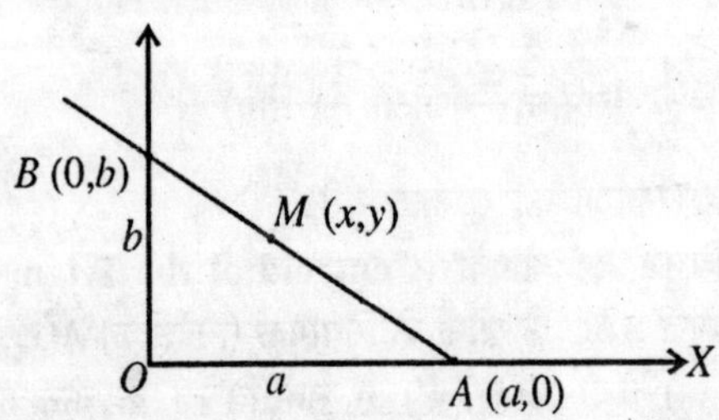

चूँकि M, AB का मध्यबिन्दु है अतः

M का नियामक, $x = \dfrac{a+0}{2}, y = \dfrac{0+b}{2}$ $\quad x = \dfrac{a}{2}, y = \dfrac{b}{2}$

$\Rightarrow \quad a = 2x$ तथा $b = 2y$

a एवं b का मान समीकरण (i) में रखने पर,

$4x^2 + 4y^2 = 4l^2 \Rightarrow x^2 + y^2 = l^2$

अतः बिन्दुपथ का समीकरण $x^2 + y^2 = l^2$ होगा।

साधित उदाहरण (Solved Examples)

1. Y–अक्ष पर स्थित बिन्दु का नियामक निकालें जब यह बिन्दु $(-1, 2)$ तथा $(3, 4)$ से समदूरस्थ हो।

हल– माना Y–अक्ष स्थित कोई बिन्दु नियामक $(0, y)$ है अतः दिए गए प्रतिबन्ध से,

$$\sqrt{(0+1)^2+(y-2)^2} = \sqrt{(0-3)^2+(y-4)^2}$$

$\Rightarrow \; -4y + 8y - 20 = 0$

$\Rightarrow \; 4y = 20 \Rightarrow y = 5$

अतः नियामक $(0, 5)$ होगा।

2. किसी त्रिभुज की भुजाओं के मध्य बिन्दु $(-4, 2)$ $(6, -2)$ एवं $(7, 9)$ हैं, तब त्रिभुज का केन्द्रक निकालें।

हल– त्रिभुज की भुजाओं के मध्य बिन्दुओं और उसके सामने के शीर्षों को मिलाने वाली तीनों रेखाएँ एक ही बिन्दु पर मिलती है, इसे केन्द्रक कहते हैं।

$\left(\dfrac{-4+6+7}{3}, \dfrac{2+(-2)+9}{3}\right)$ अर्थात् $(3, 3)$ होगा।

3. किसी त्रिभुज ABC के शीर्ष $A(-1, 3)$, $B(1, -1)$ तथा $C(5, 1)$ है तब शीर्ष A से खींची गई माध्यिका की लम्बाई ज्ञात करें।

हल– यदि D भुजा BC का मध्य बिन्दु है,

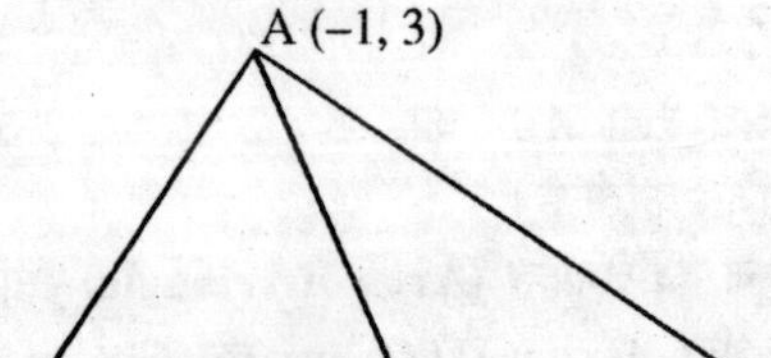

तब $D = \left(\dfrac{1+5}{2}, \dfrac{-1+1}{2}\right) = (3,0)$

अतः A से माध्यिका AD की लम्बाई

$$|AD| = \sqrt{(3+1)^2+(0-3)^2} = \sqrt{16+9} = 5.$$

4. समीकरण $(x^2 - a^2)^2 + (y^2 - b^2)^2 = 0, ab \neq 0$ का बिन्दुपथ ज्ञात करें।

हल– समीकरण $(x^2 - a^2)^2 + (y^2 - b^2)^2 = 0$

$\Rightarrow x^2 - a^2 = 0$ तथा $y^2 - b^2 = 0$

$\Rightarrow x = \pm a$ तथा $y = \pm b$

$\Rightarrow (x, y) = (a, b)\ (a, -b), (-a, b)$ तथा $(-a, -b)$

अतः दिए गए समीकरण का बिन्दुपथ होगा

$\{(a,b),(a,-b)(-a,b),(-a,-b)\}$.

5. किसी त्रिभुज के दो शीर्ष (3, –5) एवं (–7, 4) है, यदि त्रिभुज का केन्द्रक (2, –1) है, तब तीसरा शीर्ष निकालें।

हल– माना तीसरे शीर्ष का नियामक (x, y) है तब केन्द्रक

का नियामक $\left(\frac{3-7+x}{3}, \frac{-5+4+y}{3}\right)$

अर्थात् $\left(\frac{-4+x}{3}, \frac{y-1}{3}\right)$

लेकिन केन्द्रक का नियामक (2, –1) है, अतः

$$\frac{-4+x}{3} = 2 \Rightarrow x = 10$$

तथा $\frac{y-1}{3} = -1 \Rightarrow y = -2.$

6. x के किस मान के लिए बिन्दुएँ (1, –1), (2, 1) तथा (4, x) एक सरल रेखा पर स्थित होगा।

हल– दिए गए बिन्दु एक रैखिक होंगे यदि त्रिभुज का क्षेत्रफल = 0.

अतः $\begin{vmatrix} 1 & -1 & 1 \\ 2 & 1 & 1 \\ 4 & x & 1 \end{vmatrix} = 0$

क्रिया $R_2 \to R_2 - R_1$ तथा $R_3 - R_1$

$$\begin{vmatrix} 1 & -1 & 1 \\ 1 & 2 & 0 \\ 3 & x+1 & 0 \end{vmatrix} = 0$$

$\Rightarrow \quad x + 1 - 6 = 0 \Rightarrow x = 5.$

7. समीकरण $(x - 2)^2 + (y - 3)^2 = 25$ को संतुष्ट करने वाले बिन्दु (x, y) के बिन्दुपथ की विवेचना करे।

हल– दिया गया समीकरण $(x-2)^2 + (y-3)^2 = 25$

$\Rightarrow \sqrt{(x-2)^2 + (y-3)^2} = 5$

$\Rightarrow$ बिन्दु (x,y) की दूरी (2, 3) से 5 इकाई है

अतः दिए गए समीकरण के बिन्दुपथ में स्थित कोई बिन्दु, बिन्दु (2, 3) से 5 इकाई की निश्चित दूरी पर है। इस प्रकार दिया गया समीकरण वृत का समीकरण है जिसका केन्द्र (2, 3) तथा त्रिज्या = 5 इकाई है।

8. उस बिन्दु के बिन्दुपथ का समीकरण ज्ञात करें जो इस प्रकार भ्रमण करती है कि उसकी Y अक्ष से दूरी X अक्ष की दूरी की 5 गुनी है।

हल– माना बिन्दुपथ में कोई बिन्दु $P(x, y)$ है।

तब प्रश्नानुसार P की Y अक्ष से दूरी $= 5 \times P$ की X अक्ष से दूरी

$\therefore \quad |y| = 5|x|$

$\Rightarrow \quad y^2 = 25x^2$

यह बिन्दुपथ का अभीष्ट समीकरण है।

9. यदि किसी त्रिभुज का एक शीर्ष (1, 1) है तथा उस शीर्ष से गुजरने वाली भुजाओं का मध्य बिन्दु (–1, 2) एवं (3, 2) हो तब त्रिभुज का केन्द्रक ज्ञात करें–

हल– माना ΔABC एक त्रिभुज है।

चूँकि (–1, 2) AB का मध्य बिन्दु है

अतः $-1 = \frac{\alpha+1}{2}$, $2 = \frac{1+\beta}{2}$

$\therefore \ \alpha = -3, \ \beta = 3$

$\therefore \quad B(-3, 3)$ होगा

इसी प्रकार $C(5, 3)$ होगा।

अतः ΔABC का केन्द्रक

$$= \left(\frac{1+\alpha+\alpha'}{3}, \ \frac{1+\beta+\beta'}{3}\right)$$

$$= \left(\frac{1-3+5}{3}, \ \frac{1+3+3}{3}\right) = \left(1, \ \frac{7}{3}\right)$$

अतः $\left(1, \ \frac{7}{3}\right)$ केन्द्रक है।

वस्तुनिष्ठ प्रश्न

1. एक बिन्दु P, बिन्दुओं $A(1, 3)$, $B(-3,5)$ तथा $C(5, -1)$ से समान दूरी पर स्थित है, तब PA का मान है–

(a) 5 (b) $5\sqrt{5}$

(c) 25 (d) $5\sqrt{10}$

2. चार विभिन्न बिन्दु (0, 0), (2, 0), (0, –2) तथा (k, –2) चक्रीय क्रम में हों, तो k का मान है–

(a) –2 (b) 2

(c) 1 (d) 0

3. यदि कोई बिन्दु P, बिन्दुओं A $(a+b, a-b)$ तथा B $(a-b, a+b)$ से समान दूरी पर स्थित है, तब बिन्दु P का बिन्दुपथ है–

(a) $x-y=0$ (b) $ax+by=0$

(c) $bx-ay=0$ (d) $x+y=0$

4. उस त्रिभुज के केन्द्रक का बिन्दुपथ क्या होगा, जिसके शीर्ष $(a\cos t, a\sin t), (b\sin t, -b\cos t)$ तथा $(1,0)$ है, जहाँ t प्राचल है–

(a) $(3x-1)^2+(3y)^2=a^2-b^2$

(b) $(3x-1)^2+(3y)^2=a^2+b^2$

(c) $(3x+1)^2+(3y)^2=a^2+b^2$

(d) $(3x+1)^2+(3y)^2=a^2-b^2$

5. एक त्रिभुज की भुजाएँ $3x+4y$, $4x+3y$ तथा $5x+5y$ हैं जहाँ $x, y>0$ हैं, तब त्रिभुज होगा–

(a) समकोण त्रिभुज (b) अधिककोण त्रिभुज

(c) समबाहु त्रिभुज (d) इनमें से कोई नहीं

6. किसी निर्देशांक अक्ष को 135° से घुमाने पर प्राप्त नये निकाय में बिन्दु P के निर्देशांक $(4,-3)$ प्राप्त होते हैं, तब वास्तविक (पूर्ववत्) निकाय में बिन्दु P के निर्देशांक हैं–

(a) $\left(\frac{1}{\sqrt{2}}, \frac{7}{\sqrt{2}}\right)$ (b) $\left(\frac{1}{\sqrt{2}}, \frac{-7}{\sqrt{2}}\right)$

(c) $\left(-\frac{1}{\sqrt{2}}, \frac{-7}{\sqrt{2}}\right)$ (d) $\left(-\frac{1}{\sqrt{2}}, \frac{7}{\sqrt{2}}\right)$

7. यदि त्रिभुज के शीर्ष $(4,0), (-1,-1), (3,5)$ हों, तब त्रिभुज होगा–

(a) समद्विबाहु तथा समकोण

(b) समद्विबाहु लेकिन समकोण नहीं

(c) समकोण, पर समद्विबाहु नहीं

(d) न समकोण और न ही समद्विबाहु

8. एक समान्तर चतुर्भुज के तीन शीर्ष क्रमशः $(-1,-6)$, $(2,5), (7,2)$ हैं, तब चौथा शीर्ष है–

(a) $(1,4)$ (b) $(4,1)$

(c) $(1,1)$ (d) $(4,4)$

9. त्रिभुज ABC के शीर्ष A से डाले जाने वाले लम्ब की लम्बाई, जहाँ $A=(-3,0), B=(4,-1)$ तथा $C=(5,2)$ हैं–

(a) $\frac{2}{\sqrt{10}}$ (b) $\frac{4}{\sqrt{10}}$

(c) $\frac{11}{\sqrt{10}}$ (d) $\frac{22}{\sqrt{10}}$

10. शीर्ष $(1,\sqrt{3})$, $(0,0)$ तथा $(2,0)$ वाले त्रिभुज का अन्तः केन्द्र है–

(a) $\left(1, \frac{\sqrt{3}}{2}\right)$ (b) $\left(\frac{2}{3}, \frac{1}{\sqrt{3}}\right)$

(c) $\left(\frac{2}{3}, \frac{3}{2}\right)$ (d) $\left(1, \frac{1}{\sqrt{3}}\right)$

11. त्रिभुज PQR वृत्त $x^2+y^2=25$ के अन्दर स्थित है। यदि Q तथा R निर्देशांक क्रमशः $(3,4)$ तथा $(-4,3)$ हैं तब $\angle QPR$ का मान है–

(a) $\frac{\pi}{2}$ (b) $\frac{\pi}{3}$

(c) $\frac{\pi}{4}$ (d) $\frac{\pi}{6}$

12. यदि $P(-1,0)$, $Q(0,0)$ तथा $R\left(3, 3\sqrt{3}\right)$ कोई तीन बिन्दु हैं, तब $\angle PQR$ के समद्विभाजक (Bisector) का समीकरण है–

(a) $y=\sqrt{3}x$ (b) $x=3\sqrt{y}$

(c) $y=x$ (d) इनमें से कोई नहीं

13. एक त्रिभुज का केन्द्रक $(2,7)$ तथा इसके दो शीर्ष $(4,8)$ तथा $(-2,6)$ है। तब त्रिभुज का तीसरा शीर्ष होगा–

(a) (0, 0) (b) (4, 7)

(c) (7, 4) (d) (7, 7)

14. यदि किसी चतुर्भुज के शीर्ष (0, –1), (2, 1), (0, 3) तथा (–2, 1) है तब यह है–

(a) समान्तर चतुर्भुज (b) वर्ग

(c) आयत (d) समरेखीय

15. उस बिन्दु का बिन्दुपथ क्या होगा, जिसकी बिन्दुओं $(3,0)$ तथा $(-3,0)$ से दूरियों का अन्तर 4 है?

(a) $\frac{x^2}{4}-\frac{y^2}{5}=1$ (b) $\frac{x^2}{5}-\frac{y^2}{4}=1$

(c) $\frac{x^2}{2}-\frac{y^2}{3}=1$ (d) $\frac{x^2}{3}-\frac{y^2}{2}=1$

16. एक त्रिभुज, जिसके शीर्ष क्रमशः $A(0, b)$, $B(0, 0)$ तथा $C(a, 0)$ है। इस त्रिभुज की माध्यिकाएँ AB तथा AD परस्पर लम्बवत् होगी, यदि–

(a) $a=\frac{b}{2}$ (b) $b=\frac{a}{2}$

(c) $ab=1$ (d) $a=\pm\sqrt{2}b$

17. यदि $P(1, 2)$, $Q(4, 6)$, $R(5, 7)$ और $S(a, b)$ एक समान्तर चतुर्भुज $PQRS$ के शीर्ष हैं, तो–

(a) $a=2, b=4$ (b) $a=3, b=4$

(c) $a=2, b=3$ (d) $a=3, b=5$

18. यदि किसी त्रिभुज के दो शीर्ष (6, 4), (2, 6) और केन्द्रक (4, 6) हों, तो उसका तीसरा शीर्ष होगा।

(a) (4, 8) (b) (8, 4)

(c) (6, 4) (d) इनमें से कोई नहीं

19. बिन्दुओं (2, –3) तथा (–5, 6) को मिलाने वाली रेखा Y–अक्ष द्वारा किस अनुपात में विभाजित होती है?

(a) 2:5 (b) 2:3

(c) 3:5 (d) 1:2

20. बिन्दु (1, 1), $(0, \sec^2\theta)$, $(\text{cosec}^2\theta, 0)$ समरेखीय होंगे, यदि–

(a) $\theta=\frac{n\pi}{2}$ (b) $\theta\neq\frac{n\pi}{2}$

(c) $\theta=n\pi$ (d) इनमें से कोई नहीं

21. यदि बिन्दु $(x+1,\ 2)$, $(1,\ x+2)$, $\left(\frac{1}{x+1}, \frac{2}{x+1}\right)$ समरेखीय हों तो x का मान है–

(a) 4, 1 (b) 0, – 4

(c) – 4, 2 (d) इनमें से कोई नहीं

22. यदि $A\left(at^2, 2at\right), B\left(\frac{a}{t^2}, -\frac{2a}{t}\right)$ तथा $C(a, 0)$ हो, तो $2a$ है–

(a) CA तथा CB का समान्तर माध्य

(b) CA तथा CB का गुणोत्तर माध्य

(c) CA तथा CB का हरात्मक माध्य

(d) इनमें से कोई नहीं

23. उस बिन्दु का बिन्दुपथ जिसकी मूल बिन्दु और रेखा $x=2$ से दूरियों का योग 4 हो, है–

(a) $x^2-12y=36$ (b) $y^2+12x=36$

(c) $y^2-12x=36$ (d) $x^2+12y=36$

24. l लम्बाई की एक छड़ कमरे की दीवार तथा तल के सहारे रखी है। यदि छड़ तल पर फिसलना आरम्भ करती है, तब इसके मध्य बिन्दु का बिन्दुपथ है–

(*a*) एक सरल रेखा (*b*) वृत
(*c*) परवलय (*d*) दीर्घवृत

25. यदि बिन्दु (5, 5), (10, k) तथा (– 5, 1) समरेखीय हों तो k का मान है–

(*a*) 3 (*b*) 5
(*c*) 7 (*d*) 9

26. यदि बिन्दुओं $A(a, b)$ व $B(c, d)$ को मिलाने वाली रेखा मूल बिन्दु पर कोण θ अन्तरित करती है, तो cos θ का मान है–

(*a*) $\dfrac{ab+cd}{\left(a^2+b^2\right)\left(c^2+d^2\right)}$

(*b*) $\dfrac{ac+bd}{\sqrt{\left(a^2+b^2\right)\left(c^2+d^2\right)}}$

(*c*) $\dfrac{ac \quad bd}{\sqrt{\left(a^2+b^2\right)\left(c^2+d^2\right)}}$

(*d*) इनमें से कोई नहीं

27. बिन्दु $A(x_1, y_1)$, $B(x_2, y_2)$ व $C(x_3, y_3)$ इस प्रकार है कि x_1, x_2, x_3 तथा y_1, y_2, y_3 गुणोत्तर श्रेणी में हैं जिनकी सार्वानुपात समान है, तब–

(*a*) $A, B,$ व C समचक्रीय बिन्दु है
(*b*) $A, B,$ व C समरेखीय है
(*c*) $A, B,$ व C समबाहु त्रिभुज के शीर्ष है
(*d*) इनमें से कोई नहीं

28. यदि $P(a_1, b_1)$ तथा $Q(a_2, b_2)$ दो बिन्दु है, तब $OP. OQ \cos (\angle POQ)$ जहाँ O मूल बिन्दु है, है–

(*a*) $a_1 a_2 + b_1 b_2$
(*b*) $a_1^2 + a_2^2 + b_1^2 + b_2^2$
(*c*) $a_1^2 - a_2^2 + b_1^2 \quad b_2^2$
(*d*) इनमें से कोई नहीं

29. यदि A व B दो स्थिर बिन्दु है एवं P एक चर बिन्दु इस प्रकार है कि $PA + PB = 4$, तो P का बिन्दुपथ है–

(*a*) परवलय (*b*) दीर्घवृत्त
(*c*) अतिपरवलय (*d*) इनमें से कोई नहीं

30. यदि बिन्दु (–5, 1), (p, 5) व (10, 7) समरेखीय हों तो P का मान है–

(*a*) 5 (*b*) 3
(*c*) 4 (*d*) 7

अनुच्छेद–1 (Paragraph–1)

माना $A(1, 0)$, $B(2, –7)$, $C(8, 1)$ तथा $D(9, –6)$ चार बिन्दुएँ है

31. दिए गए चार बिन्दुओं में कौन-से तीन बिन्दुएँ सरल रैखिक होंगे?

(*a*) A, B तथा D (*b*) B, C तथा D
(*c*) A, B तथा C (*d*) इसमें से कोई नहीं

32. निम्न में से कौन-सा त्रिभुज समकोण त्रिभुज नहीं है?

(*a*) Δ ABC (*b*) Δ BCD
(*c*) Δ ABD (*d*) इसमें से कोई नहीं

33. A, B तथा D से समदूरस्थ (Equidistant) कौन-सा बिन्दु है?

(*a*) (–5, 3) (*b*) (5, –3)
(*c*) (3, 5) (*d*) (–3, 5)

अनुच्छेद–2 (Paragraph–2)

माना $A(2, – 2)$ तथा B(–1, 2) दो निश्चित बिन्दु हैं तथा P एक चर बिन्दु है जहाँ $|PA| + |PB| = k$, k अचर राशि (fixed) है।

34. यदि $k = 6$, तब P का बिन्दुपथ होगा–

(*a*) एक वृत्त (*b*) एक सरल रेखा
(*c*) एक दीर्घवृत्त (*d*) रेखाखंड AB

35. यदि $k = 4$, तब P का बिन्दुपथ होगा–

(*a*) एक दीर्घवृत्त (*b*) एक सरल रेखा
(*c*) एक रेखाखंड (*d*) इसमें से कोई नहीं

36. यदि $k = 5$, तब P का बिन्दुपथ होगा–

(*a*) एक रेखाखंड AB (*b*) एक दीर्घवृत्त
(*c*) एक वृत्त (*d*) इनमें से कोई नहीं

दृढ़कथन–कारण (Assertion–Reason)– निम्नलिखित प्रश्नों के लिए चार कूट (*a*), (*b*), (*c*) तथा (*d*) दिए गए हैं। सही उत्तर का चयन करें।

(*a*) वक्तव्य-I सत्य है; वक्तव्य-II सत्य है; वक्तव्य-II वक्तव्य-I का सही स्पष्टीकरण है।
(*b*) वक्तव्य-I सत्य है; वक्तव्य-II सत्य है; वक्तव्य-II वक्तव्य-I सही स्पष्टीकरण नहीं है।
(*c*) वक्तव्य-I सत्य है; वक्तव्य-II असत्य है।
(*d*) वक्तव्य-I असत्य है; वक्तव्य-II सत्य है।

37. वक्तव्य–I : बिन्दु $\left(0, \frac{8}{3}\right)$, (1, 3) तथा (82, 30) एकरैखिक है।

ववतब्य–II : तीन बिन्दु $P_1(x_1, y_1)$, $P_2(x_2, y_2)$ तथा $P_3(x_3, y_3)$ एक रैखिक होंगे यदि

$$\begin{vmatrix} x_1 & y_1 & 1 \\ x_2 & y_2 & 1 \\ x_3 & y_2 & 1 \end{vmatrix} = 0$$

38. वक्तव्य–I : यदि किसी त्रिभुज के शीर्ष $A(x_1, y_1)$, $B(x_2, y_2)$ एवं $C(x_3, y_3)$ हो तब उसके केन्द्रक का नियामक $\left(\frac{x_1+x_2+x_3}{3}, \frac{y_1+y_2+y_3}{3}\right)$ होता है।

वक्तव्य–II : किसी त्रिभुज का केन्द्रक, माध्यिका को 2:1 के अनुपात में विभाजित करती है।

39. वक्तव्य–I : बिन्दुएँ (1, 2), (3, 8) तथा (7, 20) एकऐखिक होंगे।

वक्तव्य–II : बिन्दुएँ (1, 2), (3, 8) तथा (7, 20) से गुजरने वाली एक और केवल एक वृत होगा।

40. मिलान करें (Match These)

	वर्ग–I	वर्ग–II
A.	बिन्दुओं (x_1, y_1) तथा (x_2, y_2) को मिलाने वाली रेखा को X–अक्ष किस अनुपात से विभाजित करेगी?	*p.* $-x_1 : x_2$
B.	बिन्दुओं (x_1, y_1) तथा (x_2, y_2) को मिलाने वाली रेखा को Y–अक्ष किस अनुपात में विभाजित करेगी?	*o.* $-y_1 : y_2$
C.	किसी त्रिभुज का केन्द्रक, माध्यिका को किस अनुपात में विभाजित करता है?	*r.* 4 : 1
D.	किसी त्रिभुज का क्षेत्रफल एवं उसके भुजाओं के मध्य बिन्दु से बने त्रिभुज के क्षेत्रफल का अनुपात	*s.* 2 : 1

(*a*) A–p; B–q; C–r; D–s
(*b*) A–q; B–p; C–r; D–s
(*c*) A–q; B–p; C–s; D–r
(*d*) इनमें से कोई नहीं

उत्तरमाला

1	2	3	4	5	6	7	8	9	10
(*d*)	(*b*)	(*a*)	(*b*)	(*b*)	(*d*)	(*a*)	(*b*)	(*d*)	(*d*)
11	**12**	**13**	**14**	**15**	**16**	**17**	**18**	**19**	**20**
(*c*)	(*a*)	(*b*)	(*b*)	(*a*)	(*d*)	(*c*)	(*a*)	(*a*)	(*b*)
21	**22**	**23**	**24**	**25**	**26**	**27**	**28**	**29**	**30**
(*b*)	(*c*)	(*b*)	(*b*)	(*c*)	(*b*)	(*b*)	(*a*)	(*d*)	(*a*)
31	**32**	**33**	**34**	**35**	**36**	**37**	**38**	**39**	**40**
(*d*)	(*d*)	(*b*)	(*c*)	(*d*)	(*a*)	(*a*)	(*a*)	(*c*)	(*c*)

व्याख्यात्मक उत्तर

1. बिन्दुओं A(1, 3) तथा B(–3, 5) का लम्ब समद्विभाजक निम्न है–

$$2x(x_1-x_2)+2y(y_1-y_2)=\left(x_1^2+y_1^2\right)-\left(x_2^2+y_2^2\right)$$

$$\Rightarrow 2x(1+3)+2y(3-5)=(1+9)-(9+25)$$

$$\Rightarrow 2x-y+6=0 \qquad ...(i)$$

बिन्दुओं $A(1, 3)$ तथा $C(5, -1)$ का लम्ब समद्विभाजक निम्न है–

$$2x(1-5)+2y(3+1)=(1+9)-(25+1)$$

$$\Rightarrow x-y-2=0 \qquad ...(ii)$$

समीकरण (i) व (ii) का प्रतिच्छेद बिन्दु $P=(-8,-10)$

तब $PA=\sqrt{(1+8)^2+(3+10)^2}=\sqrt{81+169}$

$$=\sqrt{250}=5\sqrt{10}.$$

2. बिन्दुओं (0, 0), (2, 0) तथा (0, –2) से जाने वाले वृत्त का समीकरण $x^2+y^2-2x+2y=0$ है। यदि यह बिन्दु $(k, -2)$ से भी गुजरता है, तो $k^2+4-2k-4=0$

$$\Rightarrow k(k-2)=0 \Rightarrow k=0, 2$$

अतः $k=2\ (k\neq 0)$.

3. माना बिन्दु P का निर्देशांक (x, y) है।

दिया है, $PA=PB \Rightarrow (PA)^2=(PB)^2$

$$\Rightarrow \{x-(a+b)\}^2+\{y-(a-b)\}^2$$

$$=\{x-(a-b)\}^2+\{y-(a+b)\}^2$$

$$\Rightarrow 2x\{-a-b+a-b\}+2y\{-a+b+a+b\}=0$$

$$\Rightarrow x(-2b)+y(+2b)=0 \Rightarrow -x+y=0$$

$$\Rightarrow x-y=0.$$

4. माना त्रिभुज के केन्द्रक के निर्देशांक (h, k) हैं, तब

$$3h=a\cos t+b\sin t+1,$$

$$3k=a\sin t-b\cos t$$

$$\therefore a^2+b^2$$

$$=(3h-1)^2+(3k)^2$$

अतः अभीष्ट बिन्दुपथ निम्न होगा–

$$(3x-1)^2+(3y)^2=a^2+b^2.$$

5. माना त्रिभुज की भुजाएँ क्रमशः a, b तथा c हैं, तब

$$a^2+b^2=(3x+4y)^2+(4x+3y)^2$$

$$=25(x^2+y^2)+48xy$$

तथा $c^2=(5x+5y)^2=25(x^2+y^2)+50xy$

स्पष्टतः $a^2+b^2<c^2$

$$\cos c=\frac{a^2+b^2-c^2}{2ab}=\frac{-2xy}{2ab}, \text{ ऋणात्मक}$$

$\therefore \angle C$ अधिककोण है।

6. $P=(x\cos\theta-y\sin\theta,\ x\sin\theta+y\cos\theta)$

$$=\left(4.\left(-\frac{1}{\sqrt{2}}\right)+3.\frac{1}{\sqrt{2}}, 4.\frac{1}{\sqrt{2}}+3.\frac{1}{\sqrt{2}}\right)$$

$$=\left(-\frac{1}{\sqrt{2}}, \frac{7}{\sqrt{2}}\right).$$

7. माना $A(4, 0)$, $B(-1, -1)$, तथा $C(3, 5)$ त्रिभुज के शीर्ष हैं, तब $AB=\sqrt{26}, AC=\sqrt{26}$ तथा

$BC=\sqrt{52}$ अर्थात् $AB=AC$

अतः समद्विबाहु Δ है तथा

$$(BC)^2=AB^2+AC^2$$

अतः समकोण Δ भी है।

8. माना चौथे शीर्ष का निर्देशांक (x, y) है।

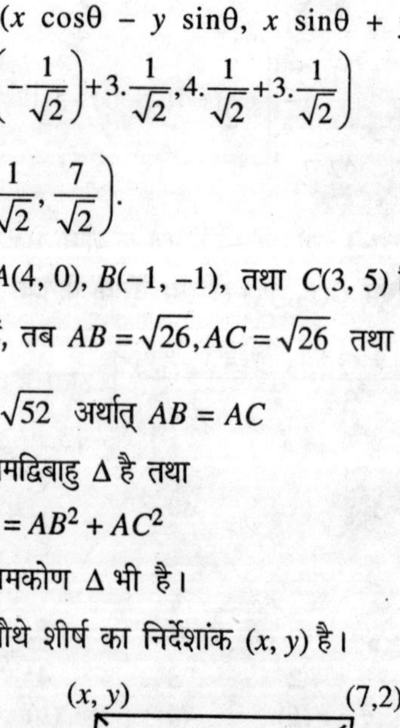

तब $\frac{-1+7}{2}=\frac{2+x}{2} \Rightarrow x=4$

$\frac{-6+2}{2}=\frac{-5+y}{2} \Rightarrow y=1$

अतः चौथे शीर्ष के निर्देशांक (4, 1) हैं।

9. ΔABC में $A = (-3, 0)$; $B = (4, -1)$ तथा $C = (5, 2)$

हम जानते हैं कि

$$BC=\sqrt{(5-4)^2+(2+1)^2}=\sqrt{1+9}=\sqrt{10}$$

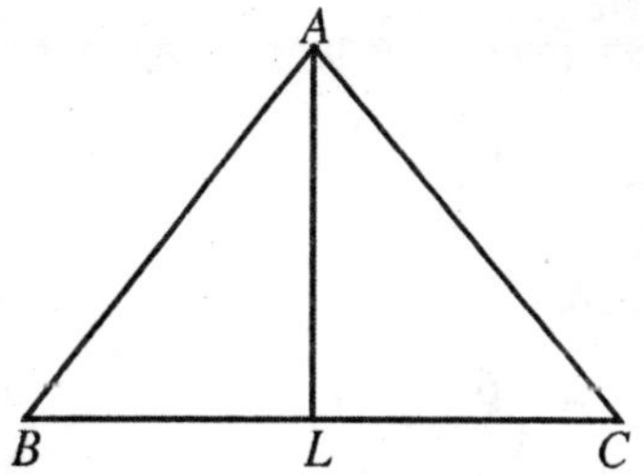

तथा Δ ABC का क्षेत्रफल

$$=\frac{1}{2}\left[-3(-1-2)+4(2-0)+5(0+1)\right]=11$$

अतः लम्ब

$$AL=\frac{2\Delta ABC \text{ का क्षेत्रफल}}{BC}=\frac{2\times 11}{\sqrt{10}}=\frac{22}{\sqrt{10}}.$$

10. स्पष्टतः दिया गया त्रिभुज एक समद्विबाहु त्रिभुज है। अतः अन्तः केन्द्र तथा केन्द्रक एक ही बिन्दु पर है।

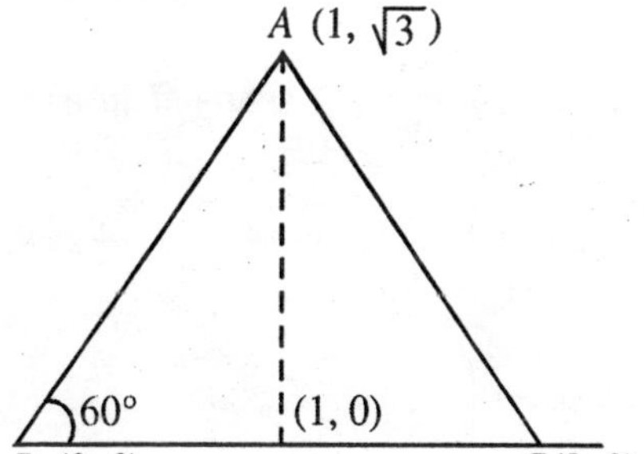

$\therefore$ अन्तः केन्द्र $=\left(\frac{1+0+2}{3}, \frac{\sqrt{3}+0+0}{3}\right)$

$$=\left(1, \frac{1}{\sqrt{3}}\right).$$

11. वृत का केन्द्र $= O\,(0, 0)$

अतः रेखा OQ की प्रवणता $=\frac{4}{3}$

तथा रेखा OR की प्रवणता $=-\frac{3}{4}$

$\therefore \angle QOR=\frac{\pi}{2}$

अतः $\angle QPR=\frac{1}{2}\times\frac{\pi}{2}=\frac{\pi}{4}.$

12. $\because \angle PQR$ के कोणार्द्धक का समीकरण है,

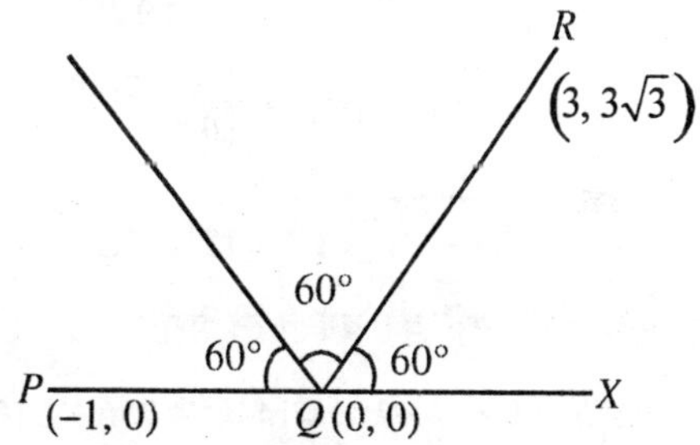

$y = \tan 120^\circ\, x$ या $y = \sqrt{3}x.$

13. माना त्रिभुज के तीसरे शीर्ष के निर्देशांक (x, y) हैं, तब

$\frac{x+4+(-2)}{3}=2 \Rightarrow x=4$

तथा $\frac{y+8+6}{3}=7 \Rightarrow y=7$

$\therefore$ तीसरे शीर्ष के निर्देशांक (4, 7) हैं।

14. माना $A(0, -1)$, $B(2, 1)$, $C(0, 3)$ तथा $D(-2, 1)$ चतुर्भुज के शीर्ष हैं।

स्पष्टतः $AB = BC = CD = AD = 2\sqrt{2}$

साथ ही $AC = BD = 4$ तथा रेखा BC की प्रवणता $= 1$

रेखा AD की प्रवणता $= -1$

$\therefore \angle DAB=90^\circ$, इसी प्रकार

$\angle B=\angle C=\angle D=90^\circ$

अर्थात् चतुर्भुज का प्रत्येक कोण समकोण है। अतः चतुर्भुज एक वर्ग है।

15. माना बिन्दु $P\,(h, k)$ हैं।

दिया है $PA - PB = 4$

$$\sqrt{(h-3)^2+k^2}-\sqrt{(h+3)^2+k^2}=4$$

$$\Rightarrow \sqrt{(h-3)^2+k^2}=4+\sqrt{(h+3)^2+k^2}$$

दोनों पक्षों का वर्ग करने पर,

$$(h-3)^2+k^2 = 16+(h+3)^2+k^2+8\sqrt{(h+3)^2+k^2}$$

$$\Rightarrow h^2+9-6h+k^2=16+h^2+9+6h+k^2+8\sqrt{(h+3)^2+k^2}$$

$$\Rightarrow -6h=16+6h+8\sqrt{(h+3)^2+k^2}$$

$$\Rightarrow -8\sqrt{(h+3)^2+k^2}=12h+16$$

पुनः दोनों पक्षों का वर्ग करने पर,

$$64\left(h^2+9+6h+k^2\right)=144h^2+256+2.16.12h$$

$$\Rightarrow 4\left(h^2+9+6h+k^2\right)=9h^2+16+24h$$

$$\Rightarrow 4h^2+36+24h+4k^2=9h^2+16+24h$$

$$\Rightarrow 5h^2-4k^2=20 \Rightarrow \frac{h^2}{4}-\frac{k^2}{5}=1$$

अतः बिन्दु P का बिन्दुपथ निम्न है—

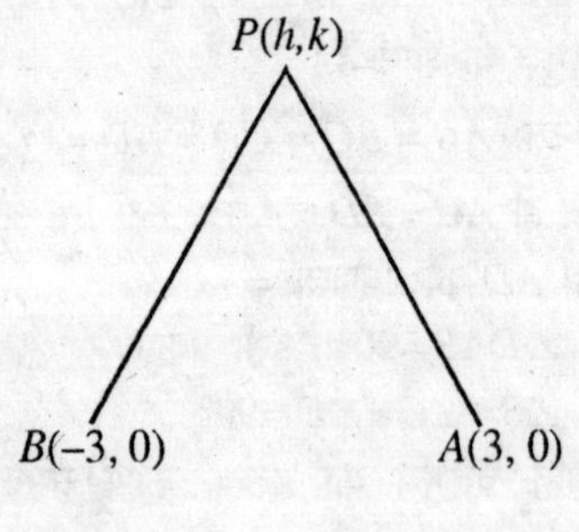

$$\frac{x^2}{4}-\frac{y^2}{5}=1.$$

16. ΔABC के शीर्ष $A(0,b)$ $B(0,0)$ तथा $C(a,0)$ हैं।

हम जानते हैं कि माध्यिका BE की प्रवणता $(m_1)=\frac{b}{a}$

तथा माध्यिका AD की प्रवणता $(m_2)=-\frac{2b}{a}$

चूँकि माध्यिकाएँ परस्पर लम्बवत् हैं अतः

$m_1m_2=-1$ या $\frac{b}{a}\times-\frac{2b}{a}=-1$

या $-2b^2=-a^2$ या $a=\pm\sqrt{2}b.$

17. चूँकि विकर्ण मध्य बिन्दु पर काटते हैं, अतः

$$\frac{a+4}{2}=\frac{1+5}{2}$$

$\Rightarrow a=2$

तथा $\frac{b+6}{2}=\frac{2+7}{2}$

$\Rightarrow b=3.$

18. $x=\frac{x_1+x_2+x_3}{3},\ y=\frac{y_1+y_2+y_3}{3}$

$\therefore\ 4=\frac{6+2+x_3}{3}$ तथा $6=\frac{4+6+y_3}{3}$

$\Rightarrow\ x_3=4,\ y_3=8$

$\therefore$ तीसरे शीर्ष के निर्देशांक (4, 8) हैं।

19. बिन्दुओं (2, – 3) तथा (–5, 6) को मिलाने वाली रेखा को Y–अक्ष $\frac{-x_1}{x_2}$ के अनुपात में विभाजित करेगा।

$$k=\frac{-x_1}{x_2}$$

$$\therefore\ k=-\left(\frac{2}{-5}\right)=\frac{2}{5}.$$

20. क्षेत्रफल $=\frac{1}{2}\begin{vmatrix}1 & 1 & 1\\ 0 & \sec^2\theta & 1\\ \text{cosec}^2 & 0 & 1\end{vmatrix}=0$

$$\Rightarrow 1\left(\sec^2\theta\right)-1\left(-\text{cosec}^2\theta\right)+1\left(-\text{cosec}^2\theta\sec^2\theta\right)=0$$

$$\Rightarrow \frac{1}{\cos^2\theta}+\frac{1}{\sin^2\theta}-\frac{1}{\sin^2\theta.\cos^2\theta}=0$$

इसलिए बिन्दु θ के किसी भी मान के लिए समरेखीय होंगे केवल $\theta=\frac{n\pi}{2}$ को छोड़कर क्योंकि

$\theta=\frac{n\pi}{2}$ $\sec^2\theta=\infty$ है।

21. क्षेत्रफल $=\frac{1}{2}\begin{vmatrix} x+1 & 2 & 1 \\ 1 & x+2 & 1 \\ \frac{1}{x+1} & \frac{2}{x+1} & 1 \end{vmatrix}=0$

$R_2\to R_2-R_1$ तथा $R_3\to R_3\to R_1$,

$$\therefore \frac{1}{2}\begin{vmatrix} x+1 & 2 & 1 \\ -x & x & 0 \\ \frac{-x(x+2)}{(x+1)} & \frac{-2x}{x+1} & 0 \end{vmatrix}=0$$

$$\Rightarrow (x+1)(0)-2(0)+1\left(\frac{2x^2}{x+1}+\frac{x^2(x+2)}{x+1}\right)=0$$

$\Rightarrow 2x^2+x^2(x+2)=0$
$\Rightarrow x^3+4x^2 \pm 0$
$\Rightarrow x^2(x+4)=0$
$\Rightarrow x=0, -4.$

25. क्षेत्रफल $=\frac{1}{2}\begin{vmatrix} 5 & 5 & 1 \\ 10 & k & 1 \\ -5 & 1 & 1 \end{vmatrix}=0$

$R_2\to R_2-R_1$ तथा $R_3\to R_3-R_1$,

$$\therefore \frac{1}{2}\begin{vmatrix} 5 & 5 & 1 \\ 5 & k-5 & 0 \\ -10 & -4 & 0 \end{vmatrix}=0$$

$\Rightarrow 5(0)-5(0)+1(-20+10k-50)=0$
$\Rightarrow 10k-70=0 \Rightarrow k=7.$

30. क्षेत्रफल $=\frac{1}{2}\begin{vmatrix} -5 & 1 & 1 \\ p & 5 & 1 \\ 10 & 7 & 1 \end{vmatrix}=0$

$R_2\to R_2-R_1$ तथा $R_3\to R_3-R_1$,

$$\therefore \frac{1}{2}\begin{vmatrix} -5 & 1 & 1 \\ p+5 & 4 & 0 \\ 15 & 6 & 0 \end{vmatrix}=0$$

$\Rightarrow 6p+30-60=0$

$\Rightarrow p=\frac{30}{6}=5.$

31.

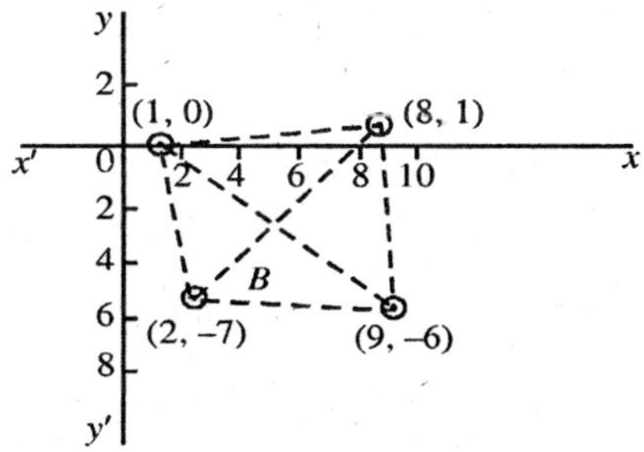

उपरोक्त चित्र से स्पष्ट है कि चार बिन्दुओं में से कोई तीन बिन्दुएँ एकरैखिक नहीं है।

32. हम पाते हैं कि AD का मध्य बिन्दु तथा BC का मध्य बिन्दु उभयनिष्ठ है अतः $ABDC$ समान्तर चतुर्भुज है।

पुनः $|AB|=|BD|=|DC|=|AC|=\sqrt{7^2+1}=5\sqrt{2}$

तथा $|AD|=|BC|=\sqrt{6^2+8^2}=10$

अतः $ABCD$ एक वर्ग है।

33. चूँकि ABD एक समकोण त्रिभुज है अतः इसका परिकेन्द्र कर्ण AD का मध्य बिन्दु होगा।

$\therefore$ अभीष्ट बिन्दु का नियामक $=\left(\frac{9+1}{2},\frac{0-6}{2}\right)$

$=(5,-3).$

34. दो निश्चित बिन्दुओं की बीच की दूरी

$$=\sqrt{(-1-2)^2+(2+2)^2}=\sqrt{9+16}=\sqrt{25}=5$$

32. हम पाते हैं कि AD का मध्य बिन्दु तथा BC का मध्य बिन्दु उभयनिष्ठ है अतः $ABDC$ समान्तर चतुर्भुज है।

पुनः $|AB|=|BD|=|DC|=|AC|=\sqrt{7^2+1}=5\sqrt{2}$

तथा $|AD|=|BC|=\sqrt{6^2+8^2}=10$

अतः $ABCD$ एक वर्ग है।

33. चूँकि ABD एक समकोण त्रिभुज है अतः इसका परिकेन्द्र कर्ण AD का मध्य बिन्दु होगा।

$\therefore$ अभीष्ट बिन्दु का नियामक $=\left(\dfrac{9+1}{2},\dfrac{0\quad 6}{2}\right)$

$=(5,\ 3).$

34. दो निश्चित बिन्दुओं की बीच की दूरी

$=\sqrt{(-1-2)^2+(2+2)^2}=\sqrt{9+16}=\sqrt{25}=5$

जब $|PA|+|PB|=6$ तब बिन्दु P का बिन्दुपथ एक दीर्घवृत्त होगा $(\therefore 6>|AB|)$.

35. जब $|PA|+|PB|=4<5$

तब $|PA|+|PB|=|AB|$

जो संभव नहीं हैं अतः P का बिन्दुपथ एक रिक्त समुच्चय होगा।

36. जब $|PA|+|PB|=5$

तब $|PA|+|PB|=|AB|$

अतः P का बिन्दुपथ उन सभी बिन्दुओं का समुच्चय होगा जो रेखाखंड $|AB|$ के अन्तर्गत है।

37. वक्तव्य-I एवं वक्तव्य-II दोनों सत्य हैं तथा वक्तव्य -II; वक्तव्य-I का सही स्पष्टीकरण हैं।

क्योंकि $\left(0,\frac{8}{3}\right)(1,3)$ तथा $(82,30)$ के लिए

$$\Delta=\begin{vmatrix}0 & 8/3 & 1\\ 1 & 3 & 1\\ 82 & 30 & 1\end{vmatrix}=0$$

अतः बिन्दु $\left(0,\frac{8}{3}\right)$, $(1,3)$ तथा $(82,30)$ एकरैखिक हैं।

38. वक्तव्य-I एंव वक्तवय-II दोनों सत्य हैं तथा वक्तव्य-II, वक्तव्य-I का सही स्पष्टीकरण हैं। चूँकि त्रिभुज की माध्यिकाएँ जिस बिन्दु पर एक दूसरे को प्रतिच्छेदित करती है वह केन्द्रक कहलाता है तथा केन्द्रक माध्यिका को 2:1 के अनुपात में विभाजित करती हैं। अतः केन्द्रक का नियामक

$$=\left(\frac{x_1+x_2+x_3}{3},\frac{y_1+y_2+y_3}{3}\right).$$

39. वक्तव्य-I सत्य हैं चूँकि त्रिभुज का क्षेत्रफल

$$=\frac{1}{2}\begin{vmatrix}1 & 2 & 1\\ 3 & 8 & 1\\ 7 & 20 & 1\end{vmatrix}=\frac{1}{2}\begin{vmatrix}1 & 2 & 1\\ 2 & 6 & 0\\ 4 & 12 & 0\end{vmatrix}$$

क्रिया R_2-R_1 एंव R_3-R_2

$$=\frac{1}{2}[24-24]=0$$

अब दिए गए बिन्दु एकरैखिक हैं अतः उससे वृत्त नहीं गुजरेगा।

40. *A-q, B-p, C-s, D-r*

(*c*) सही उत्तर हैं।

13

सरल रेखा एवं रेखायुग्म (STRAIGHT LINE AND PAIR OF STRAIGHT LINE)

सरल रेखा (Straight Line)

किसी तल में दो बिन्दु इस प्रकार हो कि उनको मिलाने वाली रेखाखंड के सभी बिन्दु उस पर स्थित हों तो इसे सरल रेखा कहते हैं।

सरल रेखाओं के समीकरण के विभिन्न रूप

(Different Forms of Equation of Straight Lines)

(*i*) **X अक्ष के समान्तर रेखाओं का समीकरण (Equation of a Line Parallel to X-axis) :** माना X अक्ष के समान्तर b एवं $-b$ दूरी पर X अक्ष के ऊपर तथा नीचे दो सरल रेखाएँ AB तथा $A'B'$ हैं तथा $P(x, y)$ एवं $P'(x, y)$ इन रेखाओं पर स्थित दो बिन्दुएँ हैं। तब $y = b$ तथा $y = -b$ रेखा का समीकरण होगा। X अक्ष का समीकरण $y = 0$ है।

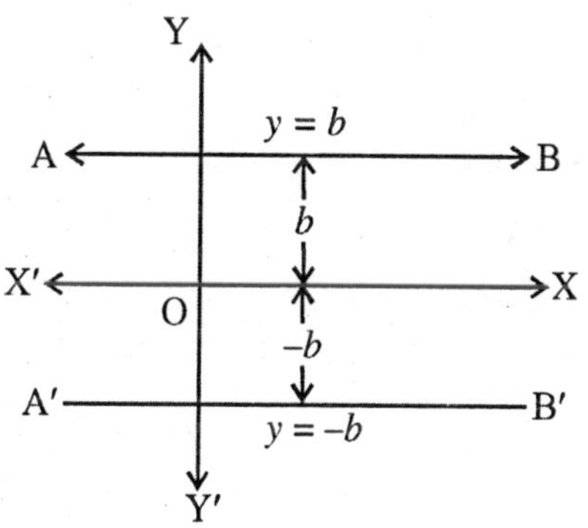

जैसेः– $y = 4$, $y = -8$, x–अक्ष के समान्तर रेखा का समीकरण है।

(*ii*) **Y–अक्ष के समान्तर रेखा का समीकरण (Equation of a Line Parallel to Y-axis) :** माना Y अक्ष के समान्तर Y अक्ष के बाँयीं एवं दाँयीं ओर a एवं $-a$ दूरी पर क्रमशः AB एवं $A'B'$ रेखा है। तब $x = a$ एवं $x = -a$ सरल रेखा का समीकरण होगा।
Y–अक्ष का समीकरण $x = 0$

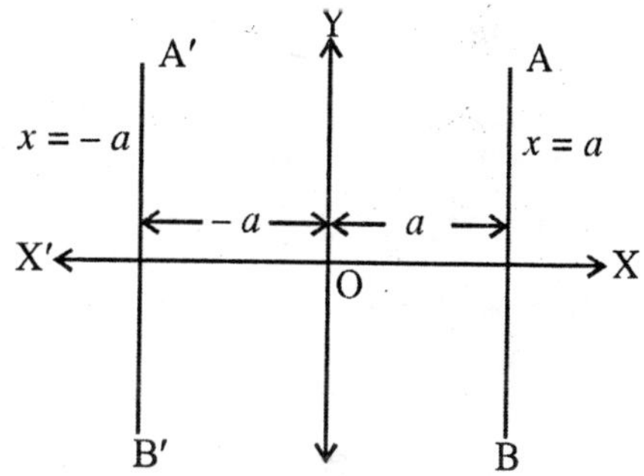

जैसे—$x = 5$, $x = -7$, Y-अक्ष के समान्तर रेखा का समीकरण है।

(*iii*) **सरल रेखा की प्रवणता या ढलान (Gradient or Slope of a Line) :** कोई सरल रेखा L, X–अक्ष से धनात्मक दिशा (घड़ी की सूई के विपरीत) में θ कोण बनाती हो तब स्पर्शज्या θ ($\tan\theta$) को सरल रेखा की प्रवणता या ढलान कहते हैं इसे m से सूचित करते हैं अर्थात् $m = \tan\theta$

(*a*) X–अक्ष के समान्तर किसी सरल रेखा की प्रवणता (ढलान) शून्य होती है।

(*b*) Y–अक्ष के समान्तर सरल रेखा की प्रवणता परिभाषित नहीं।

(*c*) अक्षों के साथ समान झुकाव वाली रेखा की प्रवणता –1 से 1 है।

(*d*) अक्षों के साथ समान अन्तःखंड बनाने वाली रेखा की प्रवणता –1 है।

(e) दो बिन्दुओं से गुजरने वाली रेखा की प्रवणता

$$\frac{y_2 - y_1}{x_2 - x_1}, x_1 \neq x_2$$

(d) सरल रेखा $ax + by + c = 0,$

$b \neq 0$ की प्रवणता $= \frac{-a}{b}$

(iv) प्रवणता–अन्तःखण्ड रूप (Slope–Intercept Form) : यदि रेखा की प्रवणता m तथा Y–अक्ष पर अन्तःखण्ड की लम्बाई c हो, तब सरल रेखा का समीकरण $y = mx + c$ होता है।

उदाहरण 1– दो बिन्दुओं (–2, 3) तथा (5, –7) से गुजरने वाली सरल रेखा की प्रवणता (Slope) ज्ञात करें।

हल– $m = \frac{y_2 - y_1}{x_2 - x_1} = \frac{-7-3}{5+2} = \frac{-10}{7}.$

उदाहरण 2– सरल रेखा की प्रवणता ज्ञात करें यदि झुकाव $\frac{11\pi}{6}$ हो।

हल– प्रवणता $\tan\theta = \tan\frac{11\pi}{6} = \tan\left(2\pi - \frac{\pi}{6}\right) = -\tan\frac{\pi}{6}$

$\therefore$ प्रवणता $= \frac{-1}{\sqrt{3}}.$

उदाहरण 3– उस सरल रेखा का समीकरण ज्ञात करें जो Y–अक्ष पर अन्तःखण्ड –1 काटती है तथा जिसका झुकाव अक्षों के साथ समान हो।

हल– हम जानते हैं अक्षों के साथ समान झुकाव वाली रेखा की प्रवणता $= \pm 1$ अर्थात् $m = \pm 1$ तथा यह Y–अक्ष के साथ –1 अन्तःखंड काटती है।

अतः सरल रेखाओं का समीकरण, $y = \pm 1\, x + (\;1)$

$\Rightarrow y = x - 1$ तथा $y = -x - 1$

$\Rightarrow x - y - 1 = 0$ तथा $x + y + 1 = 0.$

उदाहरण 4– यदि सरल रेखा $y = mx + b$ बिन्दुओं (2, 4) तथा (–3, 6) से गुजरती है तब m तथा b का मान ज्ञात करें।

हल– चूँकि बिन्दु (2, 4) एवं (–3, 6) सरल रेखा पर स्थित है

अतः $y = mx + b$

$\Rightarrow 4 = 2m + b \quad \ldots (i)$

तथा $6 = -3m + b \quad \ldots (ii)$

समीकरण (i) एवं (ii) को हल करने पर,

$m = \frac{-2}{5}$ तथा $b = \frac{24}{5}.$

(v) बिन्दु प्रवणता रूप (Point- Slope Form) : यदि किसी सरल रेखा की प्रवणता m तथा यह बिन्दु (x_1, y_1) से गुजरती हो तब रेखा का समीकरण

$y - y_1 = m(x - x_1)$

(vi) दो बिन्दुओं से गुजरने वाली रेखा का समीकरण (Equation of Straight Line Passing Through the Two Points) : दो बिन्दुओं (x_1, y_1) एवं (x_2, y_2) से गुजरने वाली रेखा का समीकरण

$$y - y_1 = \frac{y_2 - y_1}{x_2 - x_1}(x - x_1)$$

(vii) अन्तःखण्ड रूप (Intercept Form) : यदि कोई सरल रेखा अक्षों पर धनात्मक अन्तःखण्ड a तथा b काटती है तब रेखा का समीकरण

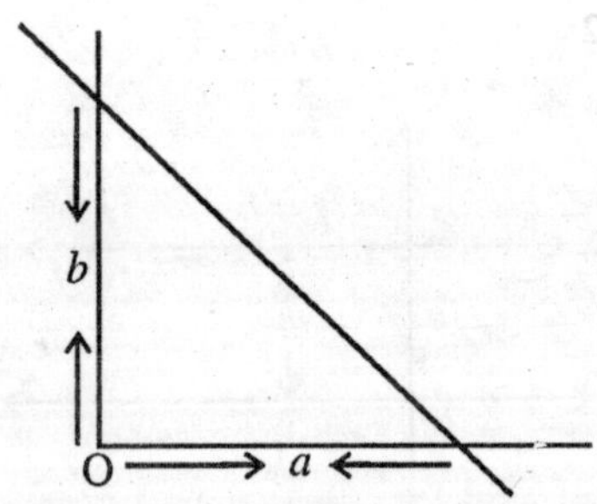

$$\frac{x}{a} + \frac{y}{b} = 1.$$

(viii) अभिलम्ब रूप (Normal Form) : यदि किसी रेखा पर मूल बिन्दु से डाले गए लम्ब की लम्बाई P तथा यदि लम्ब X-अक्ष से α कोण बनाता है तब सरल रेखा का समीकरण $x\cos\alpha + y\sin\alpha = p$

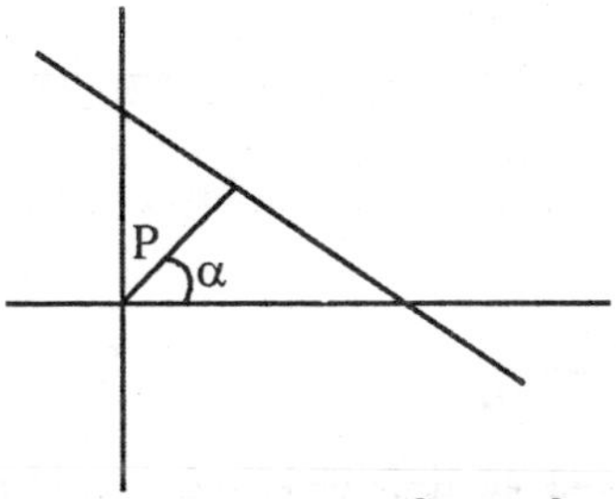

(*ix*) समीकरण $ax + by + c = 0$ को सरल रेखा का व्यापक रूप (General form) कहते हैं।

उदाहरण 5– उस सरल रेखा का समीकरण ज्ञात करें जो बिन्दु (1, –3) से गुजरती है तथा *Y*-अक्ष अन्तःखण्ड *X*-अक्ष का दुगुना काटती है।

हल– माना *X*-अक्ष पर अन्तःखंड a काटती है तब *Y*-अक्ष पर अन्तःखण्ड $2a$ होगी। अतः सरल रेखा का समीकरण

$\frac{x}{a}+\frac{y}{2a}=1,$ चूँकि सरल रेखा (1, –3) से गुजरती है।

अतः $\frac{1}{a}+\frac{-3}{2a}=1$

$\Rightarrow 2 - 3 = 2a$

$\Rightarrow a=\frac{-1}{2}$

अतः सरल रेखा का समीकरण

$$\frac{x}{\frac{-1}{2}}+\frac{y}{2\times\frac{-1}{2}}=1$$

$\Rightarrow 2x + y + 1 = 0$

उदाहरण 6– उस सरल रेखा का समीकरण ज्ञात करें जिस पर मूल बिन्दु से डाले लम्ब की लम्बाई 3 इकाई है तथा यह *X*-अक्ष के साथ 210° का कोण बनाती है।

हल– यहाँ $p = 3$ इकाई तथा $\alpha = 210°$

अतः सरल रेखा का समीकरण $x\cos210° + y\sin210° = 3$

या $x\left(\frac{-\sqrt{3}}{2}\right)+y\left(\frac{-1}{2}\right)=3$

या $\sqrt{3}x+y+6=0.$

उदाहरण 7– उस सरल रेखा का समीकरण ज्ञात करें जहाँ $p = 2$ तथा $\alpha=\sin^{-1}\frac{4}{5}$, p एवं α क्रमशः लम्ब की लम्बाई एवं *X*-अक्ष से बना कोण है।

हल– दिया है $\alpha=\sin^{-1}\frac{4}{5} \Rightarrow \sin\alpha=\frac{4}{5}$

$\Rightarrow \cos\alpha=\pm\frac{3}{5}$

अतः जब $\cos\alpha=\frac{3}{5}$ तब रेखा का समीकरण (अभिलम्ब सूत्र)

$x\times\frac{3}{5}+y\times\frac{4}{5}=2 \Rightarrow 3x + 4y - 10 = 0$

तथा जब $\cos\alpha = \frac{-3}{5}$ तब रेखा का समीकरण

$x\left(\frac{-3}{5}\right)+y\left(\frac{4}{5}\right) = 2 \Rightarrow 3x - 4y + 10 = 0.$

उदाहरण 8– त्रिभुज ΔABC के शीर्ष क्रमशः $A(10, 4)$, $B(-4, 9)$ तथा $C(-2, -1)$ हैं तब (*i*) भुजा *AB* का समीकरण ज्ञात करें (*ii*) *A* से माध्यिका का समीकरण ज्ञात करें।

हल– (*i*) भुजा *AB* का समीकरण, *A* का नियामक (10, 4) तथा *B* (–4, 9) है अतः दो बिन्दु से गुजरने वाली रेखा (भुजा *AB*) का समीकरण, $y-4=\frac{9-4}{-4-10}(x-10)$

$\Rightarrow y-4=\frac{5}{-14}(x-10)$

$\Rightarrow -14y+56=5x-50$

$\Rightarrow 5x+14y-106=0$

(*ii*) माना *D*, *BC* का मध्य बिन्दु है

तब $D=\left(\frac{-4-2}{2},\frac{9-1}{2}\right)=(-3,4)$

अतः *AD* रेखा (माध्यिका) का समीकरण

$\Rightarrow y-4=\frac{4-4}{-3-10}(x-10)=0$

$\Rightarrow y-4=0$ होगा।

दो सरल रेखाओं के बीच के कोण

(Angle Between Two Straight Lines)

माना दो सरल रेखाओं की प्रवणताएँ क्रमशः m_1 एवं m_2 हैं तब कोण

$$\theta = \tan^{-1}\left[\frac{m_1 - m_2}{1+m_1m_2}\right]$$

यदि रेखाओं के समीकरण $a_1x + b_1y + c_1 = 0$ तथा $a_2x + b_2y + c_2 = 0$ हैं, तो इनके बीच का कोण

$$\theta = \tan^{-1}\left|\frac{a_2b_1 - a_1b_2}{a_1a_2 + b_1b_2}\right|$$

दो रेखाएँ परस्पर समान्तर होंगी यदि $m_1 = m_2$

या $a_2 b_1 - a_1 b_2 = 0$ या $\frac{a_1}{a_2} = \frac{b_1}{b_2}$

दो रेखाएँ परस्पर लम्ब हैं तब

$m_1 \times m_2 = -1$ या $a_1 a_2 + b_1 b_2 = 0$.

कोई दी गई रेखा के समान्तर रेखा का समीकरण (Equation of Line Parallel to a Given Line) : माना $ax + by + c = 0$ एक सरल रेखा का समीकरण है, तब इस रेखा के समान्तर सरल रेखा का समीकरण $ax + by + \lambda = 0$ है, जहाँ λ एक अचर राशि है।

कोई दी गई रेखा के लम्बवत् रेखा का समीकरण (Equation of Line Perpendicular to a Given Line) : माना $ax + by + c = 0$ एक सरल रेखा का समीकरण है, तब इस रेखा के लम्बवत् रेखा का समीकरण $bx - ay + \lambda = 0$ है, जहाँ λ अचर राशि है।

किसी बिन्दु से दी गई रेखा के बीच लम्बवत् दूरी (Perpendicular Distance of a Line From a Point) : माना बिन्दु (x_1, y_1) तथा रेखा का समीकरण $ax + by + c = 0$, तब इसके बीच

लम्बवत् दूरी $= \left|\frac{ax_1 + by_1 + c}{\sqrt{a^2 + b^2}}\right|$; अतः मूल बिन्दु (0, 0) से

सरल रेखा के बीच लम्बवत् दूरी $= \left|\frac{c}{\sqrt{a^2 + b^2}}\right|$

दो समान्तर रेखाओं के बीच की दूरी (Distance Between Two Parallel Lines) : यदि $a_1x + b_1y + c_1 = 0$ तथा $a_2x + b_2y + c_2 = 0$ दो सरल रेखाएँ हैं तब इसके बीच की

दूरी $\frac{c_1}{\sqrt{a_1^2 + b_1^2}} - \frac{c_2}{\sqrt{a_2^2 + b_2^2}}$ होगी।

तीन रेखाओं के समांगी होने का प्रतिबंध (Condition of Concurrency of Three Lines) : माना तीन सरल रेखाएँ $a_1x + b_1y + c_1 = 0$, $a_2x + b_2y + c_2 = 0$ तथा $a_3x + b_3y + c_3 = 0$ है। तब तीनों रेखाएँ संगामी होंगी, यदि

$$\begin{vmatrix} a_1 & b_1 & c_1 \\ a_2 & b_2 & c_2 \\ a_3 & b_3 & c_3 \end{vmatrix} = 0$$

रेखाओं के अर्द्धकों का समीकरण (Equation of Bisectors of Lines) : रेखाओं $a_1x + b_1y + c_1 = 0$ तथा $a_2x + b_2y + c_2 = 0$ के कोणों के समद्विभाजकों का समीकरण $\frac{a_1x + b_1y + c_1}{\sqrt{a_1^2 + b_1^2}} = \pm\frac{a_2x + b_2y + c_2}{\sqrt{a_2^2 + b_2^2}}$ होगा।

उदाहरण 9– उस सरल रेखा का समीकरण निकालें जो बिन्दु (2, 3) से गुजरती है तथा सरल रेखा $4x - 3y = 10$ के लम्बवत् है।

हल– दी गयी सरल रेखा का समीकरण

$$4x - 3y - 10 = 0 \quad ...(i)$$

अतः रेखा की प्रवणता (*Slope*) $= -\frac{4}{-3} = \frac{4}{3}$

अब उस सरल रेखा की प्रवणता (*Slope*) जो समीकरण (*i*) पर लम्बवत् हो $= [m_1 \times m_2 = -1] = \frac{-3}{4}$

उस सरल रेखा का समीकरण जो $(2, 3)$ से गुजरती है तथा जिसकी प्रवणता $\frac{-3}{4}$ है।

$$y - 3 = \frac{-3}{4}(x - 2) \quad [y - y_1 = m(x - x_1)]$$

$\Rightarrow 3x + 4y - 18 = 0.$

उदाहरण 10– सरल रेखाओं $3x + y - 7 = 0$ तथा $x + 2y + 9 = 0$ के बीच का कोण ज्ञात करें।

हल– दी गयी रेखाएँ $3x + y - 7 = 0 \quad ...(i)$

तथा $x + 2y + 9 = 0 \quad ...(ii)$

यहाँ m_1 = रेखाएँ (*i*) की प्रवणता $= \frac{3}{-1} = -3$

m_2 = रेखाएँ (*ii*) की प्रवणता $= \frac{-1}{2}$

रेखाओं के बीच का कोण θ हो तो

$$\tan\theta = \left|\frac{m_1 - m_2}{1 + m_1 m_2}\right| = \left|\frac{-3-\left(-\frac{1}{2}\right)}{1+(-3)\left(\frac{-1}{2}\right)}\right|$$

$$= \left|\frac{\frac{-5}{2}}{\frac{5}{2}}\right| = |-1| = 1$$

$\Rightarrow \theta = 45°.$

उदाहरण 11– उस सरल रेखा का समीकरण ज्ञात करें जिसकी y–अन्तःखण्ड 4 तथा जो $y = 3x - 2$ रेखा पर लम्बवत् है।

हल– रेखा $y = 3x - 2$ की प्रवणता (*Slope*) = 3, उस सरल रेखा की प्रवणता जो दी गयी रेखा के लम्बवत् हो $= -\frac{1}{3}$

अतः अभीष्ट लम्बवत् रेखा का समीकरण $y = \frac{-1}{3}x + 4.$

उदाहरण 12– रेखा $x + y = 4$ पर स्थित उन सभी बिन्दुओं को ज्ञात करें जो दी गयी रेखा $4x + 3y = 10$ से इकाई दूरी पर स्थित हो।

हल– माना $p(\alpha, \beta)$ अभीष्ट बिन्दु है।

चूँकि $p(\alpha, \beta), x + y = 4$ पर स्थित है

अतः $\alpha + \beta = 4$ ...(*i*)

पुनः $p(\alpha, \beta)$, रेखा $4x + 3y - 10 = 0$ से इकाई दूरी पर स्थित है।

अतः $\frac{|4\alpha + 3\beta - 10|}{\sqrt{16+9}} = 1 \Rightarrow |4\alpha + 3\beta - 10| = 5$

$\Rightarrow 4\alpha + 3\beta - 10 = 5$ या -5

$\Rightarrow 4\alpha + 3\beta - 15 = 0$ ...(*ii*)

या $4\alpha + 3\beta - 5 = 0$ ...(*iii*)

समीकरण (*i*) एवं (*ii*) से,

$\alpha = 3, \beta = 1$ तथा समीकरण (*i*) एवं (*iii*) से,

$\alpha = -7, \beta = 11$; अतः अभीष्ट बिन्दु (3, 1) तथा (–7, 11) है।

उदाहरण 13– उस सरल रेखा का समीकरण ज्ञात करें जो रेखाएँ $3x + y - 9 = 0$ तथा $4x + 3y - 7 = 0$ के प्रतिच्छेद बिन्दु से गुजरती हो तथा $5x - 4y + 1 = 0$ रेखा पर लम्बवत् हो।

हल– उस सरल रेखा का समीकरण जो रेखाएँ $3x + y - 9 = 0$ तथा $4x + 3y - 7 = 0$ के प्रतिच्छेदी बिन्दु से गुजरती है।

$3x + y - 9 + k(4x + 3y - 7) = 0$

$\Rightarrow (3 + 4k)x + (1 + 3k)y - (9 + 7k) = 0$ ...(*i*)

अब समीकरण (*i*) की प्रवणता (*Slope*) $= \frac{-(3+4k)}{1+3k}$

तथा दी गयी रेखा $5x - 4y + 1 = 0$ की प्रवणता $= \frac{5}{4}$

लेकिन समीकरण (*i*) रेखा $5x - 4y + 1 = 0$ पर लम्बवत् है अतः $\frac{-(3+4k)}{1+3k} \times \frac{5}{4} = -1$

$\Rightarrow 15 + 20k = 4 + 12k \Rightarrow 8k = -11$

$\Rightarrow k = \frac{-11}{8}$

k का मान समीकरण (*i*) में रखने पर,

$$\left[3+4\left(\frac{-11}{8}\right)\right]x + \left[1+3\left(\frac{-11}{8}\right)\right]y - \left[9+7\left(\frac{-11}{8}\right)\right]$$

$\Rightarrow (24 - 44)x + (8 - 33)y - (72 - 77) = 0$

$\Rightarrow 4x + 5y - 1 = 0.$

उदाहरण 14– यदि रेखाएँ $ax + 2y + 1 = 0$, $bx + 3y + 1 = 0$ तथा $cx + 4y + 1 = 0$ संगामी है तो सिद्ध करें कि a, b, c समान्तर श्रेणी में होंगे।

हल– उस सरल रेखा का समीकरण जो रेखाएँ $ax + 2y + 1 = 0$ तथा $bx + 3y + 1 = 0$ के प्रतिच्छेदी बिन्दु से गुजरती है।

$ax + 2y + 1 + k(bx + 3y + 1) = 0$

$\Rightarrow (a + bk)x + (2 + 3k)y + (1 + k) = 0$ ...(*i*)

समीकरण (*i*) एवं रेखा $cx + 4y + 1 = 0$ ...(*ii*)

एक ही सरल रेखा को प्रदर्शित करती है।

अतः $\dfrac{a+bk}{c}=\dfrac{2+3k}{4}=\dfrac{1+k}{1}$ ...(iii)

अब $\dfrac{2+3k}{4}=\dfrac{1+k}{1} \Rightarrow 4+4k=2+3k$

$\Rightarrow k=-2$

समीकरण (iii) से हम पाते हैं,

$\dfrac{a+(-2b)}{c}=\dfrac{1-2}{1}$

$\Rightarrow a-2b=-c \Rightarrow a+c=2b$

$\Rightarrow a, b, c$ समान्तर श्रेणी में है।

उदाहरण 15– उस रेखा का समीकरण ज्ञात करें जो रेखाएँ $x+2y=3$ तथा $4x-y+7=0$ के प्रतिच्छेदी बिन्दु से गुजरती है तथा सरल रेखा $5x-4y-20=0$ के समान्तर है।

हल– दी गयी सरल रेखाएँ $x+2y=3$ तथा $4x-y+7=0$ हैं अतः कोई रेखा जो दी गयी रेखाओं के प्रतिच्छेदी बिन्दु से गुजरेगी, का समीकरण

$x+2y-3+k(4x-y+7)=0$

$\Rightarrow (1+4k)x+(2-k)y+7k-3=0$ ...(i)

समीकरण (i) की प्रवणता (Slope) $=\dfrac{-(1+4k)}{2-k}$

अब सरल रेखा $5x+4y-20=0$ की प्रवणता $=\dfrac{-5}{4}$

चूँकि रेखा समान्तर है। अतः $\dfrac{-(1+4k)}{2-k}=\dfrac{-5}{4}$

$\Rightarrow 4+16k=10-5k$

$\Rightarrow 21k=6 \Rightarrow k=\dfrac{6}{21}=\dfrac{2}{7}$

अतः अभीष्ट रेखा का समीकरण

$\left(1+4\times\dfrac{2}{7}\right)x+\left(2-\dfrac{2}{7}\right)y+7\times\dfrac{2}{7}-3=0$

$\Rightarrow \dfrac{15}{7}x+\dfrac{12}{7}y-1=0$

$\Rightarrow 15x+12y-7=0$

उदाहरण 16– उस सरल रेखा का समीकरण ज्ञात करें जो सरल रेखा $3x+4y+1=0$ के समान्तर है तथा बिन्दु $(\ 1,2)$ से 2 इकाई की दूरी पर स्थित है।

हल– कोई सरल रेखा जो दी गयी सरल रेखा $3x+4y+1=0$ के समान्तर होगी तब $3x+4y+\lambda=0$ ...(i)

अब समीकरण (i) की दूरी बिन्दु $(-1, 2)$ से 2 इकाई है

यदि $\dfrac{|3\times(-1)+4\times2+\lambda|}{\sqrt{3^2+4^2}}=2$

$\Rightarrow |\lambda+5|=10 \Rightarrow \lambda=-5\pm10$

$\Rightarrow \lambda=5,-15$

अतः सरल रेखा का समीकरण, (i) में λ का मान देने पर,

$3x+4y+5=0$ तथा $3x+4y-15=0$ अभीष्ट समीकरण होगा।

समघातीय समीकरण

वह समीकरण जिसमें प्रत्येक पद की घात समान हो समघातीय समीकरण कहलाती है।

द्विसमघातीय समीकरण: यदि समघातीय समीकरण के प्रत्येक पद की घात 2 हो तो इसे द्विसमघातीय समीकरण कहते हैं। जैसे: $ax^2+2hxy+by^2=0$ एक द्विसमघातीय समीकरण है।

मूलबिन्दु से होकर जाने वाली रेखायुग्म का समीकरण (Equation of Pair of Straight Line Through Origin): माना $ax^2+2hxy+by^2=0, (x, y)$ में द्विसमघातीय समीकरण है। अतः मूलबिन्दु से होकर जाने वाली रेखाएँ $y=m_1 x$ तथा $y=m_2 x$ द्वारा निरूपित होगी।

इस प्रकार $m_1+m_2=\dfrac{-2h}{b}$ तथा $m_1m_2=\dfrac{a}{b}$ होगी।

रेखाओं के बीच का कोण (Angle Between Lines): यदि $y=m_1x$ तथा $y=m_2x$ दो रेखाएँ द्विसमघातीय समीकरण द्वारा निरूपित हो तथा θ दोनों रेखाओं के बीच का कोण हो तब,

$$\theta = \tan^{-1}\left|\frac{m_1 - m_2}{1 + m_1 m_2}\right|$$

या $$\theta = \tan^{-1}\left|\frac{2\sqrt{h^2 - ab}}{a+b}\right|$$

यदि दोनों रेखाएँ परस्पर लम्ब हो तब $\theta = 90°$

$\therefore\ a + b = 0$

यदि दोनों रेखाएँ परस्पर समान्तर हो तब $\theta = 0°, 180°$

तब $h^2 = ab$

(*i*) यदि $h^2 - ab > 0$, तब रेखाएँ भिन्न एवं वास्तविक होंगी।

(*ii*) यदि $h^2 - ab = 0$, तब रेखाएँ सम्पाती होंगी।

(*iii*) यदि $h^2 - ab < 0$, तब रेखाएँ काल्पनिक होंगी।

द्विघातीय व्यापक समीकरण (General Equation of Second Degree): द्विघात व्यापक समीकरण

$$ax^2 + 2hxy + by^2 + 2gx + 2fy + c = 0$$

दो रेखाओं को निरूपित करेगी यदि

$$\Delta = abc + 2fgh - af^2 - bg^2 - ch^2 = 0$$

या $\begin{vmatrix} a & h & g \\ h & b & f \\ g & f & c \end{vmatrix} = 0$ हो।

इन रेखाओं का प्रतिच्छेद बिन्दु $\left(\dfrac{hf - bg}{ab - b^2}, \dfrac{hg - af}{ab - b^2}\right)$ होता है।

रेखाएँ परस्पर समान्तर होगी यदि $\dfrac{a}{h} = \dfrac{h}{b} = \dfrac{g}{f}$ हो।

साधित उदाहरण (Solved Examples)

1. किसी ΔABC के शीर्ष $A\,(-1, 3)$, $B\,(1, -1)$ तथा $C\,(5, 1)$, तब A से माध्यिका की लम्बाई ज्ञात करें।

हल : D मध्य बिन्दु होगा, अतः D का नियामक

$$= \left(\frac{1+5}{2}, \frac{-1+1}{2}\right) = (3, 0)$$

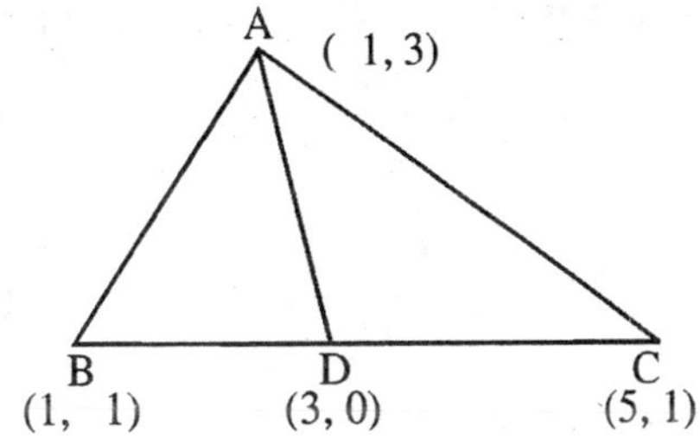

$\therefore$ A से माध्यिका की लम्बाई

$$= |AD| = \sqrt{(3+1)^2 + (0-3)^2}$$

$$= \sqrt{16+9}$$

$$= \sqrt{25} = 5.$$

2. उस सरल रेखा का समीकरण ज्ञात करें जो मूल बिन्दु से गुजरती है तथा सरल रेखा $x - 2y + 1 = 0$ के समान्तर हो।

हल : कोई सरल रेखा दी गई सरल रेखा के समान्तर होगी यदि $x - 2y + \lambda = 0$ चूँकि यह मूल से गुजरती है अतः $0 \times x - 2 \times 0 + \lambda = 0 \Rightarrow \lambda = 0$

अतः अभीष्ट सरल रेखा $x - 2y = 0$.

3. उस सरल रेखा का समीकरण ज्ञात करें जो बिन्दु (1, 1) से गुजरती है तथा सरल रेखा $x + y = 0$ के साथ 45° का कोण बनाती है।

हल : चूँकि सरल रेखा $x + y = 0$ का झुकाव दोनों अक्षों के साथ समान है अतः उस सरल रेखा का समीकरण जो दी गयी सरल रेखा के साथ 45° का कोण बनाती है स्पष्टतः क्षैतिज एवं उद्रग होंगे।

अतः $x = 1$, एवं $y = 1$ या $x - 1 = 0$ तथा $y - 1 = 0$.

4. सरल रेखाएँ $y = mx$, $y + 2x = 0$, $y = 2x + \lambda$ तथा $y = -mx + \lambda$ एक समचतुर्भुज का निर्माण करती हैं तब m का मान ज्ञात करें।

हल : समचतुर्भुज के लिए, $y = mx$ सरल रेखा $y = 2x + \lambda$ के समान्तर तथा रेखा $y = -mx + \lambda$, सरल रेखा $y = -2x$ के समान्तर होना चाहिए।

अतः $m = 2$

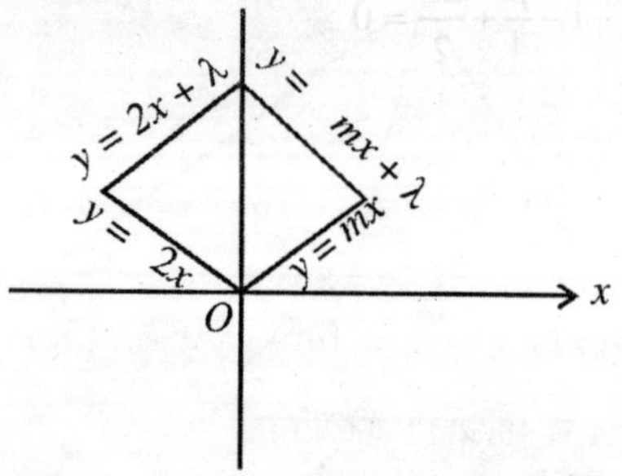

5. बिन्दुओं (1, 2) तथा (–2, 1) को मिलाने वाली रेखा खंड, सरल रेखा $3x + 4y = 7$ द्वारा किस अनुपात में विभाजित होगी।

हल : माना A (1, 2) तथा B (–2, 1) दो बिन्दु हैं तथा माना अभीष्ट अनुपात $k : 1$ है तब बिन्दु $\left(\frac{-2k+1}{k+1}, \frac{k+2}{k+1}\right)$ सरल रेखा $3x+4y-7=0$ (विभाजक रेखा) पर स्थित होगा।

अतः $3\times\left(\frac{-2k+1}{k+1}\right)+4\left(\frac{k+2}{k+1}\right)-7=0$

$\Rightarrow -6k+3+4k+8-7k-7=0$

$\Rightarrow -9k+4=0 \Rightarrow -9k=-4$

$\Rightarrow k=\frac{4}{9}$

अतः अनुपात 4 : 9.

6. यदि a, b, c समान्तर श्रेणी में हो तब सरल रेखा $ax + by + c = 0$ हमेशा एक निश्चित बिन्दु से गुजरेगी, उस निश्चित बिन्दु का नियामक निकालें।

हल : चूँकि a, b, c समान्तर श्रेणी में है अतः

$b=\frac{a+c}{2} \Rightarrow 2b=a+c$

या $a - 2b + c = 0$

सरल रेखा $ax + by + c = 0$ के साथ तुलना करने पर, $x = 1$ तथा $y = -2$

अतः बिन्दु (1, – 2).

7. रेखाओं $y = 15$, $12y = 5x$, तथा $3x + 4y = 0$ से निर्मित त्रिभुज का अन्तःकेन्द्र ज्ञात करें।

हल : त्रिभुज के शीर्षों का नियामक क्रमशः (36, 15), (0, 0) तथा (–20, 15) तथा सम्मुख भुजाओं की लम्बाई क्रमशः 25, 56 तथा 39 होगी।

अतः त्रिभुज के अन्तः केन्द्र

$=\left[\frac{25(36)+39(-20)}{120}, \frac{25(15)+(39\times 15)}{120}\right]$

$=(1, 8)$.

8. सिद्ध करें कि सरल रेखाएँ $8x + 4y - 1 = 0$, $8x + 4y - 5 = 0$, $4x + 8y - 3 = 0$ व $4x + 8y - 7 = 0$ एक समचतुर्भुज निर्मित करती हैं।

हल : सरल रेखाएँ $8x + 4y = 1$, $8x + 4y = 5$ समान्तर है

तथा इनके बीच की दूरी $=\frac{|-1+5|}{\sqrt{4^2+8^2}}=\frac{1}{\sqrt{5}}$

पुनः सरल रेखाएँ $4x + 8y = 3$ तथा $4x + 8y = 7$ समान्तर हैं तथा इनके बीच की दूरी

$=\frac{|-3+7|}{\sqrt{4^2+8^2}}=\frac{1}{\sqrt{5}}$

अतः यह एक समचतुर्भुज निर्मित करती है।

9. सरल रेखा $6y^2-xy-x^2+30y+36=0$ द्वारा प्रदर्शित दो सरल रेखाओं के बीच का कोण ज्ञात करें।

हल : दी गई सरल रेखा को सरल रेखा

$ax^2+2hxy+by^2+2gx+2fy+c=0$ से तुलना करने पर हम पाते हैं $a=-1$, $b=6$, $2h=-1$

यदि θ अभीष्ट रेखाओं के बीच न्यूनकोण हो तब,

$\tan\theta=\left|\frac{2\sqrt{h^2-ab}}{|a+b|}\right|=1 \Rightarrow \tan\theta=1$

$\Rightarrow \theta=45°$.

10. यदि समीकरण $x^2-5xy+py^2+x+2y-2=0$ एक रेखा युग्म को प्रदर्शित करती है तब p का मान ज्ञात करें।

हल : समीकरण $x^2-5xy+py^2+x+2y-2=0$ को समीकरण $ax^2+2hxy+by^2+2gx+2fy+c=0$ के साथ तुलना करने पर,

$a=1, b=p, c=-2, f=1, g=\frac{1}{2}$ तथा $h=\frac{-5}{2}$

दिया गया समीकरण एक रेखायुग्म को प्रदर्शित करेगा यदि

$abc + 2fgh - af^2 - bg^2 - ch^2 = 0$

$\Rightarrow (1)(p)(-2) + 2(1)\left(\frac{1}{2}\right)\left(-\frac{5}{2}\right)$

$-(1)(1)^2 - (p)\left(\frac{1}{2}\right)^2 - (-2)\left(-\frac{5}{2}\right)^2 = 0$

$\Rightarrow -2p - \frac{5}{2} - 1 - \frac{p}{4} + \frac{25}{2} = 0$

$\Rightarrow -\frac{9p}{4} + 9 = 0 \Rightarrow p = 4.$

वस्तुनिष्ठ प्रश्न

1. बिन्दु $\left(-1, \frac{\pi}{2}\right)$ से गुजरने वाली तथा रेखा $\sqrt{3}\sin\theta + 2\cos\theta = \frac{4}{r}$ के लम्बवत् रेखा का समीकरण है–

(*a*) $2 = \sqrt{3}r\cos\theta - 2r\sin\theta$

(*b*) $5 = -2\sqrt{3}r\sin\theta + 4r\cos\theta$

(*c*) $2 = \sqrt{3}r\cos\theta + 2r\cos\theta$

(*d*) $5 = 2\sqrt{3}r\sin\theta + 4r\cos\theta$

2. सरल रेखाओं $2x - y + 5 = 0$ तथा $3x + y + 4 = 0$ के मध्य कोण है–

(*a*) 90° (*b*) 45°
(*c*) 180° (*d*) 60°

3. शीर्ष (0, 0), (0, 21) तथा (21, 0) वाले त्रिभुज के पूर्णतः अन्दर पूर्णांक बिन्दुओं की संख्या है (पूर्णांक बिन्दु का अर्थ है, जिसके दोनों निर्देशांक पूर्णांक हो)–

(*a*) 133 (*b*) 190
(*c*) 233 (*d*) 105

4. एक प्रकाश किरण जो बिन्दु (1, 2) से गुजरती है, *X*-अक्ष के बिन्दु *P* पर परावर्तित होती है तथा (5, 3) निकलती है, तब बिन्दु *P* का भुज है–

(*a*) –3 (*b*) $\frac{13}{3}$

(*c*) $\frac{13}{5}$ (*d*) $\frac{13}{4}$

5. एक बिन्दु इस प्रकार गति करता है कि इस बिन्दु तथा बिन्दुओं (1, 5) तथा (3, –7) से बने त्रिभुज का क्षेत्रफल 21 वर्ग इकाई है, तब बिन्दु का बिन्दुपथ होगा–

(*a*) $6x + y - 32 = 0$ (*b*) $6x + y + 32 = 0$
(*c*) $x + 6y - 32 = 0$ (*d*) $6x - y - 32 = 0$

6. सरल रेखाओं $x + 2y + 32 = 0$ तथा $-2x + y - 32 = 0$ के मध्य कोण हैं–

(*a*) 90° (*b*) 60°
(*c*) 45° (*d*) 30°

7. *X*–अक्ष की धनात्मक दिशा से 30° का कोण बनाने वाली तथा *Y*–अक्ष की ऋणात्मक दिशा से 2 लम्बाई का अन्तःखण्ड काटने वाली सरल रेखा का समीकरण है–

(*a*) $y + x - \sqrt{3} = 0$

(*b*) $y - x + 2 = 0$

(*c*) $y - \sqrt{3x} - 2 = 0$

(*d*) $\sqrt{3}y - x + 2\sqrt{3} = 0$

8. सरल रेखाओं $x - y\sqrt{3} = 5$ तथा $\sqrt{3}x + y = 7$ के मध्य कोण है–

(*a*) 90° (*b*) 60°
(*c*) 75° (*d*) 30°

9. किसी त्रिभुज के शीर्ष (0, 0), (3, 4) तथा (4, 0) हैं, तब लम्ब केन्द्र है–

(*a*) $\left(3, \frac{5}{4}\right)$ (*b*) $(3, 12)$

(*c*) $\left(3, \frac{3}{4}\right)$ (*d*) $(3, 9)$

10. बिन्दुओं (a_1, b_2) तथा (a_2, b_2) से समान दूरी पर स्थित किसी बिन्दु का बिन्दुपथ $(a_1 - a_2)x + (b_1 - b_2)y + c = 0$ है तब 'c' का मान है।

(a) $\frac{1}{2}\left(a_2^2 + b_2^2 - a_1^2 - b_1^2\right)$

(b) $\left(a_1^2 - a_2^2 + b_1^2 - b_2^2\right)$

(c) $\frac{1}{2}\left(a_1^2 + a_2^2 + b_1^2 - b_2^2\right)$

(d) $\sqrt{a_1^2 + b_1^2 - a_2^2 - b_2^2}$

11. उस सरल रेखा का समीकरण जो बिन्दु $(1, -2)$ से गुजरती है तब रेखा $3x - 5y + 7 = 0$ के लम्बवत् हैं, है–

(a) $5x + 3y + 1 = 0$ (b) $3x + 5y + 1 = 0$

(c) $5x - 3y - 1 = 0$ (d) $3x - 5y + 1 = 0$

12. बिन्दु $(1, 1)$ से रेखा $2x - 3y = 4$ की दूरी, जिसे रेखा $x + y = 1$ के समान्तर नापा गया हो, है–

(a) $\sqrt{2}$ (b) $\frac{5}{\sqrt{2}}$

(c) $\frac{1}{\sqrt{2}}$ (d) 6

13. λ का मान, जिसके लिए रेखाएँ $3x + 4y = 5$, $5x + 4y = 4$ तथा $\lambda x + 4y = 6$ एक बिन्दु पर मिलती है, हैं–

(a) 2 (b) 1

(c) 4 (d) 3

14. उस सरल रेखा की प्रवणता क्या होगी, जो बिन्दु $(-3, 6)$ तथा बिन्दुओं $(4, -5)$ व $(-2, 9)$ को मिलाने वाली रेखा के मध्य बिन्दु से गुजरती है?

(a) $\frac{\pi}{4}$ (b) $\frac{\pi}{6}$

(c) $\frac{\pi}{3}$ (d) $\frac{3\pi}{4}$

15. सरल रेखाएँ $4ax + 3by + c = 0$, $a + b + c = 0$ संगामी होंगी, यदि बिन्दु हो–

(a) $(4, 3)$ (b) $\left(\frac{1}{4}, \frac{1}{3}\right)$

(c) $\left(\frac{1}{2}, \frac{1}{3}\right)$ (d) इनमें से कोई नहीं

16. सरल रेखाओं $5x + 3y - 7 = 0$ तथा $15x + 9y + 14 = 0$ के मध्य दूरी है–

(a) $\frac{35}{\sqrt{34}}$ (b) $\frac{1}{3\sqrt{34}}$

(c) $\frac{35}{3\sqrt{34}}$ (d) $\frac{35}{2\sqrt{34}}$

17. यदि रेखाएँ $x + qz = 0$, $y - 2z = 0$ तथा $3x + 2y + 5z = 0$ संगामी हो, तो q का मान होगा–

(a) 1 (b) 2

(c) 3 (d) 5

18. यदि बिन्दु $(4, 2)$ का रेखा $L = 0$ के सापेक्ष प्रतिबिम्ब $(-2, 6)$ है, तो L का समीकरण है–

(a) $3x - 2y + 5$ (b) $3x - 2y + 10$

(c) $2x + 3y - 5$ (d) $6x - 4y - 7$

19. रेखाओं $x + y = 0$, $3x + y = 4$ तथा $x + 3y = 4$ से बना त्रिभुज है–

(a) समद्विबाहु (b) समबाहु

(c) समकोण (d) इनमें से कोई नहीं

20. m की पूर्णांक मानों की संख्या, जिसके लिए रेखाओं $3x + 4y = 9$ तथा $y = mx + 1$ के प्रतिच्छेद बिन्दु का X–निर्देशांक भी पूर्णांक हो,

(a) 2 (b) 0

(c) 4 (d) 1

21. रेखा $\frac{x}{a} - \frac{y}{b} = 1$, X–अक्ष को बिन्दु P पर काटती है, तब उस सरल रेखा का समीकरण जो बिन्दु P से जाती है तथा दी गई रेखा के लम्बवत् हैं, है–

(a) $x+b=ab$ (b) $x+y=a+b$

(c) $ax+by=a^2$ (d) $bx+ay=b^2$

22. रेखायुग्मों $l^2x^2-m^2y^2+n(lx+my)=0$ तथा $l^2x^2-m^2y^2-n(lx-my)=0$ से बने चतुर्भुज का क्षेत्रफल (वर्ग इकाई में) है–

(a) $\frac{n^2}{2|lm|}$ (b) $\frac{n^2}{|lm|}$

(c) $\frac{n}{2|lm|}$ (d) $\frac{n^2}{4|lm|}$

23. यदि रेखायुग्म $4x^2+2Hxy+By^2=0, (H^2>AB)$ रेखा $ax+by+c=0$ के साथ एक समबाहु त्रिभुज की रचना करता है, तब $(A+3B)(3A+B)$ का मान है–

(a) H^2 (b) $-H^2$

(c) $2H^2$ (d) $4H^2$

24. एक सरल रेखा $ax+by+c=0$ सदैव बिन्दु $(1, \ 2)$ से गुजरती है तब a, b, c है–

(a) समान्तर श्रेणी में (b) हरात्मक श्रेणी में

(c) गुणोत्तर श्रेणी में (d) इनमें से कोई नहीं

25. मूल बिन्दु को रेखाओं $y-x+7=0$ तथा $y+2x-2=0$ के प्रतिच्छेद बिन्दु से मिलाने वाली सरल रेखा का समीकरण है–

(a) $3x+4y=0$ (b) $3x-4y=0$

(c) $4x-3y=0$ (d) $4x+3y=0$

26. यदि रेखा $3x+3y+7=0$ को $x\cos\alpha+y\sin\alpha=p$ के रूप में परिवर्तित करें, तो p का मान होगा–

(a) $\frac{7}{2\sqrt{3}}$ (b) $\frac{7}{3}$

(c) $\frac{3\sqrt{7}}{2}$ (d) $\frac{7}{3\sqrt{2}}$

27. दो सरल रेखाओं के समान्तर होने का प्रतिबन्ध, जबकि एक सरल रेखा $ax+by+c=0$ है तथा दूसरी सरल रेखा प्राचल रूप $x=\alpha t+\beta, \ y=\gamma t+\delta$ द्वारा प्रदर्शित है, है–

(a) $a\gamma-b\alpha=0, \ B=\delta=c=0$

(b) $\alpha a-b\gamma=0, \ \beta=\delta=0$

(c) $\alpha a+b\gamma=0$

(d) $a\gamma=b\alpha=0$

28. रेखा युग्म $ax^2+2hxy+by^2=0$ द्वारा दी गई रेखाओं में एक रेखा की प्रवणता दूसरे की 5 गुनी है, तब–

(a) $5h^2=ab$ (b) $5h^2=9ab$

(c) $9h^2=5ab$ (d) $h^2=ab$

29. समीकरण $4x^2-24xy+11y^2=0$ प्रदर्शित करता है–

(a) दो समान्तर रेखाएँ

(b) दो लम्बवत् रेखाएँ

(c) मूल बिन्दु से गुजरने वाली दो रेखाएँ

(d) एक वृत्त

30. यदि समीकरण

$12x^2-10xy+2y^2+11x-5y+k=0$ दो सरल रेखाएँ प्रदर्शित करें, तब k का मान है–

(a) 1 (b) 2

(c) 0 (d) 3

31. रेखा युग्म $x^2-6xy+9y^2+3x-9y-4=0$ द्वारा प्रदर्शित रेखाओं के मध्य दूरी है–

(a) $\frac{15}{\sqrt{10}}$ (b) $\frac{1}{2}$

(c) $\sqrt{\frac{5}{2}}$ (d) $\frac{1}{\sqrt{10}}$

32. बिन्दु $p(x, y)$ का बिन्दुपथ क्या होगा, जो संबंध

$$\sqrt{(x-3)^2+(y-1)^2}+\sqrt{(x+3)^2+(y-1)^2}=6$$

को संतुष्ट करता है?

(a) सरल रेखा (b) रेखा युग्म
(c) वृत्त (d) दीर्घवृत्त

33. समीकरण $2x^2-7xy+3y^2=0$ के निरूपित रेखाओं के मध्य कोण–
(a) $60°$ (b) $45°$
(c) $\tan^{-1}\left(\frac{7}{6}\right)$ (d) $30°$

34. यदि कोण 2θ न्यून कोण है, तो रेखाओं
$x^2(\cos\theta-\sin\theta)+2xy\cos\theta+y^2(\cos\theta+\sin\theta)=0$
के मध्य न्यूनकोण है–
(a) 2θ (b) $\theta/3$
(c) θ (d) $\theta/2$

35. रेखायुग्म $x^2+xy-12y^2=0$ से निरूपित रेखाओं के समीकरण है–
(a) $x+4y=0$ तथा $x+3y=0$
(b) $2x-3y=0$ तथा $x-4y=0$
(c) $x-6y=0$ तथा $x-3y=0$
(d) $x+4y=0$ तथा $x-3y=0$

अनुच्छेद-1 (Paragraph-1)

माना दो सरल रेखाएँ $L_1: 3x+4y=11$
$L_2: 12x-5y=2$

36. L_1 तथा L_2 के बीच न्यून कोण–
(a) $\tan^{-1}\left(\frac{16}{63}\right)$ (b) $\tan^{-1}\left(\frac{63}{16}\right)$
(c) $\tan^{-1}\left(\frac{36}{16}\right)$ (d) इसमें से कोई नहीं

37. L_1 तथा L_2 के बीच न्यून कोण का अर्द्धक–
(a) $3x-11y+19=0$ (b) $11x-3y+17=0$
(c) $11x-3y-17=0$ (d) $3x-11y-19=0$

38. उस रेखा का समीकरण जो L_1 एवं L_2 के प्रतिच्छेदी बिन्दु से गुजरती है तथा L_2 के साथ $90°$ का कोण बनाती है–
(a) $5x+12y=29$ (b) $5x-12y=-19$
(c) $5x+12y+19=0$ (d) $5x-12y=29$

अनुच्छेद-2 (Paragraph-2)

माना दो सरल रेखाएँ
$L_1: 5x+12y-7=0$
$L_2: 5x+12y+45=0$

39. L_1 एवं L_2 के बीच की दूरी–
(a) 52 (b) 4
(c) 13 (d) इसमें से कोई नहीं

40. ये दोनों सरल रेखाएँ परस्पर हैं–
(a) लम्बवत्
(b) समानान्तर
(c) दिया गया कथन अस्पष्ट है
(d) इसमें से कोई नहीं

41. दी गयी सरल रेखा के समान्तर मध्य रेखा का समीकरण–
(a) $5x-12y+26=0$
(b) $5x+12y+26=0$
(c) $5x+12y+19=0$
(d) इसमें से कोई नहीं

दृढ़कथन-कारण (Assertion-Reason)

निम्नलिखित चार कूटों (a), (b), (c), एवं (d) में से सही उत्तर का चयन करें।
(a) वक्तव्य–I सत्य है; वक्तव्य–II सत्य है; वक्तव्य–II, वक्तव्य–I का सही स्पष्टीकरण है।
(b) वक्तव्य–I सत्य है; वक्तव्य–II सत्य है; वक्तव्य–II, वक्तव्य–I का सही स्पष्टीकरण नहीं है।
(c) वक्तव्य–I सत्य है; वक्तव्य–II असत्य है।
(d) वक्तव्य–I असत्य है; वक्तव्य–II सत्य है।

42. **वक्तव्य-I :** यदि सरल रेखाएँ $x+2y-9=0$, $3x+5y-5=0$ तथा $px+qy=1$ संगामी है तब सरल रेखा $55x-32y-1=0$, बिन्दु (p,q) से गुजरेगी।

वक्तव्य-II : तीन सरल रेखाएँ $a_1x+b_1y+c_1=0$, $a_2x+b_2y+c_2=0$, तथा $a_3x+b_3y+c_3=0$ संगामी होंगे यदि

$$\begin{vmatrix} a_1 & b_1 & c_1 \\ a_2 & b_2 & c_2 \\ a_3 & b_3 & c_3 \end{vmatrix} = 0$$

43. **वक्तव्य-I :** दो सरल रेखाएँ $2x-y=5$ तथा $x+2y=3$ के संयुक्त रेखा का समीकरण $2x^2+3xy-2y^2-11x-7y+15=0$ है।

वक्तव्य-II : प्रत्येक द्विघात समीकरण $ax^2+2hxy+by^2+2gx+2fy+c=0$ हमेशा एक रेखा युग्म प्रदर्शित करती है।

44. **वक्तव्य-I :** सरल रेखा $5x+6y=7$ की प्रवणता (*Slope*) $\frac{-5}{6}$ तथा y–अन्तःखंड $\frac{7}{6}$ है।

वक्तव्य-II : उस सरल रेखा का समीकरण जो X–अक्ष से θ कोण तथा Y–अक्ष में अन्तःखंड c काटती है, $y=mx-c$ जहाँ $m=\tan\theta$.

45. मिलान करें (Match These)–
माना सरल रेखाएँ

$L_1 : x+3y-5=0$
$L_2 : 3x-ky-1=0$
$L_3 : 5x+2y-12=0$

हैं, तब वर्ग–I एवं वर्ग–II का मिलान करें

	वर्ग–I	वर्ग–II
A.	L_1, L_2, L_3 संगामी होंगे यदि	$p.\ k=-9$
B.	L_1, L_2, L_3 में एक रेखा अन्य दो रेखाओं में से कम-से-कम एक के समान्तर होगी यदि	$q.\ k=-\frac{6}{5}$
C.	L_1, L_2, L_3 एक त्रिभुज का निर्माण करेगी यदि	$r.\ k=\frac{5}{6}$
D.	L_1, L_2, L_3 रेखाएँ एक त्रिभुज का निर्माण नहीं करेगी यदि	$s.\ k=5$

(*a*) $A-p; B-q; C-r, s; D-p, q, s$
(*b*) $A-s; B-p, q; C-r; D-p, q, s$
(*c*) $A-q; B-q; r, C-r, s; D-s$
(*d*) इसमें से कोई नहीं

उत्तरमाला

1	2	3	4	5	6	7	8	9	10
(*a*)	(*b*)	(*b*)	(*c*)	(*a*)	(*a*)	(*d*)	(*a*)	(*c*)	(*a*)
11	**12**	**13**	**14**	**15**	**16**	**17**	**18**	**19**	**20**
(*a*)	(*a*)	(*b*)	(*d*)	(*b*)	(*c*)	(*c*)	(*a*)	(*a*)	(*a*)
21	**22**	**23**	**24**	**25**	**26**	**27**	**28**	**29**	**30**
(*c*)	(*a*)	(*d*)	(*a*)	(*d*)	(*d*)	(*c*)	(*b*)	(*c*)	(*b*)
31	**32**	**33**	**34**	**35**	**36**	**37**	**38**	**39**	**40**
(*c*)	(*b*)	(*b*)	(*c*)	(*d*)	(*b*)	(*d*)	(*a*)	(*b*)	(*b*)
41	**42**	**43**	**44**	**45**					
(*c*)	(*a*)	(*c*)	(*c*)	(*b*)					

व्याख्यात्मक उत्तर

1. $\sqrt{3}\sin\theta + 2\cos\theta = \frac{4}{r}$ के लम्बवत् रेखा का समीकरण निम्न है–

$$\sqrt{3}\sin\left(\frac{\pi}{2}+\theta\right) + 2\cos\left(\frac{\pi}{2}+\theta\right) = \frac{k}{r}$$

यह $\left(-1, \frac{\pi}{2}\right)$ से गुजरती है।

$$\sqrt{3}\sin\pi + 2\cos\pi = \frac{k}{-1} \Rightarrow k = 2$$

$$\therefore \sqrt{3}\sin\theta - 2\sin\theta = 2/r$$

$$\Rightarrow 2 = \sqrt{3}r\cos\theta - 2r\sin\theta.$$

2. $2x - y + 5 = 0$ ...(*i*)

$3x + y + 4 = 0$ ...(*ii*)

यहाँ $m_1 = 2, \ m_2 = -3$

यदि दोनों रेखाओं के मध्य कोण θ हो,

तब $\tan\theta = \left|\frac{m_1 - m_2}{1 + m_1 m_2}\right| = \left|\frac{2+3}{1-6}\right| = \left|\frac{5}{-5}\right| = 1$

$\Rightarrow \tan\theta = \tan\pi/4 \Rightarrow \theta = \pi/4 = 45°.$

3. (0, 21) व (21, 0) से जाने वाली रेखा का समीकरण निम्न है–

$x + y = 21$

(0, 21)

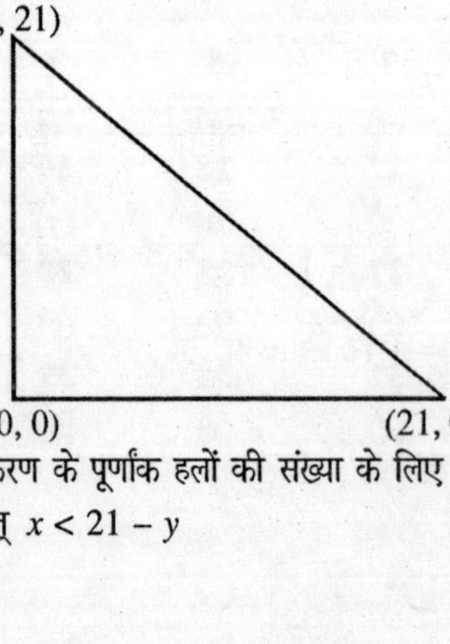

(0, 0) (21, 0)

समीकरण के पूर्णांक हलों की संख्या के लिए $x + y < 21$

अर्थात् $x < 21 - y$

∴ पूर्णांक निर्देशांकों की संख्या $= 19 + 18 + ... + 1$

$$= \frac{19 \times 20}{2} = 190.$$

4. आपतित किरण की प्रवणता $= \frac{0-2}{\alpha - 1} = \tan(\pi - \theta)$

$$\therefore \quad \tan\theta = \frac{2}{\alpha - 1}$$

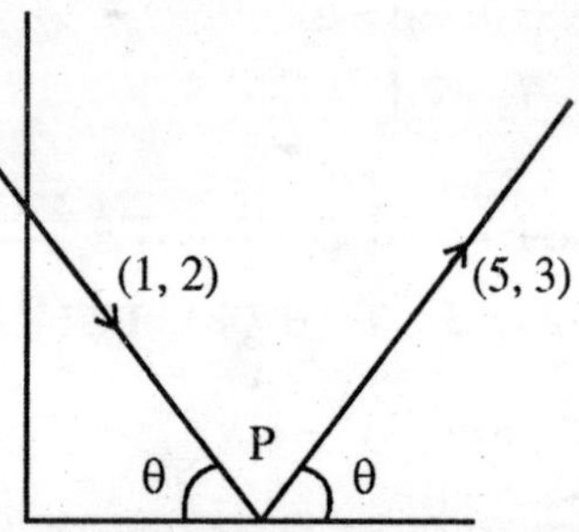

परावर्तित किरण की प्रवणता

$$= \frac{3}{5-\alpha} = \tan\alpha$$

$$\therefore \quad \frac{2}{\alpha-1} = \frac{3}{5-\alpha}$$

$$\Rightarrow 10 - 2\alpha = 3\alpha - 3 \Rightarrow \alpha = \frac{13}{5}.$$

5. माना बिन्दु (x, y) है।

दिया है, बिन्दु (x, y), (1, 5) तथा (3, –7) से बने त्रिभुज का क्षेत्रफल 21 वर्ग इकाई है।

$$\therefore \quad \frac{1}{2}\begin{vmatrix} x & y & 1 \\ 1 & 5 & 1 \\ 3 & -7 & 1 \end{vmatrix} = 21$$

$\Rightarrow \ x(5 + 7) - y(1 - 3) + 1(-7 - 15) = 42$

$\Rightarrow \ 12x + 2y - 22 = 42$

$\Rightarrow \ 6x + y - 32 = 0$ जो कि बिन्दु (x, y) का अभीष्ट बिन्दु पथ है।

6. दिया है, $m_1 = -\frac{1}{2},\ m_2 = 2$

$\because\ m_1 m_2 = -1$, अतः रेखाएँ लम्बवत् है।

$\theta = 90°$.

7. $\because\ m = \tan 30° = \frac{1}{\sqrt{3}}$ तथा $c = -2$

$\therefore$ रेखा का समीकरण निम्न है–

$y = \frac{x}{\sqrt{3}} - 2$

$\Rightarrow \sqrt{3}y - x + 2\sqrt{3} = 0.$

8. $\because\ a_1 a_2 + b_1 b_2 = (1)(\sqrt{3}) + (-\sqrt{3})(1) = 0$

$\therefore$ रेखाएँ लम्बवत् है, अतः $\theta = 90°$.

9. $BD \perp AC$

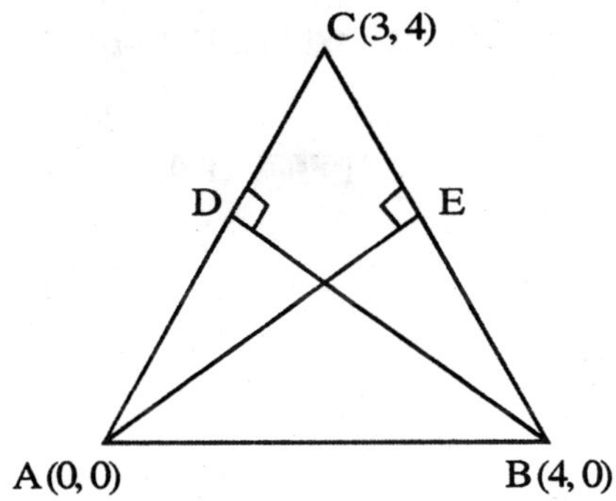

अतः BD की प्रवणता $= -\frac{3}{4}$

BD का समीकरण निम्न है–

$3x + 4y - 12 = 0$ ...(i)

तथा $AE \perp BC$

$\therefore$ AE की प्रवणता $= \frac{1}{4}$,

AE का समीकरण निम्न है–

$x - 4y = 0$ ...(ii)

समीकरण (i) व (ii) से, $x = 3,\ y = \frac{3}{4}$

$\therefore$ त्रिभुज का लम्ब केन्द्र $= \left(3, \frac{3}{4}\right)$.

10. माना बिन्दु (h, k) है।

$\therefore\quad (h - a_1)^2 + (k - b_1)^2 = (h - a_2)^2 + (k - b_2)^2$

(h, k) को (x, y) से प्रतिस्थापित करने पर,

$$(a_1 - a_2)x + (b_1 - b_2)y + \frac{1}{2}\left(a_2^2 + b_2^2 - a_1^2 - b_1^2\right) = 0$$

$$\Rightarrow c = \frac{1}{2}\left(a_2^2 + b_2^2 - a_1^2 - b_1^2\right).$$

11. रेखा $3x - 5y + 7 = 0$ के लम्बवत् रेखा का समीकरण निम्न है–

$5x + 3y + \lambda = 0$ ...(i)

$\because$ रेखा (i), $(1, -2)$ से गुजरती है।

$\therefore\quad 5 \times 1 + 3 \times (-2) + \lambda = 0$

$\Rightarrow 5 - 6 + \lambda = 0 \Rightarrow \lambda = 1$

अतः अभीष्ट समीकरण निम्न है–

$5x + 3y + 1 = 0.$

12. रेखा $x + y = 1$ की प्रवणता -1 है।

अतः यह रेखा X–अक्ष के साथ 135° का कोण बनाती है। बिन्दु (1, 1) से जाने वाली तथा 135° का कोण बनाने वाली रेखा का समीकरण इस प्रकार है–

$$\frac{x - 1}{\cos 135°} = \frac{y - 1}{\sin 135°} = r$$

$$\Rightarrow \frac{x - 1}{-1/\sqrt{2}} = \frac{y - 1}{1/\sqrt{2}} = r$$

इस रेखा पर स्थित किसी बिन्दु के निर्देशांक $\left(1 - \frac{r}{\sqrt{2}}, 1 + \frac{r}{\sqrt{2}}\right)$ है। यदि यह बिन्दु रेखा $2x - 3y = 4$ पर स्थित हो, तो

$$2\left(1 - \frac{r}{\sqrt{2}}\right) - 3\left(1 + \frac{r}{\sqrt{2}}\right) = 4$$

$$\Rightarrow r = \sqrt{2}.$$

13. दी गई रेखाएँ $3x+4y=5,\ 5x+4y=4$ तथा $\lambda x+4y=6$ हैं।

तीनों रेखाएँ एक बिन्दु पर मिलेगीं, यदि प्रथम दो रेखाओं का प्रतिच्छेद बिन्दु तीसरी रेखा पर स्थित होगा।

$3x+4y=5$ तथा $5x+4y=4$ से

$$x=-\frac{1}{2},\ y=\frac{13}{8}$$

यह बिन्दु रेखा $\lambda x+4y=6$ पर स्थित होंगे, यदि

$$\lambda\left(-\frac{1}{2}\right)+4\left(\frac{13}{8}\right)=6 \Rightarrow \lambda=1.$$

14. बिन्दुओं $(4,-5)$ व $(-2,9)$ को मिलाने वाली रेखा का मध्यबिन्दु $\left(\frac{4-2}{2},\frac{-5+9}{2}\right)$ अर्थात् $(1,2)$ है।

अतः मध्यबिन्दु $(1,2)$ व बिन्दु $(-3,6)$ से गुजरने वाली रेखा की प्रवणता

$$=\frac{6-2}{-3-1}=-\frac{4}{4}=-1=\tan\theta$$

$$\Rightarrow \theta=\frac{3\pi}{4}.$$

15. दी गई रेखा का समीकरण $4ax+3by+c=0$ है।

जहाँ $a+b+c=0$

c को विलुप्त करने पर,

$$4ax+3by-(a+b)=0$$

$$\Rightarrow a(4x-1)+b(3y-1)=0$$

यह रेखाओं $4x-1=0$ तथा $3y-1=0$ के प्रतिच्छेद बिन्दु से गुजरती है।

अर्थात् $x=\frac{1}{4}, y=\frac{1}{3} \Rightarrow$ अभीष्ट बिन्दु $\left(\frac{1}{4},\frac{1}{3}\right)$ है।

16. दी गई रेखाएँ निम्न हैं–

$5x+3y-7=0$ ... (*i*) तथा

$15x+9y+14=0$

$$\Rightarrow 5x+3y+\frac{14}{3}=0 \quad ...(ii)$$

रेखाएँ (*i*) व (*ii*) समान्तर है। चूँकि c_1 व c_2 विपरीत चिह्नों के हैं इसलिए दोनों रेखाएँ मूल बिन्दु के विपरीत स्थित होगी। अतः दोनों रेखाओं के मध्य की दूरी

$$=\left|\frac{c_1}{\sqrt{a_1^2+b_1^2}}\right|+\left|\frac{c_2}{\sqrt{a_2^2+b_2^2}}\right|$$

$$=\left|\frac{-7}{\sqrt{34}}\right|+\left|\frac{14}{3\sqrt{34}}\right|=\frac{35}{3\sqrt{34}}.$$

17. तीनों रेखाएँ संगामी होंगी, यदि

$$\begin{vmatrix} a_1 & b_1 & c_1 \\ a_2 & b_2 & c_2 \\ a_3 & b_3 & c_3 \end{vmatrix}=0 \Rightarrow \begin{vmatrix} 1 & 0 & q \\ 0 & 1 & -2 \\ 3 & 2 & 5 \end{vmatrix}=0$$

$$\Rightarrow 1[(5+4)]-0+q[0-3]=0$$

$$\Rightarrow 9-3q=0 \Rightarrow q=3.$$

18. $P(-2,6)$ तथा $Q(4,2)$ का मध्य बिन्दु $\left(\frac{-2+4}{2},\frac{6+2}{2}\right)$ अर्थात् $(1,4)$ है।

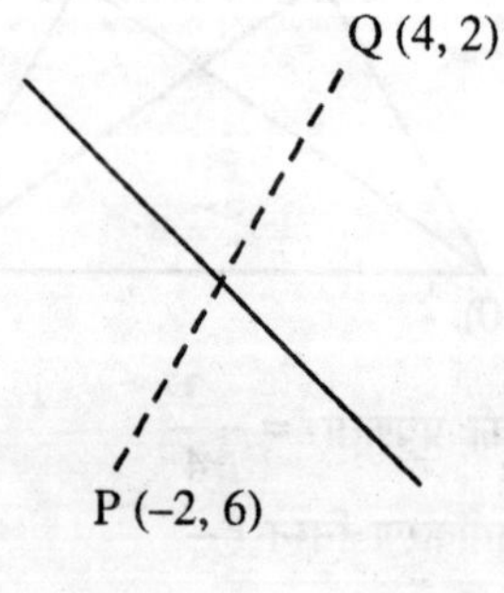

तथा रेखा PQ की प्रवणता $=\frac{2-6}{4+2}=-\frac{2}{3}$

$\therefore$ L की प्रवणता $=\frac{3}{2},$

अतः $(1,4)$ से जाने वाली रेखा का समीकरण निम्न है–

$$y-4=\frac{3}{2}(x-1)$$

$$\Rightarrow 3x-2y+5=0.$$

19. दी गई रेखाओं के प्रतिच्छेद बिन्दु, त्रिभुज के शीर्ष हैं।

$\therefore$ त्रिभुज के शीर्ष $A(-2, 2), B(1, 1)$ तथा $C(2, -2)$ हैं।

$AB = \sqrt{(1+2)^2+(1-2)^2} = \sqrt{9+1} = \sqrt{10},$

$BC = \sqrt{(2-1)^2+(-2-1)^2} = \sqrt{1+9} = \sqrt{10},$

$AC = \sqrt{(2+2)^2+(-2-2)^2} = \sqrt{16+16} = 4\sqrt{2}$

$\because AB = BC \therefore$ त्रिभुज समद्विबाहु है।

20. दी गई समीकरणें निम्न हैं–

$3x+4y=9$ ...(*i*)

तथा $y = mx+1$ ...(*ii*)

समीकरण (*i*) व (*ii*) से,

$x = \frac{5}{3+4m}$

x एक पूर्णांक है, यदि $3+4m = 1, -1, 5, -5$

$m = -\frac{2}{4}, -\frac{4}{4}, \frac{2}{4}, -\frac{8}{4}$ अतः m के दो पूर्णांक मान है।

21. रेखा $\frac{x}{a} - \frac{y}{b} = 1$ के लम्बवत् रेखा निम्न है–

$\frac{x}{b} + \frac{y}{a} + \lambda = 0$ ...(*i*)

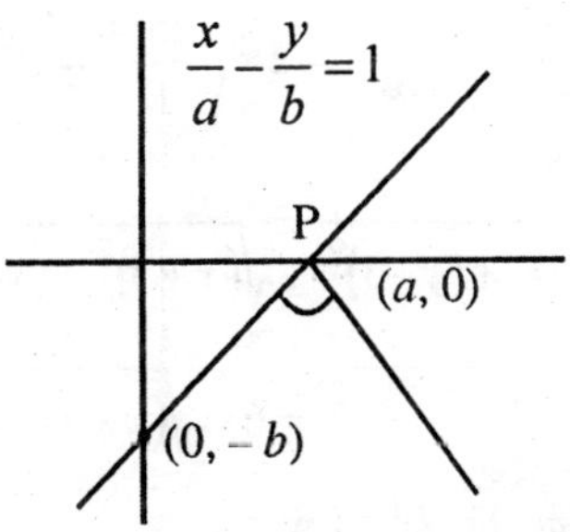

प्रश्नानुसार, रेखा (*i*) बिन्दु $P(a, 0)$ से गुजरती है।

$\therefore \quad \frac{a}{b} + 0 + \lambda = 0 \Rightarrow \lambda = -\frac{a}{b}$

λ का मान (*i*) में रखने पर,

$\frac{x}{b} + \frac{y}{a} - \frac{a}{b} = 0 \Rightarrow ax + by - a^2 = 0$

$\Rightarrow ax + by = a^2$ अभीष्ट रेखा है।

22. दी गई रेखाओं के समीकरण निम्न हैं। (गुणनखण्ड करने पर) $lx + my = 0, \quad lx - my + n = 0$ तथा

$lx - my = 0, \quad lx + my - n = 0$

क्षेत्रफल $= \left|\frac{(c_1 - d_1)(c_2 - d_2)}{(a_1b_2 - a_2b_1)}\right|$

$= \left|\frac{(0-n)(0+n)}{(-lm - lm)}\right| = \frac{n^2}{2|lm|}.$

23. हम जानते हैं कि रेखायुग्म

$\left(a^2 - 3b^2\right)x^2 + 8abxy + \left(b^2 - 3a^2\right)y^2 = 0$ रेखा $ax + by + c = 0$ के साथ एक समबाहु त्रिभुज का निर्माण करता है।

$Ax^2 + 2Hxy + By^2 = 0$ से तुलना करने पर,

$A = a^2 - 3b^2, \ B = b^2 - 3a^2, \ 2H = 8ab$

अब $(A+3B)(3A+B) = \left(-8a^2\right)\left(-8b^2\right)$

$= (8ab)^2 = (2H)^2 = 4H^2.$

24. रेखा $ax + by + c = 0$ बिन्दु $(1, -2)$ से गुजरती है।

$\therefore \quad a - 2b + c = 0$

$\Rightarrow 2b = a + c$

अतः a, b तथा c समान्तर श्रेणी में है।

25. रेखाओं $y - x + 7 = 0$ तथा $y + 2x - 2 = 0$ का प्रतिच्छेद बिन्दु $(3, -4)$ है।

$\therefore$ मूल बिन्दु को $(3, -4)$ से मिलाने वाली रेखा का समीकरण निम्न है–

$y - 0 = \frac{-4}{3}(x - 0)$

$\Rightarrow 4x + 3y = 0.$

26. दी गई सरल रेखा का समीकरण निम्न है–

$3x + 3y + 7 = 0$

$$\Rightarrow \frac{3x}{\sqrt{3^2+3^2}}+\frac{3y}{\sqrt{3^2+3^2}}+\frac{7}{\sqrt{3^2+3^2}}=0$$

$$\Rightarrow \frac{3}{3\sqrt{2}}x+\frac{3}{3\sqrt{2}}y=\frac{-7}{3\sqrt{2}}$$

$$\therefore \quad p=\left|\frac{-7}{3\sqrt{2}}\right|=\frac{7}{3\sqrt{2}}.$$

27. दी गई रेखाओं का समीकरण निम्न है–

$$\left.\begin{aligned}&ax+by+c=0\\ \text{तथा}\quad &x=\alpha t+\beta,\ y=\gamma t+\delta\end{aligned}\right\} \qquad ...(i)$$

t के विलुप्त होने पर,

$$\gamma x-\alpha y+\alpha\delta-\gamma\beta=0 \qquad ...(ii)$$

रेखाओं (i) व (ii) के समान्तर होने के लिए $\frac{a}{\gamma}=\frac{b}{-\alpha}$

$$\Rightarrow a\alpha+b\gamma=0.$$

28. $m_2=5m_1 \Rightarrow m_1+5m_1=-\frac{2h}{b}$

$$\Rightarrow m_1=-\frac{2h}{6b} \qquad ...(i)$$

तथा $m_1.5m_1=\frac{a}{b}$

$$\Rightarrow m_1=\sqrt{\frac{a}{5b}} \qquad ...(ii)$$

समीकरण (i) व (ii) से,

$$-\frac{2h}{6b}=\sqrt{\frac{a}{5b}} \Rightarrow \frac{4h^2}{36b^2}=\frac{a}{5b}$$

$$\Rightarrow 9ab=5h^2.$$

29. दिया गया समीकरण निम्न है–

$$4x^2-24xy+11y^2=0$$

$$\Rightarrow 4x^2-22xy-2xy+11y^2=0$$

$$\Rightarrow 2x(2x-11y)-y(2x-11y)=0$$

$$\Rightarrow (2x-y)(2x-11y)=0$$

$y=2x$ या $y=\frac{2x}{11}$.

30. रेखायुग्म के लिए आवश्यक शर्ते निम्न है–

$$abc+2fgh-af^2-bg^2-ch^2-0$$

यहाँ $a=12,\ h=-5,\ b=2$

$$g=\frac{11}{2},\ f=-\frac{5}{2},\ c=k$$

$$\therefore \quad 12(2)(k)+2(-5/2)(11/2)(-5)$$

$$-12(-5/2)^2-2(11/2)^2-k(-5)^2=0$$

$$\Rightarrow 24k+\frac{275}{2}-75-\frac{121}{2}-25k=0$$

$$\Rightarrow k=2.$$

31. रेखायुग्म $ax^2+2hxy+by^2+2gx+2fy+c=0$ की दोनों रेखाओं के मध्य दूरी

$$=2\sqrt{\frac{g^2-ac}{a(a+b)}} \text{ यहाँ } a=1, b=9,\ c=-4, g=\frac{3}{2}$$

$$=2\times\sqrt{\frac{9/4-(-4)}{1(1+9)}}=2\times\sqrt{\frac{25/4}{10}}=\sqrt{5/2}.$$

32. $\sqrt{(x-3)^2+(y-1)^2}+\sqrt{(x+3)^2+(y-1)^2}=6$

$$\sqrt{(x-3)^2+(y-1)^2}=6-\sqrt{(x+3)^2+(y-1)^2}$$

दोनों पक्षों का वर्ग करने पर,

$$12x+36=12\sqrt{(x+3)^2+(y-1)^2}$$

पुनः दोनों पक्षों का वर्ग करने पर,

$$\Rightarrow x^2+6x+9=x^2+6x+9+y^2-2y+1$$

$$\Rightarrow y^2-2y+1=0.$$

33. $\tan\theta = \dfrac{2\sqrt{(-7/2)^2 - 6}}{5}$

$\Rightarrow \tan\theta = 1 \Rightarrow \theta = 45°.$

34. $\therefore \tan\phi = \dfrac{2\sqrt{h^2 - ab}}{a+b}$

$\Rightarrow \tan\phi = \dfrac{2\sqrt{\cos^2\theta - (\cos^2\theta - \sin^2\theta)}}{\cos\theta - \sin\theta + \cos\theta + \sin\theta}$

$= \dfrac{2\sin\theta}{2\cos\theta} \Rightarrow \tan\phi = \tan\theta \Rightarrow \phi = \theta.$

35. रेखाओं का समीकरण निम्न है–

$x^2 + 4xy - 3xy - 12y^2 = 0$

$\Rightarrow (x+4y)(x-3y) = 0$

अतः रेखाओं के पृथक् समीकरण निम्न है–

$x + 4y = 0$ तथा $x - 3y = 0.$

36. L_1 की प्रवणता $= \dfrac{-3}{4}$

तथा L_2 की प्रवणता $= \dfrac{-12}{-5} = \dfrac{12}{5}$

अतः दी गई सरल रेखा के बीच न्यून कोण

$= \tan^{-1}\left|\dfrac{\dfrac{12}{5} + \dfrac{3}{4}}{1 + \left(\dfrac{12}{5}\right)\left(\dfrac{-3}{4}\right)}\right| = \tan^{-1}\left(\dfrac{63}{16}\right).$

37. सरल रेखाओं का समीकरण निम्न तरीके से रखने पर,

$-3x - 4y + 11 = 0$

$-12x + 5y + 2 = 0$

अतः अचर पद धनात्मक है

यहाँ $a_1a_2 + b_1b_2 = (-3)(-12) + (-4)(5)$

$= 36 - 20 = 16 > 0$

अतः L_1 एवं L_2 सरल रेखाओं के बीच न्यून कोण का अर्द्धक,

$\dfrac{-3x - 4y + 11}{\sqrt{3^2 + 4^2}} = \left|\dfrac{-12x + 5y + 2}{\sqrt{12^2 + 5^2}}\right|$

$\Rightarrow -39x - 52y + 143 = 60x - 25y - 10$

$\Rightarrow 99x + 27y - 153 = 0$

$\Rightarrow 11x + 3y - 17 = 0.$

38. L_1 एवं L_2 रेखाओं के प्रतिच्छेदी बिन्दु से गुजरने वाली रेखा का समीकरण,

$3x + 4y - 11 + \lambda(12x - 5y - 2) = 0$ या

$(3 + 12\lambda)x + (4 - 5\lambda)y - 11 - 2\lambda = 0 \quad ...(i)$

अतः समीकरण (*i*) की प्रवणता $= -\left(\dfrac{3+12\lambda}{4-5\lambda}\right) \quad ...(ii)$

तथा L_2 की प्रवणता $= \dfrac{12}{5}$

$\therefore -\left(\dfrac{3+12\lambda}{4-5\lambda}\right) \times \left(\dfrac{12}{5}\right) = -1 \Rightarrow \lambda = \dfrac{-16}{169}$

λ का मान समीकरण (*i*) में रखने पर,

$\left(3 - \dfrac{192}{169}\right)x + \left(4 + \dfrac{80}{169}\right)y = 11 - \dfrac{32}{169}$

या $315x + 756y = 1827$

या $5x + 12y = 29.$

39. दी गई सरल रेखाओं के बीच की दूरी

$= \dfrac{|45 - (-7)|}{\sqrt{5^2 + 12^2}} = 4.$

40. सरल रेखाओं की प्रवणता (*Slope*)

$5x + 12y - 7 = 0$

$\Rightarrow m_1 = \dfrac{-5}{12}$

पुनः $5x+12y+45=0 \Rightarrow m_2 = \frac{-5}{12}$

अतः $m_1 = m_2$

अतः रेखाएँ परस्पर समान्तर है।

41. $\because$ रेखाओं $ax+by+c=0$ तथा $ax+by+c^1=0$ के समान्तर मध्य रेखा

$ax+by+\frac{c+c^1}{2}=0$ होगी।

दी गई सरल रेखाओं के समान्तर मध्य रेखा का समीकरण

$5x+12y+\frac{-7+45}{2}=0$

या $5x+12y+19=0.$

42. वक्तव्य–I तथा वक्तव्य–II दोनों सत्य है तथा वक्तव्य–II वक्तव्य–I का सही स्पष्टीकरण है क्योंकि तीन सरल रेखाएँ संगामी होंगीं, यदि

$$\begin{vmatrix} 1 & 2 & -9 \\ 3 & 5 & -5 \\ p & q & -1 \end{vmatrix} = 0$$

$\Rightarrow 55p-32q-1=0$

यह सत्य होगा यदि यह (p,q) बिन्दु से गुजरेगी।

43. वक्तव्य–I सत्य है लेकिन वक्तव्य–II असत्य है। चूँकि

$ax^2+2hxy+by^2+2gx+2fy+c=0$

द्विघात समीकरण का व्यापक रूप है।

$\Delta = abc+2fgh-af^2-bg^2-ch^2=0$

तथा $2x-y=5$ एवं $x+2y=3$

का गुणनफल $= (2x-y-5)(x+2y-3)$

$=2x^2+3xy-2y^2-11x-7y+15=0.$

44. वक्तव्य–I सत्य है परन्तु वक्तव्य–II असत्य है

दिया हुआ है $5x+6y=7$

$y=\left(\frac{-5}{6}\right)x+\frac{7}{6}$

$y=mx+c$ से तुलना करने पर,

दी गई रेखा की प्रवणता $=\frac{-5}{6}$ तथा $y-$अन्तःखंड$=\frac{7}{6}$.

45. A. L_1, L_2, L_3 संगामी होंगे यदि

$$\begin{vmatrix} 1 & 3 & -5 \\ 3 & -k & -1 \\ 5 & 2 & -12 \end{vmatrix} = 0$$

$\Rightarrow 1(12k+2)-3(-36+5)-5(6+5k)=0$

$\Rightarrow -13k=-65$

$\Rightarrow k=5$

B. चूँकि L_1, L_3 के समान्तर नही है

$\therefore L_1 \parallel L_3$ यदि प्रवणता समान हो

$\Rightarrow$ यदि $\frac{-1}{3}=\frac{-3}{-k}$

$\Rightarrow k=-9$

तथा $L_2 \parallel L_3$ यदि $\frac{-3}{-k}=\frac{-5}{2}$

$\Rightarrow k=\frac{-6}{5}$ $\therefore k=-9$ या $\frac{-6}{5}$.

C. L_1, L_2, L_3 एक त्रिभुज का निर्माण करेगी यदि इसमें से कोई संगामी नहीं हो एवं इसमें से कम से कम दो समान्तर नहीं हो।

$\Rightarrow$ यदि $k \neq 5, -9, \frac{-6}{5}$

$\Rightarrow$ यदि $k=\frac{5}{6}$.

D. L_1, L_2, L_3 एक त्रिभुज का निर्माण नहीं करेगी यदि ये सभी संगामी हो या कम से कम दो रेखाएँ समान्तर हो।

अर्थात् यदि $k=5$ या $\frac{-6}{5}$ या -9.

14

वृत्त (CIRCLE)

वृत्त (Circle)

किसी निश्चित बिन्दु के परितः, निश्चित दूरी पर स्थित बिन्दुओं के समुच्चय के बिन्दुपथ को वृत्त कहते हैं। निश्चित बिन्दु वृत्त का केन्द्र (Centre of circle) तथा निश्चित दूरी वृत्त की त्रिज्या (Radius of circle) कहलाती है।

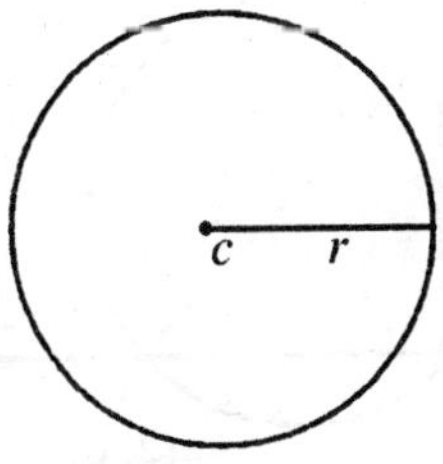

वृत्त के समीकरण के विभिन्न रूप

(Equation of a Circle in Different Forms)

(*i*) केन्द्रीय रूप (Central Form) : उस वृत्त का समीकरण जिसका केन्द्र $c(h, k)$ तथा त्रिज्या r (> 0) हो
$(x-h)^2 + (y-k)^2 = r^2$

(*ii*) मानक रूप (Standard Form) : जब वृत्त का केन्द्र मूलबिन्दु (0, 0) हो तब
$(x-0)^2 + (y-0)^2 = r^2 \Rightarrow x^2 + y^2 = r^2$

(*iii*) सामान्य रूप (General Form) :
$x^2 + y^2 + 2gx + 2fy + c = 0$ जहाँ $g^2 + f^2 - c > 0$

वृत्त का केन्द्र $(-g, -f)$ तथा त्रिज्या $\sqrt{g^2+f^2-c}$

(*iv*) व्यास रूप (Diameter Form) : उस वृत्त का समीकरण जिसमें व्यास AB जहाँ $A(x_1, y_1)$ तथा $B(x_2, y_2)$ हो
$(x-x_1)(x-x_2) + (y-y_1)(y-y_2) = 0$

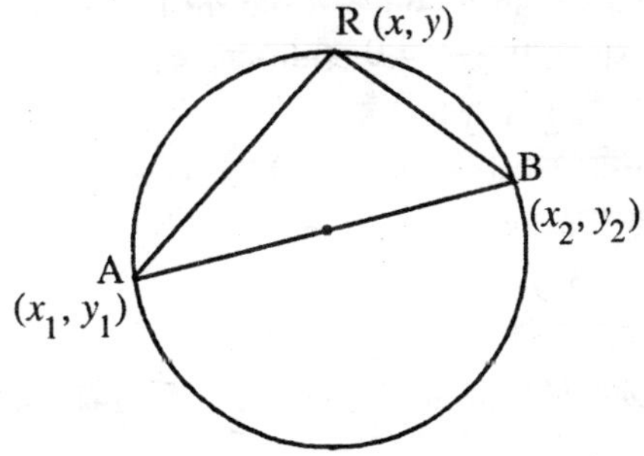

(*v*) समकेन्द्रीय वृत्त (Concentric Circle) : यदि दो या अधिक वृत्तों के केन्द्र (h, k) तथा त्रिज्या भिन्न-भिन्न हो समकेन्द्रीय कहलाते है। दो वृत्त $(x-h)^2 + (y-k)^2 = r_1^2$ तथा $(x-h)^2 + (y-k)^2 = r_2^2$ समकेन्द्रीय वृत्त है।

उदाहरण 1. वृत्त का समीकरण ज्ञात करें यदि केन्द्र (8, –6) है तथा जो बिन्दु (5, – 2) से गुजरती है।

हल: केन्द्र (8, –6) है तथा यह बिन्दु (5, –2) से गुजरती है

अतः त्रिज्या = $|CA| = \sqrt{(5-8)^2 + (-2+6)^2} = 5$

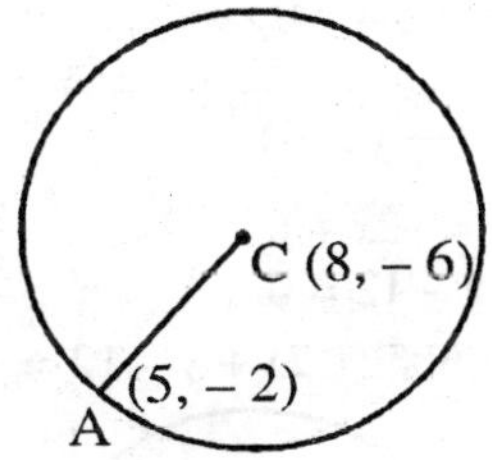

अतः वृत्त का अभीष्ट समीकरण
$(x-8)^2 + (y+6)^2 = 25$
$\Rightarrow x^2 + y^2 - 16x + 12y + 75 = 0$

उदाहरण 2. वृत्त $x^2 + y^2 - x + 2y - 3 = 0$ की त्रिज्या एवं केन्द्र ज्ञात करें।

हल: वृत्त $x^2 + y^2 - x + 2y - 3 = 0$ की

$x^2 + y^2 + 2gx + 2fy + c = 0$ से तुलना करने पर,

$g = -\frac{1}{2}$, $f = 1$ तथा $c = -3$

अतः $g^2 + f^2 - c = \frac{1}{4} + 1 + 3 = \frac{17}{4} > 0$

अतः केन्द्र $\left(\frac{1}{2}, -1\right)$ तथा

त्रिज्या $= \sqrt{g^2 + f^2 - c} = \frac{\sqrt{17}}{2}$.

उदाहरण 3. उस वृत्त का समीकरण ज्ञात करें जिसका केन्द्र (2, 3) है, तथा जो रेखाएं $3x - 2y - 1 = 0$ एवं $4x + y - 27 = 0$ के प्रतिच्छेदी बिन्दु से गुजरती है।

हलः समीकरण $3x - 2y - 1 = 0$ एवं $4x + y - 27 = 0$ को हल करने पर,

$x = 5, y = 7$.

अतः बिन्दु (5, 7) वृत्त पर होगा।

अतः वृत्त की त्रिज्या = केन्द्र (2, 3) से (5, 7) की बीच की दूरी

$= \sqrt{(2-5)^2 + (3-7)^2} = 5$

वृत्त के केन्द्रीय रूप से,

$(x - 2)^2 + (y - 3)^2 = 5^2$.

उदाहरण 4. किसी वृत्त का केन्द्र (3, 4) है तथा वृत्त पर एक बिन्दु (6, –2) है। तब दूसरे छोड़ का नियामक ज्ञात करें जब कि दोनों बिन्दु व्यास के अन्त बिन्दु हैं तथा व्यास का समीकरण भी ज्ञात करें।

हलः वृत्त का व्यास केन्द्र से गुजरता है तथा केन्द्र का नियामक (3, 4) है। अतः अभीष्ट व्यास एक सरल रेखा है। जो बिन्दु (3, 4) एवं (6, –2) से गुजरती है अतः समीकरण

$y - 6 = \frac{-2-4}{6-3}(x-3)$

$\Rightarrow y - 6 = \frac{-6}{3}(x-3)$

$\Rightarrow y - 6 = -2x + 6$

$\Rightarrow 2x + y - 12 = 0$

व्यास का समीकरण $2x + y - 12 = 0$

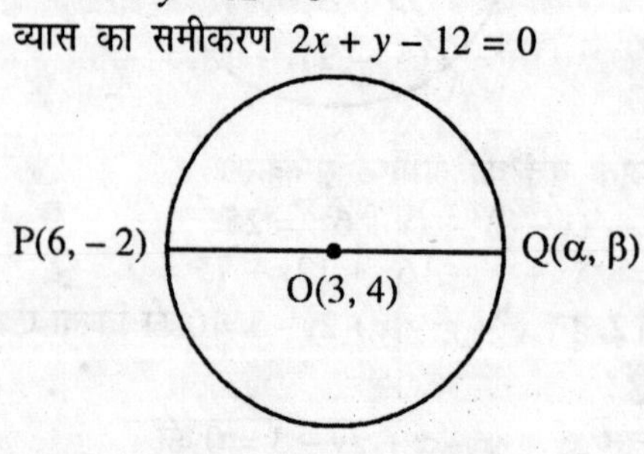

माना दूसरे छोड़ का नियामक (α, β) है

तब (3, 4) मध्य बिन्दु है,

अतः $\frac{\alpha+6}{2} = 3, \frac{\beta-2}{2} = 4$

$\Rightarrow \qquad \alpha = 0, \beta = 10$

अतः नियामक (0, 10) है।

उदाहरण 5. उस वृत्त का समीकरण ज्ञात करें जो मूल बिन्दु से गुजरती है तथा X–अक्ष एवं Y–अक्ष पर अन्तःखण्ड क्रमशः 2 इकाई एवं 4 इकाई काटती है।

हलः चूँकि वृत्त मूल बिन्दु (0, 0) से गुजरती है तथा X-अक्ष एवं Y–अक्ष पर अन्तःखंड 2 इकाई एवं 4 इकाई है यह बिन्दु A (2, 0) तथा B(0, 4) से गुजरती है

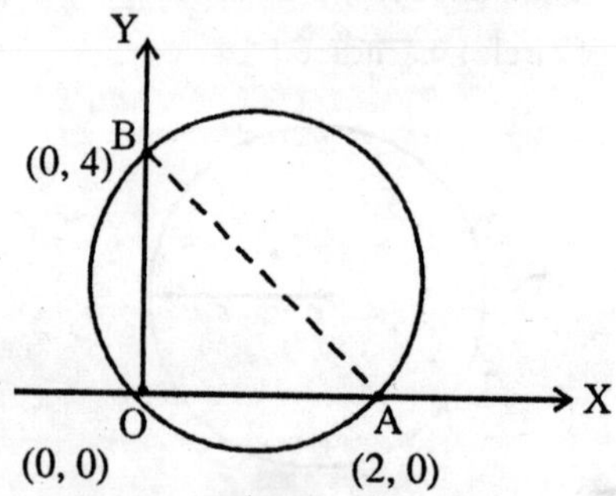

चूँकि अक्ष एक दूसरे पर लम्ब है अतः $\angle AOB = 90°$

इस प्रकार AB वृत्त का व्यास होगा

अतः वृत्त का अभीष्ट समीकरण

$(x - 2)(x - 0) + (y - 0)(y - 4) = 0$

$\Rightarrow \qquad x^2 + y^2 - 2x - 4y = 0.$

विभिन्न स्थिति में वृत्तों का समीकरण

(Equation of Circles in Different Cases)

(i) जब वृत्त मूल बिन्दु से गुजरता है (When the Circle Passes Through the Origin) : यदि वृत्त का केन्द्र $C(h, k)$ हो तब वृत्त का समीकरण

$x^2 + y^2 - 2hx - 2ky = 0$

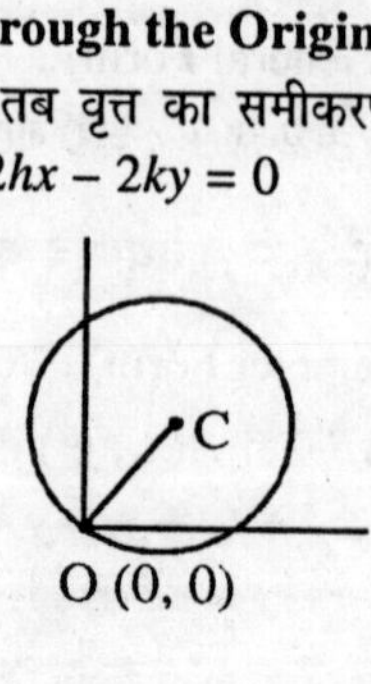

(*ii*) **जब वृत्त *X*–अक्ष को स्पर्श करता है (When the Circle Touches *X*-axis) :** वृत्त का केन्द्र $C(h, k)$ हो तथा X–अक्ष को स्पर्श करता हो तब वृत्त का समीकरण

$$x^2 + y^2 - 2hx - 2ky + h^2 = 0$$

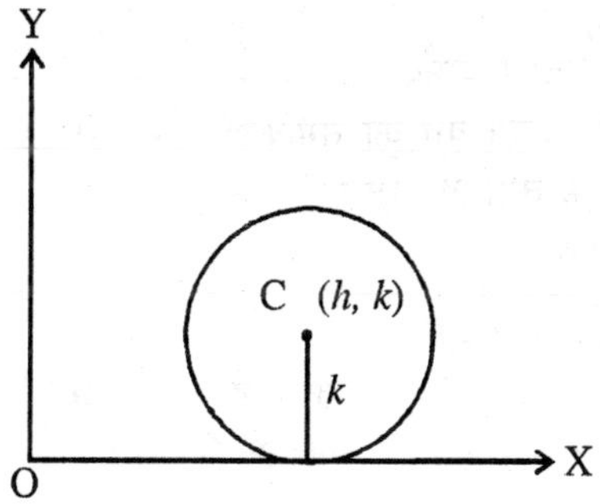

(*iii*) **जब वृत्त *Y*-अक्ष को स्पर्श करता है (When the Circle Touches *Y– axis*) :** माना वृत्त का केन्द्र (h, k) है तथा Y–अक्ष को वृत्त स्पर्श करता है तब वृत्त का समीकरण

$$x^2 + y^2 - 2hx - 2ky + k^2 = 0$$

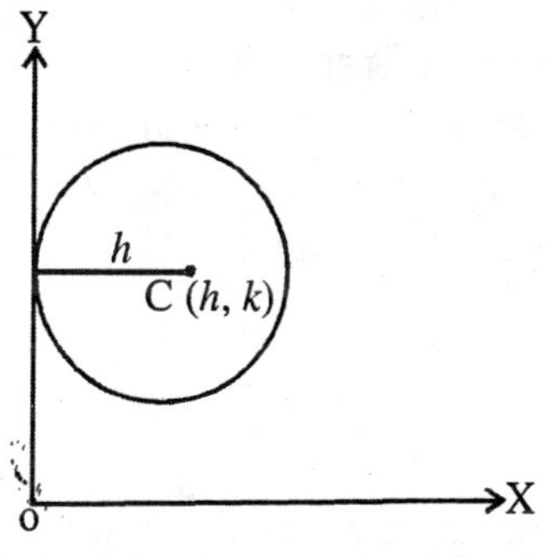

(*iv*) **जब वृत्त दोनों अक्षों को स्पर्श करता है (When the Circle Touches Both the Axes) :** वृत्त का समीकरण

$$x^2 + y^2 - 2rx - 2ry + r^2 = 0$$

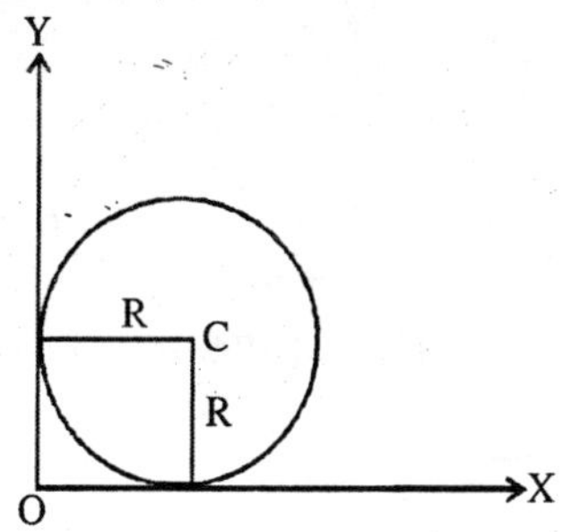

(*v*) **वृत्त द्वारा अक्षों पर काटे गए अन्तः खण्ड (Intercepts Made on the Axes by a Circle) :** माना वृत्त का समीकरण $x^2 + y^2 + 2gx + 2fy + c = 0$ है, तब X–अक्ष पर कटे अन्तः खण्ड AB की लम्बाई $= AB = 2\sqrt{g^2 - c}$ तथा Y–अक्ष पर कटे अन्तः खंड की लम्बाई $CD = 2\sqrt{f^2 - c}$

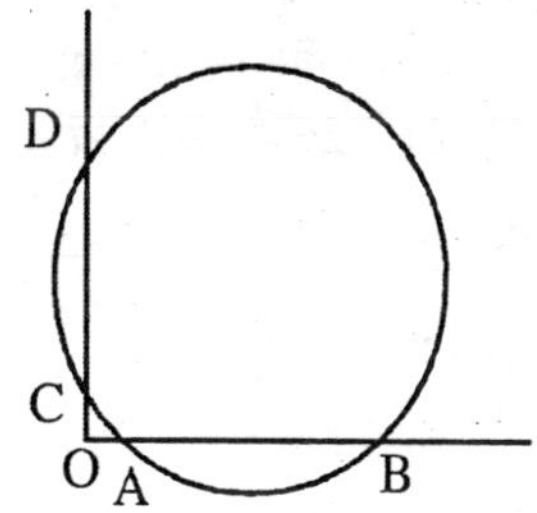

प्राचलिक निर्देशांक (नियामक)

(Parametric Coordinates)

(*i*) वृत्त $(x - h)^2 + (y - k)^2 = r^2$ के किसी बिन्दु का प्राचलिक निर्देशांक $(h + r\cos\theta, k + r\sin\theta)$ होता है जहाँ $0 < \theta < 2\pi$, तथा प्राचलिक समीकरण $x = h + r\cos\theta$ एवं $y = k + r\sin\theta$ ।

(*ii*) वृत्त $x^2 + y^2 = r^2$ के किसी बिन्दु का प्राचलिक निर्देशांक $(r\cos\theta, r\sin\theta)$ होते हैं तथा प्राचलिक समीकरण $x = r\cos\theta, y = r\sin\theta$, जहाँ $0 < \theta$ ।

उदाहरण 6. उस वृत्त का समीकरण ज्ञात करें जो मूल बिन्दु से गुजरता है तथा X–अक्ष एवं Y–अक्ष पर अन्तः खण्ड क्रमशः a एवं b काटता है।

हलः चूँकि वृत्त मूल बिन्दु $0(0, 0)$ से गुजरता है तथा $A(a, 0)$ तथा $B(0, b)$ अन्तःखण्ड काटता है अतः O, A, B बिन्दुएँ वृत्त पर स्थित होंगे तथा $\angle AOB = 90°$, अतः AB वृत्त का व्यास होगा।

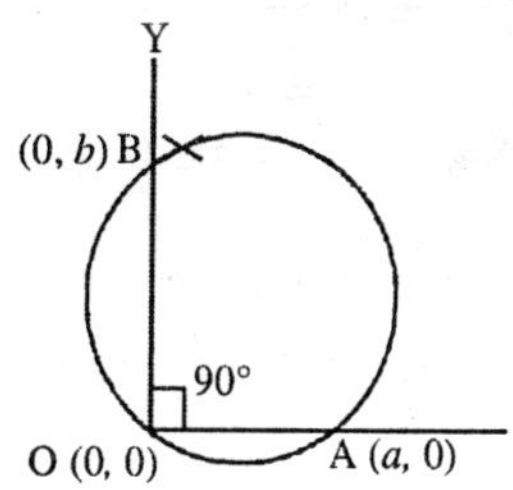

इस प्रकार वृत्त का समीकरण

$(x - a)(x - 0) + (y - 0)(y - b) = 0$ (व्यास रूप)

$\Rightarrow x^2 - ax + y^2 - by = 0$

$\Rightarrow x^2 + y^2 - ax - by = 0$

उदाहरण 7. उस वृत्त का समीकरण ज्ञात करे जो वृत्त $x^2 + y^2 - 8x + 6y - 5 = 0$ के संकेन्द्री है तथा बिन्दु $(-2, -7)$ से गुजरता है।

हलः वृत्त का समीकरण $x^2 + y^2 - 8x + 6y - 5 = 0$

अतः दिए गए वृत्त का केन्द्र $\left\{-\left(-\frac{8}{2}\right), -\frac{6}{2}\right\} = (4, -3)$

चूँकि अभीष्ट वृत्त का समीकरण $(-2, -7)$ से गुजरती है

अतः वृत्त की त्रिज्या $= \sqrt{(4+2)^2 + (-3+7)^2} = \sqrt{52}$

अतः वृत्त के केन्द्रीय रूप से,

$$(x-4)^2 + (y+3)^2 = (\sqrt{52})^2$$

$\Rightarrow \quad (x - 4)^2 + (y + 3)^2 = 52$

उदाहरण 8. कोई वृत्त बिन्दु $(2, -2)$ तथा $(3, 4)$ से गुजरता है एवं इसका केन्द्र सरल रेखा $2x + 2y = 7$ पर स्थित है तब वृत्त का केन्द्र ज्ञात करें।

हलः माना वृत्त का समीकरण $x^2 + y^2 + 2gx + 2fy + c = 0$ ...(i)

चूँकि वृत्त $(2, -2)$ एवं $(3, 4)$ बिन्दुओं से गुजरता है अतः

$$4 + 4 + 4g - 4f + c = 0$$

$\Rightarrow \quad 4g - 4f + c + 8 = 0$ ...(ii)

तथा $9 + 16 + 6g + 8f + c = 0$

$\Rightarrow \quad 6g + 8f + c + 25 = 0$ ...(iii)

पुनः केन्द्र $(-g, -f)$ सरल रेखा $2x + 2y = 7$ पर स्थित है

अतः $-2g - 2f = 7 \Rightarrow 2g + 2f + 7 = 0$ ...(iv)

(iii) में से (ii) घटाने पर,

$2g + 12f + 17 = 0$ ...(v)

(v) से मे (iv) घटाने पर,

$10f + 10 = 0 \Rightarrow f = -1$

$f = -1$ समीकरण (iv) में रखने पर,

$2g - 2 + 7 = 0 \Rightarrow g = \frac{-5}{2}$

अतः वृत्त का केन्द्र $\left(\frac{5}{2}, 1\right)$ होगा।

उदाहरण 9. उस वृत्त का समीकरण ज्ञात करें जिसका केन्द्र X-अक्ष पर स्थित है तथा जो बिन्दु $(2, 3)$ से गुजरता है एवं त्रिज्या 5 इकाई है।

हलः माना केन्द्र $(\alpha, 0)$ ($\because$ केन्द्र X–अक्ष पर है)

चूँकि वृत्त बिन्दु $(2, 3)$ से गुजरती है।

अतः वृत्त की त्रिज्या $= \sqrt{(\alpha-2)^2 + (0-3)^2} = 5$

$\Rightarrow (\alpha-2)^2 + 9 = 25$

$\Rightarrow (\alpha - 2)^2 = 16 \Rightarrow \alpha - 2 = \pm 4$

$\Rightarrow \alpha = 6$ या -2

जब $\alpha = 6$ तब वृत्त का केंद्र $(6, 0)$ तथा त्रिज्या $= 5$ इकाई अतः वृत्त का समीकरण $(x - 6)^2 + (y - 0)^2 = 25$

$\Rightarrow x^2 + y^2 - 12x + 11 = 0$

पुनः जब $\alpha = -2$ तब वृत्त का केन्द्र $(-2, 0)$ तथा त्रिज्या $= 5$ इकाई। अतः वृत्त का समीकरण

$(x + 2)^2 + (y - 0)^2 = 25$

$\Rightarrow x^2 + y^2 + 4x - 21 = 0$

उदाहरण 10. यदि बिन्दु p की दूरी बिन्दु $(6, 0)$ से बिन्दु $(1, 3)$ की दुगुनी हो तब सिद्ध करें कि p का बिन्दुपथ एक वृत्त होगा तथा इसका केन्द्र एवं त्रिज्या ज्ञात करें।

हलः दिए गए बिन्दु $A(6, 0)$ तथा $B(1, 3)$ हैं माना $p(x, y)$ कोई बिन्दु है तब प्रश्नानुसार,

$|PA| = 2\,|PB| \Rightarrow PA^2 = 4PB^2$

$\Rightarrow (x - 6)^2 + (y - 0)^2 = 4\left\{(x-1)^2 + (y-3)^2\right\}$

$\Rightarrow 3x^2 + 3y^2 + 4x - 24y + 4 = 0$

$\Rightarrow x^2 + y^2 + \frac{4}{3}x - 8y + \frac{4}{3} = 0$

अतः वृत्त के समीकरण $x^2 + y^2 + 2gx + 2fy + c = 0$ से तुलना करने पर,

$2g = \frac{4}{3},\ 2f = -8,\ c = \frac{4}{3}$

$\Rightarrow g = \frac{2}{3}, f = -4, c = \frac{4}{3}$

चूँकि $g^2 + f^2 - c = \frac{4}{9} + 16 - \frac{4}{3} = \frac{136}{9} > 0$

अतः p का बिन्दु पथ एक वृत्त है जिसका केन्द्र

$(-g, -f) = \left(-\frac{2}{3}, 4\right)$

तथा त्रिज्या $=\sqrt{g^2+f^2-c}=\sqrt{\frac{136}{9}}=\frac{2}{3}\sqrt{34}$

$=\frac{2}{3}\sqrt{34}.$

एक रेखा एवं वृत्त का प्रतिच्छेदन

(Intersection of a Line and Circle)

माना वृत्त का समीकरण $x^2 + y^2 = r^2$ ...(i)

एवं सरल रेखा का समीकरण $y = mx + c$ ...(ii)

समीकरण (i) एवं (ii) से,

$x^2 + (mx + c)^2 = r^2$

$\Rightarrow \quad (1 + m^2)x^2 + 2mcx + c^2 - r^2 = 0$ ...(iii)

वृत्त के केन्द्र से रेखा पर डाले गए लम्ब की लम्बाई $=\frac{c}{\sqrt{1+m^2}}$

(i) यदि $r>\left|\frac{c}{\sqrt{1+m^2}}\right|$ अर्थात् यदि वृत्त की त्रिज्या, केन्द्र से रेखा पर डाले गए लम्ब की लम्बाई से अधिक हो, तब रेखा वृत्त को दो बिन्दुओं पर प्रतिच्छेदित करेगी।

(ii) यदि $r<\left|\frac{c}{\sqrt{1+m^2}}\right|$ अर्थात् यदि वृत्त की त्रिज्या, केन्द्र से रेखा पर डाले गए लम्ब की लम्बाई से कम हो, तब रेखा वृत्त को स्पर्श नहीं करेगी। अतः यह प्रतिच्छेदित या स्पर्श नहीं करेगी।

(iii) यदि $r=\left|\frac{c}{\sqrt{1+m^2}}\right|$ यदि वृत्त की त्रिज्या, केन्द्र से रेखा पर डाले गए लम्ब की लम्बाई के बराबर हो, तब रेखा वृत्त को स्पर्श करेगी अतः यह स्पर्श रेखा (Tangent line) होगी।

रेखा $y = mx + c$, वृत्त $x^2 + y^2 = a^2$ को स्पर्श करेगी यदि $c = \pm a\sqrt{1+m^2}$.

स्पर्श रेखा के समीकरण का विभिन्न रूप

(Different Forms of Equation of Tangents)

(i) **प्रवणता रूप (Slope Form) :** वृत्त $x^2 + y^2 = a^2$ की स्पर्श रेखा का समीकरण $y = mx \pm a\sqrt{1+m^2}$ है तथा स्पर्श बिन्दु के नियामक (निर्देशाक)

$$\left\{\pm\frac{am}{\sqrt{1+m^2}} \mp \frac{a}{\sqrt{1+m^2}}\right\}$$

(ii) **बिन्दु रूप (Point Form) :** वृत्त $x^2 + y^2 = a^2$ के बिन्दु $p(x_1, y_1)$ पर स्पर्श रेखा का समीकरण $xx_1 + yy_1 = a^2$; वृत्त $x^2 + y^2 + 2gx + 2fy + c = 0$ के बिन्दु $p(x_1, y_1)$ पर स्पर्श रेखा का समीकरण,

$xx_1 + yy_1 + 2g(x + x_1) + 2f(y + y_1) + c = 0.$

(iii) **प्राचलिक रूप (Parametric Form) :** वृत्त $x^2 + y^2 = a^2$ के बिन्दु $p(a\cos\theta, a\sin\theta)$ पर स्पर्श रेखा का समीकरण $x\cos\theta + y\sin\theta = a^2$.

अभिलम्ब के समीकरण के विभिन्न रूप

(Different Forms of Equation of Normals)

(i) **बिन्दु रूप (Point Form) :** वृत्त $x^2 + y^2 = a^2$ के बिन्दु $p(x_1, y_1)$ पर अभिलम्ब का समीकरण $\frac{x}{x_1}-\frac{y}{y_1}=0$ है।

वृत्त $x^2 + y^2 + 2gx + 2fy + c = 0$ के बिन्दु $p(x_1, y_1)$ पर अभिलम्ब का समीकरण $\frac{x-x_1}{x_1+g}=\frac{y-y_1}{y_1+f}$ है।

(ii) **प्राचलिक रूप (Parametric Forms) :** वृत्त के बिन्दु $p(a\cos\theta, a\sin\theta)$ पर स्पर्श रेखा का समीकरण $x^2 + y^2 = a^2$

अभिलम्ब का समीकरण $y = x\tan\theta$.

नियामक वृत्त (Director Circle) : उन बिन्दुओं का बिन्दुपथ जिनसे वृत्त पर लम्बवत् स्पर्श रेखाएँ खींची जा सकती है, नियामक वृत्त कहलाता है।

वृत्त $x^2 + y^2 = a^2$ के लिए नियामक वृत्त का समीकरण $x^2 + y^2 = 2a^2$

दो वृत्तों का प्रतिच्छेदन (Intersection of Two Circles): (*i*) जब दो वृत्त एक दूसरे को बाह्य स्पर्श करते हैं। (When two circles touch each other externally) : $|c_1 c_2| = |r_1 + r_2|$

बिन्दु p के नियामक (निर्देशांक)

$$\left\{\frac{r_1 x_2 + r_2 x_1}{r_1 + r_2}, \frac{r_1 y_2 + r_2 y_1}{r_1 + r_2}\right\} \text{ है।}$$

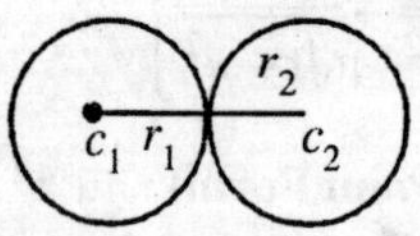

(*iii*) **जब दो वृत्त एक दूसरे को अन्तः स्पर्श करते हैं (When two circles touch each other internally):**

तब $|c_1 c_2| = |r_1 - r_2|$ तथा p का नियामक (निर्देशांक)

$$\left\{\frac{r_1 x_2 - r_2 x_1}{r_1 - r_2}, \frac{r_1 y_2 - r_2 y_1}{r_1 - r_2}\right\}$$

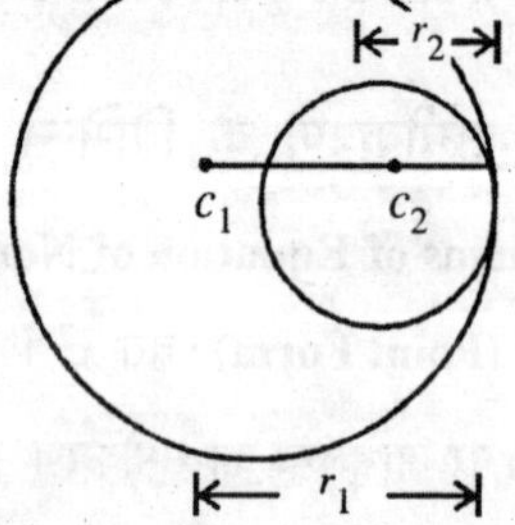

दो वृत्तों की उभयनिष्ठ जीवा (Common Chord of Two Circles) : माना दो वृत्त $S_1 = 0$ तथा $S_2 = 0$ एक दूसरे को P एवं Q पर प्रतिच्छेदित करते है, तब उभयनिष्ठ जीवा का समीकरण $S_1 - S_2 = 0$ होगा।

माना $S_1 \equiv x^2 + y^2 + 2g_1 x + 2f_1 y + c_1 = 0$

तथा $S_2 = x^2 + y^2 + 2g_2 x + 2f_2 y + c_2 = 0$

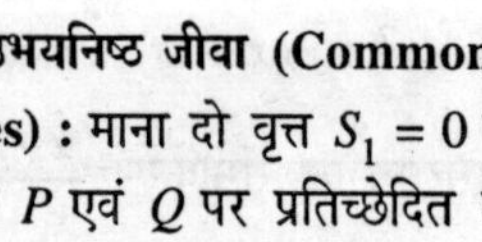

बिन्दु P एवं बिन्दु Q पर एक दूसरे को प्रतिच्छेदित करती है तब उभयनिष्ठ जीवा का समीकरण

$$2(g_1 - g_2)x + 2(f_1 - f_2)y + c_1 - c_2 = 0$$

जीवा PQ की लम्बाई $= 2\sqrt{(c_1 P)^2 - (c_1 M)^2}$

लम्बकोणीय वृत्त (Orthogonal Circles) : यदि दो वृत्तों के प्रतिच्छेदन बिन्दु पर कोण समकोण हो तब वृत्त लम्बकोणीय वृत्त कहलाते हैं।

यदि वृत्त $x^2 + y^2 + 2g_1 x + 2f_1 y + c_1 = 0$ तथा $x^2 + y^2 + 2g_2 x + 2f_2 y + c_2 = 0$ एक दूसरे को लम्ब कोणीय प्रतिच्छेदित करते हैं तब $2(g_1 g_2 + f_1 f_2) = c_1 + c_2$

उदाहरण 11. रेखा $2x + 3y = 18$ तथा वृत्त $x^2 + y^2 = 25$ के प्रतिच्छेद बिन्दु के नियामक (निर्देशांक) ज्ञात करे।

हलः दिया है, $2x + 3y = 18 \Rightarrow y = \frac{18 - 2x}{3}$ ...(*i*)

तथा $x^2 + y^2 = 25$ ...(*ii*)

समीकरण (*i*) एवं (*ii*) से,

$$x^2 + \left(\frac{18 - 2x}{3}\right)^2 = 25$$

$\Rightarrow 9x^2 + 4(9 - x)^2 = 225$

$\Rightarrow 9x^2 + 4(81 - 18x + x^2) = 225$

$\Rightarrow 13x^2 - 72x + 99 = 0$

$\Rightarrow (x - 3)(13x - 33) = 0$

$\Rightarrow x = 3$ या $x = \frac{33}{13}$

अतः $y = 4$ या $y = \frac{56}{13}$

$\therefore$ रेखा तथा वृत्त के प्रतिच्छेद बिन्दु का नियामक (3, 4) तथा $\left(\frac{33}{13}, \frac{56}{13}\right)$.

उदाहरण 12. दिखाएँ कि वृत्त $x^2 + y^2 - 4x + 6y + 8 = 0$ एवं $x^2 + y^2 - 10x - 6y + 14 = 0$ एक दूसरे को (3, –1) पर स्पर्श करते हैं।

हलः बिन्दु (3, –1) पर वृत्त

$x^2 + y^2 - 4x + 6y + 8 = 0$ की स्पर्श रेखा का समीकरण

$3x + (-1)y - 2(x + 3) + 3(y - 1) + 8 = 0$

$\Rightarrow x + 2y - 1 = 0$ ...(1)

तथा बिन्दु (3, –1) पर वृत्त

$x^2 + y^2 - 10x - 6y + 14 = 0$ की स्पर्श रेखा का समीकरण
$3x + (-1)y - 5(x + 3) - 3(y - 1) + 14 = 0$

$\Rightarrow \quad -2x - 4y + 2 = 0 \qquad .....(ii)$

समीकरण (*i*) एवं (*ii*) से दोनों समान है

$\therefore$ दोनों वृत्त एक दूसरे को (3, –1) पर स्पर्श करते हैं।

उदाहरण 13. दिखाएं कि समीकरण $x = a \cos \theta + b \sin \theta$ तथा $y = a \sin \theta - b \cos \theta, 0 \leq \theta \leq 2\pi$ एक वृत्त को प्रदर्शित करती है।

हलः समीकरण $x = a \cos \theta + b \sin \theta$ तथा
$y = a \sin \theta - b \cos \theta$ का वर्ग कर योग करने पर,
$x^2 + y^2 = a^2 \cos^2 \theta + b^2 \sin^2 \theta + 2ab \sin \theta \cos\theta$
$+ a^2 \sin^2 \theta + b^2 \cos^2 \theta - 2ab \sin \theta . \cos \theta$
$\Rightarrow x^2 + y^2 = a^2 + b^2$
अतः यह एक वृत्त को प्रदर्शित करती है।

उदाहरण 14. वृत्त $x^2 + y^2 = 1$ एवं $x^2 + y^2 - 2x = 0$ के उभयनिष्ठ जीवा का समीकरण ज्ञात करें।

हलः वृत्त के उभयनिष्ठ जीवा का समीकरण
$x^2 + y^2 - 1 - (x^2 + y^2 - 2x) = 0$
$(\because s_1 - s_2 = 0)$
$\Rightarrow x^2 + y^2 - 1 - x^2 - y^2 + 2x = 0$
$\Rightarrow 2x = 1.$

उदाहरण 15. बिन्दु (5, 4) से वृत्त $x^2 + y^2 + 2x - 6y = 6$ पर खींचे गए स्पर्श रेखा की लम्बाई ज्ञात करें।

हलः स्पर्श रेखा की अभीष्ट लम्बाई

$$=\sqrt{5^2+4^2+2\times5-6\times4-6}$$

$$=\sqrt{25+16+10-24-6}$$

$$=\sqrt{21}.$$

मूलाक्ष (Radical Axis) : उन बिन्दुओं का बिन्दुपथ जिनसे दो वृत्तों पर खींची गयी स्पर्श रेखाओं की लम्बाई समान हों, दोनों वृत्तों का मूलाक्ष कहते हैं।

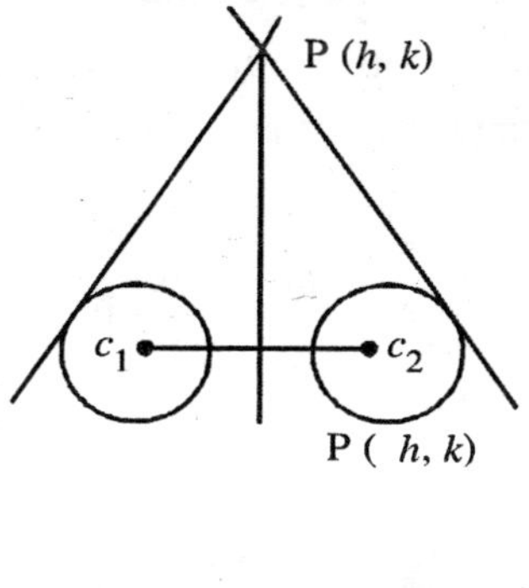

यदि दो वृत्तों के समीकरण $S_1 = x^2 + y^2 + 2g_1x + 2f_1 y + c_1 = 0$ तथा $S_2 = x^2 + y^2 + 2g_2x + 2f_2 y + c_2 = 0$ हों तब उनके मूलाक्ष का बिन्दुपथ–

$$2(g_1 - g_2)\, x + 2(f_1 - f_2)\, y + c_1 - c_2 = 0$$

सामाक्ष वृत्त (Co-axial Circles) : वृत्तों के निकाय जिसमें वृत्तों का प्रत्येक युग्म का मूलाक्ष समान हो, समान वृत्तों का निकाय कहलाता है।

साधित उदाहरण (Solved Examples)

1. यदि सरल रेखा $2x - y + \lambda = 0$, किसी वृत्त $x^2 + y^2 + 6x - 6y + 5 = 0$ का व्यास हो तब λ का मान ज्ञात करें।

हलः दी गई सरल रेखा, दिए गए वृत्त का व्यास होगा यदि इसका केन्द्र, (–3, 3) सरल रेखा पर स्थित हो अर्थात् यदि $2(-3) - 3 + \lambda = 0 \Rightarrow \lambda = 9$.

2. सिद्ध करें कि वृत्त $x^2 + y^2 + 6x + 6y = 0$ तथा वृत्त $x^2 + y^2 - 12x - 12y = 0$ लम्बकोणीय वृत्त (Orthogonal Circles) है।

हलः दिए गए वृत्तों के केन्द्र क्रमशः $c(-3, -3)$ एवं $c'(6, 6)$ हैं।

अतः इसका व्यास क्रमशः $r=\sqrt{3^2+3^2}=3\sqrt{2}$

तथा $r'=\sqrt{6^2+6^2}=6\sqrt{2}$

यहाँ $|cc'|=\sqrt{(6+3)^2+(6+3)^2}=9\sqrt{2}$

$=3\sqrt{2}+6\sqrt{2}$

$\Rightarrow |cc'|=r+r'$

अतः वृत्त लम्बकोणीय हैं।

3. बिन्दु (–1, 2) से वृत्त $x^2 + y^2 + 2x - 4y + 4 = 0$, पर खींचे गए स्पर्श रेखाओं की संख्या ज्ञात करें।

हलः बिन्दु (–1, 2) है।
अतः $(-1)^2 + (2)^2 + 2(-1) - 4(2) + 4 = -1$
अतः दिया गया बिन्दु वृत्त के अन्दर (Inside) होगा, इसलिए कोई भी स्पर्श रेखा बिन्दु (–1, 2) से नहीं गुजरेगी। क्योंकि (1, 2) वृत्त का केन्द्र भी है। अतः स्पर्श रेखाओं की संख्या = 0.

4. कोई वृत्त बिन्दु $(0, 0), (a, 0)$ तथा $(0, b)$ से गुजरता है तब उसके केन्द्र का नियामक (coordinates) निकालें।

हलः चूँकि वृत्त $O(0, 0), A(a, 0)$ तथा $B(0, b)$ से गुजरती है अतः $\angle AOB = 90°$ चूँकि O मूल बिन्दु है। अतः A, X–अक्ष पर तथा B, Y–अक्ष पर स्थित है। अतः AB वृत का व्यास होगा। इस प्रकार वृत्त का केन्द्र व्यास (AB) का मध्यबिन्दु अर्थात् $\left(\dfrac{a}{2}, \dfrac{b}{2}\right)$ होगा।

5. वृत्त $x^2 + y^2 = a^2$ के किसी बिन्दु (h, h) पर स्पर्श रेखा की प्रवणता (Slope) ज्ञात करें।

हलः बिन्दु (h, h) पर स्पर्श रेखा का समीकरण

$hx + hy = a^2$ $\quad (xx_1 + yy_1 = a^2)$

अतः रेखा $hx + hy = a^2$ की प्रवणता (Slope)

$$= \frac{-h}{h} = -1.$$

6. उस वृत्त का समीकरण ज्ञात करें जो Y–अक्ष को स्पर्श करती है तथा उसके केन्द्र का नियामक $(1, 2)$ है।

हलः चूकि वृत्त का केन्द्र $(1, 2)$ है तथा यह Y–अक्ष को स्पर्श करती है अतः इसकी त्रिज्या 1 होगी।

अभीष्ट वृत्त का समीकरण

$(x - 1)^2 + (y - 2)^2 = 1^2$

$\Rightarrow x^2 + y^2 - 2x - 4y + 5 - 1 = 0$

$\Rightarrow x^2 + y^2 - 2x - 4y + 4 = 0.$

7. उस वृत्त का समीकरण ज्ञात करें जिसका केन्द्र सरल रेखा $x + 2y - 3 = 0$ पर स्थित है तथा जो वृत्त $x^2 + y^2 - 2x - 4y + 1 = 0$ एवं वृत्त $x^2 + y^2 - 4x - 2y + 4 = 0$ के प्रतिच्छेदन बिन्दु से गुजरती है।

हलः माना वृत्त $S = x^2 + y^2 - 2x - 4y + 1 = 0$

तथा $S' = x^2 + y^2 - 4x - 2y + 4 = 0$

$\therefore \; S - S' = 2x - 2y - 3 = 0$

उस वृत्त का समीकरण जो दिए गए दोनों वृत्तों के उभयनिष्ठ बिन्दु से गुजरती है।

$x^2 + y^2 - 2x - 4y + 1 + k(2x - 2y - 3) = 0$

या $x^2 + y^2 - 2(1 - k)\, x - 2\,(2 + k)\, y + 1 - 3\,k = 0$

उसका केन्द्र $(1 - k, 2 + k)$ सरल रेखा पर स्थित है।

यदि $1 - k + 2(2 + k) - 3 = 0$

$\Rightarrow k = -2$

अतः वृत्त का समीकरण,

$x^2 + y^2 - 2x - 4y + 1 - 2(2x - 2y - 3) = 0$

$\Rightarrow x^2 + y^2 - 6x + 7 = 0.$

8. वृत्त $3x(x - 2) + 3y(y + 1) = 4$ का त्रिज्या ज्ञात करें

हलः वृत्त का समीकरण $3x^2 + 3y^2 - 6x + 3y - 4 = 0$

$$\Rightarrow x^2 + y^2 - 2x + y - \frac{4}{3} = 0$$

अतः वृत्त का केन्द्र $\left(1, -\dfrac{1}{2}\right)$ तथा त्रिज्या

$$= \sqrt{(-1)^2 + \left(\frac{1}{2}\right)^2 + \frac{4}{3}}$$

$$= \sqrt{\frac{31}{12}}.$$

9. सरल रेखाएं $2x - 3y = 5$ तथा $3x - 4y = 7$ उस वृत्त के व्यास है जिसका क्षेत्रफल 154 वर्ग इकाई है तब वृत्त का समीकरण क्या होगा?

हलः रेखाओं के समीकरण

$2x - 3y = 5$ ...(*i*)

तथा $3x - 4y = 7$ ...(*ii*)

समीकरण (*i*) एवं (*ii*) को हल करने पर,

$x = 1, y = -1$

अतः वृत्त का केन्द्र $(1, -1)$

माना वृत्त की त्रिज्या r है तब $\pi r^2 = 154$

$\Rightarrow r = 7$ इकाई

अतः वृत्त का समीकरण

$(x - 1)^2 + (y + 1)^2 = 7^2$

$\Rightarrow x^2 + y^2 - 2x + 2y = 47.$

10. दो वृत्तों $x^2 + y^2 - 25 = 0$ तथा $3(x^2 + y^2) - 30x - 40y + 175 = 0$ के स्पर्श बिन्दु का नियामक ज्ञात करें।

हलः वृत्तों का समीकरण $x^2 + y^2 - 25 = 0$ तथा

$$x^2 + y^2 - 10x - \frac{40}{3}y + \frac{175}{3} = 0$$

दोनों वृत्तों का मूलाक्ष (Radical Axis)

$$10x + \frac{40}{3}y - \frac{250}{3} = 0 \text{ अर्थात्}$$

$$x + \frac{4}{3}y - \frac{25}{3} = 0$$

मूलाक्ष, वृत्त $x^2 + y^2 = 25$ के बिन्दु (3, 4) पर मिलेगा।

11. दिखाएँ कि सरल रेखा $3x + 4y = 20$ वृत्त $x^2 + y^2 = 16$ पर स्पर्श रेखा है।

हलः वृत्त के केन्द्र (0, 0) से सरल रेखा की बीच की दूरी

$$\frac{|0+0-20|}{\sqrt{3^2+4^2}} = 4 = \text{ वृत्त की त्रिज्या}$$

अतः सरल रेखा वृत्त पर स्पर्श रेखा होगी।

वस्तुनिष्ठ प्रश्न

1. यदि रेखा $x + 2by + 7 = 0$ वृत्त $x^2 + y^2 - 6x + 2y = 0$ का एक व्यास हो, तो b का मान है–

(*a*) 3 (*b*) −5

(*c*) −1 (*d*) 5

2. वृत्त $x^2 + y^2 + x - 4y - 11 = 0$ के उस व्यास का समीकरण जो सरल रेखा $2x - y + 3 = 0$ से काटी गयी जीवा को समद्विभाजित करता है, होगा–

(*a*) $x + y - 7 = 0$ (*b*) $2x - y - 5 = 0$

(*c*) $x + 2y - 3 = 0$ (*d*) इनमें से कोई नहीं

3. वृत्त $x^2 + y^2 - 2x + 4y + 3 = 0$ के अन्तर्गत एक वर्ग खींचा गया है। जिसकी भुजाएँ निर्देशांक अक्षों के समान्तर हैं। वर्ग का एक शीर्ष है–

(*a*) $\left(1+\sqrt{2}, -2\right)$ (*b*) $\left(1-\sqrt{2}, -2\right)$

(*c*) $\left(1, -2+\sqrt{2}\right)$ (*d*) इनमें से कोई नहीं

4. वृत्त $x^2 + y^2 = 4$ की उन जीवाओं के मध्य बिन्दुओं का बिन्दुपथ जो मूल बिन्दु पर समकोण बनाती है, होगा–

(*a*) $x^2 + y^2 - 2x - 2y = 0$

(*b*) $x^2 + y^2 = 4$

(*c*) $x^2 + y^2 = 2$

(*d*) $x^2 + y^2 + 2 = 0$

5. उस वृत्त का समीकरण जो दोनों अक्षों को स्पर्श करता है तथा जिसकी त्रिज्या a है, होगा–

(*a*) $x^2 + y^2 - 2ax - 2ay + a^2 = 0$

(*b*) $x^2 + y^2 + ax + ay - a^2 = 0$

(*c*) $x^2 + y^2 + 2ax + 2ay - a^2 = 0$

(*d*) $x^2 + y^2 - ax - ay + a^2 = 0$

6. उस वृत्त का समीकरण जिसकी त्रिज्या 5 है तथा जो वृत्त $x^2 + y^2 - 2x - 4y - 20 = 0$ को बिन्दु (5, 5) पर बाह्य स्पर्श करता है, होगा–

(*a*) $x^2 + y^2 - 18x - 16y - 120 = 0$

(*b*) $x^2 + y^2 - 18x - 16y + 120 = 0$

(*c*) $x^2 - y^2 + 18x - 16y + 120 = 0$

(*d*) $x^2 + y^2 + 18x - 16y - 120 = 0$

7. ACB एक त्रिभुज है जिसमें कोण C समकोण हैं यदि बिन्दुओं A तथा B के निर्देशांक क्रमशः (−3, 4) तथा (3, − 4) हों तो त्रिभुज ABC के परिवृत्त का समीकरण है–

(*a*) $x^2 - y^2 - 6x + 8y = 0$

(*b*) $x^2 + y^2 = 25$

(*c*) $x^2 + y^2 - 6x + 8y = 0$

(*d*) इनमें से कोई नहीं

8. *X*–अक्ष तथा *Y*–अक्ष में क्रमशः $2a$ तथा $2b$ लम्बाई के अन्तः $2a\sqrt{5}$ काटने वाले वृत्त के केन्द्र का बिन्दु पथ है–

(*a*) $x + y = a + b$

(*b*) $x^2 + y = a^2 + b^2$

(*c*) $x^2 - y^2 = a^2 - b^2$

(*d*) $x^2 + y^2 = a^2 - b^2$

9. उस वृत्त का क्षेत्रफल जिसका केन्द्र (1, 2) है तथा जो बिन्दु (4, 6) से होकर जाता है, होगा–

(*a*) 25π वर्ग इकाई

(*b*) 10π वर्ग इकाई

(*c*) 12π वर्ग इकाई

(*d*) इनमें से कोई नहीं

10. रेखा $y = mx$ एक वृत्त की जीवा है जिसकी त्रिज्या a है तथा एक व्यास x-अक्ष पर है, जीवा का दूसरा सिरा मूल बिन्दु पर हैं। इस जीवा को व्यास मान कर खीचें गए वृत्त का समीकरण होगा–

(*a*) $\left(1+m^2\right)\left(x^2+y^2\right)-2ax=0$

(*b*) $\left(1+m^2\right)\left(x^2+y^2\right)-2a(x+my)=0$

(*c*) $\left(1-m^2\right)\left(x^2+y^2\right)+2ax=0$

(*d*) $\left(1-m^2\right)\left(x^2+y^2\right)-2a(x+my)=0$

11. वृत्त $(x - x_1)(x - x_2) + (y - y_1)(y - y_2) = 0$ का केन्द्र है–

(*a*) $\left(\frac{x_1+y_1}{2}, \frac{x_2+y_2}{2}\right)$

(*b*) $\left(\frac{x_1+xy}{2}, \frac{x_2+y_2}{2}\right)$

(*c*) $\left(\frac{x_1+x_2}{2}, \frac{y_1+y_2}{2}\right)$

(*d*) $\left(\frac{x_1-xy}{2}, \frac{x_2-y_1}{2}\right)$

12. वृत्त जिसका केन्द्र $(1, -3)$ है तथा जो रेखा $2x - y - 4 = 0$ को स्पर्श करता है, का समीकरण है–

(*a*) $5x^2 + 5y^2 - 10x + 30y + 49 = 0$

(*b*) $5x^2 - 5y^2 - 10x + 30y - 49 = 0$

(*c*) $5x^2 - 5y^2 + 10x - 30y + 49 = 0$

(*d*) इनमें से कोई नहीं

13. वृत्त $x^2 + y^2 = 25$ के द्वारा सरल रेखा $x - 2y = 2$ से काटी गयी जीवा का मध्य बिन्दु है–

(*a*) $\left(\frac{3}{5}, \frac{4}{5}\right)$ (*b*) $(-2, 2)$

(*c*) $\left(\frac{2}{5}, \frac{-4}{5}\right)$ (*d*) $\left(\frac{8}{3}, \frac{1}{3}\right)$

14. यदि समीकरण

$px^2 + (2 - q)xy + 3y^2 - 6qx + 30y + 6q = 0$

एक वृत्त को निरूपित करती है, तो p तथा q के मान हैं–

(*a*) 3, 1 (*b*) 2, 2

(*c*) 3, 2 (*d*) 3, 4

15. वृत्त $x^2 + y^2 = a^2$ के बिन्दु $\left(\frac{1}{\sqrt{2}}, \frac{1}{\sqrt{2}}\right)$ पर अभिलम्ब का समीकरण है–

(*a*) $\frac{x}{a}+\frac{y}{b}=1$ (*b*) $\frac{x}{a}+\frac{y}{b}+1=0$

(*c*) $\frac{x}{a}-\frac{y}{b}-1=0$ (*d*) इनमें से कोई नहीं

16. रेखाएँ $2x - 3y = 5$ तथा $3x - 4y = 7$ एक 154 वर्ग इकाई क्षेत्रफल वाले वृत्त के दो व्यास हैं। वृत्त का समीकरण है–

(*a*) $x^2 + y^2 + 2x - 2y = 62$

(*b*) $x^2 + y^2 - 2x + 2y = 47$

(*c*) $x^2 + y^2 + 2x - 2y = 47$

(*d*) $x^2 + y^2 = 2x + 2y = 62$

17. रेखा $(x - a)\cos\alpha + (y - b)\sin\alpha = r$, वृत्त $(x - a)^2 + (y - b)^2 = r^2$ की एक स्पर्श रेखा होगी–

(*a*) $\alpha = 30°$ (*b*) $= 60°$

(*c*) α के सभी मानों के लिए

(*d*) इनमें से कोई नहीं

18. यदि बिन्दु $(1, 2)$ से वृत्त $x^2 + y^2 - 2x - 4y + \lambda = 0$ पर असंख्य स्पर्श रेखाएँ खींची जा सकती है, तो λ का मान होगा–

(*a*) – 20 (*b*) 0

(*c*) 5 (*d*) 7

19. वृत्तों $x^2 + y^2 = 25$ तथा $x^2 + y^2 - 8x + 7 = 0$ के प्रतिच्छेद बिन्दु है–

(*a*) $(4, 3)$ तथा $(4, -3)$

(*b*) $(3, 4)$ तथा $(-4, 3)$

(*c*) $(-4, 3)$ तथा $(4, 3)$

(*d*) $(3, -4)$ तथा $(4, -3)$

20. यदि रेखाएँ $3x - 4y + 4 = 0$ तथा $6x - 8y - 7 = 0$ एक वृत्त की स्पर्श रेखाएँ हों तो वृत्त की त्रिज्या है–

(*a*) $\frac{3}{2}$ (*b*) $\frac{3}{4}$

(*c*) $\frac{1}{10}$ (*d*) $\frac{1}{12}$

21. वृत्त $x^2 + y^2 - 4x - 6y - 3 = 0$ से संकेन्द्री तथा Y–अक्ष को स्पर्श करने वाले वृत्त का समीकरण है–

(*a*) $x^2 + y^2 - 4x - 6y - 9 = 0$

(*b*) $x^2 + y^2 - 4x - 6y + 9 = 0$

(*c*) $x^2 + y^2 - 4x - 6y + 3 = 0$

(*d*) इनमें से कोई नहीं

22. मूल बिन्दु से वृत्त $x^2 + y^2 + 2fy + 2gx + c = 0$ पर खींची स्पर्श रेखायुग्म का समीकरण है–

(*a*) $(gx + fy)^2 = c(x^2 + y^2)$

(*b*) $gx + fy = c(x^2 + y^2)$

(*c*) $gx - fy = c(x^2 - y^2)$

(*d*) $(gx + fy)^3 = c(x^2 + y^2)$

23. वृत्त $x^2 + y^2 = 169$ के बिन्दुओं (5, 12) तथा (12,– 5) पर खींची गई स्पर्श रेखाओं के बीच का कोण है–

(*a*) 30° (*b*) 45°

(*c*) 90° (*d*) 60°

24. बिन्दु (α, β) से वृत्त $ax^2 + ay^2 = r^2$ पर खींची गई स्पर्श रेखा की लम्बाई का वर्ग है–

(*a*) $a\alpha^2 + a\beta^2 - r^2$ (*b*) $\alpha^2 + \beta^2 - \frac{r^2}{a}$

(*c*) $\alpha^2 + \beta^2 + \frac{r^2}{a}$ (*d*) $\alpha^2 + \beta^2 - r^2$

25. एक वृत्त $x^2 + y^2 + 2gx + 2fy + c = 0$ जो (4, –2) से जाता है एवं वृत्त $x^2 + y^2 - 2x + 4y + 20 = 0$ के समकेन्द्रीय है, तो c का मान होगा–

(*a*) –4 (*b*) 4

(*c*) 0 (*d*) 1

26. यदि रेखा $x = k$ वृत्त $x^2 + y^2 = 9$ को स्पर्श करती हो, तो k का मान है–

(*a*) 2 परन्तु –2 नहीं (*b*) – 2 परन्तु 2 नहीं

(*c*) 3 (*d*) इनमें से कोई नहीं

27. रेखा $5x + 12y + 8 = 0$ के लम्बवत् वृत्त $x^2 + y^2 - 22x - 4y + 25 = 0$ की स्पर्श रेखाओं के समीकरण है–

(*a*) $12x - 5y + 8 = 0, 12x - 5y = 252$

(*b*) $12x + 5y - 8 = 0, 12x - 5y = 252$

(*c*) $12x + 5y - 8 \;\; 0, 12x + 5y = - 252$

(*d*) $12x - 5y - 8 = 0, 12x + 5y = 250$

28. यदि एक त्रिभुज के शीर्ष (2, –2), (–1, –1) तथा (5, 2) हो, तो उसके परिवृत्त का समीकरण होगा–

(*a*) $x^2 + y^2 + 3x + 3y + 8 = 0$

(*b*) $x^2 + y^2 - 3x - 3y - 8 = 0$

(*c*) $x^2 - y^2 + 3x - 3y - 8 = 0$

(*d*) $x^2 + y^2 + 3x + 3y - 8 = 0$

29. उस वृत्त का समीकरण जो दो अक्षों तथा रेखा $3x - 4y + 8 = 0$ को स्पर्श करती है तथा तीसरे पाद में स्थित है–

(*a*) $x^2 + y^2 - 4x + 4y - 4 = 0$

(*b*) $x^2 + y^2 - 4x + 4y + 4 = 0$

(*c*) $x^2 - y^2 + 4x + 4y + 4 = 0$

(*d*) $x^2 + y^2 + 4x + 4y + 4 = 0$

30. वृत्त $x^2 + y^2 + 2gx + 2fy + c_1 = 0$ के किसी बिन्दु से वृत्त $x^2 + y^2 + 2gx + 2fy + c = 0$ पर खींची गयी स्पर्श रेखा की लम्बाई होगी–

(*a*) $\sqrt{c_1 - c}$ (*b*) $\sqrt{c - c_1}$

(*c*) $\sqrt{a - c}$ (*d*) इनमें से कोई नहीं

31. यदि रेखाएँ $x + y = 6$ तथा $x + 2y = 4$ एक ही वृत्त के व्यास हो जिसका व्यास 20 है, तो वृत्त का समीकरण होगा–

(*a*) $x^2 + y^2 - 16x + 4y - 32 = 0$

(*b*) $x^2 + y^2 + 16x + 4y - 32 = 0$

(*c*) $x^2 + y^2 - 16x + 4y + 32 = 0$

(*d*) $x^2 + y^2 + 16x - 4y + 32 = 0$

32. वृत्त $x^2 + y^2 = \frac{a^2 b^2}{a^2 + b^2}$ के बिन्दु $\left(\frac{ab^2}{a^2+b^2}, \frac{a^2 b}{a^2+b^2}\right)$ पर स्पर्श रेखा का समीकरण है–

(*a*) $\frac{x}{a}+\frac{y}{b}=1$ (*b*) $\frac{x}{a}+\frac{y}{b}+1=0$

(*c*) $\frac{x}{a}-\frac{y}{b}=1$ (*d*) $\frac{x}{a}-\frac{y}{b}+1=0$

33. वृत्त $x^2 + y^2 + 4x + 6y - 39 = 0$ के बिन्दु (2, 3) पर खींचा गया अभिलम्ब वृत्त को पुनः जिस बिन्दु पर मिलेगा वह बिन्दु है–

(*a*) (6, –9) (*b*) (6, 9)

(*c*) (–6, –9) (*d*) (–6, 9)

34. बिन्दु (*p*, *q*) से जाने वाले वृत्त केन्द्र का बिन्दुपथ जो वृत्त $x^2 + y^2 = k^2$ को समकोण पर काटता है, है–

(*a*) $2px + 2qy - (p^2 + q^2 + k^2) = 0$

(*b*) $2px + 2qy - (p^2 - q^2 + k^2) = 0$

(*c*) $x^2 + y^2 - 3px - 4qy + (p^2 + q^2 - k^2) = 0$

(*d*) इनमें से कोई नहीं

35. एक वृत्त अक्षों को बिन्दुओं (3, 0) व (0, –3) पर स्पर्श करता है, तो वृत्त का केन्द्र है।

(*a*) (3, –3) (*b*) (0, 0)

(*c*) (–3, 0) (*d*) (6, –6)

अनुच्छेद-1 (Paragraph-1)

माना दो वृत्तों का समीकरण $c_1 : x^2 + y^2 = 1$
तथा $c_2 : x^2 + y^2 - 2x = 0$

36. दोनों वृत्त एक दूसरे को प्रतिच्छेदित करते हैं।

(*a*) केवल एक बिन्दु पर

(*b*) दो बिन्दुओं पर

(*c*) अनन्त बिन्दुओं पर

(*d*) किसी बिन्दु पर नहीं

37. मूलाक्ष (Radical axis) का समीकरण–

(*a*) $2x + 1 = 0$ (*b*) $x + 1 = 0$

(*c*) $2x = 1$ (*d*) इसमे से कोई नहीं

38. वृत्त c_1 एवं c_2 पर उभयनिष्ठ स्पर्श रेखाओं की संख्या–

(*a*) 1 (*b*) 4

(*c*) 2 (*d*) 3

अनुच्छेद-2 (Paragraph-2)

माना दो वृत्तों का समीकरण
$c_1 : x^2 + y^2 - 4x - 8y - 5 = 0$
$c_2 : x^2 + y^2 - 2y - 3 = 0$

39. वृत्त c_1 के केन्द्र से वृत्त c_2 पर खींचे गए स्पर्श रेखा की लम्बाई–

(*a*) 9 (*b*) $\sqrt{3}$

(*c*) $\sqrt{13}$ (*d*) 3

40. उस वृत्त का समीकरण जो वृत्त c_2 के संकेन्द्री हो तथा वृत्त c_1 के केन्द्र से गुजरती हो–

(*a*) $x^2 + y^2 - 2y + 12 = 0$

(*b*) $x^2 + y^2 - 2y - 12 = 0$

(*c*) $x^2 + y^2 - 4x - 8y + 7 = 0$

(*d*) इसमें से कोई नहीं

41. वृत्त c_1 एवं c_2 के उभयनिष्ठ जीवा का समीकरण–

(*a*) $2x + 3y + 1 = 0$

(*b*) $2x + 1 = 0$

(*c*) $2x + y = 3$

(*d*) इनमे से कोई नहीं

दृढ़कथन-कारण (Assertion-Reason) : निम्नलिखित चार कूटों (*a*), (*b*), (*c*) एवं (*d*) में से सही उत्तर का चयन करें

(*a*) वक्तव्य-I सत्य है; वक्तव्य-II सत्य है; वक्तव्य-II; वक्तव्य-I का सही स्पष्टीकरण है।

(*b*) वक्तव्य-I सत्य है; वक्तव्य-II सत्य है; वक्तव्य-II; वक्तव्य-I का सही स्पष्टीकरण नहीं है।

(*c*) वक्तव्य-I सत्य है; वक्तव्य-II असत्य है।

(*d*) वक्तव्य-I असत्य है; वक्तव्य-II सत्य है।

42. माना कि $L_1 : 5x + 12y - 13a = 0$ तथा $L_2 : 5x + 12y + 26a = 0$ दो सरल रेखाएँ एवं $C : x^2 + y^2 = 16$ एक वृत्त का समीकरण है।

वक्तव्य-I : यदि L_2 रेखा वृत्त C को दो विभिन्न बिन्दुओं पर प्रतिच्छेदित करती है तब L_1 रेखा भी C को दो भिन्न बिन्दुओं पर प्रतिच्छेदित करेगी।

वक्तव्य-II : कोई सरल रेखा किसी वृत्त को दो भिन्न बिन्दुओं पर प्रतिच्छेदित करेगी यदि और केवल यदि वृत्त के केन्द्र से रेखा की दूरी, वृत्त की त्रिज्या से कम हो।

43. **वक्तव्य-I :** बिन्दु (–2, 3) से वृत्त $2x^2 + 2y^2 = 3$ पर खींची गयी स्पर्श रेखा की लम्बाई $\sqrt{\frac{23}{2}}$ होगी।

वक्तव्य-II : (S) वृत्त के बाहर स्थित किसी बिन्दु $P(x_1, y_1)$ से वृत्त पर खींची गई र्स्पश रेखा की लम्बाई $\sqrt{S}$ होगी।

44. **वक्तव्य-I :** दो वृत्तों $3x^2 + 3y^2 - 2x + 12y + 9 = 0$ तथा $x^2 + y^2 + 6x + 2y - 15 = 0$ के प्रतिच्छेदी बिन्दु से गुजरने वाली रेखा का समीकरण $10x - 9y - 3 = 0$ होगी

वक्तव्य-II : यदि दो वृत्त $S = 0$ एवं $S_1 = 0$ एक दूसरे को स्पर्श करता है तब $S - S_1 = 0$ वृत्तों के स्पर्श बिन्दु पर उभनिष्ठ स्पर्श रेखा के समीकरण को निरूपित करेगा।

45. मिलान करें (Match These)–

माना वृत्तों का समीकरण

$C_1 : x^2 + y^2 = r^2, r > 0$

$C_2 : x^2 + y^2 - 2x = 0$

$C_3 : (x - 1)^2 + y^2 = p^2, p > 0, p \neq 1$

$C_4 : x^2 + y^2 + 2y = 0$

वर्ग–I	वर्ग–II
A. C_2 एवं C_3 पर उभयनिष्ठ स्पर्श रेखा की संख्या	*p.* 0
B. C_1 एवं C_2 पर उभयनिष्ठ स्पर्श रेखा की संख्या	*q.* 4
C. C_1 एवं C_4 पर उभयनिष्ठ स्पर्श रेखा की संख्या	*r.* 2
D. C_2 एवं C_4 पर उभयनिष्ठ स्पर्श रेखा की संख्या	*s.* 1
	t. 3

(*a*) A–*p*; B–*p*, *q*, *s*; C–*p*, *q*; D–*r*
(*b*) A–*p*; B–*p*,*r*,*s*; C–*p*,*r*,*s*; D–*r*
(*c*) A–*r*; B–*p*,*r*,*s*; C–*p*, *q*, *r*; D–*q*, *r*
(*d*) इनमें से कोई नहीं

उत्तरमाला

1.	2.	3.	4.	5.	6.	7.	8.	9.	10.
(*d*)	(*c*)	(*d*)	(*c*)	(*a*)	(*b*)	(*b*)	(*c*)	(*a*)	(*b*)
11.	**12.**	**13.**	**14.**	**15.**	**16.**	**17.**	**18.**	**19.**	**20.**
(*c*)	(*a*)	(*c*)	(*c*)	(*a*)	(*b*)	(*c*)	(*c*)	(*a*)	(*b*)
21.	**22.**	**23.**	**24.**	**25.**	**26.**	**27.**	**28.**	**29.**	**30.**
(*b*)	(*a*)	(*c*)	(*b*)	(*a*)	(*c*)	(*a*)	(*b*)	(*c*)	(*b*)
31.	**32.**	**33.**	**34.**	**35.**	**36.**	**37.**	**38.**	**39.**	**40.**
(*a*)	(*a*)	(*c*)	(*a*)	(*a*)	(*b*)	(*c*)	(*c*)	(*d*)	(*b*)
41.	**42.**	**43.**	**44.**	**45.**					
(*a*)	(*a*)	(*a*)	(*d*)	(*b*)					

व्याख्यात्मक उत्तर

1. यहाँ वृत्त के केन्द्र (3, –1) को रेखा $x + 2by + 7 = 0$ पर होना चाहिए। चूँकि यह रेखा वृत्त का व्यास है।

अतः $3 - 2b + 7 = 0 \Rightarrow 2b = 10 \Rightarrow b = 5.$

2. वृत्त का केन्द्र (–1, 2) तथा सरल रेखा का समीकरण $2x - y + 3 = 0$ है। हम जानते हैं कि जीवा पर व्यास लम्ब होगा क्योंकि यह जीवा को समद्विभाजित करता है। अतः व्यास का समीकरण निम्न है—

$x + 2y + k = 0$ ...(1)

∵ वृत्त का केन्द्र (–1, 2) व्यास पर है अतः यह समीकरण (1) से होकर गुजरेंगे।

$\therefore -1 + 4 + k = 0 \Rightarrow k = -3$

अतः अभीष्ट समीकरण $x + 2y - 3 = 0$ है।

3. दिए गए वृत्त $x^2 + y^2 - 2x + 4y + 3 = 0$ का केन्द्र (1, –2) है। चूँकि वर्ग की भुजाएँ अक्षों के समान्तर हैं, अतः पहले तीन विकल्प वर्ग के शीर्ष नहीं हो सकते क्योंकि प्रथम दो विकल्प (*a* व *b*) में $y = -2$ एवं (*c*) में $x = 1$ है जो केन्द्र (1, –2) से गुजरते हैं परन्तु यह सम्भव नहीं है।

4. माना जीवा का मध्य बिन्दु (*h*, *k*) तथा वृत्त की त्रिज्या 2 है। अतः Δ OCB में,

$$\cos 45° = \frac{OC}{OB} \Rightarrow \frac{1}{\sqrt{2}} = \frac{\sqrt{h^2+k^2}}{2}$$

$\Rightarrow 2 = h^2 + k^2$

$\therefore x^2 + y^2 = 2$

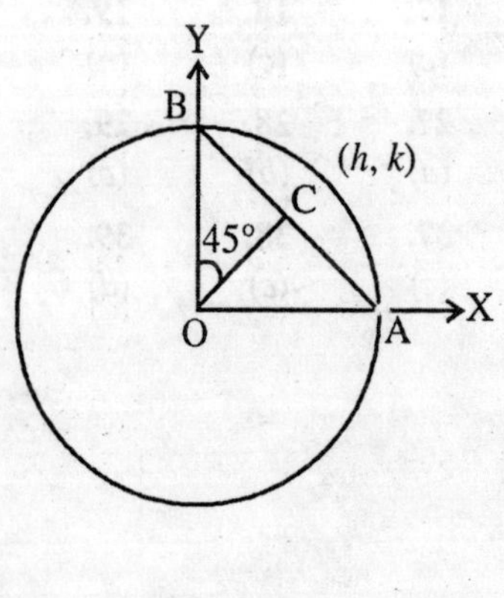

5. ∵ वृत्त दोनों अक्षों को स्पर्श करता है अतः वृत्त का केन्द्र (*a*, *a*) है।

∴ अभीष्ट समीकरण निम्न है—

$(x - a)^2 + (y - a)^2 = a^2$

$\Rightarrow x^2 + a^2 - 2ax + y^2 + a^2 - 2ay = a^2$

$\Rightarrow x^2 + y^2 - 2ax - 2ay + a^2 = 0.$

6. माना अभीष्ट वृत्त का केन्द्र (x_1, y_1) है एवं हम जानते हैं कि दिए गए वृत्त का केन्द्र (1, 2) हैं चूँकि दोनों वृत्तों की त्रिज्याएँ बराबर हैं अतः स्पर्श बिन्दु (5, 5) दोनों केन्द्रों को मिलाने वाली रेखा का मध्य बिन्दु होगा। अतः $x_1 = 9$ व $y_1 = 8$ अतः अभीष्ट समीकरण निम्न है—

$(x - 9)^2 + (y - 8)^2 = 25$

$\Rightarrow x^2 + 81 - 18x + y^2 + 64 - 16y = 25$

$\Rightarrow x^2 + y^2 - 18x - 16y + 120 = 0.$

7. ∵ कोण C समकोण है। अतः AB व्यास का सिरा होगा क्योंकि अर्धवृत्त परिधि पर समकोण अन्तरित करता है अतः A(–3, 4) व B(3, –4) को व्यास के सिरे मानकर वृत्त का समीकरण निम्न है—

$(x + 3)(x - 3) + (y - 4)(y + 4) = 0$

$\Rightarrow x^2 - 9 + y^2 - 16 = 0 \Rightarrow x^2 + y^2 = 25$

8. माना वृत्त का केन्द्र (–*g*, –*f*) हैं।

∵ *X*, *Y* अक्ष पर काटे गए अन्तः खण्डों की लम्बाई 2*a* तथा 2*b* है।

$\therefore 2\sqrt{g^2 - c} = 2a$ ...(i)

व $2\sqrt{f^2 - c} = 2b$ ...(*ii*)

समीकरण (*i*) और (*ii*) का वर्ग करके घटाने पर,

$g^2 - f^2 = a^2 - b^2$

अतः बिन्दुपथ $x^2 - y^2 = a^2 - b^2$ होगा।

9. दिया है, वृत्त का केन्द्र (1, 2) तथा वृत्त किसी बिन्दु (4, 6) से होकर जाता है।

$\therefore$ त्रिज्या $r=\sqrt{(1-4)^2+(2-6)^2}=\sqrt{9+16}=5$

अतः क्षेत्रफल $= \pi r^2 = \pi(5)^2 = 25\pi$ वर्ग इकाई।

10. वृत्त का समीकरण जिसका केन्द्र $(a, 0)$ तथा त्रिज्या a है, होगा $(x-a)^2 + (y-0)^2 = a^2 \Rightarrow x^2 + y^2 - 2ax = 0$

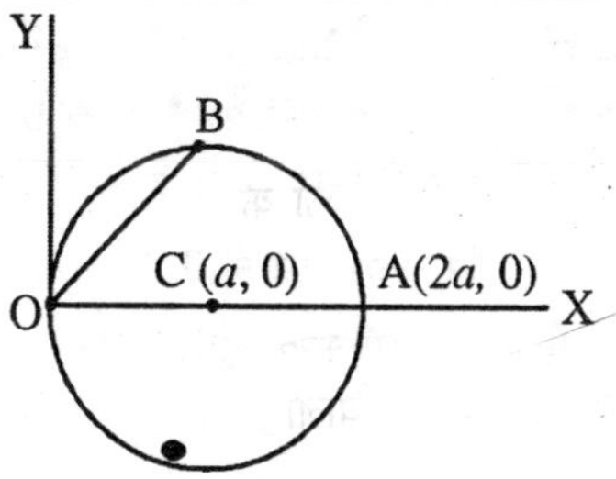

अब जीवा व वृत्त के प्रतिच्छेद बिन्दु अर्थात् O व B

क्रमशः $(0,0)$ व $\left(\dfrac{2a}{1+m^2}, \dfrac{2am}{1+m^2}\right)$ है।

अतः जीवा OB को व्यास मानकर खींचे गए वृत्त का समीकरण निम्न है–

$(x-x_1)(x-x_2) + (y-y_1)(y-y_2) = 0$

$\Rightarrow (x-0)\left(x-\dfrac{2a}{1+m^2}\right)+(y-0)\left(y-\dfrac{2am}{1+m^2}\right)=0$

$\Rightarrow (x^2+y^2)(1+m^2) = 2a(x+my).$

11. दिया गया समीकरण एक वृत्त के व्यास का समीकरण है, अतः (x_1, y_1) एवं (x_2, y_2) व्यास के सिरे हैं। अतः केन्द्र $\left(\dfrac{x_1+x_2}{2}, \dfrac{y_1+y_2}{2}\right)$ है।

12. वृत्त की त्रिज्या = बिन्दु $(1, -3)$ से $2x - y - 4 = 0$ पर डाले गए लम्ब की लम्बाई $=\left|\dfrac{2+3-4}{\sqrt{5}}\right|=\dfrac{1}{\sqrt{5}}$

अतः केन्द्र $(1, -3)$ व त्रिज्या $\dfrac{1}{\sqrt{5}}$ वाले वृत्त का समीकरण निम्न है–

$(x-1)^2 + (y+3)^2 = \dfrac{1}{5}$

$\Rightarrow x^2 + y^2 - 2x + 6y + 1 + 9 = \dfrac{1}{5}$

$\Rightarrow 5x^2 + 5y^2 - 10x + 30y + 49 = 0.$

13. दिए गए समीकरण निम्न हैं–

$x^2 + y^2 = 25$ ...(i)

तथा $x - 2y = 2$ ...(ii)

समीकरण (i) और (ii) को हल करने पर,

$x=-4, \dfrac{24}{5}$ तथा $y = -3, \dfrac{7}{5}$

$\therefore$ बिन्दु $(-4, -3)$ व $\left(\dfrac{24}{5}, \dfrac{7}{5}\right)$ हैं।

अतः मध्य बिन्दु

$=\left(\dfrac{-4+\dfrac{24}{5}}{2}, \dfrac{-3+\dfrac{7}{5}}{2}\right)=\left(\dfrac{2}{5}, -\dfrac{4}{5}\right).$

14. जैसा कि हम जानते हैं कि वृत्त के समीकरण में कोई ऐसा पद नहीं होता है जिसमें xy हो तथा x^2 व y^2 के गुणांक बराबर होते हैं। अतः $2 - q = 0 \Rightarrow q = 2$ व $p = 3$.

15. हम जानते हैं कि वृत्त $x^2 + y^2 = a^2$ के बिन्दु (x_1, y_1) पर अभिलम्ब का समीकरण $\dfrac{x}{x_1}-\dfrac{y}{y_1}=0$ होता है।

अतः बिन्दु $\left(\dfrac{1}{\sqrt{2}}, \dfrac{1}{\sqrt{2}}\right)$ पर अभिलम्ब का समीकरण निम्न है–

$\dfrac{x}{\frac{1}{\sqrt{2}}}-\dfrac{y}{\frac{1}{\sqrt{2}}}=0 \Rightarrow x - y = 0.$

16. $\because$ हम जानते हैं कि दो व्यास एक दूसरे को केन्द्र पर प्रतिच्छेदित करेंगे।

अतः व्यासों का प्रतिच्छेद बिन्दु = (1, –1)

दिया है, क्षेत्रफल = 154

$$\Rightarrow \pi r^2 = 154 \Rightarrow r = \sqrt{\frac{154}{22} \times 7} = 7$$

अतः अभीष्ट वृत्त का समीकरण निम्न है–

$(x-1)^2 + (y+1)^2 = 7^2$

$\Rightarrow x^2 + 1 - 2x + y^2 + 1 + 2y = 49$

$\Rightarrow x^2 + y^2 - 2x + 2y = 47.$

17. स्पर्शी के प्रतिबन्ध के अनुसार

$$r = \left|\frac{a\cos\alpha + b\sin\alpha - (a\cos\alpha + b\sin\alpha) - r}{\sqrt{\cos^2\alpha + \sin^2\alpha}}\right|$$

$$\Rightarrow r = |-r| \Rightarrow r = r. \qquad [\because \cos^2\alpha + \sin^2\alpha = 1]$$

18. $\because$ बिन्दु (1, 2) दिए गए वृत्त के केन्द्र के निर्देशांक हैं और उस अनन्त स्पर्श रेखाएँ खीचने के लिए वृत्त, बिन्दु वृत्त होगा। अतः त्रिज्या शून्य होगी।

$$\therefore \sqrt{1^2 + 2^2 - \lambda} = 0 \Rightarrow \sqrt{5 - \lambda} = 0 \Rightarrow \lambda = 5$$

19. दिया है, $x^2 + y^2 = 25$ ...(*i*)

व $x^2 + y^2 - 8x + 7 = 0$ ...(*iii*)

समीकरण (*i*) व (*ii*) से,

$8x = 7 + 25 \Rightarrow x = 4$ व $y = \pm 3$

20. $\because$ दी हुई रेखाएँ समान्तर रेखाएँ हैं, अतः वृत्त का व्यास स्पर्शियों $3x - 4y + 4 = 0$ व $3x - 4y - \frac{7}{2} = 0$ के बीच की दूरी होगी, क्योंकि ये रेखाएँ मूल बिन्दु के विपरीत दिशा में है अतः मूल बिन्दु (0, 0) से दूरी

$$= \frac{4}{\sqrt{9+16}} + \frac{7/2}{\sqrt{9+16}} = \frac{4}{5} + \frac{7}{10} = \frac{15}{10} = \frac{3}{2}$$

अतः त्रिज्या $= \frac{1}{2}$ (व्यास की लम्बाई) $= \frac{1}{2}\left(\frac{3}{2}\right) = \frac{3}{4}.$

21. दिए गए वृत्त के संकेन्द्री वृत्त का समीकरण $x^2 + y^2 - 4x - 6y + \lambda = 0$ है, यह वृत्त *Y*–अक्ष को स्पर्श करता है।

$\therefore x = 0$, त्रिज्या = केन्द्र से रेखा $x = 0$ की लम्बवत् दूरी

$$\Rightarrow \sqrt{4 + 9 - \lambda} = \frac{2}{\sqrt{1}} \Rightarrow \sqrt{13 - \lambda} = 2$$

$\Rightarrow 13 - \lambda = 4 \Rightarrow \lambda = 9$

अतः अभीष्ट समीकरण निम्न है–

$x^2 + y^2 - 4x - 6y + 9 = 0.$

22. स्पर्शी युग्म का समीकरण $SS_1 = T^2$

$$(x^2 + y^2 + 2gx + 2fy + c)\left(x_1^2 + y_1^2 + 2gx_1 + 2fy_1 + c\right)$$

$= \{x x_1 + y y_1 + g(x + x_1) + f(y + y_1) + c\}^2$

$\Rightarrow (x^2 + y^2 + 2gx + 2fy + c)(0 + 0 + 0 + 0 + c)$

$= \{0 + 0 + g(x + 0) + f(y + 0) + c\}^2$

$\Rightarrow c(x^2 + y^2 + 2gx + 2fy + c) = (gx + fy + c)^2$

$\Rightarrow c(x^2 + y^2) + c(2gx + 2fy + c)$

$= (gx + fy)^2 + c^2 + 2c(gx + fy)$

$\Rightarrow c(x^2 + y^2) = (gx + fy)^2.$

23. वृत्त $x^2 + y^2 = 13^2$ के बिन्दुओं (5, 12) तथा (12, –5) पर खींची गई स्पर्श रेखाओं का समीकरण निम्न है–

$5x + 12y = 169$ व $12x - 5y = 169$

दोनों की प्रवणताएँ $m_1 = \frac{-5}{12}, m_2 = \frac{12}{5}$

$$\because m_1 m_2 = \frac{-5}{12}\left(\frac{12}{5}\right) = -1$$

अतः ये स्पर्श रेखाएँ परस्पर लम्ब हैं

$\therefore$ इनके बीच का कोण 90° का है।

24. बिन्दु (α, β) से वृत्त पर खींची गयी स्पर्श रेखा की लम्बाई

$$\sqrt{S_1} = \sqrt{\alpha^2 + \beta^2 - \frac{r^2}{a}} \quad \therefore S_1 = \alpha^2 + \beta^2 - \frac{r^2}{a}.$$

25. वृत्त $x^2 + y^2 + 2gx + 2fy + c = 0$,
वृत्त $x^2 + y^2 - 2x + 4y + 20 = 0$ के समकेन्द्रीय है अतः केन्द्र
$(1, -2)$ है व
त्रिज्या $= \sqrt{g^2+f^2-c} = \sqrt{(1-4)^2+(-2+2)^2}$
$\Rightarrow 1^2 + 2^2 - c = 3^2$
$\Rightarrow (1 + 4 - c) = 9 \Rightarrow 5 - c = 9$
$\Rightarrow c = -4.$

26. दिए गए वृत्त का केन्द्र (0, 0) तथा त्रिज्या 3 हैं। हम जानते हैं
त्रिज्या = (0, 0) से रेखा $x = k$ पर लम्ब

$$\Rightarrow 3 = \frac{|-k|}{\sqrt{1^2+0^2}} \Rightarrow 3 = k.$$

27. रेखा $5x + 12y + 8 = 0$ पर लम्ब रेखा का समीकरण $12x - 5y + \lambda = 0$ होगा।
अब यह वृत्त को स्पर्श करेंगी, यदि
वृत्त की त्रिज्या = वृत्त के केन्द्र से रेखा की दूरी

$$\sqrt{(11)^2+(2)^2-25}$$

$$= \frac{12\times(11)-5(2)+\lambda}{\sqrt{(12)^2+(5)^2}}$$

$$\Rightarrow \sqrt{121+4-25} = \frac{132-10+\lambda}{13} = \frac{122+\lambda}{13}$$

$$\Rightarrow \pm 10 = \frac{122+\lambda}{13}$$

$\Rightarrow \lambda = 8$ या -252
अतः स्पर्शियों के समीकरण
$12x - 5y + 8 = 0$ व $12x - 5y = 252$ है।

28. बिन्दु (2, –2) व (– 1, –1) से जाने वाले वृत्तों का निकाय निम्न हैं–
$(x - 2)(x + 1) + (y + 2)(y + 1) + \lambda$

$$\left(\frac{y+2}{-2+1} - \frac{x-2}{2+1}\right) = 0$$

बिन्दु (5, 2) इस पर स्थित है। अतः

$$3.6 + 4.3 + \lambda\left(\frac{4}{-1} - 1\right) = 0 \Rightarrow 18 + 12 + \lambda(-5) = 0$$

$$\Rightarrow \lambda = \frac{30}{5} = 6$$

अतः अभीष्ट समीकरण निम्न है–

$$(x-2)(x+1) + (y+2)(y+1) + 6\left(\frac{y+2}{-1} - \frac{x-2}{3}\right) = 0$$

$$\Rightarrow x^2 - x - 2 + y^2 + 3y + 2 + 6\,\frac{(-3y-6-x+2)}{3} = 0$$

$\Rightarrow x^2 + y^2 - x + 3y - 6y - 8 - 2x = 0$
$\Rightarrow x^2 + y^2 - 3x - 3y - 8 = 0.$

29. तृतीय चतुर्थांश में निर्देशाक्षों को स्पर्श करने वाला, केन्द्र $(-a, -a)$ एवं त्रिज्या a के वृत्त का समीकरण $x^2 + y^2 + 2ax + 2ay + a^2 = 0$ है, रेखा $3x - 4y + 8 = 0$ वृत्त का स्पर्शी है, तो केन्द्र $(-a, -a)$ से रेखा पर डाला गया लम्ब = वृत्त की त्रिज्या

$$\left|\frac{3(-a)-4(-a)+8}{\sqrt{9+16}}\right| = a \Rightarrow \left|\frac{-3a+4a+8}{5}\right| = a$$

$\Rightarrow 5a - a = 8 \Rightarrow a = 2$
अतः वृत्त का अभीष्ट समीकरण
$x^2 + y^2 + 4x + 4y + 4 = 0$ होगा।

30. माना (x_1, y_1) प्रथम वृत्त पर कोई बिन्दु है अतः यह वृत्त के समीकरण को सन्तुष्ट करेंगे।

$$x_1^2 + y_1^2 + 2gx_1 + 2fy_1 + c_1 = 0 \qquad ...(i)$$

बिन्दु (x_1, y_1) से वृत्त
$x^2 + y^2 + 2gx + 2fy + c = 0$ पर खीची गई स्पर्श रेखा की लम्बाई

$$= \sqrt{x_1^2 + y_1^2 + 2gx_1 + 2fy_1 + c} \qquad ...(ii)$$

$= \sqrt{c - c_1}$ [समीकरण (*i*) से].

$=\sqrt{c-c_1}$ [समीकरण (*i*) से].

31. यहाँ $r = 10$ (त्रिज्या), केन्द्र इन दोनों व्यास का प्रतिच्छेद बिन्दु होगा अर्थात् (8, –2), अतः वृत्त की अभीष्ट समीकरण निम्न है–

$(x-8)^2 + (y+2)^2 = 10^2$
$\Rightarrow x^2 + 64 - 16x + y^2 + 4 + 4y = 100$
$\Rightarrow x^2 + y^2 - 16x + 4y - 32 = 0.$

32. वृत्त के बिन्दु $\left(\frac{ab^2}{a^2+b^2}, \frac{a^2b}{a^2+b^2}\right)$ पर स्पर्शी का समीकरण निम्न है–

$$x\left(\frac{ab^2}{a^2+b^2}\right)+y\left(\frac{a^2b}{a^2+b^2}\right)=\frac{a^2b^2}{a^2+b^2}$$

$[\because xx_1 + yy_1 = a^2]$

$$\Rightarrow \frac{ab}{a^2+b^2}(bx+ay)=\frac{a^2b^2}{a^2+b^2}$$

$$\Rightarrow \frac{x}{a}+\frac{y}{b}=1.$$

33. वृत्त $x^2 + y^2 + 4x + 6y - 39 = 0$ के बिन्दु (2, 3) पर अभिलम्ब का समीकरण निम्न है–

$$\frac{x-x_1}{x_1-g_1}=\frac{y-y_1}{y_1-f_1}\Rightarrow \frac{x-2}{2+2}=\frac{y-3}{3+3}\Rightarrow 6(x-2)=4(y-3)$$

$$\Rightarrow 3x-2y=0 \Rightarrow x=\frac{2y}{3}$$

$$\therefore \left(\frac{2y}{3}\right)^2+y^2+4\left(\frac{2y}{3}\right)+6y-39=0$$

$4y^2 + 9y^2 + 24y + 54y - 351 = 0$
$\Rightarrow 13y^2 + 78y - 351 = 0$
$\Rightarrow y^2 + 6y - 27 = 0 \quad y = 3, -9 \Rightarrow x = 2, -6$

अतः दूसरा बिन्दु (–6, –9) होगा।

34. माना वृत्त का समीकरण $x^2 + y^2 + 2gx + 2fy + c = 0$ है। यह $x^2 + y^2 = k^2$ का लम्बवत् प्रतिच्छेदन करता है अतः

$0 + 0 = + c - k^2 \Rightarrow c = k^2$

तथा (p, q) से गुजरता है, अतः

$p^2 + q^2 + 2gp + 2fq + k^2 = 0$

अतः अभीष्ट बिन्दुपथ निम्न है–

$2px + 2qy - (p^2 + q^2 + k^2) = 0.$

35. चित्र से स्पष्ट है कि वृत्त का केन्द्र (3, –3) है।

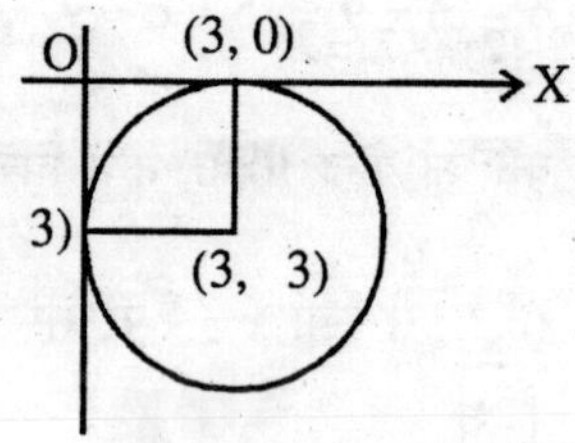

36. वृत्त c_1 का केन्द्र (0, 0) तथा त्रिज्या 1 है।

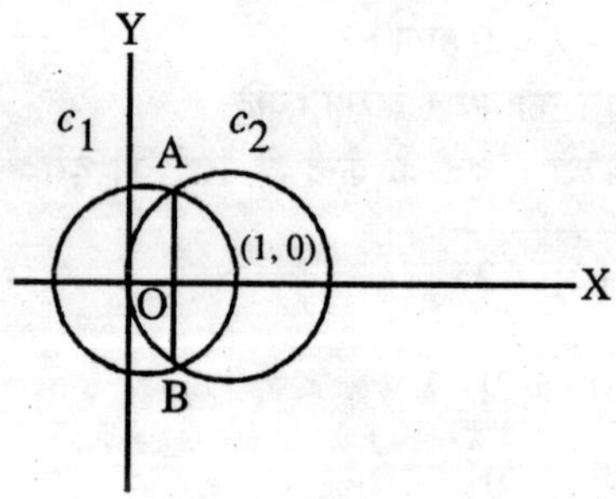

वृत्त c_2 का केन्द्र (1, 0) तथा त्रिज्या 1 है।

स्पष्टतः ये दो वृत्त एक दूसरे को दो बिन्दु पर प्रतिच्छेदित करती है। क्योंकि $1-1 < |c_1 c_2| < 1+1$.

37. वृत्त $c_1 : x^2 + y^2 - 1 = 0$

तथा $c_2 : x^2 + y^2 - 2x = 0$

अतः मूलाक्ष का समीकरण

$x^2 + y^2 - 1 - (x^2 + y^2 - 2x) = 0$

$\Rightarrow 2x - 1 = 0 \Rightarrow 2x = 1.$

38. उत्तर संख्या (36) में चित्र से स्पष्ट है कि दिए गए दो वृत्तों पर दो उभयनिष्ट स्पर्श रेखा होगी।

वृत्त c_2 का केन्द (0, 1) तथा त्रिज्या $=\sqrt{0^2+1^2+3}=2$

अतः बिन्दु (2, 4) से वृत्त c_2 पर स्पर्श रेखा की लम्बाई

$=\sqrt{2^2+4^2-2\times4-3}=3$.

40. वृत्त c_2 के संकेन्द्री वृत्त का समीकरण

$x^2 + y^2 - 2y + \lambda = 0$

चूँकि यह वृत्त c_1 के केन्द्र (2, 4) से गुजरती है

अतः $2^2 + 4^2 - 2 \times 4 + \lambda = 0 \Rightarrow \lambda = -12$

$\therefore$ वृत्त का समीकरण $x^2 + y^2 - 2y - 12 = 0$.

41. $c_1 : x^2 + y^2 - 4x - 8y - 5 = 0$

$c_2 : x^2 + y^2 - 2y - 3 = 0$

उभयनिष्ठ जीवा का समीकरण $c_1 - c_2 = 0$

$x^2 + y^2 - 4x - 8y - 5 - (x^2 + y^2 - 2y - 3) = 0$

$\Rightarrow - 4x - 8y + 2y -5 + 3 = 0$

$\Rightarrow - 4x - 6y - 2 = 0$

$\Rightarrow 2x + 3y + 1 = 0$.

42. C का केन्द्र (0, 0) तथा त्रिज्या = 4

बिन्दु (0, 0) से L_1 की दूरी $=\dfrac{|0+0-13a|}{\sqrt{5^2+(12)^2}}=|a|$

तथा बिन्दु (0, 0) से L_2 की दूरी

$=\left|\dfrac{0+0+26a}{\sqrt{5^2+12^2}}\right|=2|a|$

जब L_2 वृत्त C को दो भिन्न बिन्दुओं पर काटेगी तब $2|a|<$ त्रिज्या

$\Rightarrow 2|a|<4 \Rightarrow |a|<2 \Rightarrow |a|<$ त्रिज्या

अतः रेखा L_1 की दूरी, त्रिज्या से कम है

$\therefore$ L_1 भी वृत्त C को दो भिन्न बिन्दुओं पर काटेगी।

अतः वक्तव्य-I सत्य है तथा वक्तव्य-II प्रामाणिक सत्य है।

43. वृत्त का समीकरण $2x^2 + 2y^2 = 3 \Rightarrow x^2 + y^2 - \dfrac{3}{2} = 0$

तथा दिया गया बिन्दु (–2, 3)

अतः बिन्दु (–2, 3) से स्पर्श रेखा की लम्बाई

$=\sqrt{(-2)^2+(3)^2-\dfrac{3}{2}}=\dfrac{\sqrt{23}}{2}$

अतः वक्तव्य-I सत्य है तथा वक्तव्य-II एक प्रामाणिक रूप है अतः वक्तव्य-II; वक्तव्य-I का सही स्पष्टीकरण है।

44. दिया है $S_1 = x^2 + y^2 - \dfrac{2}{3}x + 4y + 3 = 0$

तथा $S_2 = x^2 + y^2 + 6x + 2y - 15 = 0$

अभीष्ट रेखा दोनो वृत्तों पर उभयनिष्ठ जीवा है

अतः $S_1 - S_2 = 0$

$\Rightarrow \left(6+\dfrac{2}{3}\right)x-2y-18=0$

$\Rightarrow 20x - 6y - 54 = 0$

$\Rightarrow 10x - 3y - 27 = 0$

वक्तव्य-I असत्य है

परंतु वक्तव्य-II सत्य है

45. A. C_2 वृत्त का केन्द्र (1, 0) तथा त्रिज्या 1 है

C_3 वृत्त का केन्द्र (1, 0) तथा त्रिज्या p है

अतः C_2 तथा C_3 संकेन्द्री वृत्त है। इसमें कोई उभयनिष्ठ जीवा नहीं होगी क्योंकि दोनों की त्रिज्या भिन्न है।

B. वृत्त C_1 एवं C_2 में एक उभयनिष्ठ बिन्दु या दो उभयनिष्ठ बिन्दु या कोई भी उभयनिष्ठ बिन्दु नहीं होगा, उस पर निर्भर करता है कि उनकी एक

होगा, उस पर निर्भर करता है कि उनकी एक उभयनिष्ठ स्पर्श रेखा, दो उभयनिष्ठ स्पर्श रेखा या कोई उभयनिष्ठ स्पर्श रेखा नहीं है। उसे निम्न चित्र द्वारा प्रदर्शित करते हैं।

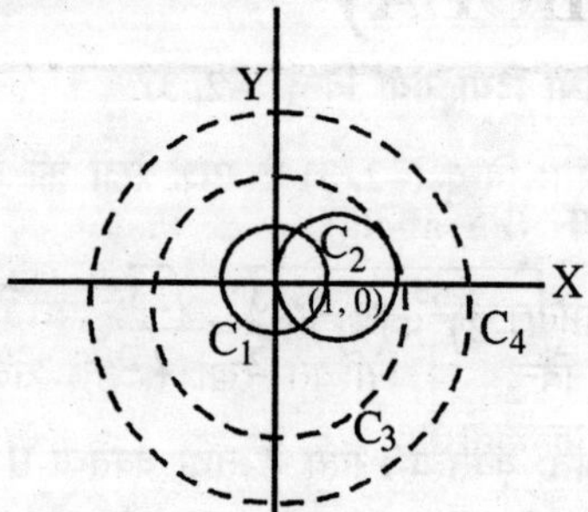

C. इसमें भी B जैसी ही स्थिति है।

D. यह दो निश्चित वृत्त है जिसमें प्रत्येक की त्रिज्या 1 का केन्द्र (1, 0) एवं (0, –1).

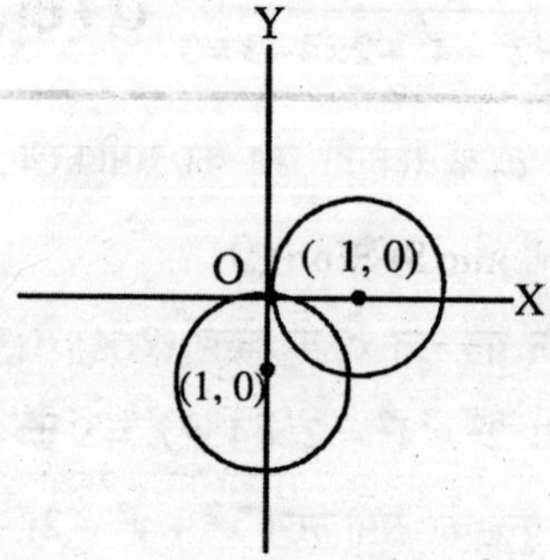

उन दो वृत्तों के दो उभयनिष्ठ स्पर्श रेखाएँ होगी।

15

परवलय (PARABOLA)

शांकव (Conic Section)

यदि किसी समतल में कोई बिन्दु इस प्रकार गति करे कि उसी समतल में स्थित कोई अन्य नियत बिन्दु तथा नियत रेखा से उसकी दूरियों का अनुपात सदैव अचर रहता हो, तो उस बिन्दु के बिन्दुपथ को शांकव (Conic section या Conic) कहते हैं।

माना l कोई नियत रेखा है तथा F कोई निश्चित (नियत) बिन्दु जो रेखा l पर नहीं है।

माना $e > 0$ एक निश्चित वास्तविक संख्या है तथा $|MP|$; P से रेखा l पर लम्बवत् दूरी है तब उन सभी बिन्दु P का समुच्चय जहाँ $\left|\dfrac{FP}{MP}\right| = e$ शांकव है।

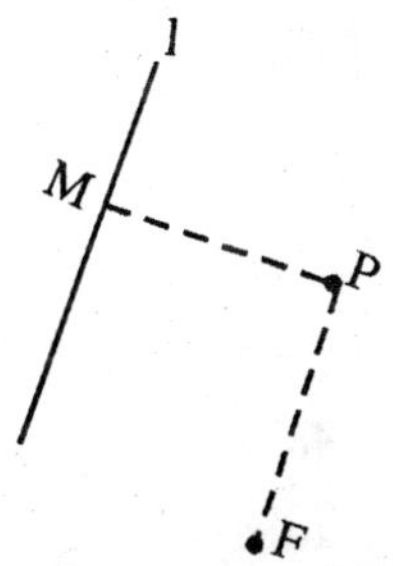

(*i*) **फोकस, नाभि (Focus)**– नियत बिन्दु F को नाभि कहते हैं।

(*ii*) **नियता (Directrix)**– नियत सरल रेखा l को नियता कहते हैं।

(*iii*) **उत्केन्द्रता (Eccentricity)**– नियत वास्तविक संख्या e को उत्केन्द्रता कहते हैं।

किसी शांकव की उत्केन्द्रता (e) के लिए

(*i*) यदि $e = 1$, तब यह परवलय होगा।

(*ii*) यदि $0 < e < 1$, तब यह दीर्घवृत होगा।

(*iii*) यदि $e > 1$, तब यह अतिपरवलय होगा।

परवलय (Parabola)

किसी समतल में स्थित बिन्दु का बिन्दुपथ जिसकी किसी निश्चित बिन्दु एवं निश्चित रेखा से दूरी सदैव समान हो, परवलय कहलाता है।

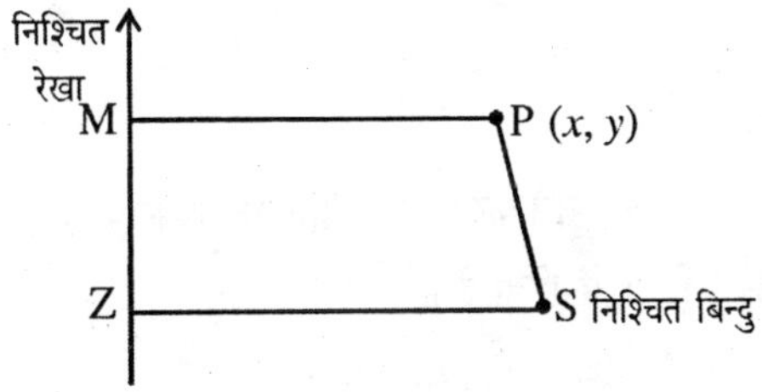

परवलय का मानक समीकरण
(Standard Equation of Parabola)

परवलय का मानक समीकरण $y^2 = 4ax$ है।

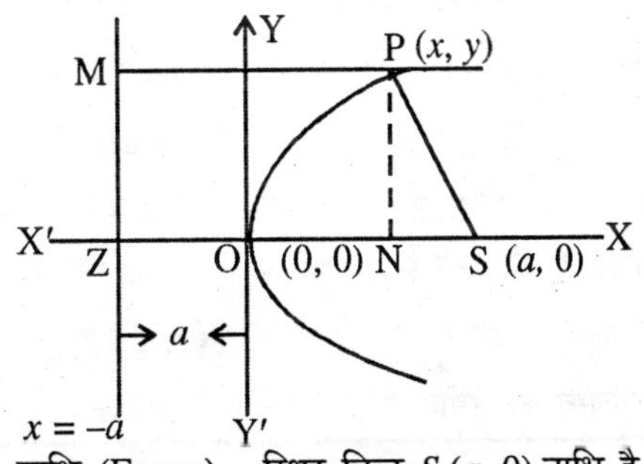

(*i*) नाभि (Focus)– स्थिर बिन्दु $S(a, 0)$ नाभि है।

(*ii*) नियता (Directrix)– स्थिर सरल रेखा MZ नियता है।

(*iii*) अक्ष (Axis)– वह सरल रेखा जो नाभि से गुजरती है तथा नियता के लम्बवत् होती है SZ अक्ष है।

(*iv*) शीर्ष (Vertex)– परवलय का शीर्ष एवं अक्ष का प्रतिच्छेदन बिन्दु O शीर्ष है।

(*v*) नाभिलम्ब (Latus-rectum)– नाभि से होकर आने वाली तथा अक्ष के लम्बवत् जीवा को परवलय का नाभिलम्ब कहते हैं।

परवलय के अन्य मानक रूप

(Different Standard Forms of Parabola)

(*i*) परवलय का समीकरण $y^2 = -4ax$ में इसका मुख X'(x–अक्ष के ऋणात्मक की ओर) अक्ष की ओर होता है।

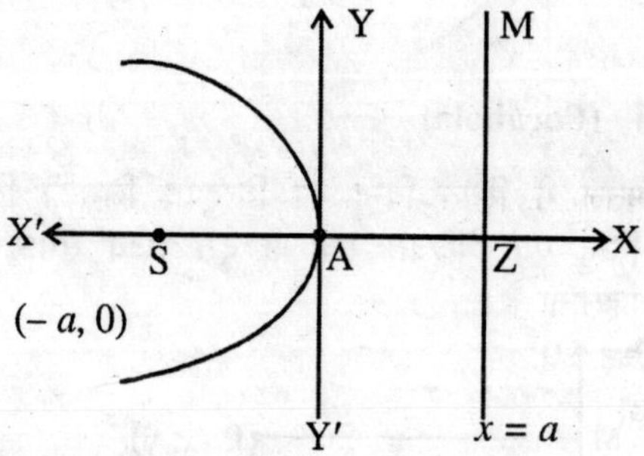

(*ii*) परवलय का समीकरण $x^2 = 4ay$ में परवलय का मुख उद्र्ग दिशा में होता है।

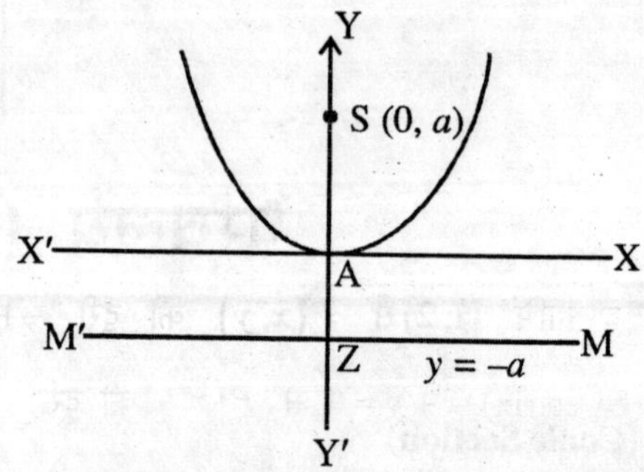

(*iii*) परवलय का समीकरण $x^2 = -4ay$ है। इसका मुख नीचे की ओर अर्थात् Y'–अक्ष की ओर होता है।

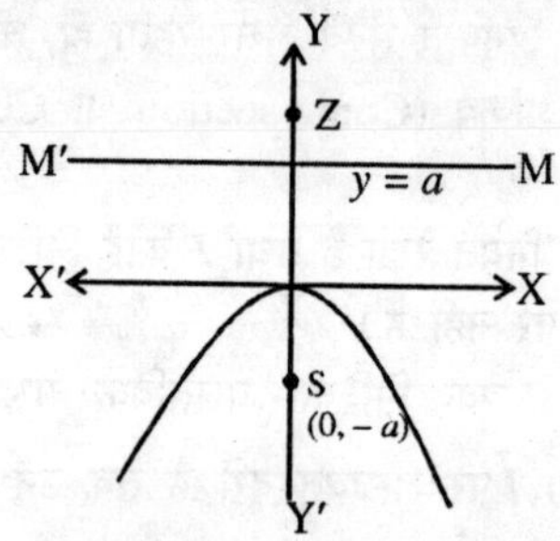

परवलय से सम्बन्धित पद (Terms Related to Parabola)

	$y^2 = 4ax$	$y^2 = -4ax$	$x^2 = 4ay$	$x^2 = -4ay$
(*i*) शीर्ष का नियामक	$(0, 0)$	$(0, 0)$	$(0, 0)$	$(0, 0)$
(*ii*) नाभि का नियामक	$(a, 0)$	$(-a, 0)$	$(0, a)$	$(0, -a)$
(*iii*) अक्ष का समीकरण	$y = 0$	$y = 0$	$x = 0$	$x = 0$
(*iv*) नियता का समीकरण	$x = -a$	$x = a$	$y = -a$	$y = a$
(v) नाभिलम्ब की लम्बाई	$4a$	$4a$	$4a$	$4a$
(*vi*) नाभिलम्ब के शीर्ष	$(a, \pm 2a)$	$(-a, \pm 2a)$	$(\pm 2a, a)$	$(\pm 2a, -a)$
(*vii*) नाभिलम्ब का समीकरण	$x = a$	$x = -a$	$y = a$	$y = -a$

उदाहरण 1. परवलय का समीकरण ज्ञात करें यदि इसका शीर्ष मूल बिन्दु हो, अक्ष x–अक्ष की दिशा में तथा जो बिन्दु (2, 3) से गुजरती हो।

हलः चूँकि परवलय का अक्ष, x–अक्ष की दिशा में है तथा यह बिन्दु (2, 3) से गुजरती है, अतः परवलय का मुख x–अक्ष दाँयी ओर है।

इस प्रकार परवलय का समीकरण $y^2 = 4ax$ होगा।

बिन्दु (2, 3) परवलय पर स्थित है अतः

$$3^2 = 4a \times 2 \Rightarrow a = \frac{9}{8}$$

$a = \frac{9}{8}$, परवलय के समीकरण में रखने पर,

$$y^2 = 4 \times \frac{9}{8} x$$

$$\Rightarrow y^2 = \frac{9}{2} x$$

$$\Rightarrow 2y^2 = 9x$$

उदाहरण 2. उस परवलय का समीकरण ज्ञात करें जिसका नाभि (focus) (1, 2) तथा नियता (Directrix) रेखा $x+y=0$ है।

हलः माना परवलय पर कोई बिन्दु $P(x, y)$ है,

तब नाभि $(1,2)$ से $P(x,y)$ की दूरी = नियता (Directrix) $x+y=0$ से $P(x,y)$ की दूरी

$$\Rightarrow \sqrt{(x-1)^2+(y-2)^2} = \frac{|x+y|}{\sqrt{1^2+1^2}}$$

$$\Rightarrow (x-1)^2+(y-2)^2 = \frac{(x+y)^2}{2}$$

$$\Rightarrow 2\left[x^2-2x+1+y^2-4y+4\right] = x^2+y^2+2xy$$

$$\Rightarrow x^2-2xy+y^2-4x-8y+10=0$$

उदाहरण 3. परवलय के समीकरण $x^2=-16y$ के लिए नाभि के नियामक, नियता का समीकरण एवं नाभिलम्ब (Latus Rectum) की लम्बाई ज्ञात करें।

हलः दिया गया समीकरण $x^2=-16y$, $x^2=-4ay$ के रूप में है। जहाँ $4a=16 \Rightarrow a=4$

अतः यह एक अधोमुख परवलय है जिसके नाभिलम्ब की लम्बाई $=4a=4\times4=16$

नाभि का नियामक $(0,-a)$ अर्थात् $(0,-4)$ तथा नियता का समीकरण $y=a$ अर्थात् $y=4$ होगा।

उदाहरण 4. एक परवलय के आकार के परावर्तक सतह की व्यास 40 cm तथा गहराई 10 cm है, तो इसके नाभि का नियामक ज्ञात करें।

हलः व्यास के परितः किसी तल द्वारा परावर्तक सतह का खंड, जिसका शीर्ष A है; एक परवलय होगा। बिन्दु $(10, 20)$ एवं $(10,-20)$ परवलय पर स्थित होगा।

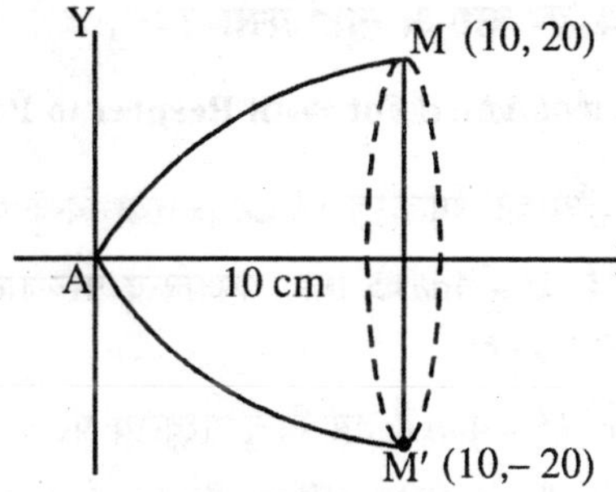

अतः परवलय का समीकरण

$$y^2=4ax \quad \text{...}(i)$$

$$\Rightarrow 20^2=4\times a\times10 \quad \Rightarrow a=10$$

अतः परवलय का नाभि $(a,0)$ अर्थात् $(10,0)$ होगा।

उदाहरण 5. किसी परवलय का नाभि (1, 5) तथा नियता का समीकरण $x+y+2=0$ है, तब परवलय का समीकरण एवं नाभिलम्ब की लम्बाई ज्ञात करें।

हलः नियता का समीकरण $x+y+2=0$ तथा नाभि (1, 5) है। माना $P(x, y)$ परवलय पर स्थित कोई बिन्दु है, तब नाभि (1, 5) से बिन्दु $P(x, y)$ की दूरी = नियता $x+y+2=0$ से $P(x, y)$ की दूरी

$$\Rightarrow \sqrt{(x-1)^2+(y-5)^2} = \frac{|x+y+2|}{\sqrt{1^2+1^2}}$$

$$\Rightarrow (x-1)^2+(y-5)^2 = \frac{(x+y+2)^2}{2}$$

$$\Rightarrow 2\left[x^2-2x+1+y^2-10y+25\right] = (x+y+2)^2$$

$$\Rightarrow 2\left[x^2-2x+y^2-10y+26\right]$$

$$= x^2+y^2+4+2xy+4y+4x$$

$$\Rightarrow x^2+y^2-2xy-8x-24y+48=0$$

यह परवलय का अभीष्ट समीकरण है।

नाभिलम्ब की लम्बाई = 2 × नियता से नाभि के बीच की दूरी

$$=\frac{2|1+5+2|}{\sqrt{1^2+1^2}} = 2\frac{8}{\sqrt{2}} = 8\sqrt{2}$$

अतः नाभिलम्ब की लम्बाई $=8\sqrt{2}$ cm

परवलय के सापेक्ष में किसी बिन्दु की स्थिति

(Position of Any Point With Respect to Parabola)

माना परवलय का समीकरण $y^2 = 4ax$ तथा बिन्दु $P(h, k)$ है

(i) यदि $(k^2 - 4ah) > 0$ हो तब बिन्दु परवलय के बाहर स्थित होगा।

(ii) यदि $k^2 = 4ah$ है तब बिन्दु परवलय पर स्थित होगा।

(iii) यदि $k^2 < 4ah$ हो तब बिन्दु परवलय के अन्तर्गत होगा।

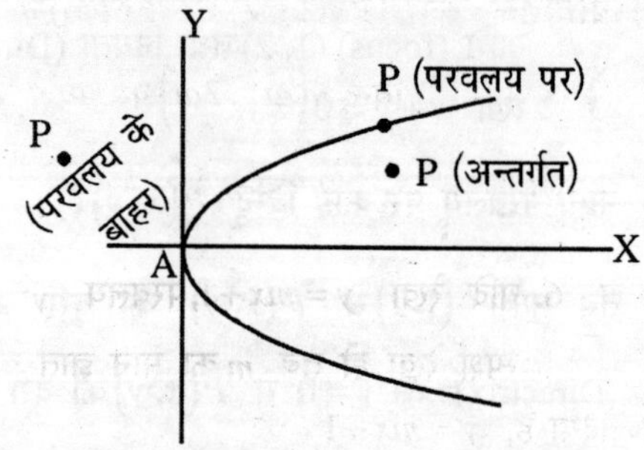

परवलय की प्राचलिक समीकरण (Parametric Equation of a Parabola)

परवलय	$y^2 = 4ax$	$y^2 = -4ax$	$x^2 = 4ay$	$x^2 = -4ay$
प्राचलिक नियामक	$(at^2, 2at)$	$(-at^2, 2at)$	$(2at, at^2)$	$(2at, -at^2)$
प्राचलिक समीकरण	$x = at^2$ $y = 2at$	$x = -at^2$ $y = 2at$	$x = 2at$ $y = at^2$	$x = 2at$ $y = -at^2$

रेखा तथा परवलय का प्रतिच्छेदन

(Intersection of a Line and Parabola)

माना परवलय एवं रेखा का समीकरण क्रमशः $y^2 = 4ax$ तथा $y = mx + c$ है।

तब $(mx+c)^2 = 4ax$

$\Rightarrow m^2x^2 + 2x(mc - 2a) + c^2 = 0$

यह x में एक द्विघात समीकरण है। अतः स्पष्टतः रेखा परवलय को दो बिन्दु पर काटेगी जो वास्तविक सम्पाती या काल्पनिक हो सकते हैं। अर्थात् $a >, =, < mc$

परवलय पर स्पर्श रेखा (Tangents on Parabola)

माना सरल रेखा $y = mx + c$, परवलय $y^2 = 4ax$ को स्पर्श करेगी, यदि

$c = \dfrac{a}{m}$

अतः स्पर्श रेखा का समीकरण $y = mx + \dfrac{a}{m}$ होगा तथा स्पर्श बिन्दु का नियामक $\left(\dfrac{a}{m^2}, \dfrac{2a}{m}\right)$

स्पर्श रेखा के समीकरण के विभिन्न रूप

(Different Forms of Equation of Tangents)

(i) **बिन्दु रूप (Point Form)**– परवलय $y^2 = 4ax$ के बिन्दु (x_1, y_1) पर स्पर्श रेखा का समीकरण $y y_1 = 2a(x + x_1)$ होगा।

(ii) **प्रवणता रूप (Slope Form)**– परवलय $y^2 = 4ax$ पर स्पर्श रेखा का समीकरण $y = mx + \dfrac{a}{m}$ होता है तथा स्पर्श बिन्दु के नियामक $\left(\dfrac{a}{m^2}, \dfrac{2a}{m}\right)$ होता है।

(*iii*) **प्राचलिक रूप (Parametric Form)–** परवलय $y^2 = 4ax$ के बिन्दु $(at^2, 2at)$ पर स्पर्श रेखा का समीकरण $ty = x + at^2$ होता है।

उदाहरण 6. यदि रेखा $y = mx + 1$, परवलय $y^2 = 4x$ पर स्पर्श रेखा हो तब m का मान ज्ञात करें।

हलः दिया है, $y = mx + 1$ ...(*i*)

तथा परवलय $y^2 = 4x$

$\Rightarrow y^2 = (4 \times 1)x$ ...(*ii*)

परवलय जिसकी प्रवणता m है, पर स्पर्श रेखा का समीकरण $y = mx + \frac{1}{m}$ ...(*iii*)

$\left[\because y = mx + \frac{a}{m}\right]$

चूँकि समीकरण (*i*) एवं (*iii*) तत्समक (Identical) है अतः

$\frac{1}{m} = 1 \Rightarrow m = 1$

उदाहरण 7. यदि सरल रेखा $3x - 4y + 5 = 0$, परवलय $y^2 = 4ax$ पर स्पर्श रेखा हो तब a का मान ज्ञात करें।

हलः सरल रेखा का समीकरण $3x - 4y + 5 = 0$

$\Rightarrow y = \frac{3}{4}x + \frac{5}{4}$

अतः $m = \frac{3}{4}$ तथा $c = \frac{5}{4}$

दी गई सरल रेखा परवलय पर स्पर्श रेखा होगी यदि

$c = \frac{a}{m} \Rightarrow \frac{5}{4} = \frac{a}{\frac{3}{4}}$ $\left[\because y = mx + \frac{a}{m}\right]$

$\Rightarrow a = \frac{5}{4} \times \frac{3}{4} = \frac{15}{16}$

$\therefore a = \frac{15}{16}$

उदाहरण 8. सिद्ध करें कि समीकरण $x = at^2$, $y = 4at$, $t \in R$ एक परवलय को प्रदर्शित करती है।

हलः दिया है, $x = at^2$, $y = 4at$

$\Rightarrow x = at^2$ तथा $y^2 = 16a^2t^2$

$\Rightarrow t^2 = \frac{x}{a}$

अतः $y^2 = 16a^2 \times \frac{x}{a}$

$y^2 = 16ax$

$\Rightarrow y^2 = 4 \times (4a)x$ $(\therefore y^2 = 4ax)$

अतः यह एक परवलय को प्रदर्शित करती है।

परवलय के अभिलम्ब के समीकरण के विभिन्न रूप

(Various Forms of Equation of Normal of Parabola)

(*i*) **बिन्दु रूप (Point Form)–** परवलय $y^2 = 4ax$ के बिन्दु (x_1, y_1) पर अभिलम्ब का समीकरण

$$y - y_1 = -\frac{y_1}{2a}(x - x_1)$$

(*ii*) **प्रवणता रूप (Slope Form)–** परवलय $y^2 = 4ax$ के अभिलम्ब का समीकरण $y = mx - 2am - am^3$ होगा।

(*iii*) **प्राचलिक रूप (Parametric Form)–** परवलय $y^2 = 4ax$ के बिन्दु $(at^2, 2at)$ पर खींचे गए अभिलम्ब का समीकरण $y + tx = 2at + at^3$ होगा।

परवलय पर स्थित दो बिन्दुओं को मिलाने वाली जीवा का समीकरण

(Equation of a Chord Joining Two Points on The Parabola)

परवलय $y^2 = 4ax$ पर स्थित दो बिन्दुओं $p\left(at_1^2, 2at_1\right)$, $Q\left(at_2^2, 2at_2\right)$ को मिलाने वाली जीवा का समीकरण $y\left(t_1 + t_2\right) = 2x + 2at_1t_2$ होता है।

परवलय का व्यास (Diameter of Parabola)

परवलय की समान्तर जीवाओं के मध्य बिन्दुओं के बिन्दुपथ को परवलय का व्यास कहते हैं।

यदि परवलय का समीकरण $y^2 = 4ax$ है तथा जीवा की प्रवणता m हो, तब परवलय के व्यास का समीकरण $y = \dfrac{2a}{m}$ होगा।

उदाहरण 9. परवलय $y^2 = 8x$ पर अभिलम्ब का समीकरण ज्ञात करें जबकि प्रवणता (Slope) 1 है।

हलः हम जानते हैं कि परवलय $y^2 = 4ax$ पर अभिलम्ब का समीकरण जबकि प्रवणता m हो तब

$y = mx - 2am - am^3$

यहाँ अभिलम्ब का समीकरण, $y = 1.x - 4 \times 1 - 2\left(1\right)^3$ या

$x - y - 6 = 0$

उदाहरण 10. यदि $x + y = k$, परवलय $y^2 = 12x$, पर अभिलम्ब हो तब k का मान ज्ञात करें।

हलः रेखा $x + y = k$ की प्रवणता $-1(= m)$ है तथा परवलय

$y^2 = 12x = 4 \times 3 \times x \Rightarrow a = 3$

अतः अभिलम्ब का समीकरण है

$y = mx - 2am - am^3$

$\Rightarrow y = (-1)\, x - 2(3)\,(-1) - (3)\,(-1)^3$

$= -x + 6 + 3$

$\therefore\; x + y = 9$

अतः $k = 9$

उदाहरण 11. यदि $c > \dfrac{1}{2}$ तो परवलय $y^2 = x$ पर $\left(c_1, 0\right)$ से कितने अभिलम्ब खींचे जा सकते है?

हलः परवलय $y^2 = \left(4 \times \dfrac{1}{4}\right)x$ जहाँ $a = \dfrac{1}{4}$, माना प्रवणता m है तब अभिलम्ब का समीकरण

$y = mx - 2\left(\dfrac{1}{4}m\right) - \dfrac{1}{4}m^3$

बिन्दु $(c, 0)$ इस पर स्थित है

अतः $0 = mc - \dfrac{m}{2} - \dfrac{1}{4}m^3 = m\left(c - \dfrac{1}{2} - \dfrac{m^2}{4}\right)$

$\Rightarrow m = 0$ या $c - \dfrac{1}{2} = \dfrac{1}{4}m^2$

$\Rightarrow m = 0$ या $m = \pm 2\sqrt{c - \dfrac{1}{2}}$

यदि $c > \dfrac{1}{2}$ तो m के तीन मान वास्तविक एवं भिन्न होंगे।

अतः तीन अभिलम्ब खींचे जा सकते हैं।

साधित उदाहरण (Solved Example)

1. परवलय $y^2 - 4y + 9x + 13 = 0$ के सापेक्ष बिन्दु $(-2, 2)$ की स्थिति ज्ञात करें।

हलः चूँकि $(2)^2 - 4(2) + 9(-2) + 13$

$= 4 - 8 - 18 + 13$

$= -9 < 0$

अतः बिन्दु $(-2, 2)$ परवलय

$y^2 - 4y + 9x + 13 = 0$ के अन्तर्गत बिन्दु है।

2. सिद्ध करें, यदि रेखा $\frac{x}{l} + \frac{y}{m} = 1$ परवलय $y^2 = 4a(x+b)$ को स्पर्श करती है, तब $m^2(l+b) + al^2 = 0$.

हलः दिए गए परवलय एवं रेखा का समीकरण

$$y^2 = 4a(x+b) \qquad ...(i)$$

तथा $\frac{x}{l} + \frac{y}{m} = 1$

$$\Rightarrow x = l\left(1 - \frac{y}{m}\right) \qquad ...(ii)$$

समीकरण (*i*) एवं (*ii*) से,

$$y^2 = 4a\left[l\left(1 - \frac{y}{m}\right) + b\right]$$

$$\Rightarrow y^2 + \frac{4al}{m}y - 4a(l+b) = 0 \qquad ...(iii)$$

चूँकि रेखा $\frac{x}{l} + \frac{y}{m} = 1$ परवलय (*i*) को स्पर्श करती है तब समीकरण (*iii*) के मूल समान (Equal) होंगे।

$$\therefore \left(\frac{4al}{m}\right)^2 - 4.1[-4a(l+b)] = 0$$

$$\Rightarrow \frac{al^2}{m^2} + (l+b) = 0$$

$$\Rightarrow al^2 + m^2(l+b) = 0$$

$$\Rightarrow m^2(l+b) + al^2 = 0$$

3. परवलय $y^2 = 4ax$ की उस जीवा के मध्य बिन्दु का बिन्दुपथ ज्ञात कीजिए जो शीर्ष पर समकोण बनाती है।

हलः माना बिन्दु $P(h, k)$ जीवा QR का मध्य बिन्दु है तब QR का समीकरण निम्न है $T = S_1$

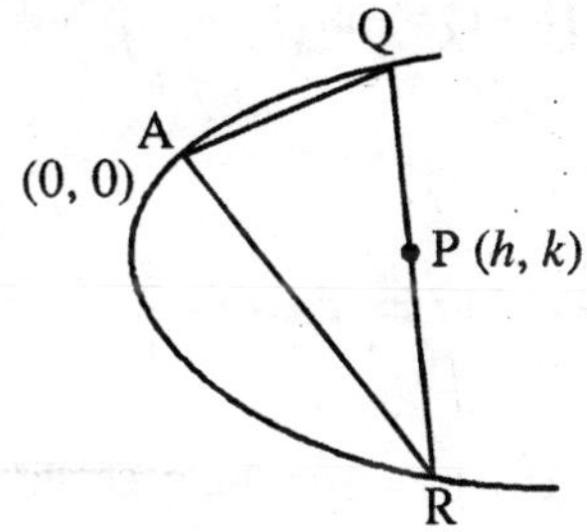

$$\Rightarrow yk - 2a(x+h) = k^2 - 4ah$$

$$\Rightarrow yk - 2ax = k^2 - 2ah \qquad ...(i)$$

यदि A, परवलय का शीर्ष है, AQ एवं AR के संयुक्त समीकरण के लिए $y^2 = 4ax\left(\frac{yk - 2ax}{k^2 - 2ah}\right)$

$$\Rightarrow y^2(k^2 - 2ah) - 4akxy + 8a^2x^2 = 0$$

चूँकि $\angle QAR = 90°$

$\therefore$ x^2 का गुणांक $+ y^2$ का गुणांक $= 0$

$$\Rightarrow k^2 - 2ah + 8a^2 = 0$$

$\therefore$ बिन्दु $P(h, k)$ का बिन्दु पथ निम्न होगा–

$$y^2 - 2ax + 8a^2 = 0$$

4. यदि परवलय $y^2 = 4ax$ के किसी बिन्दु $P(at^2, 2at)$ पर स्पर्श रेखा पुनः मिलती है बिन्दु $(at'^2, 2at')$ पर तब t' का मान ज्ञात करें।

हलः $y^2 = 4ax$ के $(at^2, 2at)$ पर अभिलम्ब का समीकरण

$$y = -tx + 2at + at^3 \qquad ...(i)$$

चूँकि $(at'^2, 2at')$ समीकरण (*i*) पर स्थित है अतः

$$2at' = -t\left(at'^2\right) + 2at + at^3$$

$$\Rightarrow 2a\left(t'-t\right) = -at\left(t'^2 - t^2\right)$$

$$(\because t' \neq t)$$

$$\Rightarrow \frac{-2}{t} = t' + t \Rightarrow t' = -t - \frac{2}{t}$$

5. परवलय $x^2 - 8x + 2y + 7 = 0$ का नाभिक एवं स्थिति ज्ञात करें।

हलः परवलय का समीकरण $x^2 - 8x + 2y + 7 = 0$

अर्थात् $\quad (x-4)^2 = -2y - 7 + 16$

या $(x-4)^2 = -2\left(y - \frac{9}{2}\right)$

यह $x^2 = -4ay$ के रूप में है

जहाँ $4a = 2,\ x = x-4,\ y = y - \frac{9}{2}$

इसका नाभि $x = 0 \Rightarrow x - 4 = 0 \Rightarrow x = 4$

$y = -a$

$$\Rightarrow y - \frac{9}{2} = -\frac{1}{2}$$

$$\Rightarrow y = \frac{9}{2} - \frac{1}{2} = 4$$

अतः नाभि $(4, 4)$ होगा तथा परवलय अधोमुखी होगा।

6. यदि दो परवलय $x^2 = 4y$ तथा $y^2 = 4x$ एक–दूसरे को दो विभिन्न बिन्दुओं पर काटती है, इसमें यदि एक बिन्दु मूलबिन्दु $(0, 0)$ है तो दूसरा बिन्दु ज्ञात करें।

हलः दोनों समीकरण से y का लुप्तीकरण करने पर,

$$\left(\frac{x^2}{4}\right)^2 = 4x$$

$$\Rightarrow x^4 - 64x = 0 \Rightarrow x\left(x^3 - 64\right) = 0$$

$$\Rightarrow x = 0, 4$$

जब $x = 0,\ y = 0$

तथा जब $x = 4,\ y = \frac{x^2}{4} = 4$

अतः दूसरा बिन्दु $(4, 4)$ होगा।

7. प्राचलिक प्रदर्शन (Parametric Representation) $x = 2 + t^2,\ y = 2t + 1$ किस शांकव (Conic Section) को निरूपित करेगी?

हलः दिया गया है $x = 2 + t^2$ ...(*i*)

तथा $y = 2t + 1$ ...(*ii*)

समीकरण (*i*) एवं (*ii*) में t का लुप्तीकरण करने पर,

$$x = 2 + \left(\frac{y-1}{2}\right)^2$$

$$\text{या } x - 2 = \frac{1}{4}(y-1)^2$$

$$\text{या } (y-1)^2 = 4(x-2)$$

यह एक परवलय है जिसका शीर्ष $(2, 1)$ है।

8. सिद्ध करें कि परवलय $y^2 = 8x$ के बिन्दु $(2, 4)$ पर खींचा गया अभिलम्ब पुनः परवलय को बिन्दु $(18, -12)$ पर स्पर्श करता है।

हलः परवलय का समीकरण निम्न है

$y^2 = 8x$ ...(*i*)

यहाँ $a = 2$

बिन्दु $(2, 4)$ पर अभिलम्ब का समीकरण

$$y - 4 = \frac{-4}{4}(x-2)$$

$\therefore\ x+y-6=0$ ...(ii)

समीकरण (i) एवं (ii) को हल करने पर,

$y=-12$ तथा $y=4$

$\Rightarrow x=18$ तथा $x=2$

अतः अभिलम्ब के परवलय पर प्रतिच्छेदन बिन्दु $(18,-12)$ तथा $(2,4)$ है।

9. यदि P एवं Q परवलय $y^2=4ax$ के नाभीय जीवा का अन्तः बिन्दु हो तब सिद्ध करें कि परवलय के अर्द्धनाभिलम्ब (Semi Latus Rectum) भी नाभीय जीवा के खंड का हरात्मक माध्य होगा अर्थात्

$\frac{1}{FP}+\frac{1}{FQ}=\frac{2}{l}$ जहाँ l अर्द्धनाभिलम्ब है।

हल: माना $P\left(at_1^2, 2at_1\right)$ तथा $Q\left(at_2^2, 2at_2\right)$

तब $t_1 t_2=-1$

पुनः परवलय का नाभि $F(a,0)$

अतः $|FP|=\sqrt{\left(a-at_1^2\right)^2+\left(0-2at_1\right)^2}$

$=a\sqrt{\left(1-t_1^2\right)^2+4t_1^2}=a\sqrt{\left(1+t_1^2\right)^2}$

$|FP|=a\left(1+t_1^2\right)$

इसी प्रकार, $|FQ|=a\left(1+t_2^2\right)$

अतः $\frac{1}{|FP|}+\frac{1}{|FQ|}=\frac{1}{a\left(1+t_1^2\right)}+\frac{1}{a\left(1+t_2^2\right)}$

$=\frac{1}{a}\left[\frac{1}{1+t_1^2}+\frac{1}{1+t_2^2}\right]$

$\therefore\ \frac{1}{a}\left[\frac{2+t_1^2+t_2^2}{1+t_1^2+t_2^2+t_1^2.t_2^2}\right]$ $(\because t_1 t_2=-1)$

$=\frac{1}{a}\left(\frac{2+t_1^2+t_2^2}{2+t_1^2+t_2^2}\right)=\frac{1}{a}$

$\frac{1}{|FP|}+\frac{1}{|FQ|}=\frac{2}{2a}=\frac{2}{l}$

10. परवलय $x^2=24y$ के शीर्ष को नाभिलम्व के अन्तः बिन्दुओं को मिलाने वाली रेखाओं द्वारा निर्मित त्रिभुज का क्षेत्रफल ज्ञात करें।

हल: यह एक उपरिमुख परवलय है।

अतः त्रिभुज के शीर्ष क्रमशः $(0,0),(-12,6)$ एवं $(12,6)$ होंगे, अतः त्रिभुज का क्षेत्रफल

$=\frac{1}{2}|0\times 6-(-12)\times 0+(-12)\times 6-12\times 6$

$+12\times 0-0\times 6|$

$=\frac{1}{2}|-72-72|=\frac{1}{2}|-144|$

$=\frac{1}{2}\times 144=72$ वर्ग इकाई।

वस्तुनिष्ठ प्रश्न

1. परवलय $y^2+4x+2y-8=0$ के नाभिलम्ब तथा अक्ष का प्रतिच्छेद बिन्दु है–

(a) $\left(\frac{5}{4},-1\right)$ (b) $\left(\frac{9}{4},-1\right)$

(c) $\left(\frac{7}{2},\frac{5}{2}\right)$ (d) इनमें से कोई नहीं

2. परवलय $y^2=2x$ की स्पर्श रेखा $18x-6y+1=0$ का स्पर्श बिन्दु है–

(a) $\left(-\frac{1}{18}, -\frac{1}{3}\right)$ (b) $\left(-\frac{1}{18}, \frac{1}{3}\right)$

(c) $\left(\frac{1}{18}, -\frac{1}{3}\right)$ (d) $\left(\frac{1}{18}, \frac{1}{3}\right)$

3. उस परवलय का समीकरण जिसकी नाभि $(-3, 0)$ तथा नियता $x+5=0$ है, होगा–

(a) $x^2 = 4(y+4)$ (b) $x^2 = 4(y-4)$

(c) $y^2 = 4(x+4)$ (d) $y^2 = 4(x-4)$

4. उस परवलय जिसका शीर्ष तथा नाभि $x-$ अक्ष पर मूल बिन्दुओं से a तथा a' दूरी पर है, का समीकरण होगा–

(a) $y^2 = 4(a'-a)(x-a)$

(b) $y^2 = 4(a'-a)(x+a)$

(c) $y^2 = 4(a'+a)(x-a)$

(d) $y^2 = 4(a'+a)(x+a)$

5. $\frac{y}{2} = t$ तथा $x-2 = t^2$ निम्नलिखित में से किसके प्राचल समीकरण है–

(a) $y^2 = 4x$ (b) $x^2 = 4y$

(c) $x^2 = -4y$ (d) $y^2 = 4(x-2)$

6. परवलय $9x^2 - 6x + 36y + 9 = 0$ का शीर्ष है–

(a) $\left(\frac{1}{3}, -\frac{2}{9}\right)$ (b) $\left(-\frac{1}{3}, -\frac{1}{2}\right)$

(c) $\left(-\frac{1}{3}, \frac{1}{2}\right)$ (d) $\left(\frac{1}{3}, \frac{1}{2}\right)$

7. परवलय $x^2 = 12y$ के शीर्ष को इसके नाभिलम्ब के सिरों से मिलाने वाली रेखाओं द्वारा बने त्रिभुज का क्षेत्रफल है–

(a) 12 वर्ग इकाई (b) 16 वर्ग इकाई

(c) 18 वर्ग इकाई (d) 24 वर्ग इकाई

8. समीकरण $x^2 - 2xy + y^2 + 3x + 2 = 0$ निरूपित करता है–

(a) एक परवलय (b) एक दीर्घवृत्त

(c) एक अतिपरवलय (d) एक वृत्त

9. यदि परवलय का शीर्ष मूल बिन्दु तथा नियता $x+5=0$ हो, तो उसका अभिलम्ब होगा–

(a) 5 (b) 10

(c) 20 (d) 40

10. परवलय $y^2 = 4y - 4x$ की नाभि है–

(a) $(0, 2)$ (b) $(1, 2)$

(c) $(2, 0)$ (d) $(2, 1)$

11. उस परवलय का समीकरण जिसका शीर्ष $(-1, -2)$ अक्ष के उर्ध्वाधर है तथा जो बिन्दु $(3, 6)$ से गुजरता है, है–

(a) $x^2 + 2x - 2y - 3 = 0$

(b) $2x^2 = 3y$

(c) $x^2 - 2x - y + 3 = 0$

(d) इनमें से कोई नहीं

12. PQ परवलय $y^2 = 4ax$ की एक द्विगुणित कोटि है। PQ को समत्रिभाजित करने वाली बिन्दुओं का बिन्दुपथ (Locus) है–

(a) $9y^2 = 4ax$ (b) $9x^2 = 4ay$

(c) $9y^2 + 4ax = 0$ (d) $9x^2 + 4ay = 0$

13. यदि परवलय $y^2 = 4ax$ के बिन्दुओं $(at_1^2, 2at_1)$ तथा $(at_2^2, 2at_2)$ को मिलाने वाली जीवा परवलय की नाभि से गुजरती हो, तो–

(a) $t_1 t_2 = -1$ (b) $t_1 t_2 = 1$

(c) $t_1 + t_2 = -1$ (d) $t_1 - t_2 = 1$

14. यदि परवलय $y^2 = 4ax$ की किसी द्विगुणित कोटि की लम्बाई $8a$ हो, तो परवलय के शीर्ष को इस द्विगुणित कोटि के सिरों से मिलाने वाली रेखाओं के बीच का कोण है–

(*a*) 30° (*b*) 60°

(*c*) 90° (*d*) 120°

15. यदि किसी परवलय का अक्ष क्षैतिज हो और वह बिन्दुओं $(0,0), (0,-1)$ तथा $(6,1)$ से गुजरता हो, तो उसका समीकरण होगा–

(*a*) $y^2 + 3y - x - 4 = 0$

(*b*) $y^2 - 3y + x - 4 = 0$

(*c*) $y^2 - 3y - x - 4 = 0$

(*d*) इनमें से कोई नहीं

16. परवलय $y^2 = 36x$ पर स्थित बिन्दु जिसकी कोटि भुज की तिगुनी है, हैं–

(*a*) $(0,0), (4,12)$ (*b*) $(1,3), (4,12)$

(*c*) $(4,12)$ (*d*) इनमें से कोई नहीं

17. रेखा $y = 2x + 7$ समान्तर परवलय $y^2 = 4x + 5$ की स्पर्श रेखा का समीकरण है–

(*a*) $2x - y - 3 = 0$ (*b*) $2x - y + 3 = 0$

(*c*) $2x + y + 3 = 0$ (*d*) इनमें से कोई नहीं

18. समीकरण $y^2 + 2Ax + 2By + C = 0$ द्वारा निरूपित परवलय के नाभिलम्ब का समीकरण है–

(*a*) $x = \dfrac{B^2 + A^2 - C}{2A}$ (*b*) $x = \dfrac{B^2 - A^2 + C}{2A}$

(*c*) $x = \dfrac{B^2 - A^2 - C}{2A}$ (*d*) $x = \dfrac{A^2 - B^2 - C}{2A}$

19. परवलय $y^2 = 12x$ पर स्थित वे बिन्दु जिनकी नाभीय दूरी 4 है, हैं–

(*a*) $(2, \sqrt{3}), (2, -\sqrt{3})$ (*b*) $(1,3), (4,12)$

(*c*) $(4,12)$ (*d*) इनमें से कोई नहीं

20. परवलय $y^2 = 8x$ के उस बिन्दु जिस पर अभिलम्ब x–अक्ष से 60° का कोण बनाता है, के निर्देशांक होंगे–

(*a*) $(6, -4\sqrt{3})$ (*b*) $(6, 4\sqrt{3})$

(*c*) $(-6, -4\sqrt{3})$ (*d*) $(-6, 4\sqrt{3})$

21. सरल रेखा $y = 2x + \lambda$ परवलय $y^2 = 2x$ को नहीं मिलेगी, यदि–

(*a*) $\lambda < \dfrac{1}{4}$ (*b*) $\lambda > \dfrac{1}{4}$

(*c*) $\lambda = 4$ (*d*) $\lambda = 1$

22. परवलय $y^2 = 16x$ पर स्थित उस बिन्दु जिसकी कोटि भुज की दुगनी है, की नाभीय दूरी है–

(*a*) 6 (*b*) 8

(*c*) 10 (*d*) 12

23. रेखा $x\cos\alpha + y\sin\alpha = p$, परवलय $y^2 = 4a(x+a)$ को स्पर्श करेगी यदि–

(*a*) $p\cos\alpha + a = 0$ (*b*) $p\cos\alpha - a = 0$

(*c*) $a\cos\alpha + p = 0$ (*d*) $a\cos\alpha - p = 0$

24. परवलय $y^2 = 6x$ के उन बिन्दुओं को जिनकी भुजा 24 है, शीर्ष से मिलने वाली रेखाओं का समीकरण हैं–

(*a*) $y \pm 2x = 0$ (*b*) $\pm x - 2y = 0$

(*c*) $x \pm 2y = 0$ (*d*) $2x \pm y = 0$

25. परवलय $y^2 = 8x$ पर वह बिन्दु जिस पर खींचा गया अभिलम्ब रेखा $x - 2y + 5 = 0$ के समान्तर है, हैं–

(*a*) $\left(-\dfrac{1}{2}, 2\right)$ (*b*) $\left(\dfrac{1}{2}, -2\right)$

(*c*) $\left(2, -\dfrac{1}{2}\right)$ (*d*) $\left(-2, \dfrac{1}{2}\right)$

26. परवलय $y^2 = 4ax$ के बिन्दु $\left(\frac{a}{4}, a\right)$ पर अभिलम्ब का समीकरण है–

(a) $4x + 8y + 9a = 0$ (b) $4x + 8y - 9a = 0$

(c) $4x + y - a = 0$ (d) $4x - y + a = 0$

27. रेखा $y = 2x + c$ परवलय $y^2 = 16x$ पर स्पर्श रेखा होगी, यदि c बराबर है–

(a) –2 (b) –1

(c) 0 (d) 2

28. यदि रेखा $2x + y + k = 0$ परवलय $y^2 = -8x$ पर अभिलम्ब हो, तो k का मान होगा–

(a) –16 (b) –8

(c) –24 (d) 24

29. बिन्दु $(1, 2)$ पर परवलय $y^2 = 4x$ की स्पर्श रेखा का समीकरण है–

(a) $x - y + 1 = 0$ (b) $x + y + 1 = 0$

(c) $x + y - 1 = 0$ (d) $x - y - 1 = 0$

30. परवलय $y^2 = 4ax$ के बिन्दु $(at_1^2, 2at_1)$ पर अभिलम्ब खींचा गया है, जो पुनः बिन्दु $(at_2^2, 2at_2)$ पर मिलता है, तो–

(a) $t_1 = 2t_2$ (b) $t_1^2 + 2t_2 = 0$

(c) $t_1 t_2 = -1$ (d) इनमें से कोई नहीं

31. उस परवलय का समीकरण जिसका शीर्ष एवं नाभि क्रमशः $(0, 4)$ व $(0, 2)$ है, होगा–

(a) $y^2 - 8x = 32$ (b) $y^2 + 8x = 32$

(c) $x^2 + 8y = 32$ (d) $x^2 - 8y = 32$

32. यदि रेखा $x + y = 1$ परवलय $y^2 - y + x = 0$ को स्पर्श करती है, तो स्पर्श बिन्दु के निर्देशांक (Co-ordinate of Tangent Point) होंगे–

(a) $(1, 1)$ (b) $\left(\frac{1}{2}, \frac{1}{2}\right)$

(c) $(0, 1)$ (d) $(1, 0)$

33. उस परवलय का समीकरण जिसका अक्ष ऊर्ध्वाधर है एवं बिन्दुओं $(0, 0), (3, 0)$ व $(-1, 4)$ से गुजरता है, होगा–

(a) $x^2 - 3x - y = 0$ (b) $x^2 + 3x + y = 0$

(c) $x^2 - 4x + 2y = 0$ (d) $x^2 - 4x - 2y = 0$

34. परवलय $y^2 = 4ax$ के नाभिलम्ब (Latus Rectum) के सिरे पर खींची गयी स्पर्श रेखाओं के बीच का कोण होगा–

(a) $\pi/3$ (b) $2\pi/3$

(c) $\pi/4$ (d) $\pi/2$

35. बिन्दु $(-1, 2)$ से परवलय $y^2 = 4x$ पर स्पर्श रेखायें खींची गयी है, तो स्पर्श जीवा का समीकरण (Equation of Tangent Chord) है–

(a) $y = x + 1$ (b) $y = x - 1$

(c) $y + x = 1$ (d) इनमें से कोई नहीं

36. परवलय $y^2 = 4a(x - a)$ पर मूल बिन्दु से खींची गयी स्पर्श रेखाओं के बीच का कोण है–

(a) $90°$ (b) $30°$

(c) $\tan^{-1}\frac{1}{2}$ (d) $45°$

37. परवलय $x^2 + 8y = 0$ के नाभिलम्ब के सिरे है–

(a) $(-4, -2)$ तथा $(4, 2)$

(b) $(4, -2)$ तथा $(-4, 2)$

(c) $(-4, -2)$ तथा $(4, -2)$

(d) $(4, 2)$ तथा $(-4, 2)$

38. एक परवलय की किसी नाभीय जीवा के सिरों पर स्पर्श रेखायें प्रतिच्छेदित होती हैं–

(a) समकोण पर (b) नियता पर

(c) शीर्ष की स्पर्शी पर (d) इनमें से कोई नहीं

39. रेखा $y = mx + 1$, परवलय $y^2 = 4x$ पर स्पर्श रेखा होगी, यदि

(a) $m=1$ (b) $m=2$
(c) $m=4$ (d) $m=3$

40. यदि परवलय $y^2 = ax$ की एक स्पर्श रेखा x–अक्ष के साथ 45° का कोण बनाती है, तो इसका स्पर्श बिन्दु होगा–

(a) $\left(\frac{a}{2}, \frac{a}{4}\right)$ (b) $\left(-\frac{a}{2}, \frac{a}{4}\right)$

(c) $\left(\frac{a}{4}, \frac{a}{2}\right)$ (d) $\left(-\frac{a}{4}, \frac{a}{2}\right)$

अनुच्छेद-1 (Paragraph-1)

किसी शांकव का समीकरण $y^2+6y-2x+5=0$ है।

41. दिया गया समीकरण है।
(a) वृत (b) परवलय
(c) दीर्घवृत (d) अतिपरवलय

42. शांकव के नाभि का नियामक
(a) $(-2,-3)$ (b) $(2,3)$
(c) $\left(\frac{-3}{2},-3\right)$ (d) इसमें से कोई नहीं।

43. शांकव के नियता का समीकरण
(a) $x+1=\frac{1}{2}$ (b) $x+2=0$
(c) $2x+5=0$ (d) इसमें से कोई नहीं

अनुच्छेद-2 (Paragraph-2)

माना परवलय का समीकरण

$P_1 : x^2-2x = y$ तथा $P_2 : x^2-2x = -y$ जिसका शीर्ष क्रमशः V_1 एवं V_2 है।

44. दोनों परवलय एक-दूसरे को किन बिन्दुओं पर प्रतिच्छेदित करेंगी?
(a) $(0,0)$ तथा $(1,0)$ (b) $(1,0)$ तथा $(0,1)$
(c) $(0,0)$ तथा $(1,1)$ (d) $(0,0)$ तथा $(2,0)$

45. दोनों परवलयों के शीर्षों के बीच की दूरी
(a) 1 (b) 2
(c) 3 (d) 5 ईकाई है।

46. दाँयी मुख के परवलय के नाभि का नियामक ज्ञात करें यदि $V_1 V_2$ नाभिलम्ब हो।
(a) $(1,0)$ (b) $(0,1)$
(c) $(0,-1)$ (d) $(-1,0)$

दृढ़कथन–कारण (Assertion–Reason)

निम्नलिखित चार कूटों (a), (b), (c) एवं (d) में से सही उत्तर का चयन करें।
(a) वक्तव्य–I सत्य है; वक्तव्य–II सत्य है; वक्तव्य–II वक्तव्य–I का सही स्पष्टीकरण है।
(b) वक्तव्य–I सत्य है; वक्तव्य–II सत्य है; वक्तव्य–II वक्तव्य–I का सही स्पष्टीकरण नहीं है।
(c) वक्तव्य–I सत्य है; वक्तव्य–II असत्य है
(d) वक्तव्य–I असत्य है; वक्तव्य–II सत्य है।

47. **वक्तव्य-I :** PQ किसी परवलय $y^2 = 32x$ का नाभीय जीवा है, यदि P बिन्दु (2, –8) हो तब Q (–2, 8) होता है।

वक्तव्य-II : यदि t_1, t_2 नाभीय जीवा (focal chord) के दो अन्तः बिन्दु (Extremities) हों जहाँ $t_1\, t_2$ प्राचलिक है तब $t_1\, t_2 = -1$

48. **वक्तव्य-I :** परवलय $y^2 = 2x$ एवं वृत $x^2+y^2+4x=0$ पर उभयनिष्ठ स्पर्श रेखा का समीकरण $x+2\sqrt{6}y+12=0$

वक्तव्य-II : परवलय $y^2 = 4ax$ पर स्पर्श रेखा का समीकरण जब प्रवणता (Slope) m हो $y = mx+\frac{a}{m}$

49. **वक्तव्य-I :** किसी परवलय में यदि t_1 एवं t_2 नाभीय जीवा (Focol chord) के अन्तः बिन्दु हो, तब $t_1 t_2 = -1$

वक्तव्य-II : यदि t प्राचलिक किसी नाभीय जीवा का एक अन्तः बिन्दु हो तब परवलय $y^2 = 4ax$ का दूसरा अन्तः बिन्दु का प्राचलिक $\frac{-1}{t}$ होगा।

50. **मिलान करें (Match These)**

यदि m एक अशून्य वास्तविक संख्या हो

वर्ग–I	वर्ग–II
A. रेखा $y = mx + \frac{a}{m}$ किस वक्र को स्पर्श करेगी	p. $\frac{x^2}{4} + \frac{y^2}{9} = 1$
B. रेखा $x = 0$, स्पर्श रेखा है वक्र पर	q. $x^2 + y^2 = 2x$
C. वक्र जो x–अक्ष के सममित हो	r. $y^2 = 4ax$
D. वह वक्र जिसकी केन्द्र सममित हो	s. $y^2 = 2ax + \frac{a^2}{m^2}$

(*a*) A – *r, s*; B – *q, r;* C – *p, q, r, s*; D – P, *q*
(*b*) A – *r, s*; B – *r*; C – *p, q;* D – *q, r*
(*c*) A – *r*; B – *s*; C – *p, q*; D – *r, s*
(*d*) इसमें से कोई नहीं

उत्तरमाला

1	2	3	4	5	6	7	8	9	10
(*a*)	(*d*)	(*c*)	(*a*)	(*d*)	(*a*)	(*c*)	(*a*)	(*c*)	(*a*)
11	**12**	**13**	**14**	**15**	**16**	**17**	**18**	**19**	**20**
(*a*)	(*a*)	(*a*)	(*c*)	(*d*)	(*a*)	(*b*)	(*c*)	(*d*)	(*a*)
21	**22**	**23**	**24**	**25**	**26**	**27**	**28**	**29**	**30**
(*b*)	(*b*)	(*a*)	(*b*)	(*b*)	(*b*)	(*d*)	(*d*)	(*a*)	(*d*)
31	**32**	**33**	**34**	**35**	**36**	**37**	**38**	**39**	**40**
(*c*)	(*c*)	(*a*)	(*d*)	(*b*)	(*a*)	(*c*)	(*b*)	(*a*)	(*c*)
41	**42**	**43**	**44**	**45**	**46**	**47**	**48**	**49**	**50**
(*b*)	(*c*)	(*c*)	(*d*)	(*b*)	(*a*)	(*d*)	(*b*)	(*b*)	(*a*)

व्याख्यात्मक उत्तर

1. अभीष्ट बिन्दु परवलय की नाभि है।

अतः दी गई समीकरण को निम्न रूप में लिख सकते हैं।

$$(y+1)^2 = -(4x-9) = -4\left(x-\frac{9}{4}\right)$$

$$s = \left(-1+\frac{9}{4}, -1\right)$$

$\Rightarrow$ नाभि के निर्देशांक $\left(\frac{5}{4}, -1\right)$ है

2. माना स्पर्श बिन्दु (h, k) है, तब इस बिन्दु पर स्पर्शी $ky = x + h$ होगी। क्योंकि यह स्पर्शी दी हुई स्पर्शी के समान होगी।

$$\therefore \frac{1}{18} = \frac{k}{6} = \frac{h}{1}$$

$$\Rightarrow k = \frac{1}{3}, h = \frac{1}{18}$$

3. दिया है, नियता का समीकरण $x+5=0$ है तथा नाभि $(-3,0)$ है।

अतः नाभि तथा नियता के बीच की दूरी

$2a=(5-3)=2 \Rightarrow a=1$

शीर्ष $\left(\frac{-3+(-5)}{2},0\right)=(-4,0)$

अतः अभीष्ट समीकरण $y^2=4(x+4)$ है।

4. चूँकि शीर्ष और नाभि x–अक्ष पर है।

अतः समीकरण $y^2=4A(x-a)$ रूप का होगा।

जहाँ, नाभि $A=(a'-a)$

$\Rightarrow$ परवलय का समीकरण $y^2=4(a'-a)(x-a)$

5. जहाँ $\frac{y}{2}=t$ व $x-2=t^2$

t का विलोपन करने पर,

$(x-2)=\left(\frac{y}{2}\right)^2 \Rightarrow y^2=4(x-2)$

6. दिया हुआ समीकरण निम्न है–

$9x^2-6x+36y+9=0$

$\Rightarrow (9x^2-6x+1)=-36y-8$

$\Rightarrow (3x-1)^2=-4(9y+2)$

स्पष्टतः शीर्ष $\left(\frac{1}{3},-\frac{2}{9}\right)$ है।

7. दिया हुआ समीकरण निम्न है–

$x^2=12y$

नाभि के निर्देशांक $(0,3)$ है।

$\therefore \Delta OAC$ का क्षेत्रफल $=\frac{1}{2}\times AC\times OB$

$=\frac{1}{2}(12\times 3)=18$ वर्ग इकाई

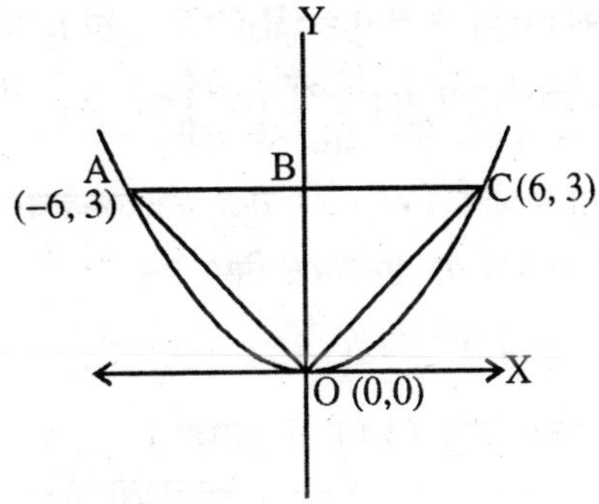

8. दिए हुए समीकरण $x^2-2xy+y^2+3x+2=0$ की तुलना $ax^2+by^2+2hxy+2gx+2fy+c=0$ से करने पर

$\Rightarrow a=1, b=1, h=-1, g=\frac{3}{2}, f=0, c=2$

अब $\Delta=abc+2fgh-af^2-bg^2-ch^2$

$=(1)(1)(2)+2\left(\frac{3}{2}\right)0(-1)-(1)(0)^2-(1)\left(\frac{3}{2}\right)^2-2(-1)^2$

$=2-\frac{9}{4}-2=-\frac{9}{4}<0$

तथा $h^2-ab=1-1=0$

अर्थात् $h^2=ab$

अतः यह एक परवलय है।

9. $\because$ नियता का समीकरण $x+5=0$ है।

$\Rightarrow$ नाभि के निर्देशांक $(5,0)$ है। इसलिए नाभिलम्ब $=4a=4(5)=20$ है।

10. दिया गया समीकरण निम्न है–

$y^2=4y-4x$

$(y-2)^2=-4x+4$

$\Rightarrow (y-2)^2 = -4(x-1)$

$\therefore$ शीर्ष $(1, 2)$ एवं नाभि $(0, 2)$ है।

11. दिया है शीर्ष $(-1, -2)$ तथा अक्ष ऊर्ध्वाधर है।

$\therefore$ परवलय का समीकरण निम्न है–

$$(x+1)^2 = 4a(y+2) \quad ...(i)$$

$\because$ यह बिन्दु $(3, 6)$ से गुजरता है

$\therefore \quad 4^2 - 4a(8) \Rightarrow a = \frac{1}{2}$

अतः अभीष्ट परवलय का समीकरण निम्न है–

$$(x+1)^2 = 4\frac{1}{2}(y+2) \Rightarrow x^2 + 1 + 2x - 2y - 4 = 0$$

$$\Rightarrow x^2 + 2x - 2y - 3 = 0$$

12. दिया हुआ समीकरण निम्न है–

$y^2 = 4ax$

अभीष्ट बिन्दुपथ $(3y)^2 = 4ax$

$\Rightarrow 9y^2 = 4ax$ है।

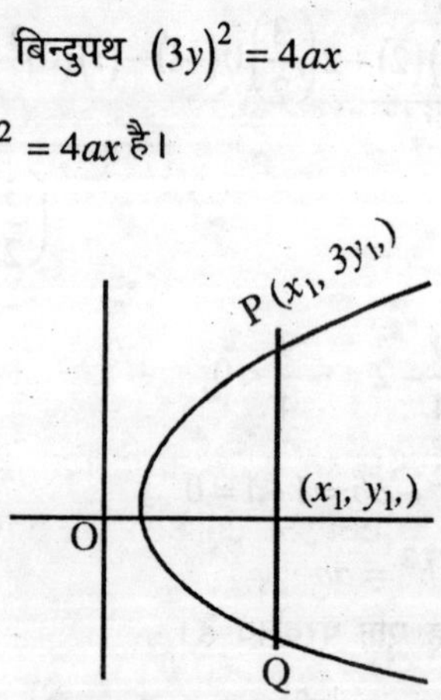

13. बिन्दु $(at_1^2, 2at_1)$ तथा $(at_2^2, 2at_2)$ से गुजरने वाली रेखा का समीकरण निम्न है–

$$y - 2at_1 = \frac{2at_2 - 2at_1}{at_2^2 - at_1^2}(x - at_1^2)$$

$$\Rightarrow y - 2at_1 = 2\left(\frac{t_2 - t_1}{t_2^2 - t_1^2}\right)(x - at_1^2)$$

तथा यह नाभि $(a, 0)$ से गुजरती है।

$$\therefore \quad 0 - 2at_1 = \frac{2}{t_2 + t_1}(a - at_1^2)$$

$$\Rightarrow -t_1 = \frac{1}{t_2 + t_1}(1 - t_1^2)$$

$$\Rightarrow -t_1t_2 - t_1^2 = 1 - t_1^2 \Rightarrow t_1t_2 = -1$$

14. ΔOBA में,

$OB = AB$

$\Rightarrow \angle BOA = \angle OAB = 45°$

इसी प्रकार, ΔOBC में

$OB = BC$

$\Rightarrow \angle BCO = \angle BOC = 45°$

$\therefore \angle AOC = \angle AOB + \angle BOC$

$= 45° + 45° = 90°$

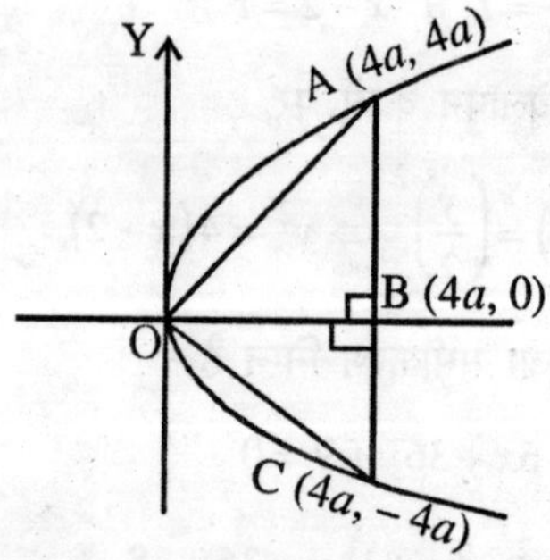

15. $(0, 0)$ से गुजरने वाले वक्र के समीकरण में कोई भी अचर पद नहीं होगा। अतः कोई भी विकल्प सही नहीं है।

16. माना, परवलय पर बिन्दु (x_1, y_1) है।

दिया है, $y_1 = 3x_1$

प्रश्नानुसार, $9x_1^2 = 36x_1 \Rightarrow x_1 = 4, 0$

$\Rightarrow y = 12, 0$

अतः बिन्दु $(0,0)$ व $(4,12)$ हैं।

17. परवलय के समीकरण $y^2 = 4x + 5$ का मानक रूप

$Y^2 = 4X$, जहाँ $X = x + \frac{5}{4}$ है।

रेखा $Y=2X+7$ के समान्तर स्पर्शी $Y=2X+\frac{a}{m}$ है।

$\Rightarrow y=2\left(x+\frac{5}{4}\right)+\frac{1}{2}$

$\Rightarrow y=2x+3$

18. दी हुई समीकरण $y^2+2Ax+2By+C=0$ को निम्न रूप में लिख सकते हैं–

$$(y+B)^2=-2Ax-C+B^2$$

$$=-2A\left(x+\frac{C}{2A}-\frac{B^2}{2A}\right)$$

शीर्ष $=\left(\frac{-C+B^2}{2A}, B\right)$,

नाभि $=\left(\frac{-C+B^2}{2A}-\frac{A}{2}, B\right)$

नाभिलम्ब का समीकरण निम्न होगा–

$$x=\frac{-C+B^2}{2A}-\frac{A}{2}=\frac{B^2-A^2-C}{2A}$$

19. दिया गया समीकरण निम्न है–

$y^2=12x \Rightarrow a=3$

अतः भुज $x=4-3=1$ व $y^2=12,\ y=\pm 2\sqrt{3}$

अतः बिन्दु $\left(1, 2\sqrt{3}\right)$ व $\left(1,-2\sqrt{3}\right)$ है।

20. बिन्दु (h,k) पर $y^2=8x$ के अभिलम्ब का समीकरण निम्न है–

$$y-k=-\frac{k}{4}(x-h)$$

$\therefore$ प्रवणता $=\tan 60°=\sqrt{3}=-\frac{k}{4}$

$\Rightarrow k=-4\sqrt{3}$ व $h=6$

अतः अभीष्ट बिन्दु $\left(6,-4\sqrt{3}\right)$ है।

22. माना परवलय पर कोई बिन्दु (h,k) है, परन्तु $2h=k$ (दिया है)

$\because$ यह बिन्दु परवलय पर है।

अतः यह परवलय को संतुष्ट करेगा।

$\therefore k^2=16h \Rightarrow 4h^2=16h \Rightarrow h=0, h=4$

$\Rightarrow k=0, k=8$

अतः बिन्दु $(0,0),(4,8)$ होंगे।

अतः बिन्दुओं की नाभीय दूरियाँ क्रमश $0+4=4$, $0+8=8$

23. दी गई रेखा का समीकरण निम्न है–

$x\cos\alpha+y\sin\alpha-p=0$ ...(*i*)

तथा परवलय $y^2=4a(x+a)$ की स्पर्शी निम्न होगी–

$2ax-yy_1+2a(x_1+2a)=0$ ...(*ii*)

$\because$ समीकरण (*i*) और (*ii*) परवलय की स्पर्शी है।

अतः यह रेखा निरूपित करेगी, यदि

$$\frac{\cos\alpha}{2a}=\frac{\sin\alpha}{-y}=\frac{-p}{2a(x+2a)}$$

$\Rightarrow\ y=-2a\tan\alpha$ व $x=-p\sec\alpha-2a$

$\because x$ तथा y परवलय की स्पर्शी के बिन्दु हैं।

अतः यह परवलय की समीकरण को संतुष्ट करेंगे।

$\therefore\ y^2=4a(x+a)$

$\Rightarrow 4a^2\tan^2\alpha=-4a(p\sec\alpha+a)$

$\Rightarrow\ p\cos\alpha+a=0$

24. दिया है, भुज $x=24$ तथा परवलय का समीकरण $y^2=6x$ है।

$\Rightarrow\ y^2=6\times 24$

$\Rightarrow\ y=\pm 12$

अतः बिन्दु $(24,12),(24,-12)$ हैं।

अतः रेखाएँ $y=\pm\frac{12}{24}x \Rightarrow 2y=\pm x$ होगी।

25. माना परवलय पर बिन्दु (h,k) है।

बिन्दु (h,k) पर खींचे गए अभिलम्ब का समीकरण निम्न है–

$$y-k=\frac{-k}{4}(x-h)$$

$\Rightarrow \quad -kx-4y+kh+4k=0$

$\because$ यह रेखा दी हुई रेखा के समान्तर है।

$\therefore \quad \frac{-k}{4}=\frac{1}{2} \Rightarrow k=-2$

$\Rightarrow \quad k=-2, h=\frac{1}{2}$

अतः बिन्दु $\left(\frac{1}{2},-2\right)$ होगा।

26. परवलय $y^2=4ax$ के बिन्दु $\left(\frac{a}{4},a\right)$ पर अभिलम्ब का समीकरण निम्न है–

$$y-a=-\frac{a}{2a}\left(x-\frac{a}{4}\right)$$

$$\left[\because y-y_1=\frac{-y_1}{2a}(x-x_1)\right]$$

$\Rightarrow \quad 2y-2a=\frac{1}{4}(-4x+a)$

$\Rightarrow \quad 4x+8y-9a=0$

27. दिया है,

$y^2=16x$ व $y=2x+c$

$\Rightarrow \quad a=4, m=2$

रेखा परवलय की स्पर्शी होगी, यदि

$$c=\frac{a}{m}=\frac{4}{2}=2$$

28. रेखा $y=-2x-k$ परवलय $y^2=-8x$ पर अभिलम्ब है, तो

$$-k=-\left[-4(-2)-2(-2)^3\right]=-(8+16)$$

$\Rightarrow \quad k=24$

29. बिन्दु $(1,2)$ पर स्पर्श रेखा का समीकरण निम्न है–

$2y=2(x+1)$

$\Rightarrow \quad x-y+1=0$

30. परवलय $y^2=4ax$ के बिन्दु $\left(at_1^2, 2at_1\right)$ पर अभिलम्ब का समीकरण निम्न है–

$$y-2at_1=-\frac{2at_1}{2a}\left(x-at_1^2\right)$$

$$\left[\because y-y_1=\frac{-y_1}{2a}(x-x_1)\right]$$

$\Rightarrow \quad y=-t_1x+2at_1+at_1^3 \qquad ...(i)$

यह वक्र को पुनः बिन्दु $\left(at_2^2, 2at_2\right)$ पर मिलता है।

$\therefore \quad 2at_2=-t_1at_2^2+2at_1+at_1^3$

$\Rightarrow 2a(t_2-t_1)=at_1\left(t_1^2-t_2^2\right)$

$\Rightarrow 2=-t_1(t_1+t_2)$

$\Rightarrow \frac{-2}{t_1}=t_1+t_2 \quad \Rightarrow t_2=-t_1-\frac{2}{t_1}$

31. दिया है, शीर्ष $(0,4)$, नाभि $(0,2)$

$\Rightarrow \quad a=2$, अतः परवलय का समीकरण निम्न है–

$(x-0)^2=-4.2(y-4)$

$\Rightarrow \quad x^2=-8y+32$

$\Rightarrow \quad x^2+8y-32=0$

32. यदि रेखा $y+x=1$ परवलय $y^2-y+x=0$ की स्पर्शी है, तो यह परवलय को एक बिन्दु पर प्रतिच्छेद करेगी।

$\therefore \quad (1-x)^2-(1-x)+x=0$

$\Rightarrow \quad 1+x^2-2x-1+2x=0$

$\Rightarrow \quad x=0, y=1$

33. परवलयों पर दिये गये बिन्दुओं को संतुष्ट करके देखने पर विकल्प (*a*) में बिन्दु $(0,0),(3,0)$ तथा $(-1,4)$ क्रमशः रखने पर,

$\therefore$ बिन्दु $(0,0)$ $\quad 0=0$

बिन्दु $(3,0)$ $\quad 9-9-0=0 \Rightarrow 0=0$

बिन्दु $(-1,4)$ $\quad 1+3-4=0 \Rightarrow 0=0$

34. परवलय के नाभिलम्ब के सिरों के निर्देशांक $(a, \pm 2a)$ है, स्पर्शियाँ $\pm 2ay=2a(x+a)$ है।

$$\Rightarrow \quad m=\pm\frac{2a}{2a}=\pm 1$$

अतः इनके बीच का कोण $\frac{\pi}{2}$ है।

$$[\because m_1m_2=1\times(-1)=-1]$$

35. $(-1,2)$ से परवलय $y^2=4x$ पर खींची गयी स्पर्शियों की स्पर्श जीवा का समीकरण निम्न है–

$yy_1=2a(x+x_1)$

$\because a=1$

$\therefore 2y=2(1)(x-1) \Rightarrow y=x-1$

36. मूल बिन्दु से जाने वाली रेखा $y=mx$ है। चूंकि यह परवलय $y^2=4a(x-a)$ की स्पर्शी है, तो यह दो सम्पाती बिन्दुओं पर काटेगी, अतः $m^2x^2-4ax+4a^2=0$ के मूल बराबर होंगे–

$\therefore \quad 16a^2-16a^2m^2=0$

$\Rightarrow \quad m^2=1 \Rightarrow m=1,-1$

$\therefore$ यह समकोणीय है।

37. दिया है, परवलय का समीकरण निम्न है–

$x^2=-8y \Rightarrow a=-2$

नाभि $=(0,-2)$

अतः नाभिलम्ब के सिरे $=(4,-2),(-4,-2)$ हैं।

38. परवलय के नाभीय जीवा के सिरों से खींची गई स्पर्शियाँ नियता पर समकोण होती है।

39. रेखा परवलय की स्पर्शी होगी यदि

$$c=\frac{a}{m} \Rightarrow 1=\frac{1}{m} \Rightarrow m=1$$

40. परवलय $y^2=4a'x$ पर स्पर्शी का समीकरण

$$y=mx+\frac{a'}{m} \Rightarrow y=x+a' \text{ है।}$$

$$[\because m=\tan 45^\circ=1]$$

$\because$ परवलय का दिया गया समीकरण निम्न है–

$$y^2=ax \Rightarrow a'=\frac{a}{4}$$

$\therefore \quad y=x+\frac{a}{4}$ के स्पर्श बिन्दु $\left(\frac{a}{4},\frac{a}{2}\right)$ हैं।

41. समीकरण $y^2+6y-2x+5=0$

$\Rightarrow \quad y^2+6y+9=2x-5+9$

$\Rightarrow \quad (y+3)^2=2(x+2) \quad \text{...}(i)$

मूल बिन्दु को बिन्दु $(-2,-3)$ पर स्थानान्तरित करने पर समीकरण दिए गए समीकरण के समान्तर होगा।

समीकरण (*i*) से $Y^2=2X$ जहाँ $X=x+2, \quad Y=y+3$ ...(*ii*)

समीकरण (*ii*) $Y^2=4aX$ से तुलना करने पर

$$4a=2 \Rightarrow a=\frac{1}{2}$$

अतः यह एक दाँयी मुख परवलय है। जिसका नाभिलम्ब $= 2$ है।

42. प्रश्न संख्या (41) से दिया गया शांकव एक परवलय है अतः नए मूल बिन्दु के सापेक्ष शीर्ष $(0,0)$, नाभि $(a,0)$, अर्थात् $\left(\frac{1}{2},0\right)$ होगा तथा नियता रेखा

$X = -a$ अर्थात् $X = -\frac{1}{2}$

पुराने मूल बिन्दु के सापेक्ष नाभि $\left(\frac{-3}{2},-3\right)$

$$\left[\because X = \frac{1}{2}, Y = 0 \Rightarrow x+2 = \frac{1}{2} \text{तथा } y+3 = 0\right]$$

43. नियता का समीकरण

$x+2 = \frac{-1}{2} \Rightarrow 2x+5 = 0$

44. दिया गया परवलय का समीकरण

$x^2 - 2x - y = 0$ ...(*i*)

तथा $x^2 - 2x + y = 0$ ...(*ii*)

उभयनिष्ठ बिन्दु प्राप्त करने के लिए समीकरण (*i*) एवं (*ii*) को हल करने पर

$-2y = 0 \Rightarrow y = 0$

$y = 0$ समीकरण (*i*) में रखने पर

$x^2 - 2x - 0 = 0 \Rightarrow x(x-2) = 0$

$x = 0, 2$

अतः प्रतिच्छेदित (0, 0) बिन्दु तथा (2, 0) हैं।

45. परवलय p_1 से $x^2 - 2x + 1 = y + 1$ या

$(x-1)^2 = 4\left(\frac{1}{4}\right)[y-(-1)]$

अतः यह उपरिमुख परवलय है जिसका शीर्ष $V_1(1,-1)$ है।

इसी प्रकार परवलय P_2 से

$x^2 - 2x + 1 = -y + 1$

$(x-1)^2 = -4\left(\frac{1}{4}\right)(y-1)$

अतः यह अधोमुख परवलय है जिसका शीर्ष $V_2(1,1)$ है।

अतः शीर्षों की बीच की दूरी $= \sqrt{(1-1)^2 + (1+1)^2}$

$= \sqrt{4} = 2$

46. दिए गए परवलय का नाभि V_1V_2 का मध्य बिन्दु होगा। अर्थात्

$\left(\frac{1+1}{2}, \frac{-1+1}{2}\right) = (1,0)$

अतः नाभि का नियामक $(1,0)$ होगा।

47. वक्तव्य–I असत्य है लेकिन वक्तव्य–II सत्य है।

$2at_1 = -8 \Rightarrow 16t_1 = -8$

$t_1 = \frac{-1}{2}$ तथा $t_2 = 2$

48. वक्तव्य–I सत्य, वक्तव्य–II सत्य है लेकिन वक्तव्य–II वक्तव्य–I का सही स्पष्टीकरण नहीं हैं।

$y^2 = 2x$ पर कोई स्पर्श रेखा $y = mx + \frac{\frac{1}{2}}{m}$ वृत के लिए, केन्द्र $= (-2,0)$ तथा त्रिज्या $= 2$

या $\left(-2m + \frac{1}{2m}\right)^2 = 4(1+m^2)$

या $4m^2 + \frac{1}{4m^2} - 2 = 4 + 4m^2$

या $m^2 = \frac{1}{24} \therefore m = \pm\frac{1}{2\sqrt{6}}$

$$\therefore c = \frac{a}{m} = \frac{\frac{1}{2}}{\pm\frac{1}{2\sqrt{6}}} = \pm\sqrt{6}$$

अतः उभयनिष्ठ जीवा $y = \pm\frac{1}{2\sqrt{6}}x \pm \sqrt{6}$

$\therefore$ (*b*) सही उत्तर है।

49. वक्तव्य–I एवं वक्तव्य–II सत्य है परन्तु वक्तव्य–II वक्तव्य–I का सही स्पष्टीकरण नहीं है।

माना $P\left(at_1^2, 2at_1\right)$ तथा $Q\left(at_2^2, 2at_2\right)$

परवलय $y^2 = 4ax$ पर कोई दो बिन्दु है।

$\therefore$ जीवा का समीकरण

$$\frac{y-2at_1}{x-at_1^2} = \frac{2at_2 - 2at_1}{at_2^2 - at_1^2}$$

$$\Rightarrow y(t_1 + t_2) = 2x + 2at_1 + t_2$$

या यदि जीवा, नाभीय जीवा हो तब यह निश्चित $(a, 0)$ से गुजरेगी $2a + 2at_1t_2 = 0$

या $t_1\, t_2 = -1$

$\therefore$ (*b*) सही उत्तर है।

50. **A.** रेखा $y = mx + \frac{a}{m}, m \neq 0$ हमेशा परवलय $y^2 = 4ax$ पर स्पर्श रेखा होता है।

$y = mx + \frac{a}{m}$, समीकरण $y^2 = 2ax + \frac{a^2}{m^2}$ में रखने पर,

$$\left(mx + \frac{a}{m}\right)^2 = 2ax + \frac{a^2}{m^2},$$

$$\Rightarrow m^2x^2 = 0 \Rightarrow x = 0, 0$$

अतः रेखा $y = mx + \frac{a}{m}$ स्पर्श रेखा है।

$y^2 = 2ax + \frac{a^2}{m^2}$,

पर जब $x = 0$,

अतः जब $x = 0$ तब $y = m \times 0 + \frac{a}{m} = \frac{a}{m}$

अतः $y = mx + \frac{a}{m}$ स्पर्श करेगी।

$y^2 = 2ax + \frac{a^2}{m^2}$ को बिन्दु $\left(0, \frac{a}{m}\right)$ पर।

$A - r, s$

B. रेखा $x = 0$, y–अक्ष होगा जो परवलय $y^2 = 4ax$ को शीर्ष $(0, 0)$ पर स्पर्श करेगी।

पुनः $x^2 + y^2 = 2x$ एक वृत्त है जिसका केन्द्र $(1, 0)$ तथा त्रिज्या = 1 है, y-अक्ष इस वक्र को स्पर्श करेगी।

$B - q, r$

C. वह वक्र जो x–अक्ष के सममित है y–देने पर नही बदलता है अतः दिए गए सभी वक्र x–अक्ष के सममित हो

$C - p, q, r, s$

D. दीर्घवृत एवं वृत में केन्द्र राममित होता है परन्तु परवलय में केन्द्र सममित नहीं होता है।

$D - p, q$

16

अतिपरवलय (HYPERBOLA)

अतिपरवलय (Hyperbola)

किसी समतल में कोई बिन्दु इस प्रकार गति करे कि उसकी किसी निश्चित बिन्दु एवं निश्चित रेखा से दूरियों का अनुपात सदैव अचर हो तब यह अतिपरवलय कहलाता है। जहाँ निश्चित बिन्दु नाभि एवं निश्चित सरल रेखा नियता होती है।

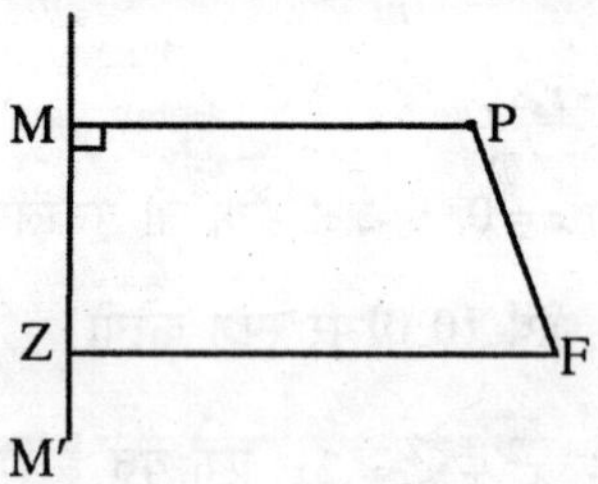

माना बिन्दु P अतिपरवलय पर स्थित कोई बिन्दु है तब परिभाषा से, $\frac{PF}{PM} = e,\ e > 1$ F, नाभि एवं MZM' नियता है।

अतिपरवलय का मानक समीकरण

(Standard Equation of Hyperbola)

अतिपरवलय का मानक समीकरण $\frac{x^2}{a^2} - \frac{y^2}{b^2} = 1$ होता है

जहाँ $b^2 = a^2\left(1 - e^2\right)$

यह अतिपरवलय X–अक्ष के सममित होता है तथा सरल रेखा जो $A(a, 0)$ तथा $A'(-a, 0)$ बिन्दु से गुजरती है, अनुप्रस्थ–अक्ष (Transverse axis) कहते हैं, जहाँ अनुप्रस्थ अक्ष की लम्बाई $= 2a$ है।

अतिपरवलय का मानक समीकरण जब Y–अक्ष के सममित हो, जहाँ $B'(0, -b)$ तथा $B(0, b)$ Y–अक्ष पर स्थित हो तब Y–अक्ष को अतिपरवलय संयुग्मी अक्ष (Conjugate Axis) तथा $2b$ को संयुग्मी अक्ष की लम्बाई कहते हैं।

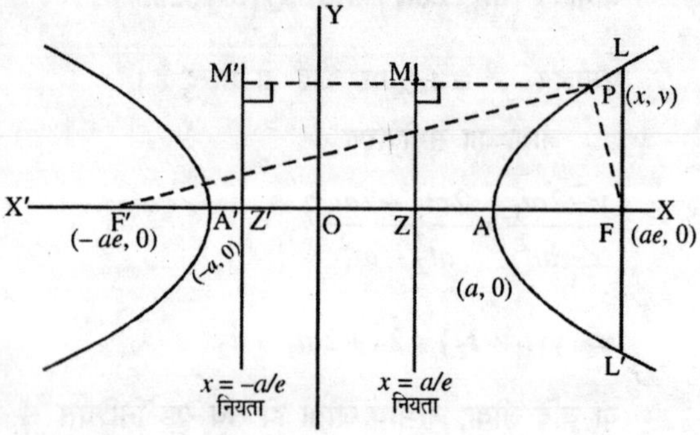

$\frac{y^2}{a^2} - \frac{x^2}{b^2} = 1$ जहाँ $a > 0,\ b > 0$

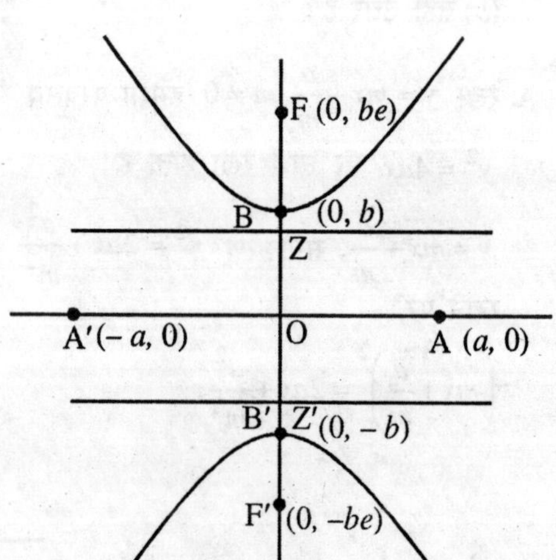

अतिपरवलय के मुख्य तथ्य

(Main Facts of Hyperbola)

	$\frac{x^2}{a^2}-\frac{y^2}{b^2}=1$ $a>0,\ b>0$	$\frac{y^2}{a^2}-\frac{x^2}{b^2}=1$ $a>0,\ b>0$
शीर्षों के नियामक	$(\pm a, 0)$	$(0, \pm a)$
नाभियों के नियामक	$(\pm ae, 0)$	$(0, \pm ae)$
अनुप्रस्थ अक्ष की लम्बाई	$2a$	$2a$
संयुग्मी अक्ष की लम्बाई	$2b$	$2b$
उत्केद्रता	$b^2=a^2(e^2-1)$ $\Rightarrow e=1+\frac{b^2}{a^2}$	$b^2=a^2(e^2-1)$ $\Rightarrow e=1+\frac{b^2}{a^2}$
नाभिलम्ब की लम्बाई	$\frac{2b^2}{a}$	$\frac{2b^2}{a}$
नियताओं का समीकरण	$x=\pm\frac{a}{e}$	$y=\pm\frac{a}{e}$
अनुप्रस्थ अक्ष का समीकरण	$y=0$	$x=0$
संयुग्मी अक्ष का समीकरण	$x=0$	$y=0$
नाभियों की बीच की दूरी	$2ae$	$2ae$

उदाहरण 1. अतिपरवलय $x^2-y^2=1$ के शीर्षों के नियामक, उत्केन्द्रता तथा नाभियों को ज्ञात करें।

हल : अतिपरवलय का समीकरण $\frac{x^2}{a^2}-\frac{y^2}{b^2}=1$ से दी गई समीकरण की तुलना करने पर, $a=b=1$

अतः उत्केन्द्रता $b^2=a^2\,(e^2-1)$

$\Rightarrow e^2=2 \therefore e=\sqrt{2}$

शीर्षों के नियामक $(\pm a, 0)$ अर्थात् $(\pm 1, 0)$ होगा।

तथा संगत नियता $x=\pm\frac{a}{e}$

$$\therefore \Rightarrow \quad x=\pm\frac{1}{\sqrt{2}}.$$

उदाहरण 2. दिखाएँ कि समीकरण

$$16x^2-3y^2-32x-12y-44=0$$

एक अतिपरवलय को निरूपित करता है तथा इसके अक्षों की लम्बाई एवं उत्केन्द्रता ज्ञात करें।

हल : वक्र $16x^2-3y^2-32x-12y-44=0$

$$\Rightarrow \quad 16\left(x^2-2x+1\right)-3\left(y^2+4y+4\right)$$

$$=44+16-12$$

$$\Rightarrow \quad 16(x-1)^2-3(y+2)^2=48$$

$$\Rightarrow \quad \frac{(x-1)^2}{3}-\frac{(y+2)^2}{16}=1$$

जो $\frac{X^2}{a^2}-\frac{Y^2}{b^2}=1$ के रूप है।

जहाँ $X=x-1,\ Y=y+2,\ a=\sqrt{3},\ b=4$

अतः दी गई समीकरण एक अतिपरवलय को निरूपित करती है।

उत्केन्द्रता, $b^2=a^2\,(e^2-1) \Rightarrow 16=3\,(e^2-1)$

$$\Rightarrow \quad e=\sqrt{\frac{19}{3}}$$

अनुप्रस्थ-अक्ष की लम्बाई $=2a=2\sqrt{3}$

संयुग्मी-अक्ष की लम्बाई $=2b=2\times 4=8.$

उदाहरण 3. किसी अतिपरवलय की नाभि, दीर्घवृत्त $\frac{x^2}{25}+\frac{y^2}{9}=1$ की नाभि (Coincide) करती हैं। अतिपरवलय का समीकरण ज्ञात करें यदि इसकी उत्केन्द्रता 2 है।

हल : दीर्घवृत्त का समीकरण $\frac{x^2}{25}+\frac{y^2}{9}=1$ है

इसकी तुलना $\frac{x^2}{a^2}+\frac{y^2}{b^2}=1$ से करने पर,

$a^2 = 25,\ b^2 = 9 \Rightarrow a = 5,\ b = 3$
$(\because a, b > 0)$

यदि दीर्घवृत्त की उत्केन्द्रता e हो तब

$b^2 = a^2(1-e^2) \Rightarrow 9 = 25(1-e^2)$

$\Rightarrow e^2 = \frac{16}{25} \Rightarrow e = \frac{4}{5}$

अतः दीर्घवृत्त की नाभियाँ $(\pm ae, 0)$ अर्थात् $(\pm 4, 0)$

अतः अतिपरवलय की नाभियाँ $(\pm 4, 0)$ जो X–अक्ष पर स्थित है तथा मूल बिन्दु के सममित है अतः अतिपरवलय का समीकरण

$\frac{x^2}{a^2} - \frac{y^2}{b^2} = 1$

चूँकि अतिपरवलय की उत्केन्द्रता 2 तथा नाभि $(\pm 4, 0)$ है।

$\therefore\ ae = 4 \Rightarrow a \times 2 = 4 \Rightarrow a = 2$

पुनः $b^2 = a^2(e^2 - 1)$

$\Rightarrow b^2 = 4(4-1) = 12$

अतः अतिपरवलय का समीकरण

$\frac{x^2}{4} - \frac{y^2}{12} = 1 \Rightarrow 3x^2 - y^2 = 12$ है।

बिन्दु $p(h,k)$ की स्थिति, अतिपरवलय $\frac{x^2}{a^2} - \frac{y^2}{b^2} = 1$ के सापेक्ष में (Position of a Point with respect to Hyperbola)

(*i*) $\frac{h^2}{a^2} - \frac{k^2}{b^2} - 1 > 0$ हो तब बिन्दु अतिपरवलय के बाहर स्थित होगा।

(*ii*) $\frac{h^2}{a^2} - \frac{k^2}{b^2} - 1 = 0$ हो तब बिन्दु अतिपरवलय पर स्थित है।

(*iii*) $\frac{h^2}{a^2} - \frac{k^2}{b^2} - 1 < 0$ हो तब बिन्दु अतिपरवलय के अन्तर्गत स्थित है।

रेखा तथा अतिपरवलय का प्रतिच्छेदन

(Intersection of a Line and a Hyperbola)

माना अतिपरवलय एवं रेखा के समीकरण क्रमशः

$\frac{x^2}{a^2} - \frac{y^2}{b^2} = 1 \quad ...(i)$

एवं $y = mx + c \quad ...(ii)$ है।

समीकरण (*i*) एवं (*ii*) से

$\frac{x^2}{a^2} - \frac{(mx+c)^2}{b^2} = 1$

$\Rightarrow (a^2m^2 - b^2)x^2 + 2mca^2x + a^2(b^2 + c^2) = 0$

यह समीकरण x में द्विघात समीकरण है।

अतः प्रत्येक सरल रेखा, अतिपरवलय की दो बिन्दुओं पर प्रतिच्छेदित करती है, जो वास्तविक, सम्पाती या काल्पनिक होंगे यदि $c^2 >, =, < a^2m^2 - b^2$ होंगे।

अतिपरवलय की प्राचलिक समीकरण एवं नियामक

(Parametric Equation and Parametric Co-ordinates of a Hyperbola)

मान लिया कि अतिपरवलय का समीकरण $\frac{x^2}{a^2} - \frac{y^2}{b^2} = 1$ है तब $(a\sec\theta, b\tan\theta)$ अतिपरवलय के प्राचलिक नियामक है तथा समीकरण $x = a\sec\theta$ तथा $y = b\tan\theta$ होगा।

स्पर्श रेखा (Tangent)

यदि सरल रेखा $y = mx + c$, अतिपरवलय $\frac{x^2}{a^2} - \frac{y^2}{b^2} = 1$ को स्पर्श करती है अर्थात रेखा, अतिपरवलय पर स्पर्श रेखा होगी यदि $c^2 = a^2m^2 - b^2$ हो। अतः अतिपरवलय $\frac{x^2}{a^2} - \frac{y^2}{b^2} = 1$ की स्पर्श रेखा

$y = mx \pm \sqrt{a^2m^2 - b^2}$ होगी तथा स्पर्श बिन्दु $\left(\pm\frac{a^2m}{c}, \pm\frac{b^2}{c}\right)$ होंगे।

स्पर्श रेखा के विभिन्न समीकरण

(Different Equations of a Tangent)

(*i*) **बिन्दु रूप (Point Form) :** अतिपरवलय $\frac{x^2}{a^2} - \frac{y^2}{b^2} = 1$ के बिन्दु (x_1, y_1) पर स्पर्श रेखा का समीकरण $\frac{xx_1}{a^2} - \frac{yy_1}{b^2} = 1$ है।

(*ii*) **प्रवणता रूप (Slope Form) :** अतिपरवलय $\frac{x^2}{a^2} - \frac{y^2}{b^2} = 1$ की स्पर्श रेखा का समीकरण $y = mx \pm \sqrt{a^2m^2 - b^2}$ तथा स्पर्श बिन्दु के नियामक $\left(\pm\frac{a^2m}{\sqrt{a^2m^2 - b^2}}, \pm\frac{b^2}{\sqrt{a^2m^2 - b^2}}\right)$ है।

(*iii*) **प्राचलिक रूप (Parametric Form) :** अतिपरवलय $\frac{x^2}{a^2} - \frac{y^2}{b^2} = 1$ के बिन्दु $(a\sec\theta, b\tan\theta)$ पर स्पर्श रेखा का समीकरण $\frac{x}{a}\sec\theta - \frac{y}{b}\tan\theta = 1$ है।

उदाहरण 4. यदि सरल रेखा $y = 3x + \lambda$, अतिपरवलय $9x^2 - 5y^2 = 45$, को स्पर्श करती है तब λ का मान ज्ञात करें।

हल : अतिपरवलय का समीकरण $\frac{x^2}{5} - \frac{y^2}{9} = 1$ है।

अतः इस पर स्पर्श रेखा का समीकरण

$$y = mx \pm \sqrt{5m^2 - 9}$$

$\therefore$ $y = 3x + \lambda$ अतिपरवलय को स्पर्श करेगी, जब

$\lambda = \pm\sqrt{5 \times 3^2 - 9}$ (यहाँ $m = 3$)

$\therefore$ $\lambda = \pm\sqrt{36} = 6, -6.$

उदाहरण 5. अतिपरवलय $2x^2 - 3y^2 = 6$ पर स्पर्श रेखा का समीकरण निकाले जो सरल रेखा $y = 3x + 4$ के समान्तर है।

हल : $m = 3$ अतिपरलवय का समीकरण $\frac{x^2}{3} - \frac{y^2}{2} = 1$

अतः स्पर्श रेखा का समीकरण

$$y = 3x \pm \sqrt{3.9 - 2} = 3x \pm 5.$$

उदाहरण 6. यदि अतिपरवलय $\frac{x^2}{4} - \frac{y^2}{9} = 1$ के बिन्दु $(2\sec\theta, 3\tan\theta)$ पर स्पर्श रेखा, सरल रेखा $3x - y + 4 = 0$ के समान्तर है तब θ का मान निकालें।

हल : $\frac{x}{2}\sec\theta - \frac{y}{3}\tan\theta = 1$ बिन्दु (2secθ, 3tanθ) पर स्पर्श रेखा का समीकरण

$$3x - y + 4 = 0$$

$$\frac{3}{2}\left(\frac{\sec\theta}{\tan\theta}\right) = 3$$

$$\therefore \sin\theta = \frac{1}{2} \Rightarrow \theta = 30°.$$

अतिपरवलय पर अभिलम्ब

(Normal at Hyperbola)

(*i*) **बिन्दु रूप (Point Form) :** अतिपरवलय $\frac{x^2}{a^2} - \frac{y^2}{b^2} = 1$ के बिन्दु (x_1, y_1) पर अभिलम्ब का समीकरण $\frac{a^2x}{x_1} + \frac{b^2y}{y_1} = a^2 + b^2$ है।

(ii) प्रवणता रूप (Slope Form) : अतिपरवलय $\frac{x^2}{a^2}-\frac{y^2}{b^2}=1$ के अभिलम्ब का समीकरण

$$y = mx \mp \frac{m\left(a^2+b^2\right)}{\sqrt{a^2-b^2m^2}}$$ है।

(iii) प्राचलिक रूप (Parametric Form) : अतिपरवलय $\frac{x^2}{a^2}-\frac{y^2}{b^2}=1$ के बिन्दु $(a\sec\theta, b\tan\theta)$ पर अभिलम्ब का समीकरण $ax\cos\theta+by\cot\theta=a^2+b^2$ है।

नोट : किसी बिन्दु से अतिपरवलय पर चार अभिलम्ब खींचे जा सकते हैं।

अतिपरवलय की अनन्तस्पर्शियाँ

(Asymptotes of a Hyperbola)

यदि कोई सरल रेखा अतिपरवलय को अनन्त में दो बिन्दुओं पर स्पर्श करें, तो सरल रेखा को अनन्तस्पर्शियाँ कहते हैं।

अतिपरवलय $\frac{x^2}{a^2}-\frac{y^2}{b^2}=1$ की दो अनन्तस्पर्शियों का समीकरण $y=\pm\frac{b}{a}$ या $\frac{x}{a}\pm\frac{y}{b}=0$ है।

उदाहरण 7. अतिपरवलय $\frac{x^2}{16}-\frac{y^2}{9}=1$ के बिन्दु $(-4,0)$ पर खींचे गए अभिलम्ब का समीकरण ज्ञात करें।

हल : हम देखते हैं कि $(-4,0)$ अनुप्रस्थ अक्ष के अन्तः बिन्दु है जिस पर अभिलम्ब X–अक्ष स्वयं होगा, अतः समीकरण $y=0$ है।

उदाहरण 8. माना अतिपरवलय $\frac{x^2}{a^2}-\frac{y^2}{b^2}=1$ पर दो बिन्दु $P(a\sec\theta, b\tan\theta)$ तथा $Q(a\sec\phi, b\tan\phi)$ जहाँ $\theta+\phi=\frac{\pi}{2}$ है। यदि (h, k) P एवं Q पर खींचे गए अभिलम्ब का प्रतिच्छेदन बिन्दु है तब k का मान ज्ञात करें।

हल : θ एवं ϕ बिन्दु पर अभिलम्ब का समीकरण अतिपरवलय का समीकरण $\frac{x^2}{a^2}-\frac{y^2}{b^2}=1$

अतः $$\frac{ax}{\sec\theta}+\frac{by}{\tan\theta}=a^2+b^2 \quad ...(i)$$

तथा $$\frac{ax}{\sec\phi}+\frac{by}{\tan\phi}=a^2+b^2 \quad ...(ii)$$

समीकरण (i) एवं (ii) से

$$ax+by\operatorname{cosec}\theta=\left(a^2+b^2\right)\sec\theta \quad ...(iii)$$

$$ax+by\operatorname{cosec}\phi=\left(a^2+b^2\right)\sec\phi \quad ...(iv)$$

प्रतिच्छेद बिन्दु के लिए समीकरण (iii) में से (iv) को घटाने पर,

$$by(\operatorname{cosec}\theta-\operatorname{cosec}\phi)=\left(a^2+b^2\right)(\sec\theta-\sec\phi)$$

$$\Rightarrow by\left[\operatorname{cosec}\theta-\operatorname{cosec}\left(\frac{\pi}{2}-\theta\right)\right]\left[\because \theta+\phi=\frac{\pi}{2}\right]$$

$$=\left(a^2+b^2\right)\left[\sec\theta-\sec\left(\frac{\pi}{2}-\theta\right)\right]$$

$$\Rightarrow by(\operatorname{cosec}\theta-\sec\theta)$$

$$=\left(a^2+b^2\right)(\sec\theta-\operatorname{cosec}\theta)$$

$$\Rightarrow y=\frac{-\left(a^2+b^2\right)}{b}$$

$$\Rightarrow k=\frac{-\left(a^2+b^2\right)}{b}.$$

उदाहरण 9. यदि सरल रेखा $lx+my=1$, अतिपरवलय $\frac{x^2}{a^2}-\frac{y^2}{b^2}=1$ पर अभिलम्ब हो तब समीकरण ज्ञात करें।

हल : $ax\cos\theta + by\cot\theta = a^2 + b^2$ ...(i)

$lx + my = 1$

$$\therefore \quad \frac{a\cos\theta}{l} = \frac{b\cot\theta}{m} = a^2 + b^2$$

$$\therefore \quad \sec\theta = \frac{a}{l\left(a^2+b^2\right)}, \tan\theta = \frac{b}{m\left(a^2+b^2\right)}$$

$$\Rightarrow \frac{a^2}{l^2} - \frac{b^2}{m^2} = \left(a^2+b^2\right)^2.$$

उदाहरण 10. अतिपरवलय जिसकी अनन्तस्पर्शियाँ $3x + 2y - 5 = 0$ तथा $2x - 3y - 5 = 0$ है, की उत्केन्द्रता ज्ञात करें।

हल : चूँकि $3x + 2y - 5 = 0$ तथा $2x - 3y - 5 = 0$ अनन्तस्पर्शियाँ है, अतः यह एक–दूसरे पर लम्बवत् होगी।

अतः उत्केन्द्रता $= \sqrt{2}$.

नियामक वृत्त (Director Circle)

उन बिन्दुओं का बिन्दुपथ जिससे अतिपरवलय पर लम्बवत् स्पर्श रेखा खींची जा सकती है, नियामक वृत्त कहलाता है।

अतिपरवलय $\frac{x^2}{a^2} - \frac{y^2}{b^2} = 1$ के नियामक वृत्त का समीकरण $x^2 + y^2 = a^2 - b^2$ होगा।

अतिपरवलय के बिन्दुओं को मिलाने वाली जीवा का समीकरण

(Equation of the Chord Joining two Points on the Hyperbola)

अतिपरवलय $\frac{x^2}{a^2} - \frac{y^2}{b^2} = 1$ के दो बिन्दुओं

$P(a\sec\theta, b\tan\theta)$ तथा $Q(a\sec\phi, b\tan\phi)$ को मिलाने वाली जीवा का समीकरण

$$\frac{x}{a}\cos\frac{(\theta-\phi)}{2} - \frac{y}{b}\sin\frac{(\theta+\phi)}{2} = \cos\frac{(\theta+\phi)}{2}$$ होगा।

साधित उदाहरण (Solved Examples)

1. अतिपरवलय $x^2 - y^2 = 9$ की उत्केन्द्रता ज्ञात करें।

हल : यहाँ $a^2 = b^2 = 9 \Rightarrow 9 = 9\left(e^2 - 1\right)$

$$\Rightarrow e^2 - 1 = 1 \Rightarrow e^2 = 2 \Rightarrow e = \sqrt{2}$$

2. यदि F_1 एवं F_2 अतिपरवलय $\frac{x^2}{a^2} - \frac{y^2}{b^2} = 1$ की नाभियाँ हैं तथा P अतिपरवलय पर कोई बिन्दु है तब $\left\|PF_1\right| - \left|PF_2\right\|$ का मान ज्ञात करें।

हल : अतिपरवलय पर स्थित किसी बिन्दु के नाभीय जीवा का अन्तर सदैव अनुप्रस्थ अक्ष की लम्बाई के बराबर होता है।

अब अनुप्रस्थ अक्ष की लम्बाई $= 2a$ होगी।

3. उस अतिपरवलय का समीकरण ज्ञात करें जिसकी एक नियता $2x + y = 1$ तथा संगत नाभि $(1, 2)$ एवं उत्केन्द्रता $\sqrt{3}$ है।

हल : नियता का समीकरण $2x + y = 1$ है। माना $S(1, 2)$ नाभि एवं $e = \sqrt{3}$ उत्केन्द्रता है

माना $P(x, y)$ अतिपरवलय पर स्थित कोई बिन्दु है तथा PM, P से नियता पर लम्ब की लम्बाई है तब

$$\frac{PS}{PM} = e = \sqrt{3}$$

$$\Rightarrow PS^2 = 3PM^2$$

$$\Rightarrow (x-1)^2 + (y-2)^2 = 3\left|\frac{2x+y-1}{\sqrt{5}}\right|^2$$

$$\Rightarrow 5\left[(x-1)^2 + (y-2)^2\right]$$

$$= 3\left(4x^2 + y^2 + 1 + 4xy - 4x - 2y\right)$$

$$\Rightarrow 7x^2 - 2y^2 + 12xy - 2x + 14y - 22 = 0$$

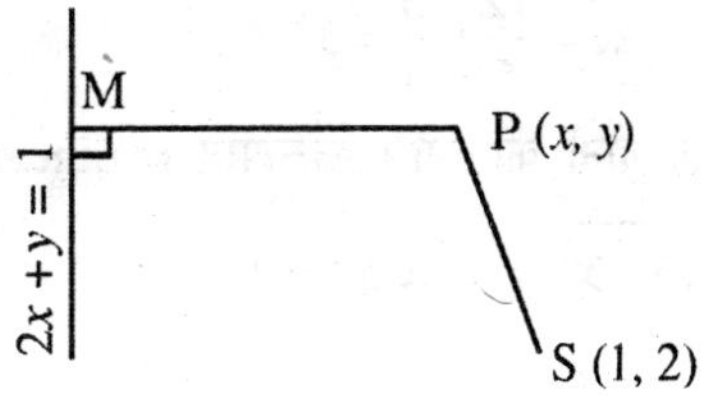

4. यदि 'e_1' एवं 'e_2' अतिपरवलय $\frac{x^2}{a^2}-\frac{y^2}{b^2}=1$ तथा $\frac{x^2}{b^2}-\frac{y^2}{a^2}=1$ के क्रमशः उत्केन्द्रता है तब e_1 एवं e_2 में संबंध ज्ञात करें।

हल : $b^2=a^2\left(e_1^2-1\right)$ तथा $a^2=b^2\left(e_2^2-1\right)$

$\Rightarrow b^2=b^2\left(e_1^2-1\right)\left(e_2^2-1\right)$

$\Rightarrow e_1^2e_2^2-e_1^2-e_2^2=0$

$\Rightarrow e_1^2+e_2^2=e_1^2e_2^2$

$\Rightarrow \frac{1}{e_2^2}+\frac{1}{e_1^2}=1.$

5. दीर्घवृत्त $\frac{x^2}{16}+\frac{y^2}{b^2}=1$ तथा अतिपरवलय $\frac{x^2}{144}-\frac{y^2}{81}=\frac{1}{25}$ के नाभि सन्निपात (Coincide) है, तब b^2 का मान ज्ञात करें।

हल : दीर्घवृत्त के लिए $a=4$, $b^2=16\,(1-e^2)$

$\Rightarrow e=\frac{\sqrt{16-b^2}}{4} \Rightarrow ae=\sqrt{16-b^2}$

अतिपरवलय के लिए,

$a^2=\frac{144}{25},\ b^2=\frac{81}{25}$

$\Rightarrow a=\frac{12}{5},\ b=\frac{9}{5}$

अतः $\frac{81}{25}=\frac{144}{25}(e^2-1) \Rightarrow e=\frac{5}{4}$

$\Rightarrow ae=\frac{12}{5}\times\frac{5}{4}=3$

अतः दोनों का नाभि सन्निपात (Coincide)

$\sqrt{16-b^2}=3 \Rightarrow b^2=7$ है।

6. अतिपरवलय $27x^2-9y^2=24$ के अनन्तस्पर्शियों के बीच का कोण ज्ञात करें।

हल : अतिपरवलय का समीकरण $27x^2-9y^2=24$

$\Rightarrow \frac{27x^2}{24}-\frac{9}{24}y^2=1$

$\Rightarrow \frac{9x^2}{8}-\frac{3y^2}{8}=1$

अतः अनन्तस्पर्शीय $\frac{9x^2}{8}-\frac{3y^2}{8}=0$

$y^2=3x^2 \Rightarrow y=\pm\sqrt{3}x$

अतः दो अनन्तस्पर्शी $y=(\tan 60°)\,x$, एवं $y=\tan(120°)\,x$

अतः अनन्तस्पर्शियों के बीच का कोण $120°-60°=60°$ होगा।

7. यदि P अतिपरवलय $\frac{(x-1)^2}{9}-\frac{(y+1)^2}{16}=1$ पर कोई बिन्दु है तथा S_1, S_2 इसकी नाभियाँ है, तब $|S_1P-S_2P|$ का मान निकालें।

हल : $|S_1P-S_2P|=2a=2\times3=6$

$\left(\because a^2=9\ \therefore a=3\right).$

8. कितने बिन्दुओं से अतिपरवलय $\frac{x^2}{16}-\frac{y^2}{25}=1$ पर लम्बवत् स्पर्श रेखाएँ खींची जा सकती हैं?

हल : उन बिन्दुओं का समुच्चय जिनसे अतिपरवलय पर लम्बवत् स्पर्श रेखाएँ खींची जा सकती है, वह नियामक वृत होता है। अतः नियामक वृत्त का समीकरण $x^2-y^2=-9$ जो काल्पनिक वृत्त है।

अतः किसी भी बिन्दु से अतिपरवलय पर लम्बवत् स्पर्श रेखाएँ नहीं खींची जा सकती है।

9. यदि रेखा $y=mx+\sqrt{a^2m^2-b^2}$ अतिपरवलय $\frac{x^2}{a^2}-\frac{y^2}{b^2}=1$ को बिन्दु $(a\sec\theta, b\tan\theta)$ पर स्पर्श करती है, तब दिखाएँ कि $\theta=\sin^{-1}\left(\frac{b}{am}\right)$।

हल : बिन्दु $(a\sec\theta, b\tan\theta)$ पर रेखा $y = mx + \sqrt{a^2m^2 - b^2}$ अतिपरवलय को स्पर्श करती है।

$$\therefore \quad b\tan\theta = am\sec\theta + \sqrt{a^2m^2 - b^2}$$

$$\Rightarrow \quad (b\tan\theta - am\sec\theta)^2 = a^2m^2 - b^2$$

$$\Rightarrow a^2m^2\tan^2\theta - 2abm.\tan\theta.\sec\theta + b^2\sec^2\theta = 0 \quad (\because \cos\theta \neq 0)$$

$$\Rightarrow a^2m^2\sin^2\theta - 2abm.\sin\theta + b^2 = 0$$

$$\therefore \sin\theta = \frac{2abm \pm \sqrt{4a^2b^2m^2 - 4a^2b^2m^2}}{2a^2m^2}$$

$$\Rightarrow \sin\theta = \frac{2abm}{2a^2m^2} \quad \Rightarrow \theta = \sin^{-1}\left(\frac{b}{am}\right).$$

10. यदि अतिपरवलय $\frac{x^2}{4} - \frac{y^2}{9} = 1$ के बिन्दु $(2\sec\theta, 3\tan\theta)$ पर स्पर्श रेखा, सरल रेखा $3x - y + 4 = 0$ के समान्तर हो तब θ का मान ज्ञात करें।

हल : $\frac{x}{2}\sec\theta - \frac{y}{3}\tan\theta = 1$ ...(*i*)

(बिन्दु (2secθ, 3tanθ) पर स्पर्श रेखा का समीकरण)

$3x - y + 4 = 0$

$$\therefore \quad \frac{3}{2}\left(\frac{\sec\theta}{\tan\theta}\right) = 3$$

$$\Rightarrow \quad \sin\theta = \frac{1}{2} \quad \Rightarrow \quad \theta = 30°.$$

वस्तुनिष्ठ प्रश्न

1. अतिपरवलय $9x^2 - 16y^2 + 18x + 32y - 151 = 0$ का केन्द्र है–

(*a*) $(1, -1)$ (*b*) $(-1, 1)$
(*c*) $(-1, -1)$ (*d*) $(1, 1)$

2. रेखाओं $\frac{x}{a} + \frac{y}{b} = m$ तथा $\frac{x}{a} - \frac{y}{b} = \frac{1}{m}$ के प्रतिच्छेद बिन्दु का बिन्दुपथ जहाँ m एक प्राचल है, सदैव होगा।

(*a*) एक वृत्त (*b*) एक परवलय
(*c*) एक दीर्घवृत्त (*d*) एक अतिपरवलय

3. यदि अतिपरवलय की नाभियाँ $(5, 0)$ तथा $(-5, 0)$ और संयुग्मी अक्ष 8 हो, तो अतिपरवलय का समीकरण होगा–

(*a*) $9x^2 - 16y^2 = 144$ (*b*) $16x^2 - 9y^2 = 12$
(*c*) $9x^2 - 16y^2 = 12$ (*d*) $16x^2 - 9y^2 = 144$

4. समीकरण $13\left[(x-1)^2 + (y-2)^2\right] = 3(2x + 3y - 2)^2$ निरूपित करता है–

(*a*) परवलय (*b*) दीर्घवृत्त
(*c*) अतिपरवलय (*d*) इनमें से कोई नहीं

5. शांकव $x^2 + 2x - y^2 + 5 = 0$ की नियताओं के समीकरण हैं–

(*a*) $x = \pm 1$ (*b*) $y = \pm 2$
(*c*) $y = \pm\sqrt{2}$ (*d*) $x = \pm\sqrt{3}$

6. यदि किसी अतिपरवलय के शीर्ष $(4, 0)$ तथा $(-4, 0)$ और नाभियाँ $(6, 0)$ तथा $(-6, 0)$ हों, तो उत्केन्द्रता होगी–

(*a*) $\frac{5}{2}$ (*b*) 2
(*c*) $\frac{3}{2}$ (*d*) $\sqrt{2}$

7. यदि किसी अतिपरवलय की नाभि तथा शीर्ष $(0, \pm 4)$ तथा $(0, \pm 2)$ हों, तो उसका समीकरण होगा–

(a) $\frac{x^2}{4}-\frac{y^2}{12}=1$ (b) $\frac{x^2}{12}-\frac{y^2}{4}=1$

(c) $\frac{y^2}{4}-\frac{x^2}{12}=1$ (d) $\frac{y^2}{12}-\frac{x^2}{4}=1$

8. रेखाओं $bxt - ayt = ab$ तथा $bx + ay = abt$ के प्रतिच्छेद बिन्दु का बिन्दुपथ है–

(a) एक परवलय (b) एक दीर्घवृत्त

(c) एक अतिपरवलय (d) इनमें से कोई नहीं

9. k के विभिन्न मानों के लिए रेखाओं $\sqrt{3}x - y - 4\sqrt{3}x = 0$ व $\sqrt{3}kx + ky - 4\sqrt{3} = 0$ के प्रतिच्छेद बिन्दुओं का बिन्दुपथ होगा–

(a) वृत्त (b) परवलय

(c) अतिपरवलय (d) दीर्घवृत्त

10. समकोणीय अतिपरवलय $xy = c^2$ के नाभियों के निर्देशांक हैं–

(a) $(\pm c, \pm c)$ (b) $(\pm c\sqrt{2}, \pm c\sqrt{2})$

(c) $(\pm c/\sqrt{2}, \pm c/\sqrt{2})$ (d) इनमें से कोई नहीं

11. शांकवों $\frac{x^2}{a^2}-\frac{y^2}{b^2}=1$ तथा $\frac{y^2}{a^2}-\frac{x^2}{b^2}=1$ की एक उभयनिष्ठ स्पर्श रेखा का समीकरण है।

(a) $y = \pm x \pm \sqrt{b^2 - a^2}$

(b) $y = \pm x \pm \sqrt{a^2 - b^2}$

(c) $y = \pm x \pm \sqrt{a^2 + b^2}$

(d) इनमें से कोई नहीं

12. यदि m_1 व m_2 अतिपरवलय $\frac{x^2}{25}-\frac{y^2}{16}=1$ की स्पर्श रेखाओं की प्रवणतायें हों, जो बिन्दु $(6, 2)$ से गुजरती हैं, तो

(a) $m_1 + m_2 = \frac{24}{11}$ (b) $m_1 m_2 = \frac{23}{11}$

(c) $m_1 + m_2 = \frac{48}{11}$ (d) $m_1 m_2 = \frac{11}{20}$

13. अतिपरवलय की कोई लम्बवत् स्पर्श रेखाओं के प्रतिच्छेद बिन्दु का बिन्दुपथ एक वृत्त होता है जिसे अतिपरवलय का नियामक वृत्त कहते हैं, तो इस वृत्त का समीकरण है–

(a) $x^2 + y^2 = a^2 + b^2$

(b) $x^2 + y^2 = a^2 - b^2$

(c) $x^2 + y^2 = 2ab$

(d) इनमें से कोई नहीं

14. रेखाओं $ax \sec\theta + by \tan\theta = a$ तथा $ax \tan\theta + by \sec\theta = b$, जहाँ θ प्राचल है, के प्रतिच्छेद बिन्दु का बिन्दुपथ है–

(a) एक सरल रेखा (b) एक वृत्त

(c) एक दीर्घवृत्त (d) एक अतिपरवलय

15. एक अतिपरवलय की अनुप्रस्थ अक्ष की लम्बाई 7 है तथा वह बिन्दु $(5, -2)$ से गुजरता है। अतिपरवलय का समीकरण है–

(a) $\frac{4x^2}{49}-\frac{196}{51}y^2=1$

(b) $\frac{49}{4}x^2-\frac{51}{196}y^2=1$

(c) $\frac{4}{49}x^2-\frac{51}{196}y^2=1$

(d) इनमें से कोई नहीं

16. यदि अतिपरवलय का नियता $x + 2y = 1$, नाभि $(2, 1)$ तथा उत्केन्द्रता 2 हो, तो उसका समीकरण होगा–

(a) $x^2 - 16xy - 11y^2 - 12x + 6y + 21 = 0$

(b) $3x^2 + 16xy + 15y^2 - 4x + 4y - 1 = 0$

(c) $x^2 - 16xy - 11y^2 - 12x - 6y + 21 = 0$

(d) इनमें से कोई नहीं

17. वक्र $b^2x^2 - a^2y^2 = a^2b^2$ के बिन्दु $(a\sec\theta, b\tan\theta)$ पर अभिलम्ब का समीकरण है–

(a) $\frac{ax}{\cos\theta} + \frac{by}{\sin\theta} = a^2 + b^2$

(b) $\frac{ax}{\tan\theta} + \frac{by}{\sec\theta} = a^2 + b^2$

(c) $\frac{ax}{\sec\theta} + \frac{by}{\tan\theta} = a^2 + b^2$

(d) $\frac{ax}{\sec\theta} + \frac{by}{\tan\theta} = a^2 - b^2$

18. अतिपरवलय $3x^2 - 4y^2 = 12$ की उन स्पर्शियों के समीकरण, जो अक्षों से बराबर अन्तखंड काटती हैं–

(a) $y + x = \pm 1$ (b) $y - x = \pm 1$

(c) $3x + 4y = \pm 1$ (d) $3x - 4y = \pm 1$

19. अतिपरवलय $\frac{x^2}{a^2} - \frac{y^2}{b^2} = 1$ के सहायक वृत्त का समीकरण है–

(a) $x^2 + y^2 = a^2$

(b) $x^2 + y^2 = b^2$

(c) $x^2 + y^2 = a^2 + b^2$

(d) $x^2 + y^2 = a^2 - b^2$

20. एक अतिपरवलय की नाभियों के बीच की दूरी उसके शीर्षों के बीच की दूरी की दुगुनी है और संयुग्मी अक्ष की लम्बाई 6 है। अतिपरवलय की अक्षों को निर्देशांक अक्ष लेते हुए अतिपरवलय का समीकरण है–

(a) $3x^2 - y^2 = 3$ (b) $x^2 - 3y^2 = 3$

(c) $3x^2 - y^2 = 9$ (d) $x^2 - 3y^2 = 9$

21. अतिपरवलय $\frac{x^2}{a^2} - \frac{y^2}{b^2} = 1$ की स्पर्शी व्यक्त निर्देशांक की इकाई लम्बाई का अन्तःखंड काटता है तो बिन्दु (a, b) निम्न समकोणीय अतिपरवलय पर होगा–

(a) $x^2 - y^2 = 2$ (b) $x^2 - y^2 = 1$

(c) $x^2 - y^2 = -1$ (d) इनमें से कोई नहीं

22. एक अतिपरवलय बिन्दुओं $(3, 2)$ तथा $(-12, 12)$ से गुजरता है और उसका केन्द्र मूल बिन्दु पर है तथा अनुप्रस्थ X–अक्ष है। अतिपरवलय की अनुप्रस्थ अक्ष की लम्बाई है–

(a) 2 (b) 4

(c) 6 (d) इनमें से कोई नहीं

23. अतिपरवलय $9x^2 - 16y^2 = 144$ पर स्थित किसी बिन्दु की नाभीय दूरियों का अन्तर है–

(a) 8 (b) 7

(c) 6 (d) 4

24. शांकव $2x^2 - 72xy + 23y^2 - 4x - 28y - 48 = 0$ द्वारा व्यक्त वक्र का केन्द्र है–

(a) $\left(\frac{11}{25}, \frac{2}{25}\right)$ (b) $\left(\frac{2}{25}, \frac{11}{25}\right)$

(c) $\left(\frac{11}{25}, \frac{20}{25}\right)$ (d) $\left(\frac{-11}{25}, \frac{-2}{25}\right)$

25. परवलय $y^2 = 8x$ व अतिपरवलय $3x^2 - y^2 = 3$ की उभयनिष्ठ स्पर्श रेखाओं का समीकरण है–

(a) $2x \pm y + 1 = 0$ (b) $2x \pm y - 1 = 0$

(c) $x \pm 2y + 1 = 0$ (d) $x \pm 2y - 1 = 0$

26. उस शांकव का समीकरण, जिसकी नाभि $(1, -1)$, नियता $x - y + 1 = 0$ एवं उत्केन्द्रता $\sqrt{2}$ है, होगा–

(a) $x^2 - y^2 = 1$

(b) $xy = 1$

(c) $2xy - 4x + 4y + 1 = 0$

(d) $2xy + 4x - 4y - 1 = 0$

27. यदि सरल रेखा $x\cos\alpha + y\sin\alpha = p$ अतिपरवलय $\frac{x^2}{a^2}-\frac{y^2}{b^2}=1$ की स्पर्श रेखा हो, तब–

(a) $a^2\cos^2\alpha + b^2\sin^2\alpha = p^2$

(b) $a^2\cos^2\alpha - b^2\sin^2\alpha = p^2$

(c) $a^2\sin^2\alpha + b^2\cos^2\alpha = p^2$

(d) $a^2\sin^2\alpha - b^2\cos^2\alpha = p^2$

28. यदि परवलय $\frac{x^2}{a^2}-\frac{y^2}{b^2}=1$ पर दो स्पर्श रेखायें इस प्रकार खींची जाती हैं कि उनकी प्रवणताओं का गुणनफल c^2 है, तो वे निम्न वक्र पर प्रतिच्छेदित करती हैं–

(a) $y^2 + b^2 = c^2\left(x^2 - a^2\right)$

(b) $y^2 + b^2 = c^2\left(x^2 + a^2\right)$

(c) $ax^2 + by^2 = c^2$

(d) इनमें से कोई नहीं

29. अतिपरवलय $\frac{x^2}{a^2}-\frac{y^2}{b^2}=1$ का केन्द्र C है। इस अतिपरवलय के किसी भी बिन्दु P पर खींची गई स्पर्श रेखा, सरल रेखाओं $bx - ay = 0$ व $bx + ay = 0$ को क्रमशः Q और R बिन्दुओं पर मिलती है, तो $CQ \,.\, CR$ का मान है–

(a) $a^2 + b^2$ (b) $a^2 - b^2$

(c) $\frac{1}{a^2}+\frac{1}{b^2}$ (d) $\frac{1}{a^2}-\frac{1}{b^2}$

30. अतिपरवलय $\frac{x^2}{a^2}-\frac{y^2}{b^2}=1$ के नियामक वृत्त (Director Circle) की त्रिज्या है–

(a) $a - b$ (b) $\sqrt{a-b}$

(c) $\sqrt{a^2 - b^2}$ (d) $\sqrt{a^2 + b^2}$

31. यदि अतिपरवलय $x^2 - y^2 = 9$ की स्पर्श जीवा $x = 9$ है, तो सम्बन्धित स्पर्श रेखायुग्म (Pair of Tangents) का समीकरण है–

(a) $9x^2 - 8y^2 + 18x - 9 = 0$

(b) $9x^2 - 8y^2 - 18x + 9 = 0$

(c) $9x^2 - 8y^2 - 18x - 9 = 0$

(d) $9x^2 - 8y^2 + 18x + 9 = 0$

32. यदि अतिपरवलय $\frac{x^2}{4}-\frac{y^2}{9}=1$ के बिन्दु $(2\sec\phi, 3\tan\phi)$ पर स्पर्शी $3x - y + 4 = 0$ के समान्तर है, तब ϕ का मान है–

(a) 45° (b) 60°

(c) 30° (d) 75°

33. यदि एक वृत्त एक समकोणीय अतिपरवलय $xy = c^2$ को क्रमशः बिन्दुओं A,B,C तथा D पर काटे तथा उनके प्राचल क्रमशः t_1, t_2, t_3 तथा t_4 हों, तो–

(a) $t_1t_2 = t_3t_4$ (b) $t_1t_2t_3t_4 = 1$

(c) $t_1 = t_2$ (d) $t_3 = t_4$

34. अतिपरवलय $25x^2 - 16y^2 = 400$ की जीवा का समीकरण क्या होगा, जिसका मध्य बिन्दु $(5, 3)$ है?

(a) $115x - 117y = 17$ (b) $125x - 48y = 481$

(c) $127x - 32y = 341$ (d) $15x - 121y = 105$

35. अतिपरवलय के किसी बिन्दु से इसकी अनन्तस्पर्शियों पर खींचे लम्बों का गुणनफल है–

(a) $\frac{a^2b^2}{a^2+b^2}$ (b) $\frac{a^2+b^2}{a^2b^2}$

(c) $\frac{ab}{\sqrt{a}+\sqrt{b}}$ (d) $\frac{ab}{a^2+b^2}$

36. उस अतिपरवलय का समीकरण जिसके अक्ष, निर्देशांक अक्ष है। उसकी नाभियों के बीच की दूरी 16 तथा उत्केन्द्रता $\sqrt{2}$ है, होगा–

(a) $x^2 - y^2 = 16$ (b) $x^2 - y^2 = 32$

(c) $x - 2y^2 = 16$ (d) $y^2 - x^2 = 16$

37. यदि e तथा e' क्रमशः दीर्घवृत $5x^2 + 9y^2 = 45$ तथा अतिपरवलय $5x^2 - 4y^2 = 45$ की उत्केन्द्रता हो, तो ee' का मान है–

(a) 9 (b) 4

(c) 5 (d) 1

38. समीकण $\frac{1}{r} = \frac{1}{8} + \frac{3}{8}\cos\theta$ प्रदर्शित करता है–

(a) एक समकोणिक अतिपरवलय

(b) एक अतिपरवलय

(c) एक दीर्घवृत्त

(d) एक परवलय

39. अतिपरवलय $\frac{x^2}{\cos^2\alpha} - \frac{y^2}{\sin^2\alpha} = 1$ के लिए α का मान परिवर्तित करने पर निम्न में से क्या अचर रहेगा?

(a) शीर्षों के भुज (b) नाभियों के भुज

(c) उत्केन्द्रता (d) नियताएँ

40. सरल रेखाओं $\frac{x}{a} - \frac{y}{b} = m$ तथा $\frac{x}{a} + \frac{y}{b} = \frac{1}{m}$ के प्रतिच्छेद बिन्दु का बिन्दुपथ होगा–

(a) एक दीर्घवृत्त (b) एक वृत्त

(c) एक अतिपरवलय (d) एक परवलय

दृढ़कथन कारण (Assertion–Reason)

निम्नलिखित चार कूटों (a), (b), (c) एवं (d) में से सही उत्तर का चयन करें।

(a) वक्तव्य–I सत्य है; वक्तव्य–II सत्य है; वक्तव्य–II वक्तव्य–I का सही स्पष्टीकरण है।

(b) वक्तव्य–I सत्य है; वक्तव्य–II सत्य है; वक्तव्य–II वक्तव्य–I का सही स्पष्टीकरण नहीं है।

(c) वक्तव्य–I सत्य है; वक्तव्य–II असत्य है।

(d) वक्तव्य–I असत्य है; वक्तव्य–II सत्य है।

41. **वक्तव्य-I :** बिन्दु (5, – 4), अतिपरवलय $y^2 - 9x^2 + 1 = 0$ के अन्तर्गत है।

वक्तव्य-II : बिन्दु (x_1, y_1), अतिपरवलय $\frac{x^2}{a^2} - \frac{y^2}{b^2} = 1$ के अन्तर्गत है तब $\frac{x_1^2}{a^2} - \frac{y_1^2}{b^2} - 1 < 0$

42. **वक्तव्य-I :** दो संयुग्मी अतिपरवलयों की उत्केन्द्रताएँ $\frac{5}{3}$ और $\frac{5}{4}$ है।

वक्तव्य-II : यदि दो संयुग्मी अतिपरवलयों की उत्केन्द्रताएँ e और e_1 है तब $e\, e_1 > 1$

43. **वक्तव्य-I :** किसी अतिपरवलय $25x^2 - 16y^2 = 400$ की जीवा जिसका मध्य बिन्दु (6, 2) है, $16x - 75y = 418$ है।

वक्तव्य-II : जीवा जिसका मध्य बिन्दु (h, k) है $T = S_1$ होता है।

44. **वक्तव्य-I :** किसी अतिपरवलय की अनुप्रस्थ एवं संयुग्मी अक्ष क्रमशः 8 एवं 6 हो तो नाभीय दूरी 8 होगी।

वक्तव्य-II : किसी बिन्दु की नाभीय दूरी का अंतर $2a$ होता है।

45. मिलान करें (Match These)–

	वर्ग–I		वर्ग–II
A.	समकोणीय अतिपरवलय की उत्केन्द्रता	p.	0
B.	किसी बाह्य बिन्दु से अतिपरवलय पर खींची गयी स्पर्श रेखा की संख्या	q.	4
C.	कोई सरल रेखा, अतिपरवलय के प्रतिच्छेदित करती है, बिन्दुओं की संख्या	r.	1
D.	किसी बिन्दु से अतिपरवलय पर कितने अभिलम्ब खींचे जा सकते है।	s.	2
		t.	$\sqrt{2}$

(a) $A - s; B - s; C - r; D - q$

(b) $A - t; B - s; C - s; D - q$

(c) $A - r; B - s; C - p; D - r$

(d) इसमें से कोई नहीं

उत्तरमाला

1	2	3	4	5	6	7	8	9	10
(b)	(d)	(d)	(c)	(c)	(c)	(c)	(c)	(c)	(b)
11	**12**	**13**	**14**	**15**	**16**	**17**	**18**	**19**	**20**
(b)	(a)	(b)	(d)	(c)	(a)	(c)	(b)	(a)	(c)
21	**22**	**23**	**24**	**25**	**26**	**27**	**28**	**29**	**30**
(b)	(d)	(a)	(d)	(a)	(c)	(b)	(a)	(a)	(c)
31	**32**	**33**	**34**	**35**	**36**	**37**	**38**	**39**	**40**
(b)	(c)	(b)	(b)	(a)	(b)	(d)	(b)	(b)	(c)
41	**42**	**43**	**44**	**45**					
(d)	(b)	(d)	(a)	(b)					

व्याख्यात्मक उत्तर

1. दिए हुए समीकरण को

$ax^2 + by^2 + 2hxy + 2gx + 2fy + c = 0$ से तुलना करने पर,

$a = 9, b = -16, h = 0, g = 9, f = 16, c = -151$

$\therefore$ अतिपरवलय के केन्द्र

$$\left(\frac{hf-bg}{ab-h^2}, \frac{gh-af}{ab-h^2}\right) = \left(\frac{+16.9}{-9.16}, \frac{-9(16)}{-9(16)}\right)$$

$=(-1, 1)$ है।

2. दी गई रेखाओं के समीकरण,

$\frac{x}{a}+\frac{y}{b}=m$ व $\frac{x}{a}-\frac{y}{b}=\frac{1}{m}$ है।

दोनों को गुणा करने पर, $\frac{x^2}{a^2}-\frac{y^2}{b^2}=1$

जो कि एक अतिपरवलय है।

3. दिया है, संयुग्मी अक्ष $2b=8$

$\Rightarrow b=4$

तथा $2ae=10 \Rightarrow ae=5$

अब $b^2=(ae)^2-a^2$

$\Rightarrow (4)^2=5^2-a^2 \Rightarrow a^2=3^2 \Rightarrow a=3$

अतः अतिपरवलय का समीकरण $16x^2-9y^2=144$ है।

4. $13\left[(x-1)^2+(y-2)^2\right]=3(2x+3y-2)^2$

$\Rightarrow 13\left(x^2+1-2x+y^2+4-4y\right)$

$=3\left(4x^2+9y^2+4+12xy-12y-8x\right)$

स्पष्टतः यहाँ x^2 का गुणांक धनात्मक एवं y^2 का गुणांक ऋणात्मक है। अर्थात् यह एक अतिपरवलय की समीकरण है।

5. दिए गए समीकरण को निम्न रूप में लिख सकते हैं।

$(x+1)^2-y^2-1+5=0$

$\Rightarrow -\frac{(x+1)^2}{4}+\frac{y^2}{4}=1$

यहाँ $b=2,\ a=2,\ \frac{y^2}{b^2}-\frac{x^2}{a^2}=1$ की नियताएँ

$y=\pm\frac{b}{e}$ है।

तथा $e=\sqrt{1+1}=\sqrt{2}$

अतः नियताओं के समीकरण निम्न हैं–

$y=\pm\frac{2}{\sqrt{2}}=\pm\sqrt{2}.$

6. शीर्ष $(\pm 4, 0) = (\pm a, 0) \Rightarrow a = 4$

नाभियाँ $(\pm 6, 0) = (\pm ae, 0) = ae = 6$

$$\Rightarrow e = \frac{6}{4} = \frac{3}{2}.$$

7. दिया है, नाभियाँ $(0, \pm 4) = (0, \pm be) = be = 4$

शीर्ष $(0, \pm 2) = (0, \pm b) \Rightarrow b = 2$

अब $be = 4$

$$\Rightarrow e = \frac{4}{b} = 2 \text{ तथा}$$

$$a^2 = b^2(e^2 - 1) = 4(4-1) = 4 \times 3$$

$$\Rightarrow a = 2\sqrt{3}$$

अतः अतिपरवलय का समीकरण

$$\frac{-x^2}{(2\sqrt{3})^2} + \frac{y^2}{(2)^2} = 1 \text{ या } \frac{y^2}{4} - \frac{x^2}{12} = 1 \text{ है।}$$

8. दिया गया समीकरण निम्न है–

$bxt - ayt = ab$ या $t(bx - ay) = ab$ ...(i)

तथा $bx + ay = abt$ ...(ii)

समीकरण (ii) से t का मान समीकरण (i) में रखने पर,

$$\frac{(bx+ay)(bx-ay)}{ab} = ab$$

$$\Rightarrow (bx)^2 - (ay)^2 = (ab)^2 \Rightarrow \frac{x^2}{a^2} - \frac{y^2}{b^2} = 1$$

जो कि अतिपरवलय का मानक समीकरण है।

9. दिए गए दोनों समीकरणों को गुणा करने पर,

$$3x^2 - y^2 = 48, \Rightarrow \frac{x^2}{(48/3)} - \frac{y^2}{48} = 1$$

$$\Rightarrow \frac{x^2}{16} - \frac{y^2}{48} = 1$$

जो कि अतिपरवलय का समीकरण है।

10. दिया है, $xy = c^2$, $c^2 = \frac{a^2}{2}$

नाभि का निर्देशांक निम्न है–

$$(ae\cos 45°, ae\cos 45°) = (c\sqrt{2}, c\sqrt{2})$$

$$(\because e = \sqrt{2},\ a = c\sqrt{2})$$

इस प्रकार दूसरी नाभि $(-c\sqrt{2}, -c\sqrt{2})$ होगी।

11. शांकव $\frac{x^2}{a^2} - \frac{y^2}{b^2} = 1$ पर स्पर्शी है,

$$y = mx \pm \sqrt{a^2m^2 - b^2}$$

या $y = mx + c$, यहाँ $c = \pm\sqrt{a^2m^2 - b^2}$ ...(i)

यह अतिपरवलय $\frac{y^2}{a^2} - \frac{x^2}{b^2} = 1$ को स्पर्श करेगी यदि

समीकरण $\frac{(mx+c)^2}{a^2} - \frac{x^2}{b^2} = 1$ के बराबर मूल होंगें।

$\Rightarrow x^2(b^2m^2 - a^2) + 2b^2 mcx + (c^2 - a^2)b^2 = 0$

$\Rightarrow 4b^4m^2c^2 = 4(b^2m^2 - a^2)(c^2 - a^2)b^2$

$\Rightarrow c^2 = a^2 - b^2m^2$

$\therefore a^2m^2 - b^2 = a^2 - b^2m^2$ [समीकरण (i) से]

$\Rightarrow m^2(a^2 + b^2) = a^2 + b^2 \Rightarrow m = \pm 1$

अतः उभयनिष्ट रेखा का समीकरण है–

$$y = \pm x \pm \sqrt{a^2 - b^2}.$$

12. बिन्दु $(6, 2)$ से जाने वाली रेखा का समीकरण निम्न है।

$$y - 2 = m(x - 6) \Rightarrow y = mx + 2 - 6m$$

अब स्पर्शी के प्रतिबंध से $(2 - 6m)^2 = 25m^2 - 16$

$$\Rightarrow 36m^2 + 4 - 24m - 25m^2 + 16 = 0$$

$\Rightarrow 11m^2 - 24m + 20 = 0$

यह m पदों में द्विघात समीकरण है।

स्पष्टतः इसके मूल m_1 व m_2 हैं। अतः

$m_1 + m_2 = \frac{24}{11}$ व $m_1 m_2 = \frac{20}{11}$.

13. माना अतिपरवलय का समीकरण $\frac{x^2}{a^2} - \frac{y^2}{b^2} = 1$ है।

इस स्पर्शी का समीकरण निम्न है—

$$y = mx \pm \sqrt{a^2m^2 - b^2} \quad ...(i)$$

इस स्पर्शी का लम्बवत् स्पर्शी का समीकरण निम्न है—

$$y = -\frac{1}{m}x \pm \sqrt{\frac{a^2}{m^2} - b^2} \quad ...(ii)$$

समीकरण (*i*) तथा (*ii*) को गुणा करने पर,

$$x^2 + y^2 = a^2 - b^2$$

जोकि नियामक वृत्त का समीकरण है।

14. दी हुई समीकरणों का वर्ग करके घटाने पर,

$$a^2x^2(\sec^2\theta - \tan^2\theta) + b^2y^2(\tan^2\theta - \sec^2\theta) = a^2 - b^2$$

$$\Rightarrow a^2x^2 - b^2y^2 = a^2 - b^2$$

जोकि अतिपरवलय का समीकरण है।

15. दिया है, $2a = 7 \Rightarrow a = \frac{7}{2}$

माना अतिपरवलय का समीकरण $\frac{x^2}{a^2} - \frac{y^2}{b^2} = 1$ है।

यह बिन्दु $(5, -2)$ से गुजरता है।

$$\therefore \quad \frac{100}{49} - \frac{4}{b^2} = 1 \Rightarrow \frac{4}{b^2} = \frac{100}{49} - 1 = \frac{51}{49}$$

$$\Rightarrow b^2 = \frac{196}{51}$$

$\therefore$ अभीष्ट समीकरण निम्न है—

$$\frac{x^2}{\frac{49}{4}} - \frac{y^2}{\frac{196}{51}} = 1$$

$$\Rightarrow \frac{4x^2}{49} - \frac{51y^2}{196} = 1.$$

16. हम जानते हैं कि यदि अतिपरवलय पर कोई बिन्दु (x, y) है, तब बिन्दु की नाभि से दूरी $= e \times$ नियता से दूरी

$$(x-2)^2 + (y-1)^2 = 4\left[\frac{(x+2y-1)^2}{5}\right]$$

$$\Rightarrow 5[x^2 + y^2 - 4x - 2y + 5] = 4[x^2 + 4y^2 + 1 + 4xy - 2x - 4y]$$

$$\Rightarrow x^2 - 11y^2 - 16xy - 12x + 6y + 21 = 0.$$

17. अतिपरवलय $\frac{x^2}{a^2} - \frac{y^2}{b^2} = 1$ के बिन्दु $(a\sec\theta, b\tan\theta)$ पर अभिलम्ब का समीकरण निम्न होगा—

$$\frac{a^2x}{a\sec\theta} + \frac{b^2y}{b\tan\theta} = a^2 + b^2$$

$$\Rightarrow \frac{ax}{\sec\theta} + \frac{by}{\tan\theta} = a^2 + b^2$$

18. दिए गए समीकरण को निम्न रूप से लिख सकते हैं—

$$\frac{x^2}{4} - \frac{y^2}{3} = 1$$

बिन्दु (h, k) पर स्पर्शी का समीकरण

$$\frac{x}{(4/h)} - \frac{y}{(3/k)} = 1 \text{ है,}$$

दिया है, स्पर्शी अक्षों से बराबर अन्तःखंड काटती है।

$$\therefore \quad \frac{4}{h} = \frac{3}{k} \Rightarrow \frac{h}{k} = \frac{4}{3} \quad ...(i)$$

चूँकि बिन्दु (h, k) अतिपरवलय पर है।

$3h^2 - 4k^2 = 12$ ...(ii)

अतः समीकरण (i) व (ii) से,

स्पर्शियाँ $y - x = \pm 1$ है।

19. अतिपरवलय $\frac{x^2}{a^2} - \frac{y^2}{b^2} = 1$ के सहायक वृत्त का समीकरण निम्न है–

$(x-0)^2 + (y-0)^2 = a^2 \Rightarrow x^2 + y^2 = a^2.$

20. प्रश्नानुसार, $2ae = 2.2a \Rightarrow e = 2$

व $2b = 6 \Rightarrow b = 3$

अतः $a^2 = \frac{b^2}{(e^2-1)} = \frac{9}{(4-1)} = \frac{9}{3}$

$\Rightarrow a = \sqrt{3}$

अतः अतिपरवलय का समीकरण $\frac{x^2}{3} - \frac{y^2}{9} = 1$ है।

21. माना अतिपरवलय $\frac{x^2}{a^2} - \frac{y^2}{b^2} = 1$ पर स्पर्श बिन्दु $(a\sec\theta, b\tan\theta)$ पर स्पर्शी की समीकरण निम्न है–

$$\Rightarrow \frac{x}{\left(\frac{a}{\sec\theta}\right)} - \frac{y}{\left(\frac{b}{\tan\theta}\right)} = 1$$

दिया है, $\frac{a}{\sec\theta} = 1, \frac{b}{\tan\theta} = 1$

$\Rightarrow a = \sec\theta, \ b = \tan\theta$

या $(a, b), x^2 - y^2 = 1$ पर स्थित है।

22. माना अतिपरवलय का समीकरण $\frac{x^2}{a^2} - \frac{y^2}{b^2} = 1$ है।

परन्तु यह $(3, 2)$ से गुजरता है, अतः

$\frac{9}{a^2} - \frac{4}{b^2} = 1$ ...(i)

इसी प्रकार $(-12, 12)$ से गुजरता है, अतः

$\frac{(-12)^2}{a^2} - \frac{(12)^2}{b^2} = 1$ ...(ii)

समीकरण (i) व (ii) को सरल करने पर,

$a = \frac{6}{\sqrt{7}}$ तथा $b = \frac{4}{\sqrt{3}}$

अतः अनुप्रस्थ अक्ष की लम्बाई $= 2a = \frac{12}{\sqrt{7}}$ होगी।

23. दिए गए अतिपरवलय का समीकरण निम्न है–

$9x^2 - 16y^2 = 144 \Rightarrow \frac{x^2}{16} - \frac{y^2}{9} = 1$

यहाँ $a - 4, b - 3$, नाभीय दूरियों का अन्तर $= 2a = 8$ होगा।

24. दिए हुए समीकरण

$2x^2 - 72xy + 23y^2 - 4x - 28y - 48 = 0$ की तुलना

$ax^2 + by^2 + 2hxy + 2gx + 2fy + c = 0$

से करने पर,

$\Rightarrow a = 2, b = 23, c = -48, h = -36, g = -2, f = -14$ शांकव का केन्द्र निम्न है–

$$\left(\frac{hf - bg}{ab - h^2}, \frac{gh - af}{ab - h^2}\right)$$

$$= \left[\left(\frac{-36(-14) - 23(-2)}{2 \times 23 - (-36)^2}\right), \frac{-2(-36) - 2(-14)}{2 \times (23) - (-36)^2}\right]$$

$$= \left[\frac{504 + 46}{46 - 1296}, \frac{72 + 28}{46 - 1296}\right]$$

$$= \left(\frac{550}{-1250}, \frac{100}{-1250}\right) = \left(\frac{-11}{25}, \frac{-2}{25}\right).$$

25. परवलय $y^2 = 8x$ पर स्पर्शी का समीकरण निम्न है–

$y = mx + \frac{2}{m}$ ...(i)

तथा अतिपरवलय $\frac{x^2}{1} - \frac{y^2}{3} = 1$ पर स्पर्शी का समीकरण निम्न है–

$y = mx \pm \sqrt{m^2 - 3}$ ...(ii)

समीकरण (i) और (ii) की तुलना करने पर,

$m = \pm 2$

अतः m का मान समीकरण (i) में रखने पर,

$2x \pm y + 1 = 0$

जोकि अभीष्ट स्पर्श रेखाओं के समीकरण है।

26. माना $P(x, y)$ शांकव पर कोई बिन्दु है, तो

$$\sqrt{(x-1)^2 + (y+1)^2}$$

$$= \sqrt{2}\left(\frac{x-y+1}{\sqrt{2}}\right)$$

$(\because SP = e.PM)$

$\Rightarrow x^2 + 1 - 2x + y^2 + 1 + 2y$

$= x^2 + y^2 + 1 - 2xy - 2y + 2x$

$\Rightarrow 2xy - 4x + 4y + 1 = 0$

27. दी हुई सरल रेखा का समीकरण निम्न है–

$x\cos\alpha + y\sin\alpha = p \Rightarrow y = -\cot\alpha.x + p\text{cosec}\alpha$

यह अतिपरवलय $\frac{x^2}{a^2} - \frac{y^2}{b^2} = 1$ की स्पर्शी है।

अतः $p^2\text{cosec}^2\alpha = a^2\cot^2\alpha - b^2$

$\left[\because c^2 = a^2m^2 - b^2\right]$

$$\Rightarrow p^2\frac{1}{\sin^2\alpha} = \frac{a^2\cos^2\alpha}{\sin^2\alpha} - b^2$$

$\Rightarrow a^2\cos^2\alpha - b^2\sin^2\alpha = p^2.$

28. माना (h, k) प्रतिच्छेद बिन्दु है। $SS_1 = T^2$ से,

$$\left(\frac{x^2}{a^2} - \frac{y^2}{b^2} - 1\right)\left(\frac{h^2}{a^2} - \frac{k^2}{b^2} - 1\right)$$

$$= \left[\frac{hx}{a^2} - \frac{ky}{b^2} - 1\right]^2$$

$$\Rightarrow x^2\left[\frac{h^2}{a^4} - \frac{k^2}{a^2b^2} - \frac{1}{a^2} - \frac{h^2}{a^4}\right]$$

$$-y^2\left[\frac{h^2}{a^2b^2} - \frac{k^2}{b^4} - \frac{1}{b^2} + \frac{k^2}{b^4}\right] + ... = 0$$

हम जानते हैं $m_1m_2 = \dfrac{x^2 \text{का गुणांक}}{y^2 \text{का गुणांक}}$

$$\therefore m_1m_2 = \frac{\frac{k^2}{a^2b^2} + \frac{1}{a^2}}{\frac{h^2}{a^2b^2} - \frac{1}{b^2}} = c^2$$

$$\Rightarrow \left(\frac{k^2 + b^2}{h^2 - a^2}\right) = c^2$$

$\Rightarrow (y^2 + b^2) = c^2(x^2 - a^2)$ जोकि अभीष्ट वक्र का समीकरण है।

29. माना अतिपरवलय पर कोई बिन्दु $P(a\sec\theta, b\tan\theta)$ है।

P पर स्पर्शी समीकरण

$\frac{x\sec\theta}{a} - \frac{y\tan\theta}{b} = 1$ है।

यह $bx - ay = 0$ अर्थात् $\frac{x}{a} = \frac{y}{b}$ से Q पर मिलती है।

$\therefore Q$ के निर्देशांक $\left(\frac{a}{\sec\theta \quad \tan\theta}, \frac{b}{\sec\theta \quad \tan\theta}\right)$ हैं

तथा यह $bx + ay = 0$

अर्थात् $\frac{x}{a} = \frac{-y}{b}$ से R पर मिलती है।

$\therefore$ R के निर्देशांक $\left(\frac{a}{\sec\theta + \tan\theta}, \frac{b}{\sec\theta + \tan\theta}\right)$ है।

$$\therefore CQ.CR = \frac{\sqrt{a^2 + b^2}}{(\sec\theta - \tan\theta)} \times \frac{\sqrt{a^2 + b^2}}{(\sec\theta + \tan\theta)}$$

$= a^2 + b^2.$ $\left[\because \sec^2\theta - \tan^2\theta = 1\right]$

30. अतिपरवलय $\frac{x^2}{a^2}-\frac{y^2}{b^2}=1$ के नियमाक वृत का समीकरण

$x^2+y^2=a^2-b^2$

अतः नियामक वृत्त की त्रिज्या $=\sqrt{a^2-b^2}$ है।

31. बिन्दु (h,k) की स्पर्श जीवा का समीकरण निम्न है–

$xh-yk=9,$

$x=9$ से तुलना करने पर,

$h=1,\ k=0$

बिन्दु $(1,0)$ पर स्पर्शी युग्म का समीकरण निम्न है–

$SS_1=T^2$

$\Rightarrow (x^2-y^2-9)(1^2-0^2-9)=(x-9)^2$

$\Rightarrow (x^2-y^2-9)(-8)=(x-9)^2$

$\Rightarrow -8x^2+8y^2+72=x^2-18x+81$

$\Rightarrow 9x^2-8y^2-18x+9=0.$

32. दिए गए बिन्दु $x=2\sec\phi$ व $y=3\tan\phi$ के अवकलन से,

$\frac{dx}{d\phi}=2\sec\phi\tan\phi$ व $\frac{dy}{d\phi}=3\sec^2\phi$

अतः स्पर्श रेखा की प्रवणता

$$\frac{dy}{dx}=\frac{\frac{dy}{d\phi}}{\frac{dx}{d\phi}}=\frac{3\sec^2\phi}{2\sec\phi\tan\phi}$$

$\Rightarrow \frac{dy}{dx}=\frac{3}{2}\text{cosec}\,\phi$ ...(*i*)

किन्तु स्पर्श रेखा $3x-y+4=0$ के समान्तर है,

अतः प्रवणता $m=3$ ...(*ii*)

समीकरण (*i*) और (*ii*) से,

$\frac{3}{2}\text{cosec}\,\phi=3 \Rightarrow \text{cosec}\,\phi=2$

$\therefore\ \phi=30°.$

33. माना वृत्त का समीकरण निम्न है–

$x^2+y^2=a^2$ ...(*i*)

समकोणीय अतिपरवलय $xy=c^2$ का प्राचलिक रूप निम्न है,

$x=ct,\ y=\frac{c}{t}$

x एवं y का मान समीकरण (*i*) में रखने पर,

$\Rightarrow c^2t^2+\frac{c^2}{t^2}=a^2$

$\Rightarrow c^2t^4-a^2t^2+c^2=0$

माना इस समीकरण के मूल t_1,t_2,t_3 व t_4 हैं।

$\therefore\ t_1t_2t_3t_4=\frac{c^2}{c^2}=1.$

34. प्रश्नानुसार,

$S\equiv 25x^2-16y^2-400=0,$

अभीष्ट जीवा का समीकरण निम्न है–

$S_1=T$ ...(*i*)

यहाँ $S_1\equiv 25(5)^2-16(3)^2-400$

$=625-144-400=81$

तथा $T\equiv 25xx_1-16yy_1-400$

जहाँ, $x_1=5,\ y_1=3$

$=25x(5)-16y(3)-400=125x-48y-400$

समीकरण (*i*) से,

अभीष्ट जीवा का समीकरण निम्न है–

$125x-48y-400=81$

$\Rightarrow 125x-48y=481.$

35. माना अतिपरवलय का समीकरण निम्न है–

$\frac{x^2}{a^2}-\frac{y^2}{b^2}=1$ तथा (x_1,y_1) अतिपरवलय पर कोई बिन्दु है।

$\therefore\ \frac{x_1^2}{a^2}-\frac{y_1^2}{b^2}=1$

$\Rightarrow b^2x_1^2-a^2y_1^2=a^2b^2$ ...(*i*)

दिए गए अतिपरवलय की अनन्तस्पर्शियाँ हैं।

$$\therefore \quad \frac{x^2}{a^2}-\frac{y^2}{b^2}=0$$

$\therefore$ बिन्दु (x_1, y_1) से रेखायुग्म $\frac{x^2}{a^2}-\frac{y^2}{b^2}=0$ पर डाले गये लम्बों का गुणनफल

$$=\frac{\left|Ax_1^2+2Hx_1y_1+By_1^2\right|}{\sqrt{(A-B)^2+4H^2}}$$

$$\Rightarrow \frac{b^2x_1^2-a^2y_1^2}{\sqrt{\left(b^2+a^2\right)^2}}=\frac{a^2b^2}{a^2+b^2} \qquad \text{[समीकरण } (i) \text{ से]}$$

36. प्रश्नानुसार,

अनुप्रस्थ अक्ष = संयुग्मी अक्ष

तथा $e=\sqrt{2}$, $2ae=16$, $\Rightarrow a=4\sqrt{2}$

अतः अतिपरवलय का समीकरण निम्न है–

$$x^2-y^2=\left(4\sqrt{2}\right)^2 \Rightarrow x^2-y^2=32$$

37. दिया है, दीर्घवृत्त $\frac{x^2}{9}+\frac{y^2}{5}=1$ की उत्केन्द्रता तथा अतिपरवलय $\frac{x^2}{9}-\frac{y^2}{45/4}=1$ की उत्केन्द्रता e' है।

स्पष्टतः $e=\frac{2}{3}$ तथा $e'=\frac{3}{2}$

$$\therefore \quad e\,e'=\frac{2}{3}\times\frac{3}{2}=1.$$

38. दिया है,

$$\frac{1}{r}=\frac{1}{8}+\frac{3}{8}\cos\theta$$

अथवा $\frac{8}{r}=1+3\cos\theta$ ...(*i*)

जोकि $\frac{l}{r}=1+e\cos\theta$ का रूप है। ...(*ii*)

समीकरण (*i*) तथा (*ii*) से तुलना करने पर,

$\because \quad e=3>0$

$\therefore$ दिया गया समीकरण अतिपरवलय है।

39. अतिपरवलय का समीकरण निम्न है–

$$\frac{x^2}{\cos^2\alpha}-\frac{y^2}{\sin^2\alpha}=1$$

$\Rightarrow \quad a=\cos\alpha,\ b=\sin\alpha$

हम जानते है,

$$ae=\sqrt{a^2+b^2}=\sqrt{\cos^2\alpha+\sin^2\alpha}=1.$$

40. दिया है,

$$\frac{x}{a}-\frac{y}{b}=m \qquad ...(i)$$

$$\frac{x}{a}+\frac{y}{b}=\frac{1}{m} \qquad ...(ii)$$

समीकरण (*i*) व (*ii*) को आपस में गुणा करने पर,

$$\left(\frac{x}{a}-\frac{y}{b}\right)\left(\frac{x}{a}+\frac{y}{b}\right)=m\cdot\frac{1}{m}$$

$\Rightarrow \quad \frac{x^2}{a^2}-\frac{y^2}{b^2}=1$ जोकि अनिपरवलय का समीकरण है।

41. $y^2-9x^2+1=0 \quad \Rightarrow 9x^2-y^2=1$

$$\Rightarrow \frac{x^2}{\left(\frac{1}{3}\right)^2}-\frac{y^2}{1^2}=1$$

बिन्दु $(5,-4)$ है।

अतः अन्तर्गत होगा यदि $\frac{5^2}{\left(\frac{1}{3}\right)^2}-\frac{(-4)^2}{1^2}-1<0$

$\Rightarrow 25\times 9-16-1<0$

$\Rightarrow 225-16-1<0 \Rightarrow 208 \nless 0$

अतः वक्तव्य–I असत्य है वक्तव्य–II सत्य है (*d*) सही उत्तर है।

42. स्पष्टतः दोनों वक्तव्य सत्य है परन्तु वक्तव्य–I वक्तव्य–II का सही स्पष्टीकरण नहीं है।
अतः (*b*) सही उत्तर है।

43. वक्तव्य– असत्य है परन्तु वक्तव्य– सत्य है क्योंकि यह प्रामाणिक है।
अतः (*d*) सही उत्तर है।

44. वक्तव्य–I सत्य है,
अनुप्रस्थ अक्ष $= 2a = 8$
अर्थात् नाभियों के बीच की दूरी $= 2a = 8$
अतः वक्तव्य–I सत्य है एवं वक्तव्य–II सही स्पष्टीकरण है।
(*a*) सही उत्तर है।

45. सही उत्तर (*b*) होगा।

17

दीर्घवृत्त (ELLIPSE)

दीर्घवृत्त (Ellipse)

यदि किसी समतल में कोई बिन्दु P इस प्रकार गति करें कि इसकी बिन्दु से तथा स्थिर रेखा से दूरियों का अनुपात सदैव अचर e हो, तब इस बिन्दु के बिन्दुपथ को दीर्घवृत्त (Ellipse) कहते हैं। स्थिर बिन्दु नाभि (Focus) तथा स्थिर रेखा नियता (Directrix) कहलाता है। अचर e को दीर्घवृत्त की उत्केन्द्रता (Eccentricity) कहते हैं।

$$\frac{PS}{PM} = e \text{ जहाँ } e < 1$$

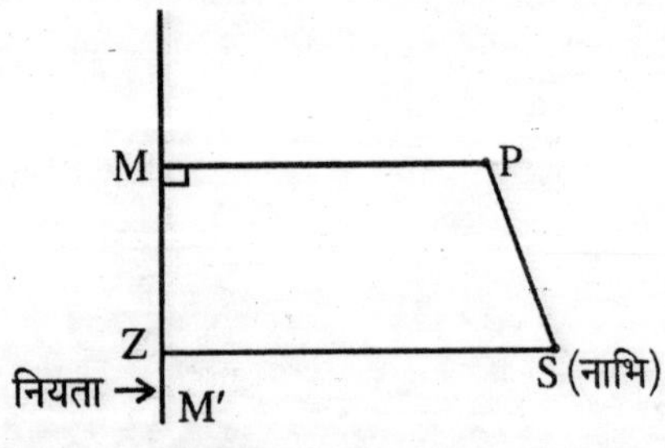

जहाँ S नाभि तथा $M\,Z\,M'$ दीर्घवृत्त की नियता है।

दीर्घवृत्त का मानक समीकरण

(Standard Equation of an Ellipse)

जब दीर्घ अक्ष X–अक्ष के अनुदिश हो (When Major Axis is along X–axis)

दीर्घवृत्त का मानक समीकरण $\frac{x^2}{a^2} + \frac{y^2}{b^2} = 1$ होता है।

जहाँ $b^2 = a^2\left(1 - e^2\right), a > b$

$A\,A' = 2a$ तथा $B\,B' = 2b$

दीर्घवृत्त की नाभियाँ S एवं S' क्रमशः $(ae, 0)$ तथा $(-ae, 0)$ हैं तथा नियताएँ MZ तथा $M'\,Z'$ क्रमशः $x = \frac{a}{e}$ एवं $x = -a/e$ हैं।

समीकरण $ax^2 + 2hxy + by^2 + 2gx + 2fy + c = 0$ एक दीर्घवृत्त को निरूपित करेगी, यदि $h^2 < ab$, तथा $abc + 2fgh - af^2 - bg^2 - ch^2 \neq 0]$

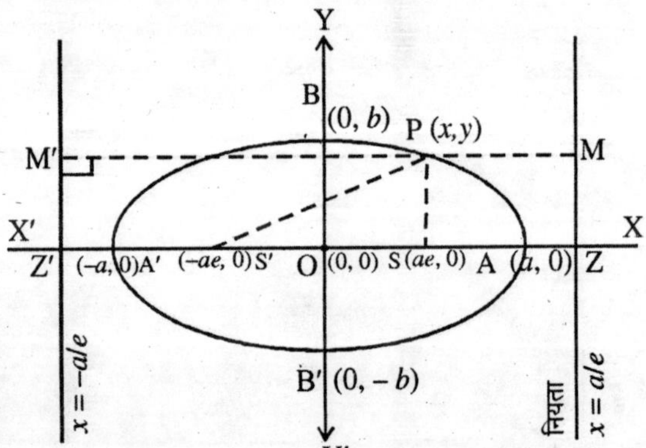

जब दीर्घवृत्त Y–अक्ष के अनुदिश हो (When Major Axis is along Y–axis)

इस दशा में लघु अक्ष X–अक्ष के अनुदिश होता है तब $A\,A' = 2b$ तथा $B\,B' = 2a$ दीर्घवृत्त की नाभियाँ इस रूप में S एव S' क्रमशः $(0, be)$ एवं $(0, -be)$ हैं तथा नियताएँ MZ एवं $M'Z'$ क्रमशः $y = \frac{b}{e}$ एवं $y = \frac{-b}{e}$ हैं।

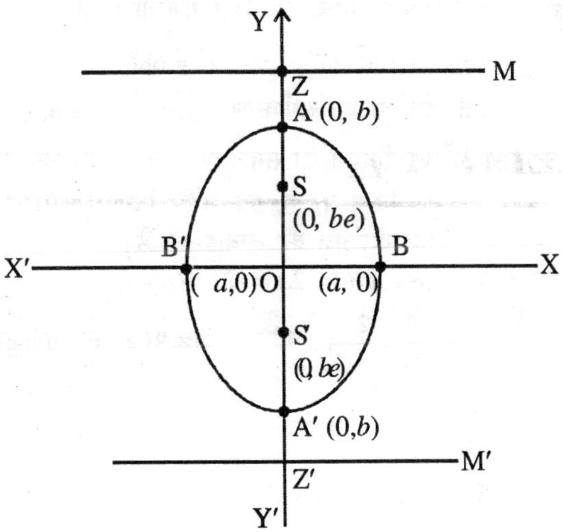

नोट : यदि $e=0$ तब $b^2=a^2(1-0) \Rightarrow b=a$

समीकरण $\dfrac{x^2}{a^2}+\dfrac{y^2}{a^2}=1 \Rightarrow x^2+y^2=a^2$

अतः दीर्घवृत्त का समीकरण, वृत्त के समीकरण में बदल जाता है। इस प्रकार यदि दीर्घवृत्त के समीकरण में $e=0$ हो तो यह वृत्त का समीकरण होगा।

उदाहरण 1. दीर्घवृत्त $4x^2+3y^2=36$ की उत्केन्द्रता, नाभि का नियामक एवं नाभि लम्ब की लम्बाई ज्ञात करें।

हलः दीर्घवृत्त का समीकरण $4x^2+3y^2=36$ है

$$\Rightarrow \frac{x^2}{9}+\frac{y^2}{12}=1$$

दीर्घवृत्त से सम्बन्धित महत्वपूर्ण तथ्य (Important Facts Related to Ellipse)

	जब $a>b; \dfrac{x^2}{a^2}+\dfrac{y^2}{b^2}=1$	**जब $b>a; \dfrac{x^2}{b^2}+\dfrac{y^2}{a^2}=1$**
केन्द्र के नियामक	$(0,0)$	$(0,0)$
शीर्षों के नियामक	$(\pm a,0)$	$(0,\pm b)$
नाभियों के नियामक	$(\pm ae,0)$	$(0,\pm be)$
दीर्घ अक्ष की लम्बाई	$2a$	$2b$
नियताओं के समीकरण	$x=\pm\dfrac{a}{e}$	$y=\pm\dfrac{b}{e}$
a, b एवं e में संबंध	$b^2=a^2(1-e^2)$	$a^2=b^2(1-e^2)$
नाभिलम्ब की लम्बाई	$\dfrac{2b^2}{a}$	$\dfrac{2a^2}{b}$
नाभीय त्रिज्याएँ	$SP=a-ex_1$	$SP=b-ey_1$
	$SP'=a+ex_1$	$SP'=b+ey_1$
नाभियों की बीच की दूरी	$2ae$	$2be$
नियताओं के बीच की दूरी	$2a$	$2b$
शीर्षों पर स्पर्शियों के समीकरण	$x=-a$ तथा $x=a$	$y=b$ तथा $y=-b$

दीर्घवृत्त के समीकरण $\frac{x^2}{b^2}+\frac{y^2}{a^2}=1$ से तुलना करने पर,

$a^2=12,\ b^2=9$

$\Rightarrow a=2\sqrt{3}$ तथा $b=3$

दीर्घवत्त की उत्केन्द्रता (e) : $b^2=a^2\left(1-e^2\right)$

$\Rightarrow 9=12\left(1-e^2\right)$

$\Rightarrow e^2=1-\frac{3}{4}=\frac{1}{4}$

$\Rightarrow e=\frac{1}{2}$

दीर्घवृत्त की नाभि $(0, ae)$ तथा $(0, -ae)$ होगा

($\because$ दीर्घअक्ष, Y–अक्ष के अनुदिश है)

$=\left(0, 2\sqrt{3}\times\frac{1}{2}\right), \left(0, -2\sqrt{3}\times\frac{1}{2}\right)$

$=\left(0, \sqrt{3}\right), \left(0, -\sqrt{3}\right)$

नाभिलम्ब की लम्बाई $=\frac{2b^2}{a}=2\times\frac{9}{2\sqrt{3}}=3\sqrt{3}$

उदाहरण 2. दीर्घवृत्त का समीकरण ज्ञात करें यदि $e=\frac{3}{4}$, नाभि Y–अक्ष पर हो, केन्द्र मूल बिन्दु हो तथा जो बिन्दु $(6, 4)$ से गुजरती हो।

हल : चूँकि दीर्घवृत्त का केन्द्र मूल बिन्दु पर है तथा नाभि Y–अक्ष पर है, अतः समीकरण

$\frac{x^2}{b^2}+\frac{y^2}{a^2}=1$ होगा

जहाँ $b^2=a^2\left(1-e^2\right)=\ a^2\left[1-\left(\frac{3}{4}\right)^2\right]=\frac{7}{16}a^2$

अतः समीकरण $\frac{x^2}{\frac{7}{16}a^2}+\frac{y^2}{a^2}=1$

$\Rightarrow \frac{16x^2}{7a^2}+\frac{y^2}{a^2}=1$

$\Rightarrow 16x^2+7y^2=7a^2$

चूँकि दीर्घवृत्त बिन्दु $(6, 4)$ से गुजरती है अतः

$16.6^2+7.4^2=7a^2 \Rightarrow 7a^2=688$

अतः दीर्घवृत्त का समीकरण $16x^2+7y^2=688$.

उदाहरण 3. उस दीर्घवृत्त का समीकरण ज्ञात करें जिसका केन्द्र मूल बिन्दु पर है, एक नाभि बिन्दु $(4, 0)$ पर है तथा दीर्घअक्ष की लम्बाई 12 है।

हल : यहाँ $ae=4$ तथा $2a=12 \Rightarrow a=6$

$\therefore e=\frac{4}{6}=\frac{2}{3}$ ($\because$ नाभि x–अक्ष पर है अतः समीकरण $\frac{x^2}{a^2}+\frac{y^2}{b^2}=1$ होगा।)

अब $b^2=a^2\left(1-e^2\right)$

$\Rightarrow b^2=36\left[1-\left(\frac{2}{3}\right)^2\right]$

$\Rightarrow b^2=36\times\frac{5}{9}=20$

अतः दीर्घवृत्त का समीकरण $\frac{x^2}{36}+\frac{y^2}{20}=1$.

उदाहरण 4. दीर्घवृत्त की उत्केन्द्रता (Eccentricity) ज्ञात करें जब

(*i*) नाभिलम्ब इसके दीर्घअक्ष की आधी (half) हो, तथा

(*ii*) नाभि के बीच की दूरी नाभिलम्ब की लम्बाई के बराबर हो।

हलः (*i*) दिया गया है,

$\frac{2b^2}{a}=\frac{1}{2}(2a) \ \Rightarrow 2b^2=a^2$

$\Rightarrow 2a^2\left(1-e^2\right)=a^2 \Rightarrow 1-e^2=\frac{1}{2}$

$\Rightarrow e^2=\frac{1}{2} \Rightarrow e=\frac{1}{\sqrt{2}}$

(*ii*) प्रश्न से,

$2ae=\frac{2b^2}{a}$

$\Rightarrow a^2e=b^2$

$\Rightarrow a^2e=a^2\left(1-e^2\right)$

$\Rightarrow e^2+e-1=0 \Rightarrow e=\frac{-1\pm\sqrt{1+4}}{2}$

$$\Rightarrow e = \frac{-1 \pm \sqrt{5}}{2}$$

$$\therefore e = \frac{-1+\sqrt{5}}{2}. \qquad (\because 0 < e < 1)$$

दीर्घवृत्त के सापेक्ष किसी बिन्दु $p(h,k)$ की स्थिति (Position of any Point $P(x, y)$ with respect to an Ellipse)

माना दीर्घवृत्त का समीकरण $\frac{x^2}{a^2}+\frac{y^2}{b^2}=1$ तथा बिन्दु P का नियामक (x, y) है, तब यदि,

(i) $\frac{h^2}{a^2}+\frac{k^2}{b^2}-1>0$ हो, तब बिन्दु दीर्घवृत्त के बाहर होगा।

(ii) $\frac{h^2}{a^2}+\frac{k^2}{b^2}-1=0$ हो, तब बिन्दु दीर्घवृत्त पर स्थित होगा।

(iii) $\frac{h^2}{a^2}+\frac{k^2}{b^2}-1<0$ हो, तब बिन्दु दीर्घवृत्त के अंदर स्थित होगा।

दीर्घवृत्त के प्राचलिक नियामक एवं समीकरण

(Parametric Co-ordinates and Equation of an Ellipse)

माना दीर्घवृत्त का समीकरण $\frac{x^2}{a^2}+\frac{y^2}{b^2}=1$ है, तब $(a\cos\phi, b\sin\phi)$ दीर्घवृत्त के प्राचलिक नियामक एवं $x = a\cos\phi,\ y = b\sin\phi$ दीर्घवृत्त के प्राचलिक समीकरण है।

सहायक वृत्त (Auxiliary Circle) : दीर्घवृत्त के दीर्घअक्ष को व्यास मानकर खींचे गए वृत्त को सहायक वृत्त कहते हैं।

यदि दीर्घवृत्त का समीकरण $\frac{x^2}{a^2}+\frac{y^2}{b^2}=1$ है, तब सहायक वृत्त का समीकरण $x^2+y^2=a^2$ होगा।

उत्केन्द्र कोण (Eccentric Angle) : माना दीर्घवृत्त $\frac{x^2}{a^2}+\frac{y^2}{b^2}=1$ पर कोई बिन्दु P है। दीर्घवृत्त के दीर्घअक्ष पर PM लम्ब खींचते हैं तथा P को ऊपर की ओर बढ़ाने पर सहायक वृत्त को Q बिन्दु पर काटती है तब $\angle QOM = \phi$ को दीर्घवृत्त का उत्केन्द्र कोण कहते हैं।

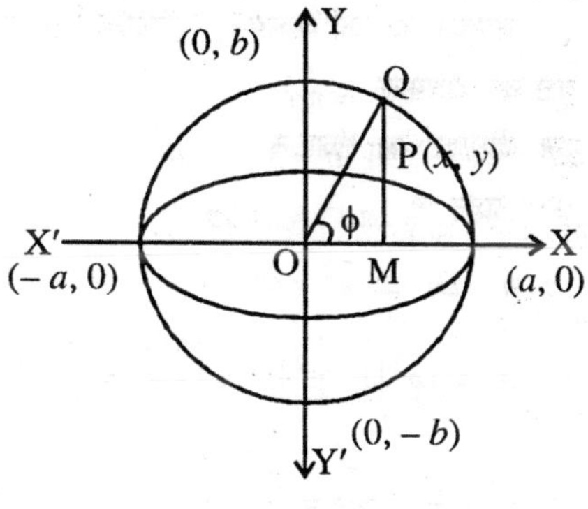

जीवा का समीकरण (Equation of Chord) : माना $P(a\cos\theta, b\sin\theta)$ तथा $Q(a\cos\phi, b\sin\phi)$ दीर्घवृत्त $\frac{x^2}{a^2}+\frac{y^2}{b^2}=1$ के दो बिन्दु हैं। तब दोनों बिन्दुओं को मिलाने वाली जीवा का समीकरण

$$\frac{x}{a}\cos\left(\frac{\theta+\phi}{2}\right)+\frac{y}{b}\sin\left(\frac{\theta+\phi}{2}\right)=\cos\left(\frac{\theta-\phi}{2}\right)$$

उदाहरण 5. दीर्घवृत्त $4x^2+5y^2=1$ के सापेक्ष बिन्दु $(4,-3)$ की स्थिति ज्ञात करें।

हल : माना $S = 4x^2+5y^2-1$ तब दी गई दीर्घवृत्त $S=0$

अतः बिन्दु $(4,-3)$ के लिए,

$$S = 4\times(4)^2+5\times(-3)^2-1$$

$$= 64+45-1$$

$$= 108 > 0$$

अतः बिन्दु $(4,-3)$ दीर्घवृत्त के बाहर स्थित होगा।

उदाहरण 6. यदि सहायक वृत्त (Auxiliary circle) का क्षेत्रफल, दीर्घवृत्त $\frac{x^2}{a^2}+\frac{y^2}{b^2}=1$ $(a>b>0)$ के क्षेत्रफल का दो गुना हो, तब दीर्घवृत्त की उत्केन्द्रता ज्ञात करें।

हल : सहायक वृत्त का समीकरण $x^2 + y^2 = a^2$ है।

($\because$ सहायक वृत्त की त्रिज्या = अर्द्धदीर्घअक्ष की लम्बाई है)

वृत्त का क्षेत्रफल $= \pi a^2$

पुनः दीर्घवृत्त का क्षेत्रफल $= \pi ab$

अतः प्रश्न से, $\pi a^2 = 2\pi ab$

$\Rightarrow a = 2b \ \Rightarrow a^2 = 4b^2$

$\Rightarrow a^2 = 4a^2\left(1-e^2\right) \ \Rightarrow 1-e^2 = \frac{1}{4}$

$\Rightarrow e^2 = \frac{3}{4} \ \Rightarrow e = \frac{\sqrt{3}}{2}.$

उदाहरण 7. दीर्घवृत्त $\frac{x^2}{9}+\frac{y^2}{16}=1$ के सहायक वृत्त का समीकरण ज्ञात करें।

हल : $\frac{x^2}{9}+\frac{y^2}{16}=1$

$\Rightarrow \frac{x^2}{3^2}+\frac{y^2}{4^2}=1 \qquad (\therefore b > a)$

इस प्रकार दीर्घवृत्त का समीकरण $\frac{x^2}{b^2}+\frac{y^2}{a^2}=1$

अतः सहायक वृत्त का समीकरण $x^2 + y^2 = a^2$

अर्थात् $x^2 + y^2 = (4)^2$

$\Rightarrow x^2 + y^2 = 16.$

रेखा एवं दीर्घवृत्त का प्रतिच्छेदन

(Intersection of a Line and an Ellipse)

माना $\frac{x^2}{a^2}+\frac{y^2}{b^2}=1$ ...(*i*) एक दीर्घवृत्त तथा

$y = mx + c$ ...(*ii*) एक रेखा है

समीकरण (*i*) एवं (*ii*) से,

$\frac{x^2}{a^2}+\frac{(mx+c)^2}{b^2}=1$

$\Rightarrow \left(a^2m^2+b^2\right)x^2 + 2m\,ca^2x + c^2a^2 - a^2b^2 = 0$

यह समीकरण x में द्विघात समीकरण है जिससे x के दो मान होंगे। अतः प्रत्येक सरल रेखा दीर्घवृत्त को दो बिन्दुओं पर काटती है, जो वास्तविक, सम्पाती या काल्पनिक होंगे,

यदि $a^2m^2 + b^2 >, =, < c^2$

स्पर्श रेखा (Tangent)

(*i*) बिन्दु रूप (Point Form) : दीर्घवृत्त $\frac{x^2}{a^2}+\frac{y^2}{b^2}=1$ के बिन्दु (x_1, y_1) पर स्पर्श रेखा का समीकरण,

$\frac{x\,x_1}{a^2}+\frac{y\,y_1}{b^2}=1$ है।

(*ii*) प्रवणता रूप (Slope Form) : दीर्घवृत्त $\frac{x^2}{a^2}+\frac{y^2}{b^2}=1$ की स्पर्श रेखा का समीकरण $y = mx \pm \sqrt{a^2m^2+b^2}$ तथा स्पर्श बिन्दु के नियामक

$\left(\pm\frac{a^2m}{\sqrt{a^2m^2+b^2}}, \pm\frac{b^2}{\sqrt{a^2m^2+b^2}}\right)$ हैं।

(*iii*) प्राचलिक रूप (Parametric Form) :

दीर्घवृत्त $\frac{x^2}{a^2}+\frac{y^2}{b^2}=1$ के बिन्दु $(a\cos\theta, b\sin\theta)$ पर स्पर्श रेखा का समीकरण $\frac{x}{a}\cos\theta+\frac{y}{b}\sin\theta=1$ है।

उदाहरण 8. सिद्ध करें कि दीर्घवृत्त $\frac{x^2}{a^2}+\frac{y^2}{b^2}=1$ पर खींची गई स्पर्श रेखा जो अक्षों पर अंतःखण्ड काटती है, के मध्य बिन्दु का बिन्दुपथ $a^2y^2+b^2x^2 = 4x^2y^2$ होगा।

हल : माना $P(x_1, y_1)$ दीर्घवृत्त पर कोई बिन्दु है

$\frac{x^2}{a^2}+\frac{y^2}{b^2}=1$ ...(*i*)

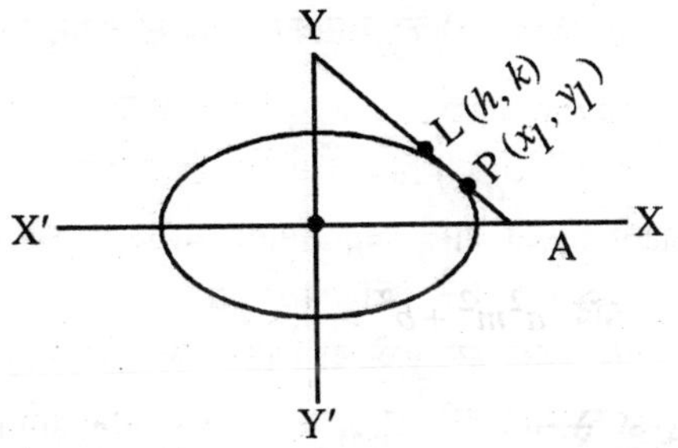

अतः दीर्घवृत्त के $P(x_1, y_1)$ पर स्पर्श रेखा का समीकरण

$$\frac{x\,x_1}{a^2}+\frac{y\,y_1}{b^2}=1$$

गह अक्षों पर A एवं B पर मिलती है अर्थात् $A\left(\frac{a^2}{x_1}, 0\right)$

तथा $B\left(0, \frac{b^2}{y_1}\right)$

माना $L(h, k)$ स्पर्श रेखा AB का मध्य बिन्दु है

$$\therefore\ h=\frac{a^2}{2x_1},\ k=\frac{b^2}{2y_1}$$

$$\Rightarrow x_1=\frac{a^2}{2h}, y_1=\frac{b^2}{2k} \qquad ...(ii)$$

चूँकि $P(x_1, y_1)$ दीर्घवृत्त (*i*) पर स्थित है, अतः

$$\frac{x_1^2}{a^2}+\frac{y_1^2}{b^2}=1$$

$$\Rightarrow \frac{a^4}{4h^2a^2}+\frac{b^4}{4k^2b^2}=1$$

$$\Rightarrow \frac{a^2}{4h^2}+\frac{b^2}{4k^2}=1$$

अतः $L(h, k)$ का बिन्दुपथ

$a^2y^2+b^2x^2=4x^2y^2$ होगा।

उदाहरण 9. यदि सरल रेखा $x+y=a$, दीर्घवृत्त $\frac{x^2}{9}+\frac{y^2}{16}=1$ पर स्पर्श रेखा हो तो a का मान ज्ञात करें।

हलः दीर्घवृत्त पर स्पर्श रेखा का समीकरण

$$\frac{x^2}{9}+\frac{y^2}{16}=1$$

$$y=mx\pm\sqrt{9m^2+16}$$

$$\left[\because y=mx\pm\sqrt{a^2m^2+b^2}\right]$$

जब $m=-1$ $\qquad$ ($\because$ रेखा की प्रवणता $=-1$)

तो समीकरण $y=-x\pm\sqrt{9+16}$ या $x+y=\pm 5$

अतः $a=\pm 5$.

उदाहरण 10. यदि दीर्घवृत्त $\frac{x^2}{36}+\frac{y^2}{16}=1$ पर कोई बिन्दु P हो तथा S तथा S' नाभि हो तब $PS+PS'$ का मान ज्ञात करें।

हल : $PS+PS'=$ दीर्घवृत्त पर स्थित किसी बिन्दु से नाभीय जीवा का योग

$= 2\times$ (अर्द्धदीर्घ–अक्ष की लम्बाई)

$= 2\times 6$ $\qquad$ ($\therefore a^2=36$)

$\therefore PS+PS'=12.$

किसी बिन्दु से स्पर्श रेखाओं की स्पर्शीय जीवा का समीकरण

Equation of the Chord of Contact of Tangents Drawn from any Point to an Ellipse)

दीर्घवृत्त $\frac{x^2}{a^2}+\frac{y^2}{b^2}=1$ के बिन्दु $P(x_1, y_1)$ पर खींची गई स्पर्श रेखाओं की स्पर्शीय जीवा का समीकरण $\frac{x\,x_1}{a^2}+\frac{y\,y_1}{b^2}=1$ है।

अभिलम्ब (Normals)

(*i*) **बिन्दु रूप (Point Form) :** दीर्घवृत्त के बिन्दु $\frac{x^2}{a^2}+\frac{y^2}{b^2}=1$ से बिन्दु (x_1, y_1) पर अभिलम्ब का समीकरण $\frac{a^2x}{x_1}-\frac{b^2y}{y_1}=a^2-b^2$ है।

(*ii*) **प्रवणता रूप (Slope Form) :** दीर्घवृत्त $\frac{x^2}{a^2}+\frac{y^2}{b^2}=1$ के अभिलम्ब का समीकरण $y=mx\pm\frac{m(a^2-b^2)}{\sqrt{a^2+b^2m^2}}$ तथा

स्पर्श बिन्दु $\left[\pm\frac{a^2}{\sqrt{a^2+b^2m^2}}, \pm\frac{mb^2}{\sqrt{a^2+b^2m^2}}\right]$

(*iii*) **प्राचलिक रूप (Parametric Form) :** दीर्घवृत्त $\frac{x^2}{a^2}+\frac{y^2}{b^2}=1$ के बिन्दु $(a\cos\theta, b\sin\theta)$ पर अभिलम्ब का समीकरण $ax\sec\theta-by\operatorname{cosec}\theta=a^2-b^2$ होगा।

नोटः किसी दीर्घवृत्त पर चार (four) अभिलम्ब खींचे जा सकते हैं।

उदाहरण 11. दीर्घवृत्त $\frac{x^2}{36}+\frac{y^2}{9}=1$ के बिन्दु $(6, 0)$ पर अभिलम्ब का समीकरण ज्ञात करें।

हल : बिन्दु $(6, 0)$ दीर्घवृत्त का अन्तः बिन्दु है, अतः इस बिन्दु पर अभिलम्ब दीर्घवृत्त अर्थात् $y=0$ होगा।

उदाहरण 12. यदि दीर्घवृत्त $\frac{x^2}{2^2}+\frac{y^2}{1^2}=1$, दीर्घवृत्त $\frac{x^2}{1}+\frac{y^2}{a^2}=1$ को n बिन्दुओं पर प्रतिच्छेदित करती हैं जहाँ $a>1$, तब n का मान ज्ञात करें।

हल : दिया गया है, $x^2+4y^2=4$ ...(*i*)

तथा $x^2+\frac{y^2}{a^2}=1$ ...(*ii*)

समीकरण (*ii*) को समीकरण (*i*) से घटाने पर,

$$y^2\left(4-\frac{1}{a^2}\right)=3 \Rightarrow y=\pm\frac{\sqrt{3}a}{\sqrt{4a^2-1}}$$

चूँकि $a>1$ है अतः $4a^2-1>3a^2$

इस प्रकार हम y के दो भिन्न मान प्राप्त करते हैं तथा y का मान देने पर x के दो भिन्न मान होंगे।

अतः कुल 4 (चार) मान होंगे अर्थात् $n=4$.

उदाहरण 13. रेखा $lx+my+n=0$, दीर्घवृत्त $\frac{x^2}{a^2}+\frac{y^2}{b^2}=1$ पर अभिलम्ब है तब सिद्ध करें

$$\frac{a^2}{l^2}+\frac{b^2}{m^2}=\frac{(a^2-b^2)}{n^2}$$

हल : दीर्घवृत्त $\frac{x^2}{a^2}+\frac{y^2}{b^2}=1$ पर कोई बिन्दु $(a\cos\theta, b\sin\theta)$ के अभिलम्ब का समीकरण निम्न है।

$$ax\sec\theta-by\operatorname{cosec}\theta=a^2-b^2 \quad ...(i)$$

तथा सरल रेखा का समीकरण निम्न है

$$lx+my+n=0 \quad ...(ii)$$

यदि समीकरण (*ii*) अभिलम्ब है तब समीकरण (*i*) एवं (*ii*) समान होंगे।

$$\therefore \frac{a\sec\theta}{l}=\frac{b\operatorname{cosec}\theta}{-m}=\frac{a^2-b^2}{-n}$$

$$\Rightarrow \cos\theta=\frac{-an}{l(a^2-b^2)} \text{ तथा } \sin\theta=\frac{bn}{m(a^2-b^2)}$$

$$\because \sin^2\theta+\cos^2\theta=1$$

$$\Rightarrow \frac{b^2n^2}{m^2(a^2-b^2)^2}+\frac{a^2n^2}{l^2(a^2-b^2)^2}=1$$

$$\Rightarrow \frac{n^2}{\left(a^2-b^2\right)^2}\left[\frac{a^2}{l^2}+\frac{b^2}{m^2}\right]=1$$

$$\Rightarrow \frac{a^2}{l^2}+\frac{b^2}{m^2}=\frac{\left(a^2-b^2\right)^2}{n^2}$$

नियामक वृत्त (Director Circle) : उन सभी बिन्दुओं का बिन्दुपथ जिससे दीर्घवृत्त पर लम्बवत् स्पर्श रेखा खींची जा सकती है, नियामक वृत्त कहलाता है।

यदि दीर्घवृत्त $\frac{x^2}{a^2}+\frac{y^2}{b^2}=1$ हो तब नियामक वृत्त का समीकरण $x^2+y^2=a^2+b^2$ होगा।

दीर्घवृत्त का व्यास (Diameter of an Ellipse)

दीर्घवृत्त के समान्तर जीवाओं के मध्य बिन्दुओं का बिन्दुपथ दीर्घवृत्त का व्यास कहलाता हे।

दीर्घवृत्त के व्यास का समीकरण $y=\frac{-b^2x}{a^2m}$ होता है।

साधित उदाहरण (Solved Examples)

1. यदि किसी दीर्घवृत्त का केन्द्र मूल बिन्दु हो तथा उत्केन्द्रता $\frac{1}{2}$ है। तब दीर्घवृत्त का समीकरण ज्ञात करें जब इसका एक नियता $x=4$ है।

हल : नियता का समीकरण $x=4$ है

$$\Rightarrow \frac{a}{e}=4$$

$$\Rightarrow a=4e=4\times\frac{1}{2}=2$$

पुनः $b^2=a^2\left(1-e^2\right)=2^2\left(1-\frac{1}{4}\right)=3$

अतः दीर्घवृत्त का समीकरण $\frac{x^2}{2^2}+\frac{y^2}{\left(\sqrt{3}\right)^2}=1.$

2. किसी दीर्घवृत्त की नाभियाँ क्रमशः $(0,1)$ एवं $(0,-1)$ हैं तथा लघु अक्ष (Minor Axis) की लम्बाई 1 है, तब दीर्घवृत्त का समीकरण निकालें।

हल : यहाँ $2b=1$ अर्थात् $b=\frac{1}{2}$ तथा $ae=1$

$$\Rightarrow b^2=\frac{1}{4} \text{ तथा } a^2e^2=1$$

$$\Rightarrow a^2\left(1-e^2\right)=\frac{1}{4} \qquad \left(\because a^2e^2=1\right)$$

$$\Rightarrow a^2-a^2e^2=\frac{1}{4}$$

अतः दीर्घवृत्त का समीकरण $\Rightarrow a^2=\frac{5}{4}$

$\frac{x^2}{b^2}+\frac{y^2}{a^2}=1$ (नाभि y-अक्ष पर है)

अर्थात् $\frac{x^2}{1/4}+\frac{y^2}{5/4}=1$

$$\Rightarrow 20x^2+4y^2=5.$$

3. सरल रेखा $y=2x+c$, दीर्घवृत्त $\frac{x^2}{16}+\frac{y^2}{4}=1$ को स्पर्श करती है तब c का मान ज्ञात करें।

हल : यहाँ $a^2=16$, $b^2=4$ तथा प्रवणता $(m)=2$

सरल रेखा, दिए गए दीर्घवृत्त को स्पर्श करेगी यदि और केवल यदि $(iff)\,c^2=a^2m^2+b^2$

$$\Rightarrow c^2=16\times4+4=68$$

$$\therefore c=\pm2\sqrt{17}.$$

4. दिखाएँ कि समीकरण $x^2+4y^2-2x=0$ एक दीर्घवृत्त को निरूपित करती है तथा इसके नाभि, शीर्षों, उत्केन्द्रता एवं नियता का मान ज्ञात करें।

हल : दिया गया वक्र $x^2+4y^2-2x=0$

$$\Rightarrow x^2-2x+1+4y^2=1$$

$$\Rightarrow \frac{(x-1)^2}{1^2}+\frac{y^2}{\left(\frac{1}{2}\right)^2}=1$$

जो $\frac{X^2}{a^2}+\frac{Y^2}{b^2}=1$ के रूप में है। जहाँ $X=x-1$, $Y=y$, $a=1$ एवं $b=\frac{1}{2}$ है।

अतः दिया गया वक्र एक क्षैतिज दीर्घवृत्त है जिसकी

उत्केन्द्रता $b^2 = a^2\left(1-e^2\right)$

$\Rightarrow \frac{1}{4} = \left(1-e^2\right)$

$\Rightarrow e^2 = \frac{3}{4} \Rightarrow e = \frac{\sqrt{3}}{2}$

$\therefore\ ae = \frac{\sqrt{3}}{2}$ तथा $\frac{a}{e} = \frac{2}{\sqrt{3}}$

अतः नाभि $X = \pm ae,\ Y = 0$ अर्थात

$(x-1) = \pm\frac{\sqrt{3}}{2},\ y = 0$ शीर्ष, $X = \pm a,\ Y = 0$

अर्थात् $x-1 = \pm 1, y = 0$

नियता का समीकरण $X = \pm\frac{a}{e} \Rightarrow x-1 = \pm\frac{2}{\sqrt{3}}.$

5. उस दीर्घवृत्त का समीकरण ज्ञात करें जिसका नाभि $(\pm 5, 0)$ तथा एक नियता का समीकरण $x = \frac{36}{5}$ है।

हल : यहाँ एक नियता का समीकरण $x = \frac{36}{5}$ है तथा संगत नाभि $(5, 0)$ है। अतः x-अक्ष दीर्घ अक्ष होगा तथा यदि $2a =$ दीर्घ अक्ष की लम्बाई तब $2ae = 10$ तथा $\frac{a}{e} = \frac{36}{5}$

$\Rightarrow ae \times \frac{a}{e} = 36 \Rightarrow a^2 = 36$

$\Rightarrow a = 6$

$\Rightarrow e = \frac{5}{a} = \frac{5}{6}$

पुनः $b^2 = a^2\left(1-e^2\right) = 11$

अतः दीर्घवृत्त का समीकरण

$\frac{x^2}{36} + \frac{y^2}{11} = 1 \Rightarrow 11x^2 + 36y^2 = 396.$

6. सरल रेखा $x + 2y - 4 = 0$ तथा दीर्घवृत्त $3x^2 + 4y^2 = 12$ एक दूसरे को कितने बिन्दु पर प्रतिछेदित करती है।

हल : रेखा एवं दीर्घवृत्त के समीकरण में से y का लुप्तीकरण करने पर,

$3x^2 + 4\left(\frac{4-x}{2}\right)^2 = 12$

$\Rightarrow\ 3x^2 + 16 + x^2 - 8x = 12$

$\Rightarrow\ 4x^2 - 8x + 4 = 0$

या $x = 1, 1$

अतः दी गई सरल रेखा, दिए गए दीर्घवृत्त को केवल एक बिन्दु पर प्रतिच्छेदित करती है।

7. किसी दीर्घवृत्त के नाभिलम्ब की लम्बाई इसके दीर्घ अक्ष का एक तिहाई (one-third) है तब उत्केन्द्रता (eccentricity) का मान ज्ञात करें।

हल : दिया हुआ है नाभिलम्ब की लम्बाई $= \frac{1}{3}$ (दीर्घ अक्ष)

$\Rightarrow \frac{2b^2}{a} = \frac{1}{3}(2a) \Rightarrow 3b^2 = a^2$

$\Rightarrow 3a^2\left(1-e^2\right) = a^2 \Rightarrow 3 - 3e^2 = 1$

$\Rightarrow 3e^2 = 2 \Rightarrow e^2 = \frac{2}{3}$

$\Rightarrow e = \sqrt{\frac{2}{3}}.$

8. किसी दीर्घवृत्त में लघु अक्ष की लम्बाई 6 तथा नाभियों के बीच की दूरी 8 इकाई है। यदि दीर्घवृत्त का अक्ष नियामक अक्ष पर हो, तब दीर्घवृत्त का समीकरण ज्ञात करें।

हल : यहाँ $2b = 6$ तथा $2ae = 8$

$\Rightarrow b = 3$ तथा $ae = 4$

$\Rightarrow b^2 = 9$ तथा $a^2e^2 = 16$

$\Rightarrow a^2\left(1-e^2\right) = 9,\ a^2e^2 = 16$

$\Rightarrow a^2 = 25$

अतः अभीष्ट $\frac{x^2}{25} + \frac{y^2}{9} = 1.$

9. यदि दीर्घवृत्त $\frac{x^2}{a^2}+\frac{y^2}{b^2}=1$ के एक नाभिलम्ब के सिरे पर खींचा गया अभिलम्ब लघु अक्ष के एक सिरे से होकर जाता है तब सिद्ध करें कि दीर्घवृत्त की उत्केन्द्रता $e^4+e^2-1=0$ है।

हल : नाभिलम्ब के एक सिरे का नियामक $\left(ae, \frac{b^2}{a}\right)$ है।

$P\left(ae, \frac{b^2}{a}\right)$ पर अभिलम्ब का समीकरण निम्न है–

$$\frac{a^2x}{ae}-\frac{b^2y}{b^2/a}=a^2-b^2$$

$$\Rightarrow \frac{ax}{e}-ay=a^2-b^2$$

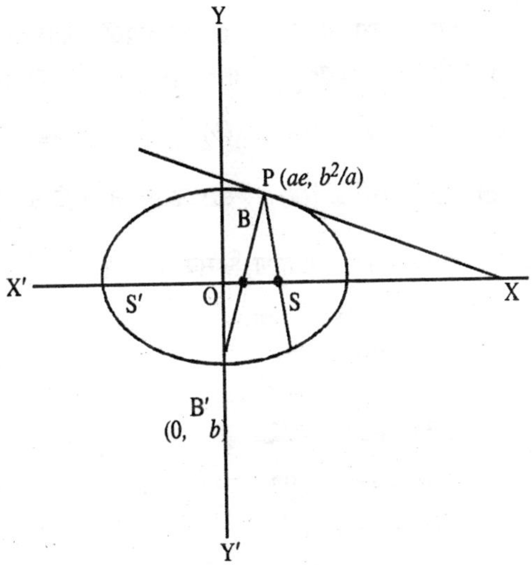

यह अभिलम्ब लघु अक्ष के एक शीर्ष से होकर जाता है। जिसके नियामक $(0, -b)$ हैं,

$$\therefore\ 0+ab=a^2-b^2$$

$$\Rightarrow a^2b^2=\left(a^2-b^2\right)^2$$

$$\Rightarrow a^2\times a^2\left(1-e^2\right)=\left(a^2e^2\right)^2$$

$$\Rightarrow 1-e^2=e^4$$

$$\Rightarrow e^4+e^2-1=0.$$

10. यदि $\sqrt{3}\,bx+ay=2ab$, दीर्घवृत्त $\frac{x^2}{a^2}+\frac{y^2}{b^2}=1$ को स्पर्श करती है तब उत्केन्द्र कोण (θ) का मान ज्ञात करें।

हल : दीर्घवृत्त $\frac{x^2}{a^2}+\frac{y^2}{b^2}=1$ के बिन्दु θ पर स्पर्श रेखा का

समीकरण $\frac{x}{a}\cos\theta+\frac{y}{b}\sin\theta=1$ ...(*i*)

तथा समीकरण $\sqrt{3}\,bx+ay=2ab$ ...(*ii*)

को तुलना करने पर,

$$\frac{\cos\theta}{\frac{a}{\sqrt{3}b}}=\frac{\sin\theta}{\frac{b}{a}}=\frac{1}{2ab}$$

$$\Rightarrow \cos\theta=\frac{\sqrt{3}}{2} \text{ तथा } \sin\theta=\frac{1}{2}$$

$$\Rightarrow \theta=\frac{\pi}{6}.$$

वस्तुनिष्ठ प्रश्न

1. यदि दीर्घवृत्त की नाभियाँ तथा शीर्ष क्रमशः $(\pm 1, 0)$ तथा $(\pm 2, 0)$ हो, तो उसकी लघु अक्ष हैं–

(*a*) $2\sqrt{5}$ (*b*) 2

(*c*) 4 (*d*) $2\sqrt{3}$

2. उस दीर्घवृत्त का समीकरण जिसका केन्द्र मूल बिन्दु है तथा जो बिन्दुओं $(-3, 1)$ तथा $(2, -1)$ से गुजरता है–

(*a*) $5x^2+3y^2=32$

(*b*) $3x^2+5y^2=32$

(c) $5x^2 + 3y^2 = 64$

(d) $3x^2 + 5y^2 + 32 = 0$

3. दीर्घवृत्त $4x^2 + y^2 - 8x + 2y + 1 = 0$ की उत्केन्द्रता है–

(a) $\frac{1}{\sqrt{3}}$ (b) $\frac{\sqrt{3}}{2}$

(c) $\frac{1}{2}$ (d) इनमें से कोई नहीं

4. यदि रेखा $y = 2x + c$ दीर्घवृत्त $\frac{x^2}{8} + \frac{y^2}{4} = 1$ को स्पर्श करे, तो c का मान होगा–

(a) ± 4 (b) ± 6

(c) ± 1 (d) ± 8

5. दीर्घवृत्त $2x^2 + 5y^2 = 20$ के सापेक्ष बिन्दु $(4, -3)$ की स्थिति है–

(a) दीर्घवृत्त के बाहर (b) दीर्घवृत्त के ऊपर

(c) दीर्घवृत्त के अक्ष पर (d) इनमें से कोई नहीं

6. दीर्घवृत्त $4x^2 + 9y^2 - 8x - 36y + 4 = 0$ की नाभिलम्ब जीवा है–

(a) $\frac{8}{3}$ (b) $\frac{4}{3}$

(c) $\frac{\sqrt{5}}{3}$ (d) $\frac{16}{3}$

7. x-अक्ष से $60°$ का कोण बनाने वाली दीर्घवृत्त $x^2 + 16y^2 = 16$ की स्पर्श रेखा का समीकरण है–

(a) $\sqrt{3}x - y + 7 = 0$ (b) $\sqrt{3}x - y - 7 = 0$

(c) $\sqrt{3}x - y \pm 7 = 0$ (d) इनमें से कोई नहीं

8. उस दीर्घवृत्त का समीकरण जिसकी उत्केन्द्रता $\frac{1}{2}$ और शीर्ष $(4, 0)$ तथा $(10, 0)$ हैं, होगा–

(a) $3x^2 + 4y^2 - 42x + 120 = 0$

(b) $3x^2 + 4y^2 + 42x + 120 = 0$

(c) $3x^2 + 4y^2 + 42x - 120 = 0$

(d) $3x^2 + 4y^2 - 42x - 120 = 0$

9. दीर्घवृत्त $4x^2 + 9y^2 - 16x - 54y + 61 = 0$ का केन्द्र है–

(a) $(1, 3)$ (b) $(2, 3)$

(c) $(3, 2)$ (d) $(3, 1)$

10. यदि किसी दीर्घवृत्त की उत्केन्द्रता $\frac{5}{8}$ तथा नाभियों के बीच की दूरी 10 हो, तो उसका नाभिलम्ब होगा–

(a) $\frac{39}{4}$ (b) 12

(c) 15 (d) $\frac{37}{2}$

11. यदि दीर्घवृत्त का नाभिलम्ब 10 तथा लघुअक्ष नाभियों के बीच की दूरी के बराबर हो, तो दीर्घवृत्त का समीकरण है–

(a) $x^2 + 2y^2 = 100$ (b) $x^2 + \sqrt{2y^2} = 10$

(c) $x^2 - 2y^2 = 100$ (d) इनमें से कोई नहीं

12. उस दीर्घवृत्त का समीकरण जिसके शीर्ष $(\pm 5, 0)$ तथा नाभियाँ $(\pm 4, 0)$ है, होगा–

(a) $9x^2 + 25y^2 = 225$

(b) $25x^2 + 9y^2 = 225$

(c) $3x^2 + 4y^2 = 192$

(d) इनमें से कोई नहीं

13. एक दीर्घवृत्त की दीर्घ तथा लघु अक्षों की लम्बाईयाँ क्रमशः 10 तथा 8 है और उसकी दीर्घ अक्ष Y-अक्ष है। दीर्घवृत्त के केन्द्र को मूल बिन्दु मानते हुए दीर्घवृत्त का समीकरण है–

(a) $\frac{x^2}{25} + \frac{y^2}{16} = 1$ (b) $\frac{x^2}{16} + \frac{y^2}{25} = 1$

(c) $\frac{x^2}{100} + \frac{y^2}{64} = 1$ (d) $\frac{x^2}{64} + \frac{y^2}{100} = 1$

14. रेखा $x\cos\alpha + y\sin\alpha = p$, दीर्घवृत्त $\frac{x^2}{a^2}+\frac{y^2}{b^2}=1$ की एक स्पर्श रेखा होगी, यदि

(*a*) $p^2 = a^2\sin^2\alpha + b^2\cos^2\alpha$

(*b*) $p^2 = a^2 + b^2$

(*c*) $p^2 = b^2\sin^2\alpha + a^2\cos^2\alpha$

(*d*) इनमें से कोई नहीं

15. दीर्घवृत्त $3x^2 + 2y^2 = 5$ पर, बिन्दु $(1, 2)$ से खींची गयीं स्पर्श रेखाओं के बीच कोण है—

(*a*) $\tan^{-1}\left(\frac{12}{5}\right)$ (*b*) $\tan^{-1}\left(6\sqrt{5}\right)$

(*c*) $\tan^{-1}\left(\frac{12}{\sqrt{5}}\right)$ (*d*) $\tan^{-1}\left(12\sqrt{5}\right)$

16. दीर्घवृत्त $\frac{x^2}{a^2}+\frac{y^2}{b^2}=1$ के बिन्दु $(a\cos\theta, b\sin\theta)$ पर अभिलम्ब का समीकरण होगा—

(*a*) $\frac{ax}{\sin\theta}-\frac{by}{\cos\theta}=a^2-b^2$

(*b*) $\frac{ax}{\sin\theta}=\frac{by}{\cos\theta}=a^2+b^2$

(*c*) $\frac{ax}{\cos\theta}-\frac{by}{\sin\theta}=a^2-b^2$

(*d*) $\frac{ax}{\cos\theta}-\frac{by}{\sin\theta}=a^2+b^2$

17. दीर्घवृत्त $9x^2 + 5y^2 - 30y = 0$ की उत्केन्द्रता है—

(*a*) $\frac{1}{3}$ (*b*) $\frac{2}{3}$

(*c*) $\frac{3}{4}$ (*d*) इनमें से कोई नहीं

18. उस दीर्घवृत्त का समीकरण जिसकी नाभियाँ $(\pm 5, 0)$ तथा एक नियता $5x = 36$ है, होगा—

(*a*) $\frac{x^2}{36}+\frac{y^2}{11}=1$ (*b*) $\frac{x^2}{6}+\frac{y^2}{\sqrt{11}}=1$

(*c*) $\frac{x^2}{6}+\frac{y^2}{11}=1$ (*d*) इनमें से कोई नहीं

19. उस दीर्घवृत्त का समीकरण जिसका केन्द्र $(2, -3)$, एक नाभि $(3, -3)$ और संगत शीर्ष $(4, -3)$ है, होगा—

(*a*) $\frac{(x-2)^2}{3}+\frac{(y+3)^2}{4}=1$

(*b*) $\frac{(x-2)^2}{4}+\frac{(y+3)^2}{3}=1$

(*c*) $\frac{x^2}{3}+\frac{y^2}{4}=1$

(*d*) इनमें से कोई नहीं

20. एक दीर्घवृत्त बिन्दु $(-3, 1)$ से गुजरता है तथा उसकी उत्केन्द्रता $\sqrt{2/5}$ है। दीर्घवृत्त का समीकरण होगा—

(*a*) $3x^2 + 5y^2 = 32$ (*b*) $3x^2 + 5y^2 = 25$

(*c*) $3x^2 + y^2 = 4$ (*d*) $3x^2 + y^2 = 9$

21. दीर्घवृत्त $\frac{x^2}{a^2}+\frac{y^2}{b^2}=1$ की कोई स्पर्श रेखा अक्षों पर h व k लम्बाई के अन्तः खण्ड काटती है, तो $\frac{a^2}{h^2}+\frac{b^2}{k^2}$ का मान होगा—

(*a*) 0 (*b*) 1

(*c*) −1 (*d*) इनमें से कोई नहीं

22. समीकरण $14x^2 - 4xy + 11y^2 - 44x - 58y + 71 = 0$ प्रदर्शित करता है—

(*a*) वृत्त

(*b*) दीर्घवृत्त

(*c*) अतिपरवलय

(*d*) समकोणीय अतिपरवलय

23. उस दीर्घवृत्त का समीकरण जिसकी नाभियों के बीच की दूरी 8 एवं नियताओं के बीच की दूरी 18 है, होगा–

(*a*) $5x^2 - 9y^2 = 180$ (*b*) $9x^2 + 5y^2 = 180$

(*c*) $x^2 + 9y^2 = 180$ (*d*) $5x^2 + 9y^2 = 180$

24. यदि एक दीर्घवृत्त की एक नाभि तथा संगत नियता के बीच की दूरी 8 तथा उत्केन्द्रता $\frac{1}{2}$ हो, तो दीर्घवृत्त के लघुअक्ष की लम्बाई होगी–

(*a*) 3 (*b*) $4\sqrt{2}$

(*c*) 6 (*d*) इनमें से कोई नहीं

25. बिन्दु $(2, 3)$ से जाने वाली, दीर्घवृत्त $9x^2 + 16y^2 = 144$ के स्पर्श रेखाओं के समीकरण है।

(*a*) $y = 3,\ x + y = 5$

(*b*) $y = -3,\ x - y = 5$

(*c*) $y = 4,\ x + y = 3$

(*d*) $y = -4,\ x - y = 3$

26. दीर्घवृत्त $\frac{x^2}{a^2} + \frac{y^2}{b^2} = 1$ व सरल रेखा $y = mx + c$ वास्तविक बिन्दुओं पर प्रतिच्छेद करती है, यदि

(*a*) $a^2m^2 < c^2 - b^2$ (*b*) $a^2m^2 > c^2 - b^2$

(*c*) $a^2m^2 \geq c^2 - b^2$ (*d*) $c \geq b$

27. एक व्यक्ति रेसकोर्स के चारों ओर दौड़ता हुआ यह नोट करता है कि उससे दो ध्वज स्तम्भों की दूरियों का योग सदैव 10 मीटर रहता है और ध्वज स्तम्भों के बीच की दूरी 8 मीटर है। दौड़ने के मार्ग द्वारा परिबद्ध क्षेत्रफल (वर्ग मीटर) में है–

(*a*) 15π (*b*) 12π

(*c*) 18π (*d*) 8π

28. एक दीर्घवृत्त एक गोल धागे से बनाया जाता है जो दो पिनों के ऊपर से होकर गुजरता हैं। यदि इस प्रकार बने दीर्घवृत्त के अक्ष क्रमशः 6 सेंमी. व 4 सेंमी. हो, तो धागे की लम्बाई और पिनों के बीच की दूरी सेंमी. में क्रमशः होगी–

(*a*) $6, 2\sqrt{2}$ (*b*) $6, \sqrt{5}$

(*c*) $4, 2\sqrt{5}$ (*d*) इनमें से कोई नहीं

29. एक बिन्दु समुच्चय इस प्रकार है कि प्रत्येक बिन्दु की *y*-अक्ष से दूरी इन बिन्दुओं की बिन्दु $(4, 0)$ से दूरी की तीन गुनी है, तो बिन्दु का बिन्दुपथ है–

(*a*) अतिपरवलय (*b*) परवलय

(*c*) दीर्घवृत्त (*d*) वृत्त

30. यदि दीर्घवृत्त $\frac{x^2}{a^2} + \frac{y^2}{b^2} = 1$ जिसकी नाभियाँ F_1 व F_2 हैं, पर एक चर बिन्दु P है। यदि त्रिभुज PF_1F_2 का क्षेत्रफल A हो, तो A का अधिकतम मान है–

(*a*) ab (*b*) abe

(*c*) $\frac{e}{ab}$ (*d*) $\frac{ab}{e}$

31. यदि एक दीर्घवृत्त की दीर्घ अक्ष की लम्बाई, इसके लघु अक्ष की लम्बाई की तीन गुनी है, तो इसकी उत्केन्द्रता होगी–

(*a*) $\frac{1}{3}$ (*b*) $\frac{1}{\sqrt{3}}$

(*c*) $\frac{1}{\sqrt{2}}$ (*d*) $\frac{2\sqrt{2}}{3}$

32. एक दीर्घवृत्त के नाभिलम्ब की लम्बाई दीर्घ अक्ष की $\frac{1}{3}$ है, तो इसकी उत्केन्द्रता होगी–

(*a*) 2/3 (*b*) $\sqrt{2/3}$

(*c*) $\frac{5 \times 4 \times 3}{7^3}$ (*d*) $\left(\frac{3}{4}\right)^4$

33. यदि E दीर्घवृत्त $\frac{x^2}{9} + \frac{y^2}{4} = 1$ है तथा वृत्त $x^2 + y^2 = 9$ है। P व Q दो बिन्दु क्रमशः $(1, 2)$ एवं $(2, 1)$ हों तो–

(*a*) Q बिन्दु C के अन्दर किन्तु E के बराबर स्थित है
(*b*) Q बिन्दु C तथा E दोनों के बाहर स्थित है
(*c*) P बिन्दु C तथा E दोनों के अंदर स्थित है
(*d*) P बिन्दु C के अंदर किन्तु E के बाहर स्थित है

34. दीर्घवृत्त $9x^2 + 4y^2 = 1$ के नाभिलम्ब की लम्बाई है–

(*a*) $\frac{3}{2}$ (*b*) $\frac{8}{3}$
(*c*) $\frac{4}{9}$ (*d*) $\frac{8}{9}$

35. दीर्घवृत्त $9x^2 + 5y^2 - 30y = 0$ के दीर्घ अक्ष के सिरों पर खींची गई स्पर्श रेखाओं के समीकरण है–

(*a*) $y = \pm 3$
(*b*) $x = \pm\sqrt{5}$
(*c*) $y = 0,\ y = 6$
(*d*) इनमें से कोई नहीं

36. एक बिन्दु इस प्रकार गमन करता है कि उसकी बिन्दु $(-2, 0)$ से दूरी, रेखा $x = -\frac{9}{2}$ से दूरी का $\frac{2}{3}$ गुना है, तो उसका बिन्दुपथ होगा–

(*a*) दीर्घवृत्त (*b*) परवलय
(*c*) अतिपरवलय (*d*) इनमें से कोई नहीं

37. समीकरण $x^2 + 2y^2 - 2x + 3y + 2 = 0$ द्वारा प्रदर्शित वक्र की उत्केन्द्रता होगी–

(*a*) 0 (*b*) $\frac{1}{2}$
(*c*) $\frac{1}{\sqrt{2}}$ (*d*) $\sqrt{2}$

38. दीर्घवृत्त $x^2 + 3y^2 = 6$ के केन्द्र से 2 इकाई दूरी पर दीर्घवृत्त पर स्थित किसी बिन्दु का उत्केन्द्र कोण है–

(*a*) $\pi/2$ (*b*) $\pi/3$
(*c*) $3\pi/4$ (*d*) $2\pi/3$

39. यदि θ तथा ϕ, दीर्घवृत्त $\frac{x^2}{a^2} + \frac{y^2}{b^2} = 1$ के संयुग्मी व्यासों के सिरों के उत्केन्द्र कोण हैं, तो $\theta - \phi$ के बराबर होगा–

(*a*) $\pm\frac{\pi}{2}$ (*b*) $\pm\pi$
(*c*) 0 (*d*) इनमें से कोई नहीं

40. समीकरण $2x^2 + 3y^2 - 8x - 18y + 35 = k$ प्रदर्शित करता है–

(*a*) कोई बिन्दुपथ नहीं, यदि $k > 0$
(*b*) एक दीर्घवृत्त, यदि $k < 0$
(*c*) एक बिन्दु, यदि $k = 0$
(*d*) एक अतिपरवलय, यदि $k > 0$

दृढ़कथन-कारण (Assertion-Reason)

निम्नलिखित चार कूटों (*a*), (*b*), (*c*) एवं (*d*) में से सही उत्तर का चयन करें।

(*a*) वक्तव्य–I सत्य है; वक्तव्य–II सत्य है; वक्तव्य–II वक्तव्य–I का सही स्पष्टीकरण है।
(*b*) वक्तव्य–I सत्य है; वक्तव्य–II सत्य है; वक्तव्य–II वक्तव्य–I का सही स्पष्टीकरण नहीं है।
(*c*) वक्तव्य–I सत्य है; वक्तव्य–II असत्य है।
(*d*) वक्तव्य–I असत्य है; वक्तव्य–II सत्य है।

41. **वक्तव्य-I :** किसी दीर्घवृत्त में नाभियों के बीच की दूरी, नाभीय जीवा के योग से कम होती है।
वक्तव्य-II : दीर्घवृत्त की उत्केन्द्रता 1 से कम होती है।

42. **वक्तव्य-I :** किसी वृत्त की त्रिज्या, दीर्घवृत्त $\frac{x^2}{16} + \frac{y^2}{9} = 1$ के नाभियों से गुजरती है जिसका केन्द्र, बिन्दु $(0, 3)$ पर 3 है।
वक्तव्य-II : किसी दीर्घवृत्त में $e^2 = 1 - b^2/a^2$

43. यदि $\frac{x^2}{a^2} + \frac{y^2}{b^2} = 1$ एक दीर्घवृत्त है। माना F_1 तथा F_2 दीर्घवृत्त के दो नाभि हैं, जहाँ $a > b > 0$

वक्तव्य-I : यदि e दीर्घवृत्त की उत्केन्द्रता है तब $b^2 = a^2(1+e^2)$

वक्तव्य-II : यदि P दीर्घवृत्त पर स्थित कोई बिन्दु है तब $|F_1P|+|F_2P| = 2a$

44. वक्तव्य-I : दीर्घवृत्त $9x^2+16y^2=144$ के नियामक वृत्त का समीकरण $x^2+y^2=25$ है।

वक्तव्य-II : दीर्घवृत्त पर खींची गयी लम्बवत् स्पर्श रेखाओं के प्रतिच्छेद बिन्दु का बिन्दुपथ, नियामक वृत्त कहलाता है।

45. मिलान करें (Match These)–

माना $A(a,0)$, $B(-a,0)$ दो निश्चित बिन्दु है तथा l कोई निश्चित रेखा है जिस पर A स्थित नहीं है। यदि e धनात्मक वास्तविक संख्या तथा P कोई चर राशि है जहाँ $a>0$

वर्ग–I	वर्ग–II
A. यदि $|AP|=0$, तब P का बिन्दुपथ	p. सरल रेखा है।
B. यदि $|AP|=e|BP|$, P का बिन्दुपथ	q. एक वृत्त
C. यदि $|AP|+|BP|=a$ अचर राशि $|AB|$ से बड़ी हो तब l का बिन्दु पथ	r. एकदीर्घवृत्त
D. यदि $AP=e$ (l से P की दूरी) $0<e\le 1$ तब P का बिन्दुपथ	s. अतिपरवलय
	t. परवलय

(*a*) $A-p, B-q, C-r, D-s$

(*b*) $A-q, B-p,q\ C-r, D-r,t$

(*c*) $A-q,r, B-p\ C-r, D-r,s$

(*d*) इसमें से कोई नहीं।

उत्तरमाला

1	2	3	4	5	6	7	8	9	10
(*d*)	(*b*)	(*b*)	(*b*)	(*a*)	(*a*)	(*c*)	(*a*)	(*b*)	(*a*)
11	**12**	**13**	**14**	**15**	**16**	**17**	**18**	**19**	**20**
(*a*)	(*a*)	(*b*)	(*c*)	(*c*)	(*c*)	(*b*)	(*a*)	(*b*)	(*a*)
21	**22**	**23**	**24**	**25**	**26**	**27**	**28**	**29**	**30**
(*b*)	(*b*)	(*b*)	(*d*)	(*a*)	(*c*)	(*a*)	(*d*)	(*c*)	(*b*)
31	**32**	**33**	**34**	**35**	**36**	**37**	**38**	**39**	**40**
(*d*)	(*b*)	(*d*)	(*c*)	(*c*)	(*a*)	(*c*)	(*c*)	(*a*)	(*c*)
41	**42**	**43**	**44**	**45**					
(*a*)	(*d*)	(*d*)	(*a*)	(*b*)					

व्याख्यात्मक उत्तर

1. दिया है, $ae=1,\ a=2$

$$\Rightarrow e=\frac{1}{2} \text{ तथा } b=2\sqrt{\left(1-\frac{1}{4}\right)}=\sqrt{3}$$

अतः लघु अक्ष $=2b=2\sqrt{3}.$

2. माना दीर्घवृत्त $\frac{x^2}{a^2}+\frac{y^2}{b^2}=1$ है चूँकि यह $(-3,1)$ व $(2,-2)$ से गुजरता है। अतः

$$\frac{9}{a^2}+\frac{1}{b^2}=1 \text{ व } \frac{1}{a^2}+\frac{1}{b^2}=\frac{1}{4}.$$

$\Rightarrow a^2 = \frac{32}{3},\ b^2 = \frac{32}{5}.$

3. दिया है, $4x^2 - 8x + y^2 + 2y + 1 = 0$

$\Rightarrow 4\left(x^2 - 2x + 1\right) + \left(y^2 + 2y + 1\right) = 4$

$\Rightarrow \frac{(x-1)^2}{1} + \frac{(y+1)^2}{4} = 1$

यहाँ $a^2 = 1,\ b^2 = 4$

$\therefore\quad e = \sqrt{1 - \frac{1}{4}} \quad \Rightarrow e = \frac{\sqrt{3}}{2}.$

4. हम जानते हैं कि यदि रेखा $y = mx + c$, दीर्घवृत्त $\frac{x^2}{a^2} + \frac{y^2}{b^2} = 1$ की स्पर्शी है, तो

$c = \pm\sqrt{b^2 + a^2m^2} = \pm\sqrt{4 + 8.4}$

$= \pm\sqrt{36} = \pm 6.$

5. माना $S_1 = 2x^2 + 5y^2 - 20 = 0$

इसमें बिन्दु $(4, -3)$ के निर्देशांक रखने पर,

$S_1 = 2(4)^2 + 5(-3)^2 - 20$

$= 32 + 45 - 20$

$\Rightarrow S_1 = 57 > 0$

अतः बिन्दु दीर्घवृत्त के बाहर है।

6. दिया है, $4x^2 + 9y^2 - 8x - 36y + 4 = 0$

$\Rightarrow 4\left(x^2 - 2x + 1\right) + 9\left(y^2 - 4y + 4\right) - 4 - 36 + 4 = 0$

$\Rightarrow 4(x-1)^2 + 9(y-2)^2 = 36$

$\Rightarrow \frac{(x-1)^2}{9} + \frac{(y-2)^2}{4} = 1$

अतः नाभिलम्ब $= \frac{2b^2}{a} = \frac{2.4}{3} = \frac{8}{3}.$

7. $\because m = \tan 60° = \sqrt{3}$

अतः स्पर्शी का समीकरण निम्न है–

$y = x\sqrt{3} \pm \sqrt{1 + 3.16}$

$\Rightarrow y = x\sqrt{3} \pm \sqrt{49} = x\sqrt{3} \pm 7.$

8. $\because$ शीर्ष के निर्देशांक $(4, 0)$ तथा $(10, 0)$ हैं।

$\therefore$ दीर्घ अक्ष की लम्बाई $= 10 - 4 = 6 = 2a$

$\Rightarrow a = 3,\ e = \frac{1}{2}$

$\Rightarrow b = 3\sqrt{1 - \frac{1}{4}} = \frac{3\sqrt{3}}{2}$ एवं

केन्द्र $(7, 0)$ है।

$\therefore$ दीर्घवृत्त का समीकरण निम्न है–

$\frac{(x-7)^2}{9} + \frac{y^2}{27/4} = 1$

$\Rightarrow 3\left(x^2 + 49 - 14x\right) + 4y^2 - 27 = 0$

$\Rightarrow 3x^2 + 4y^2 - 42x + 120 = 0.$

9. दिया है, $4x^2 + 9y^2 - 16x - 54y + 61 = 0$

$\Rightarrow \left(4x^2 - 16x + 16\right) + \left(9y^2 - 54y + 81\right) - 16 - 81 + 61 = 0$

$\Rightarrow 4(x-2)^2 + 9(y-3)^2 = 36$

अतः केन्द्र $(2, 3)$ है।

10. दिया है, $2ae = 10,\ e = 5/8$

$\Rightarrow a = \frac{10}{2.(5/8)} = 8$

$b = 8\sqrt{1 - \frac{25}{64}} = 8\frac{\sqrt{39}}{8} = \sqrt{39}$

$\therefore$ नाभिलम्ब $= \frac{2b^2}{a} = \frac{2 \times 39}{8} = \frac{39}{4}.$

11. दिया है, $\frac{2b^2}{a} = 10$ व $2b = 2ae$

एवं $b^2 = a^2\left(1-e^2\right) \Rightarrow e^2 = \left(1-e^2\right)$

$\Rightarrow \quad e = \frac{1}{\sqrt{2}} \quad \Rightarrow b = \frac{a}{\sqrt{2}}$

या $b = 5\sqrt{2},\ a = 10$

अतः समीकरण $\frac{x^2}{100} + \frac{y^2}{50} = 1.$

12. दिया है, शीर्ष $(\pm 5, 0) = (\pm a, 0) \Rightarrow a = 5$

नाभियाँ $(\pm 4, 0) = (\pm ae, 0) \Rightarrow ae = 4$

$\Rightarrow \quad e = \frac{4}{5} \quad \therefore b = \sqrt{a^2\left(1-e^2\right)}$

$\Rightarrow \quad b = (5)\left(\frac{3}{5}\right) = 3$

अतः समीकरण $\frac{x^2}{25} + \frac{y^2}{9} = 1$ अर्थात्

$9x^2 + 25y^2 = 225.$

13. दिया है, $2b = 10,\ 2a = 8 \Rightarrow b = 5,\ a = 4$

अतः अभीष्ट समीकरण $\frac{x^2}{16} + \frac{y^2}{25} = 1$ है।

14. रेखा $y = -x\cot\alpha + \frac{p}{\sin\alpha}$

दीर्घवृत्त $\frac{x^2}{a^2} + \frac{y^2}{b^2} = 1$ पर स्पर्शी होगी

यदि $\frac{p}{\sin\alpha} = \pm\sqrt{b^2 + a^2\cot^2\alpha}$

$\left(\because c^2 = \pm\sqrt{b^2 + a^2 m^2}\right)$

$\Rightarrow \quad p^2 = b^2\sin^2\alpha + a^2\cos^2\alpha.$

15. $\left(3x^2 + 2y^2 - 5\right)\left[3(1)^2 + 2(2)^2 - 5\right]$

$= \left(3x(1) + 2y(2) - 5\right)^2$

$\Rightarrow \quad 18x^2 + 12y^2 - 30$

$= 9x^2 + 16y^2 + 25 + 24xy - 40y - 30x$

$\Rightarrow \quad 9x^2 - 4y^2 - 24xy + 40y + 30x - 30 = 0$

$\Rightarrow a = 9,\ b = -4,\ h = -12$

$\therefore \tan\theta = \frac{2\sqrt{h^2 - ab}}{a+b}$

$\Rightarrow \tan\theta = \frac{2\sqrt{144+36}}{5}$

$\Rightarrow \tan\theta = \frac{12}{\sqrt{5}}$

$\Rightarrow \theta = \tan^{-1}\left(\frac{12}{\sqrt{5}}\right).$

16. दीर्घवृत्त $\frac{x^2}{a^2} + \frac{y^2}{b^2} = 1$ के बिन्दु $(a\cos\theta, b\sin\theta)$ पर अभिलम्ब का समीकरण निम्न है–

$ax\sec\theta - by\operatorname{cosec}\theta = a^2 - b^2.$

17. दिया है, $9x^2 + \left(\sqrt{5}y - 3\sqrt{5}\right)^2 = 45$

$\Rightarrow \quad \frac{x^2}{5} + \frac{(y-3)^2}{9} = 0$

$\Rightarrow \quad a^2 = 5,\ b^2 = 9$

$\therefore \quad e^2 = \sqrt{1 - \frac{a^2}{b^2}} = \sqrt{1 - \frac{5}{9}} = \sqrt{\frac{4}{9}} \therefore e = \frac{2}{3}.$

18. दिया है, नाभियाँ $(\pm 5, 0) = (\pm ae, 0)$

नियता का समीकरण $x = \frac{36}{5}$

$\Rightarrow \quad \frac{a}{e} = \frac{36}{5}$ तथा $ae = 5$

$\Rightarrow a = 6$ व $e = \left(\frac{5}{6}\right)$

$\Rightarrow \quad b = 6\sqrt{1 - \frac{25}{36}} = 6 \times \frac{\sqrt{11}}{6} = \sqrt{11}$

$\therefore$ दीर्घवृत्त का समीकरण निम्न है–

$\frac{x^2}{36} + \frac{y^2}{11} = 1.$

19. दिया है, केन्द्र $(2, -3)$

नाभि $= (3, -3) \Rightarrow ae = 3 - 2 = 1,$

शीर्ष $= (4, -3) \Rightarrow a = 4 - 2 = 2$

$$\Rightarrow \quad e = \frac{1}{2}$$

$$\therefore \quad b = 2\sqrt{\left(1 - \frac{1}{4}\right)} = 2\sqrt{3/4} = \frac{2}{2}\sqrt{3} = \sqrt{3}$$

अतः केन्द्र $(2, -3)$ वाले दीर्घवृत्त का समीकरण

$$\frac{(x-2)^2}{4} + \frac{(y+3)^2}{3} = 1.$$

20. माना दीर्घवृत्त का समीकरण $\frac{x^2}{a^2} + \frac{y^2}{b^2} = 1$ है। ...(*i*)

दिया है, $e = \sqrt{\frac{2}{5}}$

$$b^2 = a^2(1 - e^2) = a^2\left(1 - \frac{2}{5}\right) = \frac{3}{5}$$

$$\Rightarrow 5b^2 = 3a^2 \quad ...(ii)$$

समीकरण (*i*) में $x = -3$ तथा $y = 1$ रखने पर,

$$\frac{9}{a^2} + \frac{1}{b^2} = 1 \Rightarrow \frac{9}{a^2} + \frac{5}{3a^2} = 1 \Rightarrow a^2 = \frac{32}{3}$$

अतः $b^2 = \frac{32}{5}$

समीकरण (*i*) से $\frac{3x^2}{32} + \frac{5y^2}{32} = 1.$

21. बिन्दु $(a\cos\theta, b\sin\theta)$ पर दीर्घवृत्त की स्पर्शी

$$\frac{(a\cos\theta)x}{a^2} + \frac{(b\sin\theta)y}{b^2} = 1$$

या $$\frac{x}{\left(\frac{a}{\cos\theta}\right)} + \frac{y}{\left(\frac{b}{\sin\theta}\right)} = 1$$

$$\Rightarrow \quad h = \frac{a}{\cos\theta}, \; k = \frac{b}{\sin\theta} \Rightarrow \quad \frac{a^2}{h^2} + \frac{b^2}{k^2} = 1.$$

22. दी हुई समीकरण की

$ax^2 + 2hxy + by^2 + 2gx + 2fy + c = 0$ से तुलना करने पर,

$$\Rightarrow \quad a = 14, \; b = 11, \; g = -22,$$

$$f = -29, \; h = -2, \; c = 71$$

अब $abc + 2fgh - af^2 - bg^2 - ch^2$

$$= 14(11)(71) + 2(-29)(-22)(-2) - 14(-29)^2 - 11(-22)^2 - 71(-2)^2$$

$$= 1034 - 2552 - 11774 - 5324 - 284$$

$$= 10934 - 19934 = -9000 \not> 0$$

तथा $h^2 = 4, ab = 14 \times 11 = 154$

$$\Rightarrow h^2 < ab$$

अतः यह एक दीर्घवृत्त है।

23. दिया है, $2ae = 8, \; \frac{2a}{e} = 18$

$$\Rightarrow 2a\left(\frac{2a}{18}\right) = 8 \Rightarrow a^2 = 36 \; \therefore a = 6$$

$$e = \frac{2}{3}, \; b = 6\sqrt{1 - \frac{4}{9}} = \frac{6}{3}\sqrt{5} = 2\sqrt{5}$$

अतः दीर्घवृत्त का समीकरण निम्न है–

$$\frac{x^2}{36} + \frac{y^2}{20} = 1 \Rightarrow 9x^2 + 5y^2 = 180.$$

24. दीर्घवृत्त की नाभि $= (ae, 0)$

तथा नियता $= \frac{a}{e}$

प्रश्नानुसार, $\frac{a}{e} - ae = 8$ एवं $e = \frac{1}{2}$

$$\Rightarrow \quad a = \frac{8e}{(1-e^2)} = \frac{8\left(\frac{1}{2}\right)}{1 - \frac{1}{4}} = \frac{8.4}{2(3)} = \frac{16}{3}$$

$$\therefore \quad b = \frac{16}{3}\sqrt{1 - \frac{1}{4}} = \frac{16}{3} \cdot \frac{\sqrt{3}}{2} = \frac{8\sqrt{3}}{3}$$

अतः लघु अक्ष की लम्बाई $= 2b = \frac{16\sqrt{3}}{3}.$

25. बिन्दु $(2, 3)$ से जाने वाली स्पर्श रेखा का समीकरण निम्न है–

$$y - 3 = m(x - 2) \quad \Rightarrow y - mx = 3 - 2m$$

परन्तु यह दिये गये दीर्घवृत्त पर स्पर्शी है।

अतः $m = 0, -1$

अतः अभीष्ट स्पर्शियाँ $y = 3$ व $x + y = 5.$

26. चूँकि हम जानते हैं कि वास्तविक बिन्दुओं पर प्रतिच्छेदन के लिए $c^2 \le a^2m^2 + b^2$

$\Rightarrow a^2m^2 \ge c^2 - b^2$

27. यहाँ $2a = 10$ मीटर, $2ae = 8$ मीटर

$\therefore \quad e = \frac{4}{5},\ a = 5$ मीटर

$\therefore \quad b^2 = a^2\left(1-e^2\right) = 25\left(1-\frac{16}{25}\right) = 9$

$\therefore \quad b = 3$

अतः अभीष्ट क्षेत्रफल $= \pi ab = 15\pi$ वर्ग मीटर।

28. दिया है, $2a = 6,\ 2b = 4$ अर्थात् $a = 3,\ b = 2$

$\therefore \quad e^2 = 1 - \frac{b^2}{a^2} = 1 - \frac{4}{9} = \frac{5}{9}$

$\Rightarrow \quad e = \frac{\sqrt{5}}{3}$

पिनों के बीच की दूरी $= 2ae = 2\sqrt{5}$ सेंमी.

धागे की लम्बाई $= 2a + 2ae = 6 + 2\sqrt{5}$ सेंमी.

29. $\because PM = 3PS$ (दीर्घवृत्त की परिभाषा से)

अतः यह एक दीर्घवृत्त निरूपित करेगा।

30. PF_1F_2 का क्षेत्रफल, $A = \frac{1}{2}(F_1F_2) \times PL$

$= \frac{1}{2}(2ae)y = ae \cdot \frac{b}{a}\sqrt{a^2 - x^2}$

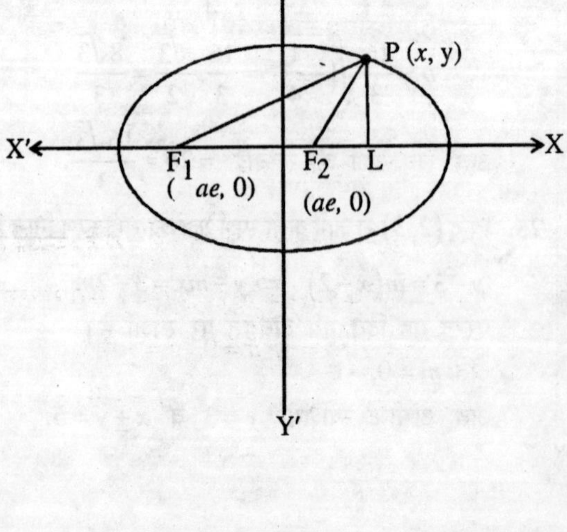

$A = eb\sqrt{a^2 - x^2}$ जोकि उच्चिष्ठ होगा, यदि $x = 0$ हो। इस प्रकार A का उच्चिष्ठ मान eba है।

31. दिया है, दीर्घअक्ष की लम्बाई = 3 (लघुअक्ष की लम्बाई)

$\Rightarrow \quad 2a = 3(2b) \Rightarrow a^2 = 9b^2 = 9a^2\left(1-e^2\right)$

$\Rightarrow \quad \frac{1}{9} = 1 - e^2 \Rightarrow e^2 = \frac{8}{9} \Rightarrow e = \frac{2\sqrt{2}}{3}.$

32. प्रश्नानुसार, नाभिलम्ब की लम्बाई $= \left(\frac{1}{3}\right)$ दीर्घअक्ष की लम्बाई

$\Rightarrow \quad \frac{2b^2}{a} = \frac{2a}{3}$

$\Rightarrow a^2 = 3b^2 = 3a^2\left(1-e^2\right)$

$\Rightarrow e^2 = 1 - \frac{1}{3} \Rightarrow e^2 = \frac{2}{3}$

$\Rightarrow e = \sqrt{2/3}$

33. दिया गया दीर्घवृत्त $\frac{x^2}{9} + \frac{y^2}{4} = 1$ है, अतः व्यंजक $\frac{x^2}{9} + \frac{y^2}{4} - 1$ का मान $x = 1, y = 2$ के लिए धनात्मक है एवं $x = 2, y = 1$ के लिए ऋणात्मक है। अतः P, E के बाहर एवं Q, E के अंदर स्थित है। व्यंजक $x^2 + y^2 - 9$ का मान P व Q के लिए ऋणात्मक है अतः P, C के अंदर परन्तु E के बाहर है।

34. प्रश्नानुसार, दीर्घवृत्त का समीकरण निम्न है–

$9x^2 + 4y^2 = 1 \Rightarrow \frac{x^2}{\left(\frac{1}{3}\right)^2} + \frac{y^2}{\left(\frac{1}{2}\right)^2} = 1$

यहाँ $a = \frac{1}{3},\ b = \frac{1}{2}$

$\therefore$ नाभिलम्ब $= \frac{2a^2}{b} = \frac{2 \times \frac{1}{9}}{1/2} = \frac{4}{9}$

$(\because b > a)$

35. दिया है, $9x^2+5y^2-30y=0$ को मानक रूप में बदलने पर,

$\Rightarrow \quad 9x^2+5\left(y^2-6y\right)=0$

$\Rightarrow \quad 9x^2+5\left(y^2-6y+9\right)=45$

$\Rightarrow \quad \frac{x^2}{5}+\frac{(y-3)^2}{9}=1 \quad \because \quad a^2<b^2$

अतः दीर्घवृत्त की अक्ष-Y पर होगी

$x=0$ रखने पर,

$0+5y^2-30y=0 \quad \Rightarrow y=0, y=6$

अतः शीर्षों पर स्पर्शियाँ $y=0, y=6$.

36. माना बिन्दु $P(x_1, y_1)$ है।

अतः प्रश्नानुसार,

$\sqrt{(x_1+2)^2+y_1^2}=\frac{2}{3}\left(x_1+\frac{9}{2}\right)$

$\Rightarrow \quad (x_1+2)^2+y_1^2=\frac{4}{9}\left(x_1+\frac{9}{2}\right)^2$

$\Rightarrow \quad 9\left[x_1^2+y_1^2+4x_1+4\right]=4\left(x_1^2+\frac{81}{4}+9x_1\right)$

$\Rightarrow 5x_1^2+9y_1^2=45 \quad \Rightarrow \quad \frac{x_1^2}{9}+\frac{y_1^2}{5}=1$

अतः यह दीर्घवृत्त का समीकरण है।

37. समीकरण $x^2+2y^2-2x+3y+2=0$ को निम्न रूप में लिख सकते हैं–

$\frac{(x-1)^2}{2}+\left(y+\frac{3}{4}\right)^2=\frac{1}{16}$

$\frac{(x-1)^2}{(1/8)}+\frac{\left(y+\frac{3}{4}\right)^2}{(1/16)}=1$ जोकि एक दीर्घवृत्त है, जहाँ

$a^2=\frac{1}{8}$ और $b^2=\frac{1}{16}$

$\therefore \quad b^2=a^2\left(1-e^2\right)$

$\frac{1}{16}=\frac{1}{8}\left(1-e^2\right)$

$\Rightarrow \quad e^2=1-\frac{1}{2} \qquad \Rightarrow e=\frac{1}{\sqrt{2}}.$

38. दिया है, $x^2+3y^2=6$

$\Rightarrow \quad \frac{x^2}{6}+\frac{y^2}{2}=1$ यहाँ $a=\sqrt{6},\ b=\sqrt{2}$

माना उत्केन्द्र कोण θ है, तो इसके निर्देशांक $\left(\sqrt{6}\cos\theta, \sqrt{2}\sin\theta\right)$ है।

$\because$ केन्द्र तथा बिन्दु $\left(\sqrt{6}\cos\theta, \sqrt{2}\sin\theta\right)$ के बीच की दूरी $6\cos^2\theta+2\sin^2\theta=4$

$\Rightarrow 6\cos^2\theta+2\left(1-\cos^2\theta\right)=4$

$\Rightarrow 4\cos^2\theta=2 \quad \Rightarrow \cos^2\theta=\frac{1}{2}$

$\Rightarrow \cos\theta=\pm\frac{1}{\sqrt{2}}$

$\Rightarrow \theta=\frac{\pi}{4}$ अथवा $\frac{3\pi}{4}$.

39. माना $y=m_1x$ तथा $y=m_2x$

दीर्घवृत्त $\frac{x^2}{a^2}+\frac{y^2}{b^2}=1$ के संयुग्मी व्यास हैं।

पुनः माना $P(a\cos\theta, b\sin\theta)$ व $Q(a\cos\phi, b\sin\phi)$

इन व्यासों के सिरे हैं, तो $m_1m_2=-\frac{b^2}{a^2}$

$\Rightarrow \quad \frac{b\sin\theta-0}{a\cos\theta-0}\times\frac{b\sin\phi-0}{a\cos\phi-0}=-\frac{b^2}{a^2}$

$\Rightarrow \quad \frac{b^2\sin\theta.\sin\phi}{a^2\cos\theta.\cos\phi}=-\frac{b^2}{a^2}$

$\Rightarrow \sin\theta\sin\phi=-\cos\theta\cos\phi$

$\Rightarrow \cos(\theta-\phi)=0$

$\Rightarrow \theta-\phi=\pm\pi/2.$

40. दिया हुआ समीकरण

$2x^2+3y^2-8x-18y+35-k=0$ है। इसकी तुलना $ax^2+by^2+2hxy+2gx+2fy+c=0$ से करने पर,

$\Rightarrow \quad a=2,\ b=3,\ h=0,\ g=-4,$

$f=-9,\ c=35-k$

अब $\Delta = abc + 2fgh - af^2 - bg^2 - ch^2$

$= 2(3)(35-k) + 2(-9)(-4)(0)$

$-(2)(-9)^2 - 3(-4)^2 - (35-k)(0)^2$

$= 6(35-k) + 0 - 162 - 48 - 0$

$= 210 - 6k - 210 = -6k$

$\therefore \Delta = 0$ होगा, यदि $k = 0$

$\therefore$ यदि $k = 0$ हो, तो दी गई समीकरण एक बिन्दु को निरूपित करती है।

41. वक्तव्य-I एवं वक्तव्य-II दोनों सत्य है तथा वक्तव्य–II वक्तव्य-I का सही स्पष्टीकरण है।

$SS' = 2ae, SP + SP' = 2a$

$2ae < 2a$ चूंकि $e < 1$

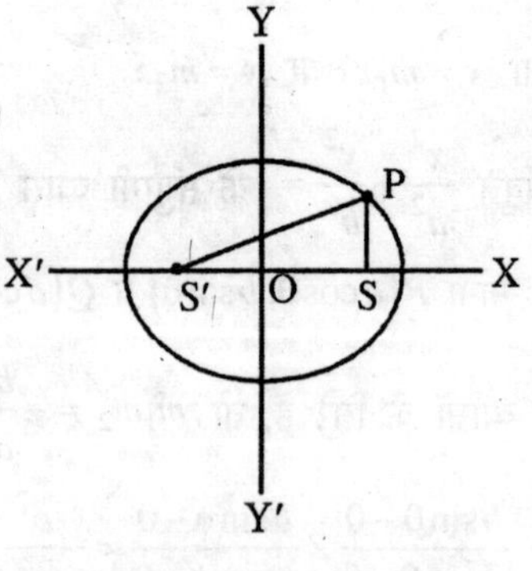

42. वक्तव्य-I असत्य है परन्तु वक्तव्य-II सत्य है

नाभि $(\pm 7, 0)$ है

$\therefore \quad r = \sqrt{9+7} = 4$

43. वक्तव्य-I असत्य है चूंकि $b^2 = a^2(1-e^2)$ होता है

वक्तव्य-II सत्य है चूंकि $|F_1P| + |F_2P| =$ नाभीय जीवा का योग दीर्घअक्ष की लम्बाई $= 2a$ प्रामाणिक सत्य है।

44. दीर्घवृत्त $9x^2 + 16y^2 = 144$

$\Rightarrow \quad \frac{x^2}{16} + \frac{y^2}{9} = 1$

$\Rightarrow \quad \frac{x^2}{(4)^2} + \frac{y^2}{(3)^2} = 1$

अतः नियामक वृत्त का समीकरण

$x^2 + y^2 = 16 + 9 = 25$

वक्तव्य-I सत्य है।

वक्तव्य-II सत्य है, (परिभाषा से)

45. A. चर बिन्दु P, निश्चित बिन्दु A से अचर दूरी e पर है, अतः P का बिन्दुपथ एक वृत्त होगा जिसकी त्रिज्या = e अतः $A - q$

B. $|AP| = e|BP|$

$\Rightarrow A$ से P की दूरी, B से P की दूरी का e गुणा है अतः

(*i*) यदि $e = 1$ अर्थात् $|AP| = |BP|$ तो P का बिन्दुपथ एक सरल रेखा होगी,

(*ii*) यदि $e > 0$, तब P का बिन्दु पथ एक वृत्त होगा, $B - p, q$

C. यदि A, एवं B से, P की दूरी का योग अचर हो तथा $|AB|$ से बड़ी हो, तब P का बिन्दुपथ एक दीर्घवृत्त होगा, $C - r$

D. (*i*) यदि $e = 1$ तब $|AP| = l$ से p की दूरी

$\therefore P$ का बिन्दुपथ एक परवलय होगा।

(*ii*) यदि $0 < e < 1$ तब $|AP| = e$

[l से p की दूरी]

अतः p का बिन्दु पथ दीर्घवृत्त होगा।

$D - r, t.$

18

सदिश बीजगणित (VECTOR ALGEBRA)

सदिश राशियाँ (Vector Quantities)

वे भौतिक राशियाँ जिन्हें व्यक्त करने के लिए परिमाण एवं दिशा दोनों की आवश्यकता हो, सदिश राशियाँ कहलाती हैं। जैसे– वेग, बल, त्वरण इत्यादि।

अदिश राशियाँ (Scalar Quantities)

वे भौतिक राशियाँ जिन्हें व्यक्त करने के लिए केवल परिमाण की आवश्यकता होती है, अदिश राशियाँ कहलाती हैं। जैसे– चाल, समय, ऊर्जा इत्यादि।

सदिशों का निरूपण (Representation of Vectors)

एक सदिश राशि को एकदिष्ट सरल रेखाखंड द्वारा निरूपित किया जा सकता है। रेखाखंड की लम्बाई परिमाण तथा रेखाखंड के एक अंतिम बिन्दु पर तीर का निशान इसकी दिशा को दर्शाता है।

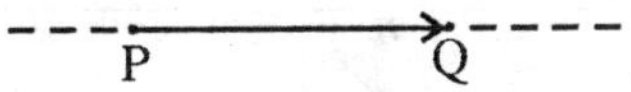

कोई सदिश जो $\overrightarrow{PQ}$ द्वारा सूचित है तो इसमें PQ रेखाखंड की लम्बाई, परिमाण तथा दिशा P से Q की ओर है। सामान्यतः सदिश राशियों को $\vec{a}, \vec{b}, \vec{c}$ से सूचित करते हैं।

सदिश का मापांक एक धनात्मक संख्या होती है तथा उसे $|\vec{a}|$ से सूचित किया जाता है।

सदिशों के प्रकार (Types of Vectors)

(*i*) **शून्य सदिश (Zero Vector) :** जिस सदिश का परिमाण शून्य हो, शून्य सदिश कहलाता है। शून्य सदिश में दिशा नहीं होती।

(*ii*) **इकाई सदिश (Unit Vector) :** जिस सदिश का मापांक इकाई हो, इकाई सदिश कहलाता है। $\vec{a}$ के इकाई सदिश को $\hat{a}$ द्वारा निरूपित करते हैं। $\hat{a} = \frac{\vec{a}}{|\vec{a}|}$

(*iii*) **अनुदिश एवं प्रतिदिश सदिश (Like and Unlike Vector) :** समान दिशा या एक ही दिशा में कार्य करने वाले सदिशों को अनुदिश सदिश तथा विपरीत दिशा में कार्य करने वाले सदिशों को प्रतिदिश सदिश कहा जाता है।

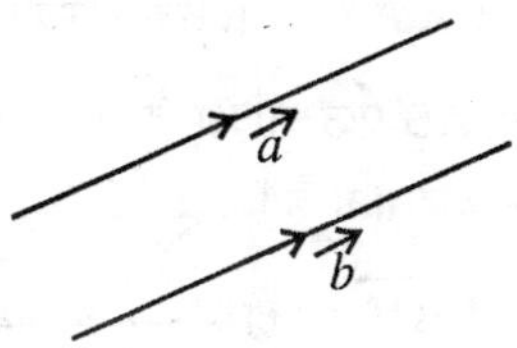

अनुदिश सदिश

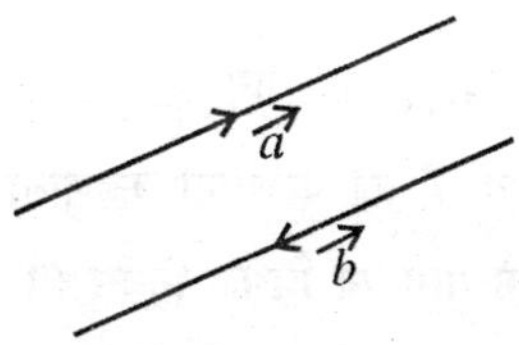

प्रतिदिश सदिश

(*iv*) **समान सदिश (Equal Vector) :** यदि दो सदिश परिमाण एवं दिशा दोनों में एक दूसरे के बराबर हो तो समान सदिश कहलाते हैं।

(*v*) **स्थिति सदिश (Position Vector) :** यदि समष्टि में कोई बिन्दु O एक निश्चित बिन्दु है, तो किसी बिन्दु P की स्थिति को प्रकट करने वाले सदिश $\overrightarrow{OP}$ को P की स्थिति सदिश कहते हैं।

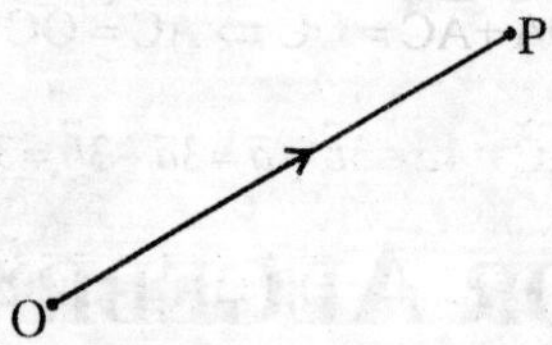

(*vi*) **ऋणात्मक सदिश (Negative Vector) :** जिस सदिश का परिमाण एक दिए हुए सदिश के बराबर परंतु दिशा विपरीत हो तो वह ऋणात्मक सदिश कहलाता है।

(*vii*) **समरेखीय या एकरेखीय सदिश (Collinear Vectors) :** वे सभी सदिश जो किसी सरल रेखा के समान्तर हो, समरेखीय सदिश कहलाते हैं। समरेखीय सदिश के परिमाण भिन्न हो सकते हैं परंतु दिशा समान होगी।

(*viii*) **एक समतलीय सदिश (Coplanar Vectors) :** वे सभी सदिश जो एक समतल के समान्तर या उसी समतल में होते हैं; एक समतलीय सदिश कहलाते हैं।

(*ix*) **विस्थापन सदिश (Displacement Vector) :** यदि कोई कण, बिन्दु A से बिन्दु B तक विस्थापित किया जाए तो विस्थापन AB एक सदिश है, तो $\overrightarrow{AB}$ उस कण का विस्थापन कहलाता है।

$\overrightarrow{AB}=\overrightarrow{OB}-\overrightarrow{OA}$

सदिशों का योग (Addition of Vectors)

दो सदिशों $\vec{a}$ तथा $\vec{b}$ का योग $\vec{a}+\vec{b}$ से निरूपित करते है तथा यह $\vec{a}$ एवं $\vec{b}$ का परिणामी कहलाता है।

(*i*) **सदिश के योग का त्रिभुज नियम (Triangle Law of Vector Addition) :** यदि दो सदिश $\vec{a}$ एवं $\vec{b}$ त्रिभुज की दो भुजाओं के अनुदिश क्रमागत हो, तब तीसरी भुजा सदिशों के योग $\vec{a}+\vec{b}$ को निरूपित करती है।

$\overrightarrow{AB}+\overrightarrow{BC}=\overrightarrow{AC}$

$\overrightarrow{BC}+\overrightarrow{CA}=\overrightarrow{AB}$

$\overrightarrow{BA}+\overrightarrow{AC}=\overrightarrow{BC}$

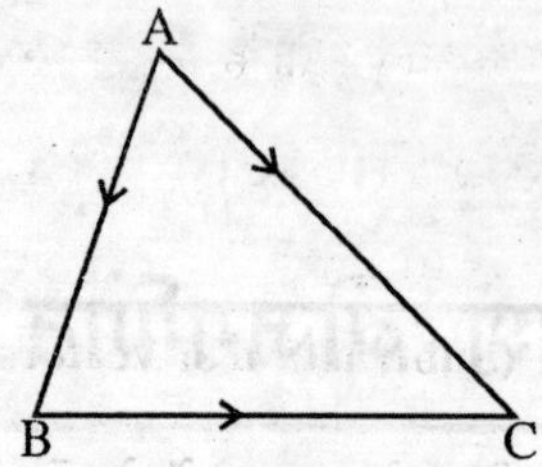

नोट : [$\vec{a}+\vec{b}$ का परिमाण, $\vec{a}$ तथा $\vec{b}$ के परिमाण के योग के बराबर नहीं होता है]

(*ii*) **सदिशों के योग का समान्तर-चतुर्भुज नियम (Parallelogram Law of Vector Addition) :** यदि दो सदिश $\vec{a}$ तथा $\vec{b}$ समान्तर चतुर्भुज की क्रमागत भुजाओं के अनुदिश सदिश हो तब उसके योग $\vec{a}+\vec{b}$ उभयनिष्ठ शीर्ष से जाने वाले विकर्ण द्वारा निरूपित होता है।

$\overrightarrow{OP}+\overrightarrow{OQ}=\overrightarrow{OR}$

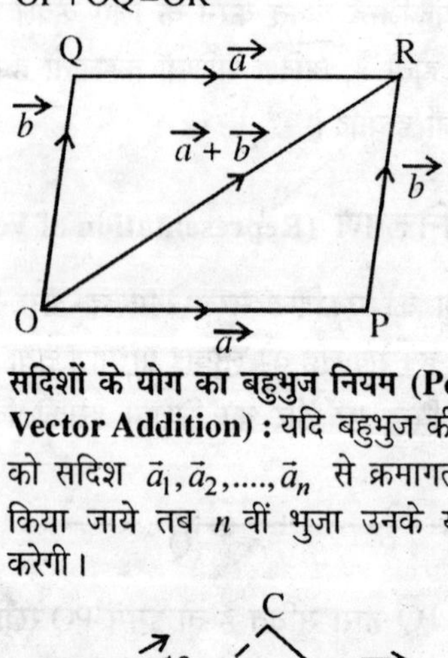

(*iii*) **सदिशों के योग का बहुभुज नियम (Polygon Law of Vector Addition) :** यदि बहुभुज की $(n-1)$ भुजाओं को सदिश $\vec{a}_1, \vec{a}_2, ..., \vec{a}_n$ से क्रमागत रूप में निरूपित किया जाये तब n वीं भुजा उनके योग को निरूपित करेगी।

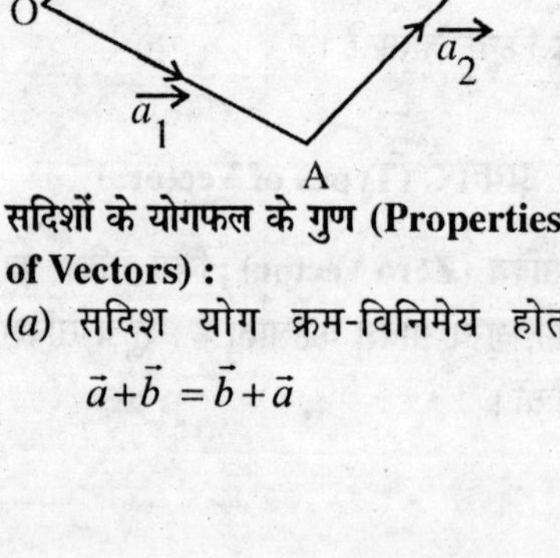

सदिशों के योगफल के गुण (Properties of Addition of Vectors) :

(*a*) सदिश योग क्रम-विनिमेय होता है अर्थात्
$\vec{a}+\vec{b}=\vec{b}+\vec{a}$

(*b*) सदिश योग साहचर्य होता है अर्थात्

$$\left(\vec{a}+\vec{b}\right)+\vec{c} = \vec{a}+\left(\vec{b}+\vec{c}\right)$$

सदिशों का घटाव (Subtraction of Vectors)

यदि $\vec{a}$ तथा $\vec{b}$ दो सदिश हो तब $\vec{a}$ में से $\vec{b}$ को घटाने को सदिशों $\vec{a}$ तथा $\left(-\vec{b}\right)$ के योग के रूप में निरूपित करते हैं तथा इसे $\vec{a}+\left(-\vec{b}\right) = \vec{a}-\vec{b}$ से सूचित करते है।

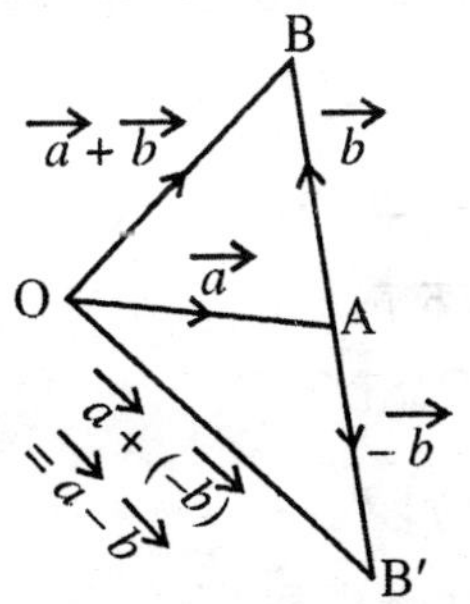

उदाहरण 1. मूलबिन्दु O से बिन्दु A, B, एवं C की दिशा में यदि सदिश क्रमशः $\vec{a}, \vec{b}$ एवं $4\vec{a}-3\vec{b}$ हैं, तब $\overline{AB}$ तथा $\overline{BC}$ को ज्ञात करें।

हलः दिया है, $\overrightarrow{OA}=\vec{a}$, $\overrightarrow{OB}=\vec{b}$ तथा $\overrightarrow{OC}=4\vec{a}-3\vec{b}$

ΔOAC में,

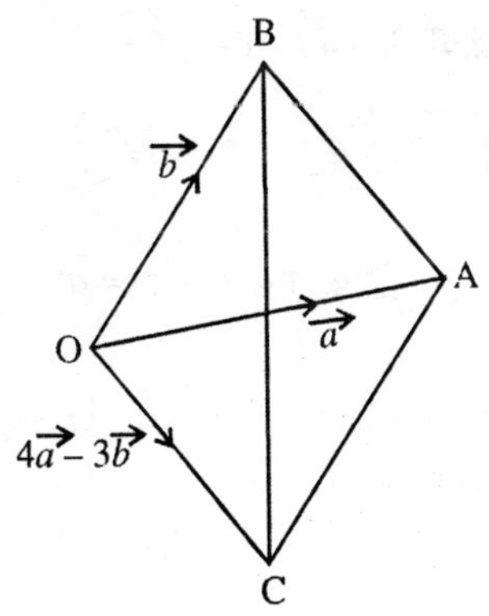

$\Rightarrow \quad \overrightarrow{OA}+\overrightarrow{AC}=\overrightarrow{OC} \Rightarrow \overrightarrow{AC}=\overrightarrow{OC}-\overrightarrow{OA}$

$\Rightarrow \quad \overrightarrow{AC}=4\vec{a}-3\vec{b}-\vec{a}=3\vec{a}-3\vec{b}=3\left(\vec{a}-\vec{b}\right)$

Δ OBC में, $\overrightarrow{OB}+\overrightarrow{BC}=\overrightarrow{OC}$

$\Rightarrow \quad \overrightarrow{BC}=\overrightarrow{OC}-\overrightarrow{OB}= 4\vec{a}-3\vec{b}-\vec{b}=4\left(\vec{a}-\vec{b}\right).$

उदाहरण 2. माना ABCDEF एक सम षट्भुज (Regular hexagon) है। तब सदिश $\overrightarrow{OA}. \overrightarrow{OB}.\overrightarrow{OC}.\overrightarrow{OE}$ तथा $\overrightarrow{OF}$ का योग ज्ञात करें।

हलः हम जानते हैं कि समषट्भुज का केन्द्र सभी विकर्णों को जो उससे गुजरती है, समद्विभाजित करती है।

$\therefore \quad \overrightarrow{OA}=-\overrightarrow{OD}, \overrightarrow{OB}=-\overrightarrow{OE}$ तथा $\overrightarrow{OC}=-\overrightarrow{OF}$

$\Rightarrow \overrightarrow{OA}+\overrightarrow{OD}=\vec{0}$, $\overrightarrow{OB}+\overrightarrow{OE}=\vec{0}$ तथा $\overrightarrow{OC}+\overrightarrow{OF}=0$

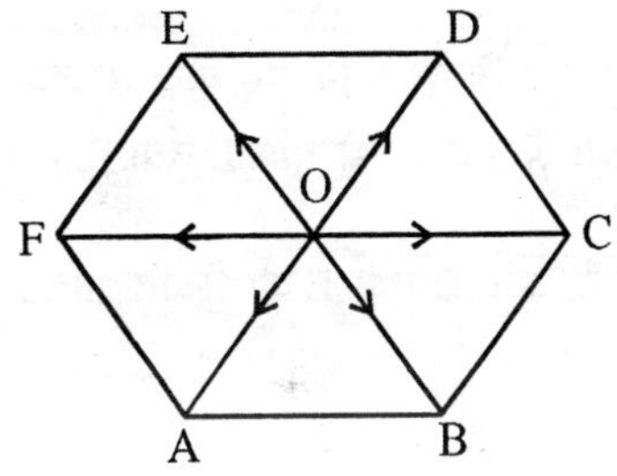

अतः $\overrightarrow{OA}+\overrightarrow{OB}+\overrightarrow{OC}+\overrightarrow{OD}+\overrightarrow{OE}+\overrightarrow{OF}=0$

$=\left(\overrightarrow{OA}+\overrightarrow{OD}\right)+\left(\overrightarrow{OB}+\overrightarrow{OE}\right)+\left(\overrightarrow{OC}+\overrightarrow{OF}\right)$

$= 0 + 0 + 0 = 0.$

एक सदिश का एक अदिश से गुणन

(Multiplication of a Vector by a Scalar)

माना m कोई अदिश तथा $\vec{a}$ एक सदिश राशि है, तब $m\vec{a}$ एक सदिश राशि होगी जिसका परिमाण $\vec{a}$ के परिमाण का m गुणा तथा इसकी दिशा $\vec{a}$ की दिशा में या विपरीत दिशा में होगी।

गुण (Properties) : यदि λ एवं μ दो अदिश राशि है, तब

(*i*) $\lambda(\mu\, \vec{a}) = \lambda\mu\, \vec{a}$

(ii) $(\lambda+\mu)\vec{a}=\lambda\vec{a}+\mu\vec{a}$

(iii) $\lambda(\vec{a}+\vec{b})=\lambda\vec{a}+\lambda\vec{b}.$

उदाहरण 3. यदि $\vec{c}=3\vec{a}+4\vec{b}$ तथा $2\vec{c}=\vec{a}-3\vec{b}$, दिखाएं $\vec{b}$ तथा $\vec{a}$ की दिशा समान होगी तथा $|\vec{b}|>|\vec{a}|$

हलः $\vec{c}=3\vec{a}+4\vec{b}$ तथा $2\vec{c}=\vec{a}-3\vec{b}$

$\Rightarrow \quad 2(3\vec{a}+4\vec{b})=\vec{a}-3\vec{b}$

$\Rightarrow \quad 6\vec{a}+8\vec{b}=\vec{a}-3\vec{b}$

$\Rightarrow \quad 5\vec{a}=-11\vec{b}$

$\Rightarrow \quad \vec{a}=-\frac{11}{5}\vec{b}$ तथा $\vec{b}=-\frac{5}{11}\vec{a}.$

उदाहरण 4. यदि D तथा E, ΔABC की भुजा AB तथा AC के मध्य बिन्दु हों तब दिखाएँ कि $\overline{BE}+\overline{DC}=\frac{3}{2}\overline{BC}.$

हलः A को मूल बिन्दु मानने पर यदि B तथा C का स्थिति सदिश क्रमशः $\vec{b}$ एवं $\vec{c}$ हो चूँकि D तथा E, AB एवं AC का मध्य बिन्दु है, अतः D तथा E का स्थिति सदिश $\frac{\vec{b}}{2}$ एवं $\frac{\vec{c}}{2}$ होगा।

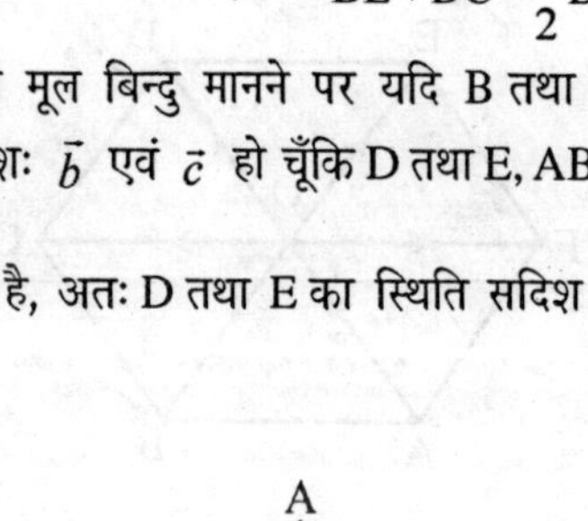

Δ ABE तथा Δ ACD में,

$\overline{BC}+\overline{DC}=\left(\frac{\vec{c}}{2}-\vec{b}\right)+\left(\vec{c}-\frac{\vec{b}}{2}\right)$

$\Rightarrow \quad \overline{BE}+\overline{DC}=\frac{3}{2}(\vec{c}-\vec{b})=\frac{3}{2}\overline{BC}$

उदाहरण 5. यदि बिन्दु (5, n), सदिश $\vec{a}$ का स्थिति सदिश है जहाँ $|\vec{a}|=13$ हो तब n का मान ज्ञात करें।

हलः $\vec{a}=5\hat{i}+n\hat{j}$

$\therefore \quad |\vec{a}|=\sqrt{25+n^2}$

$\Rightarrow \quad 13=\sqrt{25+n^2} \Rightarrow 169=25+n^2$

$\Rightarrow \quad n^2=144$

$\therefore \quad n=\pm 12.$

उदाहरण 6. यदि बिन्दु (1, – 1) तथा (– 2, m), सदिश $\vec{a}$ तथा $\vec{b}$ के स्थिति सदिश हैं, तब m का मान ज्ञात करें जहाँ $\vec{a}$ तथा $\vec{b}$ एक रैखिक है।

हलः $\vec{a}=\hat{i}-\hat{j}$ तथा $\vec{b}=-2\hat{i}+m\hat{j}$

चूँकि $\vec{a}$ एवं $\vec{b}$ एक रैखिक है

$\therefore \quad \vec{a}=\lambda\vec{b}$ जहाँ λ अदिश है

$\Rightarrow \quad \hat{i}-\hat{j}=\lambda(-2\hat{i}+m\hat{j})$

$\Rightarrow \quad \hat{i}-\hat{j}=(-2\lambda)\hat{i}+(m\lambda)\hat{j}$

$\Rightarrow \quad 1=-2\lambda$ तथा $-1=m\lambda$

$\Rightarrow \quad \lambda=-\frac{1}{2}$ तथा $\lambda=-\frac{1}{m}$

$\Rightarrow \quad -\frac{1}{2}=-\frac{1}{m}$

$\Rightarrow \quad m=2.$

उदाहरण 7. इकाई सदिश निकालें जो सदिश $-3\hat{i}+4\hat{j}$ के समान्तर है।

हलः माना $\vec{a}=-3\hat{i}+4\hat{j}$ तब

$|\vec{a}|=\sqrt{(-3)^2+(4)^2}=5$

इकाई सदिश जो $\vec{a}$ के समान्तर है $=\hat{a}=\frac{\vec{a}}{|\vec{a}|}$

$=\frac{1}{5}(-3\hat{i}+4\hat{j})$

$=-\frac{3}{5}\hat{i}+\frac{4}{5}\hat{j}.$

इकाई सदिशों $\hat{i}, \hat{j}, \hat{k}$ का लाम्बिक त्रिक

(Orthogonal Trand of Unit Vectors)

माना $\hat{i}, \hat{j}, \hat{k}$ क्रमशः x, y एवं z अक्षों के अनुदिश इकाई सदिशों को निरूपित करते हैं। पुनः माना सदिश $\vec{a}$ को $\hat{i}, \hat{j}$ एवं $\hat{k}$ के पदों में निम्न रूप में व्यक्त किया जा सकता है। $\vec{a} = a_x\hat{i} + a_y\hat{j} + a_2\hat{k}$ जहाँ a_x, a_y तथा a_z सदिश $\vec{a}$ के x, y, z, घटक हैं।

$\vec{a}$ का मापांक $= a = |\vec{a}| = \sqrt{a_x^2 + a_y^2 + a_z^2}$

नोट : (*i*) सदिश $\vec{a}$ द्वारा निर्देशांक अक्षों x, y एवं z पर बनाए गए कोण α, β एवं γ हों तब $\cos\alpha, \cos\beta$ तथा $\cos\gamma$ को सदिश $\vec{a}$ की दिक् कोज्याएँ कहते हैं।

(*ii*) सदिश $\vec{a}$ की दिशा में इकाई सदिश

$\hat{a} = \frac{a_x}{|\vec{a}|}\hat{i} + \frac{a_y}{|\vec{a}|}\hat{j} + \frac{a_z}{|\vec{a}|}\hat{k}$ है।

सरल रेखा का सदिश समीकरण

(Vector Equation of a Straight Line)

(*i*) बिन्दु $\vec{a}$ से जाने वाली एक सदिश $\vec{b}$ के समान्तर सरल रेखा का समीकरण $\vec{r} = \vec{a} + t\vec{b}$

(*ii*) दो बिन्दुओं $\vec{a}$ तथा $\vec{b}$ से जाने वाली सरल रेखा का समीकरण $\vec{r} = (1-t)\vec{a} + t\vec{b}$

तीन बिन्दुओं के समरेख होने का प्रतिबंध

(Three Points to be Collinear)

तीन बिन्दुओं के स्थिति सदिश $\vec{a}, \vec{b}, \vec{c}$ समरेख होंगे यदि और केवल यदि तीन अदिश x, y, z का अस्तित्व हो तथा x, y, z एक साथ शून्य नहीं हो तब $x\vec{a} + y\vec{b} + z\vec{c} = 0$, जहाँ $x + y + z = 0$

समतल का सदिश समीकरण (Vector Equation of a Plane)

(*i*) बिन्दु $\vec{a}$ से होकर जाने वाले एवं दो असमान्तर सदिशों $\vec{b}$ एवं $\vec{c}$ के समान्तर समतल का समीकरण $\vec{r} = \vec{a} + t\vec{b} + s\vec{c}$ है।

(*ii*) तीन बिन्दुओं $\vec{a}, \vec{b}$ एवं $\vec{c}$ से जाने वाले समतल का समीकरण $\vec{r} = \vec{a} + t(\vec{b} - \vec{a}) + s(\vec{c} - \vec{a})$.

उदाहरण 8. सिद्ध करें कि बिन्दुओं A, B तथा C के स्थिति सदिश क्रमशः $-2\vec{a} + 3\vec{b} + 5\vec{c}$, $\vec{a} + 2\vec{b} + 3\vec{c}$ तथा $7\vec{a} - \vec{c}$ समरेख हैं।

हलः $\overrightarrow{AB} =$ B का स्थिति सदिश – A का स्थिति सदिश

$$= (\vec{a} + 2\vec{b} + 3\vec{c}) - (-2\vec{a} + 3\vec{b} + 5\vec{c})$$

$$\overrightarrow{AB} = 3\vec{a} - \vec{b} - 2\vec{c}$$

तथा $\overrightarrow{BC} =$ C का स्थिति सदिश – B का स्थिति सदिश

$$= (7\vec{a} - \vec{c}) - (\vec{a} + 2\vec{b} + 3\vec{c})$$

$$= 6\vec{a} - 2\vec{b} - 4\vec{c}$$

$$\overrightarrow{BC} = 2(3\vec{a} - \vec{b} - 2\vec{c})$$

$\therefore \quad \overrightarrow{BC} = 2\overrightarrow{AB}$

$\therefore$ A, B, C समरेख हैं।

उदाहरण 9. यदि बिन्दुओं

$60\hat{i} + 3\hat{j}$, $40\hat{i} - 8\hat{j}$ तथा $a\hat{i} - 52\hat{j}$ का स्थिति का सदिश समरेख है तब a का मान ज्ञात करें

हलः माना कि दिए हुए बिन्दु क्रमशः A, B, C हैं।

$\Rightarrow \quad \overrightarrow{AB}$ तथा $\overrightarrow{BC}$ समरेख है।

$\Rightarrow \quad \overrightarrow{AB} = \lambda\,\overrightarrow{BC}$ जहाँ λ अचर है।

$\Rightarrow \quad (-20\hat{i} - 11\hat{j}) = \lambda[(a-40)\hat{i} - 44\hat{j}]$

$\Rightarrow \quad [\lambda(a-40) + 20]i = (44\lambda - 11)j$

$\Rightarrow \quad \lambda(a-40) + 20 = 0$ तथा $44\lambda - 11 = 0$

($\because \hat{i}, \hat{j}$ असमरेख है)

$\Rightarrow \quad \lambda = \frac{1}{4}$ तथा $\lambda(a-40) + 20 = 0$

$\Rightarrow \quad \frac{1}{4}(a-40) + 20 = 0$

अतः $a = -40$.

उदाहरण 10. दिखाएँ कि सदिश $\vec{a}-2\vec{b}+3\vec{c}, \vec{a}-3\vec{b}+5\vec{c}$ तथा $-2\vec{a}+3\vec{b}-4\vec{c}$ एक तलीय (समतलीय) है।

हलः सदिश एकतलीय होंगे यदि एक सदिश को अन्य दो सदिशों के रैखिक संयोजन से व्यक्त किया जाए।

अर्थात् $\vec{a}-2\vec{b}+3\vec{c}=x\left(\vec{a}-3\vec{b}+5\vec{c}\right)+y\left(-2\vec{a}+3\vec{b}-4\vec{c}\right)$

जहाँ x, y अदिश है।

$\Rightarrow \vec{a}-2\vec{b}+3\vec{c}=(x-2y)\vec{a}+(-3x+3y)\vec{b}+(5x-4y)\vec{c}$

$\Rightarrow x-2y=1, -3x+3y=-2, 5x-4y=3$

पहले दो समीकरणों को हल करने पर,

$$x=\frac{1}{3}, y=-\frac{1}{3}$$

तीसरे समीकरण में x, एवं y का मान रखने पर,

$$5\times\frac{1}{3}-4\times-\frac{1}{3}=\frac{5}{3}+\frac{4}{3}=\frac{9}{3}=3$$

अतः तीसरा समीकरण संतुष्ट होता है

$\therefore$ सदिश एकतलीय है।

उदाहरण 11. किसी सदिश $\overline{OP}$ का OX के साथ झुकाव (inclination) 45° तथा OY के साथ झुकाव (inclination) 60° है, तब OZ के साथ झुकाव (inclination) ज्ञात करें।

हलः माना $\overline{OP}$ का OZ के साथ झुकाव γ है

तथा पुनः माना कि $l, m, n, \overrightarrow{OP}$ की दिक् कोज्याएँ हैं।

$\therefore \quad l=\cos 45°, m=\cos 60°, n=\cos\gamma$

$\Rightarrow \quad l=\frac{1}{\sqrt{2}}, m=\frac{1}{2}, n=\cos\gamma$

अतः $\cos^2\alpha+\cos^2\beta+\cos^2\gamma$

$=l^2+m^2+n^2=1$

$\Rightarrow \quad \frac{1}{2}+\frac{1}{4}+n^2=1$

$\Rightarrow n^2=\frac{1}{4}$

$\Rightarrow \quad n=\pm\frac{1}{2} \Rightarrow \gamma=\cos^{-1}\left(\pm\frac{1}{2}\right)=60°$ या $120°$.

उदाहरण 12. सदिश $\vec{r}$, OX, OY एवं OZ के साथ समान कोण बनाता है तथा यदि $\vec{r}$ का परिमाण 6 इकाई हो, तब सदिश $\vec{r}$ ज्ञात करें।

हलः माना कोण α है तब

$l^2+m^2+n^2=1$

$\Rightarrow 3l^2=1$

$\Rightarrow l=\pm\frac{1}{\sqrt{3}}$

$\therefore \vec{r}=6\left(\pm\frac{1}{\sqrt{3}}\hat{i}\pm\frac{1}{\sqrt{3}}\hat{j}\pm\frac{1}{\sqrt{3}}\hat{k}\right).$

सदिशों का गुणन (Multiplication of Vectors)

(i) **अदिश गुणन (Scalar or Dot Product) :** जब सदिशों का गुणनफल एक अदिश राशि हो तो उसे अदिश गुणन कहते हैं।

यदि $\vec{a}$ तथा $\vec{b}$ दो अशून्य सदिश हों जो एक-दूसरे के साथ θ कोण बनाती हैं। तब $\vec{a}$ तथा $\vec{b}$ के अदिश गुणनफल को $\vec{a}.\vec{b}$ से सूचित करते है तथा $\vec{a}.\vec{b}=|\vec{a}||\vec{b}|\cos\theta$ अर्थात $\vec{a}.\vec{b}=ab\cos\theta$ होता है।

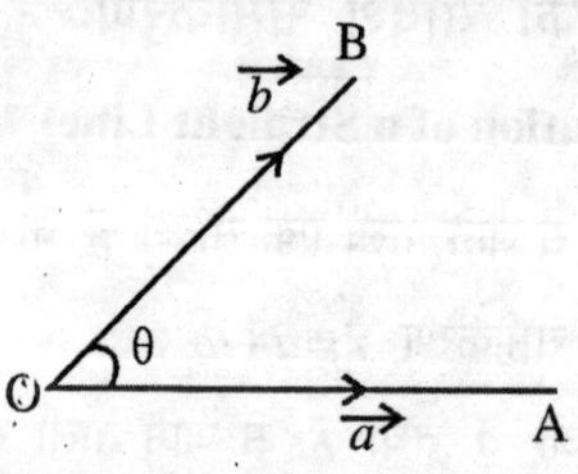

अदिश गुणन की विशेषताएँ

(Properties of Scalar Product)

(i) दो सदिशों का अदिश गुणनफल क्रमविनिमेय होता है अर्थात् $\vec{a}.\vec{b}=\vec{b}.\vec{a}$

(ii) यदि $\vec{a}$ एवं $\vec{b}$ दो सदिश राशि हैं तब

$(m\vec{a}).(n\vec{b})=mn(\vec{a}.\vec{b})$

(iii) यदि $\vec{a}, \vec{b}, \vec{c}$ तीन सदिश हों तब

$\vec{a}.(\vec{b}+\vec{c})=\vec{a}.\vec{b}+\vec{a}.\vec{c}$ (वितरण नियम)

(*iv*) यदि $\vec{a}, \vec{b}$ दो अशून्य सदिश हैं। तब $\vec{a}.\vec{b}=0 \Leftrightarrow \vec{a}$

$\vec{b}$ पर लम्बवत् है।

(*v*) सदिश $\vec{a}$ के लिए

$$\vec{a}.\vec{a}=|\vec{a}|^2=\vec{a}^2$$

(*vi*) यदि $\vec{a}=a_1\hat{i}+a_2\hat{j}+a_3\hat{k}$, तथा

$$\vec{b}=b_1\hat{i}+b_2\hat{j}+b_3\hat{k}$$

तब $\vec{a}.\vec{b}=a_1b_1+a_2b_2+a_3b_3$

$$\hat{i}.\hat{i}=\hat{j}.\hat{j}=\hat{k}.\hat{k}=1$$

$$\hat{i}.\hat{j}=\hat{j}.\hat{k}=\hat{k}.\hat{i}=0$$

(*vii*) यदि $\vec{a}=a_1\hat{i}+a_2\hat{j}+a_3\hat{k}$

$$\vec{b}=b_1\hat{i}+b_2\hat{j}+b_3\hat{k}$$

$$\therefore\ \vec{a}.\vec{b}=\frac{\vec{a}.\vec{b}}{|\vec{a}||\vec{b}|}$$

(*viii*) सदिश $\vec{a}$ और $\vec{b}$ के लिए

(*a*) $|\vec{a}+\vec{b}|^2=|\vec{a}|^2+|\vec{b}|^2+2\vec{a}.\vec{b}$

(*b*) $|\vec{a}-\vec{b}|^2=|\vec{a}|^2+|\vec{b}|^2-2\vec{a}.\vec{b}$

(*c*) $(\vec{a}+\vec{b}).(\vec{a}-\vec{b})=|\vec{a}|^2-|\vec{b}|^2$.

दो सदिशों के बीच का कोण

(Angle Between Two Vectors)

माना दो सदिश $\vec{a}$ एवं $\vec{b}$ के बीच का कोण θ है। तब

$$\vec{a}.\vec{b}=|\vec{a}||\vec{b}|\cos\theta$$

$$\therefore\quad \cos\theta=\frac{\vec{a}.\vec{b}}{|\vec{a}||\vec{b}|}$$

$$\Rightarrow\quad \theta=\cos^{-1}\left(\frac{\vec{a}.\vec{b}}{|\vec{a}||\vec{b}|}\right)$$

$$=\cos^{-1}\left[\frac{a_1b_1+a_2b_2+a_3b_3}{\sqrt{a_1^2+a_2^2+a_3^2}\sqrt{b_1^2+b_2^2+b_3^2}}\right]$$

उदाहरण 13. मान ज्ञात करें $(\vec{a}+3\vec{b}).(2\vec{a}-\vec{b})$, यदि $\vec{a}=\hat{i}+\hat{j}+2\hat{k}$ तथा $\vec{b}=3\hat{i}+2\hat{j}-\hat{k}$.

हल: $\vec{a}+3\vec{b}=(\hat{i}+\hat{j}+2\hat{k})+3(3\hat{i}+2\hat{j}-\hat{k})$

$$\Rightarrow \vec{a}+3\vec{b}=10\hat{i}+7\hat{j}-\hat{k}$$

तथा $2\vec{a}-\vec{b}=2(\hat{i}+\hat{j}+2\hat{k})-(3\hat{i}+2\hat{j}-\hat{k})$

$$=-\hat{i}+0\hat{j}+5\hat{k}$$

$$=-\hat{i}+5\hat{k}$$

$$\therefore (\vec{a}+3\vec{b}).(2\vec{a}-\vec{b})=(10\hat{i}+7\hat{j}-\hat{k}).(-\hat{i}+5\hat{k})$$

$$=10(-1)+(-1)(5)$$

$$=-10-5=-15.$$

उदाहरण 14. सदिश $\hat{i}-2\hat{j}+3\hat{k}$ तथा $3\hat{i}-2\hat{j}+\hat{k}$ के बीच का कोण निकालें।

हल: माना $\vec{a}=\hat{i}-2\hat{j}+3\hat{k}$ तथा $\vec{b}=3\hat{i}-2\hat{j}+\hat{k}$

$$\Rightarrow\quad \vec{a}.\vec{b}=1\times3+(-2)\times(-2)+3\times1=3+4+3=10,$$

$$|\vec{a}|=\sqrt{1+4+9}=\sqrt{14} \text{ तथा } |\vec{b}|=\sqrt{a+4+1}=\sqrt{14}$$

पुनः माना θ दोनों सदिशों के बीच का कोण है,

तब $\cos\theta=\dfrac{\vec{a}.\vec{b}}{|\vec{a}||\vec{b}|}$

$$\Rightarrow \cos\theta=\frac{10}{\sqrt{14}\sqrt{14}}=\frac{10}{14}=\frac{5}{7}$$

$$\Rightarrow \theta=\cos^{-1}\frac{5}{7}.$$

उदाहरण 15. p का मान ज्ञात करें जब $\vec{a}=3\hat{i}+2\hat{j}+9\hat{k}$ तथा $\vec{b}=\hat{i}+p\hat{j}+3\hat{k}$ (*i*) लम्बवत् हो और (*ii*) समान्तर हो।

हल: (*i*) यदि सदिश $\vec{a}$ तथा $\vec{b}$ लम्बवत है, तब $\vec{a}.\vec{b}=0$

$$\Rightarrow\quad (3\hat{i}+2\hat{j}+9\hat{k}).(\hat{i}+p\hat{j}+3\hat{k})=0$$

$$\Rightarrow\quad 3+2p+27=0$$

$$\Rightarrow\quad p=-15.$$

(*ii*) सदिश $\vec{a}=3\hat{i}+2\hat{j}+9\hat{k}$ तथा $\vec{b}=\hat{i}+p\hat{j}+3\hat{k}$ समान्तर होंगे यदि ओर केवल यदि

$$\frac{3}{1}=\frac{2}{p}=\frac{9}{3} \Rightarrow p=\frac{2\times 3}{9} \Rightarrow p=\frac{2}{3}.$$

उदाहरण 16. यदि $\vec{a},\vec{b},\vec{c}$ तीन सदिश हो जहाँ $\vec{a}+\vec{b}+\vec{c}=0$ $|\vec{a}|=3, |\vec{b}|=5$ तथा $|\vec{c}|=7$ तब $\vec{a}$ एवं $\vec{b}$ के बीच का कोण ज्ञात करें।

हलः $\vec{a}+\vec{b}+\vec{c}=0$

$\Rightarrow \quad \vec{a}+\vec{b}=-\vec{c}$

$\Rightarrow \quad (\vec{a}+\vec{b}).(\vec{a}+\vec{b})=(-\vec{c}).(-\vec{c})$

$\Rightarrow \quad |\vec{a}+\vec{b}|^2=|\vec{c}|^2$

$\Rightarrow \quad |\vec{a}|^2+|\vec{b}|^2+2\vec{a}.\vec{b}=|\vec{c}|^2$

$\Rightarrow \quad |\vec{a}|^2+|\vec{b}|^2+2|\vec{a}|\,|\vec{b}|\cos\theta=|\vec{c}|^2$

$\Rightarrow \quad 9+25+2\times 3\times 5\cos\theta=49$

$\Rightarrow \quad \cos\theta=\frac{15}{30}=\frac{1}{2}$

$\Rightarrow \quad \theta=\frac{\pi}{3}.$

(*ii*) **सदिश गुणन (Vector Product or Cross Product):** दो सदिश $\vec{a}$ तथा $\vec{b}$ का सदिश गुणनफल एक सदिश राशि होता हैं तथा इसे $\vec{a}\times\vec{b}$ से व्यक्त करते हैं।

$\vec{a}\times\vec{b}=ab\sin\theta\,\hat{n}$

जहाँ θ, $\vec{a}$ तथा $\vec{b}$ के बीच का कोण है तथा $\hat{n}$, $\vec{a}$ एवं $\vec{b}$ के तल पर लम्बवत् इकाई सदिश है।

$\Rightarrow \vec{a}\times\vec{b}=|\vec{a}|\,|\vec{b}|\sin\theta.\hat{n}$

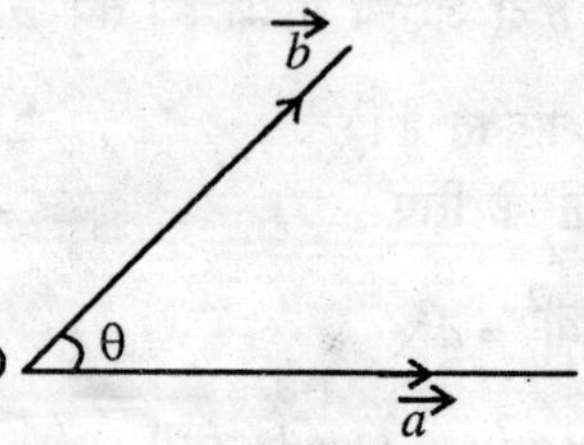

सदिश गुणन की विशेषताएँ

(Properties of Vector Product)

(*i*) दो सदिशों का सदिश गुणनफल क्रम विनिमेय नहीं होता है। अर्थात्

$\vec{a}\times\vec{b}\neq\vec{b}\times\vec{a}$

परन्तु $\vec{a}\times\vec{b}=-\vec{b}\times\vec{a}$

(*ii*) यदि $\vec{a},\vec{b},\vec{c}$ तीन सदिश हो, तब

$\vec{a}\times(\vec{b}+\vec{c})=\vec{a}\times\vec{b}+\vec{a}\times\vec{c}$

तथा $(\vec{b}+\vec{c})\times\vec{a}=\vec{b}\times\vec{a}+\vec{c}\times\vec{a}$

(*iii*) यदि $\vec{a},\vec{b}$ दो सदिश तथा *m*, *n* दो अदिश हों तब

$m\vec{a}\times n\vec{b}=mn(\vec{a}\times\vec{b})=m(\vec{a}\times n\vec{b})=n(m\vec{a}\times\vec{b})$

(*iv*) दो सदिशों का सदिश गुणन शून्य होगा यदि और केवल यदि दोनों सदिश समान्तर (समरेख) हों।

अर्थात् $\vec{a}\times\vec{b}=0$

$\Rightarrow \quad \sin\theta=0$

$\Rightarrow \quad \theta=0$ या π

$\Rightarrow \quad \vec{a},\vec{b}$ समान्तर सदिश होगा।

(*v*) इकाई सदिश $\hat{i},\hat{j},\hat{k}$ (लम्बिक त्रिक) का सदिश गुणन।

$\hat{i}\times\hat{i}=\hat{j}\times\hat{j}=\hat{k}\times\hat{k}=0$

$\hat{i}\times\hat{j}=\hat{k},\ \hat{j}\times\hat{k}=\hat{i},\ \hat{k}\times\hat{i}=\hat{j}$

$\hat{j}\times\hat{i}=-\hat{k},\ \hat{k}\times\hat{j}=-\hat{i},\ \hat{i}\times\hat{k}=-\hat{j}$

(*vi*) घटक के रूप में सदिशों का सदिश गुणनफल

माना $\vec{a}=a_1\hat{i}+a_2\hat{j}+a_3\hat{k}$ तथा $\vec{b}=b_1\hat{i}+b_2\hat{j}+b_3\hat{k}$

तब $\vec{a}\times\vec{b}=\begin{vmatrix}\hat{i} & \hat{j} & \hat{k}\\ a_1 & a_2 & a_3\\ b_1 & b_2 & b_3\end{vmatrix}$

(*vii*) दो सदिशों के तल पर सदिश अभिलम्ब (Vectors Normal to the Plane of Given Vector)

$\vec{a}\times\vec{b}=|\vec{a}||\vec{b}|\sin\theta,\hat{n}$

जहाँ $\hat{n}$, सदिश $\vec{a}$ तथा $\vec{b}$ के तल पर लम्ब है।

$\therefore\ \vec{a}\times\vec{b}=|\vec{a}\times\vec{b}|\hat{n}$

$\Rightarrow\quad \hat{n}=\dfrac{\vec{a}\times\vec{b}}{|\vec{a}\times\vec{b}|}$

कुछ महत्वपूर्ण परिणाम

(Some Important Results)

I. समान्तर चतुर्भुज का क्षेत्रफल, जब संलग्न भुजाएँ $\vec{a}$ तथा $\vec{b}$ हों, $=|\vec{a}\times\vec{b}|$

II. त्रिभुज का क्षेत्रफल जब संग्लन भुजा $\vec{a}$ तथा $\vec{b}$ हों, $=\dfrac{1}{2}|\vec{a}\times\vec{b}|$

III. समान्तर चतुर्भुज का क्षेत्रफल जब विकर्ण (diagonal) $\vec{a}$ तथा $\vec{b}$ हों, $=\dfrac{1}{2}|\vec{a}\times\vec{b}|$

उदाहरण 17. इकाई सदिश ज्ञात करें, जो सदिश $\hat{i}-2\hat{j}+3\hat{k}$ तथा $\hat{i}+2\hat{j}-\hat{k}$ पर लम्ब हो।

हलः माना $\vec{a}=\hat{i}-2\hat{j}+3\hat{k}$ तथा $\vec{b}=\hat{i}+2\hat{j}-\hat{k}$

तब

$$\vec{a}\times\vec{b}=\begin{vmatrix}\hat{i} & \hat{j} & \hat{k}\\ 1 & -2 & 3\\ 1 & 2 & -1\end{vmatrix}=(2-6)\hat{i}-(-1-3)\hat{j}+(2+2)\hat{k}$$

$$=-4\hat{i}+4\hat{j}+4\hat{k}$$

$\Rightarrow |\vec{a}\times\vec{b}|=\sqrt{(-4)^2+4^2+4^2}=4\sqrt{3}$

अतः इकाई सदिश जो दिए गए दोनों सदिश पर लम्ब है

$$\hat{n}=\frac{\vec{a}\times\vec{b}}{|\vec{a}\times\vec{b}|}=\frac{-4\hat{i}+4\hat{j}+4\hat{k}}{4\sqrt{3}}$$

$$=\frac{4(-\hat{i}+\hat{j}+\hat{k})}{4\sqrt{3}}$$

$\Rightarrow \hat{n}=\dfrac{-\hat{i}+\hat{j}+\hat{k}}{\sqrt{3}}.$

उदाहरण 18. दिखाएँ कि समान्तर चतुर्भुज जिसका विकर्ण $3\hat{i}+\hat{j}-2\hat{k}$ तथा $\hat{i}-3\hat{j}+4\hat{k}$ का क्षेत्रफल $5\sqrt{3}$ वर्ग इकाई है।

हलः माना $\vec{a}=3\hat{i}+\hat{j}-2\hat{k},\ \vec{b}=\hat{i}-3\hat{j}+4\hat{k}$

$$\therefore\ \vec{a}\times\vec{b}=\begin{vmatrix}\hat{i} & \hat{j} & \hat{k}\\ 3 & 1 & -2\\ 1 & -3 & 4\end{vmatrix}=(4-6)\hat{i}-(12+2)\hat{j}+(-9-1)\hat{k}$$

$$=-2\hat{i}-14\hat{j}-10\hat{k}$$

$\Rightarrow\quad |\vec{a}\times\vec{b}|=\sqrt{(-2)^2+(-14)^2+(-10)^2}=\sqrt{300}$

अतः समान्तर चतुर्भुज का क्षेत्रफल $=\dfrac{1}{2}|\vec{a}\times\vec{b}|$

$$=\frac{1}{2}\sqrt{300}=\frac{10\sqrt{3}}{2}=5\sqrt{3}$$

$\therefore$ समान्तर चतुर्भुज का क्षेत्रफल $=5\sqrt{3}$ वर्ग इकाई।

उदाहरण 19. यदि $|\vec{a}|=10,\ |\vec{b}|=2$ तथा $\vec{a}.\vec{b}=12$

तो $|\vec{a}\times\vec{b}|^2$ का मान ज्ञात करें।

हलः $(\vec{a}.\vec{b})^2+|\vec{a}\times\vec{b}|^2=|\vec{a}|^2|\vec{b}|^2$

$\therefore 12^2+|\vec{a}\times\vec{b}|^2=(10)^2\times(2)^2$

$\Rightarrow |\vec{a}\times\vec{b}|^2 = 400-144=256$

$\Rightarrow \quad \vec{a}\times\vec{b}=16.$

उदाहरण 20. यदि बिन्दुएँ A, B, C की स्थिति सदिश क्रमशः $\vec{a},\vec{b},\vec{c}$ हैं, दिए गए बिन्दु एकरैखिक हो तो $\vec{a}\times\vec{b}+\vec{b}\times\vec{c}+\vec{c}\times\vec{a}$ का मान ज्ञात करें।

हलः चूँकि बिन्दुएँ A, B तथा C एक रैखिक है

$\Rightarrow \vec{AB}$ तथा $\vec{BC}$ समान्तर होगा

$\Rightarrow \vec{AB}\times\vec{BC}=0$

$\Rightarrow (\vec{b}-\vec{a})\times(\vec{c}-\vec{b})=0$

$\Rightarrow (\vec{b}-\vec{a})\times\vec{c}-(\vec{b}-\vec{a})\times\vec{b}=0$

$\Rightarrow \vec{b}\times\vec{c}-\vec{a}\times\vec{c}-\vec{b}\times\vec{b}+\vec{a}\times\vec{b}=0$

$\Rightarrow \vec{a}\times\vec{b}+\vec{b}\times\vec{c}+\vec{c}\times\vec{a}=0. \quad [\because \vec{b}\times\vec{b}=0]$

अदिश त्रिगुणन (Scalar Triple Product)

तीन सदिशों $\vec{a},\vec{b}$ तथा $\vec{c}$ का अदिश गुणनफल $[\vec{a}\ \vec{b}\ \vec{c}]$ होता है, जिसे निम्न प्रकार से लिखा जाता है।

$$[\vec{a}\ \vec{b}\ \vec{c}]=\vec{a}.(\vec{b}\times\vec{c})$$

यदि $\vec{a}=a_1\hat{i}+a_2\hat{j}+a_3\hat{k},\ \vec{b}=b_1\hat{i}+b_2\hat{j}+b_3\hat{k}$

तथा $\vec{c}=c_1\hat{i}+c_2\hat{j}+c_3\hat{k}.$

$$\text{तब } [\vec{a}\ \vec{b}\ \vec{c}]=\begin{vmatrix} a_1 & a_2 & a_3 \\ b_1 & b_2 & b_3 \\ c_1 & c_2 & c_3 \end{vmatrix}$$

अदिश त्रिगुणन की विशेषताएँ

(Properties of Scalar Triple Product)

(*i*) अदिश त्रिगुणन में सदिशों के चक्रीय क्रम बदलने पर उसके मान में परिवर्तन नहीं होता हैं। परन्तु एक अचक्रीय परिवर्तन में चिन्ह परिवर्तित हो जाता है, अर्थात्

$$[\vec{a}\ \vec{b}\ \vec{c}]=[\vec{b}\ \vec{c}\ \vec{a}]=[\vec{c}\ \vec{a}\ \vec{b}]$$

अचक्रीय परिवर्तन

$$[\vec{a}\ \vec{b}\ \vec{c}]=-[\vec{b}\ \vec{a}\ \vec{c}]=-[\vec{a}\ \vec{c}\ \vec{b}]$$

(*ii*) यदि अदिश त्रिगुणन में कोई दो सदिश बराबर हो, तब अदिश त्रिगुणन का मान शून्य होता हैं।

(*iii*) समान्तर षट्फलक (Parallelopiped) का आयतन $=[\vec{a}\ \vec{b}\ \vec{c}]$, जहाँ $\vec{a},\vec{b}$ तथा $\vec{c}$ समान्तर षट्फलक की आसन्न भुजाएँ हैं।

(*iv*) यदि तीन सदिश $\vec{a},\vec{b}$ तथा $\vec{c}$ समतलीय हैं, तब $[\vec{a}\ \vec{b}\ \vec{c}]=0$

(*v*) $[\vec{a}\ \vec{b}\ (\vec{c}+\vec{d})]=[\vec{a}\ \vec{b}\ \vec{c}]+[\vec{a}\ \vec{b}\ \vec{d}]$

सदिश त्रिगुणन (Vector Triple Product) : यदि $\vec{a},\vec{b},\vec{c}$ तीन सदिश राशियाँ हैं, तो $\vec{a}\times(\vec{b}\times\vec{c})$ सदिश त्रिगुणन को निरूपित करता है।

$$\vec{a}\times(\vec{b}\times\vec{c})=(\vec{a}.\vec{c})\vec{b}-(\vec{a}.\vec{b})\vec{c}$$

सदिशों के गुणन के रूप में सरल रेखा का समीकरण

(Equation of Straight Line in the Form of Product of Vectors)

(*i*) एक बिन्दु $\vec{a}$ से जाने वाले तथा सदिश $\vec{b}$ के समान्तर सरल रेखा का समीकरण $\vec{r}\times\vec{b}=\vec{a}\times\vec{b}$

(*ii*) दो बिन्दुओं $\vec{a}$ तथा $\vec{b}$ से गुजरने वाली सरल रेखा का समीकरण $(\vec{r}-\vec{a})\times(\vec{b}-\vec{a})=0.$

चार सदिशों का सदिश गुणन (Vector Product of Four Vectors): यदि $\vec{a},\vec{b},\vec{c}$ तथा $\vec{d}$ चार सदिश हों, तब

$$(\vec{a}\times\vec{b})\times(\vec{c}\times\vec{d})=[\vec{a}\ \vec{b}\ \vec{d}]\vec{c}-[\vec{a}\ \vec{b}\ \vec{c}]\vec{d}$$
$$=[\vec{a}\ \vec{c}\ \vec{d}]\vec{b}-[\vec{b}\ \vec{c}\ \vec{d}]\vec{a}$$

चार सदिशों का अदिश गुणन (Scalar Product of Four Vectors) : यदि $\vec{a}, \vec{b}, \vec{c}$ तथा $\vec{d}$ चार सदिश हों, तब

$$(\vec{a}\times\vec{b}).(\vec{c}\times\vec{d})=\begin{vmatrix}\vec{a}.\vec{c} & \vec{a}.\vec{d}\\ \vec{b}.\vec{c} & \vec{b}.\vec{d}\end{vmatrix}$$

उदाहरण 21. यदि $\vec{a},\vec{b},\vec{c}$ तीन सदिश हों तब $\left[\vec{a}-\vec{b}\ \ \vec{b}+\vec{c}\ \ \vec{c}-\vec{a}\right]$ का मान ज्ञात करें।

हलः $\left[\vec{a}-\vec{b}.\ \vec{b}+\vec{c}\ \ \vec{c}-\vec{a}\right]$

$=(\vec{a}-\vec{b})\times(\vec{b}+\vec{c}).(\vec{c}-\vec{a})$

$=(\vec{a}\times\vec{b}+\vec{a}\times\vec{c}-\vec{b}\times\vec{b}-\vec{b}\times\vec{c}).(\vec{c}-\vec{a})$

$=\vec{a}\times\vec{b}.\vec{c}-\vec{a}\times\vec{b}.\vec{a}+\vec{a}\times\vec{c}.\vec{c}-\vec{a}\times\vec{c}.\vec{a}-\vec{b}\times\vec{c}.\vec{c}+\vec{b}\times\vec{c}.\vec{a}$

$=\left[\vec{a}\ \vec{b}\ \vec{c}\right]+\left[\vec{b}\ \vec{c}\ \vec{a}\right]$

$=2\left[\vec{a}\ \vec{b}\ \vec{c}\right].$

उदाहरण 22. मान ज्ञात करें

$$\frac{\vec{a}.(\vec{b}\times\vec{c})}{(\vec{c}\times\vec{a}).\vec{b}}+\frac{\vec{b}.(\vec{a}\times\vec{c})}{\vec{c}.(\vec{a}\times\vec{b})}$$

हलः $\dfrac{\vec{a}.(\vec{b}\times\vec{c})}{(\vec{c}\times\vec{a}).\vec{b}}+\dfrac{\vec{b}.(\vec{a}\times\vec{c})}{\vec{c}.(\vec{a}\times\vec{b})}$

$$=\frac{\left[\vec{a}\ \vec{b}\ \vec{c}\right]}{\left[\vec{c}\ \vec{a}\ \vec{b}\right]}+\frac{\left[\vec{b}\ \vec{a}\ \vec{c}\right]}{\left[\vec{c}\ \vec{a}\ \vec{b}\right]}=\frac{[\vec{a}\vec{b}\vec{c}]+[\vec{b}\vec{a}\vec{c}]}{[\vec{c}\vec{a}\vec{b}]}$$

$$=\frac{\left[\vec{a}\ \vec{b}\ \vec{c}\right]-\left[\vec{a}\ \vec{b}\ \vec{c}\right]}{\left[\vec{c}\ \vec{a}\ \vec{b}\right]}=0.$$

उदाहरण 23. यदि $\vec{a}, \vec{b}, \vec{c}$ तीन सदिश हैं, तो सिद्ध करें।

$$\vec{a}\times(\vec{b}\times\vec{c})+\vec{b}\times(\vec{c}\times\vec{a})+\vec{c}\times(\vec{a}\times\vec{b})=0$$

हलः $\vec{a}\times(\vec{b}\times\vec{c})+\vec{b}\times(\vec{c}\times\vec{a})+\vec{c}\times(\vec{a}\times\vec{b})$

$=\left\{(\vec{a}.\vec{c})\vec{b}-(\vec{a}.\vec{b})\vec{c}\right\}+\left\{(\vec{b}.\vec{a})\vec{c}-(\vec{b}.\vec{c})\vec{a}\right\}$

$+\left\{(\vec{c}.\vec{b})\vec{a}-(\vec{c}.\vec{a})\vec{b}\right\}$

$=(\vec{a}.\vec{c})\vec{b}-(\vec{a}.\vec{b})\vec{c}+(\vec{a}.\vec{b})\vec{c}-(\vec{b}.\vec{c})\vec{a}+(\vec{b}.\vec{c})\vec{a}-(\vec{a}.\vec{c})\vec{b}$

$=0.$ $(\because \vec{a}.\vec{b}=\vec{b}.\vec{a}$ इत्यादि$)$

उदाहरण 24. दिखाएँ सदिश $(\vec{a}\times\vec{b})\times(\vec{b}\times\vec{c})$ तथा $\vec{b}$ एकरैखिक हैं।

हलः माना $\vec{b}\times\vec{c}=\vec{r}$

$\therefore\quad (\vec{a}\times\vec{b})\times(\vec{b}\times\vec{c})=(\vec{a}\times\vec{b})\times\vec{r}$

$=(\vec{r}.\vec{a})\vec{b}-(\vec{r}.\vec{b})\vec{a}$

$=(\vec{b}\times\vec{c}.\vec{a})\vec{b}-(\vec{b}\times\vec{c}.\vec{b})\vec{a}$

$=(\vec{a}\ \vec{b}\ \vec{c})\vec{b}-0\ \vec{a}$

$=\left[\vec{a}\ \vec{b}\ \vec{c}\right]\vec{b}$

= अदिश गुणज $\vec{b}$ का

$\Rightarrow (\vec{a}\times\vec{b})\times(\vec{b}\times\vec{c})$ तथा $\vec{b}$ एक रैखिक हैं।

उदाहरण 25. मान ज्ञात करें $\hat{i}.(2\hat{j}\times3\hat{k})+\hat{j}.(2\hat{k}\times3\hat{i})+\hat{k}.(2\hat{i}\times3\hat{j})$

हलः $\hat{i}.(2\hat{j}\times3\hat{k})+\hat{j}.(2\hat{k}\times3\hat{i})+\hat{k}.(2\hat{i}\times3\hat{j})$

$=6\left[\hat{i}\ \hat{j}\ \hat{k}\right]+6\left[\hat{j}\ \hat{k}\ \hat{i}\right]+6\left[\hat{k}\ \hat{i}\ \hat{j}\right]$

$=18\left[\hat{i}\ \hat{j}\ \hat{k}\right]=18.$

साधित उदाहरण (Solved Examples)

1. सिद्ध करें कि सदिश $7\hat{j}+10\hat{k}, -\hat{i}+6\hat{j}+6\hat{k}$ तथा $-4\hat{i}+9\hat{j}+6\hat{k}$ समकोण समद्विबाहु त्रिभुज के शीर्ष हैं।

हलः यदि A, B, C क्रमशः त्रिभुज के शीर्ष हों तब

$\overrightarrow{AB}=-\hat{i}+6\hat{j}+6\hat{k}-(7\hat{j}+10\hat{k})$

$\Rightarrow \overrightarrow{AB}=-\hat{i}-\hat{j}-4\hat{k}$

$\Rightarrow \overrightarrow{BC}=-4\hat{i}+9\hat{j}+6\hat{k}-(-i+6\hat{j}+6\hat{k})$

$\Rightarrow \overrightarrow{BC}=-3\hat{i}+3\hat{j}$

$\Rightarrow \overrightarrow{CA}=7\hat{j}+10\hat{k}-(-4\hat{i}+9\hat{j}+6\hat{k})$

$\Rightarrow \overrightarrow{CA}=4\hat{i}-2\hat{j}+4\hat{k}$

$\Rightarrow |AB|=\sqrt{1^2+1^2+4^2}=3\sqrt{2}$

$|BC|=\sqrt{3^2+3^2}=3\sqrt{2}$

$|CA|=\sqrt{4^2+2^2+4^2}=6$

अतः $AB^2+BC^2=CA^2$ तथा $|AB|=|BC|$

अतः यह समकोण समद्विबाहु त्रिभुज के शीर्ष हैं।

2. यदि $|\vec{a}+\vec{b}|=|\vec{a}-\vec{b}|$ तब सिद्ध करें सदिश $\vec{a}$ तथा $\vec{b}$ लम्बवत् हैं।

हलः दिया है $|\vec{a}+\vec{b}|=|\vec{a}-\vec{b}|$

$\therefore \quad |\vec{a}+\vec{b}|^2=|\vec{a}-\vec{b}|^2$

$\Rightarrow \quad (\vec{a}+\vec{b})^2=(\vec{a}-\vec{b})^2$

$\Rightarrow \quad |\vec{a}|^2+|\vec{b}|^2+2\vec{a}.\vec{b}=(\vec{a})^2+(\vec{b})^2-2\vec{a}.\vec{b}$

$\Rightarrow \quad 4\vec{a}.\vec{b}=0$

$\Rightarrow \quad \vec{a}.\vec{b}=0$

अतः सदिश $\vec{a}$ तथा $\vec{b}$ लम्बवत् है।

3. सिद्ध करें: $(\vec{a}\times\vec{b})^2=a^2b^2-(\vec{a}.\vec{b})^2$

हलः $|\vec{a}|=a, |\vec{b}|=b$

माना θ सदिशों के बीच का कोण है, तब

$(\vec{a}\times\vec{b})^2=|\vec{a}\times\vec{b}|^2=(ab\sin\theta)^2=a^2b^2\sin^2\theta$

$=a^2b^2(1-\cos^2\theta)$

$=a^2b^2-a^2b^2\cos^2\theta$

$\therefore (\vec{a}\times\vec{b})^2=a^2b^2-(\vec{a}.\vec{b})^2.$

4. दिखाएँ कि सदिश $2\vec{a}-\vec{b}+3\vec{c}$, $\vec{a}+\vec{b}-2\vec{c}$ तथा $\vec{a}+\vec{b}-3\vec{c}$ असमतलीय सदिश हैं।

हलः यदि संभव हो तब मानते है कि दी गई सदिश एकतलीय है। तब, $2\vec{a}-\vec{b}+3\vec{c}=x(\vec{a}+\vec{b}-2\vec{c})+y(\vec{a}+\vec{b}-3\vec{c})$

$\Rightarrow \quad 2\vec{a}-\vec{b}+3\vec{c}=(x+y)\vec{a}+(x+y)\vec{b}+(-2x-3y)\vec{c}$

$\Rightarrow \quad x+y=2, x+y=-1$ तथा $-2x-3y=3$

समीकरणों को हल करने पर,

$x+y=2$

$-2x-3y=3$

$x=9$ तथा $y=-7$

पद मान समीकरण $x+y=-1$ को संतुष्ट नहीं करता है

अतः सदिश असमतलीय है।

5. सदिश $\vec{a}$ तथा $\vec{b}$ के बीच का कोण ज्ञात करें जिसकी समान लम्बाई $\sqrt{2}$ है तथा सदिशों का अदिश गुणनफल −1 है।

हलः माना सदिशों के बीच का कोण θ है तथा दिया गया है

$|\vec{a}|=|\vec{b}|=\sqrt{2}$

तथा $\vec{a}.\vec{b}=-1$

$\therefore \cos\theta=\frac{\vec{a}.\vec{b}}{|\vec{a}||\vec{b}|}=\frac{-1}{\sqrt{2}\times\sqrt{2}}=\frac{-1}{2}$

$\Rightarrow \cos\theta=\cos\frac{2\pi}{3}$

$\therefore \quad \theta=\frac{2\pi}{3}.$

6. सदिश $7\hat{i}+\hat{j}-4\hat{k}$ का प्रक्षेप $2\hat{i}+6\hat{j}-3\hat{k}$ पर निकालें।

हलः माना $\vec{a}=7\hat{i}+\hat{j}-4\hat{k}$ तथा $\vec{b}=2\hat{i}+6\hat{j}-3\hat{k}$

सदिश $\vec{a}$ का प्रक्षेप $\vec{b}$ पर $=\frac{\vec{a}.\vec{b}}{|\vec{b}|}$

अब $\vec{a}.\vec{b}=(7\hat{i}+\hat{j}-4\hat{k}).(2\hat{i}+6\hat{j}+3\hat{k})$

$=14+6-12=8$

$|\vec{b}|=\sqrt{2^2+6^2+3^2}=\sqrt{4+36+9}$

$=7$

$\therefore$ सदिश $\vec{a}$ का प्रक्षेप सदिश $\vec{b}$ पर $=\frac{\vec{a}.\vec{b}}{|\vec{b}|}$

$=\frac{8}{7}.$

7. यदि $\vec{a}, \vec{b}, \vec{c}$ इकाई सदिश हो जहाँ $\vec{a}+\vec{b}+\vec{c}=0$ तब $\vec{a}.\vec{b}+\vec{b}.\vec{c}+\vec{c}.\vec{a}$ का मान ज्ञात करें।

हल: $|\vec{a}|=|\vec{b}|=|\vec{c}|=1$ तथा $\vec{a}+\vec{b}+\vec{c}=0$

अब $\vec{a}+\vec{b}+\vec{c}=0$

$\Rightarrow \quad |\vec{a}+\vec{b}+\vec{c}|=0$

$\Rightarrow \quad |\vec{a}+\vec{b}+\vec{c}|^2=0$

$\Rightarrow \quad |\vec{a}|^2+|\vec{b}|^2+|\vec{c}|^2+2\left(\vec{a}.\vec{b}+\vec{b}.\vec{c}+\vec{c}.\vec{a}\right)=0$

$\Rightarrow \quad 1+1+1+2\left(\vec{a}.\vec{b}+\vec{b}.\vec{c}+\vec{c}.\vec{a}\right)=0$

$\Rightarrow \quad \vec{a}.\vec{b}+\vec{b}.\vec{c}+\vec{c}.\vec{a}=\dfrac{-3}{2}.$

8. किसी सदिश $\vec{a}$ के लिए, सिद्ध करें–

$$|\vec{a}\times\hat{i}|^2+|\vec{a}\times\hat{j}|^2+|\vec{a}\times\hat{k}|^2=2|\vec{a}|^2$$

हल: माना $\vec{a}=a_1\hat{i}+a_2\hat{j}+a_3\hat{k}$

तब $\vec{a}\times\hat{i}=\left(a_1\hat{i}+a_2\hat{j}+a_3\hat{k}\right)\times\hat{i}$

$\qquad = a_1\hat{i}\times\hat{i}+a_2\left(\hat{j}\times\hat{i}\right)+a_3\left(\hat{k}\times\hat{i}\right)$

$\Rightarrow \vec{a}\times\hat{i}=-a_2\hat{k}+a_3\hat{j}$

$\therefore |\vec{a}\times\hat{i}|^2=a_2^{\,2}+a_3^{\,2}$

$\vec{a}\times\hat{j}=\left(a_1\hat{i}+a_2\hat{j}+a_3\hat{k}\right)\times\hat{j}$

$\qquad =a_1\hat{i}\times\hat{j}+a_2\hat{j}\times\hat{j}+a_3\hat{k}\times\hat{j}$

$\qquad =a_1\hat{k}-a_3\hat{i}$

$\therefore |\vec{a}\times\hat{j}|^2=a_1^2+a_3^2$

तथा इसी प्रकार $|\vec{a}\times\hat{k}|^2=a_1^2+a_2^2$

$\therefore |\vec{a}\times\hat{i}|^2+|\vec{a}\times\hat{j}|^2+|\vec{a}\times\hat{k}|^2=2\left(a_1^2+a_2^2+a_3^2\right)$

$\qquad = 2|\vec{a}|^2.$

9. यदि $\vec{a}=2\hat{i}+\hat{k}, \vec{b}=\hat{i}+\hat{j}+\hat{k}$ तथा $\vec{c}=4\hat{i}-3\hat{j}+7\hat{k}$ तीन सदिश हों, तब सदिश $\vec{r}$ का मान निकाले, जहाँ $\vec{r}\times\vec{b}=\vec{c}\times\vec{b}$ तथा $\vec{r}.\vec{a}=0$ संतुष्ट हो।

हल: दिया है

$\vec{r}\times\vec{b}=\vec{c}\times\vec{b}$

$\Rightarrow \quad \vec{r}\times\vec{b}-\vec{c}\times\vec{b}=0$

$\Rightarrow \quad \left(\vec{r}-\vec{c}\right)\times\vec{b}=0$

$\Rightarrow \quad \vec{r}-\vec{c}, \vec{b}$ के समान्तर है

$\Rightarrow \quad \vec{r}-\vec{c}=\lambda\vec{b}$ जहाँ λ अदिश है

$\Rightarrow \quad \vec{r}=\vec{c}+\lambda\vec{b}$

अब $\vec{r}.\vec{a}=0$

$\Rightarrow \quad \left(\vec{c}+\lambda\vec{b}\right).\vec{a}=0$

$\Rightarrow \quad \vec{c}.\vec{a}+\lambda\left(\vec{b}.\vec{a}\right)=0$

$\Rightarrow \quad \lambda=-\left\{\dfrac{\vec{c}.\vec{a}}{\vec{b}.\vec{a}}\right\}$

$\Rightarrow \quad \lambda=-\dfrac{(8+7)}{2+0+1}=\dfrac{-15}{3}=-5$

$\therefore \quad \vec{r}=\vec{c}-5\vec{b}=\left(4\hat{i}-3\hat{j}+7\hat{k}\right)-5\left(\hat{i}+\hat{j}+\hat{k}\right)$

$\Rightarrow \vec{r}=-\hat{i}-8\hat{j}+2\hat{k}.$

10. यदि $\vec{a}, \vec{b}, \vec{c}, \vec{d}$ चार सदिश हों, तब सिद्ध करें कि

$$\left(\vec{a}\times\vec{b}\right).\left(\vec{c}\times\vec{d}\right)=\begin{vmatrix}\vec{a}.\vec{c} & \vec{b}.\vec{c}\\ \vec{a}.\vec{d} & \vec{b}.\vec{d}\end{vmatrix}$$

हल: L.H.S. $\left(\vec{a}\times\vec{b}\right).\left(\vec{c}\times\vec{d}\right)=\vec{r}.\left(\vec{c}\times\vec{d}\right)$ जहाँ $\vec{r}=\vec{a}\times\vec{b}$

$\qquad =\left(\vec{r}\times\vec{c}\right).\vec{d}$

$\qquad =\left\{\left(\vec{a}\times\vec{b}\right)\times\vec{c}\right\}.\vec{d}$

$\qquad =\left[\left(a.\vec{c}\right)\vec{b}-\left(\vec{b}.\vec{c}\right)\vec{a}\right].\vec{d}$

$$=\left(\vec{a}.\vec{c}\right)\left(\vec{b}.\vec{d}\right)-\left(\vec{b}.\vec{c}\right)\left(\vec{a}.\vec{d}\right)=\begin{vmatrix}\vec{a}.\vec{c} & \vec{b}.\vec{c}\\ \vec{a}.\vec{d} & \vec{b}.\vec{d}\end{vmatrix}.$$

वस्तुनिष्ठ प्रश्न

1. सदिशों $\vec{a}=-\hat{i}-2\hat{j}+\hat{k}$ तथा $\vec{b}=x\hat{i}+\hat{j}+(x+1)\hat{k}$ के बीच का कोण है–

(a) समकोण (b) न्यूनकोण
(c) अधिक कोण (d) इनमें से कोई नहीं

2. समान्तर चतुर्भुज ABCD का क्षेत्रफल, जहाँ $\overline{AC}=\hat{i}-\hat{j}+\hat{k}$ तथा $\overline{BD}=3\hat{i}+2\hat{j}+\hat{k}$ है,–

(a) $\sqrt{45}$ वर्ग इकाई (b) $3\sqrt{37}$ वर्ग इकाई
(c) $\frac{\sqrt{38}}{2}$ वर्ग इकाई (d) $\frac{\sqrt{38}}{2}$

3. तीन अशून्य, असमान्तर समतलीय सदिश सदैव होंगे–

(a) एक घाततः आश्रित (b) एक घाततः स्वतंत्र
(c) (a) और (b) दोनों (d) इनमें से कोई नहीं

4. $\hat{i}\times(\hat{a}\times\hat{i})+\hat{j}\times(\vec{a}\times\hat{j})+\hat{k}\times(\vec{a}\times\hat{k})$ सदैव बराबर होगा–

(a) $3\vec{a}$ (b) a
(c) $-2\vec{a}$ (d) $2\vec{a}$

5. यदि समान्तर चतुर्भुज ABCD में $AB=\hat{i}+\hat{j}+\hat{k}$ तथा $\overline{AD}=-\hat{i}+\hat{j}$ हो, तो समान्तर चतुर्भुज का क्षेत्रफल है–

(a) 5 वर्ग इकाई (b) 3 वर्ग इकाई
(c) 1 वर्ग इकाई (d) इसमें से कोई नहीं

6. यदि सदिश $\vec{a},\vec{b}$ तथा $\vec{c}$ असमतलीय है, तब $\vec{a}\times\vec{b}$, $\vec{b}\times\vec{c}$ तथा $\vec{c}\times\vec{a}$ होंगे–

(a) एक घाततः आश्रित
(b) सदिशों पर निर्भर
(c) एक घाततः स्वतंत्र
(d) इनमें से कोई नहीं

7. यदि $|\vec{a}+\vec{b}+\vec{c}|=0$ तथा $|\vec{a}|=1, |\vec{b}|=1, |\vec{c}|=\sqrt{3}$ हो तब $\vec{a}$ व $\vec{b}$ के बीच का कोण है–

(a) $\frac{\pi}{6}$ (b) $\frac{\pi}{3}$
(c) $\frac{2\pi}{5}$ (d) $\frac{3\pi}{2}$

8. $\hat{i}-\hat{j}+\hat{k}$ के अनुदिश $2\hat{i}+\hat{j}+\hat{k}$ का प्रक्षेप है–

(a) $3\sqrt{3}$ (b) $\sqrt{3}$
(c) $3\sqrt{5}$ (d) $\frac{2}{\sqrt{3}}$

9. यदि समष्टि में A, B व C के स्थिति सदिश $\vec{a},\vec{b}$ तथा $\vec{c}$ क्रमशः है, तब ΔABC का क्षेत्रफल है–

(a) $\frac{1}{2}|\vec{a}\times\vec{b}|$
(b) $\frac{1}{2}|\vec{a}\times\vec{b}+\vec{b}\times\vec{c}+\vec{a}\times\vec{c}|$
(c) $\frac{1}{2}|\vec{a}\times\vec{b}+\vec{b}\times\vec{c}+\vec{c}\times\vec{a}|$
(d) इसमें से कोई नहीं

10. यदि $\vec{a},\vec{b}$ तथा $\vec{c}$ तीन असमतलीय सदिश है, तब $\left[\vec{a}\times\vec{b}\ \ \vec{b}\times\vec{c}\ \ \vec{c}\times\vec{a}\right]$ बराबर है–

(a) $\left[\vec{a}\ \vec{b}\ \vec{c}\right]$ (b) शून्य
(c) $\left[\vec{a}\ \vec{b}\ \vec{c}\right]^2$ (d) इनमें से कोई नहीं

11. निम्न में से कौन-सा असत्य है?

(a) $|\vec{a}|^2=a^2$, 'a' एक वास्तविक संख्या है
(b) $|\vec{a}|^2=a^2$
(c) $|\vec{a}|^2=a^3$
(d) इनमें से कोई नहीं

12. यदि $\vec{a},\vec{b}$ व $\vec{c}$ तीन इकाई सदिश है तथा $\vec{a}+\vec{b}+\vec{c}=0$ हो, तब $\vec{a}.\vec{b}+\vec{b}.\vec{c}+\vec{c}.\vec{a}$ का मान है–

(a) 0 (b) 1
(c) $-\frac{3}{2}$ (d) इनमें से कोई नहीं

13. यदि $\vec{a}=\vec{b}+\vec{c}$ हो, तब $\vec{a}.(\vec{b}\times\vec{c})$ बराबर है–

(a) $\vec{a}.(\vec{b}+\vec{c})$ (b) $2\vec{a}.(\vec{b}+\vec{c})$

(c) $\vec{b}.(\vec{a}+\vec{c})$ (d) इसमें से कोई नहीं

14. यदि $\vec{b}\times(\vec{a}\times\vec{b})=\frac{2}{3}\vec{a}$ हो, तब $\vec{a}$ व $\vec{b}$ के बीच का कोण है–

(a) $\frac{\pi}{3}$ (b) $\frac{\pi}{6}$

(c) $\frac{\pi}{2}$ (d) इनमें से कोई नहीं

15. $(\vec{b}\times\vec{c}).(\vec{d}\times\vec{a})+(\vec{c}\times\vec{d}).(\vec{a}\times\vec{b})$
$-(\vec{d}\times\vec{a}).(\vec{b}\times\vec{c})-(\vec{a}\times\vec{b}).(\vec{c}\times\vec{d})$ बराबर है–

(a) 0 (b) $\vec{b}(\vec{b}.\vec{d})(\vec{c}.\vec{a})$

(c) $-3(\vec{c}.\vec{d})(\vec{a}.\vec{b})$ (d) इनमें से कोई नहीं

16. यदि $\vec{a},\vec{b}$ व $\vec{c}$ इकाई सदिश इस प्रकार है कि $\vec{a}+\vec{b}+\vec{c}=0$ हो, तब $\vec{b}$ व $\vec{c}$ के बीच का कोण है–

(a) $\frac{\pi}{3}$ (b) $\frac{2\pi}{5}$

(c) $\frac{2\pi}{3}$ (d) $\frac{\pi}{6}$

17. यदि बिन्दुओं A, B व C के स्थिति सदिश क्रमशः $2\hat{i}+2\hat{j},\lambda\hat{i}+8\hat{j}$ व $8\hat{i}+32\hat{j}$ हों तथा बिन्दु समरेखीय हो, तब λ का मान है–

(a) $\frac{8}{5}$ (b) $\frac{16}{5}$

(c) 5 (d) 7

18. यदि $\vec{x}, \vec{a}, \vec{b}$ व $\vec{c}$ अशून्य सदिश इस प्रकार हों, कि $\vec{a}.\vec{x}=0,\ \vec{b}.\vec{x}=0$ व $\vec{c}.\vec{x}=0$ हो, तब $[\vec{a}\ \vec{b}\ \vec{c}]$ है–

(a) 0 (b) $|\vec{a}||\vec{b}||\vec{c}|$

(c) $\frac{1}{4}|\vec{a}||\vec{b}||\vec{c}|$ (d) इसमें से कोई नहीं

19. यदि बिन्दुओं A, B, C व D के स्थिति सदिश $\hat{i}+\hat{j}+\hat{k}, 2\hat{i}+3\hat{j}+\hat{k}, 2\hat{j}+5\hat{k}$ व $\lambda\hat{i}+3\hat{j}+4\hat{k}$ हैं तथा बिन्दु समतलीय है, तब λ का मान है–

(a) 5 (b) 3

(c) 2 (d) इनमें से कोई नहीं

20. यदि सदिश $\vec{a}, \vec{b}$ व $\vec{c}$ परस्पर लम्ब सदिश इस प्रकार हों, कि $|\vec{a}|=|\vec{b}|=10,\ |\vec{c}|=1$ हो, तब सदिश $2\vec{a}+2\vec{b}+40\vec{c}$ की लम्बाई है–

(a) 20 (b) $20\sqrt{6}$

(c) $25\sqrt{7}$ (d) $20\sqrt{8}$

21. यदि $\vec{a},\vec{b}$ व $\vec{c}$ तीन असमतलीय सदिश हो, तो $[\vec{a}+\vec{b}\ \ \vec{b}+\vec{c}\ \ \vec{c}+\vec{a}]$ का मान है–

(a) $[\vec{a}\ \vec{b}\ \vec{c}]$ (b) $2[\vec{a}\ \vec{b}\ \vec{c}]$

(c) $[\vec{a}\ \vec{b}\ c^2]^3$ (d) इनमें से कोई नहीं

22. यदि $\vec{a}=a_1\hat{i}+a_2\hat{j}+a_3\hat{k},\ \hat{b}=b_1\hat{i}+b_2\hat{j}+b_3\hat{k}$ तथा $c=c_1\hat{i}+c_2\hat{j}+c_3\hat{k}$ तीन अशून्य सदिश इस प्रकार हों कि दोनों सदिशों $\vec{a}$ व $\vec{b}$ के लम्बवत् इकाई सदिश हो तथा $\vec{a}$ व $\vec{b}$ के बीच का कोण $\pi/3$ हो, तब

$$\begin{vmatrix} a_1 & b_1 & c_1 \\ a_2 & b_2 & c_2 \\ a_3 & b_3 & c_3 \end{vmatrix}^2$$ का मान है–

(a) $=0$ (b) $\frac{1}{3}|\vec{a}|^2|\vec{b}|^2$

(c) $\frac{3}{4}|\vec{a}|^2|b|^2$ (d) इनमें से कोई नहीं

23. यदि $\vec{a}+\vec{b}+\vec{c}=0$ हो, तब $(\vec{a}+\vec{b}-2\vec{c}).(\vec{a}\times\vec{b})$ बराबर है–

(a) $\vec{b}-\vec{c}$ (b) 0

(c) $\vec{a}.\vec{b}$ (d) इसमें से कोई नहीं

24. $\hat{i}.(\hat{j}\times\hat{k})+\hat{j}.(\hat{k}\times\hat{i})+\hat{k}.(\hat{i}\times\hat{j})$ का मान है–

(a) 2 (b) 3

(c) 4 (d) 0

25. यदि $\vec{a}=\vec{b}\times\vec{c}$, जहाँ $\vec{b}=\hat{i}+2\hat{j}+3\hat{k}$ व $\vec{c}=2\hat{i}-\hat{j}$ एक दक्षिणावर्ती निकाय बनाते हैं, तब $\hat{a}$ का मान है–

(a) $\dfrac{\hat{i}+\hat{j}+\hat{k}}{\sqrt{2}}$

(b) $\dfrac{1}{\sqrt{70}}(3\hat{i}+6\hat{j}-5\hat{k})$

(c) $\dfrac{\hat{i}+\hat{j}+\hat{k}}{\sqrt{3}}$

(d) $\dfrac{\hat{i}+\hat{j}-\hat{k}}{\sqrt{2}}$

26. सदिशों $\sqrt{3}(\vec{a}\times\vec{b})$ तथा $\vec{b}-(\vec{a}.\vec{b})\vec{a}$ के बीच का कोण है–

(a) $\dfrac{\pi}{2}$ (b) 0

(c) $\dfrac{\pi}{3}$ (d) $\dfrac{\pi}{6}$

27. यदि $(\vec{a}\times\vec{b})^2+(\vec{a}.\vec{b})^2=144$ तथा $|\vec{a}|=4$ तब $|\vec{b}|$ बराबर है–

(a) 15 (b) 7

(c) 3 (d) 10

28. यदि $\vec{a},\vec{b}$ व $\vec{c}$ इकाई सदिश इस प्रकार हैं कि $\vec{a}+\vec{b}+\vec{c}=0$ तथा $m=\vec{a}.\vec{b}+\vec{b}.\vec{c}+\vec{c}.\vec{a}$ हो तब–

(a) $m<0$ (b) $m>0$

(c) $m\leq 1$ (d) इनमें से कोई नहीं

29. $\vec{a}\times[\vec{a}\times(\vec{a}\times\vec{b})]$ बराबर है–

(a) $(\vec{a}.\vec{a})\times(\vec{a}\times\vec{b})$ (b) $(\vec{a}.\vec{a})(\vec{b}\times\vec{a})$

(c) $(\vec{b}.\vec{b})(\vec{a}\times\vec{b})$ (d) इसमें से कोई नहीं

30. चार बिन्दु $A(-2,3,-3), B(3,2,5), C(1,-1,2)$ तथा $D(3,2,-4)$ दिए गए हैं। $\overrightarrow{CD}$ के अक्ष पर सदिश $\overrightarrow{AB}$ का प्रक्षेप है–

(a) $\dfrac{45}{5}$ (b) $-\dfrac{41}{7}$

(c) $\dfrac{55}{7}$ (d) इनमें से कोई नहीं

31. $\vec{b}$ व $\vec{c}$ इकाई सदिश है तथा $|\vec{a}|=71$ यदि $\vec{a}\times(\vec{b}\times\vec{c})+\vec{b}\times(\vec{c}\times\vec{a})=\frac{1}{2}\vec{a}$ हो, तब $\vec{a}$ व $\vec{c}$ के बीच का कोण है–

(a) $\dfrac{\pi}{2}$ (b) $\dfrac{2\pi}{5}$

(c) $\dfrac{\pi}{4}$ (d) π

32. यदि $\vec{a}+\vec{b}+\vec{c}=\alpha\vec{d}$ व $\vec{b}+\vec{c}+\vec{d}=\beta\vec{a}$ हो, तब $\vec{a}+\vec{b}+\vec{c}+\vec{d}$ बराबर है–

(a) $(\beta+1)\vec{a}$ (b) $\alpha\vec{a}$

(c) $(\alpha+1)\vec{b}$ (d) $\alpha\vec{a}+\beta\vec{b}$

33. xy तल में एक इकाई सदिश 45° का कोण सदिश $\hat{i}+\hat{j}$ के साथ बनाता है, इकाई सदिश है–

(a) $\hat{i}$ (b) $\dfrac{\hat{i}+\hat{i}}{\sqrt{2}}$

(c) $\dfrac{\hat{i}-\hat{k}}{\sqrt{2}}$ (d) इनमें से कोई नहीं

34. यदि $\vec{a}$ व $\vec{b}$ समान्तर हैं तो–
$(\vec{a}\times\vec{b})\times(\vec{c}\times\vec{d})+(\vec{a}\times\vec{c})\times(\vec{b}\times\vec{d})$ का मान है–

(a) $\{(\vec{a}\times\vec{c}).\vec{b}\}\vec{d}$ (b) $\{(\vec{b}\times\vec{c}).\vec{c}\}\vec{d}$

(c) $\{(\vec{a}\times\vec{b}).\vec{c}\}\vec{d}$ (d) इसमें से कोई नहीं

35. यदि ΔABC का केन्द्रक G हैं तब $\vec{GA}+\vec{GB}+\vec{GC}$ बराबर है–

(a) 0 (b) $3\vec{GA}$

(c) $3\vec{GB}$ (d) $3\vec{GC}$

36. यदि α, β, γ विभिन्न वास्तविक संख्या हैं। बिन्दु जिनके स्थिति सदिश $\alpha\hat{i}+\beta\hat{j}+\gamma\hat{k},\ \beta\hat{i}+\gamma\hat{j}+\alpha\hat{k},$ $\gamma\hat{i}+\alpha\hat{j}+\beta\hat{k}$ हैं, की ज्यामितीय आकृति होगी–

(*a*) समरेखीय
(*b*) समबाहु त्रिभुज
(*c*) एक विषमबाहु त्रिभुज
(*d*) इनमें से कोई नहीं

37. एक चतुष्फलक (Tetrahedron) के शीर्ष O(0,0,0), A(1, 2, 1) B(2, 1, 3) व C(–1, 1, 2) है, तब पृष्ठ ABC के बीच का कोण होगा–

(*a*) $\cos^{-1}\left(\frac{18}{7}\right)$ (*b*) 40°
(*c*) $\cos^{-1}\left(\frac{19}{35}\right)$ (*d*) 60°

38. $2\hat{i}-\hat{j}+2\hat{k}$ व $\hat{i}+\hat{j}+4\hat{k}$ के लम्बवत् इकाई सदिश है–

(*a*) $\pm\frac{\left(6\hat{i}+6\hat{j}-3\hat{k}\right)}{9}$ (*b*) $\pm\frac{\left(3\hat{i}+2\hat{j}-5\hat{k}\right)}{\sqrt{5}}$
(*c*) $\pm\frac{\left(\hat{i}-\hat{j}+\hat{k}\right)}{\sqrt{7}}$ (*d*) इनमें से कोई नहीं

39. माना O के सापेक्ष P व Q के स्थिति क्रमशः $\vec{p}$ व $\vec{q}$ तथा $|\vec{p}|=p,\ |\vec{q}|=q$ बिन्दु R व S रेखाखण्ड PQ को क्रमशः 2 : 3 के अनुपात में अन्तः व बाह्य विभाजित करते हैं। यदि $\overline{OR}$ व $\overline{OS}$ परस्पर लम्ब हैं तब–

(*a*) $9p^2=4q^2$ (*b*) $2p^2=6q^2$
(*c*) $9p=4q$ (*d*) इनमें से कोई नहीं

40. माना $\vec{a}=\hat{i}-\hat{j},\ \hat{b}=\hat{j}-\hat{k}$ व $\vec{c}=\hat{k}-\hat{i}$ है। यदि d एक इकाई सदिश इस प्रकार हो, कि $\vec{a}.\vec{d}=0=\left[\vec{b}\,\vec{c}\,\vec{d}\right]$, तब d हैं–

(*a*) $\pm\frac{\hat{i}-\hat{j}-\hat{k}}{\sqrt{6}}$ (*b*) $\pm\frac{\hat{i}-\hat{j}-\hat{k}}{\sqrt{5}}$
(*c*) $\pm\frac{\hat{i}+\hat{j}-2\hat{k}}{\sqrt{6}}$ (*d*) इनमें से कोई नहीं

अनुच्छेद–I (Paragraph-I)

माना सदिश $\vec{a}=\frac{1}{7}\left(2\hat{i}+3\hat{j}+6\hat{k}\right)$

$$\vec{b}=\frac{1}{7}\left(6\hat{i}+2\hat{j}-3\hat{k}\right)$$

$$\vec{c}=\frac{1}{7}\left(3\hat{i}-6\hat{j}+2\hat{k}\right)$$

41. निम्न में से कौन सत्य नहीं है–

(*a*) $\vec{a}.\vec{b}=0$ (*b*) $\vec{b}.\vec{c}=0$
(*c*) $\vec{c}.\vec{a}=0$ (*d*) इनमें से कोई नहीं

42. सदिश $\vec{a},\vec{b},\vec{c}$ हैं–

(*a*) समतलीय (*b*) समरैखिक
(*c*) असमतलीय (*d*) इसमें से कोई नहीं

43. $\vec{a},\vec{b},\vec{c}$ सदिश द्वारा निर्मित समान्तर षटफलक (Parallelopiped) का आयतन घन इकाई है–

(*a*) $\frac{1}{343}$ (*b*) 343
(*c*) 0 (*d*) 1

अनुच्छेद–II (Paragraph-II)

माना $\hat{a},\hat{b},\hat{c}$ इकाई सदिश है जहाँ $\hat{a}+\hat{b}+\hat{c}=\vec{\alpha}$ तथा $\hat{a}.\hat{b}=\hat{b}.\hat{c}=\hat{c}.\hat{a}=\frac{1}{2}$

44. सदिश $\vec{\alpha}$ का परिमाण (magnitude)–

(*a*) 3 (*b*) $\sqrt{3}$
(*c*) $\sqrt{6}$ (*d*) 6

45. निम्न में से कौन-सी इकाई सदिश नहीं है?

(*a*) $\hat{a}-\hat{b}$ (*b*) $\hat{b}-\hat{c}$
(*c*) $\hat{c}-\hat{a}$ (*d*) इसमें से कोई नहीं

46. $\left|\hat{a}\times\hat{b}\times\hat{c}\right|$ बराबर है–

(*a*) 0 (*b*) $\frac{1}{2}$
(*c*) 1 (*d*) इसमें से कोई नहीं

दृढ़कथन-कारण (Assertion-Reason) : निम्नलिखित चार कूटों (*a*), (*b*), (*c*), एवं (*d*) में से सही उत्तर का चयन करें।

(*a*) वक्तव्य-I सत्य है; वक्तव्य-II सत्य है; वक्तव्य-II वक्तव्य-I का सही स्पष्टीकरण है।

(*b*) वक्तव्य-I सत्य है; वक्तव्य-II सत्य है; वक्तव्य-II वक्तव्य-I का सही स्पष्टीकरण नहीं है।

(*c*) वक्तव्य-I सत्य है; वक्तव्य-II असत्य है।

(*d*) वक्तव्य-I असत्य है; वक्तव्य-II असत्य है।

माना $\vec{a}=\hat{i}+\hat{j}-3\hat{k}$ तथा $\vec{b}=2\hat{i}+\hat{j}+\hat{k}$

47. **वक्तव्य-I :** सदिश $\vec{a}$ तथा $\vec{b}$ एक दूसरे पर लम्बवत् होंगें।

वक्तव्य-II : $\vec{a}.\vec{b}=0.$

48. **वक्तव्य-I :** यदि $\vec{u},\vec{v},\vec{w}$ तीन सदिश है जहाँ $\vec{u}+\vec{v}+\vec{w}=0$, यदि $|\vec{u}|=3$, $|\vec{v}|=4$, $|\vec{w}|=5$ तब $\vec{u}.\vec{v}+\vec{v}.\vec{w}+\vec{w}.\vec{u}$ का मान 35 होगा।

वक्तव्य-II : $|\vec{u}+\vec{v}+\vec{w}|^2=|\vec{u}|^2+|\vec{v}|^2+|\vec{w}|^2$

$$+2(\vec{u}.\vec{v}+\vec{v}.\vec{w}+\vec{w}.\vec{u})=0.$$

49. **वक्तव्य-I :** यदि $\vec{a}+\vec{b}+\vec{c}=0$ तथा $|\vec{a}|=3$ $|\vec{b}|=5$ तथा $|\vec{c}|=7$, तब सदिश $\vec{a}$ एवं $\vec{b}$ के बीच का कोण $\frac{\pi}{3}$ होगा।

वक्तव्य-II : यदि θ, सदिश $\vec{a}$ तथा $\vec{b}$ के बीच का कोण हो, तब $\sin\theta=\frac{|\vec{a}\times\vec{b}|}{|\vec{a}||\vec{b}|}$.

50. मिलान करें (Match These)–

	वर्ग–I		वर्ग–II
A.	सदिश $\hat{i}+2\hat{j}-3\hat{k}$ तथा $-2\hat{i}-4\hat{j}+6\hat{k}$ है	*p.*	समरैखिक
B.	सदिश $[\hat{i}, \hat{j}, \hat{k}]$ है	*q.*	समतलीय
C.	सदिश $\hat{i}+\hat{j}, \hat{j}+\hat{k}$ तथा $\hat{i}+2\hat{j}+\hat{k}$ है	*r.*	असमतलीय
D.	सदिश $2\hat{i}-\hat{j}+\hat{k}$, $-4\hat{i}+2\hat{j}-2\hat{k}$ तथा $6\hat{i}-3\hat{j}+3\hat{k}$	*s.*	लम्बकोणीय

(*a*) A – *p*; B – *r,s*; C – *q*; D – *p*

(*b*) A – *q*; B – *r*; C – *p*; D – *s*

(*c*) A – *r*; B – *p*; C – *p*; D – *q*

(*d*) इसमें से कोई नहीं

उत्तरमाला

1	2	3	4	5	6	7	8	9	10
(*c*)	(*c*)	(*a*)	(*d*)	(*d*)	(*c*)	(*b*)	(*d*)	(*c*)	(*c*)
11	**12**	**13**	**14**	**15**	**16**	**17**	**18**	**19**	**20**
(*a*)	(*c*)	(*d*)	(*c*)	(*a*)	(*c*)	(*b*)	(*a*)	(*d*)	(*b*)
21	**22**	**23**	**24**	**25**	**26**	**27**	**28**	**29**	**30**
(*b*)	(*c*)	(*b*)	(*b*)	(*b*)	(*a*)	(*c*)	(*a*)	(*b*)	(*b*)
31	**32**	**33**	**34**	**35**	**36**	**37**	**38**	**39**	**40**
(*a*)	(*a*)	(*a*)	(*d*)	(*a*)	(*b*)	(*c*)	(*a*)	(*a*)	(*c*)
41	**42**	**43**	**44**	**45**	**46**	**47**	**48**	**49**	**50**
(*d*)	(*c*)	(*d*)	(*c*)	(*d*)	(*b*)	(*a*)	(*d*)	(*c*)	(*a*)

व्याख्यात्मक उत्तर

1. $\vec{a}.\vec{b} = -x - 2 + x + 1 = -1 < 0$

$\therefore$ $\vec{a}$ व $\vec{b}$ के बीच का कोण अधिककोण होगा।

2. समान्तर चतुर्भुज का क्षेत्रफल

$$= \frac{1}{2}\left|\overrightarrow{AC} \times \overrightarrow{BD}\right| = \frac{1}{2}\begin{vmatrix} \hat{i} & \hat{j} & \hat{k} \\ 1 & -1 & 1 \\ 3 & 2 & 1 \end{vmatrix}$$

$$= \frac{1}{2}\left|-3\hat{i} + 2\hat{j} + 5\hat{k}\right| = \frac{1}{2}\sqrt{9+4+25}$$

$= \frac{\sqrt{38}}{2}$ वर्ग इकाई।

3. यदि तीन सदिश $\vec{a}, \vec{b}$ व $\vec{c}$ समतलीय है, तब $x\vec{a} + y\vec{b} + z\vec{c} = 0$ का अस्तित्व तीन अशून्य अदिशों x, y व z के लिए होगा। इसलिए $\vec{a}, \vec{b}$ व $\vec{c}$ एक घाततः आश्रित है।

4. $\hat{i} \times (\vec{a} \times \hat{i}) + \hat{j} \times (\vec{a} \times \hat{j}) + \hat{k} \times (\vec{a} \times \hat{k})$

$= (\hat{i}.i)\vec{a} - (\hat{i}.\vec{a})\hat{i} + (\hat{j}.\hat{j})\vec{a} - (\hat{j}.\vec{a})\hat{j}$

$+ (\hat{k}.\hat{k})\vec{a} - (\hat{k}.\vec{a})\hat{k}$

$= 3\vec{a} - \left\{(\hat{i}.\vec{a})\hat{i} + (\hat{j}.\vec{a})\hat{j} + (\hat{k}.\vec{a})\hat{k}\right\}$

$= 3\vec{a} - \vec{a} = 2\vec{a}.$

5. समान्तर चतुर्भुज ABCD का क्षेत्रफल $= \left|\overrightarrow{AB} \times \overrightarrow{AD}\right|$

$$= \begin{vmatrix} \hat{i} & \hat{j} & \hat{k} \\ 1 & 1 & 1 \\ -1 & 1 & 0 \end{vmatrix} = \left|\hat{i}(-1) - \hat{j}(1) + \hat{k}(2)\right|$$

$= \sqrt{1+1+4} = \sqrt{6}$ वर्ग इकाई।

6. $\left[\vec{a}\times\vec{b} \;\; \vec{b}\times\vec{c} \;\; \vec{c}\times\vec{a}\right] = \left[\vec{a}\,\vec{b}\,\vec{c}\right]^2 \neq 0$

($\because$ $\vec{a}, \vec{b}, \vec{c}$ असमतलीय सदिश है)

$\therefore$ $\vec{a}\times\vec{b}, \vec{b}\times\vec{c}$ व $\vec{c}\times\vec{a}$ असमतलीय सदिश होंगे या वे एक घाततः स्वतंत्र होंगें।

7. $\vec{a} + \vec{b} + \vec{c} = 0 \Rightarrow \vec{a} + \vec{b} = -\vec{c} \Rightarrow \left|\vec{a} + \vec{b}\right|^2 = |\vec{c}|^2$

$\Rightarrow |a|^2 + |b|^2 + 2\vec{a}\vec{b} = |c|^2$

$\Rightarrow 1 + 1 + 2|\vec{a}||\vec{b}|\cos\theta = 3$

$\Rightarrow \cos\theta = \frac{1}{2} \Rightarrow \theta = \frac{\pi}{3}.$

8. $\because$ $\vec{a} - 2\hat{i} + \hat{j} + \hat{k}$ व $b = \hat{i} - \hat{j} + \hat{k}$

$\therefore$ $\vec{b}$ के अनुदिश $\vec{a}$ का प्रक्षेप $= \frac{\vec{a}.\vec{b}}{|\vec{b}|}$

$$= \frac{(2\hat{i} + \hat{j} + \hat{k}).(\hat{i} - \hat{j} + \hat{k})}{\sqrt{3}} = \frac{2-1+1}{\sqrt{3}} = \frac{2}{\sqrt{3}}.$$

9. त्रिभुज ABC का क्षेत्रफल

$= \frac{1}{2}\left|\overrightarrow{AB} \times \overrightarrow{AC}\right| = \frac{1}{2}\left|(\vec{b} - \vec{a}) \times (\vec{c} - \vec{a})\right|$

$= \frac{1}{2}\left|\vec{a}\times\vec{b} + \vec{b}\times\vec{c} + \vec{c}\times\vec{a}\right|.$

10. $\left[\vec{a}\times\vec{b} \;\; \vec{b}\times\vec{c} \;\; \vec{c}\times\vec{a}\right] = (\vec{a}\times\vec{b}).\left\{(\vec{b}\times\vec{c})\times(\vec{c}\times\vec{a})\right\}$

$= (\vec{a}\times\vec{b}).\left\{(\vec{b}\times\vec{c}.\vec{a})\vec{c} - (\vec{b}\times\vec{c}.\vec{c})a\right\}$

$= (\vec{a}\times\vec{b}.\vec{c})(\vec{b}\times\vec{c}.\vec{a})$

$= \left[\vec{a}\;\vec{b}\;\vec{c}\right]^2.$

11. $|\vec{a}|^2 = \vec{a}.\vec{a} = a^2$ परन्तु $|z|^2 \neq z^2\ C$

$\because$ एक वास्तविक व दूसरा पक्ष काल्पनिक है।

12. $\left(\vec{a}+\vec{b}+\vec{c}\right)^2 = 1+1+1+2\left(\vec{a}.\vec{b}+\vec{b}.\vec{c}+\vec{c}.\vec{a}\right)=0$

$\Rightarrow \vec{a}.\vec{b}+\vec{b}.\vec{c}+\vec{c}.\vec{a} = -\frac{3}{2}.$

13. $\vec{a}=\vec{b}+\vec{c}$ तथा $\vec{a}.\left(\vec{b}\times\vec{c}\right)=\left(\vec{b}+\vec{c}\right).\left(\vec{b}\times\vec{c}\right)$

$=\left[\vec{b}\,\vec{b}\,\vec{c}\right]+\left[\vec{c}\,\vec{b}\,\vec{c}\right]=\left[\vec{b}\,\vec{b}\,\vec{c}\right]-\left[\vec{b}\,\vec{c}\,\vec{c}\right]=0.$

14. $\vec{b}\times\left(\vec{a}\times\vec{b}\right)=\frac{2}{3}\vec{a}\Rightarrow\left(\vec{b}.\vec{b}\right)\vec{a}-\left(\vec{b}.\vec{a}\right)\vec{b}=\frac{2}{3}\vec{a}$

$\Rightarrow \vec{a}.\vec{b}=0\Rightarrow\vec{a}\perp\vec{b}$

अतः $\vec{a}$ व $\vec{b}$ के बीच का कोण $\frac{\pi}{2}$ है।

15. $\left(\vec{b}\times\vec{c}\right).\left(\vec{d}\times\vec{a}\right)+\left(\vec{c}\times\vec{d}\right).\left(\vec{a}\times\vec{b}\right)-\left(\vec{d}\times\vec{a}\right).\left(\vec{b}\times\vec{c}\right)$
$-\left(\vec{a}\times\vec{b}\right).\left(\vec{c}\times\vec{d}\right)$

$=\left(\vec{b}.\vec{d}\right)\left(\vec{c}.\vec{a}\right)-\left(\vec{c}.\vec{d}\right)\left(\vec{b}.\vec{a}\right)+\left(\vec{c}.\vec{a}\right)\left(\vec{d}.\vec{b}\right)$

$-\left(\vec{c}.\vec{b}\right)\left(\vec{d}.\vec{a}\right)-\left(\vec{d}.\vec{b}\right)\left(\vec{a}.\vec{c}\right)+\left(\vec{d}.\vec{c}\right)\left(\vec{a}.\vec{b}\right)-\left(\vec{a}.\vec{c}\right)$

$\left(\vec{b}.\vec{d}\right)+\left(\vec{a}.\vec{d}\right)\left(\vec{b}.\vec{c}\right)=0.$

16. $\vec{a},\vec{b},\vec{c}$ इकाई सदिश है तथा $\vec{a}+\vec{b}+\vec{c}=0$ अर्थात् वे समबाहु त्रिभुज की भुजाओं के अनुदिश है।

$\theta=\pi-\frac{\pi}{3}=\frac{2\pi}{3}$

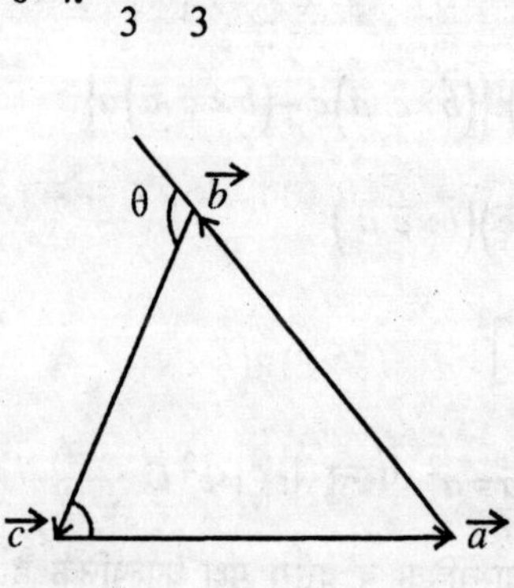

17. बिन्दु $(2, 2), (\lambda, 8)$ व $(8, 32)$ समरेखीय है

इसलिए $\begin{vmatrix}2 & 2 & 1\\ \lambda & 8 & 1\\ 8 & 32 & 1\end{vmatrix}=0$

$\Rightarrow 2(8-32)-2(\lambda-8)+1(32\lambda-64)=0$
$\Rightarrow -48-2\lambda+16+32\lambda-64=0$

$\Rightarrow 30\lambda=96 \Rightarrow \lambda=\frac{16}{5}.$

18. $\vec{x}$ का $\vec{a},\vec{b}$ व $\vec{c}$ के लम्बवत् होने का अर्थ है कि $\vec{a},\vec{b}$ व $\vec{c}$ समतलीय है।

$\therefore \left[\vec{a}\,\vec{b}\,\vec{c}\right]=0.$

19. यदि सदिश $\overline{AB}$, $\overline{AC}$, व $\overline{AD}$ समतलीय है, तब बिन्दु A,B,C व D समतलीय होंगे।

$\begin{vmatrix}1 & 2 & 0\\ 0 & 1 & 4\\ \lambda-1 & 2 & 3\end{vmatrix}=0\Rightarrow 1(3-8)-2(-4\lambda+4)=0$

$\Rightarrow -5+8\lambda-8=0$
$\Rightarrow 8\lambda=13$

$\Rightarrow \lambda=\frac{13}{8}.$

20. $\vec{a},\vec{b}$ व $\vec{c}$ परस्पर लम्बवत् सदिश हैं

माना $\vec{a}=10\hat{i}, \vec{b}=10\hat{j}$ व $\vec{c}=\hat{k}$

$\left|2\vec{a}+2\vec{b}+40\vec{c}\right|$

$=\left|20\hat{i}+20\hat{j}+40\hat{k}\right|$

$=20\left|\hat{i}+\hat{j}+2\hat{k}\right| = 20\sqrt{1^2+1^2+2^2}$

$=20\sqrt{6}.$

21. $\left(\vec{a}+\vec{b}\right).\{\left(\vec{b}+\vec{c}\right)\times\left(\vec{c}\times\vec{a}\right)\}$

$=\left(\vec{a}+\vec{b}\right).\left\{\vec{b}\times\vec{c}+\vec{b}\times\vec{a}+\vec{c}\times\vec{a}\right\}$

$=\vec{a}.\vec{b}\times\vec{c}+0+0+0+0+\vec{b}.\,\vec{c}\times\vec{a}$

$=2\left[\vec{a}\vec{b}\vec{c}\right].$

22. $$\begin{vmatrix} a_1 & b_1 & c_1 \\ a_2 & b_2 & c_2 \\ a_3 & b_3 & c_3 \end{vmatrix}^2 = \begin{vmatrix} \vec{a}.\vec{a} & \vec{a}.\vec{b} & \vec{c}.\vec{c} \\ \vec{b}.\vec{a} & \vec{b}.\vec{b} & \vec{b}.\vec{c} \\ \vec{c}.\vec{a} & \vec{c}.\vec{b} & \vec{c}.\vec{c} \end{vmatrix} = \left[\vec{a}\ \vec{b}\ \vec{c}\right]^2$$

$$\left[\left(\vec{a}\times\vec{b}\right).\vec{c}\right]^2 = \left[\left(|\vec{a}||\vec{b}|\sin\frac{\pi}{3}\right).1\right]^2 = \frac{3}{4}|\vec{a}|^2\,|\vec{b}|^2.$$

23. $\because\ \vec{a}+\vec{b}+\vec{c}=0 \Rightarrow \vec{a},\vec{b},\vec{c}$ समतलीय हैं

इसलिए $\left(\vec{a}+\vec{b}-2\vec{c}\right),\vec{a},\vec{b}$ व $\vec{c}$ के तल में होंगे

जबकि $\vec{a}\times\vec{b}$ इसके लिए लम्बवत् है,

$\therefore\ \left(\vec{a}+\vec{b}+2\vec{c}\right).\left(\vec{a}\times\vec{b}\right)=0.$

24. $\hat{i}\left(\hat{j}\times\hat{k}\right)+\hat{j}.\left(\hat{k}\times\hat{i}\right)+\hat{k}.\left(\hat{i}\times\hat{j}\right)$

$$=\left[\hat{i}\ \hat{j}\ \hat{k}\right]+\left[\hat{i}\ \hat{j}\ \hat{k}\right]+\left[\hat{i}\ \hat{j}\ \hat{k}\right]$$

$$=3.$$

25. $$\vec{b}\times\vec{c} = \begin{vmatrix} \hat{i} & \hat{j} & \hat{k} \\ 1 & 2 & 3 \\ 2 & -1 & 0 \end{vmatrix} = 3\hat{i}+6\hat{j}-5\hat{k}$$

इस दिशा में इकाई सदिश $=\dfrac{1}{\sqrt{70}}\left(3\hat{i}+6\hat{j}-5\hat{k}\right).$

26. माना, $\vec{A}=\sqrt{3}\left(\vec{a}\times\vec{b}\right), \vec{B}=\vec{b}-\left(\vec{a}.\vec{b}\right)\vec{a}$

$\vec{A}.\vec{B}=0 \Rightarrow$ A व B के बीच का कोण $\dfrac{\pi}{2}$ है या $\vec{A}$, सदिशों $\vec{a}$ व $\vec{b}$ के तल के लम्बवत् है। जबकि $\vec{B}$, सदिशों $\vec{a}$ व $\vec{b}$ के तल पर एक सदिश है।

27. $|\vec{a}|^2|\vec{b}|^2\sin^2\theta+|\vec{a}|^2|\vec{b}|^2\cos^2\theta=144$

$\Rightarrow |\vec{a}|^2|\vec{b}|^2=144$

$\Rightarrow |\vec{b}|=3.\ \left(\because |\vec{a}|=4\right)$

28. $\vec{a}.\vec{b}+\vec{b}.\vec{c}+\vec{c}.\vec{a}=\dfrac{1}{2}\left(|\vec{a}|^2+|\vec{b}|^2+|\vec{c}|^2\right)<0$

$\therefore\ m<0.$

29. $\vec{a}\times\left(\vec{a}\times\left(\vec{a}\times\vec{b}\right)\right)=\vec{a}\times\left[\left(\vec{a}.\vec{b}\right)\vec{a}-\left(\vec{a}.\vec{a}\right)\vec{b}\right]$

$=-\left(\vec{a}.\vec{a}\right)\left(\vec{a}\times\vec{b}\right)$

$=\left(\vec{a}.\vec{a}\right)\left(\vec{b}\times\vec{a}\right).$

30. $\overrightarrow{AB}=5\hat{i}-\hat{j}+8\hat{k}$ तथा $\overrightarrow{CD}=2\hat{i}+3\hat{j}-6\hat{k}$

$\therefore\ \overrightarrow{CD}$ के अनुदिश $\overrightarrow{AB}$ का प्रक्षेप $=\dfrac{\overrightarrow{AB}.\overrightarrow{CD}}{|\overrightarrow{CD}|}$

$$=\frac{\left(5\hat{i}-\hat{j}+8\hat{k}\right).\left(2\hat{i}+3\hat{j}-6\hat{k}\right)}{\sqrt{4+9+36}}=\frac{10-3-48}{7}=-\frac{41}{7}.$$

31. $\left(\vec{a}.\vec{c}\right)\vec{b}-\left(\vec{a}.\vec{b}\right)\vec{c}+\left(\vec{b}.\vec{a}\right)\vec{c}-\left(\vec{b}.\vec{c}\right)\vec{a}=\dfrac{1}{2}\vec{a}$

$\Rightarrow \left(\vec{a}.\vec{c}\right)\vec{b}-\left(\vec{b}.\vec{c}+\dfrac{1}{2}\right)\vec{a}=0$

$\because\ \vec{a}.\vec{c}=0$ तथा $\vec{b}.\vec{c}=-\dfrac{1}{2}$

$\therefore\ \vec{a}$ व $\vec{b}$ के बीच का कोण $\dfrac{\pi}{2}$ है।

32. $\vec{a}+\vec{b}+\vec{c}=\alpha\,\vec{d}, \vec{b}+\vec{c}+\vec{d}=\beta\vec{a}$

$\Rightarrow\ \left(\vec{a}+\vec{b}+\vec{c}+\vec{d}\right)=\left(\alpha+1\right)\vec{d}$ तथा

$\vec{a}+\vec{b}+\vec{c}+\vec{d}=\left(\beta+1\right)\vec{a}.$

33. माना $\vec{r}=x\hat{i}+y\hat{j}$ (xy तल में सदिश है)

$\Rightarrow x^2+y^2=1$ ...(1)

$\left(x\hat{i}+y\hat{j}\right)\left(\hat{i}+\hat{j}\right)=\sqrt{2}\cos45° \Rightarrow x+y=1$

$\therefore\ \left(1-y\right)^2+y^2=1 \Rightarrow 1+y^2-2y+y^2=1$

$\Rightarrow y=0,1$ यदि $y=0$, तब $x=1$ तथा जब $y=1$ तब $x=0.$

34. $\left(\vec{a}\times\vec{b}\right)\times\left(\vec{c}\times\vec{d}\right)+\left(\vec{a}\times\vec{c}\right)\times\left(\vec{b}\times\vec{d}\right)$

$=\left\{\left(\vec{a}\times\vec{b}\right).\vec{d}\right\}\vec{c}-\left\{\left(\vec{a}\times\vec{b}\right).\vec{c}\right\}d+\left\{\left(\vec{a}\times\vec{c}\right).\vec{d}\right\}\vec{b}$

$-\left\{\left(\vec{a}\times\vec{c}\right).\vec{b}\right\}.d$

$$=-\left[\vec{a}\,\vec{b}\,\vec{c}\right]\vec{a}-\left[\vec{a}\,\vec{c}\,\vec{b}\right]\vec{d}$$

$$=\left[\vec{a}\,\vec{c}\,\vec{b}\right]\vec{a}-\left[\vec{a}\,\vec{c}\,\vec{b}\right]d=0.$$

[$\because$ $\vec{a}$ तथा $\vec{b}$ समान्तर हैं]

35. $\because \overrightarrow{GB}+\overrightarrow{GC}=(1+1)\overrightarrow{GD}=2GD$

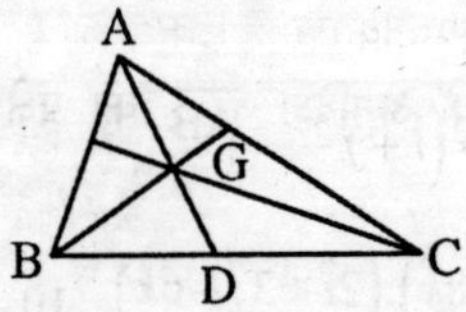

जहाँ D, BC का मध्य बिन्दु है।

$\because \overrightarrow{GA}+\overrightarrow{GB}+\overrightarrow{GC}=\overrightarrow{GA}+2\overrightarrow{GD}=\overrightarrow{GA}-\overrightarrow{GA}=0$

($\because$ G, AC को 2:1 के अनुपात में विभाजित करता है।

$\because 2\overrightarrow{GD}=-\overrightarrow{GA}$).

36. $P\left(\alpha\hat{i}+\beta\hat{j}+\gamma\hat{k}\right), Q\left(\beta\hat{i}+\gamma\hat{j}+\alpha\hat{k}\right)$

तथा $R\left(\gamma\hat{i}+\alpha\hat{j}+\beta\hat{k}\right)$

यहाँ $PQ=\sqrt{(\alpha-\beta)^2+(\beta-\gamma)^2+(\gamma-\alpha)^2}=QR=RP$

$\therefore$ P, Q व R एक समबाहु त्रिभुज के शीर्ष हैं।

37. फलकों OAB व ABC के बीच का कोण फलकों OAB व ABC के अभिलम्बों के कोण के समान होते हैं।

OAB के अभिलम्ब के अनुदिश सदिश

$$=\begin{vmatrix}\hat{i} & \hat{j} & \hat{k}\\ 1 & 2 & 1\\ 2 & 1 & 3\end{vmatrix}=5\hat{i}-\hat{j}-3\hat{k}=\vec{a}$$

ABC के अभिलम्ब के अनुदिश सदिश

$$=\begin{vmatrix}\hat{i} & \hat{j} & \hat{k}\\ 1 & -1 & 2\\ -2 & -1 & 1\end{vmatrix}=\hat{i}-5\hat{j}-3\hat{k}=\vec{b}$$

$$\cos\theta=\frac{\vec{a}.\vec{b}}{|\vec{a}||\vec{b}|}=\frac{5+5+9}{\sqrt{35}\,\sqrt{35}}\Rightarrow\theta=\cos^{-1}\left(\frac{19}{35}\right).$$

38. $\because \vec{a}=2\hat{i}-\hat{j}+2\hat{k}$ व $\vec{b}=\hat{i}+\hat{j}+4\hat{k}$

$$\vec{a}\times\vec{b}=\begin{vmatrix}\hat{i} & \hat{j} & \hat{k}\\ 2 & -1 & 2\\ 1 & 1 & 4\end{vmatrix}=-6\hat{i}-6\hat{j}+3\hat{k}$$

इस दिशा में इकाई सदिश $=\dfrac{-6i-6\hat{j}+3\hat{k}}{9}$.

39. $\overrightarrow{OR}=\dfrac{2\vec{q}+3\vec{p}}{5}$

$\overrightarrow{OS}=\dfrac{3\vec{p}-2\vec{q}}{3+2}$ अब $\overrightarrow{OR}.\overrightarrow{OS}=0$

$$\Rightarrow\left(\frac{2\vec{q}+3\vec{p}}{5}\right)\left(\frac{3\vec{p}-2\vec{q}}{5}\right)=0\Rightarrow 9p^2=4q^2$$

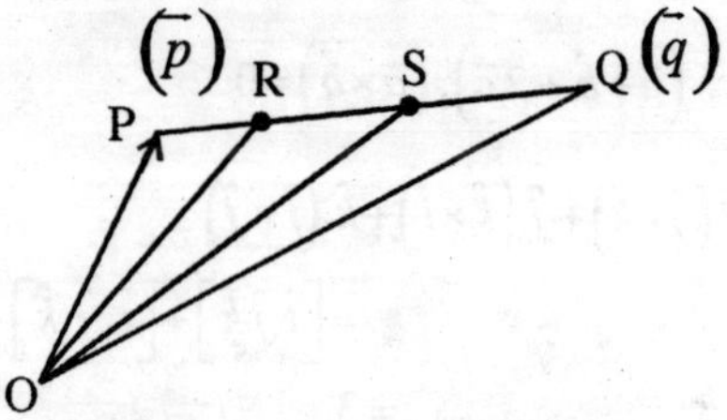

40. माना $\vec{d}=d_1\hat{i}+d_2\hat{j}+d_3\hat{k}$ एक इकाई सदिश है।

$\therefore d_1^2+d_2^2+d_3^2=1$ तथा $\vec{a}.\vec{d}=0$

$\therefore d_1-d_2=0 \Rightarrow d_1=d_2$

$$=\left[\vec{b}\,\vec{c}\,\vec{d}\right]=\begin{vmatrix}0 & 1 & -1\\ -1 & 0 & 1\\ d_1 & d_2 & d_3\end{vmatrix}$$

$=d_3+d_1+d_2$

$\Rightarrow 0=d_3+2d_1\Rightarrow d_3=-2d_1$

$\therefore d_1^2+d_1^2+4d_1^2=1\Rightarrow d_1=\pm\left[\dfrac{1}{\sqrt{6}}\right]$

अतः $d=\pm\dfrac{1}{\sqrt{6}}\left(\hat{i}+\hat{j}-2\hat{k}\right).$

41. दिए गए सदिश में $\vec{a}.\vec{b}=\vec{b}.\vec{c}=\vec{c}.\vec{a}=0$

42. यहाँ $\vec{a}\times\vec{b}.\vec{c}$

$$\vec{a}\times\vec{b}.\vec{c}=\frac{1}{7^3}\begin{vmatrix}2 & 3 & 6\\ 6 & 2 & -3\\ 3 & -6 & 2\end{vmatrix}$$

$$=\frac{1}{343}\{2(4-18)-3(12+9)+6(-36-6)\}$$

$$=\frac{1}{343}(-28-63-252)=-1\neq 0.$$

43. समान्तर षटफलक (Parallelopiped) का आयतन

$=|\vec{a}\times\vec{b}.\vec{c}|$ (उपरोक्त से)

$=|-1|=1.$

44. $|\vec{\alpha}^2|=|\hat{a}+\hat{b}+\hat{c}|^2$

$$=(\hat{a}+\hat{b}+\hat{c}).(\hat{a}+\hat{b}+\hat{c})$$

$$=\hat{a}.\hat{a}+\hat{b}.\hat{b}+\hat{c}.\hat{c}+2(\hat{a}.\hat{b}+\hat{b}.\hat{c}+\hat{c}.\hat{a})$$

$$=|\hat{a}|^2+|\hat{b}|^2+|\hat{c}|^2+2\left(\frac{1}{2}+\frac{1}{2}+\frac{1}{2}\right)$$

$$=1+1+1+3=6$$

$$\therefore |\vec{\alpha}|=\sqrt{6}.$$

45. यहाँ $|\hat{a}-\hat{b}|^2=(\hat{a}-\hat{b}).(\hat{a}-\hat{b})$

$$=\hat{a}.\hat{a}-\hat{a}.\hat{b}-\hat{a}.\hat{b}+\hat{b}.\hat{b}$$

$$=|\hat{a}|^2+|\hat{b}|^2-2(\hat{a}.\hat{b})$$

$$=1+1-1$$

$$|\hat{a}-\hat{b}|=1$$

$\therefore$ इसी प्रकार $|\hat{b}-\hat{c}|=1,\quad |\hat{c}-\hat{a}|=1.$

46. $\hat{a}\times(\hat{b}\times\hat{c})=(\hat{c}.\hat{a})\hat{b}-(\hat{c}.\hat{b})\hat{a}$

$$=\frac{1}{2}\hat{b}-\frac{1}{2}\hat{a}$$

$$=\frac{1}{2}(\hat{b}-\hat{a})$$

$$\Rightarrow |\hat{a}\times(\hat{b}\times\hat{c})|=\left|\frac{1}{2}(\hat{b}-\hat{a})\right|$$

$=\frac{1}{2}\times 1=\frac{1}{2}.$ (उपरोक्त से)

47. दोनों वक्तव्य सत्य हैं तथा वक्तव्य–II, वक्तव्य–I का सही स्पष्टीकरण है। क्योंकि

$$\vec{a}.\vec{b}=(\hat{i}+\hat{j}-3\hat{k}).(2\hat{i}+\hat{j}+\hat{k})$$

$$=1\times 2+1\times 1+(-3)\times 1$$

$$=2+1-3=0$$

अतः $\vec{a}$ एवं $\vec{b}$ एक दूसरे पर लम्ब है

48. वक्तव्य–I असत्य है परंतु वक्तव्य–II सत्य है।

क्योंकि, दिया है

$$\vec{u}+\vec{v}+\vec{w}=0$$

$$\Rightarrow |\vec{u}+\vec{v}+\vec{w}|=0 \Rightarrow |\vec{u}+\vec{v}+\vec{w}|^2=0$$

$$\Rightarrow |\vec{u}|^2+|\vec{v}|^2+|\vec{w}|^2+2(\vec{u}.\vec{v}+\vec{v}.\vec{w}+\vec{w}.\vec{u})=0$$

$$\Rightarrow (3)^2+(4)^2+(5)^2+2(\vec{u}.\vec{v}+\vec{v}.\vec{w}+\vec{w}.\vec{u})=0$$

$$\Rightarrow \vec{u}.\vec{v}+\vec{v}.\vec{w}+\vec{w}.\vec{u}=-25.$$

49. वक्तव्य–I सत्य है परंतु वक्तव्य–II असत्य है।

दिया गया है $\vec{a}+\vec{b}+\vec{c}=0 \Rightarrow \vec{a}+\vec{b}=-\vec{c}$

या $(\vec{a}+\vec{b}).(\vec{a}+\vec{b})=|\vec{c}|^2$

अतः $|\vec{a}|^2+|\vec{b}|^2+2|\vec{a}||\vec{b}|\cos\theta=|\vec{c}|^2$

जहाँ θ, $\vec{a}$ एवं $\vec{b}$ के बीच का कोण है।

$$\cos\theta=\frac{|\vec{c}|^2-|\vec{a}|^2-|\vec{b}|^2}{2|\vec{a}||\vec{b}|}$$

$$=\frac{49-9-25}{2\times 3\times 5}=\frac{1}{2}\Rightarrow \theta=\frac{\pi}{3}.$$

50. A. चूँकि $-2\hat{i}-4\hat{j}+6\hat{k}=-2\left(\hat{i}+2\hat{j}-3\hat{k}\right)$

अतः दिया गया सदिश एकरैखिक (समरैखिक) है

A – p

B. $\because\left[\hat{i}\,\hat{j}\,\hat{k}\right]=\begin{vmatrix}1&0&0\\0&1&0\\0&0&1\end{vmatrix}=1\neq0$

अतः दिया गया सदिश असमतलीय है।

पुनः $\hat{i}.\hat{j}=\hat{j}.\hat{k}=\hat{k}.\hat{i}=0$

$\Rightarrow$ $\hat{i},\hat{j},\hat{k}$ लम्बकोणीय है

$B-r, s.$

C. चूँकि $\left(\hat{i}+\hat{j}\right)+\left(\hat{j}+\hat{k}\right)=\hat{i}+2\hat{j}+\hat{k}$

अतः दिया गया सदिश समतलीय है

$C-q.$

D. यदि $2\hat{i}-\hat{j}+\hat{k}=\vec{a}$ तब $-4\hat{i}+2\hat{j}-2\hat{k}$

$=-2\left(2\hat{i}-\hat{j}+\hat{k}\right)=-2\vec{a}$

तथा $6\hat{i}-3\hat{j}+3\hat{k}=3\left(2\hat{i}-\hat{j}+\hat{k}\right)=3\vec{a}$

अतः दिया गया सदिश समरैखिक है।

$D-p.$

19

फलन (FUNCTION)

फलन (Function): यदि A तथा B दो अरिक्त समुच्चय हो तब $A \times B$ का उपसमुच्चय, समुच्चय A से समुच्चय B में फलन कहलाता हैं, यदि और केवल यदि A का प्रत्येक अवयव $x \in A$ का संगत अद्वितीय $y \in B$ अवयव हो जहाँ $(x, y) \in f$ अर्थात् xfy, समुच्चय A को फलन का प्रान्त (Domain) तथा समुच्चय B को सह-प्रान्त (Co-domain) कहते हैं। $\{F(x): x \in A\}$ को फलन का परास कहते हैं। फलन को $f: A \to B$ से निरूपित करते हैं।

कोई फलन $f: A \to B$

(i) **एकैकी प्रतिचित्रण या एकैकी (Injectve)** होगा यदि और केवल यदि $x_1 \neq x_2, A$ में तथा $f(x_1) \neq f(x_2), B$ में

(ii) **बहु-एक (Many-One)** होगा यदि और केवल यदि कम से कम A के दो अवयव जहाँ $x_1 \neq x_2$ का संगत अवयव B में $f(x_1) = f(x_2)$ हो।

(iii) **आच्छादक (Onto or Surjective)** होगा यदि और केवल यदि B के प्रत्येक अवयव Y के लिए A मे अवयव x होगा जहाँ $Y = f(x)$ अर्थात् $Rf = B$

(iv) **अन्तः क्षेपी (Into)** होगा यदि B में कुछ अवयव Y ऐसा है कि $Y \neq f(x)$

(v) **एकैकी आच्छादक फलन (Bijection)** होगा यदि और केवल यदि फलन एकैकी तथा आच्छादक दोनों हो।

चर (Variable): वह राशि जिसका मान गणितीय संक्रिया के अन्तर्गत परिवर्तित होता है अर्थात् कोई निश्चित मान नहीं होता, चर कहलाता है।

परतन्त्र चर (Dependent Variable): वह चर राशि जिसका मान अन्य चर राशियों पर निर्भर होता है, परतन्त्र कहलाता है।

स्वतंत्र चर (Independent Variable): वह चर राशि जो किसी भी मान को ग्रहण कर सकता है अर्थात् जिसका कोई भी मान हो सकता हैं, स्वतंत्र चर कहलाता है। जैसे $y = 3x^2 + 5x + 7$ में x स्वतंत्र चर एंव y परतंत्र चर है क्योंकि y का मान x पर निर्भर हैं।

फलनों के प्रकार (Types of Functions)

(i) **अचर फलन (Constant Function):** यदि कोई फलन परिभाषित है $f(x) = k \; \forall x \in r$ जहाँ k कोई निश्चित संख्या हैं, तब फलन अचर कहलाता है तथा उसका आलेख (ग्राफ) एक सरल रेखा होती है, जो X–अक्ष के समान्तर होती हैं।

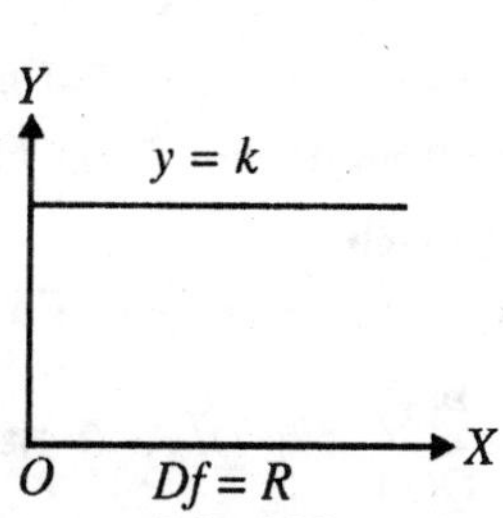

$Df = R$
$Rf = \{K\}$

(ii) **तत्समक फलन (Identity Function):** कोई फलन f, $f(x) = x$ के लिए परिभाषित है, जहाँ $x \in R$ तो यह तत्समक फलन कहलाती है। इसका ग्राफ एक सरल रेखा होती है, जो मूल बिन्दु से गुजरती हैं तथा जिसकी प्रवणता (Slope) 1 होती है।

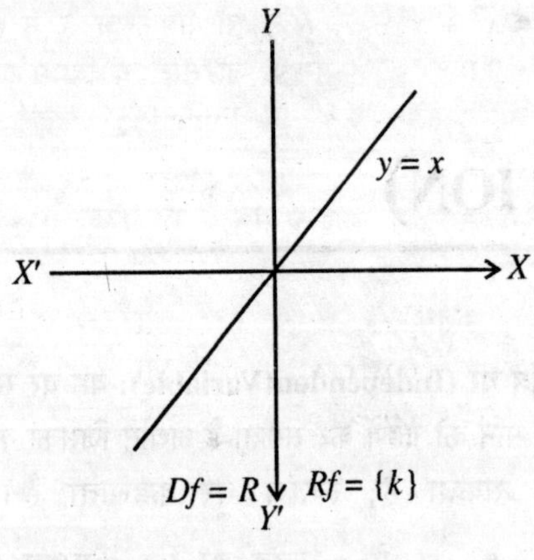

(iii) व्युत्क्रम फलन (Reciprocal Function): यदि कोई फलन f, $f(x)=\frac{1}{x}$ के लिए परिभाषित है तो उसे व्युत्क्रम फलन कहते हैं। इसका प्रान्त शून्य (0) को छोड़कर सभी वास्तविक संख्याएँ होगी अर्थात् $D_f = R-\{0\}$

(iv) वर्गमूल फलन (Square Root Function): यदि कोई फलन f, $f(x)=+\sqrt{x}$ के लिए परिभाषित है तब उसे वर्गमूल फलन कहते हैं। इसका प्रांत $[0,\infty]$ होता है।

(v) बहुपद फलन (Polynomial Function): कोई फलन $f(x) = a_0 + a_1x + a_2x^2 + ...a_nx^n$ के लिए परिभाषित है, जहाँ a वास्ताविक संख्याएँ तथा n अऋणात्मक पूर्णांक हैं, बहुपद फलन कहलाती है यदि $f(x) = a_0$ हो तो यह अचर फलन होगी।

(vi) परिमेय फलन (Rational Function) : फलन

$$f(x)=\frac{P(x)}{Q(x)}$$ जहाँ $Q(x)\neq 0$ तथा $P(x)$ एवं $Q(x)$

बहुपद फलन है, को परिमेय फलन कहते हैं।

(vii) घातांकीय फलन (Exponential Function) : यदि $a>0$ तथा फलन $f(x) = a^x$ के लिए परिभाषित है जहाँ $x\in R$ तब उसे सामान्य घातांकीय फलन कहते हैं।

$$D_f = R \text{ तथा } R_f = \begin{cases}\{1\} \text{ यदि } a=1\\ (0,\infty) \text{ यदि } a>0,\ a\neq 1\end{cases}$$ होता है।

यदि $f(x)=e^x, x\in R$ हो तब फलन प्राकृत घातांकीय फलन कहलाता है जहाँ $D_f=R$ तथा $R_f=(0,\infty)$.

(ix) लघुगणकीय फलन (Logarithmic Function) : यदि फलन $f(x) = y = \log_a x$ के लिए परिभाषित है यदि और केवल यदि $x = a^y$ $(a > 0,\ a \neq 1)$ तथा $x > 0$ तब फलन लघुगणकीय फलन कहलाता है।

$D_f = (0, \infty)$ तथा $R_t = R$.

(x) त्रिकोणमितीय फलन (Trigonometrical Function) : त्रिकोणमितिय अनुपात वाले फलन को त्रिकोणमितीय फलन कहते हैं। $f(x)=\sin x$.

(xi) मापांक फलन (Modulus Function) :

फलन $f(x) = |x| = \begin{cases} x, x\le 0\\ -x, x<0\end{cases}$ को मापांक फलन कहते हैं।

(xii) सिग्नम फलन (Signum Function) :

$$\text{फलन } f(x) = \begin{cases}\frac{|x|}{x}, & x\neq 0\\ 0 & x=0\end{cases}$$

$$=\begin{cases}-1 & x<0\\ 1 & x>0\\ 0, & x=0\end{cases}$$ को सिग्नम फलन कहते हैं।

$D_f = R_1\ R_f = \{-1,0,1\}$.

(xii) महत्तम पूर्णांक फलन (Greatest Integer Function): यदि x एक वास्तविक संख्या है तब ऐसा महत्तम पूर्णांक जिसका मान x से बड़ा नहीं हो, को $[x]$ से निरूपित करते हैं। फलन $f(x)=[x]$ को महत्तम पूर्णांक फलन कहते हैं।

$[x] \le x < [x]+1\ \forall\ x\in R$

जैसेः $[-2.1] = -3, [9]=9, [0]=0, \left[\sqrt{2}\right]=1, \left[\frac{19}{8}\right]=2.$

(xiv) भिन्नात्मक भाग फलन (Fractional Part Function): $y = \{x\}$ को भिन्नात्मक भाग फलन कहते हैं।

यदि $x=I+f, I=[x]$ तथा $f=\{y\}$

$y = x - [x]$.

भिन्नात्मक भाग फलन के गुण

(Properties of Fractional Part Function)

(*i*) $\{x\}=0$ यदि $0\leq x<1$

(*ii*) $\{x\}=0$ यदि $x\in I$

(*iii*) $\{\ x\}=1\ \{x\}$ यदि $x\notin I.$

वास्तविक मानों का फलन या वास्तविक मान फलन (Real Valued Function): माना A तथा B दो अशून्य समुच्चय, किसी वास्तविक संख्याओं का उप समुच्चय है तब प्रत्येक फलन f: A से B को वास्तविक मान फलन कहते हैं।

$D_f=\{x:x\in R$ ऐसा है कि $f(x)\in R\}$

$R_f=\{f(x):x\in D_f\}$

उदाहरण 1: $f(x) = x^2$ एक वास्तविक मान फलन है वास्तविक चरों के लिए

$D_f=\{x\in R:f(x)\in R\}$

$=\{x\in R;x^2\in R=R\}$

तथा $R_f=\{f(x):x\in D_f\}$

$=\{x^2:x\in R\}.$

समफलन एवं विषम फलन (Even Function and Odd Function): कोई फलन f सम फलन होगा यदि और केवल यदि $f(-x) = f(x)\ \forall\ x\in D_f$, तथा फलन f विषम फलन होगा यदि और केवल यदि $f(-x) = -f(x)\ \forall\ x\in D_f$

उदाहरण 2: माना फलन $f(x) = x^2 + 1$ है। तब $D_f = R$

इसलिए $x\in D_f \Leftrightarrow (-x)\in D_f$

तथा $f(-x) = (-x)^2 + 1 = x^2 + 1 = f(x)\ \forall\ x\in R$.

अतः f सम फलन है।

पुनः यदि $f(x) = x^3$ यहाँ $D_f = R$

अतः $x\in D_f \Leftrightarrow (\ x)\in D_f$.

तथा $f(-x) = (-x)^3 = -x^3 = -f(x)$

अतः f विषम फलन है।

नोटः सभी फलन या तो समफलन होंगे या विषम, परंतु $f(x) = x^2 + x\ \forall\ x\in R$ न तो समफलन है न ही विषम। $f(x) = 0$ एक ऐसा फलन है जो सम एवं विषम दोनों है।

आवर्ती फलन (Periodic Function) : फलन $f(x)$ आवर्ती फलन होगा यदि कोई धनात्मक संख्या S इस प्रकार हो कि $f(x + S) = f(x)\ \forall\ x\in R$ तब S को फलन $f(x)$ का आवर्त कहते हैं।

	फलन	आर्वत
(*i*)	$\sin^n x, \cos^n x$	π(n सम संख्या है)
	$\sec^n x. \text{cosec}^n x$	2π (n, विषम संख्या है)
(*ii*)	$\tan^n x.\cot^n x$	π (n, वास्तविक है)

समान फलन (Equal Function) : दो वास्तविक मान फलन f तथा g समान फलन होंगे अर्थात् $f = g$

यदि और केवल यदि

(*i*) $D_f = D_g$

(*ii*) $f(x) = g(x)\ \forall\ n\in D_f (= D_g)$.

संयोजित फलन (Composite Function) : यदि f : S → T तथा g : T → U दो फलन है तब फलन gof : S → U परिभाषित होगा जब $(gof)(x) = g(f(x))\ \forall\ x\in$ S को संयोजी फलन f एवं g को कहते हैं।

उदाहरण 3: माना z पूर्णांक संख्याओं का समुच्चय है तथा $f : z\to z, f(x) = x + 3$ तथा $g : z\to z, g(x) = x - 3\ \forall\ x\in z$.

तब $gof(x) = g\{f(x)\} = g(x + 3) = x + 3 - 3 = x$

तथा $fog(x) = f\{g(x)\} = f(x - 3)$

$= (x - 3) + 3 = x\ \forall\ x\in z$.

फलनों के संयोजन के गुण

(Properties of Composition of Functions)

(*i*) f एवं g सम फलन है $\Rightarrow fog$ एक सम फलन है।

(*ii*) f विषम तथा g सम फलन है $\Rightarrow fog$ एक सम फलन है।

(*iii*) f विषम तथा g विषम फलन है $\Rightarrow fog$ एक विषम फलन है।

उदाहरण 4: माना $f(x) = x^2$ तथा $g(x) = \sqrt{x}$

तब $D_f=R, R_f=[0,\infty], D_g=[0,\infty]$

तथा $R_g=[0,\infty]$

$gof : R_f\ C\ D_g$ (चूँकि $R_t = D_g$)

अतः gof परिभाषित है तथा $D_{gof} = D_f = R$

पुनः सभी $x\in$ R

$(gof)x = g\{f(x)\} = g(x^2) = \sqrt{x^2} = |x|$

fog: यहाँ $R_g \subset D_f$, अतः fog परिभाषित है तथा

$D_{fog} = D_g = [0,\infty]$ तथा सभी $x \in (0,\infty)$

$(fog)(x) = f\{g(x)\} = f(\sqrt{x}) = (\sqrt{x})^2 = x.$

प्रतिलोम फलन (Inverse Function) : माना $f: A \to B$ एक एकैकी आच्छादक फलन है तब एक अद्वितीय फलन का अस्तित्व होगा। $g: B \to A$ एक फलन उस प्रकार होगा कि

$f(x) = y \Leftrightarrow g(y) = x \, \forall \, x \in A$ तथा $y \in B$ तब g को f का प्रतिलोम फलन कहते हैं।

अतः $g = f^{-1}: \mathrm{B} \to \mathrm{A} = [f(x), x : x\, f(x) C - f]$

साधित उदाहरण (Solved Examples)

1. फलन $f(x) = \sec\left(\frac{\pi}{4}\cos^2 x\right), -\infty < x < \infty$ का परास ज्ञात करें।

हल: चूँकि $0 \le \cos^2 x \le 1 \; \forall \; x$

अतः $0 < \frac{\pi}{4}\cos^2 x \le \frac{\pi}{4}$

सभी x के लिए,

$\Rightarrow \mathrm{Sec}\, 0 \le f(x) < \sec\left(\frac{\pi}{4}\right) \; \forall \; x$

अतः परास $[1, \sqrt{2}]$ होगा।

2. सिद्ध करें फलन $f(x) = \sin \log \left\{\left(x + \sqrt{x^2+1}\right)\right\}$ विषम फलन है।

हल: यहाँ $D_f = R$ $(\because x^2 < x^2 + 1)$

$\Leftrightarrow |x| < \sqrt{x^2+1} \Leftrightarrow -\sqrt{x+1} < x < \sqrt{x^2+1}$

$x + \sqrt{x^2+1} > 0 \; \forall \; x \in R)$

पुनः $f(-x) = \sin\left\{\log\left(-x + \sqrt{x^2+1}\right)\right\}$

$$= \sin\left\{\frac{\log\left(\sqrt{x^2+1} - x\right)\left(\sqrt{x^2+1} + x\right)}{\sqrt{x^2+1} + x}\right\}$$

$$= \sin\left\{\log\frac{1}{\sqrt{1+x^2} + x}\right\} = \sin\left\{-\log\left(\sqrt{x^2+1} + x\right)\right\}$$

$$= -\sin\left\{\log\left(x + \sqrt{x^2+1}\right)\right\}$$

$$= -f(x) \forall x \in R$$

अतः f एक विषम फलन है।

3. यदि $g(x) = x^2 + x - 2$ तथा $\frac{1}{2}(gof)(x) = 2x^2 - 5x + 2$ तब $f(x)$ का मान ज्ञात करें।

हल: यहाँ $g(x) = x^2 + x - 2$

तथा $\frac{1}{2}(gof)(x) = 2x^2 - 5x + 2$

$\Rightarrow g(f(x)) = 4x^2 - 10x + 4$

$\Rightarrow (f(x))^2 + f(x) - 2 = 4x^2 - 10x + 4$

$\Rightarrow (f(x))^2 + f(x) - (4x^2 - 10x + 6) = 0$

$$\Rightarrow f(x) = \frac{-1 \pm \sqrt{1 + 16x^2 - 40x + 24}}{2}$$

$$= \frac{-1 \pm (4x - 5)}{2} = 2x - 3, -2x + 2$$

$\therefore f(x) = 2x - 3, 2 - 2x.$

4. यदि $f(x) = 4x^3 + 3x^2 + 3x + 4$, तो $x^3 f\left(\frac{1}{x}\right)$ का मान ज्ञात करें।

हल: $x^3 f\left(\frac{1}{x}\right) = x^3\left\{4\left(\frac{1}{x}\right)^3 + 3\left(\frac{1}{x}\right)^2 + 3\left(\frac{1}{x}\right) + 4\right\}$

$= 4 + 3x + 3x^2 + 4x^3$

$\Rightarrow x^3 f\left(\frac{1}{x}\right) = f(x).$

5. फलन $f(x)=\dfrac{x^2}{x^2+1}$ का परास ज्ञात करें।

हलः दिया है, $f(x)=\dfrac{x^2}{x^2+1}=1-\dfrac{1}{x^2+1}$ $Df=R$

अतः परास के लिए $(Rf), y=f(x)$ माना

$$y=\frac{x^2}{1+x^2} \Rightarrow x^2y+y=x^2$$

$$\Rightarrow x^2=\frac{y}{1-y}$$

$$\Rightarrow \frac{y}{1-y}\geq,0, y\neq 1 \Rightarrow y(1-y)\geq,0, y\neq 1$$

$$\Rightarrow y(y-1)\leq 0, y\neq 1$$

$$\Rightarrow 0\leq y\leq 1, y\neq 1$$

$$\Rightarrow y\in[0,1) \Rightarrow Rf=[0,1)$$

6. यदि $e^{f(x)}=\dfrac{10+x}{10-x} x\in(-10,10)$

तथा $f(x)=Kf\left(\dfrac{200x}{100+x^2}\right)$ तब K का मान ज्ञात करें।

हलः दिया है $e^{f(x)}=\dfrac{10+x}{10-x}$

$$\Rightarrow f(x)=\log\left(\frac{10+x}{10-x}\right)$$

$$\Rightarrow f\left(\frac{200x}{100+x^2}\right)=\log\left\{\frac{10+\frac{200x}{100+x^2}}{10-\frac{200x}{100+x^2}}\right\}$$

$$=\log\left(\frac{1000+200x+10x^2}{1000-200x+10x^2}\right)$$

$$=\log\left\{\frac{10(10+x)^2}{10(10-x)^2}\right\}=2f(x)$$

$$\therefore f(x)=\frac{1}{2}\left(\frac{200x}{100+x^2}\right) \Rightarrow K=\frac{1}{2}$$

अतः प्रांत $K=\dfrac{1}{2}$.

7. फलन $f(x)=\sin^{-1}\left(\log_2\left(\dfrac{x}{2}\right)\right)$ का प्रांत ज्ञात करें।

हलः प्रांत के लिए D_f, $-1\leq\log_2\left(\dfrac{x}{2}\right)\leq 1$ तथा

$\dfrac{x}{2}>0$ $\quad$ ($\therefore$ $\sin^{-1}x$ का प्रांत [-1,1])

$$\Rightarrow 2^{-1}\leq\frac{x}{2}\leq 2^1 \text{ तथा } x>0$$

$$\Rightarrow 1\leq x\leq 4$$

अतः प्रांत $=[1, 4]$.

8. यदि $g(x)=1+\sqrt{x}$ तथा $f(g(x))=3+2\sqrt{x}+x$ तब $f(x)$ का मान ज्ञात करें।

हलः $f(g(x))=3+2\sqrt{x}+x$

$$=(1+2\sqrt{x}+x)+2$$

$$=(1+\sqrt{x})^2+2$$

$$f(g(x))=(g(x))^2+2$$

अतः $f(x)$ अवश्य x^2+2 होगा।

9. यदि $f:R\to R$ के लिए फलन $f(x)=|x|$ परिभाषित है, तब क्या $f^{-1}(x)$ का अस्तित्व (existence) है या नहीं?

हल– दिया है $f(x)=|x|, x\in R$

चूँकि $f(-x)=1(-x)=|x|=f(x)$

सभी $x\in R$ के लिए अतः f एकैक नहीं है

अतः $f^{-1}(x)$ का अस्तित्व (existance) नहीं हैं।

10. यदि $f(x)=2x+1$ तथा $g(x)=\frac{x-1}{2}$, x के सभी मानों के लिए तब $(fog)^{-1}\left(\frac{1}{x}\right)$ का मान ज्ञात करें।

हलः यहाँ $(fog)(x)=f(g(x))$

$$=f\left(\frac{x-1}{2}\right)=2\left(\frac{x-1}{2}\right)+1=x$$

$$\Rightarrow (fog)(x)=x \Rightarrow x=(fog)^{-1}(x)$$

अतः $(fog)^{-1}\left(\frac{1}{x}\right)=\frac{1}{x}.$

वस्तुनिष्ठ प्रश्न

1. $f(x)=(x^2-1)^{-1/2}$ का प्रान्त होगा–

(a) $(-\infty,-1)U(1,\infty)$ (b) $(-\infty,-1]U(1,\infty)$

(c) $(\infty,1]U[1,\infty)$ (d) इनमें से कोई नहीं

2. यदि $f(x)=\frac{1-x}{1+x}$ तो $f\left[f(\cos 2\theta)\right]$ का मान है–

(a) $\tan 2\theta$ (b) $\sec 2\theta$

(c) $\cos 2\theta$ (d) $\cot 2\theta$

3. यदि $f:(-\infty,-1)\Rightarrow(-\infty,1]$ इस प्रकार है कि $f(x)=x(2-x)$, तब $f^{-1}(x)$ है–

(a) $1+\sqrt{1-x}$ (b) $1-\sqrt{1-x}$

(c) $\sqrt{1-x}$ (d) इनमें से कोई नहीं

4. यदि $f(x)=\frac{1}{2}-\tan\left(\frac{\pi x}{2}\right), -1<x<1$ तथा $g(x)=\sqrt{3+4x-4x^2}$ तो gof का प्रान्त होगा–

(a) $(-1,1)$ (b) $\left[-\frac{1}{2},\frac{1}{2}\right]$

(c) $\left[-1,\frac{1}{2}\right]$ (d) $\left[-\frac{1}{2},-1\right]$

5. फलन $f(x)=\sqrt{2-2x-x^2}$ का प्रान्त है–

(a) $-\sqrt{3}\le x\le+\sqrt{3}$

(b) $-1-\sqrt{3}\le x\le -1+\sqrt{3}$

(c) $-2\le x\le 2$

(d) इनमें से कोई नहीं

6. $f(x)=\frac{x^2+34x-71}{x^2+2x-7}$ का परिसर होगा–

(a) $[5,9]$ (b) $(-\infty,5]\cup[9,\infty)$

(c) $(5,9)$ (d) इनमें से कोई नहीं

7. फलन $f(x)=\cos 2x-\sin 2x$ के परिसर में समुच्चय है–

(a) $[2,4]$ (b) $[-1,1]$

(c) $[-2,2]$ (d) $[-4,4]$

8. यदि $f(x)=\frac{x}{x-1}=\frac{1}{y}$, तो $f(y)$ का मान है–

(a) x (b) $x+1$

(c) $x-1$ (d) $1-x$

9. यदि $f(x)=\sin\log x$ हो, तो $f(xy)+f\left(\frac{x}{y}\right)$ $-2f(x).\cos\log y$ का मान है–

(a) 1

(b) 0

(c) −1

(d) $\sin\log x \,.\, \cos\log y$

10. माना $2\sin^2 x+3\sin x-2>0$ और $x^2-x-2<0$ (x रेडियन में है) तब x निम्न अन्तराल में होगा–

(a) $\left(\frac{\pi}{6}, \frac{5\pi}{6}\right)$ (b) $\left(-1, \frac{5\pi}{6}\right)$

(c) $(-1,2)$ (d) $\left(\frac{\pi}{6}, 2\right)$

11. यदि $f(x) = 3x + 10,\ g(x) = x^2 - 1$

तब $(fog)^{-1}$ का मान होगा–

(a) $\left(\frac{x-7}{3}\right)^{1/2}$ (b) $\left(\frac{x+7}{3}\right)^{1/2}$

(c) $\left(\frac{x-3}{7}\right)^{1/2}$ (d) $\left(\frac{x+3}{7}\right)^{1/2}$

12. यदि $f(x+ay, x-ay) = axy,$ तब $f(x, y)$ का मान है–

(a) xy (b) $x^2 - a^2y^2$

(c) $\frac{x^2 - y^2}{4}$ (d) $\frac{x^2 - y^2}{a^2}$

13. माना सभी $x > 0$ के लिए $f(x)$ परिभाषित तथा सतत् है। माना $f(x)$ सभी x, y के लिए $f\left(\frac{x}{y}\right) = f(x) - f(y)$ को संतुष्ट करता है व $f(e) = 1$ तो,

(a) $f(x) = \ln x$

(b) $f(x)$ परिबंध

(c) $f\left(\frac{1}{x}\right) \to 0$ चूँकि $x \to 0$

(d) इनमें से कोई नहीं

14. यदि $f(x) = ax + b$ तथा $g(x) = cx + d,$ तब $f(g(x)) = g(f(x))$ समतुल्य है–

(a) $f(d) = g(b)$ (b) $f(a) = g(c)$

(c) $f(b) = g(b)$ (d) $f(c) = g(a)$

15. माना $f(x) = \sin x$ और $g(x) = \ln|(x)|$, यदि संयुक्त फलन fog और gof की परास क्रमशः R_1 तथा R_2 हो तो–

(a) $R_1 = |u : -1 < u < 2|,\ R_2 = |V : -\infty < v < 0|$

(b) $R_1 = |u : -\infty < u \le 0|,\ R_2 = |V : -1 \le v \le 1|$

(c) $R_1 = |u : -1 < u < 1|,\ R_2 = |V : -\infty < v < 0|$

(d) $R_1 = |u : -1 \le u \le 1|,\ R_2 = |V : -\infty < v < 0|$

16. फलन $f(x) = \left[\log_{10}\left(\frac{5x - x^2}{4}\right)\right]^{1/2}$ का प्रान्त होगा–

(a) $-\infty < x < \infty$ (b) $1 \le x \le 4$

(c) $4 \le x \le 16$ (d) $-1 \le x \le 1$

17. यदि $f(x) = \frac{x-3}{x+1}$ तब $f[f\{f(x)\}]$ का मान होगा–

(a) x (b) $-x$

(c) $x/2$ (d) $-1/x$

18. माना $f(x) = (x+1)^2 - 1,\ (x \ge -1)$ तब समुच्चय $S = |x : f(x) = f^{-1}(x)|$ है–

(a) रिक्त

(b) $[0, -1]$

(c) एकैकी तथा आच्छादक

(d) न तो एकैकी न ही आच्छादक

19. फलन $y = \frac{1}{\sqrt{|x| - x}}$ का परास होगा–

(a) $(\infty, 0)$ (b) $(-\infty, 0]$

(c) $(-\infty, 1)$ (d) $(-\infty, \infty)$

20. यदि $f(x) = \log\left[\frac{1+x}{1-x}\right],$

तब $f\left[\frac{2x}{1+x^2}\right]$ बराबर है–

(a) $[f(x)]^2$ (b) $[f(x)]^3$

(c) $2f(x)$ (d) $3f(x)$

21. माना फलन $f:R\to R$ इस प्रकार परिभाषित है कि

$f(x)=\dfrac{x-m}{x-n}$ जबकि $m\neq n$, तब–

(a) f एकैकी आच्छादक फलन (one-one onto)
(b) f एकैकी अन्तःक्षेपी फलन (one-one into)
(c) f बहुएकैकी आच्छादक फलन (many one onto)
(d) इनमें से कोई नहीं

22. यदि $f(x)=\cos(\log x)$, तब

$f(x).f(4)-\dfrac{1}{2}\left[f\left(\dfrac{x}{4}\right)+f(4x)\right]$ का मान होगा–

(a) 1 (b) −1
(c) 0 (d) ±1

23. यदि $f(x)=a\cos(bx+c)+d$, तब $f(x)$ का परिसर होगा–

(a) $[d+a,d+2a]$ (b) $[a-d,a+d]$
(c) $[d+a,a-d]$ (d) $[d-a,d+a]$

24. फलन $f(x)=\dfrac{\log_2(x+3)}{x^2+3x+2}$ का प्रान्त है–

(a) $R-\{-1,-2\}$
(b) $(-2,+\infty)$
(c) $R-\{-1,-2,-3\}$
(d) $(-3,+\infty)-\{-1,-2\}$

25. $\sin^{-1}\left[\log_3\left(\dfrac{x}{3}\right)\right]$ का प्रान्त है–

(a) $[1,9]$ (b) $[-1,9]$
(c) $[-9,1]$ (d) $[-9,-1]$

26. माना फलन f इस प्रकार परिभाषित है कि

$f(x)=\dfrac{2x+1}{1-3x}$, तब $f^{-1}(x)$ का मान है–

(a) $\dfrac{x-1}{3x+2}$ (b) $\dfrac{3x+2}{x-1}$
(c) $\dfrac{x+1}{3x+2}$ (d) $\dfrac{2x+1}{1-3x}$

27. फलन $f(x)=\sin^{-1}\left[\log_2\left(\dfrac{x}{2}\right)\right]$ का प्रान्त है–

(a) $[1,4]$ (b) $[-4,1]$
(c) $[-1,4]$ (d) इनमें से कोई नहीं

28. फलन $y=2x-3$ का प्रतिलोम होगा–

(a) $\dfrac{x+3}{2}$ (b) $\dfrac{x-3}{2}$
(c) $\dfrac{1}{2x-3}$ (d) इनमें से कोई नहीं

29. फलन $f(x)=\sec\left(\dfrac{\pi}{4}\cos^2 x\right)$, $-\infty<x<\infty$ का परिसर–

(a) $\left[1,\sqrt{2}\right]$ (b) $[1,\infty]$
(c) $[\infty,1]$ (d) इनमें से कोई नहीं

30. निम्न में से कौन सा फलन वास्तविक संख्याओं के समुच्चय में एकैकी आच्छादक है?

(a) $2x-5$ (b) (x)
(c) x^2 (d) x^2+1

31. फलन $f:R\to R$ इस प्रकार परिभाषित है–

$f(x)=\cos^2 x+\sin^4 x$, $x\in R$ के लिए तब $f(R)$ का मान है–

(a) $\left(\dfrac{3}{4},1\right]$ (b) $\left[\dfrac{3}{4},1\right)$
(c) $\left[\dfrac{3}{4},1\right]$ (d) $\left(\dfrac{3}{4},1\right)$

32. यदि x एक वास्तविक संख्या हो, तो $\dfrac{x^2+14x+9}{x^2+2x+3}$ का मान होगा–

(a) $(-5,-4)$ (b) $(-4,5)$

(c) $(-5,4)$ (d) इनमें से कोई नहीं

33. फलन $f(x)=\sin\left(\log\left(x+\sqrt{x^2+1}\right)\right)$ है–

(a) सम फलन (b) विषम फलन

(c) आवर्ती फलन (d) इनमें से कोई नहीं

34. एक फलन f प्राकृत संख्याओं के समुच्चय से पूर्णांकों में इस प्रकार परिभाषित है कि

$$f(x)=\begin{cases}\dfrac{n-1}{2}, & \text{जब } n \text{ विषम है}\\ -\dfrac{n}{2}, & \text{जब } n \text{ सम है}\end{cases}$$

(a) एकैकी किन्तु आच्छादक नहीं

(b) आच्छादक किन्तु एकैकी नहीं

(c) एकैकी व आच्छादक दोनों

(d) न एकैकी और न हीं आच्छादक

35. यदि $f(x)=\dfrac{1}{\sqrt{x+2\sqrt{2x-4}}}+\dfrac{1}{\sqrt{x-2\sqrt{2x-4}}}$, $x>2$ के लिए, तब $f(11)$–

(a) 7/6 (b) 5/6

(c) 6/7 (d) 5/7

36. फलन $y=\sqrt{3}\sin x+\cos x$ के आलेख में उच्चतम बिन्दु की X–अक्ष से दूरी है–

(a) 4 (b) 1

(c) 2 (d) $\sqrt{3}$

37. माना $f(x)=(x+1)^2-1, (x\geq-1)$ तब समुच्चय $s=\{x:f(x)=f^{-1}(x)\}$ है–

(a) रिक्त

(b) $\{-1,0\}$

(c) $\{0,1,-1\}$

(d) $\left\{0,-1,\dfrac{-3+2\sqrt{3}}{2},\dfrac{-3-2\sqrt{3}}{2}\right\}$

38. यदि $e^{f(x)}=\dfrac{10+x}{10-x}, x\in(-10,10)$ तथा $f(x)=kf\left(\dfrac{200x}{100+x^2}\right)$ तब k का मान होगा–

(a) 0.2 (b) 0.5

(c) 0.7 (d) 0.9

39. यदि a, b दो नियत धनात्मक पूर्णांक इस प्रकार हो कि

$$f(a+x)=b+\left[b^3+1-3b^2f(x)+3b\{f(x)\}^2-\{f(x)^3\}\right]^{1/3}$$

सभी वास्तविक x के लिए तब $f(x)$ आवर्ती फलन है जिसका आवर्तनांक है–

(a) a (b) $2a$

(c) b (d) $2b$

40. परिभाषित फलन $f(x)=\dfrac{\log_2(x+3)}{x^2+3x+2}$ का प्रान्त है–

(a) $\dfrac{R}{\{-1,-2\}}$ (b) $(-2,\infty)$

(c) $\dfrac{R}{\{-1,-2,-3\}}$ (d) $\dfrac{(-3,\infty)}{\{-1,-2\}}$

अनुच्छेद-I (Paragraph-I)

माना $f(x)=\dfrac{x^2-x+1}{x^2+x+1}$ जहाँ $x\in R$, $g(x)=e^x$ जहाँ $x\in R$ तथा $h(x)=\tan x$ जहाँ $\dfrac{-\pi}{2}<x<\dfrac{\pi}{2}$

41. फलन *foh* का परास–

(*a*) $\left(\frac{1}{3},3\right)$ (*b*) $\left[\frac{1}{3},2\right]$

(*c*) $\left[\frac{1}{3},1\right]$ (*d*) $[1,3]$

42. फलन *goh* का परास–

(*a*) R (*b*) $[0,\infty]$

(*c*) $(-\infty,0]$ (*d*) $(0,\infty]$

43. फलन *fog* का परास–

(*a*) $\left(\frac{1}{3},3\right)$ (*b*) $\left[\frac{1}{3},1\right)$

(*c*) $\left[\frac{1}{3},3\right]$ (*d*) $(1,3]$

अनुच्छेद-II (Parapraph-II)

माना $f(x)=x-[x]\forall x\in R$ तथा $g(x)=[x]\forall x\in R$

44. फलन *fof* का परास–

(*a*) $\{0\}$ (*b*) $[0,1]$

(*c*) $[0,1)$ (*d*) इनमें से कोई नहीं

45. फलन *gof* का परास–

(*a*) $\{0\}$ (*b*) $\{1\}$

(*c*) $(0,1)$ (*d*) इसमें से कोई नहीं

46. फलन *fog* का परास–

(*a*) $\{0,1\}$ (*b*) 1

(*c*) $\{1\}$ (*d*) इसमें से कोई नहीं

दृढ़कथन-कारण (Assertion-Reason)

निम्नलिखित चार कूटों (*a*), (*b*), (*c*) तथा (*d*) में से सही उत्तर का चयन करें।

(*a*) वक्तव्य-I सत्य है; वक्तव्य-II सत्य है; वक्तव्य-II वक्तव्य-I का सही स्पष्टीकरण हैं।

(*b*) वक्तव्य-I सत्य है; वक्तव्य-II सत्य है; वक्तव्य-II वक्तव्य-I का सही स्पष्टीकरण नहीं हैं।

(*c*) वक्तव्य-I सत्य है; वक्तव्य-II असत्य है।

(*d*) वक्तव्य-I असत्य है; वक्तव्य-II सत्य है।

47. माना x,y,z वास्तविक संख्या हैं जो $[-1,1]$ के मध्य है

वक्तव्य-I : यदि $\cos^{-1}x+\cos^{-1}y+\cos^{-1}z=3\pi$ तब $x=y=z=-1$.

वक्तव्य-II : फलन $f(x)=\cos^{-1}x$ का परास $[0,\pi]$ है।

48. वक्तव्य-I : फलन $f(x)=\frac{|x|}{x}$, मूल बिन्दु से नहीं गुजरती है।

वक्तव्य-II : फलन $f(x)$ अपरिभाषित है $x\le 0$ के लिए।

49. वक्तव्य-I : फलन $f(x)=|x-1|+|x-2|+|x-3|$ जहाँ $2<x<3$ एक तत्समक (Identity) फलन है।

वक्तव्य-II : $f:A\to f(x)=x$ एक तत्समक फलन है।

50. मिलान करें (Match These)–

वर्ग-I	वर्ग-I
A. $\frac{x^2+2\|x\|+4}{\|x\|+2}, x\in R$ का न्यूनतम मान	*p.* 0
B. यदि $\sin x=\cos y$, तो $\frac{1}{\pi}\left(x\pm y\frac{-\pi}{2}\right)$ का सभंव मान	*q.* 1
C. यदि $\sin(n\pi+x)=\sin x$, तब n का मान	*r.* 2
D. माना $a=\log_3(\log_{3}2)$ जहाँ पूर्णांक k सतुष्ट करता है $1<2^{-k}+3^{-9}<2$ निश्चित कम होगा	*s.* 3

(*a*) A–*r*; B–*p*,*r*; C–*p*,*r*; D-*r*,*s*

(*b*) A–*p*; B–*r*,*s*; C–*p*,*r*; D-*s*

(*c*) A–*s*; B–s; C–*r*; D-*p*

(*d*) इसमें से कोई नहीं

उत्तरमाला

1	2	3	4	5	6	7	8	9	10
(b)	(c)	(b)	(a)	(b)	(b)	(b)	(d)	(b)	(d)
11	**12**	**13**	**14**	**15**	**16**	**17**	**18**	**19**	**20**
(a)	(c)	(a)	(a)	(d)	(b)	(a)	(c)	(b)	(c)
21	**22**	**23**	**24**	**25**	**26**	**27**	**28**	**29**	**30**
(b)	(c)	(d)	(d)	(a)	(a)	(a)	(a)	(a)	(a)
31	**32**	**33**	**34**	**35**	**36**	**37**	**38**	**39**	**40**
(c)	(c)	(b)	(c)	(c)	(c)	(b)	(b)	(b)	(d)
41	**42**	**43**	**44**	**45**	**46**	**47**	**48**	**49**	**50**
(a)	(d)	(b)	(b)	(a)	(d)	(a)	(c)	(a)	(a)

व्याख्यात्मक उत्तर

1. $\therefore\ f(x)=\left(x^2-1\right)^{-1/2}, f(x)=\frac{1}{\sqrt{\left(x^2-1\right)}}$

फलन के वास्तविक मानों के लिए $x^2-1>0$

$\Rightarrow x^2>1,\ |x|>1$ अतः $x\in(-\infty,-1]U(1,\infty)$.

2. $\because\ f(x)=\frac{1-x}{1+x}$

$\therefore f(\cos 2\theta)=\frac{1-\cos 2\theta}{1+\cos 2\theta}\ =\tan^2\theta$

$\therefore\ f\left[f(\cos 2\theta)\right]=f\left(\tan^2\theta\right)=\frac{1-\tan^2\theta}{1+\tan^2\theta}$

$=\cos 2\theta$.

3. $\therefore\ y=x(2-x)\Rightarrow x^2-2x+y=0$

$\Rightarrow\ x=\frac{2\pm 2\sqrt{1-y}}{2}=1\pm\sqrt{1-y}$

परन्तु $x\le 1$

$\therefore\ x=1-\sqrt{1-y}$

$\therefore f^{-1}(x)=1-\sqrt{1-x}$.

4. चूँकि f व gof का प्रान्त एक ही होता है।

तथा $f(x)=\frac{1}{2}-\tan\left(\frac{\pi x}{2}\right)\quad -1<x<1$

5. $\left(2-2x-x^2\right)\ge 0\Rightarrow x^2+2x-2\le 0$

$\Rightarrow\quad x\le\frac{-2\pm\sqrt{4+8}}{2}\quad\Rightarrow x\le\frac{-2\pm 2\sqrt{3}}{2}$

$\Rightarrow -1-\sqrt{3}\le x\le -1+\sqrt{3}$.

6. $\frac{x^2+34x-71}{x^2+2x-7}=y$

$\Rightarrow x^2+34-71\ =y\left(x^2+2x-7\right)$

$\Rightarrow\ x^2+34x-71-x^2y-2xy+7y=0$

$\Rightarrow x^2(1-y)+2(17-y)x+(7y-71)=0$

x के वास्ताविक मान के लिए $B^2-4AC\ge 0$

$\{2(17-y)\}^2-4(1-y)(7y-71)\ge 0$

$\Rightarrow\ y^2-14y+45\ge 0$

$\Rightarrow y^2-9y-5y+45\ge 0$

$\Rightarrow\ y(y-9)-5(y-9)\ge 0$

$\Rightarrow\ (y-5)(y-9)\ge 0$

$\Rightarrow\ y\ge 9,\ y\le 5.$

7. $f(x)=\cos 2x-\sin 2x$

$=\sqrt{2}\left(\frac{1}{\sqrt{2}}\cos 2x-\frac{1}{\sqrt{2}}\sin 2x\right)$

$=\sqrt{2}\left(\sin\frac{\pi}{4}\cos 2x-\cos\frac{\pi}{4}\sin 2x\right)$

$=\sqrt{2}\left[\sin\left(\frac{\pi}{4}-2x\right)\right]$

$\because\ -\frac{1}{\sqrt{2}}\le\sin\left(\frac{\pi}{4}-2x\right)\le\frac{1}{\sqrt{2}}$

$\Rightarrow -1\le f(x)\le 1$

8. $f(x)=\frac{x}{x-1}=\frac{1}{y}\Rightarrow\ \frac{x-1-x}{x-1}=\frac{y-1}{y}$

$\Rightarrow\ \frac{-1}{x-1}=\frac{y-1}{y}$ (अन्तरानुपात से)

$\Rightarrow\ \frac{x-1}{-1}=\frac{y}{y-1}\Rightarrow f(y)=1-x.$

9. $f(x)=\sin\log x, f(xy)=\sin\log(xy)$

$=\sin(\log x+\log y)$ ...(i)

$f\left(\frac{x}{y}\right)=\sin\log\left(\frac{x}{y}\right)\ =\sin(\log x-\log y)$ ...(ii)

$f(xy)+f\left(\frac{x}{y}\right)-2f(x)\cos\log y$

$=\sin(\log x+\log y)+\sin(\log x-\log y)$

$-2\sin\log x\cos\log y$

$=2\sin\left(\frac{\log x+\log y+\log x-\log y}{2}\right)$

$\cos\left(\frac{\log x+\log y-\log x+\log y}{2}\right)$

$-2\sin(\log x)\cos(\log y)$

$=2\sin(\log x)\cos(\log y)-2\sin(\log x)\cos(\log y)$

$=0.$

10. $2\sin^2 x+3\sin x-2>0$

$\Rightarrow 2\sin^2 x+4\sin x-\sin x-2>0$

$\Rightarrow(\sin x+2)(2\sin x-1)>0$

$\Rightarrow x>\frac{\pi}{6}\Rightarrow\ x\in\left(\frac{\pi}{6},\infty\right)$ ...(*i*)

एवं $x^2-x-2<0\Rightarrow x^2-2x+x-2<0$

$\Rightarrow\ (x-2)(x+1)>0$

$\Rightarrow x\in(-1,2)$ ...(*ii*)

समीकरण (*i*) व (*ii*) से $x\in\left(\frac{\pi}{6},2\right).$

11. $f(x)=3x+10$ तथा $g(x)=x^2-1$

$fog=f(g(x))=3(g(x))+10$

$=3(x^2-1)+10=3x^2+7$

माना $3x^2+7=y\Rightarrow\ 3x^2=y-7$

$\Rightarrow\ x^2=\frac{y-7}{3}\ \Rightarrow x=\left(\frac{y-7}{3}\right)^{1/2}$

अतः $(fog)^{-1}=\left(\frac{x-7}{3}\right)^{1/2}.$

12. दिया है $f(x+ay,x-ay)=axy$ ...(*i*)

माना $x+ay=u$ तथा $x-ay=v$ तब

$x=\frac{u+v}{2}$ तथा $y=\frac{u-v}{2a}$

समीकरण (*i*) में x तथा y के मान रखने पर,

$f(u,v)=a\left(\frac{u+v}{2}\right)\left(\frac{u-v}{2a}\right)$

$$= \frac{(u+v)(u-v)}{4} = \frac{u^2 - v^2}{4}$$

$$\Rightarrow f(x, y) = \frac{x^2 - y^2}{4}.$$

13. माना $f(x) = \ln(x), x > 0$

अतः $f(x) = \ln(x), x$ के प्रत्येक धनात्मक मान के लिए x का एक सतत् फलन है।

$$f\left(\frac{x}{y}\right) = \ln\left(\frac{x}{y}\right) = \ln(x) - \ln(y)$$

$$= f(x) - f(y)$$

तथा $f(e) = \ln(e) = 1$

$\Rightarrow$ अभीष्ट फलन $f(x) = \ln x$ है।

14. $f(x) = ax + b,\ g(x) = cx + d$

तथा $f(g(x)) = g(f(x))$

$$\Rightarrow f(cx + d) = g(ax + b)$$

$$\Rightarrow a[cx + d] + b = c[ax + b] + d$$

$$\Rightarrow ad + b = cb + d \Rightarrow f(d) = g(b).$$

15. $\because f(x) = \sin x$ व $g(x) = \ln|x|$

$fog = f(g(x)) = \sin \ln(x)$ तथा

$gof = g(f(x)) = \ln|\sin x|$

$\therefore R_1 = [-1, 1]$ और $R_2 = (-\infty, 0)$

$\therefore |\sin x| \in [0, 1]$.

16. $f(x) = \left[\log_{10}\left(\frac{5x - x^2}{4}\right)\right]^{1/2}$ ...(*i*)

समीकरण (*i*) से, $f(x)$, x के उन मानों के लिए परिभाषित है, जिनके लिए

$$\log_{10}\left[\frac{5x - x^2}{4}\right] \geq 0$$

$$\Rightarrow \left(\frac{5x - x^2}{4}\right) \geq 1$$

$$\Rightarrow x^2 - 5x + 4 \leq 0 \Rightarrow (x-1)(x-4) \leq 0$$

अतः फलन का प्रान्त $[1, 4]$ हैं।

17. $\because f(x) = \frac{x-3}{x+1},\ f[f(x)] = \frac{f(x) - 3}{f(x) + 1}$

$$= \frac{\left(\frac{x-3}{x+1}\right) - 3}{\left(\frac{x-3}{x+1}\right) + 1} = \frac{x - 3 - 3x - 3}{x - 3 + x + 1} = \frac{3+x}{1-x}$$

$$\Rightarrow f[f\{f(x)\}] = \frac{\frac{3+x}{1-x} - 3}{\frac{3+x}{1-x} + 1} = \frac{3 + x - 3 + 3x}{3 + x + 1 - x} = x.$$

18. माना $f(x) = (x+1)^2 - 1,\ x \geq -1$

$\because f(x) = f^{-1}(x)$

$\therefore (x+1)^2 - 1 = \sqrt{1+x} - 1$

$\left(\because f^{-1}(x) = \sqrt{1+x} - 1\right)$

$\Rightarrow (x+1)^4 = (1+x)$

$\Rightarrow (x+1)\left[(x+1)^3 - 1\right] = 0$

$\Rightarrow x + 1 = 0$ या $(x+1)^3 = 1$

$\Rightarrow x + 1 = 1, \omega, \omega^2$

$$\Rightarrow x = 0, -1, \frac{-3 + i\sqrt{3}}{2}, \frac{-3 - i\sqrt{3}}{2}.$$

19. $f(x) = \frac{1}{\sqrt{|x| - x}},\ |x| - x > 0, |x| > x$

परन्तु धनात्मक मानों के लिए $|x| = x$, तथा ऋणात्मक मानों के लिए $|x| > x$

अतः $f(x) = y = \frac{1}{\sqrt{|x| - x}}$ का प्रान्त $= (-\infty, 0]$

20. $\because f(x)=\log\left(\frac{1+x}{1-x}\right)$

$$\therefore f\left(\frac{2x}{1+x^2}\right)=\log\left(\frac{1+\frac{2x}{1+x^2}}{1-\frac{2x}{1+x^2}}\right)$$

$$=\log\left(\frac{1+x^2+2x}{1+x^2-2x}\right)=\log\left(\frac{1+x}{1-x}\right)^2$$

$$=2\log\left(\frac{1+x}{1-x}\right)=2f(x).$$

21. किसी $x,y\in R$ के लिए $f(x)=f(y)$

$\Rightarrow \frac{x-m}{x-n}=\frac{y-m}{y-n}\Rightarrow x=y$, अतः f एकैकी है।

माना $\alpha\in R$ इस प्रकार है कि $f(x)=\alpha$

$$\Rightarrow \frac{x-m}{x-n}=\alpha \Rightarrow x=\frac{m-n\alpha}{1-\alpha}$$

स्पष्टतः $x\notin R$ के लिए $\alpha=1$, अतः f आच्छादक नहीं है।

22. $f(x)=\cos(\log x)$

अब माना

$$y=f(x).f(4)-\frac{1}{2}\left[f\left(\frac{x}{4}\right)+f(4x)\right]$$

$$\Rightarrow y=\cos(\log x).\cos(\log 4)$$
$$-\frac{1}{2}\left[\cos\log\left(\frac{x}{4}\right)+\cos(\log 4x)\right]$$

$$\Rightarrow y=\cos(\log x).\cos(\log 4)$$
$$-\frac{1}{2}[\cos(\log x-\log 4)+\cos(\log x+\log 4)]$$

$$\Rightarrow y=\cos(\log x).\cos(\log 4)$$
$$-\frac{1}{2}[2\cos(\log x)\cos(\log 4)]$$

$$\Rightarrow y=\cos(\log x).\cos(\log 4)$$
$$-\cos(\log x)\cos(\log 4)=0.$$

23. $f(x)=a\cos(bx+c)+d \quad ...(i)$

$\because \cos(bx+c)$ का न्यूनतम मान $=-1$

$\therefore$ समीकरण (i) से, $f(x)=-a+d=(d-a)$

तथा $\cos(bx+c)$ का अधिकतम मान $=1$

$\therefore$ समीकरण (i) से, $f(x)=a+d$

$\therefore\ f(x)$ परिसर $=[d-a,d+a]$.

24. यहाँ $x+3>0$ तथा $x^2+3x+2\neq 0$

$\therefore x>-3$ तथा $(x+1)(x+2)\neq 0$

अर्थात् $x\neq -1,-2$

$\therefore$ प्रान्त $=\{(-3,\infty)-(-1,-2)\}$.

25. $y=\sin^{-1}\left[\log_3\left(\frac{x}{3}\right)\right]$ का अस्तित्व होगा, यदि

$$-1\le \log_3\left(\frac{x}{3}\right)\le \ \Rightarrow \frac{1}{3}\le\frac{x}{3}\le 3$$

$$\Rightarrow\ 1\le x\le 9\Rightarrow x\in[1,9].$$

26. माना $y=f(x)\Rightarrow y=\frac{2x+1}{1-3x}$

$$\Rightarrow y-3xy=2x+1\ \Rightarrow x=\frac{y-1}{3y+2}$$

$$\Rightarrow f^{-1}(y)=\frac{y-1}{3y+2}\Rightarrow f^{-1}(x)=\frac{x-1}{3x+2}.$$

27. $\because f(x)=\sin^{-1}\left[\log_2\left(\frac{x}{2}\right)\right]$

$\sin^{-1}x$ का प्रान्त $=[-1,1]$

$\Rightarrow -1\le\log_2\left(\frac{x}{2}\right)\le 1 \Rightarrow \frac{1}{2}\le\frac{x}{2}\le 2$

$\Rightarrow 1\le x\le 4 \;\therefore\; x\in[1,4]$.

अतः $f(x)$ का प्रान्त $=[1,4]$

28. $\therefore\; y=2x-3 \Rightarrow x=\frac{y+3}{2}$

$\therefore f^{-1}(x)=\frac{x+3}{2}$.

29. $\therefore\; f(x)=\sec\left(\frac{\pi}{4}\cos^2 x\right)$

हम जानते हैं कि, $0\le\cos^2 x\le 1, \cos x=0$ किन्तु $f(x)=1$

तथा $\cos x=1$ किन्तु $f(x)=\sqrt{2}$

$\therefore\; 1\le x\le\sqrt{2}$

$\Rightarrow x\in\left[1,\sqrt{2}\right]$.

30. $|x|, x^2, x^2+1$ एकैकी नहीं है, लेकिन $2x-5$ एकैकी है, क्योंकि $f(x)=f(y)\Rightarrow 2x-5=2y-5$

$\Rightarrow x=y$

$f(x)=2x-5$ आच्छादक हैं।

अतः $f(x)=2x-5$ एकैकी आच्छादक हैं।

31. $y=f(x)=\cos^2 x+\sin^4 x$

$\Rightarrow y=f(x)\;=\cos^2 x+\sin^2 x\left(1-\cos^2 x\right)$

$\Rightarrow y=\cos^2 x+\sin^2 x-\sin^2 x\cos^2 x$

$\Rightarrow y=1-\sin^2 x\cos^2 x$

$\Rightarrow\; y=1-\frac{1}{4}\sin^2 2x\quad\left(\because 0\le\sin^2 2x\le 1\right)$

$\therefore \frac{3}{4}\le f(x)\le 1 \Rightarrow f(R)\in\left[\frac{3}{4},1\right]$.

32. माना $\frac{x^2+14x+9}{x^2+2x+3}=y \Rightarrow x^2+14x+9$

$=x^2y+2xy+3y$

$\Rightarrow x^2(y-1)+2x(y-7)+3y-9=0$

x के वास्तविक मान के लिए

$b^2-4ac>0$

$\therefore 4(y-7)^2-4(3y-9)(y-1)>0$

$\Rightarrow (y-7)^2-(3y-9)(y-1)>0$

$\Rightarrow (y^2+49-14y)-(3y^2-9y-3y+9)>0$

$\Rightarrow -2y^2-2y+40>0$

$\Rightarrow y^2+y-20<0=(y+5)(y-4)<0$

$\Rightarrow y>-5, y<4 \therefore y, -5$ व 4 के बीच के स्थित है।

33. $\therefore f(x)=\sin\left(\log\left(x+\sqrt{1+x^2}\right)\right)$

$\Rightarrow f(-x)=\sin\left[\log\left(-x+\sqrt{1+x^2}\right)\right]$

$\Rightarrow\; f(-x)=\sin\log\left[\left(\sqrt{1+x^2}-x\right)\right.$

$\left.\left(\frac{\sqrt{(1+x^2)}+x}{\sqrt{(1+x^2)}+x}\right)\right]$

$\Rightarrow f(-x)=\sin\log\left[\frac{1}{x+\sqrt{1+x^2}}\right]$

$\Rightarrow f(-x)=\sin\left[\log\left(x+\sqrt{1+x^2}\right)^{-1}\right]$

$$\Rightarrow f(-x)=\sin\left[-\log\left(x+\sqrt{1+x^2}\right)\right]$$

$$\Rightarrow f(-x)=-\sin\left[\log\left(x+\sqrt{1+x^2}\right)\right]$$

$\Rightarrow f(-x)=-f(x)$ अतः $f(x)$ विषम फलन है।

34. $f:N\to I$

$f(1)=0, f(2)=-1, f(x)=1, f(4)=-2,$

$f(5)=2$ तथा $f(6)=-3,...$

इस प्रकार के फलन में समुच्चय A के प्रत्येक अवयव का समुच्चय B में अद्वितीय प्रतिबिम्ब है तथा समुच्चय B में कोई अवयव रिक्त नहीं है। अतः f एकैकी तथा आच्छादक है।

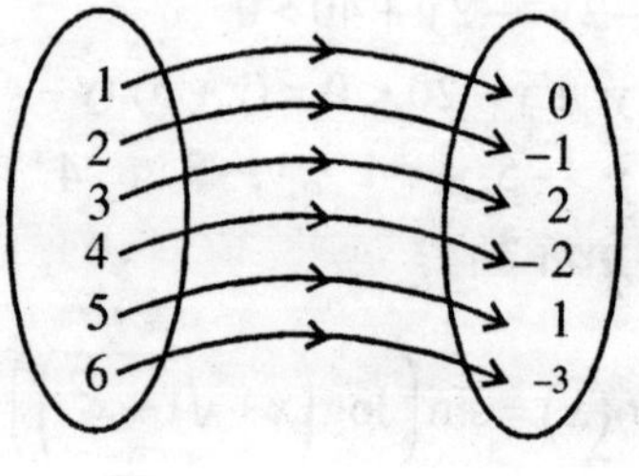

35. $$f(x)=\frac{1}{\sqrt{x+2\sqrt{2x-4}}}+\frac{1}{\sqrt{x-2\sqrt{2x-4}}}$$

$$f(11)=\frac{1}{\sqrt{11+2\sqrt{18}}}+\frac{1}{\sqrt{11-2\sqrt{18}}}$$

$$=\frac{1}{3+\sqrt{2}}+\frac{1}{3-\sqrt{2}}=\frac{3-\sqrt{2}+3+\sqrt{2}}{7}=\frac{6}{7}.$$

36. $\therefore\ y=\sqrt{3}\sin x+\cos x$

$$\Rightarrow y=2\left(\frac{\sqrt{3}}{2}\sin x+\frac{1}{2}\cos x\right)$$

$$=2\left(\cos\frac{\pi}{6}\sin x+\sin\frac{\pi}{6}\cos x\right)$$

$$\Rightarrow y=2\sin\left(x+\frac{\pi}{6}\right)$$

$$\Rightarrow -2\le 2\sin\left(x+\frac{\pi}{6}\right)\le 2$$

$\therefore$ y का उच्चतम मान $=2.$

37. $S=\left\{x:f(x)=f^{-1}(x)\right\},$

जहाँ $f(x)=(x+1)^2-1,\ x\ge -1$

हम जानते हैं, $f(x)=f^{-1}(x)$ उन बिन्दुओं पर होगा जहाँ $f(x)=x$ या $(x+1)^2-1=x$

$$\Rightarrow (x+1)^2-(x+1)=0$$

या $(x+1)(x+1-1)=0$

$$\Rightarrow x=-1,0\Rightarrow S=\{-1,0\}.$$

38. $\therefore\ e^{f(x)}=\dfrac{10+x}{10-x}, x\in(-10,10)$

$$\Rightarrow f(x)=\log\left(\frac{10+x}{10-x}\right)$$

$$\Rightarrow f\left(\frac{200x}{100+x^2}\right)=\log\left[\frac{10+\frac{200x}{100+x^2}}{10-\frac{200x}{100+x^2}}\right]$$

$$=\log\left[\frac{10(10+x)}{10(10-x)}\right]^2$$

$$=2\log\left(\frac{10+x}{10-x}\right)=2f(x)$$

$$\therefore\ f(x)=\frac{1}{2}f\left(\frac{200x}{100+x^2}\right)$$

$$\Rightarrow k=\frac{1}{2}=0.5.$$

39. $f(a+x)=b+\left[1+\{b-f(x)\}^3\right]^{1/3}$

$\Rightarrow f(a+x)-b=\left[1-\{f(x)-b\}^3\right]^{1/3}$

$\Rightarrow \phi(a+x)=\left[1-\left\{\phi(x)^3\right\}\right]^{1/3}$

$\Rightarrow \phi(x+2a)=\left[1-\{\phi(x+a)\}^3\right]^{1/3}=\phi(x)$

$\Rightarrow f(x+2a)-b=f(x)-b$

$\Rightarrow f(x+2a)=f(x)$

अतः $f(x)$ आवर्ती फलन है, जिसका आवर्तनांक $2a$ हैं।

40. $f(x)=\dfrac{\log_2(x+3)}{(x^2+3x+2)}=\dfrac{\log_2(x+3)}{(x+1)(x+2)}$

अंश के लिए, $x+3>0 \Rightarrow x>-3$ ...(*i*)

हर के लिए $(x+1)(x+2)\neq 0$

$\Rightarrow x\neq -1,-2$ ...(*ii*)

$\therefore$ समीकरण (*i*) व (*ii*) से,

प्रान्त $=\dfrac{(-3,\infty)}{\{-1,-2\}}$.

41. यहाँ $(foh)(x)=f(h(x))=f(\tan x)$

$=\dfrac{\tan^2 x-\tan x+1}{\tan^2 x+\tan x+1}, \dfrac{-\pi}{2}<x<\dfrac{\pi}{2}$

$=\dfrac{t^2-t+1}{t^2+t+1},\ t=\tan x\in R.$

माना $y=\dfrac{t^2-t+1}{t^2+t+1}$

$\Rightarrow t^2(y-1)+t(y+1)+y-1=0, t\in R$

जो t में एक द्विघात समीकरण है, मूल वास्तविक होंगे यदि,

$\Rightarrow (y+1)^2-4(y-1)^2\geq 0$

$\Rightarrow -\left(3y^2-10y+3\right)\geq 0$

$\Rightarrow (3y-1)(y-3)\leq 0$

$\Rightarrow 3\left(y-\dfrac{1}{3}\right)(y-3)\leq 0$

$\Rightarrow \dfrac{1}{3}\leq y\leq 3.$

42. यहाँ $(goh)(x)=g(h(x))$

$=g(\tan x)=e^{\tan x}=e^t, t=\tan x$

$\therefore$ goh का परास $(0,\infty]$.

43. $(fog)(x)=f(g(x))=f(e^x)$

$=\dfrac{(e^x)^2-e^x+1}{(e^x)^2+e^x+1}$

$=\dfrac{e^{2x}-e^x+1}{e^{2x}+e^x+1}$

$\dfrac{t^2-t+1}{t^2+t+1}, t=e^x>0\forall x\in R$

$\therefore y=(fog)(x)=\dfrac{t^2-t+1}{t^2+t+1}$

$\Rightarrow t^2(y-1)+t(y+1)+y-1=0, t>0$

$\Rightarrow (y+1)^2-4(y-1)(y-1)\geq 0,$

$$\Rightarrow -\left(3y^2-10y+3\right)\geq 0,\ y^2-1<0$$

$$\Rightarrow 3\left(y-\frac{1}{3}\right)(y-3)\leq 0,\ -1<y<1$$

$$\Rightarrow \frac{1}{3}\leq y\leq 3,\ -1<y<1$$

$$\Rightarrow \frac{1}{3}\leq y\leq 1$$

$\therefore$ फलन fog का परास $=\left[\frac{1}{3},1\right)$.

44. यहाँ, $(fof)(x)=f\left(f(x)\right)=f\left(x-|x|\right)$

$$=x-|x|-|x-|x||$$

$$=x-[x]-0 \quad (\because 0\leq x-|x|<1)$$

= भिन्नात्मक खण्ड x का

$\therefore$ $(fof)(x)$ का परास $(0,1)$.

45. यहाँ, $(gof)(x)=g\left(f(x)\right)=g\left(x-|x|\right)$

$$=\left[x-|x|\right]=0\forall x\in R$$

$$(\because 0\leq x-1[x]<1)$$

46. अब $(fog)(x)=f\left(g(x)\right)\ =f\left([x]\right)$

$$=[x]-|[x]|$$

$$=[x]-\{x\}=0\forall x\in R$$

$(\because [x]$ एक पुर्णाक हैं $\therefore |[x]|=[x])$.

47. चूँकि $\cos^{-1}x$, $\{0,\pi\}$ के मध्य है। अतः वक्तव्य-II सही है।

पुनः महत्तम $\left(\cos^{-1}x\right)=\pi$ अतः

$\cos^{-1}x+\cos^{-1}y=\cos^{-1}z=3\pi$ तभी संभव है

जब $\cos^{-1}x=\cos^{1}y=\cos^{-1}z=\pi$

$\Rightarrow x=y=z=\cos\pi=-1$

अतः (a) सही उत्तर है।

48. वक्तव्य-I सत्य है लेकिन वक्तव्य-II असत्य है

$$f(x)=\frac{|x|}{x}=\begin{cases}1, x>0\\0, x=0\\-1, x<0\end{cases}$$

ग्राफ

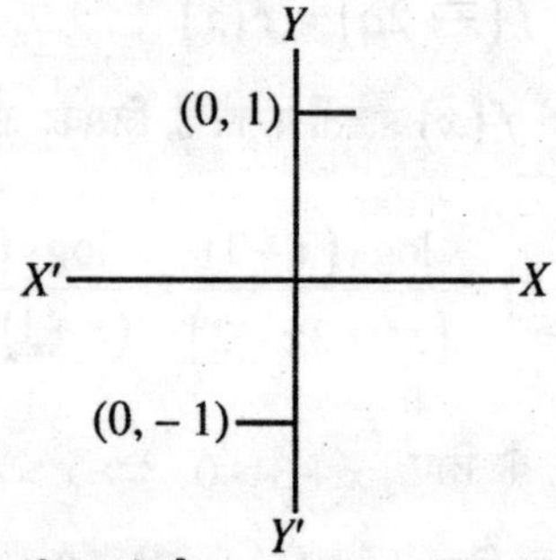

$\therefore$ (c) सही उत्तर है।

49. स्पष्टतः दोनों वक्तव्य सत्य हैं तथा वक्तव्य-II, वक्तव्य-I का सही स्पष्टीकरण है।

$\therefore$ (a) सही उत्तर है।

50. A. माना $y=\dfrac{x^2+2|x|+4}{|x|+2}$

$$\Rightarrow x^2+(2-y)|x|+4-2y=0$$

$$\Rightarrow |x|^2+(2-y)|x|+4-2y=0$$

यहाँ $|x|$ में एक द्विघात समीकरण है जिसका मूल वास्तविक है।

$\therefore D\geq 0$

$$\Rightarrow (2-y)^2-4(4-2y)\geq 0$$

$$\Rightarrow y^2+4y-12\geq 0$$

$$\Rightarrow y^2+4y+4\geq 16$$

$\Rightarrow |y+2| \geq 4$

$\Rightarrow y \leq -6$ या $y \geq 2$

$\Rightarrow$ अतः न्यूनतम $y = 2$

$A - r.$

B. $\sin x = \cos y$

$$\Rightarrow \cos\left(\frac{\pi}{2} - x\right) = \cos y$$

$$\Rightarrow \frac{\pi}{2} - x = 2n\pi \pm y, n \in I$$

$$\Rightarrow x \pm y - \frac{\pi}{2} = -2n\pi$$

$$\Rightarrow \frac{1}{\pi}\left(x \pm y - \frac{\pi}{2}\right) = -2n, n \in I$$

$\therefore \frac{1}{\pi}\left(x \pm y - \frac{\pi}{2}\right)$ का मान 0 या 2 होगा

$B - q, r.$

C. $\sin(n\pi + x) = \sin x$

$\Rightarrow (-1)^n \sin x = \sin x$

$\Rightarrow n$ एक सम संख्या है

$C - p, r$

D. सर्वप्रथम 3^{-9} का मान निकालें

$$3^{-9} = 3^{\log}\left(\log_3{}^2\right)$$

$$= {}_3\log_3 1\left(\log_3{}^2\right)^{-1}$$

$$= \left(\log_3{}^2\right)^{-1} = \frac{1}{\log_3{}^2} = \log_2{}^3$$

$$\therefore \quad 2^{-k} + 3^{-a} = 1 + 2^k \cdot 2^{3^{-a}} = 2^{-k} 2^{\log_2 3}$$

$$= 2^{-k} \cdot 3$$

अतः $1 < 2^{-k} + 3^{-a} < 2$

$$\Rightarrow 1 < 2^{-k} \cdot 3 < 2$$

$$\Rightarrow \frac{1}{3} < \frac{1}{2^k} < \frac{2}{3}$$

$$\Rightarrow 3 > 2^k > \frac{3}{2}$$

$\therefore k, 0$ एवं 2 के मध्य होगा।

$D - r, s.$

20

सीमा, सतत्ता एवं अवकलनीयता (LIMIT, CONTINUITY AND DIFFERENTIABILITY)

सीमा (Limit)

यदि x, a की ओर अग्रसर हो, तो कोई फलन $f(x)$, l की ओर अग्रसर होगा यदि और केवल यदि $f(x)$ एवं l का अन्तर संख्यात्मक रूप से बहुत ही छोटी धनात्मक संख्या ε से भी छोटा हो अर्थात् $|f(x)-l|<\varepsilon$ अर्थात् $\lim_{x\to a} f(x)=l$ से सीमा को निरूपित करते हैं।

माना कि कोई फलन $f(x)$, 1 की ओर अग्रसर होती है तब यह दो प्रकार से अग्रसर होगी,

(*i*) 0.9, 0.99, 0.999, 0.9999, 0.99999

(*ii*) 1.1, 1.01, 1.001, 1.0001, 1.00001, 1.000001

(*i*) को दाँयी ओर अग्रसर तथा

(*ii*) को बाँयी ओर अग्रसर कहते हैं।

दाँयी सीमा (Right Hand Limit)

यदि x, a की ओर दाँयी ओर से अग्रसर हो, तो $f(x)$ की सीमा दक्षिण सीमा कहलाती है।

$$\lim_{x\to a^+} f(x)=l$$

बाँयी सीमा (Left Hand Limit) : यदि x, a की बाँयी ओर से अग्रसर हो, तो $f(x)$ की सीमा बाँयी सीमा कहलाती है।

$$\lim_{x\to a^-} f(x)=l$$

1. सीमा के गुण (Properties of Limits) :

(*i*) $\lim_{x\to a} x^n = a^n$

(*ii*) $\lim_{x\to a} f(x) = f(a)$

(*iii*) $\lim_{x\to a} \log x = \log a, a>0$

2. महत्तम पूर्णांक फलन की सीमा (Limit of Maximum Function Integer)

(*i*) यदि a पूर्णांक नहीं है।

$$\lim_{x\to a}[x]=[a]$$

(*ii*) यदि a पूर्णांक है तब

$$\lim_{x\to a^-}[x]=a-1$$

(*iii*) $\lim_{x\to a^+}[x]=[a+x]$

3. सीमा की बीजगणित (Algebra of Limit)

माना f तथा g दो फलन है जहाँ

$\lim_{x\to a}$ तब $f(x)=l$ तथा $\lim_{x\to a}$ तब $g(x)=m$ तब

(*i*) $\lim_{x\to a}\alpha f(x)=\alpha\lim_{x\to a} f(x)=\alpha\, l\ \forall\ \alpha\in R$

(*ii*) $\lim_{x\to a}\{f(x)+g(x)\}=\lim_{x\to a} f(x)+\lim_{x\to a} g(x)$

(*iii*) $\lim_{x\to a}\{f(x)-g(x)\}=\lim_{x\to a} f(x)-\lim_{x\to a} g(x)$

(*iv*) $\lim_{x\to a}\{f(x)\, g(x)\}=\lim_{x\to a} f(x)\cdot\lim_{x\to a} g(x)$

(*v*) $\lim_{x\to a}\left\{\dfrac{f(x)}{g(x)}\right\}=\dfrac{\lim_{x\to a} f(x)}{\lim_{x\to a} g(x)}$; $\lim_{x\to a} g(x)\neq 0$

(*vi*) $\lim_{x\to a}\{f(x)\}^n=\left\{\lim_{x\to a} f(x)\right\}^n$

(*vii*) $\lim_{x\to a}|f(x)|=\left|\lim_{x\to a} f(x)\right|$

मानक परिणाम (Standard Results)

(i) $\lim\limits_{x\to 0} \sin x = 0$

(ii) $\lim\limits_{x\to 0} \cos x = 1$

(iii) $\lim\limits_{x\to 0} \tan x = 0$

(iv) $\lim\limits_{x\to 0} \dfrac{\sin x}{x} = 1$

(v) $\lim\limits_{x\to 0} \dfrac{\tan x}{x} = 1$

(vi) $\lim\limits_{x\to 0} \left(1+\dfrac{1}{x}\right)^x = e$

(vii) $\lim\limits_{x\to 0} (1+x)^{1/x} = e$

(viii) $\lim\limits_{x\to 0} \dfrac{a^x-1}{x} = \log_e a$

(xi) $\lim\limits_{x\to 0} \dfrac{e^x-1}{x} = 1$

(x) $\lim\limits_{x\to 0} \dfrac{x^n-a^n}{x-a} = na^{n-1}$

(xi) $\lim\limits_{x\to 0} \dfrac{\log_a(1+x)}{x} = \log_a e$

उदाहरण 1. मान ज्ञात करें–

$$\lim_{x\to 0} \frac{\sin ax}{\sin bx}$$

हल– $$\lim_{x\to 0} \frac{\dfrac{\sin ax}{ax}\times ax}{\dfrac{\sin bx}{bx}\times bx}$$

$$=\frac{\lim\limits_{x\to 0}\dfrac{\sin ax}{ax}}{\lim\limits_{x\to 0}\dfrac{\sin bx}{bx}}\times\frac{a}{b} = 1\times\frac{a}{b} = \frac{a}{b}.$$

उदाहरण 2. मान ज्ञात करें–

$$\lim_{x\to 0} \frac{\sin x^\circ}{x}$$

हल– $$\lim_{x\to 0} \frac{\sin\dfrac{\pi x}{180}}{x} \qquad \left(\because x^\circ = \left(\frac{\pi x}{180}\right)^c\right)$$

$$=\lim_{x\to 0} \frac{\sin\dfrac{\pi x}{180}}{\dfrac{\pi x}{180}\times\dfrac{180}{\pi}}$$

$$=\lim_{x\to 0} \frac{\sin\dfrac{\pi x}{180}}{\dfrac{\pi x}{180}}\times\frac{\pi}{180} = \frac{\pi}{180}\times\lim_{x\to 0}\frac{\dfrac{\sin \pi x}{180}}{\dfrac{\pi x}{180}} = \frac{\pi}{180}.$$

उदाहरण 3. मान ज्ञात करें–

$$\lim_{x\to 0} \frac{1-\cos x}{x}$$

हल– $$\lim_{x\to 0}\left(\frac{1-\cos x}{x}\right)$$

$$=\lim_{x\to 0}\left\{\frac{2\sin^2(x/2)}{(x/2)^2}.\frac{x}{4}\right\}$$

$$=\frac{1}{2}\lim_{\frac{x}{2}\to 0}\left\{\frac{\sin(x/2)}{(x/2)}\right\}^2.\lim_{x\to 0} x$$

$$=\frac{1}{2}\times(1)^2\times 0 = 0$$

उदाहरण 4. मान ज्ञात करें–

$$\lim_{x\to 0} \frac{|x|}{x}$$

हल– $$\lim_{x\to 0^+} \frac{|x|}{x} = \lim_{x\to 0^-} \frac{x}{x} = 1$$

पुनः $$\lim_{x\to 0^-} \frac{|x|}{x} = \lim_{x\to 0^+} \frac{-x}{x} = -1$$

अतः $\lim\limits_{x\to 0} \dfrac{|x|}{x}$ का मान नहीं होगा।

एल' हॉस्पीटल्स नियम (L' Hospital's Rule) : यदि $f(x)$ एवं $g(x)$ दो फलन इस प्रकार हो कि $f(a) = 0$ तथा $g(a) = 0$.

तब $\lim\limits_{x\to a}\frac{f(x)}{g(x)}=\lim\limits_{x\to a}\frac{f'(x)}{g'(x)}$.

उदाहरण 5. $\lim\limits_{x\to 0}\frac{\log(1+ax)-\log(1+bx)}{x}$

हल– $\lim\limits_{x\to 0}\frac{\log(1+ax)}{x}-\lim\limits_{x\to 0}\frac{\log(1+bx)}{x}$

$=a\lim\limits_{x\to 0}\frac{\log(1+ax)}{ax}-b\lim\limits_{x\to 0}\frac{\log(1+bx)}{bx}$

$=a\times 1-b\times 1$

$=(a-b)$.

उदाहरण 6. मान ज्ञात करें–

$\lim\limits_{x\to\frac{\pi}{4}}\frac{\cos x-\sin x}{x-\frac{\pi}{4}}=\lim\limits_{x\to\frac{\pi}{4}}\frac{-\sin x-\cos x}{1}$

(L'Hospital's नियम से)

$=-\lim\limits_{x\to\frac{\pi}{4}}(\sin x+\cos x)$

$=-\frac{2}{\sqrt{2}}=-\sqrt{2}$

महत्वपूर्ण श्रेणियाँ (Important Series)

(i) $e^x=1+x+\frac{x^2}{2!}+\frac{x^3}{3!}+\ldots\ldots\ldots$

(ii) $a^x=1+x\log e^a+\frac{x^2}{2!}(\log_e a)^2+\ldots\ldots\ldots$

(iii) $(1+x)^n=1+nx+\frac{n(n-1)}{2!}x^2+\ldots\ldots\ldots$

(iv) $\log(1+x)=x-\frac{x^2}{2}+\frac{x^3}{3}-\frac{x^4}{4}+\ldots\ldots\ldots\ |x|<1$

(v) $\sin x=x-\frac{x^3}{3!}+\frac{x^5}{5!}-\ldots\ldots\ldots$

(vi) $\cos x=1-\frac{x^2}{2!}+\frac{x^4}{4!}-\ldots\ldots\ldots$

(vii) $\tan x=x+\frac{x^3}{3}+\frac{2}{15}x^5+\ldots\ldots\ldots$

(viii) $\frac{x^n-a^n}{x-a}=x^{n-1}+ax^{n-2}+a^2x^{n-3}+\ldots\ldots+a^{n-1}$

उदाहरण 7. मान ज्ञात करें–

$\lim\limits_{x\to 0}\frac{x\cos x-\sin x}{x^2\sin x}$

$=\frac{x\left\{1-\frac{x^2}{2!}+\frac{x^4}{4!}-\ldots\ldots\right\}-\left(x-\frac{x^3}{3!}+\frac{x^5}{5!}-\ldots\ldots\right)}{x^2\left(x-\frac{x^3}{3!}+\frac{x^5}{5!}\right)}$

$=\lim\limits_{x\to 0}\frac{x^3\left\{\left(-\frac{1}{2!}+\frac{x^2}{4!}-\frac{x^4}{6!}-\ldots\ldots\right)-\left(-\frac{1}{3!}+\frac{x^2}{5!}-\ldots\ldots\right)\right\}}{x^3\left(1-\frac{x^2}{3!}+\frac{x^4}{5!}-\ldots\ldots\right)}$

$=\frac{-\frac{1}{2!}+\frac{1}{3!}}{1-0}=-\frac{1}{2}+\frac{1}{6}$

$=\frac{-3+1}{6}=\frac{-2}{6}=-\frac{1}{3}$.

सैंडविच प्रमेय या स्क्वीज सिद्धांत

(Sandwitch Theorem or Squeeze Principle)

यदि f, g, h फलन इस प्रकार हो कि $f(x)\le g(x)\le h(x)$ तब $\lim\limits_{x\to a}f(x)\le\lim\limits_{x\to a}g(x)\le\lim\limits_{x\to a}h(x)$ तथा यदि

$\lim\limits_{x\to a}f(x)=\lim\limits_{x\to a}h(x)$

तब $\lim\limits_{x\to a}g(x)=k$

सततता (Continuity) : कोई फलन $f(x)$, अपने प्रांत में किसी बिन्दु $x=a$ पर सतत् होगा यदि और केवल यदि

$\lim\limits_{x\to a^-}=\lim\limits_{x\to a^+}f(x)=f(a)$

$$\Rightarrow \lim_{x\to a^-} f(x) = \lim_{x\to a^+} f(x) = f(a)$$

यदि फलन $f(x)$, $x = a$ पर सतत् नहीं है तो यह असतत् कहा जाएगा।

उदाहरण 8. फलन $f(x)$ की सतुतता मूल बिन्दु पर जाँच करें।

$$f(x) = \begin{cases} \frac{|x|}{x}; x \neq 0 \\ 1; x = 0 \end{cases}$$

हल– L.H.L (बाँये पक्ष की सीमा) $x = 0$ पर,

$$\lim_{x\to 0^-} f(x) = \lim_{h\to 0} f(0-h) = \lim_{h\to 0} f(-h)$$

$$= \lim_{h\to 0} \frac{|-h|}{-h} = \lim_{h\to 0} \frac{h}{-h} = -1$$

तथा RHL (दाँये पक्ष की सीमा)

$$= \lim_{x\to 0^+} f(x) = \lim_{h\to 0} f(0+x) = \lim_{x\to 0} f(x)$$

$$= \lim_{h\to 0} \frac{|h|}{h} = \lim_{h\to 0} \frac{h}{h} = 1$$

अतः $= \lim_{x\to 0^-} f(x) \neq \lim_{x\to 0^+} f(x)$

अतः फलन $f(x)$, मूल बिन्दु पर सतत् नहीं है।

उदाहरण 9. दिखाएँ कि $f(x) = 2x - |x|$ $x = 0$ पर सतत् है।

हल–दिया है $f(x) = 2x - |x| = \begin{cases} 2x - x \text{ यदि } x \geq 0 \\ 2x - (-x) \text{ यदि } x < 0 \end{cases}$

$$\Rightarrow f(x) = \begin{cases} x \text{ यदि } x \geq 0 \\ 3x \text{ यदि } x < 0 \end{cases}$$

अब (LHL, $x = 0$ पर)

$$\lim_{x\to 0^-} f(x) = \lim_{x\to 0^-} x = 3x = 3\times 0 = 0$$

तथा (RHL, $x = 0$ पर)

$$= \lim_{x\to 0^+} f(x) = \lim_{x\to 0^+} x = 0$$

एवं $f(0) = 0$

$$\lim_{x\to 0^-} f(x) = \lim_{x\to 0^+} f(x) = f(0)$$

अतः फलन $f(x)$, $x = 0$ पर सतत् है।

सतत् फलन का बीजगणित

(Algebra of Continuous Function):

यदि f तथा g दो वास्तविक फलन हो जो बिन्दु $x = a$ पर सतत् हो, तथा α कोई वास्तविक संख्या हो तब

(*i*) $f + g$, $x = a$ पर सतत् होगा।

(*ii*) $f - g$, $x = a$ पर सतत् होगा।

(*iii*) αf, $x = a$ पर सतत् होगा।

(*iv*) $\frac{1}{f}, x = a$ पर सतत् होगा जब $f(a) \neq 0$

(*v*) $\frac{f}{g}, x = a$ पर सतत् होगा यदि $g(a) \neq 0$

(*vi*) $fg, x = a$ पर सतत् होगा।

महत्वपूर्ण तथ्य (Important Facts)

(*i*) अचर फलन सभी जगह सतत् होता है।

(*ii*) बहुपद फलन सभी जगह सतत् होता है।

(*iii*) सभी परिमेय फलन अपने प्रांत में सभी जगह सतत् होता है।

(*iv*) घातांकीय फलन सभी जगह सतत् होता है।

(*v*) लघुगणक फलन सभी जगह सतत् होता है।

(*vi*) ज्या (sine) फलन सभी जगह सतत् होता है।

(*vii*) कोज्या (cosine) फलन सभी जगह सतत् होता है।

(*viii*) अन्य त्रिकोणमितीय फलन अपने प्रांत में सतत् होते हैं।

उदाहरण 10. फलन $f(x) = \begin{cases} \frac{\sin 2x}{x} \text{ यदि } x < 0 \\ x + 2 \text{ यदि } x \geq 0 \end{cases}$

के सततुता की विवेचना करें।

हल– चूँकि $\sin 2x$ एवं तत्समक x फलन सभी जगह सतत् होते हैं। अतः फलन $\frac{\sin 2x}{x} = f(x)$ सतत् होगा।

$x < 0$ के लिए। जब $x > 0$.

$f(x) = x + 2$ यह एक बहुपद फलन है जो सभी जगह सतत् होगा।

अब $x = 0$ पर फलन

$$\lim_{x\to 0^-} f(x) = \lim_{x\to 0} \frac{\sin 2x}{x} = 2\lim_{x\to 0} \frac{\sin 2x}{2x} = 2\times 1 = 2$$

$$\lim_{x\to 0^+} f(x) = \lim_{x\to 0} x + 2 = 2$$

तथा $f(0) = 0 + 2 = 2$

$\therefore \lim_{x\to 0^-} = \lim_{x\to 0^+} f(x) = f(0)$

अतः फलन $f(x)$, $x = 0$ पर सतत् है।

अतः $f(x)$, सभी जगह सतत् है।

फलन का अवकलन (Differentiation of a Function) : माना अन्तराल $[a, b]$ में फलन $y = f(x)$ परिभाषित है यदि x के मान में एक निश्चित वृद्धि Δx की जाए, तब संगत y में भी एक निश्चित वृद्धि Δy होगी।

$$\therefore \quad \frac{\Delta y}{\Delta x} = \frac{f(x+\Delta x) - f(x)}{\Delta x}$$

$$\lim_{\Delta x\to 0} \frac{\Delta y}{\Delta x} = \lim_{\Delta x\to 0} \frac{f(x+\Delta x) - f(x)}{\Delta x}$$

$\lim_{\Delta x\to 0} \frac{\Delta y}{\Delta x}$ को x के सापेक्ष y का अवकलन गुणांक कहते है।

तथा इसे $\frac{dy}{dx}$ से सूचित किया जाता है।

$$\therefore \frac{dy}{dx} = \lim_{\Delta x\to 0} \frac{\Delta y}{\Delta x} = \lim_{\Delta x\to 0} = \frac{f(x+\Delta x) - f(x)}{\Delta x}$$

किसी बिन्दु पर अवकलनीयता (Differentiability at a Point) : कोई फलन $y = f(x)$, बिन्दु $x = a$ पर अवकलनीय होगा यदि $\lim_{h\to 0} = \frac{f(a+h) - f(a)}{h}$ का अस्तित्व हो।

तब $f'(a) = \lim_{h\to 0} \frac{f(a+h) - f(a)}{h}$

अब $f(x)$, अवकलनीय होगा $x = a$

$\Leftrightarrow \quad \lim_{x\to a} \frac{f(x) - f(a)}{x-a}$ का अस्तित्व हो

$$\Leftrightarrow \lim_{x\to a^-} \frac{f(x) - f(a)}{x-a} = \lim_{x\to a^+} \frac{f(x) - f(a)}{x-a}$$

$$\Rightarrow \lim_{h\to 0} \frac{f(a-h) - f(a)}{-h} = \lim_{h\to a^+} \frac{f(a+h) - f(a)}{h}$$

उदाहरण 11. दिखाएँ कि फलन $f(x) = x^2$, $x = 1$ पर अवकलनीय होगा।

हल– LHD (Left Hand Derivative) $(x = 1)$ पर,

$$= \lim_{h\to 1^-} \frac{f(x) - f(1)}{x-1}$$

$$= \lim_{h\to 0} \frac{f(1-h) - f(1)}{1-h-1}$$

$$= \lim_{h\to 0} \frac{(1-h)^2 - 1^2}{-h} = \lim_{h\to 0} \frac{-2h+h^2}{-h}$$

$$= \lim_{h\to 0} 2 - h = 2.$$

तथा RHD (Right Hand Derivative) $x = 1$ पर,

$$\lim_{h\to 1^+} \frac{f(x) - f(1)}{1+h+1}$$

$$= \lim_{h\to 0} \frac{(1+h)^2 - 1}{h}$$

$$= \lim_{h\to 0} \frac{2h+h^2}{h} = \lim_{h\to 0} 2 + h$$

$$= 2$$

$\therefore \quad$ (LHD, $x = 1$ पर) = (RHD, $x = 1$ पर)

अतः फलन $f(x)$, $x = 1$ पर अवकलनीय है।

अवकलनीयता के महत्वपूर्ण तथ्य (Important Facts of Differentiability)

(*i*) सभी बहुपद फलन अवकलनीय होते है, $x \in R$ ।

(*ii*) सभी घातांकीय फलन अवकलनीय होते है।

(*iii*) सभी अचर फलन अवकलनीय होते है।

(*iv*) सभी त्रिकोणमितीय एवं प्रतिलोम त्रिकोणमितीय फलन अवकलनीय होते हैं।

उदाहरण 12. फलन $f(x) = x^2 - 6x + 8$, तो सिद्ध करें $f'(5) - 3f'(2) = f'(8)$

हल– स्पष्टतः $f(x)$ बहुपद फलन है, अतः यह सभी जगह अवकलनीय होंगे। फलन $f(x)$ का अवकल गुणांक

$$f'(x) = \lim_{h\to 0} \frac{f(x+h) - f(x)}{h}$$

$$f'(x) = \lim_{h\to 0} \frac{\left\{(x+h)^2 - 6(x+h) + 8\right\} - \left\{\left(x^2 - 6x + 8\right)\right\}}{h}$$

$$\Rightarrow f'(x) = \lim_{h\to 0} \frac{2hx - 6h + h^2}{h}$$

$$\Rightarrow f'(x) = \lim_{h\to 0}\left(2x-6+h\right)=2x-6$$

$$f'(5) - 3f'(2) = (2 \times 5 - 6) - 3\ (2 \times 2 - 6)$$
$$= 4 + 6 = 10$$

तथा $f'(8) = 2 \times 8 - 6 = 10$

अतः $f'(5) - 3f'(2) = f'(8)$.

साधित उदाहरण (Solved Examples)

1. मान ज्ञात करें–

$$=\lim_{h\to 0}\left(\frac{1}{h\sqrt[3]{8+h}}-\frac{1}{2h}\right)$$

हल– $$=\lim_{h\to 0}\left(\frac{1}{h\sqrt[3]{8+h}}-\frac{1}{2h}\right)$$

$$= \lim_{h\to 0}\frac{1}{h}\left\{\frac{1}{2}\left(1+\frac{h}{8}\right)^{\frac{-1}{3}}-\frac{1}{2}\right\}$$

$$= \lim_{h\to 0}\frac{1}{2h}\left\{1-\frac{1}{3}.\frac{h}{8}+\frac{\left(-\frac{1}{3}\right)\left(-\frac{5}{3}\right)}{2}.\frac{h^2}{64}-..........-1\right\}$$

$$= \lim_{h\to 0}\frac{1}{2h}\left\{-\frac{1}{3}.\frac{h}{8}+\frac{\left(-\frac{1}{3}\right)\left(-\frac{5}{3}\right)}{2\times 64}h^2+.......\right\}$$

$$=-\frac{1}{48}.$$

2. यदि $\lim_{h\to k}\frac{x^k-5^k}{x-5}=500$, तब k का धनात्मक मान ज्ञात करें।

हल– दिया है $\lim_{h\to k}\frac{x^k-5^k}{x-5}=500$

$$\Rightarrow k.\ 5^{k-1} = 500 \quad \left(\because \lim_{x\to a}\frac{x^n-a^n}{x-a}=na^{n-1}\right)$$

$$\Rightarrow k\ .\ 5^{k-1} = 4 \times 5^{4-1}$$

$$\Rightarrow k = 4.$$

3. $\lim_{x\to\frac{\pi}{4}}\frac{1-\tan x}{1-\sqrt{2}\sin x}$ का मान ज्ञात करें

हल– $$\lim_{x\to\frac{\pi}{4}}\frac{1-\tan x}{1-\sqrt{2}\sin x}=\lim_{x\to\frac{\pi}{4}}\frac{-\sec^2 x}{-\sqrt{2}\cos x}$$

(L'Hospital's नियम से)

$$=\frac{\sec^3\left(\frac{\pi}{4}\right)}{\sqrt{2}}=\frac{2\sqrt{2}}{\sqrt{2}}=2.$$

4. $\lim_{x\to\frac{\pi}{3}}\frac{\tan^3 x-3\tan x}{\cos\left(x+\frac{\pi}{6}\right)}$ का मान ज्ञात करें।

हल– $$\lim_{x\to\frac{\pi}{3}}\frac{\tan^3 x-3\tan x}{\cos\left(x+\frac{\pi}{6}\right)}=\lim_{x\to\frac{\pi}{3}}\frac{\tan x\left(\tan^2 x-3\right)}{\cos x.\cos\frac{\pi}{6}-\sin x\sin\frac{\pi}{6}}$$

$$=\lim_{x\to\frac{\pi}{3}}\frac{\tan x\left(\tan x+\sqrt{3}\right)\left(\tan x-\sqrt{3}\right)}{\cos x\left\{\frac{\sqrt{3}}{2}-\tan x.\frac{1}{2}\right\}}$$

$$=\lim_{x\to\frac{\pi}{3}}\frac{-2\tan x\left(\sqrt{3}-\tan x\right)\left(\tan x+\sqrt{3}\right)}{\cos x\left(\sqrt{3}-\tan x\right)}$$

$$=\frac{-2\tan\left(\frac{\pi}{3}\right).\left\{\tan\frac{\pi}{3}+\sqrt{3}\right\}}{\cos\frac{\pi}{3}}$$

$$=\frac{-2\sqrt{3}.\left\{\sqrt{3}+\sqrt{3}\right\}}{\frac{1}{2}}$$

$$=-4\sqrt{3}\times 2\sqrt{3}=-4\times 2\times 3$$

$$=-24.$$

5. $\lim\limits_{n\to\infty}\left[\frac{1}{1-n^2}+\frac{2}{1-n^2}+\frac{3}{1-n^2}+\ldots.\frac{n}{1-n^2}\right]$ का मान ज्ञात करें।

हल– $\lim\limits_{n\to\infty}\left(\frac{1}{1-n^2}+\frac{2}{1-n^2}+\frac{3}{1-n^2}+\ldots..\frac{n}{1-n^2}\right)$

$$=\lim_{n\to\infty}\left(\frac{\Sigma n}{1-n^2}\right)$$

$$=\lim_{n\to\infty}\frac{n(n+1)}{2(1+n)(1-n)}$$

$$=\lim_{n\to\infty}\frac{n}{2(1-n)}=\lim_{n\to\infty}\frac{1}{2\left(\frac{1}{n}-1\right)}$$

$$=-\frac{1}{2}.$$

6. यदि फलन

$$f(x)=\begin{cases}\frac{\log(1+ax)-\log(1-bx)}{x} & \text{यदि } x\neq 0\\ k & \text{यदि } x=0\end{cases}$$

$x = 0$ सतत् हो, तब k का मान ज्ञात करें।

हल– चूँकि फलन $f(x)$, $x = 0$ पर सतत् है।

अत: $\lim\limits_{x\to 0} f(x)=f(0)$

$$\Rightarrow \lim_{x\to 0}\frac{\log(1+ax)-\log(1-bx)}{x}=k$$

$$\Rightarrow \lim_{x\to 0}\left\{\frac{\log(1+ax)}{x}\right\}-\lim_{x\to 0}\left\{\frac{\log(1-bx)}{x}\right\}=k$$

$$\Rightarrow a\lim_{x\to 0}\frac{\log(1+ax)}{ax}-(-b)\lim_{x\to 0}\frac{\log(1-bx)}{-bx}=k$$

$$\Rightarrow a\times 1+b\times 1=k$$

$$\Rightarrow k=a+b$$

अत: $f(x)$ $x = 0$ पर, सतत् होगा यदि $k = a + b$.

7. फलन $f(t)$

$$\text{यदि } f(t)=\begin{cases}\frac{\cos t}{\frac{\pi}{2}-t}; & t\neq\frac{\pi}{2}\\ 1 & ;\ t=\frac{\pi}{2}\end{cases}$$

$x=\frac{\pi}{2}$ पर सततृता की जाँच करें।

हल– $\left(\text{LHL}, t=\frac{\pi}{2}\text{ पर}\right)=\lim\limits_{t\to\left(\frac{\pi}{2}\right)^-} f(t)$

$$=\lim_{h\to 0} f\left(\frac{\pi}{2}-h\right)$$

$$=\lim_{h\to 0}\frac{\cos\left(\frac{\pi}{2}-h\right)}{\frac{\pi}{2}-\left(\frac{\pi}{2}-h\right)}=\lim_{h\to 0}\frac{\sin h}{h}=1$$

और $(\text{RHL}, t=\pi/2\text{ पर})$

$$=\lim_{t\to\left(\frac{\pi}{2}\right)^+} f(t)$$

$$=\lim_{h\to 0} f(\pi/2+h)=\lim_{h\to 0}\frac{\cos(\pi/2+h)}{\pi/2-(\pi/2+h)}$$

$$=\lim_{h\to 0}\frac{-\sin h}{-h}=\lim_{h\to 0}\frac{\sin h}{h}=1$$

तथा दिया है, $f\left(\frac{\pi}{2}\right)=1$

अत: फलन $f(x)$, $f=\frac{\pi}{2}$ पर सतत् है।

8. k का मान ज्ञात करें यदि

$$f(x)=\begin{cases}kx^2, \text{यदि } x\leq 2\\ 3, \text{यदि } x\geq 2\end{cases} \text{ सतत् है।}$$

हल– जब $x \leq 2$ तब

$f(x)=k\,x^2$, यह बहुपद फलन है।

अत: $x<2$ के लिए सतत् होगा जब $x > 2$ तब $f(x) = 3$, यह एक अचर फलन है अत: $x > 2$ के प्रत्येक बिन्दु पर सतत् होगा।

अब $x = 2$ के लिए,

(LHL, $x = 2$ पर) $\lim\limits_{x\to 2^-} f(x)=\lim\limits_{x\to 2} kx^2=4k$

(RHL, $x = 2$ पर) $=\lim\limits_{x\to 2^+} f(x)=\lim\limits_{x\to 2} 3=3$

तथा $f(2)=k\times 2^2=4k$

अतः $\lim\limits_{x\to 2^-} f(x) = f(2) = \lim\limits_{x\to 2^+} f(x)$

$\Rightarrow 4k = 3 \Rightarrow k = \dfrac{3}{4}.$

9. फलन $f(x)$, की अवकलनीयता $x = 1$ पर जाँच करें।

जहाँ $f(x) \begin{cases}(1-x); x<1 \\ (1-x),(2-x); 1\le x\le 2\end{cases}$

हल– (LHD, $x = 1$ पर) $= \lim\limits_{x\to 1^-} \dfrac{f(x)-f(1)}{x-1}$

$\Rightarrow$ (LHD, $x = 1$ पर) $= \lim\limits_{x\to 1^-} \dfrac{(1-x)-0}{x-1}$

(LHD, $x = 1$ पर) $= -\lim\limits_{x\to 1} \dfrac{x-1}{x-1} = -1$

(RHD, $x = 1$ पर) $= \lim\limits_{x\to 1^+} \dfrac{f(x)-f(1)}{x-1}$

$= \lim\limits_{x\to 1^+} \dfrac{(1-x)-(2-x)-0}{x-1}$

$\Rightarrow$ (RHD, $x = 1$ पर) $= \lim\limits_{x\to 1} \dfrac{(x-1)-(x-2)}{x-1}$

$\Rightarrow$ (RHD, $x = 1$ पर) $= \lim\limits_{x\to 1} x-2 = 1-2 = -1$

$\therefore$ (LHD, $x = 1$ पर) = (RHD, $x = 1$ पर)

अतः फलन बिन्दु $x = 1$ पर अवकलनीय है।

10. यदि $f(x) = \begin{cases} x^2+3x+a, & x\le 1 \\ bx+2, & x>1 \end{cases}$ सभी जगह अवकलनीय है, तब a एवं b का मान ज्ञात करें।

हल– $x \le 1$ के लिए,

$f(x) = x^2 + 3x + a$ यह बहुपद फलन है।

तथा $x > 1$ के लिए, $f(x) = bx + 2$ यह भी बहुपद फलन है।

अतः $f(x)$ प्रत्येक $x > 1$ तथा $x < 1$ के लिए अवकलनीय है।

अब $f(x)$, $x = 1$ पर अवकलनीय है।

अतः $f(x)$, $x = 1$ पर सतत् होगा।

$\Rightarrow = \lim\limits_{x\to 1^-} f(x) = \lim\limits_{x\to 1^+} f(x) = f(1)$

$\Rightarrow \quad \lim\limits_{x\to 1} x^2+3x+a = \lim\limits_{x\to 1} bx+2 = 1+3+a$

$\Rightarrow \quad 1 + 3 + a = b + 2$

$\Rightarrow \quad a - b + 2 = 0 \qquad ...(i)$

पुनः $f(x)$, अवकलनीय है $x = 1$ पर

अतः (LHD, $x = 1$ पर) = (RHD, $x = 1$ पर)

$\Rightarrow \quad \lim\limits_{x\to 1^-} \dfrac{f(x)-f(1)}{x-1} = \lim\limits_{x\to 1^+} \dfrac{f(x)-(1)}{x-1}$

$\Rightarrow \quad \lim\limits_{x\to 1} \dfrac{x^2+3x+a-(4+a)}{x-1} = \lim\limits_{x\to 1} \dfrac{bx+2-(b+2)}{x-1}$

$\Rightarrow \quad \lim\limits_{x\to 1} (x+4) = \lim\limits_{x\to 1} b$

$\Rightarrow \quad b = 5$, अतः $a = 3$ (समीकरण (i) से)

$\therefore \quad a = 3, b = 5$

वस्तुनिष्ठ प्रश्न

1. $\lim\limits_{x\to a} \dfrac{\sqrt{a+2x}-\sqrt{3x}}{\sqrt{3a+x}-2\sqrt{x}} (a\ne 0)$ का मान है–

(a) $\dfrac{1}{\sqrt{3}}$ (b) $\dfrac{2}{2\sqrt{3}}$

(c) $\dfrac{2}{\sqrt{3}}$ (d) $\dfrac{2}{3}$

2. $\lim\limits_{\theta\to 0} \dfrac{5\cos\theta - 2\sin\theta}{3\theta + \tan\theta}$ का मान है–

(a) $\dfrac{3}{4}$ (b) $-\dfrac{3}{4}$

(c) 0 (d) इनमें से कोई नहीं

3. $\lim\limits_{x\to 2} \dfrac{|x-2|}{x-2}$ का मान है–

(*a*) 1 (*b*) –1
(*c*) अस्तित्व नहीं है (*d*) इनमें से कोई नहीं

4. $\lim_{\theta\to 0}\dfrac{\sin 3\theta-\sin\theta}{\sin x}$ का मान है–

(*a*) 1 (*b*) 2
(*c*) $\dfrac{1}{3}$ (*d*) $\dfrac{3}{2}$

5. $\lim_{x\to 1}\dfrac{x^3-1}{x^2+5x-6}$ का मान है–

(*a*) 0 (*b*) 3/7
(*c*) 1/2 (*d*) –1/6

6. $\lim_{x\to 1}\dfrac{1-\sqrt{x}}{\left(\cos^{-1}x\right)^2}$ का मान है–

(*a*) 1 (*b*) $\dfrac{1}{2}$
(*c*) $\dfrac{1}{4}$ (*d*) इनमें से कोई नहीं

7. $\lim_{x\to 0}\dfrac{\sin(2+x)-\sin(2-x)}{x}$ का मान है–

(*a*) sin 2 (*b*) 2 sin 2
(*c*) 2 cos 2 (*d*) 2

8. $\lim_{x\to 0}\dfrac{\sqrt{1+x}-\sqrt{1-x}}{\sin^{-1}x}$ का मान है–

(*a*) 2 (*b*) 1
(*c*) –1 (*d*) इनमें से कोई नहीं

9. $\lim_{h\to 0}\dfrac{2\left[\sqrt{3}\sin\left(\dfrac{\pi}{6}+h\right)-\cos\left(\dfrac{\pi}{6}+h\right)\right]}{\sqrt{3}h\left(\sqrt{3}\cos h-\sin h\right)}$ का मान है–

(*a*) $-\dfrac{2}{3}$ (*b*) $-\dfrac{3}{4}$
(*c*) $-\sqrt{3}$ (*d*) $\dfrac{4}{3}$

10. $\lim_{n\to\infty}\left(\sqrt{x^2+1}-x\right)$ का मान है–

(*a*) 9 (*b*) –1
(*c*) 0 (*d*) इनमें से कोई नहीं

11. $\lim_{x\to 0}\dfrac{e^{\alpha x}-e^{\beta x}}{x}$ का मान है–

(*a*) $\alpha+\beta$ (*b*) $\dfrac{1}{\alpha}+\beta$
(*c*) $\alpha^2+\beta^2$ (*d*) $\alpha-\beta$

12. $\lim_{x\to 0}\dfrac{3\sin x-\sin 3x}{x^3}$ का मान है–

(*a*) 4 (*b*) –4
(*c*) $\dfrac{1}{4}$ (*d*) इनमें से कोई नहीं

13. यदि $f(x)=\begin{cases}\dfrac{x^4-16}{x-2} & \text{जब } x\neq 2 \text{ तो}\\ 16 & \text{जब } x=2\end{cases}$

(*a*) $f(x)=2$ पर सतत् है।
(*b*) $f(x)$, $x=2$ पर असतत् है
(*c*) $\lim_{x\to 2}f(x)=16$
(*d*) इनमें से कोई नहीं

14. यदि $f(x)=\begin{cases}x+\lambda, & x<3\\ 4, & x=3\\ 3x-5, & x>3\end{cases}$

पर सतत् हो, तो λ का मान होगा–

(*a*) 4 (*b*) 3
(*c*) 2 (*d*) 1

15. $\lim_{x\to 0}\dfrac{\sqrt{\dfrac{1}{2}(1-\cos 2x)}}{x}$ का मान है–

(*a*) 1 (*b*) –1
(*c*) 0 (*d*) इनमें से कोई नहीं

16. $\lim_{x\to\frac{\pi}{2}}\{(1-\sin x)\tan x\}$ है–

(a) $\frac{\pi}{2}$ (b) 1

(c) 0 (d) इनमें से कोई नहीं

17. यदि $f(a)=2, f'(a)=1, g(a)=1, g'(a)=2$ तो

$\lim_{x\to a}\frac{g(x)f(a)-g(a)f(x)}{x-a}$ का मान है–

(a) $\frac{1}{3}$ (b) $-\frac{1}{3}$

(c) 3 (d) –3

18. यदि $f(x)\begin{cases}\frac{1-\cos 4x}{x^2}, & \text{जब } x<0\\ a, & \text{जब } x=0\\ \frac{\sqrt{x}}{\sqrt{16+\sqrt{x}}-4}, & \text{जब } x>0\end{cases}$

पर सतत् है, तो a का मान है–

(a) 8 (b) –8

(c) 4 (d) इनमें से कोई नहीं

19. $\lim_{x\to 0}\left[\frac{\sqrt{a+x}-\sqrt{a-x}}{x}\right]$ का मान है–

(a) 1 (b) 0

(c) $\sqrt{a}$ (d) $\frac{1}{\sqrt{a}}$

20. $\lim_{\alpha\to\beta}\left[\frac{\sin^2\alpha-\sin^2\beta}{\alpha^2-\beta^2}\right]$ का मान है–

(a) 0 (b) 1

(c) $\frac{\sin\beta}{\beta}$ (d) $\frac{\sin 2\beta}{2\beta}$

21. यदि $f(x)=\frac{\cos^2 x+\sin^4 x}{\sin^2 x+\cos^4 x}, x\in R$ के लिए, तब $f(2002)$ का मान है–

(a) 1 (b) 2

(c) 3 (d) 4

22. यदि $f(1)=1, f'(1)=2$, तब $\lim_{x\to 1}\frac{\sqrt{f(x)}}{\sqrt{x}-1}$ का मान है–

(a) 2 (b) 4

(c) 1 (d) $\frac{1}{2}$

23. यदि $f(x)=4$ तथा $f'(x)=4$ तब

$\lim_{x\to 2}\frac{xf(2)-2f(x)}{x-2}$ का मान है–

(a) 2 (b) –2

(c) –4 (d) 3

24. $x=0$ पर फलन $f(x)=(x+1)^{\cot x}$ के सतत् होने के लिए $f(0)$ इस प्रकार परिभाषित होना चाहिए कि–

(a) $f(0)=\frac{1}{e}$ (b) $f(0)=0$

(c) $f(0)=e$ (d) इनमें से कोई नहीं

25. $\lim_{x\to\pi/2}\frac{a^{\cot x}-a^{\cos x}}{\cot x-\cos x}$ का मान है–

(a) log a (b) log 2

(c) a (d) log x

26. $\lim_{x\to 7}\left(\frac{2-\sqrt{x-3}}{x^2-49}\right)$ का मान है–

(a) 2/9 (b) –2/49

(c) 1 (d) $-\frac{1}{56}$

27. $\lim_{x\to 0}\left\{\frac{\log_e(1+x)}{x^2}+\frac{x-1}{x}\right\}$ का मान है–

27. $\lim_{x\to 0}\left\{\frac{\log_e(1+x)}{x^2}+\frac{x-1}{x}\right\}$ का मान हैं–

(a) $\frac{1}{2}$ (b) $-\frac{1}{2}$

(c) 1 (d) इनमें से कोई नहीं

28. यदि $f(a)=2, f'(a)=1, g(a)=-3, g'(a)=-1$ तब

$\lim_{x\to a}\frac{f(a)g(x)-f(x)g(a)}{x-a}$ का मान है–

(a) 1 (b) 6

(c) –5 (d) –1

29. माना $f(1) = g(1) = k$ तथा इनमें n वें अवकलज $f^n(1), g^n(1)$ अस्तित्व रखते हैं तथा किसी n के लिए समान नहीं हैं और यदि –

$\lim_{x\to a}\frac{f(a)g(x)-f(x)\,g(a)}{g(x)-f(x)}=4$

तब k का मान है–

(a) 4 (b) 2

(c) 1 (d) 0

30. $\lim_{x\to 0}\frac{\int_0^{x^2}\sec^2 t\,dt}{x\sin x}$ का मान है–

(a) 3 (b) 2

(c) 1 (d) 0

31. यदि $f(x)=\frac{x}{1+|x|}, x\in R$ के लिए, तब $f'(0)$ बराबर है

(a) 0 (b) 1

(c) 2 (d) 3

32. $\lim_{x\to\frac{\pi}{2}}\frac{\left[1-\tan\left(\frac{x}{2}\right)\right][1-\sin x]}{\left[1+\tan\left(\frac{x}{2}\right)\right][\pi-2x]^3}$

(a) 1/8 (b) 0

(c) 1/32 (d) ∞

33. यदि $f(x)=\begin{cases}\frac{1}{2x-5}, x\neq 1 \text{ के लिए, तब}\\ -\frac{1}{3}, \quad x=1 \text{ के लिए}\end{cases}$

$f'(1), x=1$ के लिए

(a) $-\frac{1}{9}$ (b) $-\frac{2}{9}$

(c) $-\frac{1}{3}$ (d) $\frac{1}{3}$

34. $\lim_{x\to 0}\frac{\sin(\pi\cos^2 x)}{x^2}$ बराबर है–

(a) –π (b) π

(c) π/2 (d) 1

35. $\lim_{h\to 0}\frac{f(2h+2+h^2)-f(2)}{f(h-h^2+1)-f(1)}$, दिया है $f'(2)=6$, और $f'(1) = 4$ का मान है।

(a) अस्तित्व नहीं है (b) –3/2

(c) 3/2 (d) 3

36. माना $f: R\to R$ एक अवकलनीय फलन जिसके लिए $f(2)=6,\ f'(2)=\left(\frac{1}{48}\right)$ है, तो $\lim_{x\to 2}\int_6^{f(x)}\frac{4t^3}{x-2}dt$ बराबर है–

(a) 24 (b) 36

(c) 12 (d) 18

37. यदि $\lim_{x\to 0}\frac{[(a-n)nx-\tan x]\sin nx}{x^2}=0$, जहाँ n एक अशून्य वास्तविक संख्या है, तव a बराबर है–

(a) 0 (b) $\frac{n+1}{n}$

(c) n (d) $n+\frac{1}{n}$

38. $x = k$ पर $f(x) = [x] \sin(\pi x)$, जहाँ k एक पूर्णांक है, का बाँया अवकलन पक्ष होगा–

(a) $(-1)^k (k-1)\pi$ (b) $(-1)^{k-1} (k-1)\pi$

(c) $(-1)^k k\pi$ (d) $(-1)^{k-1} k\pi$

39. फलन $f(x) = \frac{1-\sin x+\cos x}{1+\sin x+\cos x}, x=\pi$ पर परिभाषित नहीं है। तब $f(\pi)$ का मान जिसके लिए $x=\pi$ पर $f(x)$ सतत् हो, है–

(a) $-\frac{1}{2}$ (b) $\frac{1}{2}$

(c) -1 (d) 1

40. फलन $f(x)=x^2 \sin\frac{1}{x}, x\neq 0, f(0)=0; x-0$ पर $f(x)$

(a) सतत् है किन्तु अवकलनीय नहीं

(b) असतत् है

(c) सतत् अवकलन रखता है

(d) सतत् एवं अवकलनीय है

41. यदि $f: R \to R$ एक फलन जो $f(x) = \max(x, x^3)$ द्वारा परिभाषित है, तब उन बिन्दुओं का समुच्चय जहाँ $f(x)$, अवकलनीय नहीं है–

(a) $\{-1, 1\}$ (b) $\{-1, 0\}$

(c) $\{0, 1\}$ (d) $\{-1, 0, 1\}$

42. निम्न में से कौन-सा फलन, $x = 0$ पर अवकलनीय है?

(a) $\cos(|x|)+|x|$ (b) $\cos(|x|)-|x|$

(c) $\sin(|x|)+|x|$ (d) $\sin(|x|)-|x|$

अनुच्छेद-1 (Paragraph-1)

माना $f(x) = \frac{1-\cos 4x}{x^2}, g(x) = \frac{\sqrt{x}}{\sqrt{16+\sqrt{x}}-4}$

तथा $\phi(x) = \begin{cases} f(x), & x<0 \\ a, & x=0 \\ g(x), & x>0 \end{cases}$

43. $\lim_{x\to 0} f(x)$ बराबर होगा–

(a) $\frac{1}{2}$ (b) 2

(c) $\frac{1}{8}$ (d) 8

44. $\lim_{x\to 0} g(x)$ बराबर होगा–

(a) $\frac{1}{8}$ (b) 8

(c) $\frac{1}{2}$ (d) $\frac{1}{5}$

45. यदि फलन $\phi(x)$, बिन्दु $x = 0$ पर सतत् है, तो a का मान

(a) 8 (b) $\frac{1}{8}$

(c) 0 (d) इसमें से कोई नहीं

अनुच्छेद-2 (Paragraph-2)

माना $f(x) \begin{cases} x\sin\frac{1}{x}, \text{ जब } x\neq 0 \\ 0, \text{ जब } x=0 \end{cases}$

46. दिया गया फलन $f(x), x=0$ पर–

(a) सतत् है। (b) असतत् है।

(c) अस्पष्ट है। (d) इसमें से कोई नहीं

47. दिया गया फलन $f(x), x=0$ पर–

(a) अवकलनीय है। (b) अवकलनीय नहीं है।

(c) अस्पष्ट है। (d) इसमें से कोई नहीं।

दृढ़कथन-कारण (Assertion-Reason) : निम्नलिखित चार कूटों (a), (b), (c) एवं (d) में से सही उत्तर का चयन करें।

(a) वक्तव्य–I सत्य है; वक्तव्य–II सत्य है; वक्तव्य–II वक्तव्य–I का सही स्पष्टीकरण है।

(b) वक्तव्य–I सत्य है; वक्तव्य–II सत्य है; वक्तव्य–II वक्तव्य–I का सही स्पष्टीकरण नहीं है।

(c) वक्तव्य–I सत्य है; वक्तव्य–II असत्य है।

(d) वक्तव्य–I असत्य है; वक्तव्य–II सत्य है।

48. यदि फलन $f(x)=\begin{cases} x^2, x\geq 1 \\ x+1, x<1 \end{cases}$

वक्तव्य-I : फलन $f(x)$, $x = 1$ पर अवकलनीय नहीं है

$\lim_{x\to 1^-} f(x) \neq \lim_{x\to 1^+} f(x)$

वक्तव्य-II : यदि कोई फलन $f(x)$, a पर अवकलनीय है तब यह सतत् भी होगा।

49. माना फलन $f(x)=[\sin x], x\in[0,\pi]$

वक्तव्य-I : फलन $f(x)$, $x=\frac{\pi}{2}$ सतत् नहीं है।

वक्तव्य-II : $\lim_{x\to\frac{\pi}{2}} f(x)$ का अस्तित्व नहीं है।

50. वक्तव्य-I : $\lim_{x\to\infty}\frac{\sin x}{x}=0$

वक्तव्य-II : $\lim_{x\to\infty}\frac{\sin x}{x}=\lim_{x\to\infty}\sin x.\lim_{x\to\infty}\frac{1}{x}.$

उत्तरमाला

1	2	3	4	5	6	7	8	9	10
(b)	(a)	(c)	(b)	(b)	(c)	(c)	(b)	(d)	(c)
11	**12**	**13**	**14**	**15**	**16**	**17**	**18**	**19**	**20**
(d)	(a)	(b)	(d)	(a)	(c)	(c)	(a)	(d)	(d)
21	**22**	**23**	**24**	**25**	**26**	**27**	**28**	**29**	**30**
(a)	(a)	(c)	(c)	(a)	(d)	(a)	(a)	(a)	(c)
31	**32**	**33**	**34**	**35**	**36**	**37**	**38**	**39**	**40**
(b)	(c)	(b)	(b)	(d)	(d)	(d)	(a)	(c)	(d)
41	**42**	**43**	**44**	**45**	**46**	**47**	**48**	**49**	**50**
(d)	(d)	(d)	(b)	(a)	(a)	(b)	(a)	(c)	(a)

व्याख्यात्मक उत्तर

1. $\lim_{x\to a}\frac{\sqrt{a+2x}-\sqrt{3x}}{\sqrt{3a+x}-2\sqrt{x}}=\lim_{x\to a}\frac{\sqrt{a+2x}-\sqrt{3x}}{\sqrt{3a+x}-2\sqrt{x}}$

$$\times\frac{\sqrt{a+2x}+\sqrt{3x}}{\sqrt{a+2x}+\sqrt{3x}}\times\frac{\sqrt{3a+x}+2\sqrt{x}}{\sqrt{3a+x}+2\sqrt{x}}$$

$$=\lim_{x\to a}\frac{\sqrt{3a+x}+2\sqrt{x}}{3\left(\sqrt{a+2x}+\sqrt{3x}\right)}=\frac{2}{3\sqrt{3}}.$$

2. $\lim_{\theta\to 0}\frac{5\cos\theta-2\sin\theta}{3\theta+\tan\theta}=\lim_{\theta\to 0}\frac{5\cos\theta-\frac{2\sin\theta}{\theta}}{3+\frac{\tan\theta}{\theta}}$

$$=\frac{5-2}{3+1}=\frac{3}{4}.$$

3. $\lim_{x\to 2^-}\frac{|x-2|}{x-2}=\lim_{h\to 0}\frac{|2-h-2|}{2-h-2}=-1$

$$\lim_{\theta\to 2^+}\frac{|x-2|}{x-2}=\lim_{h\to 0}\frac{2+h-2}{2+h-2}=1$$

अतः सीमा का अस्तित्व नहीं है।

4. $\lim_{\theta\to 0}\frac{\sin 3\theta-\sin\theta}{\sin\theta}=\lim_{\theta\to 0}\frac{\sin 3\theta}{\sin\theta}-\lim_{\theta\to 0}\frac{\sin\theta}{\sin\theta}$

$$=\lim_{\theta\to 0}\frac{\sin 3\theta}{3\theta}\times\frac{3\theta}{\sin\theta}-1=3-1=2.$$

5. $\lim_{x\to 1}\frac{x^3-1}{x^2+5x-6}=\lim_{x\to 1}\frac{(x-1)\left(x^2+x+1\right)}{(x-1)(x+6)}$

$$\lim_{x\to 1}\frac{x^2+x+1}{x+6}=\frac{3}{7}.$$

6. $\cos^{-1} x = y$ रखने पर व $x \to 1 \Rightarrow y \to 0$

$$\lim_{x\to 1}\frac{1-\sqrt{x}}{\left(\cos^{-1}x\right)^2}=\lim_{y\to 0}\frac{1-\sqrt{\cos y}}{y^2}$$

$$=\lim_{y\to 0}\frac{(1-\cos y)}{\left(1+\sqrt{\cos y}\right)}$$

$$=\lim_{y\to 0}\frac{1-\cos y}{y^2}.\lim_{y\to 0}\frac{1}{1+\sqrt{\cos y}}=\frac{1}{2}\times\frac{1}{2}=\frac{1}{4}.$$

7. $$\lim_{x\to 0}\frac{\sin(2+x)-\sin(2-x)}{x}=\lim_{x\to 0}\frac{2\cos 2\sin x}{x}$$

$$=2\cos 2.\lim_{x\to 0}\frac{\sin x}{x}=2\cos 2.$$

8. माना $\sin^{-1} x = y \Rightarrow x = \sin y$

अतः $$\lim_{x\to 0}\frac{\sqrt{1+x}-\sqrt{1-x}}{\sin^{-1}x}=\lim_{y\to 0}\frac{\sqrt{1+\sin y}-\sqrt{1-\sin y}}{y}$$

$(\because x\to 0 \Rightarrow y\to 0)$

$$\lim_{y\to 0}\frac{1+\sin y-1+\sin y}{y\left(\sqrt{1+\sin y}+\sqrt{1-\sin y}\right)}$$

$$=\lim_{y\to 0}\frac{2\sin y}{y\left(\sqrt{1+\sin y}+\sqrt{1-\sin y}\right)}=\lim_{y\to 0}\frac{\sin y}{y}=1.$$

9. $$\lim_{h\to 0}\frac{2\left[\sqrt{3}\sin\left(\frac{\pi}{6}+h\right)-\cos(\pi/6+h)\right]}{\sqrt{3}\,h\left(\sqrt{3}\cos h-\sin h\right)}$$

$$=\lim_{h\to 0}\frac{\frac{4}{\sqrt{3}}\left[\frac{\sqrt{3}}{2}\sin\left(\frac{\pi}{6}+h\right)-\frac{1}{2}\cos\left(\frac{\pi}{6}+h\right)\right]}{h\left(\sqrt{3}\cos h-\sin h\right)}$$

$$=\frac{4}{\sqrt{3}}\lim_{h\to 0}\frac{\sin h}{h}\lim_{h\to 0}\frac{1}{\sqrt{3}\cos h-\sin h}$$

$$=\frac{4}{\sqrt{3}}\times 1\times\frac{1}{\sqrt{3}}=\frac{4}{3}.$$

10. $$\lim_{x\to\infty}\left(\sqrt{x^2+1}-x\right)=\lim_{x\to\infty}\frac{x^2+1-x^2}{\sqrt{x^2+1}+x}$$

$$\lim_{x\to\infty}\frac{1}{\sqrt{x^2+1}+x}=\lim_{x\to\infty}\frac{1}{x}.\frac{1}{\sqrt{1+\frac{1}{x^2}}+1}=0.$$

11. $$\lim_{x\to 0}\frac{e^{\alpha x}-e^{\beta x}}{x}=\lim_{x\to 0}\frac{e^{\alpha x}-1-e^{\beta x}+1}{x}$$

$$\lim_{x\to 0}\frac{e^{\alpha x}-1}{x}-\lim_{x\to 0}\frac{e^{\beta x}-1}{x}=1$$

$$=\alpha\lim_{x\to 0}\frac{e^{\alpha x}-1}{\alpha x}-\beta\lim_{x\to 0}\frac{e^{\beta x}-1}{\beta x}=\alpha.1-\beta.1=\alpha-\beta.$$

12. $$\lim_{x\to 0}\frac{3\sin x-\sin 3x}{x^3}=\lim_{x\to 0}\frac{3\sin x-3\sin x+4\sin^3 x}{x^3}$$

$$=\lim_{x\to 0}\frac{4\sin^3 x}{x^3}=4.$$

13. $\lim_{x\to 2} f(x)=\lim_{x\to 2}(x+2)(x^2+4)=32$, $f(2)=16$

$\therefore\ f(2)\neq\lim_{x\to 2} f(x)\ \ \therefore\ f(x), x=2$ पर असतत् है।

14. सतत् की परिभाषा से,

$$\lim_{x\to 3^{-1}} f(x)=f(3)=\lim_{x\to 3^+} f(x)$$

$$\Rightarrow \lim_{h\to 3^-} f(x)=4$$

या $\lim_{y\to 0} 3-h+\lambda=4 \Rightarrow 3+\lambda=4 \Rightarrow \lambda=1.$

15. $$\lim_{x\to 0}\frac{\sqrt{\frac{1}{2}(1-\cos 2x)}}{x}=\lim_{x\to 0}\frac{|\sin x|}{x}$$

अतः $$\lim_{x\to 0^-}\frac{|\sin x|}{x}=1$$

व $\lim_{\pi\to 0^-}\frac{|\sin x|}{x}=-1$, अतः सीमा का अस्तित्व नहीं है।

16. $\lim_{x\to\pi/2}\{(1-\sin x)\tan x\}=\lim_{x\to\pi/2}\frac{\sin x-\sin^2 x}{\cos x}$

L'–Hospital's नियम के प्रयोग करने पर,

$\lim_{x\to\pi/2}\frac{\cos x-\sin 2x}{-\sin x}=0.$

17. $\lim_{x\to a}\frac{g(x)f(a)-g(a)f(x)}{x-a}$

$=-\lim_{x\to a}\frac{g'(x)f(a)-g(a)f'(x)}{1}$

(L'–Hospital's नियम है)

$=g'(x)f(a)-g(a)f'(a)=2\times 2-1\times 1=3.$

18. बाँयी सीमा $\lim_{x\to 0^-}f(x)=\lim_{x\to 0^-}\left(\frac{2\sin^2 2x}{(2x)^2}\right)4=8$

दांयीं सीमा $=\lim_{x\to 0^+}f(x)=\lim_{x\to 0^+}\sqrt{16+\sqrt{x}}+4=8$

$\because x=0$ पर फलन सतत् है।

$\therefore$ बाँयीं सीमा दांयीं सीमा $=f(0)\Rightarrow a=8.$

19. $\lim_{x\to 0}\left[\frac{\sqrt{a+x}-\sqrt{a-x}}{x}\right]$

$=\lim_{x\to 0}\left[\frac{(\sqrt{a+x}-\sqrt{a-x})(\sqrt{a+x}+\sqrt{a-x})}{x(\sqrt{a+x}+\sqrt{a-x})}\right]$

$=\lim_{x\to 0}\left[\frac{2x}{x(\sqrt{a+x}+\sqrt{a\quad x})}\right]=\frac{2}{\sqrt{a}+\sqrt{a}}=\frac{1}{\sqrt{a}}.$

20. $\lim_{\alpha\to\beta}\frac{\sin^2\alpha-\sin^2\beta}{\alpha^2-\beta^2}$ (L'–Hospital's नियम से)

$=\lim_{\alpha\to\beta}\frac{2\sin\alpha\cos\alpha}{2\alpha}=\lim_{\alpha\to\beta}\frac{\sin 2\alpha}{2\alpha}=\frac{\sin 2\beta}{2\beta}.$

21. $f(x)=\frac{\cos^2 x+\sin^4 x}{\sin^2+\cos^4 x}$

$\Rightarrow f(x)=\frac{\cos^2 x+\sin^2 x(1-\cos^2 x)}{\sin^2 x+\cos^2 x(1-\sin^2 x)}$

$\Rightarrow f(x)=\frac{\sin^2 x+\cos^2 x-\sin^2 x\cos^2 x}{\sin^2 x+\cos^2 x-\sin^2 x\cos^2 x}$

$=f(x)=1\Rightarrow f(2002)=1.$

22. $y=\lim_{x\to 1}\frac{\sqrt{f(x)}-1}{\sqrt{x}-1}\Rightarrow y=\lim_{x\to 1}\frac{(\sqrt{f(x)}-1)}{(\sqrt{x}-1)}$

$\frac{(\sqrt{f(x)}+1)}{(\sqrt{x}+1)}\cdot\frac{(\sqrt{x}+1)}{(\sqrt{f(x)}+1)}$

$\Rightarrow\quad y=\lim_{x\to 1}\frac{f(x)-(1)}{x-1}\cdot\frac{\sqrt{x}+1}{\sqrt{f(x)}+1}$

$\Rightarrow\quad y=\lim_{x\to 1}\frac{f(x)-(1)}{x-1}\times\lim_{x\to 1}\frac{\sqrt{x+1}}{\sqrt{f(x)+1}}$

$\Rightarrow\quad y=f'(1).\frac{\sqrt{2}}{\sqrt{f(1)+1}}$

$\Rightarrow\quad y=2\times 1=2.$

23. $y=\lim_{x\to 2}\frac{xf(2)-2f(x)}{x-2}$

$\Rightarrow y=\lim_{x\to 2}\frac{xf(2)-2f(2)+2f(2)-2f(x)}{x-2}$

$\Rightarrow y=\lim_{x\to 2}\frac{-2f(x)+2f(2)+xf(2)-2f(2)}{(x-2)}$

$$\Rightarrow y = -2\lim_{x\to 2}\frac{[f(x)-f(2)]}{x-2} + \lim_{x\to 2}\frac{f(2)(x-2)}{x-2}$$

$$\Rightarrow y = -2\lim_{x\to 2}\frac{f(x)-f(2)}{x-2} + f(2)$$

$$\Rightarrow \quad y = 2f'(x) + f(2) = -8 + 4 = -4.$$

24. $x = 0$ पर सतत् होने के लिए $f(0) = \lim_{x\to 0} f(x)$

$$= \lim_{x\to 0}(x+1)^{\cot x} = \lim_{x\to 0}\left\{(1+x)^{1/x}\right\}^{x\cot x}$$

$$= \lim_{x\to 0}\left\{(1+x)^{1/x}\right\}^{\lim_{x\to 0}\left(\frac{x}{\tan x}\right)} = e^1 = e.$$

25. $$\lim_{x\to\pi/2}\left(\frac{a^{\cot x} - a^{\cos x}}{\cot x - \cos x}\right)$$

$$= \lim_{x\to\pi/2} a^{\cos x}\left(\frac{a^{\cot x - \cos x} - 1}{\cot x - \cos x}\right)$$

$$= a^{\cos(\pi/2)}\lim_{x\to\pi/2}\left(\frac{a^{\cot x - \cos x} - 1}{\cot x - \cos x}\right) = \log a.$$

26. L'–Hospital's नियम से,

$$\lim_{x\to 7}\frac{2-\sqrt{x-3}}{x^2-49} = \lim_{x\to 7}\frac{-\frac{1}{2}\frac{1}{\sqrt{x-3}}}{2x}$$

$$= \lim_{x\to 7}\frac{-1}{4x\sqrt{x-3}} = \frac{-1}{4.7\sqrt{7-3}} = \frac{-1}{56}.$$

27. $$\lim_{x\to 0}\left\{\frac{\log_e(1+x)}{x^2} + \frac{x-1}{x}\right\}$$

$$= \lim_{x\to 0}\left\{\frac{\log_e(1+x) + x^2 - x}{x^2}\right\}$$

$$= \lim_{x\to 0}\left\{\frac{\left(x - \frac{x^2}{2} + \frac{x^3}{3} - \ldots\ldots\right) + x^2 - x}{x^2}\right\} = \frac{1}{2}.$$

28. $$\lim_{x\to a}\frac{f(a)\,g(x) \quad f(x)\,g(a)}{x \quad a}$$

$$= \lim_{x\to a}\frac{f(a)\,g'(x) \quad f'(x)\,g(a)}{1 \quad 0}$$ (L'-Hospital's नियम से)

$$= f(a)\times g'(a) - f'(a)\times g(a) = 2\times(-1) - 1\times(-3) = 1.$$

29. $$\lim_{x\to a}\frac{kg(x) - kf(x)}{g(x) - f(x)} = 4$$

$$\Rightarrow \lim_{x\to a} k\left[\frac{g'(x) - f'(x)}{g'(x) - f'(x)}\right] = 4$$

(L'-Hospital's नियम से)

$\Rightarrow k = 4$

30. $$\lim_{x\to 0}\frac{\frac{d}{dx}\int_0^{x^2}\sec^2 t\,dt}{\frac{d}{dx}(x\sin x)} = \lim_{x\to 0}\frac{\sec^2 x^2 .2x}{\sin x + x\cos x}$$

(L'-Hospital's नियम से)

$$= \lim_{x\to 0}\frac{2\sec^2 x^2}{\left(\frac{\sin x}{x} + \cos x\right)} = \frac{2\times 1}{1+1} = 1.$$

31. माना $x < 0 \Rightarrow |x| = -x,$

$$\Rightarrow f'(x) = \frac{d}{dx}\left(\frac{x}{1-x}\right) = \frac{1}{(1-x)^2}$$

$$\Rightarrow \left[f'(x)\right]_{x=0} = 1$$

पुनः $x > 0 \Rightarrow |x| = x$

$$f'(x) = \frac{d}{dx}\left(\frac{x}{1+x}\right) = \frac{1}{(1+x)^2}$$

$$\Rightarrow [f'(x)]_{x=0} = 1$$

$$\Rightarrow f'(0) = 1.$$

32. $\lim\limits_{x\to\frac{\pi}{2}}\dfrac{\tan\left(\frac{\pi}{4}-\frac{x}{2}\right)(1-\sin x)}{(\pi-2x)^3}$

माना $x=\frac{\pi}{2}-y\Rightarrow y\to 0$

$$\Rightarrow \lim_{y\to 0}\frac{\tan(-y/2)(1-\cos y)}{(-2y)^3}$$

$$=\lim_{y\to 0}\frac{-\tan\frac{y}{2}.2\sin^2\frac{y}{2}}{(-8)y^3}$$

$$=\lim_{y\to 0}\frac{1}{32}\frac{\tan y/2}{\left(\frac{y}{2}\right)}\left[\frac{\sin\frac{y}{2}}{\frac{y}{2}}\right]^2=\frac{1}{32}.$$

33. परिभाषा से $f'(1)=\lim\limits_{h\to 0}\dfrac{f(1+h)-f(1)}{h}$

$$=\lim_{h\to 0}\frac{\frac{1}{2(1+h)-5}-\left(-\frac{1}{3}\right)}{h}$$

$$=\lim_{h\to 0}\frac{\left(\frac{1}{2h-3}+\frac{1}{3}\right)}{h}=\lim_{h\to 0}\left(\frac{3+2h-3}{3h(2h-3)}\right)$$

$$=\lim_{h\to 0}\frac{2h}{3h(2h-3)}$$

$$=\lim_{h\to 0}\frac{2}{3(2h-3)}=\frac{2}{3(-3)}=\frac{-2}{9}.$$

34. $\lim\limits_{x\to 0}\dfrac{\sin\left(\pi\cos^2 x\right)}{x^2}=\lim\limits_{x\to 0}\dfrac{\sin\left(\pi-\pi\sin^2 x\right)}{x^2}$

$$=\lim_{x\to 0}\frac{\sin\left(\pi\sin^2 x\right)}{x^2}$$

$$=\lim_{x\to 0}\frac{\sin\left(\pi\sin^2 x\right)}{\pi\sin^2 x}\times\pi\times\frac{\sin^2 x}{x^2}=1\times\pi\times 1=\pi.$$

35. यहाँ $\lim\limits_{h\to 0}\dfrac{f(2h+2+h^2)-f(2)}{f(h-h^2+1)-f(1)}$

$\{f'(2)=6$ और $f'(1)=4$ (दिया है) $\}$

$$\therefore \lim_{h\to 0}\frac{\left\{f'(2h+2+h^2)\right\}(2+2h)-0}{\left\{f'\left(h-h^2+1\right)\right\}(1-2h)-0}$$

L'-Hospital's नियमानुसार, $\dfrac{f'(2).2}{f'(1).1}$

$$(\because f'(2)=6, f'(1)=4)$$

$$=\frac{6.2}{4.1}=3.$$

36. $\lim\limits_{x\to 2}\displaystyle\int_6^{f(x)}\frac{4t^3}{x-2}dt=\lim\limits_{x\to 2}\dfrac{\int_6^{f(x)}4t^3\,dt}{(x-2)}$

$$=\lim_{x\to 2}\frac{4[f(x)]^3}{1}f'(x)$$

$$=4[f(2)]^3 f'(2)=4(6)^3\times\frac{1}{48}=18.$$

37. यहाँ $\lim\limits_{x\to 0}\dfrac{[(a-n)xn-\tan x]\sin nx}{x^2}=0$

$$\Rightarrow \lim_{x\to 0}\left[(a-n)n-\frac{\tan x}{x}\right]\frac{\sin nx}{x}=0$$

$$\Rightarrow [(a-n)n-1]n=0$$

$$\Rightarrow (a-n)n=1\Rightarrow a=n+\frac{1}{n}.$$

38. $f(x)=[x]\sin\pi x$

यदि $x<k$, तब $[x]=k-1$ (दिया है)

$f(x)=(k-1)\sin\pi x$

$f(x)$ का $\text{L.H.D}=\lim_{x\to k}\frac{(k-1)\sin\pi x-k\sin\pi k}{x-k}$

$$=\lim_{x\to k}\frac{(k-1)\sin\pi x}{x-k}$$

$$=\lim_{h\to 0}\frac{(k-1)\sin\pi(k-h)}{-h}$$

$$=\lim_{h\to 0}\frac{(k-1)(-1)^{k-1}\sin h\pi}{-h}=(k-1)(-1)^k.\pi.$$

39. $f(x)=\dfrac{2\cos^2\frac{x}{2}-2\sin\frac{x}{2}\cos\frac{x}{2}}{2\cos^2\frac{x}{2}+2\sin\frac{x}{2}\cos\frac{x}{2}}$

$$=\frac{\cos\frac{x}{2}-\sin\frac{x}{2}}{\cos\frac{x}{2}+\sin\frac{x}{2}}=\tan\left(\frac{\pi}{4}-\frac{x}{2}\right)$$

$x=\pi$, पर $f(\pi)=-\tan\frac{\pi}{4}=-1.$

40. $\lim_{x\to 0}f(x)=x^2\sin\left(\frac{1}{x}\right)$

परन्तु $-1\le\sin\left(\frac{1}{x}\right)\le 1$ तथा $x\to 0$

$\therefore\ \lim_{x\to 0^+}f(x)=0=\lim_{x\to 0^-}f(x)=f(0)$

अतः $f(x), x=0$ पर सतत् है साथ ही

$f(x)=x^2\sin\frac{1}{x}$ अवकलनीय है।

41. यदि $x<-1$ तब $x>x^3$, अतः $f(x)=x$

यदि $x=-1$ तब $x=x^3$, अतः $f(x)=x$,

यदि $-1<x<0$ तब $x<x^3$, अतः $f(x)=x^3$,

यदि $x=0$ तब $x=x^3$, अतः $f(x)=x^3$,

यदि $0<x<1$ तब $x>x^3$, अतः $f(x)=x$,

यदि $x=1$ तब $x=x^3$ अतः $f(x)=x$

यदि $x>1$ तब $x<x^{3'}$, अतः $f(x)=x^3$

इस प्रकार $f(x)=\begin{cases}x, & x\le -1\\ x^3, & -1<x\le 0\\ x, & 0<x\le 1\\ x^3, & x>1\end{cases}$

स्पष्टतः $f(x), x=-1,0,1$ पर अवकलनीय नहीं है।

42. $\cos|x|=\cos x$ जो प्रत्येक जगह अवकलनीय है तथा $|x|, x=0$ पर अवकलनीय नही है अतः $\cos(|x|)\pm|x|, x=0$ पर अवकलनीय नहीं है।

$x<0$, के लिए

$\sin(|x|)+|x|=\sin(-x)-x=-\sin x-x$

$x>0$ के लिए

$x>0, \sin(|x|)+|x|=\sin x+x$

अतः $x=0$ पर इसका बाँया अवकलन (LHD) $[-\cos x-1]_{x=0}=-2$ है तथा $x=0$ पर इसका दायाँ पक्ष अवकलन (RHD) $[\cos x+1]_{x=0}=2$

अतः $\sin(|x|)+|x|, x=0$ पर अवकलनीय नहीं है।

अतः $x<0$ पर

$\sin(|x|)-|x|=\sin(-x)(-x)=-\sin x+x$

अतः $x>0$ पर $\sin(|x|)-|x|=\sin x-x$

$\therefore x=0$ पर इसका $\text{LHD}[-\cos x+1]_{x=0}=0$ तथा $x=0$ पर

इसका $\text{RHD}[\cos x-1]_{x=0}=0$

$\therefore(\sin|x|-|x|), x=0$ पर अवकलनीय है।

43. $\lim_{x\to 0} f(x) = \lim_{x\to 0} \frac{1-\cos 4x}{x^2} = \lim_{x\to 0} \frac{2\sin^2 2x}{x^2}$

$$= 2\times 4 \lim_{x\to 0}\left(\frac{\sin 2x}{2x}\right)^2$$

$$= 8\times 1 = 8.$$

44. $\lim_{x\to 0} g(x) = \lim_{x\to 0} \frac{\sqrt{x}}{\sqrt{16+\sqrt{x}}-4}$

$$= \lim_{x\to 0} \frac{\sqrt{x}\left(\sqrt{16+\sqrt{x}}+4\right)}{\left(\sqrt{16+\sqrt{x}}-4\right)\left(\sqrt{16+\sqrt{x}+4}\right)}$$

$$= \lim_{x\to 0} \sqrt{16+\sqrt{x}}+4$$

$$= 4+4 = 8.$$

45. $\lim_{x\to 0^+} \phi(x) = \lim_{x\to 0^+} g(x) = \lim_{x\to 0} g(x)$

तथा $\lim_{x\to 0^-} \phi(x) = \lim_{x\to 0^-} f(x) = \lim_{x\to 0} f(x) = 8$

$\Rightarrow \lim_{x\to 0} \phi(x) = 8$

$\therefore$ ϕ बिन्दु $x=0$ पर सतत् है, जब $\phi(0)=8$ अर्थात् यदि $a=8$.

46. (LHL, $x=0$ पर)

$\lim_{x\to 0^-} f(x) = \lim_{h\to 0}(0-h) = \lim_{h\to 0} f(-h)$

$$= \lim_{h\to 0} -h\sin\left(\frac{1}{-h}\right)$$

$= \lim_{h\to 0} +h\sin\left(\frac{1}{h}\right) = 0 \times$ (−1 एवं 1 के मध्य संख्याएँ) $=0$

(RHL, $x=0$ पर)

$\lim_{x\to 0^+} f(x) = \lim_{h\to 0} f(0+h) \lim_{h\to 0} f(h)$

$= \lim_{h\to 0} h\sin\left(\frac{1}{h}\right) = 0 \times$ (−1 एवं 1 के मध्य संख्याएं) $=0$

तथा $f(0)=0$

अतः $f(x), x=0$ पर सतत् है।

47. (LHD, $x=0$ पर) $= \lim_{x\to 0^-} \frac{f(x)-f(0)}{x-0}$

(LHD, $x=0$ पर)

$$= \lim_{h\to 0} \frac{f(0-h)-f(0)}{0-h-0} = \lim_{h\to 0} \frac{f(-h)-0}{-h}$$

$$= \frac{-h\sin\left(\frac{1}{-h}\right)}{-h} = \lim_{h\to 0} \sin\left(\frac{1}{h}\right)$$

अतः (LHD, $x=0$ पर) = (एक संख्या −1 एवं 1 के मध्य)

$\therefore$ LHD, $x = 0$ का अस्तित्व नहीं है।

इसी प्रकार RHD, $x = 0$ का अस्तित्व नहीं होगा

अतः $f(x)$, $x = 0$ पर अवकलनीय नहीं है।

48. वक्तय–II एक प्रामाणिक परिणाम है

और $\lim_{x\to 1^-} f(x) = \lim_{x\to 1^-}(x+1) = 2$

तथा $\lim_{x\to 1^+} f(x) = \lim_{x\to 1^+} x^2 = 1$

$\Rightarrow \lim_{x\to 1^-} f(x) \neq \lim_{x\to 1^+} f(x)$

$\Rightarrow f(x)$, $x = 1$ पर सतत् नहीं है।

$\Rightarrow f(x)$, $x = 1$ अवकलनीय नहीं है।

अतः दोनों वक्तव्य सत्य हैं तथा वक्तव्य–II, वक्तव्य–I का सही स्पष्टीकरण है।

49. हम जानते हैं $x \in \left(0, \frac{\pi}{2}\right) U \left(\frac{\pi}{2}, \pi\right), 0 < \sin x < 1$

$\Rightarrow [\sin x] = 0$

$$\lim_{x\to\frac{\pi}{2}} [\sin x]=0$$

अतः वक्तव्य–II सत्य नहीं है

पुनः $f\left(\frac{\pi}{2}\right)=\left[\sin\frac{\pi}{2}\right]=1$

$$\Rightarrow \lim_{x\to\frac{\pi}{2}} f(x) \neq f\left(\frac{\pi}{2}\right)$$

अतः फलन $f(x)$, $x=\frac{\pi}{2}$ पर सतत् नहीं है

वक्तव्य–I सत्य है।

50. हम जानते हैं $\lim_{x\to\infty}\frac{1}{x}=0$

अतः $\lim_{x\to\infty}\frac{\sin x}{x}$ में $x=\frac{1}{y}$ मान रखने पर,

जब $x\to\infty, y\to 0$

अब $\lim_{x\to\infty}\frac{\sin x}{x}=\lim_{y\to 0}\frac{\sin\frac{1}{y}}{\frac{1}{y}}=\lim_{y\to 0} y\sin\frac{1}{y}$

अतः दोनों वक्तव्य सत्य है तथा वक्तव्य–II, वक्तव्य I का सही स्पष्टीकरण है।

21

अवकलन (DIFFERENTIATION)

अवकलन (Differentiation)

यदि $y = f(x)$ कोई फलन है तब x के सापेक्ष y के अवकलन को $\frac{dy}{dx}, \frac{d}{dx}\{f(x)\}, f'(x)$ से सूचित किया जाता है।

जहाँ $\frac{dy}{dx} = \lim_{\Delta x \to 0} \frac{\Delta y}{\Delta x} = \lim_{\Delta x \to 0} \frac{f(x+\Delta x) - f(x)}{\Delta x}$

अवकल गुणांक (Differential Coefficients)

(i) $\frac{d}{dx}(x^n) = nx^{n-1}$

(ii) $\frac{d}{dx}(\sin x) = \cos x$

(iii) $\frac{d}{dx}(\cos x) = -\sin x$

(iv) $\frac{d}{dx}(\tan x) = \sec^2 x$

(v) $\frac{d}{dx}(\text{cosec } x) = -\text{cosec } x . \cot x$

(vi) $\frac{d}{dx}(\sec x) = \sec x . \tan x$

(vii) $\frac{d}{dx}(\cot x) = -\text{cosec}^2 x$

(viii) $\frac{d}{dx}(\log_a x) = \frac{1}{x \log_e a}, a > 0, a \neq 1$

(ix) $\frac{d}{dx}(a^x) = a^x \log_e a, \; a > 0$

(x) $\frac{d}{dx}(e^x) = e^x$

(xi) $\frac{d}{dx}(\log_e x) = \frac{1}{x}$

अवकलन के मौलिक नियम

(Fundamental Rules for Differentiation)

(i) किसी अचर फलन का अवकलन शून्य होता है, अर्थात्

$$\frac{d}{dx}(c) = 0$$

(ii) माना $f(x)$ कोई फलन (अवकलित) है तथा c अचर पद है, तब $cf(x)$ का अवकलन

$\frac{d}{dx}[cf(x)] = c\frac{d}{dx}[f(x)]$ होगा।

(iii) फलनों के योग या अन्तर का अवकलन

$$\frac{d}{dx}[f(x) \pm g(x)] = \frac{d}{dx}[f(x)] \pm \frac{d}{dx}[g(x)]$$

(iv) फलनों के गुणन का अवकलन (Product rule)

$$\frac{d}{dx}[f(x).g(x)]$$

$$= f(x).\frac{d}{dx}[g(x)] + g(x).\frac{d}{dx}[f(x)]$$

(v) फलनों के भाग का नियम (Quotient Rule)

$$\frac{d}{dx}\left[\frac{f(x)}{g(x)}\right] = \frac{g(x)f'(x) - f(x)g'(x)}{[g(x)]^2}$$

उदाहरण 1. x के सापेक्ष अवकलन करें।

$$e^x \log \sqrt{x} \tan x$$

हल : माना $y = e^x \log \sqrt{x} \tan x$

$$\frac{dy}{dx} = \frac{d}{dx}\left[e^x . \frac{1}{2}\log x . \tan x\right]$$

$$= \frac{1}{2}\frac{d}{dx}\left[e^x \log x . \tan x\right]$$

$$= \frac{1}{2}\left[\frac{d}{dx}(e^x)\right] . \tan x . \log x$$

$$+e^x\left[d/dx(\log x)\right].\tan x+e^x\log x\left[d/dx(\tan x)\right]$$

$$=\frac{1}{2}\left[e^x\log x\tan x+\frac{e^x\tan x}{x}+e^x\log x\,.\sec^2 x\right]$$

$$=\frac{1}{2}e^x\left[\log x\,.\tan x+\frac{\tan x}{x}+\log x\,.\sec^2 x\right]$$

उदाहरण 2. x के सापेक्ष अवकलन करें।

$$\frac{e^x+\sin x}{1+\log x}$$

हल : माना $y=\dfrac{e^x+\sin x}{1+\log x}$

$$\frac{dy}{dx}=\frac{d}{dx}\left[\frac{e^x+\sin x}{1+\log x}\right]$$

$$=\frac{(1+\log x)\frac{d}{dx}(e^x+\sin x)-(e^x+\sin x)\frac{d}{dx}(1+\log x)}{(1+\log x)^2}$$

$$=\frac{(1+\log x)(e^x+\cos x)-(e^x+\sin x)\left(\frac{1}{x}\right)}{(1+\log x)^2}$$

$$=\frac{(1+\log x)(e^x+\cos x)-\frac{(e^x+\sin x)}{x}}{(1+\log x)^2}$$

उदाहरण 3. यदि $x^y\,.\,y^x=1$ हो तब $\dfrac{dy}{dx}$ का मान ज्ञात करें।

हल : $x^y\,.\,y^x=1$

दोनों पक्षों में लघुगणक लेने पर,

$y\log x+x\log y=\log 1$

x के सापेक्ष अवकलन करने पर,

$$y\,.\frac{1}{x}+\log x\,.\frac{dy}{dx}+\log y+x\,.\frac{1}{y}\,\frac{dy}{dx}=0$$

$$\Rightarrow\left(\log x+\frac{x}{y}\right)\frac{dy}{dx}=-\left(\frac{y}{x}+\log y\right)$$

$$\frac{dy}{dx}=-\frac{(y+x\log y)}{(x+y\log x)}\cdot\frac{y}{x}$$

उदाहरण 4. $y=\dfrac{\sin x+x^2}{\cot 2x}$ को x के सापेक्ष अवकलन करें।

हल : $y=\dfrac{\sin x+x^2}{\cot 2x}=(\sin x+x^2)\tan 2x$

$$\therefore\ \frac{dy}{dx}=(\sin x+x^2)\frac{d}{dx}(\tan 2x)$$

$$+\tan 2x\,.\frac{d}{dx}(\sin x+x^2)$$

$$\Rightarrow\frac{dy}{dx}=(\sin x+x^2)\sec^2 2x\frac{d}{dx}(2x)$$

$$+\tan 2x(\cos x+2x)$$

$$\frac{dy}{dx}=2(\sin x+x^2)\sec^2 2x+\tan 2x(\cos x+2x)$$

उदाहरण 5. $y=\log\ \tan\left(\dfrac{\pi}{4}+\dfrac{x}{2}\right)$ को x के सापेक्ष अवकलन करें।

हल : $y=\log\ \tan\left(\dfrac{\pi}{4}+\dfrac{x}{2}\right)$

$$\frac{dy}{dx}=\frac{1}{\tan\left(\frac{\pi}{4}+\frac{x}{2}\right)}\cdot\frac{d}{dx}\tan\left(\frac{\pi}{4}+\frac{x}{2}\right)$$

$$\Rightarrow\frac{dy}{dx}=\frac{1}{\tan\left(\frac{\pi}{4}+\frac{x}{2}\right)}\,.\sec^2\left(\frac{\pi}{4}+\frac{x}{2}\right)\times\frac{1}{2}$$

$$\Rightarrow\frac{dy}{dx}=\frac{1\,.\cos\left(\frac{\pi}{4}+\frac{x}{2}\right)}{2\sin\left(\frac{\pi}{4}+\frac{x}{2}\right).\cos\left(\frac{\pi}{4}+\frac{x}{2}\right).\cos\left(\frac{\pi}{4}+\frac{x}{2}\right)}$$

$$\Rightarrow \frac{dy}{dx} = \frac{1}{2\sin\left(\frac{\pi}{4}+\frac{x}{2}\right).\cos\left(\frac{\pi}{4}+\frac{x}{2}\right)}$$

$$\Rightarrow \frac{dy}{dx} = \frac{1}{\sin 2\left(\frac{\pi}{4}+\frac{x}{2}\right)}$$

$$\Rightarrow \frac{dy}{dx} = \frac{1}{\sin\left(\frac{\pi}{2}+x\right)} = \frac{1}{\cos x} = \sec x$$

$$\therefore \frac{dy}{dx} = \sec x$$

प्रतिलोम त्रिकोणमितीय फलनों का अवकलन गुणांक

(Differential Coefficients of Inverse Trigonometrical Functions)

(*i*) $\frac{d}{dx}\left(\sin^{-1} x\right) = \frac{1}{\sqrt{1-x^2}}$

(*ii*) $\frac{d}{dx}\left(\cos^{-1} x\right) = -\frac{1}{\sqrt{1-x^2}}$

(*iii*) $\frac{d}{dx}\left(\tan^{-1} x\right) = \frac{1}{1+x^2}$

(*iv*) $\frac{d}{dx}\left(\text{cosec}^{-1} x\right) = -\frac{1}{x\sqrt{x^2-1}}$

(*v*) $\frac{d}{dx}\left(\sec^{-1} x\right) = \frac{1}{x\sqrt{x^2-1}}$

(*vi*) $\frac{d}{dx}\left(\cot^{-1} x\right) = -\frac{1}{1+x^2}$

नोट : त्रिकोणमितीय फलन जो '*c*' से प्रारंभ होता है जैसे cos, cot, cosec के अवकल गुणांक में ऋणात्मक (–1) का चिह्न लगाते हैं।

उदाहरण 6. $\tan^{-1}\left[\sqrt{\frac{1+\cos x}{1-\cos x}}\right]$ को x के सापेक्ष अवकलन करें।

हल : माना $y = \tan^{-1}\left[\sqrt{\frac{1+\cos x}{1-\cos x}}\right]$

$$= \tan^{-1}\left[\sqrt{\frac{2\cos^2 \frac{x}{2}}{2\sin^2 \frac{x}{2}}}\right]$$

$$= \tan^{-1}\left[\cot\frac{x}{2}\right] = \tan^{-1}\left[\tan\left(\frac{\pi}{2}-\frac{x}{2}\right)\right]$$

$$\Rightarrow \quad y = \frac{\pi}{2} - \frac{x}{2}$$

$$\therefore \frac{dy}{dx} = 0 - \frac{1}{2} = -\frac{1}{2}.$$

उदाहरण 7. $\tan^{-1}\left(\frac{a+x}{1-ax}\right)$ को x के सापेक्ष अवकलन करें।

हल : माना $y = \tan^{-1}\left(\frac{a+x}{1-ax}\right)$

$$\Rightarrow y = \left[\tan^{-1} a + \tan^{-1} x\right]$$

$$\therefore \frac{dy}{dx} = \frac{d}{dx}\left[\tan^{-1} a + \tan^{-1} x\right]$$

$$= \frac{d}{dx}\left(\tan^{-1} a\right) + \frac{d}{dx}\left(\tan^{-1} x\right)$$

$$= 0 + \frac{1}{1+x^2}$$

$$\Rightarrow \frac{dy}{dx} = \frac{1}{1+x^2}.$$

उदाहरण 8. $e^{\cos^{-1}\sqrt{1-x^2}}$ को x के सापेक्ष अवकलन करें।

हल : माना $y = e^{\cos^{-1}\sqrt{1-x^2}}$

$$\Rightarrow \frac{dy}{dx} = \frac{d}{dx}\left[e^{\cos^{-1}\sqrt{1-x^2}}\right]$$

$$\Rightarrow \frac{dy}{dx} = e^{\cos^{-1}\sqrt{1-x^2}} \cdot \frac{d}{dx}\left(\cos^{-1}\sqrt{1-x^2}\right)$$

$$\Rightarrow \frac{dy}{dx} = e^{\cos^{-1}\sqrt{1-x^2}} \cdot \frac{-1}{\sqrt{1-\left(\sqrt{1-x^2}\right)^2}} \times \frac{d}{dx}\left(\sqrt{1-x^2}\right)$$

$$\Rightarrow \frac{dy}{dx} = e^{\cos^{-1}\sqrt{1-x^2}} \cdot \frac{-1}{x} \cdot \frac{1}{2\sqrt{1-x^2}} \cdot \frac{d}{dx}(1-x^2)$$

$$\Rightarrow \frac{dy}{dx} = e^{\cos^{-1}\sqrt{1-x^2}} \times \frac{-1}{x} \times \frac{1}{2\sqrt{1-x^2}} \times (-2x)$$

$$\therefore \quad \frac{dy}{dx} = \frac{e^{\cos^{-1}\sqrt{1-x^2}}}{\sqrt{1-x^2}}.$$

प्रतिलोम त्रिकोणमितीय फलनों को हल करने के लिए महत्वपूर्ण त्रिकोणमितीय सूत्र

(Important Trigonometrical Formulae to Solve Inverse Trigonometrical Functions)

(*i*) $\sin 2x = 2\sin x \cdot \cos x = \dfrac{2\tan x}{1+\tan^2 x}$

(*ii*) $\sin 3x = 3\sin x - 4\sin^3 x$

(*iii*) $\cos 2x = 2\cos^2 x - 1 = 1 - 2\sin^2 x = \dfrac{1-\tan^2 x}{1+\tan^2 x}$

(*iv*) $\cos 3x = 4\cos^3 x - 3\cos x$

(*v*) $1+\cos mx = 2\cos^2 \dfrac{mx}{2}$

(*vi*) $1-\cos mx = 2\sin^2 \dfrac{mx}{2}$

(*vii*) $\tan 2x = \dfrac{2\tan x}{1-\tan^2 x}$

(*viii*) $\tan 3x = \dfrac{3\tan x - \tan^3 x}{1-3\tan^2 x}$

(*ix*) $\sin^{-1}\left(\dfrac{2x}{1+x^2}\right) = 2\tan^{-1} x$

(*x*) $\cos^{-1}\left(\dfrac{1-x^2}{1+x^2}\right) = 2\tan^{-1} x$

(*xi*) $\tan^{-1}\sqrt{\dfrac{1-x}{1+x}} = \dfrac{1}{2}\cos^{-1} x$

(*xii*) (*a*) $\sin^{-1} x + \cos^{-1} x = \dfrac{\pi}{2}$

(*b*) $\tan^{-1} x + \cot^{-1} x = \dfrac{\pi}{2}$

(*c*) $\sec^{-1} x + \text{cosec}^{-1} x = \dfrac{\pi}{2}$

उदाहरण 9. $\cos^{-1}\left(2x^2-1\right)$ को x के सापेक्ष अवकलन करें; जबकि $-1 < x < 0$.

हल : यदि $-1 < x < 0$ तब $x = \cos\theta \Rightarrow -1 < \cos\theta < 0$

$$\Rightarrow \frac{\pi}{2} < \theta < \pi \Rightarrow \pi < 2\theta < 2\pi$$

$$\therefore y = \cos^{-1}\left(2x^2-1\right)$$

$$\Rightarrow y = \cos^{-1}\left[\cos(2\pi - 2\theta)\right]$$

$$\Rightarrow y = 2\pi - 2\theta$$

$$(\because \pi < 2\theta < 2\pi, 0 < 2\pi - 2\theta < \pi)$$

$$y = 2\pi - 2\cos^{-1} x$$

$$\therefore \frac{dy}{dx} = 0 - 2\left(-\frac{1}{\sqrt{1-x^2}}\right)$$

$$\Rightarrow \frac{dy}{dx} = \frac{2}{\sqrt{1-x^2}}.$$

उदाहरण 10. $\sin^{-1}\left(2x\sqrt{1-x^2}\right)$ को x के सापेक्ष अवकलन करें।

हल : माना $y = \sin^{-1}\left(2x\sqrt{1-x^2}\right)$

$x = \sin\theta$ का मान रखने पर,

$$y=\sin^{-1}\left(2\times\sin\theta\sqrt{1-\sin^2\theta}\right)=\sin^{-1}(2\sin\theta\,.\cos\theta)$$

$$y=\sin^{-1}(\sin 2\theta)=2\theta=2\sin^{-1}x$$

$$\Rightarrow \frac{dy}{dx}=\frac{2}{\sqrt{1-x^2}}$$

महत्वपूर्ण प्रतिस्थापन (Important Substitutions)

व्यंजक	प्रतिस्थापन
(*i*) a^2+x^2	$x=a\tan\theta$
(*ii*) a^2-x^2	$x=a\sin\theta$ या $x=a\cos\theta$
(*iii*) x^2-a^2	$x=a\sec\theta$ या $x=a\operatorname{cosec}\theta$
(*iv*) $\frac{2x}{1+x^2}$ या $\frac{2x}{1-x^2}$	$x=\tan\theta$
(*v*) $\frac{a+x}{a-x}$ या $\frac{a-x}{a+x}$	$x=a\tan\theta$

उदाहरण 11. $\tan^{-1}\left[\frac{3a^2x-x^3}{a^3-3ax^2}\right]$ का अवकलन x के सापेक्ष करें।

हल : माना $y=\tan^{-1}\left[\frac{3a^2x-x^3}{a^3-3ax^2}\right]$ तब

$$y=\tan^{-1}\left[\frac{3\frac{x}{a}-\left(\frac{x}{a}\right)^3}{1-3\left(\frac{x}{a}\right)^2}\right]$$

$\frac{x}{a}=\tan\theta$ का मान रखने पर,

$$y=\tan^{-1}\left[\frac{3\tan\theta-\tan^3\theta}{1-3\tan^2\theta}\right]$$

$$\Rightarrow y=\tan^{-1}(\tan 3\theta)$$

$$\Rightarrow y=3\theta \Rightarrow y=3\tan^{-1}\frac{x}{a}$$

$$\Rightarrow \frac{dy}{dx}=\frac{3}{1+\left(\frac{x}{a}\right)^2}\frac{d}{dx}\left(\frac{x}{a}\right)=\frac{3a^2}{a^2+x^2}\times\frac{1}{a}$$

$$\Rightarrow \frac{dy}{dx}=\frac{3a}{a^2+x^2}.$$

उदाहरण 12. $\cos^{-1}\left(\frac{1-x^2}{1+x^2}\right)$ को x के सापेक्ष अवकलन करें।

हल : माना $y=\cos^{-1}\left[\frac{1-x^2}{1+x^2}\right]$, $x=\tan\theta$ मान रखने पर,

$$y=\cos^{-1}\left[\frac{1-\tan^2\theta}{1+\tan^2\theta}\right]=\cos^{-1}(\cos 2\theta)=2\theta$$

$$\therefore y=2\tan^{-1}x \Rightarrow \frac{dy}{dx}=\frac{2}{1+x^2}.$$

उदाहरण 13. $\tan^{-1}(\sec x+\tan x)$ का x के सापेक्ष अवकलन करें।

हल : माना $y=\tan^{-1}(\sec x+\tan x)$ तब

$$y=\tan^{-1}\left(\frac{1}{\cos x}+\frac{\sin x}{\cos x}\right)$$

$$=\tan^{-1}\left(\frac{1-\cos\left(\frac{\pi}{2}+x\right)}{\sin\left(\frac{\pi}{2}+x\right)}\right)$$

$$=\tan^{-1}\left[\frac{2\sin^2\left(\frac{\pi}{4}+\frac{x}{2}\right)}{2\sin\left(\frac{\pi}{4}+\frac{x}{2}\right).\cos\left(\frac{\pi}{4}+\frac{x}{2}\right)}\right]$$

$$= \tan^{-1}\left[\tan\left(\frac{\pi}{4}+\frac{x}{2}\right)\right]$$

$$y = \frac{\pi}{4}+\frac{x}{2}.$$

$$\therefore \quad \frac{dy}{dx} = 0+\frac{1}{2} = \frac{1}{2}.$$

उदाहरण 14. $\tan^{-1}\left[\frac{\sqrt{1+x^2}-1}{x}\right]$ का x के सापेक्ष अवकलन करें।

हल : माना $y = \tan^{-1}\left[\frac{\sqrt{1+x^2}-1}{x}\right]$, $x = \tan\theta$ रखने पर

$$y = \tan^{-1}\left(\frac{\sec\theta-1}{\tan\theta}\right) = \tan^{-1}\left(\frac{1-\cos\theta}{\sin\theta}\right)$$

$$\Rightarrow y = \tan^{-1}\left[\frac{2\sin^2\frac{\theta}{2}}{2\sin\frac{\theta}{2}.\cos\frac{\theta}{2}}\right] = \tan^{-1}\left(\tan\frac{\theta}{2}\right)$$

$$y = \frac{\theta}{2} = \frac{1}{2}\tan^{-1}x$$

$$\therefore \quad \frac{dy}{dx} = \frac{1}{2}\times\frac{1}{1+x^2} = \frac{1}{2\left(1+x^2\right)}.$$

प्राचलिक समीकरणों का अवकलन

(Differentiation of Parametric Equations)

यदि $y = f(t)$ तथा $x = g(t)$ दो फलन हों तथा $\frac{dy}{dx}$ का मान प्राप्त करना हो तब

$$\frac{dy}{dx} = \frac{\left(\frac{dy}{dt}\right)}{\left(\frac{dx}{dt}\right)}$$

अर्थात् दोनों फलनों को t के सापेक्ष अवकलन कर भाग देने पर $\frac{dy}{dx}$ का मान प्राप्त होता है।

उदाहरण 15. यदि $x = a\sec^3\theta$ तथा $y = a\tan^3\theta$, तब $\frac{dy}{dx}$ का मान ज्ञात करें।

हल : $x = a\sec^3\theta,\ y = a\tan^3\theta$

$$\Rightarrow \frac{dx}{d\theta} = 3a\sec^2\theta(\sec\theta.\tan\theta),$$

तथा $\frac{dy}{d\theta} = 3a\tan^2\theta.\sec^2\theta$

अतः

$$\frac{dy}{dx} = \frac{\frac{dy}{d\theta}}{\frac{dx}{d\theta}} = \frac{3a\tan^2\theta.\sec^2\theta}{3a\sec^3\theta.\tan\theta} = \frac{\tan\theta}{\sec\theta} = \sin\theta$$

$$\therefore \quad \frac{dy}{dx} = \sin\theta.$$

उदाहरण 16. यदि $x = at^2$ तथा $y = 2at$ तब $\frac{dy}{dx}$ का मान ज्ञात करें।

हल : $x = at^2$ तथा $y = 2at$

$$\therefore \quad \frac{dx}{dt} = 2at \qquad \frac{dy}{dt} = 2a$$

अतः $\frac{dy}{dx} = \frac{dy/dt}{dx/dt} = \frac{2a}{2at} = \frac{1}{t}$

$$\therefore \quad \frac{dy}{dx} = \frac{1}{t}.$$

उदाहरण 17. $\tan^{-1}\left(\frac{2x}{1-x^2}\right)$ का अवकलन $\sin^{-1}\left(\frac{2x}{1+x^2}\right)$ के सापेक्ष में करें।

हल : माना $u = \tan^{-1}\left(\frac{2x}{1-x^2}\right)$ तथा

$v = \sin^{-1}\left(\frac{2x}{1+x^2}\right)$, $x = \tan\theta$ का मान रखने पर,

$$u = \tan^{-1}\left(\frac{2\tan\theta}{1-\tan^2\theta}\right),\ v = \sin^{-1}\left(\frac{2\tan\theta}{1+\tan^2\theta}\right)$$

$$u = \tan^{-1}(\tan 2\theta),\ v = \sin^{-1}(\sin 2\theta)$$

$$u = 2\theta,\ v = 2\theta$$

$$\therefore u = 2\tan^{-1}x,\ v = 2\tan^{-1}x$$

$$\therefore \frac{du}{dx} = \frac{2}{1+x^2} \text{ तथा } \frac{dv}{dx} = \frac{2}{1+x^2}$$

$$\Rightarrow \frac{du}{dv} = \frac{du/dx}{dv/dx} = \frac{\frac{2}{1+x^2}}{\frac{2}{1+x^2}} = 1$$

$$\Rightarrow \frac{du}{dv} = 1.$$

अस्पष्ट फलनों का अवकलन

(Differentiation of Implicit Functions)

यदि चर x एवं y आपस में इस प्रकार संबंधित हो कि $f(x, y) = 0$ तब y को x का अस्पष्ट फलन कहेंगे। इस प्रकार के फलनों का $\frac{dy}{dx}$ निकालने के लिए हम दिए गए फलनों के दोनों पक्षों का x के सापेक्ष अवकलन करते हैं जहाँ $\phi(y)$ का अवकलन x के सापेक्ष $\frac{d\phi}{dy}.\frac{dy}{dx}$ होता है।

जैसे $\frac{d}{dx}(\sin y) = \cos y\frac{dy}{dx}$

$\frac{d}{dx}(y^4) = 4y^3\frac{dy}{dx}$ इत्यादि।

उदाहरण 18. यदि $x^3 + y^3 = 3axy$ तब $\frac{dy}{dx}$ का मान ज्ञात करें।

हल : $x^3 + y^3 = 3axy$

x के सापेक्ष दोनों पक्षों को अवकलन करने पर,

$$\frac{d}{dx}(x^3) + \frac{d}{dx}(y^3) = 3a\frac{d}{dx}(xy)$$

$$\Rightarrow 3x^2 + 3y^2\frac{dy}{dx} = 3a\left(x\frac{dy}{dx} + y\right)$$

$$\Rightarrow 3(y^2 - ax)\frac{dy}{dx} = 3(ay - x^2)$$

$$\Rightarrow \frac{dy}{dx} = \frac{ay - x^2}{y^2 - ax}.$$

उदाहरण 19. $\frac{dy}{dx}$ निकालें, यदि $e^{x-y} = \log\left(\frac{x}{y}\right)$.

हल : $e^{x-y} = \log\left(\frac{x}{y}\right) = \log x - \log y$

x के सापेक्ष अवकलन करने पर,

$$\Rightarrow e^{x-y}\frac{d}{dx}(x-y) = \frac{d}{dx}(\log x) - \frac{d}{dx}(\log y)$$

$$\Rightarrow e^{x-y}\left[1 - \frac{dy}{dx}\right] = \frac{1}{x} - \frac{1}{y}\frac{dy}{dx}$$

$$\Rightarrow \frac{dy}{dx}\left(\frac{1}{y} - e^{x-y}\right) = \frac{1}{x} - e^{x-y}$$

$$\Rightarrow \frac{dy}{dx} = \frac{(1 - x\,e^{x-y})}{(1 - y\,e^{x-y})} \times \frac{y}{x}.$$

उदाहरण 20. यदि $x^y = y^x$ तो $\frac{dy}{dx}$ का मान ज्ञात करें।

हल : $x^y = y^x$

दोनों ओर लघुगणक लेने पर,

$\log x^y = \log y^x \Rightarrow y\log x = x\log y$

x के सापेक्ष अवकलन करने पर,

$$\Rightarrow \frac{y}{x}+\frac{d}{dx}(y).\log x = x.\frac{1}{y}\frac{dy}{dx}+\log y.1$$

$$\Rightarrow \log x\frac{dy}{dx}-\frac{x}{y}\frac{dy}{dx}=\log y-\frac{y}{x}$$

$$\Rightarrow \frac{dy}{dx}\left(\log x-\frac{x}{y}\right)=\log y-\frac{y}{x}$$

$$\Rightarrow \frac{dy}{dx}\frac{(y\log x-x)}{y}=\frac{x\log y-y}{x}$$

$$\Rightarrow \frac{dy}{dx}=\frac{y}{x}\left(\frac{x\log y-y}{y\log x-x}\right).$$

उदाहरण 21. यदि $x^y = e^{x-y}$, तो $\frac{dy}{dx}$ का मान ज्ञात करें।

हल : $x^y = e^{x-y}$

दोनों ओर लघुगुणक लेने पर,

$y\log x = x - y$ ...(i)

x के सापेक्ष अवकलन करने पर,

$$\frac{y}{x}+\log x\frac{dy}{dx}=1-\frac{dy}{dx}$$

$$\Rightarrow \frac{dy}{dx}(\log x+1)=1-\frac{y}{x}=\frac{x-y}{x}$$

$$\Rightarrow \frac{dy}{dx}=\frac{(x-y)}{x(1+\log x)}=\frac{y\log x}{x(1+\log x)}$$

[समीकरण (i) से)

$$\Rightarrow \frac{dy}{dx}=\frac{y}{x}\frac{\log x}{(1+\log x)}.$$

एक फलन का अवकलन दूसरे फलन के सापेक्ष निकालना

(Differentiation of a Function with Respect to Another Function)

माना $u = f(x)$ तथा $v = g(x)$ चर x में दो फलन हैं। तब $f(x)$ का अवकलन $g(x)$ के सापेक्ष में निकालने के लिए

$\frac{du}{dv}=\frac{du/dx}{dv/dx}$ सूत्र का प्रयोग करते हैं।

उदाहरण 22. $\log \sin x$ का अवकलन $\sqrt{\cos x}$ के सापेक्ष में करें।

हल : माना $u = \log\sin x,\ v=\sqrt{\cos x}$

$$\therefore \frac{du}{dx}=\frac{1}{\sin x}\times\cos x,\ \frac{dv}{dx}=\frac{1}{2\sqrt{\cos x}}\times(-\sin x)$$

$$\therefore \frac{du}{dv}=\frac{\cot x}{\frac{-\sin x}{2\sqrt{\cos x}}}=-2\sqrt{\cos x}.\cot x.\operatorname{cosec} x$$

$$\therefore \frac{du}{dv}=-2\sqrt{\cos x}.\cot x.\operatorname{cosec} x.$$

उदाहरण 23. $\tan^{-1}\frac{\sqrt{1+x^2}-1}{x}$ का अवकलन $\tan^{-1}x$ के सापेक्ष में करें।

हल : माना $u=\tan^{-1}\frac{\sqrt{1+x^2}-1}{x}$ तथा $v=\tan^{-1}x$

$x=\tan\theta$ का मान रखने पर,

$$\Rightarrow u=\tan^{-1}\left(\frac{\sqrt{1+\tan^2\theta}-1}{\tan\theta}\right)$$

$$\Rightarrow u=\tan^{-1}\left(\frac{\sec\theta-1}{\tan\theta}\right)=\tan^{-1}\left(\frac{1-\cos\theta}{\sin\theta}\right)$$

$$u=\tan^{-1}\left[\frac{2\sin^2\theta/2}{2\sin\theta/2.\cos\theta/2}\right]=\tan^{-1}\left(\tan\frac{\theta}{2}\right)$$

$$u=\frac{\theta}{2}=\frac{\tan^{-1}x}{2}$$

$$\therefore \frac{du}{dx}=\frac{1}{2}\times\frac{1}{1+x^2}\ \text{तथा}\ \frac{dv}{dx}=\frac{1}{1+x^2}$$

$$\therefore \frac{du}{dv}=\frac{1}{2(1+x^2)}\times(1+x^2)=\frac{1}{2}$$

$$\therefore \frac{du}{dv}=\frac{1}{2}.$$

साधित उदाहरण (Solved Examples)

1. फलन $\sec(\log x^n)$ का x के सापेक्ष अवकलन करें।

हल : माना $y=\sec(\log x^n)$

$$\frac{dy}{dx}=\frac{d}{d\log x^n}\sec(\log x^n)$$

$$\times\frac{d}{dx^n}(\log x^n)\times\frac{d}{dx}(x^n)$$

$$\Rightarrow \frac{dy}{dx}=\sec(\log x^n).\tan(\log x^n)\times\frac{1}{x^n}\times nx^{n-1}$$

$$\Rightarrow \frac{dy}{dx}=\frac{n}{x}.\sec(\log x^n).\tan(\log x^n).$$

2. फलन $\sin(m\sin^{-1}x)$ का अवकलन x के सापेक्ष करें।

हल : माना $y=\sin(m\sin^{-1}x)$

$$\frac{dy}{dx}=\frac{d}{d(m\sin^{-1}x)}\left\{\sin(m\sin^{-1}x)\times m\frac{d}{dx}(\sin^{-1}x)\right\}$$

$$\Rightarrow \frac{dy}{dx}=\cos(m\sin^{-1}x)\times\frac{m}{\sqrt{1-x^2}}$$

$$\Rightarrow \frac{dy}{dx}=\frac{m}{\sqrt{1-x^2}}\cos(m\sin^{-1}x).$$

3. यदि $y=\sqrt{\frac{1-x}{1+x}}$ तब सिद्ध करें, $(1-x^2)\frac{dy}{dx}+y=0$

हल : $y=\sqrt{\frac{1-x}{1+x}}=\left(\frac{1-x}{1+x}\right)^{\frac{1}{2}}$ ...(i)

$$\therefore \frac{dy}{dx}=\frac{1}{2}\sqrt{\frac{1+x}{1-x}}=$$

$$\times\frac{(1+x)d/dx(1-x)-(1-x)d/dx(1+x)}{(1+x)^2}$$

$$\Rightarrow \frac{dy}{dx}=\frac{1}{2}\sqrt{\frac{1+x}{1-x}}\times\frac{-1-x-1+x}{(1+x)^2}$$

$$\Rightarrow \frac{dy}{dx}=\frac{-\sqrt{\frac{1+x}{1-x}}}{(1+x)^2}$$

$$\therefore (1-x^2)\frac{dy}{dx}=-\sqrt{\frac{1+x}{1-x}}\times\frac{(1-x^2)}{(1+x)^2}=-\sqrt{\frac{1-x}{1+x}}$$

$$\Rightarrow (1-x^2)\frac{dy}{dx}=-y \qquad \text{(समीकरण (i) से)}$$

$$\Rightarrow (1-x^2)\frac{dy}{dx}+y=0.$$

4. यदि $\sin y=x\sin(a+y)$ तो सिद्ध करें।

$$\frac{dy}{dx}=\frac{\sin^2(a+y)}{\sin a}$$

हल : $\sin y=x\sin(a+y)$

$$\Rightarrow x=\frac{\sin y}{\sin(a+y)}$$

y के सापेक्ष अवकलन करने पर,

$$\frac{dx}{dy}=\frac{\sin(a+y).\cos y-\sin y\cos(a+y)}{\sin^2(a+y)}$$

$$\frac{dx}{dy}=\frac{\sin(a+y-y)}{\sin^2(a+y)}=\frac{\sin a}{\sin^2(a+y)}$$

$$\therefore \frac{dy}{dx}=\frac{1}{\frac{dx}{dy}}=\frac{\sin^2(a+y)}{\sin a}$$

$$\therefore \frac{dy}{dx}=\frac{\sin^2(a+y)}{\sin a}.$$

5. $(\log x)^{\sin x}$ का अवकलन x के सापेक्ष करें।

हल : माना $y=(\log x)^{\sin x}$

$\because \ y = e^{\sin x \log(\log x)}$

x के सापेक्ष अवकलन करने पर,

$$\frac{dy}{dx} = e^{\sin x . \log(\log x)} \times \frac{d}{dx}\{\sin x . \log(\log x)\}$$

$$\Rightarrow \frac{dy}{dx} = (\log x)^{\sin x}$$

$$\left[\log(\log x) . \frac{d}{dx}(\sin x) + \sin x \frac{d}{dx}\{\log(\log x)\}\right]$$

$$\Rightarrow \frac{dy}{dx} = (\log x)^{\sin x}$$

$$\left[\log(\log x) . \cos x + \sin x . \frac{1}{\log x} . \frac{1}{x}\right]$$

$$\Rightarrow \frac{dy}{dx} = (\log x)^{\sin x}$$

$$\left[\log(\log x) . \cos x + \frac{\sin x}{x \log x}\right].$$

6. $(\sin x)^{\cos^{-1} x}$ का अवकलन x के सापेक्ष करें।

हल : माना $y = (\sin x)^{\cos^{-1} x}$ ...(*i*)

लघुगुणक लेने पर,

$$\log y = \log(\sin x)^{\cos^{-1} x}$$

$$\Rightarrow \log y = \cos^{-1} x \log(\sin x)$$

अवकलन करने पर,

$$\frac{1}{y} \frac{dy}{dx} = \cos^{-1} x$$

$$\times \frac{d}{dx}[\log(\sin x)] + \log \sin x \frac{d}{dx}(\cos^{-1} x)$$

$$= \cos^{-1} x \times \frac{1}{\sin x} . \cos x + \log \sin x \times \frac{1}{-\sqrt{1-x^2}}$$

$$\frac{dy}{dx} = y\left[\cot x . \cos^{-1} x - \frac{\log \sin x}{\sqrt{1-x^2}}\right]$$

$$\frac{dy}{dx} = (\sin x)^{\cos^{-1} x}\left[\cot x . \cos^{-1} x - \frac{\log \sin x}{\sqrt{1-x^2}}\right]$$

7. यदि $y = \sqrt{\sin x + \sqrt{\sin x + \sqrt{\sin x + ... \infty}}}$ तो सिद्ध करें, $\frac{dy}{dx} = \frac{\cos x}{2y-1}$

हल : $y = \sqrt{\sin x + \sqrt{\sin x + \sqrt{\sin x + ... \infty}}}$ को इस प्रकार लिखा जा सकता है।

$y = \sqrt{\sin x + y}$ वर्ग करने पर,

$$y^2 = \sin x + y$$

अवकलन करने पर,

$$\Rightarrow 2y\frac{dy}{dx} = \cos x + \frac{dy}{dx}$$

$$\Rightarrow \frac{dy}{dx}(2y-1) = \cos x$$

$$\Rightarrow \frac{dy}{dx} = \frac{\cos x}{2y-1}.$$

8. यदि $y = (\sqrt{x})^{(\sqrt{x})^{(\sqrt{x})^{(\sqrt{x})...\infty}}}$ तो सिद्ध करें।

$$\frac{dy}{dx} = \frac{y^2}{x(2 - y \log x)}$$

हल : दिए गए फलन को निम्न प्रकार से लिखा जा सकता है।

$$y = (\sqrt{x})^y$$

$$\Rightarrow y = x^{\frac{y}{2}}$$

लघुगुणक लेने पर,

$$\log y = \frac{y}{2} \log x$$

अवकलन करने पर,

$$\frac{1}{y}\frac{dy}{dx}=\frac{y}{2}\times\frac{d}{dx}(\log x)+\log x\frac{d}{dx}\left(\frac{y}{2}\right)$$

$$\Rightarrow \frac{1}{y}\frac{dy}{dx}=\frac{y}{2x}+\log x\frac{1}{2}\frac{dy}{dx}$$

$$\Rightarrow \frac{dy}{dx}\left(\frac{1}{y}-\frac{1}{2}\log x\right)=\frac{y}{2x}$$

$$\Rightarrow \frac{dy}{dx}\left(\frac{2-y\log x}{2y}\right)=\frac{y}{2x}$$

$$\Rightarrow \frac{dy}{dx}=\frac{y^2}{x(2-y\log x)}.$$

9. यदि $x=\sin^{-1}\left(\frac{2t}{1+t^2}\right)$ तथा $y=\tan^{-1}\left(\frac{2t}{1-t^2}\right)$

$t>1$, सिद्ध करें, $\frac{dy}{dx}=-1$

हल : माना $t=\tan\theta$ $\qquad t>1\Rightarrow\tan\theta>1$

अब $x=\sin^{-1}\left(\frac{2t}{1+t^2}\right)$ $\qquad \Rightarrow\frac{\pi}{4}<\theta<\frac{\pi}{2}$

$x=\sin^{-1}\left(\frac{2\tan\theta}{1+\tan^2\theta}\right)$ $\qquad \Rightarrow\frac{\pi}{2}<2\theta<\pi$

$$\Rightarrow x=\sin^{-1}(\sin 2\theta)=\sin^{-1}[\sin(\pi-2\theta)]$$

$$x=\pi-2\theta=\pi-2\tan^{-1}t$$

$$\Rightarrow \frac{dx}{dt}=\frac{-2}{1+t^2}$$

तथा $y=\tan^{-1}\left[\frac{2t}{1-t^2}\right]$

$$=\tan^{-1}\left[\frac{2\tan\theta}{1-\tan^2\theta}\right]$$

$$\Rightarrow y=\tan^{-1}(\tan 2\theta)$$

$$\Rightarrow y=\tan^{-1}[-\tan(\pi-2\theta)]$$

$$=-\tan^{-1}[\tan(\pi-2\theta)]$$

$$y=-\pi+2\theta=-\pi+2\tan^{-1}t$$

$$\therefore \frac{dy}{dt}=\frac{2}{1+t^2}$$

$$\therefore \frac{dy}{dx}=\frac{\frac{dy}{dt}}{\frac{dx}{dt}}$$

$$\Rightarrow \frac{dy}{dx}=\frac{2}{1+t^2}\Big/\frac{-2}{1+t^2}=-1.$$

10. $\tan^{-1}\left(\frac{1+2x}{1-2x}\right)$ का अवकलन $\sqrt{1+4x^2}$ के सापेक्ष करें।

हल : माना $u=\tan^{-1}\left(\frac{1+2x}{1-2x}\right)$ तथा $v=\sqrt{1+4x^2}$

$$\Rightarrow u=\tan^{-1}1+\tan 2x \text{ तथा } v=(1+4x^2)^{\frac{1}{2}}$$

$$\Rightarrow \frac{du}{dx}=\frac{2}{1+4x^2}$$

तथा $\frac{dv}{dx}=\frac{1}{2\sqrt{1+4x^2}}\times(8x)$

$$\Rightarrow \frac{du}{dv}=\frac{\frac{du}{dx}}{\frac{dv}{dx}}=\frac{\frac{2}{1+4x^2}}{\frac{4x}{\sqrt{1+4x^2}}}=\frac{1}{2x\sqrt{1+4x^2}}.$$

वस्तुनिष्ठ प्रश्न

1. यदि $y = e^{x+e^{x+e^{x+\dots\infty}}}$ तब $\frac{dy}{dx}$ का मान है–

(a) $\frac{y}{1-y}$ (b) $\frac{1}{1-y}$

(c) $\frac{y}{1+y}$ (d) $\frac{y}{y-1}$

2. यदि $2^x + 2^y = 2^{x+y}$, तब $\frac{dy}{dx}$ का मान है–

(a) $2^{x-y}\frac{2^y-1}{2^x-1}$ (b) $2^{x-y}\frac{2^y-1}{1-2^x}$

(c) $\frac{2^x+2^y}{2^x+2^y}$ (d) इनमें से कोई नहीं

3. यदि $y = \sin\left[2\tan^{-1}\sqrt{\frac{1-x}{1+x}}\right]$, तो $\frac{dy}{dx}$ का मान है–

(a) $\frac{1}{2\sqrt{1-x^2}}$ (b) $\frac{2x}{\sqrt{1-x^2}}$

(c) $-\frac{x}{\sqrt{1-x^2}}$ (d) $\frac{x}{\sqrt{1-x^2}}$

4. यदि $x\sqrt{1+y} + y\sqrt{1+x} = 0$, तो $\frac{dy}{dx}$ का मान है–

(a) $1+x$ (b) $(1+x)^{-2}$

(c) $-(1+x)^{-1}$ (d) $-(1+x)^{-2}$

5. यदि $y = \sin^{-1}\left(x\sqrt{1-x} + \sqrt{x}\sqrt{1-x^2}\right)$, तब $\frac{dy}{dx}$ का मान है–

(a) $\frac{-2x}{\sqrt{1-x^2}} + \frac{1}{2\sqrt{x-x^2}}$

(b) $\frac{-1}{\sqrt{1-x^2}} - \frac{1}{2\sqrt{x-x^2}}$

(c) $\frac{1}{\sqrt{1-x^2}} + \frac{1}{2\sqrt{x-x^2}}$

(d) इनमें से कोई नहीं

6. यदि $(x-y)e^{x/(x-y)} = k$, तब–

(a) $(y-2x)\frac{dy}{dx} + 3x - 2y = 0$

(b) $y\frac{dy}{dx} + x - 2y = 0$

(c) $e^x\left(y\frac{dy}{dx} + x - 2y = 1\right)$

(d) इनमें से कोई नहीं

7. यदि $x^y = e^{x-y}$, तब $\frac{dy}{dx}$ का मान है–

(a) $\log x . [\log(ex)]^{-2}$ (b) $\log x [\log(ex)]^2$

(c) $\log x . (\log x)^2$ (d) इनमें से कोई नहीं

8. यदि $y = a_0 + a_1x + a_2x^2 + \dots + a_nx^n$, तब y_n का मान है–

(a) $n!$ (b) $n!a_nx$

(c) $n!a_n$ (d) इनमें से कोई नहीं

9. यदि $y = \log x^x$, तो $\frac{dy}{dx}$ का मान है–

(a) $x^x(1+\log x)$ (b) $\log(ex)$

(c) $\log\left(\frac{e}{x}\right)$ (d) इनमें से कोई नहीं

10. $\frac{d}{dx}\tan^{-1}\left(\frac{ax-b}{bx+a}\right)$ का मान है–

(a) $\frac{1}{1+x^2}-\frac{a^2}{a^2+b^2}$ (b) $\frac{-1}{1+x^2}-\frac{a^2}{a^2+b^2}$

(c) $\frac{1}{1+x^2}+\frac{a^2}{a^2+b^2}$ (d) इनमें से कोई नहीं

11. यदि $y=x^{x^{x\ldots\infty}}$, तो $\frac{dy}{dx}$ का मान है–

(a) $\frac{y^2}{x(1+y\log x)}$ (b) $\frac{y^2}{x(1-y\log x)}$

(c) $\frac{y}{x(1+y\log x)}$ (d) $\frac{y}{x(1-y\log x)}$

12. $\frac{d}{dx}\left[\tan^{-1}\frac{\sqrt{1+x^2}+\sqrt{1-x^2}}{\sqrt{1+x^2}-\sqrt{1-x^2}}\right]$

(a) $-\frac{x}{\sqrt{1-x^4}}$ (b) $\frac{x}{\sqrt{1-x^4}}$

(c) $-\frac{1}{2\sqrt{1-x^4}}$ (d) $\frac{1}{2\sqrt{1-x^4}}$

13. यदि $x=2\cos t-\cos 2t,\ y=2\sin t-\sin 2t$; तो $t=\frac{\pi}{4}$ पर $\frac{dy}{dx}$ का मान है–

(a) $\sqrt{2}+1$ (b) $\sqrt{2}-1$

(c) $\frac{\sqrt{2}+1}{2}$ (d) इनमें से कोई नहीं

14. यदि $y=\sqrt{(1-x)(1+x)}$, तो–

(a) $(1-x^2)\frac{dy}{dx}-xy=0$

(b) $(1-x^2)\frac{dy}{dx}+xy=0$

(c) $(1-x^2)\frac{dy}{dx}+2y=0$

(d) $(1-x^2)\frac{dy}{dx}+2xy=0$

15. यदि $y=x^{\sqrt{x}}$, तो $\frac{dy}{dx}$ का मान है–

(a) $x^{\sqrt{x}}\left[\frac{2+\log x}{2\sqrt{x}}\right]$ (b) $x^{\sqrt{x}}\left[\frac{2+\log x}{\sqrt{x}}\right]$

(c) $\left[\frac{2+\log x}{2\sqrt{x}}\right]$ (d) इनमें से कोई नहीं

16. यदि $y=x^2\log x$, तो $\frac{d^3y}{dx^3}$ का मान है–

(a) $\frac{2}{x}$ (b) $2\log x+1$

(c) $\frac{1}{x}$ (d) इनमें से कोई नहीं

17. यदि $y^x+x^y=a^b$, तो $\frac{dy}{dx}$ का मान है–

(a) $-\frac{yx^{y-1}+y^x\log y}{xy^{x-1}+x^y\log x}$ (b) $\frac{yx^{y-1}+y^x\log y}{xy^{x-1}+x^y\log x}$

(c) $-\frac{yx^{y-1}+y^x}{xy^{x-1}+x^y}$ (d) $\frac{yx^{y-1}+y^x}{xy^{x-1}+x^y}$

18. यदि $\sin y=x\sin(a+y)$, तो $\frac{dy}{dx}$ का मान है–

(a) $\frac{\sin^2(a+y)}{\sin(a+2y)}$ (b) $\frac{\sin^2(a+y)}{\cos(a+2y)}$

(c) $\frac{\sin^2(a+y)}{\sin a}$ (d) $\frac{\sin^2(a+y)}{\cos a}$

19. यदि $y=\sqrt{\frac{(x-a)(x-b)}{(x-c)(x-d)}}$, तो $\frac{dy}{dx}$ का मान है–

(a) $\frac{y}{2}\left[\frac{1}{x-a}+\frac{1}{x-b}-\frac{1}{x-c}-\frac{1}{x-d}\right]$

(b) $y\left[\frac{1}{x-a}+\frac{1}{x-b}-\frac{1}{x-c}-\frac{1}{x-d}\right]$

(c) $\frac{1}{2}\left[\frac{1}{x-a}+\frac{1}{x-b}-\frac{1}{x-c}-\frac{1}{x-a}\right]$

(d) इनमें से कोई नहीं

20. $\frac{d}{dx}\sqrt{\frac{1-\sin 2x}{1+\sin 2x}}$ का मान है—

(a) $\sec^2 x$ (b) $-\sec^2\left(\frac{\pi}{4}-x\right)$

(c) $\sec^2\left(\frac{\pi}{4}+x\right)$ (d) $-\sec^2\left(\frac{\pi}{4}+x\right)$

21. यदि $x^{2/3}+y^{2/3}=a^{2/3}$, तो $\frac{dy}{dx}$ का मान है—

(a) $\left(\frac{y}{x}\right)^{1/3}$ (b) $-\left(\frac{y}{x}\right)^{1/3}$

(c) $\left(\frac{x}{y}\right)^{1/3}$ (d) $-\left(\frac{x}{y}\right)^{1/3}$

22. $\frac{d}{dx}\log_7(\log_7 x)$ का मान है—

(a) $\frac{1}{x\log_e x}$ (b) $\frac{\log_e 7}{x\log_e x}$

(c) $\frac{\log_7 e}{x\log_e x}$ (d) $\frac{\log_7 e}{x\log_7 x}$

23. यदि $y=\log\left(\frac{1+x}{1-x}\right)^{1/4}-\frac{1}{2}\tan^{-1}x$, तो $\frac{dy}{dx}$ का मान है—

(a) $\frac{x^2}{1-x^4}$ (b) $\frac{2x^2}{1-x^4}$

(c) $\frac{x^2}{2(1-x^4)}$ (d) इनमें से कोई नहीं

24. यदि $y=\tan^{-1}\frac{4x}{1+5x^2}+\tan^{-1}\frac{2+3x}{3-2x}$, तो $\frac{dy}{dx}$ मान है—

(a) $\frac{1}{1+25x^2}+\frac{2}{1+x^2}$ (b) $\frac{5}{1+25x^2}+\frac{2}{1+x^2}$

(c) $\frac{5}{1+25x^2}$ (d) $\frac{1}{1+25x^2}$

25. यदि $y=(\sin x)^{(\sin x)^{\sin x \ldots \infty}}$, तो $\frac{dy}{dx}$ का मान है—

(a) $\frac{y^2\cot x}{1-y\log\sin x}$ (b) $\frac{y^2\cot x}{1+y\log\sin x}$

(c) $\frac{y\cot x}{1-y\log\sin x}$ (d) $\frac{y\cot x}{1+y\log\sin x}$

26. यदि $y=\sec^{-1}\left(\frac{\sqrt{x}+1}{\sqrt{x}-1}\right)+\sin^{-1}\left(\frac{\sqrt{x}-1}{\sqrt{x}+1}\right)$, तो $\frac{dy}{dx}$ का मान है—

(a) 0 (b) $\frac{1}{\sqrt{x}+1}$

(c) 1 (d) इनमें से कोई नहीं

27. $\frac{d}{dx}\left(\tan^{-1}\frac{4\sqrt{x}}{1-4x}\right)$ का मान है—

(a) $\frac{1}{\sqrt{x}(1+4x)}$ (b) $\frac{2}{\sqrt{x}(1+4x)}$

(c) $\frac{4}{\sqrt{x}(1+4x)}$ (d) इनमें से कोई नहीं

28. यदि $y=(1+x^{1/4})(1+x^{1/2})(1-x^{1/4})$, तो $\frac{dy}{dx}$ का

मान है–

(a) 1 (b) −1

(c) x (d) $\sqrt{x}$

29. यदि $f(x)=\frac{1}{1-x}$, तब संयुक्त फलन $f[f(f(x))]$ का अवकलन बराबर है–

(a) 0 (b) $\frac{1}{2}$

(c) 1 (d) 2

30. $\frac{d}{dx}\left(e^x \log\sin 2x\right)$ का मान है–

(a) $e^x(\log\sin 2x+2\cot 2x)$

(b) $e^x(\log\cos 2x+2\cot 2x)$

(c) $e^x(\log\cos 2x+\cot 2x)$

(d) इनमें से कोई नहीं

31. यदि $\sqrt{1-x^2}+\sqrt{1-y^2}=a(x-y)$, तो $\frac{dy}{dx}$ का मान है–

(a) $\sqrt{\frac{1-x^2}{1-y^2}}$ (b) $\sqrt{\frac{1-y^2}{1-x^2}}$

(c) $\sqrt{\frac{x^2-1}{1-y^2}}$ (d) $\sqrt{\frac{y^2-1}{1-x^2}}$

32. $\frac{d}{dx}\sin^{-1}\left(2ax\sqrt{1-a^2x^2}\right)$ का मान है–

(a) $\frac{2a}{\sqrt{a^2-x^2}}$ (b) $\frac{a}{\sqrt{a^2-x^2}}$

(c) $\frac{2a}{\sqrt{1-a^2x^2}}$ (d) $\frac{a}{\sqrt{1-a^2x^2}}$

33. $\frac{d}{dx}\left(\cos^{-1}\sqrt{\cos x}\right)$ का मान है–

(a) $\frac{1}{2}\sqrt{1+\sec x}$ (b) $\sqrt{1+\sec x}$

(c) $-\frac{1}{2}\sqrt{1+\sec x}$ (d) $-\sqrt{1+\sec x}$

34. $\frac{d}{dx}\left[\tan^{-1}(\sec x+\tan x)\right]$ का मान है–

(a) 1 (b) $\frac{1}{2}$

(c) $\cos x$ (d) $\sec x$

35. $\tan^{-1}x$ के सापेक्ष $\frac{\tan^{-1}x}{1+\tan^{-1}x}$ का अवकलन गुणांक है–

(a) $\frac{1}{1+\tan^{-1}x}$ (b) $\frac{-1}{1+\tan^{-1}x}$

(c) $\frac{1}{(1+\tan^{-1}x)^2}$ (d) $\frac{1}{2(1+\tan^{-1}x)^2}$

36. यदि $x=\log p$ तथा $y=\frac{1}{p}$, तो

(a) $\frac{d^2y}{dx^2}-2p=0$ (b) $\frac{d^2y}{dx^2}+y=0$

(c) $\frac{d^2y}{dx^2}+\frac{dy}{dx}=0$ (d) $\frac{d^2y}{dx^2}-\frac{dy}{dx}=0$

37. यदि $f(x)=\begin{cases}e^x, & x\le 0\\ |1-x|, & x>0\end{cases}$ तब–

(a) $f(x), x=0$ पर अवकलनीय है।

(b) $f(x), x=0$ पर सतत है।

(c) $f(x), x=1$ पर अवकलनीय है।

(d) इनमें से कोई नहीं

38. यदि $f(2)=4, f'(2)=1$, तब

$\lim\limits_{x\to 2}\dfrac{xf(2)-2f(x)}{x-2}$ का मान है–

(a) 1 (b) 2
(c) 3 (d) –3

39. यदि $y = x^n \log x + x(\log x)^n$, तो $\dfrac{dy}{dx}$ का मान है–

(a) $x^{n-1}(1+n\log x)+(\log x)^{n-1}[n+\log x]$

(b) $x^{n-2}(1+n\log x)+(\log x)^{n-1}[n+\log x]$

(c) $x^{n-1}(1+n\log x)+(\log x)^{n-1}[n-\log x]$

(d) इनमें से कोई नहीं

40. $\sec^{-1}\left[\dfrac{1}{2x^2-1}\right]$ का मान $\sqrt{1+3x}$ के सापेक्ष $x=-\dfrac{1}{3}$ पर अवकलन है–

(a) 0 (b) $\dfrac{1}{2}$

(c) $\dfrac{1}{3}$ (d) इनमें से कोई नहीं

अनुच्छेद-1 (Paragraph-1)

माना $y=\sin^{-1}\left(\dfrac{2x}{1+x^2}\right)$ कोई फलन है तब x के सापेक्ष इसका अवकलन–

41. यदि $x \in (-1,1)$ –

(a) $\dfrac{2}{1+x^2}$ (b) $-\dfrac{2}{1+x^2}$

(c) $\dfrac{1}{1+x^2}$ (d) इनमें से कोई नहीं

42. यदि $x \in (1,\infty)$ –

(a) $-\dfrac{2}{1+x^2}$ (b) $\dfrac{2}{1+x^2}$

(c) $\dfrac{1}{1+x^2}$ (d) $-\dfrac{1}{1+x^2}$

43. यदि $x \in (-\infty,1)$ –

(a) $\dfrac{1}{1+x^2}$ (b) $-\dfrac{1}{1+x^2}$

(c) $\dfrac{-2}{1+x^2}$ (d) $\dfrac{2}{1+x^2}$

अनुच्छेद-2 (Paragraph-2)

यदि फलन $y=\sin^{-1}x$ हो तब–

44. $x\dfrac{dy}{dx}$ बराबर होगा–

(a) $\dfrac{1}{1-x^2}$ (b) $-\dfrac{1}{\sqrt{1-x^2}}$

(c) $\dfrac{x}{\sqrt{1-x^2}}$ (d) इसमें से कोई नहीं

45. $(1-x^2)\dfrac{d^2y}{dx^2}-x\dfrac{dy}{dx}$ बराबर होगा–

(a) $\dfrac{1}{x}$ (b) 0

(c) 1 (d) 3

दृढ़कथन-कारण (Assertion-Reason)

निम्नलिखित चार कूटों (a), (b), (c) एवं (d) में से सही उत्तर का चयन करें।

(a) वक्तव्य–I सत्य है; वक्तव्य–II सत्य है; वक्तव्य–II वक्तव्य–I का सही स्पष्टीकरण है।

(b) वक्तव्य–I सत्य है; वक्तव्य–II सत्य है; वक्तव्य–II वक्तव्य–I का सही स्पष्टीकरण नहीं है।

(c) वक्तव्य–I सत्य है; वक्तव्य–II असत्य है।

(d) वक्तव्य–I असत्य है; वक्तव्य–II सत्य है।

46. वक्तव्य-I : $0 < x < 1$ के लिए, $\cos^{-1}\left(\frac{1-x^2}{1+x^2}\right)$ के सापेक्ष $\sin^{-1}\left(\frac{2x}{1+x^2}\right)$ का अवकलन 1 है।

वक्तव्य-II : $-1 \le x \le 1$ के लिए

$$\sin^{-1}\left(\frac{2x}{1+x^2}\right) = \cos^{-1}\left(\frac{1-x^2}{1+x^2}\right)$$

47. मिलान करें (Match These)–

वर्ग–I

A. $2|x^2+1|\frac{d}{dx}\left[\log\left(x+\sqrt{x^2+1}\right)\right]$

B. $\frac{d}{dx}\left[x\sqrt{x^2+1}+\log\left(x+\sqrt{x^2+1}\right)\right]$

C. यदि $\sqrt{\frac{x}{y}}+\sqrt{\frac{y}{x}}=6$, तब $\frac{dy}{dx}=$

D. यदि $x^p y^q = (x+y)^{p+q}$, तब $\frac{dy}{dx}=$

वर्ग–II

p. $\frac{2}{\sqrt{x^2+1}}$

q. $2\sqrt{x^2+1}$

r. $\frac{y}{x}$

r. $\frac{x}{y}$

(*a*) A – p, B – q, C – r, D – s

(*b*) A – q, B – r, C – s, D – r

(*c*) A – q, B – q, C – r, D – s

(*d*) इसमें से कोई नहीं।

उत्तरमाला

1	2	3	4	5	6	7	8	9	10
(*a*)	(*b*)	(*c*)	(*d*)	(*c*)	(*b*)	(*a*)	(*c*)	(*b*)	(*d*)
11	**12**	**13**	**14**	**15**	**16**	**17**	**18**	**19**	**20**
(*b*)	(*a*)	(*a*)	(*b*)	(*a*)	(*a*)	(*a*)	(*c*)	(*a*)	(*b*)
21	**22**	**23**	**24**	**25**	**26**	**27**	**28**	**29**	**30**
(*b*)	(*c*)	(*a*)	(*c*)	(*a*)	(*a*)	(*b*)	(*b*)	(*c*)	(*a*)
31	**32**	**33**	**34**	**35**	**36**	**37**	**38**	**39**	**40**
(*b*)	(*c*)	(*a*)	(*b*)	(*c*)	(*c*)	(*d*)	(*b*)	(*a*)	(*a*)
41	**42**	**43**	**44**	**45**	**46**	**47**			
(*a*)	(*a*)	(*c*)	(*c*)	(*b*)	(*c*)	(*c*)			

व्याख्यात्मक उत्तर

1. $\because\ y = e^{x+e^{x+\dots\infty}}$ $\quad\therefore\ y = e^{x+y}$

दोनों पक्षों का लघुगुणक लेने पर,

$\log y = (x+y)\log e$

x के सापेक्ष अवकलन करने पर,

$$\Rightarrow \frac{1}{y}\frac{dy}{dx} = 1+\frac{dy}{dx} \Rightarrow \frac{dy}{dx} = \frac{y}{1-y}.$$

2. दिया है, $2^x + 2^y = 2^{x+y}$

अवकलन करने पर,

$$2^x \log 2 + 2^y \log 2 . \frac{dy}{dx} = 2^x . 2^y$$

$$\frac{dy}{dx}.\log 2 + 2^y.2^x \log 2$$

$$\Rightarrow \quad 2^x + 2^y \frac{dy}{dx} = 2^{x+y}\frac{dy}{dx} + 2^{x+y}$$

$$\Rightarrow \frac{dy}{dx} = \frac{2^{x+y} - 2^x}{2^y - 2^{x+y}} = 2^{x-y}\frac{2^y - 1}{1 - 2^x}.$$

3. दिया है कि $y = \sin\left[2\tan^{-1}\sqrt{\frac{1-x}{1+x}}\right]$

$$\left(\because 2\tan^{-1} x = \sin^{-1}\frac{2x}{1+x^2}\right)$$

$$\therefore \quad y = \sin\left[\sin^{-1} 2\frac{\sqrt{\frac{1-x}{1+x}}}{1+\frac{1-x}{1+x}}\right] = \sqrt{1-x^2}$$

$$\therefore \quad \frac{dy}{dx} = \frac{1}{2\sqrt{1-x^2}}(-2x) = -\frac{x}{\sqrt{1-x^2}}.$$

4. $x\sqrt{1+y} + y\sqrt{1+x} = 0$

$$\Rightarrow \quad x^2(1+y) = y^2(1+x)$$

$$\Rightarrow \quad (x-y)(x+y+xy) = 0$$

$$\Rightarrow \quad x+y+xy = 0 \qquad (\because x \neq y)$$

x के सापेक्ष अवकलन करने पर,

$$\Rightarrow \quad \frac{dy}{dx} = -\frac{1}{(1+x)^2}.$$

5. माना $x = \sin A$ व $\sqrt{x} = \sin B$

$$\therefore \quad y = \sin^{-1}\left(\sin A\sqrt{1-\sin^2 B} + \sin B\sqrt{1-\sin^2 A}\right)$$

$$= \sin^{-1}(\sin A \cos B + \cos A \cos B)$$

$$= \sin^{-1}\left[\sin(A+B)\right] = A + B = \sin^{-1} x + \sin^{-1}\sqrt{x}$$

x के सापेक्ष अवकलन करने पर,

$$\frac{dy}{dx} = \frac{1}{\sqrt{1-x^2}} + \frac{1}{2\sqrt{x-x^2}}.$$

6. $(x-y)e^{x/(x-y)} = k$

दोनों पक्षों का लघुगणक लेने पर,

$$\log(x-y) + \frac{x}{x-y} = \log k$$

x के सापेक्ष अवकलन करने पर,

$$\Rightarrow \frac{1}{x-y}\left\{1 - \frac{dy}{dx}\right\} + \frac{(x-y) - x\left(1 - \frac{dy}{dx}\right)}{(x-y)^2} = \log k$$

$$= \quad (x-y) - (x-y)\frac{dy}{dx} + (x-y) - x + x\frac{dy}{dx} = 0$$

$$\Rightarrow y\frac{dy}{dx} + x = 2y.$$

7. $x^y = e^{x-y}$

दोनों पक्षों का लघुगणक लेने पर,

$$y \log x = x - y \Rightarrow y = \frac{x}{1+\log x}$$

x के सापेक्ष अवकलन करने पर,

$$\frac{dy}{dx} = \log x(1+\log x)^{-2} = \log x[\log ex]^{-2}.$$

8. $\because y = a_0 + a_1 x + a_2 x^2 + \ldots + a_n x^n$

$$y_1 = a_1 + 2a_2 x + \ldots + n a_n x^{n-1},$$

$$y_2 = 2a_2 + 6a_3 x + \ldots + n(n-1) a_n x^{n-2}$$

$$y_n = n!\, a_n.$$

9. $y = \log x^x = x \log x \Rightarrow \frac{dy}{dx} = (1 + \log x)$

$$= \log e + \log x = \log(ex). \qquad (\because \log e = 1)$$

10. $\frac{d}{dx}\tan^{-1}\left(\frac{ax-b}{bx+a}\right) = \frac{1}{1+\left(\frac{ax-b}{bx+a}\right)^2}.\frac{d}{dx}\left(\frac{ax-b}{bx+a}\right)$

$$= \frac{a^2+b^2}{a^2+b^2+a^2x^2+b^2x^2} = \frac{1}{1+x^2}.$$

11. $y = x^{x^{x\ldots\infty}} \Rightarrow y = x^y$

दोनों पक्षों का लघुगणक लेने पर,

$\log y = y \log x$

x के सापेक्ष अवकलन करने पर,

$$\Rightarrow \frac{dy}{dx} = \frac{y^2}{x(1-y\log x)}.$$

12. माना $\dfrac{\sqrt{1+x^2}+\sqrt{1-x^2}}{\sqrt{1+x^2}-\sqrt{1-x^2}} = A$

$x^2 = \cos 2\theta$ रखने पर,

$$A = \frac{\sqrt{1+\cos 2\theta}+\sqrt{1-\cos 2\theta}}{\sqrt{1+\cos 2\theta}-\sqrt{1-\cos 2\theta}} = \frac{\cos\theta+\sin\theta}{\cos\theta-\sin\theta}$$

$$A = \frac{1+\tan\theta}{1-\tan\theta} = \tan\left(\theta+\frac{\pi}{4}\right)$$

अब $y = \tan^{-1}\tan\left(\theta+\dfrac{\pi}{4}\right) = \theta+\dfrac{\pi}{4} = \dfrac{\pi}{4}+\dfrac{1}{2}\cos^{-1}x^2$

$$\therefore \frac{dy}{dx} = \frac{1}{2}\left(\frac{-1}{\sqrt{1-x^4}}\right)2x = -\frac{x}{\sqrt{1-x^4}}.$$

13. $\because x = 2\cos t - \cos 2t$ तथा $y = 2\sin t - \sin 2t$

$\dfrac{dx}{dt} = -2\sin t + 2\sin 2t$ व $\dfrac{dy}{dt} = 2\cos t - 2\cos 2t$

$$\Rightarrow \frac{dy}{dx} = \frac{\cos t - \cos 2t}{\sin 2t - \sin t}$$

$t = \dfrac{\pi}{4}$ रखने पर,

$$\left[\frac{dy}{dx}\right]_{t=\pi/4} = \frac{\cos\frac{\pi}{4}-\cos\frac{\pi}{2}}{\sin\frac{\pi}{2}-\sin\frac{\pi}{4}} = \sqrt{2}+1.$$

14. $y = \sqrt{(1-x)(1+x)}$

$\Rightarrow y^2 = 1 - x^2$

दोनों तरफ x के सापेक्ष अवकलन करने पर,

$$\Rightarrow 2y\frac{dy}{dx} = -2x \text{ या } \frac{dy}{dx} = \frac{-x}{y} = \frac{-xy}{(1-x^2)}$$

या $\left(1-x^2\right)\dfrac{dy}{dx} + xy = 0.$

15. $\log_e y = \sqrt{x}\log x$

दोनों पक्षों का अवलकन करने पर,

$$\Rightarrow \frac{1}{y}\frac{dy}{dx} = \sqrt{x}\frac{1}{x} + \frac{1}{2\sqrt{x}}\log x$$

या $\dfrac{dy}{dx} = x^{\sqrt{x}}\left[\dfrac{2+\log_e x}{2\sqrt{x}}\right].$

16. $\because y = x^2\log x \Rightarrow \dfrac{dy}{dx} = 2x\log x + x^2\dfrac{1}{x}$

$$\therefore \frac{d^2y}{dx^2} = 2(1+\log x)+1,$$

$$\therefore \frac{d^3y}{dx^3} = 2\left(0+\frac{1}{x}\right)+0 = \frac{2}{x}.$$

17. $x^y + y^x = a^b$

माना $x^y = u$ व $y^x = v$

$$\Rightarrow u + v = a^b \Rightarrow \frac{du}{dx}+\frac{dv}{dx} = 0$$

दोनों का अलग-अलग log लेकर उनका अवकलन करने पर,

$$\frac{du}{dx} = x^y\left(\frac{y}{x}+\frac{dy}{dx}\log x\right) \quad \ldots(i)$$

एवं $\dfrac{dv}{dx} = y^x\left(\log y + \dfrac{x}{y}.\dfrac{dy}{dx}\right) \quad \ldots(ii)$

अतः समीकरण (i) व (ii) से,

$$\frac{dy}{dx} = -\frac{yx^{y-1}+y^x\log y}{x^y\log x + xy^{x-1}}.$$

18. $\because \sin y = x\sin(a+y) \Rightarrow x = \dfrac{\sin y}{\sin(a+y)}$

x के सापेक्ष अवकलन करने पर,

$$\Rightarrow 1 = \frac{\cos y\dfrac{dy}{dx}.\sin(a+y) - \sin y\cos(a+y)\dfrac{dy}{dx}}{\sin^2(a+y)}$$

$$= \frac{\dfrac{dy}{dx}.\sin(a+y-y)}{\sin^2(a+y)} \Rightarrow \frac{dy}{dx} = \frac{\sin^2(a+y)}{\sin a}.$$

19. $y = \sqrt{\left[\dfrac{(x-a)(x-b)}{(x-c)(x-d)}\right]}$

$$\Rightarrow \log y = \frac{1}{2}$$

$$\left[\log(x-a)+\log(x-b)-\log(x-c)-\log(x-d)\right]$$

x के सापेक्ष अवकलन करने पर,

$$\frac{1}{y}\frac{dy}{dx} = \frac{1}{2}\left[\frac{1}{(x-a)}+\frac{1}{(x-b)}-\frac{1}{(x-c)}-\frac{1}{(x-d)}\right]$$

$$\Rightarrow \frac{dy}{dx} = \frac{y}{2}\left[\frac{1}{(x-a)}+\frac{1}{(x-b)}-\frac{1}{(x-c)}-\frac{1}{(x-d)}\right].$$

20. $y = \sqrt{\dfrac{1-\sin 2x}{1+\sin 2x}} = \dfrac{\cos x - \sin x}{\cos x + \sin x}$

$$= \frac{1-\tan x}{1+\tan x} = \tan\left(\frac{\pi}{4}-x\right)$$

x के सापेक्ष अवकलन करने पर,

$$\frac{dy}{dx} = -\sec^2\left(\frac{\pi}{4}-x\right).$$

21. $\because x^{2/3} + y^{2/3} = a^{2/3}$

$$\Rightarrow \frac{2}{3}x^{-1/3} + \frac{2}{3}y^{-1/3}\frac{dy}{dx} = 0$$

$$\Rightarrow \frac{dy}{dx} = \left(-\frac{x}{y}\right)^{-1/3} = -\left(\frac{y}{x}\right)^{1/3}.$$

22. $\dfrac{d}{dx}\left[\log_7(\log_7 x)\right] = \dfrac{d}{dx}\left(\dfrac{\log_e(\log_7 x)}{\log_e 7}\right)$

$$= \frac{1}{x\log_e x}.\frac{1}{\log_e 7} = \frac{\log_7 e}{x\log_e x}.$$

23. $y = \log\left(\dfrac{1+x}{1-x}\right)^{1/4} - \dfrac{1}{2}\tan^{-1}x$

$$\Rightarrow \frac{dy}{dx} = \left(\frac{1-x}{1+x}\right)^{1/4}\frac{1}{4}\left(\frac{1+x}{1-x}\right)^{-3/4}$$

$$\left[\frac{(1-x)+(1+x)}{(1-x)^2}\right] - \frac{1}{2}.\frac{1}{1+x^2}$$

$$= \frac{1}{2}\left(\frac{1-x}{1+x}\right)\frac{1}{(1-x)^2} - \frac{1}{2(1+x^2)}$$

$$= \frac{1}{2}.\frac{1}{(1-x^2)} - \frac{1}{2}\frac{1}{(1+x^2)} = \frac{x^2}{1-x^4}.$$

24. $y = \tan^{-1}\dfrac{4x}{1+5x^2} + \tan^{-1}\dfrac{2+3x}{3-2x}$

$$= \tan^{-1}\frac{5x-x}{1+5x\,.\,x} + \tan^{-1}\frac{\dfrac{2}{3}+x}{1-\dfrac{2}{3}\,.\,x}$$

$$= \tan^{-1}5x - \tan^{-1}x + \tan^{-1}\frac{2}{3} + \tan^{-1}x$$

$$\Rightarrow y = \tan^{-1}5x + \tan^{-1}\frac{2}{3}$$

x के सापेक्ष अवकलन करने पर,

$$\Rightarrow \frac{dy}{dx} = \frac{5}{1+25x^2}.$$

25. $y = (\sin x)^{(\sin x)^{(\sin x)\ldots\infty}} \Rightarrow y = (\sin x)^y$

दोनों पक्षों का लघुगणक लेने पर,

$$\Rightarrow \log_e y = y \log \sin x$$

$$\Rightarrow \frac{1}{y}\frac{dy}{dx} = \frac{dy}{dx}\log \sin x + y \cot x$$

$$\therefore \frac{dy}{dx} = \frac{y^2 \cot x}{1 - y \log \sin x}.$$

26. $y = \sec^{-1}\left(\frac{\sqrt{x}+1}{\sqrt{x}-1}\right) + \sin^{-1}\left(\frac{\sqrt{x}-1}{\sqrt{x}+1}\right)$

$$= \cos^{-1}\left(\frac{\sqrt{x}-1}{\sqrt{x}+1}\right) + \sin^{-1}\left(\frac{\sqrt{x}-1}{\sqrt{x}+1}\right) = \frac{\pi}{2}$$

$$\Rightarrow \frac{dy}{dx} = 0.$$

$$\left[\because \sin^{-1} x + \cos^{-1} x = \frac{\pi}{2}\right]$$

27. $\frac{d}{dx}\left(\tan^{-1}\frac{4\sqrt{x}}{1-4x}\right) = \frac{1}{1+\left(\frac{4\sqrt{x}}{1-4x}\right)^2}$

$$\left[\frac{(1-4x)4\left(\frac{1}{2\sqrt{x}}\right) - 4\sqrt{x}(-4)}{(1-4x)^2}\right]$$

$$= \frac{2(1+4x)}{\sqrt{x}(1+4x)^2} = \frac{2}{\sqrt{x}(1+4x)}.$$

28. $y = \left(1+x^{1/4}\right)\left(1+x^{1/2}\right)\left(1-x^{1/4}\right)$

$$\Rightarrow y = \left(1+x^{1/4}\right)\left(1-x^{1/4}\right)\left(1+x^{1/2}\right)$$

$$\Rightarrow = \left(1-x^{1/2}\right)\left(1+x^{1/2}\right) = 1-x$$

$$\Rightarrow \frac{dy}{dx} = -1.$$

29. $f(x) = \frac{1}{1-x} \Rightarrow f[f(x)] = \frac{1-x}{-x}$

$$\Rightarrow f[f\{f(x)\}] = \frac{-x}{-x-1+x} = x$$

$\therefore f[f\{f(x)\}]$ का अवकलन $= 1$.

30. $\frac{d}{dx}\left(e^x \log \sin 2x\right) = e^x \log \sin 2x$

$$+ 2e^x \frac{1}{\sin 2x}\cos 2x$$

$$= e^x \log \sin 2x + e^x 2 \cot 2x$$

$$= e^x\left(\log \sin 2x + 2 \cot 2x\right).$$

31. $x = \sin\theta$ व $y = \sin\phi$ रखने पर,

$$\cos\theta + \cos\phi = a(\sin\theta - \sin\phi)$$

$$\Rightarrow 2\cos\frac{\theta+\phi}{2}\cos\frac{\theta-\phi}{2} = a\left[2\cos\frac{\theta+\phi}{2}\sin\frac{\theta-\phi}{2}\right]$$

$$\Rightarrow \frac{\theta-\phi}{2} = \cot^{-1} a \Rightarrow \theta - \phi = 2\cot^{-1} a$$

$$\Rightarrow \sin^{-1} x - \sin^{-1} y = 2\cot^{-1} a$$

$$\Rightarrow \frac{1}{\sqrt{1-x^2}} - \frac{1}{\sqrt{1-y^2}}\frac{dy}{dx} = 0$$

$$\Rightarrow \frac{dy}{dx} = \sqrt{\frac{1-y^2}{1-x^2}}.$$

32. $\frac{d}{dx}\sin^{-1}\left(2ax\sqrt{1-a^2x^2}\right)$

माना $ax = \sin\theta$, $\therefore \frac{d}{dx}\left[\sin^{-1}\left\{2\sin\theta\sqrt{1-\sin^2\theta}\right\}\right]$

$$= \frac{d}{dx}\left(\sin^{-1}\sin 2\theta\right) = \frac{d}{dx}2\theta = 2\frac{d}{dx}\left(\sin^{-1} ax\right) = \frac{2a}{\sqrt{1-a^2x^2}}.$$

33. $\frac{d}{dx}\left(\cos^{-1}\sqrt{\cos x}\right)=\frac{\sin x}{2\sqrt{\cos x}\sqrt{1-\cos x}}$

$=\frac{\sqrt{1-\cos^2 x}}{2\sqrt{\cos x}\sqrt{1-\cos x}}=\frac{1}{2}\sqrt{\frac{1+\cos x}{\cos x}}$

$=\frac{1}{2}\sqrt{\sec x+1}.$

34. $\frac{d}{dx}\left\{\tan^{-1}(\sec x+\tan x)\right\}=\frac{d}{dx}\left\{\tan^{-1}\left(\frac{1+\sin x}{\cos x}\right)\right\}$

$=\frac{d}{dx}\left[\tan^{-1}\left(\frac{\sin\frac{x}{2}+\cos\left(\frac{x}{2}\right)}{\cos\left(\frac{x}{2}\right)-\sin\left(\frac{x}{2}\right)}\right)\right]$

$=\frac{d}{dx}\left(\frac{\pi}{4}+\frac{x}{2}\right)=\frac{1}{2}.$

35. माना $u=\frac{\tan^{-1}x}{1+\tan^{-1}x}$ तथा $v=\tan^{-1}x$

$\therefore\quad \frac{du}{dx}=\left(\frac{\left(1+\tan^{-1}x\right)\frac{1}{1+x^2}-\tan^{-1}x\frac{1}{1+x^2}}{\left(1+\tan^{-1}x\right)^2}\right)$

$=\frac{1}{\left(1+x^2\right)\left(1+\tan^{-1}x\right)^2}$ तथा $\frac{dv}{dx}=\frac{1}{1+x^2}$

$\therefore \frac{du}{dv}=\frac{\frac{du}{dx}}{\frac{dv}{dx}}=\frac{\frac{1}{\left(1+x^2\right)\left(1+\tan^{-1}x\right)^2}}{\frac{1}{\left(1+x^2\right)}}=\frac{1}{\left(1+\tan^{-1}x\right)^2}.$

36. $x=\log p\Rightarrow p=e^x\Rightarrow y=e^{-x}$

$\Rightarrow\quad \frac{dy}{dx}=-e^{-x}$ एवं $\frac{d^2y}{dx^2}=e^{-x}$

अतः $\frac{d^2y}{dx^2}+\frac{dy}{dx}=0.$

37. $f(x)=\begin{cases}e^x; & x\le 0\\ 1-x; & 0<x\le 1\\ x-1; & x>1\end{cases}$

$Rf'(0)=\lim_{h\to 0}\frac{f(0+h)-f(0)}{h}=\lim_{h\to 0}\frac{1+h-1}{h}=1$

$Lf'(0)=\lim_{h\to 0}\frac{f(0-h)-f(0)}{-h}=\lim_{h\to 0}\frac{e^{-h}-1}{-h}=1$

अतः यह $x=0$ पर अवकलनीय नहीं है। इसी प्रकार यह $x=1$ पर अवकलनीय नहीं है। परन्तु यह $x=0, 1$ पर सतत् है।

38. दिया गया है, $f(2)=4, f'(2)=1$

$\therefore\quad \lim_{x\to 2}\frac{xf(2)-2f(x)}{x-2}$

$=\lim_{x\to 2}\frac{xf(2)-2f(2)+2f(2)-2f(x)}{x-2}$

$=\lim_{x\to 2}\frac{(x-2)f(2)}{x-2}-\lim_{x\to 2}\frac{2f(x)-2f(2)}{x-2}$

$=f(2)-2\lim_{x\to 2}\frac{f(x)-f(2)}{x-2}$

$=f(2)-2f'(2)=4-2(1)=4-2=2.$

39. $y=x^n\log x+x(\log x)^n$

x के सापेक्ष अवकलन करने पर,

$\frac{dy}{dx}=n\,x^{n-1}\log x+x^n.\left(\frac{1}{x}\right)+xn(\log x)^{n-1}.\frac{1}{x}+1.(\log x)^n$

$=x^{n-1}(1+n\log x)+(\log x)^{n-1}[n+\log x].$

40. $\sec^{-1}\frac{1}{\left(2x^2-1\right)}=2\cos^{-1}x$

$\therefore \quad y = 2\cos^{-1} x, \; z = \sqrt{1+3x}$

$\frac{dy}{dx} = \frac{-2}{\sqrt{1-x^2}}$ और $\frac{dz}{dx} = \frac{3}{2\sqrt{1+3x}}$,

$\frac{dy}{dz} = \frac{dy}{dx} \div \frac{dz}{dx}$

$= -\frac{2}{\sqrt{1-x^2}} \cdot \frac{2\sqrt{1+3x}}{3}$,

$x = \frac{-1}{3}$ पर, $\frac{dy}{dz} = 0.$

41. $y = \sin^{-1}\left(\frac{2x}{1+x^2}\right)$, $x = \tan\theta$ रखने पर,

$y = \sin^{-1}\left(\frac{2\tan\theta}{1+\tan^2\theta}\right) = \sin^{-1}(\sin 2\theta)$

यदि $x \in (-1, 1)$, $\quad x = \tan\theta$
$-1 < \tan\theta < 1$

$\therefore y = \sin^{-1}(\sin 2\theta) \quad \Rightarrow \frac{-\pi}{4} < \theta < \frac{\pi}{4}$

$y = 2\theta \quad \Rightarrow \frac{-\pi}{2} < 2\theta < \frac{\pi}{2}$

$\Rightarrow \quad y = 2\theta = 2\tan^{-1} x$

$\frac{dy}{dx} = \frac{2}{1+x^2}.$

42. यदि $x \in (1, \infty)$, तब

$x = \tan\theta \Rightarrow 1 < \tan\theta < \infty \Rightarrow \frac{\pi}{4} < \theta < \frac{\pi}{2}$

$\Rightarrow \quad \frac{\pi}{2} < 2\theta < \pi$

$\therefore \quad y = \sin^{-1}(\sin 2\theta)$

$y = \sin^{-1}[(\pi - 2\theta)]$

$\Rightarrow \quad y = \pi - 2\theta$

$\Rightarrow y = \pi - 2\tan^{-1} x$

$\Rightarrow \frac{dy}{dx} = 0 - \frac{2}{1+x^2} = \frac{-2}{1+x^2}.$

43. यदि $x \in (-\infty, -1)$ तब

$x = \tan\theta \Rightarrow -\infty < \tan\theta < -1$

$\Rightarrow \quad \frac{-\pi}{2} < \theta < \frac{-\pi}{4} \Rightarrow -\pi < 2\theta < \frac{-\pi}{2}$

$\therefore \quad y = \sin^{-1}(\sin 2\theta)$

$\Rightarrow \quad y = \sin^{-1}[-\sin(\pi + 2\theta)]$

$= \sin^{-1}[\sin(-\pi - 2\theta)]$

$y = -\pi - 2\theta$

$\Rightarrow \; y = -\pi - 2\tan^{-1} x$

$\therefore \; \frac{dy}{dx} = \frac{-2}{1+x^2}.$

44. $y = \sin^{-1} x$

$\frac{dy}{dx} = \frac{1}{\sqrt{1-x^2}}$

$x\frac{dy}{dx} = \frac{x}{\sqrt{1-x^2}}.$

45. $\frac{dy}{dx} = \frac{1}{\sqrt{1-x^2}}$

$\sqrt{1-x^2}\,\frac{dy}{dx} = 1$

$\Rightarrow$ पुनः x के सापेक्ष अवकलन करने पर,

$\sqrt{1-x^2}\,\frac{d^2y}{dx^2} - \frac{x}{\sqrt{1-x^2}}\,\frac{dy}{dx} = 0$

$$\Rightarrow \left(1-x^2\right)\frac{d^2y}{dx^2}-x\frac{dy}{dx}=0.$$

46. $u=\cos^{-1}\left(\frac{1-x^2}{1+x^2}\right),\quad v=\sin^{-1}\left(\frac{2x}{1+x^2}\right)$

$x=\tan\theta$ रखने पर,

$u=\cos^{-1}(\cos 2\theta),\quad v=\sin^{-1}(\sin 2\theta)$

$\Rightarrow u=2\theta=2\tan^{-1}x,\quad v=2\theta=2\tan^{-1}x$

$\therefore \quad \frac{du}{dx}=\frac{2}{1+x^2},\qquad \frac{dv}{dx}=\frac{2}{1+x^2}$

$\therefore \frac{du}{dv}=1$

वक्तव्य–I सत्य है परन्तु वक्तव्य–II असत्य है।

47. A. $2\left(x^2+1\right)d/dx\left[\log\left(x+\sqrt{x^2+1}\right)\right]$

$=2\left(x^2+1\right).\frac{1}{x+\sqrt{x^2+1}}\left[1+\frac{1}{2}.\frac{2x}{\sqrt{x^2+1}}\right]$

$=\frac{2\left(x^2+1\right)}{\sqrt{x^2+1}}=2\sqrt{x^2+1}$

$A-q.$

B. $\because \left[\int\sqrt{x^2+1}\,dx=\frac{x}{2}\sqrt{x^2+1}+\frac{1}{2}\log\left(x+\sqrt{x^2+1}\right)\right]$

$\therefore \quad d/dx\,\frac{1}{2}\left(x\sqrt{x^2+1}+\log\left(x+\sqrt{x^2+1}\right)\right)=\sqrt{x^2+1}$

$\Rightarrow d/dx\left(x\sqrt{x^2+1}+\log\left(x+\sqrt{x^2+1}\right)=2\sqrt{x^2+1}\right)$

$\therefore B-q.$

C. दिया है $\sqrt{\frac{x}{y}}+\sqrt{\frac{y}{x}}=6$

$\Rightarrow \quad x+y=6x^{\frac{1}{2}}y^{\frac{1}{2}}$

दोनों तरफ लघुगणक लेने पर,

$\log(x+y)=\log 6+\frac{1}{2}\log x+\frac{1}{2}\log y$

x के सापेक्ष अवकलन करने पर,

$\frac{1}{x+y}\left(1+\frac{dy}{dx}\right)=\frac{1}{2}\cdot\frac{1}{x}+\frac{1}{2}\cdot\frac{1}{y}\cdot\frac{dy}{dx}$

$\Rightarrow \frac{dy}{dx}\left(\frac{1}{x+y}-\frac{1}{2y}\right)=\frac{1}{2x}-\frac{1}{x+y}$

$\Rightarrow \frac{dy}{dx}=\frac{y}{x}$

$C-r.$

D. उपरोक्त की भांति ही लघुगणक लेकर x के सापेक्ष अवकलन करने पर,

$\frac{dy}{dx}=\frac{y}{x}$

$D-r.$

22

अवकलन के अनुप्रयोग
(APPLICATION OF DERIVATIVES)

दर माप (Rate Measure)

माना $y = f(x)$ कोई फलन है। यदि x में बहुत छोटी वृद्धि Δx हो तो माना y में संगत वृद्धि Δy है। तब $\frac{\Delta y}{\Delta x}$, x में परिवर्तन के कारण y में परिवर्तन तथा $\Delta x \to 0, \frac{\Delta y}{\Delta x} = x$ के सापेक्ष y में परिवर्तन की दर को दर्शाता है।

$\therefore \frac{dy}{dx} = y$ में परिवर्तन की दर x के सापेक्ष में।

उदाहरण 1. वृत्त के क्षेत्रफल में त्रिज्या के सापेक्ष कितनी तेजी से परिवर्तन होगा, यदि त्रिज्या 3 सेंमी. हो?

हल : माना वृत्त का क्षेत्रफल $= A$ तब $A = \pi r^2$

$$\Rightarrow \frac{dA}{dr} = 2\pi r \qquad (r \text{ वृत्त की त्रिज्या है})$$

अतः वृत्त के क्षेत्रफल में परिवर्तन की दर, त्रिज्या के सापेक्ष $2\pi r$ होगा।

जब त्रिज्या $r = 3$ सेंमी.

$$\therefore \frac{dA}{dr} = 2\pi \times 3 = 6\pi \text{ सेंमी.}$$

उदाहरण 2. किसी घन (Cube) के आयतन में 7 सेंमी.^{3}/से. की दर से वृद्धि हो रही है। इसके पृष्ठ क्षेत्रफल में कितनी तेजी से वृद्धि होगी, यदि इसके किनारे की लम्बाई 12 सेंमी. हो?

हल : माना घन के किनारे की लम्बाई $= x$ सेंमी.

घन का आयतन $= V$ सेंमी.^{3}

तथा पृष्ठ क्षेत्रफल $= S$ सेंमी.^{2}

किसी समय t में है।

तब $V = x^3$ तथा $S = 6x^2$

$$\because \frac{dV}{dt} = 7 \text{ सेंमी.}^3/\text{से.} \qquad \text{(दिया गया है)}$$

$$\Rightarrow \frac{d}{dt}(x^3) = 7 \Rightarrow 3x^2 \frac{dx}{dt} = 7$$

$$\Rightarrow \frac{dx}{dt} = \frac{7}{3x^2}$$

अब $S = 6x^2$

$$\Rightarrow \frac{ds}{dt} = 12x \times \frac{dx}{dt}$$

$$\Rightarrow \frac{ds}{dt} = 12x \times \frac{7}{3x^2} = \frac{28}{x}$$

$$\Rightarrow \left(\frac{ds}{dt}\right)_{x=12} = \frac{28}{12} \text{ सेंमी.}^2/\text{से.} = \frac{7}{3} \text{ सेंमी.}^2/\text{से.}$$

उदाहरण 3. किसी पाईप से बालू 12 सेंमी.^{3}/से. की दर से नीचे भूमि पर गिरता है तथा इस प्रकार गिरा बालू जमीन पर एक शंकु के रूप में जमा हो जाता है। जिसकी ऊँचाई, इसकी त्रिज्या का सदैव $\frac{1}{6}$ है, तो कितनी तेजी से वायु निर्मित शंकु की ऊँचाई में वृद्धि होगी, जब ऊँचाई 4 सेंमी. हो?

हल : माना किसी समय t में शंकु की त्रिज्या r, ऊँचाई h तथा आयतन V है, तब $V = \frac{1}{3}\pi r^2 h$

$$\Rightarrow V = \frac{1}{3}\pi\left(36h^2\right)h \;\; = 12\,\pi\,h^3 \;\; [\because r = 6h]$$

$$\Rightarrow \frac{dV}{dt} = 36\pi h^2 \frac{dh}{dt}$$

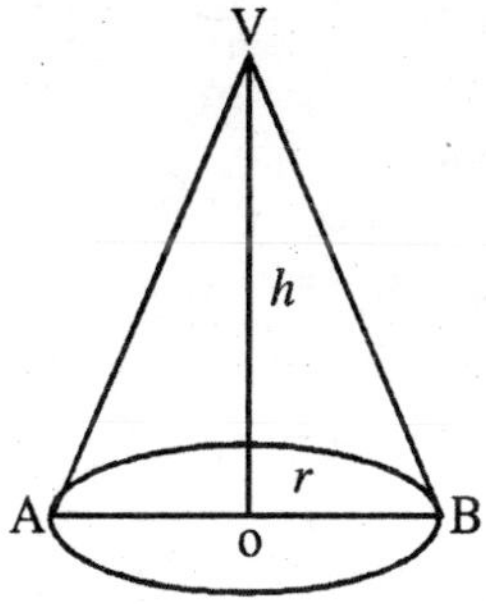

$$\Rightarrow \frac{dh}{dt} = \frac{1}{3\pi h^2} \qquad \left[\because \frac{dV}{dt} = 12 \text{सेंमी.}^3/\text{से.}\right]$$

$$\Rightarrow \left(\frac{dh}{dt}\right)_{h=4} = \frac{1}{3\pi \times 4^2} = \frac{1}{48\pi}$$

अतः शंकु की ऊँचाई में वृद्धि दर $\frac{1}{48\pi}$ सेंमी./से. होगी।

उदाहरण 4. एक 5 मीटर लम्बी सीढ़ी दीवार के सहारे खड़ी है। सीढ़ी के जड़ को दीवार से दूर 2 मी./से. की दर से खींचा जा रहा है तो इसकी ऊँचाई में कितनी तेजी से कमी होगी जब सीढ़ी की जड़ दीवार से 4 मीटर की दूरी पर हो?

हल : माना किसी समय t में सीढ़ी की स्थिति AB है जहाँ $OA = x$ तथा $OB = y$ है तब

$$OA^2 + OB^2 = AB^2 \Rightarrow x^2 + y^2 = 5^2 \qquad ...(i)$$

चूँकि सीढ़ी की जड़ को दीवार से दूर 2 मी./से. की दर से खींचा जाता है।

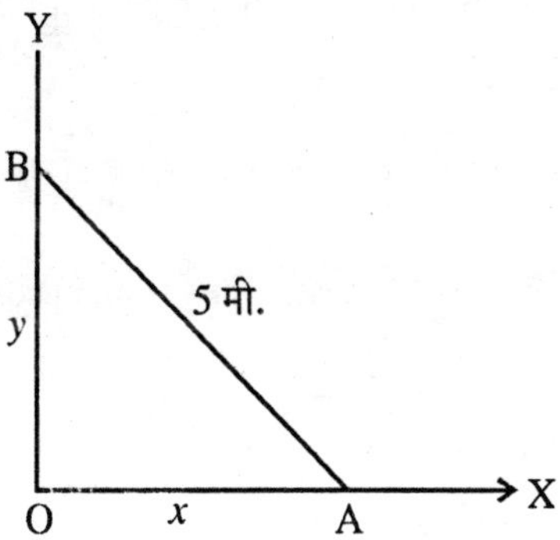

$$\therefore \frac{dx}{dt} = 2 \text{मी./से.}$$

अब $x^2 + y^2 = 25$

$$\Rightarrow 2x\frac{dx}{dt} + 2y\frac{dy}{dt} = 0$$

$$\Rightarrow 2x \,.\, 2 + 2y\frac{dy}{dt} = 0 \quad \left[\because \frac{dx}{dt} = 2\text{मी./से.}\right]$$

$$\Rightarrow \frac{dy}{dt} = \frac{-2x}{y}$$

$x = 4$ समीकरण (i) में रखने पर,

$$4^2 + y^2 = 5^2 \Rightarrow y = \sqrt{9} \Rightarrow 3$$

$$\therefore \frac{dy}{dt} = \left(-\frac{8}{3}\right)\text{मी./से.}$$

अतः दीवार पर खड़ी सीढ़ी की ऊँचाई में कमी की दर $\frac{8}{3}$मी./से. होगी।

एकदिष्ट फलन (Monotonic Function)

कोई फलन $f(x), [a, b]$ में एकदिष्ट फलन कहा जाएगा, यदि या तो वर्द्धमान फलन (Increasing function) हो या ह्रासमान फलन (Decreasing function) (a, b) हो।

वर्द्धमान फलन (Increasing Function)

फलन $y = f(x)$ वर्द्धमान फलन होगा यदि x के बढ़ने पर $f(x)$ का मान बढ़ता है, अर्थात् $x_1 > x_2$

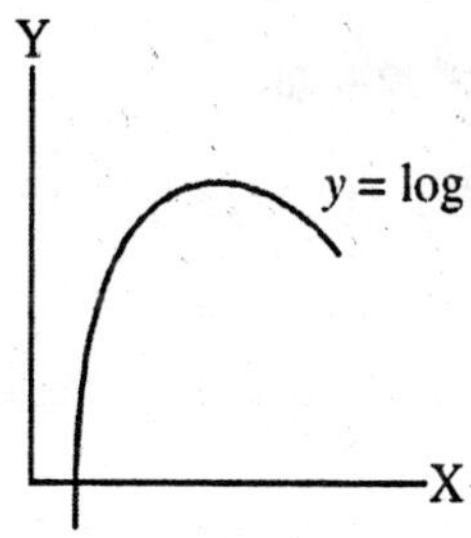

$$\Rightarrow f(x_1) > f(x_2), (x_1, x_2) \in f(x) \;\; \frac{dy}{dx} > 0$$

ह्रासमान फलन (Decreasing Function)

फलन $y = f(x)$ ह्रासमान होगा, यदि x के बढ़ने पर $f(x)$ का मान घटता है, अर्थात् $x_1 > x_2 \Rightarrow f(x_1) < f(x_2)$

यहाँ $\dfrac{dy}{dx} < 0$

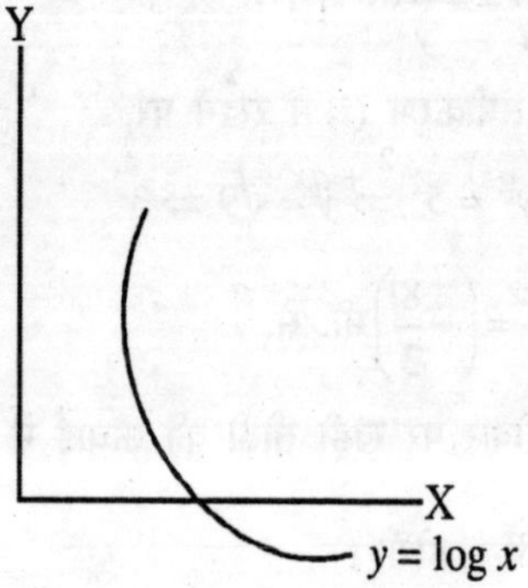

उदाहरण 1. अन्तराल ज्ञात करें जिसमें फलन

$f(x) = -x^2 - 2x + 15$ वर्द्धमान या ह्रासमान हो।

हल : दिया गया है $f(x) = -x^2 - 2x + 15$

$\Rightarrow f'(x) = -2x - 2 = -2(x+1)$

फलन वर्द्धमान (Increasing) होगा, यदि

$f'(x) > 0 \Rightarrow -2(x+1) > 0$

$\Rightarrow x + 1 < 0 \Rightarrow x < -1 \Rightarrow x \in (-\infty, -1)$

अतः फलन वर्द्धमान होगा अन्तराल $(-\infty, -1)$ में

$f(x)$, ह्रासमान होगा यदि

$f'(x) < 0 \Rightarrow -2(x+1) < 0 \Rightarrow x + 1 > 0$

$\Rightarrow x > -1 = x \in (-1, \infty)$

अतः $f(x)$, ह्रासमान फलन होगा अन्तराल $(-1, \infty)$ में।

उदाहरण 2. अन्तराल ज्ञात करें जिसमें फलन $f(x) = x^4 - \dfrac{x^3}{3}$ वर्द्धमान या ह्रासमान है।

हल : $f(x) = x^4 - \dfrac{x^3}{3}$

$\Rightarrow f'(x) = 4x^3 - \dfrac{3x^2}{3} = x^2(4x-1)$

$f(x)$ वर्द्धमान होगा यदि

$f'(x) > 0 \Rightarrow x^2(4x-1) > 0 \Rightarrow 4x - 1 > 0$

$\Rightarrow 4x > 1 \Rightarrow x > \dfrac{1}{4}$

अतः फलन वर्द्धमान होगा $\left(\dfrac{1}{4}, \infty\right)$ में।

$f(x)$, ह्रासमान होगा यदि,

$f(x) < 0 \Rightarrow x^2(4x-1) < 0$

$\Rightarrow 4x - 1 < 0 \Rightarrow 4x < 1 \Rightarrow x < \dfrac{1}{4}$

$\Rightarrow x \in \left(-\infty, \dfrac{1}{4}\right)$

अतः फलन ह्रासमान होगा अन्तराल $\left(-\infty, \dfrac{1}{4}\right)$ में।

उदाहरण 3. अन्तराल ज्ञात करें जिसमें फलन

$f(x) = \sin x + \cos x, \quad \leq x \leq 2\pi$

में वर्द्धमान या ह्रासमान है।

हल : $f(x) = \sin x + \cos x$

$\Rightarrow f'(x) = \cos x - \sin x$

$\Rightarrow f'(x) = \sqrt{2}\left(\cos x \,.\, \sin\dfrac{\pi}{4} - \sin x \,.\, \cos\dfrac{\pi}{4}\right)$

$\Rightarrow f'(x) = \sqrt{2}\sin\left(\dfrac{\pi}{4} - x\right)$

फलन $f(x)$ वर्द्धमान होगा यदि

$f'(x) > 0$

$\Rightarrow \sqrt{2}\sin\left(\frac{\pi}{4}-x\right)>0$

$\Rightarrow -\sqrt{2}\sin\left(x-\frac{\pi}{4}\right)>0$

$\Rightarrow \sin\left(x-\frac{\pi}{4}\right)<0$

$\Rightarrow \pi<x-\frac{\pi}{4}<2\pi$

$\Rightarrow \frac{5\pi}{4} < x < \frac{9\pi}{4}$

$\Rightarrow \frac{5\pi}{4} < x < 2\pi$ or, $2\pi<x<\frac{9\pi}{4}$

$\Rightarrow \frac{5\pi}{4} < x < 2\pi$ or, $0<x<\frac{\pi}{4}$

$\Rightarrow x\in\left(0,\frac{\pi}{4}\right)\cup\left(\frac{5\pi}{4},2\pi\right)$

अतः $f(x)$, वर्द्धमान फलन होगा।

$\left(0,\frac{\pi}{4}\right)\cup\left(\frac{5\pi}{4},2\pi\right)$

फलन $f(x)$ ह्रासमान फलन होगा, यदि

$f'(x)<0$

$\Rightarrow \sqrt{2}\sin\left(\frac{\pi}{4}-x\right)<0$

$\Rightarrow -\sqrt{2}\sin\left(x-\frac{\pi}{4}\right)<0$

$\Rightarrow \sin\left(x-\frac{\pi}{4}\right)>0$

$\Rightarrow 0 < x - \frac{\pi}{4} < \pi$

$\Rightarrow \frac{\pi}{4} < x < \frac{5\pi}{4}$

$\Rightarrow x\in\left(\frac{\pi}{4},\frac{5\pi}{4}\right)$

अतः फलन ह्रासमान होगा $\left(\frac{\pi}{4},\frac{5\pi}{4}\right)$ अन्तराल में।

उदाहरण 4. a का वह न्यूनतम मान ज्ञात करें, जिसके लिए अन्तराल $[1,2]$ में फलन x^2+ax+1 वर्द्धमान होगा।

हल : $f(x)=x^2+ax+1$

$\Rightarrow f'(x)=2x+a$

चूँकि फलन $[1,2]$ अन्तराल में वर्द्धमान है।

अतः $f'(x)>0$ जहाँ $1\le x\le 2$

तथा $f''(x)=2$ जहाँ $x\in[1,2]$

$\Rightarrow f''(x)>0$ जहाँ $x\in[1,2]$

$\Rightarrow f'(x)$ एक वर्द्धमान फलन है $[1,2]$ में,

$\Rightarrow f'(1),[4,2]$ में $f'(x)$ का न्यूनतम मान है।

लेकिन $f'(x)>0$ जहाँ $x\in[1,2]$

$f'(1)>0\Rightarrow 2+a>0\Rightarrow a>-2$

अतः न्यूनतम मान a का -2 है।

उदाहरण 5. सिद्ध करें कि फलन $f(x)=x^{100}+\sin x-1$,

$\left(0,\frac{\pi}{2}\right)$ में वर्द्धमान फलन है।

हल : $f(x)=x^{100}+\sin x-1$

$\Rightarrow f'(x)=100x^{99}+\cos x$

$x\in\left(0,\frac{\pi}{2}\right)$ के लिए,

$0 < x < \frac{\pi}{2}$

$\Rightarrow x^{99} > 0$ तथा $\cos x > 0$

$\Rightarrow 100x^{99} + \cos x > 0$

$\Rightarrow f'(x) > 0$

अतः फलन $\left(0, \frac{\pi}{2}\right)$ में वर्द्धमान फलन है।

स्पर्शी तथा अभिलम्ब (Tangent and Normal)

स्पर्शी की प्रवणता (Slope of Tangent) : किसी बिन्दु P पर स्पर्शी की प्रवणता $= \left(\frac{dy}{dx}\right)_P = \tan\psi$, जहाँ ψ बिन्दु $P(x_1, y_1)$ पर स्पर्शी के X–अक्ष के साथ धनात्मक दिशा में अंतरित कोण है।

यदि P बिन्दु पर स्पर्शी X–अक्ष के समान्तर हो तब $\psi = 0$

$\Rightarrow \tan\psi = 0 \Rightarrow$ प्रवणता $= 0 \Rightarrow \left(\frac{dy}{dx}\right)_P = 0$

अभिलम्ब की प्रवणता (Slope of Normal) : किसी बिन्दु $P(x_1, y_1)$ पर अभिलम्ब की प्रवणता एक रेखा है जो P बिन्दु पर स्पर्शी पर लम्बवत् होती है तथा बिन्दु P से गुजरती है। $\therefore$ अभिलम्ब की प्रवणता बिन्दु P पर,

$= \frac{-1}{P}$

बिन्दु पर स्पर्शी की प्रवणता

$= \frac{-1}{\frac{dy}{dx}} = \left(-\frac{dx}{dy}\right)_P$

उदाहरण 6. सिद्ध करें कि वक्र $y = x^2 - 5x + 6$ के बिन्दु $(2, 0)$ तथा $(3, 0)$ पर खींची गयी स्पर्शी समकोण बनाते हैं।

हल : वक्र का समीकरण $y = x^2 - 5x + 6$

x के सापेक्ष अवकलन करने पर,

$\frac{dy}{dx} = 2x - 5$

अब $m_1 =$ बिन्दु $(2, 0)$ पर स्पर्शी की प्रवणता

$= \left(\frac{dy}{dx}\right)_{(2, 0)} = 2 \times 2 - 5 = -1$

तथा $m_2 =$ बिन्दु $(3, 0)$ पर स्पर्शी की प्रवणता

$= \left(\frac{dy}{dx}\right)(3, 0) = 2 \times 3 - 5 = 1$

स्पष्टतः $m_1 \times m_2 = 1 \times -1 = -1$

अतः बिन्दु $(2, 0)$ एवं $(3, 0)$ पर खींची गयी स्पर्शी के बीच का कोण समकोण है।

उदाहरण 7. वक्र $x = 1 - a\sin\theta$, $y = b\cos^2\theta$ के बिन्दु $\theta = \frac{\pi}{2}$ पर खींची गई अभिलम्ब की प्रवणता ज्ञात करें।

हल : $x = 1 - a\sin\theta$ तथा $y = b\cos^2\theta$

$\Rightarrow \frac{dx}{d\theta} = -a\cos\theta$ तथा $\frac{dy}{d\theta} = -2b\sin\theta.\cos\theta$

$\therefore \frac{dy}{dx} = \frac{dy/d\theta}{dx/d\theta} = \frac{-2b\sin\theta.\cos\theta}{-a\cos\theta} = \frac{2b}{a}\sin\theta$

$\Rightarrow \left(\frac{dy}{dx}\right)_{\theta=\frac{\pi}{2}} = \frac{2b}{a}\sin\frac{\pi}{2} = \frac{2b}{a}$

अतः अभिलम्ब की प्रवणता ($\theta = \frac{\pi}{2}$ पर)

$= \frac{-1}{\left(\frac{dy}{dx}\right)_{\theta=\frac{\pi}{2}}} = \frac{-a}{2b}$

उदाहरण 8. किसी वक्र $y = 2x^2 - 6x - 4$ पर स्थित उस बिन्दु को ज्ञात करें जिस पर खींची गई स्पर्शी X–अक्ष के समान्तर है।

हल : माना कि वक्र पर स्थित बिन्दु $P(x_1, y_1)$ है।

दिया गया वक्र का समीकरण $y = 2x^2 - 6x - 4$ ...(i)

$$\Rightarrow \frac{dy}{dx} = 4x - 6 \Rightarrow \left(\frac{dy}{dx}\right)_{(x_1, y_1)} = 4x_1 - 6$$

चूँकि बिन्दु $P(x_1, y_1)$ पर स्पर्शी X–अक्ष के समान्तर है।

$$\text{अतः } \left(\frac{dy}{dx}\right)_{P(x_1, y_1)} = 0 \Rightarrow 4x_1 - 6 = 0 \Rightarrow x_1 = \frac{3}{2}$$

चूँकि (x_1, y_1) वक्र (i) पर स्थित है।

$$\text{अतः } y_1 = 2x_1^2 - 6x_1 - 4$$

$$\Rightarrow y_1 = 2 \times \frac{9}{4} - 6 \times \frac{3}{2} - 4$$

$$y_1 = \frac{9}{2} - 9 - 4 = \frac{9}{2} - 13 = \frac{-17}{2}$$

अतः अभीष्ट बिन्दु $\left(\frac{3}{2}, \frac{-17}{2}\right)$ है।

उदाहरण 9. वक्र $y = (x-3)^2$ पर स्थित बिन्दु निकालें, जहाँ खींची गई स्पर्शी, बिन्दुओं $(4, 1)$ एवं $(3, 0)$ को मिलाने वाली रेखा के समान्तर है।

हल : माना अभीष्ट बिन्दु $P(x_1, y_1)$ है। वक्र का समीकरण

$$y = (x-3)^2$$

$$\Rightarrow \frac{dy}{dx} = 2(x-3)$$

$$\Rightarrow \left(\frac{dy}{dx}\right)_{P(x_1, y_1)} = 2(x_1 - 3)$$

चूंकि $P(x_1, y_1)$ पर खींची गई स्पर्शी समान्तर है बिन्दुओं $(4, 1)$ एवं $(3, 0)$ को मिलाने वाली रेखा के बिन्दु P पर स्पर्शी की प्रवणता = बिन्दुओं $(4, 1)$ एवं $(3, 0)$ से निर्मित रेखा की प्रवणता

$$\Rightarrow \left(\frac{dy}{dx}\right)_{(x_1, y_1)} = \frac{0-1}{3-4} = 1$$

$$\Rightarrow 2(x_1 - 3) = 1 \Rightarrow x_1 = \frac{7}{2}$$

चूँकि बिन्दु $P(x_1 \ y_1)$, वक्र पर स्थित है।

$$\text{अतः } y_1 = (x_1 - 3)^2 = \left(\frac{7}{2} - 3\right)^2 = \frac{1}{4}$$

अतः बिन्दु $\left(\frac{7}{2}, \frac{1}{4}\right)$ है।

स्पर्शी एवं अभिलम्ब का समीकरण

(Equation of the Tangent and the Normal)

माना वक्र $y = f(x)$ है, तब बिन्दु $P(x_1, y_1)$ पर स्पर्शी का,

समीकरण $y - y_1 = \left(\frac{dy}{dx}\right)_{(x_1, y_1)} (x - x_1)$ होता है।

तथा $P(x_1, y_1)$ पर अभिलम्ब का समीकरण

$y - y_1 = -\left(\frac{dx}{dy}\right)_{(x_1, y_1)} (x - x_1)$ होता है।

उदाहरण 10. वक्र $y = 2x^2 + 3\sin x$ के $x = 0$ पर अभिलम्ब का समीकरण ज्ञात करें।

हल : वक्र का समीकरण $y = 2x^2 + 3\sin x$

$$\Rightarrow \frac{dy}{dx} = 4x + 3\cos x$$

$$\Rightarrow \left(\frac{dy}{dx}\right)_{(x=0)} = 4 \times 0 + 3\cos 0° = 3$$

अतः बिन्दु $(0, 0)$ पर अभिलम्ब का समीकरण

$$y - 0 = \frac{-1}{3}(x - 0)$$

$$\Rightarrow x + 3y = 0.$$

उदाहरण 11. वक्र $x=1-\cos\theta,\ y=\theta-\sin\theta$ के $\theta=\frac{\pi}{4}$ पर स्पर्शी का समीकरण ज्ञात करें।

हल : जब $\theta=\frac{\pi}{4}$,

$$x=1-\cos\frac{\pi}{4}=1-\frac{1}{\sqrt{2}} \text{ तथा}$$

$$y=\theta-\sin\theta=\frac{\pi}{4}-\frac{1}{\sqrt{2}}$$

अतः स्पर्श बिन्दु का नियामक $\left(1-\frac{1}{\sqrt{2}}, \frac{\pi}{4}-\frac{1}{\sqrt{2}}\right)$

अब $x=1-\cos\theta$ तथा $y=\theta-\sin\theta$

$$\Rightarrow \frac{dx}{d\theta}=\sin\theta \text{ तथा } \frac{dy}{d\theta}=1-\cos\theta$$

$$\Rightarrow \frac{dy}{dx}=\frac{dy/d\theta}{dx/d\theta}=\frac{1-\cos\theta}{\sin\theta}$$

$\theta=\frac{\pi}{4}$ पर

$$\frac{dy}{dx}=\frac{1-\cos\frac{\pi}{4}}{\sin\frac{\pi}{4}}=\frac{1-\frac{1}{\sqrt{2}}}{\frac{1}{\sqrt{2}}}=\frac{\sqrt{2}-1}{1}$$

अतः स्पर्शी रेखा का समीकरण $\theta=\frac{\pi}{4}$ पर,

$$y-\left(\frac{\pi}{4}-\frac{1}{\sqrt{2}}\right)=\left(\sqrt{2}-1\right)\left\{x-\left(1-\frac{1}{\sqrt{2}}\right)\right\}$$

$$\Rightarrow \left(\sqrt{2}-1\right)x-y=2\left(\sqrt{2}-1\right)-\frac{\pi}{4}.$$

उदाहरण 12. वक्र $x^2=4y$ पर अभिलम्ब का समीकरण प्राप्त करें जो बिन्दु $(1,2)$ से गुजरती है।

हल : माना परवलय $x^2=4y$ के बिन्दु $P(x_1,y_1)$ पर अभिलम्ब जो बिन्दु $(1,2)$ से गुजरती है।

$$x^2=4y$$

$$\Rightarrow 2x=4\frac{dy}{dx}$$

$$\Rightarrow \frac{dy}{dx}=\frac{x}{2}\Rightarrow\left(\frac{dy}{dx}\right)_{P(x_1,y_1)}=\frac{x_1}{2}$$

बिन्दु $P(x_1\ y_1)$ पर अभिलम्ब का समीकरण

$$y-y_1=\frac{-1}{\left(\frac{dy}{dx}\right)}(x-x_1)$$

$$\Rightarrow y-y_1=-\frac{2}{x_1}(x-x_1) \quad \text{...}(i)$$

चूँकि यह $(1,2)$ से गुजरती है।

$$\Rightarrow 2-y_1=\frac{-2}{x_1}(1-x_1)$$

$$\Rightarrow 2-y_1=\frac{-2}{x_1}+2$$

$$\Rightarrow x_1\ y_1=2 \quad \text{...}(ii)$$

पुनः $P(x_1,y_1)$, परवलय $x^2=4y$ पर स्थित है।

$$\therefore\ x_1^2=4y_1 \quad \text{...}(iii)$$

समीकरण (*ii*) एवं (*iii*) से,

y_1 का लुप्तीकरण करने पर,

$$\frac{x_1^{\,3}}{4}=2\Rightarrow x_1^{\,3}=8\Rightarrow x_1=2$$

$x_1=2$ समीकरण (*ii*) में रखने पर,

$$y_1=1$$

अतः अभिलम्ब का समीकरण

$$y-1=-1(x-2)\Rightarrow x+y-3=0$$

दो वक्रों के प्रतिच्छेदन बिन्दु का कोण
(Angle of Intersection of Two Curves)

माना m_1 = (वक्र $y = f(x)$के बिन्दु P पर स्पर्शी की प्रवणता)

$$= \left(\frac{dy}{dx}\right)_{c_1} = \tan\psi_1$$

तथा m_2 = (वक्र $y = g(x)$ के बिन्दु P पर स्पर्शी की प्रवणता)

$$= \left(\frac{dy}{dx}\right)_{c_2} = \tan\psi_2$$

यदि अभीष्ट कोण ϕ हो तब

$$\tan\phi = \frac{\tan\psi_1 - \tan\psi_2}{1 + \tan\psi_1 \cdot \tan\psi_2}$$

$$\Rightarrow \tan\phi = \frac{\left(\frac{dy}{dx}\right)_{c_1} - \left(\frac{dy}{dx}\right)_{c_2}}{1 + \left(\frac{dy}{dx}\right)_{c_1}\left(\frac{dy}{dx}\right)_{c_2}}$$

लम्बकोणीय वक्र (Orthogonal Curve)

दो वक्रों को लम्बकोणीय वक्र कहते हैं, यदि दो वक्रों का प्रतिच्छेदन कोण समकोण हो; अर्थात् $m_1 m_2 = -1$.

दोनों वक्र एक दूसरे को स्पर्श करेंगे यदि $m_1 = m_2$.

उदाहरण 13. वक्रों $xy = 6$ तथा $x^2y = 12$ का प्रतिच्छेदन कोण ज्ञात करें।

हल : वक्रों का समीकरण $xy = 6$ ...(i)

तथा $x^2y = 12$ ...(ii) है

समीकरण (i) से, $y = \frac{6}{x}$ मान (ii) में रखने पर,

$$x^2\left(\frac{6}{x}\right) = 12 \Rightarrow 6x = 12 \Rightarrow x = 2$$

अतः $y = 3$

अतः दोनों वक्रों का प्रतिच्छेदन बिन्दु $P(2,3)$ है।

समीकरण (i) का अवकलन x के सापेक्ष करने पर,

$$x\frac{dy}{dx} + y = 0 \Rightarrow \frac{dy}{dx} = \frac{-y}{x}$$

$$\Rightarrow m_1 = \left(\frac{dy}{dx}\right)_{(2,3)} = \frac{-3}{2}$$

समीकरण (ii) का अवकलन x के सापेक्ष करने पर,

$$x^2\frac{dy}{dx} + 2xy = 0 \Rightarrow \frac{dy}{dx} = \frac{-2y}{x}$$

$$\Rightarrow m_2 = \left(\frac{dy}{dx}\right)_{(2,3)} = \frac{-2\times 3}{2} = -3$$

माना समीकरण (i) एवं (ii) का प्रतिच्छेदन कोण θ है, तब

$$\tan\theta = \frac{m_1 - m_2}{1 + m_1 m_2} = \frac{\frac{-3}{2} + 3}{1 + \left(-\frac{3}{2}\right)(-3)} = \frac{3}{11}$$

$$\Rightarrow \theta = \tan^{-1}\left(\frac{3}{11}\right).$$

उदाहरण 14. सिद्ध करें कि वक्र $x = y^2$ तथा $xy = k$ एक दूसरे को समकोण पर प्रतिच्छेदन करते हैं, यदि $8k^2 = 1$

हल : वक्रों का समीकरण

$$x = y^2 \quad ...(i)$$

तथा $xy = k$ ...(ii)

समीकरण (i) से,

$x = y^2$ समीकरण (ii) में रखने पर,

$$y^3 = k \Rightarrow y = k^{\frac{1}{3}}$$

$y = k^{\frac{1}{3}}$ का मान समीकरण (i) में रखने पर, $x = k^{2/3}$

अतः दोनों वक्र एक दूसरे को $P\left(k^{2/3}, k^{1/3}\right)$ पर प्रतिच्छेदित करती है।

समीकरण (i) को x के सापेक्ष अवकलन करने पर,

$$1 = 2y\frac{dy}{dx} \Rightarrow \frac{dy}{dx} = \frac{1}{2y}$$

$$\Rightarrow m_1 = \left(\frac{dy}{dx}\right)_P = \frac{1}{2k^{\frac{1}{3}}}$$

समीकरण (*ii*) का अवकलन x के सापेक्ष करने पर,

$$y + x\frac{dy}{dx} = 0 \Rightarrow \frac{dy}{dx} = \frac{-y}{x}$$

$$\Rightarrow m_2 = \left(\frac{dy}{dx}\right)_P$$

$$= \frac{-k^{1/3}}{k^{2/3}} = \frac{-1}{k^{\frac{1}{3}}}$$

वक्र (*i*) एवं (*ii*) एक दूसरे को समकोण पर प्रतिच्छेदित करेंगी।

यदि $m_1 m_2 = -1$

$$\Rightarrow \frac{1}{2k^{\frac{1}{3}}} \times \frac{-1}{k^{\frac{1}{3}}} = -1$$

$$\Rightarrow 2k^{2/3} = 1 \Rightarrow \left(2k^{2/3}\right)^3 = 1 \Rightarrow 8k^2 = 1.$$

उदाहरण 15. किसी वक्र $y = x^3 + 2x + 6$ पर खींची गयी स्पर्शी का समीकरण ज्ञात करें, जो सरल रेखा $x + 14y + 4 = 0$ पर लम्बवत् है।

हल : माना स्पर्श बिन्दु का नियामक $P(x_1, y_1)$ है चूँकि यह वक्र पर स्थित है अतः

$$y_1 = x_1^3 + 2x_1 + 6 \qquad ...(i)$$

वक्र का समीकरण $\qquad y = x^3 + 2x + 6$

x के सापेक्ष अवकलन करने पर,

$$\frac{dy}{dx} = 3x^2 + 2 \Rightarrow \left(\frac{dy}{dx}\right)_{(x_1, y_1)} = 3x_1^2 + 2$$

चूँकि बिन्दु $P(x_1, y_1)$ पर खींची गई स्पर्शी सरल रेखा $x + 14y + 4 = 0$ पर लम्बवत् है।

अतः स्पर्शी की प्रवणता × सरल रेखा की प्रवणता = −1

$$\Rightarrow \left(\frac{dy}{dx}\right)_{(x_1, y_1)} \times \frac{-1}{14} = -1$$

$$\Rightarrow \left(\frac{dy}{dx}\right)_{(x_1, y_1)} = 14$$

$$\Rightarrow 3x_1^2 + 2 = 14 \Rightarrow x_1^2 = 4 \Rightarrow x_1 = \pm 2$$

अब जब $x_1 = 2 \Rightarrow y_1 = 2^3 + 2 \times 2 + 6 = 18$ तथा

जब $x_1 = -2 \Rightarrow y_1 = (-2)^3 + 2(-2) + 6 = -6$

अतः स्पर्श बिन्दु का नियामक $(2, 18)$ तथा $(-2, -6)$ है।

स्पर्शी का समीकरण बिन्दु $(2, 18)$ पर,

$$y - 18 = 14(x - 2) \Rightarrow 14x - y - 10 = 0$$

स्पर्शी का समीकरण बिन्दु $(-2, -6)$ पर,

$$y - (-6) = 14\{x - (-2)\}$$

$$\Rightarrow 14x - y + 22 = 0.$$

उदाहरण 16. सिद्ध करें $\left(\frac{x}{a}\right)^n + \left(\frac{y}{b}\right)^n = 2$, सरल रेखा $\frac{x}{a} + \frac{y}{b} = 2$ को बिन्दु (a, b) पर स्पर्श करती है। जहाँ $n \in N$

हल : दिया है $\left(\frac{x}{a}\right)^n + \left(\frac{y}{b}\right)^n = 2$

x के सापेक्ष अवकलन करने पर,

$$n\left(\frac{x}{a}\right)^{n-1} \times \frac{1}{a} + n\left(\frac{y}{b}\right)^{n-1} \times \frac{1}{b}\frac{dy}{dx} = 0$$

$$\Rightarrow \frac{dy}{dx} = \frac{-b}{a}\left(\frac{x}{a}\right)^{n-1} \cdot \left(\frac{b}{y}\right)^{n-1}$$

$$\Rightarrow \left(\frac{dy}{dx}\right)_{(a, b)} = \frac{-b}{a}$$

अतः स्पर्शी का समीकरण बिन्दु (a, b) पर,

$$y-b=\frac{-b}{a}(x-a) \Rightarrow ay-ab=-bx+ab$$

$$\Rightarrow bx+ay=2ab \Rightarrow \frac{x}{a}+\frac{y}{b}=2$$

अतः $\frac{x}{a}+\frac{y}{b}=2$ दिए गए वक्र को बिन्दु (a, b) पर स्पर्श करती है।

फलन के उच्चिष्ठ एवं निम्निष्ठ मान

(Maximum and Minimum Values of Function)

उच्चिष्ठ मान (Maximum Value) : यदि अन्तराल I में फलन $f(x)$ एक वास्तविक मानों का फलन है और यदि कोई बिन्दु a जिसका I में अस्तित्व है, जहाँ $f(x) \leq f(a) \ \forall \ x \in I$ तब I में $f(x)$ का उच्चिष्ठ मान होगा।

जैसे : माना फलन $f(x)=-(x-1)^2+10$

स्पष्टतः प्रांत $(f)=R=(-\infty, \infty)$

चूँकि $-(x-1)^2 \leq 0 \ \forall \ x \in R$

$$\Rightarrow -(x-1)^2+10 \leq 10 \ \forall \ x \in R$$

$$\Rightarrow f(x) \leq 10 \ \forall \ x \in R$$

$$\Rightarrow f(x) \leq f(1) \ \forall \ x \in R$$

अतः $f(1)=10$ उच्चिष्ठ मान होगा।

निम्निष्ठ मान (Minimum Value) : यदि अन्तराल I में फलन $f(x)$ एक वास्तविक मानों का फलन है और यदि कोई बिन्दु a जहाँ $a \in I$ का अस्तित्व हो, जहाँ $f(x) \geq f(a) \ \forall \ x \in I$ तब I में $f(x)$ का निम्निष्ठ मान होगा।

जैसे : माना फलन $f(x)=x^2+5$

स्पष्टतः प्रांत $=R=(-\infty, \infty)$

हम जानते हैं कि $x^2 \geq 0 \ \forall \ x \in R$

$$\Rightarrow x^2+5 \geq 5 \ \forall \ x \in R$$

$$f(x) \geq 5 \ \forall \ x \in R$$

$$f(x) \geq f(0)$$

अतः निम्निष्ठ मान 5 होगा तथा निम्निष्ठ मान का बिन्दु $x=0$ होगा।

उदाहरण 17. उच्चिष्ठ मान निकालें; यदि फलन

$f(x)=-|x-1|+5$, x के सभी मान $x \in R$

हल : $f(x)=-|x-1|+5 \ \forall \ x \in R$

अब $|x-1| \geq 0 \ \forall \ x \in R$

$$\because -|x-1| \leq 0 \ \forall \ x \in R$$

$$\Rightarrow -|x-1|+5 \leq 5, \ \forall \ x \in R$$

$$\Rightarrow f(x) \leq 5 \ \forall \ x \in R$$

अतः $f(x)$ का उच्चिष्ठ मान 5 है।

तथा $f(x)=5 \Rightarrow -|x-1|+5=5$

$$\Rightarrow |x-1|=0 \Rightarrow x=1$$

अतः $x=1$ पर फलन का उच्चिष्ठ मान 5 है,

उदाहरण 18. फलन $f(x)=\sin(\sin x) \ \forall \ x \in R$, का उच्चिष्ठ एवं निम्निष्ठ मान ज्ञात करें।

हल : $f(x)=\sin x, x \in R$

अब $-1 \leq \sin x \leq 1 \ \forall \ x \in R$

$$\Rightarrow \sin(-1) \leq \sin(\sin x) \leq \sin(1) \ \forall \ x \in R$$

($\because \sin x$ $(-1, 1)$ में वर्द्धमान फलन है।

$$\Rightarrow -\sin 1 \leq f(x) \leq \sin(1)$$

अतः $f(x)$ का उच्चिष्ठ मान $\sin(1)$ तथा निम्निष्ठ मान $-\sin(1)$ होगा।

उदाहरण 19. फलन $f(x)=\sin 3x+4$ का उच्चिष्ठ एवं निम्निष्ठ मान ज्ञात करें।

हल : $f(x)=\sin 3x+4 \ \forall \ x \in R$

अब $-1 \le \sin 3x \le 1 \,\forall\, x \in R$

$\Rightarrow -1+4 \le \sin 3x + 4 \le 1+4$

$\Rightarrow 3 \le f(x) \le 5$

$\Rightarrow 3 \le f(x) \le 5 \;\forall\; x \in R$

अतः $f(x)$ का उच्चिष्ठ मान 5 तथा निम्निष्ठ मान 3 है।

उच्चिष्ठ एवं निम्निष्ठ मान के लिए उच्च श्रेणी अवकलन परीक्षण

(Higher Order Derivative Test for Maximum and Minimum Value)

माना $f(x)$ फलन कोई अवकलित फलन (Differentiable Function) है अन्तराल I में तथा c अन्तराल I में कोई बिन्दु है, तब

(i) $f'(c) = f''(c) = f'''(c) \ldots = f^{n-1}(c) = 0$ तथा

(ii) $f^n(c)$ का अस्तित्व है।

यदि n सम हो तथा $f^n(c) < 0 \Rightarrow x = c$ पर फलन उच्चिष्ठ होगा।

तथा $f^n(c) > 0 \Rightarrow x = c$ पर फलन निम्निष्ठ होगा।

यदि n विषम हो, तब $x = c$ पर फलन न तो उच्चिष्ठ होगा न ही निम्निष्ठ होगा।

उदाहरण 20. फलन $f(x) = 2x^3 - 21x^2 + 36x - 20$ का उच्चिष्ठ एवं निम्निष्ठ मान ज्ञात करें।

हल : $f(x) = 2x^3 - 21x^2 + 36x - 20$

$\therefore\; f'(x) = 6x^2 - 42x + 36$

उच्चिष्ठ या निम्निष्ठ मानों के लिए,

$f'(x) = 0$

$\Rightarrow 6x^2 - 42x + 36 = 0$

$\Rightarrow x^2 - 7x + 6 = 0$

$\Rightarrow (x-1)(x-6) = 0$

$\Rightarrow x = 1, 6$

अब $f''(x) = 12x - 42$

$\therefore\; x = 1$ के लिए,

$f''(x) = -30 < 0$

अतः उच्चिष्ठ मान $f(1) = 2 - 21 + 36 - 20 = -3$

अब $x = 6$ के लिए,

$f''(x) = 12 \times 6 - 42 = 30 > 0$

अतः $x = 6$ के लिए फलन निम्निष्ठ होगा

तथा निम्निष्ठ मान

$f(6) = 2 \times (6)^3 - 21 \times (6)^2 + 36 \times 6 - 20 = -128$

उदाहरण 21. फलन $f(x) = \sin 2x - x$ जहाँ $\frac{-\pi}{2} \le x \le \frac{\pi}{2}$ का उच्चिष्ठ एवं निम्निष्ठ मान ज्ञात करें।

हल : $f(x) = \sin 2x - x$

$\therefore\; f'(x) = 2\cos 2x - 1$

उच्चिष्ठ एवं निम्निष्ठ मान के लिए,

$f'(x) = 0$

$2\cos 2x - 1 = 0$

$\cos 2x = \frac{1}{2} \Rightarrow 2x = \frac{-\pi}{3}$ या $\frac{\pi}{3}$

$\therefore\; x = \frac{-\pi}{6}$ या $x = \frac{\pi}{6}$

$$\left[\because \frac{-\pi}{2} \le x \le \frac{\pi}{2} \;\therefore -\pi \le 2x \le \pi\right]$$

अब $f''(x) = -4\sin 2x$

$x = \frac{-\pi}{6}$ पर $f''\left(\frac{-\pi}{6}\right) = -4\sin\left(\frac{-\pi}{3}\right)$

$= -4 \times \frac{-\sqrt{3}}{2}$

$= 2\sqrt{3} > 0$

अतः निम्निष्ठ मान $f\left(-\frac{\pi}{6}\right) =$

$$\sin\left(\frac{-\pi}{3}\right)+\frac{\pi}{6}=\frac{-\sqrt{3}}{2}+\frac{\pi}{6}$$

$x=\frac{\pi}{6}$ पर,

$$f''\left(\frac{\pi}{6}\right)=-4\sin\frac{\pi}{3}=-4\left(\frac{\sqrt{3}}{2}\right)=-2\sqrt{3}<0$$

उच्चिष्ठ मान $f\left(\frac{\pi}{6}\right)=\sin\frac{\pi}{3}-\frac{\pi}{6}=\frac{\sqrt{3}}{2}-\frac{\pi}{6}.$

उदाहरण 22. दिखाएँ कि किसी बंद बेलन जिसका पृष्ठ एवं महत्तम आयतन दिया हो, की ऊँचाई इसके आधार के व्यास के बराबर होता है।

हल : माना r त्रिज्या तथा h ऊँचाई का बंद बेलन जिसका पृष्ठ क्षेत्रफल S है। तब,

$$S=2\pi r^2+2\pi rh$$

$$\Rightarrow h=\frac{S-2\pi r^2}{2\pi r} \quad ..(i)$$

यदि V बेलन का आयतन हो तो

$$V=\pi r^2 h\Rightarrow \pi r^2\left(\frac{S-2\pi r^2}{2\pi r}\right)$$

$$\Rightarrow V=\frac{\left(rS-2\pi r^3\right)}{2}$$

$$\Rightarrow \frac{dV}{dr}=\frac{S}{2}-3\pi r^2 \quad ...(ii)$$

उच्चिष्ठ तथा निम्निष्ठ के लिए,

$$\frac{dV}{dr}=0$$

$$\Rightarrow \frac{S}{2}-3\pi r^2=0\Rightarrow S=6\pi r^2$$

$$\Rightarrow 2\pi r^2+2\pi rh=6\pi r^2\Rightarrow h=2r$$

(ii) को r के सापेक्ष अवकलन करने पर,

$$\frac{d^2V}{dr^2}=-6\pi r<0$$

अतः V उच्चिष्ठ होगा यदि $h=2r$ अर्थात् बेलन की ऊँचाई, आधार के व्यास के बराबर हो।

रोलेज प्रमेय (Rolle's Theorem)

यदि फलन $f(x)$

(i) संवृत अन्तराल $[a,b]$ में सतत् है।

(ii) विवृत अन्तराल (a,b) में अवकलनीय है।

अर्थात् विवृत अन्तराल (a,b) में प्रत्येक बिन्दु पर अवकलनीय हो।

(iii) $f(a)=f(b)$; तब कम-से-कम एक बिन्दु c का अन्तराल (a,b) में इस प्रकार अस्तित्व में होगा कि $f'(c)=0$ ।

उदाहरण 23. फलन $f(x)=x^2-5x+6$ का अन्तराल $[2,3]$ के लिए रोलेज प्रमेय को संतुष्ट करता है, जाँच करें।

हल : चूँकि $f(x)$ बहुपद फलन है अतः यह सभी जगह अवकलनीय है। अतः यह सतत् भी होगा। अतः

(i) $f(x)$ सतत् है $[2,3]$ में

(ii) $f(x)$ अवकलनीय है $(2,3)$ में

तथा $f(2)=2^2-5\times 2+6=0$

$f(3)=3^2-15+6=0$

$\therefore f(2)=f(3)$

अतः रोलेज प्रमेय की सभी अवस्थाओं को संतुष्ट करता है।

अब यह दिखाना है कि कोई $c\in(2,3)$ जहाँ $f'(c)=0$

$f(x)=x^2-5x+6$

$\Rightarrow f'(x)=2x-5$

$\therefore f'(x)=2x-5=0\Rightarrow x=2.5$

अतः $c=2.5\in(2,3)$ जहाँ $f'(c)=0$ क

यह रोलेज प्रमेय को पूर्णतः संतुष्ट करता है।

लेगरान्ज का प्रमेय (Lagrange's Theorem)

यदि फलन $f(x)$

(i) संवृत अन्तराल $[a, b]$ में सतत् है।

(ii) विवृत अन्तराल (a, b) में अवकलनीय है।

तब कम-से-कम एक c जहाँ $a < c < b$ का अस्तित्व

इस प्रकार होगा कि $f'(c) = \dfrac{f(b) - f(a)}{b - a}$

उदाहरण 24: फलन $f(x) = (x-3)(x-6)(x-9)$ का अन्तराल $[3, 5]$ के लिए लेगरान्ज प्रमेय का परीक्षण करें।

हल : $f(x) = (x-3)(x-6)(x-9)$

$= x^3 - 18x^2 + 99x - 162$

$f(x)$ एक बहुपद फलन है, अतः यह सभी जगह अवकलनीय एवं सतत् होगा।

अतः $f(x)$, $[3, 5]$ में सतत् एवं $(3, 5)$ में अवकलनीय होगा।

अतः लेगरान्ज प्रमेय की दोनों अवस्था (Condition) संतुष्ट है। इस प्रकार उसमें कम-से-कम एक $c \in (3, 5)$ अवश्य होगा, जहाँ–

$$f'(c) = \frac{f(5) - f(3)}{5 - 3}$$

अब $f(x) = x^3 - 18x^2 + 99x - 162$

$\Rightarrow f'(x) = 3x^2 - 36x + 99$

$f(5) = (5-3)(5-6)(5-9) = 8$ तथा

$f(3) = 0$

$$\therefore f'(x) = \frac{f(5) - f(3)}{5 - 3}$$

$$\Rightarrow 3x^2 - 36x + 99 = \frac{8 - 0}{2}$$

$\Rightarrow 3x^2 - 36x + 95 = 0$

$$\Rightarrow x = \frac{36 \pm \sqrt{1296 - 1140}}{6}$$

$= 8.8,\ 4.8$

अतः $4.8 \in (3, 5)$ जहाँ $f'(c) = 0$.

यह लेगरान्ज प्रमेय को पूर्णतः संतुष्ट करता है।

साधित उदाहरण (Solved Examples)

1. किसी बैलून की त्रिज्या में वृद्धि दर 10 सेंमी./से. है तब किस दर से इसके पृष्ठ क्षेत्रफल में वृद्धि होगी, यदि त्रिज्या 15 सेंमी. हो?

हल : माना बैलुन का किसी समय t में r त्रिज्या तथा S पृष्ठ क्षेत्रफल है तब–

$S = 4\pi r^2$ तथा $\dfrac{dr}{dt} = 10$ सेंमी./से.

अब $S = 4\pi r^2 \Rightarrow \dfrac{dS}{dt} = 8\pi r \dfrac{dr}{dt}$

$$\Rightarrow \frac{dS}{dt} = 80\pi r$$

$\Rightarrow \left(\dfrac{dS}{dt}\right)_{r=15} = 80\pi \times 15 = 1200\pi$ सेंमी.^{2}/से.

2. वक्र $y = \dfrac{x-7}{(x-2)(x-3)}$ के लिए स्पर्शी एवं अभिलम्ब के समीकरणों को उस बिन्दु के लिए ज्ञात करें; जहाँ यह X–अक्ष को प्रतिच्छेदित करती है।

हल : वक्र का समीकरण

$y(x-2)(x-3) - x + 7 = 0$ ...(i)

यह X–अक्ष को प्रतिच्छेदित करती है। अतः $y = 0$ का मान समीकरण (i) में रखने पर,

$-x + 7 = 0 \Rightarrow x = 7$

अतः स्पर्श बिन्दु $(7, 0)$

समीकरण (i) को x के सापेक्ष अवकलन करने पर,

$\dfrac{dy}{dx}(x-2)(x-3) + y(2x-5) - 1 = 0$ ...(ii)

$x = 7$ तथा $y = 0$ समीकरण (*ii*) में रखने पर,

$$\left(\frac{dy}{dx}\right)_{(7,0)}(7-2)(7-3)-1=0$$

$$\Rightarrow \left(\frac{dy}{dx}\right)_{(7,0)}=\frac{1}{20}$$

अतः स्पर्शी का समीकरण $(7,0)$ के लिए,

$$y-0=\frac{1}{20}(x-7) \Rightarrow x-20y-7=0$$

अभिलम्ब का समीकरण बिन्दु $(7,0)$ के लिए,

$$y-0=-20(x-7) \Rightarrow 20x+y-140=0.$$

3. उस अन्तराल को ज्ञात करें जिसमें

$f(x)=2\log(x-2)-x^2+4x+1$ वर्द्धमान या ह्रासमान है।

हल : स्पष्टतः $f(x)$ परिभाषित है सभी x के लिए

अब $f(x)=2\log(x-2)-x^2+4x+1$

$$\Rightarrow f'(x)=\frac{2}{x-2}-2x+4$$

$$\Rightarrow f'(x)=\frac{2-2x(x-2)+4(x-2)}{x-2}$$

$$\Rightarrow f'(x)=\frac{-2x^2+8x-6}{x-2}$$

$$\Rightarrow f'(x)=\frac{-2(x-1)(x-3)}{x-2}$$

$f(x)$, वर्द्धमान फलन होगा।

$f'(x)>0$

$$\Rightarrow \frac{-2(x-1)(x-3)}{x-2}>0$$

$$\Rightarrow \frac{(x-1)(x-3)}{x-2}<0 \Rightarrow x-3<0$$

$$\Rightarrow x<3 \Rightarrow x \in (2,3)$$

अतः $f(x),(2,3)$ में वर्द्धमान फलन है।

$f(x)$, यदि ह्रासमान फलन हो, तब

$f'(x)<0$

$$\Rightarrow \frac{-2(x-1)(x-3)}{x-2}<0$$

$$\Rightarrow \frac{(x-1)(x-3)}{x-2}<0$$

$$\Rightarrow x-3>0 \Rightarrow x>3$$

$$\Rightarrow x \in (3,\infty)$$

अतः $f(x)$ ह्रासमान फलन होगा $(3,\infty)$ में।

4. a का न्यूनतम मान ज्ञात करें जहाँ फलन x^2+ax+1 अन्तराल $[1,2]$ में वर्द्धमान फलन है।

हल : $f'(x)=2x+a$

चूँकि यह वर्द्धमान फलन अन्तराल [1, 2] में है।

$f'(x)>0$ जहाँ $\alpha \le x \le 2$ तथा

$f''(x)>0 \; \forall \; x \in (1,2)$

$\Rightarrow f'(x)$ ह्रासमान फलन है अन्तराल $(1,2)$ में

$\Rightarrow f'(1)$ न्यूनतम मान $f'(x)$ अन्तराल [1, 2]

लेकिन $f'(x)>0 \; \forall \; x \in [1,2]$

$f'(1)>0 \Rightarrow 2+a>0 \Rightarrow a>-2$

अतः a का न्यूनतम मान -2 है।

5. सिद्ध करें कि किसी शंकु के महत्तम आयतन एवं दी गई तिरछी ऊँचाई (Slant height) के लिए अर्द्धउदग्र कोण (Semi vertical angle) $\tan^{-1}\sqrt{2}$ होगा।

हल : माना α अर्द्धउदग्र कोण तथा l तिरछी ऊँचाई है तब $VO=l\cos\alpha,\; OA=l\sin\alpha$

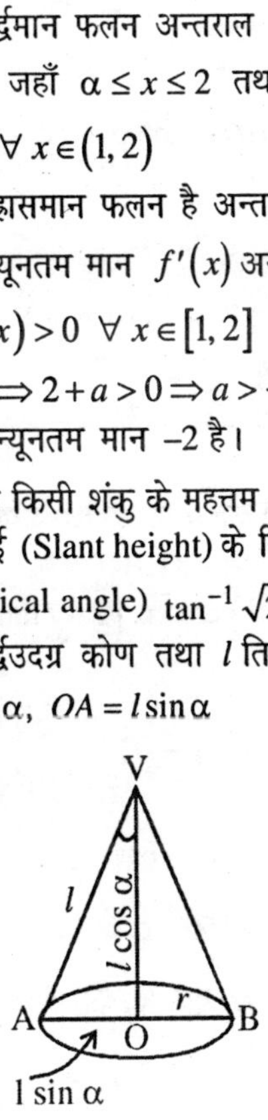

माना V शंकु का आयतन है, तब

$$V=\frac{1}{3}\pi(OA)^2(VO)$$

$$\Rightarrow V=\frac{1}{3}\pi(l\sin\alpha)^2(l\cos\alpha)$$

$$\Rightarrow V=\frac{1}{3}\pi l^3\sin^2\alpha.\cos\alpha$$

$$\Rightarrow \frac{dV}{d\alpha}=\frac{\pi l^3}{3}\left[-\sin^3\alpha+2\sin\alpha.\cos^2\alpha\right]$$

$$\Rightarrow \frac{dV}{d\alpha}=\frac{\pi l^3}{3}\sin\alpha\left[-\sin^2\alpha+2\cos^2\alpha\right] \quad ...(i)$$

V, वर्द्धमान या ह्रासमान होगा,

यदि $\frac{dV}{d\alpha}=0$

$$\Rightarrow \frac{\pi l^3}{3}\sin\alpha\left(-\sin^2\alpha+2\cos^2\alpha\right)=0$$

$$\Rightarrow 2\cos^2\alpha=\sin^2\alpha$$

$$\Rightarrow \tan^2\alpha=2\Rightarrow\tan\alpha=\sqrt{2}$$

अब $\tan\alpha=\sqrt{2}\Rightarrow\cos\alpha=\frac{1}{\sqrt{1+\tan^2\alpha}}=\frac{1}{\sqrt{3}}$

समीकरण (i) को α के सापेक्ष अवकलन करने पर,

$$\frac{d^2V}{d\alpha^2}=\frac{1}{3}\pi l^3\cos^3\alpha\left(2-7\tan^2\alpha\right)$$

$$\Rightarrow \left(\frac{d^2V}{d\alpha^2}\right)\tan\alpha=\sqrt{2}=\frac{-4\pi l^3}{3\sqrt{3}}<0$$

अतः V महत्तम होगा जब $\tan\alpha=\sqrt{2}$ या $\alpha=\tan^{-1}\sqrt{2}$ जहाँ α अर्द्धउदग्र कोण है।

6. दो प्रतिरोधक R_1 एवं R_2 का संयोजित (Combined) प्रतिरोध R जहाँ $R_1, R_2>0$ तथा $\frac{1}{R}=\frac{1}{R_1}+\frac{1}{R_2}$ है। यदि $R_1+R_2=C$ (अचर) तब सिद्ध करें महत्तम (उच्चिष्ठ) प्रतिरोध R प्राप्त होगा यदि $R_1=R_2$

हल : $\frac{1}{R}=\frac{1}{R_1}+\frac{1}{R_2}$ तथा $R_1+R_2=C$

$$\Rightarrow \frac{1}{R}=\frac{R_1+R_2}{R_1R_2}=\frac{C}{R_1R_2}=\frac{C}{R_1(C-R_1)}$$

$$\Rightarrow R=\frac{CR_1-R_1^2}{C}=R_1-\frac{R_1^2}{C}$$

$$\Rightarrow \frac{dR}{dR_1}=1-\frac{2R_1}{C} \text{ तथा } \frac{d^2R}{dR_1^2}=\frac{-2}{C}$$

उच्चिष्ठ (महत्तम) एवं निम्निष्ठ मान के लिए,

$$\frac{dR}{dR_1}=0\Rightarrow 1-\frac{2R_1}{C}=0\Rightarrow R_1=\frac{C}{2}$$

तथा $\frac{d^2R}{dR_1^2}=\frac{-2}{C}<0\ \forall\ R_1$

अतः R उच्चिष्ठ होगा, यदि $R_1=\frac{C}{2}$

$R_1=\frac{C}{2}$ का मान $R_1+R_2=C$ में रखने पर,

$$R_2=C-\frac{C}{2}=\frac{C}{2}$$

अतः R उच्चिष्ठ होगा, यदि $R_1=R_2=\frac{C}{2}$

या $R_1=R_2$.

7. दिया गया है फलन $f(x)=x^3-6x^2+ax+b$, अन्तराल $[1,3]$ में रोल के प्रमेय को संतुष्ट करता है, जहाँ $c=2+\frac{1}{\sqrt{3}}$, तब a एवं b का मान निकालें। यदि $f(1)=f(3)=0$

हल : दिया गया है $f(1)=f(3)=0$

$\therefore\ 1^3-6\times1^2+a\times1+b=0 \Rightarrow a+b=5$

तथा $3^3-6\times3^2+a\times3+b=0$

$\Rightarrow 3a+b=27$

हल करने पर, $a=11$ तथा $b=-6$

अब यह परीक्षण करेंगे कि a एवं b के उपरोक्त मान के लिए $f'(c)$ शून्य है या नहीं।

$$f(x)=x^3-6x^2+ax+b$$

$$\Rightarrow f(x)=x^3-6x^2+11x-6$$

$$\Rightarrow f'(x)=3x^2-12x+11$$

अब $f'(c)=3c^2-12c+11$

$$\Rightarrow f'(c)=3\left(2+\frac{1}{\sqrt{3}}\right)^2-12\left(2+\frac{1}{\sqrt{3}}\right)+11$$

$$=12+\frac{12}{\sqrt{3}}+1-24-\frac{12}{\sqrt{3}}+11$$

$$\Rightarrow f'(c)=0$$

अतः $a=11$ तथा $b=-6$ होगा।

8. फलन $f(x)=x-2\sin x$ अन्तराल $[-\pi,\pi]$ में लेगरान्ज प्रमेय को संतुष्ट करेगा या नहीं, परीक्षण करें।

हल : चूँकि त्रिकोणमितीय फलन $\sin x\,(-\pi,\pi)$ में सर्वत्र सतत् एवं अवकलनीय होता है। अतः लेगरान्ज प्रमेय (Lagrange's Theorem) की दोनों अवस्था संतुष्ट है। अतः इसके मध्य कम-से-कम एक $c\in(-\pi,\pi)$ का अस्तित्व अवश्य होगा।

जहाँ $f'(c)=\dfrac{f(\pi)-f(-\pi)}{\pi-(-\pi)}$

अब $f(x)=x-2\sin x$

$$f'(x)=1-2\cos x,\ f(\pi)=\pi-2\sin\pi=\pi$$

$$f(-\pi)=-\pi-2\sin(-\pi)=-\pi$$

$$\therefore\ f'(c)=\frac{f(\pi)-f(-\pi)}{\pi-(-\pi)}$$

$$\Rightarrow 1-2\cos c=\frac{\pi-(-\pi)}{\pi-(-\pi)}$$

$$\Rightarrow 1-2\cos c=1$$

$$\Rightarrow \cos c=0\Rightarrow c=\pm\frac{\pi}{2}$$

अतः $c=\pm\left(\frac{\pi}{2}\right)\in(-\pi,\pi)$

अतः लेगरान्ज प्रमेय संतुष्ट है।

9. $f(x)=x^3+ax^2+bx+c,\ x=-1$ पर उच्चिष्ठ तथा $x=3$ पर निम्निष्ठ है। अचर a, b, c का मान ज्ञात करें।

हल : $\dfrac{dy}{dx}=3x^2+2ax+b=0,\ x=-1$ तथा $x=3$ पर

$3-2a+b=0$ तथा $27+6a+b=0$ हल करने पर,

$a=-3,\ b=-9$ तथा $\dfrac{d^2y}{dx^2}=6x+2a=6x-6$

$\Rightarrow x=-1$ पर, $\dfrac{d^2y}{dx^2}=6(-1)-6=-12=-ve$

तथा $x=3$ पर, $\dfrac{d^2y}{dx^2}=6(3)-6=12=+ve$

c पर कोई प्रतिबंध नहीं है, अतः यह कोई भी वास्तविक मान ग्रहण कर सकता है।

$\therefore\ a=-3,\ b=9,\ c\in R$

10. वक्र $y^3+2x^2=12y$ पर वह बिन्दु जिस पर स्पर्श रेखा उर्ध्वाधर (Vertical) है, को ज्ञात करें।

हल : $f(x, y) = y^3 + 3x^2 - 12y = 0$

स्पर्शी की प्रवणता $= \dfrac{dy}{dx} = \dfrac{-f(x)}{f(y)} = \dfrac{-6x}{3y^2 - 12}$

यदि स्पर्शी उर्ध्वाधर है, तो

$\dfrac{dy}{dx} = \infty \Rightarrow y^2 = 4 \therefore\ y = \pm 2$

$y \neq -2$ क्योंकि x^2 का मान ऋणात्मक प्राप्त होता है।

अतः $y = 2,\ x = \pm \dfrac{4}{\sqrt{3}}$

वस्तुनिष्ठ प्रश्न

1. एक कण की गति का समीकरण

$s = 2t^3 - 9t^2 + 12t + 1$ है, जहाँ s तथा t की इकाईयाँ क्रमशः सेमी तथा सेकण्ड में हैं। कितने समय बाद कण एक क्षण को रूक जायेगा?

(*a*) 1 सेकण्ड (*b*) 2 सेकण्ड

(*c*) 1, 2 सेकण्ड (*d*) इनमें से कोई नहीं

2. यदि एक कण का वेग v समय t में $v = 6t - \dfrac{t^2}{6}$ से निरूपित होता है, यदि $t = 0$ पर $s = 0$, तो 3 सेकण्ड में तय की हुई दूरी है–

(*a*) $\dfrac{39}{2}$ (*b*) $\dfrac{57}{2}$

(*c*) $\dfrac{51}{2}$ (*d*) $\dfrac{33}{2}$

3. फलन $\dfrac{1}{1+x^2}$ किस अन्तराल में ह्रासमान है?

(*a*) $(-\infty, -1)$ (*b*) $(-\infty, 0)$

(*c*) $(1, \infty)$ (*d*) $(0, \infty)$

4. फलन $x + \dfrac{1}{x} (x \neq 0)$ किस अन्तराल में ह्रासमान है?

(*a*) $[-1, 1]$ (*b*) $[0, 1]$

(*c*) $[-1, 0]$ (*d*) $[-1, 2]$

5. फलन $x^2 \log x$ अन्तराल $(1, e)$ में रखता है–

(*a*) एक उच्चिष्ठ मान का बिन्दु

(*b*) एक निम्निष्ठ मान का बिन्दु

(*c*) एक उच्चिष्ठ एवं निम्नष्ठ मान का बिन्दु

(*d*) न तो उच्चिष्ठ मान का बिन्दु और न निम्निष्ठ मान का बिन्दु

6. फलन $x^2 e^{-x}$ किस अन्तराल में ह्रासमान है?

(*a*) $[-\infty, 2]$ (*b*) $[0, 2]$

(*c*) $[2, \infty]$ (*d*) इनमें से कोई नहीं

7. उर्ध्वाधरतः ऊपर की ओर फेंके गये एक पत्थर की गति का समीकरण $10s = 10ut - 49t^2$, जहाँ s मीटर में तथा t सेकण्ड में है और पत्थर 5 सेकण्ड में अपनी महत्तम ऊँचाई पर पहुँच जाता है। u का मान है–

(*a*) 4.9 मीटर/सेकण्ड (*b*) 49 मीटर/सेकण्ड

(*c*) 98 मीटर/सेकण्ड (*d*) इनमें से कोई नहीं

8. धातु की एक वर्गाकार चादर की भुजा की लम्बाई 4 सें.मी./से. की दर से बढ़ रही है। जब भुजा की लम्बाई 2 सें.मी. है तब उसका क्षेत्रफल किस दर से बढ़ रहा है?

(*a*) 16 सेंमी.^{2}/सेकण्ड (*b*) 8 सेंमी.^{2}/सेकण्ड

(*c*) 32 सेंमी.^{2}/सेकण्ड (*d*) इनमें से कोई नहीं

9. $|x| + \left|x + \dfrac{1}{2}\right| + |x - 3| \left|x - \dfrac{5}{2}\right|$ का न्यूनतम मान है–

(*a*) 0 (*b*) 2

(*c*) 4 (*d*) 6

10. एक आदमी जिसकी ऊँचाई 1.8 मीटर है, एक बिजली के खम्भे से 1.2 मीटर/सेकण्ड की दर से पीछे हट रहा

है। यदि बिजली के खम्भे की ऊँचाई 4.5 मीटर हो, तो आदमी की छाया की लम्बाई किस दर से बढ़ रही है?

(*a*) 0.4 मी./से. (*b*) 0.8 मी./से.
(*c*) 1.2 मी./से. (*d*) इनमें से कोई नहीं

11. एक पत्थर चन्द्रमा की सतह से 24 मी./से. की चाल से ऊपर की ओर फेंका गया। यदि t से. के पश्चात् पत्थर की ऊँचाई $s = 24t - 0.8t^2$ हो, तो चन्द्रमा के तल पर गुरूत्वजनित त्वरण का मान क्या होगा? (मी./से.^{2} में)

(*a*) 0.8 (*b*) 1.6
(*c*) 2.4 (*d*) 4.9

12. एक पिण्ड सूत्र $v = 1 + t^2$ के अनुसार गति करता है, जहाँ v समय t पर वेग है। 3 से. बाद त्वरण होगा–

(*a*) 24 सेंमी./से.^{2} (*b*) 12 सेंमी./सेकण्ड^2
(*c*) 6 सेंमी./सेकण्ड^2 (*d*) इनमें से कोई नहीं

13. फलन $(x-1)(x+2)^2$ के स्थानीय उच्चिष्ठ तथा निम्निष्ठ मान है–

(*a*) –4, 0 (*b*) 0, –4
(*c*) 4, 0 (*d*) इनमें से कोई नहीं

14. सरल रेखा में गतिमान एक कण की गति का समीकरण $s = 2t^3 - 9t^2 + 12t$, s तथा t की इकाईयाँ सेंमी. तथा से. है। कितने समय बाद कण का त्वरण शून्य होगा?

(*a*) $\frac{3}{2}$ से. (*b*) $\frac{2}{3}$ से.
(*c*) $\frac{5}{2}$ से. (*d*) $\frac{2}{5}$ से.

15. एक ग्रह की सतह से ऊर्ध्वाधरतः ऊपर की ओर फेंके गये एक पत्थर की गति का समीकरण $s = 10t - 3t^2$ है और s तथा t की इकाईयाँ क्रमशः सेंमी. तथा सेकण्ड है। कितने समय बाद पत्थर तह की सतह पर वापिस आ जायेगा–

(*a*) $\frac{10}{3}$ से. (*b*) $\frac{5}{3}$ से.
(*c*) $\frac{20}{3}$ से. (*d*) $\frac{5}{6}$ से.

16. यदि एक गोलाकार गुब्बारे का चर व्यास $3x + \frac{9}{2}$ हो, तो x के सापेक्ष उसके आयतन के परिवर्तन की दर होगी–

(*a*) $2\pi(2x+3)^2$ (*b*) $\frac{27\pi}{6}(2x+5)^2$
(*c*) $\frac{27\pi}{8}(2x+3)^2$ (*d*) इनमें से कोई नहीं

17. एक टंकी में पानी का आयतन v तथा गहराई x सम्बन्ध $v = 5x - \frac{x^2}{6}$ द्वारा सम्बन्धित है तथा पानी का आयतन 5 सेंमी.^{3}/से. की दर से बढ़ रहा है? जब $x = 2$ सेंमी. है, उस समय पानी की गहराई किस दर से बढ़ रही है?

(*a*) $\frac{5}{18}$ सेंमी./से. (*b*) $\frac{1}{4}$ सेंमी./से.
(*c*) $\frac{5}{16}$ सेंमी./से. (*d*) $\frac{15}{13}$ सेंमी./से.

18. वक्र $y = xe^x$ के लिए बिन्दु–

(*a*) $x = -1$ पर निम्निष्ठ है।
(*b*) $x = 0$ पर निम्निष्ठ है।
(*c*) $x = -1$ पर उच्चिष्ठ है।
(*d*) $x = 0$ पर उच्चिष्ठ है।

19. यदि $x + y = 10$, तो xy का महत्तम मान है–

(*a*) 5 (*b*) 20
(*c*) 25 (*d*) इनमें से कोई नहीं

20. 100 के ऐसे दो भाग कि एक भाग के दुगने और दूसरे भाग के वर्ग का योगफल निम्निष्ठ हो, हैं–

(*a*) 50, 50 (*b*) 99, 1
(*c*) 98, 2 (*d*) इनमें से कोई नहीं

21. x के किस मान के लिए फलन $f(x) = x^2 - 2x$ का ह्रासमान है?

(*a*) $x > 1$ (*b*) $x > 2$
(*c*) $x < 1$ (*d*) $x < 2$

22. $\int_0^x te^{-t^2} dt$ का न्यूनतम मान है–

(*a*) 1 (*b*) 2
(*c*) 3 (*d*) 0

23. यदि $f(x) = 2x + \cot^{-1} x + \log\left(\sqrt{1+x^2} - x\right)$, तो $f(x)$

(*a*) $[0, \infty]$ में वर्द्धमान है।

(*b*) $[0, \infty]$ में ह्रासमान है।

(*c*) $[0, \infty]$ में न वर्द्धमान न ह्रासमान है।

(*d*) $[-\infty, \infty]$ में वर्द्धमान है।

24. वह फलन, जो अन्तराल $\left(\frac{\pi}{2}, \frac{3\pi}{2}\right)$ में न तो ह्रासमान है न ही वर्द्धमान है–

(*a*) $\text{cosec}\, x$ (*b*) $\tan x$

(*c*) x^2 (*d*) $|x-1|$

25. a का वह मान जिसके लिए फलन

$f(x) = \sqrt{3} \sin x - \cos x - 2ax + b$ सभी x के लिए ह्रासमान है, होगा–

(*a*) $a < 1$ (*b*) $a \geq 1$

(*c*) $a \geq \sqrt{2}$ (*d*) $a < \sqrt{2}$

26. दो अशून्य संख्याओं का योग 8 है। उनके व्युत्क्रमों के योग का निम्निष्ठ मान है–

(*a*) 1/4 (*b*) 1/2

(*c*) 1/8 (*d*) इनमें से कोई नहीं

27. यदि वक्र $y = x^3 - 3x^2 - 9x + 5$ पर स्पर्श रेखा x-अक्ष के समान्तर है, तो x-निर्देशांक है–

(*a*) 0 तथा 1 (*b*) 1 तथा –1
(*c*) 1 तथा –3 (*d*) –1 तथा 3

28. यदि वक्र $y = a^x$ और $y = b^x$ एक दूसरे को α कोण पर काटते है, तब $\tan \alpha$ का मान है–

(*a*) $\frac{a-b}{1+ab}$ (*b*) $\frac{\log a - \log b}{1 + \log a \log b}$

(*c*) $\frac{a+b}{1-ab}$ (*d*) $\frac{\log a + \log b}{1 - \log a \log b}$

29. वक्र $y = e^{2x}$ पर (0, 1) से खींची गई स्पर्श रेखा X-अक्ष के किस बिन्दु पर मिलती है?

(*a*) $\left(\frac{1}{2}, 0\right)$ (*b*) $\left(-\frac{1}{2}, 0\right)$

(*c*) $(2, 0)$ (*d*) $(0, 0)$

30. उस बिन्दु पर वक्र $y = be^{-x/a}$ की स्पर्श रेखा का समीकरण, जहाँ यह Y-अक्ष को काटता है, है–

(*a*) $ax + by = 1$ (*b*) $ax - by = 1$

(*c*) $\frac{x}{a} - \frac{y}{b} = 1$ (*d*) $\frac{x}{a} + \frac{y}{b} = 1$

31. यदि $f(x) = \sin x - \cos x$ तथा $0 \leq x \leq 2\pi$, तब फलन का मान किस अन्तराल में घटेगा?

(*a*) $\left[\frac{5\pi}{6}, \frac{3\pi}{4}\right]$ (*b*) $\left[\frac{\pi}{4}, \frac{\pi}{2}\right]$

(*c*) $\left[\frac{3\pi}{2}, \frac{5\pi}{2}\right]$ (*d*) इनमें से कोई नहीं

32. बिन्दु $(-a, a)$ पर वक्र $x^2 y^2 = a^4$ के अधोस्पर्शी की लम्बाई है–

(*a*) $3a$ (*b*) $2a$
(*c*) a (*d*) $4a$

33. दो कथन S और R निम्नानुसार है–

S : $\sin x$ एवं $\cos x$ दोनों, अन्तराल $\left(\frac{\pi}{2}, \pi\right)$ में ह्रासमान है।

R : यदि $f(x) = \log \sec x$ एक अवकलनीय फलन अन्तराल (a, b) में ह्रासमान है।

कौन-सा कथन सत्य है–

(a) S और R दोनों कथन गलत है।
(b) S और R दोनों कथन सही है, लेकिन R, S के लिए सही व्याख्या नहीं करता।
(c) S और R दोनों कथन सही हैं और R, S के लिए सही व्याख्या करता है।
(d) कथन S सही है और R गलत कथन है।

34. फलन $f(x)=\dfrac{\log(\pi+x)}{\log(e+x)}$ है–

(a) $[0,\infty]$ पर वर्द्धमान है।
(b) $[0,\infty]$ पर ह्रासमान है।
(c) $\left[0,\dfrac{\pi}{e}\right]$ पर ह्रासमान व $\left[\dfrac{\pi}{e},\infty\right]$ पर वर्द्धमान है।
(d) $\left[0,\dfrac{\pi}{e}\right]$ पर वर्द्धमान व $\left[\dfrac{\pi}{e},\infty\right]$ ह्रासमान है।

35. माना फलन निम्न रूप से परिभाषित है–

$$f(x)=\begin{cases}\sin^{-1}\lambda+x^2, & 0<x<1\\ 2x, & x\ge 1\end{cases}$$

$x=1$ पर $f(x)$ अवकलनीय होगा यदि λ का मान है–

(a) sin 1　　(b) sin (–1)
(c) 0　　(d) इनमें से कोई नहीं

36. a का वह मान जिसके लिए फलन $(a+2)x^3-3ax^2+9ax-1$ सभी x पर एकदिष्ट ह्रासमान है, होगा–

(a) $a<-2$　　(b) $a>-2$
(c) $-3<a<0$　　(d) $-\infty<a\le -3$

37. फलन $\dfrac{\log x}{x}$ का अन्तराल $[2,\infty]$ में न्यूनतम मान होगा–

(a) $\dfrac{\log 2}{2}$　　(b) 0
(c) $\dfrac{1}{e}$　　(d) अस्तित्व नहीं है।

38. बिन्दु (1, 1) पर वक्रों $y=x^2$ और $x=y^2$ के मध्य कोण है–

(a) $\tan^{-1}\left(\dfrac{4}{3}\right)$　　(b) $\tan^{-1}(1)$
(c) 90°　　(d) $\tan^{-1}\left(\dfrac{3}{4}\right)$

39. फलन $f(x)=\dfrac{x}{4+x+x^2}$ का अन्तराल $[-1, 1]$ में अधिकतम मान है–

(a) $-\dfrac{1}{4}$　　(b) $-\dfrac{1}{3}$
(c) $\dfrac{1}{6}$　　(d) $\dfrac{1}{5}$

40. फलन $f(x)=ax+\dfrac{b}{x}, a, b, x>0$ न्यूनतम मान रखता है, जब x बराबर है–

(a) b　　(b) $\sqrt{a}$
(c) $\sqrt{b}$　　(d) $\sqrt{b/a}$

अनुच्छेद-1 (Paragraph-1)

माना $f(x)=\begin{cases}x^2, x\ge 0\\ -x^2, x<0\end{cases}$

41. उन बिन्दुओं का समुच्चय जहाँ $f''(x)$ का अस्तित्व हो–

(a) R　　(b) $R-\{0\}$
(c) $R-\{-1,0,1\}$　　(d) इसमें से कोई नहीं

42. वर्द्धमान फलन के लिए अन्तराल–

(a) $(-\infty,0)$　　(b) $(0,\infty)$
(c) $(-\infty,\infty)$　　(d) इसमें से कोई नहीं

43. फलन $f(x)$ के बिन्दु $(0,\ 0)$ पर अभिलम्ब का समीकरण

(a) $x=0$　　(b) $y=0$
(c) $y=x$　　(d) $y+x=0$

अनुच्छेद-2 (Paragraph-2)

माना फलन $f(x)=\left(8-x^2\right)^{2/3}$, $x\in R$

44. $x=0$ पर फलन–

(*a*) वर्द्धमान (*b*) ह्रासमान
(*c*) कथन अस्पष्ट (*d*) इसमें से कोई नहीं

45. $f(x)$ का ह्रासमान–

(*a*) 4 (*b*) 0
(*c*) –4 (*d*) इसमें से कोई नहीं

46. फलन $f(x)$ के ग्राफ पर बिन्दु $x=2\sqrt{2}$ पर स्पर्शी का समीकरण–

(*a*) $x=0$ (*b*) $y=2\sqrt{2}$
(*c*) $y=0$ (*d*) $x=2\sqrt{2}$

दृढ़कथन-कारण (Assertion-Reason)

निम्नलिखित चार कूटों (*a*), (*b*), (*c*) एवं (*d*) में से सही उत्तर का चयन करें।

(*a*) वक्तव्य-I सत्य है; वक्तव्य-II सत्य है; वक्तव्य-II वक्तव्य-I का सही स्पष्टीकरण है।
(*b*) वक्तव्य-I सत्य है; वक्तव्य-II सत्य है; वक्तव्य-II वक्तव्य-I का सही स्पष्टीकरण नहीं है।
(*c*) वक्तव्य-I सत्य है; वक्तव्य-II असत्य है।
(*d*) वक्तव्य-I असत्य है; वक्तव्य-II सत्य है।

47. **वक्तव्य-I :** वक्र $y^2=\dfrac{x^2}{3-x}$ के $(2,-2)$ पर स्पर्शी का समीकरण $2x+y=2$ होगा।

वक्तव्य-II : वक्र $y=f(x)$ के किसी बिन्दु (x,y) पर स्पर्शी का समीकरण

$$y-y_1=\left(\frac{dy}{dx}\right)_{(x_1,y_1)}(x-x_1)$$

48. **वक्तव्य-I :** यदि वक्र $y^2=px^3+q$ के बिन्दु $(2,3)$ पर स्पर्शी का समीकरण $y=4x-5$ है तब $p=2$ तथा $q=\ \ 7$ होगा।

वक्तव्य-II : यदि स्पर्शी x-अक्ष के समान्तर हो तब

$$\tan\theta=0,\left(\frac{dy}{dx}\right)_{(x_1,y_1)}=0$$

49. **वक्तव्य-I :** माना $f(x)$ अवकलनीय है सभी x के लिए यदि $f(1)=-2$ तथा $f'(x)\geq 2\ \forall\ x\in[1,6]$ तब $f(6)\geq 8$

वक्तव्य-II : यदि कोई फलन $f(x)$, $[a,b]$ में परिभाषित है तथा $[a,b]$ में सतत् एवं (a,b) में अवकलनीय है तब वहाँ एक बहुत ही छोटी संख्या c का अस्तित्व होगा a एवं b के बीच जहाँ

$$f'(c)=\frac{f(b)-f(a)}{b-a}$$

50. मिलान करें (Match These)–

वर्ग–I	वर्ग–II
A. वक्र $y=x^{2/3}$ के $(0,0)$ पर स्पर्शी का समीकरण	*p.* $x-y=0$
B. वक्र $y=x^2$ के $(0,0)$ पर अभिलम्ब का समीकरण	*q.* $y=0$
C. $y=\tan^{-1}x$ के $(0,0)$ पर स्पर्शी का समीकरण	*r.* $x=0$
D. वक्र $x^2+y^2-x-y=0$ के $(0,0)$ पर अभिलम्ब का समीकरण	*s.* $x+y=0$

(*a*) A – *p*; B – *q*; C–*s*; D–*r*
(*b*) A – *r*; B – *p*; C–*q*; D–*s*
(*c*) A – *r*; B – *r*; C–*p*; D–*p*
(*d*) इसमें से कोई नहीं

उत्तरमाला

1	2	3	4	5	6	7	8	9	10
(c)	(c)	(d)	(a)	(d)	(b)	(b)	(a)	(d)	(b)
11	**12**	**13**	**14**	**15**	**16**	**17**	**18**	**19**	**20**
(b)	(c)	(b)	(a)	(a)	(c)	(d)	(a)	(c)	(b)
21	**22**	**23**	**24**	**25**	**26**	**27**	**28**	**29**	**30**
(c)	(d)	(a)	(a)	(b)	(b)	(d)	(b)	(b)	(d)
31	**32**	**33**	**34**	**35**	**36**	**37**	**38**	**39**	**40**
(d)	(c)	(d)	(b)	(a)	(d)	(d)	(d)	(c)	(d)
41	**42**	**43**	**44**	**45**	**46**	**47**	**48**	**49**	**50**
(b)	(c)	(b)	(a)	(b)	(d)	(a)	(b)	(a)	(c)

व्याख्यात्मक उत्तर

1. $\because s = 2t^3 - 9t^2 + 12t + 1,$

$\therefore \dfrac{ds}{dt} = 6t^2 - 18t + 12 =$ वेग $= 0$ जब कण रुक जाता है।

$\Rightarrow 6t^2 - 18t + 12 = 0 \Rightarrow t^2 - 3t + 2 = 0$

$\Rightarrow (t-1)(t-2) = 0$

अतः समय 1, 2 सेकण्ड है।

2. दिया है, $\dfrac{ds}{dt} = 6t - \dfrac{t^2}{6}$

अब दोनों तरफ समाकलन करने पर,

$\therefore \quad s = 3t^2 - \dfrac{t^3}{18},\ t = 3$ रखने पर,

$$s = 3(3)^2 - \frac{3^3}{18} = 27 - \frac{27}{18} = \frac{51}{2}.$$

3. $y = \dfrac{1}{1+x^2} \Rightarrow \dfrac{dy}{dx} = \dfrac{-2x}{\left(1+x^2\right)^2}$

ह्रासमान होने के लिए $\dfrac{-2x}{\left(1+x^2\right)^2} < 0$

$\Rightarrow x > 0 \Rightarrow x \in (0, \infty).$

4. माना $y = f(x) = x + \dfrac{1}{x}$

$\Rightarrow \dfrac{dy}{dx} = f'(x) = 1 - \dfrac{1}{x^2} \le 0,$

$\Rightarrow 1 \le \dfrac{1}{x^2}$ या $x^2 \le 1$

अतः $x \in [-1, 1].$

5. माना $f(x) = x^2 \log x \Rightarrow f'(x) = 2x \log x + x$

एवं $f''(x) = 2(1 + \log x) + 1$

अब $f''(1) = 3 + 2 \log e^1$

एवं $f''(e) = 3 + 2 \log e^e$

$f(x), \dfrac{1}{\sqrt{e}}$ पर स्थानीय निम्निष्ठ रखता है। परन्तु x केवल $(1, e)$ में स्थित है। अतः $f(x)$ का कोई उच्चिष्ठ एवं निम्निष्ठ $(1, e)$ में नहीं होगा।

6. माना $y = f(x) = x^2 e^{-x}$

$\Rightarrow \dfrac{dy}{dx} = 2x\, e^{-x} - x^2 e^{-x} = e^{-x}\left(2x - x^2\right)$

अतः $f'(x) \geq 0$ प्रत्येक $x \in [0, 2]$ के लिए

अतः यह $[0, 2]$ में ह्रासमान है।

7. दिया गया समीकरण $10s = 10ut - 49t^2$

या $s = ut - 4.9t^2 \Rightarrow \frac{ds}{dt} = u - 9.8t = v$

जब पत्थर अधिकतम ऊँचाई प्राप्त कर लेता है तो $v = 0$

$\Rightarrow u - 9.8t = 0 \Rightarrow u = 9.8t$

परन्तु $t = 5$

अतः u का मान $= 9.8 \times 5 = 49.0$ मी/से.,

अतः प्रारम्भिक वेग = 49 मी./से.

8. दिया गया है कि धातु बढ़ने की दर = 4 सेमी./से.

$v = \frac{da}{dt}$

हम जानते हैं कि वर्गाकार चादर का क्षेत्रफल $(A) = a^2$ (जहाँ a भुजा है)

$\therefore \quad \frac{dA}{dt} = 2a\frac{da}{dt} = 2 \times 2 \times 4 = 16$ सेंमी.^{3}/से.

9. $f(x) = |x| + \left|x + \frac{1}{2}\right| + |x - 3| + \left|x - \frac{5}{2}\right|$

$= -4x + 5, \; x < -\frac{1}{2}$ के लिए

$= -2x + 5, -\frac{1}{2} \leq x < 0$ के लिए

$= 6, 0 \leq x < \frac{5}{2}$ के लिए $= 2x + 1, \frac{5}{2} \leq x < 3$ के लिए

$= 4x - 5, x \geq 3$ के लिए

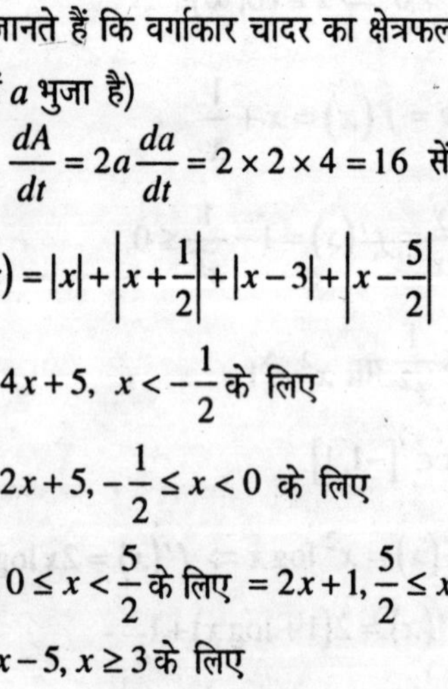

ग्राफ से स्पष्ट है कि फलन का न्यूनतम मान 6 है।

10. दिया है, $\frac{dy}{dt} = 1.2$ मी./से.

चित्रानुसार,

$\frac{AB}{CB} = \frac{PQ}{CQ} \Rightarrow \frac{4.5}{x + y} = \frac{1.8}{x}$

$\Rightarrow 2.7x = 1.8y$

$\Rightarrow x = \frac{2}{3}y \Rightarrow \frac{dx}{dt} = \frac{2}{3} \cdot \frac{dy}{dt}$

$\Rightarrow$ छाया की दर

$\frac{dx}{dt} = \frac{2}{3} \times 1.2 = 0.8$ मी./से.

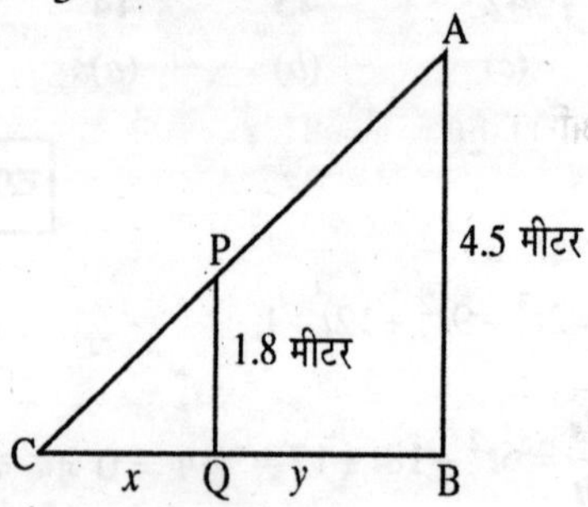

11. $\because s = 24t - 0.8t^2$

$\therefore \quad \frac{ds}{dt} =$ वेग $= 24 - 1.6t$

अतः t पर त्वरण $\left[\frac{d^2s}{dt^2}\right] = -1.6$ है। (पत्थर ऊपर फेंका गया है)

$\therefore$ त्वरण $= 1.6$ मी./से.^{2}

12. $\because \quad v = 1 + t^2 \Rightarrow$ त्वरण $a = \frac{dv}{dt} = 2t$

अतः 3 से. के बाद त्वरण $= 2 \times 3 = 6$ सेंमी./से.^{2}

13. $\because \quad f(x) = (x - 1)(x + 2)^2$

$\therefore \quad f'(x) = 2(x - 1)(x + 2) + (x + 2)^2$

$= 3x^2 + 6x$

$f'(x) = 0$ रखने पर,

$3x^2 + 6x = 0 \Rightarrow x = 0, -2$

$f(-2) = (-2 - 1)(-2 + 2)^2 = 0$ (अधिकतम मान)

एवं $f(0) = (0 - 1)(0 + 2)^2 = -4$ (न्यूनतम मान)

14. $\because \quad s = 2t^3 - 9t^2 + 12t$

$\therefore \dfrac{ds}{dt} = 6t^2 - 18t + 12$

पुनः $\dfrac{d^2s}{dt^2} = 12t - 18 =$ त्वरण

त्वरण यदि शून्य हो, तो $0 = 12t - 18 \Rightarrow t = \dfrac{3}{2}$ से.

$\dfrac{3}{2}$ से. के बाद त्वरण शून्य हो जाएगा।

15. $\therefore \; s = 10t - 3t^2 \; \therefore \; \dfrac{ds}{dt} = 10 - 6t = v$

परन्तु अधिकतम ऊँचाई पर $v = 0, \; \therefore \; t = \dfrac{10}{6}$

अतः पत्थर $2 \times \dfrac{10}{6} = \dfrac{10}{3}$ से. में वापस आयेगा।

16. गुब्बारे की त्रिज्या $r = \dfrac{3}{4}(2x+3) \Rightarrow \dfrac{dr}{dx} = \dfrac{3}{2}$

गुब्बारे का आयतन, $v = \dfrac{4}{3}\pi r^3$

$\Rightarrow \dfrac{dv}{dx} = 4\pi r^2 \dfrac{dr}{dx}$

$\therefore$ आयतन परिवर्तन की दर

$= 4\pi \left(\dfrac{3}{4}\right)^2 (2x+3)^2 . \dfrac{3}{2}$

$= \dfrac{27\pi}{8} (2x+3)^2.$

17. $v = 5x - \dfrac{x^2}{6} \Rightarrow \dfrac{dv}{dt} = 5\dfrac{dx}{dt} - \dfrac{x}{3} . \dfrac{dx}{dt}$

$\Rightarrow \dfrac{dx}{dt} = \dfrac{\dfrac{dv}{dt}}{\left(5 - \dfrac{x}{3}\right)}$

$\therefore \left(\dfrac{dx}{dt}\right)_{x=2} = \dfrac{5}{5 - \dfrac{2}{3}} = \dfrac{15}{13}$ सेंमी./से.

18. दिए गए वक्र का समीकरण $y = x e^x$ है।

$\therefore \quad \dfrac{dy}{dx} = x e^x + e^x = e^x(1+x)$

व $\dfrac{d^2y}{dx} = (x+2)e^x$, $f(x)$ के निम्निष्ठ व उच्चिष्ठ मान के लिए,

$\Rightarrow \quad \dfrac{dy}{dx} = 0 \Rightarrow x = -1$

$\therefore \quad f(x), x = -1$ पर निम्निष्ठ है।

19. $\therefore \; x + y = 10$

$\Rightarrow \quad y = 10 - x$

अब $f(x) = xy = x(10 - x) = 10x - x^2$

$\therefore \quad f'(x) = 10 - 2x$

$f(x)$ के उच्चिष्ठ मान के लिये, $f'(x) = 0$

$\therefore x = 5$ व $y = 5$,

अतः xy का उच्चिष्ठ मान $= 5 \times 5 = 25$.

20. माना एक संख्या $(100 - x)$ है, तब दूसरी x होगी।

अतः $f(x) = 2(100 - x) + x^2 = x^2 - 2x + 200,$

$\Rightarrow f'(x) = 2x - 2 \Rightarrow f''(x) = 2$

$f(x)$ के उच्चिष्ठ व निम्निष्ठ मान के लिए

$f'(x) = 0$ रखने पर,

$f'(x) = 0 \Rightarrow 2x - 2 = 0 \Rightarrow x = 1$

यहाँ $f''(x) = 2 > 0$

अतः $x = 1$ पर फलन निम्निष्ठ है। अब संख्याएँ 99 व 1 हैं।

21. $f(x) = (x-1)^2 - 1$

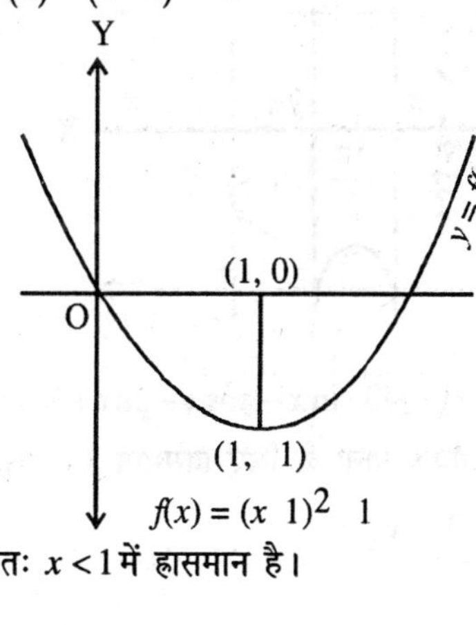

अतः $x < 1$ में ह्रासमान है।

22. $f(x)=\int_0^x te^{-t^2}dt \Rightarrow f'(x)=x\,e^{-x^2} f(x)$ के न्यूनतम मान के लिए,

$f'(x)=0$ रखने पर $x\,e^{-x^2}=0 \Rightarrow x=0$

$f''(x)=e^{-x^2}\left(1-2x^2\right),\ f''(0)=1>0$

$\therefore$ फलन $f(0)$ का न्यूनतम मान = 0

23. यहाँ $f(x)=2x+\cot^{-1}x+\log\left(\sqrt{1+x^2}-x\right)$

$$\Rightarrow f'(x)=2-\frac{1}{1+x^2}+\frac{1}{\sqrt{1+x^2}-x}\left(\frac{x}{\sqrt{1+x^2}}-1\right)$$

$$=\frac{1+2x^2}{1+x^2}-\frac{1}{\sqrt{1+x^2}}=\frac{1+2x^2}{1+x^2}-\frac{\sqrt{(1+x^2)}}{1+x^2}$$

$$=\frac{1+2x^2-\sqrt{1+x^2}}{(1+x^2)}\geq 0\ \forall\ x$$

अतः $f(x),(-\infty,\infty)$ में वर्द्धमान, विशेषतः $[0,\infty]$ में वर्द्धमान है।

24. cosec x का ग्राफ $\left(\frac{\pi}{2},\frac{3\pi}{2}\right)$ में विपरीत है।

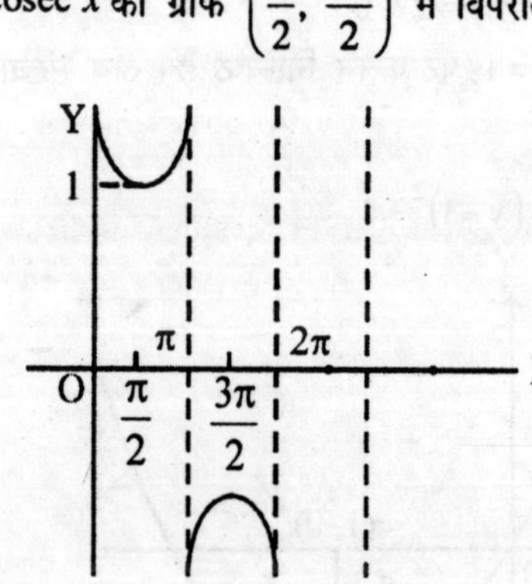

25. चूँकि $f(x)=\sqrt{3}\sin x-\cos x-2ax+b$, x के सभी वास्तविक मानों के लिए ह्रासमान है। अतः

$f'(x)<0\ \forall\ x$

$\Rightarrow \sqrt{3}\cos x+\sin x-2a<0\ \forall x$

$\Rightarrow \frac{\sqrt{3}}{2}\cos x+\frac{1}{2}\sin x<a\forall x$

$=\sin\left(x+\frac{\pi}{3}\right)<a\forall x$

$\Rightarrow a\geq 1.$ $\left(\because \sin\left(x+\frac{\pi}{3}\right)\leq 1\right)$

26. दिया है, $a+b=8$,

माना $y=\frac{1}{a}+\frac{1}{b}=\frac{1}{a}+\frac{1}{8-a}=\frac{8}{a(8-a)}$

$\therefore\ \frac{dy}{da}=\frac{-8(8-2a)}{a^2(8-a)^2}$, $\frac{dy}{da}=0$ रखने पर,

$8-2a=0\Rightarrow a=4$

$\therefore$ $a=4$ पर y का मान निम्निष्ठ है, तब y का निम्निष्ठ मान $=\frac{1}{4}+\frac{1}{8-4}=\frac{1}{2}.$

27. $\because\ y=x^3-3x^2-9x+5$

$\Rightarrow \frac{dy}{dx}=3x^2-6x-9$

$\because$ स्पर्श रेखा, x-अक्ष के समान्तर है।

$\therefore\ \frac{dy}{dx}=0$

अतः $3x^2-6x-9=0 \Rightarrow x=-1,3.$

28. स्पष्टतः वक्रों का प्रतिच्छेद बिन्दु $(0,1)$ है।

$\because\ y=a^x$

$\therefore\ \frac{dy}{dx}=a^x\log a$

प्रथम वक्र की स्पर्श रेखा का झुकाव

$\Rightarrow \left(\frac{dy}{dx}\right)_{(0,1)}=m_1=\log a$

$\because \quad y = b^x, \therefore \frac{dy}{dx} = b^x \log b$

द्वितीय वक्र की स्पर्श रेखा का झुकाव

$$\Rightarrow m_2 = \left(\frac{dy}{dx}\right)_{(0,1)} = \log b$$

$$\therefore \tan\alpha = \frac{m_1 - m_2}{1 + m_1 m_2} = \frac{\log a - \log b}{1 + \log a . \log b}.$$

29. $y = e^{2x} \Rightarrow \frac{dy}{dx} = 2\,e^{2x} \Rightarrow \left(\frac{dy}{dx}\right)_{(0,1)} = 2$

$\therefore$ (0, 1) स्पर्श रेखा का समीकरण निम्न है–

$y - 1 = 2(x - 0)$

$\Rightarrow \quad y = 2x + 1$

दिया है, यह स्पर्श रेखा x-अक्ष पर मिलती है,

$\therefore y = 0$

$$\Rightarrow 0 = 2x + 1 \Rightarrow x = -\frac{1}{2}$$

$\therefore$ अतः बिन्दु के निर्देशांक $\left(-\frac{1}{2}, 0\right)$ हैं।

30. दिया गया वक्र निम्न है–

$y = b\,e^{-x/a}$

चूँकि वक्र Y-अक्ष को काटता है, (अर्थात् $x = 0$)

$\therefore y = b$

अब $\frac{dy}{dx} = \frac{-b}{a} e^{-x/a}, \left(\frac{dy}{dx}\right)_{(0,b)} = -\frac{b}{a}$

$\therefore$ बिन्दु $(0, b)$ पर स्पर्श रेखा का समीकरण निम्न है।

$$y - b = \frac{-b}{a}(x - 0)$$

$$\Rightarrow \frac{x}{a} + \frac{y}{b} = 1$$

31. $\because f(x) = \sin x - \cos x$

$\therefore \quad f'(x) = \cos x + \sin x$

$$= \sqrt{2}\cos\left(x - \frac{\pi}{4}\right)$$

$f(x)$ के ह्रासमान होने के लिए, $f'(x) < 0$

$$\frac{\pi}{2} < \left(x - \frac{\pi}{4}\right) < \frac{3\pi}{2} \quad (0 \le x \le 2\pi)$$

$$\Rightarrow \frac{3\pi}{4} < x \le \frac{7\pi}{2}.$$

32. वक्र का समीकरण निम्न है–

$x^2 y^2 = a^4$

दिए गए समीकरण का x के सापेक्ष अवकलन करने पर,

$$x^2 2y\frac{dy}{dx} + y^2 2x = 0$$

$$\Rightarrow \frac{dy}{dx} = -\frac{y}{x} \Rightarrow \left(\frac{dy}{dx}\right)_{(-a,a)} = -\left(\frac{a}{-a}\right) = 1$$

अतः अधोस्पर्शी की लम्बाई $= \dfrac{y}{\left(\frac{dy}{dx}\right)} = a.$

33. हम जानते हैं कि $\sin x$ तथा $\cos x$ दोनों फलन अन्तराल $\frac{\pi}{2} < x < \pi$ में ह्रासमान है, इसलिए कथन S सही है।

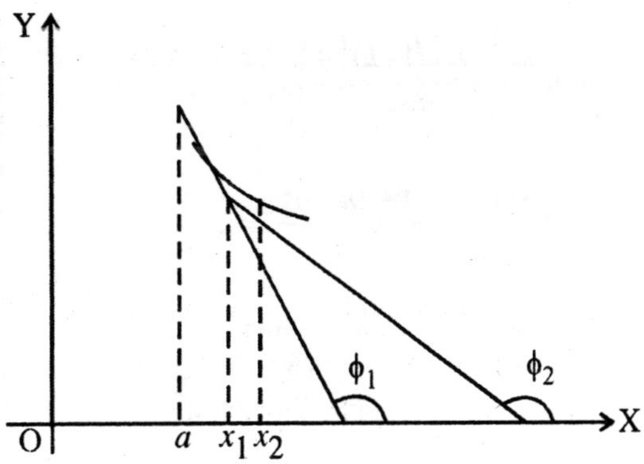

इस ग्राफ से यह स्पष्ट है कि कथन R गलत है। स्पष्टतः $f(x)$ अन्तराल (a, b) में अवकलनीय है। और $a < x_1 < x_2 < b$

लेकिन $f'(x_1) = \tan\phi_1 < \tan\phi_2 = f'(x_2)$.

34. माना $f(x) = \dfrac{\log(\pi + x)}{\log(e + x)}$

$$f'(x) = \frac{\log(e+x) \times \frac{1}{\pi + x} - \log(\pi + x)\frac{1}{e+x}}{\log^2(e+x)}$$

$$= \frac{(e+x)\log(e+x) - (\pi + x)\log(\pi + x)}{\log^2(e+x) \times (e+x)(\pi + x)}$$

$\Rightarrow \; f'(x) < 0, \forall\, x \geq 0 \; [\because \pi > e]$

अतः $f(x), [0, \infty]$ में ह्रासमान है।

35. $\because f(x) = \begin{cases} \sin^{-1}\lambda + x^2, & 0 < x < 1 \\ 2x & x \geq 1 \end{cases}$

$$\because \quad \lim_{h \to 0} \frac{f(1-h) - f(1)}{h}$$

$$= \lim_{h \to 0} \frac{2(1+h) - 2}{h} = \lim_{h \to 0} 2 = 2$$

तथा, $\displaystyle\lim_{h \to 0} \frac{f(1+h) - f(1)}{-h}$

$$= \lim_{h \to 0} \frac{\sin^{-1}\lambda + (1-h)^2 - 2}{-h}$$

$$= \lim_{h \to 0} \frac{\sin^{-1}\lambda - 1 - 2h + h^2}{-h} = 2$$

यदि $\sin^{-1}\lambda = 1 \;\; \Rightarrow \lambda = \sin 1$

$\therefore \; f(x), x = 1$ पर अवकलनीय होगा, यदि $\lambda = \sin 1$.

36. यदि $f(x) = (a+2)x^3 - 3ax^2 + 9ax - 1$ सभी x के लिए एकदिष्ट ह्रासमान है, तब

$f'(x) \leq 0, \;\forall x \in R$

$\Rightarrow \; 3(a+2)x^2 - 6ax + 9a \leq 0, \;\forall\, x \in R$

$\Rightarrow \; (a+2)x^2 - 2ax + 3a \leq 0, \forall\, x \in R$

$\Rightarrow \; a + 2 < 0$ एवं विवेचक ≤ 0

$\Rightarrow \; a < -2$ व $\; -8a^2 - 24a \leq 0 \Rightarrow a < -2$ व $a(a+3) \geq 0$

$\Rightarrow \; a < -2$ व $\; a \leq -3$ या $\; a \geq 0$

$\Rightarrow \; a \leq -3 \;\Rightarrow -\infty < a \leq -3.$

37. माना $y = \dfrac{\log x}{x} \Rightarrow \dfrac{dy}{dx} = \dfrac{x \cdot \frac{1}{x} - \log x}{x^2} = \dfrac{1 - \log x}{x^2}$

$\dfrac{dy}{dx} = 0$ रखने पर, $\dfrac{1 - \log x}{x^2} = 0$

$\Rightarrow 1 - \log x = 0 \;\Rightarrow x = e\;$ तथा

$\dfrac{d^2y}{dx^2} = \dfrac{-3x + 2x\log x}{x^4}, x = e$ पर,

$\dfrac{d^2y}{dx^2} = \dfrac{1}{-e^3} < 0$

अन्तराल $[2, \infty]$ में फलन $\dfrac{\log x}{x}$ अधिकतम होगा तथा न्यूनतम मान का अस्तित्व नहीं होगा।

38. $y = x^2 \Rightarrow \dfrac{dy}{dx} = m_1 = 2x$

$\Rightarrow \; \left(\dfrac{dy}{dx}\right)_{(1,1)} = 2 = m_1\;$ तथा

$$x = y^2 \Rightarrow 1 = 2y\frac{dy}{dx} \Rightarrow \frac{dy}{dx} = m_2 = \frac{1}{2y}$$

$$\Rightarrow \left(\frac{dy}{dx}\right)_{(1,1)} = \frac{1}{2}$$

माना प्रतिच्छेदन का कोण θ हो तब

$$\tan\theta = \frac{m_1 - m_2}{1 + m_1 m_2} = \frac{2 - \frac{1}{2}}{1 + 2 \times \frac{1}{2}} = \frac{3}{4}$$

$$\Rightarrow \theta = \tan^{-1}\left(\frac{3}{4}\right).$$

39. $f(x) = \dfrac{x}{4 + x + x^2}$

अवकलन करने पर,

$$f'(x) = \frac{4 + x + x^2 - x(1 + 2x)}{(4 + x + x^2)^2}$$

उच्चिष्ठ के लिए,

$$f'(x) = 0 \Rightarrow \frac{4 - x^2}{(4 + x + x^2)^2} = 0$$

$$\Rightarrow \ x = 2, -2$$

x के दोनों मान अन्तराल के बाहर है।

$$\therefore \ f(-1) = \frac{-1}{4 - 1 + 1} = \frac{-1}{4} \text{ तथा}$$

$$f(1) = \frac{1}{4 + 1 + 1} = \frac{1}{6} \text{ (अधिकतम).}$$

40. $f(x) = ax + \dfrac{b}{x} \Rightarrow f'(x) = a - \dfrac{b}{x^2}$

$$\Rightarrow \ f'(x) = 0 \Rightarrow x = \sqrt{b/a}$$

अब $f''(x) = \dfrac{2b}{x^3} \Rightarrow x = \sqrt{\dfrac{b}{a}}$ पर,

$f''(x) =$ धनात्मक

अतः $x = \sqrt{\dfrac{b}{a}}$ पर $f(x)$ का न्यूनतम मान होगा।

41. $x > 0$ के लिए $f'(x) = 2x$

$x < 0$ के लिए $f'(x) = -2x$

$x = 0$ पर

$$L\,f'(0) = \lim_{h \to 0^-} \frac{f(0 - h) - f(0)}{-h}$$

$$= \lim_{h \to 0^-} \frac{-h^2 - 0^2}{h} = \lim_{h \to 0}(-h) = 0$$

$$\text{तथा } \ R\,f'(0) = \lim_{h \to 0^+} \frac{f(0 + h) - f(0)}{h}$$

$$= \lim_{h \to 0^+} \frac{h^2 - 0}{h} = 0$$

$$\Rightarrow \ f'(0) = 0$$

$$\text{अतः } \ f'(x) = \begin{cases} 2x, \ x \geq 0 \\ -2x, \ x < 0 \\ 2, \ x > 0 \text{ के लिए} \\ -2, \ x < 0 \text{ के लिए} \end{cases}$$

$$\text{पुनः } \quad L\,f''(0) = \lim_{h \to 0} \frac{f'(0 + h) - f'(0)}{h}$$

$$= \lim_{h \to 0} \frac{-2h - 0}{h} = -2$$

$$\text{तथा } \ R\,f''(0) = \lim_{h \to 0^+} \frac{f'(0 + h) - f'(0)}{h}$$

$= \lim_{h \to 0^+} \frac{2h-0}{h} = 2$

$\Rightarrow L f''(0) \neq R f''(0)$

$\therefore f''(0)$, का अस्तित्व नहीं है।

अतः $f'(x)$ का अस्तित्व सभी x के लिए जहाँ $x \neq 0$.

42. $f'(x) = \begin{cases} 2x, x \geq 0 \\ -2x, x < 0 \end{cases}$ (उपरोक्त से)

$\Rightarrow f'(x) = 2|x| \geq 0 \ \forall \ x \in R$

$\Rightarrow f$ वर्द्धमान फलन है R में।

43. $(0, 0)$ पर $f'(0) = 0$

$\Rightarrow$ स्पर्शी की प्रवणता $(0, 0)$ पर 0 होगा।

स्पर्शी का समीकरण $(0, 0)$ पर,

$y - 0 = 0(x - 0) \Rightarrow y = 0.$

44. दिया है, $f(x) = (8 - x^2)^{2/3}$, स्पष्टतः $D_f = R$

पुनः $f'(x) = \frac{2}{3}(8 - x^2)^{\frac{1}{3}}(-2x)$

$= \frac{-4x}{3(8 - x^2)^{1/3}}$

$f'(x)$ का अस्तित्व सभी बिन्दु पर होगा।

$8 - x^2 = 0$ के बिन्दुओं को छोड़कर।

अर्थात् $x = 2\sqrt{2}, \ -2\sqrt{2}$

$f'(x) = 0 \Rightarrow \frac{-4x}{3(8 - x^2)^{1/3}} = 0 \Rightarrow x = 0$

$x < 0$ के लिए $f'(x) > 0$

तथा $x > 0$ के लिए $f'(x) < 0$

$\therefore f'(x)$ का चिह्न धनात्मक से ऋणात्मक की ओर है।

अतः f पर फलन वर्द्धमान होगा।

45. यहाँ $f(x) = (8 - x^2)^{2/3} \geq 0 \ \forall \ x \in R$

पुनः $f(2\sqrt{2}) = f(-2\sqrt{2}) = 0$

$\therefore \quad f(x)$ का ह्रासमान = 0.

46. उपरोक्त से, $f'(2\sqrt{2})$ का अस्तित्व नहीं है

लेकिन $f'(x) \to \infty, \ x \to 2\sqrt{2}^+$

तथा $f'(x) \to -\infty, \ x \to 2\sqrt{2}^-$

अतः यहाँ उद्रग स्पर्शी होगा $y = f(x)$ के $x = 2\sqrt{2}$ पर तथा इसका समीकरण $x = 2\sqrt{2}$ होगा।

47. वक्तव्य-I एवं वक्तव्य-II दोनों सत्य है तथा वक्तव्य-II वक्तव्य-I का सही स्पष्टीकरण है।

क्योंकि, $y^2 = \frac{x^2}{3 - x} \Rightarrow (3 - x)y^2 = x^2$

x के सापेक्ष अवकलन करने पर,

$(3 - x) . 2y\left(\frac{dy}{dx}\right) + (-1)y^2 = 2x$

$\Rightarrow \frac{dy}{dx} = \frac{2x + y^2}{2y(3 - x)}$

$\left(\frac{dy}{dx}\right)_{(2, -2)} = -2$

$\therefore$ स्पर्शी का समीकरण $y - (-2) = -2(x - 2)$ या

$2x + y - 2 = 0.$

48. वक्तव्य-I एवं वक्तव्य-II दोनों सत्य है परन्तु वक्तव्य-II, वक्तव्य-I का सही स्पष्टीकरण नहीं है।

चूँकि (2, 3), वक्र $y^2 = px^3 + q$ पर स्थित है

$\therefore \quad 9 = 8p + q$ ...(*i*)

$y^2 = px^3 + q$ से x के सापेक्ष अवकलन करने पर,

$$2y\frac{dy}{dx} = 3px^2 \Rightarrow \frac{dy}{dx} = \frac{3px^2}{2y}$$

$$\therefore \quad \left(\frac{dy}{dx}\right)_{(2,3)} = \frac{12p}{6} = 2p$$

चूँकि $y = 4x - 5$; $y^2 = px^3 + q$ के बिन्दु (2, 3) पर स्पर्शी है,

$$\therefore \left(\frac{dy}{dx}\right)_{2,3} = \text{सरल रेखा } y = 4x - 5 \text{ की प्रवणता}$$

$\Rightarrow 2p = 4$ या $p = 2$

$p = 2$ समीकरण (*i*) में रखने पर,

$\Rightarrow q = -7.$

49. वक्तव्य-I एवं II दोनों सत्य है तथा वक्तव्य-II वक्तव्य-I का सही स्पष्टीकरण है।

क्योंकि लेगरान्ज प्रमेय (Lagrange's Theorem) से

$c \in \,]1, 6[$

$$\text{जहाँ } f'(c) = \frac{f(6) - f(1)}{6-1} = \frac{f(6)+2}{5}$$

$$\Rightarrow \quad f'(c) \geq 2 \ \forall \ x \in [1, 6]$$

$$(\because f'(x) \geq 2 \ \forall \ x \in [1, 6])$$

अतः X-अक्ष, स्पर्शी है (0, 0) पर

अतः फलन के बिन्दु (0, 0) पर अभिलम्ब Y-अक्ष होगा। अर्थात् $x = 0$.

50. A. माना $y = x^{2/3}$

$$\frac{dy}{dx} = 2/3\,x^{-1/3} = \frac{2}{3x^{1/3}}$$

$\Rightarrow \dfrac{dy}{dx}$ का अस्तित्व नहीं है $x = 0$ पर

परन्तु $x \to 0^- \Rightarrow \dfrac{dy}{dx} \to -\infty$

तथा $x \to 0^+ \Rightarrow \dfrac{dy}{dx} \to \infty$

$\Rightarrow y = x^{2/3}, (0, 0)$ से गुजरने वाली $(0, 0)$ पर स्पर्शी एक उद्रग सरल रेखा होगी। अतः

$x = 0$

$A - r.$

B. $y = x^2 \Rightarrow \dfrac{dy}{dx} = 2x$

$$\Rightarrow \left(\frac{dy}{dx}\right)_{(0,0)} = 2 \times 0 = 0$$

$\Rightarrow$ स्पर्शी की प्रवणता बिन्दु $(0, 0)$ पर $= 0$

अतः स्पर्शी का समीकरण $(0, 0)$ पर

$y - 0 = 0\,(x - 0)$

$\because \quad y = 0$ जो X-अक्ष है

$\therefore \quad (0, 0)$ पर अभिलम्ब Y-अक्ष के समान्तर होगा।

अतः $x = 0$

$B - r.$

C. $y = \tan^{-1} x$

$$\Rightarrow \frac{dy}{dx} = \frac{1}{1+x^2}$$

$$\Rightarrow \left(\frac{dy}{dx}\right)_{(0,0)} = \frac{1}{1+0^2} = 1$$

$(0,0)$ पर स्पर्शी की प्रवणता = 1

$(0,0)$ पर स्पर्शी का समीकरण

$y-0=1(x-0)$ या $x-y=0$

$C-p.$

D. दिया गया वक्र एक वृत्त है, जिसका केन्द्र $\left(\frac{1}{2},\frac{1}{2}\right)$

वृत्त के किसी बिन्दु पर खींचा गया अभिलम्ब केन्द्र से गुजरता है। अतः $(0,0)$ पर अभिलम्ब का समीकरण

$$y-0=\frac{\frac{1}{2}-0}{\frac{1}{2}-0}(x-0)$$

$x-y=0$

$D-p.$

23

अनिश्चित समाकलन (INDEFINITE INTEGRALS)

यदि $f(x)$ कोई फलन है, तब इसके सभी प्रतिलोम अवकलन को $f(x)$ का समाकलन कहते हैं तथा इसे $\int f(x)dx$ से सूचित किया जाता है।

अतः $\frac{d}{dx}[\phi(x)+c]=f(x) \Leftrightarrow \int f(x)dx=\phi(x)+c$

अतः अवकलन एवं समाकलन एक दूसरे का प्रतिलोम है।

जैसे– $\frac{d}{dx}(x^5+d)=5x^4$

तथा $\int 5x^4 dx = x^5 + c$

मौलिक समाकलन सूत्र

(Fundamental Integration Formulae)

(i) $\frac{d}{dx}\left(\frac{x^{n+1}}{n+1}\right)=x^n \Rightarrow \int x^n dx=\frac{x^{n+1}}{n+1}+c, n\neq -1$

(ii) $\frac{d}{dx}(\log x)=\frac{1}{x} \Rightarrow \int \frac{1}{x}dx=\log|x|+c$

(iii) $\frac{d}{dx}(e^x)=e^x \Rightarrow \int e^x dx=e^x+c$

(iv) $\frac{d}{dx}(-\cos x)=\sin x \Rightarrow \int \sin x\, dx=-\cos x+c$

(v) $\frac{d}{dx}(\sin x)=\cos x \Rightarrow \int \cos x\, dx=\sin x+c$

(vi) $\frac{d}{dx}(\tan x)=\sec^2 x \Rightarrow \int \sec^2 x\, dx=\tan x+c$

(vii) $\frac{d}{dx}(-\cot x)=\operatorname{cosec}^2 x \Rightarrow \int \operatorname{cosec}^2 x\, dx=-\cot x+c$

(viii) $\frac{d}{dx}(\sec x)=\sec x\tan x \Rightarrow \int \sec x\tan x\, dx=\sec+c$

(ix) $\frac{d}{dx}(-\operatorname{cosec} x)=\operatorname{cosec} x.\cot x$

$\Rightarrow \int \operatorname{cosec} x.\cot x\, dx=-\operatorname{cosec} x+c$

(x) $\frac{d}{dx}(\log\sin x)=\cot x \Rightarrow \int \cot x\, dx=\log|\sin x|+c$

(xi) $\frac{d}{dx}(-\log\cos x)=\tan x$

$\Rightarrow \int \tan x\, dx=-\log|\cos x|+c=\log|\sec x|+c$

(xii) $\frac{d}{dx}\log(\sec x+\tan x)=\sec x$

$\Rightarrow \int \sec x dx=\log|\sec x+\tan x|+c$

$\Rightarrow \int \operatorname{cosec} x\, dx=\log|\operatorname{cosec} x-\cot x|+c$

(xiii) $\frac{d}{dx}\log(\operatorname{cosec} x-\cot x)=\operatorname{cosec} x$

$\Rightarrow \int \sec x\, dx=\log(\sec+\tan x)+c$

(xiv) $\frac{d}{dx}\left(\sin^{-1}\frac{x}{a}\right)=\frac{1}{\sqrt{a^2-x^2}} \Rightarrow \int \frac{dx}{\sqrt{a^2-x^2}}=\sin^{-1}\frac{x}{a}+c$

(xv) $\frac{d}{dx}\left(\cos^{-1}\frac{x}{a}\right)=\frac{-1}{\sqrt{a^2-x^2}} \Rightarrow \int \frac{-dx}{\sqrt{a^2-x^2}}=\cos^{-1}\frac{x}{a}+c$

(xvi) $\frac{d}{dx}\left(\frac{1}{a}\tan^{-1}\frac{x}{a}\right)=\frac{1}{a^2+x^2} \Rightarrow \int \frac{1}{a^2+x^2}dx$

$=\frac{1}{a}\tan^{-1}\left(\frac{x}{a}\right)+c$

(xvii) $\frac{d}{dx}\left(\frac{1}{a}\cot^{-1}\frac{x}{a}\right)=\frac{-1}{a^2+x^2} \Rightarrow \int \frac{-dx}{a^2+x^2}$

$=\frac{1}{a}\cot^{-1}\left(\frac{x}{a}\right)+c$

(xviii) $\frac{d}{dx}\left(\frac{1}{a}\sec^{-1}\frac{x}{a}\right)=\frac{1}{x\sqrt{x^2-a^2}}$

$\Rightarrow \int \frac{dx}{x\sqrt{x^2-a^2}}=\frac{1}{a}\sec^{-1}\left(\frac{x}{a}\right)+c$

(xix) $\frac{d}{dx}\left(\frac{1}{a}\operatorname{cosec}^{-1}\frac{x}{a}\right)=\frac{-1}{x\sqrt{x^2-a^2}}$

$$\Rightarrow \int \frac{-dx}{x\sqrt{x^2-a^2}} = \frac{1}{a}\operatorname{cosec}^{-1}\left(\frac{x}{a}\right)+c$$

(xx) $\frac{d}{dx}\left(\frac{a^x}{\log_e a}\right)=a^x, a>0, a\neq 1 \Rightarrow \int a^x dx=\frac{a^x}{\log a}+c$

उदाहरण 1. $\int \frac{1}{\sqrt{x}}dx = \int x^{\frac{-1}{2}}dx = \frac{x^{-1/2+1}}{-1/2+1}+c$

$$= \frac{\sqrt{x}}{\frac{1}{2}}+c = 2\sqrt{x}+c$$

उदाहरण 2. $\int a^{5\log_a x}dx = \int a^{\log_a x^5}dx$

$$= \int x^5 dx = \frac{x^6}{6}+c$$

$$\left(\because a^{\log_a x}=x\right)$$

उदाहरण 3. मान ज्ञात करें, $\int \frac{1}{1+\sin x}dx.$

हलः $\int \frac{1}{1+\sin x}\times\frac{1-\sin x}{1-\sin x}dx = \int \frac{(1-\sin x)}{1-\sin^2 x}.dx$

$$= \int \frac{1-\sin x}{\cos^2 x}dx = \int \sec^2 x\,dx - \int \tan x.\sec x\,dx$$

$$= \tan x - \sec x + c$$

उदाहरण 4. मान ज्ञात करें, $\int \frac{1}{\sin^2 x.\cos^2 x}dx$

हलः $= \int \frac{\sin^2 x+\cos^2 x}{\sin^2 x.\cos^2 x}dx = \int\left[\frac{1}{\cos^2 x}+\frac{1}{\sin^2 x}\right]dx$

$$= \int \sec^2 x\,dx + \int \operatorname{cosec}^2 x\,dx$$

$$= \tan x + (-\cot x) + c$$

$$= \tan x - \cot x + c.$$

उदाहरण 5. मान ज्ञात करें, $\int \frac{x^4}{x^2+1}dx.$

हल : $\int \frac{x^4}{x^2+1}dx = \int \frac{x^4-1+1}{x^2+1}dx = \int \frac{x^4-1}{x^2+1}dx + \int \frac{dx}{x^2+1}$

$$= \int (x^2-1)dx + \int \frac{dx}{x^2+1}$$

$$= \frac{x^3}{3} - x + \tan^{-1}x + c.$$

उदाहरण 6. मान ज्ञात करें, $\int \sin^{-1}(\cos x)dx,\ 0\le x\le\pi$

हल : $\int \sin^{-1}\left(\sin\left(\frac{\pi}{2}-x\right)\right)dx$

$$= \int\left(\frac{\pi}{2}-x\right)dx$$

$$= \int \frac{\pi}{2}dx - \int x\,dx = \frac{\pi}{2}\times x - \frac{x^2}{2}+c.$$

उदाहरण 7. मान ज्ञात करें, $\int \frac{2^x+3^x}{5^x}dx$

हल : $= \int \frac{2^x}{5^x}dx + \int \frac{3^x}{5^x}dx$

$$= \int\left(\frac{2}{5}\right)^x dx + \int\left(\frac{3}{5}\right)^x dx$$

$$= \frac{(2/5)^x}{\log_e 2/5} + \frac{(3/5)^x}{\log_e 3/5}+c.$$

उदाहरण 8. $\int \tan^{-1}\sqrt{\frac{1-\sin x}{1+\sin x}}\,dx, \frac{-\pi}{2}<x<\frac{\pi}{2},$

का मान ज्ञात करें।

हल : $\int \tan^{-1}\left\{\sqrt{\frac{1-\cos\left(\frac{\pi}{2}-x\right)}{1+\cos\left(\frac{\pi}{2}-x\right)}}\right\}dx$

$$= \int \tan^{-1}\left\{\sqrt{\frac{2\sin^2\left(\frac{\pi}{4}-\frac{x}{2}\right)}{2\cos^2\left(\frac{\pi}{4}-\frac{x}{2}\right)}}\right\}dx$$

$$= \int \tan^{-1}\left[\tan\left(\frac{\pi}{4}-\frac{x}{2}\right)\right]dx$$

$$= \int\left(\frac{\pi}{4}-\frac{x}{2}\right)dx$$

$$=\frac{\pi}{4}x-\frac{x^2}{4}+c.$$

$\int f(ax+b)dx$ रूप के समाकलन

[Integral of the Form $\int f(ax+b)dx$]

(i) $\int (ax+b)^n\,dx=\frac{1}{a}\frac{(ax+b)^{n+1}}{n+1}+c, n\neq -1$

(ii) $\int \frac{1}{ax+b}\,dx=\frac{1}{a}\log|ax+b|+c$

(iii) $\int e^{ax+b}\,dx=\frac{1}{a}e^{ax+b}+c$

(iv) $\int a^{bx+c}\,dx=\frac{1}{b}\frac{a^{bx+c}}{\log a}+c,\ a>0$

(v) $\int \sin(ax+b)\,dx=-\frac{1}{a}\cos(ax+b)+c$

(vi) $\int \tan(ax+b)\,dx=\frac{-1}{a}\log|\cos(ax+b)|+c$

उदाहरण 9. मान ज्ञात करें, $\int\frac{8x+13}{\sqrt{4x+7}}\,dx$

हल : $\int\frac{8x+13}{\sqrt{4x+7}}=\int\frac{8x+14-1}{\sqrt{4x+7}}\,dx$

$$=\int\frac{2(4x+7)}{\sqrt{4x+7}}\,dx-\int\frac{dx}{\sqrt{4x+7}}$$

$$=2\int(4x+7)^{\frac{1}{2}}\,dx-\int(4x+7)^{\frac{-1}{2}}\,dx$$

$$=\frac{2(4x+7)^{\frac{1}{2}+1}}{4\left(\frac{1}{2}+1\right)}-\frac{(4x+7)^{\frac{-1}{2}+1}}{4\left(\frac{-1}{2}+1\right)}+c$$

$$=\frac{1}{3}(4x+7)^{\frac{3}{2}}-\frac{1}{2}(4x+7)^{\frac{1}{2}}+c$$

$$=\frac{1}{3}(4x+7)^{\frac{3}{2}}-\frac{1}{2}(4x+7)^{\frac{1}{2}}+c.$$

उदाहरण 10. मान ज्ञात करें, $\int x\sqrt{x+2}\,dx$

हल : $\int x\sqrt{x+2}\,dx$

$$=\int(x+2-2)\sqrt{x+2}\,dx$$

$$=\int(x+2)\sqrt{x+2}\,dx-2\int\sqrt{x+2}\,dx$$

$$=\int(x+2)^{\frac{3}{2}}\,dx-2(x+2)^{\frac{1}{2}}\,dx$$

$$=\frac{2}{5}(x+2)^{\frac{5}{2}}-2\times\frac{2}{3}(x+2)^{\frac{3}{2}}+c$$

$$=2/5(x+2)^{5/2}-4/3(x+2)^{3/2}+c.$$

(i) $\int\sin^m x\,dx$ या $\int\cos^m x\,dx$ जहाँ $m\le 4$

तब त्रिकोणमितीय सूत्र $\sin^2 x=\frac{1-\cos 2x}{2}$,

$\cos^2 x=\frac{1+\cos 2x}{2}$, $\sin 3x=3\sin x-4\sin^3 x$,

$\cos 3x=4\cos^3 x-3\cos x$ का प्रयोग करते हैं।

उदाहरण 11. $\int\cos^4 x\,dx$, का मूल्यांकन करें।

हल : $\int\cos^4 x\,dx=\int\left(\frac{1+\cos 2x}{2}\right)^2 dx$

$$=\frac{1}{4}\int\left(1+2\cos 2x+\cos^2 2x\right)dx$$

$$=\frac{1}{4}\int\left(1+2\cos 2x+\frac{1+\cos 4x}{2}\right)dx$$

$$=\frac{1}{4}\int(3+4\cos 2x+\cos 4x)\,dx$$

$$=\frac{1}{4}\left[3x+2\sin 2x+\frac{\sin 4x}{4}\right]+c$$

(ii) समाकलन का रूप

$\int\sin mx\cos nx\,dx$, $\int\sin mx\sin nx\,dx$,

$\int\cos mx\sin nx\,dx$, $\int\cos mx\cos nx\,dx$ हो तब त्रिकोणमितीय सूत्र

$$2\sin A \,.\, \cos B = \sin(A+B) + \sin(A-B)$$
$$2\cos A \,.\, \sin B = \sin(A+B) - \sin(A-B)$$
$$2\cos A \,.\, \cos B = \cos(A+B) + \cos(A-B)$$
$$2\sin A \,.\, \sin B = \cos(A-B) - \cos(A+B)$$

का प्रयोग करेंगे।

उदाहरण 12. $\int \sin 3x \,.\cos 4x \, dx$ का मान ज्ञात करें।

हलः $= \frac{1}{2}\int 2\sin 3x \,.\cos 4x \, dx$

$$= \frac{1}{2}\int [\sin 7x + \sin(-x)] \, dx$$
$$= \frac{1}{2}\left[\int \sin 7x \, dx - \int \sin x \, dx\right]$$
$$= \frac{1}{2}\left(\frac{-\cos 7x}{7}\right) - (-\cos x) + c$$
$$= \cos x - \frac{\cos 7x}{14} + c.$$

***(iii)* समाकलन का रूप**

$\int [f(x)] f'(x) \, dx$ **(प्रतिस्थापन विधि)**

$$\int [f(x)]^n \,.\, f'(x) dx = \frac{[f(x)]^{n+1}}{n+1}, \; n \neq -1$$

उदाहरण 13. $\int \frac{4(\sin^{-1} x)^3}{\sqrt{1-x^2}} dx$

$\sin^{-1} x = t$ (माना) $\frac{1}{\sqrt{1-x^2}} dx = dt$

$$= \int 4\, t^3 \, dt = 4 \times \frac{t^4}{4} + c = (\sin^{-1} x)^4 + c.$$

उदाहरण 14. मूल्यांकन करें, $\int \frac{\tan x \,.\sec^2 x}{(a + b\tan^2 x)^2} dx$

हलः माना $a + b\tan^2 x = t$ तब $2b\tan x \,.\sec^2 x \, dx = dt$

$$\tan x . \sec^2 x \, dx = \frac{dt}{2b}$$
$$\therefore \; I = \frac{1}{2b}\int \frac{dt}{t^2} = \frac{1}{2b}\int t^{-2} dt + c$$
$$I = \frac{-1}{2bt} + c$$
$$I = -\frac{1}{2b(a + b\tan^2 x)} + c.$$

***(iv)* समाकलन का रूप $\int \sin^m x \,.\cos^n x \, dx, m, n \in N$;**
यदि $\sin x$ की घात m विषम हो तब $\cos x = t$ (माना),
यदि $\cos x$ की घात n विषम हो तब $\sin x = t$ (माना),
और यदि $m + n$ एक ऋणात्मक सम पूर्णांक हो तब $\tan x = t$ या $\cot x = t$ रखते हैं।

उदाहरण : 15. मूल्यांकन करें, $\int \cos^3 x \; e^{\log \sin x} dx$

हल : माना

$$I = \int \cos^3 x \,.\, e^{\log \sin x} dx = \int \cos^3 x \,.\sin x \, dx$$

यदि $\cos x = t$ तब $-\sin x \, dx = dt$

$$\Rightarrow \sin x \, dx = -dt$$
$$I = -\int t^3 \, dt = \frac{-t^4}{4} + c$$
$$= \frac{-(\cos x)^4}{4} + c.$$

समाकलन के लिए अन्य प्रतिस्थापन

(Other Substitutions for Integrals)

	व्यंजक	प्रतिस्थापन
(i)	$a^2 + x^2$	$x = a\tan\theta$ या $a\cot\theta$
(ii)	$a^2 - x^2$	$x = a\sin\theta$ या $a\cos\theta$
(iii)	$x^2 - a^2$	$x = a\sec\theta$ या $a \operatorname{cosec}\theta$

व्यंजक	प्रतिस्थापन
(iv) $\sqrt{\dfrac{a-x}{a+x}}$ या $\sqrt{\dfrac{a+x}{a-x}}$	$x = a\cos 2\theta$
(v) $\int \dfrac{dx}{(ax+b)\sqrt{lx^2+mx+n}}$	$ax+b = \dfrac{1}{t}$
(vi) $\int \dfrac{dx}{(ax^2+bx+c)\sqrt{lx^2+mx+n}}$;	$\dfrac{ax^2+bx+c}{lx^2+mx+n} = t^2$
(vii) $\int \dfrac{dx}{(ax^2+b)\sqrt{lx^2+m}}$;	$x = \dfrac{1}{t}$ तथा $l+mt^2 = u^2$
(viii) $\int \dfrac{dx}{(ax+b)\sqrt{lx+m}}$ तथा $\int \dfrac{dx}{(ax^2+bx+c)\sqrt{lx+m}}$ के लिए,	$lx+m = t^2$
(ix) $\int \dfrac{px+q}{ax^2+bx+c}\,dx$, $\int \dfrac{px+q}{\sqrt{ax^2+bx+c}}$ तथा $\int (px+q)\sqrt{ax^2+bx+c}$ के लिए,	$px+q = A\dfrac{d}{dx}(ax^2+bx+c)+B$
(x) $\int \dfrac{dx}{a\cos x+b\sin x+c}$ तथा $\int \dfrac{dx}{a\sin^2\dfrac{x}{2}+b\cos^2\dfrac{x}{2}+c}$ के लिए,	$\tan\dfrac{x}{2} = t$
(xi) $\int \dfrac{dx}{a\cos 2x+b\sin 2x+c}$ तथा $\int \dfrac{dx}{a\sin^2 x+b\cos^2 x+c}$ के समाकलन के लिए,	$\tan x =$ [illegible]
(xii) $\int \dfrac{a\sin x+b\cos x}{c\sin x+d\cos x}\,dx$ के समाकलन के लिए,	$a\sin x+b\cos x$ $= A\dfrac{d}{dx}(c\sin x+d\cos x)+B(c\sin x-d\cos x)$

(xiii) $\int \dfrac{1}{x^2+a^2}\,dx = \dfrac{1}{a}\tan^{-1}\left(\dfrac{x}{a}\right)+c$

(xiv) $\int \dfrac{1}{x^2-a^2}\,dx = \dfrac{1}{2a}\log\left|\dfrac{x-a}{x+a}\right|+c$

(xv) $\int \dfrac{1}{a^2-x^2}\,dx = \dfrac{1}{2a}\log\left(\dfrac{a+x}{a-x}\right)+c$

(xvi) $\int \dfrac{1}{\sqrt{a^2-x^2}}\,dx = \sin^{-1}\left(\dfrac{x}{a}\right)+c$

(xvii) $\int \frac{1}{\sqrt{a^2+x^2}}\,dx = \log\left|x+\sqrt{a^2+x^2}\right|+c$

(xviii) $\int \frac{1}{\sqrt{x^2-a^2}}\,dx = \log\left|x+\sqrt{x^2-a^2}\right|+c$

उदाहरण 16. मूल्यांकन करें, $\int \frac{1}{16-9x^2}\,dx$

हल : $\int \frac{1}{16-9x^2}\,dx = \frac{1}{9}\int \frac{1}{\frac{16}{9}-x^2}\,dx = \frac{1}{9}\int \frac{1}{\left(\frac{4}{3}\right)^2-(x)^2}\,dx$

$$= \frac{1}{9}\cdot\frac{1}{2\cdot\frac{4}{3}}\cdot\log\left|\frac{\frac{4}{3}+x}{\frac{4}{3}-x}\right|+c = \frac{1}{24}\log\left|\frac{4+3x}{4-3x}\right|+c.$$

उदाहरण 17. $\int \frac{1}{\sqrt{16x^2+25}}\,dx$

हल : $\int \frac{1}{\sqrt{16x^2+25}}\,dx = \frac{1}{4}\int \frac{1}{\sqrt{x^2+\left(\frac{5}{4}\right)^2}}\,dx$

$$= \frac{1}{4}\log\left|x+\sqrt{x^2+\left(\frac{5}{4}\right)^2}\right|+c.$$

उदाहरण 18. $\int \frac{1}{9x^2+6x+10}\,dx$

हल : $\frac{1}{9}\int \frac{1}{x^2+\frac{2}{3}x+\frac{10}{9}}\,dx$

$$= \frac{1}{9}\int \frac{1}{x^2+\frac{2}{3}x+\frac{1}{9}-\frac{1}{9}+\frac{10}{9}}\,dx$$

$$= \frac{1}{9}\int \frac{1}{\left(x+\frac{1}{3}\right)^2+1^2}\,dx$$

$$= \frac{1}{9}\cdot\tan^{-1}\left(\frac{x+\frac{1}{3}}{1}\right)+c$$

$$= \frac{1}{9}\tan^{-1}\left(\frac{3x+1}{3}\right)+c.$$

उदाहरण 19. मूल्यांकन करें, $\int \frac{1}{x(x^n+1)}\,dx$

हल : माना $I = \int \frac{1}{x(x^n+1)}\,dx = \int \frac{x^{n-1}}{x^n(x^n+1)}\,dx$

माना $x^n+1 = t \Rightarrow nx^{n-1}dx = dt \Rightarrow x^{n-1}dx = \frac{dt}{n}$

$$\therefore\ I = \frac{1}{n}\int \frac{1}{t(t-1)}\,dt$$

$$= \frac{1}{n}\int \frac{1}{t^2-t}\,dt = \frac{1}{n}\int \frac{dt}{t^2-t+\frac{1}{4}-\frac{1}{4}}$$

$$= \frac{1}{n}\int \frac{1}{\left(t-\frac{1}{2}\right)^2-\left(\frac{1}{2}\right)^2}\,dt$$

$$= \frac{1}{n}\cdot\frac{1}{2\cdot\frac{1}{2}}\log\left|\frac{t-\frac{1}{2}-\frac{1}{2}}{t-\frac{1}{2}+\frac{1}{2}}\right|+c$$

$$= \frac{1}{n}\cdot\log\left|\frac{t-1}{t}\right|+c$$

$$= \frac{1}{n}\log\left|\frac{x^n}{x^n+1}\right|+c.$$

उदाहरण 20. $\int \frac{1}{\sqrt{(x-a)(x-b)}}\,dx$

हल : $= \int \frac{1}{\sqrt{x^2-x(a+b)+ab}}\,dx$

$$= \int \frac{1}{\sqrt{x^2-x(a+b)+\left(\frac{a+b}{2}\right)^2-\left(\frac{a+b}{2}\right)^2+ab}}\,dx$$

$$= \int \frac{1}{\sqrt{\left[x-\frac{a+b}{2}\right]^2-\left(\frac{a-b}{2}\right)^2}}dx$$

$$= \log\left|\left\{x-\frac{a+b}{2}\right\}+\sqrt{\left(x-\frac{a+b}{2}\right)^2-\left(\frac{a-b}{2}\right)^2}\right|+c_1$$

$$= \log\left|\left(\frac{2x-a-b}{2}\right)+\sqrt{(x-a)(x-b)}\right|+c_1$$

$$= \log\left|\frac{x-a+x-b+2\sqrt{(x-a)(x-b)}}{2}\right|+c_1$$

$$= \log\left|\sqrt{x-a}+\sqrt{x-b}\right|^2-\log 2+c_1$$

$$= 2\log\left|\sqrt{x-a}+\sqrt{x-b}\right|+c_2 \text{ जहाँ } c_2 = c_1-\log 2.$$

उदाहरण 21. मूल्यांकन करें, $\int\sqrt{\frac{a-x}{a+x}}\,dx$

हल : $I = \int\sqrt{\frac{a-x}{a+x}}\,dx$ (माना)

$$= \int\sqrt{\frac{a-x}{a+x}\times\frac{a-x}{a-x}}\,dx$$

$$= \int\frac{a-x}{\sqrt{a^2-x^2}}dx$$

$$I = \int\frac{a}{\sqrt{a^2-x^2}}dx-\int\frac{x}{\sqrt{a^2-x^2}}dx$$

$$= a\int\frac{1}{\sqrt{a^2-x^2}}+\frac{1}{2}\int\frac{-2x}{\sqrt{a^2-x^2}}dx$$

माना $a^2-x^2=t^2 \Rightarrow -2xdx = 2tdt$

$$= a\sin^{-1}\left(\frac{x}{a}\right)+\frac{1}{2}\int\frac{2t\,dt}{t}$$

$$= a\sin^{-1}\left(\frac{x}{a}\right)+\frac{1}{2}\times 2\int dt$$

$$= a\sin^{-1}\left(\frac{x}{a}\right)+t+c$$

$$I = a\sin^{-1}\left(\frac{x}{a}\right)+\sqrt{a^2-x^2}+c.$$

उदाहरण 22. $\int\frac{1}{a^2\sin^2 x+b^2\cos^2 x}dx$

हलः माना $I = \int\frac{1}{\cos^2 x\left(a^2\tan^2 x+b^2\right)}dx$

$$= \int\frac{\sec^2 x dx}{a^2\tan^2 x+b^2}$$

[माना $\tan x = t$, $\Rightarrow \sec^2 xdx = dt$]

$$= \int\frac{dt}{a^2t^2+b^2}$$

$$= \frac{1}{a^2}\int\frac{dt}{t^2+\left(\frac{b}{a}\right)^2} = \frac{1\times a}{a^2\, b}.\tan^{-1}\left(\frac{at}{b}\right)+c$$

$$= \frac{1}{ab}\tan^{-1}\left(\frac{a\tan x}{b}\right)+c.$$

उदाहरण 23. $\int\frac{2\sin 2\phi-\cos\phi}{6-\cos^2\phi-4\sin\phi}d\phi$

हल : $I = \int\frac{2\sin 2\phi-\cos\phi}{6-\cos^2\phi-4\sin\phi}d\phi$

$$= \int\frac{(4\sin\phi-1)\cos\phi}{\sin^2\phi-4\sin\phi+5}d\phi$$

$$I = \int\frac{4t-1}{t^2-4t+5}dt$$

[$\sin\phi = t$ रखने पर, $\cos\phi\, d\phi = dt$]

पुनः माना $4t-1=\lambda\frac{d}{dt}\left(t^2-4t+5\right)+\mu$

$\Rightarrow 4t-1=\lambda(2t-4)+\mu$

t के समान घात वाले पद के गुणांक को बराबर करने पर,

$2\lambda=4,\ -4\lambda+\mu=-1$

$\Rightarrow\ \lambda=2,\ \ \mu=7$

$$\therefore\ I=\int\frac{\lambda(2t-4)+\mu}{t^2-4t+5}dt$$

$$\Rightarrow\ I=2\int\frac{(2t-4)}{t^2-4t+5}dt+7\int\frac{1}{t^2-4t+5}dt$$

$$\Rightarrow I=2\log\left|t^2-4t+5\right|+7\int\frac{1}{(t-2)^2+1^2}dt$$

$$\Rightarrow I=2\log\left|t^2-4t+5\right|+7\tan^{-1}(t-2)+c$$

$$\Rightarrow I=2\log\left|\sin^2\phi-4\sin\phi+5\right|+7\tan^{-1}(\sin\phi-2)+c.$$

उदाहरण 24. $\int\frac{1}{2+\cos x}dx$

हल : $I=\int\frac{1}{2+\cos x}=\int\frac{1}{2+\frac{1-\tan^2\frac{x}{2}}{1+\tan^2\frac{x}{2}}}dx$

$$=\int\frac{\left(1+\tan^2\frac{x}{2}\right)dx}{2\left(1+\tan^2\frac{x}{2}\right)+1-\tan^2\frac{x}{2}}$$

$$=\int\frac{\sec^2\frac{x}{2}dx}{\tan^2\frac{x}{2}+3}$$

[$\tan\frac{x}{2}=t$ रखने पर, $\frac{1}{2}\sec^2\frac{x}{2}dx=dt$]

$$=\int\frac{2dt}{t^2+3}$$

$$=2\int\frac{dt}{(t)^2+\left(\sqrt{3}\right)^2}$$

$$=\frac{2}{\sqrt{3}}\tan^{-1}\left(\frac{t}{\sqrt{3}}\right)+c$$

$$I=\frac{2}{\sqrt{3}}\tan^{-1}\left(\frac{\tan\frac{x}{2}}{\sqrt{3}}\right)+c.$$

खण्डशः समाकलन (Integration by Parts)

यदि u तथा v, x में दो फलन हो तब,

$$\int uv\,dx=u\int vdx-\int\left\{\frac{du}{dx}\int vdx\right\}dx$$

अर्थात्

दो फलनों के गुणनफल का समाकलन

= पहले फलन × दूसरे फलन का समाकलन

– [(पहले फलन का अवकलन) × दूसरे फलन का समाकलन]

फलनों के गुणनफल का समाकलन करने में पहले फलन, दूसरे फलन को मानने के लिए ILATE शब्द का प्रयोग करते हैं अर्थात्

I – प्रतिलोम – (Inverse)
L – लघुगणक – (Logarithm)
A – बीजगणितीय – (Algebra)
T – त्रिकोणमितीय – (Trigonometry)
E – घातांकीय – (Exponential)

उपरोक्त क्रम में आने वाले को पहला एवं दूसरा फलन मानेगें।

जैसे- $\int x\sin x\,dx$ इसमें x–बीजगणितीय तथा $\sin x$–त्रिकोणमितीय फलन है। अतः A के बाद T है तो x को पहला फलन मानेंगे।

इसी प्रकार $\int e^x \sin x\, dx$ में sin$x$–त्रिकोणमितीय e^x–घातांकीय, चूँकि क्रम में पहले त्रिकोणमितीय फलन है, अतः $\sin x$ को पहला फलन रखेंगे।

उदाहरण 25. मूल्यांकन करें, $\int x \log x\, dx$

हल : $I = \int \underset{II}{x} \underset{I}{\log x}\, dx$

$$I = \log x \int x\, dx - \int \left\{ \frac{d}{dx}(\log x) \int x\, dx \right\} dx$$

$$I = \log x \times \frac{x^2}{2} - \int \frac{1}{x} \times \frac{x^2}{2}\, dx$$

$$I = \frac{x^2}{2} . \log x - \frac{1}{2} \int x\, dx$$

$$I = \frac{x^2}{2} \log x - \frac{x^2}{4} + c.$$

उदाहरण 26. $\int \sin^{-1} x\, dx$

हल : $I = \int \sin^{-1} x\, dx$

माना $\sin^{-1} x = t \Rightarrow x = \sin t$

$\Rightarrow dx = \cos t\, dt$

$\therefore I = \int t \cos t\, dt$

$$I = t \int \cos t dx - \int \left\{ \frac{dt}{dx} \int \cos t\, dt \right\} dx$$

$$I = t \sin t - \int \sin t\, dt$$

$$I = t \sin t + \cos t + c$$

$$I = x \sin^{-1} x + \sqrt{1 - x^2} + c.$$

उदाहरण 27. $\int x^2 \tan^{-1} x\, dx$

हल : $I = \int \underset{II}{x^2} \underset{I}{\tan^{-1} x}\, dx$

$$I = \tan^{-1} x \int x^2 dx - \int \left\{ \frac{d}{dx}\left(\tan^{-1} x\right) \int x^2 dx \right\} dx$$

$$I = \frac{x^3}{3} \tan^{-1} x - \int \frac{1}{1 + x^2} \times \frac{x^3}{3}\, dx$$

$$I = \frac{x^3}{3} \tan^{-1} x - \frac{1}{3} \left[\int \left(x - \frac{x}{x^2 + 1} \right) dx \right]$$

$$I = \frac{x^3}{3} \tan^{-1} x - \frac{1}{3} \left[\int x dx - \int \frac{x}{x^2 + 1}\, dx \right]$$

$$I = \frac{x^3}{3} \tan^{-1} x - \frac{1}{3} \times \frac{x^2}{2} + \frac{1}{3 \times 2} \int \frac{2x}{x^2 + 1}\, dx$$

$$I = \frac{x^3}{3} \tan^{-1} x - \frac{x^2}{6} + \frac{1}{6} \log\left(x^2 + 1\right) + c.$$

उदाहरण 28. $\int e^x \frac{x}{(x+1)^2}\, dx$

हल : $I = \int e^x . \frac{x + 1 - 1}{(x+1)^2}\, dx$

$$= \int \left(\frac{e^x}{x+1} - \frac{e^x}{(x+1)^2} \right) dx$$

$$I = \int \frac{e^x}{x+1}\, dx - \int \frac{e^x}{(x+1)^2}\, dx$$

$$= \int \underset{II}{e^x} . \underset{I}{\frac{1}{x+1}}\, dx - \int \frac{e^x}{(x+1)^2}\, dx$$

$$I = \frac{1}{x+1} e^x - \int \frac{-1}{(x+1)^2} . e^x\, dx - \int \frac{e^x}{(x+1)^2}\, dx$$

$$= \frac{e^x}{x+1} + \int \frac{e^x}{(x+1)^2}\, dx - \int \frac{e^x}{(x+1)^2}\, dx$$

$$\therefore \quad I = \frac{e^x}{x+1} + c.$$

उदाहरण 29. मूल्यांकन करें, $\int e^{2x} . \sin 3x\, dx$

$$I = \int \underset{I}{e^{2x}} . \underset{II}{\sin 3x}\, dx$$

$$\Rightarrow I = e^{2x} \left\{ \frac{-\cos 3x}{3} \right\} - \int 2e^{2x} \left(\frac{-\cos 3x}{3} \right) dx$$

$$I = -\frac{1}{3} e^{2x} \cos 3x + \frac{2}{3} \int \underset{I}{e^{2x}} \underset{II}{\cos 3x}\, dx$$

$$= -\frac{1}{3} e^{2x} \cos 3x + \frac{2}{3} \left[e^{2x} . \frac{\sin 3x}{3} - \int 2e^{2x} \frac{\sin 3x}{3}\, dx \right]$$

$$\Rightarrow I = -\frac{1}{3}e^{2x}\cos 3x + \frac{2}{9}e^{2x}\sin 3x - \frac{4}{9}\int e^{2x}\sin 3x\, dx$$

$$I = -\frac{1}{3}e^{2x}\cos 3x + \frac{2}{9}e^{2x}\sin 3x - \frac{4}{9}I + c$$

$$\Rightarrow I\left(1+\frac{4}{9}\right) = -\frac{1}{3}e^{2x}\cos 3x + \frac{2}{9}e^{2x}\sin 3x + c$$

$$\Rightarrow \frac{13}{9}I = \frac{e^{2x}}{9}(2\sin 3x - 3\cos 3x) + c$$

$$\Rightarrow I = \frac{1}{13}e^{2x}(2\sin 3x - 3\cos 3x) + c.$$

आंशिक भिन्न द्वारा समाकलन

(Integration by Partial Fraction)

यदि फलन $\frac{P(x)}{Q(x)}$ [जहाँ $P(x)$ तथा $Q(x)$ क्रमशः m एवं n घात के बहुपद है] रूप का है। यदि $m < n$, यह भिन्न, उचित भिन्न (Proper fraction) है तथा $m \geq n$ तब इस भिन्न को अनुचित भिन्न (Improper fraction) कहते हैं। अतः अनुचित भिन्न को भाग करके समाकलन करते हैं।

स्थिति-I (Case-I) यदि हर $Q(x)$ में बिना पुनरावृत्ति के रैखिक गुणनखंड है, तब

$$\frac{P_1(x)}{Q(x)} = \frac{A_1}{a_1x+b_1} + \frac{A_2}{a_2x+b_2} + \ldots + \frac{A_x}{a_nx+b_n}$$

जहाँ $A_1, A_2, \ldots A_n$, x से स्वतंत्र पद है इसका मान ज्ञात करते हैं।

$$\int\frac{P_1(x)}{Q(x)}dx = \int\left\{\frac{A_1}{a_1x+b_1} + \frac{A_2}{a_2x+b_2} + \frac{A_3}{a_3x+b_3} \ldots + \frac{A_n}{a_nx+b_n}\right\}dx$$

स्थिति-II (Case-II)

यदि $\frac{P_1(x)}{Q(x)} = \frac{P_1(x)}{(a_1x+b_1)(a_2x+b_2)^n}$

$$= \frac{A_1}{a_1x+b_1} + \frac{A_2}{a_2x+b_2} + \ldots + \frac{A_{n+1}}{(a_2x+b_2)^n}$$

दोनों पक्षों की तुलना कर $A_1, A_2, \ldots A_{n+1}$ का मान ज्ञात करते हैं।

स्थिति-III (Case-III)

$$\frac{P_1(x)}{Q(x)} = \frac{P_1(x)}{(a_1x+b)(lx^2+mx+n)}$$

$$\frac{P_1(x)}{(a_1x+b)(lx^2+mx+n)} = \frac{A}{a_1x+b} + \frac{B(lx^2+mx+n)\text{ का अवकलन}}{lx^2+mx+n} + c$$

$$= \frac{A}{a_1x+b} + \frac{B(2lx+m)+c}{lx^2+mx+n}$$

अब A, B, C का मान दोनों पक्षों की तुलना कर ज्ञात करते हैं, तब समाकलन करते हैं।

उदाहरण 30. मूल्यांकन करें, $\int\frac{8}{(x+2)(x^2+4)}dx$

हल : माना $\frac{8}{(x+2)(x^2+4)} = \frac{A}{x+2} + \frac{Bx+C}{x^2+4}$ ...(i)

तब $8 = A(x^2+4) + (Bx+C)(x+2)$ ...(ii)

$x+2=0$ रखने पर, अर्थात् $x=-2$

$8 = 8A \Rightarrow A = 1$

समीकण (ii) में $x=0$ तथा $x=1$ क्रमशः रखने पर

$8 = 4A + 2C$ तथा $8 = 5A + 3B + 3C$

A = 1 रखने पर, $2C = 4$ तथा $3B + 3C = 3$

समीकरण को हल करने पर, $B = -1$, $C = 2$

अतः $\int\frac{8}{(x+2)(x^2+4)} = \int\frac{1}{x+2}dx + \int\frac{-x+2}{x^2+4}dx$

$$= \int\frac{dx}{x+2} + 2\int\frac{dx}{x^2+4} - \frac{1}{2}\int\frac{2x}{x^2+4}dx$$

$$= \log(x+2) + \tan^{-1}\frac{x}{2} - \frac{1}{2}\log(x^2+4) + c$$

$$\therefore \int \frac{8}{(x+2)(x^2+4)} = \log|x+2| + \tan^{-1}\frac{x}{2} - \frac{1}{2}\log|x^2+4| + c$$

साधित उदाहरण (Solved Examples)

1. मूल्यांकन करें, $\int \frac{\sin^3 x - \cos^3 x}{\sin^2 x \,.\, \cos^2 x} dx$

हल : $\int \frac{\sin^3 x}{\sin^2 x \,.\, \cos^2 x} dx - \int \frac{\cos^3 x}{\sin^2 x \,.\, \cos^2 x} dx$

$$= \int \frac{\sin x}{\cos x} \cdot \frac{1}{\cos x} dx - \int \frac{\cos x}{\sin x} \cdot \frac{1}{\sin x} dx$$

$$= \int \tan x \,.\, \sec x \, dx - \int \cot x \,.\, \text{cosec } x \, dx$$

$$= \sec x + \text{cosec } x + c.$$

2. $\int \frac{x}{\sqrt{x+2}} dx$

हल : $\int \frac{x+2-2}{\sqrt{x+2}} dx = \int \frac{x+2}{\sqrt{x+2}} dx - \int \frac{2}{\sqrt{x+2}} dx$

$$= \int \sqrt{x+2}\, dx - 2\int (x+2)^{-\frac{1}{2}} dx$$

$$= \int (x+2)^{\frac{1}{2}} dx - 2\int (x+2)^{\frac{-1}{2}} dx$$

$$= \frac{2}{3}(x+2)^{3/2} - 4(x+2)^{\frac{1}{2}} + c$$

$$= \frac{2}{3}(x+2)^{3/2} - 4(x+2)^{1/2} + c.$$

3. मूल्यांकन करें, $\int \frac{\sin x}{\sin(x-a)} dx$

हल : $I = \int \frac{\sin x}{\sin(x-a)} dx$ ($x - a = t$ माना $dx = dt$)

$$I = \int \frac{\sin(a+t)}{\sin t} dt$$

$$= \int \frac{\sin a \,.\, \cos t + \cos a \,.\, \sin t}{\sin t} dt$$

$$= \sin a \int \cot t \, dt + \cos a \int dt$$

$$= \sin a \log|\sin t| + t\cos a + c$$

$$= \sin a \log|\sin(x-a)c + (x-a)\cos a + c|.$$

4. मूल्यांकन करें, $\int \sin^3 x \,.\, \cos^5 x \, dx$

हल :

$$\int \sin^3 x \,.\, \cos^5 x \, dx = \int \sin^3 x (1-\sin^2 x)^2 \cos x \, dx,$$

$\sin x = t$ रखने पर, $\cos x \, dx = dt$

$$= \int t^3 (1-t^2)^2 dt$$

$$= \int t^3 (1-2t^2+t^4) dt$$

$$= \int (t^3 - 2t^5 + t^7) dt = \frac{t^4}{4} - \frac{t^6}{3} + \frac{t^8}{8} + c$$

$$= \frac{\sin^4 x}{4} - \frac{\sin^6 x}{3} + \frac{\sin^8 x}{8} + c.$$

5. $\int \frac{\sin(\tan^{-1} x)}{1+x^2} dx$

हल : $\int \sin(t)\, dt$, $\left[\tan^{-1} x = t \Rightarrow \frac{1}{1+x^2} dx = dt\right]$

$$= -\cos t + c = -\cos(\tan^{-1} x) + c.$$

6. $\int \frac{1}{\sqrt{1-e^{2x}}} dx$

हल : $\int \frac{1}{\sqrt{1-e^{2x}}} = \int \frac{1}{\sqrt{e^{2x}(e^{-2x}-1)}}$

$$\int \frac{1}{e^x \sqrt{e^{-2x}-1}} dx$$

$$= \int \frac{e^{-x}\,dx}{\sqrt{\left(e^{-x}\right)^2 - (1)^2}} \qquad \left[\begin{aligned} e^{-x} &= t \text{ माना} \\ \therefore -e^{-x}dx &= dt \end{aligned}\right]$$

$$= -\int \frac{dt}{\sqrt{t^2 - 1}} = -\log\left|t + \sqrt{t^2 - 1}\right| + c$$

$$= -\log\left|e^{-x} + \sqrt{e^{-2x} - 1}\right| + c$$

7. मूल्यांकन करें, $\int \frac{1}{\sqrt{3}\sin x + \cos x}dx$

हल : $\int \frac{1}{\sqrt{3}\sin x + \cos x}dx$ $\left[\sqrt{3} = r\sin\theta \text{ तथा } 1 = r\cos\theta\right.$

(माना) तब $r = \sqrt{\left(\sqrt{3}\right)^2 + (1)^2} = 2$ तथा $\left.\theta = \frac{\pi}{3}\right]$

$$= \int \frac{1}{r\sin\theta \,.\, \sin x + r\cos\theta \,.\, \cos x}$$

$$= \frac{1}{r}\int \frac{1}{\cos(\theta - x)} = \frac{1}{r}\int \sec(x - \theta)\,dx$$

$$= \frac{1}{r}\log\left|\tan\left(\frac{\pi}{4} + \frac{x}{2} - \frac{\theta}{2}\right)\right| + c$$

$$= \frac{1}{2}\log\left|\tan\left(\frac{\pi}{4} + \frac{x}{2} - \frac{\pi}{6}\right)\right| + c$$

$$= \frac{1}{2}\log\left|\tan\left(\frac{x}{2} + \frac{\pi}{12}\right)\right| + c.$$

8. $\int \frac{\sin^{-1} x}{\left(1 - x^2\right)^{3/2}}\,dx$

हल : $\int \frac{\sin^{-1} x}{\left(1 - x^2\right)^{3/2}}\,dx$ $[x = \sin t \text{ (माना)} \Rightarrow dx = \cos t\,dt]$

$$\therefore \int \frac{t}{\left(1 - \sin^2 t\right)^{3/2}} \,.\, \cos t\,dt = \int t\sec^2 t\,dt$$

$$= t \,.\, \tan t - \int 1 \,.\, \tan t\,dt$$

$$= t\tan t + \log|\cos t| + c$$

$$= t \,.\, \frac{\sin t}{\sqrt{1 - \sin^2 t}} + \log\left|\sqrt{1 - \sin^2 t}\right| + c$$

$$= \sin^{-1} x \,.\, \frac{x}{\sqrt{1 - x^2}} + \log\left|\sqrt{1 - x^2}\right| + c$$

$$= \frac{x}{\sqrt{1 - x^2}}\sin^{-1} x + \frac{1}{2}\log\left|1 - x^2\right| + c.$$

9. $\int\{\sin(\log x) + \cos(\log x)\}\,dx$

हल : $I = \int\{\sin(\log x) + \cos(\log x)\}\,dx$

$[\log x = t \text{ (माना) तब } x = e^t,\ dx = e^t\,dt]$

$$\therefore I = \int e^t(\sin t + \cos t)\,dt$$

$$I = \int \underset{II}{e^t} \underset{I}{\sin t}\,dt + \int e^t\cos t\,dt$$

$$I = \sin t \,.\, e^t - \int \cos t \,.\, e^t \,.\, dt + \int \cos t \,.\, e^t dt + c$$

$$= e^t \sin t + c$$

$$= e^{\log x}\sin(\log x) + c$$

$$I = x\sin(\log x) + c.$$

10. मूल्यांकन करें, $\int \frac{\cos 5x + \cos 4x}{1 - 2\cos 3x}\,dx$

हल : माना

$$I = \int \frac{\cos 5x + \cos 4x}{1 - 2\cos 3x}\,dx = \int \frac{\sin 3x(\cos 5x + \cos 4x)}{\sin 3x - 2\sin 3x \,.\, \cos 3x}$$

$$= \int \frac{\left(2\sin\frac{3x}{2} \,.\, \cos\frac{3x}{2}\right)\left(2\cos\frac{9x}{2} \,.\, \cos\frac{x}{2}\right)}{\sin 3x - \sin 6x}\,dx$$

$$= \int \frac{\left(2\sin\frac{3x}{2}.\cos\frac{3x}{2}\right)\left(2\cos\frac{9x}{2}.\cos\frac{x}{2}\right)}{-2\cos\frac{9x}{2}.\sin\frac{3x}{2}}\,dx$$

$$= \int\left(-2\cos\frac{3x}{2}.\cos\frac{x}{2}\right)dx$$

$$= -\int(\cos 2x + \cos x)\,dx$$

$$\therefore I = -\frac{\sin 2x}{2} - \sin x + c.$$

वस्तुनिष्ठ प्रश्न

1. $\int \frac{dx}{\left(x-x^2\right)}$ का मान है–

(a) $\log x - \log(1-x) + c$

(b) $\log\left(1-x^2\right) + c$

(c) $-\log x + \log(1-x) + c$

(d) $\log\left(x-x^2\right) + c$

2. $\int \frac{dx}{\sin^2 x.\cos^2 x}$ का मान है–

(a) $\tan x + \cot x + c$ (b) $\cot x - \tan x + c$

(c) $\tan x - \cot x + c$ (d) इनमें से कोई नहीं

3. $\int \cos^3 x\, e^{\log(\sin x)} dx$ का मान है–

(a) $-\frac{\sin^4 x}{4} + c$ (b) $-\frac{\cos^4 x}{4} + c$

(c) $\frac{e^{\sin x}}{4} + c$ (d) इनमें से कोई नहीं

4. $\int \frac{x-1}{(x+1)^3} e^x\, dx$ का मान है–

(a) $\frac{-e^x}{(x+1)^2} + c$ (b) $\frac{e^x}{(x+1)^2} + c$

(c) $\frac{e^x}{(x+1)^3} + c$ (d) $\frac{-e^x}{(x+1)^3} + c$

5. $\int \frac{x}{1+x^4}\, dx$ का मान है–

(a) $\frac{1}{2}\cot^{-1} x^2 + c$ (b) $\frac{1}{2}\tan^{-1} x^2 + c$

(c) $\cot^{-1} x^2 + c$ (d) $\tan^{-1} x^2 + c$

6. $\int \frac{1}{\cos x(1+\cos x)}\, dx$ का मान है–

(a) $\log(\sec x + \tan x) + 2\tan\frac{x}{2} + c$

(b) $\log(\sec x + \tan x) - 2\tan\frac{x}{2} + c$

(c) $\log(\sec x + \tan x) + \tan\frac{x}{2} + c$

(d) $\log(\sec x + \tan x) - \tan\frac{x}{2} + c$

7. $\int \frac{\tan x}{\sec x + \tan x}\, dx$ का मान है–

(a) $\sec x + \tan x - x + c$

(b) $\sec x - \tan x + x + c$

(c) $\sec x + \tan x + x + c$

(d) $-\sec x + \tan x + x + c$

8. $\int x \sin^2 x\, dx$ का मान है–

(a) $\frac{x^4}{4} + \frac{x}{4}\sin 2x + \frac{1}{8}\cos 2x + c$

(b) $\frac{x^2}{4}-\frac{x}{4}\sin 2x+\frac{1}{8}\cos 2x+c$

(c) $\frac{x^2}{4}+\frac{x}{4}\sin 2x-\frac{1}{8}\cos 2x+c$

(d) $\frac{x^2}{4}-\frac{x}{4}\sin 2x-\frac{1}{8}\cos 2x+c$

9. $\int e^{2x+\log x}dx$ का मान है–

(a) $\frac{1}{4}(2x-1)e^{2x}+c$ (b) $\frac{1}{4}(2x+1)e^{2x}+c$

(c) $\frac{1}{2}(2x+1)e^{2x}+c$ (d) $\frac{1}{2}(2x-1)e^{2x}+c$

10. $\int e^{2x}\frac{1+\sin 2x}{1+\cos 2x}dx$ का मान है–

(a) $e^{2x}\tan x+c$ (b) $e^{2x}\cot x+c$

(c) $\frac{e^{2x}\tan x}{2}+c$ (d) $\frac{e^{2x}\cot x}{2}+c$

11. $\int\frac{e^{-x}}{1+e^x}dx$ का मान है–

(a) $\log\left(1+e^x\right)-x-e^{-x}+c$

(b) $\log\left(1+e^x\right)x-e^{-x}+c$

(c) $\log\left(1+e^x\right)-x+e^{-x}+c$

(d) $\log\left(1+e^x\right)+x+e^{-x}+c$

12. $\int\frac{x\sin^{-1}x}{\sqrt{1-x^2}}dx$ का मान है–

(a) $x-\sqrt{1-x^2}\sin^{-1}x+c$

(b) $x+\sqrt{1-x^2}\sin^{-1}x+c$

(c) $\sqrt{1-x^2}\sin^{-1}x-x+c$

(d) इनमें से कोई नहीं

13. $\int\cos^5 x\,dx$ का मान है–

(a) $\sin x-\frac{2}{3}\sin^3 x+\frac{1}{5}\sin^5 x+c$

(b) $\sin x+\frac{2}{3}\sin^3 x+\frac{1}{5}\sin^5 x+c$

(c) $\sin x-\frac{2}{3}\sin^3 x-\frac{1}{5}\sin^5 x+c$

(d) इनमें से कोई नहीं

14. $\int\frac{\text{cosec}^2 x}{1+\cot x}dx$ का मान है–

(a) $\log(1+\cot x)+c$ (b) $-\log(1+\cot x)$

(c) $\int\frac{1}{2(1+\cot x)}+c$ (d) इनमें से कोई नहीं

15. $\int\sec^{2/3}x\,\text{cosec}^{4/3}x\,dx$ का मान है–

(a) $-3(\tan x)^{1/3}+c$ (b) $-3(\tan x)^{-1/3}+c$

(c) $3(\tan x)^{-1/3}+c$ (d) $(\tan x)^{-1/3}+c$

16. यदि $\int\frac{dx}{1+\sin x}=\tan\left(\frac{x}{2}+a\right)+b$ तो

(a) $a=\frac{\pi}{4}, b=3$

(b) $a=-\frac{\pi}{4}, b=3$

(c) $a=\frac{\pi}{4}, b=$ स्वेच्छ नियतांक

(d) $a=\frac{-\pi}{4}, b=$ स्वेच्छ नियतांक

17. $\int\log x\,dx$ का मान है–

(a) $x+x\log x+c$ (b) $x\log x-x+c$

(c) $x^2\log x+c$ (d) $\frac{1}{x}\log x+x+c$

18. $\int x^2 \sin 2x \, dx$ का मान है–

(a) $\frac{1}{2}x^2 \cos 2x + \frac{1}{2}x \sin 2x + \frac{1}{4}\cos 2x + c$

(b) $\frac{-1}{2}x^2 \cos 2x + \frac{1}{2}x \sin 2x + \frac{1}{4}\cos 2x + c$

(c) $\frac{1}{2}x^2 \cos 2x - \frac{1}{2}x \sin 2x + \frac{1}{4}\cos 2x + c$

(d) इनमें से कोई नहीं

19. $\int \frac{\text{cosec}\theta - \cot\theta}{\text{cosec}\theta + \cot\theta} d\theta$ का मान है–

(a) $2\text{cosec}\theta - 2\cot\theta - \theta + c$

(b) $2\text{cosec}\theta - 2\cot\theta + \theta + c$

(c) $2\text{cosec}\theta + 2\cot\theta - \theta + c$

(d) इनमें से कोई नहीं

20. $\int \frac{\cos x}{(1+\sin x)(2+\sin x)} dx$ का मान है–

(a) $\log[(1+\sin x)(2+\sin x)] + c$

(b) $\log\left[\frac{2+\sin x}{1+\sin x}\right] + c$

(c) $\log\left[\frac{1+\sin x}{2+\sin x}\right] + c$

(d) इनमें से कोई नहीं

21. $\int \frac{x+\sin x}{1+\cos x} dx$ का मान है–

(a) $-x\tan\frac{x}{2} + c$ (b) $x\tan\frac{x}{2} + c$

(c) $x\tan x + c$ (d) $\frac{1}{2}x\tan x + c$

22. $\int (\cos x/2 - \sin x/2)^2 \, dx$ का मान है–

(a) $x + \cos x + c$ (b) $2\cos^2\frac{x}{2} + c$

(c) $\frac{1}{3}\left(\cos\frac{x}{2} - \frac{x}{2}\right)^3 + c$ (d) $x - \cos x + c$

23. $\int \frac{x^3 \tan^{-1} x^4}{1+x^8} dx$ का मान है–

(a) $\frac{1}{4}\left(\tan^{-1} x^4\right)^2 + c$ (b) $\frac{1}{2}\left(\tan^{-1} x^4\right)^2 + c$

(c) $\frac{1}{8}\left(\tan^{-1} x^2\right)^2 + c$ (d) $\frac{1}{8}\left(\tan^{-1} x^4\right)^2 + c$

24. $\int \frac{\sin 2x}{\sin 5x \sin 3x} dx$ का मान है–

(a) $\log\sin 3x - \log\sin 5x + c$

(b) $\frac{1}{3}\log\sin 3x + \frac{1}{5}\log\sin 5x + c$

(c) $\frac{1}{3}\log\sin 3x - \frac{1}{5}\log\sin 5x + c$

(d) $3\log\sin 3x - 5\log\sin 5x + c$

25. $\int \tan x \sec^2 x \sqrt{1-\tan^2 x} \, dx$ का मान है–

(a) $-\frac{1}{3}\left(1-\tan^2 x\right)^{3/2} + c$

(b) $\frac{1}{3}\left(1-\tan^2 x\right)^{3/2} + c$

(c) $-\frac{2}{3}\left(1-\tan^2 x\right)^{2/3} + c$

(d) इनमें से कोई नहीं

26. $\int \frac{dx}{x\log x \log(\log x)}$ का मान है–

(a) $2\log(\log x) + c$

(b) $\log\{\log(\log x)\} + c$

(c) $\log(x\log x) + c$

(d) इनमें से कोई नहीं

27. $\int \frac{\sin x + \text{cosec} x}{\tan x} dx$ का मान है–

(a) $\sin x - \text{cosec} x + c$

(b) $\operatorname{cosec} x - \sin x + c$

(c) $\log \tan x + c$

(d) $\log \cot x + c$

28. $\int \frac{dx}{\sqrt{x+a}+\sqrt{x+b}}$ का मान है–

(a) $\frac{2}{3(b-a)}\left[(x+a)^{3/2}-(x+b)^{3/2}\right]+c$

(b) $\frac{2}{3(a-b)}\left[(x+a)^{3/2}-(x+b)^{3/2}\right]+c$

(c) $\frac{2}{3(a-b)}\left[(x+a)^{3/2}+(x+b)^{3/2}\right]+c$

(d) इनमें से कोई नहीं

29. $\int \frac{2x\tan^{-1}x^2}{1+x^4}\,dx$ का मान है–

(a) $\left(\tan^{-1}x^2\right)^2+c$

(b) $\frac{1}{2}\left(\tan^{-1}x^2\right)^2+c$

(c) $2\left(\tan^{-1}x^2\right)^2+c$

(d) इनमें से कोई नहीं

30. $\int e^x\left[\frac{1+x\log x}{x}\right]dx$ का मान है–

(a) $e^x+\log x+c$ (b) $\frac{e^x}{\log x}+c$

(c) $e^x-\log x+c$ (d) $e^x\log x+c$

31. $\int \frac{1+\tan x}{x+\log\sec x}\,dx$ का मान है–

(a) $\log(x+\log x\sec x)+c$

(b) $-\log(x+\log\sec x)+c$

(c) $\log(x-\log\sec x)+c$

(d) इनमें से कोई नहीं

32. $\int e^{2x}\left(\frac{\sin 4x-2}{1-\cos 4x}\right)dx$ का मान है–

(a) $\frac{1}{2}e^{2x}\cot 2x+c$ (b) $-\frac{1}{2}e^{2x}\cot 2x+c$

(c) $-2e^{2x}\cot 2x+c$ (d) $2e^{2x}\cot 2x+c$

33. $\int x\sqrt{2x+3}\,dx$ का मान है–

(a) $\frac{x}{3}(2x+3)^{3/2}-\frac{1}{15}(2x+3)^{5/2}+c$

(b) $\frac{x}{3}(2x+3)^{3/2}+\frac{1}{15}(2x+3)^{5/2}+c$

(c) $\frac{x}{2}(2x+3)^{3/2}+\frac{1}{6}(2x+3)^{5/2}+c$

(d) इनमें से कोई नहीं

34. $\int \frac{dx}{\cos x+\sqrt{3}\sin x}$ का मान है–

(a) $\frac{1}{2}\log\left(\frac{x}{2}+\frac{\pi}{3}\right)+c$

(b) $\log\tan\left(\frac{x}{2}-\frac{\pi}{3}\right)+c$

(c) $\frac{1}{2}\log\tan\left(\frac{x}{2}+\frac{\pi}{3}\right)+c$

(d) इनमें से कोई नहीं

35. $\int x^x(1+\log x)\,dx$ का मान है–

(a) x^x+c (b) $x^{2x}+c$

(c) $x^x\log x+c$ (d) $\frac{1}{2}(1+\log x)^2+c$

36. $\int \frac{\sin x\,dx}{3+4\cos^2 x}$ का मान है–

(a) $\log\left(3+4\cos^2 x\right)+c$

(b) $-\frac{1}{2\sqrt{3}}\tan^{-1}\left(\frac{\cos x}{\sqrt{3}}\right)+c$

(c) $-\frac{1}{2\sqrt{3}}\tan^{-1}\left(\frac{2\cos x}{\sqrt{3}}\right)+c$

(d) इनमें से कोई नहीं

37. $\int\frac{e^{m\tan^{-1}x}}{1+x^2}\,dx$ का मान है–

(a) $e^{\tan^{-1}x}+c$ (b) $\frac{1}{m}e^{\tan^{-1}x}+c$

(c) $\frac{1}{m}e^{m\tan^{-1}x}+c$ (d) इनमें से कोई नहीं

38. $\int\frac{x^2}{x^2+4}\,dx$ का मान है–

(a) $x-2\tan^{-1}\left(\frac{x}{2}\right)+c$

(b) $x+2\tan^{-1}\left(\frac{x}{2}\right)+c$

(c) $x-4\tan^{-1}\left(\frac{x}{2}\right)+c$

(d) $x+4\tan^{-1}\left(\frac{x}{2}\right)+c$

39. $\int e^x\left(\frac{1-\sin x}{1-\cos x}\right)dx$ का मान है–

(a) $-e^x\tan\left(\frac{x}{2}\right)+c$ (b) $-e^x\cot\left(\frac{x}{2}\right)+c$

(c) $-\frac{1}{2}e^x\tan\left(\frac{x}{2}\right)+c$ (d) $\frac{1}{2}e^x\cot\left(\frac{x}{2}\right)+c$

40. $\int\left(\frac{x+2}{x+4}\right)^2 e^x dx$ का मान है–

(a) $e^x\left(\frac{x}{x+4}\right)+c$ (b) $e^x\left(\frac{x+2}{x+4}\right)+c$

(c) $e^x\left(\frac{x-2}{x+4}\right)+c$ (d) $\left(\frac{2x\,e^x}{x+4}\right)+c$

अनुच्छेद (Paragraph)

माना $f(x)=\frac{3}{x^4+3x^2+9}$ तथा $g(x)=\frac{x^2}{x^4+3x^2+9}$

41. $\int\{f(x)+g(x)\}\,dx$ का मान है–

(a) $\frac{1}{2\sqrt{3}}\log\left|\frac{x^2-\sqrt{3}x-3}{x^2+\sqrt{3}x-3}\right|$

(b) $\frac{1}{3}\tan^{-1}\frac{(x^2-3)}{3x}$

(c) $\frac{1}{2\sqrt{3}}\log\left|\frac{x^2-\sqrt{3}x+3}{x^2+\sqrt{3}x+3}\right|$

(d) $\frac{1}{3}\tan^{-1}\frac{(x^2+3)}{3x}$

42. $\int\{f(x)-g(x)\}\,dx$ का मान है–

(a) $\frac{1}{2\sqrt{3}}\log\left|\frac{x^2+\sqrt{3}x+3}{x^2-\sqrt{3}x+3}\right|$

(b) $\frac{1}{3}\tan^{-1}\frac{(x^2-3x)}{3x}$

(c) $\frac{1}{2\sqrt{3}}\log\left|\frac{x^2-\sqrt{3}x+3}{x^2+\sqrt{3}x+3}\right|$

(d) $\frac{1}{3}\tan^{-1}\frac{(x^2-3x)}{3x}$

43. $\int f(x)\,dx$ का मान है–

(a) $\frac{1}{6}\tan^{-1}\left(\frac{x^2-3}{3x}\right)-\frac{1}{4\sqrt{3}}\log\left|\frac{x^2-\sqrt{3}x+3}{x^2+\sqrt{3}x+3}\right|$

(b) $\frac{1}{6}\tan^{-1}\left(\frac{x^2-3}{3x}\right)+\frac{1}{4\sqrt{3}}\log\left|\frac{x^2-\sqrt{3}x+3}{x^2+\sqrt{3}x+3}\right|$

(*c*) $\frac{1}{6}\tan^{-1}\left(\frac{x^2+3}{3x}\right)+\frac{1}{4\sqrt{3}}\log\left|\frac{x^2-\sqrt{3x}-3}{x^2+\sqrt{3x}-3}\right|$

(*d*) इसमें से कोई नहीं।

दृढ़कथन-कारण (Assertion-Reason)

निम्नलिखित चार कूटों (*a*), (*b*), (*c*) एवं (*d*) में से सही उत्तर का चयन करें।

(*a*) वक्तव्य-I सत्य है; वक्तव्य-II सत्य है; वक्तव्य-II वक्तव्य-I का सही स्पष्टीकरण है।

(*b*) वक्तव्य-I सत्य है; वक्तव्य-II सत्य है; वक्तव्य-II वक्तव्य-I का सही स्पष्टीकरण नहीं है।

(*c*) वक्तव्य-I सत्य है; वक्तव्य-II असत्य है।

(*d*) वक्तव्य-I असत्य है; वक्तव्य-II सत्य है।

44. वक्तव्य-I : $\int\frac{xe^x}{(1+x)^2}dx=\frac{e^x}{x+1}+c$

वक्तव्य-II : $\int e^x\left[f(x)+f'(x)\right]dx$

$=e^x f(x)+c$

45. वक्तव्य-I : $\int x^x(1+\log x)\,dx=x^x$

वक्तव्य-II : यदि $x^x=t$, तब लघुगणक लेकर अवकलन करने पर, $x^x(1+\log x)\,dx=dt$

46. वक्तव्य-I : $\int\frac{\sec^2 x}{3+\tan x}dx=\log|3+\tan x|+c$

वक्तव्य-II : $\int\frac{f'(x)}{f(x)}dx=\log|f(x)|+c$

47. मिलान करें (Match These)–

	वर्ग–I		**वर्ग–II**
A.	$\int\sin x.\cos x\,dx$	*p.*	$\frac{1}{2}\tan^2 x$
B.	$\int 4\sin\frac{x}{4}.\cos\frac{x}{4}.\cos\frac{x}{2}.\cos x\,dx$	*q.*	$\frac{1}{2}\sin^2 x$
C.	$\int\frac{2\tan\left(\frac{x}{2}\right)-2\tan^3\left(\frac{x}{2}\right)}{\left\{1+\tan^2\left(\frac{x}{2}\right)\right\}^2}$	*r.*	$-\frac{1}{2}\cos^2 x$
D.	$\int\frac{\tan x}{\sec^2 x}dx$	*s.*	$\frac{-\cos 2x}{4}$

(*a*) A – *p, q*; B – *q, r*; C – *q, r, s*; D – *q*

(*b*) A – *q, r, s*; B – *q, r, s*; C – *q, r, s*; D – *q, r, s*

(*c*) A – *r*; B – *q*; C – *p, q*; D – *q, r, s*

(*d*) इसमें से कोई नहीं।

उत्तरमाला

1	2	3	4	5	6	7	8	9	10
(*a*)	(*c*)	(*b*)	(*b*)	(*b*)	(*d*)	(*b*)	(*d*)	(*a*)	(*c*)
11	**12**	**13**	**14**	**15**	**16**	**17**	**18**	**19**	**20**
(*a*)	(*a*)	(*a*)	(*b*)	(*b*)	(*d*)	(*b*)	(*b*)	(*a*)	(*c*)
21	**22**	**23**	**24**	**25**	**26**	**27**	**28**	**29**	**30**
(*b*)	(*a*)	(*d*)	(*c*)	(*a*)	(*b*)	(*a*)	(*b*)	(*b*)	(*d*)
31	**32**	**33**	**34**	**35**	**36**	**37**	**38**	**39**	**40**
(*a*)	(*a*)	(*a*)	(*c*)	(*a*)	(*c*)	(*c*)	(*a*)	(*b*)	(*a*)
41	**42**	**43**	**44**	**45**	**46**	**47**			
(*b*)	(*c*)	(*a*)	(*a*)	(*a*)	(*a*)	(*b*)			

व्याख्यात्मक उत्तर

1. $\int \frac{dx}{(x-x^2)} = \int\left(\frac{1}{x}+\frac{1}{1-x}\right)dx = \log x - \log(1-x)+c.$

2. $\int \frac{dx}{\sin^2 x.\cos^2 x} = \int \frac{(\cos^2 x+\sin^2 x)dx}{\sin^2 x.\cos^2 x}$

$= \int \text{cosec}^2 x\, dx + \int \sec^2 x\, dx$

$= -\cot x + \tan x + c.$

3. माना $I = \int \cos^3 x\, e^{\log \sin x} dx = \int \cos^3 x \sin x\, dx,$

$\cos x = t \Rightarrow \sin x\, dx = -dt$

$\therefore \quad I = -\int t^3 dt = -\frac{t^4}{4}+c = -\frac{\cos^4 x}{4}+c.$

4. $\int \frac{x-1}{(x+1)^3} e^x dx = \int e^x\left(\frac{x+1}{(x+1)^3} - \frac{2}{(x+1)^3}\right)dx$

$\int e^x\left(\frac{1}{(x+1)^2} - \frac{2}{(x+1)^3}\right)dx = \frac{e^x}{(x+1)^2}+c.$

5. $t = x^2 \Rightarrow dt = 2x dx$ रखने पर,

$\int \frac{x}{1+x^4}dx = \frac{1}{2}\int \frac{1}{1+t^2}dt$

$= \frac{1}{2}\tan^{-1} t + c = \frac{1}{2}\tan^{-1} x^2 + c.$

6. $\int \frac{1}{\cos x(1+\cos x)}dx = \int \frac{dx}{\cos x} - \int \frac{dx}{1+\cos x}$

$= \int \sec x\, dx - \frac{1}{2}\int \sec^2 \frac{x}{2}dx$

$= \log(\sec x + \tan x) - \tan\frac{x}{2} + c.$

7. $I = \int \frac{\tan x}{(\sec x + \tan x)}dx$ अंश व हर को $(\sec x - \tan x)$ से गुणा करने पर,

$\therefore \quad I = \int \frac{\tan x(\sec x - \tan x)}{(\sec x + \tan x)(\sec x - \tan x)}dx$

$= \int \frac{\tan x(\sec x - \tan x)}{(\sec^2 x - \tan^2 x)}dx$

$= \int(\sec x \tan x - \tan^2 x)dx$

$= \int \sec x + \tan x\, dx - \int(\sec^2 x - 1)dx$

$\int \sec x + \tan x\, dx - \int \sec^2 x\, dx + \int 1\, dx$

$= \sec x - \tan x + c.$

8. $\int x \sin^2 x\, dx = \int x \frac{(1-\cos 2x)}{2}dx$

$= \frac{1}{2}\left[\int x\, dx - \int x \cos 2x\, dx\right]$

$= \frac{x^2}{4} - \frac{x}{4}\sin 2x - \frac{1}{8}\cos 2x + c.$

9. $\int e^{2x+\log x}dx = \int x\, e^{2x}dx$

$= \frac{x e^{2x}}{2} - \int \frac{1}{2}e^{2x}dx + c = \frac{e^{2x}}{4}(2x-1)+c.$

10. $\int e^{2x}\frac{1+\sin 2x}{1+\cos 2x}dx = \int e^{2x}\left[\frac{1}{1+\cos 2x} + \frac{\sin 2x}{1+\cos 2x}\right]dx$

$= \int e^{2x}\left[\frac{\sec^2 x}{2} + \tan x\right]dx$

$= \frac{e^{2x}\tan x}{2} - \int \frac{e^{2x}\sec^2 x}{2}dx + \int \frac{e^{2x}\sec^2 x}{2}dx + c$

$= \frac{e^{2x}\tan x}{2} + c.$

11. माना $I=\int\frac{e^{-x}}{1+e^{x}}dx=\int\frac{e^{-x}e^{-x}}{e^{-x}+1}dx$

$e^{-x}+1=t\Rightarrow -e^{-x}dx=dt$ रखने पर,

$\therefore\quad I=-\int\frac{(t-1)}{t}dt=\int\left(\frac{1}{t}-1\right)dt=\log t-t+c$

$=\log\left(e^{-x}+1\right)-\left(e^{-x}+1\right)+c=\log\left(e^{x}+1\right)-e^{-x}-1+c$

$=\log\left(e^{x}+1\right)-x-e^{-x}+c.\qquad(\because 1=\text{अचर})$

12. माना $\sin^{-1}x=t\Rightarrow\frac{1}{\sqrt{1-x^2}}dx=dt$

$\therefore\quad\int\frac{x\sin^{-1}x}{\sqrt{1-x^2}}dx=\int t\sin t\,dt$

$=-t\cos t+\sin t+c=-\sin^{-1}x\cos\left(\sin^{-1}x\right)+\sin\left(\sin^{-1}x\right)+c$

$=x-\sqrt{1-x^2}\sin^{-1}x+c.$

13. $I=\int\cos^5x\,dx=\int\cos^4x\cos x\,dx$

$=\int\left(1-\sin^2x\right)^2\cos x\,dx$

माना $\sin x=t\Rightarrow\cos x\,dx=dt$

$\therefore\quad I=\int\left(1-t^2\right)^2dt=\int\left(1+t^4-2t^2\right)dt$

$=\frac{t^5}{5}-\frac{2t^3}{3}+t+c$

$=\frac{\sin^5x}{5}-\frac{2\sin^3x}{3}+\sin x+c.$

14. माना $1+\cot x=t\Rightarrow\operatorname{cosec}^2x\,dx=-dt$

$\therefore\quad\int\frac{\operatorname{cosec}^2x}{1+\cot x}dx=-\int\frac{1}{t}dt=-\log t+c$

$=-\log(1+\cot x)+c.$

15. माना

$I=\int\sec^{2/3}x\operatorname{cosec}^{4/3}x\,dx=\int\frac{dx}{\sin^{4/3}x\cos^{2/3}x}$

अंश व हर को $\cos^2x$ से गुणा करनेपर,

$\therefore\quad I=\int\frac{\sec^2x}{\tan^{4/3}x}dx,$

माना $\tan x=t\Rightarrow\sec^2x\,dx=dt$

$\therefore\quad I=\int\frac{dt}{t^{4/3}}=\frac{t^{-1/3}}{(-1/3)}+c$

$=-3(\tan x)^{-1/3}+c.$

16. $\int\frac{dx}{1+\sin x}=\tan x-\sec x+c$

$=-\frac{1-\sin x}{\cos x}+c$

$=-\frac{\left(\cos\frac{x}{2}-\sin\frac{x}{2}\right)^2}{\cos^2\frac{x}{2}-\sin^2\frac{x}{2}}+c=-\frac{1-\tan\frac{x}{2}}{1+\tan\frac{x}{2}}+c$

$=\frac{\tan\frac{x}{2}-1}{1+\tan\frac{x}{2}}+c=\tan\left(\frac{x}{2}-\frac{\pi}{4}\right)+c$

परन्तु $\int\frac{dx}{(1+\sin x)}=\tan\left(\frac{x}{2}+a\right)+b$

$\Rightarrow a=-\frac{\pi}{4},\ b=$ स्वेच्छ नियतांक।

17. $\int\log x\,dx=x\log x-\int x\frac{1}{x}dx+c$

$=x\log x-x+c.$

18. माना

$I=\int x^2\sin 2x\,dx=-\frac{x^2\cos 2x}{2}+\int\frac{2x\cos 2x}{2}dx+c$

$$=-\frac{x^2\cos 2x}{2}+\frac{x\sin 2x}{2}+\frac{\cos 2x}{4}+c.$$

19. $\int\frac{\operatorname{cosec}\theta-\cot\theta}{\operatorname{cosec}\theta+\cot\theta}d\theta=\int(\operatorname{cosec}\theta-\cot\theta)^2\,d\theta$

$=\int\operatorname{cosec}^2\theta\,d\theta+\int\cot^2 d\theta-2\int\operatorname{cosec}\theta\cot\theta\,d\theta$

$=\int\left(2\operatorname{cosec}^2\theta-1\right)d\theta-2\int\operatorname{cosec}\theta\cot\theta\,d\theta$

$=2\operatorname{cosec}\theta-2\cot\theta-\theta+c.$

20. $\sin x=t\Rightarrow\cos x\,dx=dt$ रखने पर,

$$\int\frac{\cos x}{(1+\sin x)(2+\sin x)}dx=\int\frac{dt}{(t+1)(t+2)}$$

$$-\int\frac{1}{t+1}dt-\int\frac{1}{t+2}dt$$

$$=\log\left(\frac{t+1}{t+2}\right)+c=\log\left(\frac{\sin x+1}{\sin x+2}\right)+c.$$

21. $\int\frac{x+\sin x}{1+\cos x}dx=\frac{1}{2}\int x\sec^2\frac{x}{2}dx+\int\tan\frac{x}{2}dx$

$=\frac{1}{2}\frac{x\tan x/2}{1/2}-\int\tan\frac{x}{2}dx+\int\tan\frac{x}{2}dx=x\tan\frac{x}{2}+c.$

22. $\int\left(\cos\frac{x}{2}-\sin\frac{x}{2}\right)^2dx$

$$=\int\left\{\cos^2\frac{x}{2}+\sin^2\frac{x}{2}-2\sin\frac{x}{2}\cos\frac{x}{2}\right\}dx$$

$$=\int(1-\sin x)dx=x+\cos x+c.$$

23. माना $\tan^{-1}x^4=t\ \Rightarrow\frac{x^3}{1+x^8}dx=\frac{dt}{4}$

$$\therefore\quad\int\frac{x^2\tan^{-1}x^4}{1+x^8}dx=\frac{1}{4}\int t\,dt=\frac{t^2}{8}+c$$

$$=\frac{1}{8}\left(\tan^{-1}x^4\right)^2+c.$$

24. $\int\frac{\sin 2x}{\sin 5x\sin 3x}dx=\int\frac{\sin(5x-3x)}{\sin 5x\sin 3x}dx$

$$\int\frac{\sin 5x\cos 3x-\cos 5x\sin 3x}{\sin 5x\sin 3x}dx$$

$$=\int\frac{\cos 3x}{\sin 3x}dx-\int\frac{\cos 5x}{\sin 5x}dx$$

$$=\frac{1}{3}\log\sin 3x-\frac{1}{5}\log\sin 5x+c.$$

25. $I=\int\tan x\,.\sec^2 x\sqrt{1-\tan^2 x}\,dx$

माना $\tan x=t\Rightarrow\sec^2 x\,dx=dt$

$\therefore\quad I=\int t\sqrt{1-t^2}\,dt$

अब पुनः माना $1-t^2=u\Rightarrow-2t\,dt=du$

$\Rightarrow\quad t\,dt=-\frac{du}{2}$

$\therefore\quad I=-\frac{1}{2}\int\sqrt{u}\,du=-\frac{1}{3}u^{3/2}+c$

$$=\frac{-1}{3}\left(1-\tan^2 x\right)^{3/2}+c.$$

26. $I=\int\frac{dx}{x\log x\log(\log x)},$

माना $\log x=t\Rightarrow\frac{dx}{x}=dt$

$I=\int\frac{dt}{t\log(t)}$

पुनः माना $\log t=z\Rightarrow\frac{dt}{t}=dz$

$\therefore\quad I=\int\frac{dz}{z}+c=\log z+c=\log\left[\log(\log x)\right]+c.$

27. $\int\frac{\sin x+\operatorname{cosec}x}{\tan x}dx=\int(\cos x+\operatorname{cosec}x\cot x)dx$

$=\sin x-\operatorname{cosec}x+c.$

28. $\int\frac{dx}{\sqrt{x+a}+\sqrt{x+b}}=\int\frac{\sqrt{x+a}-\sqrt{x+b}}{(x+a)-(x+b)}dx$

$$=\frac{1}{(a-b)}\int(x+a)^{1/2}dx-\frac{1}{(a-b)}\int(x+b)^{1/2}dx$$

$$= \frac{2}{3(a-b)}\left[(x+a)^{3/2}-(x+b)^{3/2}\right]+c.$$

29. माना $t = \tan^{-1} x^2 \Rightarrow dt = \frac{1}{1+x^4} 2x\,dx$

$$\therefore \int \frac{2x \tan^{-1} x^2}{1+x^4} dx$$

$$= \int t\,dt = \frac{t^2}{2} + c = \frac{1}{2}\left(\tan^{-1} x^2\right)^2 + c.$$

30. $\int e^x \left[\frac{1+x\log x}{x}\right] dx = \int e^x \left(\log x + \frac{1}{x}\right) dx$

$$= e^x \log x + c.$$

31. माना $t = x + \log\sec x \Rightarrow dt = (1+\tan x)\,dx$

$$I = \int \frac{1+\tan x}{x+\log\sec x} dx$$

$$= \int \frac{1}{t} dt = \log t + c = \log(x + \log\sec x) + c.$$

32. $\int e^{2x}\left(\frac{\sin 4x - 2}{1-\cos 4x}\right) dx = \int \frac{e^{2x}\sin 4x}{1-\cos 4x} dx - 2\int \frac{e^{2x}}{1-\cos 4x} dx$

$$= \int e^{2x} \cot 2x\,dx - \int e^{2x} \operatorname{cosec}^2 2x\,dx$$

$$= \frac{e^{2x}\cot 2x}{2} + \int 2\frac{e^{2x}}{2} \operatorname{cosec}^2 2x\,dx - \int e^{2x} \operatorname{cosec}^2 2x\,dx$$

$$= \frac{1}{2} e^{2x} \cot 2x + \int e^{2x} \operatorname{cosec}^2 2x\,dx - \int e^{2x} \operatorname{cosec}^2 2x\,dx$$

$$= \frac{1}{2} e^{2x} \cot 2x + c.$$

33. $\int x(2x+3)^{1/2}\,dx$

$$= x\frac{(2x+3)^{3/2}}{3/2}\frac{1}{2} - \int \frac{(2x+3)^{3/2}}{3/2}\frac{1}{2} dx + c$$

$$= \frac{1}{3}x(2x+3)^{3/2} - \frac{1}{3}\int (2x+3)^{3/2}\,dx + c$$

$$= \frac{1}{3}x(2x+3)^{3/2} - \frac{1}{15}(2x+3)^{5/2} + c.$$

34. $\int \frac{dx}{\cos x + \sqrt{3}\sin x} = \frac{1}{2}\int \frac{dx}{\frac{1}{2}\cos x + \frac{\sqrt{3}}{2}\sin x}$

$$= \frac{1}{2}\int \frac{dx}{\cos\left(x - \frac{\pi}{3}\right)}$$

$$= \frac{1}{2}\int \sec\left(x-\frac{\pi}{3}\right) dx = \frac{1}{2}\log\left\{\sec\left(x-\frac{\pi}{3}\right) + \tan\left(x-\frac{\pi}{3}\right)\right\} + c$$

$$= \frac{1}{2}\log\tan\left(\frac{\pi}{2} + \frac{x-\frac{\pi}{3}}{2}\right) + c = \frac{1}{2}\log\tan\left(\frac{x}{2}+\frac{\pi}{3}\right) + c.$$

35. $x^x = t \Rightarrow x^x(1+\log x)\,dx = dt$

$$\therefore \quad I = \int 1\,dt \Rightarrow I = t + c \Rightarrow I = x^x + c.$$

36. $I = \int \frac{\sin x}{3+4\cos^2 x} dx,$ माना $\cos x = t$

$$\Rightarrow -\sin x\,dx = dt$$

$$\therefore \quad I = \int \frac{-dt}{3+4t^2} = -\frac{1}{4}\int \frac{dt}{t^2 + \left(\frac{\sqrt{3}}{2}\right)^2}$$

$$\Rightarrow \quad I = -\frac{1}{4 \cdot \frac{\sqrt{3}}{2}} \tan^{-1} \frac{t}{\left(\frac{\sqrt{3}}{2}\right)} + c$$

$$= -\frac{1}{2\sqrt{3}} \tan^{-1} \frac{2t}{\sqrt{3}} + c$$

$$\Rightarrow \quad I = -\frac{1}{2\sqrt{3}} \tan^{-1}\left(\frac{2\cos x}{\sqrt{3}}\right) + c.$$

37. $I=\int \frac{e^{m\tan^{-1}x}}{1+x^2}dx$ माना $m\tan^{-1}x=t$

$$\Rightarrow \frac{m}{1+x^2}dx=dt \Rightarrow \frac{dx}{1+x^2}=\frac{dt}{m}$$

$$\therefore \quad I=\frac{1}{m}\int e^t\,dt=\frac{1}{m}e^t+c=\frac{1}{m}e^{m\tan^{-1}x}+c.$$

38. $I=\int \frac{x^2}{x^2+4}dx=\int \frac{x^2+4-4}{\left(x^2+4\right)}dx$

$$\Rightarrow I=\int\left(1-\frac{4}{x^2+4}\right)dx=\int dx-\int \frac{4}{x^2+4}dx$$

$$\Rightarrow I=x-4\int \frac{dx}{x^2+(2)^2}=x-\frac{4}{2}\tan^{-1}\frac{x}{2}+c$$

$$=x-2\tan^{-1}\frac{x}{2}+c.$$

39. $I=\int e^x\left(\frac{1-\sin x}{1-\cos x}\right)dx=\int e^x\left(\frac{1-2\sin\frac{x}{2}\cos\frac{x}{2}}{2\sin^2\frac{x}{2}}\right)dx$

$$\Rightarrow I=\int e^x\left(\frac{1}{2}\operatorname{cosec}^2\frac{x}{2}-\cot\frac{x}{2}\right)dx$$

$$\left[\because \int e^x\{f(x)+f'(x)\}=e^x f(x)+c\right]$$

$$\therefore \quad I=e^x\left(-\cot\frac{x}{2}\right)+c=-e^x\cot\frac{x}{2}+c.$$

40. $I=\int\left(\frac{x+2}{x+4}\right)^2 e^x dx=\int e^x\left[\frac{x^2+4x+4}{(x+4)^2}\right]dx$

$$\Rightarrow I=\int e^x\left[\frac{x(x+4)}{(x+4)^2}+\frac{4}{(x+4)^2}\right]dx$$

$$=\int e^x\left[\frac{x}{x+4}+\frac{4}{(x+4)^2}\right]dx=e^x\left(\frac{x}{x+4}\right)+c.$$

41. $\int\{f(x)+g(x)\}dx$

$$=\int\left(\frac{3}{x^4+3x^2+9}+\frac{x^2}{x^4+3x^2+9}\right)dx$$

$$=\int \frac{x^2+3}{x^4+3x^2+9}dx=\int \frac{1+\frac{3}{x^2}}{x^2+3+\frac{9}{x^2}}dx$$

$$=\int \frac{1+\frac{3}{x^2}}{\left(x-\frac{3}{x}\right)^2+3^2}dx=\int \frac{dt}{t^2+3^2}$$

$\left[x-\frac{3}{x}=t\right.$ रखने पर, $\left.\left(1+\frac{3}{x^2}\right)dx=dt\right]$

$$=\frac{1}{3}\tan^{-1}\frac{t}{3}+c$$

$$=\frac{1}{3}\tan^{-1}\left(\frac{x^2-3}{3x}\right)+c.$$

42. $\int\{f(x)-g(x)\}dx=\int \frac{x^2-3}{x^4+3x^2+9}$

$$=\int \frac{\left(1-\frac{3}{x^2}\right)}{x^2+3+\frac{9}{x^2}}dx=\int \frac{1-\frac{3}{x^2}}{\left(x+\frac{3}{x}\right)^2-\left(\sqrt{3}\right)^2}dx$$

$\left[x+\frac{3}{x}=u\right.$ रखने पर, $\left.\left(1-\frac{3}{x^2}\right)dx=du\right]$

$$=\int \frac{du}{u^2-\left(\sqrt{3}\right)^2}$$

$$=\frac{1}{2\sqrt{3}}\log\left|\frac{u-\sqrt{3}}{u+\sqrt{3}}\right|+c$$

$$=\frac{1}{2\sqrt{3}}\log\left|\frac{x^2+3-\sqrt{3}x}{x^2+3+\sqrt{3}x}\right|+c$$

$$=\frac{1}{2\sqrt{3}}\log\left|\frac{x^2-\sqrt{3}x+3}{x^2+\sqrt{3}x+3}\right|+c.$$

43. $$\int f(x)\,dx=\frac{1}{2}\int\frac{6}{x^4+3x^2+9}\,dx$$

$$=\frac{1}{2}\int\frac{(x^2+3)-(x^2-3)}{x^4+3x^2+9}\,dx$$

$$=\frac{1}{2}\int\frac{x^2+3}{x^4+3x^2+9}\,dx-\frac{1}{2}\int\frac{x^2-3}{x^4+3x^2+9}\,dx$$

उपरोक्त दोनों प्रश्नोत्तर का हल होगा।

$$=\frac{1}{6}\tan^{-1}\left(\frac{x^2-3}{3x}\right)-\frac{1}{4\sqrt{3}}\log\left|\frac{x^2-\sqrt{3}x+3}{x^2+\sqrt{3}x+3}\right|.$$

44. वक्तव्य–I एवं II दोनों सत्य है तथा वक्तव्य–II सही स्पष्टीकरण है।

$$\int\frac{x\,e^x}{(1+x)^2}\,dx=\int\frac{(x+1-1)e^x}{(1+x)^2}\,dx$$

$$=\int\frac{e^x}{1+x}\,dx-\int\frac{e^x}{(1+x)^2}$$

$$=\int e^x\cdot\frac{1}{1+x}\,dx-\int\frac{e^x}{(1+x)^2}\,dx$$

$$=\frac{e^x}{1+x}-\int\frac{-e^x}{(1+x)^2}\,dx-\int\frac{e^x\,dx}{(1+x)^2}$$

$$=\frac{e^x}{1+x}+c.$$

45. वक्तव्य–I एवं II दोनों सत्य है तथा वक्तव्य–II सही स्पष्टीकरण है।
दोनों प्रामाणिक है।

46. वक्तव्य–I एवं II दोनों सत्य है तथा वक्तव्य–II सही स्पष्टीकरण है।

$$\int\frac{\sec^2 x}{3+\tan x}\,dx=\int\frac{f'(x)}{f(x)}\,dx$$

यदि $f(x)=3+\tan x,\ f'(x)=\sec^2 x\,dx$

$$=\log|3+\tan x|+c.$$

47. A. $$\int\sin x\cos x\,dx=\frac{1}{2}\int\sin 2x\,dx$$

$$=\frac{1}{2}\left(\frac{-\cos 2x}{2}\right)=\frac{-\cos 2x}{4}$$

पुनः $$\int\sin x\cos x\,dx=\int(\sin x)\cos x\,dx$$

$$=\frac{(\sin x)^2}{2}$$

तथा

$$\int\sin x\,.\cos x\,dx=-1(\cos x)(-\sin x)\,dx$$

$$=\frac{-(\cos x)^2}{2}$$

अतः $A-q,r,s.$

B. $$\int 4\sin\frac{x}{4}.\cos\frac{x}{4}.\cos\frac{x}{2}.\cos x\,dx$$

$$=\int 2\left(2\sin\frac{2x}{4}.\cos\frac{x}{2}\right)\cos x\,dx$$

$$=\int\left(2\sin\frac{2x}{4}.\cos\frac{x}{2}\right)\cos x\,dx$$

$$=\int\sin x\,.\cos x\,dx$$

A से $\frac{-\cos 2x}{4}$ या $\frac{1}{2}\sin^2 x$

या $\frac{-1}{2}\cos^2 x$

$\therefore B-q,r,s.$

C. $\int \frac{2\tan\left(\frac{x}{2}\right) - 2\tan^3\left(\frac{x}{2}\right)}{\left\{1+\tan^2\frac{x}{2}\right\}^2}$

$$= \int \frac{2\tan\frac{x}{2}\left(1-\tan^2\frac{x}{2}\right)}{\left(1+\tan^2\frac{x}{2}\right)\left(1+\tan^2\frac{x}{2}\right)} dx$$

$$= \int \sin x \, . \cos x \, dx$$

खण्ड A की तरह $-\frac{\cos 2x}{4}$ या

$\frac{1}{2}\sin^2 x$ या $-\frac{1}{2}\cos^2 x$

$\therefore$ $c - q, r, s.$

D. $\int \frac{\tan x}{\sec^2 x} dx = \int \frac{\sin x}{\cos x} \times \cos^2 x \, dx$

$$= \int \sin x \, . \cos x \, dx$$

अतः $D - q, r, s.$

24

निश्चित समाकलन (DEFINITE INTEGRAL)

माना $\frac{d}{dx}\{\phi(x)\} = f(x)$, तब $f(x)$ का निश्चित समाकलन संवृत अन्तराल $[a, b]$ में $\int_a^b f(x)\,dx$ से सूचित किया जाता है तथा यह $[\phi(b) - \phi(a)]$ के बराबर होता है।

अर्थात् $\int_a^b f(x)\,dx = \phi(b) - \phi(a) = [\phi(x)]_a^b$

a एवं *b* को समाकलन की सीमा कहते है। '*a*' को निम्न सीमा तथा '*b*' को उच्च सीमा कहा जाता है तथा इसे "*f*(*x*) का समाकलन *a* से *b*" पढ़ा जाता है।

उदाहरण 1. $\int_1^2 x^4\,dx = \left[\frac{x^5}{5}\right]_1^2 = \left[\frac{2^5}{5} - \frac{1^5}{5}\right]$

$$= \frac{32}{5} - \frac{1}{5} = \frac{31}{5}.$$

उदाहरण 2. $\int_0^1 \frac{1}{2x-3}\,dx$

$$= \frac{1}{2}[\log(2x-3)]_0^1 = \frac{1}{2}[\log|-1| - \log|-3|]$$

$$= \frac{1}{2}[0 - \log 3] = -\frac{1}{2}\log 3.$$

उदाहरण 3. मूल्यांकन करें : $\int_0^{\pi/4} \sqrt{1 - \sin 2x}\,dx$

$$= \int_0^{\pi/4} \sqrt{\sin^2 x + \cos^2 x - 2\sin x . \cos x} \cdot dx$$

$$= \int_0^{\frac{\pi}{4}} \sqrt{(\cos x - \sin x)^2}\,dx$$

$$= \int_0^{\pi/4} |\cos x - \sin x|\,dx$$

$$= \int_0^{\pi/4} \cos x\,dx - \int_0^{\pi/4} \sin x\,dx$$

$$= [\sin x]_0^{\pi/4} + [\cos x]_0^{\pi/4}$$

$$= \sin\frac{\pi}{4} + \cos\frac{\pi}{4} - 1 = \frac{1}{\sqrt{2}} + \frac{1}{\sqrt{2}} - 1$$

$$= \frac{2}{\sqrt{2}} - 1 = \sqrt{2} - 1.$$

उदाहरण 4. मूल्यांकन करें : $\int_0^1 \frac{2x}{5x^2+1}\,dx.$

हल : $= \frac{1}{5}\int_0^1 \frac{10x}{5x^2+1}\,dx = \frac{1}{5}\left[\log(5x^2+1)\right]_0^1$

$$= \frac{1}{5}[\log 6 - \log 1]$$

$$= \frac{1}{5}\log 6. \qquad (\because \log 1 = 0)$$

उदाहरण 5. मूल्यांकन करें : $\int_{\pi/4}^{\pi/2} \cos 2x . \log\sin x\,dx.$

हल : $I = \int_{\pi/4}^{\pi/2} \underset{II}{\cos 2x} . \underset{I}{\log\sin x}\,dx$

$$\Rightarrow I = \left[\frac{1}{2}\log(\sin x)\sin 2x\right]_{\pi/4}^{\pi/2}$$

$$- \int_{\pi/4}^{\pi/2} \frac{1}{2}\cot x \sin 2x\,dx$$

$$I=\left[0-\frac{1}{2}\log\left(\frac{1}{\sqrt{2}}\right)\right]-\int_{\pi/4}^{\pi/2}\cos^2 x\,dx$$

$$I=\frac{1}{4}\log 2-\frac{1}{2}\int_{\pi/4}^{\pi/2}(1+\cos 2x)\,dx$$

$$I=\frac{1}{4}\log 2-\frac{1}{2}\left[x+\frac{\sin 2x}{2}\right]_{\pi/4}^{\pi/2}$$

$$I=\frac{1}{4}\log 2-\frac{1}{2}\left[\frac{\pi}{2}+0-\left(\frac{\pi}{4}+\frac{1}{2}\right)\right]$$

$$I=\frac{1}{4}\log 2-\frac{\pi}{8}+\frac{1}{4}.$$

उदाहरण 6. मूल्यांकन करें : $\int_0^{\pi/2}\frac{\cos\theta}{(1+\sin\theta)(2+\sin\theta)}\,d\theta.$

हल : $I=\int_0^{\pi/2}\frac{\cos\theta}{(1+\sin\theta)(2+\sin\theta)}\,d\theta$

[$\sin\theta = t$ (माना) तब $\cos\theta\, d\theta = dt$ जब $\theta = 0$ तब $t = 0$, $\theta=\frac{\pi}{2}$ तो $t = 1$]

$$=\int_0^1\frac{dt}{(1+t)(2+t)}$$

$$=\int_0^1\left\{\frac{1}{1+t}-\frac{1}{2+t}\right\}dt$$

$$=\left[\log(1+t)\right]_0^1-\left[\log(2+t)\right]_0^1$$

$$=(\log 2-\log 1)-[\log 3-\log 2]$$

$$=2\log 2-\log 3=\log\frac{4}{3}.$$

उदाहरण 7. मूल्यांकन करें : $\int_0^{\pi/2}\left(\sqrt{\tan x}+\sqrt{\cot x}\right)dx.$

हल : $I=\int_0^{\pi/2}\left(\sqrt{\tan x}+\sqrt{\cot x}\right)dx$

$$=\int_0^{\frac{\pi}{2}}\left\{\sqrt{\frac{\sin x}{\cos x}}+\sqrt{\frac{\cos x}{\sin x}}\right\}dx$$

$$=\int_0^{\pi/2}\frac{\sin x+\cos x}{\sqrt{\sin x\,.\,\cos x}}\,dx$$

$$=\sqrt{2}\int_0^{\frac{\pi}{2}}\frac{\sin x+\cos x}{\sqrt{2\sin x\,.\,\cos x}}\,dx$$

$$I=\sqrt{2}\int_0^{\frac{\pi}{2}}\frac{\sin x+\cos x}{\sqrt{1-(\sin x-\cos x)^2}}\,dx$$

$\sin x - \cos x = t$ (माना) $(\cos x + \sin x)\,dx = dt$

जब $x = 0$, $t = -1$ जब $x=\frac{\pi}{2}$, $t = 1$

$$=\sqrt{2}\int_{-1}^1\frac{dt}{\sqrt{1-t^2}}$$

$$=\sqrt{2}\left[\sin^{-1}t\right]_{-1}^1$$

$$=\sqrt{2}\left[\sin^{-1}1-\sin^{-1}(-1)\right]$$

$$=\sqrt{2}\left[2\sin^{-1}(1)\right]=2\sqrt{2}\left(\frac{\pi}{2}\right)=\sqrt{2}\pi.$$

उदाहरण 8. मूल्यांकन करें : $\int_0^{\pi/2}\frac{\sin x}{1+\cos^2 x}\,dx.$

हल : $I=\int_0^{\pi/2}\frac{\sin x}{1+\cos^2 x}\,dx$

[$\cos x = t$ (माना), $-\sin x\, dx = dt$ जब $x = 0$ तो $t = 1$ $x=\frac{\pi}{2}$, $t = 0$]

$$I=-\int_1^0\frac{dt}{1+t^2}=\int_0^1\frac{dt}{1+t^2}=\left|\tan^{-1}t\right|_0^1$$

$$=\tan^{-1}1-\tan^{-1}0=\frac{\pi}{4}.$$

उदाहरण 9. मूल्यांकन करें : $\int_0^1\frac{x\tan^{-1}x}{\left(1+x^2\right)^{3/2}}\,dx.$

हल : $\int_0^1 \frac{x\tan^{-1}x}{\left(1+x^2\right)^{3/2}}\,dx$

[माना $\tan^{-1}x = \theta \Rightarrow x = \tan\theta \Rightarrow dx = \sec^2\theta d\theta$]

जब $x = 0, \theta = 0; x = 1, \theta = \frac{\pi}{4}$

$$= \int_0^{\pi/4} \frac{\theta\tan\theta}{\sec^3\theta}\sec^2\theta\, d\theta$$

$$= \int_0^{\pi/4} \underset{I}{\theta}\,.\,\underset{II}{\sin\theta}\, d\theta$$

$$= \left[-\theta\cos\theta\right]_0^{\pi/4} - \int_0^{\pi/4}(-\cos\theta)\, d\theta$$

$$= \left[-\theta\cos\theta\right]_0^{\pi/4} + \left[\sin\theta\right]_0^{\pi/4}$$

$$= \left(-\frac{\pi}{4\sqrt{2}}+0\right)+\left(\frac{1}{\sqrt{2}}-0\right)$$

$$= \frac{1}{\sqrt{2}} - \frac{\pi}{4\sqrt{2}} = \frac{4-\pi}{4\sqrt{2}}.$$

निश्चित समाकलन के गुण
(Properties of Definite Integral)

1. $\int_a^b f(x)dx = \int_a^b f(t)dt = \int_a^b f(u)du$

2. $\int_a^b f(x)dx = -\int_b^a f(x)dx$

3. $\int_a^b f(x)dx = \int_a^c f(x)dx + \int_c^b f(x)dx$

जहाँ $a < c < b$

उदाहरण 10. मूल्यांकन करें : $\int_1^4 f(x)dx$

यदि $f(x) = \begin{cases} 2x+8, & 1 \le x \le 2 \\ 6x, & 2 \le x \le 4 \end{cases}$

हल : $\int_1^4 f(x)dx = \int_1^2 f(x)dx + \int_2^4 f(x)dx$

$$= \int_1^2 (2x+8)\,dx + \int_2^4 6x\, dx$$

$$= \left[x^2+8x\right]_1^2 + \left[3x^2\right]_2^4$$

$$= \left[(4+16)-(1+8)\right] + (3\times16 - 3\times4)$$

$$= 11 + 36 = 47.$$

उदाहरण 11. मूल्यांकन करें : $\int_0^\pi |\cos x|\, dx$

हल : $\int_0^\pi |\cos x| =$

$$= \left\{\cos x \text{ जब } 0 \le x \le \frac{\pi}{2}, -\cos x \text{ जब } \frac{\pi}{2} \le x < \pi\right\}$$

$$\therefore \int_0^\pi |\cos x|\, dx = \int_0^{\frac{\pi}{2}} |\cos x|\, dx + \int_{\pi/2}^\pi |\cos x|\, dx$$

$$= \int_0^{\frac{\pi}{2}} \cos x\, dx + \int_{\frac{\pi}{2}}^{\pi} -\cos x\, dx$$

$$= \left[\sin x\right]_0^{\pi/2} + \left[-\sin x\right]_{\pi/2}^{\pi}$$

$$= 1 + 1 = 2.$$

उदाहरण 12. मूल्यांकन करें : $\int_0^2 \left[x^2\right] dx$

हल : $\int_0^2 \left[x^2\right] dx = \int_0^1 \left[x^2\right] dx + \int_1^{\sqrt{2}} \left[x^2\right] dx + \int_{\sqrt{2}}^{\sqrt{3}} \left[x^2\right] dx + \int_{\sqrt{3}}^2 \left[x^2\right] dx$

$$= \int_0^1 0.dx + \int_1^{\sqrt{2}} 1.dx + \int_{\sqrt{2}}^{\sqrt{3}} 2.dx + \int_{\sqrt{3}}^2 3.dx$$

$$= 0 + \left(\sqrt{2}-1\right) + \left(2\sqrt{3}-2\sqrt{2}\right) + \left(3.2 - 3\sqrt{3}\right)$$

$$= \sqrt{2} - 1 + 2\sqrt{3} - 2\sqrt{2} - 3\sqrt{3} + 6$$

$$\therefore \int_0^2 \left[x^2\right] dx = 5 - \sqrt{2} - \sqrt{3}.$$

4. यदि $f(x)$ एक सतत् फलन है संवृत $[a, b]$ में, तब $\int_a^b f(x)dx = \int_a^b f(a+b-x)dx$

उदाहरण 13. मूल्यांकन करें : $\int_1^2 \frac{\sqrt{x}}{\sqrt{3-x}+\sqrt{x}}\,dx$

हल : $I = \int_1^2 \frac{\sqrt{x}}{\sqrt{3-x}+\sqrt{x}}\,dx$ ...(i)

तब $I = \int_1^2 \frac{\sqrt{3-x}}{\sqrt{3-(3-x)}+\sqrt{3-x}}\,dx$

$$\left[\because \int_a^b f(x)dx = \int_a^b f(a+b-x)\,dx\right]$$

$$I = \int_1^2 \frac{\sqrt{3-x}}{\sqrt{x}+\sqrt{3-x}} \quad ...(ii)$$

समीकरण (i) एवं (ii) को जोड़ने पर,

$$2I = \int_1^2 \frac{\sqrt{x}+\sqrt{3-x}}{\sqrt{x}+\sqrt{3-x}}\,dx = \int_1^2 1.dx$$

$$\Rightarrow 2I = [x]_1^2 = 2-1 = 1$$

$$\Rightarrow I = \frac{1}{2}.$$

उदाहरण 14. मूल्यांकन करें : $\int_{\pi/6}^{\pi/3} \frac{1}{1+\sqrt{\cot x}}\,dx$

हल : माना $I = \int_{\pi/6}^{\pi/3} \frac{1}{1+\sqrt{\cot x}} = \int_{\pi/6}^{\pi/3} \frac{\sqrt{\sin x}}{\sqrt{\sin x}+\sqrt{\cos x}}\,dx$ ...(i)

$$\Rightarrow I = \int_{\pi/6}^{\pi/3} \frac{\sqrt{\sin\left(\frac{\pi}{6}+\frac{\pi}{3}-x\right)}}{\sqrt{\sin\left(\frac{\pi}{6}+\frac{\pi}{3}-x\right)}+\sqrt{\cos\left(\frac{\pi}{6}+\frac{\pi}{3}-x\right)}}$$

$$= \int_{\pi/6}^{\pi/3} \frac{\sqrt{\sin\left(\frac{\pi}{2}-x\right)}}{\sqrt{\sin\left(\frac{\pi}{2}-x\right)}+\sqrt{\cos\left(\frac{\pi}{2}-x\right)}}$$

$$I = \int_{\pi/6}^{\pi/3} \frac{\sqrt{\cos x}}{\sqrt{\cos x}+\sqrt{\sin x}} \quad ...(ii)$$

समीकरण (i) एवं (ii) को जोड़ने पर,

$$2I = \int_{\pi/6}^{\pi/3} \frac{\sqrt{\sin x}+\sqrt{\cos x}}{\sqrt{\sin x}+\sqrt{\cos x}}\,dx = \int_{\pi/6}^{\pi/3} dx = [x]_{\pi/6}^{\pi/3}$$

$$\Rightarrow 2I = \frac{\pi}{3}-\frac{\pi}{6} \Rightarrow 2I = \frac{\pi}{6} \Rightarrow I = \frac{\pi}{12}.$$

5. यदि $f(x)$ एक सतत् फलन है संवृत $[0, a]$ में, तब

$$\int_0^a f(x)dx = \int_0^a f(a-x)\,dx$$

उदाहरण 15. मूल्यांकन करें :

$$I = \int_0^\pi \frac{e^{\cos x}}{e^{\cos x}+e^{-\cos x}}\,dx$$

हल : माना $I = \int_0^\pi \frac{e^{\cos x}}{e^{\cos x}+e^{-\cos x}}\,dx$ ...(i)

$$I = \int_0^\pi \frac{e^{\cos(\pi-x)}.\,dx}{e^{\cos(\pi-x)}+e^{-\cos(\pi-x)}}$$

$$I = \int_0^\pi \frac{e^{-\cos x}}{e^{-\cos x}+e^{\cos x}}\,dx \quad ...(ii)$$

समीकरण (i) एवं (ii) को जोड़ने पर,

$$2I = \int_0^\pi \frac{e^{\cos x}+e^{-\cos x}}{e^{\cos x}+e^{-\cos x}}\,dx$$

$$= \int_0^\pi dx = [x]_0^\pi$$

$$2I = \pi$$

$$\therefore \quad I = \frac{\pi}{2}.$$

उदाहरण 16. मूल्यांकन करें : $\int_0^{\pi/2} \sin 2x \log\tan x\,dx$

हल : $I = \int_0^{\pi/2} \sin 2x \,.\, \log\tan x\, dx$ ...(i)

$$\Rightarrow I = \int_0^{\pi/2} \sin 2\left(\frac{\pi}{2} - x\right).\log\tan\left(\frac{\pi}{2} - x\right) dx$$

$$I = \int_0^{\pi/2} \sin 2x \,.\, \log\cot x\, dx$$

$$\left[\int_0^a f(x) = \int_0^a f(a-x)\, dx \right. \quad ...(ii)$$

समीकरण (i) एवं (ii) को जोड़ने पर,

$$2I = \int_0^{\pi/2} \sin 2x[\log\tan x + \log\cot x]\, dx$$

$$= \int_0^{\pi/2} \sin 2x \,.\, \log(\tan x \cot x)\, dx$$

$$2I = \int_0^{\pi/2} \sin 2x \,.\, \log .1 \,.\, dx = 0$$

$$\Rightarrow I = 0.$$

उदाहरण 17. मूल्यांकन करें : $\int_0^{\pi} \frac{x}{1+\sin x} dx$

हल : $I = \int_0^{\pi} \frac{x}{1+\sin x} dx$ ...(i)

$$\Rightarrow I = \int_0^{\pi} \frac{\pi - x}{1+\sin(\pi - x)} = \int_0^{\pi} \frac{\pi - x}{1+\sin x} dx \quad ...(ii)$$

समीकरण (i) एवं (ii) को जोड़ने पर,

$$2I = \int_0^{\pi} \frac{x+\pi-x}{1+\sin x} dx = \int_0^{\pi} \frac{\pi}{1+\sin x} dx$$

$$= \pi \int_0^{\pi} \frac{1-\sin x}{1-\sin^2 x} dx = \pi \int_0^{\pi} (\sec^2 x - \sec x \,.\, \tan x)\, dx$$

$$2I = \pi[\tan x - \sec x]_0^{\pi}$$

$$= \pi[(\tan\pi - \sec\pi) - (\tan 0° - \sec 0°)]$$

$$= \pi[0 - (-1) - (0-1)]$$

$$= 2\pi. \qquad \Rightarrow I = \pi$$

उदाहरण 18. मूल्यांकन करें : $\int_0^{\pi} \frac{x\sin x}{1+\cos^2 x} dx$

हल : $I = \int_0^{\pi} \frac{x\sin x}{1+\cos^2 x} dx$ ...(i)

$$\Rightarrow I = \int_0^{\pi} \frac{(\pi - x)\sin(\pi - x)}{1+\cos^2(\pi - x)} dx = \int_0^{\pi} \frac{(\pi - x)\sin x}{1+\cos^2 x} dx \quad ...(ii)$$

समीकरण (i) एवं (ii) को जोड़ने पर,

$$2I = \int_0^{\pi} \frac{(x+\pi-x)\sin x}{1+\cos^2 x} dx = \int_0^{\pi} \frac{\pi\sin x}{1+\cos^2 x}$$

$$= \pi \int_0^{\pi} \frac{\sin x}{1+\cos^2 x} dx \qquad \cos x = t \text{ (माना)}$$

अतः $-\sin x\, dx = dt$ जब $x = 0, t = 1$ $x = \pi, t = -1$

$$2I = -\pi \int_1^{-1} \frac{dt}{1+t^2}$$

$$= -\pi\left[\tan^{-1} t\right]_1^{-1}$$

$$= -\pi\left[\tan^{-1}(-1) - \tan(1)\right]$$

$$= -\pi\left[\frac{-\pi}{4} - \frac{\pi}{4}\right] = -\pi \times -\frac{\pi}{2}$$

$$\therefore I = \frac{\pi^2}{4}.$$

6. यदि $f(x)$ एक सतत् फलन है संवृत $[-a, a]$ में, तब

$$\int_{-a}^{a} f(x) = \begin{cases} 2\int_0^a f(x)\, dx & \text{यदि } f(x) \text{ सम फलन हो} \\ 0 & \text{यदि } f(x) \text{ विषम फलन हो} \end{cases}$$

उदाहरण 19. मूल्यांकन करें : $\int_{\frac{-\pi}{4}}^{\frac{\pi}{4}} x^3 \sin^4 x\, dx$

हल : माना $f(x) = x^3 \sin^4 x$, तब

$$f(-x)=(-x)^3\sin^4(-x)=-x^3(-\sin x)^4$$
$$=-x^3.(\sin^4 x)$$
$$f(x)=-x^3\sin^4 x=-f(x)$$
$$\therefore\ f(x)=-f(x)$$

अतः फलन विषम है, अतः समाकलन शून्य होगा।

$$\therefore\ \int_{\frac{-\pi}{4}}^{\frac{\pi}{4}} x^3\sin^4 x\,dx=0.$$

उदाहरण 20. मूल्यांकन करें : $\int_{\frac{-\pi}{2}}^{\frac{\pi}{2}}\sin^2 x\,dx$

हल : स्पष्टतः यह समफलन है, अतः

$$\int_{\frac{-\pi}{2}}^{\frac{\pi}{2}}\sin^2 x\ dx=2\int_0^{\pi/2}\sin^2 x\,dx$$

माना $I=\int_0^{\pi/2}\sin^2 x\,dx$ ...(i)

$$\Rightarrow I=\int_0^{\pi/2}\sin^2\left(\frac{\pi}{2}-x\right)dx=\int_0^{\frac{\pi}{2}}\cos^2 x\,dx \quad ...(ii)$$

समीकरण (i) एवं (ii) को जोड़ने पर,

$$2I=\int_0^{\pi/2}1.dx=[x]_0^{\pi/2}=\frac{\pi}{2}$$
$$\Rightarrow I=\frac{\pi}{4}$$
$$\Rightarrow \int_0^{\pi/2}\sin^2 x\ dx=\frac{\pi}{4}$$
$$\therefore \int_{-\pi/2}^{\pi/2}\sin^2 x dx=2\int_0^{\pi/2}\sin^2 x\ dx=\frac{\pi}{2}.$$

7. यदि $f(x)$ एक सतत् फलन है संवृत $[0,2a]$ में, तब

$$\int_0^{2a} f(x)\,dx=\begin{cases}2\int_0^a f(x)\,dx, & \text{यदि } f(2a-x)=f(x)\\ 0 & \text{यदि } f(2a-x)=-f(x)\end{cases}$$

उदाहरण 21. मूल्यांकन करें : $\int_0^{2\pi}\cos^5 x\ dx$

हल : माना $f(x)=\cos^5 x$, तब

$$f(2\pi-x)=\{\cos(2\pi-x)\}^5=\cos^5 x=f(x)$$
$$\therefore\ \int_0^{2\pi}\cos^5 x\,dx=2\int_0^{\pi}\cos^5 x\,dx$$

अब

$$f(\pi-x)=[\cos(\pi-x)]^5=-\cos^5 x=-f(x)$$
$$\therefore\ \int_0^{\pi}\cos^5 x\,dx=0$$

अतः $\int_0^{2\pi}\cos^5 x\,dx=2\int_0^{\pi}\cos^5 x\,dx=0.$

योग की सीमा के रूप में निश्चित समाकलन

(Definite Integral as Limit of a Sums)

माना संवृत अन्तराल $[a,b]$ में परिभाषित फलन $f(x)$ एक सतत् फलन है, तब

$$\int_a^b f(x)dx=\lim_{h\to 0} h[f(a)+f(a+h)+f(a+2h)+\ldots$$
$$\ldots+f\{a+(n-1)h\}]$$

जहाँ $h=\frac{b-a}{n}$.

उदाहरण 22. योग की सीमा के रूप में मूल्यांकन करें :

$$\int_0^2(x+4)\,dx$$

हल : यहाँ $a=0, b=2, f(x)=x+4$, तथा $h=\frac{2-0}{n}=\frac{2}{n}$

$$\therefore\quad I=\int_0^2(x+4)\,dx$$
$$\Rightarrow I=\lim_{h\to 0} h\big[f(0)+f(0+h)$$
$$+f(0+2h)+\ldots+f(0+(n-1)h)\big]$$
$$I=\lim_{h\to 0} h\big[0+4+h+4+2h+4+\ldots+(n-1)h+4\big]$$

$$\Rightarrow I = \lim_{h\to 0} h\left[4n + h\{1+2+3+...+(n-1)\}\right]$$

$$\Rightarrow I = \lim_{h\to 0} h\left[4n + h\frac{(n-1)n}{2}\right]$$

$$\Rightarrow I = \lim_{n\to\infty} \frac{2}{n}\left[4n + \frac{2}{n} n\frac{(n-1)}{2}\right]\left(\because h = \frac{2}{n}\right)$$

$$I = \lim_{n\to\infty}\left[8 + 2\left(1 - \frac{1}{n}\right)\right]$$

$$= [8+2] = 10.$$

साधित उदाहरण (Solved Examples)

1. मूल्यांकन करें : $\int_1^2 \frac{\log x}{x^2}\,dx$

हल : $\int_1^2 \frac{\log x}{x^2}\,dx = \int_1^2 \underset{I}{\log x} . \underset{II}{\frac{1}{x^2}}\,dx$

$$= \left[\log x . \left(\frac{-1}{x}\right)\right]_1^2 - \int_1^2 \frac{1}{x}\left(-\frac{1}{x}\right)dx$$

$$= \left[-\frac{1}{x}\log x\right]_1^2 - \left[\frac{1}{x}\right]_1^2$$

$$= \left(-\frac{1}{2}\log 2\right) + (1 . \log 1) - \left(\frac{1}{2} - 1\right)$$

$$= \frac{-1}{2}\log 2 + \frac{1}{2} = \frac{1}{2} - \frac{1}{2}\log 2.$$

2. मूल्यांकन करें : $\int_0^{\pi/2} \frac{\sin 2x}{\sin^4 x + \cos^4 x}\,dx$

हल : $I = \int_0^{\pi/2} \frac{\sin 2x}{\sin^4 x + (1-\sin^2 x)^2}\,dx$

[$\sin^2 x = t$ माना

$2\sin x . \cos x\,dx = dt,\ \sin 2x\,dx = dt$

जब $x = 0, t = 0\,;\ x = \pi/2,\ t = 1$]

$$= \int_0^1 \frac{dt}{t^2 + (1-t)^2}$$

$$= \int_0^1 \frac{dt}{t^2 + t^2 - 2t + 1}$$

$$= \int_0^1 \frac{dt}{2t^2 - 2t + 1}$$

$$= \frac{1}{2}\int_0^1 \frac{dt}{t^2 - t + \frac{1}{2}}$$

$$= \frac{1}{2}\int_0^1 \frac{dt}{t^2 - t + \frac{1}{4} - \frac{1}{4} + \frac{1}{2}}$$

$$I = \frac{1}{2}\int_0^1 \frac{dt}{\left(t - \frac{1}{2}\right)^2 + \left(\frac{1}{2}\right)^2}$$

$$I = \frac{1}{2} . \frac{1}{\frac{1}{2}}\left[\tan^{-1}\left\{\frac{\left(t - \frac{1}{2}\right)}{\frac{1}{2}}\right\}\right]_0^1$$

$$= \tan^{-1} 1 - \tan^{-1}(-1)$$

$$= \frac{\pi}{4} - \left(-\frac{\pi}{4}\right) = \frac{\pi}{2}.$$

3. मूल्यांकन करें : $\int_0^1 x(1-x)^n\,dx$

हल : $I = \int_0^1 x(1-x)^n\,dx$

$$\Rightarrow I = \int_0^1 (1-x)\{1-(1-x)\}^n\,dx$$

$$\Rightarrow I = \int_0^1 x^n(1-x)\,dx$$

$$= \int_0^1 \left(x^n - x^{n+1}\right) dx$$

$$= \left[\frac{x^{n+1}}{n+1} - \frac{x^{n+2}}{n+2}\right]_0^1$$

$$I = \left\{\frac{1}{n+1} - \frac{1}{n+2}\right\} = \frac{1}{(n+1)(n+2)}$$

$$\therefore \quad I = \frac{1}{(n+1)(n+2)}.$$

4. मूल्यांकन करें : $\int_0^\pi \frac{x}{a^2\cos^2 x + b^2\sin^2 x}\,dx$

हल : $I = \int_0^\pi \frac{x}{a^2\cos^2 x + b^2\sin^2 x}\,dx$ ...(*i*)

$$\Rightarrow I = \int_0^\pi \frac{(\pi - x)}{a^2\cos^2(\pi - x) + b^2\sin^2(\pi - x)}\,dx$$

$$I = \int_0^\pi \frac{\pi - x}{a^2\cos^2 x + b^2\sin^2 x}\,dx \qquad ...(ii)$$

(*i*) एवं (*ii*) को जोड़ने पर,

$$2I = \int_0^\pi \frac{\pi}{a^2\cos^2 x + b^2\sin^2 x}\,dx$$

$$2I = 2\pi \int_0^{\pi/2} \frac{\sec^2 x}{a^2 + b^2\tan^2 x}\,dx$$

[$\tan x = t$ (माना) $\sec^2 x\,dx = dt$

जब $x = 0,\ t = 0;\ x = \pi/2, t = \infty$]

$$I = \pi \int_0^\infty \frac{dt}{a^2 + b^2t^2}$$

$$= \frac{\pi}{b^2} \int_0^\infty \frac{dt}{\left(\frac{a}{b}\right)^2 + (t)^2}$$

$$I = \frac{\pi}{b^2} \frac{1}{\left(\frac{a}{b}\right)} \left[\tan^{-1}\frac{t}{a/b}\right]_0^\infty$$

$$I = \frac{\pi}{b^2} \times \frac{b}{a}\left[\tan^{-1}\infty - \tan^{-1}0\right]$$

$$I = \frac{\pi}{ab}\left(\frac{\pi}{2} - 0\right) = \frac{\pi^2}{2ab}.$$

5. मूल्यांकन करें : $\int_0^2 |\sin \pi x|\,dx$

हल : $I = \int_0^2 |\sin \pi x|\,dx$

$$= \int_0^1 |\sin \pi x|\,dx + \int_1^2 |\sin \pi x|\,dx$$

$$= \int_0^1 \sin \pi x + \int_1^2 (-\sin \pi x)\,dx$$

$$= \left[-\frac{\cos \pi x}{\pi}\right]_0^1 + \left[\frac{\cos \pi x}{\pi}\right]_1^2$$

$$= -\frac{1}{\pi}[-1-1] + \frac{1}{\pi}[1-(-1)]$$

$$= \frac{2}{\pi} + \frac{2}{\pi} = \frac{4}{\pi}$$

6. मान ज्ञात करें : $\int_1^3 \frac{\cos(\log x)}{x}\,dx$

हल : $\int_1^3 \frac{\cos(\log x)}{x}\,dx \qquad \left[\log x = t \Rightarrow \frac{1}{x}\,dx = dt\right]$

$$= \int_{\log 1}^{\log 3} \cos t\,dt = [\sin t]_0^{\log 3} = \sin(\log 3).$$

7. मूल्यांकन करें : $\int_0^2 \frac{x^4}{(x-1)(x^2+1)}\,dx$

हल : $I = \int_0^2 \frac{x^4}{(x-1)(x^2+1)}\,dx = \int_0^2 \frac{x^4 - 1 + 1}{(x-1)(x^2+1)}\,dx$

$$= \int_0^2 \left\{ x+1+\frac{1}{(x-1)(x^2+1)} \right\} dx$$

$$= \int_0^2 \left[(x+1)+\frac{1}{2(x-1)}-\frac{x+1}{2(x^2+1)} \right] dx$$

(आंशिक भिन्न से)

$$= \left[\frac{1}{2}x^2+x+\frac{1}{2}\log(x-1)-\frac{1}{4}\log(x^2+1)-\frac{1}{2}\tan^{-1}x \right]_0^2$$

$$= 4-\frac{1}{4}\log 5-\frac{1}{2}\tan^{-1} 2.$$

8. मान ज्ञात करें : $\int_0^1 \tan^{-1}\left(\frac{2x-1}{1+x-x^2}\right) dx$

हल : $I = \int_0^1 \tan^{-1}\left(\frac{2x-1}{1+x-x^2}\right) dx$

$$I = \int_0^1 \tan^{-1}\left\{\frac{(x+x-1)}{1-x(x-1)}\right\} dx$$

$$I = \int_0^1 \left\{\tan^{-1}x+\tan^{-1}(x-1)\right\} dx$$

$$I = \int_0^1 \tan^{-1}(1-x)\,dx+\int_0^1 \tan^{-1}(x-1)\,dx$$

$$I = -\int_0^1 \tan^{-1}(x-1)\,dx+\int_0^1 \tan^{-1}(x-1)\,dx$$

$$I = 0.$$

9. मूल्यांकन करें : $\int_0^{\frac{\pi}{8}} \tan^3 2x \,.\, \sec 2x\, dx$

हल : $I = \int_0^{\frac{\pi}{8}} \tan^3 2x \,.\, \sec 2x\, dx$

$$= \int_0^{\frac{\pi}{8}} \tan^2 2x \,.\, \tan 2x \,.\, \sec 2x\, dx$$

$$= \int_0^{\frac{\pi}{8}} (\sec^2 2x-1) \,.\, \tan 2x \,.\, \sec 2x\, dx$$

[$\sec 2x = t$ (माना) $2\sec 2x \,.\, \tan 2x \,.\, dx = dt$

जब $x=\frac{\pi}{8}, t=\sqrt{2}$ तथा जब $x = 0,\, t = 1$]

$$= \frac{1}{2}\int_1^{\sqrt{2}} (t^2-1)\,dt = \frac{1}{2}\left[\frac{t^3}{3}-t\right]_1^{\sqrt{2}}$$

$$= \frac{1}{2}\left[\left(\frac{2\sqrt{2}}{3}-\sqrt{2}\right)-\left(\frac{1}{3}-1\right)\right]$$

$$= \frac{2-\sqrt{2}}{6}.$$

10. मूल्यांकन करें : $\int_0^{\pi/6} \frac{\cos 2x}{(\cos x-\sin x)^2} dx$

हल : $I = \int_0^{\pi/6} \frac{\cos 2x}{(\cos x-\sin x)^2} dx$

$$= \int_0^{\frac{\pi}{6}} \frac{(\cos^2 x-\sin^2 x)}{(\cos x-\sin x)^2} dx$$

$$= \int_0^{\frac{\pi}{6}} \frac{\cos x+\sin x}{\cos x-\sin x}\, dx$$

[माना $\cos x-\sin x = t \Rightarrow (-\sin x-\cos x)\,dx = dt$]

$$= -\int_1^{\frac{\sqrt{3}-1}{2}} \frac{dt}{t}$$

$$= -|\log t|_1^{\frac{\sqrt{3}-1}{2}} = -\log\left(\frac{\sqrt{3}-1}{2}\right).$$

वस्तुनिष्ठ प्रश्न

1. $\int_0^{\infty} \frac{\log(1+x^2)}{1+x^2} dx$ का मान है–

(a) $\pi \log \frac{1}{2}$ (b) $\pi \log 2$

(c) $2\pi \log \frac{1}{2}$ (d) $2\pi \log 2$

2. $\int_0^{\pi/2} \frac{d\theta}{1+\tan\theta}$ का मान है–

(a) π (b) $\frac{\pi}{2}$

(c) $\frac{\pi}{3}$ (d) $\frac{\pi}{4}$

3. $\int_{\pi/3}^{\pi/2} \frac{\sqrt{1+\cos x}}{(1-\cos x)^{5/2}} dx$ का मान है–

(a) $\frac{5}{2}$ (b) $\frac{3}{2}$

(c) $\frac{1}{2}$ (d) $\frac{2}{5}$

4. $\int_{-1}^{1} x^{17} \cos^4 x \, dx$ का मान है–

(a) –2 (b) –1

(c) 0 (d) 2

5. यदि $f(x) = \int_0^x t \sin t \, dt$, तो $f'(x)$ का मान है–

(a) $\cos x + x \sin x$ (b) $x \sin x$

(c) $x \cos x$ (d) इनमें से कोई नहीं

6. $\int_0^{\pi/2} \sin 2x \log \tan x \, dx$ का मान है–

(a) 1 (b) –1

(c) 0 (d) इनमें से कोई नहीं

7. यदि $f(x) = \int_a^x t^3 e^t \, dt$, तो $\frac{d}{dx}[f(x)]$ का मान है–

(a) $e^x(x^3+3x^2)$ (b) $x^3 e^x$

(c) $a^3 e^a$ (d) इनमें से कोई नहीं

8. $\int_0^{1/\sqrt{2}} \frac{\sin^{-1} x}{(1-x^2)^{3/2}} dx$ का मान है–

(a) $\frac{\pi}{4} + \frac{1}{2}\log 2$ (b) $\frac{\pi}{4} - \frac{1}{2}\log 2$

(c) $\frac{\pi}{2} + \log 2$ (d) $\frac{\pi}{2} - \log 2$

9. $\int_0^{\pi/2} \frac{\sin^{3/2} x \, dx}{\cos^{3/2 x} + \sin^{3/2} x}$ का मान है–

(a) 0 (b) π

(c) $\frac{\pi}{2}$ (d) $\frac{\pi}{4}$

10. $\int_{-1}^{1} \log \frac{2-x}{2+x} dx$ का मान है–

(a) 2 (b) 1

(c) –1 (d) 0

11. $\int_0^{\pi/2} \frac{x \sin x \cos x}{\cos^4 x + \sin^4 x} dx$ का मान है–

(a) 0 (b) $\frac{\pi}{8}$

(c) $\frac{\pi^2}{8}$ (d) $\frac{\pi^2}{16}$

12. $\int_{-\pi/4}^{\pi/4} \sin^{-4} x \, dx$ का मान है–

(a) 3/2 (b) –8/3

(c) 3/8 (d) 8/3

13. $\int_0^{2\pi} e^{x/2}\sin\left(\frac{x}{2}+\frac{\pi}{4}\right)dx$ का मान है–

(a) 1 (b) $2\sqrt{2}$
(c) 0 (d) इनमें से कोई नहीं

14. $\int_0^{x^2} \frac{t^2-5t+4}{2+e^t}\,dt$ का चरम बिन्दु (Points of Extremum) है–

(a) $x=-2$ (b) $x=1$
(c) $x=0$ (d) $x=0,\pm1,\pm2$

15. $\int_{1/\pi}^{2/\pi} \frac{\sin\left(\frac{1}{x}\right)}{x^2}dx$ का मान है–

(a) 2 (b) –1
(c) 0 (d) 1

16. $\int_{\pi/4}^{\pi/2} \cos\theta\,\text{cosec}^2\theta\, d\theta$ का मान है–

(a) $\sqrt{2}-1$ (b) $1-\sqrt{2}$
(c) $\sqrt{2}+1$ (d) इनमें से कोई नहीं

17. माना a, b, c अशून्य वास्तविक संख्याएँ इस प्रकार है कि

$\int_0^3 (3ax^2+2bx+c)dx = \int_1^3 (3ax^2+2bx+c)dx$

तो–

(a) $a+b+c=3$ (b) $a+b+c=1$
(c) $a+b+c=0$ (d) $a+b+c=2$

18. $f_1(x)=\int_2^x (2t-5)\,dt$ तथा $f_2(x)=\int_0^x 2t\,dt$ के प्रतिच्छेद बिन्दु हैं–

(a) $\left(\frac{6}{5},\frac{36}{25}\right)$ (b) $\left(\frac{2}{3},\frac{4}{9}\right)$

(c) $\left(\frac{1}{3},\frac{1}{9}\right)$ (d) $\left(\frac{1}{5},\frac{1}{25}\right)$

19. $\int_0^{\pi/6} (2+3x^2)\cos 3x\,dx$ का मान है–

(a) $\frac{1}{36}(\pi+16)$ (b) $\frac{1}{36}(\pi-16)$

(c) $\frac{1}{36}(\pi^2-16)$ (d) $\frac{1}{36}(\pi^2+16)$

20. यदि फलन $f(x)=Pe^{2x}+Qe^x+Rx$ निम्न प्रतिबंधों को संतुष्ट करता है, $f(0)=-1, f'(\log 2)=31$ तथा $\int_0^{\log 4}[f(x)-Rx]\,dx=\frac{39}{2}$, तो P, Q, R के मान है–

(a) $P=2, Q=-3, R=4$
(b) $p=-5, Q=2, R=3$
(c) $P=5, Q=-2, R=3$
(d) $P=5, Q=-6, R=3$

21. $\int_0^1 \frac{dx}{x^2+2x\cos\alpha+1}; 0<\alpha<\pi$ का मान होगा–

(a) $\sin\alpha$ (b) $\tan^{-1}(\sin\alpha)$

(c) $\alpha\sin\alpha$ (d) $\frac{\alpha}{2}(\sin\alpha)^{-1}$

22. $\lim_{x\to 0} \frac{\int_0^x \cos^2 t\,dt}{x}$ का मान है–

(a) 0 (b) 1
(c) –1 (d) इनमें से कोई नहीं

23. यदि $I_n=\int_0^{\pi/4}\tan^n\theta\,d\theta$ तो किसी भी घनात्मक पूर्णांक x के लिए $n(I_{n-1}+I_{n+1})$ का मान है–

(a) 1 (b) 2

(c) $\frac{\pi}{4}$ (d) π

24. $\int_0^{\pi/2} \frac{\sin x\cos x}{1+\sin^4 x}dx$ का मान है।

(a) $\frac{\pi}{2}$ (b) $\frac{\pi}{4}$

(c) $\frac{\pi}{6}$ (d) $\frac{\pi}{8}$

25. यदि f व $g[0, a]$ में सतत् फलन है जो निम्नलिखित को संतुष्ट करते हैं। $f(x) = f(a-x)$ तथा $g(x) + g(a-x) = 2$ तो $\int_0^a f(x) g(x)\, dx$ का मान है–

(a) $\int_0^a f(x)\, dx$ (b) $\int_a^0 f(x)\, dx$

(c) $2\int_0^a f(x)\, dx$ (d) इनमें से कोई नहीं

26. यदि फलन $f(x)$ आवर्त T में सतत् फलन है, तो समाकलन $I = \int_a^{a+T} f(x)\, dx$ का मान है–

(a) $2a$ के बराबर (b) $3a$ के बराबर

(c) a से स्वतंत्र है (d) इनमें से कोई नहीं

27. माना $f(x) = \begin{vmatrix} \sec x & \cos x & \sec^2 x + \cot x \operatorname{cosec} x \\ \cos^2 x & \cos^2 x & \operatorname{cosec}^2 x \\ 1 & \cos^2 x & \cos^2 x \end{vmatrix}$,

तब $\int_0^{\pi/2} f(x) dx$ का मान है–

(a) $\frac{\pi}{4} + \frac{8}{15}$ (b) $\frac{\pi}{4} - \frac{8}{15}$

(c) $-\frac{\pi}{4} - \frac{8}{15}$ (d) $-\frac{\pi}{4} + \frac{8}{15}$

28. $\int_{1/e}^{\tan x} \frac{t\,dt}{1+t^2} + \int_{1/e}^{\cot x} \frac{dt}{t(1+t^2)}$ का मान है–

(a) −1 (b) 1

(c) 0 (d) इनमें से कोई नहीं

29. $\int_0^{\infty} \frac{x^2 dx}{(x^2+a^2)(x^2+b^2)}$ का मान है–

(a) $\frac{\pi}{2(a-b)}$ (b) $\frac{\pi}{2(b-a)}$

(c) $\frac{\pi}{a+b}$ (d) $\frac{\pi}{2(a+b)}$

30. $\int_{-\pi}^{\pi} \sin mx \sin nx\, dx$, जहाँ $m \neq n (m, n \in I)$ का मान है–

(a) 0 (b) π

(c) $\pi/2$ (d) 2π

31. फलन $L(x) = \int_1^x \frac{dt}{t}$ निम्न समीकरण को संतुष्ट करता है–

(a) $L(x+y) = L(x) + L'(y)$

(b) $L\left(\frac{x}{y}\right) = L(x) + L(y)$

(c) $L(xy) = L(x) + L(y)$

(d) इनमें से कोई नहीं

32. $\int_{\pi/4}^{3\pi/4} \frac{\phi}{1+\sin\phi} d\phi$ का मान है–

(a) $\pi \tan\frac{\pi}{8}$ (b) $\log \tan\frac{\pi}{8}$

(c) $\tan\frac{\pi}{8}$ (d) इनमें से कोई नहीं

33. $\int_0^1 \frac{dx}{\sqrt{1+x} - \sqrt{x}}$ बराबर है–

(a) $\frac{2\sqrt{2}}{3}$ (b) $\frac{4\sqrt{2}}{3}$

(c) $\frac{8\sqrt{2}}{2}$ (d) इनमें से कोई नहीं

34. $\int_0^1 \frac{e^x (x-1)}{(x+1)^3}$ का मान है–

(a) $\frac{e}{4}$ (b) $\frac{e}{4}-1$

(c) $\frac{e}{4}+1$ (d) इनमें से कोई नहीं

35. $\int_0^{\sin^2 x} \sin^{-1}\sqrt{t}\,dt + \int_0^{\cos^2 x} \cos^{-1}\sqrt{t}$ का मान है–

(a) $\frac{\pi}{2}$ (b) 1

(c) $\frac{\pi}{4}$ (d) इनमें से कोई नहीं

36. यदि $f(x)=\frac{1}{x^2}\int_4^x\left(4t^2-2f'(t)\right)dt, f'(4)$ का मान है–

(a) 32 (b) $\frac{32}{3}$

(c) $\frac{32}{9}$ (d) इनमें से कोई नहीं

37. $\int_0^{\pi/4}(\cos x-\sin x)\,dx+\int_{\pi/4}^{5\pi/4}(\sin x-\cos x)\,dx$ $+\int_{2\pi}^{\pi/4}(\cos x-\sin x)\,dx$ का मान है–

(a) $\sqrt{2}-2$ (b) $2\sqrt{2}-2$

(c) $3\sqrt{2}-2$ (d) $4\sqrt{2}-2$

38. यदि फलन $f(x)$, x का एक सम फलन है, तब $\int_{-\pi/2}^{\pi/2} f(\cos x)\,dx$ बराबर है–

(a) 0 (b) $\int_0^{\pi/2} f(\cos x)\,dx$

(c) $2\int_0^{\pi/2} f(\sin x)\,dx$ (d) $\int_0^{\pi} f(\cos x)\,dx$

39. यदि फलन f इस प्रकार है कि $f(-x)=-f(x)$, x के सभी वास्तविक मानों के लिये तथा $\int_0^1 f(x)\,dx=5$, तब $\int_{-1}^0 f(t)\,dt$ का मान है–

(a) 10 (b) 5

(c) 0 (d) –5

40. $\int_{-1}^{3}\left[\tan^{-1}\left(\frac{x}{x^2+1}\right)+\tan^{-1}\left(\frac{x^2+1}{x}\right)\right]dx$ का मान है–

(a) 2π (b) π

(c) $\frac{\pi}{2}$ (d) $\frac{\pi}{4}$

अनुच्छेद (Paragraph)

माना $f(x)=\sin^4 x-\cos^4 x$ तथा

$g(x)=1-2\sin^2 x.\cos^2 x$

41. $\int_0^{\pi/2} f(x)\,dx$ का मान है–

(a) $\frac{3\pi}{16}$ (b) $\frac{3\pi}{8}$

(c) 0 (d) $\frac{\pi}{16}$

42. $\int g(x)\,dx$ –

(a) $\frac{3x}{4}-\frac{\cos 4x}{16}$ (b) $\frac{3x}{4}+\frac{\sin 4x}{16}$

(c) $\frac{3x}{4}+\frac{\sin 4x}{4}$ (d) $\frac{3x}{4}+\frac{\sin 4x}{8}$

43. $\int_0^{\frac{\pi}{4}} \frac{f(x)}{g(x)}\,dx$ –

(a) $\frac{1}{\sqrt{2}}\log\left(\sqrt{2}-1\right)$ (b) $\frac{1}{2}\log\left(\sqrt{2}+1\right)$

(c) $\frac{1}{\sqrt{2}}\log\left(\sqrt{2}+1\right)$ (d) इनमें से कोई नहीं

दृढ़कथन–कारण (Assertion–Reason) : निम्नलिखित चार कूटों (*a*), (*b*), (*c*) एवं (*d*) में से सही उत्तर का चयन करें।

(*a*) वक्तव्य–I सत्य है; वक्तव्य–II सत्य है; वक्तव्य–II वक्तव्य–I का सही स्पष्टीकरण है।

(*b*) वक्तव्य–I सत्य है; वक्तव्य–II सत्य है; वक्तव्य–II वक्तव्य–I का सही स्पष्टीकरण नहीं है।

(*c*) वक्तव्य–I सत्य है; वक्तव्य–II असत्य है।

(*d*) वक्तव्य–I असत्य है; वक्तव्य–II सत्य है।

44. वक्तव्य-I :

$$\int_0^{\pi/2} \sin^n x\, dx = \int_0^{\pi/2} \cos^n x dx,\ n \in x.$$

वक्तव्य-II :

$$\int_0^a f(x)\, dx = \int_0^a f(a-x)\, dx$$

45. वक्तव्य-I : $\int_{-1}^{1} \log\left(\frac{2-x}{2+x}\right) dx = 0.$

वक्तव्य-II : $f(x) = \log\left(\frac{2-x}{2+x}\right)$ एक सम फलन है, संवृत अन्तराल $[-1,1]$ में।

46. माना $f(x) = x^m (5-x)^n$ तथा

$$g(x) = (5-x)^m x^n,\ m, n \in N$$

वक्तव्य-I : $\int_2^3 f(x) \neq \int_2^3 g(x)\, dx.$

वक्तव्य-II : $\int_a^b f(x)\, dx = \int_a^b f(a+b-x)\, dx.$

47. मिलान करें (Match These)–

	वर्ग–I		**वर्ग–II**
A.	$\int_0^{\pi/2} \sin^3 x \,.\, \cos^2 x\, dx$ बराबर है,	*p.*	$\frac{\pi}{15}$
B.	$\int_0^{\pi/2} \sin^2 x \,.\, \cos^3 x\, dx$ बराबर है,	*q.*	$\frac{15}{2}$
C.	$\int_0^1 \frac{t^2(1-t^4)}{1+t^2}$ बराबर है,	*r.*	$\frac{-2}{15}$
D.	$\int_0^{-1/2} 2x(2x+1)^{1/2}$ बराबर है,	*s.*	$\frac{2}{15}$

(*a*) $A-p;\ B-r;\ C-s;\ D-s$

(*b*) $A-s;\ B-s;\ C-s;\ D-s$

(*c*) $A-p;\ B-r;\ C-q;\ D-r$

(*d*) इसमें से कोई नहीं

उत्तरमाला

1	2	3	4	5	6	7	8	9	10
(*b*)	(*d*)	(*b*)	(*c*)	(*b*)	(*c*)	(*b*)	(*b*)	(*d*)	(*d*)
11	**12**	**13**	**14**	**15**	**16**	**17**	**18**	**19**	**20**
(*d*)	(*b*)	(*c*)	(*d*)	(*d*)	(*a*)	(*c*)	(*a*)	(*d*)	(*d*)
21	**22**	**23**	**24**	**25**	**26**	**27**	**28**	**29**	**30**
(*d*)	(*b*)	(*a*)	(*d*)	(*a*)	(*c*)	(*c*)	(*b*)	(*d*)	(*a*)
31	**32**	**33**	**34**	**35**	**36**	**37**	**38**	**39**	**40**
(*c*)	(*a*)	(*b*)	(*b*)	(*c*)	(*c*)	(*d*)	(*c*)	(*d*)	(*a*)
41	**42**	**43**	**44**	**45**	**46**	**47**			
(*c*)	(*b*)	(*a*)	(*a*)	(*c*)	(*d*)	(*b*)			

व्याख्यात्मक उत्तर

1. माना $I=\int_0^{\infty}\frac{\log(1+x^2)}{1+x^2}dx,$

[माना $x=\tan\theta \Rightarrow dx=\sec^2\theta\, d\theta$]

$\therefore\ I=\int_0^{\pi/2}\log(\sec\theta)^2\, d\theta=2\int_0^{\pi/2}\log\sec\theta\, d\theta$

$=-2\int_0^{\pi/2}\log\cos\theta\, d\theta$

$=-2\cdot\frac{\pi}{2}\log\frac{1}{2}=-\pi\log\frac{1}{2}=\pi\log 2.$

2. $I=\int_0^{\pi/2}\frac{d\theta}{1+\tan\theta}$ ...(i)

$=\int_0^{\pi/2}\frac{d\theta}{1+\tan\left(\frac{\pi}{2}-\theta\right)}, I=\int_0^{\pi/2}\frac{d\theta}{1+\cot\theta}$ ...(ii)

समीकरण (i) व (ii) के जोड़ने पर,

$2I=\int_0^{\pi/2}\left(\frac{1}{1+\tan\theta}+\frac{1}{1+\cot\theta}\right)d\theta$

$\Rightarrow 2I=\int_0^{\pi/2}d\theta=[\theta]_0^{\pi/2}=\frac{\pi}{2}\Rightarrow I=\frac{\pi}{4}.$

3. $I=\int_{\pi/3}^{\pi/2}\frac{\sqrt{1+\cos x}}{(1-\cos x)^{5/2}}\times\frac{\sqrt{1-\cos x}}{\sqrt{1-\cos x}}dx$

$=\int_{\pi/3}^{\pi/2}\frac{\sin x}{(1-\cos x)^3}dx$

$\Rightarrow$ माना $1-\cos x=t\Rightarrow -\sin x\, dx=dt$, एवं

$x=\frac{\pi}{3},\ t=\frac{1}{2}$

व $x=\frac{\pi}{2}, t=1$

इसलिए $I=-\int_{1/2}^{1}\frac{dt}{t^3}=-\left[\frac{t^{-2}}{-2}\right]_{1/2}^{1}$

$=-\frac{1}{2}\left[\frac{1}{1}-\frac{4}{1}\right]=\frac{3}{2}.$

4. माना $f(x)=x^{17}\cos^4 x,$

$f(-x)=(-x)^{17}\{\cos(-x)\}^4=-f(x)$

$\Rightarrow f(x)$ एक विषम फलन है।

अतः $\int_{-1}^{1}x^{17}\cos^4 x dx=0.$

5. $f(x)=\int_0^x t\sin t\, dt=[-t\cos t]_0^x+\int_0^x\cos t\, dt$

$=[-t\cos t]_0^x+[\sin t]_0^x=(-x\cos x)+(\sin x)$

$\Rightarrow f(x)=[-x\cos x+\sin x]$

$f'(x)=-\cos x+x\sin x+\cos x=x\sin x.$

6. $\int_0^{\pi/2}\sin 2x\log\tan x\, dx$

$=\int_0^{\pi/2}\sin 2\left(\frac{\pi}{2}-x\right)\log\tan\left(\frac{\pi}{2}-x\right)dx$

$=-\int_0^{\pi/2}\sin 2x\log\tan x\, dx$

$\Rightarrow\ 2\int_0^{\pi/2}\sin 2x\log\tan x\, dx=0$

$\Rightarrow\ \int_0^{\pi/2}\sin 2x\log\tan x\, dx=0.$

7. $f(x)=\int_a^x t^3e^t dt=\int_a^0 t^3.e^t dt+\int_0^x t^3e^t dt$

$\Rightarrow\ \frac{df(x)}{dx}=\frac{d}{dx}\left(\int_a^0 t^3e^t dt\right)+\frac{d}{dx}\left(\int_0^x t^3.e^t dt\right)$

$=0+x^3e^x=x^3e^x.$

8. $\int_0^{1/\sqrt{2}}\frac{\sin^{-1}x}{(1-x^2)^{3/2}}dx$

माना $\sin^{-1}x=t\Rightarrow\frac{1}{\sqrt{(1-x^2)}}dx=dt$ व $x=\sin t$

एवं $t=0$ जब $x=0$ तथा $t=\frac{\pi}{4}$, जब $x=\frac{1}{\sqrt{2}}$

$$\int_0^{\pi/4}\frac{t}{1-\sin^2 t}dt=\int_0^{\pi/4}t\sec^2 t\,dt$$

$$=\left[t\tan t\right]_0^{\pi/4}-\int_0^{\pi/4}\tan t dt$$

$$=\frac{\pi}{4}+\left[\log\cos t\right]_0^{\pi/4}$$

$$=\frac{\pi}{4}+\log\cos\frac{\pi}{4}$$

$$=\frac{\pi}{4}+\log\left(\frac{1}{2}\right)^{\frac{1}{2}}=\frac{\pi}{4}+\frac{1}{2}\log\left(\frac{1}{2}\right)=\frac{\pi}{4}-\frac{1}{2}\log 2.$$

9. माना $I=\int_0^{\frac{\pi}{2}}\frac{\sin^{3/2}x\,dx}{\cos^{3/2}x+\sin^{3/2}x}$ ...(*i*)

$$=\int_0^{\pi/2}\frac{\sin^{3/2}\left(\frac{\pi}{2}-x\right)}{\cos^{3/2}\left(\frac{\pi}{2}-x\right)+\sin^{3/2}\left(\frac{\pi}{2}-x\right)}dx$$

$$=\int_0^{\pi/2}\frac{\cos^{3/2}x\,dx}{\sin^{3/2}x+\cos^{3/2}x} \quad ...(ii)$$

समीकरण (*i*) व (*ii*) को जोड़ने पर,

$$I=\frac{1}{2}\int_0^{\pi/2}1\,dx=\frac{1}{2}[x]_0^{\pi/2}=\frac{\pi}{4}.$$

10. माना

$$f(x)=\log\left(\frac{2-x}{2+x}\right)\Rightarrow f(-x)=\log\left(\frac{2-x}{2+x}\right)^{-1}$$

$$=-\log\left(\frac{2-x}{2+x}\right)=-f(x)$$

$\Rightarrow f(x)$ एक विषम फलन है।

$$\therefore\quad \int_{-1}^{1}\log\left(\frac{2-x}{2+x}\right)dx=0.$$

11. $I=\int_0^{\pi/2}\frac{x\sin x\cos x}{\cos^4 x+\sin^4 x}dx$ ...(*i*)

$$I=\int_0^{\pi/2}\frac{\left(\frac{\pi}{2}-x\right)\cos x\,.\,\sin x}{\sin^4 x+\cos^4 x}dx \quad ...(ii)$$

समीकरण (*i*) और (*ii*) को जोड़ने पर,

$$2I=\frac{\pi}{2}\int_0^{\pi/2}\frac{\cos x\sin x}{\cos^4 x+\sin^4 x}dx$$

$$\Rightarrow\quad I=\frac{\pi}{4}\int_0^{\pi/2}\frac{\tan x\sec^2 x}{1+\tan^4 x}dx$$

माना $\tan^2 x=t\Rightarrow 2\tan x.\sec^2 x\,dx=dt$

$$I=\frac{\pi}{8}\int_0^{\infty}\frac{dt}{1+t^2}=\frac{\pi}{8}\left[\tan^{-1}t\right]_0^{\infty}=\frac{\pi^2}{16}.$$

12. $I=\int_{-\pi/4}^{\pi/4}\sin^{-4}x\,dx=2\int_0^{\pi/4}\frac{\cos^4 x}{\sin^4 x}\sec^4 x\,dx$

$$=2\int_0^{\pi/4}\frac{\sec^4 x\,dx}{\tan^4 x}$$

माना $\tan x=t\Rightarrow\sec^2 x\,dx=dt$

$$\therefore\quad I=2\int_0^1\frac{1+t^2}{t^4}dt=2\left[\int_0^1 t^{-4}dt+\int_0^1 t^{-2}dt\right]$$

$$=2\left[\left(-\frac{1}{3t^3}\right)_0^1+\left(-\frac{1}{t}\right)_0^1\right]=\frac{-8}{3}.$$

13. माना $I=\int_0^{2\pi}e^{x/2}\sin\left(\frac{x}{2}+\frac{\pi}{4}\right)dx$

पुनः माना $\frac{x}{2}=t\Rightarrow dx=2dt$

$$I=2\int_0^{\pi}e^t\sin\left(t+\frac{\pi}{4}\right)dt$$

$$=2\left[\frac{e^t}{\sqrt{1+1}}\sin\left(t+\frac{\pi}{4}-\tan^{-1}\frac{1}{1}\right)\right]_0^{\pi}$$

$$=\frac{2}{\sqrt{2}}\left[e^t\sin t\right]_0^{\pi}=\frac{2}{\sqrt{2}}[0]=0.$$

14. माना $f(x)=\int_0^{x^2}\frac{t^2-5t+4}{2+e^t}dt$

$$\Rightarrow f'(x)=\frac{x^4-5x^2+4}{2+e^{x^2}}2x$$

अतः $f'(x)=0$ से, $x=0$, या

$$x^2=\frac{5\pm\sqrt{25-16}}{2}=4,1$$

अतः $x=0,\ \pm 2,\ \pm 1.$

15. $t=\frac{1}{x}\Rightarrow dt=-\frac{1}{x^2}dx=\int_{\pi/2}^{\pi}\sin t\,dt=-[\cos t]_{\pi/2}^{\pi}$

$$=-\left[\cos\pi-\cos\left(\frac{\pi}{2}\right)\right]=1.$$

16. माना $I=\int_{\pi/4}^{\pi/2}\cos\theta\frac{1}{\sin^2\theta}d\theta$

पुनः माना $t=\sin\theta\Rightarrow dt=\cos\theta\,d\theta$

$$\therefore\quad I=\int_{1/\sqrt{2}}^{1}\frac{1}{t^2}dt=\left[-\frac{1}{t}\right]_{1/\sqrt{2}}^{1}=\sqrt{2}-1.$$

17. $\int_0^3(3ax^2+2bx+c)dx=\int_1^3(3ax^2+2bx+c)dx$

$$\Rightarrow\int_0^1(3ax^2+2bx+x)dx+\int_1^3(3ax^2+2bx+c)dx$$

$$=\int_1^3(3ax^2+2bx+c)dx$$

$$\Rightarrow\int_0^1(3ax^2+2bx+c)dx=0$$

$$\Rightarrow\left[\frac{3ax^3}{3}+\frac{2bx^2}{2}+cx\right]_0^1=0$$

$\Rightarrow a+b+c=0.$

18. माना $f_1(x)=y_1=\int_2^x(2t-5)dt$

व $f_2(x)=y_2=\int_0^x 2t\,dt$

अब प्रतिच्छेद बिन्दु का अर्थ है वह बिन्दु जहाँ $y_1=y_2=y$

$\Rightarrow\ y_1=x^2-5x+6$ व $y_2=x^2$

अतः सरल करने पर, $x^2=x^2-5x+6\Rightarrow x=\frac{6}{5}$

व $y=x^2=\frac{36}{25}$, इस प्रकार प्रतिच्छेद बिन्दु $\left(\frac{6}{5},\frac{36}{25}\right)$ है।

19. माना $I=\int_0^{\pi/6}(2+3x^2)\cos 3x\,dx$

$$=\left[\frac{\sin 3x}{3}(2+3x^2)\right]_0^{\pi/6}-\int_0^{\pi/6}\frac{\sin 3x}{3}6x\,dx$$

$$=\left[(2+3x^2)\frac{\sin 3x}{3}\right]_0^{\pi/6}-2\int_0^{\pi/6}x\sin 3x dx$$

$$=\left[(2+3x^2)\frac{\sin 3x}{3}\right]_0^{\pi/6}$$

$$-2\left[\left|-\frac{x\cos 3x}{3}\right|_0^{\pi/6}-\int_0^{\pi/6}\left(-\frac{\cos 3x}{3}\right)dx\right]$$

$$=\frac{\pi^2+24}{36}+0-\frac{2}{3}\left|\frac{\sin 3x}{3}\right|_0^{\pi/6}$$

$$=\frac{\pi^2+24}{36}-\frac{2}{9}=\frac{\pi^2+16}{36}.$$

20. यहाँ $f'(x)=2Pe^{2x}+Qe^x+R$

$\Rightarrow\ f'(\log 2)=8P+2Q+R$

$31=8P+2Q+R$ ...(*i*)

एवं $-1=f(0)=P+Q$ ...(*ii*)

व $\frac{39}{2}=\int_0^{\log 4}[f(x)-Rx]dx=\int_0^{\log 4}(Pe^{2x}+Qe^x)dx$

$\Rightarrow\frac{39}{2}=\frac{15P}{2}+3Q$ ...(*iii*)

$\Rightarrow$ समीकरण (*i*), (*ii*) एवं (*iii*) को हल करने पर, P = 5, Q = – 6 तथा R = 3.

21. $\int_0^1\frac{dx}{x^2+2x\cos\alpha+1}=\int_0^1\frac{dx}{(x+\cos\alpha)^2+1-\cos^2\alpha}$

$$=\int_0^1\frac{dx}{(x+\cos\alpha)^2+\sin^2\alpha}$$

$$=\left[\frac{1}{\sin\alpha}\tan^{-1}\left(\frac{x+\cos\alpha}{\sin\alpha}\right)\right]_0^1$$

$$=\frac{1}{\sin\alpha}\left(\tan^{-1}\cot\frac{\alpha}{2}-\tan^{-1}\cot\alpha\right)$$

$$=\frac{\alpha}{2}\cdot\frac{1}{\sin\alpha}.$$

22. $\lim\limits_{x\to 0}\dfrac{\int_0^x \cos^2 t\,dt}{x}$ (L हॉस्पीटल के नियम से)

$$=\lim_{x\to 0}\frac{\int_0^x \cos^2 t\,dt}{x}=\lim_{x\to 0}\frac{\cos^2 x}{1}=1.$$

23. $I_{n+1}=\int_0^{\pi/4}\tan^{n+1}\theta d\theta=\int_0^{\pi/4}\tan^{n-1}\theta\left(\sec^2\theta-1\right)d\theta$

$$=\int_0^{\frac{\pi}{4}}\tan^{n-1}\theta\sec^2\theta d\theta-\int_0^{\pi/4}\tan^{n-1}\theta d\theta$$

$$=\int_0^{\pi/4}\tan^{n-1}\theta\,.\sec^2\theta d\theta-I_{n-1}$$

$$\Rightarrow\quad I_{n+1}+I_{n-1}=\frac{1}{n}\Rightarrow n\left(I_{n+1}+I_{n-1}\right)=1$$

24. माना $\sin^2 x=t\Rightarrow 2\sin x\cos x\,dx=dt$

अब $\int_0^{\pi/2}\dfrac{\sin x\cos x}{1+\sin^4 x}dx=\dfrac{1}{2}\int_0^1\dfrac{1}{1+t^2}dt$

$$=\frac{1}{2}\left[\tan^{-1}t\right]_0^1=\frac{\pi}{8}.$$

25. हम जानते हैं कि

$$\int_0^a f(x)g(x)dx=\int_0^a f(a-x)g(a-x)dx$$

$$=\int_0^a f(x)\left[2-g(x)\right]dx$$

$$\Rightarrow\quad 2\int_0^a f(x)g(x)dx=2\int_0^a f(x)dx$$

या $\int_0^a f(x)g(x)dx=\int_0^a f(x)dx.$

26. माना फलन $g(a)=\int_a^{a+T}f(x)dx$

$$=\int_a^0 f(x)dx+\int_0^T f(x)dx+\int_T^{a+T}f(x)dx$$

$x-T=y$ अन्तिम समाकलन में रखने पर,

$$\int_T^{a+T}f(x)dx=\int_0^a f(y+T)dy=\int_0^a f(y)dy$$

$$\Rightarrow\quad g(a)=\int_a^0 f(x)dx+\int_0^T f(x)dx+\int_0^a f(x)dx$$

$$=\int_0^T f(x)dx$$

अतः $g(a), a$ से स्वतंत्र है।

27. $f(x)=\begin{vmatrix}\sec x & \cos x & \sec^2 x+\cot x\,\text{cosec}\,x\\ \cos^2 x & \cos^2 x & \text{cosec}^2 x\\ 1 & \cos^2 x & \cos^2 x\end{vmatrix}$

$$f(x)=\begin{vmatrix}0 & 0 & \sec^2 x+\cos x\cot^2 x\\ \cos^2 x & \cos^2 x & \text{cosec}^2 x\\ 1 & \cos^2 x & \cos^2 x\end{vmatrix}$$

$\left(R_1\to R_1-\sec xR_3\right)$

$$f(x)=-\sin^2 x-\cos^5 x$$

$$\therefore\quad\int_0^{\pi/2}f(x)dx=-\int_0^{\pi/2}\left(\sin^2 x+\cos^5 x\right)dx$$

$$=-\left[\frac{\pi}{4}+\frac{8}{15}\right].$$

28. दोनों फलनों का समाकलन करने पर,

$$=\frac{1}{2}\left[\log\left(1+t^2\right)\right]_{1/e}^{\tan x}+\left[\left\{\log t-\frac{1}{2}\log\left(1+t^2\right)\right\}\right]_{1/e}^{\cot x}$$

$$=\frac{1}{2}\left[\log\sec^2 x-\log\left(1+\frac{1}{e^2}\right)\right]+\log\cot x-\log\left(\frac{1}{e}\right)$$

$$-\frac{1}{2}\left\{\log\left(\text{cosec}^2 x\right)-\log\left(1+\frac{1}{e^2}\right)\right\}=-\log\left(\frac{1}{e}\right)=\log e=1.$$

29. $\displaystyle\int_0^\infty\frac{x^2dx}{\left(x^2+a^2\right)\left(x^2+b^2\right)}=\int_0^\infty\frac{\left(x^2+a^2\right)-a^2}{\left(x^2+a^2\right)\left(x^2+b^2\right)}dx$

$$= \int_0^\infty \frac{1}{x^2+b^2}dx - a^2\int_0^\infty \frac{1}{(x^2+a^2)(x^2+b^2)}dx$$

$$= \left[\frac{1}{b}\tan^{-1}\frac{x}{b}\right]_0^\infty - \frac{a^2}{(a^2-b^2)}\int_0^\infty\left(\frac{1}{x^2+b^2}-\frac{1}{x^2+a^2}\right)dx$$

$$= \frac{1}{b}\cdot\frac{\pi}{2} - \frac{a^2}{(a^2-b^2)}\left[\frac{1}{b}\tan^{-1}\frac{x}{b}-\frac{1}{a}\tan^{-1}\frac{x}{a}\right]_0^\infty$$

$$= \frac{\pi}{2(a+b)}.$$

30. माना $I = 2\int_0^\pi \sin mx \sin nx\, dx$

$$= \int_0^\pi [\cos(m-n)x - \cos(m+n)x]dx$$

$$= \left[\frac{\sin(m-n)x}{(m-n)} - \frac{\sin(m+n)x}{(m+n)}\right]_0^\pi$$

$$= \left[\frac{\sin(m-n)\pi}{(m-n)} - \frac{\sin(m+n)\pi}{(m+n)}\right] = 0$$

[चूँकि $m \neq n$ के लिए $\sin(m-n)\pi = 0 = \sin(m+n)\pi$].

31. दिया गया फलन

$$L(x) = \int_1^x \frac{1}{t}dt = [\log t]_1^x = \log x - \log 1$$

$$\Rightarrow L(xy) = L(x) + L(y).$$

32. $I = \int_{\pi/4}^{3\pi/4} \frac{\phi}{1+\sin\phi}d\phi$ ...(i)

$$= \int_{\pi/4}^{3\pi/4} \frac{\pi-\phi}{1+\sin(\pi-\phi)}d\phi \quad ...(ii)$$

समीकरण (i) एवं (ii) को जोड़ने पर,

$$\left[\because \frac{\pi}{4}+\frac{3\pi}{4} = \pi\right]$$

$$\Rightarrow 2I = \int_{\pi/4}^{3\pi/4}\frac{\pi}{1+\sin\phi}d\phi = \pi\int_{\pi/4}^{3\pi/4}\frac{1+\tan^2\phi/2}{1+\tan^2\frac{\phi}{2}+2\tan\frac{\phi}{2}}d\phi$$

$$= \pi\int_0^{\pi/4}\frac{\sec^2\phi/2}{\left(1+\tan^2\frac{\phi}{2}\right)}d\phi \Rightarrow I = \pi\left(\sqrt{2}-1\right) = \pi\tan\frac{\pi}{8}.$$

33. $I = \int_0^1 \frac{dx}{\sqrt{1+x}-\sqrt{x}} = \int_0^1 \frac{\left(\sqrt{1+x}+\sqrt{x}\right)dx}{\left(\sqrt{1+x}-\sqrt{x}\right)\left(\sqrt{1+x}+\sqrt{x}\right)}$

$$= \int_0^1 \frac{\left(\sqrt{1+x}+\sqrt{x}\right)}{1+x-x}dx = \int_0^1\sqrt{1+x}\,dx + \int_0^1\sqrt{x}\,dx$$

$$= \left[\frac{2(1+x)^{3/2}}{3}+\frac{2}{3}x^{3/2}\right]_0^1 = \frac{4\sqrt{2}}{3}.$$

34. $\int_0^1 \frac{e^x(x-1)}{(x+1)^3}dx = \int_0^1\frac{e^x(x+1-2)}{(x+1)^3}dx$

$$= \int_0^1\frac{e^x}{(x+1)^2}dx - 2\int_0^1\frac{e^x}{(x+1)^3}dx$$

$$= \left[\frac{e^x}{(x+1)^2}\right]_0^1 = \frac{e}{4}-1$$

35. दिया है, $I = \int_0^{\sin^2 x}\sin^{-1}\sqrt{t}\,dt + \int_0^{\cos^2 x}\cos^{-1}\sqrt{t}\,dt$

माना प्रथम समाकलन में, $t = \sin^2 x \Rightarrow dt = \sin 2x\,dx$ तथा व द्वितीय समाकलन में, $t = \cos^2 x \Rightarrow dt = -\sin 2x\,dx$

$$\therefore I = \int_0^t x\sin 2x dx - \int_0^t x\cos 2x dx$$

$$= \int_0^{\pi/2} x\sin 2x dx = \left|\frac{-x\cos 2x}{2}\right|_0^{\pi/2} + \frac{1}{2}\int_0^{\pi/2}\cos 2x dx$$

$$= \left[\frac{-x\cos 2x}{2}\right]_0^{\pi/2} + \frac{1}{4}[\sin 2x]_0^{1/2} = \frac{\pi}{4}.$$

36. $\because f(x) = \frac{1}{x^2}\int_4^x\left(4t^2-2f'(t)\right)dt$

$$\therefore f'(x) = \frac{1}{x^2}\left(4x^2-2f'(x)\right) - \frac{2}{x^3}\int_4^x\left(4t^2-2f'(t)\right)dt$$

$$\Rightarrow \quad f'(4)=\frac{1}{16}[64-2f'(4)]-0 \Rightarrow f'(4)=\frac{32}{9}.$$

37. $I=\int_0^{\pi/4}(\cos x-\sin x)\,dx+\int_{\pi/4}^{5\pi/4}(\sin x-\cos x)\,dx$

$+\int_{2\pi}^{\pi/4}(\cos x-\sin x)\,dx$

$=[\sin x+\cos x]_0^{\pi/4}-[\sin x+\cos x]_{\pi/4}^{5\pi/4}$

$+[\sin x+\cos x]_{2\pi}^{\pi/4}$

$=\left[\frac{1}{\sqrt{2}}+\frac{1}{\sqrt{2}}-1\right]-\left[-\frac{1}{\sqrt{2}}-\frac{1}{\sqrt{2}}-\left(\frac{1}{\sqrt{2}}+\frac{1}{\sqrt{2}}\right)\right]$

$+\left[\frac{1}{\sqrt{2}}+\frac{1}{\sqrt{2}}-1\right]$

$=\left[\sqrt{2}-1\right]-\left[-\sqrt{2}-\sqrt{2}\right]+\left[\sqrt{2}-1\right]$

$=\left[\sqrt{2}-1+2\sqrt{2}+\sqrt{2}-1\right]=4\sqrt{2}-2.$

38. $f(\cos x)$ एक सम फलन है।

$\because \quad \int \cos(-x)=f(\cos x)$

$\therefore \quad \int_{-\pi/2}^{\pi/2} f(\cos x)\,dx=2\int_0^{\pi/2} f(\cos x)\,dx$

$=2\int_0^{\pi/2} f\left(\cos\left(\frac{\pi}{2}-x\right)\right)dx=2\int_0^{\pi/2} f(\sin x)\,dx.$

39. दिया है, $f(-x)=-f(x)$

हम जानते हैं कि

$\int_{-a}^{a} f(x)\,dx=0=\int_{-a}^{0} f(x)\,dx+\int_0^a f(x)\,dx$

$[\because f(-x)=-f(x)]$

$\Rightarrow \quad \int_{-1}^{0} f(x)\,dx+\int_0^1 f(x)\,dx=0$

$\Rightarrow \quad \int_{-1}^{0} f(x)dx+5=0$

$\Rightarrow \quad \int_{-1}^{0} f(x)\,dx=-5$

$\Rightarrow \quad \int_{-1}^{0} f(t)\,dt=-5.$

40. $I=\int_{-1}^{3}\left[\tan^{-1}\left(\frac{x}{x^2+1}\right)+\cot^{-1}\left(\frac{x}{x^2+1}\right)\right]dx$

$=\int_{-1}^{3}\left(\frac{\pi}{2}\right)dx \qquad \left[\because \tan^{-1}(x)+\cot^{-1}(x)=\pi/2\right]$

$\frac{\pi}{2}\int_{-1}^{3} dx=\frac{\pi}{2}|x|_{-1}^{3}=2\pi.$

41. $\int_0^{\pi/2} f(x)\,dx=\int_0^{\pi/2}\sin^4 x\,dx-\int_0^{\pi/2}\cos^4 x\,dx$

$=\int_0^{\pi/2}\sin^4\left(\frac{\pi}{2}-x\right)-\int_0^{\pi/2}\cos^4 x\,dx$

$=\int_0^{\pi/2}\cos^4 x\,dx-\int_0^{\pi/2}\cos^4 x\,dx=0.$

$\left[\because \int_0^a f(x)=\int_0^a f(a-x)\right]$

42. $\int g(x)\,dx=\int\left(1-2\sin^2 x.\cos^2 x\right)dx$

$=\int dx-\frac{1}{2}\int(\sin 2x)^2\,dx$

$=\int dx-\frac{1}{2}\int\frac{(1-\cos 4x)}{2}\,dx$

$=x-\left[\frac{1}{4}\left\{\int dx-\int\cos 4x\,dx\right\}\right]$

$=x-\left[\frac{x}{4}-\frac{1}{4}.\frac{\sin 4x}{4}\right]$

$=x-\frac{x}{4}+\frac{\sin 4x}{16}+c$

$=\frac{3x}{4}+\frac{\sin 4x}{16}.$

43. $\int_0^{\frac{\pi}{4}}\frac{f(x)}{g(x)}dx=\int_0^{\frac{\pi}{4}}\frac{\sin^4 x-\cos^4 x}{1-2\sin^2 x.\cos^2 x}\,dx$

$=\int_0^{\frac{\pi}{4}}\frac{\left(\sin^2 x-\cos^2 x\right)\left(\sin^2 x+\cos^2 x\right)}{1-\frac{1}{2}(\sin 2x)^2}\,dx$

[$\sin 2x=t$ (माना) $2\cos 2x\,dx=dt$

जब $x=0,\ t=0$ तथा $x=\frac{\pi}{4},\ t=1$]

$$= \int_0^1 \frac{-\frac{1}{2}dt}{1-\frac{1}{2}t^2} = \int_0^1 \frac{dt}{t^2-2}$$

$$= \frac{1}{2\sqrt{2}}\left[\log\left|\frac{t-\sqrt{2}}{t+\sqrt{2}}\right|\right]_0^1$$

$$= \frac{1}{2\sqrt{2}}\left[\log\frac{\sqrt{2}-1}{\sqrt{2}+1} - \log 1\right]$$

$$= \frac{1}{2\sqrt{2}}\log\frac{\sqrt{2}-1}{\sqrt{2}+1} = \frac{1}{2\sqrt{2}}\log\frac{\left(\sqrt{2}-1\right)^2}{1}$$

$$= \frac{2}{2\sqrt{2}}\log\left(\sqrt{2}-1\right) = \frac{1}{\sqrt{2}}\log\left(\sqrt{2}-1\right).$$

44. $\int_0^a f(x)\,dx = \int_0^a f(a-x)\,dx$, यह निश्चित समाकलन का एक प्रामाणिक है।

अतः $\int_0^{\pi/2} \sin^n x\,dx = \int_0^{\pi/2} \sin^n\left(\frac{\pi}{2}-x\right)dx$

$$= \int_0^{\pi/2} \cos^n x\,dx$$

अतः वक्तव्य–II वक्तव्य–I का सही स्पष्टीकरण है।

45. दिया है, $f(x) = \log\left(\frac{2-x}{2+x}\right)$

$$\Rightarrow\ f(-x) = \log\left(\frac{2+x}{2-x}\right) = \log\left(\frac{2-x}{2+x}\right)^{-1}$$

$$= -\log\left(\frac{2-x}{2+x}\right) = -f(x)$$

$\Rightarrow f(x)$ एक विषम फलन है,
अतः वक्तव्य–II असत्य है।

लेकिन $\int_{-1}^1 f(x)\,dx = 0$

अर्थात् $\int_{-1}^1 \log\left(\frac{2-x}{2+x}\right)dx = 0$

वक्तव्य–I सत्य है।

46. वक्तव्य–II, निश्चित समाकलन का प्रामाणिक है। इस गुण का प्रयोग करने पर,

$$\int_2^3 f(x)\,dx = \int_2^3 f(2+3-x)\,dx = \int_2^3 f(5-x)\,dx$$

$$= \int_2^3 (5-x)^m \left(5-(5-x)\right)^n dx$$

$$= \int_2^3 (5-x)^m x^n\,dx$$

$$= \int_2^3 g(x)\,dx$$

वक्तव्य–I असत्य है।

47. *A.* $\int_0^{\frac{\pi}{2}} \sin^3 x\,.\cos^2 x\,dx = \frac{2\times 1}{5\times 3\times 1} = \frac{2}{15}$

B. $\int_0^{\pi/2} \sin^2 x\,.\cos^3 x\,dx = \frac{1\times 2}{5\times 3\times 1} = \frac{2}{15}$

C. $\int_0^1 \frac{t^2\left(1-t^4\right)}{1+t^2}dt$

$$= \int_0^1 t^2\left(1-t^2\right)dt = \int_0^1 \left(t^2-t^4\right)dt$$

$$= \left[\frac{t^3}{3}-\frac{t^5}{5}\right]_0^1 = \left(\frac{1}{3}-\frac{1}{5}\right)-0$$

$$= \frac{5-3}{15} = \frac{2}{15}$$

D. $\int_0^{-1/2} (2x)(2x+1)^{1/2}\,dx$

$$= \int_0^{-1/2} (2x+1-1)(2x+1)^{\frac{1}{2}}\,dx$$

$$= \int_0^{-1/2} \left\{(2x+1)^{3/2} - (2x+1)^{1/2}\right\}dx$$

$$= \left[\frac{(2x+1)^{5/2}}{\frac{5}{2}\times 2} - \frac{(2x+1)^{3/2}}{\frac{3}{2}\times 2}\right]_0^{-1/2}$$

$$= (0-0) - \left(\frac{1}{5}-\frac{1}{3}\right) = -\left(\frac{-2}{15}\right)$$

$$= \frac{2}{15}.$$

$\therefore\ A-s, B-s, C-s, D-s$

25

निश्चित समाकलन के अनुप्रयोग (APPLICATION OF DEFINITE INTEGRAL)

वक्रों का अनुरेखन (Sketching of Curves)

1. सममिति (Symmetry)

(i) **X-अक्ष के सापेक्ष सममिति :** किसी वक्र के समीकरण में यदि y की घात सर्वत्र सम हो अर्थात् y की जगह $-y$ रखने पर वक्र अपरिवर्तित रहता है, तब यह X-अक्ष के सापेक्ष सममित होता है। अतः वक्र का भाग X-अक्ष के ऊपर तथा X-अक्ष के नीचे एक समान होता है।

जैसे– $y^2 = 4ax$, X-अक्ष के सापेक्ष सममित है।

(ii) **Y-अक्ष के सापेक्ष सममिति :** किसी वक्र के समीकरण में यदि x की घात सर्वत्र सम हो अर्थात् x के स्थान पर $-x$ रखने पर वक्र का समीकरण अपरिवर्तित रहता है, तब यह Y-अक्ष के सापेक्ष सममित होता है,

जैसे– $x^2 = 4ay$, Y-अक्ष के सापेक्ष सममित है।

(iii) **विपरीत चतुर्थांश में सममिति :** यदि x के स्थान पर $-x$ तथा y के स्थान पर $-y$ रखने पर वक्र का समीकरण अपरिवर्तित रहता है, तब यह विपरीत चतुर्थांश में सममित होता है।

जैसे– $x^2 + y^2 = a^2$, $xy = c^2$ विपरीत चतुर्थांश में सममित है।

2. मूल बिन्दु तथा मूल बिन्दु पर स्पर्शी (Origin and Tangent at Origin) : यदि बिन्दु (0, 0) दिए गए वक्र के समीकरण को सन्तुष्ट करता हो या अचर पद नहीं हो तब वक्र मूल बिन्दु से गुजरेगी।

यदि वक्र मूल बिन्दु से गुजरती है, तब मूल बिन्दु पर स्पर्शी ज्ञात करने के लिए निम्न घात वाले पद को शून्य के बराबर कर स्पर्शी निकालते हैं।

जैसे– $y^2 = 4ax$, मूल बिन्दु से गुजरती है तथा इसमें निम्नघात वाले पद $\Delta\ 4ax$ है। अतः $4ax = 0$ करने पर $x = 0$, प्राप्त होता है। अतः Y-अक्ष मूल बिन्दु पर स्पर्शी होगा।

3. अक्षों पर प्रतिच्छेदन बिन्दु : (Intersection Point on Axes) :

(i) वक्र का X-अक्ष पर प्रतिच्छेदन बिन्दु ज्ञात करने के लिए समीकरण में $y = 0$ रखकर समीकरण का मूल निकालते है। जिससे X-अक्ष पर प्रतिच्छेदन बिन्दु प्राप्त होता है।

(ii) इसी प्रकार Y-अक्ष पर प्रतिच्छेदन बिन्दु निकालने के लिए समीकरण में $x = 0$ रखकर समीकरण का मूल निकालते हैं।

अनन्तस्पर्शियाँ (Asymptotes) : यदि अनन्तस्पर्शियाँ अक्षों के समान्तर है तो अनन्तस्पर्शियाँ ज्ञात करने के लिए

(i) y को x के पदों में व्यक्त करते हैं तथा y के किन्हीं मानों के लिए हर (Denominator) शून्य हो जाए, तो x के वे मान उस वक्र की अनन्तस्पर्शियाँ होती हैं।

(ii) x को y के पदों में व्यक्त करते हैं तथा y के किन्हीं मानों के लिए हर शून्य हो जाए, तो y के वे मान उस वक्र की अनन्तस्पर्शियाँ होती हैं।

जैसे- वक्र का समीकरण

$(x-4)(y-4)=1$ है।

तब $y-4=\dfrac{1}{x-4} \Rightarrow y=4+\dfrac{1}{x-4}=\dfrac{4x\ \ 15}{x\ \ 4}$

अतः $x=4$ रखने पर हर शून्य होगा,

अतः रेखा $x=4$ अनन्तस्पर्शी है।

इसी प्रकार $x=\dfrac{4y-15}{y-4}$

$\therefore$ $y=4$ भी वक्र का अनन्तस्पर्शी है।

उदाहरण– वक्र $y=x^3$ का अनुरेखन।

(i) x के स्थान पर $-x$ तथा y के स्थान पर $-y$ रखने पर वक्र का समीकरण अपरिवर्तित रहता है अतः यह विपरीत चतुर्थांश (Opposite Quadrants) में सममित है, अतः वक्र प्रथम एवं तृतीय चतुर्थांश में सममित होगा।

(ii) वक्र मूल बिन्दु से गुजरती है तथा निम्न घात पद $y=0$ है, अतः X–अक्ष तथा मूल बिन्दु पर स्पर्शी होगा।

(iii) $y=0$ रखने पर $x=0$ होता है तथा वक्र के समीकरण $x=0$ रखने पर $y=0$ होता है, अतः वक्र नियामक अक्षों के मूलबिन्दु (0, 0) पर प्रतिच्छेदित करेगी।

(iv) $y = x^3 \Rightarrow \dfrac{dy}{dx}=3x^2, \dfrac{d^2y}{dx^2}=6x$ तथा $\dfrac{d^3y}{dx^3}=6$

स्पष्टतः $\dfrac{dy}{dx}=\dfrac{d^2y}{dx^2}=0$ मूल बिन्दु पर होगा। लेकिन $\dfrac{d^3y}{dx^3}=6\neq 0.$

(v) x का मान 0 से ∞ की ओर वर्द्धमान है तथा y का मान भी 0 से ∞ की ओर वर्द्धमान है। अतः अनुरेख निम्न प्रकार का होगा।

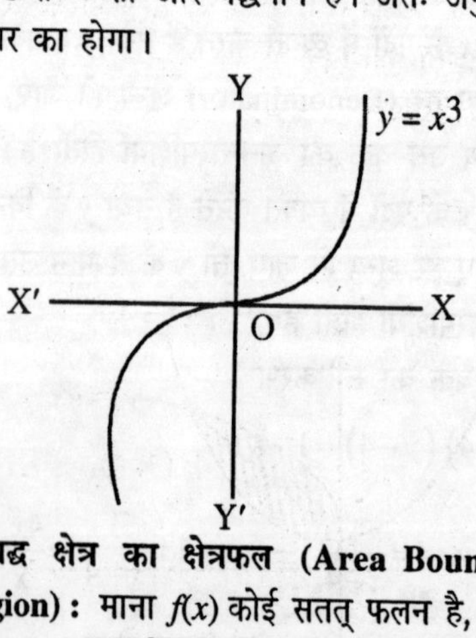

परिबद्ध क्षेत्र का क्षेत्रफल (Area Bounded by Region) : माना $f(x)$ कोई सतत् फलन है, जो संवृत अन्तराल $[a, b]$ में परिभाषित है, तब परिबद्ध क्षेत्र का क्षेत्रफल जब वक्र $y = f(x)$, X–अक्ष तथा Y–अक्ष के अन्तर्गत $x = a$ तथा $x = b$ हो $\int_a^b f(x)dx$ या $\int_a^b y\,dx$ होता है।

विभिन्न प्रतिबन्धों के अन्तर्गत क्षेत्रफल

(Area Under Different Conditions)

(i) छायांकित भाग का क्षेत्रफल

$$A=\int_a^b f(x)dx$$

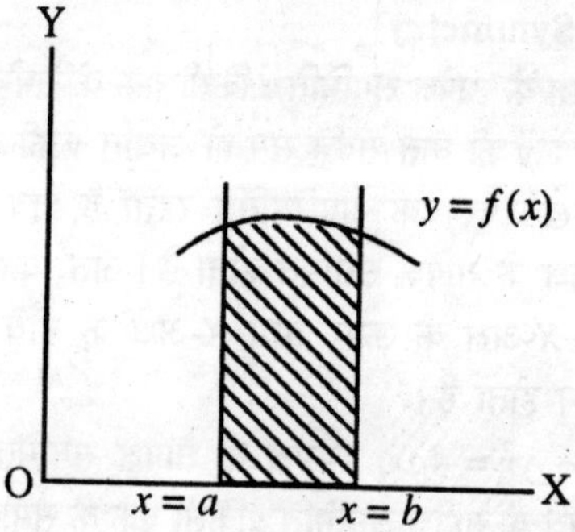

(ii) छायांकित भाग का क्षेत्रफल

$$A=\int_a^c f(x)dx+\int_c^b f(x)dx$$

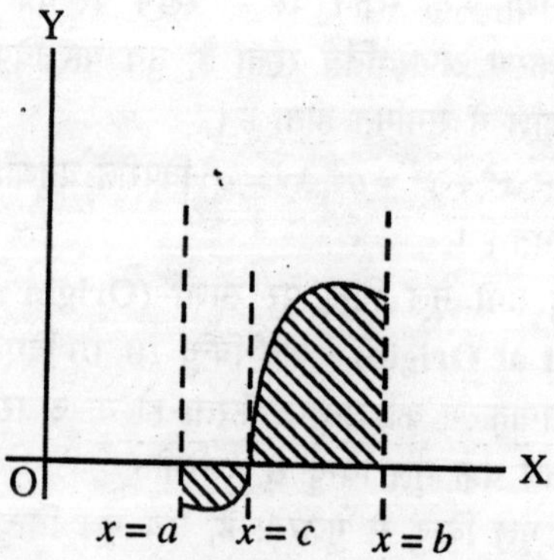

(iii) छायांकित भाग का क्षेत्रफल

$$A=\int_a^b \left|f(x)-g(x)\right|$$

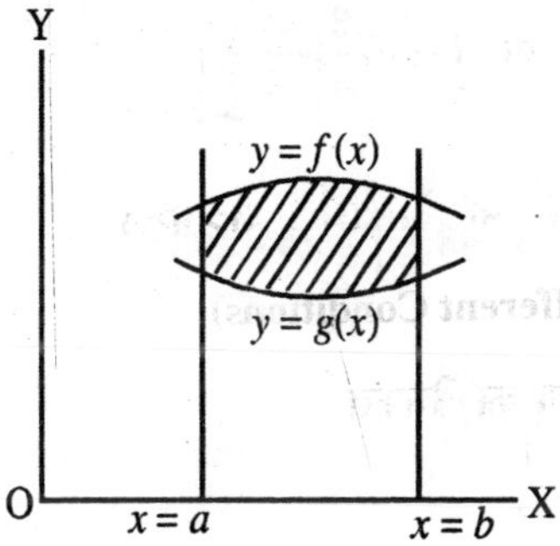

(*iv*) छायांकित भाग का क्षेत्रफल

$$A = \frac{1}{2}\left[\int_a^c f(x)\,dx + \int_c^b g(x)\,dx\right]$$

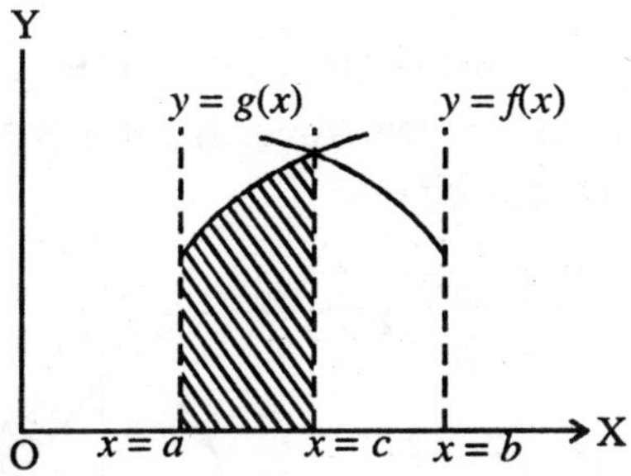

(*v*) छायांकित भाग का क्षेत्रफल

$$A = \int_a^b f(y)\,dy$$

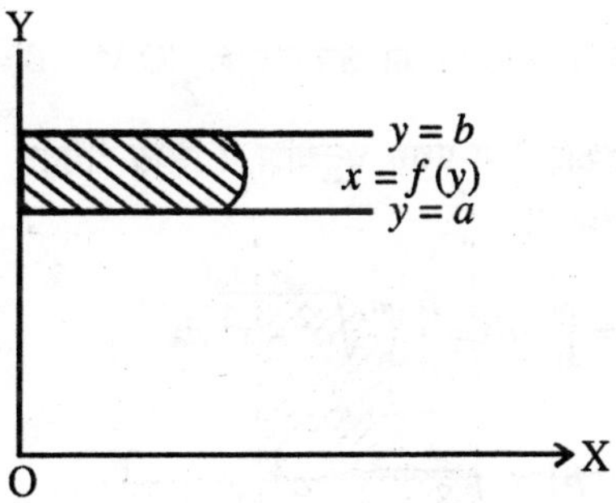

साधित उदाहरण (Solved Examples)

1. परवलय $y = x^2 + 1$ तथा रेखा $x + y = 3$ द्वारा परिबद्ध क्षेत्र का क्षेत्रफल ज्ञात कीजिए।

हलः परवलय एवं सरल रेखा प्रतिच्छेदित करेगी जहाँ

$3 - x = x^2 + 1$

$\Rightarrow x^2 + x - 2 = 0 \Rightarrow x = -2, 1$

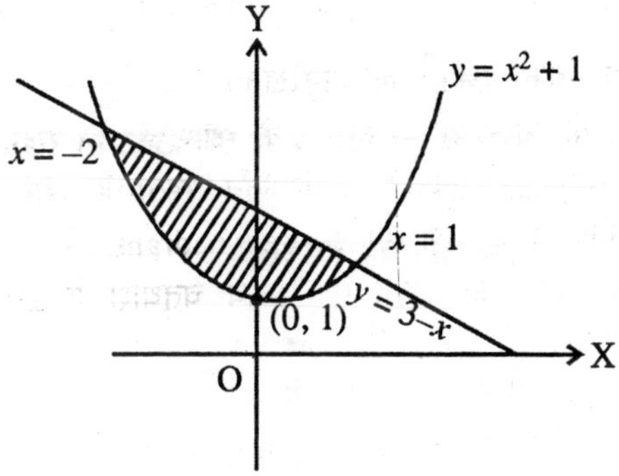

अभीष्ट क्षेत्र छायांकित भाग है।

$$= \int_{-2}^{1} \left(y\text{ रेखा} - y\text{ परवलय}\right) dx$$

$$= \int_{-2}^{1} \left\{3 - x - \left(x^2 + 1\right)\right\} dx$$

$$= \left[2x - \frac{x^2}{2} - \frac{x^3}{3}\right]_{-2}^{1}$$

$$= \left(2 - \frac{1}{2} - \frac{1}{3}\right) - \left(-4 - 2 + \frac{8}{3}\right) = \frac{9}{2} \text{ वर्ग इकाई।}$$

2. परवलय $y^2 = 4x$ तथा $x^2 = 4y$ द्वारा परिबद्ध क्षेत्र का क्षेत्रफल ज्ञात कीजिए।

हलः दिया हुआ परवलय

$y^2 = 4x$ ...(*i*)

तथा $x^2 = 4y$ ...(*ii*)

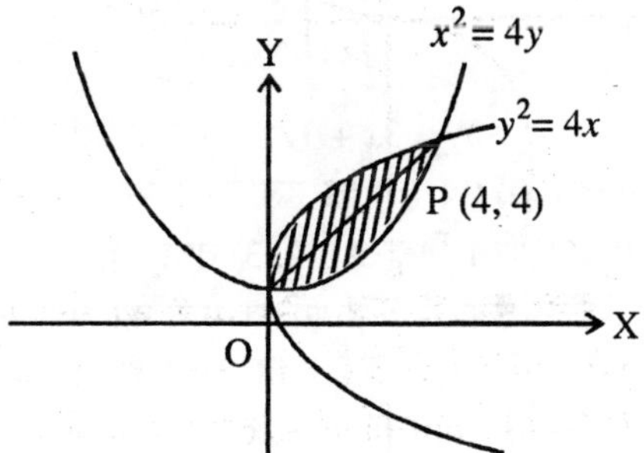

समीकरण (i) एवं (ii) को हल करने पर,

$$\left(\frac{x^2}{4}\right)^2 = 4x \Rightarrow x^4 = 64x$$

$$\Rightarrow x = 0, 4$$

अतः परवलय (i) एवं (ii) का प्रतिच्छेदन बिन्दु O(0, 0) तथा P(4, 4)

∴ अभीष्ट क्षेत्र का क्षेत्रफल

$$= \int_0^4 \sqrt{4x}\, dx - \int_0^4 \frac{x^2}{4} dx$$

$$= 2\times\frac{2}{3}\left[x^{3/2}\right]_0^4 - \frac{1}{4}\times\frac{1}{3}\left[x^3\right]_0^4$$

$$= \frac{4}{3}(8-0) - \frac{1}{12}(64-0)$$

$$= \frac{32}{3} - \frac{16}{3} = \frac{16}{3} \text{ वर्ग इकाई।}$$

3. वक्र $3x^2 = 4y$ तथा सरल रेखा $2y = 3x + 12$ द्वारा परिबद्ध क्षेत्र का क्षेत्रफल ज्ञात करें।

हलः दिया गया वक्र $3x^2 = 4y$ ...(i)

जो एक परवलय है तथा रेखा

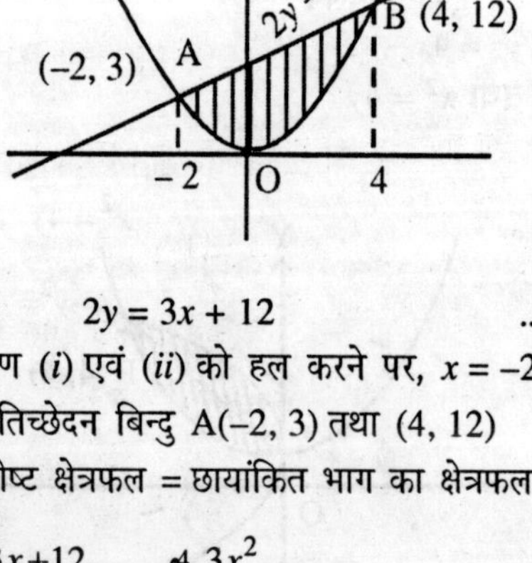

$$2y = 3x + 12 \qquad ...(ii)$$

समीकरण (i) एवं (ii) को हल करने पर, $x = -2, 4$;

अतः प्रतिच्छेदन बिन्दु A(−2, 3) तथा (4, 12)

∴ अभीष्ट क्षेत्रफल = छायांकित भाग का क्षेत्रफल

$$= \int_{-2}^4 \frac{3x+12}{2} dx - \int_{-2}^4 \frac{3x^2}{4} dx$$

$$= \frac{1}{2}\left[\frac{3x^2}{2} + 12x\right]_{-2}^4 - \frac{3}{4}\left[\frac{x^3}{3}\right]_{-2}^4$$

$$= \frac{1}{2}\left[\left(\frac{3}{2}\times 16 + 48\right) - \left(\frac{3}{2}\times 4 - 24\right)\right]$$

$$-\frac{3}{12}\left[64 - (-8)\right]$$

$$= \frac{1}{2}(72+18) - \frac{1}{4}(72)$$

$$= 45 - 18 = 27 \text{ वर्ग इकाई।}$$

4. किसी दीर्घवृत्त $\frac{x^2}{a^2} + \frac{y^2}{b^2} = 1$ का AOB भाग प्रथम चतुर्थांश में है जहाँ OA = a तथा OB = b तब दीर्घवृत्त जीवा AB तथा चाप (Arc) AB द्वारा परिबद्ध क्षेत्र का क्षेत्रफल ज्ञात करें।

हलः दीर्घवृत्त $\frac{x^2}{a^2} + \frac{y^2}{b^2} = 1$

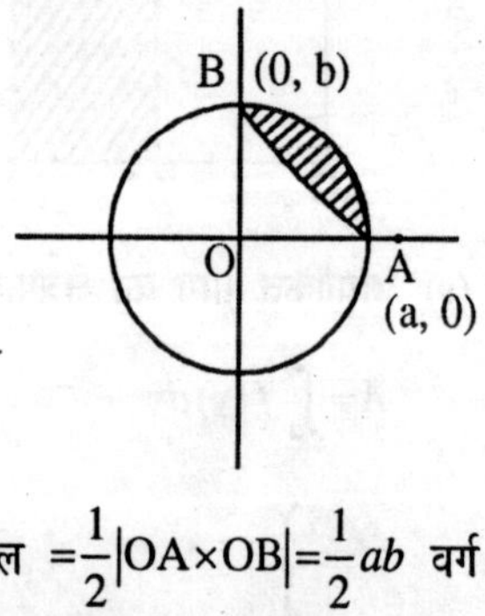

$$\Rightarrow \frac{y^2}{b^2} = \frac{a^2 - x^2}{a^2}$$

$$\Rightarrow y = \pm\frac{b}{a}\sqrt{a^2 - x^2}$$

अब Δ AOB का क्षेत्रफल $= \frac{1}{2}|OA \times OB| = \frac{1}{2}ab$ वर्ग ईकाई तथा प्रथम चतुर्थांश में स्थित दीर्घवृत्त के भाग का क्षेत्रफल

$$= \int_0^a y\, dx = \frac{b}{a}\int_0^a \sqrt{a^2 - x^2}\, dx$$

$$= \frac{b}{a}\left[\frac{x}{2}\sqrt{a^2 - x^2} + \frac{a^2}{2}\sin^{-1}\frac{x}{a}\right]_0^a$$

$$= \frac{b}{a}\left[0 + \frac{a^2}{2}\sin^{-1}(1) - 0\right]$$

$$=\frac{ab}{2}\times\frac{\pi}{2}=\frac{\pi ab}{4}$$

अतः अभीष्ट क्षेत्रफल = छायांकित भाग का क्षेत्रफल

$$=\frac{\pi ab}{4}-\frac{1}{2}ab=\frac{(\pi-2)ab}{4}$$ वर्ग इकाई।

5. प्रथम चतुर्थांश में $y = 4x^2$, $x = 0$, $y = 1$ तथा $y = 4$ द्वारा परिबद्ध क्षेत्र का क्षेत्रफल ज्ञात करें।

हलः अभीष्ट क्षेत्रफल

$$=\int_1^4 x\,dy=\int_1^4\frac{\sqrt{y}}{2}dx$$

$$=\frac{1}{2}\left[\frac{2}{3}y^{3/2}\right]_1^4$$

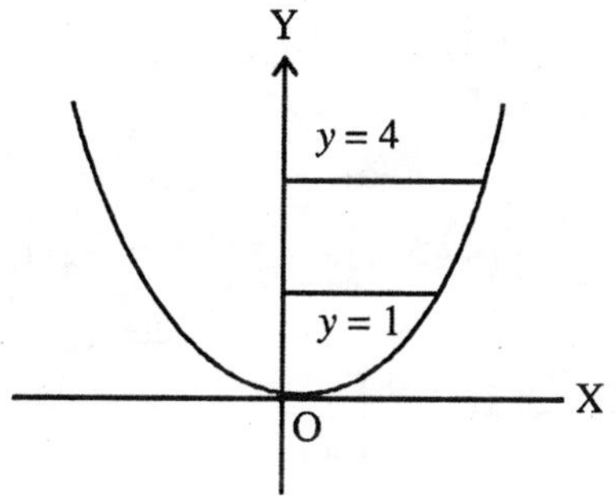

$$=\frac{1}{3}\left[4^{3/2}-1\right]=\frac{1}{3}[8-1]$$

$$=\frac{7}{3}=2\frac{1}{3}$$ वर्ग इकाई।

6. वक्र $x^2+y^2-2ax=0$ तथा $y^2=ax$ द्वारा परिबद्ध प्रथम चतुर्थांश में क्षेत्र का क्षेत्रफल ज्ञात करें।

हलः $x^2+y^2-2ax=0$ ...(*i*)

यह एक वृत्त है जिसका केन्द्र $(0, 0)$ तथा त्रिज्या a है।

तथा $y^2=ax$ ...(*ii*)

एक परवलय है

समीकरण (*i*) एवं (*ii*) को हल करने पर,

$$x^2+ax-2ax=0$$

$$\Rightarrow\ x^2-ax=0\ \Rightarrow\ x=0, a$$

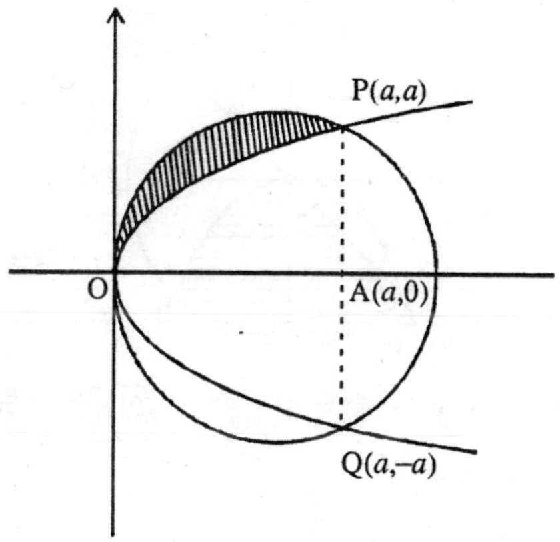

अतः वृत्त एवं परवलय का परिच्छेदन बिन्दु $O(0,0)$ $P(a,a)$, $Q(a,-a)$

अब OAP का क्षेत्रफल $=\frac{1}{4}$ (वृत्त का क्षेत्रफल)

$$=\frac{1}{4}\left(\pi a^2\right)$$ वर्ग इकाई।

X-अक्ष ऊपरी भाग तथा Y-अक्ष AP द्वारा परिबद्ध क्षेत्र का क्षेत्रफल

$$=\int_0^a y\,dx=\int_0^a\sqrt{ax}\,dx$$

$$=\sqrt{a}\left[\frac{x^{3/2}}{\frac{3}{2}}\right]_0^a=\frac{2}{3}\sqrt{a}.a^{3/2}=\frac{2}{3}a^2$$ वर्ग इकाई

अतः अभीष्ट क्षेत्रफल = छायांकित भाग का क्षेत्रफल

$$=\frac{\pi a^2}{4}-\frac{2}{3}a^2=\left(\frac{3\pi-8}{12}\right)a^2$$ वर्ग इकाई।

7. वृत्त $x^2 + y^2 = 4$, परवलय $x^2 = -\sqrt{2}y$ तथा रेखा $x = y$ द्वारा परिबद्ध क्षेत्र का क्षेत्रफल ज्ञात करें।

हलः वृत्त का समीकरण $x^2 + y^2 = 4$ तथा परवलय का समीकरण $y=\frac{-x^2}{\sqrt{2}}$ है तथा रेखा का समीकरण $y = x$ है। परवलय एवं वृत्त के समीकरणों को हल करने पर,

$A\left(-\sqrt{2},-\sqrt{2}\right)$; $B\left(\sqrt{2},-\sqrt{2}\right)$

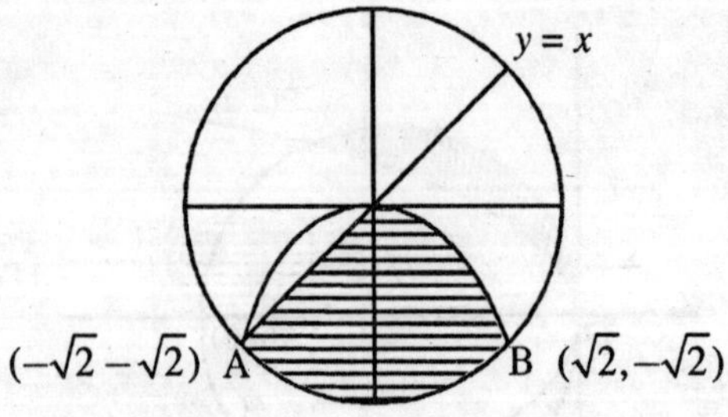

तथा रेखा $y=x$ बिन्दु $A\left(-\sqrt{2},-\sqrt{2}\right)$ से गुजरती है।

$\therefore$ कुल क्षेत्रफल $=x+y$

$$=\int_{-\sqrt{2}}^{0} x\,dx+\int_{0}^{\sqrt{2}}\frac{-x^2}{\sqrt{2}}\,dx$$

$$-\int_{-\sqrt{2}}^{\sqrt{2}}\sqrt{4-x^2}\,dx$$

$$=\left(\frac{x^2}{2}\right)_{-\sqrt{2}}^{0}-\frac{1}{\sqrt{2}}\left[\frac{x^3}{3}\right]_0^{\sqrt{2}}$$

$$-2\left[\frac{x}{2}\sqrt{4-x^2}+2\sin^{-1}\frac{x}{2}\right]_0^{\sqrt{2}}$$

$$=-1-\frac{2}{3}-2\left(1+\frac{\pi}{2}\right)=\frac{-3\pi-11}{3}$$

$\therefore\ |A|=\dfrac{3\pi+11}{3}$ वर्ग इकाई।

8. वक्र $y=x^2$ तथा $x^2+4(y-1)=0$ द्वारा परिबद्ध क्षेत्र का क्षेत्रफल निकालें।

हलः दिया है $y=x^2$ ...(*i*)

यह उर्ध्वाधरमुखी परवलय (Upwards Parabola) जिसका शीर्ष (0, 0) तथा

$$x^2+4(y-1)=0 \Rightarrow y=-\frac{x^2}{4}+1 \qquad ...(ii)$$

यह अधोमुखी परवलय (Downwards Parabola) जिसका शीर्ष (0, 1) है।

समीकरण (*i*) एवं (*ii*) को हल करने पर,

$$y+4(y-1)=0 \Rightarrow y=\frac{4}{5}$$

$$\therefore\ x^2=\frac{4}{5}\quad \therefore\ x=\pm\frac{2}{\sqrt{5}}$$

अतः प्रतिच्छेदन बिन्दुएँ $\left(\frac{2}{\sqrt{5}},\frac{4}{5}\right)$ तथा $\left(\frac{-2}{\sqrt{5}},\frac{4}{5}\right)$

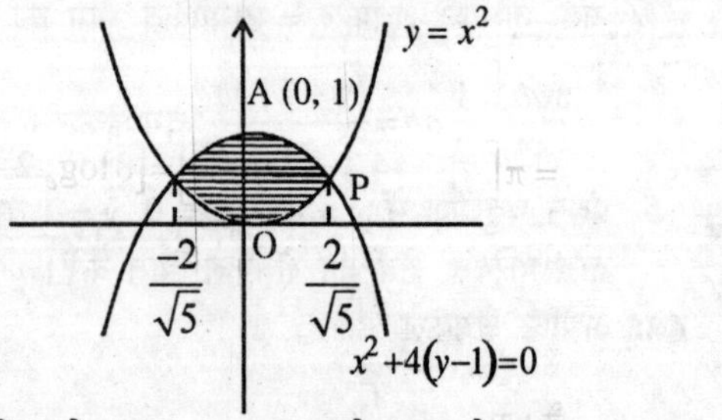

अभीष्ट क्षेत्रफल = 2 (AOP क्षेत्र का क्षेत्रफल)

$$=2\left\{\int_0^{2/\sqrt{5}}\left(1-\frac{x^2}{4}\right)dx-\int_0^{2/\sqrt{5}}x^2\,dx\right\}$$

$$=2\int_0^{2/\sqrt{5}}\left(\frac{4-x^2}{4}-x^2\right)dx$$

$$=\frac{2}{4}\int_0^{2/\sqrt{5}}\left(4-5x^2\right)dx=\frac{1}{2}\left[4x-5\frac{x^3}{3}\right]_0^{2/\sqrt{5}}$$

$$=\frac{1}{2}\cdot\frac{2}{\sqrt{5}}\left[4-\frac{5}{3}\cdot\frac{4}{5}\right]$$

$$=\frac{1}{\sqrt{5}}\cdot\frac{8}{3}=\frac{8\sqrt{5}}{15}\ \text{वर्ग इकाई।}$$

9. वक्र $y^2(a+x)=x^2(3a-x)$ को x–अक्ष के परितः घुमाने पर जनित लूप (loop) का आयतन ज्ञात करें।

हलः अभीष्ट आयतन

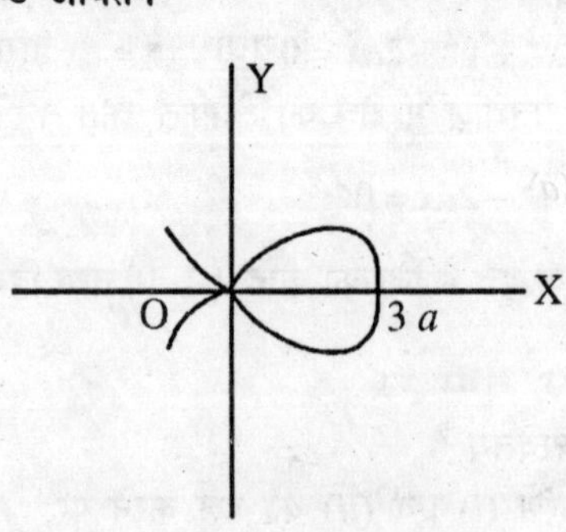

$$=\pi\int_0^{3a}y^2\,dx=\pi\int_0^{3a}x^2\frac{(3a-x)}{a+x}\,dx$$

$$=\pi\int_0^{3a}\left\{-x^2+4ax-4a^2+\frac{4a^3}{x+a}\right\}dx$$

$$=\pi\left[-\frac{x^3}{3}+2ax^2-4a^2x+4a^3\log_e(x+a)\right]_0^{3a}$$

$$=\pi\left[-3a^3+4a^3\log_e 4\right]=\left[8\log_e 2-3\right]a^3\pi.$$

10. वक्र $a^2y^2 = x^2(a^2 - y^2)$ द्वारा xy तल में परिबद्ध क्षेत्र का क्षेत्रफल ज्ञात करें।

हल: वक्र का समीकरण $a^2y^2 = x^2(a^2 - y^2)$ ...(*i*)

है। यह दोनों अक्षों के परितः सममित है, प्रथम चतुर्थांश में, $y=\frac{x}{a}\sqrt{a^2-x^2}\quad x\le a$

यह X–अक्ष पर मिलती है, अतः $y = 0$ जहाँ $x = 0$, $x = a$

अभीष्ट क्षेत्रफल $=4\times$ (APO का क्षेत्रफल)

$$=4\int_0^a y\,dx = 4\int_0^a \frac{x}{a}\sqrt{a^2-x^2}\,dx$$

$$=\frac{4}{a}\times-\frac{1}{2}\int_0^a\left(a^2-x^2\right)^{\frac{1}{2}}(-2x)\,dx$$

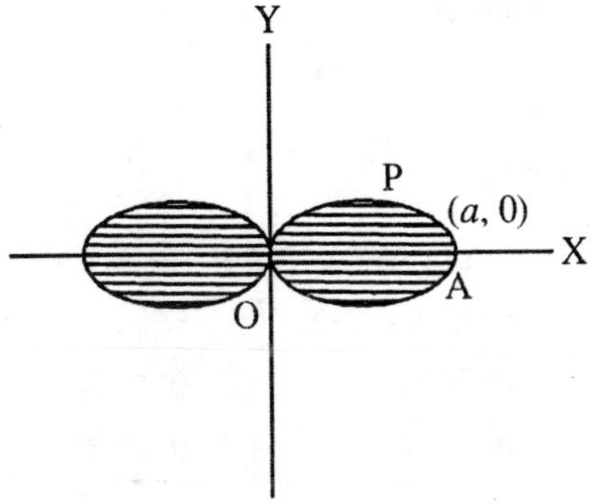

$$=\frac{-2}{a}\left[\frac{\left(a^2-x^2\right)^{3/2}}{3/2}\right]_0^a$$

$$=\frac{-4}{3a}\left[0-\left(a^2\right)^{3/2}\right]$$

$$=\frac{4}{3a}\times a^3=\frac{4a^2}{3}$$ वर्ग इकाई।

वस्तुनिष्ठ प्रश्न

1. $ay = 3(a^2 - x^2)$ तथा X–अक्ष से घिरे क्षेत्र का क्षेत्रफल है–

(*a*) $4a^2$ वर्ग इकाई (*b*) $12a^2$ वर्ग इकाई

(*c*) $4a^3$ वर्ग इकाई (*d*) इनमें से कोई नहीं

2. वक्र $y^2=2x$ तथा कोटियों $x = 1$, $x = 4$ से घिरे क्षेत्र का क्षेत्रफल है–

(*a*) $\frac{4\sqrt{2}}{3}$ वर्ग इकाई (*b*) $\frac{28\sqrt{2}}{3}$ वर्ग इकाई

(*c*) $\frac{50}{3}$ वर्ग इकाई (*d*) $\frac{20}{7}$ वर्ग इकाई

3. वक्र $xy - 3x - 2y - 10 = 0$, X–अक्ष तथा रेखाओं $x = 3$, $x = 4$ से घिरे क्षेत्र का क्षेत्रफल है–

(*a*) $16\log 2-13$ (*b*) $16\log 2-3$

(*c*) $16\log 2+3$ (*d*) इनमें से कोई नहीं

4. यदि कोटि $x = a$, वक्र $y=\left(1+\frac{8}{x^2}\right)$, X–अक्ष तथा कोटियों $x = 2$, $x = 4$ से घिरे क्षेत्र के क्षेत्रफल को समद्विभाजित करती हो, तो a का मान है–

(*a*) 8 (*b*) $2\sqrt{2}$

(*c*) 2 (*d*) $\sqrt{2}$

5. रेखाओं $y = x$, $x = -1$, $x = 2$ तथा X-अक्ष से घिरे क्षेत्र का क्षेत्रफल है–

(*a*) $\frac{5}{2}$ वर्ग इकाई (*b*) $\frac{3}{2}$ वर्ग इकाई

(*c*) $\frac{1}{2}$ वर्ग इकाई (*d*) इनमें से कोई नहीं

6. परवलय $y=4x^2$, Y-अक्ष तथा रेखाओं $y = 1$, $y = 4$ से घिरे क्षेत्र का क्षेत्रफल है–

(a) 3 वर्ग इकाई (b) $\frac{7}{3}$ वर्ग इकाई

(c) $\frac{7}{5}$ वर्ग इकाई (d) इनमें से कोई नहीं

7. वक्र $y = \cos x$ तथा X–अक्ष से घिरे क्षेत्र का क्षेत्रफल होगा– $(0 \leq x \leq 2\pi)$

(a) 2 वर्ग इकाई (b) 0 वर्ग इकाई

(c) 6 वर्ग इकाई (d) 5 वर्ग इकाई

8. वक्र $y = k \sin x$ का $x = \pi$ से 2π के बीच स्थित क्षेत्र का क्षेत्रफल है–

(a) 0 वर्ग इकाई (b) k वर्ग इकाई

(c) $\frac{k^2}{2}$ वर्ग इकाई (d) $2k$ वर्ग इकाई

9. वक्र $y = \sin 2x + \cos 2x$ और $x = 0$ तथा $x = \frac{\pi}{4}$ के बीच घिरे क्षेत्र का क्षेत्रफल है–

(a) 2 वर्ग इकाई (b) 4 वर्ग इकाई

(c) 1 वर्ग इकाई (d) 7 वर्ग इकाई

10. दो वक्रों $y^2 = 4ax$ तथा $x^2 = 4ay$ द्वारा घिरे क्षेत्र का क्षेत्रफल है–

(a) $\frac{32}{3}a^2$ वर्ग इकाई (b) $\frac{16}{3}a^2$ वर्ग इकाई

(c) $\frac{33}{7}a^2$ वर्ग इकाई (d) $\frac{22}{7}a^2$ वर्ग इकाई

11. वक्र $|x|+|y|=4$ द्वारा घिरे क्षेत्र का क्षेत्रफल है–

(a) 4 वर्ग इकाई (b) 8 वर्ग इकाई

(c) 32 वर्ग इकाई (d) 16 वर्ग इकाई

12. वक्र $xy = c$, X–अक्ष और रेखाओं $x = 1$ तथा $x = 4$ के मध्य स्थित भाग का क्षेत्रफल है–

(a) $2c \log 2$ वर्ग इकाई (b) $c \log 3$ वर्ग इकाई

(c) $2c \log 5$ वर्ग इकाई (d) $2 \log c$ वर्ग इकाई

13. वक्र $y = x \sin x$ व X–अक्ष से घिरे भाग का $x = 0$ से $x = 2\pi$ तक का क्षेत्रफल है–

(a) π वर्ग इकाई (b) 2π वर्ग इकाई

(c) 3π वर्ग इकाई (d) 4π वर्ग इकाई

14. वक्रों $y = |x-1|$ तथा $y = 3-|x|$ से घिरे क्षेत्र का क्षेत्रफल होगा–

(a) 4 वर्ग इकाई (b) 3 वर्ग इकाई

(c) 2 वर्ग इकाई (d) 1 वर्ग इकाई

15. वक्र $y=\sqrt{3x+4}$ तथा $x = 0$ व $x = 4$ के बीच घिरे क्षेत्र का क्षेत्रफल है–

(a) $\frac{55}{9}$ वर्ग इकाई (b) $\frac{61}{7}$ वर्ग इकाई

(c) 12 वर्ग इकाई (d) इनमें से कोई नहीं

16. वक्र $y = x^3$, X–अक्ष, कोटियों $x = 1$ तथा $x = 4$ से घिरे भाग का क्षेत्रफल है–

(a) $\frac{25}{4}$ वर्ग इकाई (b) $\frac{255}{4}$ वर्ग इकाई

(c) $\frac{64}{3}$ वर्ग इकाई (d) $\frac{250}{3}$ वर्ग इकाई

17. वक्र $y = x^2 - 4x$, X–अक्ष एवं रेखा $x = 2$ द्वारा घिरे क्षेत्र का क्षेत्रफल है–

(a) $-\frac{12}{7}$ वर्ग इकाई (b) $\frac{16}{3}$ वर्ग इकाई

(c) $-\frac{16}{5}$ वर्ग इकाई (d) $-\frac{12}{7}$ वर्ग इकाई

18. परवलय $y^2 = x$ और सरल रेखा $2y = x$ से परिबद्ध क्षेत्र का क्षेत्रफल है–

(a) 5 वर्ग इकाई (b) $\frac{7}{2}$ वर्ग इकाई

(c) $\frac{4}{3}$ वर्ग इकाई (d) इनमें से कोई नहीं

19. वक्र $y^2 = x$ रेखा $y = 4$ व Y–अक्ष द्वारा परिबद्ध क्षेत्र का क्षेत्रफल है–

(*a*) $\frac{16}{3}$ वर्ग इकाई (*b*) $\frac{64}{3}$ वर्ग इकाई

(*c*) $7\sqrt{3}$ वर्ग इकाई (*d*) इनमें से कोई नहीं

20. परवलय $y^2 = 4ax$ तथा सरल रेखा $y = 2ax$ द्वारा घिरे क्षेत्र का क्षेत्रफल है–

(*a*) $\frac{a^2}{3}$ वर्ग इकाई (*b*) $\frac{a^2}{5}$ वर्ग इकाई

(*c*) $\frac{1}{4a}$ वर्ग इकाई (*d*) $\frac{1}{3a}$ वर्ग इकाई

21. वक्र $y^2 = 8x$ और $y = x$ के बीच घिरे क्षेत्र का क्षेत्रफल है–

(*a*) $\frac{25}{3}$ वर्ग इकाई (*b*) $\frac{32}{3}$ वर्ग इकाई

(*c*) 38 वर्ग इकाई (*d*) इनमें से कोई नहीं

22. x–अक्ष और वक्र $y = \sin x$ तथा $x = 0, x = \pi$ से घिरे क्षेत्र का क्षेत्रफल है–

(*a*) 1 वर्ग इकाई (*b*) 2 वर्ग इकाई

(*c*) 3 वर्ग इकाई (*d*) 4 वर्ग इकाई

23. वक्र $y = 4x - x^2$, तथा X–अक्ष के बीच घिरे क्षेत्र का क्षेत्रफल होगा–

(*a*) $\frac{30}{7}$ वर्ग इकाई (*b*) $\frac{31}{7}$ वर्ग इकाई

(*c*) $\frac{32}{3}$ वर्ग इकाई (*d*) $\frac{34}{3}$ वर्ग इकाई

24. वक्रों $y = \cos x$ और $y = \cos 2x$ के $x = 0,\ x = \frac{\pi}{3}$ तथा X–अक्ष से घिरे क्षेत्रों का अनुपात है–

(*a*) $\sqrt{2} : 1$ (*b*) $1 : 1$

(*c*) $1 : 2$ (*d*) $2 : 1$

25. रेखाओं $y = 2 + x$, $y = 2 - x$ और $x = 2$ से परिबद्ध क्षेत्र का क्षेत्रफल है–

(*a*) 3 वर्ग इकाई (*b*) 4 वर्ग इकाई

(*c*) 8 वर्ग इकाई (*d*) 16 वर्ग इकाई

26. वक्रों $y^2 - x = 0$ व $y - x^2 = 0$ से परिबद्ध क्षेत्र का क्षेत्रफल है–

(*a*) $\frac{7}{3}$ वर्ग इकाई (*b*) $\frac{1}{3}$ वर्ग इकाई

(*c*) $\frac{5}{3}$ वर्ग इकाई (*d*) 1 वर्ग इकाई

27. परवलय $y^2 = 4ax$ इसके अक्ष और दो कोटियों $x = 4$, $x = 9$ से घिरे क्षेत्र का क्षेत्रफल है–

(*a*) $4a^2$ वर्ग इकाई

(*b*) $4a^2 - 4a$ वर्ग इकाई

(*c*) $4a^2 (9 - 4a)$ वर्ग इकाई

(*d*) $\frac{152\sqrt{a}}{3}$ वर्ग इकाई

28. वृत्त $x^2 + y^2 = 4$, रेखा $x = \sqrt{3}y$ तथा X-अक्ष द्वारा प्रथम चतुर्थांश से घिरे क्षेत्र का क्षेत्रफल होगा–

(*a*) $\frac{\pi}{4}$ वर्ग (*b*) $\frac{\pi}{2}$ वर्ग इकाई

(*c*) π वर्ग इकाई (*d*) $\frac{\pi}{3}$ वर्ग इकाई

29. वक्र $y = \tan x$ तथा X–अक्ष से घिरे क्षेत्र का क्षेत्रफल $\left(-\frac{\pi}{3} \le x \le \frac{\pi}{3}\right)$ होगा–

(*a*) $\log\sqrt{2}$ वर्ग इकाई (*b*) $2 \log 2$ वर्ग इकाई

(*c*) 0 वर्ग इकाई (*d*) इनमें से कोई नहीं

30. निर्देशाक्षों तथा वक्र $y = \log x$ से परिबद्ध क्षेत्र के क्षेत्रफल की माप है–

(*a*) 1 (*b*) 2

(*c*) 3 (*d*) ∞

31. वक्र $y = x^3$, X–अक्ष, $x = 1$ तथा $x = 2$ से घिरे क्षेत्र का क्षेत्रफल है–

(*a*) $\frac{15}{4}$ वर्ग इकाई (*b*) $\frac{18}{5}$ वर्ग इकाई

(*c*) 17 वर्ग इकाई (*d*) इनमें से कोई नहीं

32. वक्र $y = e^x$, $y = e^{-x}$ तथा सरल रेखा $x = 1$ के बीच घिरे क्षेत्र का क्षेत्रफल है–

(a) $\left(e+\frac{1}{e}\right)$ वर्ग इकाई

(b) $\left(e-\frac{1}{e}\right)$ वर्ग इकाई

(c) $\left(e+\frac{1}{e}-2\right)$ वर्ग इकाई

(d) $\left(e+\frac{1}{e}+2\right)$ वर्ग इकाई

33. परवलयों $y = x^2 - 1$ तथा $y = 1 - x^2$ से परिबद्ध क्षेत्र का क्षेत्रफल है–

(a) $\frac{1}{3}$ वर्ग इकाई (b) $\frac{8}{3}$ वर्ग इकाई

(c) $\frac{2}{3}$ वर्ग इकाई (d) $\frac{4}{3}$ वर्ग इकाई

34. वृत्त $x^2 + y^2 = 4$ तथा सरल रेखा $x = 1$ के बीच घिरे लघु भाग का क्षेत्रफल है–

(a) $\left(\frac{4\pi}{3}\sqrt{3}\right)$ वर्ग इकाई

(b) $\left(\frac{8\pi}{3}-\sqrt{3}\right)$ वर्ग इकाई

(c) $\left(\frac{4\pi}{3}+\sqrt{3}\right)$ वर्ग इकाई

(d) $\left(\frac{5\pi}{3}+\sqrt{3}\right)$ वर्ग इकाई

35. यदि वक्र $y=f(x)$, सरल रेखा $x = 1$, $x = b$ तथा X-अक्ष से घिरे क्षेत्र का क्षेत्रफल $\sqrt{b^2+1}-\sqrt{2}$ है, (सभी $b > 1$) तब $f(x)$ का मान है–

(a) $\sqrt{x-1}$ (b) $\sqrt{x+1}$

(c) $\sqrt{x^2+1}$ (d) $\frac{x}{\sqrt{1+x^2}}$

36. परवलयों $y^2 = 4x$ तथा $x^2 = 4y$ से घिरे क्षेत्र का क्षेत्रफल है–

(a) $\frac{14}{3}$ वर्ग इकाई (b) $\frac{3}{4}$ वर्ग इकाई

(c) $\frac{3}{16}$ वर्ग इकाई (d) $\frac{16}{3}$ वर्ग इकाई

37. वक्रों $y = x^2$ तथा $y = |x|$ से घिरे क्षेत्र का क्षेत्रफल है–

(a) $\frac{1}{5}$ वर्ग इकाई (b) $\frac{1}{3}$ वर्ग इकाई

(c) $\frac{5}{7}$ वर्ग इकाई (d) $\frac{4}{7}$ वर्ग इकाई

38. किसी गोले के दो समान्तर समतलों को काटकर गोले का छिन्नक बनाया गया है। यदि गोले की त्रिज्या 5 सेंमी. तथा समतलों के बीच की दूरी 1 सेंमी. हों तब गोले के छिन्नक का वक्र पृष्ठ जबकि पहले समतल की गोले के केन्द्र से दूरी 2 सेंमी हो, होगा–

(a) 5π सेंमी^{2} (b) 10π सेंमी^{2}

(c) 15π सेंमी^{2} (d) 40 सेंमी^{2}

39. वक्रों $y = \sin x$, $y = \cos x$ तथा $x = 0$ द्वारा घिरे त्रिभुजाकार क्षेत्र का क्षेत्रफल है–

(a) $\left(\sqrt{2}-1\right)$ वर्ग इकाई (b) 1 वर्ग इकाई

(c) $\sqrt{3}$ वर्ग इकाई (d) $\left(1+\sqrt{2}\right)$ वर्ग इकाई

40. फोलियम (Folium) $x^3+y^3-3axy=0$ के लूप का क्षेत्रफल है–

(a) $2a^2$ वर्ग इकाई (b) $\frac{3a^2}{7}$ वर्ग इकाई

(c) $\frac{3a^2}{2}$ वर्ग इकाई (d) इनमें से कोई नहीं

अनुच्छेद (Paragraph) :

माना वृत्त का समीकरण

$C_1 : x = 0$
$C_2 : y = 0$
$C_3 : y = x^2 + 1$
$C_4 : y = 2$
$C_5 : x = 1$

41. वक्र C_1, C_2, C_3 तथा C_5 के द्वारा परिबद्ध क्षेत्र का क्षेत्रफल

(*a*) $\frac{5}{6}$ वर्ग इकाई (*b*) $\frac{4}{3}$ वर्ग इकाई

(*c*) $\frac{2}{3}$ वर्ग इकाई (*d*) इसमें से कोई नहीं

42. वक्र C_3 तथा C_4 द्वारा परिबद्ध क्षेत्र का क्षेत्रफल

(*a*) $\frac{4}{3}$ वर्ग इकाई (*b*) $\frac{2}{3}$ वर्ग इकाई

(*c*) $\frac{5}{6}$ वर्ग इकाई (*d*) इसमें से कोई नहीं

43. वक्र C_1, C_3 तथा C_4 के द्वारा परिबद्ध क्षेत्र का क्षेत्रफल जो वक्र C_1 के दॉये अवस्थित है।

(*a*) $\frac{4}{3}$ वर्ग इकाई (*b*) $\frac{5}{6}$ वर्ग इकाई

(*c*) $\frac{2}{3}$ वर्ग इकाई (*d*) इसमें से कोई नहीं

मिलान करें (Match These)

परवलय $C_1 : y = 1 - x^2$ तथा $C_2 : y = |x^2 - 1|$

44.

वर्ग–I		वर्ग–II
A. वक्र C_1 तथा *X*-अक्ष के द्वारा परिबद्ध क्षेत्र का क्षेत्रफल	*p.*	$\frac{8}{3}$ वर्ग इकाई
B. वक्र C_2 तथा *X*-अक्ष के द्वारा परिबद्ध क्षेत्र का क्षेत्रफल	*q.*	$\frac{4}{3}$ वर्ग इकाई
C. वक्र C_1 एवं C_2 तथा *Y*-अक्ष, *Y*-अक्ष के दाँये स्थित क्षेत्र द्वारा परिबद्ध क्षेत्र का क्षेत्रफल	*r.*	$\frac{2}{3}$ वर्ग इकाई
D. वक्र C_1 एवं C_2 द्वारा परिबद्ध क्षेत्र का क्षेत्रफल	*s.*	$-\frac{4}{3}$ वर्ग इकाई

(*a*) A–*q*; B–*p*; C–*r*; D–*s*
(*b*) A–*p*; B–*q*; C–*r*; D–*s*
(*c*) A–*q*; B–*q*; C–*q*; D–*p*
(*d*) इसमें से कोई नहीं

दृढ़कथन-कारण (Assertion-Reason)

चार कूटों (*a*), (*b*), (*c*) एवं (*d*) में से सही उत्तर का चयन करें।

(*a*) वक्तव्य–I सत्य है; वक्तव्य–II सत्य है; वक्तव्य–II वक्तव्य–I का सही स्पष्टीकरण है।
(*b*) वक्तव्य–I सत्य है; वक्तव्य–II सत्य है; वक्तव्य–II वक्तव्य–I का सही स्पष्टीकरण नही है।
(*c*) वक्तव्य–I सत्य है; वक्तव्य–II असत्य है।
(*d*) वक्तव्य–I असत्य है; वक्तव्य–II सत्य है।

45. **वक्तव्य-I :** सरल रेखा $x = 0$, $x=\frac{\pi}{2}$, $f(x) = \sin x$ तथा $g(x) = \cos x$ द्वारा परिबद्ध क्षेत्र का क्षेत्रफल $\left(3-2\sqrt{2}\right)$ है।

वक्तव्य-II : वक्र $y = f_1(x)$ तथा $y = f_2(x)$ = जहाँ $f_1(x) > f_2(x)$ तथा *Y*-अक्ष $x = a$ एवं $x = b$ द्वारा परिबद्ध क्षेत्र का क्षेत्रफल (A)

$$A=\int_a^b \{f_1(x)-f_2(x)\}\,dx.$$

46. **वक्तव्य-I :** वक्र $y=\sqrt{x}$ तथा $x=\sqrt{y}$ के उभयनिष्ठ क्षेत्र का क्षेत्रफल $\frac{1}{3}$ है।

वक्तव्य-II : क्षेत्रफल $\int_0^1 \{y_1\,(\text{उपर}) - y_2\,(\text{नीचे})\}\,dx.$

47. **वक्तव्य-I :** वक्र $a^4 y^2 = (2a - x)x^5$ तथा वृत्त (त्रिज्या $= a$) का क्षेत्रफल द्वारा परिबद्ध क्षेत्र के क्षेत्रफल का अनुपात 5 : 4 होगा।

वक्तव्य-II : $x = 0$ से $x = 2a$ के मध्य एक लूप (loop) का निर्माण होगा तथा वक्र *X*–अक्ष के सममित होगा।

उत्तरमाला

1	2	3	4	5	6	7	8	9	10
(a)	(b)	(c)	(b)	(b)	(b)	(a)	(d)	(c)	(b)
11	**12**	**13**	**14**	**15**	**16**	**17**	**18**	**19**	**20**
(c)	(a)	(d)	(a)	(d)	(b)	(b)	(c)	(b)	(d)
21	**22**	**23**	**24**	**25**	**26**	**27**	**28**	**29**	**30**
(b)	(b)	(c)	(d)	(b)	(b)	(d)	(d)	(b)	(d)
31	**32**	**33**	**34**	**35**	**36**	**37**	**38**	**39**	**40**
(a)	(c)	(b)	(b)	(d)	(d)	(b)	(b)	(a)	(c)
41	**42**	**43**	**44**	**45**	**46**	**47**			
(b)	(a)	(c)	(c)	(a)	(a)	(a)			

व्याख्यात्मक उत्तर

1. परवलय X–अक्ष को बिन्दुओं पर काटता है जहाँ

$$\frac{3}{a}\left(a^2-x^2\right)=0 \Rightarrow x=\pm a$$

अतः अभीष्ट क्षेत्रफल

$$=\int_{-a}^{a}\frac{3}{a}\left(a^2-x^2\right)dx=\frac{6}{a}\int_0^a\left(a^2-x^2\right)dx$$

$$=\frac{6}{a}\left[a^2x-\frac{x^3}{3}\right]_0^a=\frac{6}{a}\cdot\frac{2a^3}{3}=4a^2 \text{ वर्ग इकाई।}$$

2. अभीष्ट क्षेत्रफल $= CDD'C' = 2 \times ABCD$

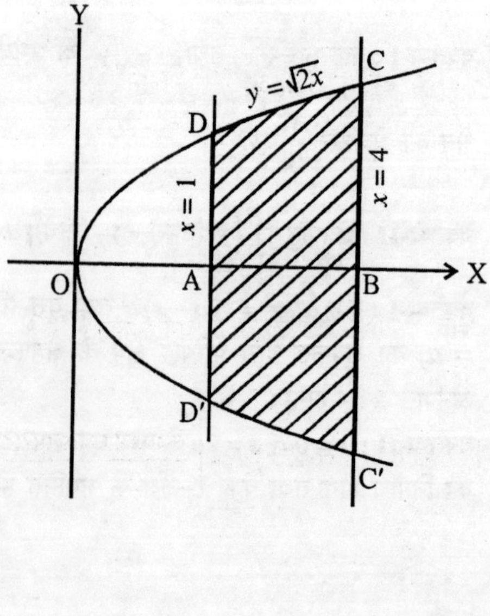

$$=2\int_1^4\sqrt{2}\,x^{1/2}\,dx=2\sqrt{2}\left[\frac{x^{3/2}}{3/2}\right]_1^4$$

$$=\frac{28\sqrt{2}}{3} \text{ वर्ग इकाई।}$$

3. दिए गए वक्र का समीकरण निम्न है–

$$y(x-2)=3x+10 \Rightarrow y=\frac{3x+10}{x-2}$$

अभीष्ट क्षेत्रफल

$$=\int_3^4 y\,dx=\int_3^4\frac{3x+10}{x-2}dx=\left[3x+16\log(x-2)\right]_3^4$$

$= 3 + 16 \log 2$ वर्ग इकाई।

4. माना $x = a$ पर कोटि क्षेत्रफल को दो भागों में बाँटती है।

AMNB का क्षेत्रफल $=\int_2^4\left(1+\frac{8}{x^2}\right)dx$

$$=\left[x-\frac{8}{x}\right]_2^4=4$$

ACDM का क्षेत्रफल $=\int_2^a\left(1+\frac{8}{x^2}\right)dx=2$

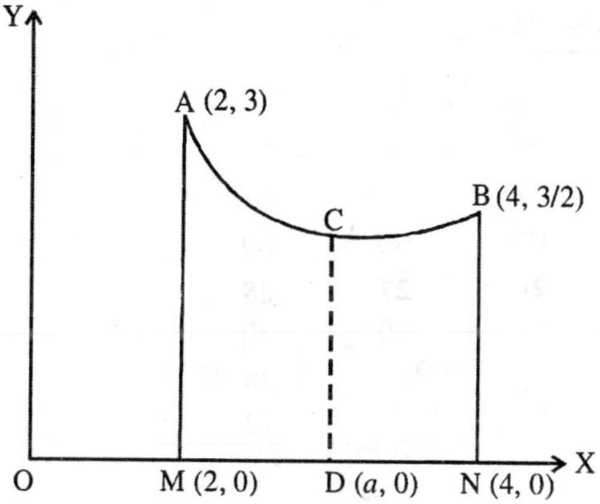

$$\Rightarrow \left[x-\frac{8}{x}\right]_2^a = 2 \Rightarrow a-\frac{8}{a}-2+4=2$$

$$a-\frac{8}{a}=0 \Rightarrow a^2-8=0 \Rightarrow a=2\sqrt{2}.$$

5. अभीष्ट क्षेत्रफल $\int_{-1}^{2} y\,dx = \int_{-1}^{2} x\,dx$

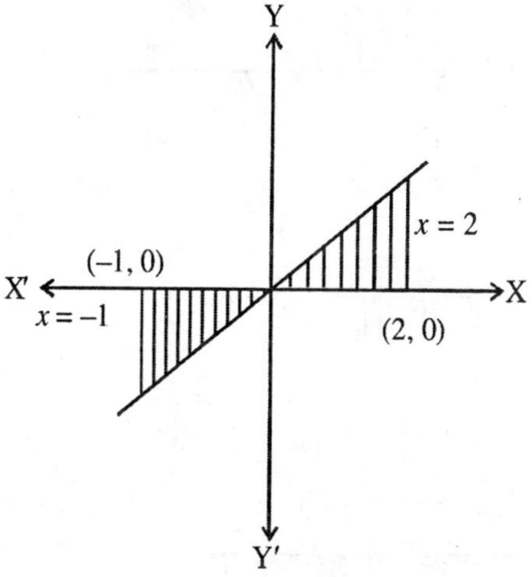

$$= \int_{-1}^{0} x\,dx + \int_{0}^{2} x\,dx$$

$$= \left[\frac{x^2}{2}\right]_1^0 + \left[\frac{x^2}{2}\right]_0^2 = \frac{3}{2} \text{ वर्ग इकाई।}$$

6. अभीष्ट क्षेत्रफल

$$= \int_1^4 x dy = \int_1^4 \frac{\sqrt{y}}{2} dy = \frac{1}{2}\cdot\frac{2}{3}\left[y^{3/2}\right]_1^4 = \frac{7}{3} \text{ वर्ग इकाई।}$$

7. जब $x \in \left[0, \frac{\pi}{2}\right], \cos x \geq 0$

जब $x \in \left[\frac{\pi}{2}, \frac{3\pi}{2}\right], \cos x \leq 0$

जब $x \in \left[\frac{3\pi}{2}, 2\pi\right], \cos x \geq 0$

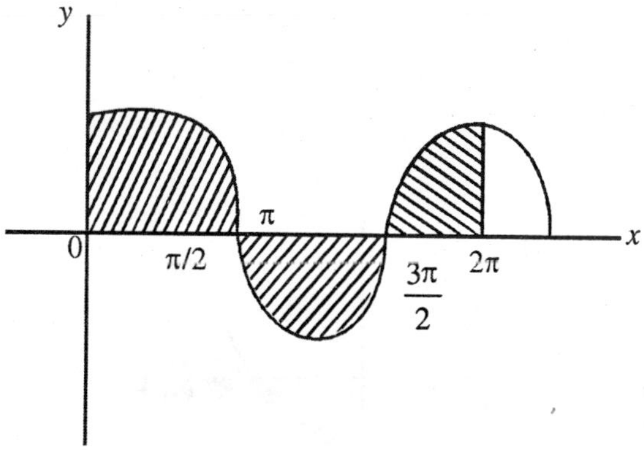

अतः अभीष्ट क्षेत्रफल

$$= \int_0^{2\pi} y\,dx$$

$$= \int_0^{\pi/2} \cos x\,dx + \int_{\pi/2}^{3\pi/2} (-\cos x)\,dx + \int_{3\pi/2}^{2\pi} \cos x\,dx$$

$$= [\sin x]_0^{\pi/2} - [\sin x]_{\pi/2}^{3\pi/2} + [\sin x]_{3\pi/2}^{2\pi}$$

$$= 1+2-1 = 2 \text{ वर्ग इकाई।}$$

8. अभीष्ट क्षेत्रफल

$$= k\int_{\pi}^{2\pi} \sin x\,dx = k[-\cos x]_{\pi}^{2\pi} = -2k$$

अतः अभीष्ट क्षेत्रफल $= 2k$ वर्ग इकाई।

9. अभीष्ट क्षेत्रफल

$$= \int_0^{\pi/4} (\sin 2x + \cos 2x)\,dx = \left[-\frac{\cos 2x}{2} + \frac{\sin 2x}{2}\right]_0^{\pi/4}$$

$=\frac{1}{2}\left[-\cos\frac{\pi}{2}+\sin\frac{\pi}{2}+\cos 0-\sin 0\right]=1$ वर्ग इकाई।

10. दिए वक्रों के समीकरण निम्न हैं–

$y^2=4ax$ ...(*i*)

तथा $x^2 = 4ay$ ...(*ii*)

समीकरण (*i*) व (*ii*) को हल करने पर,

$x = 4a, y = 4a$ और $x = 0, y = 0$

अभीष्ट क्षेत्रफल

$$=\int_0^{4a} 2a^{1/2}\, x^{1/2}\, dx-\int_0^{4a}\frac{x^2}{4a}dx$$

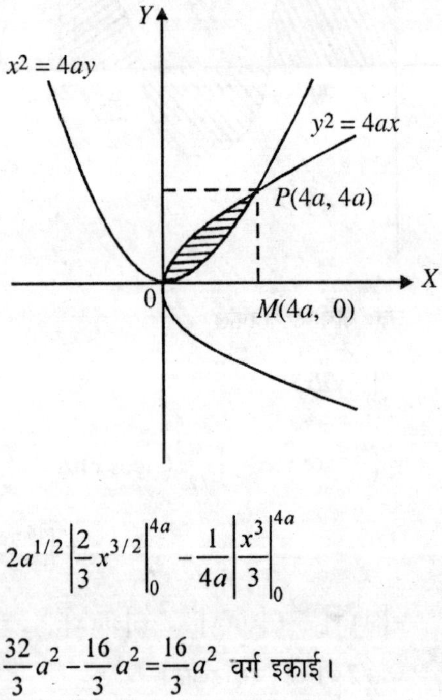

$$= 2a^{1/2}\left|\frac{2}{3}x^{3/2}\right|_0^{4a}-\frac{1}{4a}\left|\frac{x^3}{3}\right|_0^{4a}$$

$=\frac{32}{3}a^2-\frac{16}{3}a^2=\frac{16}{3}a^2$ वर्ग इकाई।

11.

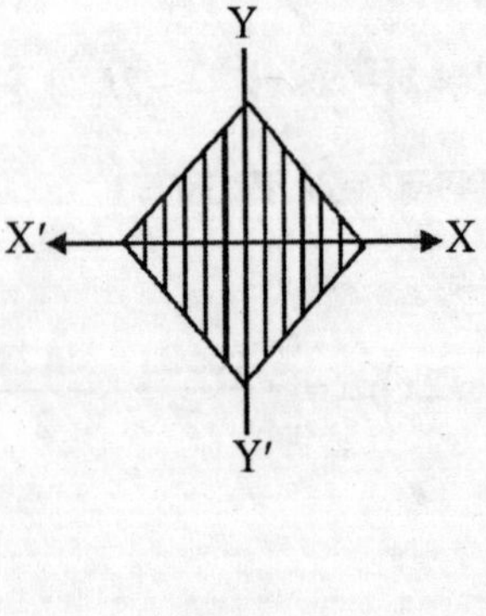

दिए गए वक्र का समीकरण निम्न है।

$|x|+|y|=4$

क्षेत्रफल $=4\times\frac{1}{2}\times 4\times 4=32$ वर्ग इकाई।

12. अभीष्ट क्षेत्रफल

$$=\int_1^4 y\,dx=c\int_1^4\frac{dx}{x}=c\left[\log x\right]_1^4$$

$=2c\log 2$ वर्ग इकाई।

13. अभीष्ट क्षेत्रफल $=A_1+A_2$

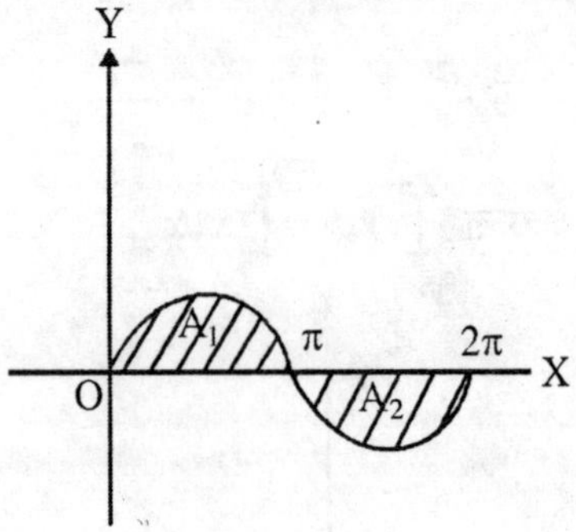

$$=\int_0^{\pi} y\,dx+\left|\int_{\pi}^{2\pi} y\,dx\right|$$

$$=\int_0^{\pi} x\sin x\,dx+\left|\int_{\pi}^{2\pi}\sin x\,dx\right|$$

$= 4\pi$ वर्ग इकाई।

14. समीकरणों को हल करने पर,

; fn $x \geq 1$, तो $3 - x = x - 1 \Rightarrow x = 2$

यदि $0 \leq x \leq 1$, तो $3 - x = 1 - x$

जो कि सम्भव नहीं हैं एवं यदि $x < 0$, तो

$3 + x = 1 - x$ अर्थात् $x = -1$

अभीष्ट क्षेत्रफल $=\int_{-1}^{2}\left(3-|x|-|x-1|\right)dx$

$$=\int_{-1}^{0}\left[3+x-(1-x)\right]dx+\int_0^1\left[(3-x)-(1-x)\right]dx$$

$+\int_1^2 [(3-x)-(x-1)]dx$

$=1+2+1=4$ वर्ग इकाई।

15. क्षेत्रफल $=\int_0^4 \sqrt{3x+4}\,dx = \left[\dfrac{(3x+4)^{3/2}}{3.\frac{3}{2}}\right]_0^4$

$=\dfrac{2}{9}\left[(16)^{3/2}-(4)^{3/2}\right]$

$=\dfrac{2}{9}\times 56=\dfrac{112}{9}$ वर्ग इकाई।

16. अभीष्ट क्षेत्रफल $=\int_1^4 x^3\,dx = \left[\dfrac{x^4}{4}\right]_1^4$

$=\dfrac{255}{4}$ वर्ग इकाई।

17. अभीष्ट क्षेत्रफल $=\int_0^2 (x^2-4x)dx$

$=\left[\dfrac{x^3}{3}-\dfrac{4x^2}{2}\right]_0^2=\dfrac{16}{3}$ वर्ग इकाई।

18. दिए गए वक्रों के समीकरण निम्न हैं—

$y^2 = x$ ...(*i*)

तथा $2y=x$ ...(*ii*)

समीकरण (*i*) व (*ii*) को हल करने पर,

$y^2 = 2y \Rightarrow y(y-2) = 0$

$\Rightarrow y = 0, 2$

$\therefore$ अभीष्ट क्षेत्रफल

$=\int_0^2 (y^2-2y)dy = \left[\dfrac{y^3}{3}-y^2\right]_0^2 = \dfrac{4}{3}$ वर्ग इकाई।

19. अभीष्ट क्षेत्रफल = OBC का क्षेत्रफल

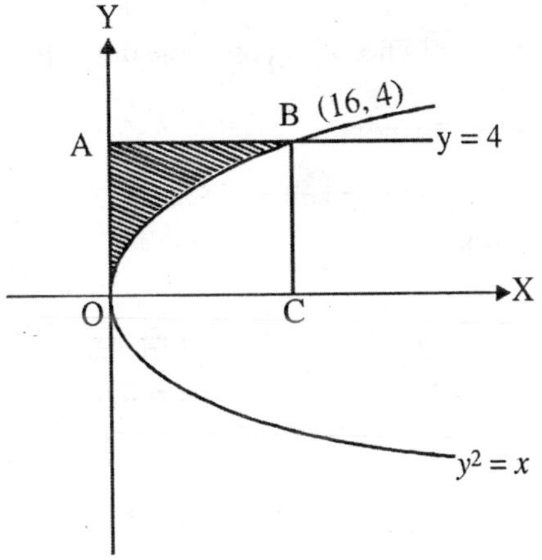

$=16\times 4-\int_0^{16}\sqrt{x}\,dx = 64-\left[\dfrac{x^{3/2}}{\frac{3}{2}}\right]_0^{16}$

$=\dfrac{64}{3}$ वर्ग इकाई।

20. दिए गए परवलय व रेखा का समीकरण क्रमशः निम्न है—

$y^2 = 4ax$ ...(*i*)

तथा $y = 2ax$ ...(*ii*)

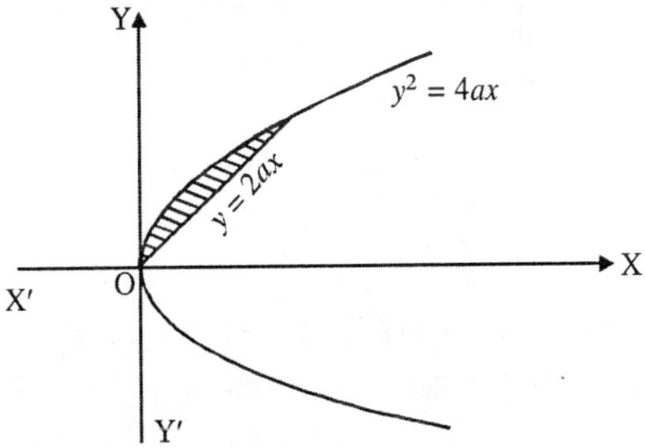

समीकरण (*i*) व (*ii*) को हल करने पर,

$\Rightarrow 4a^2x^2-4ax=0$

$\Rightarrow 4ax(ax-1)=0 \Rightarrow x=0$ या $x=\dfrac{1}{a}$

जब $x=0 \Rightarrow y=0$ तथा जब $x=\dfrac{1}{a}\Rightarrow y=\pm 2$

अतः अभीष्ट बिन्दु $(0,0)$ व $\left[\dfrac{1}{a}, 2\right]$ है।

अभीष्ट क्षेत्रफल = $\int_0^{1/a}\left[\sqrt{4ax}-2ax\right]dx$

$=\frac{1}{3a}$ वर्ग इकाई।

21. दिए गए वक्रों के समीकरण निम्न है–

$y^2 = 8x$ ...(i)

$y = x$ ...(ii)

समीकरण (i) व (ii) को हल करने पर,

$x^2 = 8x \Rightarrow x(x-8) = 0 \Rightarrow x = 0, 8$

∴ अभीष्ट क्षेत्रफल

$=\int_0^8\left(2\sqrt{2}\sqrt{x}-x\right)dx=\left[\frac{4\sqrt{2}}{3}x^{3/2}-\frac{x^2}{2}\right]_0^8$

$=\frac{128}{3}-\frac{64}{2}=\frac{32}{3}$ वर्ग इकाई।

22. वक्र X-अक्ष के परितः सममित हैं।

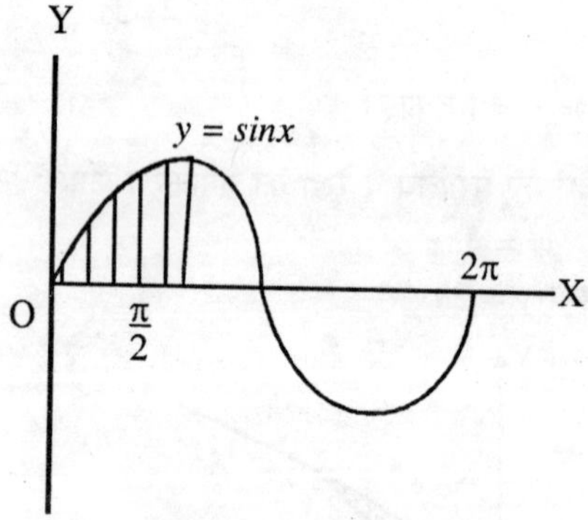

∴ अभीष्ट क्षेत्रफल $=\left|2\int_0^{\pi/2}\sin x\right|dx$

$= 2[-\cos x]_0^{\pi/2} = 2$ वर्ग इकाई।

23. अभीष्ट क्षेत्रफल

$=\int_0^4\left(4x-x^2\right)dx=\left[\frac{4x^2}{2}-\frac{x^3}{3}\right]_0^4$

$=32-\frac{64}{3}=\frac{32}{3}$ वर्ग इकाई

24. ∴ $A_1=\int_0^{\pi/3}\cos x\,dx=\frac{\sqrt{3}}{2}$ व

$A_2=\int_0^{\pi/3}\cos 2x\,dx=\frac{\sqrt{3}}{4}$

∴ $A_1 : A_2 = 2 : 1.$

25. $y = 2 + x$ (भुजा AB, माना) ...(i)

$y = 2 - x$ (भुजा BC, माना) ...(ii)

$x = 2$ (भुजा AC, माना) ...(iii)

समीकरण (i) व (ii) को हल करने पर, B (0, 2)

समीकरण (ii) व (iii) को हल करने पर, C (2, 0)

समीकरण (i) व (iii) को हल करने पर, A(2, 4)

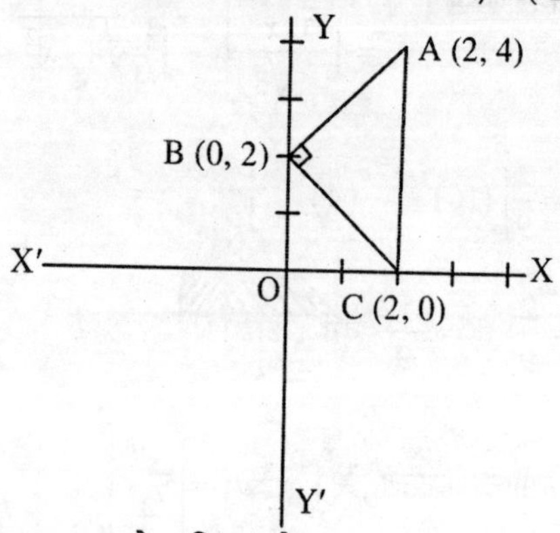

ΔABC एक समकोण त्रिभुज है, अतः ΔABC का क्षेत्रफल,

$A=\frac{1}{2}\times AB\times BC$

$=\frac{1}{2}\times 2\sqrt{2}\times 2\sqrt{2}$

= 4 वर्ग इकाई।

26. अभीष्ट क्षेत्रफल $=\int_0^1\left(\sqrt{x}-x^2\right)dx$

$=\left[\frac{x^{3/2}}{3/2}-\frac{x^3}{3}\right]_0^1=\frac{1}{3}$ वर्ग इकाई।

27. छायांकित भाग का क्षेत्रफल

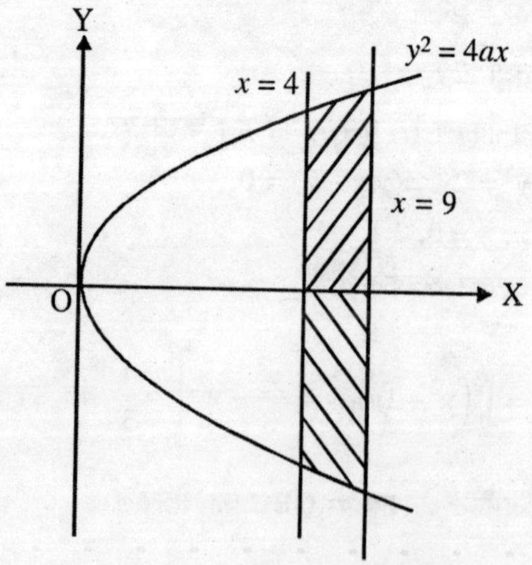

$A = 2\int_4^9 \sqrt{4ax}\, dx$

$A = 4\sqrt{a} \times \frac{2}{3}\left[x^{3/2}\right]_4^9$

$= \frac{152\sqrt{a}}{3}$ वर्ग इकाई।

28. अभीष्ट क्षेत्रफल $= \int_0^{\sqrt{3}} \frac{x}{\sqrt{3}} dx + \int_{\sqrt{3}}^2 \sqrt{4-x^2}\, dx$

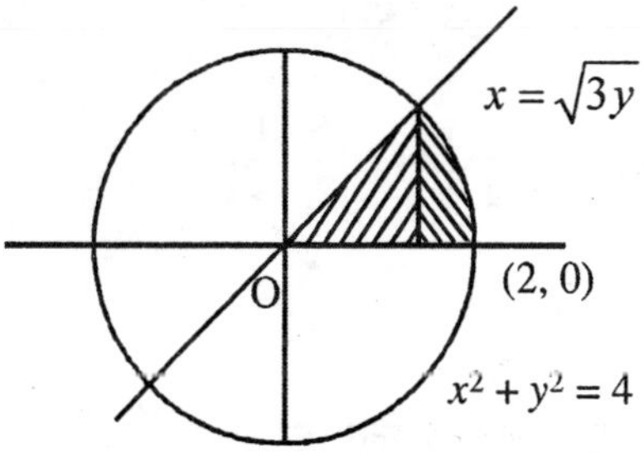

$= \frac{1}{\sqrt{3}}\left[\frac{x^2}{2}\right]_0^{\sqrt{3}} + \left[\frac{x}{2}\sqrt{4-x^2} + \frac{4}{2}\sin^{-1}\frac{x}{2}\right]_{\sqrt{3}}^{2\sqrt{3}}$

$= \frac{\sqrt{3}}{2} + \left[\pi - \frac{\sqrt{3}}{2} - \frac{2\pi}{3}\right] = \frac{\pi}{3}$ वर्ग इकाई।

29. अभीष्ट क्षेत्रफल

$= 2\int_0^{\pi/3} \tan x\, dx = 2\left[\log \sec x\right]_0^{\pi/3}$

$= 2\log 2$ वर्ग इकाई।

30. अभीष्ट क्षेत्रफल $A = \int_0^{\infty} \log x\, dx$

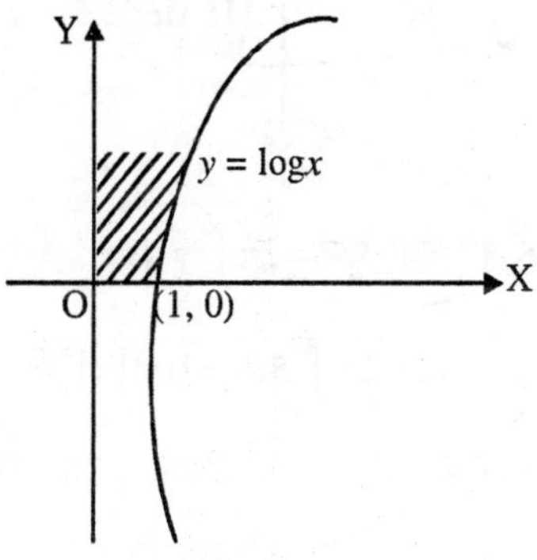

$= \left[x\log x - x\right]_0^{\infty} = \infty.$

31. छायांकित भाग का क्षेत्रफल $= \int_1^2 y\, dx$

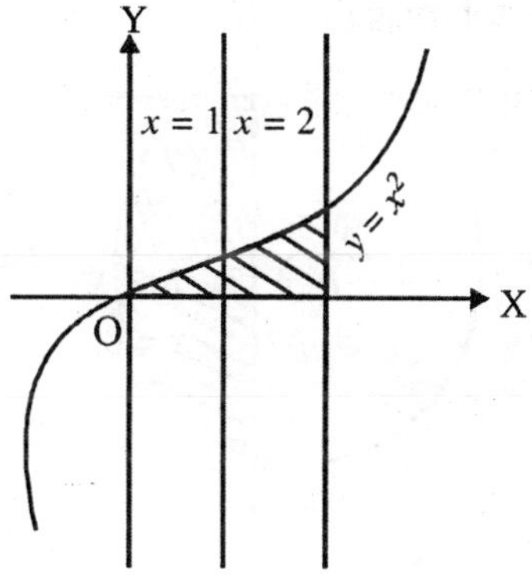

$= \int_1^2 x^3\, dx = \frac{1}{4}\left[x^4\right]_1^2 = \frac{1}{4}[16-1] = \frac{15}{4}$ वर्ग इकाई।

32. वक्रों द्वारा घिरे हुए क्षेत्र का क्षेत्रफल

$= \int_0^1 \left(e^x - e^{-x}\right) dx = \left[e^x + e^{-x}\right]_0^1$

$= \left(e + \frac{1}{e} - 2\right)$ वर्ग इकाई।

33. दिए गए परवलय $x^2 = 1 + y$ तथा $x^2 = 1 - y$ हैं।

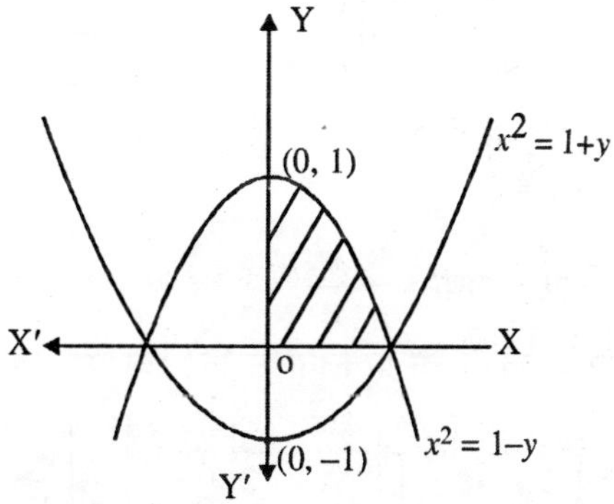

$\therefore$ अभीष्ट क्षेत्रफल $= = 4\int_0^1 \left(1-x^2\right) dx$

$= 4\left[x - \frac{x^3}{3}\right]_0^1 = \frac{8}{3}$ वर्ग इकाई।

34. लघु भाग का क्षेत्रफल $=2\int_1^2 \sqrt{4-x^2}\,dx$

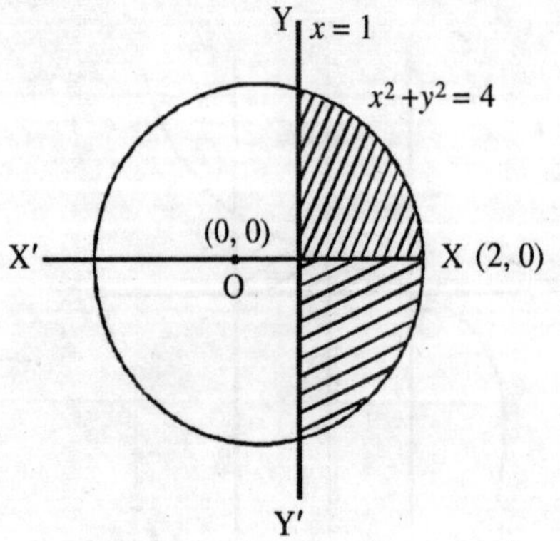

$$\Rightarrow 2\left[\frac{x}{2}\sqrt{4-x^2}+2\sin^{-1}\frac{x}{2}\right]_1^2$$

$$=2\left[2.\frac{\pi}{2}-\left\{\frac{\sqrt{3}}{2}-2.\frac{\pi}{6}\right\}\right]=2\left[\pi-\left\{\frac{\sqrt{3}}{2}-\frac{\pi}{3}\right\}\right]$$

$$=\left(\frac{8\pi}{3}-\sqrt{3}\right) \text{ वर्ग इकाई।}$$

35. $\therefore\ \int_1^b f(x)\,dx=\sqrt{b^2+1}-\sqrt{2}=\left[\sqrt{x^2+1}\right]_1^b$

$$f(x)=\frac{d}{dx}\left(\sqrt{x^2+1}\right)=\frac{2x}{2\sqrt{x^2+1}}=\frac{x}{\sqrt{x^2+1}}.$$

36. दिए गए वक्रों के समीकरण को इस प्रकार भी लिखा जा सकता है

$y=2\sqrt{x}$ तथा $y=\dfrac{x^2}{4}$

हम जानते हैं कि परवलयों से घिरे क्षेत्र का क्षेत्रफल

$$=\int_0^4 2\sqrt{x}\,dx-\int_0^4\frac{x^2}{4}dx=2\left[\frac{x^{3/2}}{3/2}\right]_0^4-\left[\frac{x^3}{12}\right]_0^4$$

$$=\frac{32}{3}-\frac{16}{3}=\frac{16}{3} \text{ वर्ग इकाई।}$$

37. घिरा हुआ क्षेत्रफल = 2 (प्रथम चतुर्थांश में छायांकित क्षेत्र का क्षेत्रफल)

$$=2\int_0^1\left(x-x^2\right)dx$$

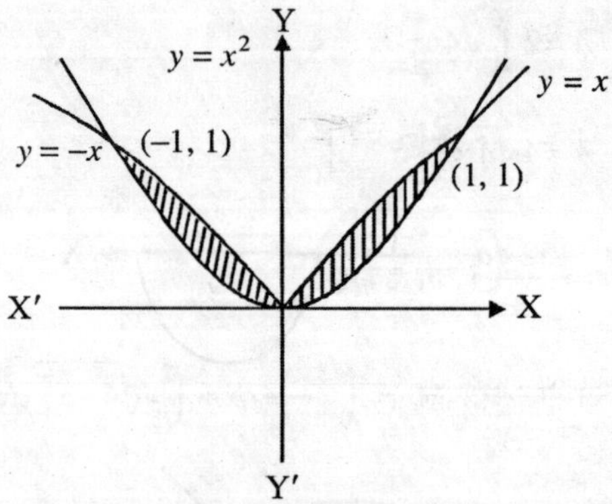

$$=2\left[\frac{x^2}{2}-\frac{x^3}{3}\right]_0^1=2\left[\frac{1}{2}-\frac{1}{3}\right]$$

$$=2\times\frac{1}{6}=\frac{1}{3} \text{ वर्ग इकाई।}$$

38. वृत्त का समीकरण निम्न है

$x^2+y^2=5^2$

$\therefore\ y^2=25-x^2$

$$2y\frac{dy}{dx}=-2x \Rightarrow \frac{dy}{dx}=-\frac{x}{y}$$

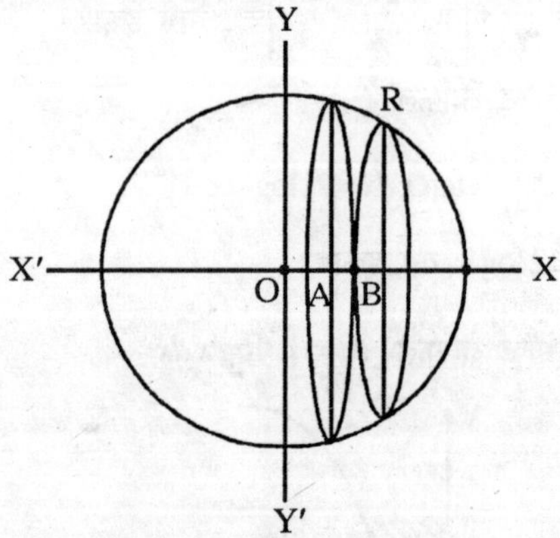

छिन्नक का वक्र पृष्ठ $=2\pi\int_2^3 y\,ds$

$$=2\pi\int_2^3 y.\frac{5}{y}dx=2\pi\int_2^3 5\,dx=10\pi[x]_2^3=10\pi \text{ सेंमी}^2\text{।}$$

39. चित्र में छायांकित क्षेत्र का क्षेत्रफल ज्ञात करना है।

$x=\dfrac{\pi}{4}$ दोनों वक्रों का प्रतिच्छेद बिन्दु है

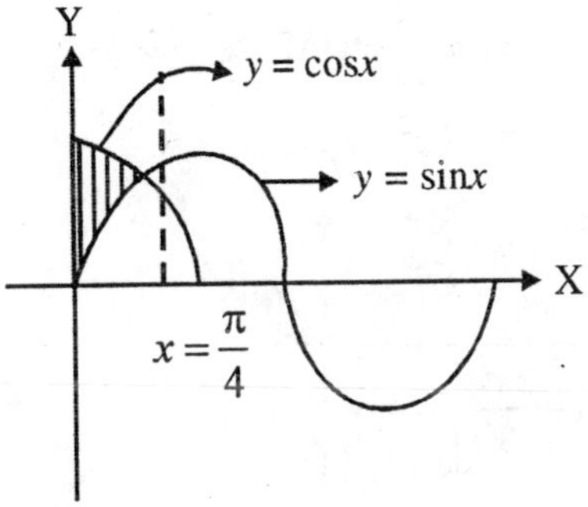

अतः अभीष्ट क्षेत्रफल $= \int_0^{\pi/4} (\cos x - \sin x) dx$

$$= [\sin x + \cos x]_0^{\pi/4} = \left[\frac{1}{\sqrt{2}} + \frac{1}{\sqrt{2}} - 1\right]$$

$$= \frac{2}{\sqrt{2}} - 1 = (\sqrt{2} - 1) \text{ वर्ग इकाई}$$

40. फोलियम (Folium) की दी गई समीकरण $x^3 + y^3 - 3axy = 0$ को ध्रुवीय रूप में परिवर्तित करने पर

$$r = \frac{3a\sin\theta\cos\theta}{\cos^3\theta + \sin^3\theta}$$

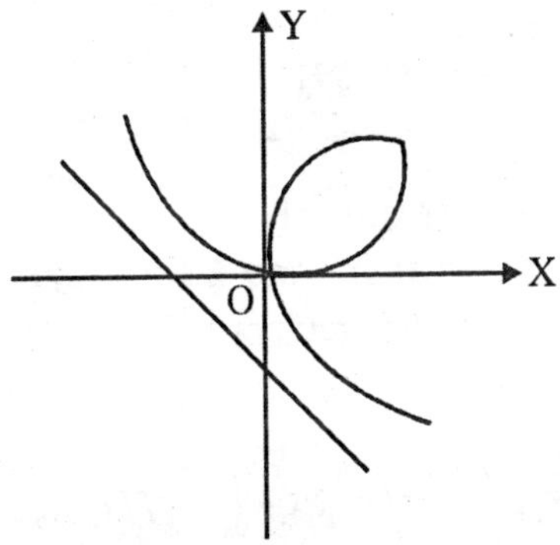

अभीष्ट क्षेत्रफल

$$= \frac{9a^2}{2}\int_0^{\pi/2} \frac{\sin^2\theta\cos^2\theta\, d\theta}{(\cos^3\theta + \sin^3\theta)^2}$$

$$= \frac{9a^2}{2}\int_0^{\pi/2} \frac{\tan^2\theta\sec^2\theta}{(1+\tan^3\theta)^2} d\theta$$

$$\left[\text{माना } \tan^3\theta = t \Rightarrow \tan^2\theta\sec^2 d\theta = \frac{dt}{3}\right]$$

$$= \frac{3a^2}{2}\int_0^{\infty} \frac{dt}{(1+t)^2} = \frac{3a^2}{2}\left[\frac{-1}{1+t}\right]_0^{\infty} = \frac{3a^2}{2} \text{ वर्ग इकाई।}$$

41. अभीष्ट क्षेत्रफल OABCO का क्षेत्रफल

$$= \int_0^1 (x^2 + 1) dx$$

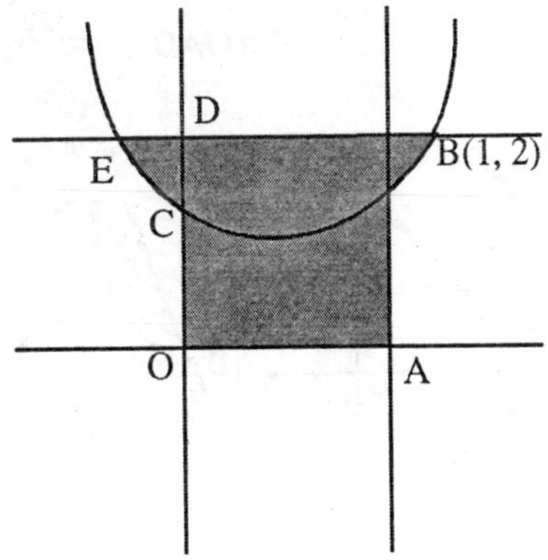

$$= \left[\frac{x^3}{3} + x\right]_0^1$$

$$= \frac{1}{3} + 1 = \frac{4}{3} \text{ वर्ग इकाई।}$$

42. अभीष्ट क्षेत्रफल = ECBDE का क्षेत्रफल

= 2 × BDCB का क्षेत्रफल

$$= 2\int_0^1 \left[2 - (x^2+1)\right] dx$$

$$= 2\left[x - \frac{x^3}{3}\right]_0^1$$

$$= 2\left(1 - \frac{1}{3}\right)$$

$$= \frac{4}{3} \text{ वर्ग इकाई।}$$

43. अभीष्ट क्षेत्रफल = DCBD का क्षेत्रफल

$$= \int_0^1 \left[2 - (x^2+1)\right] dx$$

$$= \left[x - \frac{x^3}{3}\right]_0^1$$

$=\left(1-\frac{1}{3}\right)=\frac{2}{3}$ वर्ग इकाई।

44. A. अभीष्ट क्षेत्रफल $=$ABCOA का क्षेत्रफल

$=2\times$OABO का क्षेत्रफल

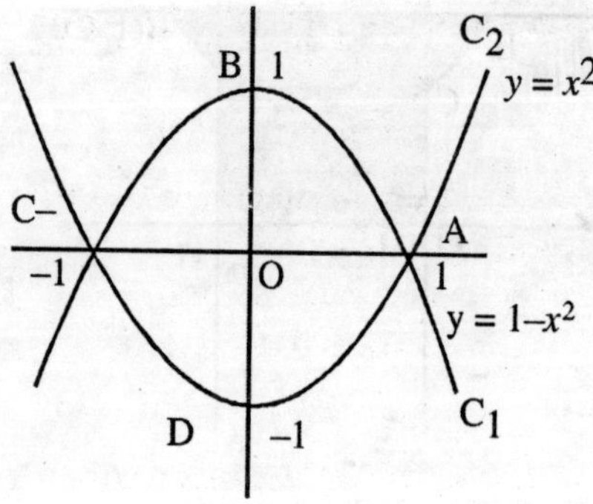

$=2\int_0^1\left(1-x^2\right)dx$

$=2\left[x-\frac{x^3}{3}\right]_0^1=2\left(1-\frac{1}{3}\right)=\frac{4}{3}$ वर्ग इकाई

$\therefore A-q.$

B. अभीष्ट क्षेत्रफल $=$CDAOC का क्षेत्रफल

$=2\times$ODAO का क्षेत्रफल

$=2\int_0^1\left|x^2-1\right|dx$

$=2\int_0^1-\left(x^2-1\right)dx$

$\left(\because x\in[0,1], x^2-1\leq 0\right)$

$=2\left[x-\frac{x^3}{3}\right]_0^1$

$=2\left(1-\frac{1}{3}\right)$

$=\frac{4}{3}$ वर्ग इकाई

अतः $B-q.$

C. अभीष्ट क्षेत्रफल $=$BODAB का क्षेत्रफल

$=\int_0^1\left\{1-x^2-\left(x^2-1\right)\right\}dx$

$=\int_0^1\left(2-2x^2\right)dx$

$=\left[2x-\frac{2x^3}{3}\right]_0^1$

$=2-\frac{2}{3}=\frac{4}{3}$ वर्ग इकाई

$\therefore C-q.$

D. अभीष्ठ क्षेत्रफल ABCDA का क्षेत्रफल

$=2\times$ABODA का क्षेत्रफल

$=2\times\int_0^1\left\{1-x^2-\left(x^2-1\right)\right\}dx$

$=2\times\left[2x-\frac{2x^3}{3}\right]_0^1$

$=2\times\frac{4}{3}=\frac{8}{3}$ वर्ग इकाई

$D-p$

अतः (c) सही उत्तर है।

45. वक्तव्य–I एवं II दोनो सत्य है तथा वक्तव्य–II वक्तव्य–I का सही स्पष्टीकरण हैं।

अभीष्ट क्षेत्रफल

$=\int_0^{\frac{\pi}{4}}[g(x)-f(x)]dx+\int_{\pi/4}^{\pi/2}[f(x)-g(x)]dx$

$=\int_0^{\pi/4}(\cos x-\sin x)dx+\int_{\pi/4}^{\pi/2}(\sin x-\cos x)dx$

$=\left|\sin x+\cos x\right|_0^{\pi/4}+\left|-\cos x-\sin x\right|_{\pi/4}^{\pi/2}$

$=\left[\left(\frac{1}{\sqrt{2}}+\frac{1}{\sqrt{2}}\right)-(0+1)\right]$

$-\left[(0+1)-\left(\frac{1}{\sqrt{2}}+\frac{1}{\sqrt{2}}\right)\right]$

$=\left(\frac{2}{\sqrt{2}}-1\right)-\left(1-\frac{2}{\sqrt{2}}\right)$

$=\left(3-2\sqrt{2}\right)$

$\therefore$ (*a*) सही उत्तर है।

46. वक्तव्य–I एवं II दोनो सत्य है तथा वक्तव्य–II सही स्पष्टीकरण है। क्योंकि

दोनों वक्र का प्रतिच्छेदन बिन्दु $\sqrt{x}=x^2$ या

$$x=x^4 \Rightarrow x\left(x^3-1\right)=0$$

$\therefore$ $x = 0, 1$ केवल वास्तविक मान होंगे।
जब x, 0 एवं 1 के मध्य होगा, तब

$\therefore$ अभीष्ट क्षेत्रफल $\int_0^1 \left\{\left(y_1\,(\text{ऊपर})\right) - y_2\,(\text{नीचे})\right\} dx$

$$=\int_0^1 \left(\sqrt{x}-x^2\right)dx$$

$$=\left|\frac{2}{3}x^{3/2}-\frac{x^3}{3}\right|_0^1$$

$$=\frac{2}{3}-\frac{1}{3}=\frac{1}{3}$$

$\therefore$ (*a*) सही उत्तर है।

47. वक्तव्य–I एवं II दोनो सत्य है तथा वक्तव्य–II सही स्पष्टीकरण है। क्योंकि एक लूप (loop) का निर्माण $x = 0$ एवं $x = 2a$ के मध्य होगा तथा यह वक्र x-अक्ष के सममित होगा।

$\therefore$ अभीष्ट क्षेत्रफल $=\dfrac{2}{a^2}\displaystyle\int_0^{2a} x^{5/2}\sqrt{2a-x}\,dx$

$$x=2a\sin^2\theta \text{ (माना)}$$

$$dx = 4a \sin\theta \,.\, \cos\theta \,.\, d\theta$$

जब $x = 0, \theta = 0$

$$x=2a,\ \theta=\frac{\pi}{2}$$

$$=\frac{2}{a^2}\int_0^{\frac{\pi}{2}}(2a)^{5/2}.\sin^5\theta.(2a)^{\frac{1}{2}}\cos\theta.4a \sin\theta.\cos\theta.d\theta$$

$$=\frac{8a.\left(8a^3\right)}{a^2}\int_0^{\pi/2}\sin^6\theta.\cos^2\theta\, d\theta$$

$$=64a^2\,\frac{5.3.1.1\,\frac{\pi}{2}}{8.6.4.2}=\frac{5}{4}\pi a^2.$$

26

अवकल समीकरण (DIFFERENTIAL EQUATION)

अवकल समीकरण (Differential Equation)

वह समीकरण जिसमें स्वतंत्र चर, परतंत्र चर, स्वतंत्र चर के सापेक्ष परतंत्र चर का अवकलन एवं अचर राशि निहित हो, अवकल समीकरण कहलाता है।

जैसे : $\frac{dy}{dx}=4x^2y, \frac{d^2y}{dx^2}+\frac{5dy}{dx}+6y=x^2,$

$\left(x^3+y^3\right)dx-2xy\,dy=0$ इत्यादि।

अवकल समीकरण की कोटि

(Order of a Differential Equation)

अवकल समीकरण में उपस्थित उच्च कोटि के अवकलज की कोटि को अवकल समीकरण की कोटि कहते हैं।

जैसे : $\frac{d^2y}{dx^2}+8\frac{dy}{dx}+3y=\log x$ में अवकलज की उच्च कोटि 2 है, अतः अवकल समीकरण की कोटि 2 होगी, पुनः $\frac{d^4y}{dx^4}-3\left(\frac{dy}{dx}\right)^3-4y=0$ में अवकल की उच्च कोटि 4 है, अतः अवकल समीकरण की कोटि 4 होगी।

अवकल समीकरण का घात

(Degree of a Differential Equation)

अवकल समीकरण में उच्च कोटि के अवकलज के घातांक को अवकल समीकरण का घात कहते हैं, जब अवकल समीकरण में उपस्थित अवकल करणी या भिन्न (Radical or Fraction) नहीं हो।

जैसे :

1. $\left(\frac{d^3y}{dx^3}\right)^3+\left(\frac{dy}{dx}\right)^4+y^3=0$

उपरोक्त अवकल समीकरण में अवकलज की उच्च कोटि 3 है तथा इसका घातांक 3 है, अतः समीकरण का घात 3 है।

2. माना अवकल समीकरण $\left[1+\left(\frac{dy}{dx}\right)^2\right]^{\frac{3}{2}}=k\left(\frac{d^2y}{dx^2}\right)$

दिए गए समीकरण में अवकलज की उच्च कोटि 2 है, अतः कोटि 2 होगी।

पुनः घात के लिए $\left[1+\left(\frac{dy}{dx}\right)^2\right]^3=k\left(\frac{d^2y}{dx^2}\right)^2$

अतः उच्च कोटि अवकलज का घातांक 2 है।
अतः घात = 2

रैखिक एवं अरैखिक अवकल समीकरण

(Linear and Non-Linear Differential Equation)

कोई अवकल समीकरण रैखिक अवकल समीकरण होगा, यदि इसका रूप $P_0\frac{d^ny}{dx^n}+P_1\frac{d^{n-1}y}{dx^{n-1}}+P_2\frac{d^{n-2}y}{dx^{n-2}}$ $+\ldots+P_{n-1}\frac{dy}{dx}+P_n(y)=Q$ जहाँ $p_0, p_1, p_2 \ldots p_n$ तथा Q या तो अचर होगा या स्वतंत्र चर x का फलन होगा।

अतः यदि किसी अवकल समीकरण को बहुपद के रूप में व्यक्त किया जाए जिसमें इसके अवकलज तथा परतंत्र चर का घात 1 हो तथा विभिन्न पदों का गुणांक या तो अचर हो या

स्वतंत्र चर का फलन हो। अन्यथा यह अरैखिक अवकल समीकरण होगा।

जैसे :

1. $\left(\frac{d^3y}{dx^3}\right)^4 - 6\left(\frac{d^2y}{dx^2}\right) - 4\frac{dy}{dx} + 4y = 0$

यह एक अरैखिक समीकरण है क्योंकि इसका घात 3 है जो 1 से अधिक है।

2. अवकल समीकरण

$$5\frac{d^2y}{dx^2} + 8\left(\frac{dy}{dx}\right)^3 + 6\frac{dy}{dx} + 4y = x$$

यह एक अरैखिक अवकल समीकरण होगा। क्योंकि इसके अवकल गुणांक का घात 3 है।

उदाहरण : अवकल समीकरण के घात एवं कोटि ज्ञात करें, तथा स्पष्ट करें कि यह रैखिक या अरैखिक अवकल समीकरण है।

1. $\frac{d^2y}{dx^2} + 4y = 0$

हल : अवकल समीकरण की कोटि–2, घात–1 तथा रैखिक है।

2. $\sqrt[3]{\frac{d^2y}{dx^2}} = \sqrt{\frac{dy}{dx}}$

हलः $\left(\frac{d^2y}{dx^2}\right)^{\frac{1}{3}} = \left(\frac{dy}{dx}\right)^{\frac{1}{2}} \Rightarrow \left(\frac{d^2y}{dx^2}\right)^2 = \left(\frac{dy}{dx}\right)^3$

अतः अवकल समीकरण की कोटि–2, घात–2 तथा समीकरण अरैखिक है।

3. $\frac{d^3y}{dx^3} + \left(\frac{d^2y}{dx^2}\right)^3 + \frac{dy}{dx} + 4y = \sin x$

अवकल समीकरण की कोटि–3, घात–1 तथा अरैखिक है।

अवकल समीकरण का निर्माण

(Formation of Differential Equation)

माना वक्रों के कुल $y = Ae^x$, जहाँ A एक प्राचल (Parameter) है, को अवकलन करने पर, $\frac{dy}{dx} = Ae^x$

दोनों समीकरणों से A का लुप्तिकरण करने पर,

$$\frac{dy}{dx} = \frac{y}{e^x} \times e^x = y$$

$$\therefore \frac{dy}{dx} = y$$

यह वक्रों के कुल का एक अवकल समीकरण है, जो समीकरण $y = Ae^x$ द्वारा व्यक्त है।

अब दो प्राचल वाले वक्रों के कुल अर्थात्

$$y = A\cos 2x + B\sin 2x \qquad ...(i)$$

जहाँ, A, B अचर है।

समीकरण (*i*) का अवकलन करने पर,

$$\frac{dy}{dx} = -2A\sin 2x + 2B\cos 2x \qquad ...(ii)$$

पुनः x के सापेक्ष अवकलन करने पर,

$$\frac{d^2y}{dx^2} = -4A\cos 2x - 4B\sin 2x \qquad ...(iii)$$

समीकरण (*i*) एवं (*iii*) से A एवं B का लुप्तिकरण करने पर,

$$\frac{d^2y}{dx^2} = -4y \Rightarrow \frac{d^2y}{dx^2} + 4y = 0$$

यह अवकल समीकरण है।

अतः एक प्राचल (Parameter) वाले वक्रों के कुल का अवकल समीकरण प्रथम कोटि का होता है। दो प्राचल (Parameter) वाले वक्रों के कुल का अवकल समीकरण द्वितीय कोटि का होता है। इसी प्रकार n प्राचलों वाले वक्रों के कुल का अवकल समीकरण n कोटि का होता है।

उदाहरण 4. वक्रों के कुल $y = A\cos(x + B)$ के लिए अवकल समीकरण का निर्माण करें जहाँ A तथा B प्राचल (Parameter) है।

हल: $y = A\cos(x+B)$ ...(i)

x के सापेक्ष अवकलन करने पर,

$$\frac{dy}{dx} = -A\sin(x+B) \quad ...(ii)$$

पुनः x के सापेक्ष अवकलन करने पर,

$$\frac{d^2y}{dx^2} = -A\cos(x+B)$$

$$\Rightarrow \frac{d^2y}{dx^2} = -y \quad \text{[समीकरण (i) से]}$$

$$\Rightarrow \frac{d^2y}{dx^2} + y = 0$$

यह अभीष्ट अवकल समीकरण है।

उदाहरण 5. अवकल समीकरण ज्ञात करें, यदि वृत्त X-अक्ष को मूल बिन्दु पर स्पर्श करता है।

हल: वृत्त के कुल (परिवार) का समीकरण जो X-अक्ष को मूल बिन्दु पर स्पर्श करता है।

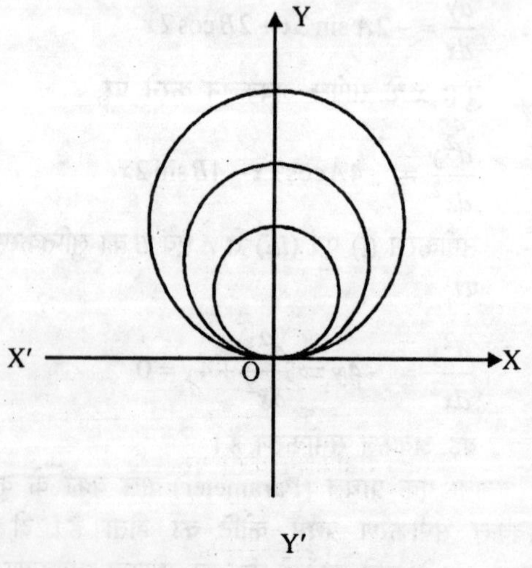

$$(x-0)^2 + (y-a)^2 = a^2$$

$$\Rightarrow x^2 + y^2 - 2ay = 0 \quad ...(i)$$

जहाँ a प्राचल (Parameter) है।

समीकरण (i) को x के सापेक्ष अवकलन करने पर,

$$2x + 2y\frac{dy}{dx} - 2a\frac{dy}{dx} = 0$$

$$\Rightarrow a = \frac{x + y(dy/dx)}{(dy/dx)} \quad ...(ii)$$

a का मान समीकरण (ii) से (i) में रखने पर,

$$x^2 + y^2 = 2y\left\{\frac{x + y\left(\frac{dy}{dx}\right)}{\frac{dy}{dx}}\right\}$$

$$\Rightarrow \left(x^2 - y^2\right)\frac{dy}{dx} = 2xy$$

यह अभीष्ट अवकल समीकरण है।

उदाहरण 6. अवकल समीकरण निकालें, वक्र $y^2 = m\left(a^2 - x^2\right)$

हल: $y^2 = m\left(a^2 - x^2\right)$ ...(i)

x के सापेक्ष अवकलन करने पर,

$$2y\frac{dy}{dx} = -2mx \Rightarrow y\frac{dy}{dx} = -mx \quad ...(ii)$$

पुनः अवकलन करने पर,

$$y\frac{d^2y}{dx^2} + \left(\frac{dy}{dx}\right)^2 = -m \quad ...(iii)$$

समीकरण (ii) एवं (iii) से,

$$x\left[y\, d^2y/dx^2 + (dy/dx)^2\right] = y\, dy/dx$$

यह अभीष्ट समीकरण है।

अवकल समीकरण का हल

(Solution of a Differential Equation)

किसी अवकल समीकरण का हल उसमें उपस्थित चरों का संबंध है, जो अवकल समीकरण को संतुष्ट करता है।

उदाहरण 7. सिद्ध करें, $y = Ax + \frac{B}{x},\ x \neq 0$ अवकल समीकरण $x^2 \frac{d^2y}{dx^2} + x\frac{dy}{dx} - y = 0$ का हल है।

हलः $y = Ax + \frac{B}{x} \Rightarrow \frac{dy}{dx} = A - \frac{B}{x^2}$

$$\Rightarrow \frac{d^2y}{dx^2} = \frac{(2B)}{x^3}$$

उपरोक्त मानों को दिए गए अवकल समीकरण में रखने पर,

$$x^2 \frac{d^2y}{dx^2} + x\frac{dy}{dx} - y$$

$$= x^2\left(\frac{2B}{x^3}\right) + x\left(A - \frac{B}{x^2}\right) - \left(Ax + \frac{B}{x}\right)$$

$$= \frac{2B}{x} + Ax - \frac{B}{x} - Ax - \frac{B}{x}$$

$$= 0$$

अतः $y = Ax + \frac{B}{x}$, दिए गए अवकल समीकरण को संतुष्ट करता है।

उदाहरण 8. दिखाएँ कि $y = a\cos(\log x) + b\sin(\log x)$, अवकल समीकरण $x^2 \frac{d^2y}{dx^2} + x\frac{dy}{dx} + y = 0$ का हल है।

हलः $y = a\cos(\log x) + b\sin(\log x)$

$$\therefore \frac{dy}{dx} = \frac{-a\sin(\log x)}{x} + \frac{b\cos(\log x)}{x}$$

$$\Rightarrow x\frac{dy}{dx} = -a\sin(\log x) + b\cos(\log x)$$

पुनः अवकलन करने पर,

$$x\frac{d^2y}{dx^2} + \frac{dy}{dx} = \frac{-a\cos(\log x)}{x} - \frac{b\sin(\log x)}{x}$$

$$\Rightarrow x^2 \frac{d^2y}{dx^2} + x\frac{dy}{dx}$$

$$= -\{a\cos(\log x) + b\sin(\log x)\}$$

$$= -y$$

$$\Rightarrow x^2 \frac{d^2y}{dx^2} + x\frac{dy}{dx} + y = 0$$

अतः यह अवकल समीकरण है।

प्रथम कोटि एवं प्रथम घात के अवकल समीकरणों के विभिन्न रूप

(Different Forms of First Order and First Degree of Differential Equation)

(*i*) चर पृथक्करणीय अवकल समीकरण (Variable Separable Differential Equation)

$$f(x)\,dx = g(y)\,dy$$

$$\therefore \int f(x)\,dx = \int g(y)\,dy + c$$

उदाहरण 9. हल करें : $\left(e^x + e^{-x}\right)\frac{dy}{dx} = \left(e^x - e^{-x}\right)$

$$\Rightarrow \frac{dy}{dx} = \frac{e^x - e^{-x}}{e^x + e^{-x}}$$

$$\Rightarrow dy = \frac{e^x - e^{-x}}{e^x + e^{-x}}\,dx$$

⇒ समाकलन करने पर,

$$\int dy = \int \frac{e^x - e^{-x}}{e^x + e^{-x}}\,dx$$

$$\Rightarrow \int dy = \int \frac{dt}{t},\ \text{जहाँ}\ e^x + e^{-x} = t$$

$$\Rightarrow y = \log|t| + c$$

$$\Rightarrow y = \log\left|e^x + e^{-x}\right| + c$$

उदाहरण 10. हल करें : $e^{(dy/dx)} = x+1$

हलः $e^{(dy/dx)} = x+1$

$$\Rightarrow \frac{dy}{dx} = \log(x+1)$$

$$\Rightarrow dy = \log(x+1)\, dx$$

समाकलन करने पर,

$$\int dy = \int \log(x+1)\, .\, dx$$

$$\Rightarrow y = x\log(x+1) - \int \frac{x}{x+1}\, dx$$

$$\Rightarrow y = x\log(x+1) - \int \frac{x+1-1}{x+1}\, dx$$

$$\Rightarrow y = x\log(x+1) - x + \log(x+1) + c$$

$$\Rightarrow y = (x+1)\log(x+1) - x + c.$$

उदाहरण 11. हल करें :

$$\sec^2 x \tan y\, dx + \sec^2 y \tan x\, dy = 0$$

हलः $\sec^2 x\, .\, \tan y\, dx + \sec^2 y\, .\, \tan x\, dy = 0$

$$\Rightarrow \sec^2 x\, .\, \tan y\, dx = -\sec^2 y\, .\, \tan x\, dy$$

$$\Rightarrow \frac{\sec^2 x}{\tan x}\, dx = \frac{-\sec^2 y}{\tan y}\, dy$$

$$\Rightarrow \int \frac{\sec^2 x}{\tan x}\, dx = -\int \frac{\sec^2 y}{\tan y}\, dy$$

$$\Rightarrow \log|\tan x| = -\log|\tan y| + \log c$$

$$\Rightarrow \log|(\tan x)\, .\, (\tan y)| = \log c$$

$$\Rightarrow |\tan x\, .\, \tan y| = c.$$

उदाहरण 12. $\frac{dy}{dx} = e^{x-y} + x^2 e^{-y}$, हल करें।

$$\Rightarrow dy = \left(e^x\, .\, e^{-y} + x^2 e^{-y}\right) dx$$

$$\Rightarrow e^y dy = \left(e^x + x^2\right) dx$$

$$\Rightarrow \int e^y dy \Rightarrow \int \left(e^x + x^2\right) dx$$

$$\Rightarrow e^y = e^x + \frac{x^3}{3} + c.$$

उदाहरण 13. हल करें :

$$3e^x \tan y\, dx + \left(1 - e^x\right) \sec^2 y = 0$$

हलः $3e^x \tan y\, dx + \left(1 - e^x\right) \sec^2 y = 0$

$$\Rightarrow 3e^x \tan y\, dx = -\left(1 - e^x\right) \sec^2 y\, dy$$

$$\Rightarrow \frac{3e^x}{1-e^x}\, dx = \frac{-\sec^2 y}{\tan y}\, dy$$

$$\Rightarrow 3\int \frac{e^x}{1-e^x}\, dx = -\int \frac{\sec^2 y}{\tan y}\, dy$$

$$\Rightarrow 3\log\left|e^x - 1\right| = \log|\tan y| + \log c$$

$$\Rightarrow \log\left[\frac{\left(e^x - 1\right)^3}{\tan y}\right] = \log c$$

$$\Rightarrow \left(e^x - 1\right)^3 = c\tan y.$$

(ii) चर पृथक्करणीय अवकल समीकरण में बदलना (लघुकरणीय) (Reducible to Variable Separable Differential Equation)

अवकल समीकरण में कुछ अवकल समीकरण को प्रतिस्थापन कर चर पृथक्करणीय रूप में लाया जाता है, तत्पश्चात् इसका हल निकाला जाता है।

उदाहरण 14. हल करें : $\frac{dy}{dx} = x + y$

$$\left[x + y = t \text{ माना } 1 + \frac{dy}{dx} = \frac{dt}{dx} \quad \therefore \frac{dy}{dx} = \frac{dt}{dx} - 1\right]$$

$$\Rightarrow \frac{dt}{dx} - 1 = t$$

$$\Rightarrow \frac{dt}{1+t} = dx$$

$$\Rightarrow \int \frac{dt}{1+t} = \int dx$$
$$\Rightarrow \log(1+t) = x+c$$
$$\Rightarrow \log(1+x+y) = x+c.$$

उदाहरण 15. हल करें : $\sin^{-1}\left(\frac{dy}{dx}\right) = x+y$

हलः $\sin^{-1}\left(\frac{dy}{dx}\right) = x+y$

$$\therefore \frac{dy}{dx} = \sin(x+y)$$

$x+y = t$ (माना)

$$1+\frac{dy}{dx} = \frac{dt}{dx}$$
$$\Rightarrow \frac{dy}{dx} = \frac{dt}{dx} - 1$$
$$\therefore \frac{dt}{dx} - 1 = \sin t$$
$$\Rightarrow \frac{dt}{1+\sin t} = dx$$
$$\Rightarrow \int dx = \int\left(\frac{dt}{1+\sin t} \times \frac{1-\sin t}{1-\sin t}\right)$$
$$\Rightarrow \int dx = \int \frac{(1-\sin t)\,dt}{\cos^2 t}$$
$$\Rightarrow \int dx = \int \sec^2 t\, dt - \int \sec t.\tan t\, dt$$
$$\Rightarrow x = (\tan t - \sec t) + c$$
$$\Rightarrow x = \tan(x+y) - \sec(x+y) + c.$$

उदाहरण 16. हल करें : $\frac{dy}{dx} = (4x+y+1)^2$

हलः $\frac{dy}{dx} = (4x+y+1)^2$

$$\left[4x+y+1 = t \text{ माना } 4+\frac{dy}{dx} = \frac{dt}{dx} \quad \therefore \frac{dy}{dx} = \frac{dt}{dx} - 4\right]$$

$$\therefore \frac{dt}{dx} - 4 = t^2$$
$$\Rightarrow \frac{dt}{t^2+4} = dx$$
$$\Rightarrow \int \frac{dt}{t^2+4} = \int dx$$
$$\Rightarrow \frac{1}{2}\tan^{-1}\left(\frac{t}{2}\right) = x+c$$
$$\Rightarrow \frac{1}{2}\tan^{-1}\frac{(4x+y+1)}{2} = x+c.$$

उदाहरण 17. हल करें : $(x-y)(dx+dy) = dx-dy$

हलः $(x-y)(dx+dy) = dx-dy$

$$\Rightarrow (x-y-1)\,dx = -(x-y+1)\,dy$$
$$\Rightarrow \frac{dy}{dx} = -\frac{x-y-1}{(x-y+1)}$$
$$\left[x-y = t \text{ माना } 1-\frac{dy}{dx} = \frac{dt}{dx} \Rightarrow \frac{dy}{dx} = 1-\frac{dt}{dx}\right]$$
$$\Rightarrow 1-\frac{dt}{dx} = -\frac{t-1}{t+1}$$
$$\Rightarrow \frac{dt}{dx} - 1 = \frac{t-1}{t+1}$$
$$\Rightarrow \frac{dt}{dx} = \frac{t-1+t+1}{t+1} = \frac{2t}{t+1}$$
$$\Rightarrow \frac{(t+1)}{t}dt = 2dx$$
$$\Rightarrow \left(1+\frac{1}{t}\right)dt = 2dx$$
$$\Rightarrow \int dt + \int \frac{1}{t}dt = 2\int dx$$
$$\Rightarrow t + \log t = 2x + c$$
$$\Rightarrow x-y+\log|x-y| = 2x+c$$
$$\Rightarrow \log|x-y| = x+y+c.$$

(iii) समघातीय अवकल समीकरण (Homogeneous Differential Equation) : वह अवकल जिसमें प्रत्येक पद का घात समान हो, समघातीय अवकल समीकरण कहलाता है।

जैसे : $\left(x^2+y^2\right)\dfrac{dy}{dx}=2xy$ एक समघातीय अवकल समीकरण है, जिसमें प्रत्येक पद का घात 2 है।

हल करने की विधि : $\dfrac{dy}{dx}=f\left(\dfrac{y}{x}\right)$

माना $\dfrac{y}{x}=v$ तथा $\dfrac{dy}{dx}=v+x\dfrac{dv}{dx}$

$$\therefore\ v+x\frac{dv}{dx}=f(v)$$

$$\Rightarrow \frac{dt}{f(v)-v}=\frac{dx}{x}.$$

उदाहरण 18. हल करें : $xdy-ydx=\sqrt{x^2+y^2}\ dx$

हल : $xdy-ydx=\sqrt{x^2+y^2}\ dx$

$$\Rightarrow \frac{dy}{dx}=\frac{\sqrt{x^2+y^2}+y}{x},\ x\neq 0$$

स्पष्टतः यह एक समघातीय अवकल समीकरण है
अतः $y=vx$ (माना)

$$\therefore\ \frac{dy}{dx}=v+x\frac{dv}{dx}$$

$$\Rightarrow\ v+x\frac{dv}{dx}=\frac{\sqrt{x^2+v^2x^2}+vx}{x}$$

$$=\frac{x\left\{\sqrt{1+v^2}+v\right\}}{x}$$

$$\Rightarrow\ x\frac{dv}{dx}=\sqrt{1+v^2}$$

$$\Rightarrow\ \frac{dv}{\sqrt{1+v^2}}=\frac{dx}{x}$$

$$\Rightarrow\ \int\frac{dv}{\sqrt{1+v^2}}=\int\frac{dx}{x}$$

$$\Rightarrow \log\left(v+\sqrt{1+v^2}\right)=\log x+\log c$$

$$\Rightarrow \left|v+\sqrt{1+v^2}\right|=cx$$

$$\Rightarrow\ y+\sqrt{x^2+y^2}=cx^2.$$

उदाहरण 19. हल करें : $\left(x^2-y^2\right)dx+2xy\,dy=0$

हलः $\left(x^2-y^2\right)dx+2xy\,dy=0$

$$\Rightarrow\ \frac{dy}{dx}=-\frac{x^2-y^2}{2xy}\Rightarrow\frac{dy}{dx}=\frac{y^2-x^2}{2xy}$$

स्पष्टतः यह एक समघातीय अवकल समीकरण है।
माना $y=vx$

तब $\dfrac{dy}{dx}=v+x\dfrac{dv}{dx}$

$$v+x\frac{dv}{dx}=\frac{v^2x^2-x^2}{2x\,.\,vx}$$

$$\Rightarrow\ x\frac{dv}{dx}=\frac{v^2-1}{2v}-v=\frac{v^2-1-2v^2}{2v}$$

$$\Rightarrow\ x\frac{dv}{dx}=\frac{-\left(1+v^2\right)}{2v}$$

$$\Rightarrow\ \frac{2v}{1+v^2}dv=-\frac{dx}{x}$$

$$\Rightarrow\ \int\frac{2v}{1+v^2}dv=-\int\frac{dx}{x}$$

$$\Rightarrow \log\left(1+v^2\right)=-\log x+\log c$$

$$\Rightarrow \log\left(1+v^2\right)+\log x=\log c$$

$$\Rightarrow x(1+v^2)=c$$

$$\Rightarrow x^2+y^2=cx.$$

उदाहरण 20. हल करें : $x\frac{dy}{dx} = y - x\tan\left(\frac{y}{x}\right)$

हल: $x\frac{dy}{dx} = y - x\tan\left(\frac{y}{x}\right)$

$$\Rightarrow \frac{dy}{dx} = \frac{y}{x} - \tan\left(\frac{y}{x}\right)$$

$$\left[\text{माना } y = vx \Rightarrow \frac{dy}{dx} = v + x\frac{dv}{dx}\right]$$

$$\Rightarrow v + x\frac{dv}{dx} = v - \tan v$$

$$\Rightarrow x\frac{dv}{dx} = -\tan v$$

$$\Rightarrow \int\frac{dv}{\tan v} = -\int\frac{dx}{x}$$

$$\Rightarrow \int\cot v\, dv = -\log x + \log c$$

$$\Rightarrow \log\sin v = \log\frac{c}{x}$$

$$\Rightarrow \sin\frac{y}{x} = \frac{c}{x}.$$

उदाहरण 21. हल करें : $2xy + y^2 - 2x^2\frac{dy}{dx} = 0$

हल: $2xy + y^2 - 2x^2\frac{dy}{dx} = 0$

$$\Rightarrow \frac{dy}{dx} = \frac{2xy + y^2}{2x^2}$$

$$\left[\text{माना } y = vx \Rightarrow \frac{dy}{dx} = v + x\frac{dv}{dx}\right]$$

$$\Rightarrow v + x\frac{dv}{dx} = \frac{2v + v^2}{2}$$

$$\Rightarrow x\frac{dv}{dx} = \frac{v^2}{2}$$

$$\Rightarrow 2\frac{dv}{v^2} = \frac{dx}{x}$$

$$\Rightarrow 2\int\frac{dv}{v^2} = \int\frac{dx}{x}$$

$$\Rightarrow \frac{-2}{v} = \log(x) + c$$

$$\Rightarrow \frac{-2x}{y} = \log x + c.$$

रैखिक अवकल समीकरण

(Linear Differential Equation)

(*i*) $\frac{dy}{dx} + px = q$ के रूप में अवकल समीकरण को रैखिक अवकल समीकरण कहते हैं जहाँ p एवं q, x के फलन या अचर हैं।

हल करने की विधि (Method to Solve)

सर्वप्रथम रैखिक समीकरण का समाकल गुणांक (Intergrating Factor) ज्ञात करते हैं, इसे संक्षेप में I.F. से सूचित करते हैं।

$I.F. = e^{\int p dx}$

अवकल समीकरण को I. F. से दोनों ओर गुणा कर समाकलन करते हैं।

उदाहरण 22. हल करें : $\cos^2 x\frac{dy}{dx} + y = \tan x$

हल: $\cos^2 x\frac{dy}{dx} + y = \tan x$

$$\Rightarrow \frac{dy}{dx} + \sec^2 x \,.\, y = \tan x \,.\, \sec^2 x \qquad ...(i)$$

यह एक रैखिक समीकरण है।

जहाँ $I.F. = e^{\int p dx} = e^{\int \sec^2 x dx} = e^{\tan x}$

I. F. से समीकरण (*i*) को गुणा करने पर,

$$e^{\tan x}.\frac{dy}{dx}+e^{\tan x}\sec^2 x\,.\,y=e^{\tan x}\tan x\,.\sec^2 x$$

$$\therefore\ \frac{d}{dx}\left(y\,.\,e^{\tan x}\right)=e^{\tan x}\tan x\,.\sec^2 x$$

$$\therefore\ y\,.\,e^{\tan x}=\int e^{\tan x}.\tan x\,.\sec^2 dx$$

$$=\int \underset{II}{e^t}.\underset{I}{t}\ dt\quad \left[\text{माना } t=\tan x, dt=\sec^2 x\,dx\right]$$

$$\Rightarrow y.e^{\tan x}=t\,e^t-e^t+c$$

$$\Rightarrow y.e^{\tan x}=e^{\tan x}(\tan x-1)+c.$$

उदाहरण 23. हल करें : $\left(1+x^2\right)\frac{dy}{dx}+2xy-4x^2=0$

हलः $\left(1+x^2\right)\frac{dy}{dx}+2xy-4x^2=0$

$$\Rightarrow \frac{dy}{dx}+\frac{2xy}{1+x^2}=\frac{4x^2}{1+x^2}\quad\left(\frac{dy}{dx}+py=q\right)$$

अतः $I.F.=e^{\int\frac{2x}{1+x^2}dx}=e^{\log\left(1+x^2\right)}=\left(1+x^2\right)$

I. F. से गुणा करने पर,

$$\Rightarrow \left(1+x^2\right)\frac{dy}{dx}+2xy=4x^2$$

$$\Rightarrow \frac{d}{dx}\left\{y.\left(1+x^2\right)\right\}=4x^2$$

$$\Rightarrow y\left(1+x^2\right)=4\int x^2 dx$$

$$\Rightarrow y\left(1+x^2\right)=\frac{4}{3}x^3+c.$$

उदाहरण 24. हल करें : $\frac{dy}{dx}+x\sin 2y=x^3\cos^2 y$

हलः $\frac{dy}{dx}+x\sin 2y=x^3\cos^2 y$

$$\Rightarrow \sec^2 y\frac{dy}{dx}+\frac{2x\sin y\,.\cos y}{\cos^2 y}=x^3$$

$$\Rightarrow \sec^2 y\frac{dy}{dx}+2x\tan y=x^3$$

$$\left[v=\tan y\Rightarrow\frac{dv}{dx}=\sec^2 y\frac{dy}{dx}\right]$$

$$\Rightarrow \frac{dv}{dx}+2x\,.\,v=x^3$$

(जो $\frac{dy}{dx}+py=q$ के रूप में है)

$$\Rightarrow I.F.=e^{\int 2xdx}=e^{x^2}$$

e^{x^2} से गुणा करने पर,

$$\Rightarrow e^{x^2}\frac{dv}{dx}+2x\,e^{x^2}.\,v=e^{x^2}.\,x^3$$

$$\Rightarrow \frac{d}{dx}\left(v\,.\,e^{x^2}\right)=e^{x^2}.\,x^3$$

$$\Rightarrow v\,.\,e^{x^2}=\int e^{x^2}.\,x^3 dx$$

$$\left[x^2=t\ \text{माना},\ 2x\,dx=dt\right]$$

$$\Rightarrow v\,.\,e^{x^2}=\frac{1}{2}\int e^t\,.\,t\,dt$$

$$v\,.\,e^{x^2}=\frac{1}{2}e^t\,(t-1)+c$$

$$\Rightarrow \tan y\,.\,e^{x^2}=\frac{1}{2}e^{x^2}\left(x^2-1\right)+c$$

(*ii*) रैखिक अवकल समीकरण का रूप

$$\frac{dx}{dy}+rx=s$$

जहाँ (r,s), x का फलन या अचर है।

उदाहरण 25. हल करें : $y\,dx+\left(x-y^3\right)dy=0$

हलः $y\,dx+\left(x-y^3\right)dy=0$

$$\Rightarrow \frac{dx}{dy}+\frac{x}{y}=y^2 \qquad ...(i)$$

यह एक रैखिक अवकल समीकरण है।

$$I.F.=e^{\int\frac{dy}{y}}=e^{\log y}=y$$

समीकरण (i) को $I.F.$ से गुणा करने पर,

$$y\frac{dx}{dy}+x=y^3$$

$$\Rightarrow \frac{d}{dy}(xy)=y^3$$

$$\Rightarrow xy=\int y^3dy=\frac{y^4}{4}+c$$

$$\Rightarrow xy=\frac{y^4}{4}+c.$$

उदाहरण 26. हल करें : $\left(\frac{e^{-2\sqrt{x}}}{\sqrt{x}}-\frac{y}{\sqrt{x}}\right)\frac{dx}{dy}=1, x\neq 0$

हलः $\left(\frac{e^{-2\sqrt{x}}}{\sqrt{x}}-\frac{y}{\sqrt{x}}\right)\frac{dx}{dy}=1$

$$\Rightarrow \frac{e^{-2\sqrt{x}}}{\sqrt{x}}-\frac{y}{\sqrt{x}}=\frac{dy}{dx}$$

$$\Rightarrow \frac{dy}{dx}+\frac{y}{\sqrt{x}}=\frac{e^{-2\sqrt{x}}}{\sqrt{x}} \qquad \left(\frac{dy}{dx}+py=q\right)$$

$$\therefore I.F.=e^{\int\frac{1}{\sqrt{x}}dx}=e^{2\sqrt{x}}$$

$$\Rightarrow e^{2\sqrt{x}}\frac{dy}{dx}+e^{2\sqrt{x}}.\frac{y}{\sqrt{x}}=\frac{1}{\sqrt{x}}$$

$$\Rightarrow \frac{d}{dx}\left(y.e^{2\sqrt{x}}\right)=\frac{1}{\sqrt{x}}$$

$$\Rightarrow y.e^{2\sqrt{x}}=\int\frac{dx}{\sqrt{x}}=2\sqrt{x}+c$$

$$\Rightarrow y=\left(2\sqrt{x}+c\right)e^{-2\sqrt{x}}.$$

लम्बकोणीय संछेदी (Orthogonal Trajectory)

यदि कोई वक्र दिए गए वक्रों के कुल के प्रत्येक वक्र को समकोण पर प्रतिच्छेदित करता है तो वह कुल (Family) का लम्बकोणीय संछेदी कहलाता है।

साधित उदाहरण (Solved Examples)

1. वक्रों के कुल (Family) $(y-b)^2=4(x-a)$ द्वारा प्रदर्शित अवकल समीकरण को ज्ञात करें।

हलः $(y-b)^2=4(x-a) \qquad ...(i)$

x के सापेक्ष अवकलन करने पर,

$$2(y-b)\frac{dy}{dx}=4 \qquad ...(ii)$$

$$\Rightarrow (y-b)\frac{dy}{dx}=2$$

पुनः x के सापेक्ष अवकलन करने पर,

$$(y-b)\frac{d^2y}{dx^2}+\left(\frac{dy}{dx}\right)^2=0 \qquad ...(iii)$$

समीकरण (ii) एवं (iii) से $(y-b)$ का लुप्तिकरण करने पर,

$$\frac{2}{dy/dx}\left(\frac{d^2y}{dx^2}\right)+\left(\frac{dy}{dx}\right)^2=0$$

$$\Rightarrow 2\frac{d^2y}{dx^2}+\left(\frac{dy}{dx}\right)^3=0$$

यह अभीष्ट अवकल समीकरण है।

2. सिद्ध करें कि $xy=ae^x+be^{-x}+x^2$ अवकल समीकरण $\frac{xd^2y}{dx^2}+\frac{2dy}{dx}-xy+x^2-2=0$ का हल है।

हलः $xy = ae^x + be^{-x} + x^2$ ...(i)

x के सापेक्ष अवकलन करने पर,

$$y + x\frac{dy}{dx} = ae^x - be^{-x} + 2x$$

पुनः x के सापेक्ष अवकलन करने पर,

$$x\frac{d^2y}{dx^2} + \frac{dy}{dx} + \frac{dy}{dx} = ae^x + be^{-x} + 2$$

$$\Rightarrow x\frac{d^2y}{dx^2} + 2\frac{dy}{dx} = ae^x + be^{-x} + 2 \quad ...(ii)$$

अब $x\frac{d^2y}{dx^2} + 2\frac{dy}{dx} - xy + x^2 - 2$

$$= \left[ae^x + be^{-x} + 2\right] - \left[ae^x + be^{-x} + x^2\right] + x^2 - 2 = 0$$

अतः $xy = ae^x + be^{-x} + x^2$, दिए गए अवकल समीकरण का हल है।

3. हल करें : $\frac{dy}{dx} = \frac{3e^{2x} + 3e^{4x}}{e^x + e^{-x}}$,

हलः $\frac{dy}{dx} = \frac{3e^{2x} + 3e^{4x}}{e^x + e^{-x}}$

$$\Rightarrow \frac{dy}{dx} = \frac{3e^{2x}\left(1 + e^{2x}\right)}{e^x + \frac{1}{e^x}}$$

$$= \frac{3e^{2x}\left(1 + e^{2x}\right) \times e^x}{\left(1 + e^{2x}\right)}$$

$$\Rightarrow \frac{dy}{dx} = 3e^{3x}$$

$$\Rightarrow dy = 3e^{3x}dx$$

$$\Rightarrow \int dy = 3\int e^{3x}dx$$

$$\Rightarrow y = 3\frac{e^{3x}}{3} + c$$

$$\Rightarrow y = e^{3x} + c.$$

4. हल करें : $\left(1 + y^2\right)\left(1 + \log x\right)dx + xdy = 0$

हलः $\left(1 + y^2\right)\left(1 + \log x\right)dx + xdy = 0$

$$\Rightarrow \frac{1 + \log x}{x}dx = -\frac{dy}{1 + y^2}$$

$$\Rightarrow \int\frac{1 + \log x}{x}dx = -\int\frac{dy}{1 + y^2}$$

$$\left[1 + \log x = t \text{ माना } \frac{1}{x}dx = dt\right]$$

$$\Rightarrow \int t\,dt = -\tan^{-1}y + c$$

$$\Rightarrow \frac{t^2}{2} = -\tan^{-1}y + c$$

$$\Rightarrow \left(1 + \log x\right)^2 = -2\tan^{-1}y + c$$

$$\Rightarrow \left(1 + \log x\right)^2 + 2\tan^{-1}y = c.$$

5. हल करें : $(x + y)^2\frac{dy}{dx} = a^2$

हलः माना $x + y = v$, तब

$$\frac{dy}{dx} = \frac{dv}{dx} - 1$$

$$\therefore (x + y)^2\frac{dy}{dx} = a^2$$

$$\Rightarrow v^2\left\{\frac{dv}{dx} - 1\right\} = a^2$$

$$\Rightarrow v^2\frac{dv}{dx} = v^2 + a^2$$

$$\Rightarrow \frac{v^2}{a^2 + v^2}dv = dx$$

$$\Rightarrow \int\left(1-\frac{a^2}{v^2+a^2}\right)dv=\int dx$$

$$\Rightarrow \int dv-a^2\int\frac{dv}{v^2+a^2}=\int dx$$

$$\Rightarrow v-a^2.\frac{1}{a}\tan^{-1}\frac{v}{a}=x+c$$

$$\Rightarrow (x+y)-a\tan^{-1}\left(\frac{x+y}{a}\right)=x+c.$$

6. हल करें : $\left(x\,e^{y/x}+y\right)dx=x\,dy$

हल: $\left(x\,e^{y/x}+y\right)dx=x\,dy$

$$\Rightarrow \frac{dy}{dx}=e^{y/x}+\frac{y}{x}$$

यह एक समघातीय अवकल समीकरण है।

$y=vx$ (माना)

$$\therefore \frac{dy}{dx}=v+x\frac{dv}{dx}$$

$$\Rightarrow v+x\frac{dv}{dx}=e^v+v$$

$$\Rightarrow x\frac{dv}{dx}=e^v$$

$$\Rightarrow e^{-v}dv=\frac{dx}{x}\Rightarrow\int e^{-v}dv=\int\frac{dx}{x}$$

$$\Rightarrow -e^{-v}=\log x+c$$

$$\Rightarrow -e^{-y/x}=\log x+c.$$

7. हल करें : $\frac{dy}{dx}-\frac{y}{x}=2x^2,\ x>0$

हल: $\frac{dy}{dx}+\left(\frac{-1}{x}\right)y=2x^2$

यह रैखिक अवकल समीकरण है।

अतः $I.F.=e^{-\int\frac{dx}{x}}=e^{-\log x}=e^{\log\frac{1}{x}}=\frac{1}{x}$

$I.F.$ से समीकरण को गुणा करने पर,

$$\frac{1}{x}\frac{dy}{dx}-\frac{1}{x^2}y=2x$$

$$\Rightarrow \frac{d}{dx}\left(y.\frac{1}{x}\right)=2x$$

$$\Rightarrow y.\frac{1}{x}=\int 2x\,dx=x^2+c$$

$$=y=x^3+cx.$$

8. हल करें : $ye^y dx=\left(y^3+2x\,e^y\right)dy$

हल: $ye^y dx=\left(y^3+2x\,e^y\right)dy$

$$\Rightarrow \frac{dx}{dy}=y^2e^{-y}+\frac{2x}{y}$$

$$\Rightarrow \frac{dx}{dy}-\frac{2x}{y}=y^2e^{-y}$$

यह एक रैखिक अवकल समीकरण है $\frac{dx}{dy}+rx=s$

अतः $I.F.=e^{-\int\frac{2}{y}dy}=e^{-2\log y}=e^{\log\frac{1}{y^2}}=\frac{1}{y^2}$

$\left(\frac{1}{y^2}\right)I.F.$ से दोनों ओर गुणा करने पर,

$$\frac{1}{y^2}\frac{dx}{dy}-\frac{2}{y^3}x=e^{-y}$$

$$d/dy\left(x.\frac{1}{y^2}\right)=e^{-y}$$

$$\Rightarrow x.\frac{1}{y^2}=\int e^{-y}dy$$

$$\Rightarrow \frac{x}{y^2}=-e^{-y}+c.$$

9. हल करें : $\frac{dy}{dx}=1+x+y+xy$

हलः $\frac{dy}{dx}=1+x+y+xy$

$\Rightarrow \frac{dy}{dx}=(1+x)+y(1+x)$

$\Rightarrow \frac{dy}{dx}=(1+x)(1+y)$

$\Rightarrow \frac{dy}{1+y}=(1+x)\,dx$

$\Rightarrow \int\frac{dy}{1+y}=\int(1+x)\,dx$

$\Rightarrow \log(1+y)=x+\frac{x^2}{2}+c$

$\Rightarrow 1+y=e^{x+\frac{x^2}{2}+c}$

$\Rightarrow y=e^{x+\frac{x^2}{2}+c}-1.$

10. हल करें : $\sin x\,.\cos y\,dx+\cos x\,.\sin y\,dy=0$

हलः $\sin x\,.\cos y\,dx+\cos x\,.\sin y\,dy=0$

$\Rightarrow \frac{\sin x}{\cos x}dx+\frac{\sin y}{\cos y}dy=0$ (चर को अलग करने पर)

$\Rightarrow \tan x\,dx+\tan y\,dy=0$

$\Rightarrow \int\tan x\,dx+\int\tan y\,dy=0$

$=-\log|\cos x|-\log|\cos y|=\log c$

$\Rightarrow -\log(\cos x\,.\cos y)=\log c$

$\Rightarrow \log\cos x\cos y=\log c_1$

$\Rightarrow \cos x\,.\cos y=c_1.$

वस्तुनिष्ठ प्रश्न

1. परवलय का कुल जिसका अक्ष X-अक्ष है, के अवकल समीकरण की घात तथा कोटि क्रमशः है–

(*a*) 2, 1 (*b*) 1, 2

(*c*) 3, 2 (*d*) (2, 3)

2. अवकल समीकरण $\frac{dx}{x}+\frac{dy}{y}=0$ का हल है–

(*a*) $xy=c$ (*b*) $x+y=c$

(*c*) $\log x\log y=c$ (*d*) $x^2+y^2=c$

3. अवकल समीकरण $\cot y dx=xdy$ का हल है–

(*a*) $x=\cos x$ (*b*) $x=c\sec y$

(*c*) $x=c\sin y$ (*d*) $y=c\sin c$

4. $y+x^2=\frac{dy}{dx}$ का हल है–

(*a*) $x^2+2x+2+x^3=ce^x$

(*b*) $y+x-x^2+2=ce^x$

(*c*) $y+x^2+2x+2=ce^x$

(*d*) $y-x^2+3x+2=ce^x$

5. वह अवकल समीकरण, जिसके लिए $\sin^{-1}x+\sin^{-1}y=c$ है–

(*a*) $\sqrt{1+x^2}dx+\sqrt{1-y^2}dy=0$

(*b*) $\sqrt{1-x^2}dy+\sqrt{1-y^2}dx=0$

(*c*) $\sqrt{1+x^2}dy+\sqrt{1-y^2}dx=0$

(*d*) $(1-x^2)dx-\sqrt{1-y^2}dy=0$

6. समीकरण $y = ae^{mx} + be^{-mx}$, निम्न में से किस अवकल समीकरण को संतुष्ट करता है–

(*a*) $\frac{dy}{dx} - my = 0$ (*b*) $\frac{dy}{dx} + my = 0$

(*c*) $\frac{d^2y}{dx^2} + m^2y = 0$ (*d*) $\frac{d^2y}{dx^2} - m^2y = 0$

7. वक्र निकाय $y = ax\cos\left(\frac{1}{x} + b\right)$ जहाँ a तथा b प्राचल है, का अवकल समीकरण है–

(*a*) $x^2y_2 + y = 0$ (*b*) $x^4y_2 + y = 0$

(*c*) $xy_2 - y = 0$ (*d*) $x^4y_2 - y = 0$

8. सभी संकेन्द्रीय वृत्तों जिनका केन्द्र (h, k) हैं, के लिए अवकल समीकरण की कोटि है–

(*a*) 1 (*b*) 2

(*c*) 3 (*d*) 4

9. समीकरण $\frac{d^2y}{dx^2} = e^{-2x}$ का हल है–

(*a*) $y = \frac{1}{4}e^{-2x}$

(*b*) $y = \frac{1}{4}e^{-2x} + cx + d$

(*c*) $y = \frac{1}{4}e^{-2x} + cx^2 + d$

(*d*) $y = \frac{1}{4}e^{-2x} + c + d$

10. $\frac{dy}{dx} + p(x)y = 0$ का हल है–

(*a*) $y = ce^{\int pdx}$ (*b*) $x = ce^{-\int pdy}$

(*c*) $y = ce^{-\int pdx}$ (*d*) $x = ce^{\int pdy}$

11. $\frac{dy}{dx} = \left(\frac{y}{x}\right)^{1/3}$ का हल है–

(*a*) $x^{2/3} + y^{2/3} = c$ (*b*) $x^{1/3} + y^{1/3} = c$

(*c*) $y^{2/3} - x^{2/3} = c$ (*d*) $y^{1/3} - x^{1/3} = c$

12. वक्र निकाय $y^2 = 2k\left(x + \sqrt{k}\right)$ को प्रदर्शित करने वाले अवकल समीकरण की कोटि तथा घात क्रमशः, क्या होगा, जबकि k एक धनात्मक प्राचाल हैं?

(*a*) 1 तथा 2 (*b*) 2 तथा 4

(*c*) 1 तथा 4 (*d*) 1 तथा 3

13. $\frac{dy}{dx} + y = e^{-x}, y(0) = 0$ का हल है–

(*a*) $y = e^{-x}(x-1)$ (*b*) $y = xe^{x}$

(*c*) $y = xe^{-x} + 1$ (*d*) $y = xe^{-x}$

14. अवकल समीकरण $p = \frac{\left[1 + \left(\frac{dy}{dx}\right)^2\right]^{3/2}}{\frac{d^2y}{dx^2}}$ की कोटि एवं घात क्रमशः है–

(*a*) 2, 2 (*b*) 3, 3

(*c*) 4, 2 (*d*) 2, 1

15. अवकल समीकरण $\left(1 + 3\frac{dy}{dx}\right)^{2/3} = 4\frac{d^3y}{dx^3}$ की कोटि एवं घात क्रमशः है–

(*a*) $2, \frac{2}{3}$ (*b*) 4, 3

(*c*) 3, 3 (*d*) 1, 2

16. $\frac{dy}{dx} + \frac{y}{3} = 1$ का हल है–

(*a*) $y = 4 + ce^{x/3}$ (*b*) $y = 3 + ce^{-x/3}$

(*c*) $3y = c + e^{x/3}$ (*d*) $y = c + e^{-x/3}$

17. बिन्दु (2, 1) से गुजरने वाले वक्र के बिन्दु (x, y) पर स्पर्शी का ढाल (slope) $\frac{x^2+y^2}{2xy}$ है, तब वक्र का समीकरण है–

(a) $2(x^2-y^2)=3x$ (b) $2(x^2-y^2)=6y$

(c) $x(x^2-y^2)=6$ (d) $x(x^2+y^2)=10$

18. यदि समीकरण $(1+t)\frac{dy}{dt}-ty=1$ तथा $y(0)=-1$ का हल $y(t)$ है, तब $y(1)$ का मान है–

(a) $-\frac{1}{2}$ (b) $e+\frac{1}{3}$

(c) $e+\frac{1}{2}$ (d) $\frac{e}{2}$

19. समीकरण $(x^2+1)\frac{dy}{dx}+2xy=x^2-1$ का समाकलन गुणक है–

(a) x^2+1 (b) $\frac{x^2+1}{2x}$

(c) $\frac{x^2+1}{x^2+2}$ (d) इनमें से कोई नहीं

20. समीकरण $y=\sec(\tan^{-1}x)$ से प्राप्त अवकल समीकरण है–

(a) $(1+x^2)\frac{dy}{dx}=y+x$

(b) $(1+x^2)\frac{dy}{dx}=y-x$

(c) $(1+x^2)\frac{dy}{dx}=xy$

(d) इनमें से कोई नहीं

21. मूल बिन्दु से गुजरने वाली सभी सरल रेखाओं का अवकल समीकरण है–

(a) $\frac{dy}{dx}=\sqrt{x^3}$ (b) $\frac{dy}{dx}=y+x$

(c) $\frac{dy}{dx}=\frac{y}{x}$ (d) इनमें से कोई नहीं

22. समीकरण $y'=\frac{y+1}{x-1}, y(1)=1$ के हलों की संख्या है–

(a) एक (b) कोई नहीं

(c) अनन्त (d) दो

23. एक कण मूलबिन्दु से चलना प्रारम्भ करता है और X-अक्ष के अनुदिश इस प्रकार गति करता है कि बिन्दु $(x, 0)$ पर कण का वेग सूत्र $\frac{dx}{dt}=\cos^2\pi x$ द्वारा दिया जाता है, तब कण निम्न में से किस बिन्दु पर कभी नहीं पहुँचेगा?

(a) $x=\frac{1}{3}$ (b) $x=\frac{1}{2}$

(c) $x=\frac{3}{5}$ (d) $x=2$

24. $\frac{dy}{dx}=2^{y-x}$ का हल है–

(a) $2^x+2^y=c$ (b) $2^x-2^y=c$

(c) $\frac{1}{2^x}-\frac{1}{2^y}=c$ (d) इनमें से कोई नहीं

25. उस अवकल समीकरण की कोटि जिसका व्यापक हल $y=c_1e^{2x+c_2}+c_3e^x+c_4\sin(x+c_5)$ है–

(a) 4 (b) 6

(c) 3 (d) 1

26. अवकल समीकरण $\left(\frac{d^2y}{dx^2}\right)^2-\left(\frac{dy}{dx}\right)^{1/2}=y^3$ का घात है–

(a) 5 (b) 2

(c) 6 (d) 4

27. यदि $\frac{d^2y}{dx^2}+\sin x=0$, तब अवकल समीकरण का हल है–

(a) $y=\sin x+c_1x+c_2$

(b) $y=\cos x+c_1x+c_2$

(c) $y=\log\tan x+c_1x+c_2$

(d) $y=\log\cos x+c_1x+c_2$

28. समकलन वक्र जो कि $y'=\frac{x^2+y^2}{x^2-y^2}, y(1)=2$ को संतुष्ट करता है। इस वक्र की बिन्दु (1, 0) पर प्रवणता है–

(a) 5/3 (b) $\frac{1}{2}$

(c) 1 (d) –5/3

29. $y'-y=1, y(0)=-1$ का हल $y(x)$ हो, तो $y(x)$ का मान है–

(a) $\exp(x)$ (b) –2

(c) –1 (d) $-\exp(-x)$

30. समीकरण $y=A\cos wt+B\sin wt$ से A तथा B को विलोपित करने पर प्राप्त होने वाला अवकल समीकरण है–

(a) $y''=-w^2y$ (b) $y''+y=0$

(c) $y''+y'=0$ (d) $y''-w^2y=0$

31. अवकल समीकरण $\frac{dy}{dx}+y\sec^2 x=\tan x\sec^2 x$ का हल है–

(a) $y=\tan x-1+ce^{-\tan x}$

(b) $y^2=\tan x-1+ce^{\tan x}$

(c) $ye^{\tan x}=\tan x-1+c$

(d) $ye^{-\tan x}=\tan x-1+c$

32. यदि $x^2+y^2=1$, तब $\left(y'=\frac{dy}{dx}, y''=\frac{d^2y}{dx^2}\right)$

(a) $yy''-2(y')^2+1=0$

(b) $yy''-(y')^2+1=0$

(c) $yy''-(y')^2-1=0$

(d) $yy''+2(y')^2+1=0$

33. अवकल समीकरण $y'=y\tan x-2\sin x$ का हल है–

(a) $y=\tan x+2c\cos x$

(b) $y=\tan x+c\cos x$

(c) $y=\tan x-2c\cos x$

(d) इनमें से कोई नहीं

34. यदि $x(1-x^2)dy+(2x^2y-y-ax^3)dx=0$ का समाकलन गुणक $e^{\int pdx}$ हो तो p बराबर है–

(a) $\frac{2x^2-ax^3}{x(1-x^2)}$ (b) $(2x^2-1)$

(c) $\frac{2x^2-1}{ax^3}$ (d) $\frac{2x^2-1}{x(1-x^2)}$

35. $\cos x\frac{dy}{dx}+y\sin x=1$ का हल है–

(a) $y\sec x\tan x=c$

(b) $y\sec x=\tan x+c$

(c) $y=\tan x=\sec x+x$

(d) इनमें से कोई नहीं

36. अवकल समीकरण $\sin\left(\frac{dy}{dx}\right)=a$ का $y(0)=1$ के साथ हल होगा–

(a) $\sin^{-1}\frac{(y-1)}{x}=a$ (b) $\sin\frac{(y-1)}{x}=a$

(c) $\sin\frac{(1-y)}{(1+x)}=a$ (d) इनमें से कोई नहीं

37. कितने घात का अवकल समीकरण, वक्र समूह $y=Ax+A^3$ को निरूपित करता है?

(a) तीन (b) दो

(c) एक (d) इनमें से कोई नहीं

38. अवकल समीकरण $x\log x\frac{dy}{dx}+y=2\log x$ का हल है–

(a) $y=\log x+c$

(b) $y=\log x^2+c$

(c) $y\log x=(\log x)^2+c$

(d) इनमें से कोई नहीं

39. अवकल समीकरण $dy-\sin x\sin y dx=0$ का हल है–

(a) $e^{\cos x}\tan\frac{y}{2}=c$ (b) $e^{\cos x}\tan y=c$

(c) $\cos x\tan y=c$ (d) इनमें से कोई नहीं

40. अवकल समीकरण $\frac{dy}{dx}+ay=e^{mx}$ का हल है–

(a) $(a+m)y=e^{mx}+c$

(b) $y e^{ax}=me^{mx}+c$

(c) $y=e^{mx}+c e^{-ax}$

(d) $(a+m)y=e^{mx}+c e^{-ax}(a+m)$

अनुच्छेद-1 (Paragraph-1)

माना अवकल समीकरण $\frac{d^3y}{dx^3}=0$

41. अवकल समीकरण का घात–

(a) 0 (b) 3

(c) 1 (d) इनमें से कोई नहीं

42. अवकल समीकरण का हल

(a) $y=ax^2+bx+c$ (b) $y^2=ax^2+bx+c$

(c) $x=ay^2+by+c$ (d) इनमें से कोई नहीं

43. दिया गया अवकल समीकरण वक्रों के कुल को प्रदर्शित करता है–

(a) वृत्त (b) परवलय

(c) सरल रेखा (d) दीर्घवृत्त

अनुच्छेद–2 (Paragraph-2)

माना वक्रों का कुल निम्नलिखित समीकरण द्वारा प्रदर्शित है।

$(x-h)^2+(y-k)^2=r^2$ जहाँ h तथा k नियतांक है।

44. अवकल समीकरण की कोटि (Order)–

(a) 1 (b) 2

(c) 3 (d) इनमें से कोई नहीं

45. वक्रों के कुल का अवकल समीकरण–

(a) $\left(1+y_1^2\right)^3=ry_2$

(b) $y_1\left(1+y_1^2\right)^3=r^2y_2^2$

(c) $\left(1+y_1^2\right)^3=r^2y_2^2$

(d) इनमें से कोई नहीं

दृढ़कथन-कारण (Assertion-Reason) :

निम्नलिखित चार कूटों (a), (b), (c) एवं (d) में से सही उत्तर का चयन करें।

(a) वक्तव्य–I सत्य है; वक्तव्य–II सत्य है; वक्तव्य–II वक्तव्य–I का सही स्पष्टीकरण है।

(b) वक्तव्य–I सत्य है; वक्तव्य–II सत्य है; वक्तव्य–II वक्तव्य–I का सही स्पष्टीकरण नहीं है।

(c) वक्तव्य–I सत्य है; वक्तव्य–II असत्य है

(d) वक्तव्य–I असत्य है; वक्तव्य–II सत्य है।

46. **वक्तव्य-I :** अवकल समीकरण $x\frac{dy}{dx}+2y=e^x$ का *I.F.* (Integrating Factor) x नहीं है।

वक्तव्य-II : $x\left(x\frac{dy}{dx}+2y\right)=\frac{d}{dx}\left(x^2y\right)$

47. **वक्तव्य-I :** अवकल समीकरण $(xy-1)\frac{dy}{dx}+y^2=0$ का हल $xy=\log y+c$ है।

वक्तव्य-II : चूँकि दिए गए अवकल समीकरण का *I.F.* (Integrating Factor) $\left(\frac{1}{y}\right)$ है।

48. **वक्तव्य-I :** अवकल समीकरण $x\log x\frac{dy}{dx}+y=2\log x$ का हल $y\log x=(\log x)^2+c$ है।

वक्तव्य-II : $\frac{dy}{dx}+py=Q$ में $I.F.=e^{\int pdx}$

यहाँ $e^{\log(\log x)}=\log x$

49. मिलान करें (Match These)

वर्ग–I	वर्ग–II
A. किसी रैखिक अवकल समीकरण का घात सदैव	*p*. 1
B. *XOY* तल में अवस्थित वृत्तों के कुल (family) के अवकल समीकरण की कोटि	*q*. 4
C. अवकल समीकरण $\left\{1+\left(\frac{dy}{dx}\right)^2\right\}^{\frac{3}{2}}=\left(\frac{d^2y}{dx^2}\right)^{2/5}$ का घात	*r*. 3
D. अवकल समीकरण $x^2\left(\frac{d^2y}{dx^2}\right)^3+y\left(\frac{dy}{dx}\right)^4+y^4=0$ की कोटि	*s*. 2

(*a*) $A-q;\ B-r;\ C-s;\ D-p$

(*b*) $A-p;\ B-r;\ C-q;\ D-s$

(*c*) $A-p;\ B-q;\ C-r;\ D-s$

(*d*) इसमें से कोई नहीं।

उत्तरमाला

1	2	3	4	5	6	7	8	9	10
(*b*)	(*a*)	(*b*)	(*c*)	(*b*)	(*d*)	(*b*)	(*a*)	(*b*)	(*c*)
11	**12**	**13**	**14**	**15**	**16**	**17**	**18**	**19**	**20**
(*c*)	(*d*)	(*d*)	(*a*)	(*c*)	(*b*)	(*a*)	(*a*)	(*a*)	(*c*)
21	**22**	**23**	**24**	**25**	**26**	**27**	**28**	**29**	**30**
(*c*)	(*b*)	(*b*)	(*c*)	(*a*)	(*d*)	(*a*)	(*c*)	(*c*)	(*a*)
31	**32**	**33**	**34**	**35**	**36**	**37**	**38**	**39**	**40**
(*a*)	(*c*)	(*d*)	(*d*)	(*b*)	(*b*)	(*a*)	(*c*)	(*a*)	(*d*)
41	**42**	**43**	**44**	**45**	**46**	**47**	**48**	**49**	
(*c*)	(*a*)	(*b*)	(*b*)	(*c*)	(*d*)	(*a*)	(*a*)	(*b*)	

व्याख्यात्मक उत्तर

1. परवलय के कुल का समीकरण निम्न है–

$$y^2 = \pm 4a(x-h)$$

x के सापेक्ष अवकलन करने पर,

$$2yy_1 = \pm 4a$$

$$\Rightarrow \quad yy_1 = \pm 2a \Rightarrow y_1^2 + y_1y_2 = 0$$

अतः घात = 1, कोटि = 2.

2. दिया गया अवकल समीकरण निम्न है–

$$\frac{dx}{x} + \frac{dy}{y} = 0$$

दोनों पक्षों का समाकलन करने पर,

$$\int\frac{dx}{x} + \int\frac{dy}{y} = 0 \Rightarrow \log x + \log y = \log c$$

$$\Rightarrow \quad \log(xy) = \log c \Rightarrow xy = c.$$

3. $\cot y\, dx = xdy \Rightarrow \dfrac{dx}{x} = \dfrac{dy}{\cot y} \Rightarrow \dfrac{dx}{x} = \tan y\, dy$

दोनों पक्षों का समाकलन करने पर,

$\log x = \log\sec y + \log c \Rightarrow x = c\sec y.$

4. $y + x^2 = \dfrac{dy}{dx} \Rightarrow \dfrac{dy}{dx} - y = x^2, \dfrac{dy}{dx} + py = Q$

से तुलना करने पर,

$$p = -1,\ Q = x^2,\ I.F. = e^{\int pdx} = e^{\int -1dx} = e^{-x}$$

अतः अभीष्ट हल निम्न है–

$$y(I.F.) = \int Q(I.F.)dx + c$$

$$y.e^{-x} = \int x^2e^{-x}dx + c$$

$$\Rightarrow \quad ye^{-x} = -x^2e^{-x} - 2xe^{-x} - 2e^{-x} + c$$

$$\Rightarrow \quad y + x^2 + 2x + 2 = ce^x.$$

5. $\sin^{-1}x + \sin^{-1}y = c \qquad ...(i)$

x के सापेक्ष अवकलन करने पर,

$$\frac{1}{\sqrt{1-x^2}} + \frac{1}{\sqrt{1-y^2}}\frac{dy}{dx} = 0 \Rightarrow \frac{dy}{dx} = -\frac{\sqrt{1-y^2}}{\sqrt{1-x^2}}$$

$$\Rightarrow \quad \sqrt{1-x^2}\ dy + \sqrt{1-y^2}\ dx = 0$$

यही अभीष्ट समीकरण है।

6. $y = ae^{mx} + be^{-mx} \Rightarrow \dfrac{dy}{dx} = mae^{mx} - mbe^{-mx}$

$$\Rightarrow \quad \frac{d^2y}{dx^2} = m^2ae^{mx} + m^2be^{-mx} = m^2y$$

$$\Rightarrow \quad \frac{d^2y}{dx^2} - m^2y = 0.$$

7. $y = ax\cos\left(\dfrac{1}{x} + b\right) \qquad ...(i)$

समीकरण (i) का x के सापेक्ष अवकलन करने पर,

$$y_1 = a\left[\cos\left(\frac{1}{x}+b\right) - x\sin\left(\frac{1}{x}+b\right)\left(-\frac{1}{x^2}\right)\right]$$

$$= a\left[\cos\left(\frac{1}{x}+b\right) + \frac{1}{x}\sin\left(\frac{1}{x}+b\right)\right] \qquad ...(ii)$$

पुनः समीकरण (ii) का x के सापेक्ष अवकलन करने पर,

$$y_2 = -\frac{a}{x^3}\cos\left(\frac{1}{x}+b\right)$$

$$= \frac{-ax}{x^4}\cos\left(\frac{1}{x}+b\right)$$

$$= -\frac{y}{x^4}$$

$$\Rightarrow x^4y_2 + y = 0.$$

8. केन्द्र (h, k) वाले समकेन्द्रीय वृत्तों के समीकरण निम्न हैं–

$$(x-h)^2 + (y-k)^2 = r^2$$

यहाँ r एक स्वेच्छ अचर है।

$\therefore$ अवकल समीकरण की कोटि = 1.

9. दिया है, $\frac{d^2y}{dx^2} = e^{-2x}$

दोनों पक्षों का समाकलन करने पर,

$$\frac{dy}{dx} = \frac{e^{-2x}}{-2} + c \Rightarrow y = \frac{e^{-2x}}{4} + cx + d.$$

10. $\frac{dy}{dx} + p(x)y = 0$

$\frac{dy}{dx} + py = Q$ से तुलना करने पर,

$p = p(x)$ तथा $Q = 0 \therefore I.F. = e^{\int p dx}$

$\therefore$ अभीष्ट हल निम्न है–

$$ye^{\int p dx} = 0 + c \Rightarrow y = ce^{-\int p dx}.$$

11. दिया है, $\frac{dy}{dx} = (y/x)^{1/3} \Rightarrow \frac{dy}{dx} = \frac{y^{1/3}}{x^{1/3}}$

$$\Rightarrow \frac{dy}{y^{1/3}} = \frac{dx}{x^{1/3}}$$

दोनों पक्षों का समाकलन करने पर,

$$\frac{y^{+2/3}}{2/3} = \frac{x^{+2/3}}{2/3} + c_1 \Rightarrow \frac{3}{2} . y^{2/3} = \frac{3}{2} x^{2/3} + c_1$$

$$\Rightarrow y^{2/3} - x^{2/3} = c. \quad \left[\because c = \frac{2}{3}c_1\right]$$

12. दिया गया समीकरण निम्न है–

$$y^2 = 2k\left(x + \sqrt{k}\right)$$

x के सापेक्ष अवकलन करने पर,

$$2y\frac{dy}{dx} = 2k(1) \Rightarrow k = y\frac{dy}{dx}$$

$$\Rightarrow y^2 = 2\left(y\frac{dy}{dx}\right)\left(x + \sqrt{y . \frac{dy}{dx}}\right) \Rightarrow \frac{y}{2\frac{dy}{dx}} = x + \left(y\frac{dy}{dx}\right)^{1/2}$$

$$\Rightarrow \frac{y}{2\frac{dy}{dx}} - x = \left(y . \frac{dy}{dx}\right)^{1/2}$$

दोनों पक्षों का वर्ग करने पर,

$$\left(\frac{y}{2\frac{dy}{dx}} - x\right)^2 = y . \frac{dy}{dx}$$

$$\Rightarrow \left(\frac{y}{2} - x\frac{dy}{dx}\right)^2 = y\left(\frac{dy}{dx}\right)^3$$

अतः अवकल समीकरण की कोटि = 1

तथा अवकल समीकरण की घात = 3.

13. $\therefore \frac{dy}{dx} + py = Q$ से तुलना करने पर,

$$p = 1,\ Q = e^{-x} \quad I.F. = e^{\int dx} = e^x$$

$$\therefore \quad ye^x = \int e^{-x} . e^x dx + c \Rightarrow ye^x = x + c$$

चूँकि $y(0) = 0 \therefore c = 0$

अतः अभीष्ट हल निम्न है–

$$ye^x = x \Rightarrow y = xe^{-x}.$$

14. $p . \frac{d^2y}{dx^2} = \left[1 + \left(\frac{dy}{dx}\right)^2\right]^{3/2}$

$$\Rightarrow \left(p . \frac{d^2y}{dx^2}\right)^2 = \left[1 + \left(\frac{dy}{dx}\right)^2\right]^3$$

कोटि = 2, घात = 2.

15. दिए गए अवकल समीकरण की कोटि तथा घात ज्ञात करने के लिए इसे करणीगत चिन्हों से स्वतंत्र होना चाहिए।

दोनों पक्षों का घन करने पर,

$$\left(1+3\frac{dy}{dx}\right)^2=\left(4\frac{d^3y}{dx^3}\right)^3$$

स्पष्टतः कोटि = 3, घात = 3.

16. दिया गया रैखिक अवकल समीकरण निम्न है–

$\frac{dy}{dx}+\frac{y}{3}=1,\ \frac{dy}{dx}+py=Q$ से तुलना करने पर,

$p=\frac{1}{3}$ तथा $Q=1\Rightarrow I.F.=e^{\int\frac{1}{3}dx}=e^{x/3}$

अतः अभीष्ट हल निम्न है–

$$y.e^{x/3}=\int 1.e^{x/3}dx+c$$

$$\Rightarrow y.e^{x/3}=3e^{x/3}+c$$

$$\Rightarrow y=3+ce^{-x/3}.$$

17. दिया है, $\frac{dy}{dx}=\frac{x^2+y^2}{2xy}$

माना $y=vx$, तथा

$$\frac{dy}{dx}=v+x\frac{dv}{dx}$$

$$\therefore\quad v+x\frac{dv}{dx}=\frac{x^2+v^2x^2}{2vx^2},\ v+x\frac{dv}{dx}=\frac{1+v^2}{2v}$$

$$\Rightarrow\quad \frac{2v}{1-v^2}dv=\frac{dx}{x}$$

दोनों पक्षों का समाकलन करने पर,

$$\Rightarrow\ -\log\left(1-v^2\right)=\log x+\log c$$

$$\Rightarrow -\log\left(1-\frac{y^2}{x^2}\right)=\log x+\log c \qquad ...(i)$$

यह वक्र बिन्दु (2, 1) से गुजरता है–

$$\Rightarrow -\log\left(1-\frac{1}{4}\right)=\log 2+\log c\Rightarrow c=\frac{2}{3}$$

समीकरण (*i*) से,

$$\log\left(\frac{x^2}{x^2-y^2}\right)=\log xc\Rightarrow 2\left(x^2-y^2\right)=3x.$$

18. दिया गया समीकरण निम्न है–

$(1+t)\frac{dy}{dt}-ty=1,\ e^{-t}$ से गुणा करने पर तथा पदों को पुनः व्यवस्थित करने पर,

$$e^{-t}(1+t)dy+y\left[e^{-t}-(1+t)e^{-t}\right]dt=e^{-t}dt$$

$$\Rightarrow\ d\left[e^{-t}(1+t)y\right]=d\left(-e^{-t}\right)$$

$$\Rightarrow\ d\left[e^{-t}(1+t)y\right]=d\left(-e^{-t}\right)$$

$$\Rightarrow ye^{-t}(1+t)=-e^{-t}+c$$

$$\therefore\ y(0)=-1\Rightarrow c=0\Rightarrow y(1+t)=-1$$

$$\Rightarrow\quad y=-\frac{1}{1+t}\Rightarrow y(1)=-\frac{1}{2}.$$

19. दिया गया रैखिक समीकरण निम्न है–

$$\frac{dy}{dx}+\frac{2x}{1+x^2}y=\frac{x^2-1}{x^2+1}$$

$\frac{dy}{dx}+py=Q$ से तुलना करने पर,

$p=\frac{2x}{1+x^2}$ तथा

$$Q=\frac{x^2-1}{x^2+1}$$

समाकलन गुणक

$$=e^{\int\frac{2x}{1+x^2}dx}=e^{\log\left(1+x^2\right)}=\left(1+x^2\right).$$

20. $y=\sec\left(\tan^{-1}x\right)$

$$\Rightarrow\frac{dy}{dx}=\sec\left(\tan^{-1}x\right)$$

$$\tan\left(\tan^{-1}x\right).\frac{1}{1+x^2}=\frac{xy}{1+x^2}$$

$$\Rightarrow\ \left(1+x^2\right)\frac{dy}{dx}=xy.$$

21. मूल बिन्दु से होकर गुजरने वाली सभी सरल रेखाओं का समीकरण निम्न है–

$y = mx$ जहाँ m स्वेच्छ अचर है ...(*i*)

समीकरण (*i*) का x के सापेक्ष अवकलन करने पर,

$$\frac{dy}{dx} = m \Rightarrow \frac{dy}{dx} = \frac{y}{x}.$$

22. दिया है, $\frac{dy}{dx} = \frac{y+1}{x-1} \Rightarrow \frac{dy}{y+1} = \frac{dx}{x-1}$

दोनों पक्षों का समाकलन करने पर, $\int \frac{dy}{y+1} = \int \frac{dx}{x-1}$

$\Rightarrow \log(y+1) = \log(x-1) + \log c$

$\Rightarrow (y+1) = (x-1)c$

$x = 1$ पर, $y = -1$ जबकि $y(1) = 1$

अतः कोई हल सम्भव नहीं है।

23. दिया है, $\frac{dx}{dt} = \cos^2 \pi x, t$ के सापेक्ष अवकलन करने पर,

$$\frac{d^2x}{dt^2} = -2\pi \sin 2\pi x \text{ (ऋणात्मक)}$$

$\because \frac{d^2x}{dt^2} = 0 \Rightarrow -2\pi \sin 2\pi\, x = 0,$

$$\sin 2\pi x = \sin \pi \Rightarrow 2\pi x = \pi \Rightarrow x = \frac{1}{2}.$$

24. $\frac{dy}{dx} = \frac{2^y}{2^x} \Rightarrow \frac{dy}{2^y} = \frac{dx}{2^x}$

दोनों पक्षों का समाकलन करने पर,

$$\int \frac{dy}{2^y} = \int \frac{dx}{2^x} \Rightarrow -2^{-y}\log 2 = -2^{-x}\log 2 + c_1$$

$$\Rightarrow \frac{\log 2}{2^x} - \frac{\log 2}{2^y} = c_1 \Rightarrow \frac{1}{2^x} - \frac{1}{2^y} = \frac{c_1}{\log 2} = c.$$

25. $y = c_1 e^{2x+c_2} + c_3 e^x + c_4 \sin(x + c_5)$

$= c_1 e^{c_2} e^{2x} + c_3 e^x + c_4 (\sin x \cos c_5 + \cos x \sin c_5)$

$= Ae^{2x} + c_3 e^x + B \sin x + D \cos x$

यहाँ $A = c_1 e^{c_2}$, $B = c_4 \cos c_5$, $D = c_4 \sin c_5$

(चूँकि समीकरण में चार स्वेच्छ अचर हैं)

$\therefore$ अवकल समीकरण की कोटि = 4.

26. $\left[\left(\frac{d^2y}{dx^2}\right)^2 - y^3\right]^2 = \frac{dy}{dx}$

उपरोक्त समीकरण से स्पष्ट है कि अवकल समीकरण का घात 4 है।

27. दिया गया अवकल समीकरण निम्न है–

$\frac{d^2y}{dx^2} + \sin x = 0 \Rightarrow \frac{d^2y}{dx^2} = -\sin x,$ दोनों पक्षों का समाकलन करने पर,

$$\frac{dy}{dx} = -(-\cos x) + c_1 = \cos x + c_1$$

पुनः दोनों पक्षों का समाकलन करने पर,

$$y = \sin x + c_1 x + c_2.$$

28. दिया है, $\frac{dy}{dx} = \frac{x^2 + y^2}{x^2 - y^2}$ तथा $\frac{dy}{dx}$ वक्र की ढाल (slope) है–

अभीष्ट प्रवणता $= \left(\frac{dy}{dx}\right)_{(1,0)} = \frac{1+0}{1-0} = 1.$

29. दिया गया अवकल समीकरण निम्न है–

$\frac{dy}{dx} - y = 1 \Rightarrow \frac{dy}{1+y} = dx,$ दोनों पक्षों का समाकलन करने पर,

$\log(1+y) = x + c \Rightarrow 1 + y = e^x \,.\, e^c$

$\because \quad x = 0, y = -1$

$\therefore \quad 1 - 1 = e^0 e^c \Rightarrow e^c = 0 \Rightarrow 1 + y = e^x \times 0$

$\Rightarrow y = -1.$

30. दिया गया समीकरण निम्न है–

$y = A\cos wt + B\sin wt$

x के सापेक्ष अवकलन करने पर,

$y' = -Aw\sin wt + Bw\cos wt$

x के सापेक्ष पुनः अवकलन करने पर,

$\Rightarrow\ y'' = -Aw^2\cos wt - Bw^2\sin wt$

$= -w^2(A\cos wt + B\sin wt)$

$\Rightarrow\ y'' = -w^2 y.$

31. अवकल समीकरण निम्न है–

$\frac{dy}{dx} + y\sec^2 x = \tan x\,.\sec^2 x$

$\frac{dy}{dx} + Py = Q$ से तुलना करने पर,

$P = \sec^2 x,\ Q = \tan x\sec^2 x$

$I.F. = e^{\int \sec^2 x dx} = e^{\tan x}$

$\therefore$ अभीष्ट हल निम्न है–

$y(I.F.) = \int Q(I.F.)dx$

$\Rightarrow ye^{\tan x} = \int \tan x\sec^2 x\, e^{\tan x}\, dx$

$\Rightarrow y = ce^{-\tan x} + \tan x - 1.$

32. दी गई समीकरण निम्न है–

$x^2 + y^2 = 1$, x के सापेक्ष अवकलन करने पर,

$2x + 2yy' = 0 \Rightarrow x + yy' = 0$

x के सापेक्ष पुन अवकलन करने पर,

$1 + y'^2 - yy'' = 0.$

33. दिया गया अवकल समीकरण निम्न है–

$y' = y\tan x - 2\sin x \Rightarrow \frac{dy}{dx} - y\tan x = -2\sin x$

$\frac{dy}{dx} + Py = Q$ से तुलना करने पर,

$P = -\tan x,\ Q = -2\sin x$

$\therefore\quad I.F. = e^{-\int \tan x\, dx} = e^{\log\cos x} = \cos x$

$\therefore$ अभीष्ट हल निम्न है–

$y\cos x = \int(-2\sin x)(\cos x)dx + c$

$\Rightarrow\ y\cos x = -\int \sin 2x\, dx + c$

$\Rightarrow\ 2y\cos x = \cos 2x + c.$

34. दिया गया अवकल समीकरण निम्न है–

$x(1-x^2)dy + (2x^2y - y - ax^3)dx = 0$

$\Rightarrow \frac{dy}{dx} + \frac{(2x^2-1)}{x(1-x^2)}y = \frac{ax^2}{(1-x^2)}$

$\therefore\quad p = \frac{2x^2-1}{x(1-x^2)}.$

35. दिए गए समीकरण को निम्न प्रकार से लिखने पर,

$\frac{dy}{dx} + y\tan x = \sec x,$

$\frac{dy}{dx} + Py = Q$ से तुलना करने पर,

$P = \tan x$ तथा $Q = \sec x$

$\therefore\quad I.F. = e^{\int \tan x\, dx} = e^{\log\sec x} = \sec x$

अतः अभीष्ट हल निम्न है–

$y\,.(I.F.) = \int Q(I.F.)dx + c$

$\Rightarrow\ y\sec x = \int \sec^2 x + c = \tan x + c.$

36. दिया है– $\sin\frac{dy}{dx} = a,\ dy = \sin^{-1} a dx$

दोनों पक्षों का समाकलन करने पर,

$\int dy = \int \sin^{-1} a dx,\ \ y = x\sin^{-1} a + c$

तथा $y(0) = 0 + c = 1,\ \therefore c = 1$

$\therefore\quad y = x\sin^{-1} a + 1 \Rightarrow a = \sin\frac{y-1}{x}.$

37. दिया गया समीकरण निम्न है–

$y = Ax + A^3$, x के सापेक्ष अवकलन करने पर,

$$\frac{dy}{dx} = A$$

$$\therefore \quad y = x\left(\frac{dy}{dx}\right) + \left(\frac{dy}{dx}\right)^3$$, अतः घात = 3.

38. दिया गया अवकल समीकरण निम्न है–

$$x \log x \frac{dy}{dx} + y = 2 \log x$$

$$\Rightarrow \quad \frac{dy}{dx} + \frac{1}{x \log x} y = \frac{2}{x}$$

$\frac{dy}{dx} + Py = Q$ से तुलना करने पर,

$$P = \frac{1}{x \log x}, \; Q = \frac{2}{x}$$

$$\therefore \; I.F. = e^{\int \frac{1}{x \log x} dx} = e^{\log \log x} = \log x$$

$\therefore$ अभीष्ट हल निम्न है–

$$y(I.F.) = \int Q \, . (I.F.) \, dx$$

$$\Rightarrow y \log x = \int \frac{2 \log x}{x} dx$$

$$\Rightarrow \; y \log x = (\log x)^2 + c.$$

39. दिया गया अवकल समीकरण निम्न है–

$$dy - \sin x \sin y \, dx = 0 \Rightarrow \int \frac{dy}{\sin y} = \int \sin x \, dx$$

$$\Rightarrow \quad \log \tan \frac{y}{2} = -\cos x + c \Rightarrow \tan \frac{y}{2} = e^{-\cos x + c}$$

$$\Rightarrow \quad e^{\cos x} \tan \frac{y}{2} = e^c = c.$$

40. दिया गया अवकल समीकरण निम्न है–

$\Rightarrow \frac{dy}{dx} + ay = e^{mx}$ $\frac{dy}{dx} + Py = Q$ से तुलना करने पर,

$P = a$ तथा $Q = e^{mx}$, $I.F. = e^{\int a dx} = e^{ax}$

$\therefore$ अभीष्ट हल निम्न है–

$$y \, . e^{ax} = \int e^{mx} \, . e^{ax} dx = \frac{e^{(a+m)x}}{a+m} + c$$

$$\Rightarrow \quad y = \frac{e^{mx}}{a+m} + ce^{-ax}$$

$$\Rightarrow \quad y(a+m) = e^{mx} + c(a+m)e^{-ax}.$$

41. अवकल समीकरण का घात 1 है।

42. दिए गए अवकल समीकरण के हल के लिए इसे x के सापेक्ष में, तीन बार समाकलन करेंगे।

$$\frac{d^2 y}{dx^2} = c_1$$

$$\frac{dy}{dx} = c_1 x + c_2 \Rightarrow dy = (c_1 x + c_2) dx$$

$$y = c_1 \frac{x^2}{2} + c_2 x + c_3$$

या $y = ax^2 + bx + c$

जहाँ $a = \frac{c_1}{2}$, $b = c_2$ तथा $c = c_3$.

43. उपरोक्त से, अवकल समीकरण का हल

$y = ax^2 + bx + c$ है।

$$\Rightarrow y - c = a\left(x^2 + \frac{b}{a}x\right)$$

या $y - c = a\left(x + \frac{b}{2a}\right)^2 - \frac{b^2}{4a}$

या $y+\left(\frac{b^2}{4a}-c\right)=a\left(x+\frac{b}{2a}\right)^2$

$$\Rightarrow \frac{1}{a}\left[y-\frac{\left(4ac-b^2\right)}{4a}\right]=\left(x+\frac{b}{2a}\right)^2$$

यह परवलय का कुल है।

44. चूँकि यहाँ दो स्वतंत्र अचर है, अतः वक्रों के कुल के अवकल समीकरण की कोटि 2 होगी।

45. $(x-h)^2+(y-k)^2=r^2$ ...(*i*)

x के सापेक्ष अवकलन करने पर,

$2(x-h)+2(y-k)\,y_1=0$

$\Rightarrow\ (x-h)+(y-k)\,y_1=0$ ...(*ii*)

पुनः x के सापेक्ष अवकलन करने पर,

$1+(y-k)\,y_2+y_1\,.\,y_1=0$

$$\Rightarrow\ y-k=-\frac{\left(1+y_1^2\right)}{y_2} \quad ...(iii)$$

$(y-k)$ का मान समीकरण (*ii*) में रखने पर,

$$x-h=\frac{y_1\left(1+y_1^2\right)}{y_2} \quad ...(iv)$$

समीकरण (*i*), (*ii*) एवं (*iv*) से h, k का लुप्तिकरण करने पर,

$$\frac{y_1^2\left(1+y_1^2\right)^2}{{y_2}^2}+\frac{\left(1+y_1^2\right)^2}{{y_2}^2}=r^2$$

$$\Rightarrow \left(1+y_1^2\right)^2\left(y_1^2+1\right)=r^2y_2^2.$$

46. वक्तव्य–I असत्य एवं वक्तव्य–II सत्य है

चूँकि $\frac{d}{dx}\left(x^2y\right)=x^2\frac{dy}{dx}+y\,.\,2x$

$$=x\left(x\frac{dy}{dx}+2y\right)$$

$\Rightarrow$ वक्तव्य–II सत्य है।

यदि दिए गए अवकल समीकरण को x से गुणा करें, तो

$$x\left(x\frac{dy}{dx}+2y\right)=x\,e^x$$

$$\Rightarrow \frac{d}{dx}\left(x^2y\right)=xe^x$$

$$\Rightarrow\ x^2y=\int x\,e^x\,dx+c$$

अतः x अवकल समीकरण का *I.F.* है इस प्रकार वक्तव्य–I असत्य है।

47. वक्तव्य–I एवं II दोनों सत्य है तथा वक्तव्य–II सही स्पष्टीकरण है।

समीकरण को इस प्रकार लिखने पर,

$xy\,dy+y^2dx-dy=0$

$\frac{1}{y}$ से गुणा करने पर,

$$x\,dy+y\,dx-\frac{1}{y}dy=0$$

या $\int d(xy)-\int\frac{dy}{y}=c$

$\Rightarrow\ \ xy-\log y=c$ अतः $\frac{1}{y}, I.F$ है

48. स्पष्टतः वक्तव्य–II सत्य है, वक्तव्य–I सत्य है।

चूँकि $x\log x\frac{dy}{dx}+y=2\log x$

$$\Rightarrow\ \frac{dy}{dx}+\frac{y}{x\log x}=\frac{2}{x\log x}\,.\log x$$

$$\Rightarrow\ \frac{dy}{dx}+\frac{y}{x\log x}=\frac{2}{x}$$

$$I.F. = e^{\int \frac{dx}{x\log x}} \quad \left[\text{माना, } \log x = t \Rightarrow \frac{1}{x}dx = dt\right]$$

$$= e^{\int \frac{dt}{t}} = e^{\log t} = e^{\log\log x} = \log x$$

$\log x$ से गुणा करने पर,

$$\log x \frac{dy}{dx} + \frac{y}{x} = \frac{2\log x}{x}$$

$$\therefore \frac{d}{dx}(y\log x) = \frac{2\log x}{x}$$

$$\therefore y\log x = 2\int \frac{\log x}{x}dx = 2\frac{(\log x)^2}{2} + c$$

$$\therefore \; y\log x = (\log x)^2 + c.$$

49. *A.* रैखिक अवकल समीकरण का रूप

$$p_0 \frac{d^n y}{dx^n} + p_1 \frac{d^{n-1} y}{dx^{n-1}} + p_2 \frac{d^{n-2} y}{dx^{n-2}} + \ldots + p_{n-1}\frac{dy}{dx} + p_n = Q$$

जहाँ $p_0, p_1, p_2 \ldots p_n, Q, x$ में फलन है। अतः इसका घात 1 होगा।

$A - p.$

B. किसी वृत्त का समीकरण तल में

$x^2 + y^2 + 2gx + 2fy + c = 0$ होता है, जहाँ g, f, c स्वतंत्र अचर है।

अतः अवकल समीकरण की कोटि 3 है।

$B - r.$

C. $$\left\{1 + \left(\frac{dy}{dx}\right)^3\right\}^{3/2} = \left(\frac{d^2y}{dx^2}\right)^{2/5}$$

$$\Rightarrow \left\{1 + \left(\frac{dy}{dx}\right)^3\right\}^{15} = \left(\frac{d^2y}{dx^2}\right)^4$$

अतः घात 4 है।

$C - q.$

D. स्पष्टतः अवकल समीकरण की कोटि 2 है।

$D - s.$

$\therefore$ (*c*) सही उत्तर है।

27

त्रिकोणमितीय अनुपात एवं सर्वसमिकायें (TRIGONOMETRICAL RATIO AND IDENTITIES)

त्रिकोणमिति (Trigonometry)

त्रि + कोण + मिति
= तीन कोणों का मापन
अतः त्रिकोणमिति किसी त्रिभुज के तीनों कोणों का माप है।

कोण (Angle)

किसी परिभ्रमण रेखा द्वारा किसी तल में कुल परिभ्रमण, कोण की माप होती है। माना कोई परिभ्रमण रेखा, *OX* स्थिति से परिभ्रमण प्रारंभ कर *OP* पर पहुँचती है तो कोण की माप ∠XOP होगी।

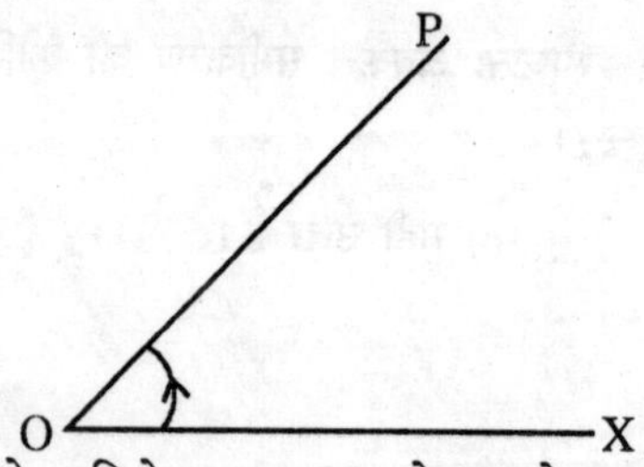

OX को आदि रेखा तथा OP को अन्त रेखा कहते हैं तथा *O* शीर्ष कहलाता है।

(*i*) घड़ी की सूई के विपरीत गति में ∠*XOP* धनात्मक कोण होगा।
(*ii*) घड़ी की सूई की दिशा में ∠*XOP* ऋणात्मक कोण होगा।

कोणों का मापन (Measurement of Angles)

कोणों को मापने की मुख्यतः तीन पद्धतियाँ हैं–

(*i*) षाष्टिक पद्धति (Sexagesimal system)
(*ii*) शतिक पद्धति (Centessimal system)
(*iii*) वृत्तीय पद्धति (Circular system)

(*i*) **षाष्टिक पद्धति (Sexagesimal System) :** इस पद्धति की मुख्य इकाई अंश (degree) (°) है। एक समकोण को 90 बराबर भागों में बाँटा जाता है, प्रत्येक भाग एक अंश (degree) कहलाता है। एक अंश को 60 बराबर भागों में बाँटा जाता है, प्रत्येक भाग एक मिनट (Minute) (′) कहलाता है। पुनः 1 मिनट को 60 बराबर भागों में बाँटा जाता है, प्रत्येक भाग एक सेकेंड (1″) कहलाता है।
अर्थात् 1 समकोण = 90°, 1° = 60′, 1′ = 60″

(*ii*) **शतिक पद्धति (Centessimal System) :** इस पद्धति में 1 समकोण को सौ भागों में बराबर रूप से बाँटा जाता है, प्रत्येक भाग को 1 ग्रेड (1^g) कहते हैं। 1 ग्रेड को पुनः 100 बराबर भागों में बांटा जाता है, प्रत्येक भाग को एक मिनट (1′) कहते हैं। प्रत्येक मिनट को 100 बराबर भागों में बाँटा जाता है, प्रत्येक भाग सेकेंड (1″) कहलाता है।

समकोण = 100^g, 1^g = 100′, 1′ = 100″

(*iii*) **वृत्तीय पद्धति (Circular System) :** किसी वृत्त के केन्द्र पर उसकी त्रिज्या के बराबर लम्बाई के चाप द्वारा बनाया गया कोण, 1 रेडियन कहलाता है।
अर्थात् $OA = OC =$ चाप $AC = r$
तब $\angle AOC = 1^c$ (एक रेडियन)

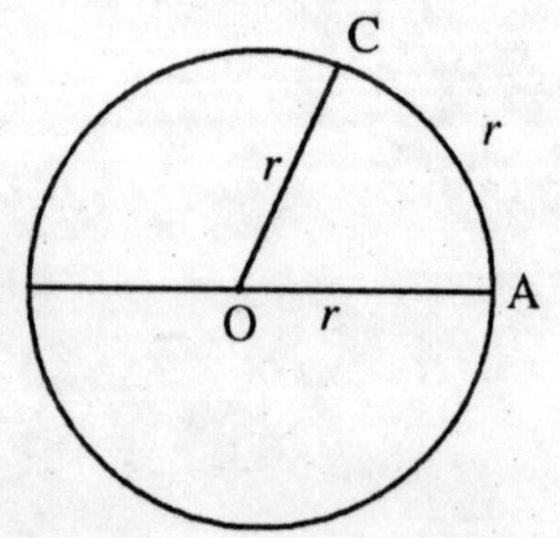

यदि वृत्त की त्रिज्या r तथा चाप की लम्बाई l हो तथा चाप द्वारा केन्द्र पर अन्तरित कोण θ हो,

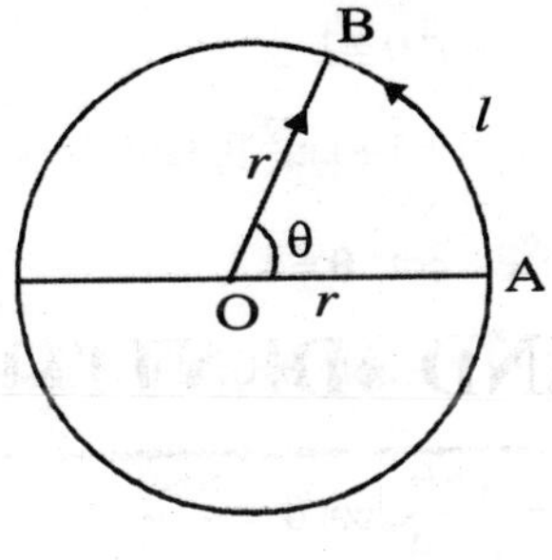

तब $\theta = \frac{l}{r}$

रेडियन एवं डिग्री में संबध

(Relation Between Radian and Degree)

$$\pi^c = 180°$$

जहाँ π (अचर राशि) $= \frac{\text{वृत्त की परिधि}}{\text{व्यास}}$

π का सन्निकट मान प्रायः $\frac{22}{7}$ या 3.14159

ग्रेड, रेडियन एवं डिग्री में संबध $\frac{D}{180} = \frac{G}{200} = \frac{R}{\pi}$

उदाहरण 1. $\left(\frac{15}{8}\right)$ को डिग्री, मिनट एंव सेकेंड में बदलें।

हलः $\left(\frac{15}{8}\right) = 1 + \left(\frac{7}{8}\right) = 1°\left(\frac{105}{2}\right)'$

$= 1° + 52' + \left(\frac{1}{2}\right)'$

$= 1° + 52' + \left(\frac{1}{2} \times 60\right)''$

$\left(\frac{15}{8}\right) = 1° \, 52' 30''.$

उदाहरण 2. किसी घड़ी के मिनट वाली सुई की लम्बाई 5 सेंमी. है। तब 15 मिनट में सूई द्वारा तय दूरी ज्ञात करें।

हल : 15 मिनट में सूई द्वारा बना कोण $= 2\pi \times \frac{15}{60} = \frac{\pi^c}{2}$

चुँकि सूई की लम्बाई 5 सेंमी. है अतः इसके द्वारा तय दूरी $l = r\theta = 5 \times \frac{\pi}{2} = \frac{5\pi}{2}$ सेंमी. होगी।

उदाहरण 3. 1 मीटर व्यास का साइकिल का पहिया, एक मिनट में 10 चक्कर लगाता है। साइकिल की गति प्रति घंटा निकालें।

हलः पहिये द्वारा 1 मिनट में तय दूरी $= 10 \times 2\pi r$ अतः प्रति घंटा गति $= 10\pi \times 60 = 600\pi$ मी.

त्रिकोणमितीय अनुपात (Trigonometrical Ratio)

समकोण त्रिभुज OPM में,

$OM = x$ = आधार

$PM = y$ = लम्ब

$OP = r$ = कर्ण

$\angle MOP = \theta$

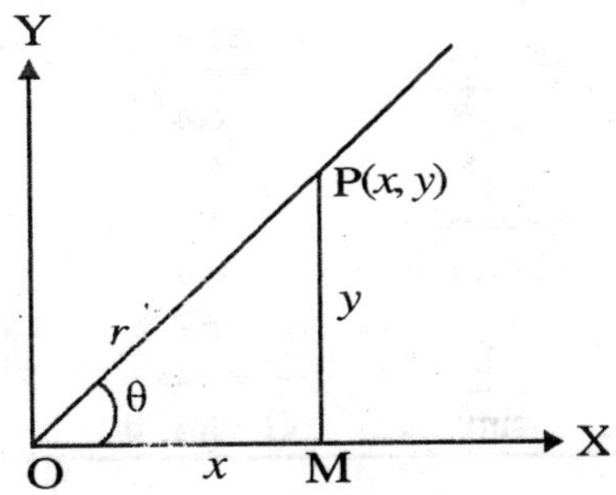

तब $\sin\theta = \frac{y}{r}, \cos\theta = \frac{x}{r}, \tan\theta = \frac{y}{x}$

$\text{cosec}\,\theta = \frac{r}{y}, \sec\theta = \frac{r}{x}, \cot\theta = \frac{x}{y}$

1. (*i*) $\sin\theta \times \text{cosec}\,\theta = 1$

$\Rightarrow \sin\theta = \frac{1}{\text{cosec}\,\theta}, \text{cosec}\theta = \frac{1}{\sin\theta}$

(*ii*) $\cos\theta \times \sec\theta = 1$

$\Rightarrow \cos\theta = \dfrac{1}{\sec\theta}, \sec\theta = \dfrac{1}{\cos\theta}$

(*iii*) $\tan\theta \times \cot\theta = 1$

$\Rightarrow \tan\theta = \dfrac{1}{\cot\theta}, \cot\theta = \dfrac{1}{\tan\theta}$

2. (*i*) $\sin^2\theta + \cos^2\theta = 1$

$\Rightarrow \sin^2\theta = 1 - \cos^2\theta, \cos^2\theta = 1 - \sin^2\theta$

(*ii*) $\sec^2\theta - \tan^2\theta = 1$

$\Rightarrow \sec^2\theta = 1 + \tan^2\theta, \tan^2\theta = \sec^2\theta - 1$

(*iii*) $\text{cosec}^2\theta - \cot^2\theta = 1$

$\Rightarrow \text{cosec}^2\theta = 1 + \cot^2\theta, \cot^2\theta = \text{cosec}^2\theta - 1$

तथा $\tan\theta = \dfrac{\sin\theta}{\cos\theta}, \cot\theta = \dfrac{\cos\theta}{\sin\theta}$

किसी कोण के त्रिकोणमितिय अनुपातों को शेष त्रिकोणमितीय अनुपातों में प्रकट करना

	sinθ	**cosθ**	**tanθ**	**cotθ**	**secθ**	**cosecθ**
$\sin\theta$	$\sin\theta$	$\sqrt{1-\cos^2\theta}$	$\dfrac{\tan\theta}{\sqrt{1+\tan^2\theta}}$	$\dfrac{1}{\sqrt{1+\cot^2\theta}}$	$\dfrac{\sqrt{\sec^2\theta-1}}{\sec\theta}$	$\dfrac{1}{\text{cosec}\theta}$
$\cos\theta$	$\sqrt{1-\sin^2\theta}$	$\cos\theta$	$\dfrac{1}{\sqrt{1+\tan^2\theta}}$	$\dfrac{\cot\theta}{\sqrt{1+\cot^2\theta}}$	$\dfrac{1}{\sec\theta}$	$\dfrac{\sqrt{\text{cosec}^2\theta-1}}{\text{cosec}\theta}$
$\tan\theta$	$\dfrac{\sin\theta}{\sqrt{1-\sin^2\theta}}$	$\dfrac{\sqrt{1-\cos^2\theta}}{\cos\theta}$	$\tan\theta$	$\dfrac{1}{\cot\theta}$	$\sqrt{\sec^2\theta-1}$	$\dfrac{1}{\sqrt{\text{cosec}^2\theta-1}}$
$\cot\theta$	$\dfrac{\sqrt{1-\sin^2\theta}}{\sin\theta}$	$\dfrac{\cos\theta}{\sqrt{1-\cos^2\theta}}$	$\dfrac{1}{\tan\theta}$	$\cot\theta$	$\dfrac{1}{\sqrt{\sec^2\theta-1}}$	$\sqrt{\text{cosec}^2\theta-1}$
$\sec\theta$	$\dfrac{1}{\sqrt{1-\sin^2\theta}}$	$\dfrac{1}{\cos\theta}$	$\sqrt{1+\tan^2\theta}$	$\dfrac{\sqrt{1+\cot^2\theta}}{\cot\theta}$	$\sec\theta$	$\dfrac{\text{cosec}\theta}{\sqrt{\text{cosec}^2\theta-1}}$
$\text{cosec}\theta$	$\dfrac{1}{\sin\theta}$	$\dfrac{1}{\sqrt{1-\cos^2\theta}}$	$\dfrac{\sqrt{1+\tan^2\theta}}{\tan\theta}$	$\sqrt{1+\cot^2\theta}$	$\dfrac{\sec\theta}{\sqrt{\sec^2\theta-1}}$	$\text{cosec}\theta$

त्रिकोणमितीय अनुपातों के चिह

(Signs of Trigonometrical Ratios)

II चतुर्थांश	I चतुर्थांश
Sin , Cosec (+ ve)	सभी धनात्मक
Tan , Cot (+ ve)	Cos, Sec (+ve)
III चतुर्थांश	IV चतुर्थांश

Add → Ist चतुर्थांश में – All – सभी धनात्मक

Sugar → 2nd चतुर्थांश में – Sin, Cosec धनात्मक

To → 3rd चतुर्थांश में – Tan, Cot धनात्मक

Coffee → 4th चतुर्थांश में – Cos, Sec धनात्मक

विभिन्न कोणों के त्रिकोणमितीय अनुपात (Trigonometrical Ratios of Different Angles)

	sin	cos	tan	cot	sec	cosec
$-\theta$	$-\sin\theta$	$\cos\theta$	$-\tan\theta$	$-\cot\theta$	$\sec\theta$	$\text{cosec}\theta$
$90°-\theta$	$\cos\theta$	$\sin\theta$	$\cot\theta$	$\tan\theta$	$\text{cosec}\theta$	$\sec\theta$
$90°+\theta$	$\cos\theta$	$-\sin\theta$	$-\cot\theta$	$-\tan\theta$	$-\text{cosec}\,\theta$	$\sec\theta$
$180°-\theta$	$\sin\theta$	$-\cos\theta$	$-\tan\theta$	$-\cot\theta$	$-\sec\theta$	$\text{cosec}\theta$
$180°+\theta$	$-\sin\theta$	$-\cos\theta$	$\tan\theta$	$\cot\theta$	$-\sec\theta$	$-\text{cosec}\theta$
$360°-\theta$	$-\sin\theta$	$\cos\theta$	$-\tan\theta$	$-\cot\theta$	$\sec\theta$	$-\text{cosec}\theta$
$360°+\theta$	$\sin\theta$	$\cos\theta$	$\tan\theta$	$\cot\theta$	$\sec\theta$	$\text{cosec}\theta$

उदाहरण 4. $\sin(1560°)$ का मान ज्ञात करें।

हलः $1560°$ को 90 से विभाजित करने पर,

$1560° = 17 \times 90° + 30°$ चूँकि भागफल 17 (विषम) है।

अतः फलन इसके सह फलन में बदलेगा तथा $1560°$ द्वितीय चतुर्थांश में होगा, अतः धनात्मक होगा।

इस प्रकार $\sin 1560° = \cos 30° = \frac{\sqrt{3}}{2}.$

उदाहरण 5. $\cos(-2910°)$ का मान प्राप्त करें।

हलः $\cos(-2910°) = \cos(2910°)$

$= \cos(32 \times 90° + 30°)$

[$\therefore$ 32 सम है तथा 2910° प्रथम चतुर्थांश में है]

$= \cos 30°$

$= \frac{\sqrt{3}}{2}.$

उदाहरण 6. यदि $m = \tan\theta + \sin\theta$ तथा $n = \tan\theta - \sin\theta$ तो सिद्ध करें $m^2 - n^2 = 4\sqrt{mn}.$

हलः $m^2 - n^2 = (\tan\theta + \sin\theta)^2 - (\tan\theta - \sin\theta)^2$

$= (\tan\theta + \sin\theta + \tan\theta - \sin\theta)$

$(\tan\theta + \sin\theta - \tan\theta + \sin\theta)$

$= 2\tan\theta \times 2\sin\theta$

$= 4\tan\theta.\sin\theta$ ...(*i*)

अब $mn = (\tan\theta + \sin\theta)(\tan\theta - \sin\theta)$

$= \tan^2\theta - \sin^2\theta = \frac{\sin^2\theta}{\cos^2\theta} - \frac{\sin^2\theta}{1}$

$= \frac{\sin^2\theta(1-\cos^2\theta)}{\cos^2\theta}$

$= \tan^2\theta.\sin^2\theta$

$\therefore \sqrt{mn} = \tan\theta.\sin\theta.$ ...(*ii*)

(*i*) एवं (*ii*) से

$m^2 - n^2 = 4\sqrt{mn}.$

उदाहरण 7. सिद्ध करें–

$\cos 510°.\cos 330° + \sin 390° .\cos 120° = -1$

हलः $L.H.S. = \cos 510°.\cos 330° + \sin 390°.\cos 120°$

$= \cos(5 \times 90° + 60).\cos(360°-30°) +$

$\sin(360° + 30°)\cos(90° + 30)$

$= -\left[\cos^2 30° + \sin^2 30°\right]$

$= -1.$

संयुक्त कोणों की त्रिकोणमितीय अनुपात

(Trigonometrical Ratios of Compound Angles)

कोणों का योग एवं अन्तर : दो या अधिक कोणों के बीजगणितीय योग या अन्तर को संयुक्त कोण कहते हैं। जैसेः $A+B$, $A-B$ इत्यादि।

योग एवं अन्तर के सूत्र

(*i*) $\sin(A+B) = \sin A.\cos B + \cos A.\sin B$

(*ii*) $\sin(A-B) = \sin A.\cos B - \cos A.\sin B$

(*iii*) $\cos(A+B) = \cos A.\cos B - \sin A.\sin B$

(*iv*) $\cos(A-B) = \cos A.\cos B + \sin A.\sin B$

(v) $\tan(A+B)=\dfrac{\tan A+\tan B}{1-\tan A.\tan B}$

(vi) $\tan(A-B)=\dfrac{\tan A-\tan B}{1+\tan A.\tan B}$

(vii) $\cot(A+B)=\dfrac{\cot A.\cot B-1}{\cot A+\cot B}$

(vii) $\cot(A-B)=\dfrac{\cot A.\cot B+1}{\cot B-\cot A}$

अन्य उपयोगी परिणाम : (Other Useful Results)

(i) $\sin(A+B).\sin(A-B)$

$=\sin^2 A-\sin^2 B=\cos^2 B-\cos^2 A$

(ii) $\cos(A+B).\cos(A-B)$

$=\cos^2 A-\sin^2 B=\cos^2 B-\sin^2 A$

(iii) $\sin(A+B+C)=\sin A.\cos B.\cos C$

$+\cos A.\sin B.\cos C+\cos A.\cos B.\cos C$

$-\sin A.\sin B.\sin C$

(iv) $\cos(A+B+C)=\cos A.\cos B.\cos C$

$-\sin A.\sin B.\cos C-\sin A.\cos B.\sin C$

$-\cos A.\sin B.\sin C$

(v) $\tan(A+B+C)$

$=\dfrac{\tan A+\tan B+\tan C-\tan A.\tan B.\tan C}{1-\tan A.\tan B-\tan B.\tan C-\tan C.\tan A}$

उदाहरण 8. यदि $(1+\tan\theta)(1+\tan\phi)=2$, तब $\theta+\phi$ का मान ज्ञात करें।

हलः $1+\tan\theta+\tan\phi+\tan\theta.\tan\phi=2$

$\Rightarrow \tan\theta+\tan\phi=1-\tan\theta.\tan\phi$

$\Rightarrow \dfrac{\tan\theta+\tan\phi}{1-\tan\theta.\tan\phi}=1$

$\Rightarrow \tan(\theta+\phi)=\tan\dfrac{\pi}{4} \Rightarrow \theta+\phi=\dfrac{\pi}{4}.$

उदाहरण 9. यदि A तथा B धनात्मक न्यून कोण है तथा $\cos A=\dfrac{3}{\sqrt{10}},\sin B=\dfrac{1}{\sqrt{5}}$, तब $A+B$ का मान ज्ञात करें।

हलः $\cos A=\dfrac{3}{\sqrt{10}}$

$\therefore \sin A=\sqrt{1-\dfrac{9}{10}}=\dfrac{1}{\sqrt{10}}$

$\sin B=\dfrac{1}{\sqrt{5}} \therefore \cos B=\sqrt{1-\dfrac{1}{5}}=\dfrac{2}{\sqrt{5}}$

अतः

$\cos(A+B)=\cos A.\cos B-\sin A.\sin B$

$=\dfrac{3}{\sqrt{10}}\times\dfrac{2}{\sqrt{5}}-\dfrac{1}{\sqrt{10}}\times\dfrac{1}{\sqrt{5}}\ \dfrac{6-1}{\sqrt{50}}=\dfrac{5}{5\sqrt{2}}=\dfrac{1}{\sqrt{2}}$

$\cos(A+B)=\cos\dfrac{\pi}{4} \therefore A+B=\dfrac{\pi}{4}$ या 45°.

उदाहरण 10. यदि $\sin^2\theta+3\cos\theta-2=0$, तब $\cos^3\theta+\sec^3\theta$ का मान ज्ञात करें।

हलः $\sin^2\theta+3\cos\theta-2=0,\ \cos^2\theta-3\cos\theta+1=0$

$\Rightarrow \cos^2\theta+1=3\cos\theta$

$\Rightarrow \cos\theta+\dfrac{1}{\cos\theta}=3$ ...(i)

दोनों ओर घन करने पर,

$\Rightarrow \cos^3\theta+\dfrac{1}{\cos^3\theta}+3\cos\theta\dfrac{1}{\cos\theta}$

$\left(\cos\theta+\dfrac{1}{\cos\theta}\right)=27$

$\Rightarrow \cos^3\theta+\dfrac{1}{\cos^3\theta}+3\times3=27$

$\Rightarrow \cos^3\theta+\sec^3\theta\ =27-9\ =18.$

उदाहरण 11. यदि $\sin\alpha=\dfrac{1}{2}\sin(\alpha+2\beta)$, तब $\dfrac{\tan\theta(\alpha+\beta)}{\tan\beta}$ का मान ज्ञात करें।

हलः $\dfrac{\sin(\alpha+2\beta)}{\sin\alpha}=\dfrac{2}{1}$ (योगान्तर एवं निष्पति विधि से)

$\dfrac{\sin(\alpha+2\beta)+\sin\alpha}{\sin(\alpha+2\beta)-\sin\alpha}=\dfrac{2+1}{2-1}=3$

$$\Rightarrow \frac{2\sin(\alpha+\beta).\cos\beta}{2\cos(\alpha+\beta).\sin\beta}=3 \quad \Rightarrow \frac{\tan(\alpha+\beta)}{\tan\beta}=3.$$

उदाहरण 12. $\sin^2\frac{\pi}{8}+\sin^2\frac{3\pi}{8}+\sin^2\frac{5\pi}{8}+\sin^2\frac{7\pi}{8}$ का मान ज्ञात करें।

हलः $\sin^2\frac{5\pi}{8}=\sin^2\left(\frac{\pi}{2}+\frac{\pi}{8}\right)=\cos^2\frac{\pi}{8}$

तथा $\sin^2\frac{7\pi}{8}=\sin^2\left(\frac{\pi}{2}+\frac{3\pi}{8}\right)=\cos^2\frac{3\pi}{8}$

अतः $\sin^2\frac{\pi}{8}+\sin^2\frac{3\pi}{8}+\sin^2\frac{5\pi}{8}+\sin^2\frac{7\pi}{8}$

$=\sin^2\frac{\pi}{8}+\cos^2\frac{\pi}{8}+\sin^2\frac{3\pi}{8}+\cos^2\frac{3\pi}{8}$

$=1+1=2.$

उदाहरण 13. सिद्ध करें : $\tan 13\theta-\tan 9\theta-\tan 4\theta$
$=\tan 13\theta.\tan 9\theta.\tan 4\theta.$

हलः $\tan 13\theta=\tan(9\theta+4\theta)$

$\Rightarrow \tan 13\theta=\frac{\tan 9\theta+\tan 4\theta}{1-\tan 9\theta.\tan 4\theta}$

$\Rightarrow \tan 13\theta-\tan 9\theta-\tan 4\theta$
$=\tan 13\theta.\tan 9\theta.\tan 4\theta.$

sin एवं cos के गुणनफल के कोणों को sin और cos के योग अथवा अन्तर में बदलने के सूत्रः

(i) $2\sin A.\cos B=\sin(A+B)+\sin(A-B)$

(ii) $2\cos A.\sin B=\sin(A+B)-\sin(A-B)$

(iii) $2\cos A.\cos B=\cos(A+B)+\cos(A-B)$

(iv) $2\sin A.\sin B=\cos(A-B)-\cos(A+B)$

योग एवं अन्तर को गुणनफल में बदलने का सूत्र

(i) $\sin C+\sin D=2\sin\left(\frac{C+D}{2}\right).\cos\left(\frac{C-D}{2}\right)$

(ii) $\sin C-\sin D=2\cos\left(\frac{C+D}{2}\right).\sin\left(\frac{C-D}{2}\right)$

(iii) $\cos C+\cos D=2\cos\left(\frac{C+D}{2}\right).\cos\left(\frac{C-D}{2}\right)$

(iv) $\cos C-\cos D=2\sin\left(\frac{C+D}{2}\right).\sin\left(\frac{D-C}{2}\right)$

उदाहरण 14. सिद्ध करें :

$$2\cos\frac{\pi}{13}.\cos\frac{9\pi}{13}+\cos\frac{3\pi}{13}+\cos\frac{5\pi}{13}=0.$$

हलः L.H.S. $2\cos\frac{\pi}{13}.\cos\frac{9\pi}{13}+\cos\frac{3\pi}{13}+\cos\frac{5\pi}{13}$

$=\cos\left(\frac{9\pi}{13}+\frac{\pi}{13}\right)+\cos\left(\frac{9\pi}{13}-\frac{\pi}{13}\right)+\cos\frac{3\pi}{13}$
$+\cos\frac{5\pi}{13}$

$=\cos\frac{10\pi}{13}+\cos\frac{8\pi}{13}+\cos\frac{3\pi}{13}+\cos\frac{5\pi}{13}$

$=\cos\left(\pi-\frac{3\pi}{13}\right)+\cos\left(\pi-\frac{5\pi}{13}\right)+\cos\frac{3\pi}{13}+\cos\frac{5\pi}{13}$

$=-\cos\frac{3\pi}{13}-\cos\frac{5\pi}{13}+\cos\frac{3\pi}{13}+\cos\frac{5\pi}{13}$

$=0.$

उदाहरण 15. $\frac{\sin 3\theta+\sin 5\theta+\sin 7\theta+\sin 9\theta}{\cos 3\theta+\cos 5\theta+\cos 7\theta+\cos 9\theta}$ का मान निकालें।

हलः $\frac{(\sin 3\theta+\sin 7\theta)+(\sin 5\theta+\sin 9\theta)}{(\cos 3\theta+\cos 7\theta)+(\cos 5\theta+\cos 9\theta)}$

$=\frac{2\sin\frac{10\theta}{2}.\cos\frac{4\theta}{2}+2\sin\frac{14\theta}{2}.\cos\frac{4\theta}{2}}{2\cos\frac{10\theta}{2}.\cos\frac{4\theta}{2}+2\cos\frac{14\theta}{2}.\cos\frac{4\theta}{2}}$

$=\frac{\sin 5\theta\cos 2\theta+\sin 7\theta\cos 2\theta}{\cos 5\theta\cos 2\theta+\cos 7\theta\cos 2\theta}$

$=\frac{\sin 5\theta+\sin 7\theta}{\cos 5\theta+\cos 7\theta}=\frac{2\sin 6\theta.\cos\theta}{2\cos 6\theta.\cos\theta}$

$=\tan 6\theta.$

उदाहरण 16. सिद्ध करें : $\sin 38°+\sin 22°=\sin 82°$

हलः L.H.S. $\sin 38°+\sin 22°$

$=2\sin\frac{38°+22}{2}.\cos\left(\frac{38-22}{2}\right)$

$=2\sin 30°.\cos 8°$

$= 2\times\frac{1}{2}.\cos 8^\circ = \cos 8^\circ = \cos(90^\circ - 82^\circ)$

$= \sin 82^\circ.$

उदाहरण 17. सिद्ध करें :

$$(\cos\alpha+\cos\beta)^2+(\sin\alpha+\sin\beta)^2 = 4\cos^2\frac{\alpha-\beta}{2}.$$

हल: $\text{L.H.S.} = \left(2\cos\frac{\alpha+\beta}{2}.\cos\frac{\alpha-\beta}{2}\right)^2 + \left(2\sin\frac{\alpha+\beta}{2}.\cos\frac{\alpha-\beta}{2}\right)^2$

$= 4\cos^2\frac{\alpha-\beta}{2}\left(\cos^2\frac{\alpha+\beta}{2}+\sin^2\frac{\alpha+\beta}{2}\right)$

$= 4\cos^2\frac{\alpha-\beta}{2}.$

उदाहरण 18. सिद्ध करें :

$$\sin(45^\circ+A).\sin(45^\circ-A) = \frac{1}{2}\cos 2A$$

हल: $\text{L.H.S.} = \frac{1}{2}\{2\sin(45^\circ+A).\sin(45^\circ-A)\}$

$= \frac{1}{2}\{\cos(45^\circ+A-45^\circ+A) - \cos(45^\circ+A+45^\circ-A)\}$

$= \frac{1}{2}(\cos 2A - \cos 90^\circ)$

$= \frac{1}{2}\cos 2A.$

त्रिकोणमितीय अनुपात के कोणों का गुणज एवं अपवर्त्तक (Multiples and Factors of Angles of Trigonometrical Ratio)

(*i*) $\sin 2A = 2\sin A.\cos A$

(*ii*) $\sin 2A = \frac{2\tan A}{1+\tan^2 A}$

(*iii*) $\cos 2A = \cos^2 A - \sin^2 A = 1 - 2\sin^2 A$

$= 2\cos^2 A - 1 = \frac{1-\tan^2 A}{1+\tan^2 A}$

(*iv*) $\tan 2A = \frac{2\tan A}{1-\tan^2 A}$

(*v*) $\cot 2A = \frac{2\tan A - 1}{2\cot A}$

कोणों के आधे से सम्बन्धित सूत्र: $A = \frac{A}{2}$ **रखने पर,**

(*i*) $\sin A = 2\sin\frac{A}{2}.\cos\frac{A}{2} = \frac{2\tan\frac{A}{2}}{1+\tan^2\frac{A}{2}}$

(*ii*) $\cos A = \cos^2\frac{A}{2} - \sin^2\frac{A}{2} = 1 - 2\sin^2\frac{A}{2}$

$= 2\cos^2\frac{A}{2} - 1 = \frac{1-\tan^2\frac{A}{2}}{1+\tan^2\frac{A}{2}}$

(*iii*) $\tan A = \frac{2\tan\frac{A}{2}}{1-\tan^2\frac{A}{2}}$

कोणों के तीन गुने से सम्बन्धित सूत्र।

(*i*) $\sin 3A = 3\sin A - 4\sin^3 A$

(*ii*) $\cos 3A = 4\cos^3 A - 3\cos A$

(*iii*) $\tan 3A = \frac{3\tan A - \tan^3 A}{1 - 3\tan^2 A}$

(*iv*) $\cot 3A = \frac{\cot^3 A - 3\cot A}{3\cot^2 A - 1}$

उदाहरण 19. सिद्ध करें:

$$\cos 20^\circ.\cos 40^\circ.\cos 60^\circ.\cos 80^\circ = \frac{1}{16}$$

हल: $\cos 20^\circ.\ \cos 40^\circ.\ \cos 60^\circ.\ \cos 80^\circ$

$= \cos 20^\circ.\ \cos(60^\circ - 20^\circ)\cos 60^\circ.\ \cos(60^\circ + 20^\circ)$

$= \frac{1}{4}\cos 3\times 20^\circ.\cos 60^\circ$

$= \frac{1}{4}\cos^2 60^\circ = \frac{1}{4}\times\frac{1}{4} = \frac{1}{16}.$

$\left[\because \cos\theta\cos(60^\circ-\theta)\cos(60^\circ+\theta) = \frac{1}{4}\cos 3\theta\right]$

उदाहरण 20. यदि $\sin\theta+\sin\phi=a$ तथा $\cos\theta+\cos\phi=b$, तब $\sin(\theta+\phi)$ का मान ज्ञात करें।

हलः L.H.S. $\sin\theta+\sin\phi=a$ ... (i)

$$\Rightarrow 2\sin\frac{\theta+\phi}{2}.\cos\frac{(\theta-\phi)}{2}=a \quad \ldots (ii)$$

तथा $\cos\theta + \cos\phi = b$ ... (iii)

$$\Rightarrow 2\cos\frac{\theta+\phi}{2}.\cos\frac{\theta-\phi}{2}=b \quad \ldots (iv)$$

समीकरण (ii) में (iv) से भाग देने पर,

$\Rightarrow$

$$\tan\left(\frac{\theta+\phi}{2}\right)=\frac{a}{b} \quad \ldots (v)$$

अब $$\sin(\theta+\phi)=\frac{2\tan\left(\frac{\theta+\phi}{2}\right)}{1+\tan^2\left(\frac{\theta+\phi}{2}\right)}=\frac{2\left(\frac{a}{b}\right)}{1+\frac{a^2}{b^2}}$$

$$\sin(\theta+\phi)=\frac{2ab}{a^2+b^2}.$$

उदाहरण 21. सिद्ध करें :

$$\tan A.\tan(60°-A).\tan(60°+A)=\tan 3A.$$

हलः L.H.S. $\tan A.\tan(60°-A).\tan(60°+A)$

$$=\tan A.\frac{\sqrt{3}-\tan A}{1+\sqrt{3}.\tan A}.\ \frac{\sqrt{3}+\tan A}{1-\sqrt{3}\tan A}$$

$$=\tan A.\frac{(3-\tan^2 A)}{1-3\tan^2 A}$$

$$=\frac{3\tan A-\tan^3 A}{1-3\tan^2 A}=\tan 3A.$$

उदाहरण 22. सिद्ध करें : $\sqrt{2+\sqrt{2+2\cos 4\theta}}=2\cos\theta$

हलः L.H.S. $\sqrt{2+\sqrt{2(1+\cos 4\theta)}}$

$$=\sqrt{2+\sqrt{2\times 2\cos^2\frac{4\theta}{2}}}$$

$$=\sqrt{2+2\cos 2\theta}\quad\left(\because 1+\cos\theta=2\cos^2\frac{\theta}{2}\right)$$

$$=\sqrt{2\times 2\cos^2\frac{2\theta}{2}}=2\cos\theta.$$

उदाहरण 23. सिद्ध करें : $\frac{1}{\sin 10°}-\frac{\sqrt{3}}{\cos 10°}=4$

हलः L.H.S. $\frac{1}{\sin 10°}-\frac{\sqrt{3}}{\cos 10°}=\frac{\cos 10°-\sqrt{3}\sin 10°}{\sin 10°.\cos 10°}$

$$=\frac{2\left(\frac{1}{2}.\cos 10°-\frac{\sqrt{3}}{2}\sin 10°\right)}{\frac{1}{2}\times 2\sin 10°.\cos 10°}$$

$$=\frac{2(\sin 30°.\cos 10°-\cos 30°.\sin 10°)}{\sin 20°}$$

$$=\frac{2\sin 20°}{\frac{1}{2}\sin 20°}=4.$$

उदाहरण 24. सिद्ध करें :

$$1+\cos^2 2A=2(\cos^4 A+\sin^4 A)$$

हलः L.H.S. $1^2+\cos^2 2A=(\cos^2 A+\sin^2 A)^2$

$$+(\cos^2 A-\sin^2 A)^2$$

$$=\cos^4 A+\sin^4 A+2\sin^2 A.\cos^2 A$$
$$+\cos^4 A+\sin^4 A-2\sin^2 A.\cos^2 A$$
$$\therefore 1+\cos^2 2A=2(\cos^4 A+\sin^4 A).$$

$a\sin\theta+b\cos\theta$ का महत्तम एवं न्यूनतम मान :

माना $a=r\cos\alpha$ एवं $b=r\sin\alpha$

$$a\sin\theta+b\cos\theta=r(\sin\theta.\cos\alpha+\cos\theta.\sin\alpha)$$
$$=r\sin(\theta+\alpha)$$

जहाँ $r=\sqrt{a^2+b^2}$ और $\alpha=\tan^{-1}\left(\frac{b}{a}\right)$

$\therefore \sin(\theta+\alpha)$ का महत्तम एवं न्यूनतम मान क्रमशः 1 एवं 1 है, अतः

(i) $a\sin\theta+b\cos\theta=r\sin(\theta+\alpha)$ का महत्तम मान $=r=\sqrt{a^2+b^2}$

(ii) $a\sin\theta+b\cos\theta=r\sin(\theta+\alpha)$ का न्यूनतम मान $=-r=-\sqrt{a^2+b^2}$

महत्वपूर्ण त्रिकोणमितीय मान

(Important Trigonometrical Values)

(i) $\sin 15^\circ=\frac{\sqrt{3}-1}{2\sqrt{2}}$

(ii) $\cos 15^\circ=\frac{\sqrt{3}+1}{2\sqrt{2}}$

(iii) $\tan 15^\circ=\cot 75^\circ=2-\sqrt{3}$

(iv) $\cot 15^\circ=\tan 75^\circ=2+\sqrt{3}$

(v) $\sin 18^\circ=\cos 72^\circ=\frac{\sqrt{5}-1}{4}$

(vi) $\cos 18^\circ=\sin 72^\circ=\frac{\sqrt{10+2\sqrt{5}}}{4}$

(vii) $\sin 22\frac{1^\circ}{2}=\frac{\sqrt{2-\sqrt{2}}}{2}$

(viii) $\cos 22\frac{1^\circ}{2}=\frac{\sqrt{2+\sqrt{2}}}{2}$

(ix) $\sin 36^\circ=\cos 54^\circ=\frac{\sqrt{10-2\sqrt{5}}}{4}$

(x) $\cos 36^\circ=\sin 54^\circ=\frac{\sqrt{5}+1}{4}$

उदाहरण 25. θ के सभी मानों के लिए

$$1+\sin\left(\frac{\pi}{4}+\theta\right)+2\cos\left(\frac{\pi}{4}-\theta\right)$$ का महत्तम मान ज्ञात करें।

हल: $1+\sin\left(\frac{\pi}{4}+\theta\right)+2\cos\left(\frac{\pi}{4}-\theta\right)$

$$=1+\frac{1}{\sqrt{2}}(\sin\theta+\cos\theta)+\sqrt{2}(\cos\theta+\sin\theta)$$

$$=1+\left(\frac{1}{\sqrt{2}}+\sqrt{2}\right)(\sin\theta+\cos\theta)$$

$=$ महत्तम मान $1+\left(\frac{1}{\sqrt{2}}+\sqrt{2}\right)\sqrt{2}=4$ होगा।

महत्वपूर्ण सर्वसमिकाएँ

(Important Conditional Identities)

यदि $A+B+C=2\pi$ तब

(i) $\sin 2A+\sin 2B+\sin 2C=4\sin A.\sin B.\sin C$

(ii) $\cos 2A+\cos 2B+\cos 2C$
$=1-4\cos A.\cos B.\cos C$

(iii) $\sin A+\sin B+\sin C=4\cos\frac{A}{2}.\cos\frac{B}{2}.\cos\frac{C}{2}$

(iv) $\cos A+\cos B+\cos C=1+4\sin\frac{A}{2}.\sin\frac{B}{2}.\sin\frac{C}{2}$

(v) $\tan A+\tan B+\tan C=\tan A.\tan B.\tan C$

(vi) $\cot B.\cot C+\cot C.\cot A+\cot A.\cot B=1$

यदि $A+B+C=\frac{\pi}{2}$

(vii) $\cos^2 A+\cos^2 B+\cos^2 C=1+2\sin A.\sin B.\sin C$

(viii) $\sin^2 A+\sin^2 B+\sin^2 C$
$=1-2\sin A.\sin B.\sin C$

(x) $\sin 2A+\sin 2B+\sin 2C=4\cos A.\cos B.\cos C$

उदाहरण 26. यदि $A+B+C=2\pi$, तब सिद्ध करें कि

$$\cos^2 B+\cos^2 C-\sin^2 A=2\cos A.\cos B.\cos C$$

हल: L.H.S. $\cos^2 B+\cos^2 C-\sin^2 A$

$$=\frac{1}{2}[1+\cos 2B+1+\cos 2C-1+\cos 2A]$$

$$=\frac{1}{2}[\cos 2A+\cos 2B+\cos 2C+1]$$

$= \frac{1}{2}\left[2\cos(A+B).\cos(A-B)+2\cos^2 C\right]$

$= \cos(2\pi - C).\cos(A-B)+\cos^2 C.$

$= \cos C\left[\cos(A-B)+\cos(A+B)\right]$

$= 2\cos A.\cos B.\cos C.$

उदाहरण 27. यदि $A+B+C=0$, दिखाएँ–

$$\sin A+\sin B+\sin C = -4\sin\frac{A}{2}\sin\frac{B}{2}\sin\frac{C}{2}$$

हल: L.H.S. $\sin A+\sin B+\sin C$

$= \sin A + 2\sin\left(\frac{B+C}{2}\right).\cos\left(\frac{B-C}{2}\right)$

$= 2\sin\frac{A}{2}.\cos\frac{A}{2} - 2\sin\frac{A}{2}.\cos\left(\frac{B-C}{2}\right)$

$= -2\sin\frac{A}{2}\left[\cos\frac{B-C}{2} - \cos\frac{A}{2}\right]$

$= -2\sin\frac{A}{2}.\left[\cos\frac{B-C}{2} - \cos\frac{B+C}{2}\right]$

$= -4\sin\frac{A}{2}.\sin\frac{B}{2}.\sin\frac{C}{2}.$

साधित उदाहरण (Solved Examples)

1. सिद्ध करें : $\sin^6\theta+\cos^6\theta = 1-3\sin^2\theta.\cos^2\theta$

हल: L.H.S. $\left(\sin^2\theta\right)^3+\left(\cos^2\theta\right)^3 = \left(\sin^2\theta+\cos^2\theta\right)^3$

$-3\sin^2\theta.\cos^2\theta\left(\sin^2\theta+\cos^2\theta\right)$

$= (1)^3 - 3\sin^2\theta.\cos^2\theta(1)$

$= 1-3\sin^2\theta.\cos^2\theta.$

2. यदि $\tan\phi+\cot\phi = 2$, तब $\tan^{100}\phi+\cot^{100}\phi$ का मान ज्ञात करें।

हल: दिया है, $\tan\phi+\cot\phi=2$

$\Rightarrow \tan\phi + \frac{1}{\tan\phi} = 2$

$\Rightarrow \tan^2\phi + 1 = 2\tan\phi$

$\Rightarrow \tan^2\phi - 2\tan\phi + 1 = 0 \Rightarrow (\tan\phi - 1)^2 = 0$

$\Rightarrow \tan\phi = 1$

अतः $\tan^{100}\phi + \cot^{100}\phi = \tan^{100}\phi + \frac{1}{\tan^{100}\phi}$

$= 1^{100} + \frac{1}{1^{100}}$

$= 1+1 = 2.$

3. सिद्ध करें :

$$\frac{\sin(B-C)}{\cos B.\cos C}+\frac{\sin(C-A)}{\cos B.\cos A}+\frac{\sin(A-B)}{\cos A.\cos B}=0$$

हल: L.H.S. का पहला पद

$\frac{\sin(B-C)}{\cos B.\cos C} = \frac{\sin B.\cos C - \cos B.\sin C}{\cos B.\cos C}$

$= \frac{\sin B.\cos C}{\cos B.\cos C} - \frac{\cos B.\sin C}{\cos B.\cos C}$

$= \tan B - \tan C$

इसी प्रकार $\frac{\sin(C-A)}{\cos A.\cos B} = \tan C - \tan A$

तथा $\frac{\sin(A-B)}{\cos A.\cos B} = \tan A - \tan B$

$\therefore$ L.H.S. = $\tan B - \tan C + \tan C - \tan A + \tan A - \tan B = 0$.

4. सिद्ध करें : $\cos\frac{2\pi}{7}+\cos\frac{4\pi}{7}+\cos\frac{6\pi}{7} = -\frac{1}{2}$

हल: L.H.S. $\cos\frac{2\pi}{7}+\cos\frac{4\pi}{7}+\cos\frac{6\pi}{7}$

$= \cos 2\theta + \cos 4\theta + \cos 6\theta \qquad \left(\theta = \frac{\pi}{7}, \text{माना}\right)$

$= \frac{1}{2\sin\theta}\{2\cos 2\theta.\sin\theta + 2\cos 4\theta.\sin\theta$

$+ 2\cos 6\theta.\sin\theta\}$

$= \frac{1}{2\sin\theta}\{(\sin 3\theta - \sin\theta) + (\sin 5\theta - \sin 3\theta)$

$+ (\sin 7\theta - \sin 5\theta)\}$

$= \frac{1}{2\sin\theta}(\sin 7\theta - \sin\theta)$

$= \frac{1}{2\sin\frac{\pi}{7}}\left(\sin 7.\frac{\pi}{7} - \sin\frac{\pi}{7}\right)$

$= \frac{1}{2}(0-1)$

$= -\frac{1}{2}.$

5. सिद्ध करें : $\frac{\sin 3A}{\sin A} - \frac{\cos 3A}{\cos A} = 2$

हलः L.H.S.

$$\frac{\sin 3A}{\sin A} - \frac{\cos 3A}{\cos A} = \frac{\sin 3A.\cos A - \sin A.\cos 3A}{\sin A.\cos A}$$

$$= \frac{\sin(3A - A)}{\sin A.\cos A} = \frac{\sin 2A}{\sin A.\cos A}$$

$$= \frac{2\sin A.\cos A}{\sin A.\cos A} = 2.$$

6. यदि $A+B+C=\pi$, तब सिद्ध करें :
$\tan 2A + \tan 2B + \tan 2C$
$= \tan 2A.\tan 2B.\tan 2C$

हलः चूँकि $A+B+C=\pi \quad \therefore 2A+2B+2C=2\pi$

$\Rightarrow 2A+2B=2\pi-2C$

$\Rightarrow \tan(2A+2B)=\tan(2\pi-2C)$

$$\Rightarrow \frac{\tan 2A+\tan 2B}{1-\tan 2A.\tan 2B} = \tan(360°-2C)$$

$\Rightarrow \tan 2A + \tan 2B = -\tan 2C(1-\tan 2A \tan 2B)$

$\Rightarrow \tan 2A + \tan 2B + \tan 2C = \tan 2A \tan 2B \tan 2C.$

7. यदि α, β तथा γ समान्तर श्रेणी में हों, तब

सिद्ध करें : $\cot\beta = \frac{\sin\alpha - \sin\gamma}{\cos\gamma - \cos\alpha}$

हलः चूँकि α, β, γ समान्तर श्रेणी में हैं।

$2\beta = \alpha + \gamma$

$$\cot\beta = \cot\frac{\alpha+\gamma}{2}$$

$$\Rightarrow \cot\beta = \frac{\cos\left(\frac{\alpha+\gamma}{2}\right)}{\sin\left(\frac{\alpha+\gamma}{2}\right)}$$

$$\Rightarrow \cot\beta = \frac{2\cos\frac{\alpha+\gamma}{2}.\sin\left(\frac{\alpha-\gamma}{2}\right)}{2\sin\left(\frac{\alpha+\gamma}{2}\right).\sin\left(\frac{\alpha-\gamma}{2}\right)}$$

$$\Rightarrow \cot\beta = \frac{\sin\alpha - \sin\gamma}{\cos\gamma - \cos\alpha}.$$

8. सिद्ध करें:

$(\sin\theta + \text{cosec})^2 + (\cos\theta + \sec\theta)^2 \geq 9$

हलः $(\sin\theta + \text{cosec}\theta)^2 + (\cos\theta + \sec\theta)^2$

$= \sin^2\theta + \text{cosec}^2\theta + 2 + \cos^2\theta + \sec^2\theta + 2$

$= 4+1+1+\cot^2\theta + 1 + \tan^2\theta$

$= 7 + \tan^2\theta + \cot^2\theta \quad \ldots (i)$

हम जानते हैं कि $A.M \geq G.M$

$$\therefore \frac{\tan^2\theta + \cot^2\theta}{2} \geq \sqrt{\tan^2\theta.\cot^2\theta}$$

$\Rightarrow \tan^2\theta + \cot^2\theta \geq 2 \quad \ldots (ii)$

समीकरण (i) एवं (ii) से,

$(\sin\theta + \text{cosec}\theta)^2 + (\cos\theta + \sec\theta)^2 \geq 7+2$

$\Rightarrow (\sin\theta + \text{cosec}\,\theta)^2 + (\cos\theta + \sec\theta)^2 \geq 9.$

9. सिद्ध करें कि व्यंजक $3\cos\theta + 4\sin\theta$ का मान $[-5,5]$ के मध्य है।

हलः $3\cos\theta + 4\sin\theta$

$$= \sqrt{3^2+4^2}\left[\frac{3}{\sqrt{3^2+4^2}}\cos\theta + \frac{4}{\sqrt{4^2+3^2}}\sin\theta\right]$$

$= 5[\sin\alpha.\cos\theta + \cos\alpha.\sin\theta]$

जहाँ $\sin\alpha = \frac{3}{5}, \cos\alpha = \frac{4}{5}$

$= 5\sin(\theta+\alpha)$

चूँकि $-1 \leq \sin(\theta+\alpha) \leq 1$

अतः -5 एवं 5 के मध्य होगा।

10. सिद्ध करें :

$$\sin 10°.\sin 30°.\sin 50°.\sin 70° = \frac{1}{16}$$

हलः $\sin 10° \sin 30° \sin(60°-10°) \sin(60°+10°)$

$= \frac{1}{4}\sin(3\times 10°).\sin 30°$

$$\left[\because \sin\theta\sin(60°-\theta)\sin(60°+\theta)=\frac{1}{4}\sin 3\theta\right]$$

$$=\frac{1}{4}\sin^2 30°$$

$$=\frac{1}{16}.$$

11. $\log_{10}\tan 1°+\log_{10}\tan 2°+\log_{10}\tan 3° +.....+\log_{10}\tan 89°$ का मान ज्ञात करें।

हलः $\log_{10}\{\tan 1°.\tan 2°.\tan 3°.....\tan 89°\}$

$=\log 1=0$

$(\therefore \tan 1°.\tan 89°=\tan 1°.\cot 1°=1$

$\tan 2°.\tan 88°=\tan 2°.\cot 2°=1)$.

12. यदि $3\sin 2\theta=2\sin 3\theta$, $0<\theta<\pi$, तब $\sin\theta$ का मान ज्ञात करें।

हलः $3\sin 2\theta=2\sin 3\theta$

$\Rightarrow 6\sin\theta.\cos\theta=2\left(3\sin\theta-4\sin^3\theta\right)$

$\Rightarrow 3\cos\theta=3-4\sin^2\theta$

$\Rightarrow 3\cos\theta=3-4\left(1-\cos^2\theta\right)$

$\Rightarrow 4\cos^2\theta-3\cos\theta-1=0$

$\Rightarrow \cos\theta=1,-\frac{1}{4}$ लेकिन $0<\theta<\pi$

$\therefore \cos\theta=-\frac{1}{4}\Rightarrow \sin\theta=\sqrt{1-\frac{1}{16}}=\frac{\sqrt{15}}{4}.$

13. $\frac{\cos 8°-\sin 8°}{\cos 8°+\sin 8°}$ का मान ज्ञात करें।

हलः $\frac{\cos 8°-\sin 8°}{\cos 8°+\sin 8°}=\frac{\cos 8°(1-\tan 8°)}{\cos 8°(1+\tan 8°)}$

$=\frac{\tan 45°-\tan 8°}{1+\tan 45°.\tan 8°}$

$=\tan(45°-8°)=\tan 37°.$

14. यदि $\cos A=\frac{3}{4}$, तब $2\sin\frac{A}{2}.\sin\frac{5A}{2}$ का मान ज्ञात करें।

हलः $2\sin\frac{5A}{2}.\sin\frac{A}{2}=\cos 2A-\cos 3A$

$=2\cos^2 A-1-4\cos^3 A+3\cos A$

$=2\left(\frac{9}{16}\right)-1-4\left(\frac{27}{64}\right)+3\left(\frac{3}{4}\right)$

$=\frac{9}{8}-1-\frac{27}{16}+\frac{9}{4}=\frac{11}{16}.$

15. किसी वृत्त की त्रिज्या 77 सेंमी. है तथा वृत्त के कोई चाप द्वारा केन्द्र पर अंतरित कोण 10° है तब चाप की लम्बाई ज्ञात करें।

हलः $l=r\theta=77\times(10°)=77\times\left(\frac{10\pi}{180}\right)$

$=\frac{77\times 22}{7\times 18}=\frac{11\times 11}{9}=\frac{121}{9}$

$=13\frac{4}{9}$ सेंमी.

अतः चाप की लम्बाई $=13\frac{4}{9}$ सेंमी. होगी।

16. $\left(1+\cos\frac{\pi}{6}\right)\left(1+\cos\frac{\pi}{3}\right)\left(1+\cos\frac{2\pi}{3}\right)\left(1+\cos\frac{7\pi}{6}\right)$ का मान ज्ञात करें।

हलः $1+\cos\frac{7\pi}{6}=1+\cos\left(\pi+\frac{\pi}{6}\right)=1-\cos\frac{\pi}{6}$

पुनः $1+\cos\frac{2\pi}{3}=1+\cos\left(\pi-\frac{\pi}{3}\right)$

$=1-\cos\frac{\pi}{3}$

अतः

$\left(1+\cos\frac{\pi}{6}\right)\left(1-\cos\frac{\pi}{6}\right)\left(1+\cos\frac{\pi}{3}\right)\left(1-\cos\frac{\pi}{3}\right)$

$=\left(1-\cos^2\frac{\pi}{6}\right)\left(1-\cos^2\frac{\pi}{3}\right)$

$=\sin^2\frac{\pi}{6}\ \sin^2\frac{\pi}{3}=\left(\frac{1}{2}\right)^2\times\left(\frac{\sqrt{3}}{2}\right)^2=\frac{3}{16}.$

वस्तुनिष्ठ प्रश्न

1. $3\left(\sin^4\theta+\cos^4\theta\right)-2\left(\sin^6\theta+\cos^6\theta\right)$ का मान होगा–

(*a*) 0 (*b*) -2

(*c*) 1 (*d*) इनमें से कोई नहीं

2. $\sqrt{3}\operatorname{cosec}20°-\sec 20°$ का मान है–

(*a*) 2 (*b*) $\frac{2\sin 20°}{\sin 40°}$

(*c*) 4 (*d*) $\frac{4\sin 20°}{\sin 40°}$

3. $\tan 3A-\tan 2A-\tan A$ का मान होगा–

(*a*) $\tan 3A\tan 2A\tan A$ (*b*) tanA. tan2A

(*c*) $\tan A$ (*d*) 0

4. एक पहिया एक मिनट में 20 चक्कर लगाता है। इसके द्वारा 45° के कोण पर घूमने में लगा समय है–

(*a*) $\frac{1}{2}$ सेकण्ड (*b*) $\frac{3}{8}$ सेकण्ड

(*c*) $\frac{3}{4}$ सेकण्ड (*d*) $\frac{7}{8}$ सेकण्ड

5. $\tan 1°\tan 2°\tan 3°.....\tan 89°$ का मान है–

(*a*) 0 (*b*) –2

(*c*) 1 (*d*) ∞

6. पृथ्वी से चाँद की दूरी, पृथ्वी की त्रिज्या के 60 गुने के बराबर है। पृथ्वी के व्यास द्वारा चन्द्रमा के केन्द्र पर बना हुआ कोण होगा– $\left(\pi=\frac{22}{7}\right)$

(*a*) 1° (*b*) $\left(\frac{21}{11}\right)^{\circ}$

(*c*) $\left(\frac{11}{7}\right)^{\circ}$ (*d*) 6°

7. यदि $x+\frac{1}{x}=2\cos\theta$, तब $x^3+\frac{1}{x^3}$ का मान होगा–

(*a*) $2\cos^3\theta$ (*b*) $2\cos 3\theta$

(*c*) $8\cos^3\theta$ (*d*) $\cos 3\theta$

8. यदि $\sin\alpha=\frac{12}{13}$, जहाँ $0<\alpha<\frac{\pi}{2}$ और $\cos\beta=-\frac{3}{5}$, जहाँ $\pi<\beta<\frac{3\pi}{2}$, तब $\cos(\alpha+\beta)$ का मान निम्न है–

(*a*) $\frac{33}{65}$ (*b*) $\frac{63}{65}$

(*c*) $-\frac{33}{65}$ (*d*) $-\frac{63}{65}$

9. यदि $A+C=B$, तब $\tan A\tan B\tan C$ का मान है–

(*a*) $\tan A+\tan B+\tan C$

(*b*) $\tan B-\tan C-\tan A$

(*c*) $\tan A-\tan C-\tan B$

(*d*) $-(\tan A\tan B+\tan C)$

10. $\tan(B-C)+\tan(C-A)+\tan(A-B)$ का मान है–

(*a*) 0

(*b*) 1

(*c*) $\tan A\tan B\tan C$

(*d*) $\tan(B-C)\tan(C-A)\tan(A-B)$

11. $\left(1+\cos\frac{\pi}{8}\right)\cdot\left(1+\cos\frac{3\pi}{8}\right)\cdot\left(1+\cos\frac{5\pi}{8}\right)\left(1+\cos\frac{7\pi}{8}\right)$ का मान है–

(*a*) $\frac{1}{2}$ (*b*) $\cos\frac{\pi}{8}$

(*c*) $\frac{1}{8}$ (*d*) $\left(\frac{1+\sqrt{2}}{2\sqrt{2}}\right)$

12. यदि $\tan\theta = \frac{a}{b}$, तब $b\cos 2\theta + a\sin 2\theta$ का मान है–

(*a*) a (*b*) b

(*c*) $\frac{b}{a}$ (*d*) इनमें से कोई नहीं

13. यदि $\tan\frac{\theta}{2} = \left(\frac{1+e}{1-e}\right)^{1/2} \tan\frac{\phi}{2}$, तो $\cos\theta$ को मान होगा–

(*a*) $\frac{\cos\phi - e}{1 - e\cos\phi}$ (*b*) $\frac{\cos\phi - e}{1 + e\cos\phi}$

(*c*) $\frac{\cos\phi - e}{1 + \cos\phi + e}$ (*d*) इनमें से कोई नहीं

14. यदि $\sin A = \sin B$ और $\cos A = \cos B$, तब–

(*a*) $\sin\frac{1}{2}(A-B) = 0$ (*b*) $\sin\frac{1}{2}(A+B) = 0$

(*c*) $\cos\frac{1}{2}(A-B) = 0$ (*d*) $\cos\frac{1}{2}(A+B) = 0$

15. यदि $xy + yz + zx = 1$, तब $\sum\left(\frac{x}{1-x^2}\right)$ का मान है–

(*a*) $\frac{4xyz}{(1-x^2)(1-y^2)(1-z^2)}$

(*b*) $\frac{1}{xyz}$

(*c*) $4xyz$

(*d*) इनमें से कोई नहीं

16. यदि $\tan A + \tan B + \tan C = 3\sqrt{3}$, तो ΔABC होगा–

(*a*) समबाहु (*b*) समकोणीय

(*c*) समद्विबाहु (*d*) अधिक कोणीय

17. $\sin x.\cos x$ का आवर्तनांक है–

(*a*) π (*b*) $\frac{3\pi}{2}$

(*c*) $\frac{\pi}{2}$ (*d*) इनमें से कोई नहीं

18. $\sin^2 x$ का उच्चिष्ठ मान है–

(*a*) -1 (*b*) 1

(*c*) 0 (*d*) इनमें से कोई नहीं

19. $\sin^2\left(\frac{\pi}{3}+x\right) + \sin^2\left(\frac{\pi}{3}-x\right)$ का निम्निष्ठ मान निम्न हैं–

(*a*) $\frac{1}{2}$ (*b*) $\frac{3}{2}$

(*c*) $\frac{3}{4}$ (*d*) इनमें से कोई नहीं

20. $[0, \pi/2]$ में θ के लिए $\cos(\sin\theta)$ हैं–

(*a*) $< \sin(\cos\theta)$ (*b*) $> \sin(\cos\theta)$

(*c*) $= \sin(\cos\theta)$ (*d*) इनमें से कोई नहीं

21. एक मीटर व्यास के साइकिल का पहिया, एक मिनट में 10 चक्कर लगाता है। साइकिल की गति प्रति घण्टा होगी–

(*a*) 300π मीटर (*b*) 400π मीटर

(*c*) 500π मीटर (*d*) 600π मीटर

22. $\sin\frac{\pi}{5}.\sin\frac{2\pi}{5}.\sin\frac{3\pi}{5}.\sin\frac{4\pi}{5}$ का मान है–

(*a*) $\frac{3}{16}$ (*b*) $\frac{3}{8}$

(*c*) $\frac{5}{16}$ (*d*) $\frac{1}{16}$

23. यदि $\frac{2\sin\alpha}{1+\cos\alpha+\sin\alpha}=y$, तब $\frac{1-\cos\alpha+\sin\alpha}{1+\sin\alpha}$ का मान है–

(a) $\frac{1}{y}$ (b) y

(c) $1-y$ (d) $1+y$

24. यदि त्रिभुज ABC के कोण A, B, C हैं, तो $\sin^2 A+\sin^2 B+\sin^2 C-2\cos A\cos B\cos C$ का मान निम्न है–

(a) 1 (b) 2

(c) 3 (d) 4

25. दिया है $\pi<\alpha<\frac{3\pi}{2}$, तब

$$\sqrt{\left(4\sin^4\alpha+\sin^2 2\alpha\right)}+4\cos^2\left(\frac{1}{4}\pi-\frac{1}{2}\alpha\right)$$

का मान है–

(a) 2 (b) $2+4\sin\alpha$

(c) $2-4\sin\alpha$ (d) इनमें से कोई नहीं

26. यदि $A+B+C=\pi$, तब

$$\begin{vmatrix}\sin(A+B+C) & \sin B & \cos C\\ -\sin B & 0 & \tan A\\ \cos(A+B) & -\tan A & 0\end{vmatrix}$$ का मान है–

(a) 0 (b) ∞

(c) $-\infty$ (d) 2

27. $1+8\sin^2 x\cos^2 x$ का निम्निष्ठ मान निम्न है–

(a) –1 (b) 3

(c) 1 (d) इनमें से कोई नहीं

28. यदि $A=\cos^2\theta+\sin^4\theta$, तो θ के प्रत्येक मान के लिए–

(a) $1\le A\le 2$ (b) $\frac{13}{16}\le A\le 1$

(c) $\frac{3}{4}\le A\le\frac{13}{16}$ (d) $\frac{3}{4}\le A\le 1$

29. यदि $A+B+C=180^\circ$, तब $\cos B+\cos C$ का मान है–

(a) $\cos\frac{A}{2}\cos\frac{B-C}{2}$ (b) $2\sin\frac{A}{2}\cos\frac{B-C}{2}$

(c) $2\cos\frac{C}{2}\cos\frac{A-B}{2}$ (d) $2\cos\frac{B}{2}\cos\frac{C}{2}$

30. यदि $\sin x+\sin^2 x=1$, तब $\cos^{12}x+3\cos^{10}x+3\cos^8 x+\cos^6 x$ का मान है–

(a) 1 (b) 2

(c) 3 (d) 0

31. यदि $\sin A, \cos A$ व $\tan A$ गुणोत्तर श्रेणी में हो, तब $\cos^3 A+\cos^2 A$ का मान है–

(a) 1 (b) 2

(c) 3 (d) 4

32. फलन $\cos x\cos(x+2)-\cos^2(x+1)$ का आलेख है–

(a) बिन्दु $(0,-\sin^2 1)$ से होकर जाने वाली सरल रेखा।

(b) बिन्दु $(0,0)$ से होकर जाने वाली सरल रेखा।

(c) शीर्ष $(1, \sin^2 1)$ वाला एक परवलय।

(d) बिन्दु $\left(\frac{\pi}{2},-\sin^2 1\right)$ से होकर जाने वाली तथा x–अक्ष के समान्तर सरल रेखा।

33. $\sin^2 A+\sin^2(A-B)+2\sin A.\cos B\sin(B-A)$ का मान है–

(a) $\sin^2 A$ (b) $\sin^2 B$

(c) $\cos^2 A$ (d) $\cos^2 B$

34. यदि $\sin x+\sin y=a$ व $\cos x+\cos y=b$ हो, तब $\tan\left(\frac{x+y}{2}\right)$ का मान है–

(a) $\frac{ab}{a+b}$ (b) $\frac{a}{b}$

(c) $\frac{b}{a}$ (d) इनमें से कोई नहीं

35. यदि $x \in (\pi, 2\pi)$ तथा $\frac{\sqrt{1+\cos x}+\sqrt{1-\cos x}}{\sqrt{1+\cos x}-\sqrt{1-\cos x}}$ $=\cot\left(a+\frac{x}{2}\right)$, तब a का मान है–

(a) $\frac{\pi}{4}$ (b) $\frac{\pi}{2}$

(c) $\frac{\pi}{3}$ (d) इनमें से कोई नहीं

अनुच्छेद (Paragraph)

माना $x = \sin\theta + \cos\theta$, जहाँ θ कोई वास्तविक मान है।

36. x के पदों में $\sin 2\theta$ का मान–

(a) $x^2 - 1$ (b) $\sqrt{x^2-1}$

(c) $x^2 + 1$ (d) $\frac{\sqrt{x^2-1}}{x}$

37. x के पदों में $\tan 2\theta$ का मान–

(a) $\frac{x^2-1}{\sqrt{x^2+1}}$ (b) $\frac{x}{\sqrt{x^2-1}}$

(c) $\frac{x^2-1}{x\left(\sqrt{2-x^2}\right)}$ (d) इसमें से कोई नहीं

38. x का उच्चतम एवं निम्नतम मान क्रमशः

(a) 1,0 (b) 2, -2

(c) $\sqrt{2}, -\sqrt{2}$ (d) इसमें से कोई नहीं

दृढ़कथन-कारण (Assertion-Reason)

निम्नलिखित चार कूटों (a) (b) (c) एवं (d) में से सही उत्तर का चयन करें।

(a) वक्तव्य सत्य-I है; वक्तव्य-II सत्य है; वक्तव्य-II वक्तव्य-I का सही स्पष्टीकरण हैं।

(b) वक्तव्य सत्य-I है; वक्तव्य-II सत्य है; वक्तव्य-II वक्तव्य-I का सही स्पष्टीकरण नहीं हैं।

(c) वक्तव्य सत्य-I है; वक्तव्य-II असत्य है

(d) वक्तव्य असत्य-I है; वक्तव्य-II असत्य है

39. माना $\sec\theta + \tan\theta = m$ जहाँ $0 < m < 1$ तब,

वक्तव्य-I : $\sec\theta = \frac{m^2+1}{2m}$ तथा $\sin\theta = \frac{m^2-1}{m^2+1}$

वक्तव्य-II : θ चतुर्थ चतुर्थांश में है।

40. माना α कोई वास्तविक संख्या 0 तथा $\frac{\pi}{2}$ के मध्य है तथा n एक घनात्मक संख्या है।

वक्तव्य-I : $\cot\alpha - \tan\alpha = 2\cot 2\alpha$

वक्तव्य-II : $\tan\alpha + 2\tan\alpha + 2^2\tan 2^2\alpha$ $+\ldots.. + 2^{n-1}\tan 2^{n-1}\alpha + 2^n\cot 2^n\alpha = \cot\alpha$

41. **वक्तव्य-I :** $\sin x$ का मान 0 एवं 1 के मध्य होता है, $0 < x < 90°$ के लिए।

वक्तव्य-II : $\sin x$ का मान बढ़ता है जब x का मान 0 से 90° तक हो।

42. मिलान करें (Match These)–

वर्ग-I	वर्ग-II
A. $x \in \left(0, \frac{\pi}{2}\right)$ के लिए, $\sec^2 x + \text{cosec}^2 x$ का मान कम नहीं हो सकता।	p. 1
B. $x \in \left(0, \frac{\pi}{2}\right)$ के लिए $\tan^2 x + \cot^2 x$ का मान कम नहीं हो सकता।	q. 2
C. $x \in (0, \pi), \sin^2 x + \text{cosec}^2 x + 1$ का मान कम नहीं हो सकता।	r. 3
D. $x \in R, \cos^2 x + \sin^4 x$ से अधिक नहीं हो सकता।	s. 4

(a) A – p, q; B – q, r; C – p, q, r; D – q, s

(b) A – p, q, r s; B – p, q; C – p, q, r; D – p, q, r, s

(c) A – p, r; B – r; C – p, q; D – s

(d) इसमें से कोई नहीं

उत्तरमाला

1	2	3	4	5	6	7	8	9	10
(c)	(c)	(a)	(b)	(c)	(b)	(b)	(a)	(b)	(d)
11	**12**	**13**	**14**	**15**	**16**	**17**	**18**	**19**	**20**
(c)	(b)	(a)	(a)	(a)	(a)	(a)	(b)	(a)	(b)
21	**22**	**23**	**24**	**25**	**26**	**27**	**28**	**29**	**30**
(d)	(c)	(b)	(b)	(a)	(a)	(c)	(d)	(b)	(a)
31	**32**	**33**	**34**	**35**	**36**	**37**	**38**	**39**	**40**
(a)	(d)	(b)	(b)	(a)	(a)	(c)	(c)	(a)	(a)
41	**42**								
(a)	(b)								

व्याख्यात्मक उत्तर

1. $3\left(\sin^4\theta+\cos^4\theta\right)-2\left(\sin^6\theta+\cos^6\theta\right)$

$$=3\left\{\left(\sin^2\theta+\cos^2\theta\right)^2-2\sin^2\theta\cos^2\theta\right\}$$

$$-2\left\{\left(\sin^2\theta+\cos^2\theta\right)^3-3\sin^2\theta\cos^2\theta\left(\sin^2\theta+\cos^2\theta\right)\right\}$$

$$=3\left\{1-2\sin^2\theta.\cos^2\theta\right\}-2\left\{1-3\sin^2\theta.\cos^2\theta\right\}$$

$$=1.$$

2. दिया गया व्यंजक $=\dfrac{\sqrt{3}\cos 20^0-\sin 20}{\cos 20°\sin 20°}$

$$=\frac{2\left[\left(\frac{\sqrt{3}}{2}\right)\cos 20°-\frac{1}{2}\sin 20°\right]}{\frac{1}{2}\sin 40°}$$

$$\frac{4\left(\sin 60°\cos 20°-\cos 60°\sin 20°\right)}{\sin 40°}$$

$$=\frac{4\sin\left(60°-20°\right)}{\sin 40°}=4.$$

3. $\because 3A=2A+A,\ \therefore\ \tan 3A=\tan\left(2A+A\right)$

या $\tan 3A=\dfrac{\tan 2A+\tan A}{1-\tan 2A.\tan A}$

या, $\tan 3A\left(1-\tan 2A\tan A\right)=\tan 2A+\tan A$

या, $\tan 3A-\tan 3A\tan 2A\tan A=\tan 2A+\tan A$

या $\tan 3A-\tan 2A-\tan A$

$=\tan 3A\tan 2A\tan A.$

4. पहिया 1 मिनट में 20 चक्कर अर्थात् $20\times 2\pi$ कोण पर घूमता है।

अतः $45°\left(=\dfrac{\pi}{4}\right)$ का कोण घूमने में लगा समय

$=\dfrac{4}{40\pi}$ मिनट $=\dfrac{1}{160}\times 60$ सेकण्ड $=\dfrac{3}{8}$ सेकण्ड।

5. दिया हुआ व्यंजक $=\left(\tan 1°\tan 89°\right)\left(\tan 2°\tan 88°\right)$

$\ldots\left(\tan 44°\tan 46°\right)\tan 45°$

$=\left(\tan 1°\cot 1°\right)\left(\tan 2°\cot 2°\right)$

$\ldots\left(\tan 44°\cot 44°\right)1=1.$

6. माना पृथ्वी की त्रिज्या r है, तो चन्द्रमा की पृथ्वी से दूरी $60r$ होगी।

$\therefore$ चन्द्रमा के केन्द्र पर पृथ्वी के व्यास द्वारा बना कोण

$$= \frac{\text{पृथ्वी का व्यास}}{\text{दूरी}} = \frac{2r}{60r} = \frac{1}{30} \text{ रेडियन}$$

$$= \frac{1}{30} \times \left(\frac{180}{\pi}\right) = \left(\frac{6}{\pi}\right) \text{ अंश } = \left(\frac{21}{11}\right)^{\circ}$$

7. $\therefore\ x + \frac{1}{x} = 2\cos\theta$ तथा

$$x^3 + \frac{1}{x^3} = \left(x + \frac{1}{x}\right)^3 - 3\left(x + \frac{1}{x}\right)$$

$$= (2\cos\theta)^3 - 3(2\cos\theta) = 8\cos^3\theta - 6\cos\theta.$$

8 $\therefore\ 0 < \alpha < \frac{\pi}{2} \Rightarrow \cos\alpha$ धनात्मक है।

$$\therefore \cos\alpha = \sqrt{(1 - \sin^2\alpha)} = \frac{5}{13}$$

$\therefore\ \pi < \beta < \frac{3\pi}{2} \Rightarrow \sin\beta$ ऋणात्मक है।

$$\therefore \sin\beta = \sqrt{(1 - \cos^2\beta)} = -\frac{4}{5}$$

अब $\cos(\alpha + \beta) = \cos\alpha\cos\beta - \sin\alpha\sin\beta$

$$= \left(\frac{5}{13}\right)\left(-\frac{3}{5}\right) - \left(\frac{12}{13}\right)\left(-\frac{4}{5}\right) = \frac{-15 + 48}{65} = \frac{33}{65}.$$

9. $\tan B = (A + C)$ या $\tan B = \frac{\tan A + \tan C}{1 - \tan A \tan C}$

$$\therefore \tan A \tan B \tan C = \tan B - \tan A - \tan C.$$

10. माना $B - C = \alpha,\ C - A = \beta,\ A - B = \gamma$

$\therefore\ \alpha + \beta + \gamma = 0$ या $\alpha + \beta = -\gamma$

या $\tan(\alpha + \beta) = \frac{\tan\alpha + \tan\beta}{1 - \tan\alpha.\tan\beta} = -\tan\gamma$

$\therefore\ \tan\alpha + \tan\beta + \tan\gamma = \tan\alpha\tan\beta\tan\gamma$ या

$$\tan(B - C) + \tan(C - A) + \tan(A - B)$$

$$= \tan(B - C)\tan(C - A)\tan(A - B).$$

11. दिया गया व्यजंक

$$= \left(1 + \cos\frac{\pi}{8}\right)\left(1 + \cos\frac{3\pi}{8}\right)$$

$$\times \left(1 - \cos\frac{3\pi}{8}\right)\left(1 - \cos\frac{\pi}{8}\right)$$

$$= \left(1 - \cos^2\frac{\pi}{8}\right)\left(1 - \cos^2\frac{3\pi}{8}\right) = \left(\sin\frac{\pi}{8}\sin\frac{3\pi}{8}\right)^2$$

$$= \left[\frac{1}{4}\left(\cos\frac{\pi}{4} - \cos\frac{\pi}{2}\right)^2\right] = \frac{1}{8}.$$

12. $b\cos 2\theta + a\sin 2\theta$

$$= b\left(\frac{1 - \tan^2\theta}{1 + \tan^2\theta}\right) + a\left(\frac{2\tan\theta}{1 + \tan^2\theta}\right)$$

$$= \frac{b\left\{1 - \left(\frac{a}{b}\right)^2\right\} + 2a\frac{a}{b}}{1 + \left(\frac{a}{b}\right)^2} = b.$$

13. $\cos\theta = \dfrac{1 - \tan^2\frac{\theta}{2}}{1 + \tan^2\frac{\theta}{2}} = \dfrac{1 - \frac{1+e}{1-e}\tan^2\frac{\phi}{2}}{1 + \frac{1+e}{1-e}\tan^2\frac{\phi}{2}}$

$$= \frac{(1-e) - (1+e)\tan^2\frac{\phi}{2}}{(1-e) + (1+e)\tan^2\frac{\phi}{2}}$$

$$\frac{\left(1 - \tan^2\frac{\phi}{2}\right) - e\left(1 + \tan^2\frac{\phi}{2}\right)}{\left(1 + \tan^2\frac{\phi}{2}\right) - e\left(1 - \tan^2\frac{\phi}{2}\right)}$$

अंश तथा हर को $1 + \tan^2\frac{\phi}{2}$ से भाग देने पर,

$$=\frac{\dfrac{1-\tan^2\dfrac{\phi}{2}}{1+\tan^2\dfrac{\phi}{2}}-e}{1-e\dfrac{1-\tan^2\dfrac{\phi}{2}}{1+\tan^2\dfrac{\phi}{2}}}=\frac{\cos\phi-e}{1-e\cos\phi}.$$

14. $\sin A=\sin B \Rightarrow \sin A-\sin B=0$

या, $2\cos\frac{1}{2}(A+B)\sin\frac{1}{2}(A-B)=0$ ...(i)

पुनः $\cos A=\cos B \Rightarrow \cos B-\cos A=0$ ...(ii)

या $2\sin\frac{1}{2}(A+B)\sin\frac{1}{2}(A-B)=0$ ...(iii)

अब समीकरण (i) और (ii) दोनों संतुष्ट होती हैं।

यदि $\sin\frac{1}{2}(A-B)=0$

$\therefore$ दोनों गुणनखण्ड $\cos\frac{1}{2}(A+B)$ और

$\sin\frac{1}{2}(A+B)$ एक साथ शून्य नहीं हो सकते।

15. माना $x=\tan A,\ y=\tan B,\ z=\tan C$

$\therefore xy+yz+xz=1$

$\Rightarrow \tan A\tan B+\tan B\tan C$
$+\tan C\tan A=1$

$\Rightarrow (\tan A+\tan B)\tan C=1-\tan A\tan B$

$\Rightarrow \dfrac{\tan A+\tan B}{1-\tan A\tan B}=\cot C$

$\Rightarrow \tan(A+B)=\tan\left(\dfrac{\pi}{2}-C\right)$

$\Rightarrow A+B=\dfrac{\pi}{2}-C \Rightarrow 2A+2B=\pi-2C$

$\Rightarrow \tan(2A+2B)=\tan(\pi-2C)$

$\Rightarrow \tan 2A+\tan 2B+\tan 2C$
$=\tan 2A\tan 2B\tan 2C$

$$\Rightarrow \sum\frac{2\tan A}{1-\tan^2 A}=\frac{2\tan A}{1-\tan^2 A}\cdot\frac{2\tan B}{1-\tan^2 B}\cdot\frac{2\tan C}{1-\tan^2 C}$$

$$\Rightarrow \sum\left(\frac{x}{1-x^2}\right)=\frac{4xyz}{(1-x^2)(1-y^2)(1-z^2)}.$$

16. किसी त्रिभुज ABC में $\tan A+\tan B+\tan C$

$=\tan A\tan B\tan C=3\sqrt{3}$ (दिया है) ...(i)

अर्थात् $\tan A\tan B\tan C$ धनात्मक है।

अतः प्रत्येक $\tan A.\tan B$ और $\tan C$ धनात्मक है।

पुनः समान्तर माध्य $\geq$ गुणोत्तर माध्य

या $\dfrac{\tan A+\tan B+\tan C}{3}\geq(\tan A\tan B\tan C)^{1/3}$

परन्तु $\dfrac{\tan A+\tan B+\tan C}{3}=\sqrt{3}$ (दिया गया है)

और $(\tan A\tan B\tan C)^{1/3}=(3\sqrt{3})^{1/3}=\sqrt{3}$

अतः समान्तर माध्य $=$ गुणोत्तर माध्य, यह तब सम्भव होगा जबकि $\tan A=\tan B=\tan C$ या $A=B=C$.

17. $\sin x\cos x=\dfrac{1}{2}\sin 2x$

$\therefore$ आवर्तनांक $=\dfrac{2\pi}{2}=\pi.$

18. $\sin^2 x=\dfrac{1}{2}(1-\cos 2x)$

$\because\ -1\leq\cos 2x\leq 1$ या $-1\leq-\cos 2x\leq 1$

$\therefore\ 0\leq 1-\cos 2x\leq 2 \Rightarrow 0\leq\dfrac{1-\cos 2x}{2}\leq 1$

अतः $0\leq\sin^2 x\leq 1.$

19. $y=\sin^2\left(\dfrac{\pi}{3}+x\right)+\sin^2\left(\dfrac{\pi}{3}-x\right)$

$$=\frac{1}{2}\left[1-\cos\left(\frac{2\pi}{3}+2x\right)\right]+\frac{1}{2}\left[1-\cos\left(\frac{2\pi}{3}-2x\right)\right]$$

$$=1-\frac{1}{2}\left[\cos\left(\frac{2\pi}{3}+2x\right)+\cos\left(\frac{2\pi}{3}-2x\right)\right]$$

$$=1-\cos\left(\frac{2\pi}{3}\right)\cos 2x=1+\frac{1}{2}\cos 2x$$

$\therefore$ y का न्यूनतम मान $=1-\frac{1}{2}=\frac{1}{2}.$

20. $\because$ $\cos\theta+\sin\theta=\sqrt{2}\left(\frac{1}{\sqrt{2}}\cos\theta+\frac{1}{\sqrt{2}}\sin\theta\right)$

$$=\sqrt{2}\left[\cos\frac{\pi}{4}\cos\theta+\sin\frac{\pi}{4}\sin\theta\right]$$

$$\Rightarrow \sqrt{2}\cos\left(\theta-\frac{\pi}{4}\right) \Rightarrow \cos\theta+\sin\theta\le\sqrt{2}<\frac{\pi}{2}$$

$$\Rightarrow \cos\theta<\frac{\pi}{2}-\sin\theta$$

$$\Rightarrow \sin(\cos\theta)<\sin\left(\frac{\pi}{2}-\sin\theta\right)$$

$$\Rightarrow \sin(\cos\theta)<\cos(\sin\theta)$$

$$\Rightarrow \cos(\sin\theta)>\sin(\cos\theta).$$

21. पहिये द्वारा 1 मिनट में चली गयी दूरी $=10\times$ पहिये की परिमाप $= 10 \times 2\pi\left(\frac{1}{2}\right)= 10\pi$ मीटर

$\therefore$ साइकिल की प्रति घण्टा गति $=10\pi\times 60=600\pi$ मीटर।

22. $\sin\frac{\pi}{5}\sin\frac{2\pi}{5}\sin\frac{3\pi}{5}\sin\frac{4\pi}{5}$

$$=\sin\frac{\pi}{5}.\sin\frac{2\pi}{5}\sin\left(\pi-\frac{2\pi}{5}\right).\sin\left(\pi-\frac{\pi}{5}\right)$$

$$=\sin\frac{\pi}{5}.\sin\frac{2\pi}{5}.\sin\frac{2\pi}{5}.\sin\frac{\pi}{5}$$

$$=\sin^2\frac{\pi}{5}.\sin^2\frac{2\pi}{5}$$

$$=\sin^2 36°.\sin^2 72°$$

$$=\sin^2 36°.\ \sin^2(90°-18°)$$

$$=\sin^2 36°.\cos^2 18°$$

$$=\frac{10-2\sqrt{5}}{16}\times\frac{10+2\sqrt{5}}{16}=\frac{80}{256}=\frac{5}{16}.$$

23. $\frac{1-\cos\alpha+\sin\alpha}{1+\sin\alpha}$

$$=\frac{1-\cos\alpha+\sin\alpha}{1+\sin\alpha}\frac{1+\cos\alpha+\sin\alpha}{1+\cos\alpha+\sin\alpha}$$

$$=\frac{(1+\sin\alpha)^2-\cos^2\alpha}{(1+\sin\alpha)(1+\cos\alpha+\sin\alpha)}$$

$$=\frac{(1+\sin\alpha)^2-(1-\sin^2\alpha)}{(1+\cos\alpha+\sin\alpha)(1+\sin\alpha)}$$

$$=\frac{(1+\sin\alpha)\{(1+\sin\alpha)-(1-\sin\alpha)\}}{(1+\sin\alpha)(1+\cos\alpha+\sin\alpha)}$$

$$=\frac{2\sin\alpha}{1+\cos\alpha+\sin\alpha}=y.$$

24. $\sin^2 A+\sin^2 B+\sin^2 C$

$$=\sin^2 A+1-\cos^2 B+\sin^2 C$$

$$=1-(\cos^2 B-\sin^2 A)+\sin^2 C$$

$$=1-\cos(B+A)\cos(B-A)+\sin^2 C$$

$$=1+\cos C\cos(B-A)+1-\cos^2 C$$

$$(\because A+B+C=\pi)$$

$$=2+\cos C[\cos(B-A)-\cos C]$$

$$=2+\cos C[\cos(B-A)+\cos(A+B)]$$

$$=2+2\cos A\cos B\cos C$$

$$\therefore \sin^2 A+\sin^2 B+\sin^2 C-2\cos A\cos B\cos C=2.$$

25. दिया गया व्यंजक

$$= \sqrt{\left[4\sin^2\alpha\left(\sin^2\alpha+\cos^2\alpha\right)\right]}+2\left[1+\cos\left(\frac{\pi}{2}-\alpha\right)\right]$$

$$= 2\sqrt{\left(\sin^2\alpha\right)}+2(1+\sin\alpha)$$

$$= 2(-\sin\alpha)+(2+2\sin\alpha)=2$$

$\therefore \pi<\alpha<\dfrac{3\pi}{2} \Rightarrow \sin\alpha$ ऋणात्मक है।

$\Rightarrow -\sin\alpha$ धनात्मक है।

$\therefore$ यहाँ $\sqrt{\left(\sin^2\alpha\right)}$ को $-\sin\alpha$ लिया गया है।

26. $A+B+C=\pi$

$\therefore \sin(A+B+C)=0$ और

$\cos(A+B)=-\cos C$

$$\therefore \Delta = \begin{vmatrix} 0 & \sin B & \cos C \\ -\sin B & 0 & \tan A \\ -\cos C & -\tan A & 0 \end{vmatrix}$$

$$= -\sin B\{0+\cos C\tan A\} + \cos C(\sin B\tan A-0)=0.$$

27. $y=1+8\sin^2 x\cos^2 x = 1+2\sin^2 2x$

$=1+(1-\cos 4x)=2-\cos 4x$

$\therefore y$ का न्यूनतम मान $= 2-$ [$\cos 4x$ का उच्चिष्ठ मान]

$= 2-(1)=1.$

28. $A=\cos^2\theta+\sin^4\theta = 1-\sin^2\theta+\sin^4\theta$

$$=\frac{3}{4}+\left(\sin^2\theta-\frac{1}{2}\right)^2$$

अब $\therefore 0\le\sin^2\theta\le 1$

$$\Rightarrow -\frac{1}{2}\le\sin^2\theta-\frac{1}{2}\le\frac{1}{2}$$

$$\Rightarrow \quad 0\le\left(\sin^2\theta-\frac{1}{2}\right)^2\le\frac{1}{4}$$

$$\Rightarrow \frac{3}{4}\le\frac{3}{4}+\left(\sin^2\theta-\frac{1}{2}\right)^2\le 1 \quad \therefore \frac{3}{4}\le A\le 1.$$

29. $\cos B+\cos C = 2\cos\frac{1}{2}(B+C).\cos\frac{1}{2}(B-C)$

$$=2\cos\left(90^\circ-\frac{A}{2}\right)\cos\frac{1}{2}(B-C)$$

$$=2\sin\frac{A}{2}\cos\frac{B-C}{2}.$$

30 $\sin x+\sin^2 x=1$

$\Rightarrow \quad \sin x = 1-\sin^2 x=\cos^2 x$

$\therefore \cos^{12}x+3\cos^{10}x+3\cos^8 x+\cos^6 x$

$=\sin^6 x+3\sin^5 x+3\sin^4 x+\sin^3 x$

$=\left(\sin x+\sin^2 x\right)^3=1.$

31. $\because \sin A, \cos A, \tan A,$ गुणोत्तर श्रेणी में है।

$$\therefore \cos^2 A=\sin A\tan A=\frac{\sin^2 A}{\cos A}$$

$\Rightarrow \cos^3 A=\sin^2 A$

अतः $\cos^3 A+\cos^2 A=\sin^2 A+\cos^2 A=1.$

32. माना $f(x)=\cos x\cos(x+2)-\cos^2(x+1)$

$\Rightarrow f(x)=\cos(x+1-1)\cos(x+1+1)-\cos^2(x+1)$

$=\cos^2(x+1)-\sin^2 1-\cos^2(x+1)=-\sin^2 1,$

इससे स्पष्ट है कि $f(x)$ एक सरल रेखा है जो कि X-अक्ष के समान्तर है तथा बिन्दु $\left(\dfrac{\pi}{2},-\sin^2 1\right)$ से होकर जाती है।

33. $\sin^2 A+\sin^2(A-B)-2\sin A\cos B\sin(A-B)$

$=\sin^2 A+\sin(A-B)\{\sin(A-B)-2\sin A\cos B\}$

$= \sin^2 A + \sin(A - B)\ \{(\sin A \cos B - \cos A \sin B) - 2\sin A \cos B\}$

$= \sin^2 A + \sin(A + B)\{-\sin(A + B)\}$

$= \sin^2 A - \sin(A - B)\sin(A + B)$

$= \sin^2 A - \sin^2 A + \sin^2 B = \sin^2 B.$

34. $\because \sin x + \sin y = a$ तथा $\cos x + \cos y = b$

$$\therefore \quad \frac{\sin x + \sin y}{\cos x + \cos y} = \frac{a}{b}$$

$$\Rightarrow \frac{2\sin\left(\frac{x+y}{2}\right)\cos\left(\frac{x-y}{2}\right)}{2\cos\left(\frac{x+y}{2}\right)\cos\left(\frac{x-y}{2}\right)} = \frac{a}{b}$$

$$\Rightarrow \tan\left(\frac{x+y}{2}\right) = \frac{a}{b}.$$

35. $\sqrt{1+\cos x} = \sqrt{2\cos^2\frac{x}{2}} = \sqrt{2}\left|\cos\frac{x}{2}\right|$ तथा

$$\sqrt{1-\cos x} = \sqrt{2\sin^2\frac{x}{2}} = \sqrt{2}\left|\sin\frac{x}{2}\right|$$

$$\Rightarrow \frac{\sqrt{1+\cos x} + \sqrt{1-\cos x}}{\sqrt{1+\cos x} - \sqrt{1-\cos x}}$$

$$= \frac{\left|\cos\frac{x}{2}\right| + \left|\sin\frac{x}{2}\right|}{\left|\cos\frac{x}{2}\right| - \left|\sin\frac{x}{2}\right|} = \frac{-\cos\frac{x}{2} + \sin\frac{x}{2}}{-\cos\frac{x}{2} - \sin\frac{x}{2}}$$

$$= \frac{\cos\frac{x}{2} - \sin\frac{x}{2}}{\cos\frac{x}{2} + \sin\frac{x}{2}} = \frac{1 - \tan\frac{x}{2}}{1 + \tan\frac{x}{2}} = \tan\left(\frac{\pi}{4} - \frac{x}{2}\right)$$

$$= \cot\left(\frac{\pi}{2} - \left(\frac{\pi}{4} - \frac{x}{2}\right) = \cot\left(\frac{\pi}{4} + \frac{x}{2}\right)\right)$$

$$= \cot\left(\frac{\pi}{4} + \frac{x}{2}\right). \qquad \therefore a = \frac{\pi}{4}$$

36. $x = \sin\theta + \cos\theta$, दोनों तरफ वर्ग करने पर,

$$x^2 = \sin^2\theta + \cos^2\theta + 2\sin\theta.\cos\theta$$

$$x^2 = 1 + \sin 2\theta$$

$$\therefore \quad \sin 2\theta = x^2 - 1.$$

37. चूँकि $\sin 2\theta = \frac{x^2-1}{1}$ $\therefore \cos 2\theta = \sqrt{1-\left(x^2-1\right)^2}$

$$= \sqrt{1-\left(x^4 - 2x^2 + 1\right)}$$

$$= \sqrt{x^2\left(2 - x^2\right)}$$

$$\therefore \quad \tan 2\theta = \frac{x^2 - 1}{x\sqrt{2 - x^2}}.$$

38. हम जानते हैं,

$$\sin\theta + \cos\theta = \sqrt{2}\left(\frac{1}{\sqrt{2}}\sin\theta + \frac{1}{\sqrt{2}}\cos\theta\right)$$

$$= \sqrt{2}\sin\left(\theta + \frac{\pi}{4}\right)$$

तथा $-1 \le \sin\left(\theta + \frac{\pi}{4}\right) \le 1, \theta$ के सभी मानों के लिए

अतः $-\sqrt{2}$ से $\sqrt{2}$.

39. चूँकि $\sec\theta + \tan\theta = m, \qquad 0 < m < 1$ ...(i)

तथा $\sec^2\theta - \tan^2\theta = 1$ ...(ii)

समीकरण (ii) को (i) से भाग देने पर,

$$\sec\theta - \tan\theta = \frac{1}{m} \quad \left(\frac{1}{m} > 1 \because 0 < m < 1\right) \quad ...(iii)$$

समीकरण (i) एवं (iii) को जोड़ने पर,

$$\sec\theta = \frac{m^2+1}{2m} > \theta$$

तथा समीकरण (i) में से (iii) को घटाने पर,

$$\tan\theta = \frac{m^2 - 1}{2m} < 0$$

चूँकि $\sec\theta > 0, \tan\theta > 0$, अतः θ चतुर्थ चतुर्थांश में है।

पुनः $\sin\theta = \tan\theta.\cos\theta = \frac{\tan\theta}{\sec\theta} = \frac{m^2-1}{m^2+1}$

अतः (*a*) सही उत्तर है।

40. $\cot\alpha - \tan\alpha = \frac{1}{\tan\alpha} - \tan\alpha = \frac{1-\tan^2\alpha}{\tan\alpha}$

$= 2\frac{(1-\tan^2\alpha)}{2\tan\alpha} = 2\cot 2\alpha$

अतः वक्तव्य-I सत्य है।

पुनः $\tan\alpha = \cot\alpha - 2\cot 2\alpha$ ...(*i*)

(*i*) का बार-बार प्रयोग करने पर,

$\tan\alpha + 2\tan 2\alpha + 2^2\tan^2\alpha + ...$

$+ 2^{n-1}\tan^{n-1}\alpha + 2^n\cot 2^n\alpha$

$= (\cot\alpha - 2\cot 2\alpha) + 2(\cot 2\alpha - 2\cot 2^2\alpha)$

$+ 2^2(\cot 2^2\alpha - 2\cot 2^3\alpha) + ...$

$+ 2^{n-1}(\cot 2^{n-1}\alpha - 2\cot 2^n\alpha) + 2^n\cot 2^n\alpha$

$= \cot\alpha$

अतः (*a*) सही उत्तर है।

41. वक्तव्य-I सत्य है, एवं वक्तव्य-II सत्य है एवं वक्तव्य-I, वक्तव्य-II का सही स्पष्टीकरण है

$\therefore$ (*a*) सही उत्तर है।

42. A. $\sec^2 x + \operatorname{cosec}^2 x = 2 + \tan^2 x + \cot^2 x$

$= 2 + (\tan x - \cot x)^2 + 2\tan x \cot x$

$= 2 + 2 + (\tan x - \cot x)^2$

≥ 4, $x \in \left(0, \frac{\pi}{2}\right)$

अतः 4 से कम मान नहीं हो सकता।

$A - p, q, r, s$

B. $\tan^2 x + \cot^2 x = (\tan x - \cot x)^2 + 2\tan x.\cot x$

$= (\tan x - \cot x)^2 + 2 \geq 2$, $x \in \left(0, \frac{\pi}{2}\right)$

$B - p, q$

C. $\sin^2 x + \operatorname{cosec}^2 x + 1$

$= \sin^2 x + \frac{1}{\sin^2 x} + 1$

$= \left(\sin x - \frac{1}{\sin x}\right)^2 + 2 + 1$

$= 3 + \left(\sin x - \frac{1}{\sin x}\right)^2 \geq 3$, $x \in (0, \pi)$

$C - p, q, r$

D. $\cos^2 x + \sin^4 x$

$= \cos^2 x + \sin^2 x(1 - \cos^2 x)$

$= 1 - \sin^2 x.\cos^2 x$

$= 1 - \frac{1}{4}(4\sin^2 x.\cos^2 x)$

$= 1 - \frac{1}{4}\sin^2 2x \leq 1$, $x \in R$ के सभी मानों के लिए;

अतः $\cos^2 x + \sin^2 x$ का मान (1, 2, 3, 4) से अधिक नहीं हो सकता

$D - p, q, r, s$

$\therefore$ (*b*) सही उत्तर है।

28

त्रिकोणमितीय समीकरण (TRIGONOMETRICAL EQUATION)

वह समीकरण जिसमें अज्ञात चर त्रिकोणमितीय अनुपात में हो, त्रिकोणमितीय समीकरण कहलाता है। अज्ञात राशि का मान समीकरण का हल होता है। 0 से 2π के मध्य हल मुख्य हल कहलाता है।

चूँकि त्रिकोणमितीय निष्पत्ति आवर्त फलन होता है। अतः आवर्ती के व्यापक हल को सामान्य हल कहते हैं।

त्रिकोणमितीय समीकरण का व्यापक हल

(General Solution of Trigonometrical Equation)

(*i*) $\sin\theta = 0 \quad \therefore \quad \theta = n\pi$ जहाँ $n \in I$

(*ii*) $\cos\theta = 0 \quad \therefore \quad \theta = (2n+1)\frac{\pi}{2}$ जहाँ $n \in I$

(*iii*) $\tan\theta = 0 \quad \therefore \quad \theta = n\pi$ जहाँ $n \in I$

(*iv*) यदि $\sin\theta = \sin\alpha$, तब
$\theta = n\pi + (-1)^n\alpha$, जहाँ $n \in I$

(*v*) यदि $\cos\theta = \cos\alpha$, तब
$\theta = 2n\pi \pm \alpha$ जहाँ $n \in I$

(*vi*) यदि $\tan\theta = \tan\alpha$, तब
$\theta = n\pi + \alpha$ जहाँ $n \in I$ तथा $\alpha \in \left(\frac{-\pi}{2}, \frac{\pi}{2}\right)$

(*vii*) यदि $\sin^2\theta = \sin^2\alpha$ तब
$\theta = n\pi \pm \alpha$ जहाँ $n \in I$

(*viii*) यदि $\cos^2\theta = \cos^2\alpha$ तब
$\theta = n\pi \pm \alpha, n \in I$

(*ix*) यदि $\tan^2\theta = \tan^2\alpha$ तब
$\theta = n\pi \pm \alpha, n \in I$

उदाहरण 1 : $\tan 6\theta - \tan 4\theta = 0$, हल करें।

हल : $\tan 6\theta - \tan 4\theta = 0$

$\tan 6\theta = \tan 4\theta$

$\Rightarrow 6\theta = n\pi + 4\theta \qquad [\tan\theta = \tan\alpha]$

$\Rightarrow 2\theta = n\pi$

$\Rightarrow \theta = \frac{n\pi}{2}, \quad n \in I.$

उदाहरण 2 : हल करें : $\cos\theta = -\frac{1}{2}$

हल : $\cos\theta = -\frac{1}{2} = -\cos\frac{\pi}{3} = \cos\left(\pi - \frac{\pi}{3}\right) = \cos\frac{2\pi}{3}$

$\Rightarrow \cos\theta = \cos\frac{2\pi}{3} \quad (\because \cos\theta = \cos\alpha)$

$\Rightarrow \theta = 2n\pi \pm \frac{2\pi}{3}, n \in I.$

उदाहरण 3 : हल करें : $\sin\theta . \cos\theta = \frac{\sqrt{3}}{4}$

हल : $\sin\theta . \cos\theta = \frac{\sqrt{3}}{4}$

$\Rightarrow 2\sin\theta . \cos\theta = \frac{\sqrt{3}}{2}$

$\Rightarrow \sin 2\theta = \sin\frac{\pi}{3} \quad (\sin\theta = \sin\alpha)$

$\Rightarrow 2\theta = n\pi + (-1)^n\frac{\pi}{3}, n \in I$

$\Rightarrow \theta = \frac{n\pi}{2} + (-1)^n\frac{\pi}{6}.$

उदाहरण 4 : हल करें : $\tan\theta.\tan 2\theta = 1$

हल : $\tan\theta.\left(\dfrac{2\tan\theta}{1-\tan^2\theta}\right)=1$

$\Rightarrow 2\tan^2\theta = 1-\tan^2\theta$

$\Rightarrow 3\tan^2\theta = 1 \Rightarrow \tan^2\theta = \dfrac{1}{3} \Rightarrow \tan\theta = \dfrac{1}{\sqrt{3}}$

$\therefore \tan\theta = \dfrac{1}{\sqrt{3}} = \tan\left(\dfrac{\pi}{6}\right) \quad (\tan\theta = \tan\alpha)$

$\therefore \theta = n\pi + \dfrac{\pi}{6}, n \in I.$

उदाहरण 5 : हल करें : $\sin^4 x + \cos^4 x = \sin x.\cos x$

हल : $(\sin^2 x + \cos^2 x)^2 - 2\sin^2 x.\cos^2 x = \sin x.\cos x$

$\Rightarrow 1-\dfrac{1}{2}(\sin 2x)^2 = \dfrac{1}{2}(\sin 2x)$

$\Rightarrow \sin^2 2x + \sin 2x - 2 = 0$

$\Rightarrow \sin 2x = \dfrac{-1\pm\sqrt{1+8}}{2} \Rightarrow \sin 2x = 1$

$(\because -1 \le \sin 2x \le 1)$

$\Rightarrow \sin 2x = \sin\dfrac{\pi}{2}$

$\Rightarrow 2x = n\pi + (-1)^n\dfrac{\pi}{2}, n \in I$

$\Rightarrow x = \dfrac{n\pi}{2} + (-1)^n\dfrac{\pi}{4}, n \in I.$

उदाहरण 6 : हल करें : $\tan\left(\dfrac{\pi}{4}+\theta\right)+\tan\left(\dfrac{\pi}{4}-\theta\right)=4$

हल : $\tan\left(\dfrac{\pi}{4}+\theta\right)+\tan\left(\dfrac{\pi}{4}-\theta\right)=4$

$\Rightarrow \dfrac{1+\tan\theta}{1-\tan\theta}+\dfrac{1-\tan\theta}{1+\tan\theta}=4$

$\Rightarrow \dfrac{(1+\tan\theta)^2+(1-\tan\theta)^2}{(1+\tan\theta)(1-\tan\theta)}=4$

$\Rightarrow \dfrac{2(1+\tan^2\theta)}{1-\tan^2\theta}=4$

$\Rightarrow 6\tan^2\theta = 2 \quad \Rightarrow \tan^2\theta = \dfrac{1}{3} = \tan^2\dfrac{\pi}{6}$

$\Rightarrow \theta = n\pi \pm \dfrac{\pi}{6}, n \in I.$

उदाहरण 7 : हल करें : $2-\cos\theta = 2\tan\dfrac{\theta}{2}$

हल : $2-\cos\theta = 2\tan\dfrac{\theta}{2}$

$\Rightarrow 2-\left(\dfrac{1-\tan^2\dfrac{\theta}{2}}{1+\tan^2\dfrac{\theta}{2}}\right)=2\tan\dfrac{\theta}{2}$

$\Rightarrow 2-2\tan\dfrac{\theta}{2}-\left(\dfrac{1-\tan^2\dfrac{\theta}{2}}{1+\tan^2\dfrac{\theta}{2}}\right)=0$

$\Rightarrow 2\left(1-\tan\dfrac{\theta}{2}\right)-\dfrac{\left(1-\tan\dfrac{\theta}{2}\right)\left(1+\tan\dfrac{\theta}{2}\right)}{1+\tan^2\dfrac{\theta}{2}}=0$

$\Rightarrow \left(1-\tan\dfrac{\theta}{2}\right)\left\{2-\dfrac{1+\tan\dfrac{\theta}{2}}{1+\tan^2\dfrac{\theta}{2}}\right\}=0$

$\Rightarrow 1-\tan\dfrac{\theta}{2}=0$ या, $\dfrac{2+2\tan^2\dfrac{\theta}{2}-1-\tan\dfrac{\theta}{2}}{1+\tan^2\dfrac{\theta}{2}}=0$

$\Rightarrow \tan\dfrac{\theta}{2}=\tan\dfrac{\pi}{4}$ या, $2\tan^2\dfrac{\theta}{2}-\tan\dfrac{\theta}{2}+1=0$

$\Rightarrow \dfrac{\theta}{2}=n\pi+\dfrac{\pi}{4}, n\in I$ या, $\tan\dfrac{\theta}{2}=\dfrac{1\pm\sqrt{-7}}{4}$

यह संभव नहीं है।

अतः $\theta = 2n\pi + \dfrac{\pi}{2}, n \in I.$

उदाहरण 8 : हल करें : $\sqrt{3}\sin\left(\frac{\pi}{6}-\theta\right)=2\cos 3\theta\,.\,\sin 2\theta$

हल : $\sqrt{3}\sin\left(\frac{\pi}{6}-\theta\right)=2\cos 3\theta\,.\,\sin 2\theta$

$$\Rightarrow 2\frac{\sqrt{3}}{2}\,.\,\sin\left(\frac{\pi}{6}-\theta\right)=2\cos 3\theta\,.\,\sin 2\theta$$

$$\Rightarrow 2\cos\frac{\pi}{6}\,.\,\sin\left(\frac{\pi}{6}-\theta\right)=2\cos 3\theta\,.\,\sin 2\theta$$

$$\Rightarrow \sin\left(\frac{\pi}{6}+\frac{\pi}{6}-\theta\right)-\sin\left(\frac{\pi}{6}-\frac{\pi}{6}+\theta\right)$$
$$= \sin(3\theta+2\theta)-\sin(3\theta-2\theta)$$

$$\Rightarrow \sin\left(\frac{\pi}{3}-\theta\right)-\sin\theta=\sin 5\theta-\sin\theta$$

$$\Rightarrow \sin 5\theta=\sin\left(\frac{\pi}{3}-\pi\right)$$

$$\Rightarrow 5\theta=n\pi+(-1)^n\left(\frac{\pi}{3}-\theta\right)$$

$$\Rightarrow 5\theta+(-1)^n\theta=n\pi+(-1)^n\frac{\pi}{3}$$

$$\Rightarrow \theta\,[5+(-1)^n)=n\pi+(-1)^n\frac{\pi}{3}$$

$$\theta = \frac{\pi\left\{n+\frac{(-1)^n}{3}\right\}}{5+(-1)^n},\, n\in I.$$

यदि समीकरण का रूप $a\cos\theta+b\sin\theta=c$ हो (If the Form of Equation is $a\cos\theta+b\sin\theta=c$)

(*i*) यदि समीकरण $a\cos\theta+b\sin\theta=c$ हो तब उसके दोनो पक्षों को $\sqrt{a^2+b^2}$ (अर्थात् $\sqrt{(\cos\theta \text{ का गुणांक})^2+(\sin\theta \text{ का गुणांक})^2}$ से भाग देते हैं।

(*ii*) बाँये पक्ष को cosine के रूप में रखते हैं।

(*iii*) सूत्र $\cos\theta=\cos\alpha$ का प्रयोग करते हैं।

नोट : $a\cos\theta+b\sin\theta=c$ का कोई हल नहीं होगा यदि $c^2>a^2+b^2$.

उदाहरण 9 : हल करें : $\tan\theta+\sec\theta=\sqrt{3}$

हल : $\tan\theta+\sec\theta=\sqrt{3}$

$$\Rightarrow \frac{\sin\theta}{\cos\theta}+\frac{1}{\cos\theta}=\sqrt{3}$$

$$\Rightarrow \sqrt{3}\cos\theta-\sin\theta=1$$

दोनों पक्षों को $\sqrt{\left(\sqrt{3}\right)^2+(-1)^2}=2$ से भाग देने पर,

$$\Rightarrow \frac{\sqrt{3}}{2}\cos\theta-\frac{1}{2}\sin\theta=\frac{1}{2}$$

$$\Rightarrow \cos\theta\,.\,\cos\frac{\pi}{6}-\sin\theta\,.\,\sin\frac{\pi}{6}=\frac{1}{2}$$

$$\Rightarrow \cos\left(\theta+\frac{\pi}{6}\right)=\cos\frac{\pi}{3} \Rightarrow \theta+\frac{\pi}{6}=2n\pi\pm\frac{\pi}{3}$$

$$\Rightarrow \theta=2n\pi\pm\frac{\pi}{3}-\frac{\pi}{6},\, n\in I.$$

उदाहरण 10 : हल करें : $\operatorname{cosec}\theta=1+\cot\theta$

हल : $\operatorname{cosec}\theta-\cot\theta=1$

$$\Rightarrow \frac{1}{\sin\theta}-\frac{\cos\theta}{\sin\theta}=1$$

$$\Rightarrow 1-\cos\theta=\sin\theta \Rightarrow \sin\theta+\cos\theta=1$$

दोनों पक्षों में $\sqrt{1^2+1^2}=\sqrt{2}$ से भाग देने पर,

$$\frac{1}{\sqrt{2}}\sin\theta+\frac{1}{\sqrt{2}}\cos\theta=\frac{1}{\sqrt{2}}$$

$$\Rightarrow \cos\frac{\pi}{4}\,.\,\cos\theta+\sin\frac{\pi}{4}\,.\,\sin\theta=\frac{1}{\sqrt{2}}$$

$$\Rightarrow \cos\left(\theta-\frac{\pi}{4}\right)=\cos\frac{\pi}{4}$$

$$\Rightarrow \theta=2n\pi\pm\frac{\pi}{2},\, n\in I.$$

उदाहरण 11 : हल करें : $2\sin x + \cos x = 3$

हल : $\sqrt{2^2+1^2} = \sqrt{5} < 3$ चूँकि $a^2 + b^2 < c^2$

$\Rightarrow 5 < 9$

अतः दिए गए समीकरण का हल नहीं होगा।

उदाहरण 12 : हल करें : $\cos\theta + \sin\theta = \sqrt{2}\cos A$

हल : दोनों पक्षों में $\sqrt{1^2+1^2} = \sqrt{2}$ से भाग देने पर,

$$\frac{1}{\sqrt{2}}\cos\theta + \frac{1}{\sqrt{2}}\sin\theta = \cos A$$

$$\Rightarrow \cos\frac{\pi}{4}.\cos\theta + \sin\frac{\pi}{4}.\sin\theta = \cos A$$

$$\Rightarrow \cos\left(\theta - \frac{\pi}{4}\right) = \cos A$$

$$\Rightarrow \theta - \frac{\pi}{4} = 2n\pi \pm A, n \in I$$

$$\Rightarrow \theta = 2n\pi + \frac{\pi}{4} \pm A, n \in I.$$

उदाहरण 13 : हल करें : $1 - \sin 2x = \cos x - \sin x$

हल : $1 - \sin 2x = \cos x - \sin x$

$\Rightarrow \cos^2 x + \sin^2 x - 2\sin x.\cos x = \cos x - \sin x$

$\Rightarrow (\cos x - \sin x)^2 = \cos x - \sin x$

$\Rightarrow (\cos x - \sin x)\{\cos x - \sin x - 1\} = 0$

$\Rightarrow \cos x - \sin x = 0$ या $\cos x - \sin x = 1$

$\Rightarrow \cos x = \sin x$

$$\Rightarrow \cos x = \cos\left(\frac{\pi}{2} - x\right)$$

$$\Rightarrow x = 2n\pi \pm \left(\frac{\pi}{2} - x\right)$$

$$\Rightarrow x = 2n\pi + \frac{\pi}{2} - x$$

$$\Rightarrow 2x = 2n\pi + \frac{\pi}{2}$$

$$\Rightarrow x = n\pi + \frac{\pi}{4}$$

या

$\cos x - \sin x = 1$

दोनों पक्षों में $\sqrt{2}$ से भाग देने पर,

$$\Rightarrow \frac{1}{\sqrt{2}}\cos x - \frac{1}{\sqrt{2}}\sin x = \frac{1}{\sqrt{2}}$$

$$\Rightarrow \cos\left(x + \frac{\pi}{4}\right) = \cos\frac{\pi}{4}$$

$$\Rightarrow x + \frac{\pi}{4} = 2n\pi \pm \frac{\pi}{4} \Rightarrow x = 2n\pi$$

या, $x = 2n\pi - \dfrac{\pi}{2}$

अतः $x = 2n\pi,\ 2n\pi - \dfrac{\pi}{2},\ n\pi + \dfrac{\pi}{4}.$

साधित उदाहरण
(Solved Examples)

उदाहरण 1 : हल करें : $\cot\theta - \tan\theta = \sec\theta\ (n \in I)$

हल : $\cot\theta - \tan\theta = \sec\theta$

$\Rightarrow \cos^2\theta - \sin^2\theta = \sin\theta \quad (\sin\theta, \cos\theta \neq o)$

$\Rightarrow 2\sin^2\theta + \sin\theta - 1 = 0$

$\Rightarrow \sin\theta = -1, \dfrac{1}{2}$ लेकिन $\sin\theta \neq -1$

$$\Rightarrow \sin\theta = \frac{1}{2} = \sin\theta = \sin\frac{\pi}{6}$$

$$\Rightarrow \theta = n\pi + (-1)^n\frac{\pi}{6}.$$

उदाहरण 2 : यदि $\tan(\theta + \alpha).\tan(\theta - \alpha) = 1\ \forall\ \alpha \in R$, तो θ का मान निकालें।

हल : $\tan(\theta + \alpha).\tan(\theta - \alpha) = 1$

$$= \frac{\sin(\theta+\alpha).\sin(\theta-\alpha)}{\cos(\theta+\alpha).\cos(\theta-\alpha)} = 1$$

$\Rightarrow \sin^2\theta - \sin^2\alpha = \cos^2\theta - \sin^2\alpha$

$\Rightarrow \sin^2\theta = \cos^2\theta \Rightarrow \tan^2\theta = 1$

$$= \tan^2\theta = \tan^2\frac{\pi}{4} \Rightarrow \theta = n\pi \pm \frac{\pi}{4}, n \in I$$

उदाहरण 3 : हल करें : $\sin\theta + \sin3\theta = \sin2\theta$

हल : $\sin\theta + \sin3\theta = \sin2\theta$

$\Rightarrow 2\sin\frac{3\theta+\theta}{2}.\cos\frac{3\theta-\theta}{2} = \sin 2\theta$

$\Rightarrow 2\sin 2\theta \,.\, \cos\theta - \sin 2\theta = 0$

$\Rightarrow \sin 2\theta\,(2\cos\theta - 1) = 0$

$\Rightarrow \sin 2\theta = 0$ या $2\cos\theta - 1 = 0$

$\Rightarrow 2\theta = n\pi$ या $\cos\theta = \frac{1}{2} = \cos\frac{\pi}{3}$

$\Rightarrow \theta = \frac{n\pi}{2}$ या $\theta = 2n\pi \pm \frac{\pi}{3}$

$\Rightarrow \theta = \frac{n\pi}{2}, 2n\pi \pm \frac{\pi}{3}.$

उदाहरण 4 : हल करें : $\tan 2\theta = \tan\frac{2}{\theta}$

हल : $\tan 2\theta = \tan\frac{2}{\theta}$

$\Rightarrow 2\theta = n\pi + \frac{2}{\theta}, n \in I$

$\Rightarrow 2\theta^2 = n\pi\theta + 2, n \in I$

$\Rightarrow 2\theta^2 - n\pi\theta - 2 = 0$

$\Rightarrow \theta = \frac{n\pi \pm \sqrt{n^2\pi^2 + 16}}{4}, n \in I.$

उदाहरण 5 : हल करें : $\sin x - 3\sin 2x + \sin 3x = \cos x - 3\cos 2x + \cos 3x$

हल : दिया है, $\sin x - 3\sin 2x + \sin 3x$

$= \cos x - 3\cos 2x + \cos 3x$

$\Rightarrow (\sin 3x + \sin x) - 3\sin 2x$

$= (\cos x + \cos 3x) - 3\cos 2x$

$\Rightarrow 2\sin 2x.\cos x - 3\sin 2x$

$= 2\cos 2x \,.\, \cos x - 3\cos 2x$

$\Rightarrow \sin 2x\,(2\cos x - 3) = \cos 2x\,(2\cos x - 3)$

$\Rightarrow \sin 2x = \cos 2x$

$\Rightarrow \frac{\sin 2x}{\cos 2x} = 1 \Rightarrow \tan 2x = 1$

$\Rightarrow \tan 2x = \tan\frac{\pi}{4}$

$\Rightarrow 2x = n\pi + \frac{\pi}{4}$

$\Rightarrow x = \frac{n\pi}{2} + \frac{\pi}{8}, n \in I.$

उदाहरण 6 : 0° तथा 720° के मध्य θ के सभी मानों को निकालें जो समीकरण $2\cos^2\theta - 5\cos\theta + 2 = 0$ को संतुष्ट करते हैं।

हल : $2\cos^2\theta - 5\cos\theta + 2 = 0$

$\Rightarrow 2\cos^2\theta - 4\cos\theta - \cos\theta + 2 = 0$

$\Rightarrow 2\cos\theta\,(\cos\theta - 2) - 1\,(\cos\theta - 2) = 0$

$\Rightarrow (2\cos\theta - 1)(\cos\theta - 2) = 0$

$\Rightarrow 2\cos\theta - 1 = 0$ या $\cos\theta - 2 = 0$

$\Rightarrow \cos\theta = \frac{1}{2}$ या $\cos\theta = 2$ असंभव है।

$(-1 \le \cos\theta \le 1)$

$\Rightarrow \cos\theta = \cos\frac{\pi}{3}$

$\theta = 2n\pi \pm \frac{\pi}{3}, n \in I$

$\therefore \theta = \pm\frac{\pi}{3}, 2\pi \pm \frac{\pi}{3}, 4\pi \pm \frac{\pi}{3}$

$\theta = 60°, 300°, 420°, 660°.$

उदाहरण 7 : θ के उन व्यापक हल को ज्ञात करें; जो समीकरण $\sin\theta = \frac{-1}{2}$, $\cos\theta = \frac{-\sqrt{3}}{2}$ दोनों को संतुष्ट करते हैं।

हल : $\sin\theta = \frac{-1}{2}, \cos\theta = -\frac{-\sqrt{3}}{2}$, अतः θ तृतीय चतुर्थांश में है। ($\therefore$ $\sin\theta$, $\cos\theta$ दोनों ऋणात्मक है)

पुनः $\sin\theta = -\frac{1}{2} = -\sin\frac{\pi}{6} = \sin\left(\pi + \frac{\pi}{6}\right)$

तथा $\cos\theta = \frac{-\sqrt{3}}{2} \Rightarrow \cos\theta = -\cos\frac{\pi}{6} = \cos\left(\pi + \frac{\pi}{6}\right)$

अतः θ का एक मान (मूल्य) $(0 \le \theta \le 2\pi)$ जो दोनों समीकरणों को संतुष्ट करता है।

$\pi + \frac{\pi}{6} = \frac{7\pi}{6}$ होगा।

उदाहरण 8 : समीकरण $|\cot x| = \cot x + \frac{1}{\sin x}$, $x \in [0, 3\pi]$ के हलों की संख्या निकालें।

हल : $|\cot x| = \cot x + \frac{1}{\sin x}, x \in [0, 3\pi]$

माना $\cot x > 0$

$\Rightarrow \cot x = \cot x + \frac{1}{\sin x}$

$\Rightarrow \frac{1}{\sin x} = 0$ जो संभव नहीं है।

माना $\cot x < 0$

$\Rightarrow -\cot x = \cot x + \frac{1}{\sin x}$

$\Rightarrow -2\cot x = \frac{1}{\sin x}$

$\Rightarrow \cos x = \frac{-1}{2} \Rightarrow x = \frac{2\pi}{3}, \frac{8\pi}{3}$

∴ हलों की संख्या 2 है।

उदाहरण 9 : x के मानों का समुच्चय निकालें, जिसके लिए $\frac{\tan 3x - \tan 2x}{1 + \tan 3x . \tan 2x} = 1$

हल : $\frac{\tan 3x - \tan 2x}{1 + \tan 3x . \tan 2x} = 1$

$\Rightarrow \tan(3x - 2x) = \tan\frac{\pi}{4}$

$\Rightarrow \tan x = \tan\frac{\pi}{4} \Rightarrow x = n\pi + \frac{\pi}{4}$

परंतु $x = n\pi + \frac{\pi}{4}$ के लिए $\tan 2x$ अपरिभाषित है। अतः x के मानों का समुच्चय ϕ है।

वस्तुनिष्ठ प्रश्न

1. यदि $\tan 2\theta = \tan\frac{2}{\theta}$, तो θ का व्यापक मान होगा–

(a) $n\pi - \frac{\pi}{4}$ (b) $2n\pi + \frac{\pi}{15}$

(c) $(2n + 1)\pi$ (d) इनमें से कोई नहीं

2. यदि $\cot\theta - \tan\theta = \sec\theta$, तब θ का मान है–

(a) $n\pi + (-1)^n \frac{\pi}{6}$ (b) $n\pi + \frac{\pi}{6}$

(c) $2n\pi + \frac{3\pi}{2}$ (d) इनमें से कोई नहीं

3. यदि $\sin 5x + \sin 3x + \sin x = 0$, तब x का शून्य के अतिरिक्त अन्य मान, जो कि $0 \le x \le \frac{\pi}{2}$ में है, है–

(a) $\frac{\pi}{6}$ (b) $\frac{\pi}{12}$

(c) $\frac{\pi}{3}$ (d) $\frac{\pi}{9}$

4. यदि $5\cos 2\theta + 2\cos^2\frac{1}{2}\theta + 1 = 0, -\pi < \theta < \pi$, तब θ का मान है–

(a) $\frac{\pi}{3}$

(b) $\frac{\pi}{3}\cos^{-1}\left(\frac{3}{5}\right)$

(c) $\cos^{-1}\left(\frac{3}{5}\right)$

(d) $\frac{\pi}{3}, \pi - \cos^{-1}(3/5)$

5. समीकरण

$$\cos y \cos\left(\frac{1}{2}\pi - x\right) - \cos\left(\frac{1}{2}\pi - y\right)\cos x + \sin y \cos\left(\frac{1}{2}\pi - x\right) + \cos x \sin\left(\frac{1}{2}\pi - y\right)$$ का मान शून्य होगा, यदि

(a) $x = 0$ (b) $y = 0$

(c) $x = y + \frac{x}{4}$ (d) $x = \frac{3\pi}{4} + y$

6. समीकरण $\tan\theta + \tan 2\theta + \sqrt{3}\tan\theta\tan 2\theta = \sqrt{3}$ का व्यापक हल होगा–

(a) $\frac{n\pi}{3}$ (b) $\left(\frac{n}{2} + \frac{1}{3}\right)\frac{\pi}{2}$

(c) $\left(n + \frac{1}{3}\right)\frac{\pi}{3}$ (d) ϕ

7. समीकरण $\tan x + \sec x = 2\cos x$ के हलों की संख्या जो अन्तराल $[0, 2\pi]$ में हैं, है–

(a) 0 (b) 1

(c) 2 (d) 3

8. समीकरण

$\sin x - 3\sin 2x + \sin 3x = \cos x - 3\cos 2x + \cos 3x$ का व्यापक हल है–

(a) $n\pi + \frac{\pi}{8}$ (b) $\frac{n\pi}{2} + \frac{\pi}{8}$

(c) $(-1)^n \frac{n\pi}{2} + \frac{\pi}{8}$ (d) $2n\pi + \cos^{-1}\left(\frac{3}{2}\right)$

9. यदि $\cos 2\theta = (\sqrt{2} + 1)\left(\cos\theta - \frac{1}{\sqrt{2}}\right)$ का मान हो सकता है–

(a) $2n\pi \pm \frac{\pi}{3}$ (b) $2n\pi \pm \frac{\pi}{2}$

(c) $2n\pi \pm \pi$ (d) $n\pi \pm \frac{\pi}{3}$

10. यदि $\cos p\theta + \cos q\theta = 0$, तो θ के विभिन्न मान दो समान्तर श्रेणियाँ बनाते हैं जिनके सार्वान्तर होंगे–

(a) $\frac{2\pi}{p+q}, \frac{\pi}{p-q}$ (b) $\frac{\pi}{p+q}, \frac{\pi}{p-q}$

(c) $\frac{2\pi}{p+q}, \frac{2\pi}{p-q}$ (d) $\frac{\pi}{p+q}, \frac{2\pi}{p-q}$

11. व्यंजक $\sin\alpha + \sin\beta + \sin\gamma$, जहाँ α, β, γ वास्तविक संख्याएँ हैं, $\alpha + \beta + \gamma = \pi$ संतुष्ट करता है, का न्यूनतम मान है–

(a) धनात्मक (b) शून्य

(c) ऋणात्मक (d) –3

12. समीकरण $x + y = \frac{2\pi}{3}$ तथा $\cos x + \cos y = \frac{3}{2}$ को संतुष्ट करने वाले क्रमित युग्मों (x, y) की संख्या है–

(a) 0 (b) 1

(c) 2 (d) अनन्त

13. समीकरण $\tan^4 x - 2\sec^4 x + a^2 = 0$ का कम-से-कम एक हल होगा यदि–

(a) $|a| \le 4$ (b) $|a| \le 2$

(c) $|a| \le \sqrt{3}$ (d) इनमें से कोई नहीं

14. यदि $\cos^4\theta + \sin^4\theta = \frac{1}{2}$, तो θ का मान होगा–

(a) $n\pi \pm \frac{\pi}{4}$ (b) $2n\pi \pm \frac{\pi}{4}$

(c) $\frac{n\pi}{2} \pm \frac{\pi}{4}$ (d) $2n\pi \pm \frac{\pi}{3}$

15. समीकरण $\sin^6 x + \cos^6 x = a$ का हल वास्तविक है, यदि–

(a) $\frac{1}{2} \le a \le 1$ (b) $\frac{1}{4} \le a \le 1$

(c) $-1 \le a \le 1$ (d) $0 \le a \le \frac{1}{2}$

16. समीकरण $\left(\sqrt{3} - 1\right)\sin\theta + \left(\sqrt{3} + 1\right)\cos\theta = 2$ का व्यापक हल है–

(*a*) $2n\pi \pm \frac{\pi}{4} + \frac{\pi}{12}$

(*b*) $n\pi + (-1)^n \frac{\pi}{4} + \frac{\pi}{12}$

(*c*) $2n\pi \pm \frac{\pi}{4} - \frac{\pi}{12}$

(*d*) इनमें से कोई नहीं

17. यदि α और β, समीकरण $a\tan\theta + b\sec\theta = c$ के हल हैं, तब $\tan(\alpha + \beta)$ का मान है–

(*a*) $\frac{2ac}{a^2 - c^2}$ (*b*) $\frac{2ac}{c^2 - a^2}$

(*c*) $\frac{2ac}{a^2 + c^2}$ (*d*) इनमें से कोई नहीं

18. यदि $1 + \sin\theta + \sin^2\theta + \dots \infty$

$= 4 + 2\sqrt{3}, 0 < \theta < \pi, \theta \neq \frac{\pi}{2}$, तब

(*a*) $\theta = \frac{\pi}{6}$ (*b*) $\theta = \frac{\pi}{3}$

(*c*) $\theta = \frac{\pi}{3}$ या $\frac{\pi}{6}$ (*d*) $\theta = \frac{\pi}{3}$ या $\frac{2\pi}{3}$

19. समीकरण

$$\left\{\cos\frac{x}{4} - 2\sin x\right\}\sin x + \left\{1 + \sin\frac{x}{4} - 2\cos x\right\}$$

$\cos x = 0$ का व्यापक हल है–

(*a*) $2n\pi + \pi$ (*b*) $4n\pi + 2\pi$

(*c*) $n\pi + \frac{\pi}{2}$ (*d*) $8n\pi + 2\pi$

20. समीकरण $(1 - \tan\theta)(1 + \tan\theta)\sec^2\theta + 2^{\tan^2\theta} = 0$ का अन्तराल $\left(-\frac{\pi}{2}, \frac{\pi}{2}\right)$ में हल है–

(*a*) $\pm\frac{\pi}{2}$ (*b*) $\pm\frac{\pi}{3}$

(*c*) $\pm\frac{\pi}{4}$ (*d*) सभी

21. यदि $6\sin^2 x - \sin x\cos x - \cos^2 x = 3$, तो x का मान होगा–

(*a*) $n\pi - \frac{\pi}{4}$ या $k\pi + \tan^{-1}\left(\frac{4}{3}\right)$

(*b*) $n\pi + \frac{\pi}{4}$ या $k\pi - \tan^{-1}\left(\frac{4}{3}\right)$

(*c*) $n\pi + \frac{\pi}{4}$

(*d*) $k\pi + \tan^{-1}\left(\frac{4}{3}\right)$

22. समीकरण $\tan\theta = -1$ और $\cos\theta = \frac{1}{\sqrt{2}}$ को संतुष्ट करने वाले θ का व्यापक मान है–

(*a*) $n\pi + \frac{7\pi}{4}$ (*b*) $n\pi + (-1)^n\left(\frac{7\pi}{4}\right)$

(*c*) $2n\pi + \frac{7\pi}{4}$ (*d*) इनमें से कोई नहीं

23. θ का मान जो समीकरण $\frac{\cos^2\theta - 3\cos\theta + 2}{\sin^2\theta} = 1$ को संतुष्ट करता है, निम्न विवृत अन्तराल में है–

(*a*) $\left[0 \text{ या } \frac{\pi}{3}\right]$ (*b*) $\left[\frac{\pi}{6}, \frac{\pi}{4}\right]$

(*c*) $\left[\frac{\pi}{6}, \frac{\pi}{-3}\right]$ (*d*) $\left[\frac{\pi}{4}, \frac{\pi}{2}\right]$

24. समीकरण $2\cot^2\theta + 2\sqrt{3}\cot\theta + 4\operatorname{cosec}\theta + 8 = 0$ का व्यापक हल है,

(*a*) $n\pi - \frac{\pi}{6}$ (*b*) $n\pi + \frac{\pi}{6}$

(*c*) $2n\pi - \frac{\pi}{6}$ (*d*) $2n\pi + \frac{\pi}{6}$

25. यदि $\tan p\theta - \tan q\theta = 0$, तो θ के मान निम्न श्रेणी बनाते हैं–

(*a*) A.P. (*b*) G.P.
(*c*) H.P. (*d*) इनमें से कोई नहीं

26. यदि $\sec\left(\frac{\pi}{4}+x\right)+\sec\left(\frac{\pi}{4}-x\right)=2\sqrt{2}$, तो x का मान होगा–

(*a*) $\frac{n\pi}{3}$ (*b*) $n\pi \pm \frac{\pi}{4}$
(*c*) $2n\pi \pm \frac{\pi}{4}$ (*d*) $\frac{2n\pi}{3}$

27. यदि $\tan 53°8' = \frac{4}{3}$ और $\cos 25° 50' = \frac{9}{10}$, तो समीकरण $6 \cos x + 8 \sin x = 9$ का व्यापक हल होगा–

(*a*) $2n\pi + 78° 58'$ (*b*) $2n\pi + 36°37'$
(*c*) $2n\pi - 37°18'$ (*d*) $2x\pi + 53°8'$

28. अन्तराल $[0, 5\pi]$ में समीकरण $3 \sin^2 x - 7 \sin x + 2 = 0$ को संतुष्ट करने वाले x के मानो की संख्या है–

(*a*) 0 (*b*) 5
(*c*) 6 (*d*) 10

दृढ़कथन-कारण (Assertion-Reason)

निम्नलिखित चार कूटों (*a*), (*b*), (*c*), (*d*) में से सही उत्तर का चयन करें।

(*a*) वक्तव्य-I सत्य है; वक्तव्य-II सत्य है; वक्तव्य-II वक्तव्य-I का सही स्पष्टीकरण है।
(*b*) वक्तव्य-I सत्य है; वक्तव्य-II सत्य है; वक्तव्य-II वक्तव्य-I का सही स्पष्टीकरण नहीं है।
(*c*) वक्तव्य-I सत्य है; वक्तव्य-II असत्य है।
(*d*) वक्तव्य-I असत्य है; वक्तव्य-II सत्य है।

29. **वक्तव्य-I:** यदि a, b, θ वास्तविक संख्याएँ हैं। तब $a \sin\theta + b \cos\theta$ का महत्तम एवं न्यूनतम मान क्रमशः $\sqrt{a^2+b^2}, -\sqrt{a^2+b^2}$ होता है।

वक्तव्य-II: समीकरण $a \sin \theta + b \cos \theta = c$ $(a, b, c \in R)$ का कोई हल नहीं होगा, यदि $c^2 > a^2 + b^2$.

30. **वक्तव्य-I :** यदि $\tan\left(\frac{\pi}{2}\sin\theta\right) = \cot\left(\frac{\pi}{2}\cos\theta\right)$ तब $\sin\theta + \cos\theta = \pm\sqrt{2}$.

वक्तव्य-II : $-\sqrt{2} \le \sin\theta \le \sqrt{2}$.

31. **वक्तव्य-I :** समीकण $\sqrt{2}\sec\theta + \tan\theta = 1$ का व्यापक हल $2n\pi - \frac{\pi}{4}, n \in I$ होगा।

वक्तव्य-II : चूँकि $c^2 < a^2 + b^2$.

32. मिलान करें (Match These)–

	वर्ग-I		वर्ग-II
A.	$\tan^2 x + \cot^2 x = 2$ का हल होगा	*p*.	$2n\pi$, $n \in I$
B.	$2\sin^4 x - 5\sin^2 x + 2 = 0$ का हल होगा	*q*.	$n\pi \pm \frac{\pi}{4}$, $n \in I$
C.	$\sec^2 x = 2$ का हल होगा	*r*.	$\frac{n\pi}{2} \pm \frac{\pi}{4}$, $n \in I$
D.	$\sec x - 1 = \sqrt{2} - 1$ का हल होगा	*s*.	$(2n+1)\frac{\pi}{4}$, $n \in I$

(*a*) A—*q, r, s*; B—*q, r, s*; C—*q, r, s*; D—*p*
(*b*) A—*q*; B—*r*; C—*p*; D—*r*,
(*c*) A—*p, q*; B—*q, r*; C—*q, r, s*; D—*q, r, s*
(*d*) इसमें से कोई नहीं

उत्तरमाला

1	2	3	4	5	6	7	8	9	10
(d)	(a)	(c)	(d)	(d)	(c)	(c)	(b)	(a)	(c)
11	**12**	**13**	**14**	**15**	**16**	**17**	**18**	**19**	**20**
(c)	(a)	(c)	(c)	(b)	(a)	(a)	(d)	(d)	(b)
21	**22**	**23**	**24**	**25**	**26**	**27**	**28**	**29**	**30**
(a)	(c)	(a)	(c)	(a)	(d)	(a)	(c)	(c)	(d)
31	**32**								
(a)	(a)								

व्याख्यात्मक उत्तर

1. $\tan 2\theta = \tan\dfrac{2}{\theta} \Rightarrow 2\theta = n\pi + \dfrac{2}{\theta}$

$\Rightarrow 2\theta^2 - n\pi\theta - 2 = 0$

$\Rightarrow \theta = \dfrac{n\pi \pm \sqrt{n^2\pi^2 + 16}}{4}, n \in I.$

2. दिया गया समीकरण $\dfrac{\cos\theta}{\sin\theta} - \dfrac{\sin\theta}{\cos\theta} = \dfrac{1}{\cos\theta}$ ...(1)

जो सही है जबकि

$\cos\theta \neq 0$ और $\sin\theta \neq 0$

अर्थात् $\sin\theta \neq 0, 1, -1$

$\therefore$ समीकरण 1 से,

$\cos^2\theta - \sin^2\theta = \sin\theta$

$\Rightarrow 2\sin^2\theta + \sin\theta - 1 = 0$

$\Rightarrow (2\sin\theta - 1)(\sin\theta + 1) = 0$

$\Rightarrow \sin\theta = \dfrac{1}{2} = \sin\dfrac{\pi}{6}$ $(\because \sin\theta \neq -1)$

$\Rightarrow \theta = n\pi + (-1)^n\dfrac{\pi}{6}.$

3. $\sin 5x + \sin 3x + \sin x = 0$

$\Rightarrow (\sin 5x + \sin x) + \sin 3x = 0$

$\Rightarrow 2\sin 3x\cos 2x + \sin 3x = 0$

$\Rightarrow \sin 3x(2\cos 2x + 1) = 0$

$\Rightarrow \sin 3x = 0,\ \cos 2x = \dfrac{1}{-2}$

$\Rightarrow 3x = n\pi$ या $\cos 2x = -\dfrac{1}{2} = \cos\dfrac{2\pi}{3}$

$\Rightarrow x = \dfrac{n\pi}{3}, 2x = 2nx \pm \dfrac{2\pi}{3}$

$\Rightarrow x = \dfrac{n\pi}{3}, x = n\pi \pm \dfrac{\pi}{3}$

$n = 0, \pm 2$ ... रखने पर,

$0 \le x \le \dfrac{\pi}{2}$ में x का मान $x = \dfrac{\pi}{3}$ है।

4. दिए गए समीकरण से,

$5(2\cos^2\theta - 1) + (1 + \cos\theta) + 1 = 0$

$\Rightarrow 10\cos^2\theta + \cos\theta - 3 = 0,$

$\Rightarrow (5\cos\theta + 3)(2\cos\theta - 1) = 0$

$\Rightarrow \cos\theta = \dfrac{1}{2}, \cos\theta = -\dfrac{3}{5}$

$\Rightarrow -\pi < \theta < \pi$ में $\theta = \dfrac{\pi}{3}, \pi - \cos^{-1}\left(\dfrac{3}{5}\right).$

5. दिया गया व्यंजक $= \cos y\sin x - \sin y\cos x + \sin y \sin x + \cos x\cos y = \sin(x - y) + \cos(x - y)$

$\therefore \sin(x - y) + \cos(x - y) = 0$

$\Rightarrow \tan(x - y) = -1 \Rightarrow x - y = \dfrac{3\pi}{4}$

$\Rightarrow x = y + \dfrac{3\pi}{4}.$

6. $\tan\theta + \tan 2\theta = \sqrt{3}(1 - \tan\theta . \tan 2\theta)$

$\Rightarrow \dfrac{\tan\theta + \tan 2\theta}{1 - \tan\theta . \tan 2\theta} = \sqrt{3} = \tan\dfrac{\pi}{3}$

$\Rightarrow \tan 3\theta = \tan\frac{\pi}{3}$

$\Rightarrow 3\theta = n\pi + \frac{\pi}{3}$

$\Rightarrow \theta = \frac{n\pi}{3} + \frac{\pi}{9}.$

7. $\tan x + \sec x = 2\cos x$
जो सही होगा, यदि $\cos x \neq 0$
अर्थात् $\sin x \neq 1$ या -1
$\sin x + 1 = 2\cos^2 x = 2(1 - \sin^2 x)$
$\Rightarrow 2\sin^2 x + \sin x - 1 = 0$

$\Rightarrow (2\sin x - 1)(\sin x + 1) = 0 \Rightarrow \sin x = \frac{1}{2}$

$[\because \sin x \neq -1]$

$\Rightarrow [0, 2\pi]$ में $x = \frac{\pi}{6}, \frac{5\pi}{6}$

अतः हलों की संख्या 2 हैं।

8. दिए गए समीकरण से ज्ञात है,
$(\sin x + \sin 3x) - 3\sin 2x$
$= (\cos x + \cos 3x) - 3\cos 2x$
$\Rightarrow 2\sin 2x \cos x - 3\sin 2x$
$= 2\cos 2x \cos x - 3\cos 2x$
$\Rightarrow (\sin 2x - \cos 2x)(2\cos x - 3) = 0$

$\Rightarrow \sin 2x - \cos 2x = 0 \quad \left(\because \cos x \neq \frac{3}{2}\right)$

$\Rightarrow \tan 2x = 1 = \tan\frac{\pi}{4} \Rightarrow 2x = n\pi + \frac{\pi}{4}$

$\Rightarrow x = \frac{n\pi}{2} + \frac{\pi}{8}.$

9. $\cos 2\theta = \left(\sqrt{2} + 1\right)\left(\cos\theta - \frac{1}{\sqrt{2}}\right)$

या $\sqrt{2}\,(2\cos^2\theta - 1) = \left(\sqrt{2} + 1\right)\left(\sqrt{2}\cos\theta - 1\right)$

या $\left(\sqrt{2}\cos\theta - 1\right)\left[\sqrt{2}\left(\sqrt{2}\cos\theta + 1\right) - \sqrt{2} - 1\right] = 0$

या $\left(\sqrt{2}\cos\theta - 1\right)(2\cos\theta - 1) = 0$

$\Rightarrow \theta = 2n\pi \pm \frac{\pi}{4}$ या $2n\pi \pm \frac{\pi}{3}.$

10. $\cos p\theta = -\cos q\theta = \cos(\pi - q\theta)$
$= \cos[2n\pi \pm (\pi - q\theta)]$
$\Rightarrow \quad p\theta = [2nx \pm (\pi - q\theta]$
(+) चिह्न लेने पर,

$\theta = \left(\frac{2n+1}{p+q}\right)\pi$ तथा

(–) चिह्न लेने पर,

$\theta = \left(\frac{2n-1}{p-q}\right)\pi$

अब θ के दोनों मानों में $n = 0, 1, 2, 3, \ldots$ रखने पर, निम्नलिखित दो समान्तर श्रेणियाँ प्राप्त होती है जो निम्न है–

$\theta = \frac{\pi}{p+q}, \frac{3\pi}{p+q}, \frac{5\pi}{p+q}, \ldots$

तथा $\theta = \frac{\pi}{p-q}, \frac{3\pi}{p-q}, \frac{5\pi}{p-q} \ldots$

जिनके सार्वान्तर क्रमशः $\frac{2\pi}{p+q}$ तथा $\frac{2\pi}{p-q}$ हैं।

11. वास्तविक संख्या x के लिए $\sin x \geq -1$, तब वास्तविक संख्याओं α, β व γ के लिए
$\sin\alpha + \sin\beta + \sin\gamma \geq -3$
$\because \alpha, \beta$ व γ वास्तविक संख्याएँ हैं तो वे त्रिभुज के कोण नहीं हो सकते हैं तथा
$\alpha + \beta + \gamma = \pi$, तब

$\alpha = -\frac{\pi}{2}, \beta = -\frac{\pi}{2}$ तथा $\gamma = 2\pi$ लेने पर,

$\therefore \sin\alpha + \sin\beta + \sin\gamma = -2$
अतः व्यंजक का न्यूनतम मान ऋणात्मक है।

12. $\cos x + \cos y = \frac{3}{2}$

$\Rightarrow 2\cos\frac{x+y}{2}\cos\frac{x-y}{2} = \frac{3}{2}$

$\Rightarrow 2\cos\frac{\pi}{3}\cos\frac{x-y}{2} = \frac{3}{2}$

$\Rightarrow \cos\frac{x-y}{2} = \frac{3}{2} > 1$ जो असम्भव है, अतः दिए गए समीकरण का कोई हल नहीं है।

13. $\tan^4 x - 2\sec^2 x + a^2 = 0$
$\Rightarrow \tan^4 x - 2(1 + \tan^2 x) + a^2 = 0$
$\Rightarrow \tan^4 x - 2\tan^2 x + 1 = 3 - a^2$

$\Rightarrow (\tan^2 x - 1)^2 = 3 - a^2$

$\Rightarrow 3 - a^2 \geq 0 \Rightarrow a^2 \leq 3$

$\Rightarrow |a| \leq \sqrt{3}.$

14. $\cos^4\theta + \sin^4\theta = \frac{1}{2}$

$\Rightarrow 1 - 2\cos^2\theta \sin^2\theta = \frac{1}{2}$

$\Rightarrow 4\cos^2\theta \sin^2\theta = 1$ या $\sin^2 2\theta = 1$

$\therefore \quad 2\theta = n\pi \pm \frac{\pi}{2}$ या $\theta = \frac{n\pi}{2} \pm \frac{\pi}{4}.$

15. दिए गए समीकरण को निम्न प्रकार से लिख सकते हैं।

$(\sin^2 x)^3 + (\cos^2 x)^3 = a$

$\Rightarrow (\sin^2 x + \cos^2 x)^3 - 3\sin^2 x \cos^2 x (\sin^2 x + \cos^2 x) = a$

$1 - \frac{3}{4}\sin^2 2x = a \Rightarrow \sin 2x = \pm\sqrt{\frac{4(1-a)}{3}}$

$\therefore$ हल वास्तविक है, यदि

$a \leq 1$ और $\left(\frac{4}{3}\right)(1-a) \leq 1 \Rightarrow a \leq 1$ और $a \geq \frac{1}{4}$

$\Rightarrow \frac{1}{4} \leq a \leq 1.$

16. माना $\sqrt{3}+1 = r\cos\alpha$ और $\sqrt{3}-1 = r\sin\alpha$

$\therefore \; r^2 = \left(\sqrt{3}+1\right)^2 + \left(\sqrt{3}-1\right)^2 = 8$

$\tan\alpha = \frac{\sqrt{3}-1}{\sqrt{3}+1} = \frac{1-1/\sqrt{3}}{1+1/\sqrt{3}}$

$= \tan(45° - 30°) = \tan\left(\frac{\pi}{12}\right)$

$\therefore \quad \alpha = \pi/12$

$\therefore$ दिए गए समीकरण से,

$r\cos(\theta - \alpha) = 2$

$\Rightarrow \cos\left(\theta - \frac{\pi}{12}\right) = \frac{1}{\sqrt{2}} = \cos\left(\frac{\pi}{4}\right)$

$\therefore \quad \theta - \frac{\pi}{12} = 2n\pi \pm \frac{\pi}{4}$ या $\theta = 2n\pi \pm \frac{\pi}{4} + \frac{\pi}{12}.$

17. $a\tan\theta + b\sec\theta = c$

$\Rightarrow b^2\sec^2\theta = (c - a\tan\theta)^2$

$\Rightarrow b^2(1 + \tan^2\theta) = c^2 - 2ac\tan\theta + a^2\tan^2\theta$

$\Rightarrow (a^2 - b^2)\tan^2\theta - 2ac\tan\theta + (c^2 - b^2) = 0$

जिसके मूल $\tan\alpha, \tan\beta$ हैं।

$\therefore \quad \tan\alpha + \tan\beta = \frac{2ac}{(a^2 - b^2)}$

और $\tan\alpha\tan\beta = \frac{(c^2 - b^2)}{(a^2 - b^2)}$

$\therefore \quad \tan(\alpha+\beta) = \frac{\tan\alpha + \tan\beta}{1 - \tan\alpha . \tan\beta} = \frac{2ac}{a^2 - c^2}.$

18. दिए गए समीकरण का बाँया पक्ष एक गु. श्रे. में है जिसका पदानुपात $r = \sin\theta$ है।

$\because \; 0 < \theta < \pi$ और $\theta \neq \frac{\pi}{2}$

$\therefore$ दिए गए समीकरणों को निम्न प्रकार लिखा जा सकता है–

$\frac{1}{(1-\sin\theta)} = 4 + 2\sqrt{3}$

$\Rightarrow 1 - \sin\theta = \frac{1}{4+2\sqrt{3}} \times \frac{4-2\sqrt{3}}{4-2\sqrt{3}} = \frac{4-2\sqrt{3}}{16-12}$

$\Rightarrow 1 - \sin\theta = 1 - \frac{\sqrt{3}}{2} \Rightarrow \sin\theta = \frac{\sqrt{3}}{2}$

$\Rightarrow 0 < \theta < \pi$ में $\theta = \frac{\pi}{3}$ या $\frac{2\pi}{3}.$

19. समीकरण पुनः लिखने पर,

$\cos\frac{x}{4}\sin x - 2\sin^2 x + \cos x + \sin\frac{x}{4}\cos x - 2\cos^2 x = 0$

$\Rightarrow \left(\sin x\cos\frac{x}{4} + \cos x\sin\frac{x}{4}\right)$

$+ \cos x - 2(\sin^2 x + \cos^2 x) = 0$

$\Rightarrow \sin\frac{5x}{4} + \cos x - 2 = 0$

$\because \; \sin\frac{5x}{4}$ और $\cos x$ दोनों का महत्तम मान 1 है, अतः इनका योग 2 तभी हो सकता है जब दोनों का मान 1 हो, अर्थात्

$\sin\frac{5x}{4} = 1$ और $\cos x = 1$, $\frac{5x}{4} = 2n\pi + \frac{\pi}{2}$ और $x = 2\pi k$

$\therefore\ 2k\pi = \frac{2\pi}{5} + \frac{8n\pi}{5}$ या $k = \frac{1+4n}{5}$

$\therefore\ k \in I$ अतः n का $4m + 1$ के रूप में होना चाहिए।

$\therefore\ x = 8\,m\pi + 2\pi$.

20. $(1 - \tan\theta)(1 + \tan\theta)\sec^2\theta + 2^{\tan^2\theta} = 0$

$\Rightarrow (1 - \tan^2\theta)(1 + \tan^2\theta) + 2^{\tan^2\theta} = 0$

माना $\tan^2\theta = t$,

$(1 - t)(1 + t) + 2^t = 0 \Rightarrow (1 - t^2) + 2^t = 0$

समीकरण $t = 3$ से संतुष्ट होती है।

$\therefore\ t = \tan^2\theta = 3$ या $\tan\theta = \pm\sqrt{3}$

$\therefore\ \theta = \pm\frac{\pi}{3}$.

21. $6\sin^2 x - \sin x\cos x - \cos^2 x = 3$

दोनों पक्षों को $\cos^2 x$ से भाग देने पर,

$6\tan^2 x - \tan x - 1 = 3\sec^2 x$

या $6\tan^2 x - \tan x - 1 = 3(1 + \tan^2 x)$ या

$(3\tan x - 4)(\tan x + 1) = 0$

यदि $\tan x + 1 = 0 \Rightarrow x = n\pi - \frac{\pi}{4}$

यदि $3\tan x - 4 = 0 \Rightarrow x = k\pi + \tan^{-1}\left(\frac{4}{3}\right)$.

22. $\tan\theta = -1 \Rightarrow \tan\theta = \tan\left(-\frac{\pi}{4}\right)$

$\therefore\ \theta = n\pi + \left(-\frac{\pi}{4}\right), n \in I = n\pi - \frac{\pi}{4}$

0 व 2π के बीच θ का मान $= \frac{3\pi}{4}, \frac{7\pi}{4}$

तथा $\cos\theta = \frac{1}{\sqrt{2}} = \cos\frac{\pi}{4}, \theta = 2n\pi \pm \frac{\pi}{4}$.

23. दिया गया समीकरण सही है, यदि

$\sin\theta \neq 0$ अर्थात् यदि $\theta \neq 0$

$\therefore$ दिया गया समीकरण

$\cos^2\theta - 3\cos\theta + 2 - \sin^2\theta = 0$,

$\Rightarrow 2\cos^2\theta - 3\cos\theta + 1 = 0$

$\Rightarrow (2\cos\theta - 1)(\cos\theta - 1) = 0$

$\Rightarrow \cos\theta = \frac{1}{2}$ या $\cos\theta = 1$

$\theta = \frac{\pi}{3}$ या 0 $\quad \therefore \theta \neq 0 \therefore\ \theta = \frac{\pi}{3}$ ही एकमात्र मान है।

24. $2\cot^2\theta + 2\sqrt{3}\cot\theta + 4\operatorname{cosec}\theta + 8 = 0$

$\Rightarrow (\cot\theta + \sqrt{3})^2 + \cot^2\theta + 4\operatorname{cosec}\theta + 5 = 0$

$\Rightarrow (\cot\theta + \sqrt{3})^2 + (\operatorname{cosec}\theta + 2)^2 = 0$

$\Rightarrow \cot\theta = -\sqrt{3}$ और $\operatorname{cosec}\theta = -2$

$[\because \cot^2\theta = \operatorname{cosec}^2\theta - 1]$

$\therefore\ \theta$ चतुर्थ चतुर्थांश में होगा और $\theta = -\pi/6$

$\therefore$ व्यापक हल $= \theta = 2n\pi - \frac{\pi}{6}$.

25. दिया गया है कि $\tan p\theta = \tan q\theta \Rightarrow p\theta = n\pi + q\theta$

$\Rightarrow \theta = n\pi/(p - q)\ \forall\ n \in I$

$\therefore$ दिए गए समीकरण में $n = ..., -2, -1, 0, 1, 2....$, रखने पर θ के वे सभी मान जो दिए गए समीकरण को संतुष्ट करते हैं, निम्न हैं–

$..., \frac{-2\pi}{p-q}, \frac{-\pi}{p-q}, 0, \frac{\pi}{p-q}, \frac{2\pi}{p-q}...$

θ के वे सभी मान उभयनिष्ठ पदान्तर $\frac{\pi}{p-q}$ के साथ समान्तर श्रेणी में हैं।

26. $\sec\left(\frac{\pi}{4} + x\right) + \sec\left(\frac{\pi}{4} - x\right) = 2\sqrt{2}$

$$\Rightarrow \frac{\cos\left(\frac{\pi}{4} - x\right) + \cos\left(\frac{\pi}{4} + x\right)}{\cos\left(\frac{\pi}{4} + x\right)\cos\left(\frac{\pi}{4} - x\right)} = 2\sqrt{2}$$

$$\Rightarrow 2\cos\frac{\pi}{4}\cos x = 2\sqrt{2}\left(\cos^2\frac{\pi}{4} - \sin^2 x\right)$$

$\Rightarrow \cos x = 2\left(\frac{1}{2} - \sin^2 x\right) = \cos 2x \therefore 2x = 2n\pi \pm x$

(+) चिह्न लेने पर, $2x = 2n\pi + x \Rightarrow x = 2n\pi$

(–) चिह्न लेने पर, $2x = 2n\pi - x$

$\Rightarrow 3x = 2n\pi \Rightarrow x = \frac{2n\pi}{3}$.

27. दोनों पक्षों को $\sqrt{6^2 + 8^2} = 10$ से भाग देने पर,

$\Rightarrow \frac{3}{5}\cos x + \frac{4}{5}\sin x = \frac{9}{10}$

$\tan 53°8' = \frac{4}{3}$

$\Rightarrow \sin 53°8' = \frac{4}{5}$

या $\cos 53°8' = \frac{3}{5}$

$\therefore \cos x \cos 53°8' + \sin 53°8' \sin x$

$= \frac{9}{10} = \cos 25°50'$

या $\cos(x - 53°8') = \cos 25°50'$ या $(x - 53°\ 8')$

$= 2n\pi \pm 25°\ 50'$

$\therefore x = 2n\pi + 78°58'$ या $2n\pi + 27°18'$.

28. $3\sin^2 x - 7\sin x + 2 = 0$ (दिया है)

$\Rightarrow 3\sin^2 x - 6\sin x - \sin x + 2 = 0$

$\Rightarrow 3\sin x(\sin x - 2) - 1(\sin x - 2) = 0$

$\Rightarrow (3\sin x - 1)(\sin x - 2) = 0$

$\Rightarrow \sin x = \frac{1}{3}$ या $\sin x = 2 \quad (\sin x \neq 2)$

$\Rightarrow x = n\pi + (-1)^n \sin^{-1}\frac{1}{3}\ n \in I$

$x \in [0, 5\pi]$ के लिए $0 \le n \le 5$

$\therefore x \in [0, 5\pi]$ के छः मानों के लिए समीकरण $3\sin^2 x - 7\sin x + 2 = 0$ को संतुष्ट करेगा।

29. वक्तव्य-I प्रामाणिक हल है।

पुनः समीकरण $a\sin\theta + b\cos\theta = c$ के लिए वास्तविक हल होगा, जब $-\sqrt{a^2 + b^2} \le c \le \sqrt{a^2 + b^2}$

$\Rightarrow |c| \le \sqrt{a^2 + b^2} \Rightarrow c^2 \le a^2 + b^2$

अतः वक्तव्य-II असत्य है।

(*c*) सही उत्तर है।

30. $\tan(\pi\cos\theta) = \cot(\pi\sin\theta)$

$= \tan\left(\frac{\pi}{2} - \pi\sin\theta\right)$

$\pi\cos\theta = \frac{\pi}{2} - \pi\sin\theta$

$\Rightarrow \cos\theta + \sin\theta = \frac{1}{2}$

अतः वक्तव्य-I-असत्य है।

वक्तव्य-II सत्य है, यह प्रामाणिक है।

$-1 \le \sin\theta \le 1$

अर्थात् $-\sqrt{2} \le \sin\theta \le \sqrt{2}$

अतः (*d*) सही उत्तर है।

31. $\sqrt{2}\sec\theta + \tan\theta = 1$

$\Rightarrow \frac{\sqrt{2}}{\cos\theta} + \frac{\sin\theta}{\cos\theta} = 1$

$\Rightarrow \cos\theta = \sqrt{2} + \sin\theta \Rightarrow \cos\theta - \sin\theta = \sqrt{2}$

$\sqrt{2}$ से भाग देने पर,

$\Rightarrow \frac{1}{\sqrt{2}}\cos\theta - \frac{1}{\sqrt{2}}\sin\theta = 1$

$\Rightarrow \cos\frac{\pi}{4}\cos\theta - \sin\frac{\pi}{4}\sin\theta = 1$

$\Rightarrow \cos\left(\theta + \frac{\pi}{4}\right) = \cos 0$

$\Rightarrow \theta + \frac{\pi}{4} = 2n\pi$

$\theta = 2n\pi - \frac{\pi}{4}, n \in I$

वक्तव्य-I-सत्य है

वक्तव्य-II प्रामाणिक है तथा वक्तव्य-*I* का सही स्पष्टीकरण है।

अतः (*a*) सही उत्तर है।

32. *A*. $\tan^2 x + \cot^2 x = 2$

$\Rightarrow \tan^2 x + \cot^2 x - 2 = 0$

$\Rightarrow (\tan x - \cot x)^2 = 0$

$\Rightarrow \tan x = \cot x = \frac{1}{\tan x}$

$\Rightarrow \tan^2 x = 1 = \tan^2\frac{\pi}{4}$

$\Rightarrow\ x = n\pi \pm \frac{\pi}{4} = (4n \pm 1)\frac{\pi}{4}, n \in I$

$\therefore A - q, r, s$

B. $2\sin^4 x - 5\sin^2 x + 2 = 0$

$\sin^2 x = \frac{5 \pm \sqrt{25-16}}{4} = \frac{5 \pm 3}{4} = 2, \frac{1}{2}$

$\Rightarrow\ \sin^2 x = \frac{1}{2}$ चूँकि $\sin^2 x \le 1$

$\Rightarrow\ \sin^2 x = \left(\frac{1}{\sqrt{2}}\right)^2 = \sin^2\frac{\pi}{4}$

$\Rightarrow\ x = n\pi \pm \frac{\pi}{4} = (4n \pm 1)\frac{\pi}{4}$

$B — q, r, s$

C. $\sec^2 x = 2 = \left(\sqrt{2}\right)^2 = \sec^2\frac{\pi}{4}$

$x = n\pi \pm \frac{\pi}{4} = (4n \pm 1)\frac{\pi}{4}$

$C — q, r, s$

D. $\sec x - 1 = \left(\sqrt{2} - 1\right)\tan x$

या, $1 - \cos x = \tan\frac{\pi}{8} . \sin x\ (\cos x \neq 0)$

$\Rightarrow \sin x.\sin\frac{\pi}{8} + \cos x.\cos\frac{\pi}{8} = \cos\frac{\pi}{8}$

या, $\cos\left(x - \frac{\pi}{8}\right) = \cos\frac{\pi}{8}$

या, $x - \frac{\pi}{8} = 2n\pi \pm \frac{\pi}{8}$

$x = 2n\pi$ या $2n\pi + \frac{\pi}{4}$

$D - p.$

$\therefore$ (*a*) सही उत्तर है।

29

त्रिभुजों के गुण (PROPERTIES OF TRIANGLES)

त्रिभुज के गुण के अन्तर्गत त्रिभुज की भुजाओं एवं कोणों में संबंध स्थापित करते हैं। किसी त्रिभुज ABC में त्रिभुज के कोणों को A, B एवं C से तथा संगत भुजा की लम्बाई को क्रमशः a, b, c से निरूपित करते हैं।

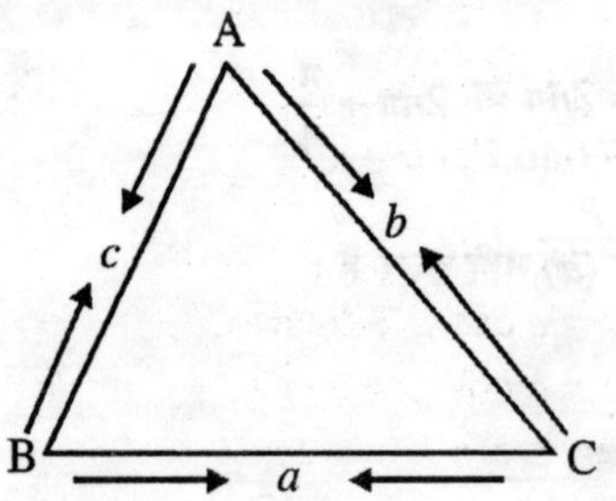

इस प्रकार त्रिभुज का परिमाप $a + b + c$ होगा इसे $2S$ से सूचित करते हैं।

अर्थात् $2S = a + b + c$

ज्या नियम (Sine Rule)

किसी त्रिभुज ABC में, $\dfrac{a}{\sin A} = \dfrac{b}{\sin B} = \dfrac{c}{\sin C} = 2R$

जहाँ R, ΔABC के परिवृत्त की त्रिज्या (Circum radius) है।

कोज्या नियम (Cosine Rule): किसी त्रिभुज ABC में,

(i) $\cos A = \dfrac{b^2 + c^2 - a^2}{2bc}$

(ii) $\cos B = \dfrac{a^2 + c^2 - b^2}{2ac}$

(iii) $\cos C = \dfrac{a^2 + b^2 - c^2}{2ab}$

उदाहरण 1 : किसी त्रिभुज ABC में, सिद्ध करें :

$$\frac{\sin(B - C)}{\sin(B + C)} = \frac{b^2 - c^2}{a^2}$$

हल : R.H.S. $\dfrac{b^2 - c^2}{a^2} = \dfrac{k^2 \sin^2 B - k^2 \sin^2 C}{k^2 \sin^2 A}$

(ज्या नियम से)

$$= \frac{\sin^2 B - \sin^2 C}{\sin^2 A}$$

$$= \frac{\sin(B + C).\sin(B - C)}{\sin^2\{180° - (B + C)\}}$$

$$= \frac{\sin(B + C).\sin(B - C)}{\sin(B + C).\sin(B + C)}$$

$= \dfrac{\sin(B - C)}{\sin(B + C)}$ सिद्ध हुआ।

उदाहरण 2 : किसी त्रिभुज ABC में, सिद्ध करें :

$$\sin\frac{B - C}{2} = \frac{b - c}{a}\cos\frac{A}{2}$$

हल : $\dfrac{a}{\sin A} = \dfrac{b}{\sin B} = \dfrac{c}{\sin C} = k$

$\Rightarrow a = k \sin A, b = k \sin B, c = k \sin C$

R.H.S $\dfrac{b - c}{a}\cos\dfrac{A}{2} = \dfrac{k \sin B - k \sin C}{k \sin A}\cos\dfrac{A}{2}$

$$= \frac{\sin B - \sin C}{\sin A}.\cos\frac{A}{2}$$

$$=\frac{2\cos\left(\frac{B+C}{2}\right).\sin\left(\frac{B-C}{2}\right)}{2\sin\frac{A}{2}.\cos\frac{A}{2}}.\cos\frac{A}{2}$$

$$=\frac{\cos\left(\frac{B+C}{2}\right).\sin\left(\frac{B-C}{2}\right)}{\sin\frac{A}{2}}\quad\left(\because\frac{B+C}{2}=90°-\frac{A}{2}\right)$$

$$=\frac{\cos\left(90°-\frac{A}{2}\right).\sin\left(\frac{B-C}{2}\right)}{\sin\frac{A}{2}}$$

$$=\sin\frac{(B-C)}{2}=\text{L.H.S.}$$

उदाहरण 3 : किसी त्रिभुज ABC में, सिद्ध करें :

$$\frac{\tan C}{\tan A}=\frac{b^2+c^2-a^2}{a^2+b^2-c^2}$$

हल : $\frac{\tan C}{\tan A}=\frac{\sin C.\cos A}{\cos C.\sin A}=\frac{\frac{c}{k}\left(\frac{b^2+c^2-a^2}{2bc}\right)}{\frac{a}{k}\left(\frac{a^2+b^2-c^2}{2ab}\right)}$

(ज्या नियम, एवं कोज्या नियम से)

$$=\frac{b^2+c^2-a^2}{a^2+b^2-c^2}.$$

उदाहरण 4 : यदि $\cos A=\frac{\sin B}{2\sin C}$ तो सिद्ध करें कि त्रिभुज समद्विबाहु होगा।

हल : $\cos A=\frac{\sin B}{2\sin C}$

$$\frac{b^2+c^2-a^2}{2bc}=\frac{b}{2c}\quad\left[\text{ज्या नियम एवं कोज्या नियम से } \frac{\sin B}{\sin C}=\frac{b}{c}\right]$$

$\Rightarrow b^2+c^2-a^2=b^2\Rightarrow c^2-a^2=0\Rightarrow c^2=a^2$

$\Rightarrow c=a\quad(AB=BC)$

अतः त्रिभुज समद्विबाहु है।

उदाहरण 5 : किसी त्रिभुज ABC में, सिद्ध करें :

$R(a^2+b^2+c^2)=abc(\cot A+\cot B+\cot C)$

हल : R.H.S. $=abc(\cot A+\cot B+\cot C)$

$$=abc\left(\frac{\cos A}{\sin A}+\frac{\cos B}{\sin B}+\frac{\cos C}{\sin C}\right)$$

$$=abc\left\{\frac{b^2+c^2-a^2}{2bc\left(\frac{a}{2R}\right)}+\frac{c^2+a^2-b^2}{2ac\left(\frac{b}{2R}\right)}+\frac{a^2+b^2-c^2}{2ab\left(\frac{c}{2R}\right)}\right\}$$

(ज्या एवं कोज्या सूत्र से)

$=R(b^2+c^2-a^2+c^2+a^2-b^2+a^2+b^2-c^2)$

$=R(a^2+b^2+c^2)$ L.H.S.

प्रक्षेप सूत्र
(Projection Formulae)

किसी त्रिभुज ABC में,

(i) $a=c\cos B+b\cos C$

(ii) $b=a\cos C+c\cos A$

(iii) $c=a\cos B+b\cos A$

नेपियर का अनुरूपता प्रमेय
(Napier's Analogy Theorem)

(i) $\tan\frac{C-A}{2}=\frac{c-a}{c+a}\cot\frac{B}{2}$

(ii) $\tan\frac{A-B}{2}=\frac{a-b}{a+b}\cot\frac{C}{2}$

(iii) $\tan\frac{B-C}{2}=\frac{b-c}{b+c}\cot\frac{A}{2}$

उदाहरण 6: सिद्ध करें: $\frac{c-a\cos B}{b-a\cos C}=\frac{\sin B}{\sin C}$

हल : L.H.S. $=\frac{c-a\cos B}{b-a\cos C}$

$$=\frac{a\cos B+b\cos A-a\cos B}{c\cos A+a\cos C-a\cos C}\quad(\text{प्रक्षेप सूत्र से})$$

$$= \frac{b\cos A}{c\cos A} = \frac{b}{c} = \frac{k\sin B}{k\sin C} = \frac{\sin B}{\sin C} \quad \text{(ज्या सूत्र से)}$$

$$= \frac{\sin B}{\sin C} = \text{R.H.S.}$$

उदाहरण 7: ΔABC में सिद्ध करें:

$c\cos(A-\alpha) + a\cos(C+\alpha) = b\cos\alpha$

हल : $c\cos(A-\alpha) + a\cos(C+\alpha)$

$= c(\cos A.\cos\alpha + \sin\alpha.\sin A) + a(\cos C.\cos\alpha - \sin C.\sin\alpha)$

$= \cos\alpha(c\cos A + a\cos C) + c\sin A.\sin\alpha - a\sin C.\sin\alpha$

$= b\cos\alpha + kac\sin\alpha - k(ac\sin\alpha) = b\cos\alpha$

(ज्या एवं कोज्या प्रक्षेप सूत्र से)

उदाहरण 8: किसी त्रिभुज ABC में यदि $B = 90°$, तो सिद्ध करें : $\tan\frac{A}{2} = \sqrt{\frac{b-c}{b+c}}$

हल : नेपियर अनुरूपता से,

$$= \tan\frac{B-C}{2} = \frac{b-c}{b+c}\cot\frac{A}{2}$$

$$\Rightarrow \tan\frac{90° - (90° - A)}{2} = \frac{b-c}{b+c}\cot\frac{A}{2}$$

$(\therefore B = 90° \;\because\; C + A = 90° \Rightarrow C = 90° - A)$

$$\Rightarrow \tan\frac{A}{2} = \frac{b-c}{b+c}\cot A/2$$

$$\Rightarrow \tan^2\frac{A}{2} = \frac{b-c}{b+c} \quad \therefore \tan A/2 = \sqrt{\frac{b-c}{b+c}}.$$

त्रिभुज के अर्द्धकोणों के सूत्र

(Formulae of Half-angles of Triangle)

(i) $\sin\frac{A}{2} = \sqrt{\frac{(s-b)(s-c)}{bc}}$

(ii) $\sin\frac{B}{2} = \sqrt{\frac{(s-c)(s-a)}{ca}}$

(iii) $\sin\frac{C}{2} = \sqrt{\frac{(s-a)(s-b)}{ab}}$

(iv) $\cos\frac{A}{2} = \sqrt{\frac{s(s-a)}{bc}}$

(v) $\cos\frac{B}{2} = \sqrt{\frac{s(s-b)}{ca}}$

(vi) $\cos\frac{C}{2} = \sqrt{\frac{s(s-c)}{ab}}$

(vii) $\tan\frac{A}{2} = \sqrt{\frac{(s-b)(s-c)}{s(s-a)}}$

(viii) $\tan\frac{B}{2} = \sqrt{\frac{(s-a)(s-c)}{s(s-b)}}$

(ix) $\tan\frac{C}{2} = \sqrt{\frac{(s-a)(s-b)}{s(s-c)}}$

त्रिभुज का क्षेत्रफल

(Area of Triangle)

यदि Δ, त्रिभुज के क्षेत्रफल को निरूपित करता है, तब

$$\Delta = \frac{1}{2}BC.AD$$

$$= \frac{1}{2}a(c\sin B)$$

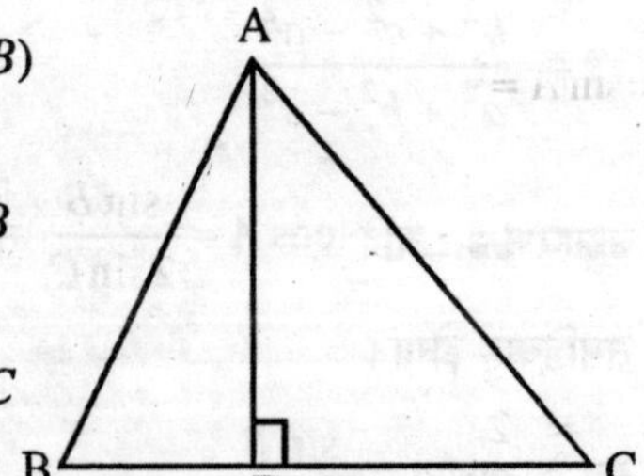

(i) $\Delta = \frac{1}{2}ac\sin B$

(ii) $\Delta = \frac{1}{2}ab\sin C$

(iii) $\Delta = \frac{1}{2}bc\sin A$

त्रिभुज का परिवृत्त

(Circumcircle of a Triangle)

किसी त्रिभुज के शीर्षों से गुजरने वाली वृत्त त्रिभुज का परिवृत्त

कहलाता है। इस वृत्त के केन्द्र को परिकेन्द्र (circum centre) तथा त्रिज्या को परित्रिज्या कहते (circum radius) कहते हैं। परित्रिज्या को सामान्यतः R से सूचित करते हैं।

(i) $R = \dfrac{a}{2\sin A}$ (ii) $R = \dfrac{b}{2\sin B}$

(iii) $R = \dfrac{c}{2\sin C}$ (ii) $R = \dfrac{abc}{4\Delta}$

उदाहरण 9: यदि a, b, c समान्तर श्रेणी में हो, तब सिद्ध करें कि $\cot\dfrac{A}{2}.\cot\dfrac{C}{2} = 3$

हल :

$$\cot\frac{A}{2}.\cot\frac{C}{2} = \sqrt{\frac{s(s-a)}{(s-b)(s-c)}} \times \sqrt{\frac{s(s-c)}{(s-a)(s-b)}}$$

$$= \frac{s}{s-b} = \frac{2s}{2s-2b}$$

$$= \frac{a+b+c}{a+b+c-2b} = \frac{a+b+c}{a+c-b}$$

$$= \frac{2b+b}{2b-b} = \frac{3b}{b} = 3$$

($\because a, b, c$, सं. श्रेणी. $\therefore 2b = a + c$).

उदाहरण 10: किसी त्रिभुज ABC में सिद्ध करें :

$$\sin A = \frac{2}{bc}\sqrt{s(s-a)(s-b)(s-c)}$$

हल : $\sin A = 2\sin\dfrac{A}{2}.\cos\dfrac{A}{2}$

$$= 2\sqrt{\frac{(s-b)(s-c)}{bc}}.\sqrt{\frac{s(s-a)}{bc}}$$

$$= \frac{2}{bc}\sqrt{s(s-a)(s-b)(s-c)}.$$

उदाहरण 11: सिद्ध करें: $\sin\dfrac{A}{2}.\sin\dfrac{B}{2}.\sin\dfrac{C}{2} = \dfrac{\Delta^2}{abcs}$

हल : $\sin\dfrac{A}{2}.\sin\dfrac{B}{2}.\sin\dfrac{C}{2}$

$$\sqrt{\frac{(s-b)(s-c)}{bc}}.\sqrt{\frac{(s-c)(s-a)}{ca}}.\sqrt{\frac{(s-a)(s-b)}{ab}}$$

$$= \frac{(s-a)(s-b)(s-c)}{abc}$$

$$= \frac{s(s-a)(s-b)(s-c)}{s.\,abc} = \frac{\Delta^2}{abc\,s}.$$

उदाहरण 12: किसी त्रिभुज के दो कोण 30° तथा 45° हैं एवं संलग्न भुजा $(\sqrt{3}+1)$ है तो सिद्ध करें त्रिभुज का क्षेत्रफल $\dfrac{1}{2}(\sqrt{3}+1)$ है।

हल : $\therefore \dfrac{\sin A}{a} = \dfrac{\sin B}{b} = \dfrac{\sin C}{c}$

$$\Rightarrow \frac{\sin 105°}{\sqrt{3}+1} = \frac{\sin 30°}{b} = \frac{\sin 45°}{c}$$

$$\therefore b = \frac{\sqrt{3}+1}{2\sin 105°}, \quad c = \frac{\sqrt{3}+1}{\sqrt{2}\sin 105°}$$

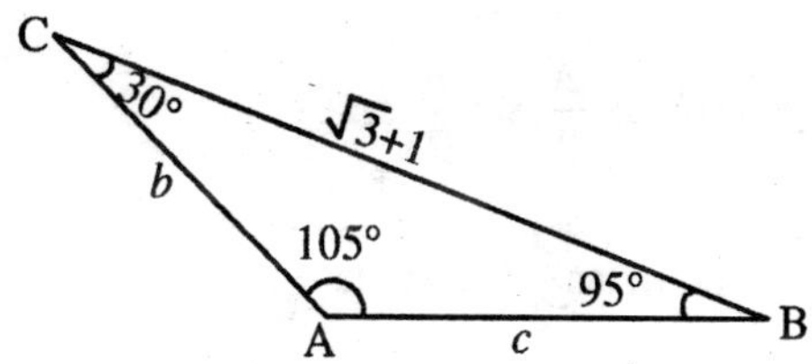

अतः त्रिभुज का क्षेत्रफल

$$= \frac{1}{2}bc\sin A = \frac{(\sqrt{3}+1)^2}{2.\,2\sqrt{2}\,\sin(60°+45°)}$$

$$= \frac{1}{2(\sqrt{3}+1)}$$

उदाहरण 13: माना R किसी त्रिभुज की परित्रिज्या (Circum radius) हैं, तब दिखाएँ : $R = \dfrac{abc}{4\Delta}$

हल : ज्या सूत्र से, $\dfrac{a}{\sin A} = 2R$

$$\Rightarrow R = \frac{a}{2\sin A} = \frac{a}{2.2\sin\dfrac{A}{2}.\cos\dfrac{A}{2}}$$

$$= \frac{a}{4\sqrt{\frac{(s-b)(s-c)}{bc}}\sqrt{\frac{s(s-a)}{bc}}}$$

$$= \frac{abc}{4\sqrt{s(s-a)(s-b)(s-c)}}$$

$R = \dfrac{abc}{4\Delta}$.

त्रिभुज का अन्तःवृत्त
(Incircle of a Triangle)

यदि किसी त्रिभुज के अन्तर्गत्त वृत्त त्रिभुज की भुजाओं को स्पर्श करे, तब यह वृत्त अन्तःवृत्त कहलाता है तथा इसके केन्द्र को अन्तःकेन्द्र (In-centre) तथा त्रिज्या को अन्तः त्रिज्या कहते हैं। इसे r से सूचित करते हैं।

(i) $r = \dfrac{\Delta}{s}$

(ii) $r = 4R\sin\dfrac{A}{2}.\sin\dfrac{B}{2}.\sin\dfrac{C}{2}$

(iii) $r = (s-a)\tan\dfrac{A}{2} = (s-b)\tan\dfrac{B}{2} = (s-c)\tan\dfrac{C}{2}$

साधित उदाहरण
(Solved Examples)

उदाहरण 1 : किसी त्रिभुज ABC में सिद्ध करें:

$$\frac{a^2-b^2}{\cos A+\cos B}+\frac{b^2-c^2}{\cos B+\cos C}+\frac{c^2-a^2}{\cos C+\cos A}=0$$

हल : ज्या सूत्र से,

$$\frac{a^2-b^2}{\cos A+\cos B} = \frac{k^2\sin^2 A - k^2\sin^2 B}{\cos A+\cos B}$$

$$= \frac{k^2(1-\cos^2 A-1+\cos^2 B)}{\cos A+\cos B}$$

$$= \frac{k^2(\cos A+\cos B)(\cos B-\cos A)}{(\cos A+\cos B)}$$

$$\frac{a^2-b^2}{\cos A+\cos B} = k^2(\cos B-\cos A)$$

इसी प्रकार $\dfrac{b^2-c^2}{\cos B+\cos C} = k^2(\cos C-\cos B)$

तथा $\dfrac{c^2-a^2}{\cos C+\cos A} = k^2(\cos A-\cos C)$

$$\therefore \frac{a^2-b^2}{\cos A+\cos B}+\frac{b^2-c^2}{\cos B+\cos C}+\frac{c^2-a^2}{\cos C+\cos A}$$

$= k^2[\cos B-\cos A+\cos C-\cos B+\cos A-\cos C]$

$= k^2 \times 0 = 0.$

उदाहरण 2 : किसी त्रिभुज ABC में, सिद्ध करें:

$2(bc\cos A + ca\cos B + ab\cos C) = a^2+b^2+c^2$

हल : कोज्या सूत्र से

$$\text{L.H.S } 2\left\{bc\frac{(b^2+c^2-a^2)}{2bc}+ca\left(\frac{a^2+c^2-b^2}{2ac}\right)+ab\left(\frac{a^2+b^2-c^2}{2ab}\right)\right\}$$

$= \dfrac{2}{2}\{b^2+c^2-a^2+a^2+c^2-b^2+a^2+b^2-c^2\}$

$= a^2+b^2+c^2$ R.H.S.

उदाहरण 3 : किसी त्रिभुज ABC में $\sin A:\sin B:\sin C = 1:2:3$ तथा यदि $b = 4$ सेंमी हो, तब त्रिभुज का परिमाप ज्ञात करें।

हल : $\sin A:\sin B:\sin C = 1:2:3$

$\Rightarrow \dfrac{a}{b} = \dfrac{\sin A}{\sin B} = \dfrac{1}{2} \Rightarrow a = \dfrac{b}{2} = 2$ [दिया है $b = 4$]

तथा $\dfrac{b}{c} = \dfrac{\sin B}{\sin C} \Rightarrow \dfrac{b}{c} = \dfrac{2}{3} \Rightarrow \dfrac{4}{c} = \dfrac{2}{3} \Rightarrow c = 6$

अतः परिमाप $= a+b+c = 2+4+6 = 12.$

उदाहरण 4 : किसी त्रिभुज ABC में यदि $\angle A = 60°$ तब सिद्ध करें $\frac{1}{a+b}+\frac{1}{a+c}=\frac{3}{a+b+c}$

हल : $\therefore \quad \frac{1}{a+b}+\frac{1}{a+c}=\frac{3}{a+b+c}$

यदि और केवल यदि $(iff)\frac{a+b+a+c}{(a+b)(a+c)}=\frac{3}{a+b+c}$

यदि और केवल यदि
$(2a + b + c)(a + b + c) = 3(a + b)(a + c)$
यदि और केवल यदि
$2a^2 + b^2 + c^2 + 3ab + 3ac + 2bc$
$=3a^2 + 3ab + 3ac + 3bc$

या यदि और केवल यदि $\frac{b^2+c^2-a^2}{2bc}=\frac{1}{2}$

$\Rightarrow \cos A = \cos\frac{\pi}{3} \Rightarrow \angle A = 60°.$

उदाहरण 5 : किसी त्रिभुज ABC में $a = 7, b = 8$ तथा $c = 13$ तब महत्तम कोण ज्ञात करें।

हल : महत्तम कोण, महत्तम भुजा के सम्मुख होता है। अतः महत्तम कोण C है।

अब, कोज्या सूत्र से,

$$\cos C = \frac{a^2+b^2-c^2}{2ab}=\frac{7^2+8^2-13^2}{2\times7\times8}=\frac{-56}{112}=-\frac{1}{2}$$

$\Rightarrow \cos C = -\cos 60° = \cos(180° - 60°)$
$\Rightarrow C = 120°.$

उदाहरण 6 : ΔABC में $a = 2b$ तथा $|A - B| = \frac{\pi}{3}, \angle C$ का मान ज्ञात करें।

हल : $a = 2b$ ...(i)

तथा $|A - B| = \frac{\pi}{3}$

$\Rightarrow \quad A - B = \frac{\pi}{3}$ ...(ii)

नेपियर अनुरूपता से,

$$\tan\left(\frac{A-B}{2}\right) = \frac{a-b}{a+b}\cot\frac{C}{2}$$

$$\tan\frac{\pi}{6} = \frac{2b-b}{2b+b}\cot\frac{C}{2}$$

$$\Rightarrow \frac{1}{\sqrt{3}}=\frac{1}{3}\cot\frac{C}{2}$$

$$\Rightarrow \cot\frac{C}{2}=\sqrt{3}$$

$$\Rightarrow \frac{\angle C}{2}=\frac{\pi}{6}$$

$$\Rightarrow \angle C = \frac{\pi}{3}.$$

उदाहरण 7 : यदि त्रिभुज ABC की भुजाएँ 4, 5, 7 हो तब $\cot\frac{B}{2}.\cot\frac{C}{2}$ का मान निकालें।

हल : यहाँ $a = 4, b = 5, c = 7$

$$\Rightarrow s = \frac{a+b+c}{2}=\frac{4+5+7}{2}=8$$

$$\therefore \quad \cot\frac{B}{2}.\cot\frac{C}{2} =$$

$$\sqrt{\frac{s(s-b)}{(s-a)(s-c)}}\times\sqrt{\frac{s(s-c)}{(s-a)(s-b)}}$$

$$= \frac{s}{s-a}=\frac{8}{8-4}=\frac{8}{4}=2.$$

उदाहरण 8 : यदि किसी त्रिभुज में sin2A + sin2B = sin2C तो सिद्ध करें कि त्रिभुज समकोण त्रिभुज होगा।

हल : $\sin 2A + \sin 2B = \sin 2C$
$\Rightarrow 2\sin(A + B)\cos(A - B) = 2\sin C\cos C$
$\Rightarrow 2\sin(180° - C)\cos(A - B) = 2\sin C.\cos C$
$\Rightarrow \cos(A - B) = \cos C$
$\Rightarrow A - B = C$
$\Rightarrow A = B + C \Rightarrow A = 90° \; (\because A + B + C = 180°)$
अतः त्रिभुज समकोण त्रिभुज होगा।

उदाहरण 9 : यदि किसी त्रिभुज ABC में $b^2 + c^2 = 3a^2$, तब $\cot B + \cot C - \cot A$ का मान ज्ञात करें।

हल : $\cot B + \cot C - \cot A$

$$= \frac{c^2 + a^2 - b^2}{2ca.\frac{b}{k}} + \frac{a^2 + b^2 - c^2}{2ab.\frac{c}{k}} - \frac{b^2 + c^2 - a^2}{2bc.\frac{a}{k}}$$ (ज्या एवं कोज्या सूत्र से)

$$= \frac{k}{2abc}\{3a^2 - (b^2 + c^2)\}$$

$$= \frac{k}{2abc}(3a^2 - 3a^2) = 0$$ (दिया है $b^2 + c^2 = 3a^2$)

$= 0.$

उदाहरण 10 : यदि किसी त्रिभुज ABC में $a \sin A = b \sin B$ तब सिद्ध करें कि यह एक समद्विबाहु त्रिभुज होगा।

हल : $a \sin A = b \sin B \Rightarrow a\left(\frac{a}{k}\right) = b\left(\frac{b}{k}\right)$

$\Rightarrow a^2 = b^2 \Rightarrow a = b$

अतः दो भुजाएँ समान हैं $\therefore$ यह समद्विबाहु त्रिभुज है।

वस्तुनिष्ठ प्रश्न

1. यदि ΔABC में, $2s = a + b + c$ तथा $(s - b)(s - c) = x \sin^2 \frac{A}{2}$, तो x का मान है–

(a) ab (b) bc
(c) ca (d) abc

2. ΔABC में, $(b + c)\cos A + (c + a)\cos B + (a + b)\cos C$ का मान है–

(a) 0 (b) 1
(c) $a + b + c$ (d) $2(a + b + c)$

3. ΔABC में, यदि $2s = a + b + c$,

तो $\frac{s(s-a)}{bc} - \frac{(s-b)(s-c)}{bc}$ का मान है–

(a) $\sin A$ (b) $\cos A$
(c) $\tan A$ (d) इनमें से कोई नहीं

4. यदि, एक ΔABC में, $(s - a)(s - b) = s(s - c)$ तो कोण C है–

(a) 90° (b) 45°
(c) 30° (d) 60°

5. यदि ΔABC के कोण समान्तर श्रेणी में हों, तो–

(a) $c^2 = a^2 + b^2 - ab$ (b) $b^2 = a^2 + c^2 - ac$
(c) $a^2 = b^2 + c^2 - ac$ (d) $b^2 = a^2 + c^2$

6. ΔABC में, $\frac{\sin(A - B)}{\sin(A + B)}$ का मान है–

(a) $\frac{a^2 - b^2}{c^2}$ (b) $\frac{a^2 + b^2}{c^2}$
(c) $\frac{c^2}{a^2 - b^2}$ (d) $\frac{c^2}{a^2 + b^2}$

7. ΔABC में, $\frac{b + c}{a}$ का मान है–

(a) $\frac{\cos\frac{1}{2}(B - C)}{\sin\frac{A}{2}}$ (b) $\frac{\sin\frac{1}{2}(B - C)}{\cos A/2}$

(c) $\frac{\cos\frac{1}{2}(B + C)}{\sin A/2}$ (d) $\frac{\cos\frac{1}{2}(B + C)}{\cos A/2}$

8. ΔABC में,

$\left\{\cot\frac{A}{2} + \cot\frac{B}{2}\right\}\left[a\sin^2\frac{B}{2} + b\sin^2\frac{A}{2}\right]$ का मान है–

(a) $\cot C$ (b) $c \cot C$
(c) $\cot\frac{C}{2}$ (d) $c\cot\frac{C}{2}$

9. ΔABC में, $(a-b)^2 \cos^2 \frac{C}{2} + (a+b)^2 \sin^2 \frac{C}{2}$ का मान है–
(a) a^2 (b) b^2
(c) c^2 (d) इनमें से कोई नहीं

10. ΔABC में, $s\left[\tan\frac{A}{2} + \tan\frac{B}{2}\right]$ का मान है–
(a) $\frac{ab}{R}$ (b) $\frac{2ab}{\Delta}$
(c) $c \cot\frac{C}{2}$ (d) इनमें से कोई नहीं

11. ΔABC में यदि $a = 2, b = 4$ तथा $\angle C = 60°$, तो $\angle A$ तथा $\angle B$ का मान क्रमशः होंगे–
(a) 90°, 30° (b) 60°, 60°
(c) 30°, 90° (d) 60°, 45°

12. ΔABC में, यदि $3a = b + c$, तो $\cot\frac{B}{2}\cot\frac{C}{2}$ का मान होगा–
(a) 1 (b) 2
(c) $\sqrt{3}$ (d) $\sqrt{2}$

13. ΔABC में, $b^2 \cos 2A - a^2 \cos 2B$ का मान है–
(a) $b^2 - a^2$ (b) $b^2 - c^2$
(c) $c^2 - a^2$ (d) $c^2 - b^2$

14. ΔABC में, cosec A ($\sin B \cos C + \cos B \sin C$) का मान है–
(a) c/a (b) a/c
(c) 1 (d) c/ab

15. ΔABC में, $1 - \tan\frac{A}{2}\tan\frac{B}{2}$ का मान है–
(a) $\frac{2c}{a+b+c}$ (b) $\frac{a}{a+b+c}$
(c) $\frac{2a}{a+b+c}$ (d) इनमें से कोई नहीं

16. ΔABC में, $2\left(a\sin^2\frac{C}{2} + c\sin^2\frac{A}{2}\right)$ का मान है–
(a) $a + b - c$ (b) $c + a - b$
(c) $b + c - a$ (d) $a + b + c$

17. ΔABC में, यदि $\cos A + \cos C = 4\sin^2\frac{B}{2}$, तो a, b, c होंगे–
(a) समान्तर श्रेणी में (b) गुणोत्तर श्रेणी में
(c) हरात्मक श्रेणी में (d) इनमें से कोई नहीं

18. ΔABC में, भुजा BC पर खींची गई माध्यिका की लम्बाई $\frac{1}{\sqrt{11-6\sqrt{3}}}$ है। यह माध्यिका कोण A को 30° व 45° के कोण में विभाजित करती है, तब भुजा BC की लम्बाई है–
(a) 2 (b) 4
(c) 6 (d) 8

19. यदि ΔABC में, $2b^2 = a^2 + c^2$, तो $\frac{\sin 3B}{\sin B}$ का मान है–
(a) $\frac{c^2 - a^2}{2ca}$ (b) $\frac{c^2 - a^2}{ca}$
(c) $\left(\frac{c^2 - a^2}{ca}\right)^2$ (d) $\left(\frac{c^2 - a^2}{2ca}\right)^2$

20. माना ΔABC में, O बिन्दु इस प्रकार है कि $\angle OAB = \angle OBC = \angle OCA = w$, तब–
(a) $\cot w = \cot A + \cot B + \cot C$
(b) $\cot w = \cot A - \cot B + \cot C$
(c) $\cot w = \cot A + \cot B - \cot C$
(d) $\cot w = \cot A = \cot B = \cot C$

21. यदि $b^2 + c^2 - 3a^2 = 0$ तब $\cot B + \cot C - \cot A$ का मान है–
(a) 1 (b) $\frac{ab}{4\Delta}$
(c) 0 (d) $\frac{ac}{4\Delta}$

22. ΔABC में, $(b+c-a)\tan\frac{A}{2}$ का मान है–

(*a*) $\frac{2\Delta}{s}$ (*b*) $\frac{\Delta}{s}$

(*c*) $\frac{\Delta s}{bc}$ (*d*) $\frac{s}{a}R$

23. यदि Δ के शीर्षों से सम्मुख भुजाओं पर डाले गए लम्ब क्रमशः P_1, P_2, P_3 है, तब $\frac{\cos A}{P_1}+\frac{\cos B}{P_2}+\frac{\cos C}{P_3}$ का मान है–

(*a*) R (*b*) $\frac{1}{R}$

(*c*) $\frac{1}{\Delta}$ (*d*) इनमें से कोई नहीं

24. यदि $\cos^2 A+\cos^2 C=\sin^2 B$, तो ΔABC है–

(*a*) समबाहु (*b*) समकोण

(*c*) समद्विबाहु (*d*) इनमें से कोई नहीं

25. ΔABC में, यदि $\angle C=60°$, तो $\frac{1}{a+c}+\frac{1}{b+c}$ का मान है–

(*a*) $\frac{1}{a+b+c}$ (*b*) $\frac{2}{a+b+c}$

(*c*) $\frac{3}{a+b+c}$ (*d*) इनमें से कोई नहीं

26. ΔABC में, $a\sin(B-C)+b\sin(C-A)+c\sin(A-B)$ का मान है–

(*a*) 0 (*b*) $a+b+c$

(*c*) $a^2+b^2+c^2$ (*d*) $2(a^2+b^2+c^2)$

27. ΔABC में, यदि $\sin A:\sin C=\sin(A-B):\sin(B-C)$ तो–

(*a*) a, b, c समान्तर श्रेणी में होंगे

(*b*) a^2, b^2, c^2 समान्तर श्रेणी में होंगे

(*c*) a^2, b^2, c^2 गुणोत्तर श्रेणी में होंगे

(*d*) इनमें से कोई नहीं

28. ΔABC में, $r_1 r_2+r_2 r_3+r_3 r_1$ का मान है–

(*a*) $\frac{1}{2}(a+b+c)^2$ (*b*) $(a+b+c)^2$

(*c*) $\frac{1}{16}(a+b+c)^2$ (*d*) $\frac{1}{4}(a+b+c)^2$

29. ΔABC में, यदि $\cot A, \cot B, \cot C$ समान्तर श्रेणी में है, तो a^2, b^2, c^2 का मान है–

(*a*) हरात्मक श्रेणी में (*b*) गुणोत्तर श्रेणी में

(*c*) समान्तर श्रेणी में (*d*) इनमें से कोई नहीं

30. ΔABC में, $(b-c)\sin A+(c-a)\sin B+(a-b)\sin C$ का मान है–

(*a*) $ab+bc+ca$ (*b*) $a^2+b^2+c^2$

(*c*) 0 (*d*) इनमें से कोई नहीं

31. ΔABC में, यदि $\cos\frac{A}{2}=\sqrt{\frac{b+c}{2c}}$, तो–

(*a*) $a^2+b^2=c^2$ (*b*) $b^2+c^2=a^2$

(*c*) $c^2+a^2=b^2$ (*d*) $b-c=c-a$

32. ΔABC का क्षेत्रफल $c^2-(b-a)^2$ है, तब $\tan\frac{C}{2}$ का मान है–

(*a*) 4 (*b*) $\frac{1}{4}$

(*c*) $\frac{1}{2}$ (*d*) 1

33. ΔABC में, $r_1+r_2+r_3-r$ का मान है–

(*a*) $2a\sin\frac{A}{2}$ (*b*) $2a\sin A$

(*c*) $2a\operatorname{cosec}\frac{A}{2}$ (*d*) $2a\operatorname{cosec}A$

34. यदि ΔABC में, $a^4+b^4+c^4=2c^2(a^2+b^2)$, तब $\angle C$ का मान है–

(*a*) 60° (*b*) 135°

(*c*) $\frac{1}{2}$ (*d*) 75°

35. ΔABC में, यदि $\dfrac{a^2 - b^2}{a^2 + b^2} = \dfrac{\sin(A - B)}{\sin(A + B)}$, तो त्रिभुज है–

(*a*) समकोणीय
(*b*) समद्विबाहु
(*c*) समकोणीय या समद्विबाहु
(*d*) समकोणीय समद्विबाहु

अनुच्छेद-1 (Paragraph-1)

माना ABC कोई त्रिभुज है जहाँ $a = 15, b = 13, c = 4$

36. त्रिभुज ABC का क्षेत्रफल (वर्ग इकाई में)

(*a*) 26 (*b*) 24
(*c*) 30 (*d*) इसमें से कोई नहीं

37. त्रिभुज ABC की परित्रिज्या (circum radius)

(*a*) $8\frac{1}{8}$ (*b*) 8
(*c*) $\frac{3}{2}$ (*d*) इसमें से कोई नहीं

38. त्रिभुज के अन्तर्गत वृत्त की त्रिज्या

(*a*) $8\frac{1}{8}$ (*b*) 8
(*c*) $\frac{3}{2}$ (*d*) इसमें से कोई नहीं

अनुच्छेद-2 (Paragraph-2)

ΔABC कोई त्रिभुज है जिसकी भुजाएँ a, b, c समान्तर श्रेणी में हैं

39. त्रिभुज ABC में, $\cos\dfrac{A - C}{2}$ का मान–

(*a*) $2\sin\frac{B}{2}$ (*b*) $2\cos\frac{A}{2}$
(*c*) $2\tan\frac{A}{2}$ (*d*) $2\sin\frac{A}{2}$

40. त्रिभुज ABC के लिए, $\cot\frac{A}{2}.\cot\frac{C}{2}$ का बराबर है–

(*a*) 2 (*b*) 3
(*c*) 1 (*d*) इसमें से कोई नहीं

41. त्रिभुज ABC के लिए, $\cot\frac{A}{2}, \cot\frac{B}{2}, \cot\frac{C}{2}$ है–

(*a*) स॰ श्रे॰ में (*b*) गु॰ श्रे॰ में
(*c*) ह॰ श्रे॰ में (*d*) इसमें से कोई नहीं

दृढ़कथन-कारण (Assertion-Reason)

निम्नलिखित चार कूटों (*a*), (*b*), (*c*), (*d*) में से सही उत्तर का चयन करें।

(*a*) वक्तव्य-I सत्य है; वक्तव्य-II सत्य है; वक्तव्य-II वक्तव्य-I का सही स्पष्टीकरण है।
(*b*) वक्तव्य-I सत्य है; वक्तव्य-II सत्य है; वक्तव्य-II वक्तव्य-I का सही स्पष्टीकरण नहीं है।
(*c*) वक्तव्य-I सत्य है; वक्तव्य-II असत्य है।
(*d*) वक्तव्य-I असत्य है; वक्तव्य-II सत्य है।

42. **वक्तव्य-I :** यदि $b = 50, c = 63$ तथा $\angle B = 54°$ तो कोई त्रिभुज निर्मित नहीं होगा।

वक्तव्य-II : चूँकि $b > c \sin B \Rightarrow$ कोई त्रिभुज नहीं बनेगा।

43. **वक्तव्य-I :** यदि भुजाएँ a, b, c स. श्रेणी में हो तब $\cot\frac{A}{2}, \cot\frac{B}{2}, \cot\frac{C}{2}$ समान्तर श्रेणी में होंगे।

वक्तव्य-II : चूँकि a, b, c, समान्तर श्रेणी में है अतः $\sin A, \sin B, \sin C$ समान्तर श्रेणी में होंगे।

44. माना ABC कोई त्रिभुज है तथा $2s = a + b + c$ तब

वक्तव्य-I : $\cos A + \cos B + \cos C \leq \dfrac{3}{2}$

वक्तव्य-II : $(s - a)(s - b)(s - c) \leq \dfrac{abc}{8}$

45. मिलान करें (Match These)–

	वर्ग-I		वर्ग-II
A.	किसी त्रिभुज में अन्तः त्रिज्या	*p.*	$\frac{a}{2\sin A}$
B.	किसी त्रिभुज में $4R\sin\frac{A}{2}.\sin\frac{B}{2}.\sin\frac{C}{2}$	*q.*	$\frac{\Delta}{s}$
C.	किसी त्रिभुज में परित्रिज्या (Circum radius) बराबर होगा	*r.*	$\frac{abc}{4\Delta}$
D.	त्रिभुज का क्षेत्रफल	*s.*	$\frac{1}{2}bc\sin C$
		t.	$\frac{1}{2}bc\sin A$

(*a*) A—*q*; B—*q*; C—*p*, *r*; D—*p*, *r*
(*b*) A—*q r*; B—*q*; C—*p*, *q*; D—*s*
(*c*) A—*q*; B—*p*; C—*p*, *r*; D—*s*, *t*
(*d*) A—*q*; B—*q*; C—*p*, *r*; D—*t*

उत्तरमाला

1	2	3	4	5	6	7	8	9	10
(*b*)	(*c*)	(*b*)	(*a*)	(*b*)	(*a*)	(*a*)	(*d*)	(*c*)	(*c*)
11	**12**	**13**	**14**	**15**	**16**	**17**	**18**	**19**	**20**
(*c*)	(*b*)	(*a*)	(*c*)	(*a*)	(*b*)	(*a*)	(*a*)	(*d*)	(*a*)
21	**22**	**23**	**24**	**25**	**26**	**27**	**28**	**29**	**30**
(*c*)	(*a*)	(*b*)	(*b*)	(*c*)	(*a*)	(*b*).	(*d*)	(*c*)	(*c*)
31	**32**	**33**	**34**	**35**	**36**	**37**	**38**	**39**	**40**
(*a*)	(*b*)	(*d*)	(*b*)	(*a*)	(*b*)	(*a*)	(*c*)	(*a*)	(*b*)
41	**42**	**43**	**44**	**45**					
(*a*)	(*a*)	(*a*)	(*a*)	(*d*)					

व्याख्यात्मक उत्तर

1. $(s-b)(s-c) = x\sin^2\frac{A}{2}$

$\Rightarrow (s-b)(s-c) = x\frac{(s-b)(s-c)}{bc} \Rightarrow x = bc.$

2. $(b+c)\cos A + (c+a)\cos B + (a+b)\cos C$
$= b\cos A + c\cos A + c\cos B + a\cos B + a\cos C + b\cos C$
$= b\cos A + a\cos B + c\cos A + a\cos C + b\cos C + c\cos B$
$= a + b + c.$

3. $\frac{s(s-a)}{bc} - \frac{(s-b)(s-c)}{bc}$

$= \cos^2\frac{A}{2} - \sin^2\frac{A}{2} = \cos A.$

4. $\because (s-a)(s-b) = s(s-c)$

तथा $\tan\frac{C}{2} = \sqrt{\frac{(s-a)(s-b)}{s(s-c)}} = \sqrt{\frac{s(s-c)}{s(s-c)}} = 1$

$\Rightarrow \tan\frac{C}{2} = \tan 45° \Rightarrow \angle C = 90°.$

5. $\therefore$ $\angle A, \angle B, \angle C$ समान्तर श्रेणी में हैं।

$\therefore 2\angle B = \angle A + \angle C$ ...(1)

तथा $\angle A + \angle B + \angle C = 180°, 3\angle B = 180°$

$\Rightarrow \angle B = 60°$

हम जानते हैं कि ΔABC में यदि $\angle B = 60°$, तब

$a^2 + c^2 - b^2 = ac \Rightarrow b^2 = a^2 + c^2 - ac.$

6. $\dfrac{\sin(A-B)}{\sin(A+B)} = \dfrac{\sin A \cos B - \sin B \cos A}{\sin C}$

$= \dfrac{a}{c}\cos B - \dfrac{b}{c}\cos A$

परन्तु $\cos B = \dfrac{a^2 + c^2 - b^2}{2ac}$,

तथा $\cos A = \dfrac{b^2 + c^2 - a^2}{2bc}$

$\therefore\ \dfrac{a}{c}\cos B - \dfrac{b}{c}\cos A$

$= \dfrac{1}{2c^2}\{a^2 + c^2 - b^2 - b^2 - c^2 + a^2\}$

$= \dfrac{a^2 - b^2}{c^2}.$

7. $\dfrac{b+c}{a} = \dfrac{k(\sin B + \sin c)}{k \sin A}$

$= \dfrac{2\sin\dfrac{B+C}{2} . \cos\dfrac{B-C}{2}}{2\sin\dfrac{A}{2} . \cos\dfrac{A}{2}}$

$= \dfrac{\cos\dfrac{B-C}{2}}{\sin\dfrac{A}{2}}$ $(\because A + B + C = 180°).$

8. $\left(\cot\dfrac{A}{2} + \cot\dfrac{B}{2}\right)\left(a\sin^2\dfrac{B}{2} + b\sin^2\dfrac{A}{2}\right)$

$= \left(\dfrac{c}{s-c}\cot\dfrac{C}{2}\right)$

$\left(\dfrac{a(s-a)(s-c)}{ac} + \dfrac{b(s-b)(s-c)}{bc}\right)$

$= \left(\dfrac{c}{s-c}\cot\dfrac{C}{2}\right)\left\{\dfrac{s-c}{c}(s-a+s-b)\right\}$

$= c\cot\dfrac{C}{2}.$

9. $(a^2 + b^2 - 2ab)\cos^2\dfrac{C}{2}$

$+ (a^2 + b^2 + 2ab)\sin^2\dfrac{C}{2}$

$= a^2 + b^2 + 2ab\left(\sin^2\dfrac{C}{2} - \cos^2\dfrac{C}{2}\right)$

$= a^2 + b^2 - 2ab\cos C$

$= a^2 + b^2 - (a^2 + b^2 - c^2) = c^2.$

10. $s\left[\tan\dfrac{A}{2} + \tan\dfrac{B}{2}\right]$

$= s\left[\sqrt{\dfrac{(s-b)(s-c)}{s(s-a)}} + \sqrt{\dfrac{(s-a)(s-c)}{s(s-b)}}\right]$

$= \sqrt{s(s-c)}\left[\dfrac{(s-b)+(s-a)}{\sqrt{(s-a)(s-b)}}\right]$

$= c\sqrt{\dfrac{s.(s-c)}{(s-a)(s-b)}} = c\cot\dfrac{C}{2}.$

11. दिया है, $\angle C = 60°, a = 2, b = 4$

$\Rightarrow \cos C = \dfrac{a^2 + b^2 - c^2}{2ab}$ या $ab = a^2 + b^2 - c^2$

$\Rightarrow 8 = 4 + 16 - c^2$

$\Rightarrow c^2 = 12 \Rightarrow c = \sqrt{12} = 2\sqrt{3}$

$\Rightarrow \sin A = \dfrac{a\sin C}{c} = \dfrac{2\dfrac{\sqrt{3}}{2}}{2\sqrt{3}} = \dfrac{1}{2} \Rightarrow \angle A = 30°$

$\Rightarrow \sin B = \dfrac{b\sin C}{c} = \dfrac{\dfrac{4\sqrt{3}}{2}}{2\sqrt{3}} = 1 \Rightarrow \angle B = 90°.$

12. $\therefore 3a = b + c$

$\Rightarrow 4a = a + b + c \Rightarrow 4a = 2s \Rightarrow 2a = s$ ...(1)

अब $\cot\dfrac{B}{2}\cot\dfrac{C}{2} = \sqrt{\dfrac{s(s-b)}{(s-a)(s-c)} . \dfrac{s(s-c)}{(s-a)(s-b)}}$

$$= \frac{s}{s-a} = \frac{2a}{2a-a} \quad \text{(समीकरण 1 से)}$$

$= 2.$

13. $b^2 \cos 2A - a^2 \cos 2B$

$= b^2 (1 - 2\sin^2 A) - a^2 (1 - 2\sin^2 B)$

$= b^2 - 2b^2 \sin^2 A - a^2 + 2a^2 \sin^2 B$

$= b^2 - 2b^2 k^2 a^2 - a^2 + 2b^2 k^2 a^2$

$= b^2 - a^2.$

14. cosec A (sin$B$ cos$C$ + cos$B$ sin$C$) = cosec$A$ sin $(B + C)$

$$= \frac{\sin (B+C)}{\sin A} = \frac{\sin A}{\sin A} = 1.$$

15. $1 - \tan\frac{A}{2}\tan\frac{B}{2}$

$$= 1 - \sqrt{\frac{(s-b)(s-c)}{s(s-a)}}\sqrt{\frac{(s-a)(s-c)}{s(s-b)}}$$

$$= 1 - \frac{s-c}{s} = \frac{s-s+c}{s}$$

$$= \frac{c}{s} = \frac{2c}{2s} = \frac{2c}{a+b+c}.$$

16. $2\left(a\sin^2\frac{C}{2} + c\sin^2\frac{A}{2}\right)$

$$= 2\left(a\frac{(s-a)(s-b)}{ab} + c\frac{(s-b)(s-c)}{bc}\right)$$

$$= 2\left(\frac{s-b}{b}(s-a+s-c)\right)$$

$$= \frac{2}{b}(s-b)\,b = 2(s-b) = a - b + c$$

17. $\cos A + \cos C = 4\sin^2\frac{B}{2}$

$$\Rightarrow 2\cos\frac{A+C}{2}.\cos\frac{A-C}{2} = 4\sin^2\frac{B}{2}$$

$$\Rightarrow \cos\frac{A+C}{2}\cos\frac{A-C}{2} = 2\sin^2\frac{B}{2}$$

$$\Rightarrow \cos\frac{A-C}{2} = 2\sin\frac{B}{2}$$

$$\Rightarrow \cos\frac{A}{2}\cos\frac{C}{2} + \sin\frac{A}{2}\sin\frac{C}{2} = 2\sin\frac{B}{2}$$

$$\Rightarrow \sqrt{\frac{s(s-a)}{bc}}\sqrt{\frac{s(s-c)}{ab}} + \sqrt{\frac{(s-b)(s-c)}{bc}}$$

$$\sqrt{\frac{(s-a)(s-b)}{ab}} = 2\sqrt{\frac{(s-a)(s-c)}{ac}}$$

$$\Rightarrow \frac{s}{b}\sqrt{\frac{(s-a)(s-c)}{ac}} + \frac{s-b}{b}\sqrt{\frac{(s-c)(s-a)}{ac}}$$

$$= 2\sqrt{\frac{(s-a)(s-c)}{ac}}$$

$$\Rightarrow \frac{s}{b} + \frac{s-b}{b} = 2$$

$\Rightarrow 2s - b = 2b \Rightarrow a + c = 2b$

$\Rightarrow a, b, c$ समान्तर श्रेणी में है।

18. $\angle C = 180° - (75° + B) = 105° - B$

ΔABD में,

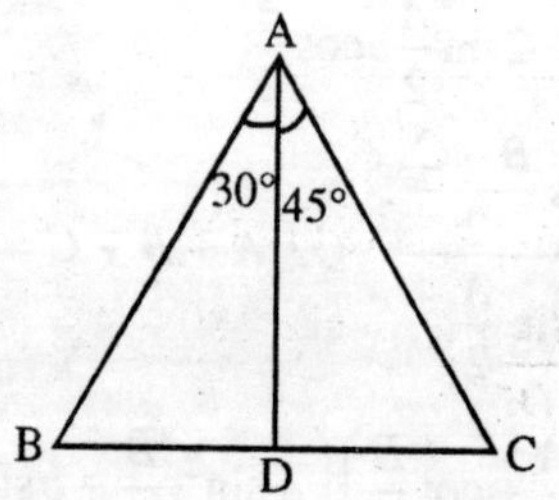

$$\frac{BD}{\sin 30°} = \frac{AD}{\sin B} \Rightarrow BD = \frac{AD}{2\sin B}$$

ΔADC में,

$$\frac{CD}{\sin 45°} = \frac{AD}{\sin C} = CD \Rightarrow \frac{AD}{\sqrt{2}\sin(105° - B)}$$

अब $\quad BD = CD \Rightarrow \frac{AD}{2\sin B} = \frac{AD}{\sqrt{2}\sin(105° - B)}$

$$\Rightarrow \sqrt{2}\sin B = \sin(105° - B)$$

$= \sin 105° \cos B - \cos 105° \sin B$

$= \dfrac{\sqrt{3}+1}{2\sqrt{2}} \cos B - \dfrac{1-\sqrt{3}}{2\sqrt{2}} \sin B$

$\Rightarrow 4 = \left(\sqrt{3}+1\right)\cot B + \left(\sqrt{3}-1\right) \Rightarrow \cot B = \dfrac{5-\sqrt{3}}{\sqrt{3}+1}$

$\Rightarrow \cot B = 3\sqrt{3} - 4 \Rightarrow \sin B = \dfrac{1}{2\sqrt{11-6\sqrt{3}}}$

अतः $BC = 2BD = \dfrac{AD}{\sin B} = \dfrac{2\sqrt{11-6\sqrt{3}}}{\sqrt{11-6\sqrt{3}}} = 2.$

19. $\dfrac{\sin 3B}{\sin B} = \dfrac{3\sin B - 4\sin^3 B}{\sin B}$

$= 3 - 4\sin^2 B = 3 - 4 + 4\cos^2 B$

$= -1 + \dfrac{4(a^2+c^2-b^2)^2}{(2ac)^2} = -1 + \dfrac{\left(\dfrac{a^2+c^2}{2}\right)^2}{(ac)^2}$

$= -1 + \dfrac{(a^2+c^2)^2}{4(ac)^2}$

$= \dfrac{(a^2+c^2)^2 - 4a^2c^2}{4(ac)^2} = \left(\dfrac{c^2-a^2}{2ac}\right)^2.$

20. $\Delta\, OAC$ में, sine नियम से,

$\dfrac{\sin(A-w)}{OC} = \dfrac{\sin(180-A)}{b} = \dfrac{\sin A}{b}$ ...(i)

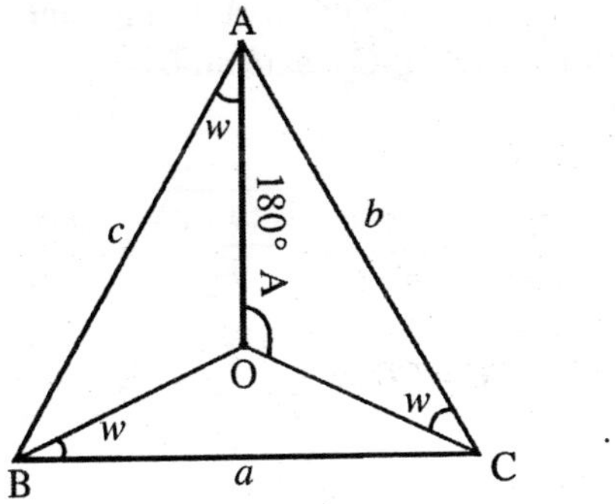

$\Delta\, OAC$ में, $\dfrac{\sin w}{OC} = \dfrac{\sin(180°-C)}{a} = \dfrac{\sin C}{a}$ ...(ii)

समीकरण (i) को समीकरण (ii) से भाग देने पर,

$\dfrac{\sin(A-w)}{\sin w} = \dfrac{a \sin A}{b \sin C}$

$= \dfrac{2R \sin A \sin A}{2R \sin B \sin C} = \dfrac{\sin A \sin(180 - B - C)}{\sin B \sin C}$

$\Rightarrow \dfrac{\sin A \cos w - \sin w \cos A}{\sin w}$

$= \sin A \dfrac{\sin B \cos C + \cos B \sin C}{\sin B \sin C}$

$\Rightarrow \cot w = \cot A + \cot B + \cot C$

21. $\sin^2 B + \sin^2 C - 3\sin^2 A = 0$

$\Rightarrow \sin^2 B - \sin^2 A + \sin^2 C - \sin^2 A = \sin^2 A$

$\Rightarrow \sin(B+A).(\sin B \cos A - \sin A \cos B) + \sin(C + A)(\sin C \cos A - \sin A . \cos C)$
$= \sin A(\sin B \cos C + \sin C \cos B)$

$\Rightarrow \sin C(\sin B \cos A - \sin A \cos B) + \sin B(\sin C \cos A - \sin A \cos C) = \sin A(\sin B \cos C + \sin C \cos B)$

$\Rightarrow 2\cos A \sin B \sin C = 2\sin A \sin B \cos C + 2\sin A \sin C \cos B$

$\Rightarrow \cot B + \cot C - \cot A = 0.$

22. $(b+c-a)\tan\dfrac{A}{2} = 2(s-a)\sqrt{\dfrac{(s-b)(s-c)}{s(s-a)}}$

$= \dfrac{2}{s}\sqrt{s(s-a)(s-b)(s-c)} = \dfrac{2}{s}\Delta.$

23. $\Delta = \dfrac{1}{2}P_1 a = \dfrac{1}{2}P_2 b = \dfrac{1}{2}P_2 c$

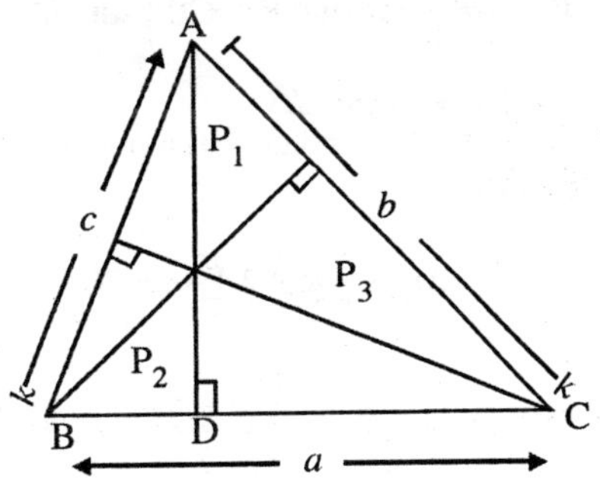

$$\therefore \frac{\cos A}{P_1}+\frac{\cos B}{P_2}+\frac{\cos C}{P_3}$$

$$= \frac{1}{2\Delta}(a\cos A+b\cos B+c\cos C)$$

$$=\frac{R}{2\Delta}(\sin 2A+\sin 2B+\sin 2C)$$

$$=\frac{R}{2\Delta}.4\sin A\sin B\sin C$$

$$=\frac{2R}{\Delta}.\frac{2\Delta}{bc}.\frac{2\Delta}{ca}.\frac{2\Delta}{ab}=\frac{16R\Delta^2}{a^2\,b^2\,c^2}=\frac{1}{R}\left[\because R=\frac{abc}{4\Delta}\right].$$

24. $\cos^2A + \cos^2C = \sin^2B$

माना $\angle B = 90°$ $\quad\therefore \sin^2B = \sin^2 90° = 1$

तथा $\cos^2A + \cos^2C$

$$= \cos^2 A+\cos^2\left(\frac{\pi}{2}-A\right)=\cos^2 A+\sin^2 A=1$$

$\Rightarrow \cos^2A + \cos^2C = \sin^2B \Rightarrow \Delta$ ABC समकोण त्रिभुज है।

25. $\angle C=\frac{\pi}{3}\Rightarrow \cos\frac{\pi}{3}=\frac{a^2+b^2-c^2}{2ab}$

$\therefore a^2 + b^2 - c^2 = ab$

$\Rightarrow b^2 + bc + a^2 + ac = ab + ac + bc + c^2$

$\Rightarrow b\,(b + c) + a\,(a + c) = (a + c)\,(b + c)\,(a + c)$

$(c + b)$ से भाग देकर दोनों तरफ 2 जोड़ने पर,

$$\frac{b}{a+c}+\frac{a}{b+c}+2=1+2$$

$$\Rightarrow \frac{1}{a+c}+\frac{1}{b+c}=\frac{3}{a+b+c}.$$

26. $a \sin (B - C) = ak \sin A \sin (B - C)$

$= k \sin (B + C) \sin (B - C)\; a \sin (B - C)$

$$= \frac{k}{2}(\cos 2C-\cos 2B) \qquad ...(i)$$

इसी प्रकार,

$$b\sin (C - A) = \frac{k}{2}(\cos 2A-\cos 2C) \qquad ...(ii)$$

$$\text{तथा } c \sin (A - B) = \frac{k}{2}(\cos 2B-\cos 2A) \qquad ...(iii)$$

समीकरण (i), (ii) व (iii) को जोड़ने पर,

$a \sin (B - C) + b \sin(C - A) + C \sin (A - B)$

$$= \frac{k}{2}(\cos 2A - \cos 2C + \cos 2C - \cos 2B + \cos 2B - \cos 2A) = 0.$$

27. $\frac{\sin A}{\sin C}=\frac{\sin (A-B)}{\sin (B-C)}$

$\Rightarrow \sin (B + C) \sin (B - C) = \sin (A + B) \sin (A - B)$

$\Rightarrow \sin^2B - \sin^2C = \sin^2A - \sin^2B$

$\Rightarrow 2\sin^2B = \sin^2A + \sin^2C \Rightarrow 2b^2 = a^2 + c^2$

अतः a^2, b^2, c^2 समान्तर श्रेणी में हैं।

28. हम जानते हैं कि $\frac{1}{r_1}+\frac{1}{r_2}+\frac{1}{r_3}=\frac{1}{r}$

$$\Rightarrow r_2r_3 + r_3r_1 + r_1r_2 = \frac{r_1r_2r_3}{r}$$

$$= \frac{\Delta^3 s}{(s-a)\,(s-b)\,(s-c)\Delta}=s^2=\frac{1}{4}(a+b+c)^2.$$

29. $\cot A$, $\cot B$ व $\cot C$ समान्तर श्रेणी में हैं।

$\Rightarrow \cot A + \cot C = 2\cot B$

$$\Rightarrow \frac{\cos A}{\sin A}+\frac{\cos C}{\sin C}=\frac{2\cos B}{\sin B}$$

$$\Rightarrow \frac{b^2+c^2-a^2}{2bca}+\frac{a^2+b^2-c^2}{2abc}=\frac{2a^2+2c^2-2b^2}{2abc}$$

$\Rightarrow a^2 + c^2 = 2b^2$, अतः a^2, b^2, c^2 समान्तर श्रेणी में है।

30. $(b - c) \sin A + (c - a) \sin B + (a - b) \sin C$

$= k\,[(\sin B - \sin C) \sin A + (\sin C - \sin A) \sin B + (\sin A - \sin B) \sin C]$

$= k\,[\sin B \sin A - \sin C \sin A + \sin C \sin B - \sin A \sin B + \sin A \sin C - \sin B \sin C]$

$= 0.$

31. $\cos\frac{A}{2}=\sqrt{\frac{b+c}{2c}}\Rightarrow \sqrt{\frac{s\,(s-a)}{bc}}=\sqrt{\frac{b+c}{2c}}$

$\Rightarrow 2[s\,(s - a)] = b\,(b + c)$

$\Rightarrow b^2 + bc$

$$= (a+b+c)\left(\frac{b+c-a}{2}\right) \quad\Rightarrow a^2 + b^2 = c^2.$$

32. $\tan\frac{C}{2}=\sqrt{\frac{(s-b)(s-a)}{s(s-c)}}$

$$=\sqrt{\frac{(a+b+c-2b)(a+b+c-2a)}{(a+b+c)(a+b-c)}}$$

$=\sqrt{\frac{(a-b+c)(b+c-a)}{(a+b+c)(a+b-c)}}$ तथा

$$\Delta=\frac{1}{4}\sqrt{(a+b+c)(a-b+c)(a+b-c)(b+c-a)}$$

$$\Rightarrow c^2-(b-a)^2$$

$$=\frac{1}{4}\sqrt{(a+b+c)(a-b+c)(a+b-c)(b+c-a)}$$

$$=\sqrt{\frac{(a-b+c)(b+c-a)}{(a+b+c)(a+b-c)}}=\frac{1}{4}$$

$$\Rightarrow \tan\frac{C}{2}=\frac{1}{4}.$$

33. $r_1+r_2+r_3-r$

$$=4R\left[\sin\frac{A}{2}\cos\frac{B}{2}\cos\frac{C}{2}+\sin\frac{B}{2}\cos\frac{A}{2}\cos\frac{C}{2}\right.$$

$$\left.+\sin\frac{C}{2}\cos\frac{A}{2}\cos\frac{B}{2}-\sin\frac{A}{2}\sin\frac{B}{2}\sin\frac{C}{2}\right]$$

$$=4R\left[\sin\frac{A}{2}\left(\cos\frac{B}{2}\cos\frac{C}{2}-\sin\frac{B}{2}\sin\frac{C}{2}\right)+\right.$$

$$\left.\cos\frac{A}{2}\left(\sin\frac{B}{2}\cos\frac{C}{2}+\sin\frac{C}{2}\cos\frac{B}{2}\right)\right]$$

$$=4R\left[\sin^2\frac{A}{2}+\cos^2\frac{A}{2}\right]=4R=2.2\,R=2a\operatorname{cosec}A.$$

34. $\cos^2 C=\left(\frac{a^2+b^2-c^2}{2ab}\right)^2$

$$=\frac{a^4+b^4+c^4+2a^2b^2-2c^2(a^2+b^2)}{4a^2b^2}$$

$$\Rightarrow \cos^2 C=\frac{1}{2}\Rightarrow \cos C=\pm\frac{1}{\sqrt{2}}$$

$$\left[\because a^4+b^4+c^4=2c^2\left(a^2+b^2\right)\right]$$

$\Rightarrow \cos C=\frac{1}{\sqrt{2}}=\cos 45° \Rightarrow \angle C=45°$ तथा

$$\cos C=-\frac{1}{\sqrt{2}}=\cos 135°$$

$$\Rightarrow \angle C=135°.$$

35. $\frac{\sin(A-B)}{\sin(A+B)}=\frac{a^2-b^2}{a^2+b^2}$

$$\Rightarrow \frac{\sin(A-B)}{\sin(A+B)}=\frac{\sin^2 A-\sin^2 B}{\sin^2 A+\sin^2 B}$$

$$\Rightarrow \frac{\sin(A-B)}{\sin C}=\frac{\sin(A-B)\sin(A+B)}{\sin^2 A+\sin^2 B}$$

$$\Rightarrow \sin(A-B)\left[\frac{1}{\sin C}-\frac{\sin C}{\sin^2 A+\sin^2 B}\right]=0$$

या तो $\sin(A-B)=0 \Rightarrow A=B$ अर्थात् त्रिभुज समद्विबाहु है। या $\sin^2 A+\sin^2 B=\sin^2 C$

या $a^2+b^2=c^2$ अर्थात् त्रिभुज समकोण त्रिभुज है।

36. हीरो सूत्र (Hero's formula) से,

$$\Delta=\sqrt{16(16-15)(16-13)(16-4)}$$

$$=\sqrt{16\times 1\times 3\times 12}$$

$$=24$$

(*b*) सही उत्तर है।

37. $R=\frac{abc}{4\Delta}=\frac{15\times 13\times 4}{4\times 24}=\frac{65}{8}=8\frac{1}{8}.$

38. $r = \frac{\Delta}{s} = \frac{24}{16} = \frac{3}{2}.$

39. चूँकि भुजाएँ समान्तर श्रेणी में है, अतः $a + c = 2b$

$\Rightarrow k \sin A + k \sin C = 2k \sin B$ (ज्या सूत्र से)

$\Rightarrow \sin A + \sin C = 2 \sin B$

$$\Rightarrow 2\sin\frac{A+C}{2}\cos\frac{A-C}{2} = 4\sin\frac{B}{2}.\cos\frac{B}{2}$$

$$\Rightarrow 2\sin\left(90° - \frac{B}{2}\right).\cos\frac{A-C}{2} = 4\sin\frac{B}{2}.\cos\frac{B}{2}$$

$$\Rightarrow 2\cos\frac{B}{2}.\cos\frac{A-C}{2} = 4\sin\frac{B}{2}.\cos\frac{B}{2}$$

$$\Rightarrow \cos\frac{A-C}{2} = 2\sin\frac{B}{2}.$$

अतः (*a*) सही उत्तर है।

40. a, b, c समान्तर श्रेणी में है, अतः $a + c = 2b$

अब,

$$\cot\frac{A}{2}.\cot\frac{C}{2} = \sqrt{\frac{s(s-a)}{(s-b)(s-c)}} \times \sqrt{\frac{s(s-c)}{(s-a)(s-b)}}$$

$$= \frac{s}{s-b} = \frac{2s}{2s-2b} = \frac{a+b+c}{a+c-b}$$

$$= \frac{3b}{b} = 3 \quad (\because a + c = 2b).$$

41. चूँकि a, b, c समान्तर श्रेणी में है,

अतः $2b = a + c$ ...(*i*)

अब $\cot\frac{A}{2} + \cot\frac{C}{2} - 2\cot\frac{B}{2}$

$$= \sqrt{\frac{s(s-a)}{(s-b)(s-c)}} + \sqrt{\frac{s(s-c)}{(s-a)(s-b)}}$$

$$-2\sqrt{\frac{s(s-b)}{(s-a)(s-c)}}$$

$= k\{s - a + s - c - 2(s-b)\}$

जहाँ $k = \sqrt{\frac{s}{(s-a)(s-b)(s-c)}}$

$= k(a + c - 2b)$

$= k(2b - 2b)$ {समीकरण (*i*) से}

$= 0$

अतः $\cot\frac{A}{2}, \cot\frac{B}{2}, \cot\frac{C}{2}$ समान्तर श्रेणी में है।

42. वक्तव्य-II प्रामाणिक है, अतः सत्य है

वक्तव्य-I चूँकि $0 - 1 \le \sin\theta \le 1$

अतः sin 54° का मान 1 से कम होगा, अतः $b > c \sin B$ अर्थात $50 > 63 \sin 54°$ सत्य है।

दोनों वक्तव्य सत्य हैं तथा वक्तव्य-II सही स्पष्टीकरण है।

43. चूँकि a, b, c, स. श्रेणी में है, अतः $\sin A, \sin B, \sin C$ भी समान्तर श्रेणी में है।

$\therefore \sin B - \sin A = \sin C - \sin B$

$$\Rightarrow 2\sin\frac{B-A}{2}.\cos\frac{B+A}{2}$$

$$= 2\sin\frac{C-B}{2}.\cos\frac{C+B}{2}$$

$$\Rightarrow 2\left\{\sin\frac{B}{2}.\cos\frac{A}{2} - \cos\frac{B}{2}.\sin\frac{A}{2}\right\}\sin\frac{C}{2} =$$

$$2\left\{\sin\frac{C}{2}.\cos\frac{B}{2} - \cos\frac{C}{2}.\sin\frac{B}{2}\right\}\sin\frac{A}{2}$$

$\Rightarrow$ दोनों ओर $2\sin\frac{A}{2}.\sin\frac{B}{2}.\sin\frac{C}{2}$ से भाग देने पर,

$$\cot\frac{A}{2} - \cot\frac{B}{2} = \cot\frac{B}{2} - \cot\frac{C}{2}$$

$\therefore \cot\frac{A}{2}, \cot\frac{B}{2}, \cot\frac{C}{2}$ समान्तर श्रेणी में है।

44. वक्तव्य-I

$\cos A + \cos B + \cos C$

$$= 2\cos\frac{A+B}{2}.\cos\frac{A-B}{2}+1-2\sin^2\frac{C}{2}$$

$$= 2\cos\left(90°-\frac{C}{2}\right).\cos\left(\frac{A-B}{2}\right)+1-2\sin^2\frac{C}{2}$$

$$= 1+2\sin\frac{C}{2}.\cos\frac{A-B}{2}-2\sin^2\frac{C}{2}$$

$$\le 1+2\sin\frac{C}{2}-2\sin^2\frac{C}{2}$$

$$= 1-\left\{2\sin^2\frac{C}{2}-2\sin\frac{C}{2}\right\}$$

$$= 1-2\left\{\sin^2\frac{C}{2}-\sin\frac{C}{2}\right\}$$

$$= 1-2\left\{\left(\sin\frac{C}{2}-\frac{1}{2}\right)^2-\frac{1}{4}\right\}$$

$$= 1+\frac{1}{2}-2\left(\sin\frac{C}{2}-\frac{1}{2}\right)^2$$

$\le \frac{3}{2}$ चूँकि $\left(\sin\frac{C}{2}-\frac{1}{2}\right)^2 \ge 0$

वक्तव्य-II चूँकि $\cos A+\cos B+\cos C \le \frac{3}{2}$.

$$\Rightarrow 1+4\sin\frac{A}{2}.\sin\frac{B}{2}.\sin\frac{C}{2} \le \frac{3}{2}$$

$$\Rightarrow \sin\frac{A}{2}.\sin\frac{B}{2}.\sin\frac{C}{2} \le \frac{1}{8}$$

$$\Rightarrow \sqrt{\frac{(s-b)(s-c)}{bc}} \times \sqrt{\frac{(s-c)(s-a)}{ac}} \times \sqrt{\frac{(s-a)(s-b)}{ab}} \le \frac{1}{8}$$

$$\Rightarrow (s-a)(s-b)(s-c) \le \frac{abc}{8}$$

45. A. सूत्र से अन्तः त्रिज्या $= \frac{\Delta}{s}$

$A \quad q$

B. $4R\sin\frac{A}{2}.\sin\frac{B}{2}.\sin\frac{c}{2}$

$$= 4R\sqrt{\frac{(s-b)(s-c)(s-a)(s-c)(s-a)(s-b)}{abc \times abc}}$$

$$= \frac{4abc}{4\Delta}\left\{\frac{(s-a)(s-b)(s-c)}{abc}\right\}$$

$$= \frac{abc}{\Delta}\left(\frac{\Delta^2}{abcs}\right)$$

$$= \frac{\Delta}{s}$$

$\therefore$ B $\quad q$

C. परित्रिज्या $= R = \frac{abc}{4\Delta}$

ज्या नियम से,

$$\frac{a}{\sin A} = \frac{b}{\sin B} = \frac{c}{\sin c} = 2R$$

$$\Rightarrow \frac{a}{2\sin A} = R$$

$\therefore C \quad p, r$

D. सूत्र से, त्रिभुज का क्षेत्रफल

$$= \frac{1}{2}bc\sin A$$

$D - t$

30

ऊँचाई एवं दूरी (HEIGHT AND DISTANCE)

वास्तविक दूरी एवं ऊँचाई को ज्ञात करने के लिए त्रिभुज की भुजा एवं कोणों के अनुप्रयोग, ऊँचाई एवं दूरी अध्याय के अन्तर्गत करते हैं।

उन्नयन कोण या उन्नातांश (Angle of Elevation)

जब वस्तु किसी उँचाई पर स्थित हो तथा प्रेक्षक नीचे हो तब प्रेक्षक के आँख पर दृष्टि रेखा के साथ बना कोण उन्नयन कोण या उन्नातांश कहलाता है।

[दृष्टि रेखा – आँख पर बना कोण 0° अर्थात् क्षैतिज रेखा, दृष्टि रेखा कहलाती है]

माना O प्रेक्षक की आँख है, तथा A कोई वस्तु है तब OB दृष्टि-रेखा होगी तथा A को देखने के लिए आँख पर बना कोण θ उन्नयन कोण होगा।

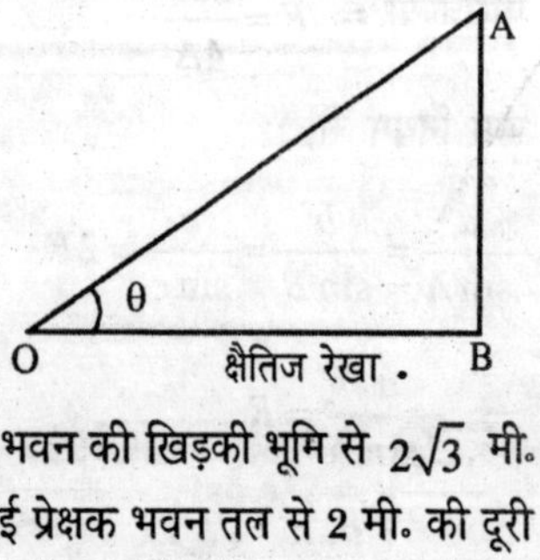

उदाहरण 1. एक भवन की खिड़की भूमि से $2\sqrt{3}$ मी. की ऊँचाई पर स्थित है। कोई प्रेक्षक भवन तल से 2 मी. की दूरी से खिड़की को देखता है, तब प्रेक्षक की आँख पर बना कोण ज्ञात करें।

हल– माना *C* प्रेक्षक की आँख है।

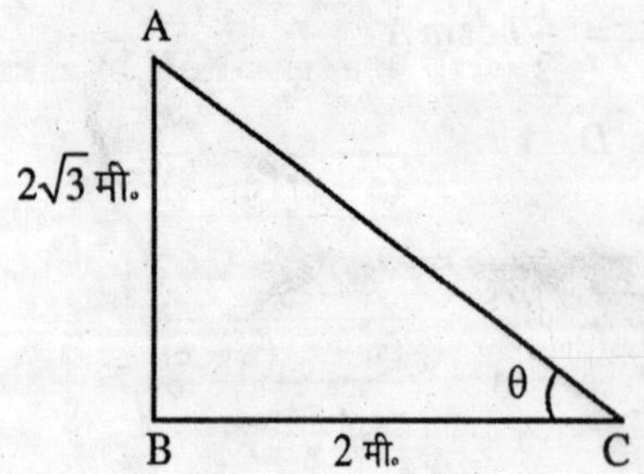

तब ΔABC से,

$$\tan\theta = \frac{AB}{BC} = \frac{2\sqrt{3}}{2}$$

$$\tan\theta = \sqrt{3} = \tan 60°$$

$$\therefore \theta = 60°$$

चूँकि वस्तु उपर तथा प्रेक्षक नीचे है, अतः कोण उन्नयन कोण होगा।

अवनमन कोण या अवनति कोण

(Angle of Depression)

जब वस्तु नीचे तथा प्रेक्षक किसी ऊँचाई पर हो तब उस अवस्था में वस्तु और आँख को मिलाने वाली रेखा, दृष्टि रेखा के साथ जो कोण बनाती है वह अवनमन या अवनति कोण कहलाता है।

O प्रेक्षक है तथा B वस्तु

तब ∠AOB = θ अवनमन कोण

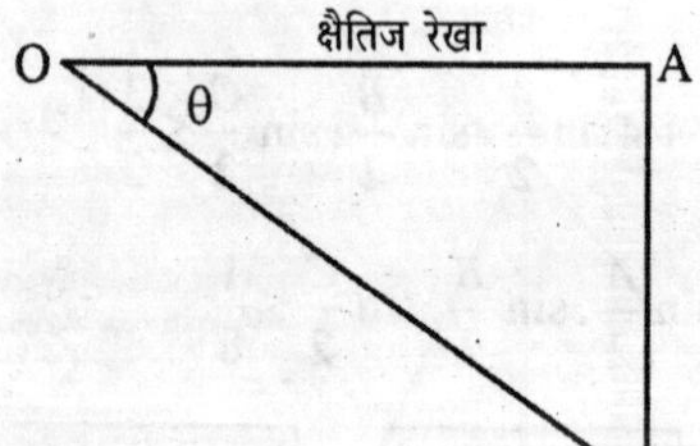

नोटः अवनमन को एकान्तर उन्नयन कोण में बदल कर सवाल हल करते हैं।

उदाहरण 2. किसी पर्वत की चोटी की उँचाई 4000 मीटर है। चोटी पर स्थित कोई व्यक्ति पर्वत की जड़ से 4 कि.मी. की दूरी पर स्थित किसी वस्तु को देखता है तो व्यक्ति की आँख पर बना कोण ज्ञात करें।

हल– माना θ कोण बनता है तब

एकान्तर उन्नयन कोण $\angle PBA = \theta$ होगा।

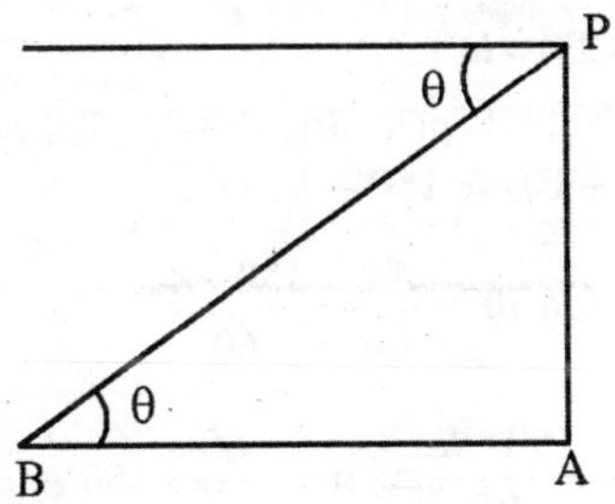

अब $PA = 4000$ मी.

$AB = 4$ कि.मी. $= 4000$ मी.

$$\therefore \quad \tan\theta = \frac{PA}{AB} = \frac{4000}{4000} = 1 = \tan 45^\circ$$

$$\Rightarrow \quad \theta = 45^\circ.$$

महत्वपूर्ण तथ्य (Important Facts)

(*i*) यदि किसी त्रिभुज ABC में AD माध्यिका हो तब $AB^2 + AC^2 = 2(AD^2 + BD^2)$

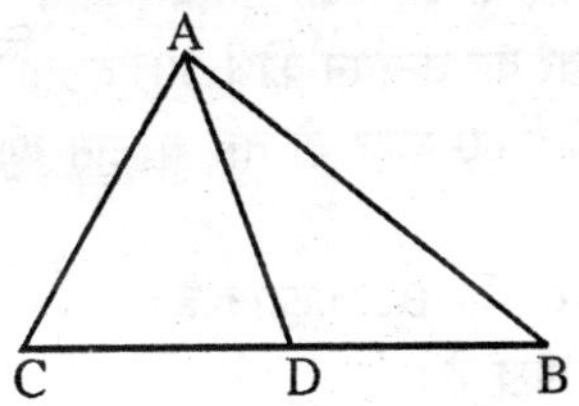

यह अपोलोनियस प्रमेय कहलाता है।

(*ii*) यदि किसी त्रिभुज ABC में D, BC को $m:n$ में विभाजित करें तब,

(*a*) $(m + n) \cot\theta = m \cot\alpha - n \cot\beta$

(*b*) $(m + n) \cot\theta = n \cot A - m \cot B$

इसे m–n प्रमेय कहते हैं।

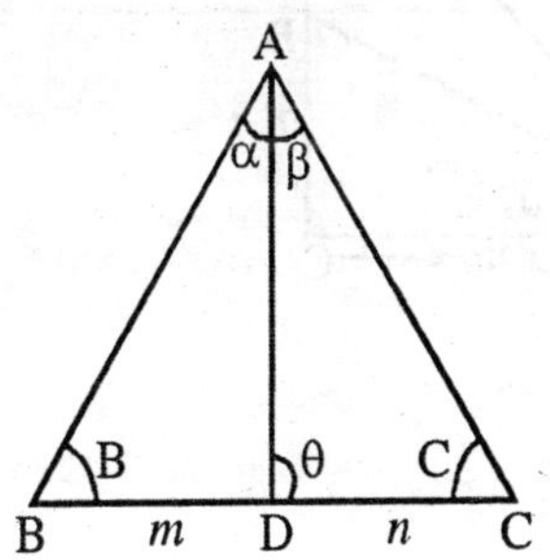

(*iii*) $a = h(\cot\alpha - \cot\beta)$

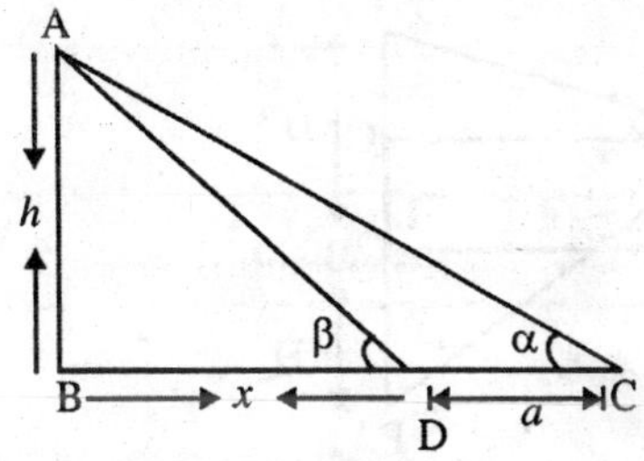

(*iv*) तब $h = \dfrac{H\sin(\beta - \alpha)}{\cot\alpha . \cot\beta}$

तथा $H = \dfrac{h\cot\alpha}{\cot\alpha - \cot\beta}$

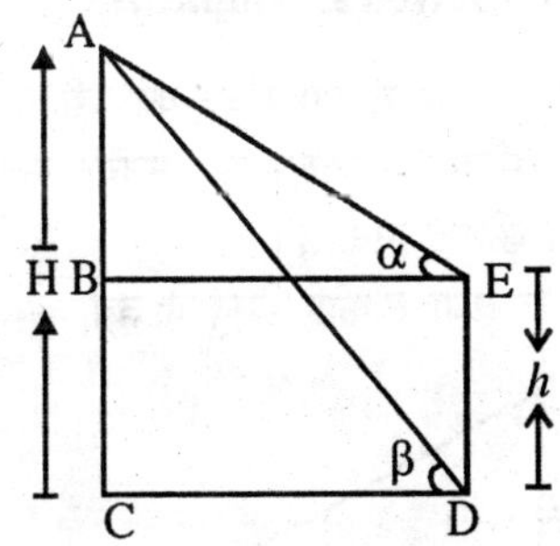

(*v*) $H = \dfrac{h\tan\alpha}{\tan\beta}$

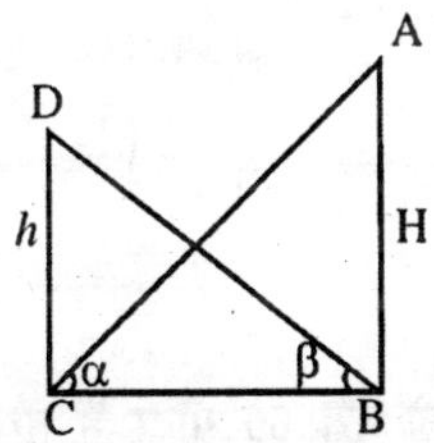

(*vi*) $H = h\cot\alpha \, \tan(\alpha + \beta)$

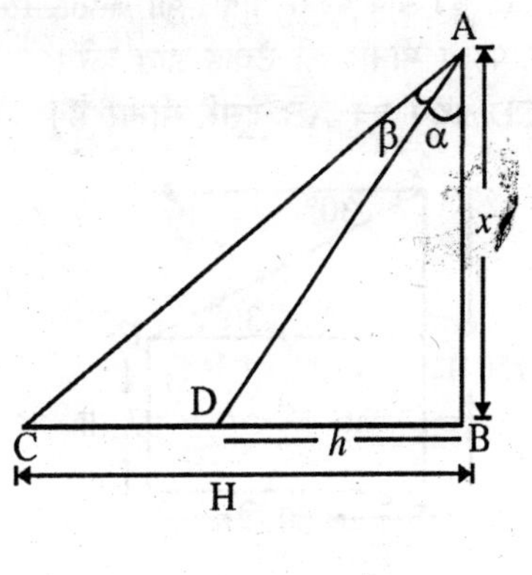

(*vii*)

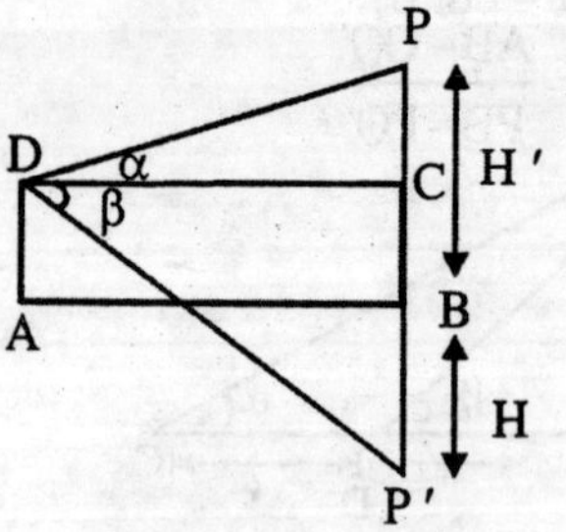

$$H=\frac{a\sin(\alpha+\beta)}{\sin(\beta-\alpha)}$$

साधित उदाहरण (Solved Examples)

1. एक मीनार के आधार से 20 मीटर की दूरी पर स्थित किसी बिन्दु से मीनार के शिखर का उन्नयन कोण 45° है। मीनार की ऊँचाई निकालें।

हल– माना AB मीनार तथा P कोई बिन्दु है तब,

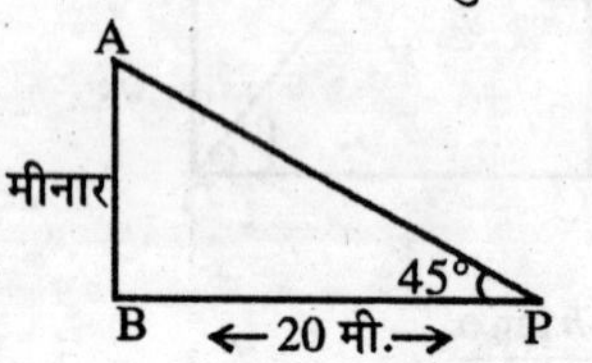

$$\tan 45°=\frac{AB}{BP}$$

$$\Rightarrow\quad 1=\frac{AB}{20}$$

$\Rightarrow\quad AB=20$ मीटर।

2. दो मीनारों की बीच की दूरी 60 मीटर है तथा प्रथम मीनार के शीर्ष का दूसरे मीनार के शीर्ष से अवनमन कोण 30° है। यदि दूसरी मीनार की ऊँचाई 150 मीटर हो तो, पहली मीनार की उँचाई ज्ञात करें।

हल– माना CD प्रथम एवं AB दूसरी मीनार हैं।

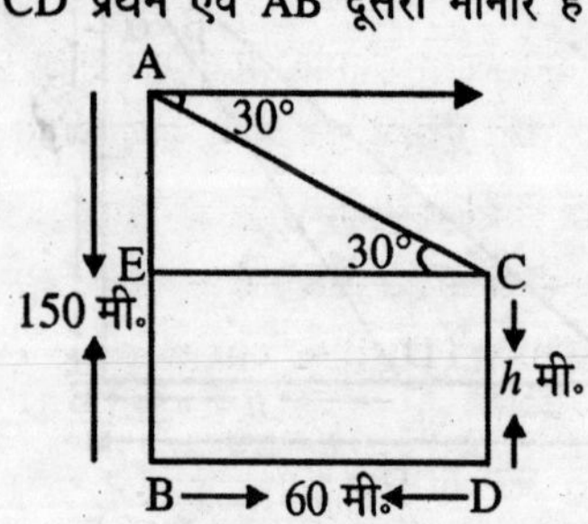

तब BD = 60 मी. = EC

तथा माना CD = h.

∠ACE = एकान्तर कोण अतः उन्नयन कोण = ∠30°

AE = AB − EB = 150 − h

$$\Delta AEC \text{ में},\ \tan 30°=\frac{AE}{EC}=\frac{150-h}{60}$$

$$\Rightarrow\quad \frac{1}{\sqrt{3}}=\frac{150-h}{60}\Rightarrow h=-\frac{60}{\sqrt{3}}+150$$

$$\Rightarrow\quad h=\frac{-60+150\sqrt{3}}{\sqrt{3}}\times\frac{\sqrt{3}}{\sqrt{3}}$$

$$=\frac{150\times 3-60\sqrt{3}}{3}=150-20\sqrt{3}$$

= 150 − 20 × 1.732

= 150 − 34.640

= 115.36 मीटर।

3. नाव में बैठा एक व्यक्ति एक चट्टान के शिखर पर स्थित एक मीनार के शीर्ष का उन्नयन कोण 60° एवं चट्टान के शिखर का उन्नयन कोण 30° देखता है। यदि मीनार की ऊँचाई 60 मीटर हो तब चट्टान की ऊँचाई ज्ञात करें।

हल– माना AB मीनार तथा BC चट्टान है।

D किसी व्यक्ति की आँख है।

तथा DC = x मी. (माना)

ΔACD में,

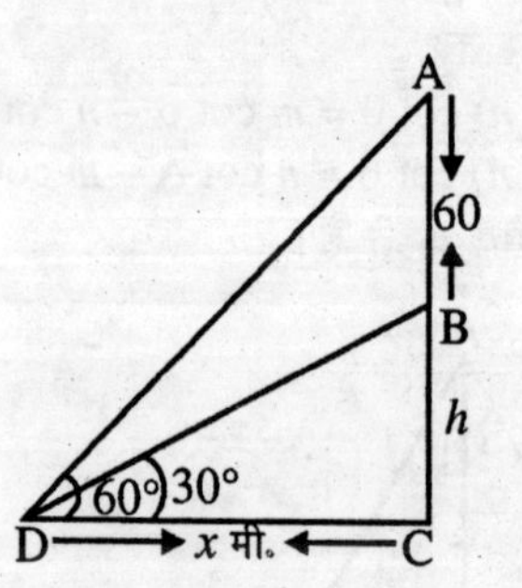

$$\tan 60°=\frac{AC}{DC}=\frac{60+h}{x}$$

$$\sqrt{3}=\frac{60+h}{x}$$

$\therefore \sqrt{3}\,x=60+h$ ...(*i*)

पुनः ΔBCD में, $\tan 30°=\frac{BC}{DC}$

$$\frac{1}{\sqrt{3}}=\frac{h}{x}$$

$\therefore \quad x=\sqrt{3}h$ ...(*ii*)

समीकरण (*i*) एवं (*ii*) से,

$\sqrt{3}\times\sqrt{3}\,h=60+h$

$3h-h=60$

$\Rightarrow \quad 2h=60 \Rightarrow h=30$ मी.

अतः चट्टान की ऊँचाई = 30 मी.।

4. एक पर्वत के आधार से शीर्ष का उन्नयन कोण $\frac{\pi}{4}$ है $\frac{\pi}{6}$ के झुकाव पर पर्वत की ओर h मीटर चलने पर उन्नयन कोण $\frac{\pi}{3}$ हो जाता है, तब पर्वत की ऊँचाई ज्ञात करें।

हल– माना पर्वत का शीर्ष A है तथा आधार बिन्दु P है।

$\angle APB=\frac{\pi}{4}, \angle QPB=\frac{\pi}{6}$

$\angle AQR=\frac{\pi}{3} \quad PQ'=h$

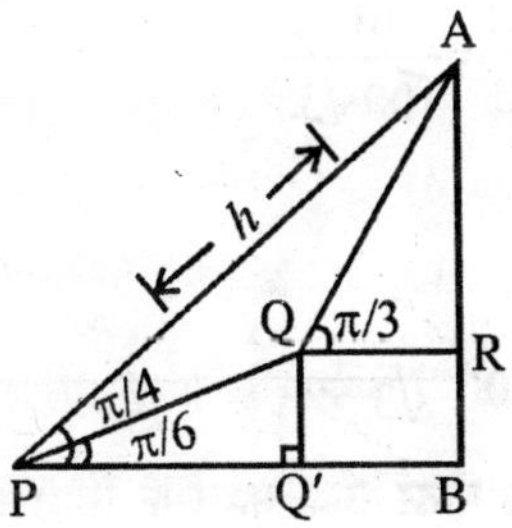

अब $\quad PB=AB.\cot\frac{\pi}{4}=AB$

$QQ'=PQ\sin\frac{\pi}{6}=\frac{h}{2}$

तथा $PQ'=PQ\cos\frac{\pi}{6}=\frac{h\sqrt{3}}{2}$

ΔAQR में, $\tan\frac{\pi}{3}=\frac{AR}{QR}=\frac{AB-OQ'}{PB-PQ'}$

$$\Rightarrow \sqrt{3}=\frac{AB-\frac{h}{2}}{AB-\frac{h\sqrt{3}}{2}}$$

$$\Rightarrow \quad AB=\frac{h}{\left(\sqrt{3}-1\right)}=\frac{h\left(\sqrt{3}+1\right)}{2} \text{ मीटर।}$$

5. नदी के किनारे खड़ा एक व्यक्ति, नदी की दूसरी ओर स्थित वृक्ष का उन्नयन कोण 60° देखता है। वृक्ष की ओर 40 मी. चलने पर उन्नयन कोण 30° हो जाता है, तो नदी का चौड़ाई ज्ञात करें।

हल– माना नदी की चौड़ाई DB = x मी.

वृक्ष की ऊँचाई = h मी.

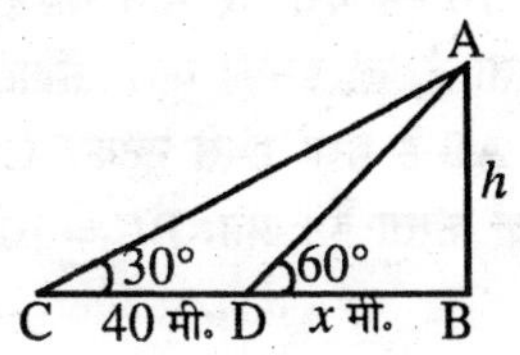

तब $\quad h=\frac{40}{\cot 30°-\cot 60°}$

$\Rightarrow \quad h=20\sqrt{3}$ मी.

तथा $\quad x=h\cot 60°=\frac{20\sqrt{3}}{\sqrt{3}}$ मी. = 20 मी.

अतः नदी की चौड़ाई = 20 मी.।

6. एक सीढ़ी क्षैतिज तल से α कोण बनाते हुए एक दीवार के सहारे खड़ी है। यदि सीढ़ी के आधार को दीवार से a मीटर दूर किया जाता है ताकि दीवार पर सीढ़ी b मीटर नीचे हो जाए तथा क्षैतिज तल से β कोण बनाए तो α का मान ज्ञात करें।

हल : माना सीढ़ी की लम्बाई l मीटर है।

$a=OA-OB=l\cos\beta-l\cos\alpha$

तथा $\quad b=OP-OQ$

$\quad =l\sin\alpha-l\sin\beta$

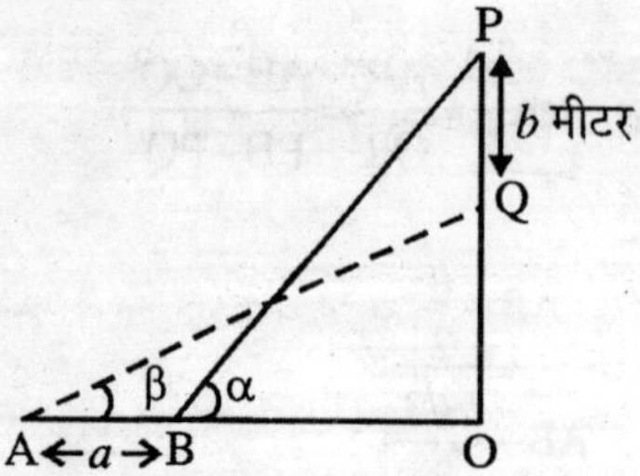

$$\Rightarrow \quad \frac{a}{b} = \frac{\cos\beta - \cos\alpha}{\sin\alpha - \sin\beta}$$

$$\Rightarrow \quad \frac{a}{b} = \frac{2\sin\frac{\alpha+\beta}{2}.\sin\frac{\alpha-\beta}{2}}{2\cos\frac{\alpha+\beta}{2}.\sin\frac{\alpha-\beta}{2}}$$

$$\Rightarrow \quad a = b\tan\left(\frac{\alpha+\beta}{2}\right).$$

7. किसी वृक्ष का आँधी के कारण उपरी भाग टूटकर इसके पाद से 10 मी. दूरी पर भूमि को 60° के कोण पर स्पर्श करता है, तो इसकी कुल ऊँचाई ज्ञात करें।

हल– माना वृक्ष AB है तथा D से टूटकर CD भूमि को 60° के कोण पर स्पर्श करता है। अतः BC = 10 मीटर तथा AD = DC

Δ DBC में,

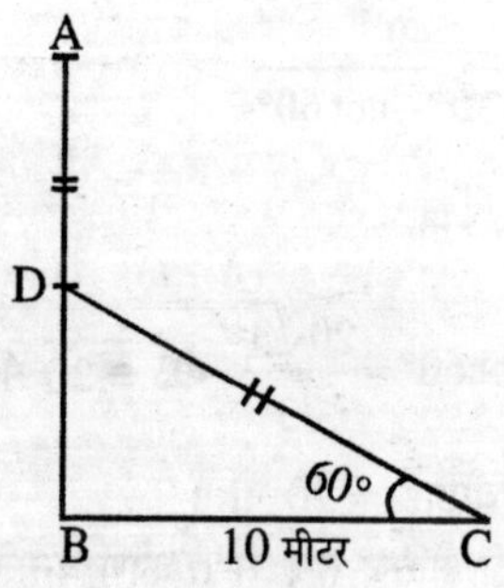

$$\tan 60° = \frac{DB}{BC}$$

$$\sqrt{3} = \frac{DB}{10} \Rightarrow DB = 10\sqrt{3} \text{ मी.}$$

पुनः $\cos 60° = \frac{BC}{CD}$

$$\frac{1}{2} = \frac{10}{CD} \Rightarrow CD = 20 \text{ मी.}$$

∴ वृक्ष की ऊँचाई $= DB + CD = (10\sqrt{3} + 20)$ मी.।

8. कोई हवाई जहाज भूमि से 300 मीटर की ऊँचाई पर उड़ रहा है, समय के एक निशिचित अन्तराल में यह एक दूसरे हवाई जहाज के ठीक ऊपर है तथा भूमि पर स्थित किसी बिन्दु से उस समय दोनों जहाज का उन्नयन कोण क्रमशः 60° तथा 45° है तो नीचे वाले हवाई जहाज की ऊँचाई (भूमि से) निकालें।

हल– माना A एवं B हवाई जहाज है, तथा P भूमि पर स्थित बिन्दु है।

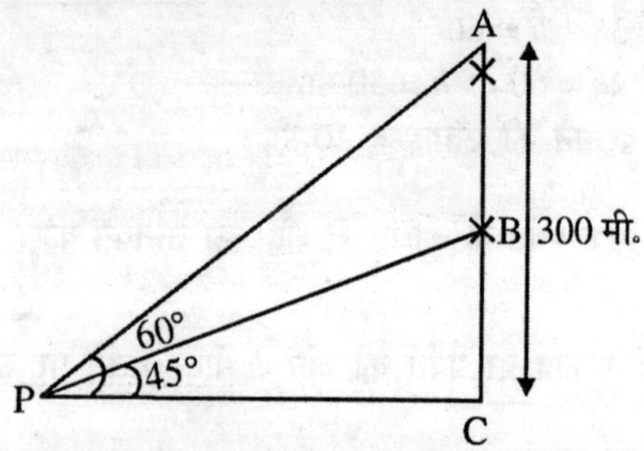

तब Δ APC में,

$$\tan 60° = \frac{AC}{PC} = \frac{300}{PC}$$

$$\sqrt{3} = \frac{300}{PC} \therefore PC = \frac{300\sqrt{3}}{3} = 100\sqrt{3} \text{ मी.}$$

पुनः Δ BPC में,

$$\tan 45° = \frac{BC}{PC} = \frac{BC}{100\sqrt{3}}$$

$$1 = \frac{BC}{100\sqrt{3}}$$

∴ $BC = 100\sqrt{3}$ मीटर।

9. किसी 25 **मीटर ऊँचे भवन** के ऊपर 5 मी. ऊँचा कोई झंडा है। एक प्रेक्षक जो 30 मीटर की ऊँचाई पर है, झंडें का आधार और भवन का आधार, प्रेक्षक की आँख के साथ समान (Equal) कोण बनाते हैं। तब झंडे के शीर्ष से प्रेक्षक की दूरी निकालें।

हल– स्पष्टतः OB, ∠AOC का समद्विभाजक है

त्रिभुज Δ AOC में,

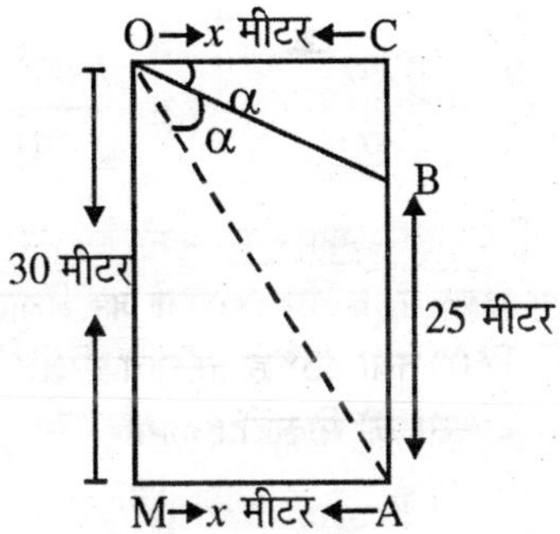

$$\frac{OC}{OA}=\frac{BC}{AB}$$

$$\Rightarrow \quad \frac{x}{\sqrt{x^2+30^2}}=\frac{5}{25}$$

$$\Rightarrow \quad 25x^2 = x^2 + 30^2$$

$$\Rightarrow \quad 24x^2 = 30^2$$

$$\Rightarrow \quad x = \frac{30}{\sqrt{24}}=\frac{30}{2\sqrt{6}}$$

$$\Rightarrow \quad x=\frac{5}{2}\sqrt{6}=5\sqrt{\frac{3}{2}} \text{ मीटर।}$$

10. यदि किसी खम्भे की छाया की लम्बाई, खम्भें की ऊँचाई के बराबर हो, तब प्रकाश स्रोत का उन्नयन कोण ज्ञात करें।

हल– माना AB खम्भा है तथा BC इसकी छाया की लम्बाई है।

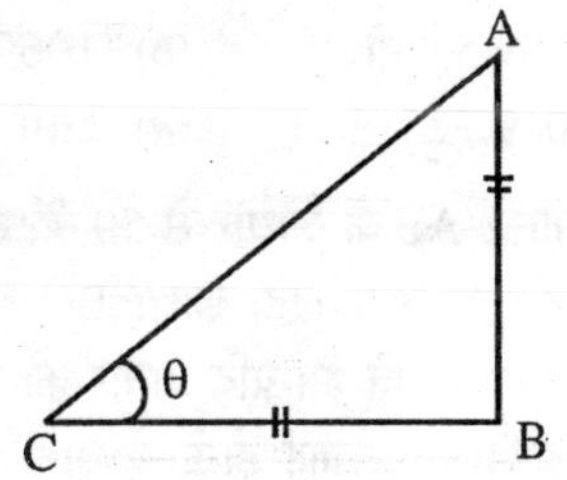

तब प्रश्नानुसार,

AB = CB, माना उन्नयन कोण θ है।

Δ ABC में,

$$\tan\theta = \frac{AB}{BC}=1 \quad (AB=BC)$$

$$\Rightarrow \tan\theta=\tan\frac{\pi}{4} \Rightarrow \theta=45°.$$

वस्तुनिष्ठ प्रश्न

1. एक मीनार को जाती हुई सीधी सड़क पर मीनार से 45 मीटर की दूरी पर उसकी दीवार का उन्नयन कोण, उसी सड़क पर मीनार से 120 मीटर की दूरी पर स्थित बिन्दु के उन्नयन कोण का दो गुना है। दीवार की ऊँचाई होगी–

(*a*) 50 मीटर (*b*) 55 मीटर
(*c*) 65 मीटर (*d*) 60 मीटर

2. एक खिड़की से किसी झण्डे के शिखर का उन्नयन कोण 60° और आधार का अवनमन कोण 30° है। यदि खिड़की से झण्डे की क्षैतिज दूरी 12 मीटर है, तो झण्डे की ऊँचाई होगी–

(*a*) $16\sqrt{3}$ मीटर (*b*) 16 मीटर
(*c*) $16\sqrt{2}$ मीटर (*d*) 15 मीटर

3. एक मीनार के शिखर पर एक झण्डा लगा हुआ है, जिसकी लम्बाई *a* है। यदि क्षैतिज भूमि के किसी बिन्दु पर मीनार और झण्डा क्रमशः α और β के कोण आंतरित करते है, तो मीनार की ऊँचाई होगी–

(*a*) $\frac{a\cos\alpha\sin(\alpha+\beta)}{\sin\beta}$

(*b*) $\frac{a\sin\alpha\cos(\alpha+\beta)}{\sin\beta}$

(*c*) $\frac{a\cos(\alpha-\beta)}{\sin\beta}$

(*d*) $\frac{a\sin\alpha\cos(\alpha-\beta)}{\sin\beta}$

4. किसी पहाड़ की चोटी का क्षैतिज समतल के किसी बिन्दु पर उन्नयन कोण 47° है। पहाड़ के ढाल पर 30° के झुकाव पर 1000 मीटर के बाद चोटी का उन्नयन कोण 77° नापा जाता है। यदि $\sin 47° = 0.73136$ हो, तो पहाड़ की ऊँचाई होगी–

(*a*) 1069.55 मीटर (*b*) 1069.557 मीटर

(*c*) 1069.775 मीटर (*d*) इनमें से कोई नहीं

5. किसी मीनार AB के आधार से 50 मीटर दूर किसी बिन्दु पर, मीनार के उपर खड़ा झण्डा BC और मीनार दोनों बराबर कोण बनाते हैं। यदि मीनार की ऊँचाई 25 मीटर है, तो झण्डें की ऊँचाई होगीं–

(*a*) $41\frac{2}{3}$ मीटर (*b*) $42\frac{1}{3}$ मीटर

(*c*) $41\frac{3}{2}$ मीटर (*d*) $41\frac{1}{3}$ मीटर

6. 60 मीटर ऊँचे किसी पहाड़ की चोटी से किसी मीनार की चोटी और आधार के अवनमन कोण क्रमशः 30° और 60° है। मीनार की उँचाई होगी–

(*a*) $40\sqrt{2}$ मी॰ (*b*) $40\sqrt{3}$ मी॰

(*c*) 40 मी॰ (*d*) इनमें से कोई नहीं

7. किसी स्थान से क्षैतिज समतल पर खड़े स्तम्भ का उन्नयन कोण θ है। स्तम्भ की ओर *a* दूरी बढ़ने पर यह कोण 45° हो जाता है और पुनः *b* दूरी बढ़ने पर यह (90° – θ) हो जाता है। स्तम्भ की ऊँचाई होगी–

(*a*) $\frac{ab}{(a-b)}$ (*b*) $\frac{(a+b)}{ab}$

(*c*) $\frac{(a-b)}{ab}$ (*d*) $\frac{ab}{(a+b)}$

8. किसी झील के तल से *h* ऊँचाई पर स्थित किसी बिन्दु पर एक बादल का उन्नयन कोण α है तथा पानी में इसके प्रतिबिम्ब का अवनमन कोण β है। तब झील के तल से बादल की ऊँचाई होगी–

(*a*) $\frac{h\sin(\beta+\alpha)}{\sin(\beta+\alpha)}$ (*b*) $\frac{h\sin(\alpha+\beta)}{\sin(\alpha-\beta)}$

(*c*) $\frac{h\sin(\beta-\alpha)}{\sin(\beta+\alpha)}$ (*d*) $\frac{h\sin(\alpha+\beta)}{\sin(\beta-\alpha)}$

9. एक मीनार उत्तर की ओर झुकी है। उसके आधार से दक्षिण दिशा में, *a* और *b* दूरियों पर स्थित बिन्दुओं पर उसके शिखर के उन्नयन कोण क्रमशः α और β हैं, मीनार का क्षैतिज से झुकाव होगा–

(*a*) $\cot^{-1}\left[\frac{b\cot\alpha - a\cot\beta}{b-a}\right]$

(*b*) $\cot^{-1}\left[\frac{b\cot\beta - a\cot\alpha}{b-a}\right]$

(*c*) $\cot^{-1}\left[\frac{b\cot\alpha - a\cot\beta}{a-b}\right]$

(*d*) उपरोक्त में से कोई नहीं

10. एक मीनार क्षैतिज मैदान के किसी बिन्दु पर 30° का कोण अन्तरित करती है और मीनार के शिखर पर लगा हुआ 20 मीटर लम्बा एक ध्वज–दण्ड उसी बिन्दु पर 15° का कोण अन्तरित करता है। मीनार की ऊँचाई होगी–

(*a*) $10(\sqrt{3}+1)$ मीटर (*b*) $10(\sqrt{3}-1)$ मीटर

(*c*) 10 मीटर (*d*) इनमें से कोई नहीं

11. किसी स्थान से एक मीनार के शिखर का उन्नयन कोण 20° है। 100 मीटर मीनार के और निकट जाने पर उन्नयन कोण 25° हो जाता हैं, तब मीनार की ऊँचाई होगी–

(*a*) 165.8 मीटर (*b*) 160.8 मीटर

(*c*) 170.8 मीटर (*d*) इनमें से कोई नहीं

12. 10 मीटर ऊँचे मन्दिर के शिखर पर एक झण्डें का दण्ड लगा है। मन्दिर के पाद से 24 मीटर की दूरी पर स्थित एक बिन्दु पर झण्डे का दण्ड $\tan^{-1}\left(\frac{1}{8}\right)$ का कोण बनाता है। झण्डें की ऊँचाई होगी–

(*a*) $3\frac{5}{7}$ मीटर (*b*) $5\frac{3}{7}$ मीटर

(*c*) $3\frac{7}{5}$ मीटर (*d*) $5\frac{7}{3}$ मीटर

13. एक समद्विबाहु त्रिभुज उर्ध्वाधर धरातल में सूर्य के सामने इस प्रकार रखा हुआ है कि शीर्ष ऊपर की ओर रहता है। यदि उसका आधार 2*a*, ऊँचाई *h* और सूर्य का उन्नयन कोण 30° हो, तो शीर्ष का कोण होगा–

(*a*) $\tan^{-1}\left(\frac{2ah\sqrt{3}}{3h^2-a^2}\right)$ (*b*) $\tan^{-1}\left(\frac{2ah\sqrt{2}}{3h^2-a^2}\right)$

(*c*) $\tan^{-1}\left(\frac{2ah}{3h^2-a^2}\right)$ (*d*) $\tan^{-1}\left(\frac{2ah\sqrt{3}}{a^2-3h^2}\right)$

14. एक पेड़ जो नदी के एक किनारे पर है उसका नदी के दूसरे किनारे पर स्थित किसी बिन्दु से उन्नयन कोण 60° है तथा उस बिन्दु से 20 मीटर दूर जाने पर उसका उन्नयन कोण 30° हो जाता है, तो पेड़ की ऊँचाई होगी–

(*a*) 10 मीटर (*b*) $10\sqrt{3}$ मीटर

(*c*) 20 मीटर (*d*) $20\sqrt{3}$ मीटर

15. एक मीनार AB अपने आधार के समतल में स्थित किसी बिन्दु P पर कोण α अन्तरित करती है और इस बिन्दु के ठीक *b* मीटर ऊपर एक अन्य बिन्दु Q पर मीनार के आधार से बिन्दु B का अवनमन कोण β है। मीनार की ऊँचाई होगी :

(*a*) $b \tan\alpha \cot\beta$ (*b*) $b \tan\beta \cot\alpha$

(*c*) $b \tan\alpha \cot(\alpha-\beta)$ (*d*) इनमें से कोई नहीं

16. एक ऊर्ध्वाधर मीनार के दो भाग हैं। नीचे का भाग पूरी मीनार का एक तिहाई है। मीनार के पाद से गुजरते हुए क्षैतिज धरातल में और पाद से 40 मीटर की दूरी पर स्थित एक बिन्दु पर मीनार का ऊपरी भाग जो कोण बनाता है उसकी स्पर्शज्या $\frac{1}{2}$ है। मीनार की ऊँचाई होगी–

(*a*) 120 मीटर (*b*) $120\sqrt{2}$ मीटर

(*c*) $120(\sqrt{3}+1)$ मीटर (*d*) इनमें से कोई नहीं

17. एक व्यक्ति जो किसी पहाड़ की चोटी पर खड़ा है यह पाता है कि एक किलोमीटर दूर स्थित पत्थरों का पहाड़ की चोटी से अवनमन कोण क्रमशः 30° और 60° है, तो पहाड़ की ऊँचाई होगी–

(*a*) $\frac{\sqrt{3}}{2}$ कि.मी. (*b*) $\frac{\sqrt{5}}{2}$ कि.मी.

(*c*) $\frac{\sqrt{6}}{2}$ कि.मी. (*d*) $\frac{\sqrt{7}}{2}$ कि.मी.

18. सडक के एक ओर खड़ा एक स्तम्भ उसके ठीक दूसरी ओर एक खिड़की पर कोण *α* अन्तरित करता है। यदि सड़क की चौड़ाई *b* है और सड़क से खिड़की पर स्थित अवलोकन बिन्दु की ऊँचाई *h* है, तो स्तम्भ की ऊँचाई होगी–

(*a*) $\frac{(b^2+h^2)\sin\alpha}{b\cos\alpha+h\sin\alpha}$ (*b*) $\frac{(b^2+h^2)\sin\alpha}{b\sin\alpha+h\cos\alpha}$

(*c*) $\frac{(b^2+h^2)\sin\alpha}{b\cos\alpha-h\cos\alpha}$ (*d*) इनमें से कोई नहीं

19. किसी टावर के शीर्ष से किसी मीनार (जो कि 60 मीटर ऊँची है।) के तल और शीर्ष के अवनमन कोण 60° तथा 45° हैं तो टावर तथा मीनार के बीच की दूरी होगी–

(*a*) $30(\sqrt{3}-1)$ मीटर

(*b*) $30(3+\sqrt{3})$ मीटर

(*c*) $30(3-\sqrt{3})$ मीटर

(*d*) $30(\sqrt{3}+1)$ मीटर

उत्तरमाला

1	2	3	4	5	6	7	8	9	10
(*d*)	(*a*)	(*b*)	(*c*)	(*a*)	(*d*)	(*a*)	(*d*)	(*a*)	(*a*)
11	**12**	**13**	**14**	**15**	**16**	**17**	**18**	**19**	
(*a*)	(*a*)	(*a*)	(*b*)	(*a*)	(*a*)	(*a*)	(*a*)	(*d*)	

व्याख्यात्मक उत्तर

1. माना मीनार की दीवार AB की ऊँचाई h मीटर है। मीनार की दीवार AB से क्रमशः 45 मीटर एवं 120 मीटर की दूरी पर दो बिन्दु C व D हैं,

अर्थात् BC = 45 मीटर, BD = 120 मीटर

माना $\angle ADB = \theta$, तब $\angle ACB = 2\theta$

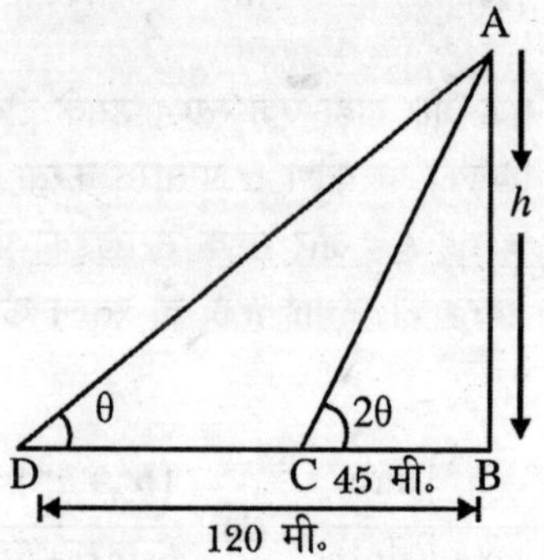

समकोण Δ DBA में,

$$\tan\theta = \frac{AB}{DB} = \frac{h}{120}$$

समकोण ΔCBA में,

$$\tan 2\theta = \frac{AB}{CB} = \frac{h}{45}$$

$$\therefore \frac{2\tan\theta}{1-\tan^2\theta} = \frac{h}{45}$$

या, $\dfrac{\frac{2h}{(120)}}{1-\left(\frac{h}{120}\right)^2} = \dfrac{h}{45}$ या, $\dfrac{h}{60}\times\dfrac{(120)^2}{(120)^2-h^2} = \dfrac{h}{45}$

या, $120 \times 2 \times 45 = (120)^2 - h^2$ या, $h^2 = 120\,[120–90] = 120 \times 30$

$\therefore h = 60$ मीटर।

2. माना C खिड़की है तथा AB झण्डा है। खिड़की C पर झण्डें के शिखर A का उन्नयन कोण 60° है अर्थात् $\angle ACE = 60°$

जबकि झण्डे के आधार B का अवनमन कोण 30° है अर्थात् $\angle BCE = 30°$

समकोण ΔAEC में,

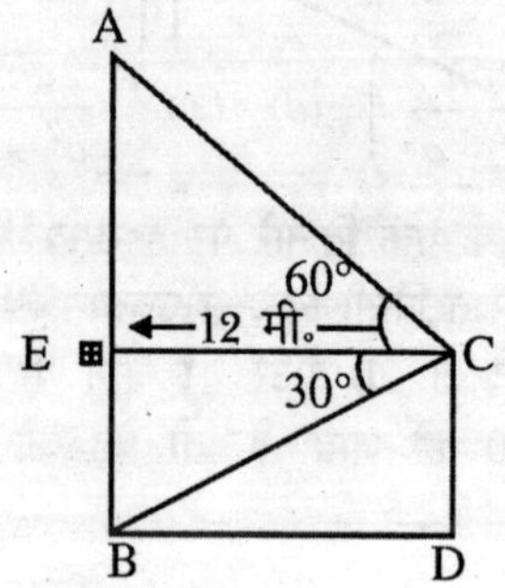

$$\tan 60° = \frac{AE}{12} \quad \text{या} \quad AE = 12\tan 60°$$

या, $AE = 12\sqrt{3}$

समकोण Δ CEB में, $\tan 30° = \dfrac{BE}{12}$

या, $BE = \dfrac{12}{\sqrt{3}} = 4\sqrt{3}$

$\therefore AB = AE + BE = 12\sqrt{3} + 4\sqrt{3} = 16\sqrt{3}$ मीटर

अतः झण्डे की ऊँचाई $= 16\sqrt{3}$ मीटर।

3. माना मीनार की ऊँचाई AB = h, AD = x तथा $BC = a$

समकोण ΔDAB में, $\tan\alpha = \dfrac{h}{x}$ ...(*i*)

समकोण ΔDAC में,

$$\tan(\alpha+\beta) = \frac{h+a}{x} \qquad ...(ii)$$

समीकरण (*ii*) को (*i*) से भाग देने पर,

$$\frac{\tan(\alpha+\beta)}{\tan\alpha} = \frac{h+a}{h} = 1 + \frac{a}{h}$$

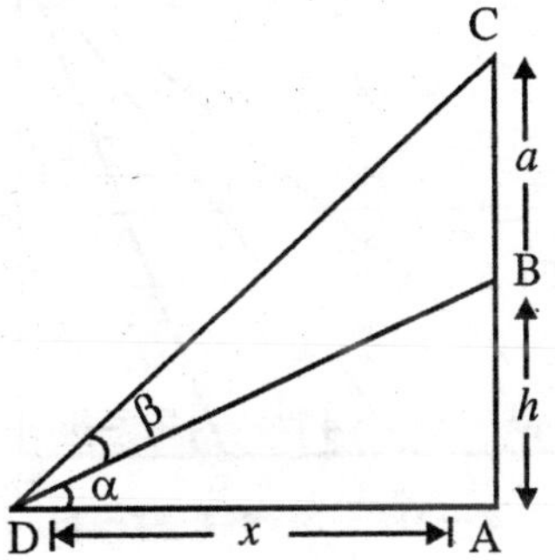

तब $\frac{a}{h}=\frac{\tan(\alpha+\beta)}{\tan\alpha}-1$

$$=\frac{\tan(\alpha+\beta)-\tan\alpha}{\tan\alpha}=\frac{\frac{\sin(\alpha+\beta)}{\cos(\alpha+\beta)}-\frac{\sin\alpha}{\cos\alpha}}{\frac{\sin\alpha}{\cos\alpha}}$$

$$\Rightarrow\ \frac{a}{h}=\frac{\sin(\alpha+\beta)\cos\alpha-\sin\alpha.\cos(\alpha+.\beta)}{\sin\alpha\cos(\alpha+\beta)}$$

$$\Rightarrow\ \frac{a}{h}=\frac{\sin(\alpha+\beta-\alpha)}{\sin\alpha\cos(\alpha+\beta)}=\frac{\sin\beta}{\sin\alpha\cos(\alpha+\beta)}$$

$$\Rightarrow\ h=\frac{a\sin\alpha\cos(\alpha+\beta)}{\sin\beta}$$

4. PQ पहाड़ी है तथा बिन्दुओं A और B पर पहाड़ की चोटी के उन्नयन कोण क्रमशः 47° और 77° हैं। तथा AB = 1000 मीटर

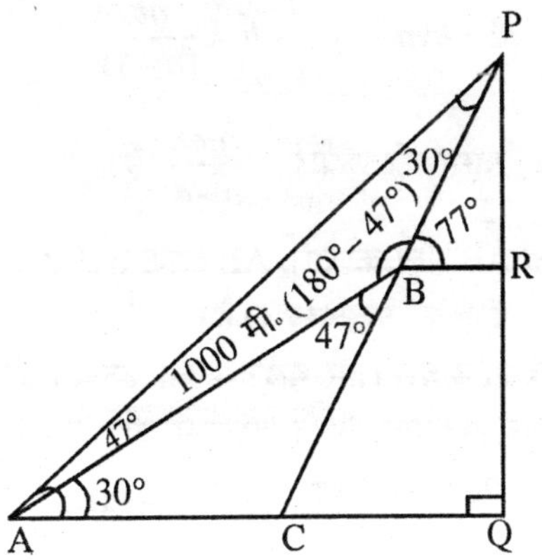

Δ ABC का $\angle$ BCQ बहिष्कोण है।

अतः $\angle ABC = 47°$

तथा $\angle APB = 30°$

Δ ABP में ज्या सूत्र से,

$$\frac{AB}{\sin 30°}=\frac{AP}{\sin(180°-47°)}\ \text{या}\ \frac{1000}{\frac{1}{2}}=\frac{AP}{\sin 47°}$$

या, AP = 2000 sin 47° = 2000 × 0.73136

या, AP = 1462.72 मीटर, समकोण ΔAQP में,

$$\sin\ 47°=\frac{PQ}{AP}\ \text{या}\ PQ = AP\sin 47°$$

या, PQ = 1462.72 × 0.073136 = 1069.775 मीटर

अतः पहाड़ की ऊँचाई = 1069.775 मीटर।

5. माना, AB, 25 गीटर ऊँची मीनार है जिस पर झण्डा BC लगा है। मीनार के आधार A से 50 मीटर की दूरी पर बिन्दु D पर, मीनार व झण्डा समान कोण अन्तरित करते हैं, माना झण्डे की ऊँचाई BC = h मीटर तथा $\angle ADB = \angle BDC = \theta$

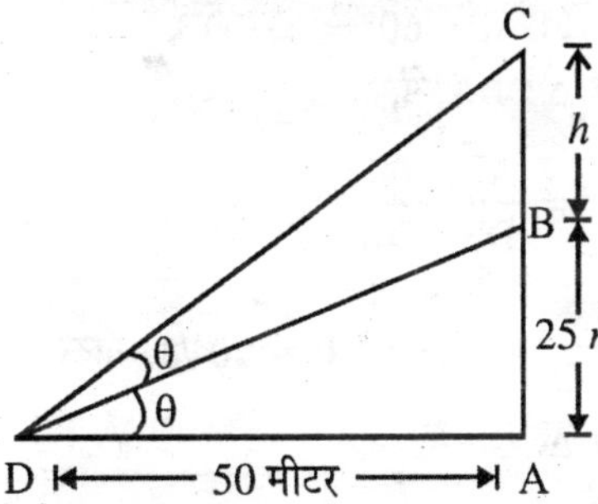

समकोण Δ DAB में, $\tan\theta=\frac{AB}{AD}=\frac{25}{50}=\frac{1}{2}$

समकोण ΔDAC में,

$$\tan 2\theta=\frac{AC}{AD}=\frac{AB+BC}{AD}=\frac{25+h}{50}$$

$$\text{या,}\ \frac{2\tan\theta}{1-\tan^2\theta}=\frac{25+h}{50}\ \text{या,}\ \frac{2\left(\frac{1}{2}\right)}{1-\left(\frac{1}{2}\right)^2}=\frac{25+h}{50}$$

या, $\frac{4}{3}=\frac{25+h}{50}$ या $200 = 75 + 3h$

या, $h=\frac{125}{3}=41\frac{2}{3}$ मीटर

अतः झण्डे की ऊँचाई = $41\frac{2}{3}$ मी.।

6. AB एक 60 मी. ऊँचा पहाड़ है तथा CD मीनार है। दिया है, मीनार की चोटी का अवनमन कोण 30° है। अर्थात् $\angle CAF = 30° = \angle ACE$
मीनार के आधार का अवनमन कोण 60° है।

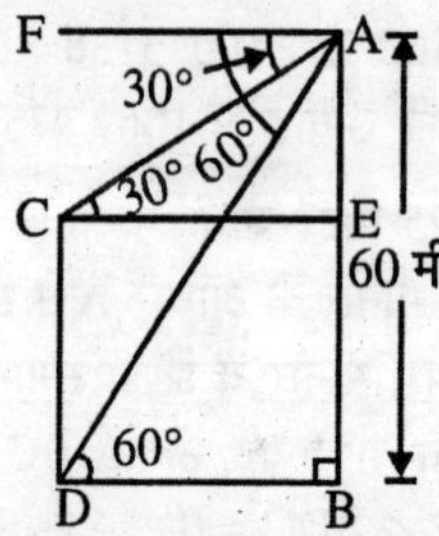

अर्थात् $\angle DAF = 60° = \angle ADB$
समकोण Δ DBA, में,

$\tan 60° = \frac{AB}{DB}=\frac{60}{DB}$

$\sqrt{3}=\frac{60}{DB}$ या $DB = CE = 20\sqrt{3}$ मीटर

समकोण ΔCEA में,

$\tan 30° = \frac{AE}{CE}$ या $AE = CE \tan 30°$

या, $AE=20\sqrt{3}\times\frac{1}{\sqrt{3}}=20$ मीटर

मीनार की ऊँचाई, $CD = EB = AB - AE = 60 - 20 = 40$ मीटर।

7. माना स्तम्भ AB की ऊँचाई h है तथा बिन्दुओं P, Q तथा R पर स्तम्भ के उन्नयन कोण क्रमशः θ, 45° और (90°−θ) हैं।
समकोण ΔPBA में,

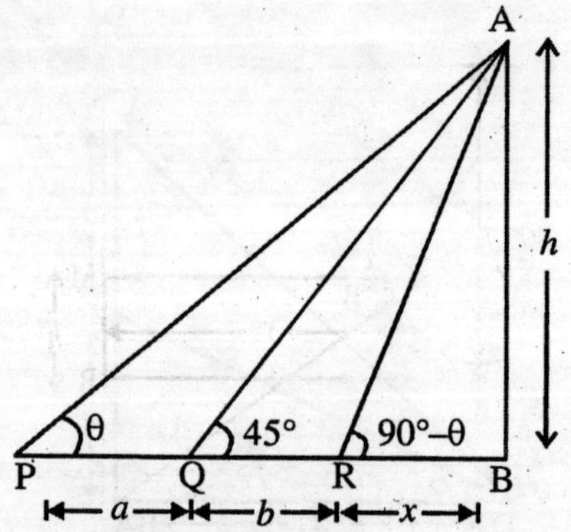

$$\tan\theta=\frac{AB}{BP}=\frac{h}{x+a+b} \quad ...(i)$$

समकोण Δ RBA में,

$\tan(90°-\theta)=\frac{h}{x}$

या, $\cot\theta=\frac{h}{x} \quad ...(ii)$

समीकरण (*i*) और (*ii*) से,

$\frac{h}{x+a+b}.\frac{h}{x}=1 \quad (\because \tan\theta\cot\theta=1)$

या, $h^2 = x(x + a + b)$
समकोण Δ QBA में,

$\tan 45°=\frac{AB}{BQ}=\frac{h}{x+b}$

या, $h=x+b \Rightarrow x = h - b$,
$\therefore h^2 = x(x + a + b) = (h - b)(h + a)$

या, $ab=h(a-b)$ या $h=\frac{ab}{(a-b)}$

अतः स्तम्भ की ऊँचाई $=\frac{ab}{a-b}$ है।

8. माना AB झील का तल, AL दर्शक तथा P बादल है व झील में P का प्रतिबिम्ब Q है।
बिन्दु L से देखने पर बादल P का उन्नयन कोण α है, जबकि प्रतिबिम्ब Q का अवनमन कोण β है।
$\therefore \angle PLM=\alpha$ तथा $\therefore \angle QLM=\beta$

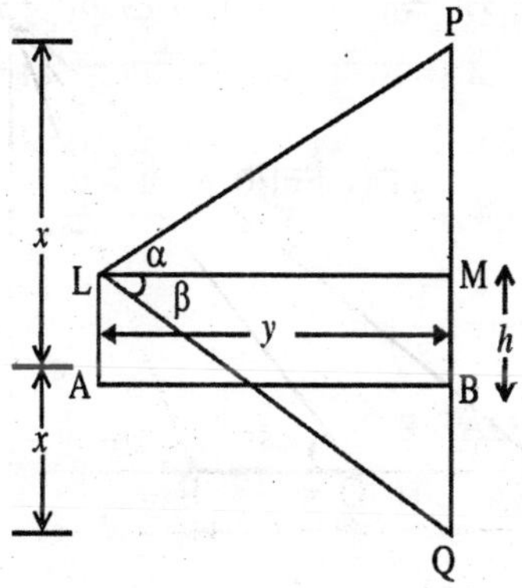

माना झील के तल से बादल की ऊँचाई x है।

तब BP = BQ = x, AL = h

समकोण ΔLMP में,

$$\tan\alpha = \frac{MP}{LM} = \frac{BP - BM}{LM} = \frac{x-h}{y} \quad ...(i)$$

समकोण Δ LMQ में,

$$\tan\beta = \frac{MQ}{LM} = \frac{MB + BQ}{LM} = \frac{h+x}{y} \quad ...(ii)$$

समीकरण (*i*) को (*ii*) से भाग देने पर,

$$\Rightarrow \quad \therefore \quad \frac{\tan\beta}{\tan\alpha} = \frac{x+h}{x-h} \Rightarrow \frac{\tan\alpha + \tan\beta}{\tan\beta - \tan\alpha} = \frac{x}{h}$$

या, $$x = h\left[\frac{\tan\alpha + \tan\beta}{\tan\beta - \tan\alpha}\right]$$

$$\Rightarrow \quad x = h\left[\frac{\left(\frac{\sin\alpha}{\cos\alpha}\right) + \left(\frac{\sin\beta}{\cos\beta}\right)}{\left(\frac{\sin\beta}{\cos\beta} - \frac{\sin\theta}{\cos\alpha}\right)}\right]$$

$$\Rightarrow \quad x = h\left[\frac{\sin\alpha\cos\beta + \cos\alpha\sin\beta}{\sin\beta\cos\alpha - \cos\beta\sin\alpha}\right]$$

$$\therefore \quad x = h\frac{\sin(\alpha+\beta)}{\sin(\beta-\alpha)}.$$

9. माना मीनार PQ का क्षैतिज तल से झुकाव θ है।
तथा PL = h

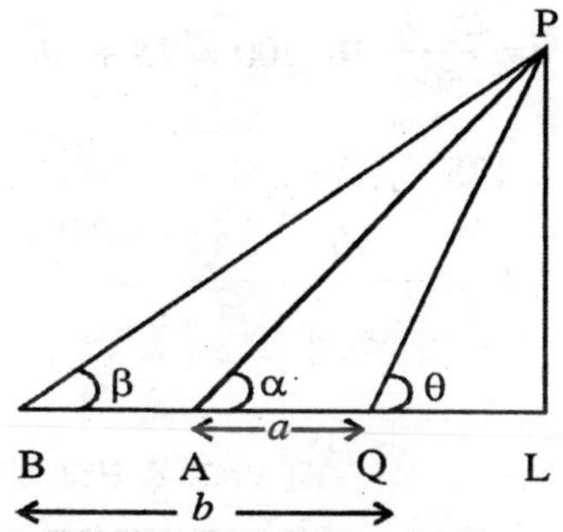

QA = a, QB = b, ∠ AQP = (180° – θ)

तब AB = QB – QA = $b - a$

Δ BPQ में (m n) प्रमेय से,

$$(BA + AQ)\cot\alpha = AQ\cot\beta - BA\cot(180° - \theta)$$

या $(b - a + a)\cot\alpha = a\cot\beta - (b-a)\cot - \theta)$

या $b\cot\alpha = a\cot\beta + (b-a)\cot\theta$

$$\Rightarrow \cot\theta = \frac{b\cot\alpha - a\cot\beta}{b-a}$$

या, $$\theta = \cot^{-1}\left[\frac{b\cot\alpha - a\cot\beta}{b-a}\right].$$

10. माना PQ मीनार है तथा QR उस पर लगा ध्वज-दण्ड है।
माना PQ = h तथा QR = 20 मीटर

मीनार PQ बिन्दु A पर 30° के तथा ध्वज-दण्ड QR, 15° के कोण अन्तरित करते हैं अर्थात् ∠PAQ = 30° तथा ∠QAR = 15°

समकोण Δ APQ में $\tan 30° = \frac{PQ}{AP} = \frac{h}{AP}$

या, $\frac{1}{\sqrt{3}} = \frac{h}{AP}$ या $AP = h\sqrt{3}$

समकोण Δ APR में,

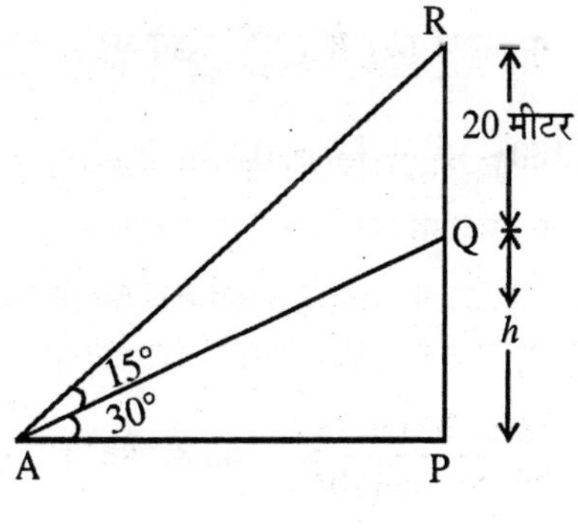

$$\tan 45° = \frac{PR}{AP} = \frac{PQ+QR}{AP} = \frac{h+20}{h\sqrt{3}}$$

या $h\sqrt{3} = h+20 \Rightarrow h = \frac{20}{\sqrt{3}-1} \times \frac{\sqrt{3}+1}{\sqrt{3}+1} = \frac{20(\sqrt{3}+1)}{2}$

$\Rightarrow h = 10(\sqrt{3}+1)$ मीटर।

11. माना मीनार की ऊँचाई $AB = h$ है। मीनार AB के शिखर A का C से उन्नयन कोण 20° है। जबकि C से मीनार की ओर, 100 मीटर की दूरी पर उन्नयन कोण 25° है।

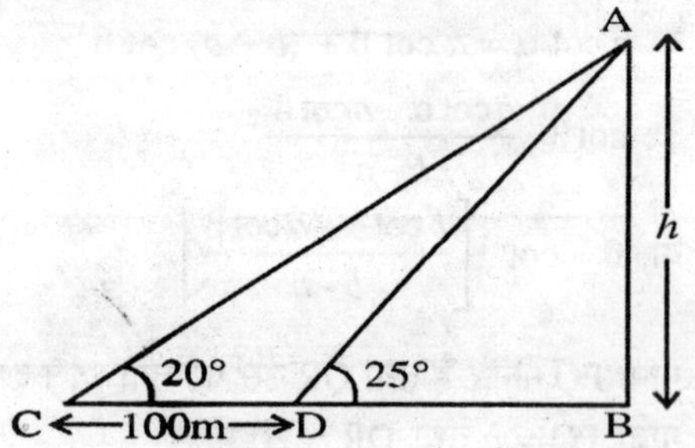

Δ ACB में,

$$\tan 20° = \frac{AB}{CD+DB} = \frac{h}{100+DB}$$

$\Rightarrow \quad h = (100 + DB) \tan 20°$ ...(i)

Δ ADB में,

$$\tan 25° = \frac{AB}{DB} = \frac{h}{DB} \Rightarrow DB = \frac{h}{\tan 25°} \quad ...(ii)$$

DB का मान समीकरण (ii) से (i) में रखने पर,

$$h = \left(100 + \frac{h}{\tan 25°}\right) . \tan 20°$$

$$\Rightarrow h = \left(1 - \frac{\tan 20°}{\tan 25°}\right) = 100 \tan 20°$$

$$\Rightarrow \quad h = \frac{100 \tan 20 . \tan 25°}{\tan 25° - \tan 20°} = 165.8 \text{ मीटर।}$$

12. AB = 10 मीटर ऊँचा मन्दिर है जिस पर BC झण्डे का दण्ड लगा है। बिन्दु O पर झण्डे का दण्ड $\theta = \tan^{-1}\left(\frac{1}{8}\right)$ कोण अन्तरित करता है।

अर्थात् $\tan\theta = \left(\frac{1}{8}\right)$

समकोण Δ OAB में,

$$\tan\alpha = \frac{AB}{OA} = \frac{10}{24} = \frac{5}{12}$$

समकोण Δ OAC में,

$$\tan(\theta+\alpha) = \frac{10+h}{24}$$

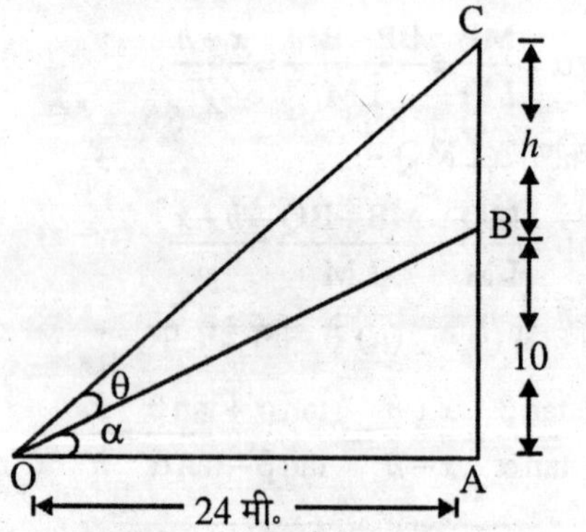

$$\Rightarrow \quad \frac{\tan\theta + \tan\alpha}{1 - \tan\theta\tan\alpha} = \frac{10+h}{24}$$

$$\Rightarrow \quad \frac{\frac{1}{8}+\frac{5}{12}}{1-\frac{1}{8}\times\frac{5}{12}} = \frac{10+h}{24}, \frac{52}{91} = \frac{10+h}{24}, 70 + 7h = 96$$

$\Rightarrow \quad 7h = 26$ या $h = \frac{26}{7} = 3\frac{5}{7}$ मीटर।

13. माना समद्विबाहु ΔABC का शीर्ष A तथा आधार BC है। त्रिभुज ABC की ऊँचाई AM = h, माना क्षैतिज धरातल पर शीर्ष A की छाया D है।

$\angle ADM = 30°$

माना $\angle CDM = \angle ADM = \theta$,

$\angle DMA = \angle CMD = 90°$

अतः समकोण Δ DMA में,

$$\tan 30° = \frac{AM}{DM} = \frac{h}{DM}$$

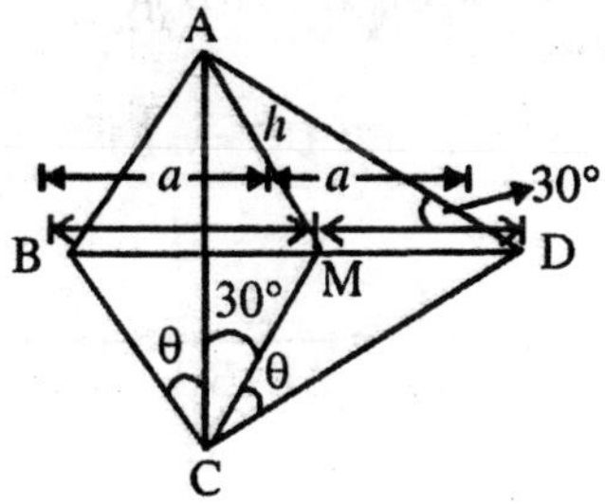

या, $\frac{1}{\sqrt{3}} = \frac{h}{DM}$

या, $DM = h\sqrt{3}$

समकोण Δ CMD में, $\tan\theta = \frac{CM}{DM} = \frac{a}{h\sqrt{3}}$

छाया का शीर्ष कोण $\theta + \theta = 2\theta$

$$\tan 2\theta = \frac{2\tan\theta}{1-\tan^2\theta} = \frac{\frac{2a}{h\sqrt{3}}}{1-\left(\frac{a}{h\sqrt{3}}\right)^2}$$

$$= \frac{\frac{2a}{h\sqrt{3}}}{1-\frac{a^2}{3h^2}} = \frac{2a \times 3h^2}{h\sqrt{3}\left(3h^2 - a^2\right)}$$

$$= \frac{2ah\sqrt{3}}{3h^2 - a^2} \Rightarrow 2\theta = \tan^{-1}\left[\frac{2ah\sqrt{3}}{3h^2 - a^2}\right].$$

14. माना पेड़ की ऊँचाई DC = h मीटर तो, AB = 20 मीटर, BC = x मीटर

Δ ACD में, $\tan 30° = \frac{DC}{AC}$

$\Rightarrow \quad \frac{1}{\sqrt{3}} = \frac{h}{20+x}$

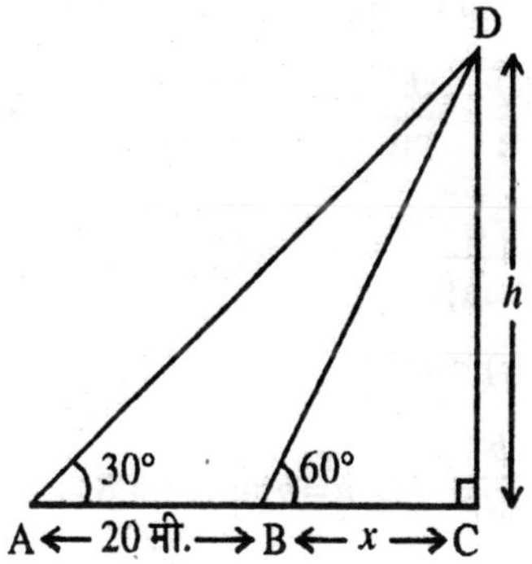

$\Rightarrow \quad 20 + x = \sqrt{3}h, \; x = \sqrt{3}h - 20$ ...(*i*)

Δ BCD में, $\tan 60° = \frac{DC}{BC} \Rightarrow \sqrt{3} = \frac{h}{x} \Rightarrow x\sqrt{3} = h$ ...(*ii*)

समीकरण (*i*) तथा समीकरण (*ii*) से,

$$\frac{h}{\sqrt{3}} = \sqrt{3}h - 20$$

$\Rightarrow \quad 3h - h = 20\sqrt{3} \Rightarrow h = 10\sqrt{3}$ मीटर।

15. माना AB मीनार की ऊँचाई h है। मीनार अपने आधार के समतल में स्थित बिन्दु P पर α कोण अन्तरित करती है, अर्थात् $\angle APB = \alpha$

$\angle BQC = \angle QBP = \beta$

समकोण Δ PBA में,

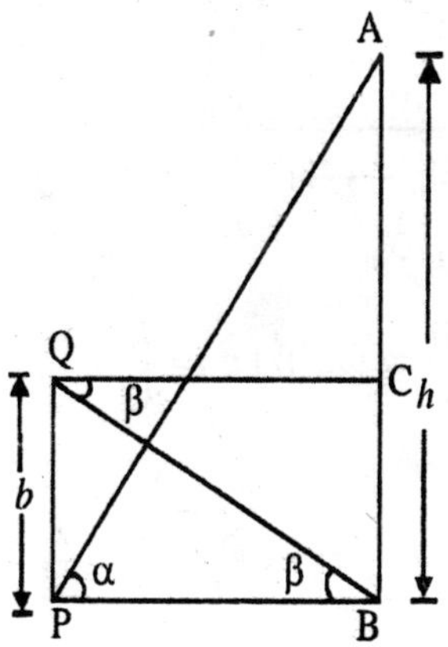

$$\tan\alpha = \frac{AB}{PB} = \frac{h}{PB} \Rightarrow PB = \frac{h}{\tan\alpha} \quad ...(i)$$

समकोण ΔBPQ में,

$$\tan\beta = \frac{PQ}{PB} = \frac{b}{PB}$$

या, $PB = \dfrac{b}{\tan\beta}$ ...(ii)

समीकरण (i) व (ii) से,

$$\frac{h}{\tan\alpha} = \frac{b}{\tan\beta} \text{ या, } h = b\tan\alpha\cot\beta.$$

16. माना मीनार की ऊँचाई h मीटर है। मीनार के दो भाग क्रमशः AC तथा BC हैं और $AC = \dfrac{h}{3}$

दिया है, $\tan BPC = \dfrac{1}{2} = \tan\alpha$

माना $\angle APC = \beta$, तब $\tan\beta = \dfrac{CA}{PA} = \dfrac{h/3}{40}$

$$\Rightarrow \quad \tan\beta = \frac{h}{120}$$

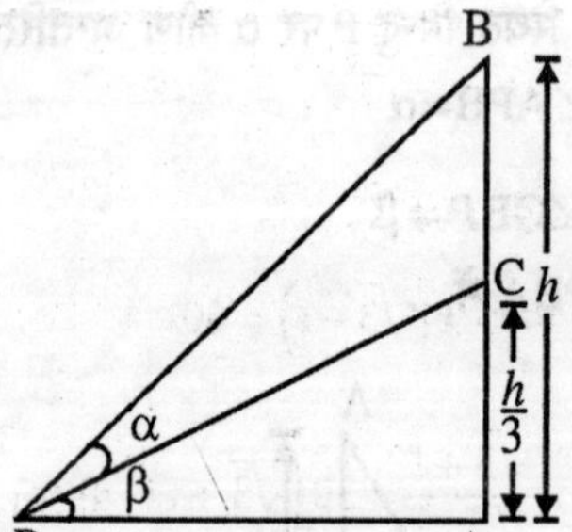

समकोण Δ PAB में,

$$\Rightarrow \quad \tan APB = \frac{AB}{AP} \Rightarrow \tan(\beta+\alpha) = \frac{h}{40}$$

$$\Rightarrow \quad \frac{\tan\beta + \tan\alpha}{1 - \tan\beta\tan\alpha} = \frac{h}{40} \Rightarrow \frac{\frac{h}{120} + \frac{1}{2}}{1 - \frac{h}{120} \times \frac{1}{2}} = \frac{h}{40}$$

$$\Rightarrow \quad \frac{2(h+60)}{240-h} = \frac{h}{40} = \quad 80h + 4800 = 240h \quad h^2$$

$$\Rightarrow \quad h^2 - 160h + 4800 = 0 \Rightarrow (h-120)(h-40) = 0$$

$\Rightarrow \quad h = 120$ मीटर।

17. माना दोनों पत्थर क्रमशः A तथा B बिन्दु पर हैं तो AB = 1 किमी.
माना BC = x किमी. तथा DC = h किमी.
Δ ACD में,

$$\tan 30° = \frac{DC}{AC} \Rightarrow \frac{1}{\sqrt{3}} = \frac{h}{AB+BC} = \frac{h}{1+x}$$

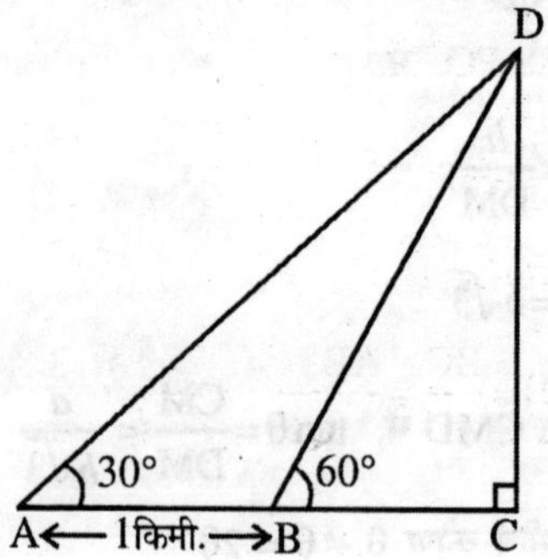

$$\Rightarrow 1 + x = \sqrt{3}\,h \Rightarrow x = \sqrt{3}\,h - 1 \quad ...(i)$$

ΔBCD में,

$$\tan 60° = \frac{DC}{BC} \Rightarrow \sqrt{3} = \frac{h}{x} \text{ या } x = \frac{h}{\sqrt{3}} \quad ...(ii)$$

समीकरण (i) तथा (ii) से,

$$\frac{h}{\sqrt{3}} = \sqrt{3}h - 1 \Rightarrow h = 3h - \sqrt{3}$$

$$\Rightarrow \quad 2h = \sqrt{3} \quad \Rightarrow h = \frac{\sqrt{3}}{2}$$

अर्थात् पहाड़ की ऊँचाई $= \dfrac{\sqrt{3}}{2}$ किमी. होगी।

18. माना AB = x एक स्तम्भ है तथा Q खिड़की है। स्तम्भ AB खिड़की Q पर α कोण अन्तरित करता है। अर्थात् $\angle AQB = \alpha$

दिया है, $PQ = h = AC$ तथा $AP = b = QC$

माना $\angle AQC = \theta = \angle QAP$ तब $\angle CQB = (\alpha \quad \theta)$

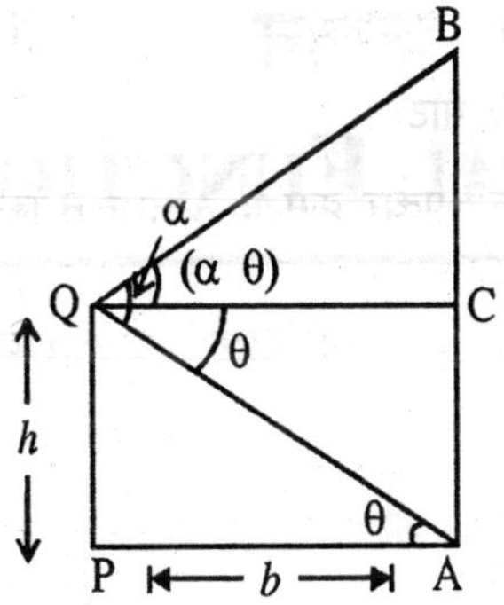

समकोण ΔAPQ में,

$$\tan\theta = \frac{PQ}{AP} = \frac{h}{b}$$

समकोण ΔQCB में,

$$\tan(\alpha - \theta) = \frac{BC}{QC} = \frac{AB - AC}{QC} = \frac{x - h}{b}$$

$$\Rightarrow \quad \frac{\tan\alpha - \tan\theta}{1 + \tan\alpha\tan\theta} = \frac{x-h}{b} \Rightarrow \frac{\tan\alpha - \left(\frac{h}{b}\right)}{1 + \frac{h}{b}\tan\alpha} = \frac{x-h}{b}$$

$$\Rightarrow \quad b\tan\alpha - h = (x-h)\left[1 + \frac{h}{b}\tan\alpha\right]$$

$$\Rightarrow \quad b^2\tan\alpha - bh = x(b + h\tan\alpha) - bh - h^2\tan\alpha$$

$$\Rightarrow \quad x = \frac{b^2\tan\alpha + h^2\tan\alpha}{b + h\tan\alpha} = \frac{(b^2+h^2)\tan\alpha}{b + h\tan\alpha}$$

$$\Rightarrow \quad x = \frac{(b^2+h^2)\frac{\sin\alpha}{\cos\alpha}}{b + h\frac{\sin\alpha}{\cos\alpha}} = \frac{(b^2+h^2)\sin\alpha}{b\cos\alpha + h\sin\alpha}.$$

19. दिया है, मीनार की ऊँचाई = 60 मीटर = EA
माना DC = h मीटर, तो BD = $(h + 60)$ मीटर
तथा AB = EC = x मीटर,

ΔABD में, $\tan 60° = \frac{BD}{AB} \Rightarrow \sqrt{3} = \frac{h+60}{x}$

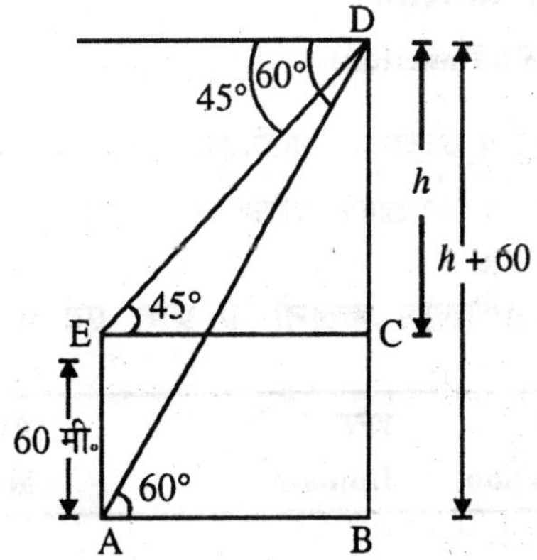

$$x\sqrt{3} = h + 60 \qquad ...(i)$$

ΔECD में, $\tan 45° = \frac{DC}{EC} = \frac{h}{x} \Rightarrow 1 = \frac{h}{x} \Rightarrow x = h$ ...(ii)

समीकरण (i) तथा (ii) से,

$$x\sqrt{3} = x + 60 \Rightarrow x(\sqrt{3} - 1) = 60$$

$$\Rightarrow \quad x = \frac{60}{\sqrt{3}-1} \times \frac{\sqrt{3}+1}{\sqrt{3}+1} = 30(\sqrt{3}+1) \text{ मीटर।}$$

31

प्रतिलोम त्रिकोणमितीय फलन (INVERSE TRIGONOMETRICAL FUNCTIONS)

फलन का प्रतिलोम

(Inverse of a Function)

प्रत्येक एकैकी व आच्छादक प्रतिचित्रण $f: A \to B$ के लिए संगत एकैकी व आच्छादक प्रतिचित्रण $g: B \to A$ अवश्य होगा जहाँ $g(y) = x$ यदि और केवल यदि $f(x) = y$ तब फलन $g: B \to A$ को फलन $f: A \to B$ का प्रतिलोम कहते हैं।

अतः $f(x) = y \Leftrightarrow f^{-1}(y) = x$

प्रतिलोम फलनों के प्रांत एवं परास (Domain and Range of Inverse Functions)

फलन Function	प्रान्त Domain	परास Range	मूल मान Principal Value
1. $\sin^{-1} x$	$[-1, 1]$	$\left[\frac{-\pi}{2} \frac{\pi}{2}\right]$	$\frac{-\pi}{2} \le y \le \frac{\pi}{2}$ जहाँ $y = \sin^{-1} x$
2. $\cos^{-1} x$	$[-1, 1]$	$[0, \pi]$	$0 \le y \le \pi$ जहाँ $y = \cos^{-1} x$
3. $\tan^{-1} x$	$(-\infty \infty)$	$\left(\frac{-\pi}{2}, \frac{\pi}{2}\right)$	$\frac{-\pi}{2} < y < \frac{\pi}{2}$ जहाँ $y = \tan^{-1} x$
4. $\operatorname{cosec}^{-1} x$	$(-\infty, -1] \cup [1, \infty)$	$\left[-\frac{\pi}{2}, 0\right) \cup \left(0, \frac{\pi}{2}\right]$	$\frac{-\pi}{2} \le y \le \frac{\pi}{2}$ जहाँ $y = \operatorname{cosec}^{-1} x,\ y \ne 0$
5. $\sec^{-1} x$	$(-\infty, -1) \cup [1, \infty)$	$\left[0, \frac{\pi}{2}\right] \cup \left[\frac{\pi}{2}, \pi\right]$	$0 \le y \le \pi$ जहाँ $y = \sec^{-1x}, y \ne \frac{\pi}{2}$
6. $\cot^{-1} x$	$(-\infty, \infty)$	$(0, \pi)$	$0 < y < \pi$ जहाँ $y = \cot^{-1} x$

नोट : यदि प्रश्न में अन्तराल नहीं दिया गया हो तब मूल मान का अन्तराल लेना चाहिए।

उदाहरण 1. मूल मान (Principal Value) निकालें।

$$\sin^{-1}\left(-\frac{1}{\sqrt{2}}\right)$$

हल : $\sin^{-1}\left(-\frac{1}{\sqrt{2}}\right) = \left[\frac{-\pi}{2}, \frac{\pi}{2}\right]$ में कोण जिसका sine, $\left(-\frac{1}{\sqrt{2}}\right)$ है। $\Rightarrow \sin^{-1}\left(-\frac{1}{\sqrt{2}}\right) = \frac{-\pi}{4}$.

उदाहरण 2. $\tan^{-1}\left(-\sqrt{3}\right)$ का मूल मान ज्ञात करें।

हल : $\therefore \tan^{-1}\left(-\sqrt{3}\right) = \left(\frac{-\pi}{2}, \frac{\pi}{2}\right)$ में कोण जिसका स्पर्शज्या, $\left(-\sqrt{3}\right)$ है।

$$\Rightarrow \tan^{-1}\left(-\sqrt{3}\right) = \frac{-\pi}{3}.$$

उदाहरण 3. $\sec^{-1}(-2)$ का मूल मान ज्ञात करें।

हल : $\sec^{-1}(-2) = [0, \pi] - \left\{\frac{\pi}{2}\right\}$ में कोण जहाँ $\sec, (-2)$ है।

$$\Rightarrow \sec^{-1}(-2) = \frac{2\pi}{3}.$$

उदाहरण 4. $\text{cosec}^{-1}\left(\frac{-2}{\sqrt{3}}\right)$ का मूल मान निकालें।

हल : $\text{cosec}^{-1}\left(\frac{-2}{\sqrt{3}}\right) = \left[\frac{-\pi}{2}, 0\right] \cup \left(0, \frac{\pi}{2}\right)$ में कोण जिसका cosec, $\left(\frac{2}{\sqrt{3}}\right)$ है।

$$\Rightarrow \text{cosec}^{-1}\left(\frac{-2}{\sqrt{3}}\right) = \frac{-\pi}{3}.$$

उदाहरण 5. $\cos^{-1}\left(-\frac{1}{2}\right)$ का मूल मान निकालें।

हल : $\cos^{-1}\left(-\frac{1}{2}\right) = [0, \pi]$ में कोण जिसका cosine, $\left(\frac{-1}{2}\right)$ है।

$$\Rightarrow \cos^{-1}\left(\frac{-1}{2}\right) = \frac{2\pi}{3}.$$

प्रतिलोम त्रिकोणमितीय फलनों के गुण

(Properties of Inverse Trigonometrical Functions)

(I)

(i) $\sin^{-1}(\sin\theta) = \theta \qquad \forall\, \theta \in \left[\frac{-\pi}{2}, \frac{\pi}{2}\right]$

(*ii*) $\cos^{-1}(\cos\theta) = \theta \qquad \forall\, \theta \in [0, \pi]$

(*iii*) $\tan^{-1}(\tan\theta) = \theta \qquad \forall\, \theta \in \left[\frac{-\pi}{2}, \frac{\pi}{2}\right]$

(*iv*) $\text{cos}\,ec^{-1}(\text{cos}\,ec\theta) = \theta \qquad \forall\, \theta \in \left[\frac{-\pi}{2}, \frac{\pi}{2}\right], \theta \neq 0$

(*v*) $\sec^{-1}(\sec\theta) = \theta \qquad \forall\, \theta \in [0, \pi], \theta \neq \frac{\pi}{2}$

(*vi*) $\cot^{-1}(\cot\theta) = \theta \qquad \forall\, \theta \in (0, \pi)$

उदाहरण 6. मान ज्ञात करें: $\sin^{-1}\left(\sin\frac{2\pi}{3}\right)$

हल : $\sin^{-1}\left(\sin\frac{2\pi}{3}\right) \neq \frac{2\pi}{3}$ क्योंकि $\frac{2\pi}{3}, \frac{-\pi}{2}$ तथा $\frac{\pi}{2}$ के मध्य नहीं है।

अतः $\sin^{-1}\left(\sin\frac{2\pi}{3}\right) = \sin^{-1}\left\{\sin\left(\pi - \frac{\pi}{3}\right)\right\}$

$$= \sin^{-1}\left(\sin\frac{\pi}{3}\right) = \frac{\pi}{3}.$$

उदाहरण 7. $\tan^{-1}\tan\left(\frac{3\pi}{4}\right)$ का मान ज्ञात करें।

हल : $\tan^{-1}\tan\left(\frac{3\pi}{4}\right) \neq \frac{3\pi}{4}$ क्योंकि $\frac{3\pi}{4}, \frac{-\pi}{2}$ तथा $\frac{\pi}{2}$ के मध्य नहीं है।

अतः $\tan^{-1}\left(\tan\frac{3\pi}{4}\right) = \tan^{-1}\left\{\tan\left(\pi - \frac{\pi}{4}\right)\right\}$

$$= \tan^{-1}\left(-\tan\frac{\pi}{4}\right)$$

$$= \tan^{-1}\left\{\tan\left(-\frac{\pi}{4}\right)\right\} = -\frac{\pi}{4}.$$

उदाहरण 8. $\cos^{-1}\left\{\cos\left(\frac{2\pi}{3}\right)\right\}$ का मान ज्ञात करें।

हल : $\cos^{-1}\left\{\cos\left(\frac{2\pi}{3}\right)\right\} = \frac{2\pi}{3}$

चूँकि $\frac{2\pi}{3}, 0 \le \theta \le \pi$ के मध्य है।

उदाहरण 9. $\tan^{-1}\left(\tan\frac{\pi}{4}\right)$ का मान ज्ञात करें।

हल : $\tan^{-1}\left(\tan\frac{\pi}{4}\right) = \frac{\pi}{4}$ क्योंकि $\frac{-\pi}{2} < \theta < \frac{\pi}{2}$.

(II)

(*i*) $\sin\left(\sin^{-1} x\right) = x, \ \forall \ x \in [-1, 1]$

(*ii*) $\cos\left(\cos^{-1} x\right) = x, \ \forall \ x \in [-1, 1]$

(*iii*) $\tan\left(\tan^{-1} x\right) = x, \ \forall \ x \in R$

(*iv*) $\operatorname{cosec}\left(\operatorname{cosec}^{-1} x\right) = x, \ \forall \ x (-\infty, -1) \cup [1, \infty]$

(*v*) $\sec\left(\sec^{-1} x\right) = x, \ \forall \ x \in (-\infty, -1) \cup [1, \infty]$

(*vi*) $\cot\left(\cot^{-1} x\right) = x, \ \forall \ x \in R$

उदाहरण 10. $\sin\left(\sin^{-1}\frac{5}{13}\right) = \frac{5}{13}$ क्योंकि

$\frac{5}{13}, -1 < x < 1$ के मध्य है।

उदाहरण 11. $\cos\left(\sin^{-1}\frac{8}{17}\right)$ का मान ज्ञात करें।

हल : $\cos\left(\sin^{-1}\frac{8}{17}\right) = \cos\left(\cos^{-1}\frac{15}{17}\right)$

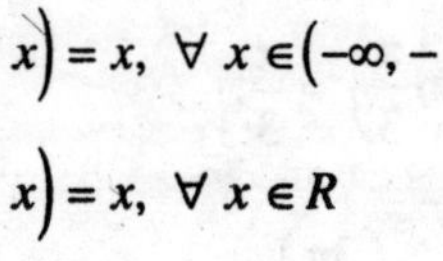

$= \frac{15}{17}$ क्योंकि $-1 < x < 1$

$\frac{15}{17}$ का मान $-1 < x < 1$ के मध्य है।

उदाहरण 12. $\cos\left(\operatorname{cosec}^{-1}\frac{13}{12}\right)$ का मान ज्ञात करें।

हल : $\cos\left(\operatorname{cosec}^{-1}\frac{13}{12}\right) = \cos\left(\cos^{-1}\frac{5}{13}\right)$

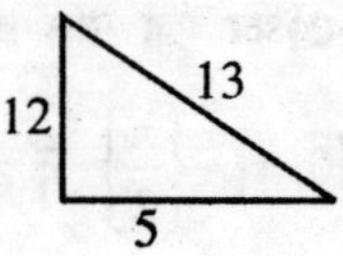

$= \frac{5}{13}, \frac{5}{13}, -1 < x < 1$ के मध्य है।

(III)

(*i*) $\sin^{-1} x = \cos^{-1}\sqrt{1-x^2} = \tan^{-1}\frac{x}{\sqrt{1-x^2}}$

$= \cot^{-1}\frac{\sqrt{1-x^2}}{x} = \sec^{-1}\frac{1}{\sqrt{1-x^2}} = \operatorname{cosec}^{-1}\left(\frac{1}{x}\right)$

(*ii*) $\cos^{-1} x = \sin^{-1}\sqrt{1-x^2} = \tan^{-1}\frac{\sqrt{1-x^2}}{x}$

$= \cot^{-1}\left(\frac{x}{\sqrt{1-x^2}}\right) = \sec^{-1}\frac{1}{x} = \operatorname{cosec}^{-1}\left(\frac{1}{\sqrt{1-x^2}}\right)$

(*iii*) $\tan^{-1} x = \sin^{-1}\left(\frac{x}{\sqrt{1+x^2}}\right) = \cos^{-1}\frac{1}{\sqrt{1+x^2}}$

$= \cot^{-1}\frac{1}{x} = \sec^{-1}\sqrt{1+x^2} = \operatorname{cosec}^{-1}\frac{\sqrt{1+x^2}}{x}$

(IV)

(*i*) $\sin^{-1}(-x) = -\sin^{-1} x, \ \forall \ x \in [-1, 1]$

(*ii*) $\cos^{-1}(-x) = \pi - \cos^{-1} x, \ \forall \ x \in [-1, 1]$

(*iii*) $\tan^{-1}(-x) = -\tan^{-1} x, \ \forall \ x \in R$

(*iv*) $\operatorname{cosec}^{-1}(-x) = -\operatorname{cosec}^{-1}x, \ \forall\, x \in (-\infty, -1) \cup [1, \infty]$

(*v*) $\sec^{-1}(-x) = \pi - \sec^{-1} x, \ \forall\, x \in (-\infty, -1) \cup [1, \infty]$

(*vi*) $\cot^{-1}(-x) = \pi - \cot^{-1} x, \ \forall\, x \in R$

(V)

(*i*) $\sin^{-1}\left(\frac{1}{x}\right) = \operatorname{cosec}^{-1}x, \ \forall\, x \in (-\infty, -1) \cup (1, \infty)$

(*ii*) $\cos^{-1}\left(\frac{1}{x}\right) = \sec^{-1} x, \ \forall\, x \in (-\infty, -1) \cup (1, \infty)$

(*iii*) $\tan^{-1}\left(\frac{1}{x}\right) = \begin{cases} \cot^{-1} x, \ x > 0 \\ -\pi + \cot^{-1} x, x < 0 \end{cases}$

(VI)

(*i*) $\sin^{-1} x + \cos^{-1} x = \frac{\pi}{2}, \ \forall\, x \in [-1, 1]$

(*ii*) $\tan^{-1} x + \cot^{-1} x = \frac{\pi}{2}, \ \forall\, x \in R$

(*iii*) $\sec^{-1} x + \operatorname{cosec}^{-1}x = \frac{\pi}{2}, \ \forall\, x \in (-\infty, -1) \cup (1, \infty)$

उदाहरण 13. $\sin^{-1}\frac{3}{5} + \sin^{-1}\frac{4}{5}$ का मान ज्ञात करें।

हल : $\sin^{-1}\frac{3}{5} + \sin^{-1}\frac{4}{5} = \sin^{-1}\frac{3}{5} + \cos^{-1}\frac{3}{5} = \frac{\pi}{2}.$

(VII)

(*i*) $\tan^{-1} x + \tan^{-1} y$

$$= \begin{cases} \tan^{-1}\dfrac{(x+y)}{1-xy}, \text{ यदि } xy < 1 \\ \pi + \tan^{-1}\left(\dfrac{x+y}{1-xy}\right), \text{ यदि } x > 0, y > 0 \text{ तथा } xy > 1 \\ -\pi + \tan^{-1}\dfrac{(x+y)}{1-xy}, \text{ यदि } x < 0, y < 0 \text{ तथा } xy > 1 \end{cases}$$

(*ii*) $\tan^{-1} x - \tan^{-1} y$

$$= \begin{cases} \tan^{-1}\dfrac{(x-y)}{1+xy}, \text{ यदि } xy > -1 \\ \pi + \tan^{-1}\dfrac{(x-y)}{1+xy}, \text{ यदि } x > 0, y < 0 \text{ तथा } xy < -1 \\ -\pi + \tan^{-1}\dfrac{(x-y)}{1+xy}, \text{ यदि } x < 0, y > 0 \text{ तथा } xy < -1 \end{cases}$$

उदाहरण 14. सिद्ध करें: $\tan^{-1} 2 + \tan^{-1} 3 = \frac{3\pi}{4}$

हल : L.H.S.

$$\tan^{-1} 2 + \tan^{-1} 3 = \pi + \tan^{-1}\left\{\frac{2+3}{1-2\times 3}\right\}$$

$$= \pi + \tan^{-1}(-1) \qquad (\because xy > 1)$$

$$= \pi - \frac{\pi}{4} = \frac{3\pi}{4}.$$

उदाहरण 14. सिद्ध करें: $\tan^{-1}\frac{3}{4} + \tan^{-1}\frac{3}{5} - \tan^{-1}\frac{8}{19} = \frac{\pi}{4}$

हल : L.H.S. $\left\{\tan^{-1}\frac{3}{4} + \tan^{-1}\frac{3}{5}\right\} - \tan^{-1}\frac{8}{19}$

$$= \tan^{-1}\frac{\left\{\frac{3}{4} + \frac{3}{5}\right\}}{1 - \frac{3}{4}.\frac{3}{5}} - \tan^{-1}\frac{8}{19}$$

$$= \tan^{-1}\frac{27}{11} - \tan^{-1}\frac{8}{19}$$

$$= \tan^{-1}\left\{\frac{\frac{27}{11} - \frac{8}{19}}{1 + \frac{27}{11} \times \frac{8}{19}}\right\} = \tan^{-1}\frac{425}{425} = \tan^{-1}(1)$$

$$= \tan^{-1}\left(\tan\frac{\pi}{4}\right) = \frac{\pi}{4}.$$

उदाहरण 16. सिद्ध करें $\sin^{-1}\frac{12}{13}+\cos^{-1}\frac{4}{5}+\tan^{-1}\frac{63}{16}=\pi$

हल : L.H.S. $\sin^{-1}\frac{12}{13}+\cos^{-1}\frac{4}{5}+\tan^{-1}\frac{63}{16}$

$$\left(\because \sin^{-1}\frac{12}{13}=\tan^{-1}\frac{12}{5}, \cos^{-1}\frac{4}{5}=\tan^{-1}\frac{3}{4}\right)$$

$$=\tan^{-1}\frac{12}{5}+\tan^{-1}\frac{3}{4}+\tan^{-1}\frac{63}{16}$$

$$=\pi+\tan^{-1}\left\{\frac{\frac{12}{5}+\frac{3}{4}}{1-\frac{12}{5}\times\frac{3}{4}}\right\}+\tan^{-1}\frac{63}{16}\quad [xy>1]$$

$$=\pi+\tan^{-1}\left(\frac{63}{-16}\right)+\tan^{-1}\frac{63}{16}$$

$$=\pi-\tan^{-1}\left(\frac{63}{16}\right)+\tan^{-1}\left(\frac{63}{16}\right)=\pi.$$

(VIII)

(*i*) $\sin^{-1}x+\sin^{-1}y$

$$=\begin{cases}\sin^{-1}\left\{x\sqrt{1-y^2}+y\sqrt{1-x^2}\right\} \text{यदि} \\ \qquad xy<0 \text{ तथा } x^2+y^2>1 \\ \pi-\sin^{-1}\left\{x\sqrt{1-y^2}+y\sqrt{1-x^2}\right\} \text{यदि} \\ \qquad 0<x, y\le 1 \text{ तथा } x^2+y^2>1 \\ -\pi-\sin^{-1}\left\{x\sqrt{1-y^2}+y\sqrt{1-x^2}\right\} \text{यदि} \\ \qquad -1\le x, y<0 \text{ तथा } x^2+y^2>1\end{cases}$$

(*ii*) $\sin^{-1}x-\sin^{-1}y$

$$=\begin{cases}\sin^{-1}\left\{x\sqrt{1-y^2}-y\sqrt{1-x^2}\right\} \\ \qquad \text{यदि } xy>0 \text{ तथा } x^2+y^2>1 \\ \pi-\sin^{-1}\left\{x\sqrt{1-y^2}-y\sqrt{1-x^2}\right\} \\ \qquad \text{यदि } 0<x\le 1, -1\le y\le 0 \text{ तथा } x^2+y^2>1 \\ -\pi-\sin^{-1}\left\{x\sqrt{1-y^2}-y\sqrt{1-x^2}\right\} \\ \qquad \text{यदि } -1\le x<0, 0\le y\le 1 \text{ तथा } x^2+y^2>1\end{cases}$$

उदाहरण 17. सिद्ध करें: $\sin^{-1}\frac{3}{5}+\sin^{-1}\frac{8}{17}=\sin^{-1}\frac{77}{85}$

हल : L.H.S $\sin^{-1}\frac{3}{5}+\sin^{-1}\frac{8}{17}$

$$=\sin^{-1}\left\{\frac{3}{5}\sqrt{1-\left(\frac{8}{17}\right)^2}+\frac{8}{17}\sqrt{1-\left(\frac{3}{5}\right)^2}\right\}$$

$$=\sin^{-1}\left\{\frac{3}{5}\times\frac{15}{17}+\frac{8}{17}\times\frac{4}{5}\right\}$$

$$=\sin^{-1}\frac{77}{85}.$$

उदाहरण 18. सिद्ध करें: $\sin^{-1}\frac{4}{5}+\sin^{-1}\frac{5}{13}+\sin^{-1}\frac{16}{65}=\frac{\pi}{2}$

हल : L.H.S. $\left\{\sin^{-1}\frac{4}{5}+\sin^{-1}\frac{5}{13}\right\}+\sin^{-1}\frac{16}{65}$

$$=\sin^{-1}\left\{\frac{4}{5}\sqrt{1-\left(\frac{5}{13}\right)^2}+\frac{5}{13}\sqrt{1-\left(\frac{4}{5}\right)^2}\right\}+\sin^{-1}\frac{16}{65}$$

$$=\sin^{-1}\left\{\frac{4}{5}\times\frac{12}{13}+\frac{5}{13}\times\frac{3}{5}\right\}+\sin^{-1}\frac{16}{65}$$

$$=\sin^{-1}\frac{63}{65}+\sin^{-1}\frac{16}{65}$$

$$=\cos^{-1}\frac{16}{65}+\sin^{-1}\frac{16}{65}$$

$$\left\{\sin^{-1}\frac{63}{65}=\cos^{-1}\sqrt{1-\left(\frac{63}{65}\right)^2}\right\}$$

$$=\frac{\pi}{2}.\qquad \left[\sin^{-1}x+\cos^{-1}x=\frac{\pi}{2}\right]$$

(IX)

(*i*) $\cos^{-1}x+\cos^{-1}y$

$$=\begin{cases}\cos^{-1} xy-\sqrt{1-x^2}\sqrt{1-y^2} & \text{यदि } -1\le, \\ & y\le 1, x+y\ge 0 \\ 2\pi-\cos^{-1}\left\{xy-\sqrt{1-x^2}\sqrt{1-y^2}\right\} & \text{यदि} \\ & -1\le x, y\le 1 \text{ तथा } x+y\le 0\end{cases}$$

(*ii*) $\cos^{-1} x-\cos^{-1} y$

$$=\begin{cases}\cos^{-1}\left[xy+\sqrt{1-x^2}\sqrt{1-y^2}\right] \text{यदि} \\ \qquad -1\le x, y\le 1 \text{ तथा } x\le y \\ -\cos^{-1}\left[xy+\sqrt{1-x^2}\sqrt{1-y^2}\right] \text{यदि} \\ \qquad -1\le y\le 0, 0\le x\le 1 \text{ तथा } x\ge y\end{cases}$$

उदाहरण 19. सिद्ध करें: $\cos^{-1}\frac{4}{5}+\cos^{-1}\frac{12}{13}=\cos^{-1}\frac{33}{65}$

हल : L.H.S. $\cos^{-1}\frac{4}{5}+\cos^{-1}\frac{12}{13}$

$$=\cos^{-1}\left\{\frac{4}{5}\times\frac{12}{13}-\sqrt{1-\left(\frac{4}{5}\right)^2}\sqrt{1-\left(\frac{12}{13}\right)^2}\right\}$$

$$=\cos^{-1}\left\{\frac{48}{65}-\frac{3}{5}\times\frac{5}{13}\right\}$$

$$=\cos^{-1}\left(\frac{48}{65}-\frac{15}{65}\right)=\cos^{-1}\frac{33}{65}.$$

उदाहरण 20. सिद्ध करें: $\sin^{-1}\frac{3}{5}-\cos^{-1}\frac{15}{17}=\cos^{-1}\frac{84}{85}$

हल : L.H.S. $\sin^{-1}\frac{3}{5}-\cos^{-1}\frac{15}{17}=\cos^{-1}\frac{4}{5}-\cos^{-1}\frac{15}{17}$

$$=\cos^{-1}\left\{\frac{4}{5}\times\frac{15}{17}+\sqrt{1-\left(4/5\right)^2}\times\sqrt{1-\left(\frac{15}{17}\right)^2}\right\}$$

$$=\cos^{-1}\left\{\frac{4}{5}\times\frac{15}{17}+\frac{3}{5}\times\frac{8}{17}\right\}$$

$$=\cos^{-1}\left\{\frac{60}{85}+\frac{24}{85}\right\}=\cos^{-1}\frac{84}{85}.$$

(X)

(*i*) $2\sin^{-1} x$

$$\begin{cases}\sin^{-1}\left(2x\sqrt{1-x^2}\right), \text{ यदि } \frac{-1}{\sqrt{2}}\le x<\frac{1}{\sqrt{2}} \\ \pi-\sin^{-1}\left(2x\sqrt{1-x^2}\right), \text{ यदि } \frac{1}{\sqrt{2}}\le x\le 1 \\ -\pi-\sin\left(2x\sqrt{1-x^2}\right) \text{ यदि } -1\le x\le -\frac{1}{\sqrt{2}}\end{cases}$$

(*ii*) $3\sin^{-1} x$

$$\begin{cases}\sin^{-1}\left(3x-4x^3\right), \text{ यदि } -\frac{1}{2}\le x\le\frac{1}{2} \\ \pi-\sin^{-1}\left(3x-4x^3\right), \text{ यदि } \frac{1}{2}<x\le 1 \\ -\pi-\sin^{-1}\left(3x-4x^3\right), \text{ यदि } -1\le x<-\frac{1}{2}\end{cases}$$

उदाहरण 21. मान निकालें: $\sin\left(2\sin^{-1} 0.8\right)$

हल : $\sin\left(2\sin^{-1} 0.8\right)$

$$=\sin\left[\pi-\sin^{-1}\left\{2\times 0.8\times\sqrt{1-(0.8)^2}\right\}\right]$$

$$=\sin\left(\pi-\sin^{-1} 0.96\right)$$

$$\left[\because 2\sin^{-1} x=\pi-\sin^{-1}\left(2x\sqrt{1-x^2}\right) \text{ यदि } \frac{1}{\sqrt{2}}\le x<1\right]$$

$$=\sin\left(\sin^{-1} 0.96\right)$$

$$=0.96.$$

उदाहरण 22. $\sin\left(3\sin^{-1} 0.4\right)$ का मान ज्ञात करें।

हल : $\sin\left(3\sin^{-1} 0.4\right)=\sin\left[\sin^{-1}\left\{3\times 0.4-4\times(0.4)^3\right\}\right]$

$$=\sin\left[\sin^{-1}(1.2-0.256)\right]$$

$$=\sin\left\{\sin^{-1}(0.944)\right\}=0.944.$$

(XI)

(*i*) $2\cos^{-1}x$

$$=\begin{cases}\cos^{-1}(2x^2-1), \text{ यदि } 0\le x\le 1\\ 2\pi-\cos^{-1}(2x^2-1), \text{ यदि } -1\le x\le 0\end{cases}$$

(*ii*) $3\cos^{-1}x$

$$=\begin{cases}\cos^{-1}(4x^3-3x), \text{ यदि } \frac{1}{2}\le x\le 1\\ 2\pi-\cos^{-1}(4x^3-3x), \text{ यदि } -\frac{1}{2}\le x\le \frac{1}{2}\\ 2\pi+\cos^{-1}(4x^3-3x), \text{ यदि } -1\le x\le -\frac{1}{2}\end{cases}$$

(XII)

(*i*) $2\tan^{-1}x$

$$=\begin{cases}\tan^{-1}\left(\frac{2x}{1-x^2}\right), \text{ यदि } -1<x<1\\ \pi+\tan^{-1}\left(\frac{2x}{1-x^2}\right), \text{ यदि } x>1\\ -\pi+\tan^{-1}\left(\frac{2x}{1-x^2}\right), \text{ यदि } x<-1\end{cases}$$

(*ii*) $3\tan^{-1}x$

$$=\begin{cases}\tan^{-1}\left(\frac{3x-x^3}{1-3x^2}\right) \text{ यदि } -\frac{1}{\sqrt{3}}<x<\frac{1}{\sqrt{3}}\\ \pi+\tan^{-1}\left(\frac{3x-x^3}{1-3x^2}\right) \text{ यदि } x>\frac{1}{\sqrt{3}}\\ -\pi+\tan^{-1}\left(\frac{3x-x^3}{1-3x^2}\right) \text{ यदि } x<-\frac{1}{\sqrt{3}}\end{cases}$$

उदाहरण 23. सिद्ध करें : $2\tan^{-1}\frac{1}{2}+\tan^{-1}\frac{1}{7}=\tan^{-1}\frac{31}{17}$

हल : $2\tan^{-1}\frac{1}{2}+\tan^{-1}\frac{1}{7}=\tan^{-1}\left\{\frac{2\times\frac{1}{2}}{1-\left(\frac{1}{2}\right)^2}\right\}+\tan^{-1}\frac{1}{7}$ $[-1<x<1]$

$$=\tan^{-1}\frac{4}{3}+\tan^{-1}\frac{1}{7}$$

$$=\tan^{-1}\left\{\frac{\frac{4}{3}+\frac{1}{7}}{1-\frac{4}{3}\times\frac{1}{7}}\right\}$$

$$=\tan^{-1}\frac{31}{17}.$$

उदाहरण 24. मान निकालें : $\tan\left(2\tan^{-1}\frac{1}{5}\right)$

हल : $\tan\left(2\tan^{-1}\frac{1}{5}\right)=\tan\left[\tan^{-1}\left\{\frac{2\times\frac{1}{5}}{1-\frac{1}{25}}\right\}\right]$

$$=\tan\left(\tan^{-1}\frac{5}{12}\right)=\frac{5}{12}.$$

(XIII)

(*i*) $2\tan^{-1}x$

$$=\begin{cases}\sin^{-1}\left(\frac{2x}{1+x^2}\right), \text{ यदि } -1\le x\le 1\\ \pi-\sin^{-1}\left(\frac{2x}{1+x^2}\right), \text{ यदि } x>1\\ -\pi-\sin^{-1}\left(\frac{2x}{1+x^2}\right), \text{ यदि } x<-1\end{cases}$$

(*ii*) $2\tan^{-1} x$

$$= \begin{cases} \cos^{-1}\left(\frac{1-x^2}{1+x^2}\right), \text{ यदि } 0 \le x < \infty \\ -\cos^{-1}\left(\frac{1-x^2}{1+x^2}\right), \text{ यदि } -\infty < x \le 0 \end{cases}$$

उदाहरण 25. सिद्ध करें :

$$\tan^{-1}\sqrt{x} = \frac{1}{2}\cos^{-1}\left(\frac{1-x}{1+x}\right), x \in [0, 1]$$

हल : R.H.S. $\frac{1}{2}\cos^{-1}\left(\frac{1-x}{1+x}\right) = \frac{1}{2}\cos^{-1}\left\{\frac{1-\left(\sqrt{x}\right)^2}{1+\left(\sqrt{x}\right)^2}\right\}$

$$= \frac{1}{2} . 2\tan^{-1}\sqrt{x} = \tan^{-1}\sqrt{x} \text{ L.H.S.}$$

उदाहरण 26. मान निकालें $\tan\left[\frac{1}{2}\sin^{-1}\frac{2x}{1+x^2}\right]$

हल : R.H.S. $= \tan\frac{1}{2}\left[2\tan^{-1} x\right] = \tan\left(\tan^{-1} x\right)$

$= x.$

साधित उदाहरण (Solved Examples)

1. मान निकालें : $\sin^{-1}(\sin 5)$

हल : यहाँ $\theta = 5$ रेडियन है। स्पष्टतः यह $\frac{-\pi}{2}$ तथा $\frac{\pi}{2}$ के मध्य नहीं होगा। लेकिन $2\pi - 5$ तथा $5 - 2\pi$ दोनों $\frac{-\pi}{2}$ तथा $\frac{\pi}{2}$ के मध्य है।

$$\sin(5-2\pi) = \sin\{-(2\pi-5)\} = -\sin(2\pi-5)$$

$$= -(-\sin 5) = \sin 5$$

$$\therefore \sin^{-1}(\sin 5) = \sin^{-1}\{\sin(5-2\pi)\} = 5-2\pi.$$

2. सरल करें : $\sin^{-1}\left(\frac{5}{13}\cos x + \frac{4}{5}\sin x\right)$

हल : $\sin^{-1}\left(\frac{5}{13}\cos x + \frac{4}{5}\sin x\right)$

माना $\frac{5}{13} = r\sin\theta$ तथा $\frac{4}{5} = r\cos\theta$ तब,

$$r = \sqrt{\left(\frac{5}{13}\right)^2 + \left(\frac{4}{5}\right)^2} = 1$$

तथा $\tan\theta = \frac{5}{12}$

$\Rightarrow r = 1$, तथा $\tan\theta = \frac{5}{12} \Rightarrow \theta = \tan^{-1}\frac{5}{12}$

$$\therefore \sin^{-1}\left(\frac{5}{13}\cos x + \frac{4}{5}\sin x\right)$$

$$= \sin^{-1}(\sin\theta . \cos x + \cos\theta . \sin x)$$

$$= \sin^{-1}\left[\sin(x+\theta)\right] = x + \theta$$

$$= x + \tan^{-1}\frac{5}{12}.$$

3. सिद्ध करें : $\sin\left[\cot^{-1}\left\{\cos\left(\tan^{-1} x\right)\right\}\right] = \sqrt{\frac{x^2+1}{x^2+2}}$

हल : $\cos\left(\tan^{-1} x\right) = \cos\left\{\cos^{-1}\frac{1}{\sqrt{1+x^2}}\right\} = \frac{1}{\sqrt{1+x^2}}$

(सूत्र से)

$$\therefore \sin\left[\cot^{-1}\frac{1}{\sqrt{1+x^2}}\right] = \sin\left[\sin^{-1}\frac{\sqrt{1+x^2}}{\sqrt{2+x^2}}\right]$$

$$= \frac{\sqrt{1+x^2}}{\sqrt{2+x^2}} = \sqrt{\frac{x^2+1}{x^2+2}}.$$

4. सिद्ध करें : $\tan^{-1}\frac{1}{5}+\tan^{-1}\frac{1}{7}+\tan^{-1}\frac{1}{3}+\tan^{-1}\frac{1}{8}=\frac{\pi}{4}$

हल : L.H.S. $\left(\tan^{-1}\frac{1}{5}+\tan^{-1}\frac{1}{7}\right)+\left(\tan^{-1}\frac{1}{3}+\tan^{-1}\frac{1}{8}\right)$

$$=\tan^{-1}\frac{\frac{1}{5}+\frac{1}{7}}{1-\frac{1}{5}\times\frac{1}{7}}+\tan^{-1}\frac{\frac{1}{3}+\frac{1}{8}}{1-\frac{1}{3}\times\frac{1}{8}}$$

$$=\tan^{-1}\frac{6}{17}+\tan^{-1}\frac{11}{23}$$

$$=\tan^{-1}\frac{\frac{6}{17}+\frac{11}{23}}{1-\frac{6}{17}\times\frac{11}{23}}=\tan^{-1}\left(\frac{325}{325}\right)$$

$$=\tan^{-1}(1)=\tan^{-1}\left(\tan\frac{\pi}{4}\right)$$

$$=\frac{\pi}{4}=\text{R.H.S.}$$

5. यदि $y=\cot^{-1}\left(\sqrt{\cos x}\right)-\tan^{-1}\left(\sqrt{\cos x}\right)$ तो सिद्ध करें: $\sin y=\tan^2\frac{x}{2}$

हल : $y=\cot^{-1}\left(\sqrt{\cos x}\right)-\tan^{-1}\left(\sqrt{\cos x}\right)$

$$y=\frac{\pi}{2}-\tan^{-1}\sqrt{\cos x}-\tan^{-1}\sqrt{\cos x}$$

$$\Rightarrow\quad y=\frac{\pi}{2}-2\tan^{-1}\sqrt{\cos x}$$

$$=\frac{\pi}{2}-\cos^{-1}\left\{\frac{1-\left(\sqrt{\cos x}\right)^2}{1+\left(\sqrt{\cos x}\right)^2}\right\}$$

$$=\frac{\pi}{2}-\cos^{-1}\left\{\frac{1-\cos x}{1+\cos x}\right\}$$

$$=\frac{\pi}{2}-\cos^{-1}\left\{\tan^2\frac{x}{2}\right\}$$

$$\Rightarrow\quad \cos^{-1}\left(\tan^2\frac{x}{2}\right)=\frac{\pi}{2}-y$$

$$\Rightarrow\quad \tan^2\frac{x}{2}=\cos\left(\frac{\pi}{2}-y\right)=\sin y$$

$$\therefore\ \sin y=\tan^2\frac{x}{2}.$$

6. मान निकालें : $\tan\left\{2\tan^{-1}\frac{1}{5}-\frac{\pi}{4}\right\}$

हल : $\tan\left\{2\tan^{-1}\frac{1}{5}-\frac{\pi}{4}\right\}$

$$=\tan\left\{\tan^{-1}\left(\frac{2\times\frac{1}{5}}{1-\frac{1}{25}}\right)-\tan^{-1}1\right\}$$

$$\left[\because 2\tan^{-1}x=\tan^{-1}\frac{2x}{1-x^2}\ \text{जहाँ}\ |x|<1\right]$$

$$=\tan\left\{\tan^{-1}\frac{5}{12}-\tan^{-1}1\right\}$$

$$=\tan\left\{\tan^{-1}\left(\frac{\frac{5}{12}-1}{1+\frac{5}{12}}\right)\right\}=\tan\left\{\tan^{-1}\left(\frac{-7}{17}\right)\right\}$$

$$=\frac{-7}{17}.$$

7. हल करें : $\sin^{-1}(1-x)-2\sin^{-1}x=\frac{\pi}{2}$

हल : $\sin^{-1}(1-x)-2\sin^{-1}(x)=\frac{\pi}{2}$

$$\Rightarrow \quad \sin^{-1}(1-x)=\left(\frac{\pi}{2}+2\sin^{-1}x\right)$$

$$\Rightarrow \quad 1-x=\sin\left(\frac{\pi}{2}+2\sin^{-1}x\right)$$

$$\Rightarrow 1-x=\cos\left\{2\sin^{-1}x\right\}$$

$$\Rightarrow \quad 1-x=\cos\left\{\cos^{-1}\left(1-2x^2\right)\right\}$$

$$\Rightarrow \quad 1-x=1-2x^2$$

$$\Rightarrow \quad 2x^2-x=0$$

$$\Rightarrow \quad x(2x-1)=0 \Rightarrow x=0,\frac{1}{2}$$

$x=\frac{1}{2}$ के लिए

L.H.S. $\sin^{-1}\left(1-\frac{1}{2}\right)-2\sin^{-1}\frac{1}{2}$

$$=\sin^{-1}\frac{1}{2}-2\sin^{-1}\frac{1}{2}$$

$$=-\sin^{-1}\frac{1}{2}=-\frac{\pi}{6}\neq \text{R.H.S.}$$

अतः $x=\frac{1}{2}$ दिए गए समीकरण का हल नहीं है।

$\therefore \quad x=0.$

8. x का मान निकालें : $\tan^{-1}x=\sin^{-1}\left(\frac{3}{\sqrt{10}}\right)$

हल : $\tan^{-1}x=\sin^{-1}\left(\frac{3}{\sqrt{10}}\right)\Rightarrow x=\tan\left[\sin^{-1}\left(\frac{3}{\sqrt{10}}\right)\right]$

$$\Rightarrow x = \frac{\sin\left(\sin^{-1}\frac{3}{\sqrt{10}}\right)}{\cos\left(\sin^{-1}\frac{3}{\sqrt{10}}\right)}$$

$$x = \frac{\sin\left(\sin^{-1}\frac{3}{\sqrt{10}}\right)}{\cos\left\{\cos^{-1}\left(\sqrt{1-\frac{9}{10}}\right)\right\}}=\frac{\frac{3}{\sqrt{10}}}{\sqrt{1-\frac{9}{10}}}$$

$$x=\frac{3}{\sqrt{10}}\times\sqrt{10}=3 \Rightarrow x=3.$$

9. मान ज्ञात करें : $4\left[\cot^{-1}3+\text{cosec}^{-1}\left(\sqrt{5}\right)\right]$

हल : $\text{cosec}^{-1}x=\cot^{-1}\left(\sqrt{x^2-1}\right)$

$$=4\left[\cot^{-1}(3)+\cot^{-1}\left(\sqrt{5-1}\right)\right]$$

$$=4\left[\cot^{-1}3+\cot^{-1}2\right]$$

$$=4\left[\tan^{-1}\frac{1}{3}+\tan^{-1}\frac{1}{2}\right]$$

$$=4\tan^{-1}\frac{\frac{1}{3}+\frac{1}{2}}{1-\frac{1}{3}\cdot\frac{1}{2}}=4\tan^{-1}(1)$$

$$=4\left(\frac{\pi}{4}\right)=\pi.$$

10. $\sin^{-1}\left\{\cos\left(\sin^{-1}x\right)\right\}+\cos^{-1}\left\{\sin\left(\cos^{-1}x\right)\right\}$

हल : $\cos\left(\sin^{-1}x\right)=\cos\left(\cos^{-1}\sqrt{1-x^2}\right)=\sqrt{1-x^2}$

तथा $\sin\left(\cos^{-1}x\right)=\sin\left(\sin^{-1}\sqrt{1-x^2}\right)=\sqrt{1-x^2}$

अतः $\sin\left\{\cos\left(\sin^{-1}x\right)\right\}+\cos^{-1}\left\{\sin\left(\cos^{-1}x\right)\right\}$

$$=\sin^{-1}\left(\sqrt{1-x^2}\right)+\cos^{-1}\left(\sqrt{1-x^2}\right)$$

$$=\frac{\pi}{2}\left(\because \sin^{-1}x+\cos^{-1}x=\frac{\pi}{2}\right).$$

वस्तुनिष्ठ प्रश्न

1. समीकरण $\sin^{-1}x = 2\tan^{-1}x$ का हल समुच्चय होगा–

(a) $\{1, 2\}$ (b) $\{-1, 2\}$

(c) $\{-1, 1, 0\}$ (d) $\left\{1, \frac{1}{2}, 0\right\}$

2. यदि $\cos^{-1}x + \cos^{-1}y + \cos^{-1}z = 3\pi$, तब $xy + yz + zx$ का मान होगा–

(a) 0 (b) 1

(c) 3 (d) –3

3. $\sin\left(\frac{1}{2}\cos^{-1}\frac{4}{5}\right)$ का मान होगा–

(a) $\frac{1}{\sqrt{10}}$ (b) $-\frac{1}{\sqrt{10}}$

(c) $\frac{1}{10}$ (d) $-\frac{1}{10}$

4. यदि $\theta = \sin^{-1}[\sin(-600°)]$, तब θ का एक संभावित मान होगा–

(a) $\pi/3$ (b) $\pi/2$

(c) $2\pi/3$ (d) $-2\pi/3$

5. यदि $\tan(\cos^{-1}x) = \sin\left[\cot^{-1}\left(\frac{1}{2}\right)\right]$, तब x (केवल मुख्य मान लेने पर) का मान होगा–

(a) $\frac{1}{\sqrt{5}}$ (b) $\frac{2}{\sqrt{5}}$

(c) $\frac{3}{\sqrt{5}}$ (d) $\frac{\sqrt{5}}{3}$

6. यदि प्रतिलोम फलन के केवल मुख्य मानों का उपयोग किया जाए, तो $\tan\left(\cos^{-1}\frac{1}{5\sqrt{2}} - \sin^{-1}\frac{4}{\sqrt{17}}\right)$ का मान होगा–

(a) $\sqrt{\frac{29}{3}}$ (b) $\frac{29}{3}$

(c) $\sqrt{\frac{3}{\sqrt{29}}}$ (d) $\frac{3}{29}$

7. $\sinh^{-1}(2^{3/2})$ का मान होगा–

(a) $\log(2+\sqrt{18})$ (b) $\log(3+\sqrt{8})$

(c) $\log(3-\sqrt{8})$ (d) इनमें से कोई नहीं

8. यदि $\cot^{-1}\left[(\cos\alpha)^{1/2}\right] - \tan^{-1}\left[(\cos\alpha)^{1/2}\right] = x$, तब $\sin x$ का मान होगा–

(a) $\tan^2\left(\frac{\alpha}{2}\right)$ (b) $\cot^2\left(\frac{\alpha}{2}\right)$

(c) $\tan^2 2\alpha$ (d) $\cot^2\left(\frac{2}{\alpha}\right)$

9. यदि $\theta = \sin^{-1}x + \cos^{-1}x - \tan^{-1}x$, $x \geq 0$, तब वह न्यूनतम अन्तराल, जिसमें θ उपस्थित होगा, है–

(a) $\frac{\pi}{2} \leq \theta \leq \frac{3\pi}{4}$ (b) $0 \leq \theta \leq \frac{\pi}{4}$

(c) $-\frac{\pi}{4} \leq \theta \leq 0$ (d) $\frac{\pi}{4} \leq \theta \leq \frac{\pi}{2}$

10. यदि $4\sin^{-1}x + \cos^{-1}x = \pi$, तब x का मान होगा–

(a) 0 (b) $\frac{1}{2}$

(c) $-\frac{\sqrt{3}}{2}$ (d) $\frac{1}{\sqrt{2}}$

11. $\tan\left(\tan^{-1}\frac{1}{2} - \tan^{-1}\frac{1}{3}\right)$ का मान होगा–

(*a*) $\frac{5}{6}$ (*b*) 7/6

(*c*) 1/6 (*d*) 1/7

12. $\cos^{-1}\cos\left(\frac{5\pi}{3}\right)+\sin^{-1}\left(\cos\frac{5\pi}{3}\right)$ का मान होगा–

(*a*) $\frac{\pi}{2}$ (*b*) $\frac{5\pi}{3}$

(*c*) $\frac{10\pi}{3}$ (*d*) 0

13. $\tan^{-1}x+2\cot^{-1}x$ का मान होगा–

(*a*) $\frac{\pi}{3}$ (*b*) $\frac{\pi}{6}$

(*c*) $\frac{2\pi}{3}$ (*d*) 2π

14. यदि $\sec^{-1}x=\text{cosec}^{-1}y$, तब $\cos^{-1}\frac{1}{x}+\cos^{-1}\frac{1}{y}$ का मान है–

(*a*) π (*b*) $\pi/4$

(*c*) $-\pi/4$ (*d*) $\pi/2$

15. समीकरण $\cos^{-1}x-\sin^{-1}x=\sin^{-1}(1-x)$ के हलों का समुच्चय है–

(*a*) $[-1,1]$ (*b*) $\left[0,\frac{1}{2}\right]$

(*c*) $[-1, 0]$ (*d*) इनमें से कोई नहीं

16. यदि $\cos^{-1}\frac{3}{5}-\sin^{-1}\frac{4}{5}=\cos^{-1}x$, तो x का मान है–

(*a*) 0 (*b*) 1

(*c*) −1 (*d*) 2

17. $\cos\left[2\cos^{-1}\frac{1}{5}+\sin^{-1}\frac{1}{5}\right]$ का मान है–

(*a*) $\frac{2\sqrt{6}}{5}$ (*b*) $-\frac{2\sqrt{6}}{5}$

(*c*) $\frac{1}{5}$ (*d*) $-\frac{1}{5}$

18. यदि $e^{\left[\sin^2\alpha+\sin^4\alpha+\sin^6\alpha+\ldots\infty\right]\log e^2}$ समीकरण, $x^2-9x+8=0$ के मूल हैं, जहाँ $0<\alpha<\frac{\pi}{2}$, तब $\sin^{-1}\left(\sin\frac{2\pi}{3}\right)$ का मुख्य मान होगा–

(*a*) α (*b*) 2α

(*c*) $-\alpha$ (*d*) -2α

19. यदि $\sin^{-1}x+\sin^{-1}y=\frac{2\pi}{3}$ तथा $\cos^{-1}x-\cos^{-1}y=\frac{\pi}{3}$ हो, तो (x, y) के मानों की संख्या है–

(*a*) 2 (*b*) 4

(*c*) 1 (*d*) इनमें से कोई नहीं

20. $\tan\left[2\tan^{-1}\left(\frac{1}{5}\right)-\frac{\pi}{4}\right]$ का मान है–

(*a*) 17/7 (*b*) −17/7

(*c*) 7/17 (*d*) −7/17

21. $4\tan^{-1}\frac{1}{5}-\tan^{-1}\frac{1}{70}+\tan^{-1}\frac{1}{99}$ का मान है–

(*a*) $\frac{\pi}{2}$ (*b*) $\frac{\pi}{3}$

(*c*) $\frac{\pi}{4}$ (*d*) इनमें से कोई नहीं

22. $\tan^{-1}\sqrt{x(x+1)}+\sin^{-1}\sqrt{x^2+x+1}=\frac{\pi}{2}$ के वास्तविक हलों की संख्या है–

(*a*) शून्य (*b*) एक

(*c*) दो (*d*) अनन्त

23. $\sec^2\left(\tan^{-1}2\right)+\text{cosec}^2\left(\cot^{-1}3\right)$ का मान है–

(*a*) 5 (*b*) 13
(*c*) 15 (*d*) 6

24. $\sin^{-1}\left[\cot\left\{\sin^{-1}\sqrt{\frac{2-\sqrt{3}}{4}}+\cos^{-1}\left(\frac{\sqrt{12}}{4}\right)+\sec^{-1}\sqrt{2}\right\}\right]$ का मान है–

(*a*) 0 (*b*) $\frac{\pi}{4}$
(*c*) $\frac{\pi}{6}$ (*d*) $\frac{\pi}{2}$

25. यदि $\tan^{-1}2x+\tan^{-1}3x=\frac{\pi}{4}$, तो x का मान है–

(*a*) -1 (*b*) $\frac{1}{6}$
(*c*) $-1, \frac{1}{6}$ (*d*) इनमें से कोई नहीं

अनुच्छेद (Paragraph) : यदि x, y, z अशून्य वास्तविक संख्याएँ हैं जो $[-1, 1]$ के मध्य है तथा

$\cos^{-1}x+\cos^{-1}y+\cos^{-1}z=\pi$

26. $x\sqrt{1-x^2}+y\sqrt{1-y^2}+z\sqrt{1-z^2}$ का मान है–

(*a*) $4\sqrt{1-x^2}\sqrt{1-y^2}\sqrt{1-z^2}$
(*b*) $2\sqrt{1-x^2}\sqrt{1-y^2}\sqrt{1-z^2}$
(*c*) $\sqrt{1-x^2}\sqrt{1-y^2}\sqrt{1-z^2}$
(*d*) इसमें से कोई नहीं।

27. $x^2+y^2+z^2$ का मान है–

(*a*) $1+2xyz$ (*b*) $-1+2xyz$
(*c*) $1-2xyz$ (*d*) इसमें से कोई नहीं।

28. $yz\sqrt{1-x^2}+zx\sqrt{1-y^2}+xy\sqrt{1-z^2}$ का मान है–

(*a*) $\sqrt{1-x^2}\sqrt{1-y^2}\sqrt{1-z^2}$
(*b*) $2\sqrt{1-x^2}\sqrt{1-y^2}\sqrt{1-z^2}$
(*c*) $xyz\sqrt{1-x^2}\sqrt{1-y^2}\sqrt{1-z^2}$
(*d*) इसमें से कोई नहीं।

दृढ़कथन–कारण (Assertion-Reason) : निम्नलिखित चार कूटों (*a*), (*b*), (*c*) एवं (*d*) में से सही उत्तर का चयन करें।

(*a*) वक्तव्य–I सत्य है; वक्तव्य–II सत्य है; वक्तव्य–II वक्तव्य–I का सही स्पष्टीकरण है।
(*b*) वक्तव्य–I सत्य है; वक्तव्य–II सत्य है; वक्तव्य–II वक्तव्य–I का सही स्पष्टीकरण नहीं है।
(*c*) वक्तव्य–I सत्य है; वक्तव्य–II असत्य है।
(*d*) वक्तव्य–I असत्य है; वक्तव्य–II सत्य है।

29. वक्तव्य-I : यदि $x<0$, $\tan^{-1}x+\tan^{-1}\frac{1}{x}=\frac{\pi}{2}$

वक्तव्य-II : $\tan^{-1}x+\cot^{-1}x=\frac{\pi}{2}\ \forall\ x\in R$

30. वक्तव्य-I : $\tan^{-1}\frac{3}{4}+\tan^{-1}\frac{1}{7}=\frac{\pi}{4}$

वक्तव्य-II : $\tan^{-1}\frac{x}{y}+\tan^{-1}\left(\frac{y-x}{y+x}\right)=\frac{\pi}{4}$

31. वक्तव्य-I : यदि $x>0\ y>0$ तथा

$\sin^{-1}x+\sin^{-1}y=\frac{\pi}{2}$ तब $y=\sqrt{1-x^2}$

वक्तव्य-II : $\sin^{-1}x+\sin^{-1}y=\frac{\pi}{2}$

या $\sin^{-1}x=\cos^{-1}y$

$\therefore\ x=\sin\left(\cos^{-1}y\right),\quad x=\sqrt{1-y^2}$

32. वक्तव्य-I : $\sin^{-1}6x+\sin^{-1}6\sqrt{3}x=-\frac{\pi}{2}$ का हल

$x=\pm\frac{1}{12}$

वक्तव्य-II : चूँकि $\sin^{-1}x$, $|x|\le 1$ के लिए परिभाषित है।

33. मिलान करें (Match These)–

वर्ग–I		वर्ग–II
A. फलन $f(x)=\sin^{-1}\left(\frac{2x}{\pi}\right)$ का प्रांत है	p.	$[-1, 1]$
B. फलन $g(x)=\frac{2}{\pi}\left(\sin^{-1}x\right)$ का परास है	q.	$(-1, 1)$
C. फलन $h(x)=\tan^{-1}x+\sqrt{1-x^2}$ का प्रांत है,	r.	$\left(\frac{-\pi}{2},\frac{\pi}{2}\right)$
D. फलन $p(x)=\frac{2}{\pi}\tan^{-1}x$ का परास है	s.	$\left[\frac{-\pi}{2},\frac{\pi}{2}\right]$

(*a*) $A-p;\ B-q;\ C-r;\ D-s$

(*b*) $A-q;\ B-r;\ C-p;\ D-s$

(*c*) $A-s;\ B-p;\ C-p;\ D-q$

(*d*) इसमें से कोई नहीं

उत्तरमाला

1	2	3	4	5	6	7	8	9	10
(*c*)	(*c*)	(*a*)	(*a*)	(*d*)	(*d*)	(*b*)	(*a*)	(*b*)	(*b*)
11	**12**	**13**	**14**	**15**	**16**	**17**	**18**	**19**	**20**
(*d*)	(*a*)	(*c*)	(*d*)	(*d*)	(*b*)	(*b*)	(*a*)	(*c*)	(*d*)
21	**22**	**23**	**24**	**25**	**26**	**27**	**28**	**29**	**30**
(*c*)	(*c*)	(*c*)	(*a*)	(*b*)	(*b*)	(*c*)	(*a*)	(*d*)	(*b*)
31	**32**	**33**							
(*b*)	(*d*)	(*c*)							

व्याख्यात्मक उत्तर

1. $\sin^{-1}x=2\tan^{-1}x\Rightarrow\sin^{-1}x=\sin^{-1}\frac{2x}{1+x^2}$

$$\Rightarrow\frac{2x}{1+x^2}=x\Rightarrow x^3-x=0$$

$$\Rightarrow x(x+1)(x-1)=0$$

$$\Rightarrow x=\{-1,1,0\}.$$

2. $\cos^{-1}x+\cos^{-1}y+\cos^{-1}z=3\pi$

$\because\quad 0\le\cos^{-1}x\le\pi$

$\therefore\quad 0\le\cos^{-1}y\le\pi$ तथा $0\le\cos^{-1}z\le\pi$

$\Rightarrow\quad \cos^{-1}x=\cos^{-1}y=\cos^{-1}z=\pi,$

$$x=y=z=\cos\pi=-1$$

$\therefore\quad xy+yx+zx=(-1)(-1)+(-1)(-1)+(-1)(-1)$

$$=1+1+1=3.$$

3. माना, $\cos^{-1}\frac{4}{5}=x\Rightarrow\cos x=\frac{4}{5}$ ...(*i*)

$\therefore\quad \sin\left(\frac{1}{2}\cos^{-1}\frac{4}{5}\right)=\sin\left(\frac{x}{2}\right)$ ...(*ii*)

समीकरण (*i*) से, $\cos x=\frac{4}{5}\Rightarrow 1-2\sin^2\frac{x}{2}=\frac{4}{5}$

$\Rightarrow\quad 2\sin^2\frac{x}{2}=1-\frac{4}{5}=\frac{1}{5}\Rightarrow\sin\frac{x}{2}=\frac{1}{\sqrt{10}}.$

4. $\theta = \sin^{-1}[\sin(-600°)]$

$\Rightarrow \theta = \sin^{-1}[-(\sin 240°)] = \sin^{-1}[-\sin(180°+60°)]$

$\Rightarrow \theta = \sin^{-1}(\sin 60°) - \sin^{-1}\left[\sin\left(\frac{\pi}{3}\right)\right] = \frac{\pi}{3}.$

5. माना $\cot^{-1}\left(\frac{1}{2}\right) = \theta \Rightarrow \cot\theta = \frac{1}{2}$

$\Rightarrow \sin\theta = \frac{2}{\sqrt{5}},$

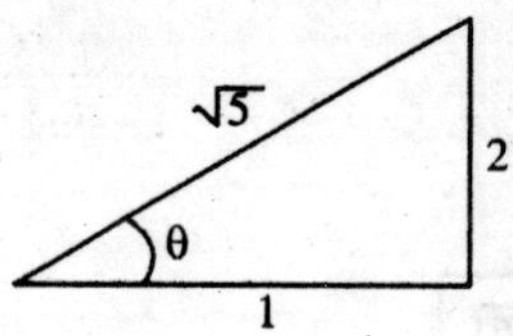

$\cos^{-1} x = \phi \Rightarrow x = \cos\phi$

$\because \tan\phi = \frac{2}{\sqrt{5}} \qquad \therefore x = \cos\phi = \frac{\sqrt{5}}{3}.$

6. $\tan\left(\cos^{-1}\frac{1}{5\sqrt{2}} - \sin^{-1}\frac{4}{\sqrt{17}}\right) = \tan\left(\tan^{-1}7 - \tan^{-1}4\right)$

$$= \tan\left[\tan^{-1}\left(\frac{\sqrt{1-\frac{1}{(5\sqrt{2})^2}}}{\frac{1}{5\sqrt{2}}}\right) - \tan^{-1}\left(\frac{\frac{4}{\sqrt{17}}}{\sqrt{1-\left(\frac{4}{\sqrt{17}}\right)^2}}\right)\right]$$

$$= \tan\left[\tan^{-1}\left(\frac{7-4}{1+28}\right)\right] = \frac{3}{29}.$$

7. $\because \sinh^{-1} x = \log\left[x + \sqrt{x^2+1}\right]$

$\therefore \sinh^{-1}\left(2^{3/2}\right) = \log\left[2^{3/2} + \sqrt{\left(2^{3/2}\right)^2 + 1}\right]$

$= \log\left[\sqrt{8} + \sqrt{9}\right] = \log\left[3 + \sqrt{8}\right].$

8. $\tan^{-1}\left[\frac{1}{\sqrt{\cos\alpha}}\right] - \tan^{-1}\left[\sqrt{\cos\alpha}\right] = x$

$$\Rightarrow \tan^{-1}\left[\frac{\frac{1}{\sqrt{\cos\alpha}} - \sqrt{\cos\alpha}}{1 + \frac{\sqrt{\cos\alpha}}{\sqrt{\cos\alpha}}}\right] = x \Rightarrow \tan x = \frac{1-\cos\alpha}{2\sqrt{\cos\alpha}}$$

$$\therefore \sin x = \frac{1-\cos\alpha}{1+\cos\alpha} = \frac{2\sin^2\frac{\alpha}{2}}{2\cos^2\frac{\alpha}{2}} = \tan^2\left(\frac{\alpha}{2}\right).$$

9. $\theta = \sin^{-1} x + \cos^{-1} x - \tan^{-1} x = \frac{\pi}{2} - \tan^{-1} x$

$\because -\frac{\pi}{2} < \tan^{-1} x < \frac{\pi}{2} \Rightarrow \frac{\pi}{2} > -\tan^{-1} x > -\frac{\pi}{2}$

$\Rightarrow 0 < \frac{\pi}{2} - \tan^{-1} x < \frac{\pi}{4}.$

10. हम जानते हैं कि, $4\sin^{-1} x + \cos^{-1} x = \pi$

$\Rightarrow 3\sin^{-1} x = \pi - \frac{\pi}{2} = \pi/2$

$\Rightarrow \sin^{-1} x = \frac{\pi}{6} \Rightarrow x = \sin\frac{\pi}{6} = \frac{1}{2}.$

11. $\tan\left[\tan^{-1}\frac{1}{2} - \tan^{-1}\frac{1}{3}\right] = \tan\left[\tan^{-1}\frac{\frac{1}{2}-\frac{1}{3}}{1+\frac{1}{6}}\right]$

$= \tan\left\{\tan^{-1}\left(\frac{1}{6}\times\frac{6}{7}\right)\right\} = \frac{1}{7}.$

12. $\cos^{-1}\left[\cos\frac{5\pi}{3}\right] + \sin^{-1}\left[\cos\frac{5\pi}{3}\right] = \pi/2$

$\left(\because \sin^{-1} x + \cos^{-1} x = \pi/2\right).$

13. दिया है, $\tan^{-1}x+2\cot^{-1}(x)=\tan^{-1}x+2\tan^{-1}\left(\frac{1}{x}\right)$

$$=\tan^{-1}x+\tan^{-1}\frac{2/x}{1-\frac{1}{x^2}}=\tan^{-1}x+\tan^{-1}\frac{2x}{x^2-1}$$

$$=\tan^{-1}\left[\frac{x+\frac{2x}{x^2-1}}{1-x\frac{2x}{x^2-1}}\right]=\tan^{-1}\left[\frac{x+x^3}{-(x^2+1)}\right]$$

$$=\tan^{-1}(-x)=-\tan^{-1}x$$

x का मान $\sqrt{3}$ रखने पर केवल विकल्प (*c*) ही संतुष्ट होता है। अतः $\tan^{-1}x+2\cot^{-1}x$ का मान $\frac{2\pi}{3}$ होगा।

14. $\sec^{-1}x=\text{cosec}^{-1}y,\ \cos^{-1}\left(\frac{1}{x}\right)=\sin^{-1}\left(\frac{1}{y}\right)$

$$\Rightarrow \cos^{-1}\left(\frac{1}{x}\right)=\frac{\pi}{2}-\cos^{-1}\left(\frac{1}{y}\right)$$

$$\Rightarrow \cos^{-1}\left(\frac{1}{x}\right)+\cos^{-1}\left(\frac{1}{y}\right)=\pi/2.$$

15. $\sin^{-1}x$ व $\cos^{-1}x$ का $-1\le x\le 1$ के लिए अस्तित्व है परन्तु $\sin^{-1}(1-x)$ के लिए $-1\le -x\ge 1$

अर्थात् $0\le x\le 2$

$\therefore$ समीकरण का अस्तित्व होगा यदि $0\le x\le 1$.

16. $\cos^{-1}\frac{3}{5}-\sin^{-1}\frac{4}{5}=\cos^{-1}x$

$$\Rightarrow \cos^{-1}\frac{3}{5}-\cos^{-1}\sqrt{1-\frac{16}{25}}=\cos^{-1}x$$

$$\Rightarrow \cos^{-1}\frac{3}{5}-\cos^{-1}\frac{3}{5}=\cos^{-1}x$$

$$\Rightarrow 0=\cos^{-1}x\Rightarrow x=\cos 0=1.$$

17. $\cos\left(\cos^{-1}\frac{1}{5}+\sin^{-1}\frac{1}{5}+\cos^{-1}\frac{1}{5}\right)=-\sin\left(\cos^{-1}\frac{1}{5}\right)$

$$=-\sin\left(\sin^{-1}\sqrt{\frac{24}{25}}\right)=\frac{-2\sqrt{6}}{5}.$$

18. समीकरण $x^2-9x+8=0$ के मूल 1 व 8 हैं।

माना $y=\left[\sin^2\alpha+\sin^4\alpha+\sin^6\alpha+...\infty\right]\log e^2$

$$\Rightarrow y=\frac{\sin^2\alpha}{1-\sin^2\alpha}\log_e 2=\tan^2\alpha\log_e 2$$

$$\Rightarrow y=\log_e 2^{\tan^2\alpha}$$

$$\therefore e^y=2^{\tan^2\alpha}$$

दिया है, $2^{\tan^2\alpha}=8=2^3\Rightarrow\tan^2\alpha=3$

$$\Rightarrow \tan\alpha=\sqrt{3}\Rightarrow\alpha=\frac{\pi}{3}$$

अब $\sin^{-1}\left(\sin\frac{2\pi}{3}\right)=\pi-\frac{2\pi}{3}=\frac{\pi}{3}=\alpha.$

19. दिए गए समीकरण भिन्न हैं–

$$\sin^{-1}x+\sin^{-1}y=\frac{2\pi}{3}$$

$$\Rightarrow \frac{\pi}{2}-\cos^{-1}x+\frac{\pi}{2}-\cos^{-1}y=\frac{2\pi}{3} \quad ...(i)$$

तथा $\cos^{-1}x-\cos^{-1}y=\pi/3$ ...(*ii*)

समीकरण (*i*) और (*ii*) को जोड़ने पर,

$$\Rightarrow \pi-2\cos^{-1}y=\pi$$

$$\Rightarrow \cos^{-1}y=0\Rightarrow y=1$$

$$\therefore \sin^{-1}x+\sin^{-1}1=2\pi/3$$

$$\Rightarrow \sin^{-1}x=\frac{2\pi}{3}-\frac{\pi}{2}\Rightarrow x=1/2$$

$\therefore (x,y)$ के हलों की संख्या 1 है।

20. $\tan\left[2\tan^{-1}\left(\frac{1}{5}\right)-\frac{\pi}{4}\right]=\tan\left[\tan^{-1}\frac{\frac{2}{5}}{1-\frac{1}{25}}-\tan^{-1}(1)\right]$

$=\tan\left[\tan^{-1}\frac{5}{12}-\tan^{-1}(1)\right]=\tan\left[\tan^{-1}\left(\frac{\frac{5}{12}-1}{1+\frac{5}{12}}\right)\right]$

$=-\frac{7/12}{\frac{17}{12}}=\frac{-7}{17}.$

21. $4\tan^{-1}\frac{1}{5}-\tan^{-1}\frac{1}{70}+\tan^{-1}\frac{1}{99}$

$=2\tan^{-1}\left[\frac{\frac{2}{5}}{1-\frac{1}{25}}\right]-\tan^{-1}\frac{1}{70}+\tan^{-1}\frac{1}{99}$

$=2\tan^{-1}\left(\frac{5}{12}\right)-\tan^{-1}\frac{1}{70}+\tan^{-1}\frac{1}{99}$

$=\tan^{-1}\left[\frac{\frac{5}{6}}{1-\frac{25}{144}}\right]-\tan^{-1}\frac{1}{70}+\tan^{-1}\frac{1}{99}$

$=\tan^{-1}\left(\frac{120}{119}\right)-\tan^{-1}\frac{1}{70}+\tan^{-1}\frac{1}{99}$

$=\tan^{-1}\frac{120}{119}+\tan^{-1}\left[\frac{\frac{1}{99}-\frac{1}{70}}{1+\frac{1}{99}\cdot\frac{1}{70}}\right]$

$=\tan^{-1}\frac{120}{119}+\tan^{-1}\left(\frac{-29}{6931}\right)$

$=\tan^{-1}\frac{120}{119}-\tan^{-1}\frac{29}{6931}$

$=\tan^{-1}\frac{120}{119}-\tan^{-1}\frac{1}{239}$

$=\tan^{-1}\left[\frac{\frac{120}{119}-\frac{1}{239}}{1+\frac{120}{139}\times\frac{1}{239}}\right]=\tan^{-1}\left\{\frac{\frac{28561}{28441}}{\frac{28561}{28441}}\right\}$

$=\tan^{-1}(1)=\frac{\pi}{4}.$

22. $\tan^{-1}\sqrt{x(x+1)}+\sin^{-1}\sqrt{x^2+x+1}=\frac{\pi}{2}$

$\tan^{-1}\sqrt{x(x+1)}$ तब परिभाषित है, जब

$x(x+1)\geq 0$ ...(*i*)

$\sin^{-1}\sqrt{x^2+x+1}$ तब परिभाषित है, जब

$0\leq x(x+1)+1\leq 1$ या $-1\leq x(x+1)\leq 0$ ...(*ii*)

अतः समीकरण (*i*) और (*ii*) से, $x(x+1)=0$ या $x=0$ और -1 अतः हलों की संख्या 2 है।

23. $\sec^2\left(\tan^{-1}2\right)+\text{cosec}^2\left(\cot^{-1}3\right)$

माना $\tan^{-1}2=\theta_1$ व $\cot^{-1}3=\theta_2$

$\Rightarrow\ \sec^2\theta_1=1+\tan^2\theta_1=1+4=5$

$\Rightarrow\ \theta_1=\sec^{-2}(5)$ व

$\text{cosec}^2\theta_2=1+\cot^2\theta_2=1+9=10$

$\Rightarrow\ \theta_2=\text{cosec}^{-2}(10)$

अतः $\sec^2\left[\tan^{-1}2\right]+\text{cosec}^2\left(\cot^{-1}3\right)$

$=\sec^2\left[\sec^{-2}(5)\right]+\text{cosec}^2\left[\text{cosec}^{-2}(10)\right]=5+10=15$

24. $\sin^{-1}\left[\cot\left\{\sin^{-1}\sqrt{\frac{2-\sqrt{3}}{4}}+\cos^{-1}\left(\frac{\sqrt{12}}{4}\right)+\sec^{-1}\sqrt{2}\right\}\right]$

$=\sin^{-1}\cot\left\{\sin^{-1}\sqrt{\frac{2-\sqrt{3}}{4}}+\cos^{-1}\left(\frac{\sqrt{3}}{2}\right)+\cos^{-1}\left(\frac{1}{\sqrt{2}}\right)\right\}$

$$= \sin^{-1}\left[\cot\left\{\sin^{-1}\sqrt{\frac{2-\sqrt{3}}{4}} + \cos^{-1}\sqrt{\frac{2-\sqrt{3}}{4}}\right\}\right]$$

$$= \sin^{-1}\left(\cot\frac{\pi}{2}\right) = \sin^{-1} 0 = 0.$$

25. दिया गया समीकरण निम्न है–

$$\tan^{-1} 2x + \tan^{-1} 3x = \frac{\pi}{4} \Rightarrow \tan^{-1}\left(\frac{2x+3x}{1-(2x)(3x)}\right) = \frac{\pi}{4}$$

$$\Rightarrow \quad \tan^{-1}\left(\frac{5x}{1-6x^2}\right) = \tan^{-1}(1) \Rightarrow \frac{5x}{1-6x^2} = 1$$

$$\Rightarrow \quad 1-6x^2 = 5x \Rightarrow 6x^2+5x-1=0$$

$$\Rightarrow \quad (x+1)\left(x-\frac{1}{6}\right) = 0 \Rightarrow x = -1, \frac{1}{6}$$

चूँकि -1, संतुष्ट नहीं करता।

$$\therefore \quad x = \frac{1}{6}.$$

26. माना $\cos^{-1} x = A,\ \cos^{-1} y = B,\ \cos^{-1} z = C$

तब

$$A+B+C=\pi, x=\cos A,\ y=\cos B,\ z=\cos C$$

पुनः $0 \le A, B, C \le \pi$

$$x\sqrt{1-x^2} + y\sqrt{1-y^2} + z\sqrt{1-z^2}$$

$$= \frac{1}{2}\{2\cos A . \sin A + 2\cos B . \sin B + 2\sin C . \cos C\}$$

$$= \frac{1}{2}(\sin 2A + \sin 2B + \sin 2C)$$

$$= \frac{1}{2}(4\sin A . \sin B . \sin C)$$

$$= 2\sin\left(\cos^{-1} x\right) . \sin\left(\cos^{-1} y\right) . \sin\left(\cos^{-1} z\right)$$

$$= 2\sqrt{1-x^2}\sqrt{1-y^2}\sqrt{1-z^2}.$$

27. $x^2+y^2+z^2 = \cos^2 A + \cos^2 B + \cos^2 C$

$$= \frac{1+\cos 2A}{2} + \frac{1+\cos 2B}{2} + \frac{1+\cos 2c}{2}$$

$$= \frac{3}{2} + \frac{1}{2}(\cos 2A + \cos 2B + \cos 2C)$$

$$= \frac{3}{2} + \frac{1}{2}(-1-4\cos A . \cos B . \cos C)$$

$$= 1-2xyz.$$

28. $yz\sqrt{1-x^2} + zx\sqrt{1-y^2} + xy\sqrt{1-z^2}$

$$= xyz\left\{\frac{\sqrt{1-x^2}}{x} + \frac{\sqrt{1-y^2}}{y} + \frac{\sqrt{1-z^2}}{z}\right\}$$

$$= xyz\left(\frac{\sqrt{1-\cos^2 A}}{\cos A} + \frac{\sqrt{1-\cos^2 B}}{\cos B} + \frac{\sqrt{1-\cos^2 C}}{\cos C}\right)$$

$$= xyz(\tan A + \tan B + \tan C)$$

$$= xyz(\tan A . \tan B . \tan C) = \sin A . \sin B . \sin C$$

$$(\because x = \cos A, y = \cos B, z = \cos C)$$

$$= \sqrt{1-x^2} . \sqrt{1-y^2} . \sqrt{1-z^2}.$$

29. वक्तव्य–I असत्य है, क्योंकि

$$\tan^{-1}\left(\frac{1}{x}\right) = -\pi + \cot^{-1} x$$

$$\Rightarrow \quad \tan^{-1} x + \tan^{-1}\left(\frac{1}{x}\right) = \tan^{-1} x - \pi + \cot^{-1} x$$

$$= \frac{\pi}{2} - \pi = -\frac{\pi}{2}$$

वक्तव्य–II सत्य है।

अतः (*d*) सही उत्तर है।

30. $\tan^{-1}\frac{3}{4} + \tan^{-1}\frac{1}{7} = \tan^{-1}\left[\frac{\frac{3}{4}+\frac{1}{7}}{1-\frac{3}{4}.\frac{1}{7}}\right] = \tan^{-1} 1$

$$= \tan^{-1}\left(\tan\frac{\pi}{4}\right) = \frac{\pi}{4}$$

वक्तव्य–I सत्य है।

पुन: $\tan^{-1}\left(\frac{y-x}{y+x}\right)=\tan^{-1}\left[\frac{1-\frac{x}{y}}{1+\frac{x}{y}}\right]$

$=\tan^{-1}\left\{\tan\left(\frac{\pi}{4}-\theta\right)\right\}=\tan^{-1}1-\tan^{-1}\frac{x}{y}$

$=\frac{\pi}{4}-\tan^{-1}\left(\frac{x}{y}\right)$

$\therefore \quad \tan^{-1}\left(\frac{y-x}{y+x}\right)+\tan^{-1}\left(\frac{x}{y}\right)=\frac{\pi}{4}$

वक्तव्य–II सत्य है परन्तु वक्तव्य–I का सही स्पष्टीकरण नहीं है।

अत: (*b*) सही उत्तर है।

31. वक्तव्य–I सत्य है; वक्तव्य–II सत्य है परन्तु वक्तव्य–II वक्तव्य I का सही स्पष्टीकरण नहीं है।

अत: (*b*) सही उत्तर है।

32. वक्तव्य–I $\sin^{-1}6x+\sin^{-1}6\sqrt{3}x=\frac{-\pi}{2}$

$\Rightarrow \sin^{-1}6x=-\frac{\pi}{2}-\sin^{-1}6\sqrt{3}x$

$\Rightarrow \sin^{-1}6x=-\left(\frac{\pi}{2}+\sin^{-1}6\sqrt{3}x\right)$

$\Rightarrow \sin\left(\sin^{-1}6x\right)=\sin\left\{-\left(\frac{\pi}{2}+\sin^{-1}6\sqrt{3}x\right)\right\}$

$\Rightarrow \sin\left(\sin^{-1}6x\right)=-\sin\left(\frac{\pi}{2}+\sin^{-1}6\sqrt{3}x\right)$

$\Rightarrow 6x=-\cos\left(\sin^{-1}6\sqrt{3}x\right)$

$\Rightarrow 36x^2=1-108x^2$

$\Rightarrow x^2=\frac{1}{144}\Rightarrow x=\pm\frac{1}{12}$

लेकिन $\sin^{-1}6x$ तथा $\sin^{-1}6\sqrt{3}x$ परिभाषित है।

$-1\le 6x\le 1$ तथा $-1\le 6\sqrt{3}x\le 1$

$\Rightarrow \frac{1}{6}\le x\le\frac{1}{6}$ तथा $-\frac{1}{6\sqrt{3}}\le x\le\frac{1}{6\sqrt{3}}$

$\Rightarrow \quad x\in\left[-\frac{1}{6\sqrt{3}},\frac{1}{6\sqrt{3}}\right]\Rightarrow x\in\left[\frac{1}{-6\sqrt{3}},0\right]$

R.H.S ऋणात्मक है $x<0$

अत: $x=\frac{1}{12}$

वक्तव्य–I असत्य है वक्तव्य–II सत्य है।

$\therefore$ (*d*) सही उत्तर है।

33. A. $-1\le\frac{2x}{\pi}\le 1$

$\Rightarrow \frac{-\pi}{2}\le x\le\frac{\pi}{2}$

अत: *A – s*.

B. हम जानते हैं कि

$\frac{-\pi}{2}\le \sin^{-1}x\le\frac{\pi}{2}, x\in[-1,1]$

$\therefore \quad -1\le\frac{2}{\pi}\sin^{-1}x\le 1$

B – p.

C. माना $p(x)=\tan^{-1}x,\ q(x)=\sqrt{1-x^2}$

तब $D_h=D_p\cap D_q=R\cap[-1,1]=[-1,1]$

C – p

D. हम जानते हैं कि

$\frac{-\pi}{2}<\tan^{-1}x<\frac{\pi}{2}$

$\therefore\ -1<\frac{2}{\pi}\tan^{-1}x<1$

अत: *D – q*.

$\therefore$ (*c*) सही उत्तर है।

32

प्रायिकता (PROBABILITY)

प्रयोग (Experiment)

सुपरिभाषित (Well defined) परिणामों को उत्पन्न करने वाली क्रिया, प्रयोग कहलाती है। प्रयोग दो प्रकार के होते हैं–

(*i*) यादृच्छिक प्रयोग (Random experiment)

(*ii*) निर्धारणात्मक प्रयोग (Deterministic experiment)

(*i*) **यादृच्छिक प्रयोग (Random Experiment)**– वे प्रयोग जो समान परिस्थितियों में दोहराने पर असमान परिणाम देते हैं, यादृच्छिक प्रयोग कहलाते हैं। जैसे–एक पासे को उछालने पर 1 से 6 तक के अंकों में से कोई भी एक परिणाम आ सकता है परन्तु प्रत्येक बार समान परिणाम आए यह निश्चित नहीं है।

(*ii*) **निर्धारणात्मक प्रयोग (Deterministic Experiment)**– वे प्रयोग जो समान परिस्थितियों के अंतर्गत दोहराने पर समान परिणाम देते हैं, निर्धारणात्मक प्रयोग कहलाते हैं। जैसे–विज्ञान या अभियांत्रिकी में समान परिस्थितियों में प्रयोग को दोहराने पर समान परिणाम आता है।

प्रतिदर्श समष्टि (Sample Space)

किसी प्रयोग के सभी सम्भव परिणामों के समुच्चय को प्रतिदर्श समष्टि कहते हैं। जैसे–किसी पासे को उछालने पर 1 से 6 तक में से कोई भी अंक आ सकता है।

अत: $S = \{1, 2, 3, 4, 5, 6,\}$

जहाँ S, प्रतिदर्श समष्टि को सूचित करता है।

घटना (Event)

प्रतिदर्श समष्टि का सभी उपसमुच्चय घटना कहलाता है।

(*i*) **सरल घटना (Simple Event)**– वह घटना जिसमें केवल एक प्रतिदर्श बिन्दु होता है, सरल घटना कहलाती है।

जैसे–दो सिक्कों को उछालने पर,

प्रतिदर्श समष्टि, S = {HH, TH, HT, TT}

यदि घटना, E = दो शीर्ष प्राप्त करने की घटना

= {HH}

तब E सरल घटना है।

(*ii*) **संयुक्त घटना (Compound Event)**– वे घटनाएँ जो सरल घटना नहीं है, संयुक्त घटना कहलाती है। जैसे–दो सिक्कों को उछालने पर,

प्रतिदर्श समष्टि, S = {HH, HT, TH, TT}

यदि E = कम-से-कम एक पुच्छ प्राप्त करने की घटना

= {TT, HT, TH}

तब E एक संयुक्त घटना है।

असम्भव व सम्भव घटनाएँ (Null or Impossible and Sure Events)– यदि किसी यादृच्छिक प्रयोग में प्रतिदर्श समष्टि S हो तब उसके उपसमुच्चय ϕ को असम्भव घटना एवं S (स्वयं समुच्चय) को सम्भव (निश्चित) घटना कहते हैं।

समसम्भावी घटनाएँ (Equally Likely Events)– किसी प्रयोग में यदि प्रत्येक घटना के घटित होने की सम्भावना समान हो, तब वे घटनाएँ समसम्भावी घटनाएँ कहलाती हैं। जैसे–किसी सिक्के को उछालने पर शीर्ष एवं पुच्छ के आने की सम्भावना समान है।

स्वतंत्र घटनाएँ (Independent Events)– यदि किसी प्रयोग में एक घटना के घटित होने का प्रभाव इसकी घटना के घटित होने पर नहीं पड़ता है, तो वे स्वतंत्र घटना कहलाती है।

पूरक घटनाएँ (Complementary Events)– किसी प्रयोग में यदि प्रतिदर्श समष्टि S तथा घटना E है, तब E की पूरक घटना को E', E' या $\overline{E}$ से निरूपित करते हैं। किसी घटना E का पूरक, E के घटित नहीं होने को कहते हैं।

जैसे– एक पासे को उछालने पर,

$$S = \{1, 2, 3, 4, 5, 6,\}$$

यदि घटना $E = \{2, 4, 6\}$ हो,

तब $E' = \{1, 3, 5\}$

$E \cup E' = S$ तथा $E \cap E' = \phi$

परस्पर अपवर्जी घटनाएँ (Mutually Exclusive Events)– किसी प्रतिदर्श समष्टि S की दो घटनाएँ E_1 एवं E_2 परस्पर अपवर्जी घटनाएँ होंगी, यदि E_1 एवं E_2 साथ-साथ घटित न हो। अर्थात, E_1 एवं E_2 परस्पर अपवर्जी घटनाएँ होगी,

यदि $E_1 \cap E_2 = \phi$

सम्पूर्ण घटनाएँ (Exhaustive Events)– किसी प्रयोग में उन सभी घटनाओं का समुच्चय (Set) जिसके बाहर कोई घटना घटित न हो, सम्पूर्ण घटनाएँ कहलाती हैं।

घटनाओं $E_1, E_2, E_3 ... E_n$ के समुच्चय को सम्पूर्ण घटनाएँ कहते हैं, यदि $E_1 \cup E_2 \cup E_3 \cup .... \cup E_n = S$

परस्पर अपवर्जी तथा सम्पूर्ण घटनाएँ (Mutually Exclusive and Exhaustive Events)

वे घटनाएँ जो परस्पर अपवर्जी तथा सम्पूर्ण दोनों हों उन्हें परस्पर अपवर्जी तथा सम्पूर्ण घटनाएँ कहते हैं। यदि

$$E_1 \cup E_2 \cup E_3 \cup .... \cup E_n = S$$

जहाँ $E_1 \cap E_2 \cap E_3 .... \cap E_n = \phi$

उदाहरण 1. किसी सिक्के को तीन बार उछाला जाता है तो इस प्रयोग के लिए प्रतिदर्श समष्टि को दर्शायें एवं प्रतिदर्श समष्टि के उस उपसमुच्चय को लिखें, जिस घटना में शीर्ष एवं पुच्छ क्रमशः एक के बाद दूसरा आता हो।

हल– किसी सिक्के को एक बार उछालने पर उसके संभव परिणाम शीर्ष एवं पुच्छ होंगे। यदि सिक्के को तीन बार उछाला जाता है तो इसके सभी संभव परिणाम $= 2 \times 2 \times 2 = 8$ होंगे। अर्थात्

$S = \{HHH, HHT, HTH, HTT, THH, THT, TTH, TTT\}$

माना $E =$ शीर्ष एवं पुच्छ के क्रमशः एक के बाद दूसरी आने की घटना

तो $E = \{HTH, THT\}$

उदाहरण 2. किसी पासे को फेंका जाता है। यदि सम संख्या दर्शाता है, तो एक सिक्का उछाला जाता है। पुनः यदि यह विषम संख्या दर्शाता है तो दो सिक्कें एक साथ उछाले जाते हैं। उस अनुप्रयोग के लिए प्रतिदर्श समष्टि लिखें।

हल– सम संख्या = 2, 4, 6

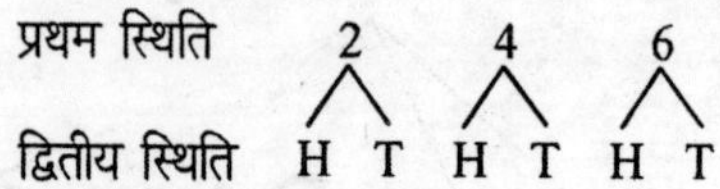

तथा विषम संख्या = 1, 3, 5

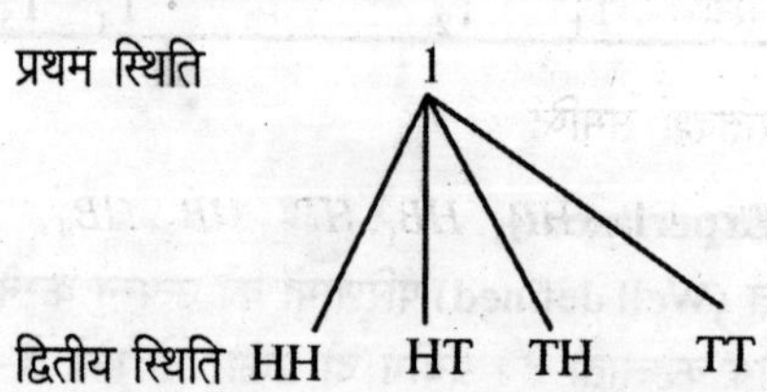

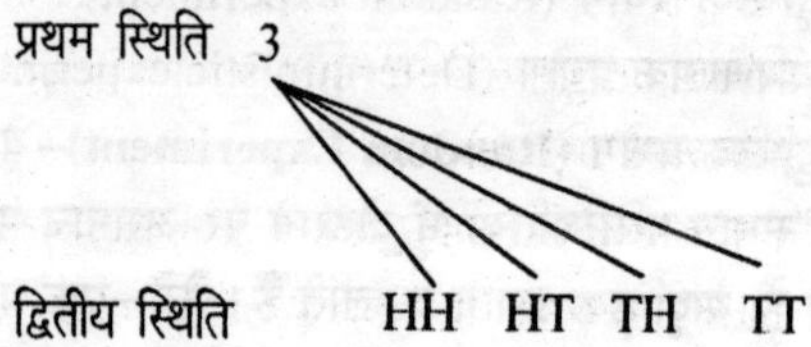

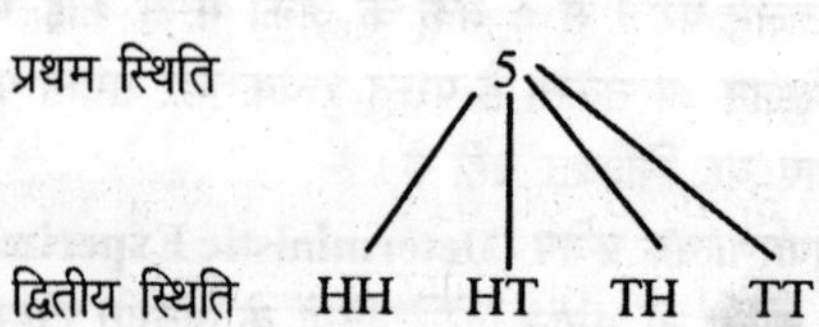

अतः प्रतिदर्श समष्टि

$= \{2H, 2T, 4H, 4T, 6H, 6T, 1HH, 1HT, 1TH, 1TT,$

$3HH, 3HT, 3TH, 3TT, 5HH, 5HT, 5TH, 5TT\}.$

उदाहरण 3. किसी सिक्के को उछालने पर यदि शीर्ष आता है तो एक गेंद एक थैले से निकाली जाती है जिसमें 3 लाल एवं 4 काली गेंद है। पुनः यदि पुच्छ आता है तो एक पासे को फेंका जाता है। इस प्रयोग के लिए प्रतिदर्श समष्टि को लिखें।

हल : माना लाल गेंदों को R_1, R_2, R_3 तथा काली गेंदों को B_1, B_2, B_3, B_4 से दर्शाया जाता है तो

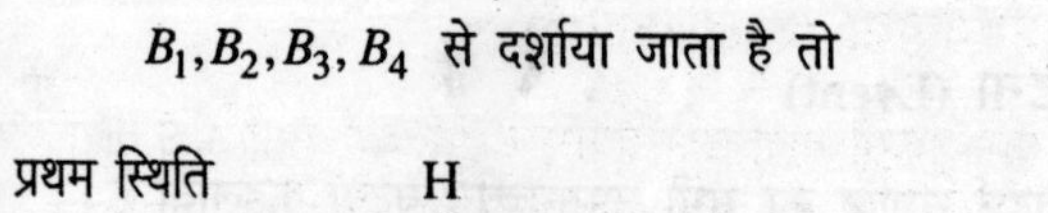

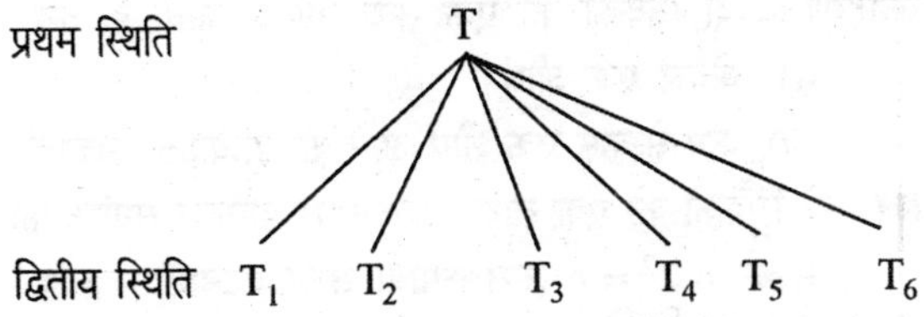

अतः प्रतिदर्श समष्टि

$$=\{HR_1, HR_2, HR_3, HB_1, HB_2, HB_3, HB_4, T_1, T_2, T_3, T_4, T_5, T_6\}.$$

उदाहरण 4. 4(चार) लड़के एवं 2(दो) लड़कियों के वर्ग से 2 व्यक्ति का चुनाव किया जाता है तो इस प्रयोग के लिए प्रतिदर्श समष्टि को दर्शायें।

हल : कुल 6(छः) (4 लड़के एवं 2 लड़कियाँ) व्यक्ति से 2 का चुनाव करना है अतः उसे ${}^6C_2$ तरीके से चुना जा सकता है अर्थात ${}^6C_2$ = 15 तरीके। अतः प्रतिदर्श समष्टि में कुल सदस्य 15 होंगे पुनः यदि लड़कों को B_1, B_2, B_3 एवं B_4 से तथा लड़कियों को G_1, G_2 से व्यक्त करें तो अभीष्ट प्रतिदर्श समष्टि

$$=\{B_1B_2, B_1B_3, B_1B_4, B_2B_3, B_2B_4, B_3B_4, G_1G_2, B_1G_1, B_1G_2, B_2G_1, B_2G_2, B_3G_1, B_2G_2, B_4G_1, B_4G_2\}.$$

उदाहरण 5. किसी सिक्के को बार-बार उछाला जाता है जब तक कि शीर्ष न आ जाए या उसे तीन बार उछाला जाता है। उस अनुप्रयोग के लिए प्रतिदर्श समष्टि क्या होगी?

हल : H, या पुनः TH, TTH, TTT

अतः प्रतिदर्श समष्टि $=\{H, TH, TTH, TTT\}$.

प्रायिकता (Probability)

माना किसी यादृच्छिक प्रयोग में प्रतिदर्श समष्टि S तथा घटना $E \subseteq S$ है, तब घटना E के घटित होने की प्रायिकता

$P(E)=\dfrac{n(E)}{n(S)}$ होगी।

यदि $P(E)=1$ हो, तब E को निश्चित घटना (Sure event) तथा यदि $P(E)=0$ हो, तब E को असम्भव घटना (Impossible event) कहते हैं।

अर्थात् $0 \le P(E) \le 1$.

सप्रतिबन्ध प्रायिकता (Conditional Probability)

यदि किसी यादृच्छिक प्रयोग में E_1 एवं E_2 दो घटनाएँ हों। जिसमें E_2 घटना पहले घटित हो चुकी हो, तब घटना E_1 के घटित होने की प्रायिकता को घटना E_2 के घटित होने की सप्रतिबंध प्रायिकता कहते हैं। इसे $P\left(\dfrac{E_1}{E_2}\right)$ से निरूपित करते हैं।

अर्थात् $P\left(\dfrac{E_1}{E_2}\right)=\dfrac{P(E_1 \cap E_2)}{P(E_2)}$ जहाँ $E_2 \ne \phi$.

महत्त्वपूर्ण तथ्य (Important Facts)

(*i*) यदि यादृच्छिक प्रयोग से सम्बन्धित घटनाएँ E_1 एवं E_2 हों तब,

$$P(E_1 \cup E_2) = P(E_1)P(E_2) - P(E_1 \cap E_2)$$

(*ii*) यदि E_1 एवं E_2 परस्पर अपवर्जी घटनाएँ हों तो,

$$P(E_1 \cup E_2) = P(E_1) + P(E_2)$$

(*iii*) यदि किसी यादृच्छिक प्रयोग से सम्बन्धित घटनाएँ E_1, E_2, E_3, हो तब,

$$P(E_1 \cup E_2 \cup E_3) = P(E_1) + P(E_2) + P(E_3) - P(E_1 \cap E_2) - P(E_2 \cap E_3) - P(E_1 \cap E_3) + P(E_1 \cap E_2 \cap E_3)$$

(*iv*) यदि E_1, E_2 एवं E_3 परस्पर अपवर्जी घटनाएँ हों तब,

$$P(E_1 \cup E_2 \cup E_3) = P(E_1) + P(E_2) + P(E_3)$$

(*v*) यदि यादृच्छिक प्रयोग से सम्बन्धित घटनाएँ E_1 एवं E_2 हों तब,

(*a*) $P(E_1 \cap E_2) = P(E_2) - P(E_1 \cap E_2)$

(*b*) $P(E_1 \cap E_2) = P(E_1) - P(E_1 \cap E_2)$

(*vi*) यदि P (E_1, E_2, E_3 में से कम-से-कम दो घटनाएँ घटित हो।)

$$= P(E_1 \cap E_2) + P(E_2 \cap E_3) + P(E_3 \cap E_1) - 2P(E_1 \cap E_2 \cap E_3)$$

(vii) यदि P(E_1, E_2, E_3 में दो घटनाएँ घटित हो)

$$= P(E_1 \cap E_2) + P(E_2 \cap E_3) + P(E_3 \cap E_1) - 3P(E_1 \cap E_2 \cap E_3)$$

(viii) यदि $E_1, E_2, E_3, ... E_n$ स्वतंत्र घटनाएँ हों, तब

$$P(E_1 \cap E_2 \cap E_3 \cap ... \cap E_n) = P(E_1)P(E_2)...P(E_n)$$

(ix) यदि $E_1, E_2, E_3, ... E_n$ परस्पर अपवर्जी घटनाएँ हों, तब

$$P(E_1 \cup E_2 \cup E_3 ... \cup E_n) = P(E_1) + P(E_2) + ... + P(E_n)$$

यहाँ $P(E_1 \cap E_2 \cap ... \cap E_n) = 0$

(x) यदि $E_1, E_2, ... E_n$ परस्पर अपवर्जी व सम्पूर्ण घटनाएँ हों, तब

$$P(E_1 \cup E_2 \cup E_3 ... \cup E_n) = P(E_1) + P(E_2) + ... + (E_n) = 1$$

सप्रतिबन्ध प्रायिकता से जुड़े महत्त्वपूर्ण तथ्य

(i) यदि E_1 तथा E_2 स्वतंत्र घटनाएँ हैं, तब

$$P\left(\frac{E_2}{E_1}\right) = P(E_2)$$

(ii) यदि $E_1, E_2, ... E_n$ स्वतंत्र घटनाएँ है, तब

$$P(E_1 \cup E_2 \cup, ... \cup E_n) = 1 - P \; (E_1')P(E_2')...P(E_n')$$

(iii) यदि E_1 एवं E_2 घटनाएँ इस प्रकार हैं कि $E_1 \neq \phi$ तब

$$P(E_2) = P(E_1)P\left(\frac{E_2}{E_1}\right) + (E_1')P\left(\frac{E_2}{E_1}\right)$$

(iv) यदि E_1 एवं E_2 दो घटनाएँ हों तब

(a) $P(E_1 \cap E_2) = P(E_1)P\left(\frac{E_2}{E_1}\right)$,

यदि $P(E_1) \neq 0$

(b) $P(E_1 \cap E_2) = P(E_2)P\left(\frac{E_1}{E_2}\right)$,

यदि $P(E_2) \neq 0$

उदाहरण 6. दो सिक्कों को एक साथ उछाला जाता है, तब

(i) केवल एक शीर्ष

(ii) कम-से-कम एक शीर्ष आने की प्रायिकता निकालें।

हल : दो सिक्कों को एक साथ उछालने पर प्रतिदर्श समष्टि की संख्या $= 2^2 = 4$ (समसम्भावी सरल घटनाएँ)

अतः $S = \{HH, HT, TH, TT\}$

माना E_1 = केवल एक शीर्ष आने की घटना तो

$n(E_1) = \{HT, TH\} = 2$

तथा E_2 = कम से कम एक शीर्ष आने की घटना तो

$n(E_2) = \{HH, HT, TH\} = 3$

अतः (i) $P(E_1) = \frac{n(E_1)}{n(S)} = \frac{2}{4} = \frac{1}{2}$

(ii) $P(E_2) = \frac{n(E_2)}{n(S)} = \frac{3}{4}$.

उदाहरण 7. किसी थैले में 4 लाल, 6 काली तथा 8 हरी गेंद है। यदि यादृच्छया 2 गेंद निकाली जाए तो दोनों के काली होने की प्रायिकता ज्ञात करें।

हल : थैले में कुल गेंदों की संख्या = 6 + 4 + 8 = 18

अतः दो गेंद निकालने के लिए प्रतिदर्श समष्टि की संख्या $= {}^{18}C_2$ (सभसम्भावी सरल घटनाएँ)

पुनः माना E = काली गेंद आने की घटना

$\therefore \; n(E) = {}^6C_2$ (कुल काली गेंद 6)

अतः $P(E) = \frac{{}^6C_2}{{}^{18}C_2} = \frac{6 \times 5}{2!} \times \frac{2!}{18 \times 17} = \frac{5}{51}$.

उदाहरण 8. शब्द 'MALENKOV' यादृच्छया एक पंक्ति में लिख दिया गया है, तो तीनों स्वरों के एक साथ आने की प्रायिकता ज्ञात करें।

हल : शब्द 'MALENKOV' में कुल अक्षर की संख्या 8 है जिसमें तीन स्वर A, E, O हैं। उन अक्षरों को क्रमानुसार रखने के कुल तरीके $= {}^8P_8 = 8!$

अतः प्रतिदर्श समष्टि में कुल समसम्भावी घटनाएँ $= 8!$

पुनः एक ऐसा क्रमानुसार जिसमें सभी तीन स्वर एक

साथ हों। सभी स्वरों को एक (1) वर्ग एवं अन्य 5 व्यंजन होने पर इसके क्रमानुसार के कुल तरीके ${}^6P_6 = 6!$ तथा तीनों स्वर आपस में ${}^3P_3 = 3!$ तरीके से अदल-बदल कर व्यवस्थित हो सकते हैं।

अतः यदि $E =$ तीनों स्वर के एक साथ रहने की घटना हो तो $n(E) = 6! \times 3!$

अतः अभीष्ट प्रायिकता =

$$\frac{6! \times 3!}{8!} = \frac{3 \times 2}{8 \times 7} = \frac{6}{56}. = \frac{3}{28}$$

उदाहरण 9. ताश की गड्डी से 1 पत्ता निकाला जाता है तो इसके एक बादशाह या एक काला पान (स्याह) होने की प्रायिकता ज्ञात करें।

हल : प्रतिदर्श समष्टि में कुल समसम्भावी घटनाएँ $= 52$

माना $E_1 =$ एक बादशाह आने की घटना

तो $n(E_1) = 4$

अतः $P(E_1) = \frac{4}{52} = \frac{1}{13}$

तथा $E_2 =$ एक काला पान (स्याह) आने की घटना

तो $n(E_2) = 13$

अतः $P(E_2) = \frac{13}{52} = \frac{1}{4}$

अब $E_1 \cap E_2 = 1$ (कालापान का बादशाह)

अतः $P(E_1 \cap E_2) = \frac{1}{52}$

अभीष्ट प्रायिकता $= P(E_1 \; ; \text{k}E_2) = P(E_1 \cup E_2)$

$= P(E_1) + P(E_2) - P(E_1 \cap E_2)$

$= \frac{1}{13} + \frac{1}{4} - \frac{1}{52}$

$= \frac{4 + 13 - 1}{52} = \frac{4}{13}.$

उदाहरण 10. A तथा B में कम-से-कम एक के घटने की प्रायिकता 0.6 है। यदि A एवं B के साथ-साथ घटित होने की प्रायिकता 0.2 हो तब $P(A^1) + P(B^1)$ ज्ञात करें।

हल : दिया गया है, $P(A \cup B) = 0.6$

तथा $P(A \cap B) = 0.2$

अब $P(A^1) + P(B^1) = [1 - P(A)] + [1 - P(B)]$

$= 2 - [P(A) + P(B)]$

$= 2 - [P(A) + P(B) - P(A \cap B) + P(A \cap B)]$

$= 2 - [P(A \cup B) + P(A \cap B)]$

$= 2 - P(A \cup B) - P(A \cap B)$

$= 2 - (0.6 + 0.2) = 1.2.$

उदाहरण 11. एक काले एवं एक लाल पासे को फेंका जाता है तो पासों के ऊपर के फलक पर अंकों का योग 9 से अधिक होने की सप्रतिबंध प्रायिकता ज्ञात करें। यदि काले पासे के ऊपर के फलक पर 5 अंक प्राप्त हो।

हल : माना $E_1 = 9$ से अधिक अंकों का योग हो।

$E_2 =$ काले पासे पर 5 अंक प्राप्त हो।

तब $n(E_1) = \{(4,6)\ (6,4)\ (5,5)\ (6,5)\ (5,6)\ (6,6)\}$
$= 6$

$n(E_2) = \{(5,1)\ (5,2)\ (5,3)\ (5,4)\ (5,5)\ (5,6)\} = 6$

$n(E_1 \cap E_2) = 2\{(S,S)(2,6)\} = 2$

कुल प्रतिदर्श समष्टि $n(S) = 36$

$\therefore \; P(E_1) = \frac{6}{36} = \frac{1}{6}, \quad P(E_2) = \frac{6}{36} = \frac{1}{6},$

$P(E_1 \cap E_2) = \frac{2}{36} = \frac{1}{18}$

अतः अभीष्ट प्रायिकता $= P(E_1 / E_2)$

$$= \frac{P(E_1 \cap E_2)}{P(E_2)} = \frac{\frac{1}{18}}{\frac{1}{6}} = \frac{1}{3}$$

सम्पूर्ण प्रायिकता का नियम
(Law of Total Probability)

माना यादृच्छिक प्रयोग में S एक प्रतिदर्श समष्टि तथा E_1, $E_2,...E_n$ परस्पर अपवर्जी तथा सम्पूर्ण घटनाएँ हैं। यदि कोई घटना A, E_1 या E_2 या E_3,... या E_n के साथ घटित हो, तब

$$P(A)=P(E_1)P\left(\frac{A}{E_1}\right)+P(E_2)P\left(\frac{A}{E_2}\right)+...$$

$$+P(E_n)P\left(\frac{A}{E_n}\right)$$

उदाहरण 12. पहले थैले में 4 लाल एवं 3 काली गेंद है तथा दूसरे थैले में 2 लाल एवं 4 काली गेंद है। एक थैले का यादृच्छया चयन किया जाता है तथा उस थैले में से 1 गेंद निकाली जाती है, तब प्राप्त गेंद के लाल होने की प्रायिकता ज्ञात करें।

हल : एक लाल गेंद प्राप्त करने की दो परस्पर अपवर्जी तरीके हैं।

(*i*) पहले थैले का चयन तथा उसमें से 1 लाल गेंद प्राप्त करने के तरीके।

(*ii*) दूसरे थैले का चयन तथा उसमें से 1 लाल गेंद प्राप्त करने के तरीके।

माना E_1, E_2 तथा A निम्न घटनाओं को सूचित करते हैं

E_1 = पहले थैले का चयन

E_2 = दूसरे थैले का चयन

A = 1 लाल गेंद प्राप्त होने का चयन

चूँकि दो थैले में से 1 का चयन यादृच्छया है।

अतः $P(E_1)=\frac{1}{2}$ तथा $P(E_2)=\frac{1}{2}$

अब $P(A/E_1)=1$ लाल गेंद प्राप्त करने की प्रायिकता जब पहले थैले का चयन हो।

$$=\frac{4}{4+3}=\frac{4}{7}$$

तथा $P(A/E_2)=1$ लाल गेंद प्राप्त करने की प्रायिकता जब दूसरे थैले का चयन हो।

$$\frac{2}{2+4}=\frac{2}{6}$$

अतः सम्पूर्ण प्रायिकता के नियम से,

$$P\text{ (लाल गेंद) }=P(A)=P(E_1)P(A/E_1)$$
$$+P(E_2)P(A/E_2)$$

$$\Rightarrow P(A)=\frac{1}{2}\times\frac{4}{7}+\frac{1}{2}\times\frac{2}{6}=\frac{19}{42}$$

बे का प्रमेय (Baye's Theorem)– यदि $E_1, E_2,...E_n$, n परस्पर अपवर्जी तथा सम्पूर्ण घटनाएँ हैं तथा कोई घटना इस प्रकार है कि $P(E_i)>0,\ \forall 0\le i\le n$ तब $1\le k\le n$ के लिए

$$P\left(\frac{E_k}{E}\right)=\frac{P(E_K)\cdot P\left(\frac{E}{E_k}\right)}{\sum_{k=1}^{n}P(E_k)\cdot P\left(\frac{E}{E_K}\right)}$$

उदाहरण 13. तीन बर्तनों में क्रमशः 6 लाल, 4 काली; 4 लाल, 6 काली; तथा 5 लाल, 5 काली गेंदें हैं। यदि एक बर्तन का यादृच्छया चयन किया जाता है तथा एक गेंद निकाली जाती है। यदि प्राप्त गेंद लाल हो, तो निकाली गई गेंद की प्रायिकता ज्ञात करें कि वह पहले बर्तन से प्राप्त की गई है।

हल : माना E_1, E_2, E_3 तथा A निम्न घटनाएँ हैं।

E_1 = पहले बर्तन का चयन,

E_2 = दूसरे बर्तन का चयन,

E_3 = तीसरे बर्तन का चयन,

A = निकाली गई गेंद लाल हो।

तीनों बर्तन में से एक का चयन यादृच्छया होता है।

अतः $P(E_1)=P(E_2)=P(E_3)=\frac{1}{3}$

यदि E_1 घटित हो तो इसमें 6 लाल एवं 4 काली गेंद हैं।

अतः 1 लाल गेंद प्राप्त करने की प्रायिकता $=\frac{6}{10}$

अतः $P(A/E_1)=\frac{6}{10}$

इसी प्रकार, $P(A/E_2)=\frac{4}{10}$ तथा $P(A/E_3)=\frac{5}{10}$

अतः बे प्रमेय से,

$$P(E_1/A)=\frac{P(E_1)P(A/E_1)}{P(E_1)P(A/E_1)+P(E_2)P(A/E_2)+P(E_3)P(A/E_3)}$$

$$=\frac{\frac{1}{3}\times\frac{6}{10}}{\frac{1}{3}\times\frac{6}{10}+\frac{1}{3}\times\frac{4}{10}+\frac{1}{3}\times\frac{5}{10}}=\frac{6}{15}=\frac{2}{5}.$$

साधित उदाहरण (Solved Examples)

1. छः पुरस्कारों का तीन व्यक्ति में वितरण यादृच्छया किया जाता है, तो किसी एक व्यक्ति को सभी पुरस्कार नहीं मिलने की प्रायिकता होगी–

(*a*) $\frac{120}{216}$ (*b*) $\frac{6}{216}$

(*c*) $\frac{210}{216}$ (*d*) $\frac{190}{216}$

हल : पुरस्कारों को वितरण करने का कुल तरीका $= 6\times6\times6$

अर्थात् प्रतिदर्श समष्टि की संख्या $= 216$

एक ही व्यक्ति को सभी पुरस्कार प्राप्त होने के कुल तरीके $= 6$

अतः किसी एक व्यक्ति को सभी पुरस्कार नहीं मिलने की प्रायिकता $= 1 - P$ (एक ही व्यक्ति को सभी पुरस्कार)

$$=1-\frac{6}{216}=\frac{210}{216}$$

अतः (*c*) सही उत्तर है।

2. शब्द 'PROBABILITY' को सभी संभव तरीके से पंक्तिबंद्ध किया गया है, तो इसकी क्या संभावना है कि दो *B* तथा दो *I* हमेशा एक साथ घटित हों?

(*a*) $\frac{1}{55}$ (*b*) $\frac{4}{165}$

(*c*) $\frac{3}{65}$ (*d*) $\frac{2}{55}$

हल : कुल अक्षरों की संख्या = 11

B की संख्या = 2

I की संख्या = 2

अतः अक्षरों को क्रमानुसार रखने का कुल तरीका

$$=\frac{11!}{2!2!}$$

जब दोनों *B* तथा दोनों *I* हमेशा एक साथ घटित हो, तब क्रमानुसार रखने के कुल तरीके $= 9!$

अतः अभीष्ट प्रायिकता $=\frac{9!}{11!/2!2!}$

$$=\frac{9!\times2!\times2!}{11!}$$

$$=\frac{2\times2}{11\times10}=\frac{2}{55}$$

अतः उत्तर (*d*) सही है।

3. दो पासें को एक साथ एक बार फेंका जाता है तो इसकी क्या प्रायिकता है कि उसके फलक पर आये अंकों का योग 7 या 9 होगा?

(*a*) $\frac{4}{8}$ (*b*) $\frac{1}{3}$

(*c*) $\frac{5}{18}$ (*d*) $\frac{1}{18}$

हल : *P* (अंकों का योग 7 या 9) = *P*(अंकों का योग 7) + *P*(अंकों का योग 9)

$$=\frac{6}{36}+\frac{4}{36}$$

(क्योंकि अंकों का योग 7 तथा 9 एक साथ घटित नहीं हो सकती)

$$=\frac{1}{6}+\frac{1}{9}=\frac{3+2}{18}=\frac{5}{18}$$

सही उत्तर (*c*) है।

4. 1 से 20 तक की संख्याओं से तीन संख्याओं का यादृच्छया चयन किया जाता है तो इसके लगातार (Consecutive) होने की प्रायिकता है–

(*a*) $\frac{3}{190}$ (*b*) $\frac{1}{60}$

(*c*) $\frac{1}{57}$ (*d*) इसमें से कोई नहीं

हल : 20 संख्याओं में से 3 संख्याओं का चयन करने के कुल तरीके $= {}^{20}C_3 = 1140$

तीन लगातार संख्याओं का चयन करने के कुल तरीके $=(1,2,3),(2,3,4),(3,4,5)\ldots(18,19,20)=18$

अतः अभीष्ट प्रायिकता $= \frac{18}{1140} = \frac{3}{190}$

$\therefore (a)$ सही उत्तर है।

5. किसी ताश की गड्डी में 4 इक्के, 4 बादशाह, 4 बेगम एवं 4 गुलाम हैं। इसमें से यादृच्छया दो पत्ते खींचें जाते हैं, तो कम-से-कम 1 इक्का होने की प्रायिकता है–

(a) $\frac{1}{5}$ (b) $\frac{9}{20}$

(c) $\frac{3}{16}$ (d) $\frac{1}{9}$

हल : कुल पत्तों की संख्या $= 16$

कुल इक्के $= 4$

16 पत्तों में से 2 पत्ता निकालने के कुल तरीके $= {}^{16}C_2$

इक्का नहीं निकलने के कुल तरीके $= {}^{12}C_2$ ($\because$ 4 इक्के हैं)

अतः अभीष्ट प्रायिकता $= 1 - P$ (इक्का नहीं निकलने की घटना)

$$= 1 - \frac{{}^{12}C_2}{{}^{16}C_2} = 1 - \frac{12 \times 11}{16 \times 15}$$

$$= 1 - \frac{11}{20} = \frac{9}{20}$$

अतः (b) सही उत्तर है।

6. ताश की गड्डी से दो पत्तो का चयन किया गया, परन्तु दूसरा पत्ता निकालने से पहले, पहले पत्ते को पुनः गड्डी में रख दिया जाता है, तो पहले पत्ते के ईंट (Diamond) तथा दूसरे पत्ते के बादशाह (King) होने की प्रायिकता है–

(a) $\frac{13}{4}$ (b) $\frac{4}{13}$

(c) $\frac{1}{52}$ (d) $\frac{1}{104}$

हल : अभीष्ट प्रायिकता $= P$ (चयनित पत्ता ईंट) $\times P$ (चयनित पत्ता बादशाह)

$$= \frac{13}{52} \times \frac{4}{52} = \frac{1}{52}$$

अतः (c) सही उत्तर है।

7. यदि $P(A \cap B) = 0.15, P(B') = 0.10$ तब $P(A/B)$ है–

(a) $\frac{1}{3}$ (b) $\frac{1}{4}$

(c) $\frac{1}{5}$ (d) $\frac{1}{6}$

हल : $P(A/B) = \frac{P(A \cap B)}{P(B)}$

$$= \frac{P(A \cap B)}{1 - P(B')} = \frac{0.15}{1 - 0.10} = \frac{15}{90} = \frac{1}{6}$$

अतः (d) सही उत्तर है।

8. एक व्यक्ति 75% सत्य बोलता है। वह एक पासे को फेंकता है तथा इसे 6 घोषित करता है, तो इसके वस्तुतः 6 होने की संभावना है–

(a) $\frac{3}{8}$ (b) $\frac{1}{5}$

(c) $\frac{3}{24}$ (d) $\frac{1}{25}$

हल : $E_1 =$ माना पासे के फलक पर 6 आने की घटना

$E_2 =$ पासे के फलक पर 6 नहीं आने की घटना

अतः E_1 तथा E_2 परस्पर अपवर्जी तथा सम्पूर्ण घटनाएँ हैं। तब $P(E/E_1) = \frac{3}{4}$ तथा $P(E/E_2) = \frac{1}{4}$

अतः बे प्रमेय से,

$$P(E_1/E) = \frac{P(E/E_1)P(E_1)}{P(E/E_1) \cdot P(E_1) + P(E/E_2) \cdot P(E_2)}$$

$$= \frac{\frac{3}{4} \times \frac{1}{6}}{\frac{3}{4} \times \frac{1}{6} + \frac{1}{4} \times \frac{5}{6}} = \frac{3}{3+5} = \frac{3}{8}$$

अतः (a) सही उत्तर है।

9. एक बर्तन में 2 लाल, 3 नीली तथा 4 काली गेंदें है, यादृच्छया तीन गेंद निकाली जाती है, तो सभी गेंदों के एक ही रंग होने की प्रायिकता है–

(a) $\frac{5}{84}$ (b) $\frac{3}{9}$

(c) $\frac{3}{7}$ (d) $\frac{7}{17}$

हल : कुल गेंद $= 9$

9 गेंद में से 3 गेंद निकालने के कुल तरीके $= {}^9C_3 = 84$

सभी गेंद एक ही रंग की हों $= {}^3C_3 + {}^4C_3 = 1 + 4 = 5$

($\because$ लाल गेंद 2 ही है)

10. यदि A एवं दो B घटनाएँ हैं तथा $P(A') = 0.3$, $P(B) = 0.4, P(A \cap B') = 0.5$, तब $P(A \cup B')$

(a) 0.5 (b) 0.8

(c) 1 (d) 0.1

हल : योग प्रमेय से हम जानते हैं कि

$$P(A \cup B') = P(A) + P(B') - P(A \cap B')$$

$$= 1 - P(A') + 1 - P(B) - P(A \cap B')$$

$$= 1 - 0.3 + 1 - 0.4 - 0.5 = 0.8$$

वस्तुनिष्ठ प्रश्न

1. माना कि A और B स्वतंत्र घटनायें हैं। A और B दोनों के घटने की प्रायिकता $\frac{1}{12}$ है तथा न तो A और न ही B की प्रायिकता $\frac{1}{2}$ है तो–

(a) $P(A) = \frac{1}{3}, P(B) = \frac{1}{4}$

(b) $P(A) = \frac{1}{2}, P(B) = \frac{1}{6}$

(c) $P(A) = \frac{1}{6}, P(B) = \frac{1}{2}$

(d) उपरोक्त में से कोई नहीं

2. तीन पासे एक साथ फेंके जाते हैं। उन पर आने वाले अंकों का योग 17 या 18 होने की प्रायिकता है–

(a) $\frac{1}{72}$ (b) $\frac{1}{9}$

(c) $\frac{1}{54}$ (d) $\frac{1}{85}$

3. दो पासों को फेंका जाता है। दोनों संख्याओं का योग अभाज्य संख्या प्राप्त होने की प्रायिकता है–

(a) $\frac{5}{12}$ (b) $\frac{1}{6}$

(c) $\frac{1}{2}$ (d) $\frac{1}{3}$

4. तीन व्यक्ति एक समस्या पर स्वतंत्र रूप से कार्य करते हैं। उनके द्वारा समस्या को हल करने की प्रायिकतायें क्रमशः $\frac{1}{3}, \frac{1}{4}$ व $\frac{1}{5}$ हैं तो तीनों में से किसी के द्वारा समस्या न हल होने की प्रायिकता है–

(a) $\frac{1}{3}$ (b) $\frac{3}{5}$

(c) $\frac{2}{5}$ (d) इनमें से कोई नहीं।

5. शब्द POSSESSIVE से एक अक्षर यादृच्छया चुन लिया जाता है, तो इसके S होने की प्रायिकता है–

(a) $\frac{3}{10}$ (b) $\frac{4}{10}$

(c) $\frac{3}{6}$ (d) $\frac{4}{15}$

6. किसी प्रतिदर्श समष्टि में दो घटनाओं A और B के लिए–

(a) $P\left(\frac{A}{B}\right) \geq \frac{P(A) + P(B) - 1}{P(B)} P(B) \neq 0$ सदैव सत्य है

(*b*) $P(A\cap B)=P(A)-P(A\cap B)$ सत्य नहीं है।

(*c*) $P(A\cup B)=1-P(\bar{A})P(\bar{B})$ यदि A और B असंयुक्त है।

(*d*) उपरोक्त में से कोई नहीं

7. एक थैले में 3 सफेद व 5 काली गेंदें रखी हैं। यदि एक गेंद निकाली जाए, तो इसके काली होने की प्रायिकता है–

(*a*) $\frac{3}{8}$ (*b*) $\frac{5}{8}$

(*c*) $\frac{6}{8}$ (*d*) $\frac{10}{20}$

8. किसी संदूक में 3 आम व 3 सेब हैं। यदि दो फल यादृच्छया चुने जाएँ तो एक के आम व दूसरे के सेब होने की प्रायिकता है–

(*a*) $\frac{2}{3}$ (*b*) $\frac{3}{5}$

(*c*) $\frac{1}{3}$ (*d*) $\frac{4}{3}$

9. 100 पत्तों की गड्डी जिन पर 1 से लेकर 100 तक संख्याएं लिखी हैं, में से यादृच्छया एक पत्ता निकाला जाता है, तो पूर्ण वर्ग संख्या आने की प्रायिकता है–

(*a*) $\frac{1}{5}$ (*b*) $\frac{2}{5}$

(*c*) $\frac{1}{10}$ (*d*) इनमें से कोई नहीं

10. एक पासे को n बार उछाला जाता है। यदि 7 शीर्ष प्राप्त करने की प्रायिकता, 9 शीर्ष प्राप्त करने की प्रायिकता के बराबर हो, तो 3 शीर्ष प्राप्त करने की प्रायिकता है–

(*a*) $\frac{35}{2^{12}}$ (*b*) $\frac{35}{2^{14}}$

(*c*) $\frac{7}{2^{12}}$ (*d*) इनमें से कोई नहीं

11. एक थैले में 3 काली तथा 4 सफेद गेंद है। बिना प्रतिस्थापन के यादृच्छया एक-एक करके दो गेंदें निकाली गई हैं। निकाली गई द्वितीय गेंद के सफेद होने की प्रायिकता है–

(*a*) $\frac{4}{49}$ (*b*) $\frac{1}{7}$

(*c*) $\frac{4}{7}$ (*d*) $\frac{12}{49}$

12. 10 विद्यार्थियों को यादृच्छया एक पंक्ति में बिठाया गया हो, तो दो विशेष विद्यार्थियों के एक साथ नही बैठने की प्रायिकता होगी–

(*a*) $\frac{4}{5}$ (*b*) $\frac{3}{5}$

(*c*) $\frac{2}{5}$ (*d*) $\frac{1}{5}$

13. 22 वीं शताब्दी के किसी वर्ष को यादृच्छया चुनने पर उसमें 53 रविवार होने की प्रायिकता है–

(*a*) $\frac{3}{28}$ (*b*) $\frac{2}{28}$

(*c*) $\frac{7}{28}$ (*d*) $\frac{5}{28}$

14. दो घटनायें A तथा B इस प्रकार हैं कि

$$P(A)=\frac{1}{4},\ P\left(\frac{B}{A}\right)=\frac{1}{2},\ P\left(\frac{A}{B}\right)=\frac{1}{4},$$

तब निम्न कथनों में से कौन-सा कथन सत्य है?

I. $P\left(\frac{A^C}{B^C}\right)=\frac{3}{4}$

II. घटनायें A तथा B परस्पर अपवर्जी है।

III. $P\left(\frac{A}{B}\right)+P\left(\frac{A}{B^C}\right)=1$

(*a*) केवल I (*b*) केवल II

(*c*) I तथा III (*d*) II तथा III

15. यदि $P(A)=0.25, P(B)=0.50$ तथा $P(A\cap B)=0.14$, तब $P(A\cap\bar{B})$ का मान होगा–

(*a*) 0.61 (*b*) 0.39

(*c*) 0.48 (*d*) इनमें से कोई नहीं

16. एक लाटरी में 90 टिकट हैं, जिन पर 1 से 90 तक संख्याएँ अंकित हैं, पाँच टिकट यादृच्छया चुने जाते हैं। इनमें से दो टिकटों पर 15 तथा 80 संख्या होने की

प्रायिकता है–

(a) $\frac{2}{801}$ (b) $\frac{2}{623}$

(c) $\frac{1}{267}$ (d) $\frac{1}{623}$

17. दो व्यक्ति A तथा B पासों के एक युग्म को बारी - बारी से फेंकते हैं, यदि पहला व्यक्ति पासों के युग्म से 9 प्राप्त करता है, तो उसे इनाम नहीं मिलता है। यदि A पहले फेंकता है, तब B के खेल जीतने की प्रायिकता है–

(a) $\frac{9}{17}$ (b) $\frac{8}{17}$

(c) $\frac{8}{9}$ (d) $\frac{1}{9}$

18. यदि कोई 4 अंक चुने जाते हैं तथा आपस में उनको गुणा किया जाता है तब अंतिम अंक के 1, 3, 5, या 7 होने की प्रायिकता है–

(a) $\frac{4}{625}$ (b) $\frac{18}{625}$

(c) $\frac{16}{625}$ (d) इनमें से कोई नहीं

19. गणित की एक समस्या तीन छात्रों A, B तथा C को दी जाती है तथा उनके द्वारा समस्या के हल होने की प्रायिकता क्रमशः $\frac{1}{2}, \frac{1}{3}$, तथा $\frac{1}{4}$ है, तब समस्या के हल होने की प्रायिकता है–

(a) $\frac{3}{4}$ (b) $\frac{1}{2}$

(b) $\frac{2}{3}$ (c) $\frac{1}{3}$

20. समुच्चय S = {1, 2, 3, 4, 5, 6} में से कोई दो संख्यायें यादृच्छया चुनी जाती है। दोनों संख्याओं में से न्यूनतम संख्या के 4 से कम होने की प्रायिकता है–

(a) $\frac{1}{15}$ (b) $\frac{14}{15}$

(c) $\frac{1}{5}$ (d) $\frac{4}{5}$

21. 100 एक समान सिक्कें, प्रत्येक को एक बार उछालने पर शीर्ष आने की प्रायिकता P है। यदि 0<P<1 तथा 50 सिक्कों के शीर्ष ऊपर आने की तथा 51 सिक्कों के शीर्ष ऊपर आने की प्रायिकता बराबर है, तो P का मान है–

(a) $\frac{1}{2}$ (b) $\frac{49}{401}$

(c) $\frac{50}{101}$ (d) $\frac{51}{101}$

22. एक क्रिकेट टीम में 15 सदस्य हैं जिनमें से केवल 5 गेंदबाज है। यदि इन खिलाड़ियों के नामों की पर्चियाँ एक टीम में रखी हों तथा 11 पर्चियाँ यादृच्छया निकाली जाती हों, तब 11 खिलाड़ियों को चुनने की प्रायिकता क्या होगी, यदि कम-से-कम 3 गेंदबाज हों?

(a) $\frac{7}{13}$ (b) $\frac{11}{15}$

(c) $\frac{12}{13}$ (d) इनमें से कोई नहीं

23. यदि $P(B) = \frac{3}{4}$, $P(A \cap B \cap \bar{C}) = \frac{1}{3}$ और $P(\bar{A} \cap B \cap \bar{C}) = \frac{1}{3}$, तब $P(B \cap C)$ बराबर है–

(a) $\frac{1}{12}$ (b) $\frac{1}{6}$

(c) $\frac{1}{15}$ (d) $\frac{1}{9}$

24. यदि N = S {(1, 2,......,100)} से यादृच्छया 3 विभिन्न सख्याएँ चुनी जाती हैं, तो इन तीनों के 2 और 3 दोनों से विभाजित होने की प्रायिकता होगी–

(a) $\frac{4}{25}$ (b) $\frac{4}{35}$

(c) $\frac{4}{33}$ (d) $\frac{4}{1155}$

25. पत्तों की एक गड्डी जिसमें 4 इक्के, 4 बादशाह, 4 बेगम एंव 4 गुलाम हैं। दो पत्ते यादृच्छया चुन लिए जाते हैं। इनमें कम-से-कम एक इक्का होने की प्रायिकता है–

(*a*) $\frac{9}{20}$ (*b*) $\frac{3}{16}$
(*c*) $\frac{1}{6}$ (*d*) $\frac{1}{9}$

26. माना किसी प्रतिदर्श समष्टि से सम्बन्धित तीन घटनाएँ E, E_1 तथा E_2 हैं।

कॉलम I	कॉलम II
A. $E \cap E'$ बराबर है	*p.* S
B. $(E_1 \cup E_2)'$ बराबर है	*q.* $S-(E_1 \cup E_2)$
C. $E \cup E'$ बराबर	*r.* $\{\}$
D. $\{(E_1-E_2) \cup (E_2-E_1) \cup (E_1 \cap E_2)\}'$ बराबर है	*s.* $E_1' \cap E_2'$

सही मिलान हैः

(a) A – *p*; B – *q*; C – *r*; D – *s*
(b) A – *r*, *p*; B *s*, *p*; E *p*, *p*; D *q*
(c) A – *r*, B – *q*, *s*, C *s*, D *q*, *s*
(d) A - *r*; B *q*, *s*; C *s*; D *p*

अनुच्छेद-1 (Paragraph-1)

माना E_1 एवं E_2 दो स्वतंत्र घटनाएँ किसी प्रतिदर्श समष्टि से सम्बन्धित हैं, जहाँ
$P(E_1) = p_1, P(E_2) = p_2$

27. घटना $E_1 \cap E_2'$ की प्रायिकता है–

(*a*) p_1p_2 (*b*) $1-p_1p_2$
(*c*) $p_1-p_1p_2$ (*d*) $p_2-p_1p_2$

28. घटना $E_1' \cap E_2'$ की प्रायिकता है–

(*a*) $1-p_1p_2$ (*b*) $(1-p_1)(1-p_2)$
(*c*) $1+p_1p_2$ (*d*) इनमें से कोई नहीं

29. घटना E_1 तथा E_2 में से केवल एक ही घटित होने की प्रायिकता–

(*a*) $p_1+p_2-p_1p_2$
(*b*) p_1+p_2
(*c*) $p_1(1-p_2)+p_2(1-p_1)$
(*d*) इनमें से कोई नहीं

अनुच्छेद-2 (Paragraph-2)

शब्द 'SOCIETY' के अक्षरों को सभी-संभव क्रमानुसार रखा गया है।

30. उपरोक्त क्रमानुसार में सभी स्वर एवं सभी व्यंजन के एक साथ होने की प्रायिकता है–

(*a*) $\frac{1}{35}$ (*b*) $\frac{1}{10}$
(*c*) $\frac{2}{35}$ (*d*) इनमें से कोई नहीं

31. उपरोक्त क्रमानुसार में अक्षर C एवं T के मध्य दो अक्षर होने की प्रायिकता है–

(*a*) $\frac{4}{21}$ (*b*) $\frac{2}{21}$
(*c*) $\frac{1}{21}$ (*d*) $\frac{3}{21}$

32. एक शब्द (सार्थक या निरर्थक) यादृच्छया चयन किया जाता है। यदि यह *S* से प्रारंभ होता है तथा *Y* से अन्त, तो इसमें स्वर एवं व्यंजन का एक के बाद दूसरा (Alternately) होने की प्रायिकता है–

(*a*) $\frac{1}{35}$ (*b*) $\frac{1}{10}$
(*c*) $\frac{1}{5}$ (*d*) इनमें से कोई नहीं

दृढ़कथन-कारण (Assertion-Reason)

निम्नलिखित प्रश्नों के लिए नीचे दिए गए कूटों (*a*), (*b*), (*c*) तथा (*d*) से सही उत्तर का चयन करें।

(*a*) वक्तव्य-I सत्य है; वक्तव्य-II सत्य है; वक्तव्य-II वक्तव्य-I का सही स्पष्टीकरण है।
(*b*) वक्तव्य-I सत्य है; वक्तव्य-II सत्य है; वक्तव्य-II वक्तव्य-I का सही स्पष्टीकरण नहीं है।
(*c*) वक्तव्य-I सत्य है; वक्तव्य-II असत्य है।
(*d*) वक्तव्य-I असत्य है; वक्तव्य-II सत्य है।

33. माना *A* और *B* दो घटनाएँ प्रतिदर्श समष्टि से सम्बन्धित है जहाँ, $P(A \cap B) = P(A).P(B)$

वक्तव्य-I : $P(A/B) = P(A)$
तथा $P(B/A) = P(B)$
वक्तव्य-II : $P(A \cup B) = P(A) + P(B)$

34. $E_1, E_2, E_3......E_n$ परस्पर अपवर्जी घटनाएँ किसी प्रतिदर्श समष्टि से सम्बन्धित है

वक्तव्य-I : $P(E_1) + P(E_2) + ... + P(E_n) \leq 1$

वक्तव्य-II : यदि E कोई घटना किसी प्रतिदर्श समष्टि तब $P(E) < 1$

35. माना E_1 एवं E_2 दो घटनाएँ किसी प्रतिदर्श समष्टि से सम्बन्धित है, तब

वक्तव्य-I : $P(E_1) + P(E_2) \leq 1$

वक्तव्य-II : $P(E_1) + P(E_2) = P(E_1 \cup E_2) + P(E_1 \cap E_2)$

उत्तरमाला

1	2	3	4	5	6	7	8	9	10
(a)	(c)	(b)	(c)	(b)	(a)	(b)	(b)	(c)	(a)
11	**12**	**13**	**14**	**15**	**16**	**17**	**18**	**19**	**20**
(c)	(a)	(d)	(a)	(d)	(a)	(b)	(c)	(a)	(d)
21	**22**	**23**	**24**	**25**	**26**	**27**	**28**	**29**	**30**
(d)	(c)	(a)	(d)	(a)	(c)	(c)	(b)	(c)	(c)
31	**32**	**33**	**34**	**35**					
(a)	(b)	(c)	(a)	(d)					

व्याख्यात्मक उत्तर

1. दिया है, $P(A \cap B) = \frac{1}{12}$ और $P(\overline{A} \cap \overline{B}) = \frac{1}{2}$

क्योंकि A तथा B दो स्वतंत्र घटनाएँ हैं।

$$P(A \cap B) = P(A).P(B) = \frac{1}{12} \quad ...(i)$$

व $$P(\overline{A} \cap \overline{B}) = P(\overline{A}).P(\overline{B}) = \frac{1}{2} \quad ...(ii)$$

$$\Rightarrow \{(1 - P(A)\}\{(1 - P(B))\} = \frac{1}{2}$$

$$\Rightarrow 1 + P(A)P(B) - P(A) - P(B) = \frac{1}{2}$$

$$\Rightarrow 1 + \frac{1}{12} - [P(A) + P(B)] = \frac{1}{2}$$

$$\Rightarrow P(A) + P(B) = \frac{7}{12} \quad ...(iii)$$

समीकरण (*i*) व (*iii*) को सरल करने पर,

$$P(A) = \frac{1}{3}, \frac{1}{4} \text{ व } P(B) = \frac{1}{4}, \frac{1}{3}.$$

2. तीन पासें $6 \times 6 \times 6 = 216$ प्रकार से फेंके जा सकते हैं।

योग 17 निम्न 3 प्रकार से प्राप्त किया जा सकता हैं (5, 6, 6), (6, 5, 6), (6, 6, 5)

योग 18 निम्न 1 प्रकार से प्राप्त किया जा सकता है (6, 6, 6)

अतः 17 या 18 का अंकों का योग आने के तरीकों की संख्या = 4

$$\therefore \text{ अभीष्ट प्रायिकता } = \frac{4}{216} = \frac{1}{54}.$$

3. अभाज्य संख्याएँ {2, 3, 5, 7. 11} है।

दो पासों का योग 2, 3, 5, 7, तथा 11; आने के तरीकों की संख्या क्रमशः 1, 2, 4. 6. तथा 2 है।

अतः तरीकों की संख्या = 15

पासे उछालने के कुल तरीकों की संख्या = $6 \times 6 = 36$

$$\therefore \text{ अभीष्ट प्रायिकता } = \frac{15}{36} = \frac{5}{12}.$$

4. माना कि प्रत्येक व्यक्ति द्वारा समस्या का हल करने की प्रायिकता $P(A)=\frac{1}{3}$, $P(B)=\frac{1}{4}$ व $P(C)=\frac{1}{5}$

तथा प्रत्येक के द्वारा समस्या हल न करने की प्रायिकता

$P(\bar{A})=\frac{2}{3}$, $P(\bar{B})=\frac{3}{4}$ तथा $P(\bar{C})=\frac{4}{5}$

प्रश्नानुसार, तीनों में से किसी के द्वारा समस्या का हल न होने की प्रायिकता

$$P=(\bar{A}\cap\bar{B}\cap\bar{C}) = P=(\bar{A}).P(\bar{B}).P(\bar{C})$$

($\because$ घटनाएँ स्वतन्त्र हैं)

$$=\frac{2}{3}.\frac{3}{4}.\frac{4}{5}=\frac{2}{5}.$$

5. इस शब्द में कुल 10 अक्षर तथा 4 '*S*' हैं।

एक '*S*' चुनने की प्रायिकता $=\frac{4}{10}$.

6. हम जानते हैं कि $P\left(\frac{A}{B}\right)=\frac{P(A\cap B)}{P(B)}$

तथा $P(A\cup B)\le 1$

$\Rightarrow P(A)+P(B)-P(A\cap B)\le 1$

$\Rightarrow P(A\cap B)\ge P(A)+P(B)-1$

$$\Rightarrow \frac{P(A\cap B)}{P(B)}\ge\frac{P(A)+P(B)-1}{P(B)}$$

$[\because P(B)\neq 0]$

$$\Rightarrow P\left(\frac{A}{B}\right)\ge\frac{P(A)+P(B)-1}{P(B)}.$$

7. थैले में कुल गेंद $=8$

1 काली गेंद निकालने के तरीकों की संख्या $={}^5C_1$

अभीष्ट प्रायिकता $=\frac{{}^5C_1}{{}^8C_1}=\frac{5}{8}$.

8. 6 में से दो फल चुनने के तरीकों की संख्या $={}^6C_2$ तथा 1 आम और 1 सेब चुनने के तरीकों की संख्या

$$={}^3C_1\times{}^3C_1$$

अभीष्ट प्रायिकता $=\frac{{}^3C_1\times{}^3C_1}{{}^6C_2}$

$$=\frac{3\times 3}{15}=\frac{3}{5}.$$

9. कुल तरीकों की संख्या $={}^{100}C_1=100$

अनुकूल संख्याएँ $1^2,2^2,3^2,4^2,5^2,6^2,7^2,8^2,9^2,10^2$ हैं।

अतः अनुकूल तरीकों की संख्या $=10$

$\therefore$ अभीष्ट प्रायिकता $=\dfrac{\text{अनुकूल तरीकों की संख्या}}{\text{कुल तरीकों की संख्या}}$

$$=\frac{10}{100}=\frac{1}{10}.$$

10. माना कि सिक्का n बार उछाला जाता है।

यहाँ $p=\frac{1}{2}=q$

p (7 शीर्ष) $={}^nC_7\left(\frac{1}{2}\right)^7\left(\frac{1}{2}\right)^{n-7}={}^nC_7\left(\frac{1}{2}\right)^n$

व p (9 शीर्ष) $={}^nC_9\left(\frac{1}{2}\right)^9\left(\frac{1}{2}\right)^{n-9}={}^nC_9\left(\frac{1}{2}\right)^n$

प्रश्नानुसार,

p (7 शीर्ष) $=p$ (9 शीर्ष)

$\Rightarrow {}^nC_7\left(\frac{1}{2}\right)^n={}^nC_9\left(\frac{1}{2}\right)^n$

$\Rightarrow {}^nC_7={}^nC_9$

$\Rightarrow n=16\left(\because {}^nC_p={}^nC_q\Rightarrow n=p+q\right)$

p (3 शीर्ष) $={}^{16}C_3\left(\frac{1}{2}\right)^3\left(\frac{1}{2}\right)^{16-3}={}^{16}C_3\left(\frac{1}{2}\right)^{16}$

$$=\frac{16.15.14}{3.2.1}\left(\frac{1}{2}\right)^{16}=\frac{35}{2^{12}}.$$

11. दूसरी सफेद गेंद दो तरीके से निकाली जा सकती है

A. प्रथम सफेद तथा द्वितीय भी सफेद, अतः

$$P(A)=\frac{4}{7}\times\frac{3}{6}=\frac{2}{7}$$

B. प्रथम काली व द्वितीय सफेद, अतः

$$P(B)=\frac{3}{7}\times\frac{4}{6}=\frac{2}{7}$$

अतः अभीष्ट प्रायिकता $=\frac{2}{7}+\frac{2}{7}=\frac{4}{7}$.

12. कुल तरीकों की संख्या = 10!

दो लड़के एक साथ 2 × 9! प्रकार से बैठ सकते हैं।

अतः प्रायिकता, $P=\frac{2\times 9!}{10!}=\frac{1}{5}$

अतः उनके साथ न बैठने की प्रायिकता,

$\bar{P}=1-P$

$\therefore$ प्रायिकता $=1-\frac{1}{5}=\frac{4}{5}$.

13. हम जानते हैं कि लीप वर्ष 4 वर्ष के अन्तराल में आता है।

अतः इसकी प्रायिकता $=\frac{25}{100}=\frac{1}{4}$

उस शताब्दी के एक लीप वर्ष में 53वाँ रविवार होने की प्रायिकता $=\frac{1}{4}\times\frac{2}{7}=\frac{2}{28}$ इसी प्रकार, उस शताब्दी में 53वाँ रविवार होने की प्रायिकता, उस वर्ष में जो कि लीप वर्ष नहीं है।

$$=\frac{75}{100}\times\frac{1}{7}=\frac{3}{4}\times\frac{1}{7}=\frac{3}{28}$$

ये घटनाएँ स्वतंन्त्र हैं।

$\therefore$ अभीष्ट प्रायिकता $=\frac{2}{28}+\frac{3}{28}=\frac{5}{28}$.

14. $P\left(\frac{B}{A}\right)=\frac{P(A\cap B)}{P(A)}$

$$\Rightarrow \frac{1}{2}=\frac{P(A\cap B)}{1/4} \Rightarrow P(A\cap B)=\frac{1}{8}$$

अतः घटनाएँ A और B परस्पर अपवर्जी नहीं हैं।

$\therefore$ कथन II गलत है।

$$P\left(\frac{A}{B}\right)=\frac{P(A\cap B)}{P(B)} \quad\Rightarrow\quad \frac{1}{4}=\frac{1/8}{P(B)}$$

$$P(B)=\frac{1}{2}$$

अब $P(A\cap B)=\frac{1}{8}=\frac{1}{4}.\frac{1}{2}=P(A).P(B)$

$\therefore$ घटनाएँ A तथा B स्वतन्त्र घटनाएँ हैं।

$$P\left(\frac{A^C}{B^C}\right)=\frac{P\left(A^C\cap B^C\right)}{P\left(B^C\right)}=\frac{P\left(A^C\right).P\left(B^C\right)}{P\left(B^C\right)}$$

$$\frac{\frac{3}{4}.\frac{1}{2}}{\frac{1}{2}}=\frac{3}{4}.\frac{1}{2}.\frac{2}{1}=\frac{3}{4}$$

अतः कथन I सही है।

15. दिया है,

$$P(A)=0.25,\quad P(B)=0.50$$

तथा $P(A\cap B)=0.14$

$$\therefore P(A\cap\bar{B})=P(A)-P(A\cap B)$$

$$=0.25-0.14=0.11.$$

16. पाँच टिकटों में से दो टिकट (जिनकी संख्या 15 तथा 80 है) होने चाहिए तथा शेष 88 में से तीन टिकट चुनने के प्रकार $={}^{88}C_3$

$\therefore$ अभीष्ट प्रायिकता $=\frac{{}^{88}C_3}{{}^{90}C_5}$

$$=\frac{\frac{88\times 87\times 86}{3\times 2\times 1}}{\frac{90\times 89\times 88\times 87\times 86}{5\times 4\times 3\times 2\times 1}}=\frac{5\times 4}{90\times 89}=\frac{2}{801}.$$

17. दोनों पासों से 9 आने की प्रायिकता $P(C)=\frac{4}{36}=\frac{1}{9}$

$\therefore$ दोनों पासों से 9 नहीं आने की प्रायिकता $P(\bar{C})=\frac{8}{9}$

यदि A हारता है, तो उसे पहली अथवा तीसरी अथवा पाँचवीं उछाल में 9 फेंकना चाहिए।

यदि B हारता है, तो उसे दूसरी अथवा चौथी उछाल में 9 फेंकना चाहिए।

$\therefore$ B के जीतने की प्रायिकता

$= P(\overline{C} \cap C) + P(\overline{C} \cap \overline{C} \cap \overline{C} \cap C)$

$= \left(\frac{8}{9}\right) \cdot \frac{1}{9} + \left(\frac{8}{9}\right)^3 \cdot \frac{1}{9} + \ldots$

$= \dfrac{\frac{8}{9} \times \frac{1}{9}}{1 - \left(\frac{8}{9}\right)^2} = \dfrac{\frac{8}{81}}{\frac{81-64}{81}} = \frac{8}{17}.$

18. किसी भी संख्या के इकाई स्थान पर आने वाले अंकों की संख्या $= 10$.

$\therefore \quad n(s) = 10$

चारों अंकों के गुणनफल में इकाई स्थान पर 1, 3, 5 अथवा 7 आने के लिए आवश्यक है कि प्रत्येक संख्या के इकाई स्थान पर 1, 3, 5 अथवा 7 हो।

$\therefore \; n(A) = 4$

$P(A) = \frac{4}{10} = \frac{2}{5}$

$\therefore$ अभीष्ट प्रायिकता $= \left(\frac{2}{5}\right)^4 = \frac{16}{625}.$

19. दिया है,

$P(A) = \frac{1}{2}, P(B) = \frac{1}{3}, P(C) = \frac{1}{4}$

उनके ना हल होने की प्रायिकतायें

$P(\overline{A}) = \frac{1}{2}, P(\overline{B}) = \frac{2}{3}, P(\overline{C}) = \frac{3}{4}$

P(समस्या हल होने की प्रायिकता)

$= 1 - P$(किसी के द्वारा हल न होने की प्रायिकता)

$\therefore \quad P = 1 - P(\overline{A} \cap \overline{B} \cap \overline{C})$

$\Rightarrow \; P = 1 - P(\overline{A}) P(\overline{B}) P(\overline{C})$

($\because$ ये घटनाएँ स्वतन्त्र हैं)

$P = 1 - \frac{1}{2} \cdot \frac{2}{3} \cdot \frac{3}{4}$

$= 1 - \frac{1}{4} = \frac{3}{4}.$

20. कुल प्रकार $= 2! \cdot {}^6C_2 = 30$

अनुकूल प्रकार $= 30 - 6 = 24$

$\therefore$ अभीष्ट प्रायिकता $= \frac{24}{30} = \frac{4}{5}.$

21. दिया है, शीर्ष आने की प्रायिकता $= P$

शीर्ष ना आने की प्रायिकता $= 1 - P$

यहाँ

$${}^{100}C_{50} P^{50} (1-P)^{50} = {}^{100}C_{51} P^{51} (1-P)^{49}$$

$$\Rightarrow \quad \frac{(1-P)^{50-49}}{P^{-50+51}} = \frac{{}^{100}C_{51}}{{}^{100}C_{50}}$$

$$\Rightarrow \quad \frac{1-P}{P} = \frac{100!}{51! \cdot 49!} \times \frac{50! \cdot 50}{100!}$$

$$\Rightarrow \quad \frac{50! \cdot 50!}{51! \cdot 49!} = \frac{50}{51}$$

$$\Rightarrow \; 51 - 51P = 50P \Rightarrow P = \frac{51}{101}.$$

22. P(11 खिलाड़ी में से कम-से-कम 3 गेंदबाज है)

$= P$ (11 खिलाड़ी में से 3 गेंदबाज) $+ P$ (11 खिलाड़ी में से 4 गेंदबाज) $+ P$(11 खिलाड़ी में से 5 गेंदबाज)

$$= \frac{{}^5C_3 \times {}^{10}C_8}{{}^{15}C_{11}} + \frac{{}^5C_4 \times {}^{10}C_7}{{}^{15}C_{11}} + \frac{{}^5C_5 \times {}^{10}C_6}{{}^{15}C_{11}}$$

$$= \frac{\frac{5!}{2!3!} \times \frac{10!}{2!8!}}{\frac{15!}{4!11!}} + \frac{\frac{5!}{4!1!} \times \frac{10!}{3!7!}}{\frac{15!}{4!11!}} + \frac{\frac{5!}{5!0!} \times \frac{10!}{4! \times 6!}}{\frac{15!}{4!11!}}$$

$$= \frac{\frac{5 \times 4}{2 \times 1} \times \frac{10 \times 9}{2 \times 1} + 5 \times \frac{10 \times 9 \times 8}{3 \times 2 \times 1} + 1 \times \frac{10 \times 9 \times 8 \times 7}{4 \times 3 \times 2 \times 1}}{\frac{15 \times 14 \times 13 \times 12}{4 \times 3 \times 2 \times 1}}$$

$$= \frac{450 + 600 + 210}{1365} = \frac{1260}{1365} = \frac{12}{13}.$$

23. दिया है, $P(B)=\frac{3}{4}, P(A\cap B\cap \bar{C})=\frac{1}{3}$

और $P(\bar{A}\cap B\cap \bar{C})=\frac{1}{3}$ जैसा कि वेन आरेख में दर्शाया गया है।

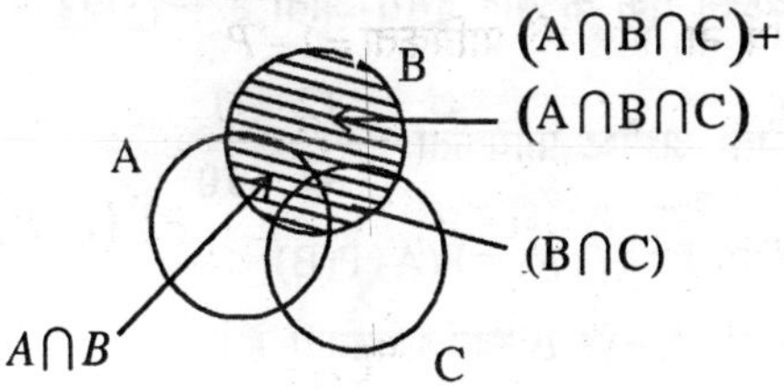

$\therefore P(B\cap C)=P(B)$

$-\{P(A\cap B\cap \bar{C})+P(\bar{A}\cap B\cap \bar{C})\}$

$=\frac{3}{4}-\left\{\frac{1}{3}+\frac{1}{3}\right\}=\frac{3}{4}-\frac{2}{3}=\frac{1}{12}.$

24. 1 से 100 के बीच 6 से विभाज्य संख्याएँ 6, 12,..., 96 हैं। ऐसी n संख्याएँ हैं तो,

$96=6+(n-1)6$

$n=16$

$\therefore$ प्रायिकता $=\frac{^{16}C_3}{^{100}C_3}=\frac{4}{1155}.$

25. अभीष्ट प्रायिकता = 1–P (कोई इक्का न हो)

$=1-\frac{^{12}C_2}{^{16}C_2}=\frac{\frac{12\times 11}{2\times 1}}{\frac{16\times 15}{2\times 1}}$

$=\frac{12\times 11}{16\times 15}=1-\frac{11}{20}=\frac{9}{20}.$

26. A. $E\cap E'=\{\ \}$

B. $(E_1\cup E_2)'=S-(E_1\cup E_2)$

तथा $(E_1\cup E_1)'=E_1'\cap E_2'$ (द मार्गन नियम)

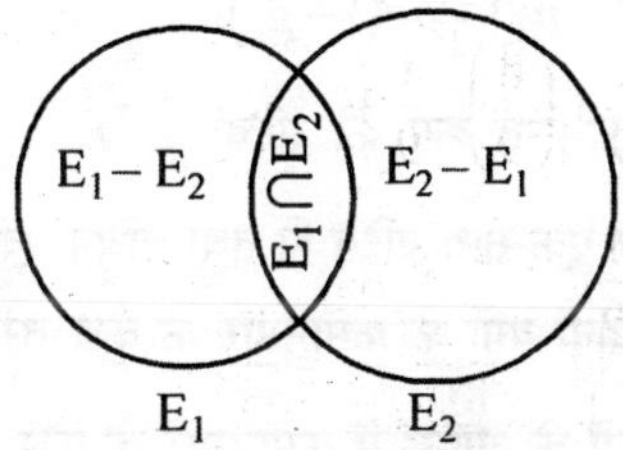

C. $E\cup E'=S$, प्रतिदर्श समष्टि

D. $\{(E_1-E_2)\cup(E_2-E_1)\cup(E_1\cap E_2)\}'$

$=(E_1\cup E_2)'$

$=S-(E_1\cup E_2)$ or $E_1'\cap E_2'$

अतः (c) सही उत्तर है।

27. चूँकि E_1 एवं E_2 स्वतंत्र घटनाएँ है। अतः E_1 और E_2' भी स्वतंत्र घटनाएँ होंगी।

$\therefore P(E_1\cap E_2')=P(E_1)P(E_2')$

$=P(E_1)[1-P(E_2)]$

$=p_1(1-p_2)$

$=p_1-p_1p_2.$

28. $\because E_1$ तथा E_2 स्वतंत्र घटनाएँ हैं। अतः E_1' तथा E_2' भी स्वतंत्र घटनाएँ होगी।

$\therefore P(E_1'\cap E_2')=P(E_1')P(E_2')$

$=[1-P(E_1)][1-P(E_2)]$

$=(1-p_1)(1-p_2).$

29. अभीष्ट प्रायिकता $=P(E_1$ तथा E_2 में से केवल एक के घटित होने की घटना)

$=P(E_1$ लेकिन E_2 नहीं) या $P(E_2$ लेकिन E_1 नहीं)

$=P(E_1\cap E_2')+P(E_2\cap E_1')$

$= P(E_1)P(E_2') + P(E_2)P(E_1')$

$= p_1(1-p_2) + p_2(1-p_1).$

30. कुल क्रमानुसार क्रम की संख्या $= {}^7P_7 = \lfloor 7$

जब स्वर एक साथ घटित हो तथा व्यंजन एक साथ घटित हो तो दोनों वर्गों के क्रमानुसार के कुल तरीके $= \lfloor 2$

पुनः स्वरों के आपस में क्रमानुसार के कुल तरीके $= \lfloor 3$

इसी प्रकार व्यंजनों के आपस में क्रमानुसार के कुल तरीके $= \lfloor 4$

अतः कुल शब्दों की संख्या $= \lfloor 2 \times \lfloor 4 \times \lfloor 3$

अतः अभीष्ट प्रायकिता

$$= \frac{\lfloor 2 \times \lfloor 4 \times \lfloor 3}{\lfloor 7} = \frac{2 \times 6}{7 \times 6 \times 5} = \frac{2}{35}.$$

31. चूँकि C एवं T के मध्य केवल दो अक्षर हैं। अतः C एवं T का स्थान होगा–

(*i*) पहला एवं चौथा (*ii*) दूसरा एवं पांचवां

(*iii*) तीसरा एवं छठा (*iv*) चौथा एवं सातवाँ

अतः इस प्रकार के 4 तरीके हो सकते हैं। पुनः शेष बचे 5 अक्षरों के क्रमानुसार कुल तरीके $= \lfloor 5$

तथा C एवं T के आपस में स्थान परिवर्तन के कुल तरीके $= \lfloor 2$

अतः इस प्रकार के कुल शब्दों की संख्या

$= 4 \times \lfloor 2 \times \lfloor 5 = 8 \times \lfloor 5$

अतः अभीष्ट प्रायिकता $= \dfrac{8 \times \lfloor 5}{\lfloor 7} = \dfrac{8}{7 \times 6} = \dfrac{4}{21}.$

32. कुल अक्षरों की संख्या = 7

जब S को प्रारंभ में तथा Y को अन्त में निर्धारित करें तो शेष अक्षर (पाँच) के क्रमानुसार के कुल तरीके $= \lfloor 5$

जब स्वर एवं व्यंजन को एक के बाद दूसरा (Alternately) निर्धारित किया जाये, तो

$\boxed{S}$ V C V C V $\boxed{Y}$

C को तीसरे एवं पाँचवें स्थान पर क्रमानुसार करने के कुल तरीके $= \lfloor 2$

तथा शेष 3 स्वर आपस में $\lfloor 3$ तरीके से क्रमानुसार हो सकते हैं। अतः कुल शब्दों की संख्या जिसमें स्वर एवं व्यंजन एक के बाद दूसरा आता है $= \lfloor 3 \times \lfloor 2 = 12$

अतः अभीष्ट प्रायिकता $= \dfrac{12}{\lfloor 5} = \dfrac{1}{10}.$

33. चूँकि $P(A \cap B) = P(A)\,P(B)$

अतः A तथा B स्वतंत्र घटनाएँ हैं।

$$\therefore\ P(A/B) = \frac{P(A \cap B)}{P(B)} = \frac{P(A)P(B)}{P(B)} = P(A)$$

इसी प्रकार $P(B/A) = P(B)$

अतः वक्तव्य-I सत्य है, जबकि वक्तव्य-II असत्य है।

34. वक्तव्य-II सत्य है, क्योंकि किसी घटना की प्रायिकता ऋणात्मक एवं 1 से बड़ी संख्या नहीं होती।

पुनः $E_1 \cup E_2 \cup E_3 \cup .... \cup E_n \subset S$

जहाँ S प्रतिदर्श समष्टि है

$= E_1 \cup E_2 \cup ..... \cup E_n$ भी एक घटना है।

$= P(E_1 \cup E_2 \cup ..... \cup E_n) \le 1$

$= P(E_1) + P(E_2) + P(E_3) + ... P(E_n) \le 1$

अतः वक्तव्य-II सही स्पष्टीकरण है वक्तव्य-I का।

35. वक्तव्य-II एक प्रमाणिक है क्योंकि यह प्रायिकता का योग प्रमेय है, अतः सत्य है।

परन्तु वक्तव्य-I असत्य है क्योंकि

$P(E_1) + P(E_2) > 1$

उहाहरण के लिए यदि एक पासा को फेंका जाता है तो

E_1: एक संख्या < 5 फलक के ऊपर आता है।

E_2: एक संख्या > 1 फलक के ऊपर आता है।

तब $P(E_1) = \dfrac{4}{6} = \dfrac{2}{3}$ तथा $P(E_2) = \dfrac{5}{6}.$

33

त्रिविमीय ज्यामिति
(THREE DIMENSIONAL GEOMETRY)

माना OY एवं OZ दो परस्पर लम्बवत् रेखाएँ हैं जो O पर एक दूसरे को काटती है। माना एक तीसरी रेखा OX, OY एवं OZ के तल पर लम्ब है। अर्थात् OX, OY एवं OZ तीन परस्पर तथा एक दूसरे पर लम्बवत् अक्ष है, इसे नियामक अक्ष कहते हैं।

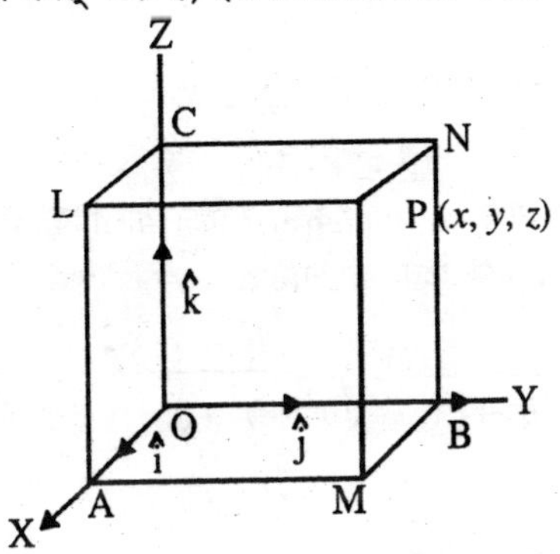

(*i*) बिन्दु A, B, C ; X, Y तथा Z अक्ष पर p का लम्बकोणीय प्रक्षेप है।

(*ii*) बिन्दु L, M, N का नियामक $(x, 0, z)$ $(x, y, 0)$, $(0, y, z)$ तथा A, B, C क्रमशः $(x, 0, 0)$, $(0, y, 0)$, $(0, 0, z)$ का नियामक है।

किसी बिन्दु की स्थिति सदिश

(Position Vector of a Point)

माना OX, OY तथा OZ अक्ष की दिशा में i, j, k क्रमशः इकाई सदिश है।

माना P समष्टि में कोई बिन्दु है तथा P का स्थिति सदिश $\vec{r}$ है। तब $r = \overrightarrow{OA} + \overrightarrow{OB} + \overrightarrow{OC} = xi + yj + zk$

अतः p का स्थिति सदिश $xi + yj + zk$ है।

किसी बिन्दु के नियामक का चिह्न विभिन्न अष्टांश (Octants) में (Sign of Co-ordinates of a Point in Various Octants)

अष्टांश ⇒	I	II	III	IV	V	VI	VII	VIII
नियामक								
x	+	–	–	+	+	–	–	+
y	+	+	–	–	+	+	–	–
z	+	+	+	+	–	–	–	–

दूरी सूत्र (Distance Formula)

दो बिन्दुओं $P(x_1, y_1, z_1)$ तथा $Q(x_2, y_2, z_2)$ के बीच की दूरी

$$PQ = \sqrt{(x_2 - x_1)^2 + (y_2 - y_1)^2 + (z_2 - z_1)^2}$$

विभाजन सूत्र (Section Formula)

माना $P(x_1, y_1, z_1)$ तथा $Q(x_2, y_2, z_2)$ दो बिन्दु है। माना P एवं Q को मिलाने वाली रेखाखंड पर बिन्दु R इस प्रकार है कि यह रेखाखंड PQ को $m : n$ में अन्तः विभाजित करता है, तब

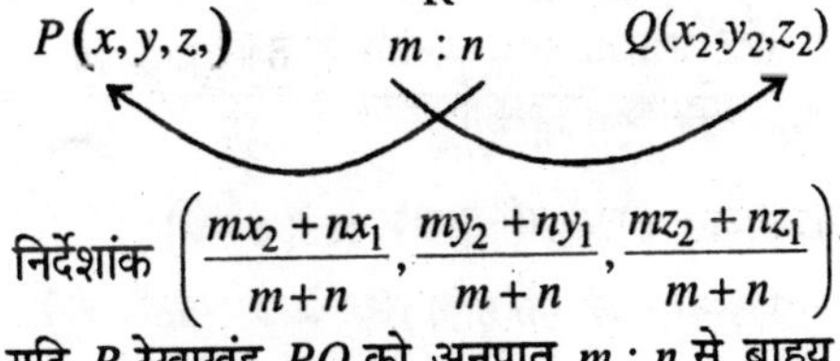

R के निर्देशांक $\left(\frac{mx_2 + nx_1}{m+n}, \frac{my_2 + ny_1}{m+n}, \frac{mz_2 + nz_1}{m+n}\right)$ होंगे।

तथा यदि R रेखाखंड PQ को अनुपात $m : n$ से बाह्य विभाजित करता है, तब R के निर्देशांक

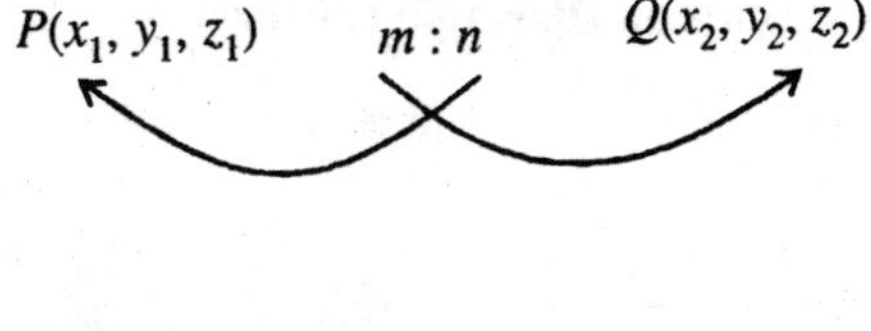

$\left(\frac{mx_2 - nx_1}{m - n}, \frac{my_2 - ny_1}{m - n}, \frac{mz_2 - nz_1}{m - n}\right)$ होंगे।

उदाहरण 1. बिन्दुओं (1, 0, –3) एवं (1, –5, 7) को मिलाने वाली रेखाखंड को कोई सरल रेखा $2x + 3y + 5z = 1$ किस अनुपात में विभाजित करेगी।

हल : माना, सरल रेखा $2x + 3y + 5z = 1$, बिन्दु (1, 0, –3) तथा (1, –5, 7) को $k : 1$ के अनुपात में बिन्दु P पर विभाजित करती है।

तब $\left(\frac{mx_2 + nx_1}{m + n}, \frac{my_2 + ny_1}{m + n}, \frac{mz_2 + nz_1}{m + n}\right)$ जो सरल रेखा $2x + 3y + 5z = 1$ को संतुष्ट करेगी।

$$\Rightarrow 2\left(\frac{k+1}{k+1}\right) + 3\left(\frac{-5k}{k+1}\right) + 5\left(\frac{7k-3}{k+1}\right) = 1$$

$$\Rightarrow 2k + 2 - 15k + 35k \quad 15 = k + 1$$

$$\Rightarrow 21k = 14 \Rightarrow k = \frac{14}{21} = \frac{2}{3}$$

अतः 2 : 3

दिक् कोज्याएँ

(Direction Cosines)

यदि कोई सदिश $\overrightarrow{OP}$ नियामक अक्ष OX, OY एवं OZ के साथ धनात्मक दिशा में क्रमशः α, β, γ कोण बनाती है तब $\cos\alpha$, $\cos\beta$, $\cos\gamma$ को सदिश $\overrightarrow{OP}$ की दिक् कोज्या कहते हैं। इसे साधारणतः l, m एवं n से सूचित करते हैं।

अतः $l = \cos\alpha$, $m = \cos\beta$ तथा $n = \cos\gamma$

नोट : $\overrightarrow{PO}$, $\pi - \alpha$, $\pi - \beta$ एवं $\pi - \gamma$ कोण OX, OY से OZ अक्ष के साथ बनाती है तब,

$\overrightarrow{PO}$ की दिक् कोज्या

$\cos(\pi - \alpha), \cos(\pi - \beta), \cos(\pi - \gamma)$

अर्थात् $-l, -m, -n$ होगा।

दिक् कोज्या के कुछ परिणाम

(Some Results on Direction Cosines)

(*i*) यदि l, m, n दिक् कोज्याएँ हैं तो $l^2 + m^2 + n^2 = 1$

(*ii*) यदि $P(x, y, z)$ समष्टि में कोई बिन्दु है जहाँ $\vec{r} = \overrightarrow{OP}$ की दिक् कोज्याएँ l, m, n हैं।

तब $l|\vec{r}|$, $m|\vec{r}|$, $n|\vec{r}|$, सदिश $\vec{r}$ का प्रक्षेप OX, OY, OZ पर होगा।

दिक् अनुपात (Direction Ratios)

यदि l, m, n सदिश $\vec{r}$ की दिक् कोज्याएँ हों तथा a, b, c तीन संख्या हो जहाँ a, b, c दिक् कोज्याएँ l, m, n के समानुपाती हों

अर्थात् $\frac{l}{a} = \frac{m}{b} = \frac{n}{c}$

माना $\frac{l}{a} = \frac{m}{b} = \frac{n}{c} = \lambda$ तब $l = a\lambda$, $m = b\lambda$, $n = c\lambda$

$$\therefore \quad l^2 + m^2 + n^2 = a^2\lambda^2 + b^2\lambda^2 + c^2\lambda^2 = 1$$

$$\Rightarrow \lambda = \pm\frac{1}{\sqrt{a^2 + b^2 + c^2}}$$

अतः यदि a, b, c किसी सदिश का दिक् अनुपात हो, तब इसकी दिक् कोज्याएँ

$$\pm\frac{a}{\sqrt{a^2 + b^2 + c^2}}, \pm\frac{b}{\sqrt{a^2 + b^2 + c^2}}, \pm\frac{c}{\sqrt{a^2 + b^2 + c^2}}$$

होगी।

दो रेखाओं के बीच का कोण

(Angle Between Two Lines)

यदि दो रेखाएँ जिनकी दिक् कोज्याएँ (l_1, m_1, n_1) तथा (l_2, m_2, n_2) हैं तथा θ कोण हो तब रेखाओं के बीच का कोण

$\theta = \cos^{-1}[l_1l_2 + m_1m_2 + n_1n_2]$ होता है।

यदि दिक् अनुपात (Direction Ratios) क्रमशः (a_1, b_1, c_1) तथा (a_2, b_2, c_2) हो तब,

$$\cos\theta = \left|\frac{a_1a_2 + b_1b_2 + c_1c_2}{\sqrt{a_1^2 + b_1^2 + c_1^2}\sqrt{a_2^2 + b_2^2 + c_2^2}}\right|$$

दो रेखाएँ परस्पर लम्बवत् होगी, यदि

$l_1l_2 + m_1m_2 + n_1n_2 = 0$

तथा रेखाएँ समान्तर होंगी, यदि

$$\frac{l_1}{l_2} = \frac{m_1}{m_2} = \frac{n_1}{n_2}$$

जब दिक् अनुपात दी गई हो तब रेखाएँ लम्बवत् होंगी। यदि

$a_1a_2 + b_1b_2 + c_1c_2 = 0$

तथा रेखाएँ समान्तर होंगी, यदि

$$\frac{a_1}{a_2} = \frac{b_1}{b_2} = \frac{c_1}{c_2}$$

उदाहरण 2. उस सरल रेखा के बीच का कोण ज्ञात करें, जिसका दिक् अनुपात (4, –3, 5) तथा (3, 4, 5) के समानुपाती है।

हल : माना θ रेखाओं के बीच का कोण है तब $a_1 = 4, b_1 = -3, c_1 = 5$ तथा $a_2 = 3, b_2 = 4\ c_2 = 5$,

$$\therefore\ \cos\theta = \frac{a_1a_2 + b_1b_2 + c_1c_2}{\sqrt{a_1^2 + b_1^2 + c_1^2}\ \sqrt{a_2^2 + b_2^2 + c_2^2}}$$

$$= \frac{12 - 12 + 25}{\sqrt{16 + 9 + 25}\ \sqrt{9 + 16 + 25}}$$

$$= \frac{25}{50} = \frac{1}{2} = \cos\frac{\pi}{3}$$

$$\Rightarrow\ \theta = \frac{\pi}{3}$$

उदाहरण 3. यदि $P(6, 3, 2)$, $Q(5, 1, 4)$ तथा $R(3, 3, 5)$ ΔPQR के शीर्ष हों, तो $\angle PQR$ ज्ञात करें।

हल : हम जानते हैं कि रेखाखंड जो बिन्दु (x_1, y_1, z_1) एवं (x_2, y_2, z_2) से बनी है, के दिक् अनुपात $x_2 - x_1, y_2 - y_1, z_2 - z_1$ के समानुपाती होगी।

अतः QP का दिक् अनुपात (6 – 5, 3 – 1, 2 – 4) अर्थात् 1, 2, –2 के समानुपाती होगा।

इसी प्रकार QR की दिक् अनुपात 3 – 5, 3 – 1, 5 – 4 अर्थात् –2, 2, 1 के समानुपाती होगा।

माना $\angle PQR = \theta$ तब

$$\cos\theta = \frac{1 \times -2 + 2 \times 2 + -2 \times 1}{\sqrt{1^2 + 2^2 + (-2)^2}\ \sqrt{(-2)^2 + (2)^2 + (1)^2}}$$

$$= \frac{-2 + 4 - 2}{\sqrt{9}\ \sqrt{9}} = \frac{0}{9} = 0 = \cos\frac{\pi}{2}$$

$$\Rightarrow \theta = \frac{\pi}{2}$$

उदाहरण 4. उन रेखाओं के बीच का कोण ज्ञात करें, जिसकी दिक् अनुपात 2 : 2 : 1 तथा बिन्दु (3, 1, 4) एवं (7, 2, 12) को मिलाने वाली रेखा है।

हल : बिन्दु (3, 1, 4) एवं (7, 2, 12) से बने रेखाखंड की दिक् अनुपात 7 – 3, 2 – 1, 12 – 4 अर्थात् 4, 1, 8 है।

अतः अभीष्ट कोण $\left|\dfrac{(2 \times 4 + 2 \times 1 + 1 \times 8)}{\sqrt{2^2 + 2^2 + 1^2}\ \sqrt{4^2 + 1^2 + 8^2}}\right|$

$$\Rightarrow \cos\theta = \frac{8 + 2 + 8}{\sqrt{9}\sqrt{81}} = \frac{2}{3}$$

$$\Rightarrow \theta = \cos^{-1}\frac{2}{3}$$

उदाहरण 5. यदि किसी सरल रेखा की दिक् कोज्या k, k, k हो तब k का मान निकालें।

हल : चूंकि दिक् कोज्या k, k, k है।

अतः $k^2 + k^2 + k^2 = 1 \Rightarrow 3k^2 = 1$

$$\Rightarrow k^2 = \frac{1}{3}$$

$$\Rightarrow k = \pm\frac{1}{\sqrt{3}}$$

अतः $k = \dfrac{1}{\sqrt{3}}$ या $k = -\dfrac{1}{\sqrt{3}}$

सरल रेखा का सदिश एवं कार्तीय समीकरण

(Vector and Cartesian Equations of a Line)

सदिश समीकरण (Vector Equation) : उस सरल रेखा का सदिश समीकरण जो किसी निश्चित बिन्दु से गुजरती है तथा जिसकी स्थिति सदिश $\vec{a}$ एवं किसी दिए गए सदिश $\vec{b}$ के समान्तर हो तब $\vec{r} = \vec{a} + \lambda\vec{b}$ होगा।

कार्तीय समीकरण (Cartesian Equation) : बिन्दु (x_1, y_1, z_1) से होकर जाने वाली तथा दिक् अनुपात a, b, c वाली सरल रेखा का समीकरण

$$\frac{x - x_1}{a} = \frac{y - y_1}{b} = \frac{z - z_1}{c}$$

नोट : चूँकि x, y तथा z अक्ष मूल बिन्दु से गुजरती है तथा इसकी दिक् कोज्याएँ क्रमशः 1, 0, 0; 0, 1, 0; 0, 0, 1 हैं। तब

X-अक्ष का समीकरण $\frac{x-0}{1} = \frac{y-0}{0} = \frac{z-0}{0}$

या $y = 0$ तथा $z = 0$

Y-अक्ष का समीकरण $\frac{x-0}{0} = \frac{y-0}{1} = \frac{z-0}{0}$

या $x = 0$ तथा $z = 0$

Z-अक्ष का समीकरण $\frac{x-0}{0} = \frac{y-0}{0} = \frac{z-0}{1}$

या $x = 0$ तथा $y = 0$

उस सरल रेखा का सदिश समीकरण, जो दो बिन्दु से गुजरती है तथा जिसकी स्थिति सदिश $\vec{a}$ एवं $\vec{b}$ है (Vector Equation of Line Passing Through two Points with Position Vectors $\vec{a}$ and $\vec{b}$)

$$\vec{r} = \vec{a} + \lambda\left(\vec{b} - \vec{a}\right)$$

उदाहरण 6. उस सरल रेखा का समीकरण ज्ञात करें, जो बिन्दु (2, – 1, 4) से गुजरती है तथा जिसका दिक् अनुपात (1, 1, – 2) के समानुपाती है।

हल : बिन्दु (2, – 1, 4) से गुजरती है तथा दि्क अनुपात (1, 1, – 2)

अतः $\frac{x-2}{1} = \frac{y+1}{1} = \frac{z-4}{-2}$

सूत्र $\left[\left(\frac{x - x_1}{a} = \frac{y - y_1}{b} = \frac{z - z_1}{c}\right)\right]$

उदाहरण 7. सरल रेखा $\frac{x-2}{2} = \frac{2y-5}{-3}$, $z = -1$ की दिक् कोज्या निकालें।

हल : सरल रेखा $\frac{x-2}{2} = \frac{2y-5}{-3}$, $z = -1$

$$\Rightarrow \frac{x-2}{2} = \frac{2y-5}{-3} = \frac{z+1}{0}$$

$$\Rightarrow \frac{x-2}{2} = \frac{y-5/2}{-3/2} = \frac{z+1}{0}$$

उपरोक्त समीकरण दर्शाता है कि सरल रेखा बिन्दु $\left(2, \frac{5}{2}, -1\right)$ से गुजरती है तथा दिक् अनुपात $2, -\frac{3}{2}, 0$ के समानुपाती है।

अतः दिक् कोज्याएँ

$$\frac{2}{\sqrt{(2)^2 + \left(\frac{-3}{2}\right)^2 + 0^2}}, \frac{\frac{-3}{2}}{\sqrt{(2)^2 + \left(\frac{-3}{2}\right)^2 + 0^2}},$$

$$\frac{0}{\sqrt{2^2 + \left(\frac{-3}{2}\right)^2 + 0^2}}$$

या $\frac{4}{5}, \frac{-3}{5}, 0$ $\therefore$ दिक् कोज्याएँ $\frac{4}{5}, \frac{-3}{5}, 0$ है।

उदाहरण 8. सरल रेखा $\frac{x+2}{3} = \frac{y+1}{2} = \frac{z-3}{2}$ पर स्थित बिन्दु को ज्ञात करें, जो बिन्दु (1, 2, 3) से $3\sqrt{2}$ दूरी पर हो।

हल : सरल रेखा $\frac{x+2}{3} = \frac{y+1}{2} = \frac{z-3}{2}$ पर स्थित किसी बिन्दु का नियामक

$$\frac{x+2}{3} = \frac{y+1}{2} = \frac{z-3}{2} = \lambda$$

$\Rightarrow x + 2 = 3\lambda, y + 1 = 2\lambda, z - 3 = 2\lambda$

$\Rightarrow x = 3\lambda - 2, y = 2\lambda - 1$ तथा $z = 2\lambda + 3$...(*i*)

अतः अभीष्ट बिन्दु का नियामक $(3\lambda - 2, 2\lambda - 1, 2\lambda + 3)$ है । दिया है इस बिन्दु एवं बिन्दु (1, 2, 3) के बीच की दूरी $3\sqrt{2}$ है।

अतः $\sqrt{(3\lambda - 2 - 1)^2 + (2\lambda - 1 - 2)^2 + (2\lambda + 3 - 3)^2}$

$= 3\sqrt{2}$

$\Rightarrow 9(\lambda-1)^2+(2\lambda-3)^2+4\lambda^2 = 18$

$\Rightarrow 17\lambda^2 = 30\lambda \quad \Rightarrow \lambda = 0$ या $\dfrac{30}{17}$

अतः अभीष्ट बिन्दु का नियामक

$(-2, -1, 3)$ तथा $\left(\dfrac{56}{17}, \dfrac{43}{17}, \dfrac{111}{17}\right)$ होगा।

दो रेखाओं के बीच का कोण

(Angle Between two Lines)

माना $\dfrac{x-x_1}{a_1} = \dfrac{y-y_1}{b_1} = \dfrac{z-z_1}{c_1}$

तथा $\dfrac{x-x_2}{a_2} = \dfrac{y-y_2}{b_2} = \dfrac{z-z_2}{c_2}$ के बीच का कोण θ हो तब,

$$\cos\theta = \frac{a_1a_2+b_1b_2+c_1c_2}{\sqrt{a_1^2+b_1^2+c_1^2}\sqrt{a_2^2+b_2^2+c_2^2}}$$

लम्बवत् होने की शर्त : सरल रेखाएँ लम्बवत् होंगी, यदि $a_1a_2+b_1b_2+c_1c_2 = 0$

समान्तर होने की शर्त : सरल रेखाएँ समान्तर होगी यदि

$\dfrac{a_1}{a_2} = \dfrac{b_1}{b_2} = \dfrac{c_1}{c_2}$ हो।

उदाहरण 9. दो सरल रेखाओं जिसकी दिक् अनुपात 1, 1, 2, तथा $\sqrt{3}-1, -\sqrt{3}-1, 4$ हैं, उनके बीच का कोण ज्ञात करो।

हल : माना रेखाओं के बीच θ कोण है तो

$$\cos\theta = \frac{a_1a_2+b_1b_2+c_1c_2}{\sqrt{a_1^2+b_1^2+c_1^2}\sqrt{a_2^2+b_2^2+c_2^2}}$$

$$= \frac{1\times(\sqrt{3}-1)+1\times(-\sqrt{3}-1)+2\times4}{\sqrt{(\sqrt{3}-1)^2+(\sqrt{3+1})^2+4^2}\sqrt{1^2+1^2+2^2}}$$

$$= \frac{\sqrt{3}-1-\sqrt{3}-1+8}{\sqrt{6}\sqrt{24}} = \frac{6}{\sqrt{6}\sqrt{24}} = \frac{1}{2}$$

$$\therefore \cos\theta = \cos\frac{\pi}{3} \Rightarrow \theta = \frac{\pi}{3}$$

उदाहरण 10. उस सरल रेखा का समीकरण ज्ञात करें, जो बिन्दु $(1, -1, 0)$ से गुजरती है तथा सरल रेखा $\dfrac{x-2}{3} = \dfrac{2y+1}{2} = \dfrac{5-z}{1}$ के समान्तर है।

हल : सरल रेखा का समीकरण

$\dfrac{x-2}{3} = \dfrac{2y+1}{2} = \dfrac{5-z}{1}$ है।

$$\Rightarrow \frac{x-2}{3} = \frac{y+\frac{1}{2}}{1} = \frac{z-5}{-1}$$

अर्थात दी हुई सरल रेखा का दिक् अनुपात $(3, 1, -1)$ है, अतः समान्तर रेखा का दिक् अनुपात $(3, 1, -1)$ होगा।

अतः अभीष्ट समीकरण जो $(1, -1, 0)$ से गुजरती है तथा जिसका दिक् अनुपात $(3, 1, -1)$ के समानुपाती है,

अतः $\dfrac{x-1}{3} = \dfrac{y+1}{1} = \dfrac{z-0}{-1}$.

उदाहरण 11. सरल रेखा का समीकरण ज्ञात करें जो बिन्दु $(-1, 3, 2)$ से गुजरती है तथा सरल रेखाएँ $\dfrac{x}{1} = \dfrac{y}{2} = \dfrac{z}{3}$ तथा

अतः $\dfrac{x+2}{-3} = \dfrac{y-1}{2} = \dfrac{z+1}{5}$ पर लम्ब है।

हल : माना अभीष्ट समीकरण का दिक् अनुपात a, b, c है। चूँकि यह दी गई दोनों सरल रेखा पर लम्ब है। अतः

$a + 2b + 3c = 0 \quad ...(i)$

$-3a + 2b + 5c = 0 \quad ...(ii)$

(i) एवं (ii) को वज्र गुणन द्वारा हल करने पर,

$$\frac{a}{4} = \frac{b}{-14} = \frac{c}{8}$$

$$\Rightarrow \frac{a}{2} = \frac{b}{-7} = \frac{c}{4} = k$$

अतः अभीष्ट रेखा का समीकरण जो बिन्दु $(-1, 3, -2)$ से गुजरती है तथा जिसका दिक् अनुपात $(2, -7, 4)$ के समानुपाती है। अतः अभीष्ट समीकरण

$$\frac{x+1}{2} = \frac{y-3}{-7} = \frac{z+2}{4}$$

विषमतलीय रेखाएँ (Skew Lines)

समष्टि में वे दो सरल रेखाएँ जो न तो समान्तर हों न हीं प्रतिच्छेदी, विषमतलीय रेखाएँ कहलाती हैं।

ये सरल रेखाएँ एक ही समतल में नहीं होती हैं।

दो सरल रेखाओं के बीच न्यूनतम दूरी (Shortest Distance Between Two Lines)

माना सरल रेखाएँ $\frac{x-x_1}{l_1}=\frac{y-y_1}{m_1}=\frac{z-z_1}{n_1}$ तथा

$$\frac{x-x_2}{l_2}=\frac{y-y_2}{m_2}=\frac{z-z_2}{n_2}$$

यदि दोनों रेखाओं के बीच की दूरी d हो तब S.D.,

$$d=\frac{\begin{vmatrix} x_2-x_1 & y_2-y_1 & z_2-z_1 \\ l_1 & m_1 & n_1 \\ l_2 & m_2 & n_2 \end{vmatrix}}{\sqrt{(m_1n_2-m_2n_1)^2+(n_1l_2-l_1n_2)^2+(l_1m_2-l_2m_1)^2}}$$

दो विषमतलीय रेखाओं के बीच न्यूनतम दूरी (सदिश रूप में)

(Shortest Distance Between two Skew Lines) (in Vector Form)

यदि $\vec{r}_1=\vec{a}_1+\lambda\vec{b}_1$ तथा $\vec{r}_2=\vec{a}_2+\mu\vec{b}_2$ दो सरल रेखाएँ हैं तब इन रेखाओं के बीच की न्यूनतम दूरी

$$=\left|\frac{(\vec{b}_1\times\vec{b}_2).(\vec{a}_2-\vec{a}_1)}{|\vec{b}_1\times\vec{b}_2|}\right|$$

उदाहरण 12. रेखाओं $\vec{r}_1=(4i-j)+\lambda(i+2j-3k)$ तथा $\vec{r}_2=(i-j+2k)+\mu(2i+4j-5k)$ के बीच न्यूनतम दूरी ज्ञात करें।

हल : दिए गए समीकरण को

$\vec{r}_1=\vec{a}_1+\lambda\vec{b}_1$ तथा $\vec{r}_2=\vec{a}_2+\mu\vec{b}_2$

से तुलना करने पर,

$\vec{a}_1=4i-j,\quad \vec{a}_2=i-j+2k,$

$\vec{b}_1=i+2j-3k$ तथा $\vec{b}_2=2i+4j-5k$

अब $\vec{a}_2-\vec{a}_1=-3\hat{i}+0\hat{j}+2k$

तथा $\vec{b}_1\times\vec{b}_2=\begin{vmatrix} \hat{i} & j & \hat{k} \\ 1 & 2 & -3 \\ 2 & 4 & -5 \end{vmatrix}=2i-j+0\hat{k}$

$\therefore\quad (\vec{b}_1\times\vec{b}_2).(\vec{a}_2-\vec{a}_1)$

$=(2\hat{i}-j+0k).(-3i+0j+2k)=-6$

अतः न्यूनतम दूरी $=\left|\frac{(\vec{a}_2-\vec{a}_1).(\vec{b}_1\times\vec{b}_2)}{|\vec{b}_1\times\vec{b}_2|}\right|$

न्यूनतम दूरी $=\left|\frac{-6}{\sqrt{5}}\right|=\frac{6}{\sqrt{5}}$

उदाहरण 12. रेखाएँ $\frac{x-1}{2}=\frac{y-2}{3}=\frac{z-3}{4}$ तथा $\frac{x-2}{3}=\frac{y-4}{4}=\frac{z-5}{5}$ के बीच की न्यूनतम दूरी निकालें।

हल : सरल रेखाओं का समीकरण

$$\frac{x-1}{2}=\frac{y-2}{3}=\frac{z-3}{4} \quad ...(i)$$

तथा $$\frac{x-2}{3}=\frac{y-4}{4}=\frac{z-5}{5} \quad ...(ii)$$

सरल रेखा (*i*), (1, 2, 3) से गुजरती है तथा इसका दिक् अनुपात 2, 3, 4 के समानुपाती है। अतः इसका सदिश समीकरण

$$\vec{r}_1=\vec{a}_1+\lambda\vec{b}_1 \quad ...(iii)$$

जहाँ $\vec{a}_1=i+2j+3k$ तथा $\vec{b}_1=2i+3j+4k$

पुनः समीकरण (*ii*) (2, 4, 5) बिन्दु से गुजरती है तथा इसका दिक् अनुपात (3, 4, 5) के समानुपाती है। अतः सदिश समीकरण

$$\vec{r}_2=\vec{a}_2+\mu\vec{b}_2 \quad ...(iv)$$

जहाँ $\vec{a}_2 = 2\hat{i}+4\hat{j}+5\hat{k}$ तथा $\vec{b}_2 = 3\hat{i}+4\hat{j}+5\hat{k}$

अब $\vec{a}_2-\vec{a}_1 = (2\hat{i}+4\hat{j}+5\hat{k})-(\hat{i}+2\hat{j}+3\hat{k})$

$=\hat{i}+2\hat{j}+2\hat{k}$

तथा $\vec{b}_1\times\vec{b}_2 = \begin{vmatrix}\hat{i} & \hat{j} & \hat{k}\\ 2 & 3 & 4\\ 3 & 4 & 5\end{vmatrix}$

$= -\hat{i}+2\hat{j}-\hat{k}$

$\therefore\ |\vec{b}_1\times\vec{b}_2| = \sqrt{1+4+1}=\sqrt{6}$

तथा $(\overrightarrow{a_2}-\overrightarrow{a_1}).(\overrightarrow{b_1}\times\overrightarrow{b_2})$

$=(\hat{i}+2\hat{j}+2\hat{k}).(-\hat{i}+2\hat{j}-\hat{k})$

$=-1+4-2=1$

अतः न्यूनतम दूरी $=\left|\dfrac{(\overrightarrow{a_2}-\overrightarrow{a_1}).(\overrightarrow{b_1}\times\overrightarrow{b_2})}{|\overrightarrow{b_1}\times\overrightarrow{b_2}|}\right| = \dfrac{1}{\sqrt{6}}$

समतल का व्यापक समीकरण

(General Equation of a Plane)

$ax+by+cz+d=0$ समतल का व्यापक समीकरण है। अर्थात् प्रत्येक एकघातीय समीकरण जो x, y, z में हो, एक समतल को प्रदर्शित करती है।

एक बिन्दु से जाने वाले समतल का समीकरण (Equation of Plane Passing Through a Point) : बिन्दु (x_1, y_1, z_1) से गुजरने वाली समतल का समीकरण $a(x-x_1)+b(y-y_1)+c(z-z_1)=0$ जहाँ a, b, c तल के लम्बवत् रेखा के दिक् अनुपात हैं।

तीन बिन्दुओं से गुजरने वाले तल का समीकरण (Equation of a Plane Passing Through Three Given Points) : बिन्दुओं $(x_1, y_1, z_1), (x_2, y_2, z_2)$ तथा (x_3, y_3, z_3) से गुजरने वाले तल का समीकरण a, b, c का लुप्तीकरण करने पर

$$\begin{vmatrix}x-x_1 & y-y_1 & z-z_1\\ x_2-x_1 & y_2-y_1 & z_2-z_1\\ x_3-x_1 & y_3-y_1 & z_3-z_1\end{vmatrix}=0$$

उदाहरण 14. तल का समीकरण ज्ञात करें जो बिन्दुओं $A(2, 2, -1)$, $B(3, 4, 2)$ तथा $C(7, 0, 6)$ से गुजरती है।

$$\begin{vmatrix}x-2 & y-2 & z+1\\ 3-2 & 4-2 & 2+1\\ 7-2 & 0-2 & 6+1\end{vmatrix}=0$$

या, $\begin{vmatrix}x-2 & y-2 & z+1\\ 1 & 2 & 3\\ 5 & -2 & 7\end{vmatrix}=0$

या, $(x-2)(14+6)-(y-2)$

$(7-15)+(z+1)(-2-10)=0$

या, $20(x-2)+8(y-2)-12(z+1)=0$

या, $5x+2y-3z=17$

उदाहरण 15. यदि किसी बिन्दु $P(a, b, c)$ से PA एवं PB लम्ब yz एवं zx तल पर खींचा जाए, तब तल OAB का समीकरण ज्ञात करें।

हल : A तथा B का नियामक क्रमशः $(0, b, c)$ तथा $(a, 0, c)$ है। तब तल का समीकरण जो बिन्दु O $(0, 0, 0)$, A $(0, b, c)$ तथा $B(a, 0, c)$ से गुजरती है।

$$\begin{vmatrix}x-0 & y-0 & z-0\\ 0-0 & b-0 & c-0\\ a-0 & 0-0 & c-0\end{vmatrix}=0$$

$\Rightarrow bcx+acy-abz=0$

$\Rightarrow \dfrac{x}{a}+\dfrac{y}{b}-\dfrac{z}{c}=0 \quad \Rightarrow \dfrac{x}{a}+\dfrac{y}{b}=\dfrac{z}{c}$

अन्तः खंड के रूप में तल का समीकरण

(Equation of a Plane in the Form of Intercepts)

यदि कोई तल X-अक्ष, Y-अक्ष एवं Z-अक्ष में से अन्तःखंड क्रमशः a, b, c काटती है, तब तल का समीकरण $\dfrac{x}{a}+\dfrac{y}{b}+\dfrac{z}{c}=1$ होगा।

उदाहरण 16. कोई तल नियामक अक्षों को क्रमशः A, B, C बिन्दु पर इस प्रकार काटती है कि इससे बने त्रिभुज ABC का केन्द्रक (p, q, r) है। तब सिद्ध करें कि $\dfrac{x}{p}+\dfrac{y}{q}+\dfrac{z}{r}=3$

हल : माना तल का अभीष्ट समीकरण $\frac{x}{a}+\frac{y}{b}+\frac{z}{c}=1$ है।

तब तल *A, B* तथा *C* का नियामक $A(a, 0, 0)$ $B(0, b, 0)$ तथा $C(0, 0, c)$ है, तब ΔABC का केन्द्रक $\left(\frac{a}{3}, \frac{b}{3}, \frac{c}{3}\right)$ होगा। लेकिन दिया हुआ है कि केन्द्रक (p, q, r) है।

अतः $\frac{a}{3}=p, \frac{b}{3}=q, \frac{c}{3}=r$

$\Rightarrow a = 3p, b = 3q, c = 3r$

समीकरण $\frac{x}{a}+\frac{y}{b}+\frac{z}{c}=1$ में *a, b,* तथा *c* का मान देने पर,

$$\frac{x}{3p}+\frac{y}{3q}+\frac{z}{3r}=1$$

$$\Rightarrow \frac{x}{p}+\frac{y}{q}+\frac{z}{r}=3$$

उदाहरण 17. यदि तल का समीकरण $2x + 3y - 4z = 12$ है, तब नियामक अक्षों पर अन्तःखंड (Intercepts) ज्ञात करें।

हल : तल का समीकरण $2x + 3y - 4z = 12$ है।

$$\Rightarrow \frac{2x}{12}+\frac{3y}{12}+\frac{-4z}{12}=1$$

$$\Rightarrow \frac{x}{6}+\frac{y}{4}+\frac{z}{-3}=1$$

यह $\frac{x}{a}+\frac{y}{b}+\frac{z}{c}=1$ के रूप में है, अतः अन्तःखंड 6, 4, – 3 होगा।

अभिलम्ब रूप में समतल का समीकरण

(Equation of Plane in Normal Form)

सदिश रूप (Vector Form) : तल का अभिलम्ब रूप $\vec{r} \cdot \hat{n} = d$ होता है, जहाँ $\hat{n}$ इकाई सदिश है तथा *d* मूल बिन्दु से लम्बवत् दूरी है।

कार्तीय रूप (Cartesian Form) : तल के अभिलम्ब समीकरण का कार्तीय रूप $lx + my + nz = d$ होता है, जहाँ *l, m, n* तल के अभिलम्ब रेखा की दिक् कोज्याएँ है तथा तल की मूल बिन्दु से लम्बवत् दूरी *d* हैं।

उदाहरण 18. तल का सदिश समीकरण ज्ञात करें, जो मूल बिन्दु से 8 इकाई की दूरी पर है तथा जो सदिश $2\hat{i}+\hat{j}+2\hat{k}$ पर अभिलम्ब है।

हल : $d = 8$ तथा $\vec{n} = 2\hat{i}+\hat{j}+2\hat{k}$

$$\therefore\ \hat{n} = \frac{\vec{n}}{|\vec{n}|} = \frac{2\hat{i}+\hat{j}+2\hat{k}}{\sqrt{4+1+4}} = \frac{2}{3}\hat{i}+\frac{1}{3}\hat{j}+\frac{2}{3}\hat{k}$$

अतः तल का समीकरण

$$\vec{r} \cdot \left(\frac{2}{3}\hat{i}+\frac{1}{3}\hat{j}+\frac{2}{3}\hat{k}\right)=8$$

$$\Rightarrow \vec{r} \cdot \left(2\hat{i}+\hat{j}+2\hat{k}\right)=24$$

उदाहरण 19. मूल बिन्दु से समतल $2x -3y + 4z - 6 = 0$ पर डाले गए लम्ब की लम्बाई एवं दिक् कोज्याएँ ज्ञात करें।

हल : समतल का समीकरण $2x -3y + 4z - 6 = 0$

$\Rightarrow 2x - 3y + 4z = 6$

$$\Rightarrow \frac{2}{\sqrt{29}}x-\frac{3}{\sqrt{29}}y+\frac{4}{\sqrt{29}}z=\frac{6}{\sqrt{29}}$$

$$\therefore\ l=\frac{2}{\sqrt{29}}, m=\frac{-3}{\sqrt{29}}, n=\frac{4}{\sqrt{29}}$$

$\left[\sqrt{2^2+3^2+4^2}=\sqrt{29}\right.$ से भाग देने पर$\left.\right]$

मूल बिन्दु से समतल पर डाले गए लम्ब की लम्बाई $=\frac{6}{\sqrt{29}}$

दो तलों के बीच का कोण

(Angle Between Two Planes)

सदिश रूप (Vector Form) : यदि समतल $\vec{r} \cdot \vec{n}_1 = d_1$ तथा $\vec{r} \cdot \vec{n_2} = d_2$ के बीच का कोण θ हो तब $\cos\theta = \frac{\vec{n}_1 \cdot \vec{n}_2}{|\vec{n}_1||\vec{n}_2|}$

कार्तीय रूप (Cartesian Form) : यदि समतल $a_1x + b_1y + c_1z + d_1 = 0$ तथा $a_2x + b_2y + c_2z + d_2 = 0$ के बीच का कोण θ हो तब,

$$\cos\theta = \frac{a_1a_2 + b_1b_2 + c_1c_2}{\sqrt{a_1^2 + b_1^2 + c_1^2}\sqrt{a_2^2 + b_2^2 + c_2^2}}$$

समान्तर होने की शर्त : दो समतल समान्तर होंगे यदि

$$\frac{a_1}{a_2} = \frac{b_1}{b_2} = \frac{c_1}{c_2}$$

लम्बवत् होने की शर्त : दो समतल परस्पर लम्बवत् होंगे यदि

$$a_1a_2 + b_1b_2 + c_1c_2 = 0$$

उदाहरण 20. समतल $x + y + 2z = 9$ तथा $2x - y + z = 15$ के बीच का कोण ज्ञात करें।

हल : $\cos\theta = \frac{(1)(2)+(1)(-1)+(2)(1)}{\sqrt{1^2+1^2+2^2}\sqrt{2^2+(-1)^2+1^2}}$

$$= \frac{3}{\sqrt{6}\sqrt{6}} = \frac{1}{2} = \cos\frac{\pi}{3}$$

$$\Rightarrow \theta = \frac{\pi}{3}$$

उदाहरण 21. सिद्ध करें कि समतल $2x + 6y + 6z = 7$ तथा $3x + 4y - 5z = 8$ परस्पर लम्ब हैं।

हल : हम जानते हैं कि दो समतल लम्बवत् होंगे,

यदि $a_1a_2 + b_1b_2 + c_1c_2 = 0$

अर्थात् $2(3) + 6(4) + 6(-5) = 6 + 24 - 30 = 0$

अतः समतल परस्पर लम्ब है।

उदाहरण 22. समतल का समीकरण ज्ञात करें, जो बिन्दु (1, 1, –1) से गुजरती है तथा समतल $x + 2y + 3z - 7 = 0$ तथा $2x - 3y + 4z = 0$ पर लम्ब है।

हल : समतल का समीकरण जो बिन्दु (1, 1, –1) से गुजरती है।

$a(x-1) + b(y-1) + c(z+1) = 0$ ...(i)

यदि समतल (i) प्रत्येक दी गई समतल $x + 2y + 3z - 7 = 0$ तथा $2x - 3y + 4z = 0$ पर लम्ब है, तब

$a + 2b + 3c = 0$ ...(ii)

तथा $2a - 3b + 4c = 0$ ...(iii)

समीकरण (ii) एवं (iii) को हल करने पर,

$$\frac{a}{2.4-3.(-3)} = \frac{b}{3.2-1.4} = \frac{c}{1.(-3)-2.2}$$

$\Rightarrow \frac{a}{17} = \frac{b}{2} = \frac{c}{-7} = \lambda$ (माना)

$\Rightarrow a = 17\lambda, b = 2\lambda, c = -7\lambda$

समीकरण (i) में मान रखने पर,

$17\lambda(x-1) + 2\lambda(y-1) - 7\lambda(z+1) = 0$

$\Rightarrow 17x + 2y - 7z = 26$

उदाहरण 23. समतल का समीकरण ज्ञात करें जो बिन्दु (3, 4, 2) तथा (7, 0, 6) से गुजरती है तथा समतल $2x - 5y = 15$ पर लम्ब है।

हल : समतल का समीकरण जो बिन्दु (3, 4, 2) से गुजरती है।

$a(x-3) + b(y-4) + c(z-2) = 0$ ...(i)

यह (7, 0, 6) से गुजरती है, अतः

$\therefore a(7-3) + b(0-4) + c(6-2) = 0$

$\Rightarrow 4a - 4b + 4c \Rightarrow a - b + c = 0$ ...(ii)

चूँकि समतल (i) समतल $2x - 5y + 0.z = 15$ पर लम्ब है, अतः $2a + (-5)b + 0.c = 0$ ...(iii)

समीकरण (ii) एवं (iii) को हल करने पर

$a = 5, b = 2, c = -3$

$\therefore$ अभीष्ट समीकरण $5x + 2y - 3z - 17 = 0$

समतल का समीकरण जो, दो समतलों के प्रतिच्छेदन बिन्दु से गुजरती है

(Equation of a Plane Passing Through the Intersection of two Planes)

सदिश रूप (Vector Form) : समतल का समीकरण जो समतल $\vec{r}.\vec{n}_1 = d_1$ तथा $\vec{r}.\vec{n}_2 = d_2$ के प्रतिच्छेदन बिन्दु से गुजरती है। $(\vec{r}.\vec{n}_1 - d_1) + \lambda(\vec{r}.\vec{n}_2 - d_2) = 0$

या $\vec{r}.(\vec{n}_1 + \lambda\vec{n}_2) = d_1 + \lambda d_2$ जहाँ λ अचर है।

कार्तीय रूप (Cartesian Form) : समतल का समीकरण जो समतल $a_1x + b_1y + c_1z + d_1 = 0$ तथा $a_2x + b_2y + c_2z + d_2 = 0$ के प्रतिच्छेदन बिन्दु से गुजरती है, $a_1x + b_1y + c_1z + d_1 + \lambda(a_2x + b_2y + c_2z + d_2) = 0$ जहाँ λ अचर है।

उदाहरण 24. समतल का समीकरण ज्ञात करें, जो समतल $x + y + z - 6 = 0$ तथा $2x + 3y + 4z + 5 =$ के प्रतिच्छेदन रेखा एवं बिन्दु (1, 1, 1) से गुजरती है।

हल : समतल का समीकरण जो दो समतल के प्रतिच्छेदन बिन्दु से गुजरती है,

$$(x+y+z-6)+\lambda(2x+3y+4z+5)=0$$

चूँकि यह बिन्दु $(1,1,1)$ से गुजरती है

$$\therefore -3+14\lambda \Rightarrow \lambda = \frac{3}{14}$$

अतः समतल का समीकरण

$$(x+y+z-6)+\frac{3}{14}(2x+3y+4z+5)=0$$

$$\therefore 20x + 23y + 26z - 69 = 0$$

समतल से किसी बिन्दु की दूरी

(Distance of a Point From a Plane)

सदिश रूप (Vector Form) : किसी बिन्दु जिसकी स्थिति सदिश $\vec{a}$ है, के लम्ब की लम्बाई किसी तल $\vec{r}\,.\,\vec{n}=d$ पर p हो तब

$$p=\frac{|\vec{a}\,.\,\vec{n}-d|}{|\vec{n}|}$$

कार्तीय रूप (Cartesian Form) : किसी बिन्दु $p(x_1, y_1, z_1)$ से समतल $ax + by + cz + d = 0$ पर डाले गए लम्ब की लम्बाई

$$=\left|\frac{ax_1+by_1+cz_1+d}{\sqrt{a^2+b^2+c^2}}\right|$$

उदाहरण 25. किसी बिन्दु $2\hat{i}+\hat{j}-\hat{k}$ तल $\vec{r}\,.\left(\hat{i}-2\hat{j}+4k\right)=9$ पर डाले गए लम्ब की लम्बाई निकालें।

हल : हम जानते हैं यदि दूरी (लम्बाई) $= p$ हो तब

$$p=\frac{|\vec{a}\,.\,\vec{n}-d|}{|\vec{n}|}$$

$$\vec{a}=2\vec{i}+\vec{j}-\vec{k},\quad \vec{n}=\vec{i}-2\vec{j}+4\vec{k}$$

$$d=9$$

$$\therefore p=\frac{\left|\left(2\hat{i}+\hat{j}-k\right).\left(\hat{i}-2\hat{j}+4\hat{k}\right)-9\right|}{\sqrt{1+4+16}}$$

$$=\frac{|2-2-4-9|}{\sqrt{21}}=\frac{|-13|}{\sqrt{21}}=\frac{13}{\sqrt{21}}$$

उदाहरण 26. समतल का समीकरण जो समतल $x-2y+2z-3=0$ के समान्तर है तथा बिन्दु $(1, 2, 3)$ से इकाई (1) दूरी पर है।

हल : समतल का समीकरण जो $x - 2y + 2z - 3 = 0$ के समान्तर है, $x - 2y + 2z + \lambda = 0$ ...(*i*)

बिन्दु (1, 2, 3) से समतल (*i*) की दूरी

$$=\frac{1-2\times2+2\times3+\lambda}{\sqrt{1+2^2+2^2}}=1$$

$$\therefore \left|\frac{1-4+6+\lambda}{3}\right|=1 \Rightarrow |\lambda+3|=3$$

$$\therefore \lambda + 3 = \pm 3 \Rightarrow \lambda = 0 \text{ या } -6$$

समीकरण (*i*) में λ का मान रखने पर समतल का समीकरण

$x - 2y + 2z = 0$ या $x - 2y + 2z - 6 = 0$

समान्तर समतलों की बीच की दूरी

(Distance Between the Parallel Planes)

दो समान्तर समतलों $a_1x + b_1y + c_1z + d_1 = 0$ तथा $a_2x+b_2y+c_2z+d_2=0$ के बीच की दूरी $\left|\frac{d_1-d_2}{\sqrt{a^2+b^2+c^2}}\right|$

उदाहरण 27. समान्तर समतलों $x + y - z + 4 = 0$ तथा $x+y-z+5=0$ के बीच की दूरी ज्ञात करें।

हल : अभीष्ट दूरी $=\left|\frac{d_1-d_2}{\sqrt{a^2+b^2+c^2}}\right|$

$$=\left|\frac{4-5}{\sqrt{1^2+1^2+1^2}}\right|=\left|\frac{-1}{\sqrt{3}}\right|=\frac{1}{\sqrt{3}}$$

$$\therefore \text{दूरी} = \frac{1}{\sqrt{3}}$$

उदाहरण 28. समान्तर समतल $\vec{r}.\left(2i-3j+6k\right)=5$ तथा $\vec{r}.\left(6i-9j+18k\right)+20=0$ के बीच की दूरी ज्ञात करें।

हल : माना किसी बिन्दु p का स्थिति सदिश $\vec{r}.\left(2i-3j+6k\right)=5$ पर $\vec{a}$ है। तब

$$\vec{a}.\left(2i-3j+6k\right)=5 \quad ...(i)$$

$$\Rightarrow \text{अभीष्ट दूरी} = \left|\frac{\vec{a}.\left(6i-9j+18k\right)+20}{\sqrt{6^2+(-9)^2+18^2}}\right|$$

$$=\left|\frac{3.5+20}{\sqrt{441}}\right|=\frac{35}{21}=\frac{5}{3}$$

साधित उदाहरण (Solved Examples)

1. उस बिन्दु का नियामक ज्ञात करें। जो चार बिन्दुओं (0, 0, 0), $(a, 0, 0)$, $(0, b, 0)$ तथा $(0, 0, c)$ से समदूरस्थ है।

हल : माना $p(x, y, z)$ अभीष्ट बिन्दु है तब

$OP = PA = PB = PC$

अब $OP = PA$

$\Rightarrow OP^2 = PA^2$

$\Rightarrow x^2 + y^2 + z^2 = (x-a)^2 + (y-0)^2 + (z-0)^2$

$\Rightarrow 0 = -2ax + a^2 \Rightarrow x = a/2$

इसी प्रकार $OP = PB \Rightarrow y = b/2$ तथा

$OP = PC \Rightarrow z = c/2$

अतः अभीष्ट बिन्दु $\left(\frac{a}{2},\frac{b}{2},\frac{c}{2}\right)$ होगा।

2. λ का मान ज्ञात करें जब रेखाएँ

$$\frac{1-x}{3}=\frac{7y-14}{2\lambda}=\frac{z-3}{2} \text{ तथा}$$

$$\frac{7-7x}{3\lambda}=\frac{y-5}{1}=\frac{6-z}{5}$$

एक-दूसरे के साथ समकोण बनाती है।

हल : सरल रेखा का समीकरण

$$\frac{1-x}{3}=\frac{7y-14}{2\lambda}=\frac{z-3}{2}$$

$$\text{तथा } \frac{7-7x}{3\lambda}=\frac{y-5}{1}=\frac{6-z}{5}$$

$$\Rightarrow \frac{x-1}{-3}=\frac{y-2}{\frac{2}{7}\lambda}=\frac{z-3}{2}$$

$$\text{तथा } \frac{x-1}{\frac{-3}{7}\lambda}=\frac{y-5}{1}=\frac{z-6}{-5}$$

चूँकि सरल रेखाएँ परस्पर लम्ब है अतः

$$-3\times\frac{-3\lambda}{7}+\frac{2\lambda}{7}\times 1+2\times -5=0$$

$$\Rightarrow \frac{9\lambda}{7}+\frac{2\lambda}{7}-10=0$$

$$\Rightarrow \frac{11\lambda}{7}-10=0$$

$$\Rightarrow \lambda=\frac{70}{11}$$

3. किसी बिन्दु (1, 2, 3) से सरल रेखा

$$\frac{x-6}{3}=\frac{y-7}{2}=\frac{z-7}{-2} \text{ पर}$$

डाले गए लम्ब की लम्बाई ज्ञात करें।

हल : माना L लम्ब पाद है जो बिन्दु $P(1, 2, 3)$ से सरल रेखा पर खींची गयी है।

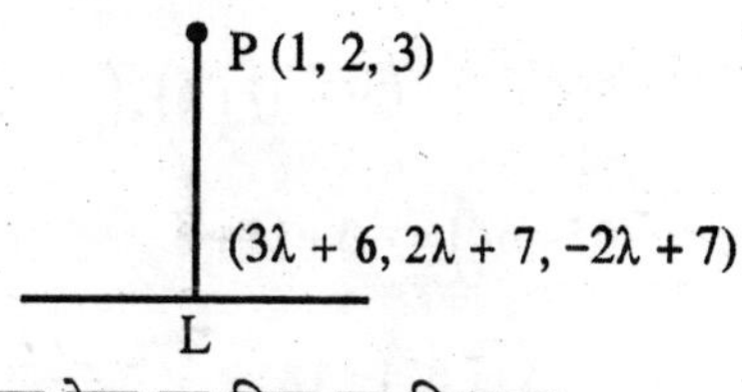

सरल रेखा पर बिन्दु का नियामक

$$\frac{x-6}{3}=\frac{y-7}{2}=\frac{z-7}{-2}=\lambda$$

$L(3\lambda+6, 2\lambda+7, -2\lambda+7)$ ...(i)

PL की दिक् अनुपात समानुपाती है

$3\lambda + 6 - 1,\ 2\lambda + 7 - 2,\ -2\lambda + 7 - 3$

अर्थात् $3\lambda + 5,\ 2\lambda + 5,\ -2\lambda + 4$

अब दिए गए सरल रेखा का दिक् अनुपात (3, 2, –2) के समानुपाती है।

चूँकि PL दिए गए सरल रेखा पर लम्बवत् है,

अतः $3(3\lambda + 5) + 2(2\lambda + 5) + (-2)(-2\lambda + 4) = 0$

$\Rightarrow \lambda = -1$

$\lambda = -1$ समीकरण (*i*) में रखने पर L का नियामक (3, 5, 9) होगा।

$$\therefore PL = \sqrt{(3-1)^2 + (5\quad 2)^2 + (9-3)^2} = 7 \text{ इकाई}$$

4. समतल का समीकरण ज्ञात करें जो बिन्दु (3, –3, 1) से गुजरती है तथा बिन्दुएँ (3, 4, –1) एवं (2, –1, 5) को मिलाने वाली रेखा पर अभिलम्ब है।

हल : समतल का सदिश समीकरण जो सदिश स्थिति $\vec{a}$ वाली बिन्दु से गुजरती है तथा $\vec{n}$ पर अभिलम्ब है।

$$(\vec{r} - \vec{a}) . \vec{n} = 0$$

$$\Rightarrow \vec{r}.\vec{n} = \vec{a}.\vec{n}$$

चूँकि समतल (3, –3, 1) से गुजरती है तथा बिन्दुएँ $A(3, 4, -1)$ एवं $B(2, -1, 5)$ के जोड़ने वाली रेखा पर अभिलम्ब है। अतः

$$\vec{a} = 3i - 3j + k$$

$$\vec{n} = A\vec{B} = (2i - j + 5k) - (3i + 4j - k)$$

$$= -i - 5j + 6k$$

अतः

$$\vec{r} . (-i - 5j + 6k) = (3i - 3j + k) . (-i - 5j + 6k)$$

$$\vec{r} . (-i - 5j + 6k) = -3 + 15 + 6$$

$$\Rightarrow \vec{r} . (-i - 5j + 6k) = 18$$

कार्तीय रूप में समीकरण $r = xi + yj + zk$ रखने पर,

$$(xi + yj + zk) . (-i - 5j + 6k) = 18$$

$$\Rightarrow -x - 5y + 6z = 18$$

$$\Rightarrow x + 5y - 6z = 18$$

5. समतल $2x - y + 2z = 5$ पर अभिलम्ब सदिश ज्ञात करें। पुनः इकाई सदिश भी निकालें जो समतल पर अभिलम्ब है।

हल : हम जानते हैं कि O समतल के कार्तीय समीकरण में x, y, z का गुणांक दिक् अनुपात है, जो समतल पर सदिश अभिलम्ब है।

अतः सदिश $\vec{n}$ का दिक् अनुपात जो समतल पर अभिलम्ब है, $(2, -1, 2)$ के समानुपाती होगा।

$$\therefore \vec{n} = 2i - j + 2k$$

पुनः समतल पर अभिलम्ब इकाई सदिश

$$\vec{n} = \frac{\vec{n}}{|\vec{n}|} = \frac{2i - j + 2k}{\sqrt{4+1+4}} = \frac{1}{3}(2i - j + 2k)$$

6. रेखा $\dfrac{x+1}{3} = \dfrac{y-1}{2} = \dfrac{z-2}{4}$ तथा समतल $2x + y - 3z + 4 = 0$ के बीच का कोण ज्ञात करें।

हल : दी गई रेखा सदिश $\vec{b} = 3i + 2j + 4k$ के समान्तर है तथा समतल सदिश $\vec{n} = 2i + j - 3k$ का अभिलम्ब है तब

$$\sin\theta = \frac{\vec{b} . \vec{n}}{|\vec{b}||\vec{n}|}$$

$$\frac{(3i + 2j + 4k) . (2i + j - 3k)}{\sqrt{3^2 + 2^2 + 4^2} . \sqrt{2^2 + 1^2 + 3^2}}$$

$$= \frac{6 + 2 - 12}{\sqrt{29}\sqrt{14}} = \frac{-4}{\sqrt{406}}$$

$$\Rightarrow \theta = \sin^{-1}\left(\frac{-4}{\sqrt{406}}\right)$$

7. समतल का समीकरण ज्ञात करें जो समतल $2x + y - z = 3$ तथा $5x - 3y + 4z + 9 = 0$ के प्रतिच्छेदन रेखा से गुजरती है तथा सरल रेखा $\dfrac{x-1}{2} = \dfrac{y-3}{4} = \dfrac{z-5}{5}$ के समान्तर है।

हल : समतल का समीकरण जो समतल $2x + y - z = 3$ तथा $5x - 3y + 4z + 9 = 0$ के प्रतिच्छेदन रेखा से गुजरती है।

$$(2x + y - z - 3) + \lambda(5x - 3y + 4z + 9) = 0$$

$\Rightarrow x(2+5\lambda)+y(1-3\lambda)+z(4\lambda-1)+9\lambda-3=0$

समतल (*i*) सरल रेखा $\frac{x-1}{2}=\frac{y-3}{4}=\frac{z-5}{5}$ के समान्तर है

$\therefore\ 2(2+5\lambda)+4(1-3\lambda)+5(4\lambda-1)=0$

$\therefore\ 18\lambda+3=0 \Rightarrow \lambda=-\frac{1}{6}$

λ का मान समीकरण (*i*) में लेने पर,

$x\left(2-\frac{5}{6}\right)+y\left(1+\frac{3}{6}\right)+z\left(-\frac{4}{6}-1\right)-\frac{9}{6}-3=0$

$\Rightarrow 7x+9y-10z-27=0$

8. समतल का समीकरण ज्ञात करें, जो बिन्दु (1, 0, –1) तथा (3, 2, 2) से गुजरती है तथा सरल रेखा $\frac{x-1}{1}=\frac{y-1}{-2}=\frac{z-2}{3}$ के समान्तर है।

हल : समतल का समीकरण जो (1, 0, –1) से गुजरती है

$a(x-1)+b(y-0)+c(z+1)=0$ ...(*i*)

यह (3, 2, 2) से गुजरती है।

अतः $a(3-1)+b(2-0)+c(2+1)=0$

$2a+2b+3c=0$ ...(*ii*)

समतल, सरल रेखा $\frac{x-1}{1}=\frac{y-1}{-2}=\frac{z-2}{3}$ के समान्तर है।

अतः समतल पर अभिलम्ब, सरल रेखा पर लम्ब होगा।

$\therefore\ a(1)+b(-2)+c(3)=0$ ...(*iii*)

(*ii*) एवं (*iii*) को हल करने पर,

$\frac{a}{12}=\frac{b}{-3}=\frac{c}{-6} \Rightarrow \frac{a}{4}=\frac{b}{-1}=\frac{c}{-2}=\lambda$ (माना)

$\therefore a=4\lambda,\ b=-\lambda,\ c=-2\lambda$

समीकरण (*i*) में रखने पर,

$4x-y-2z-6=0$

9. सिद्ध करें कि सरल रेखाएँ $\frac{x+1}{3}=\frac{y+3}{5}=\frac{z+5}{7}$ तथा $\frac{x-2}{1}=\frac{y-4}{4}=\frac{z-6}{7}$ एक तलीय है।

हल : हम जानते है कि सरल रेखाएँ समतलीय होगी, यदि

$$\begin{vmatrix} x_2-x_1 & y_2-y_1 & z_2-z_1 \\ l_1 & m_1 & n_1 \\ l_2 & m_2 & n_2 \end{vmatrix}=0$$

यहाँ $x_1=-1,\ y_1=-3,\ z_1=-5,\ x_2=2,\ y_2=4,\ z_2=6,\ l_1=3,\ m_1=5,\ n_1=7,\ l_2=1,\ m_2=4,\ n_2=7$

अतः $\begin{vmatrix} x_2-x_1 & y_2-y_1 & z_2-z_1 \\ l_1 & m_1 & n_1 \\ l_2 & m_2 & n_2 \end{vmatrix}=\begin{vmatrix} 3 & 7 & 11 \\ 3 & 5 & 7 \\ 1 & 4 & 7 \end{vmatrix}$

$=21-98+77=0$

अतः सरल रेखाएँ एकतलीय है।

10. यदि रेखाएँ $\frac{x-1}{2}=\frac{y+1}{3}=\frac{z-1}{4}$ तथा $\frac{x-3}{1}=\frac{y-k}{2}=\frac{z}{1}$ प्रतिच्छेदित करे तब k का मान ज्ञात करें।

हल : माना $\frac{x-1}{2}=\frac{y+1}{3}=\frac{z-1}{4}=\lambda$

तथा $\frac{x-3}{1}=\frac{y-k}{2}=\frac{z}{1}=\mu$

λ तथा μ के कुछ मानों के लिए दो रेखाओं का प्रतिच्छेदन बिन्दु होगा, जब

$(2\lambda+1, 3\lambda-1, 4\lambda+1)=(\mu+3, 2\mu+k, \mu)$

$\Rightarrow 2\lambda+1=\mu+3$ ...(*i*)

$3\lambda-1=2\mu+k$ ...(*ii*)

$4\lambda+1=\mu$ ...(*iii*)

समीकरण (*i*) एवं (*iii*) को हल करने पर,

$\lambda=\frac{-3}{2}$ तथा $\mu=-5$

λ, μ के मान (*ii*) में रखने पर,

$\frac{-9}{2}-1=-10+k \Rightarrow k=10-\frac{11}{2}=\frac{9}{2}$

अतः $k=\frac{9}{2}$

वस्तुनिष्ठ प्रश्न

1. समतल $2x-y+z+3=0$ में बिन्दु $P(1,3,4)$ का प्रतिबिम्ब है–

(a) $(3,5,-1)$ (b) $(-3,5,2)$
(c) $(3,-5,2)$ (d) $(-1,4,2)$

2. यदि बिन्दु $(0,1,2),(2,-1,3)$ और $(1,-3,1)$ एक त्रिभुज के शीर्ष हैं, तो त्रिभुज है–

(a) समकोणीय (b) समद्विबाहु समकोणीय
(c) समबाहु (d) इनमें से कोई नहीं

3. बिन्दुओं $(3,4,5)$ तथा $(4,5,6)$ से जाने वाली रेखा की दिक् कोज्याएँ हैं–

(a) $(1,1,1)$ (b) $(\sqrt{3},\sqrt{3},\sqrt{3})$
(c) $\left(\frac{1}{\sqrt{3}},\frac{1}{\sqrt{3}},\frac{1}{\sqrt{3}}\right)$ (d) इनमें से कोई नहीं

4. उस बिन्दु के निर्देशांक जो बिन्दु $(2,-1,3)$ व $(4,3,1)$ को मिलाने वाली रेखा को 3 : 4 के अनुपात में अन्तः विभाजित करती है–

(a) $\left(\frac{2}{7},\frac{20}{7},\frac{10}{7}\right)$ (b) $\left(\frac{15}{10},\frac{20}{7},\frac{3}{7}\right)$
(c) $\left(\frac{10}{7},\frac{15}{7},\frac{2}{7}\right)$ (d) $\left(\frac{20}{7},\frac{5}{7},\frac{15}{7}\right)$

5. बिन्दु $(0,0,0)$ व $(2,5,7)$ समतल $2x+ay+3z+1=0$ के एक ही तरफ होंगे, यदि–

(a) $a<0$ (b) $a>0$
(c) $a<-\frac{26}{5}$ (d) $a>-\frac{26}{5}$

6. बिन्दुओं $(0,0,0)$ व $(1,2,3)$ से होकर जाने वाली रेखा का समीकरण है–

(a) $\frac{x-1}{1}=\frac{y-1}{2}=\frac{z-1}{3}$
(b) $\frac{x+1}{1}=\frac{y+2}{2}=\frac{z+3}{3}$
(c) $\frac{x-1}{1}=\frac{y-2}{2}=\frac{z-2}{3}$
(d) $\frac{x-3}{1}=\frac{y-3}{2}=\frac{z-3}{2}$

7. बिन्दु $(1,1,1)$, $(-2,4,1)$, $(-1,5,5)$ व $(2,2,5)$ है

(a) आयत के शीर्ष (b) वर्ग के शीर्ष
(c) समचतुर्भुज के शीर्ष (d) इनमें से कोई नहीं

8. बिन्दु $P(1,3,4)$ से तल $2x-y+z+3=0$ पर डाले गए लम्ब का पाद है–

(a) $(3,5,-2)$ (b) $(-3,5,2)$
(c) $(3,-5,2)$ (d) $(-1,4,3)$

9. रेखा $\frac{x}{2}=\frac{y-1}{3}=\frac{z-1}{3}$ पर बिन्दु $(1,2,3)$ से डाले गए लम्ब का पाद है–

(a) $(1,5/2,7/2)$ (b) $(1,5/2,5/2)$
(c) $(2,3,4)$ (d) $(3,1,2)$

10. बिन्दुओं (a,b,c) व $(-a,-c,-b)$ को मिलाने वाली रेखा xy-तल को जिस अनुपात में विभाजित करती है, वह है–

(a) $a:b$ (b) $b:c$
(c) $a:c$ (d) $c:b$

11. समतलों $3x+4y+5z-6=0$ व $3x+4y+5z+6=0$ से समदूरस्थ तल का समीकरण है–

(a) $3x+4y+5z=0$ (b) $5x+3y+6z=3$
(c) $3x+2y+5z=3$ (d) इनमें से कोई नहीं

12. $(1,-1,2)$ से रेखा $\frac{x+1}{2}=\frac{y-2}{-3}=\frac{z+2}{4}$ पर डाले गये लम्ब की लम्बाई है–

(*a*) $\sqrt{28}$ (*b*) $\sqrt{5}$

(*c*) $\sqrt{21}$ (*d*) इनमें से कोई नहीं

13. रेखाएँ $\frac{x-3}{1}=\frac{y-1}{2}=\frac{z-3}{-\lambda}$ व $\frac{x-1}{\lambda}=\frac{y-2}{3}=\frac{z-1}{4}$ समतलीय है, यदि λ का मान है–

(*a*) 2 (*b*) 13

(*c*) –13 (*d*) इनमें से कोई नहीं

14. बिन्दुओं $(1,1,1)$ से जाने वाली तथा रेखा $\frac{x-1}{1}=\frac{y-2}{2}=\frac{z-3}{3}$ के समान्तर रेखा का समीकरण है–

(*a*) $\frac{x-1}{1}=\frac{y-1}{2}=\frac{z-1}{3}$

(*b*) $\frac{x-1}{1}=\frac{y-2}{2}=\frac{z-3}{1}$

(*c*) $\frac{x+1}{1}=\frac{y+1}{2}=\frac{z+1}{1}$

(*d*) इनमें से कोई नहीं

15. त्रिविमीय क्षेत्र में समीकरण $x^2-x-2=0$ निरूपित करता है–

(*a*) सरल रेखा का युग्म

(*b*) लम्बवत् समतलों का युग्म

(*c*) समान्तर समतलों का युग्म

(*d*) इनमें से कोई नहीं

16. रेखाएँ $\frac{x-1}{3}=\frac{y-1}{-1}=\frac{z+1}{0}$ तथा $\frac{x-4}{2}=\frac{y+0}{0}=\frac{z+1}{3}$

(*a*) प्रतिच्छेद नहीं करती है

(*b*) $(4,1,-2)$ पर प्रतिच्छेद करती है।

(*c*) $(4,3,-1)$ पर प्रतिच्छेद करती है

(*d*) इनमें से कोई नहीं

17. रेखाओं $\frac{x-2}{3}=\frac{y+1}{-2}=z-2$ तथा $\frac{x-1}{2}=\frac{y+\frac{3}{2}}{3}=\frac{z+5}{4}$ के बीच का कोण है–

(*a*) $\pi/2$ (*b*) $\pi/4$

(*c*) $\frac{2\pi}{3}$ (*d*) $\frac{\pi}{6}$

18. बिन्दुओं $P(-3,-2,-1)$ व $Q(2,3,4)$ को मिलाने वाली रेखा को समतल $x+y+z=1$ किस अनुपात में विभाजित करता है?

(*a*) 7 : 8 (*b*) 3 : 8

(*c*) 5 : 2 (*d*) 7 : 1

19. सदिश $2\hat{i}+\hat{j}+2\hat{k}$ के अभिलम्बवत् व मूल बिन्दु से 8 इकाई की दूरी पर स्थित समतल का सदिश समीकरण है–

(*a*) $\vec{r}(2\hat{i}+\hat{j}+2\hat{k})=0$

(*b*) $\vec{r}(2\hat{i}+\hat{j}+2\hat{k})=24$

(*c*) $\vec{r}(\hat{i}+\hat{j}+\hat{k})=24$

(*d*) इनमें से कोई नहीं

20. एक समतल निर्देशांक अक्षों को *A*, *B* व *C* पर काटती है। यदि ΔABC का केन्द्रक (*a*, *b*, *c*) है, समतल का समीकरण है–

(*a*) $\frac{x}{a}+\frac{y}{b}+\frac{z}{c}=1$ (*b*) $\frac{x}{a}+\frac{y}{b}+\frac{z}{c}=\frac{1}{3}$

(*c*) $\frac{x}{a}+\frac{y}{b}+\frac{z}{c}=3$ (*d*) इनमें से कोई नहीं

21. यदि बिन्दु $P(a,b,c)$ से समतलों *yz* व *zx* पर लम्ब *PA*, *PB* खींचे जाए, तो समतल *OAB* का समीकरण होगा–

(a) $bcx+cay+abz=0$

(b) $bcx+cay-abz=0$

(c) $bcx-cay-abz=0$

(d) $bcx-cay+abz=0$

22. रेखा $2x-1=3y-2=4z-3$ के दिक् कोज्याएँ हैं–

(a) $(1,2,1)$

(b) $\left(\frac{1}{\sqrt{3}},\frac{1}{\sqrt{3}},\frac{1}{\sqrt{2}}\right)$

(c) $\frac{6}{\sqrt{61}},\frac{4}{\sqrt{61}},\frac{3}{\sqrt{61}}$

(d) इनमें से कोई नहीं

23. एक सरल रेखा जो प्रत्येक X–अक्ष व Y–अक्ष से 60° का कोण बनाती है, रेखा द्वारा Z–अक्ष से बना कोण होगा–

(a) 30° (b) 45°

(c) 60° (d) 35°

24. रेखाओं $\vec{r}=5\hat{i}-j+4\hat{k}+\lambda(\hat{i}+2\hat{j}+2\hat{k})$ व $\vec{r}=7\hat{i}+2\hat{j}+2\hat{k}+\mu(3\hat{i}+2\hat{j}+6\hat{k})$ के बीच के कोण की कोज्या है–

(a) 1 (b) $\frac{19}{21}$

(c) $\frac{18}{15}$ (d) 3

25. रेखा $3x-2=2y+1=3z-3$ का सदिश समीकरण है–

(a) $\vec{r}=\frac{2}{3}\hat{i}-\frac{1}{2}\hat{j}+\hat{k}+\lambda(2\hat{i}+3\hat{j}+2\hat{k})$

(b) $\vec{r}=\hat{i}+\hat{j}+\lambda(2\hat{i}+3\hat{j}+\hat{k})$

(c) $\vec{r}=\frac{2}{3}\hat{i}-\frac{1}{2}\hat{j}-\hat{k}+\lambda(3i+3\hat{i}+2\hat{k})$

(d) इनमें से कोई नहीं

26. रेखा $\frac{x}{2}=\frac{y-2}{3}=\frac{z-3}{4}$ व तल $2x+y-z=2$ के प्रतिच्छेद बिन्दु तथा मूल बिन्दु के बीच की दूरी है–

(a) $\sqrt{125}$ (b) $\sqrt{83}$

(c) $\sqrt{78}$ (d) $5\sqrt{3}$

27. एक रेखा जिसकी दिक् कोज्याएँ l, m, n है, तथा समतल $ax+by+cz+d=0$ के बीच का कोण θ है–

(a) $\sin^{-1}(al+bm+cn)$

(b) $\sin^{-1}\left(\frac{al+bm+cn}{\sqrt{a^2+b^2+c^2}}\right)$

(c) $\sin^{-1}(al+bm-cn)$

(d) इनमें से कोई नहीं

28. बिन्दुओं $A(1,2,3)$ व $B(2,10,1)$ को मिलाने वाली रेखा पर बिन्दु $P(x,y,z)$ है। यदि बिन्दु P का x–निर्देशांक –1 है, तो–

(a) $y=-14,\ z=7$ (b) $y=7,\ z=-14$

(c) $y=-1,\ z=-1$ (d) इनमें से कोई नहीं

29. यदि कोई समतल निर्देशांक अक्षों से A, B व C पर इस प्रकार मिलता है कि ΔABC का केन्द्रक $\left(\frac{1}{3},\frac{2}{3},\frac{4}{3}\right)$ है, तब समतल का समीकरण है–

(a) $x+2y+4z=4$

(b) $4x+2y+z=4$

(c) $x+y+z=4$

(d) इनमें से कोई नहीं

30. समतल $2x+7y+5z=2$ के लम्बवत् व रेखा $\frac{x-1}{1}=\frac{y-2}{3}=\frac{z-3}{2}$ को निहित करने वाले समतल का समीकरण है–

(a) $x+y+z=6$ (b) $-x+y+z=2$

(c) $2x-y+z=3$ (d) $x-y+z=2$

31. बिन्दुओं $(0,0,0),(1,0,0),(0,2,0)$ व $(0,0,3)$ से होकर जाने वाले गोले का समीकरण है–

(a) $x^2+y^2+z^2=0$

(b) $x^2+y^2+z^2+x+2y+3z=0$

(c) $x^2+y^2+z^2-3x-2y-z=0$

(d) $x^2+y^2+z^2-x-2y-3z=0$

32. $x^2+y^2+z^2+2x+2y+2z+2=0$ व $4x^2+4y^2+4z^2+4x+4y+4z-1=0$ के प्रतिच्छेद तल का समीकरण है–

(a) $4x+4y+4z+9=0$

(b) $x+y+z+9=0$

(c) $4x+4y+4z+1=0$

(d) इनमें से कोई नहीं

33. गोलों $x^2+y^2+z^2+2x+2y+2z=2$ व $2x^2+2y^2+2z^2+4x+2y+4z=0$ के प्रतिच्छेद का समतल है–

(a) $z-x$ तल के समान्तर

(b) y –अक्ष के समान्तर

(c) $y=0$

(d) इनमें से कोई नहीं

34. समतल $x+y+z=5\sqrt{3}$ व गोला $x^2+y^2+z^2=5$

(a) परस्पर एक दूसरे को स्पर्श करते हैं

(b) वृत्त काटते हैं

(c) नहीं मिलते हैं

(d) इनमें रो कोई नहीं

35. रेखाओं $\vec{r}=(4\hat{i}-\hat{j})+s(2\hat{i}+\hat{j}-3\hat{k})$ तथा $\vec{r}=(\hat{i}-\hat{j}+2\hat{k})+t(\hat{i}-3\hat{j}+2\hat{k})$ के बीच का कोण है–

(a) $\frac{2\pi}{3}$ (b) $\frac{\pi}{3}$

(c) π (d) $\frac{3\pi}{4}$

अनुच्छेद–1 (Paragraph–1) : माना तल का समीकरण

$p: x-y+z=5$ तथा $P(1,-2,3)$ कोई बिन्दु है।

36. समतल $x-y+z=5$ की बिन्दु $P(1,-2,3)$ से दूरी

(a) 1 (b) $\frac{1}{\sqrt{3}}$

(c) $\sqrt{3}$ (d) इसमें से कोई नहीं

37. किसी समतल p की बिन्दु $P(1,-2,3)$ से दूरी जब यह समतल $\frac{x}{2}=\frac{y}{3}=\frac{z}{-6}$ के समान्तर है।

(a) 1 (b) $\frac{1}{\sqrt{3}}$

(c) $\sqrt{3}$ (d) इसमें से कोई नहीं

38. बिन्दु $P(1,-2,3)$ से समतल $p: x-y+z=5$ पर लम्ब की लम्बाई

(a) $\left(-\frac{1}{3},\frac{1}{3},-\frac{1}{3}\right)$ (b) $\left(\frac{-2}{3},\frac{5}{3},\frac{-8}{3}\right)$

(c) $\left(\frac{2}{3},\frac{-5}{3},\frac{8}{3}\right)$ (d) इसमें से कोई नहीं।

अनुच्छेद–2 (Paragraph–2) : माना सरल रेखाएँ

$$l_1: \frac{x-1}{2}=\frac{y-2}{3}=\frac{z-3}{4}$$

तथा $l_2: \frac{x-4}{5}=\frac{y-1}{2}=z$

39. दी गई सरल रेखाओं के प्रतिच्छेदन बिन्दु–

(a) $(1,1,1)$ (b) $(1,-1,1)$

(c) $(-1,1,1)$ (d) $(-1,-1,-1)$

40. सरल रेखाओं l_1 एवं l_2 को समाहित करने वाले समतल का समीकरण–

(a) $5x+18y+11z-8=0$

(b) $5x-18y+11z=2$

(c) $5x+18y-11z=2$

(d) इसमें से कोई नहीं।

41. सरल रेखा का समीकरण जो मूल बिन्दु से गुजरती है तथा l_1 एवं l_2 दो रेखाओं के लम्ब हैं।

(a) $\frac{x}{5}=\frac{y}{-18}=\frac{z}{11}$ (b) $\frac{x}{5}=\frac{y}{18}=\frac{z}{11}$

(c) $\frac{x}{5}=\frac{y}{18}=\frac{z}{-4}$ (d) इसमें से कोई नहीं

दृढ़कथन–कारण (Assertion–Reason)

निम्नलिखित चार कूटों (a), (b), (c) एवं (d) में से सही उत्तर का चयन करें।

(a) वक्तव्य–I सत्य है; वक्तव्य–II सत्य है; वक्तव्य–II वक्तव्य–I का सही स्पष्टीकरण है।

(b) वक्तव्य–I सत्य है; वक्तव्य–II सत्य है; वक्तव्य–II वक्तव्य–I का सही स्पष्टीकरण नहीं है।

(c) वक्तव्य–I सत्य है; वक्तव्य–II असत्य है।

(d) वक्तव्य–I असत्य है; वक्तव्य–II सत्य है।

42. माना सरल रेखाएँ

$$l_1: \frac{x-1}{2}=\frac{y-2}{-1}=\frac{z-3}{3}$$

$$l_2: \frac{x-1}{3}=\frac{y-2}{2}=\frac{z-3}{-1}$$

वक्तव्य-I : l_1 एवं l_2 के बीच की न्यूनतम दूरी 0 है।

वक्तव्य-II : रेखाएँ l_1 एवं l_2 का प्रतिच्छेदन बिन्दु (1, 2, 3) है।

43. माना सरल रेखा

$$l: \vec{r}=\hat{i}-\hat{j}+\hat{k}+t(2\hat{i}+3\hat{j}-6\hat{k})$$

तथा समतल

$$p: \vec{r}.(2\hat{i}+3\hat{j}-6\hat{k})=7$$

वक्तव्य-I : सरल रेखा l तथा समतल p का प्रतिच्छेदन बिन्दु अद्धितीय है।

वक्तव्य-II : सरल रेखा l, समतल p के साथ समकोण बनाती है।

44. वक्तव्य-I : सरल रेखाएँ $\frac{x-5}{4}=\frac{y-7}{4}=\frac{z+3}{-5}$

तथा $\frac{x-8}{7}=\frac{y-4}{1}=\frac{z-5}{3}$ प्रतिच्छेदी होंगीं।

वक्तव्य-II : दो सरल रेखाएँ प्रतिछेदी होंगीं यदि

$$\begin{vmatrix} x_2-x_1 & y_2-y_1 & z_2-z_1 \\ a_1 & b_1 & c_1 \\ a_2 & b_2 & c_2 \end{vmatrix}=0$$

45. मिलान करें (Match These)–

वर्ग–I

A. समतल $3x-4y+12z-26=0$ तथा $3x-4y+12z+13=0$ एक-दूसरे से मिलते हैं–

B. समतल $\hat{r}.(\hat{i}+\hat{j}+\hat{k})=-1$ तथा $\hat{r}.(4\hat{i}+\hat{j}-2\hat{k})=-2$ मिलते हैं–

C. समतल $2x-y+z=4$, $5x+7y+2z=0$ तथा $3x+4y-2z+3=0$ मिलते हैं–

D. समतल $x+2y+3z-6=0$, $3x+4y+5z-2=0$ तथा $5x+4y+3z+18=0$ मिलते हैं–

वर्ग–II

p. अनन्त बिन्दुओं पर

q. एक अद्धितीय बिन्दु पर

r. एक रेखा पर

s. किसी बिन्दु पर नहीं।

(a) $A-p;\ B-r;\ C-s;\ D-q,s$

(b) $A-s;\ B-p,r;\ C-q;\ D-p,r$

(c) $A-q;\ B-p,r;\ C-s;\ D-q$

(d) इसमें से कोई नहीं।

उत्तरमाला

1	2	3	4	5	6	7	8	9	10
(b)	(b)	(c)	(d)	(d)	(b)	(b)	(d)	(b)	(d)
11	**12**	**13**	**14**	**15**	**16**	**17**	**18**	**19**	**20**
(a)	(d)	(d)	(a)	(c)	(d)	(a)	(a)	(b)	(c)
21	**22**	**23**	**24**	**25**	**26**	**27**	**28**	**29**	**30**
(b)	(c)	(b)	(b)	(a)	(c)	(b)	(a)	(b)	(d)
31	**32**	**33**	**34**	**35**	**36**	**37**	**38**	**39**	**40**
(d)	(a)	(d)	(a)	(b)	(b)	(a)	(c)	(d)	(b)
41	**42**	**43**	**44**	**45**					
(a)	(a)	(a)	(a)	(b)					

व्याख्यात्मक उत्तर

1. समतल $ax+by+cz+d=0$ पर बिन्दु (x_1, y_1, z_1) का प्रतिबिम्ब निम्न सूत्र द्वारा ज्ञात होता है—

$$\frac{x-x_1}{a}=\frac{y-y_1}{b}=\frac{z-z_1}{c}=-\frac{2(ax_1+by_1+cz_1+d)}{a^2+b^2+c^2}$$

$$\Rightarrow \quad \frac{x-1}{2}=\frac{y-3}{(-1)}=\frac{z-4}{1}=-\frac{2(2-3+4+3)}{6}$$

$$\Rightarrow \quad x=-3,\ y=5 \text{ तथा } z=2$$

2. यहाँ

$BC=\sqrt{4+4+1}=3,\ AC=\sqrt{1+4+4}=3$

तथा $AB=\sqrt{1+16+1}=\sqrt{18}=3\sqrt{2}$

स्पष्ट है कि BC = AC और $BC^2+AC^2=AB^2$

$\therefore$ ΔABC समकोण समद्विबाहु त्रिभुज है।

3. बिन्दुओं (x_1, y_1, z_1) व (x_2, y_2, z_2) से जाने वाली सरल रेखा के दिक् अनुपात

$(x_2-x_1, y_2-y_1, z_2-z_1)$ अर्थात्

$(4-3, 5-4, 6-5)=(1,1,1)$ है। इसलिए दिक् कोज्याएँ $\left(\frac{1}{\sqrt{3}}, \frac{1}{\sqrt{3}}, \frac{1}{\sqrt{3}}\right)$ है।

4. माना अभीष्ट बिन्दु (x, y, z) हैं।

प्रश्नानुसार $x_1=2,\ y_1=-1, z_1=3;$

$x_2=4,\ y_2=3, z_2=1;$

तथा $m_1=3,\ m_2=4$

$$\therefore\ x=\frac{m_1x_2+m_2x_1}{m_1+m_2}=\frac{3\times4+4\times2}{3+4}=\frac{20}{7},$$

$$y=\frac{m_1y_2+m_2y_1}{m_1+m_2}=\frac{3\times3+4\times(-1)}{3+4}=\frac{5}{7},$$

$$\text{तथा } z=\frac{m_1z_2+m_2z_1}{m_1+m_2}=\frac{3\times1+4\times3}{3+4}=\frac{15}{7}$$

अतः अभीष्ट बिन्दु $\left(\frac{20}{7}, \frac{5}{7}, \frac{15}{7}\right)$ है।

5. दिया गया तल $p=2x+ay+3z+1=0$

यदि बिन्दु P के एक ही दिशा में है, तो दोनों बिन्दुओं के लिए P का समान चिह्न होगा।

$$2(0)+a(0)+3(0)+1>0$$

तथा $2(2)+a(5)+3(7)+1>0$

$$\Rightarrow \quad a>-\frac{26}{5}$$

6. $\dfrac{x-x_1}{x_2-x_1}=\dfrac{y-y_1}{y_2-y_1}=\dfrac{z-z_1}{z_2-z_1}$

$$\Rightarrow \quad \frac{x-1}{1}=\frac{y-2}{2}=\frac{z-3}{3}$$

$\therefore$ यह रेखा बिन्दु $(-1,-2,-3)$ से भी होकर गुजरती है।

$\therefore$ $\dfrac{x+1}{1}=\dfrac{y+2}{2}=\dfrac{z+3}{3}$ के रूप में भी लिखा जा सकता है।

7. माना $A(1,1,1)$, $B(-2,4,1)$, $C(-1,5,5)$ व $D(2,2,5)$ है।

$$AB=\sqrt{(1+2)^2+(1-4)^2+(1-1)^2}=\sqrt{18},$$

$$BC=\sqrt{(-2+1)^2+(4-5)^2+(1-5)^2}=\sqrt{18},$$

$$CD=\sqrt{(-1-2)^2+(5-2)^2+(5-5)^2}=\sqrt{18},$$

$$DA=\sqrt{(2-1)^2+(2-1)^2+(5-1)^2}=\sqrt{18}$$

$$AC=\sqrt{(1+1)^2+(1-5)^2+(1-5)^2}=\sqrt{4+16+16}=6$$

तथा $BD=\sqrt{(-2-2)^2+(4-2)^2+(1-5)^2}=\sqrt{16+4+16}=6$

उपर्युक्त से स्पष्ट है कि

$AB=BC=CD=DA$

तथा $AC=BD$

अतः दिए गए बिन्दु वर्ग के शीर्ष हैं।

8. समतल $ax+by+cz+d=0$ पर बिन्दु (x_1,y_1,z_1) से डाले गए लम्ब का पाद निम्न द्वारा ज्ञात होता है–

$$\frac{x-x_1}{a}=\frac{y-y_1}{b}=\frac{z-z_1}{c}$$

$$=-\frac{(ax_1+by_1+cz_1+d)}{a^2+b^2+c^2}$$

$$\Rightarrow \quad \frac{x-1}{2}=\frac{y-3}{(-1)}=\frac{z-4}{1}=-\frac{(2-3+4+3)}{6}$$

$$\Rightarrow \quad x=-1,\ y=4 \text{ तथा } z=3$$

9. माना $\dfrac{x}{2}=\dfrac{y-1}{3}=\dfrac{z-1}{3}=\lambda$

$\therefore$ $(2\lambda, 3\lambda+1, 3\lambda+1)$ दी गई रेखा पर व्यापक बिन्दु है अब PQ लम्ब रेखा है।

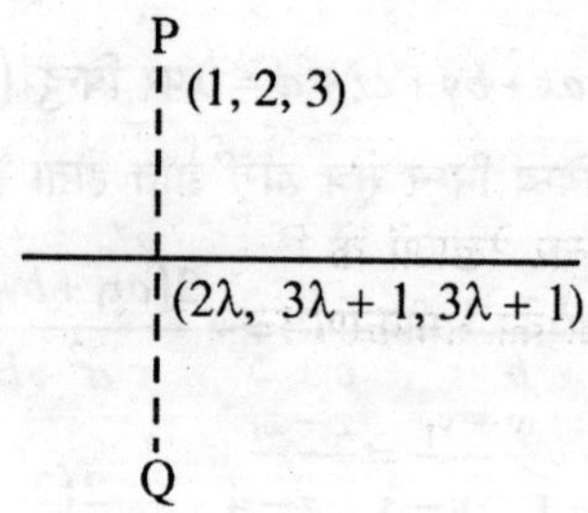

PQ के दिक् अनुपात $2\lambda-1, 3\lambda-1, 3\lambda-2$ हैं।

तथा $(2\lambda-1)2+(3\lambda-1)3+(3\lambda-2)3=0$

$$\Rightarrow \lambda=\frac{1}{2}$$

$\therefore Q$ के निर्देशांक $\left(1,\dfrac{5}{2},\dfrac{5}{2}\right)$ हैं।

10. माना अनुपात $k:1$ है।

$\because$ xy तल पर $z=0$

$$\therefore \quad \frac{-bk+c}{k+1}=0\Rightarrow k=\frac{c}{b}$$

11. $\because$ दिए गए समतल समान्तर है तथा अभीष्ट समतल भी उनके समान्तर है।

∴ समतल का अभीष्ट समीकरण

$$3x+4y+5z+\left(\frac{-6+6}{2}\right)=0$$

$\Rightarrow\ 3x+4y+5z=0$

12. ∵ बिन्दु $(1,-1,2)$ दी गई रेखा पर स्थित है।

∵ $\frac{1+1}{2}=\frac{-1-2}{3}=\frac{2+2}{4}$ सत्य है।

∴ दी गई रेखा पर डाले गए लम्ब की लम्बाई = 0

13. $\begin{vmatrix}3-1 & 1-2 & 3-1\\ 1 & 2 & -\lambda\\ \lambda & 3 & 4\end{vmatrix}=0$

$\Rightarrow\ \lambda^2+2\lambda+26=0\Rightarrow D<0$

∴ λ का कोई मान नहीं है।

14. दो समान्तर रेखाओं के दिक् अनुपात समान होते हैं।

∴ रेखा का समीकरण निम्न है–

$$\frac{x-x_1}{1}=\frac{y-y_1}{2}=\frac{z-z_1}{3}$$

जहाँ $(x_1, y_1, z_1)=(1,1,1)$

15. $x^2-x-2=0$

$\Rightarrow\ (x-2)(x+1)=0$

$\Rightarrow\ x=2,\ x=-1$

जो कि समतल का समीकरण है। दोनों ही तल yz के समान्तर हैं।

16. माना $\frac{x-1}{3}=\frac{y-1}{-1}=\frac{z+1}{0}=\lambda$

$\Rightarrow\ (3\lambda+1,-\lambda+1,-1)$ इस रेखा पर व्यापक बिन्दु है।

अब $\frac{x-4}{2}=\frac{y+0}{0}=\frac{z+1}{3}=\mu$

$\Rightarrow\ (2\mu+4,0,3\mu-1)$ इस रेखा पर व्यापक बिन्दु है।

$\lambda=1$ व $\mu=0$ के लिए दोनों रेखाओं का उभयनिष्ठ बिन्दु है।

17. दी गई रेखा $\frac{x-2}{3}=\frac{y+1}{-2}=\frac{z-2}{0}$ रेखा के दिक् अनुपात $(3,-2,0)$ हैं।

दूसरी रेखा $\frac{x-1}{2}=\frac{y+\frac{3}{2}}{3}=\frac{z+5}{4}$

इस रेखा के दिक् अनुपात $(2,3,4)$ है।

अब $\cos\theta=3\times2+(-2)\times3+0\times4=0\Rightarrow\theta=\frac{\pi}{2}$

18. दी गई रेखा पर कोई बिन्दु $\lambda:1$ के अनुपात में

$\frac{2\lambda-3}{\lambda+1},\frac{3\lambda-2}{\lambda+1},\frac{4\lambda-1}{\lambda+1}$ हैं।

यह तल $x+y+z=1$ को संतुष्ट करता है।

$\Rightarrow\ 2\lambda-3+3\lambda-2+4\lambda-1=\lambda+1$

$\Rightarrow\ 8\lambda=7\Rightarrow\lambda=\frac{7}{8}$

∴ अभीष्ट अनुपात $=\lambda:1=\frac{7}{8}:1=7:8$

19. यहाँ $d=8$ व $\vec{n}=2\hat{i}+\hat{j}+2\hat{k}$

$$\hat{n}=\frac{\vec{n}}{|\vec{n}|}=\frac{2\hat{i}+\hat{j}+2\hat{k}}{\sqrt{2^2+1^2+2^2}}=\frac{2\hat{i}+\hat{j}+2\hat{k}}{3}$$

अभीष्ट समतल का समीकरण निम्न है–

$$\vec{r}\,.\,\vec{n}=d\Rightarrow\vec{r}\,\frac{(2\hat{i}+j+2\hat{k})}{3}=8$$

$\Rightarrow\ \vec{r}\,.\,(2\hat{i}+\hat{j}+2\hat{k})=24$

20. माना समतल का समीकरण $\frac{x}{\alpha}+\frac{y}{\beta}+\frac{z}{\gamma}=1$ है, तब

$A(\alpha,0,0), B(0,\beta,0)$ व $C(0,0,\gamma)$

अब $\frac{\alpha}{3}=a, \frac{\beta}{3}=b$ तथा $\frac{\gamma}{3}=c$

इसलिए $\alpha=3a,\ \beta=3b,\ \gamma=3c$ समतल के समीकरण में रखने पर,

$$\frac{x}{3a}+\frac{y}{3b}+\frac{z}{3c}=1$$

$$\Rightarrow \frac{x}{a}+\frac{y}{b}+\frac{z}{c}=3$$

21. $A(0,b,c)$ समतल yz में तथा $B(a,0,c)$ समतल zx में स्थित है। 0 से जाने वाला समतल $px+qy+rz=0$ है। यह A व B से होकर जाता है।

$\therefore\quad 0p+qb+rc=0$ तथा $pa+0q+rc=0$

$$\therefore\quad \frac{p}{bc}=\frac{q}{ca}=\frac{r}{-ab}$$

22. $$\frac{x-\frac{1}{2}}{\frac{1}{2}}=\frac{y-\frac{2}{3}}{\frac{1}{3}}=\frac{z-\frac{3}{4}}{\frac{1}{4}}$$

$$\Rightarrow \frac{x-\frac{1}{2}}{6}=\frac{y-\frac{2}{3}}{4}=\frac{z-\frac{3}{4}}{3}$$

रेखा के दिक् अनुपात $(6,4,3)$ है, अतः दिक् कोज्याएँ $\left(\frac{6}{\sqrt{61}},\frac{4}{\sqrt{61}},\frac{3}{\sqrt{61}}\right)$ है।

23. माना रेखा के दिक् कोज्याएँ l, m, n है।
अब $l=\cos 60^\circ,\ m=\cos 60^\circ$ तथा $l^2+m^2+n^2=1$

$$\Rightarrow \frac{1}{4}+\frac{1}{4}+n^2=1$$

$$\Rightarrow n=\frac{1}{\sqrt{2}}=\cos 45^\circ$$

24. रेखा (*i*) $(1,2,2)$ के समान्तर है।

रेखा (*ii*) $(3,2,6)$ के समान्तर है।

$\therefore$ रेखाओं के बीच का कोण

$$\theta=\cos^{-1}\left\{\frac{1\times 3+2\times 2+2\times 6}{\sqrt{1+4+4}\sqrt{9+4+36}}\right\}$$

$$=\cos^{-1}\left\{\frac{19}{21}\right\}$$

25. $$\frac{x-\frac{2}{3}}{\frac{1}{3}}=\frac{y+\frac{1}{2}}{\frac{1}{2}}=\frac{z-1}{\frac{1}{3}}$$

$$\Rightarrow \frac{x-\frac{2}{3}}{2}=\frac{y+\frac{1}{2}}{3}=\frac{z-1}{2}$$

रेखा के दिक् अनुपात $(2,3,2)$ है तथा रेखा बिन्दु $\left(\frac{2}{3},\frac{-1}{2},1\right)$ से होकर जाती है।

$\therefore$ सदिश समीकरण निम्न है—

$$\vec{r}=\frac{2}{3}\hat{i}-\frac{1}{2}\hat{j}+\hat{k}+\lambda(2\hat{i}+3\hat{j}+2\hat{k})$$

26. रेखा पर व्यापक बिन्दु $(2\lambda, 3\lambda+2, 4\lambda+3)$ है। इसलिए समतल व रेखा के प्रतिच्छेद बिन्दु के लिए

$2(2\lambda)+3\lambda+2-4\lambda-3=2 \Rightarrow \lambda=1$

$\therefore$ प्रतिच्छेदन बिन्दु $(2,5,7)$ है।

अतः बिन्दु $(2,5,7)$ की मूल बिन्दु से दूरी

$=\sqrt{4+25+49}=\sqrt{78}$

27. $\sin\theta=\frac{al+bm+cn}{\sqrt{a^2+b^2+c^2}\sqrt{l^2+m^2+n^2}}$ तथा

$l^2+m^2+n^2=1$

28. P के निर्देशांक $\left(\frac{2\lambda+1}{\lambda+1},\frac{10\lambda+2}{\lambda+1},\frac{\lambda+3}{\lambda+1}\right)$ है।

$$\therefore\quad x=\frac{2\lambda+1}{\lambda+1}=-1$$

$\Rightarrow \quad \lambda = \frac{-2}{3}$

$\therefore \quad y = \frac{10\lambda + 2}{\lambda + 1} = -14$ तथा

$z = \frac{\lambda + 3}{\lambda + 1} = 7$

29. माना समतल निर्देशांक अक्षों को $A(\alpha, 0, 0), B(0, \beta, 0)$ तथा $C(0, 0, \gamma)$ पर प्रतिच्छेद करता है।

ΔABC का केन्द्रक $\left(\frac{\alpha}{3}, \frac{\beta}{3}, \frac{\gamma}{3}\right)$ है।

अत: $\alpha = 1,\ \beta = 2$ तथा $\gamma = 4$

$\therefore$ समतल का समीकरण निम्न है—

$x + \frac{y}{2} + \frac{z}{4} = 1 \Rightarrow 4x + 2y + z = 4$

30. समतल में रेखा $\frac{x-1}{1} = \frac{y-2}{3} = \frac{z-3}{2}$ निहित है।

$\therefore$ यह बिन्दु $(1, 2, 3)$ से होकर जाती है।

$a(x-1) + b(y-2) + c(z-3) = 0$

अब $a + 3b + 2c = 0 \ldots(i)$

समतल $2a + 7b + 5c = 0 \ldots(ii)$ के लम्बवत् है।

समीकरण (i) व (ii) से

$a : b : c :: 1 : -1 : 1$

$\therefore$ समतल का समीकरण,

$(x-1) - (y-2) + (z-3) = 0$

$\Rightarrow \qquad x - y + z = 2$

31. माना गोले का समीकरण

$x^2 + y^2 + z^2 + 2ux + 2vy + 2wz + c = 0$

$\because \quad c = 0, 1 + 2u = 0, 4 + 4v = 0,\ 9 + 6w = 0$

$\therefore$ गोले का समीकरण

$x^2 + y^2 + z^2 - x - 2y - 3z = 0$ है।

32. गोले के प्रतिच्छेदक तल का समीकरण निम्न है—

$x^2 + y^2 + z^2 + 2x + 2y + 2z + 2$

$-\left\{x^2 + y^2 + z^2 + x + y + z - \frac{1}{4}\right\} = 0$

अर्थात् $x + y + z + \frac{9}{4} = 0$

33. पहले गोले का केन्द्र $c_1 = (-1, -1, -1)$

तथा त्रिज्या, $r_1 = \sqrt{5}$

दूसरे गोले का केन्द्र $c_2 = \left(-1, \frac{-1}{2}, -1\right)$

तथा त्रिज्या, $r_2 = \frac{3}{2}$ तथा $c_1c_2 = \sqrt{0 + \frac{1}{4} + 0} = \frac{1}{2}$

$\because \quad c_1c_2 < |r_1 - r_2|$

$\therefore$ दूसरा गोला पहले गोले के अंदर है।

34. गोले $x^2 + y^2 + z^2 = 5$ के केन्द्र $(0, 0, 0)$ से समतल $x + y + z = 5\sqrt{3}$ के बीच की दूरी $= \frac{5\sqrt{3}}{\sqrt{1+1+1}} = 5$

(गोले की त्रिज्या)

$\therefore$ समतल गोलों को स्पर्श करेगा।

35. पहली रेखा का समीकरण $\frac{x-4}{2} = \frac{y+1}{1} = \frac{z-0}{-3}$ है।

तथा दूसरी रेखा का समीकरण $\frac{x-1}{1} = \frac{y+1}{-3} = \frac{z-2}{2}$ है।

रेखाओं के बीच का कोण

$$\theta = \cos^{-1}\left|\frac{a_1a_2 + b_1b_2 + c_1c_2}{\sqrt{a_1^2 + b_1^2 + c_1^2}\sqrt{a_2^2 + b_2^2 + c_2^2}}\right|$$

$$= \cos^{-1}\left|\frac{2-3-6}{\sqrt{14}\sqrt{14}}\right| = \cos^{-1}\left|\frac{1}{2}\right| = \frac{\pi}{3}$$

36. दिया हुआ समतल $p : x - y + z - 5 = 0$

$\therefore$ अभीष्ट दूरी $= \left|\frac{1(1) + (-1)(-2) + 1(3)}{\sqrt{1^2 + (-1)^2 + (1)^2}}\right| = \frac{1}{\sqrt{3}}$

37. रेखा का समीकरण जो p से गुजरती है तथा दी हुई रेखा के समान्तर है।

$$\frac{x-1}{2}=\frac{y+2}{3}=\frac{z-3}{-6}$$

कोई बिन्दु इस सरल रेखा पर स्थित है।

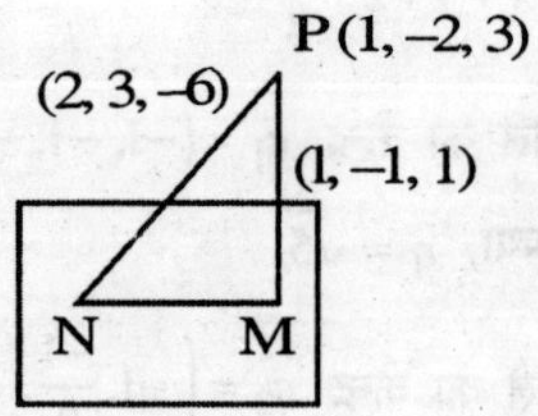

$(2t+1, 3t-2, -6t+3)$

यह समतल p में स्थित होगा, यदि

$2t+1-(3t-2)+(-6t+3)=5$

अर्थात् यदि $-7t=-1$ यदि $t=\frac{1}{7}$

$\therefore\ N\left(\frac{2}{7}+1, \frac{3}{7}-2, \frac{-6}{7}+3\right)$ होगा

अर्थात् $N\left(\frac{9}{7}, \frac{-11}{7}, \frac{15}{7}\right)$

अतः अभीष्ट दूरी $=|NP|$

$$=\sqrt{\left(\frac{9}{7}-1\right)^2+\left(\frac{-11}{7}+2\right)^2+\left(\frac{15}{7}-3\right)^2}$$

$$=\sqrt{\frac{4}{49}+\frac{9}{49}+\frac{36}{49}}$$

$$=\sqrt{\frac{49}{49}}=1$$

38. यदि M, समतल p पर बिन्दु P से लम्ब की लम्बाई हो तो $MP\perp$ तल p तो MP की दिक् कोज्याएँ $(1, -1, 1)$ होंगी तथा MP का समीकरण $\frac{x-1}{1}=\frac{y+2}{-1}=\frac{z-3}{1}=t$

इस सरल रेखा पर कोई बिन्दु $(t+1, -t-2, t+3)$ होगा।

यदि यह सभतल p पर अवस्थित है, तब

$t+1-(-t-2)+(t+3)=5$

$\Rightarrow 3t=-1 \Rightarrow t=\frac{-1}{3}$

$\therefore$ बिन्दु $M\left(-\frac{1}{3}+1, \frac{1}{3}-2, -\frac{1}{3}+3\right)$

अर्थात् $M\left(\frac{2}{3}, \frac{-5}{3}, \frac{8}{3}\right)$ होगा।

39. दी हुई सरल रेखाएँ

$$\frac{x-1}{2}=\frac{y-2}{3}=\frac{z-3}{4} \qquad ...(i)$$

तथा $\frac{x-4}{5}=\frac{y-1}{2}=\frac{z-0}{1}$ ...(ii)

कोई बिन्दु सरल रेखा (i) पर,

$(2t+1, 3t+2, 4t+3)$ ...(iii)

यह बिन्दु समीकरण (ii) पर होगा, यदि

$$\frac{2t+1-4}{5}=\frac{3t+2-1}{2}=\frac{4t+3}{1}$$

अर्थात् यदि $\frac{2t-3}{5}=\frac{3t+1}{2}$ तथा

$$\frac{3t+1}{2}=\frac{4t+3}{1}$$

अर्थात् यदि $4t-6=15t+5$ तथा $3t+1=8t+6$

यदि $11t=-11$ तथा $5t=-5 \Rightarrow t=-1$

अतः दोनो सरल रेखाएँ बिन्दु $\{2(-1)+1, 3(-1)+2, 4(-1)+3\}$ अर्थात् (–1, –1, –1) पर परस्पर प्रतिच्छेद करेगीं। (समीकरण (iii) से)

40. समतल सरल रेखाओं l_1 एवं l_2 को समाहित करती है।

$$\begin{vmatrix} x-1 & y-2 & z-3 \\ 2 & 3 & 4 \\ 5 & 2 & 1 \end{vmatrix} = 0$$

$$\Rightarrow (x-1)(3-8)-(y-2)(2-20)+(z-3)(4-15)=0$$

$$\Rightarrow \quad -5x+5+18y-36-11z+33=0$$

$$\Rightarrow \quad 5x-18y+11z-2=0$$

41. माना (a, b, c) सरल रेखा की दिक् कोज्या है, जो सरल रेखाएँ l_1 एवं l_2 के साथ समकोण बनाती है। तब
$2a + 3b + 4c = 0$
तथा $5a + 2b + c = 0$

$$\Rightarrow \quad \frac{a}{3-8} = \frac{b}{20-2} = \frac{c}{4-15} \Rightarrow \frac{a}{5} = \frac{b}{-18} = \frac{c}{11}$$

$\therefore$ सरल रेखा का अभीष्ट समीकरण जो मूल बिन्दु से गुजरती है $\dfrac{x-0}{5} = \dfrac{y-0}{-18} = \dfrac{z-0}{11}$

$$\Rightarrow \frac{x}{5} = \frac{y}{-18} = \frac{z}{11}$$

42. हम देखते हैं कि बिन्दु (1, 2, 3) दोनों सरल रेखा पर स्थित है, अतः दोनों सरल रेखाएँ एक दूसरे को बिन्दु (1, 2, 3) पर प्रतिच्छेदित करती है। पुनः इसकी दिक् कोज्याएं समानुपाती नहीं है। अतः दोनों सरल रेखाएँ समांगी (Concident) नहीं है, अतः दोनों सरल रेखाओं की बीच की न्यूनतम दूरी 0 होगी।
अतः (*a*) सही उत्तर है।

43. स्पष्टतः सरल रेखा l समान्तर है सदिश $2\hat{i}+3\hat{j}-6\hat{k}$ के तथा समतल p सदिश $2\hat{i}+3\hat{j}-6\hat{k}$ के साथ समकोण बनाती है। अतः सरल रेखा l लम्बवत् होगी समतल पर, अतः यह समतल पर एक अद्वितीय बिन्दु पर मिलेगी।
अतः (*a*) सही उत्तर है।

44. दी हुई सरल रेखाएँ प्रतिच्छेदित करेगीं यदि

$$\begin{vmatrix} 8-5 & 4-7 & 5+3 \\ 4 & 4 & -5 \\ 7 & 1 & 3 \end{vmatrix} = \begin{vmatrix} 3 & -3 & 8 \\ 4 & 4 & -5 \\ 7 & 1 & 3 \end{vmatrix}$$

$$= 3(12+5)-(-3)(12+35)+8(4-28)$$

$$= 51+141-8\times 24 = 192-192 = 0$$

अतः (*a*) सही उत्तर है।

45. (A) दोनों समतल समान्तर है अतः इसमें एक भी उभयनिष्ठ बिन्दु नहीं होगा।
$A - s$

(B) दोनों समतल असमान्तर है अतः ये किसी सरल रेखा पर प्रतिच्छेदित करेगी।
$B - p, r$

(C) यहाँ

$$\begin{vmatrix} 2 & -1 & 1 \\ 5 & 7 & 2 \\ 3 & 4 & -2 \end{vmatrix} = 2(-14-8)-(-1)(-10-6)+1(20-2)$$

$$= -44-16-1 \neq 0$$

अतः समतल के केवल एक अद्वितीय बिन्दु पर मिलेगी।
$C - q$

(C) यहाँ

$$\begin{vmatrix} 1 & 2 & 3 \\ 3 & 4 & 5 \\ 5 & 4 & 3 \end{vmatrix} = (12-20)-2(9-25)+3(12-20)$$

$$= -8+32-24 = 0$$

अतः तीनों समतल में या तो एक भी बिन्दु उभयनिष्ठ नहीं होगा या अनन्त बिन्दु उभयनिष्ठ होगा।
$D - p, r.$

34

स्थिति विज्ञान (STATICS)

बल (Force)

किसी वस्तु को खींचना या धकेलना बल को परिभाषित करता है या वह क्रिया जो किसी वस्तु की स्थिति (गति या विराम) को परिवर्तित करती है या करने की चेष्टा करती है, बल कहलाती है।

बल की तीन विशेषताएँ हैं–

(*i*) परिमाण
(*ii*) दिशा
(*iii*) बिन्दु पर क्रियाशीलता

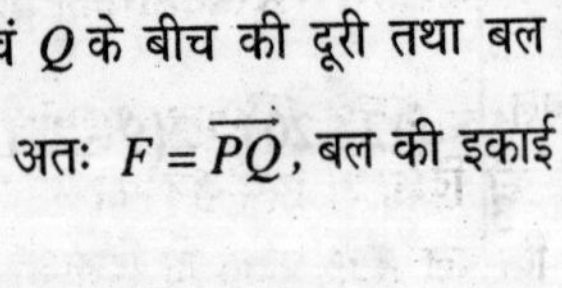

माना कोई बल F किसी वस्तु के बिन्दु P पर क्रियाशील होता है तथा वस्तु PQ की दिशा में विस्थापित होती है तब $|PQ| = P$ एवं Q के बीच की दूरी तथा बल की दिशा P से Q की ओर है। अतः $F = \overline{PQ}$, बल की इकाई न्यूटन (N) है।

बल तंत्र (Force System)

जब किसी बिन्दु या दृढ़ पिण्ड पर एक साथ कई बल कार्य करते हों तब यह एक बल तंत्र का निर्माण करता है।

(*a*) **समतलीय बल तंत्र (Coplanar Force System) :** जब बलों की क्रिया रेखा एक ही तल में हों तब इसे समतलीय बल तंत्र कहते हैं।

(*b*) **असमतलीय बल तंत्र (Non-Coplanar Force System):** यदि बल तंत्र समतलीय नहीं हों तो इसे असमतलीय बल तंत्र कहते हैं।

(*c*) **एकरैखिक बल तंत्र (Collinear Force System) :** जब बल तंत्र के सभी बलों की क्रिया एक ही रेखा के अनुदिश हो तब इसे एक रैखिक बल तंत्र कहते हैं। यह अनिवार्यतः समतलीय होते हैं।

परिणामी बल (Resultant Force)

यदि किसी दृढ़ पिण्ड पर दो या दो से अधिक बल कार्य करके जो प्रभाव उत्पन्न करते हैं पर वही प्रभाव केवल एक बल द्वारा पिण्ड पर उत्पन्न हो तब यह बल, संयुक्त बल का परिणामी बल कहलाता हैं। ये बल इस परिणामी बल के घटक कहलाते हैं।

बलों का संयोजन (Composition of Forces)

दो या दो से अधिक बलों के परिणामी बल को ज्ञात करने की क्रिया को बलों का संयोजन कहते हैं।

दो बलों का संयोजन (Composition of Two Forces)

यदि एक बिन्दु पर कार्यरत दो बल, परिणाम एवं दिशा में किसी समान्तर चतुर्भुज के दो संलग्न भुजाओं से निरूपित हो, तब उनका परिणामी बल, परिमाण एवं दिशा में उसके शीर्ष से खींचे गए विकर्ण से निरूपित होगा। **इसे बलों के समान्तर चतुर्भुज का नियम कहते हैं।**

किसी कोण पर कार्यरत दो बलों के परिणामी बल का परिमाण एवं दिशा

(Magnitude and Direction of the Resultant of Two Forces Acting at an Angle)

यदि दो बल एक बिन्दु पर α कोण पर कार्यरत हैं, तब इनके परिणामी R को समान्तर चतुर्भुज का निर्माण कर ज्ञात करते हैं।

तथा $R=\sqrt{P^2+Q^2+2PQ\cos\alpha}$

$$\theta=\tan^{-1}\left(\frac{Q\sin\alpha}{P+Q\cos\alpha}\right)$$

जहाँ θ कोण परिणामी R द्वारा बल P से बनाया गया है।

परिस्थिति (Case)

(*i*) यदि दोनों बल परस्पर लम्ब हो तब

$$R=\sqrt{P^2+Q^2} \text{ तथा } \theta=\tan^{-1}\left(\frac{Q}{P}\right)$$

(*ii*) यदि दोनों बल एक ही दिशा में हो, तब
$R=P+Q$ तथा $\theta=0°$

(*iii*) यदि दोनों बल विपरीत दिशा में कार्यरत हों
$R=P-Q$ तथा $\theta=180°$

(*iv*) यदि दोनों बलों का परिणाम समान हो, तब

$$R=2P\cos\frac{\alpha}{2} \text{ तथा } \theta=\frac{\alpha}{2}$$

उदाहरण 1. यदि दो बलों का परिमाण 4 तथा 5 हो तथा इसका परिणामी बल का परिमाण 6 हो, तब बलों के बीच का कोण ज्ञात करें।

हल : माना α दोनों बलों के बीच का कोण है, तब

$$6^2=4^2+5^2+2\times4\times5\cos\alpha$$

$$\Rightarrow 40\cos\alpha=6^2-4^2-5^2$$

$$\Rightarrow 40\cos\alpha=-5$$

$$\Rightarrow \cos\alpha=\frac{-5}{40}=\frac{-1}{8}$$

$$\Rightarrow \alpha=\cos^{-1}\left(-1/8\right)$$

$$\Rightarrow \alpha=\pi-\cos^{-1}\left(\frac{1}{8}\right).$$

उदाहरण 2. दो बल P एवं Q किसी प्रतिच्छेदी रेखा के अनुदिश कार्यरत हैं तथा इसके परिणामी बल का परिणाम R है। यदि बल Q की दिशा को विपरीत करने पर इसका परिणाम $\frac{R^2-P^2}{Q}$ हो जाता है, तब नए परिमाणी बल का परिमाण ज्ञात करें।

हल : माना α, बलों P और Q के बीच का कोण है, तब

$$R^2=P^2+Q^2+2PQ\cos\alpha$$

$$\Rightarrow R^2-P^2=Q(Q+2P\cos\alpha)$$

$$\Rightarrow \frac{R^2-P^2}{Q}=(Q+2P\cos\alpha) \quad ...(i)$$

यदि S नए परिणामी बल का परिमाण हो जब बल Q को विपरीत किया जाता है तथा इसका परिणाम $\frac{R^2-P^2}{Q}$ हो जाता है, तब

$$S^2=P^2+\left(\frac{R^2-P^2}{Q}\right)^2+2P\frac{\left(R^2-P^2\right)}{Q}\cos(180°-\alpha)$$

$$\Rightarrow S^2=P^2+(Q+2P\cos\alpha)^2+2P(Q+2P\cos\alpha)(-\cos\alpha)$$

$$\Rightarrow S^2=P^2+Q^2+4P^2\cos^2\alpha+4PQ\cos\alpha-2PQ\cos\alpha-4P^2\cos^2\alpha$$

$$\Rightarrow S^2=P^2+Q^2+2PQ\cos\alpha=R^2$$

$$\Rightarrow S^2=R^2\Rightarrow S=R$$

अतः नए परिणामी बल का परिमाण अपरिवर्तित होगा।

बलों का वियोजन (Resolution of a Forces)

परिणामी बल के घटकों (Components) को ज्ञात करने की क्रिया बलों की दिशा में वियोजन कहलाता है।

माना कि बल R के घटक दो दिशाओं में R की क्रिया रेखा से α एवं β कोण बनाते हैं तब,

$$P=\frac{R\sin\beta}{\sin(\alpha+\beta)} \text{ तथा } Q=\frac{R\sin\alpha}{\sin(\alpha+\beta)}$$

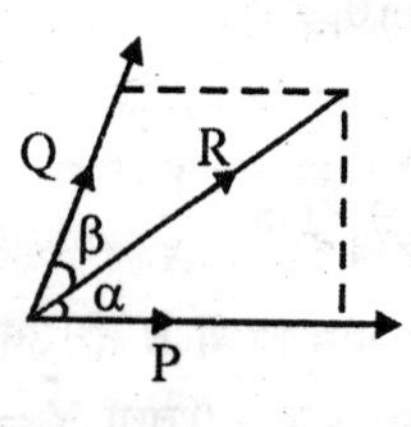

बलों का संयोजन (Composition of Forces)

यदि एक बिन्दु पर कई बल कार्यरत हों, तो दिशा एवं परिमाण में उनका निरूपण एक खुले बहुभुज की क्रमागत भुजाओं द्वारा हो सकता है तथा उनका परिणामी बल दिशा एवं परिमाण में उस बहुभुज को बन्द करने वाली विपरीत क्रम में ली गई भुजा से निरूपित किया जा सकता है।

माना O बिन्दु पर बल $P_1, P_2, P_3....P_n$ कार्यरत है जो एक ही तल में है तो OX के अनुदिश $P_1, P_2, P_3...$ के वियोजित भागों का योग

$= P_1 \cos\theta_1 + P_2 \cos\theta_2 + ... + P_n \cos\theta_n$

$= \sum_{r=1}^{n} (P_r \cos\theta_r)$ होगा।

तथा OY के अनुदिश $P_1, P_2, P_3...P_n$ के वियोजित भागों का योग $= P_1 \sin\theta_1 + P_2 \sin\theta_2 + ...+P_n \sin\theta_n$

$= \sum_{r=1}^{n} (P_r \sin\theta_r)$

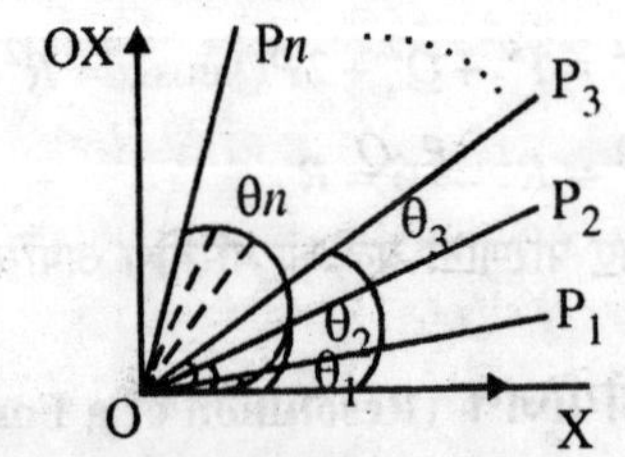

$\therefore$ परिणामी $R = \sqrt{X^2 + Y^2}$

जहाँ $X = \sum_{r=1}^{n} (P_r \cos\theta_r)$

तथा $Y = \sum_{r=1}^{n} P_r \sin\theta_r$

एवं $\tan\theta = \frac{Y}{X} \Rightarrow \theta = \tan^{-1}\frac{Y}{X}$

यदि सभी बल सन्तुलन में है तो उनका परिणामी शून्य होगा, अर्थात् $R = 0 \Rightarrow X = 0$ तथा $Y = 0$

समान्तर बल (Parallel Force)

जब बलों की क्रिया रेखा समान्तर हो, तब उन्हें समान्तर बल कहते हैं।

(i) **समदिश समान्तर बल (Like Parallel Force) :** जिन समान्तर बलों की दिशाएँ समान हों, उन्हें समदिश समान्तर बल कहते हैं।

जैसे–

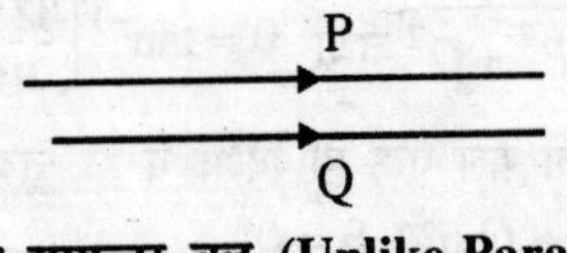

(ii) **प्रतिदिश समान्तर बल (Unlike Parallel Force) :** जिन समान्तर बलों की दिशाएँ विपरीत हो, तो उन्हें प्रतिदिश समान्तर बल कहते हैं।

जैसे–

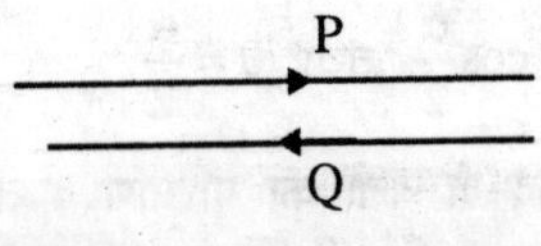

उदाहरण 3. किसी बल के घटक को ज्ञात करें, जब बल का परिमाण 60 kg भार, कोण $\tan^{-1}\left(\frac{3}{4}\right)$ बल की दिशा में बनाता है।

हल : माना $\tan^{-1}\frac{3}{4} = \theta$

तब $\tan\theta = \frac{3}{4} \quad 0 < \theta < \frac{\pi}{2}$

अतः अभीष्ट घटक भाग $= 60 \cos\theta$ kg wt.

$= 60\left(\frac{1}{\sec\theta}\right)$ kg wt.

$= \frac{60}{\sqrt{1+\tan^2\theta}}$ kg wt. $= \frac{60}{\sqrt{1+\left(\frac{3}{4}\right)^2}}$ kg wt.

$= 48$ kg wt.

उदाहरण 4. 40 न्यूटन के बल को दो समान्तर समदिश बलों में वियोजित करें, जबकि वे परस्पर 20 मीटर की दूरी पर हो तथा उनमें से एक, दिए बल से 8 मीटर की दूरी पर हो।

हल : माना अभीष्ट वियोजित भाग क्रमशः P न्यूटन तथा Q न्यूटन है तथा A एवं B इनके क्रमशः क्रिया बिन्दु है।
प्रश्नानुसार,

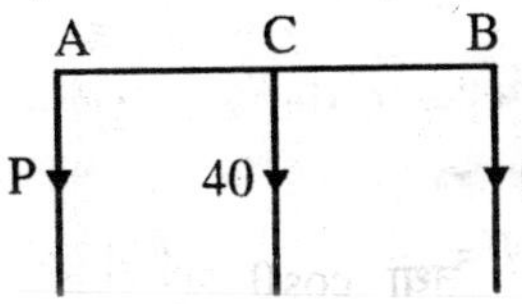

$P + Q = 40$ न्यूटन

$\because BC = 8$ मीटर, $AB = 20$ मीटर

$\therefore AC = 12$ मीटर

$\therefore \dfrac{P}{BC} = \dfrac{Q}{AC} = \dfrac{R}{AB}$ से,

$\dfrac{P}{8} = \dfrac{Q}{12} = \dfrac{40}{20}$

$\Rightarrow P = 16$ न्यूटन तथा $Q = 24$ न्यूटन

समान्तर बलों का परिणामी

(Resultant of Parallel Forces)

(*i*) यदि किसी दृढ़ पिण्ड के दो बिन्दुओं A तथा B पर परिमाण P एवं Q वाले दो विभिन्न समदिश समान्तर बलों का परिणामी बल $R = (P + Q)$, P एवं Q के समान्तर बिन्दु C पर इस प्रकार कार्य करता है कि

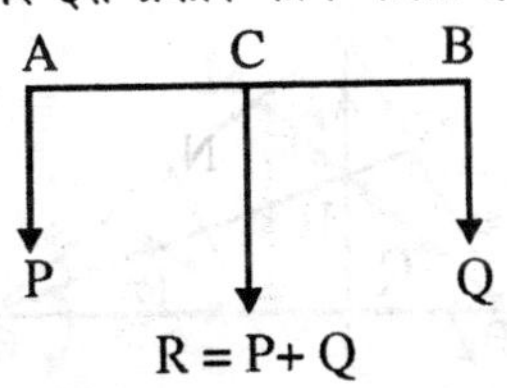

तो $\dfrac{AC}{BC} = \dfrac{Q}{P}$

(*ii*) विपरीत दिशा समान्तर बलों P एवं Q का परिणामी $R = P - Q$ होगा तथा

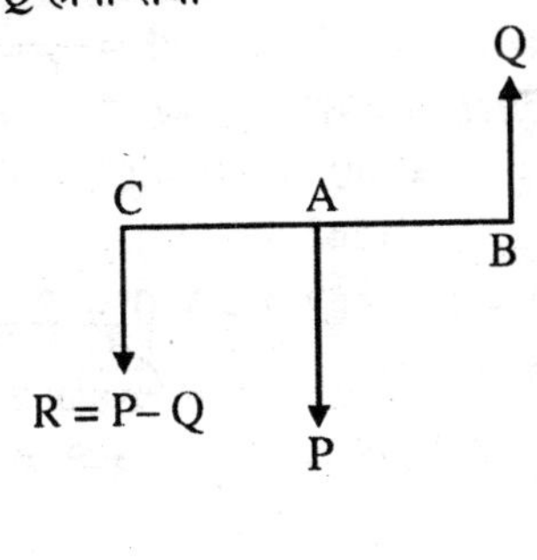

$\dfrac{AC}{BC} = \dfrac{Q}{P}$

जब CAB को बाह्य विभाजित करता है।

बलों का त्रिभुज नियम

(Triangle Law of Forces)

यदि किसी बिन्दु पर कार्यरत तीन बलों के परिमाण एवं दिशा को किसी त्रिभुज की तीन क्रमिक भुजाओं से निरूपित किया जाये तो ये बल संतुलन में होंगे।

बलों के त्रिभुज नियम का विलोम

(Converse of the Triangle Law of Forces)

यदि किसी बिन्दु पर कार्यरत तीन बल संतुलन में हो, तब इसके परिमाण एवं दिशा त्रिभुज के क्रमिक भुजाओं द्वारा निरूपित होंगे तथा यह बल के क्रिया रेखा के समान्तर होगा।

लामी का प्रमेय (Lami's Theorem)

यदि किसी बिन्दु पर कार्यरत तीन असमरैखिक (Non-Collinear) बल संतुलन में हो तो उनमें से प्रत्येक बल का परिमाण शेष दो बलों के बीच के कोण के ज्या (sine) के समानुपाती होता है।

यदि तीन बल P, Q, R संतुलन में हो, तो

$$\frac{P}{\sin\alpha} = \frac{Q}{\sin\beta} = \frac{R}{\sin\gamma}$$

उदाहरण 5. किसी कण पर कार्यरत तीन बल संतुलन में हैं, प्रथम एवं द्वितीय के बीच का कोण 90° तथा द्वितीय एवं तृतीय बल के बीच 120° है। तब बलों का अनुपात ज्ञात करें।

हल : माना तीन बल P, Q, R किसी कण O पर OX, OY एवं OZ दिशा में कार्यरत हैं।

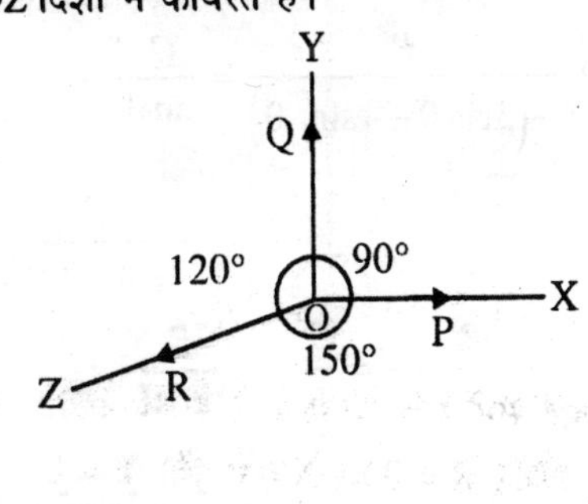

अतः लामी के प्रमेय से,

$$\frac{P}{\sin 120°} = \frac{Q}{\sin 150°} = \frac{R}{\sin 90°}$$

$$\Rightarrow \frac{\frac{P}{\sqrt{3}}}{2} = \frac{\frac{Q}{1}}{2} = \frac{R}{1}$$

$$\therefore P : Q : R = \sqrt{3} : 1 : 2.$$

उदाहरण 6. तीन बल P, Q तथा R किसी बिन्दु पर कार्यरत संतुलन की स्थिति में है तथा P एवं Q के बीच का कोण P एवं R के बीच के कोण का दो गुना (Double) है, तब सिद्ध करें : $R^2 = Q(Q - P)$

हल : माना P एवं R के बीच कोण θ है, तो P एवं Q के बीच कोण 2θ तथा Q एवं R के बीच का कोण $= 2\pi - (\theta + 2\theta) = 2\pi - 3\theta$

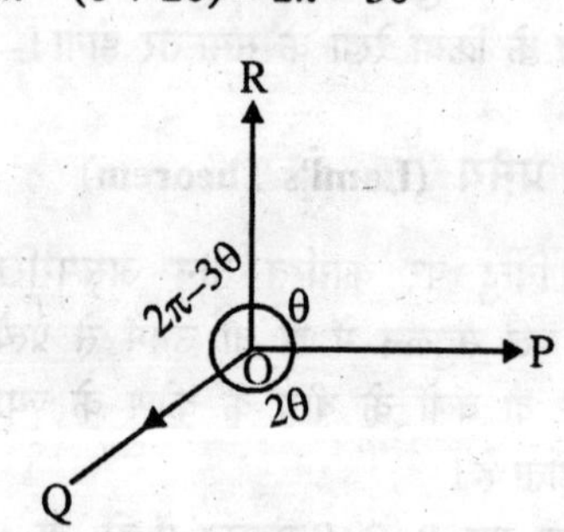

अतः लामी के प्रमेय से,

$$\frac{P}{\sin(\angle QOR)} = \frac{Q}{\sin(\angle ROP)} = \frac{R}{\sin(\angle POQ)}$$

$$\Rightarrow \frac{P}{\sin(2\pi - 3\theta)} = \frac{Q}{\sin\theta} = \frac{R}{\sin 2\theta}$$

$$\Rightarrow \frac{P}{-\sin 3\theta} = \frac{Q}{\sin\theta} = \frac{R}{\sin 2\theta}$$

$$\Rightarrow \frac{P}{-\left(3\sin\theta - 4\sin^3\theta\right)} = \frac{Q}{\sin\theta}$$

$$= \frac{R}{2\sin\theta\cos\theta}$$

$$\Rightarrow \frac{P}{4\sin^2\theta - 3} = \frac{Q}{1} = \frac{R}{2\cos\theta}$$

$$\Rightarrow P = \left(4\sin^2\theta - 3\right)Q$$

तथा $R = 2Q\cos\theta$

$$\Rightarrow P + 3Q = 4Q\sin^2\theta = 4Q(1 - \cos^2\theta)$$

तथा $\cos\theta = \dfrac{R}{2Q}$

$$\Rightarrow P + 3Q = \frac{4Q^2 - R^2}{Q}$$

$$\Rightarrow PQ + 3Q^2 = 4Q^2 - R^2$$

$\Rightarrow R^2 = Q^2 - PQ \Rightarrow R^2 = Q(Q - P)$ सिद्ध हुआ।

उदाहरण 7. माना ABC एक त्रिभुज है एवं P, Q एवं R तीन बल HA, HB एवं HC के अनुदिश कार्यरत है तथा संतुलित है। यदि H लम्ब केन्द्र (Orthocentre) हो तो सिद्ध करें : $\dfrac{P}{a} = \dfrac{Q}{b} = \dfrac{R}{c}$

हल : चूँकि H बिन्दु पर कार्यरत तीन बल P, Q एवं R संतुलन में है। अतः लामी के प्रमेय से,

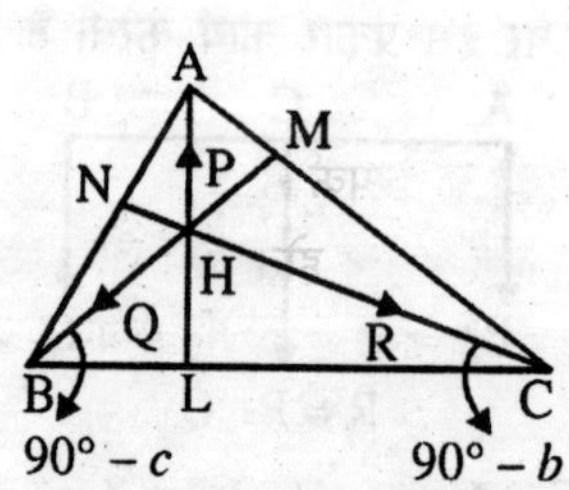

$$\frac{P}{\sin(\angle BHC)} = \frac{Q}{\sin(\angle CHA)} = \frac{R}{\sin(\angle AHB)} \quad ...(i)$$

अब

$$\angle BHC = 180° - \angle HBC - \angle HCB$$
$$= 180° - (90° - C) - (90° - B) = B + C$$
$$= 180° - A$$

इसी प्रकार, $\angle CHA = 180° - B$

तथा $\angle AHB = 180° - C$

अतः समीकरण (i) से,

$$\frac{P}{\sin(180°-A)}=\frac{Q}{\sin(180°-B)}=\frac{R}{\sin(180°-C)}$$

$$\Rightarrow \frac{P}{\sin A}=\frac{Q}{\sin B}=\frac{R}{\sin C}$$

पुनः sine सूत्र से,

$$\frac{a}{\sin A}=\frac{b}{\sin B}=\frac{c}{\sin C}$$

$$\therefore \frac{P}{a}=\frac{Q}{b}=\frac{R}{c}.$$

उदाहरण 8. एक कण पर कार्यरत बल के परिमाण 7, 5, 3 है तथा यह संतुलन की अवस्था में है, तब युग्म 5 एवं 3 के बीच का कोण ज्ञात करें।

हल : $R^2 = P^2 + Q^2 + 2PQ \cos\alpha$

$\Rightarrow 49 = 25 + 9 + 30 \cos\alpha$

$\Rightarrow \cos\alpha = \frac{1}{2} \Rightarrow \alpha = 60°.$

घर्षण (Friction)

जब दो पिण्ड एक दूसरे के सम्पर्क में आते हैं तो इसके सम्पर्क बिन्दु पर स्वतः एक बल उत्पन्न होता है। जो वस्तुओं के गति का विरोध करता है यह वस्तुओं का भौतिक घर्षण कहलाता है।

सीमान्त घर्षण बल (Limited Force of Friction)

यह स्थैतिक घर्षण (Static Friction) का महत्तम मान होता है। यह महत्तम गति विरोधी बल है जो एक पिण्ड द्वारा, गति करने को तत्पर पिण्ड पर लगाया जाता है।

घर्षण कोण (Angle of Friction)

महत्तम घर्षण बल और अभिलम्ब प्रतिक्रिया के परिणामी द्वारा अभिलम्ब प्रतिक्रिया से बना कोण घर्षण कोण कहलाता है। इसे λ से निरूपित करते हैं।

घर्षण गुणांक (Coefficient of Friction)

किसी तल के लिए, सीमान्त संतुलन की अवस्था में सीमान्त घर्षण बल और अभिलम्ब प्रतिक्रिया का अनुपात सदैव अचर होता है। इस अनुपात को घर्षण गुणांक कहते हैं। यदि F सीमान्त घर्षण बल एवं R अभिलम्ब प्रतिक्रिया हो तो

$$\tan\lambda = \frac{F}{R} = \mu$$

जहाँ μ = घर्षण गुणांक

आघूर्ण (Moments)

किसी बिन्दु के सापेक्ष किसी दिए गए बल का आघूर्ण, उस बिन्दु के परितः बल के घुमाने की प्रवृत्ति (Tendency) का माप है।
अतः O के परितः बल F का आघूर्ण $= F \times d$

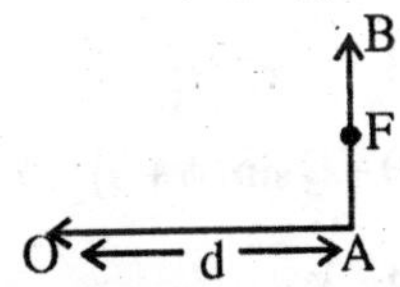

- किसी बल का उसकी क्रिया रेखा पर स्थित प्रत्येक बिन्दु के सापेक्ष आघूर्ण शून्य होता है।
- आघूर्ण धनात्मक होगा यदि बल F वस्तु को घड़ी के सूई के विपरीत घुमाने की कोशिश करता है तथा घड़ी की दिशा में आघूर्ण ऋणात्मक होगा।

बलयुग्म (Couple)

परिमाण में समान, दो प्रतिदिश समान्तर बल जिसकी क्रिया रेखा अलग हो एक बलयुग्म का निर्माण करता है।

बलयुग्म के दो बलों की क्रिया रेखाओं के बीच की दूरी बलयुग्म की बाहु (arm of couple) कहलाती है।

बलयुग्म का आघूर्ण (Moment of the Couple)

बलयुग्म के बल के परिणाम तथा उसके बाहु की लम्बाई के गुणनफल को बल युग्म का आघूर्ण कहते हैं।
बलयुग्म का आघूर्ण $= F.d$

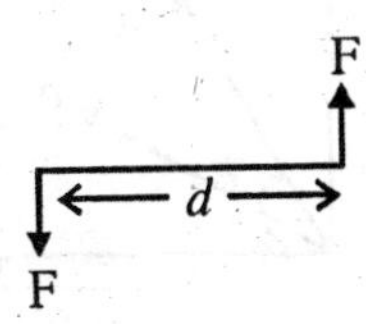

घड़ी की सूई के विपरीत (वामावर्त) दिशा में बलयुग्म धनात्मक तथा इसके विपरीत बलयुग्म ऋणात्मक होगा।

साधित उदाहरण (Solved Examples)

1. दो बल P तथा Q किसी कण पर कोण ϕ बनाते हुए कार्यरत है यदि इसके विघटक (वियोजन) भाग का योग किसी निश्चित दिशा में X तथा इसके लम्बवत् दिशा में Y हो, तो दिखाएँ कि $\phi = \cos^{-1}\dfrac{X^2+Y^2-P^2-Q^2}{2PQ}$

हल : माना दो बल P तथा Q बिन्दु O पर कार्यरत हैं तथा OX कोई निश्चित दिशा है। माना P, OX के साथ θ कोण तथा Q, $\phi+\theta$ कोण बनाता है।

$\therefore$ बलों का वियोजन OX एव OY दिशा में,

$$P\cos\theta + Q\cos(\phi+\theta) = X$$

तथा $P\sin\theta + Q\sin(\phi+\theta) = Y$

$$\therefore\ X^2+Y^2 = \left[P\cos\theta + Q\cos(\theta+\phi)\right]^2 + \left[P\sin\theta + Q\sin(\theta+\phi)\right]^2$$

$$= P^2\left(\cos^2\theta+\sin^2\theta\right) + Q^2\left\{\cos^2(\theta+\phi) + \sin^2(\theta+\phi)\right\} + 2PQ\left\{\cos\theta.\cos(\theta+\phi) + \sin\theta.\sin(\theta+\phi)\right\}$$

$$= P^2+Q^2+2PQ\cos\{\theta+\phi-\theta\}$$

$$= P^2+Q^2+2PQ\cos\phi$$

$$\therefore\ \cos\phi = \frac{X^2+Y^2-P^2-Q^2}{2PQ}$$

$$\therefore\ \phi = \cos^{-1}\frac{X^2+Y^2-P^2-Q^2}{2PQ}$$

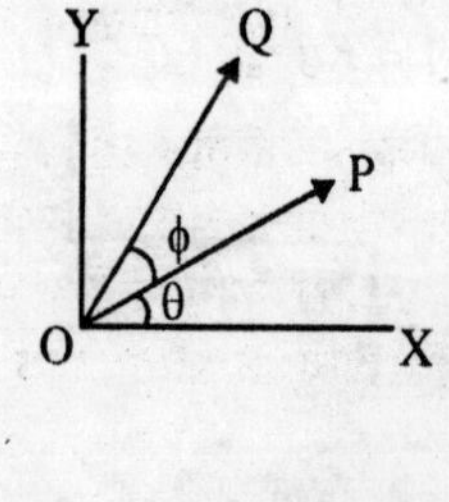

2. माना D, E, F किसी त्रिभुज ABC की भुजा BC, CA तथा AB के मध्य बिन्दु हैं तथा G गुरुत्व (केन्द्रक) केन्द्र हैं, तो दिखाएँ कि तीन बल जो किसी बिन्दु पर $\overrightarrow{GD}, \overrightarrow{GE}, \overrightarrow{GF}$ दिशा में कार्यरत है संतुलन में होगा।

हल : हम जानते हैं कि त्रिभुज का गुरुत्व केन्द्र या केन्द्रक, माध्यिका को 2 : 1 के अनुपात में विभाजित करती है।
अतः $AD = 3GD, BE = 3GE$ तथा $CF = 3GF$

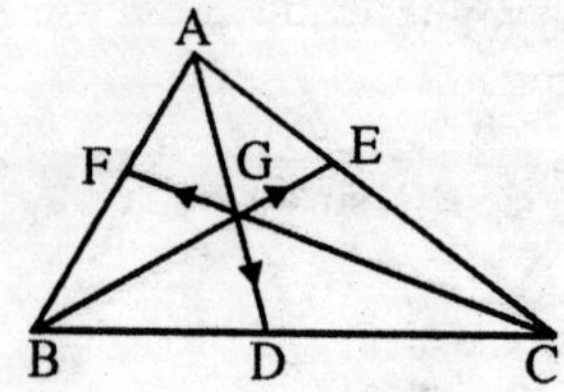

अतः दिए गए बलों का परिणामी बल

$$= \overrightarrow{GD} + \overrightarrow{GE} + \overrightarrow{GF}$$

$$= \frac{1}{3}\overrightarrow{AD} + \frac{1}{3}\overrightarrow{BE} + \frac{1}{3}\overrightarrow{CF}$$

$$= \frac{1}{6}\left(2\overrightarrow{AD} + 2\overrightarrow{BE} + 2\overrightarrow{CF}\right)$$

$$= \frac{1}{6}\left[\left(\overrightarrow{AB}+\overrightarrow{AC}\right)+\left(\overrightarrow{BC}+\overrightarrow{BA}\right)+\left(\overrightarrow{CA}+\overrightarrow{CB}\right)\right]$$

$$= \frac{1}{6}\left[\left(\overrightarrow{AB}+\overrightarrow{BA}\right)+\left(\overrightarrow{BC}+\overrightarrow{CB}\right)+\left(\overrightarrow{CA}+\overrightarrow{AC}\right)\right]$$

$$= \frac{1}{6}\left[\vec{0}+\vec{0}+\vec{0}\right] = 0$$

अतः दिया गया बल संतुलन में है।

3. दो समदिश समान्तर बल 48 kg. तथा 18 kg. बिन्दु A तथा B पर कार्यरत हैं, जहाँ $AB = 22$ cm. तो इसका परिणामी बल ज्ञात करें।

हल : माना परिणामी बल R बिन्दु C पर कार्यरत है चूँकि बल समदिश समान्तर है, अतः $R = 48 + 18 = 66$
पुनः

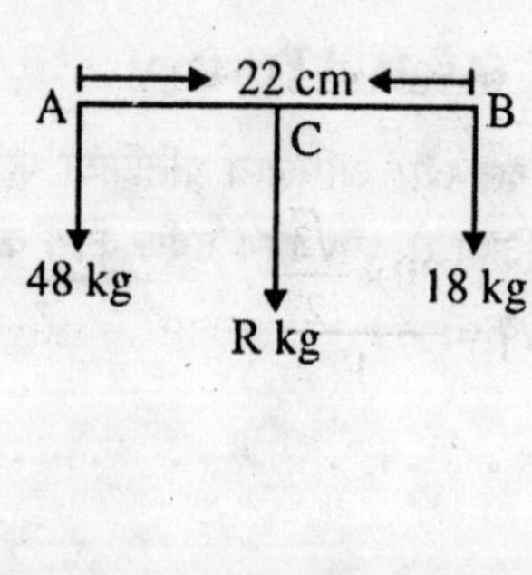

$$\frac{48}{BC}=\frac{18}{AC}=\frac{R}{AB}=\frac{66}{AB}$$

$$\Rightarrow \frac{18}{AC} = \frac{66}{22/100} \qquad \left(\because 22\text{ cm}=\frac{22}{100}\text{m}\right)$$

$$\Rightarrow AC=\frac{3}{50}\text{ m}=\frac{3}{50}\times 100\text{ cm}=6\text{ cm}.$$

अतः परिणामी बल 66 kg. का तथा A से 6 cm की दूरी पर होगा।

4. किसी वर्ग $ABCD$ की प्रत्येक भूजा 2 m है। तथा CB, BA, DA तथा DB रेखा के अनुदिश कार्यरत बल क्रमशः 5, 3, 4 तथा 6 न्यूटन हैं। तब C के परितः बलों के आघूर्ण का बीजीय योग ज्ञात करें।

हल : माना वर्ग के विकर्ण AC तथा BD एक दूसरे को O बिन्दु पर प्रतिच्छेदित करते हैं। तब,

$$OC=\frac{1}{2}AC=\frac{1}{2}\left(2\sqrt{2}\right)=\sqrt{2}\text{ मीटर}$$

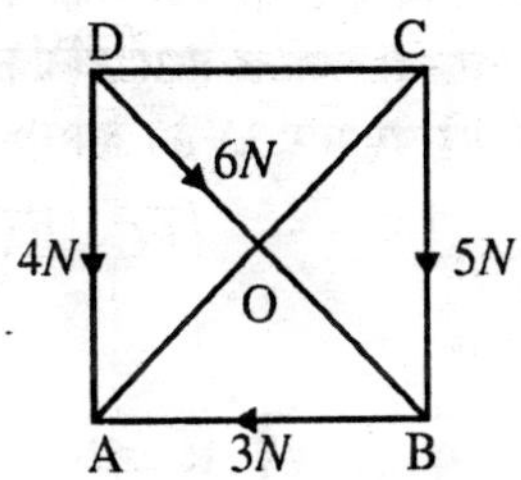

अतः C के परितः बलों के आघूर्ण का बीजीय योग
$= 5 \times 0 - 3 \times CB + 4 \times CD + 6 \times OC$
$= (-3 \times 2 + 4 \times 2 + 6 \times \sqrt{2})$ न्यूटन मीटर
$= 2\left(1+3\sqrt{2}\right)$ न्यूटन मीटर।

5. किसी बल का परिगाण 20 न्यूटन है तो इसके घटक को ज्ञात करें, जो विपरीत दिशा में 30° तथा 60° का कोण बनाता है।

हल : माना दो घटक F_1 तथा F_2 हैं तब

$$F_1=\frac{20\sin 60^\circ}{\sin(30^\circ+60^\circ)}\text{ न्यूटन}$$

$$\Rightarrow F_1=\frac{20\times\frac{\sqrt{3}}{2}}{1}\text{ न्यूटन }=10\sqrt{3}\text{ न्यूटन}$$

तथा $F_2=\dfrac{20\sin 30^\circ}{\sin(30^\circ+60^\circ)}$ न्यूटन

$= 20 \times \dfrac{1}{2} = 10$ न्यूटन

अतः घटक $10\sqrt{3}$ न्यूटन तथा 10 न्यूटन होगा।

6. यदि P और Q दो समदिश समान्तर बल हैं। यदि P स्वयं के समान्तर x दूरी चलता है। तब बल P एवं Q के परिणामी कितनी दूरी चलेगी?

हल : प्रारम्भ में (Initially)

$$\frac{P}{CB}=\frac{Q}{AC}=\frac{P+Q}{AB}\Rightarrow CB=\frac{P.AB}{P+Q} \quad ...(i)$$

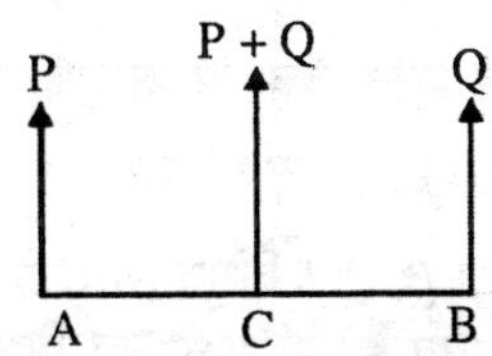

जब P, A' पर स्थानान्तरित होता है।
तथा परिणामी यदि C से C' पर स्थानान्तरित होता है, तब,

$$\frac{P}{C'B}=\frac{Q}{AC'}=\frac{P+Q}{A'B}\Rightarrow C'B=\frac{P.A'B}{P+Q} \quad ...(ii)$$

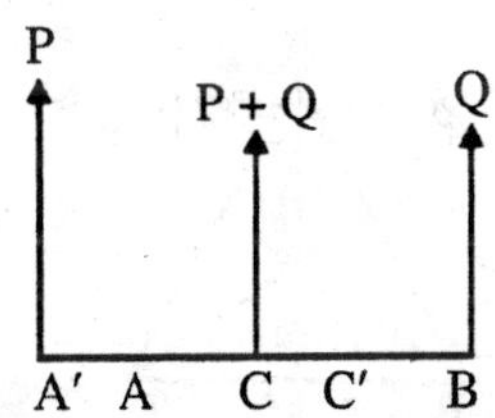

अतः परिणामी द्वारा स्थानान्तरित दूरी $= C\,C'$
$= C'B - CB$

$$=\frac{P}{P+Q}\left(A'B-AB\right)=\frac{P}{P+Q}(A'A)=\frac{Px}{P+Q}$$

$\therefore$ अभीष्ट दूरी $=\dfrac{Px}{P+Q}$.

7. कोई बल जिसका परिमाण 10 N (न्यूटन) है, XOY तल में कार्यरत है तथा X-अक्ष के ऋणात्मक दिशा में X-अक्ष के साथ 45° का कोण बनाती है। तब इस बल का आघूर्ण मूल बिन्दु के परितः ज्ञात करें।

हल : माना बल की क्रिया रेखा पर मूल बिन्दु O से खींची गई लम्बवत् दूरी d है, तब

$$d = ON = 2\sin 45^\circ = 2\times\frac{1}{\sqrt{2}}m = \sqrt{2}\,m$$

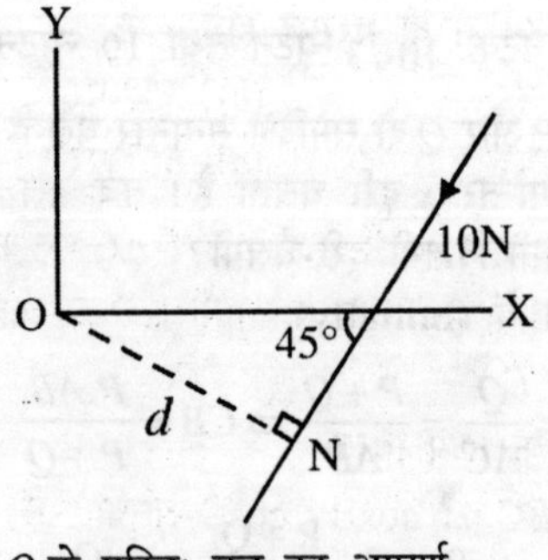

अतः O के परितः बल का आघूर्ण

$= 10\times d = 10\sqrt{2}$ न्यूटन मीटर।

8. समान्तर बल P, Q, R त्रिभुज ABC के शीर्ष A, B, C पर क्रमशः कार्यरत है। परिणामी बल त्रिभुज के लम्ब केन्द्र से होकर जाए, तब $P : Q : R$ का मान ज्ञात करें।

हल : माना A, B एवं C पर कार्यरत बलों का परिणामी H से गुजरती है। चूँकि P, A पर कार्य करता है तब B पर कार्यरत Q बल तथा C पर कार्यरत R बल का परिणामी L से गुजरेगा।

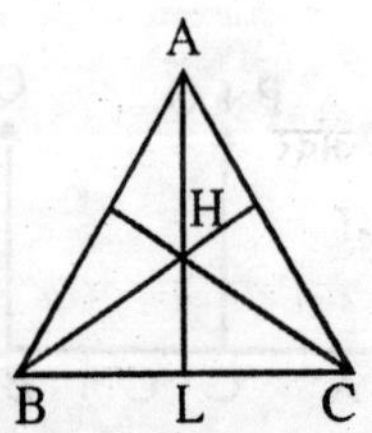

$\therefore\ Q\,.\,BL = R\,.\,LC$

$\Rightarrow Q\,.\,AL\cot B = R\,.\,AL\cot C$

$$\Rightarrow \frac{Q}{R} = \frac{\tan B}{\tan C}$$

इसी प्रकार $\dfrac{P}{Q} = \dfrac{\tan A}{\tan B}$

इसलिए $P : Q : R = \tan A : \tan B : \tan C$.

9. एक रूक्ष (Rough) समतल क्षैतिज से 45° के कोण पर झुका (Inclined) है। एक क्षैतिज बल जिसका परिमाण 4 kg. wt. है, पिण्ड पर लगाया जाता हैं जिससे पिण्ड रूक्ष नत समतल पर फिसलने से रुका है। यदि घर्षण गुणांक 0.5 है, तब पिण्ड का भार ज्ञात करें।

हल : प्रश्नानुसार,

$W\cos 45^\circ = 4\cos 45^\circ + F$

तथा $R = 4\cos 45^\circ + W\cos 45^\circ$

तथा $F = \mu R = 0.5\,R$

अब $W\cos 45^\circ \le 0.5\,R + 4\cos 45^\circ$

$\Rightarrow W\cos 45^\circ \le 0.5\,(4\cos 45^\circ + W\cos 45^\circ) + 4\cos 45^\circ$

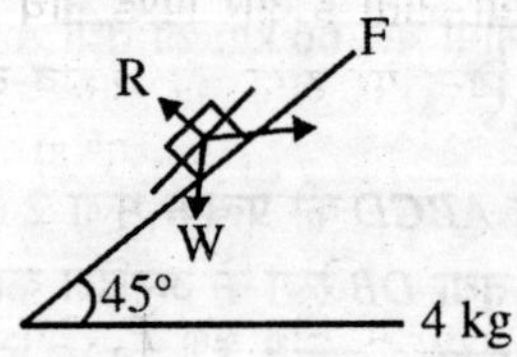

$$\Rightarrow W\cos 45^\circ \le 2\cos 45^\circ + \frac{W}{2}\cos 45^\circ + 4\cos 45^\circ$$

$\Rightarrow W \le 12.$

10. एक व्यक्ति अपने कंधे पर एक हल्की छड़ AB को संतुलित कर ले जा रहा है। छड़ के दोनों सिरों पर भार लटके हैं तथा बिन्दु C पर व्यक्ति का कंधा है। जहाँ $AC = 0.8$m छड़ पर व्यक्ति द्वारा प्रतिक्रिया $5N$ है। यदि छड़ के B सिरे पर भार $3N$ है। तब छड़ की लम्बाई ज्ञात करें।

हल : $P + Q = R$

$\Rightarrow P = 2N$

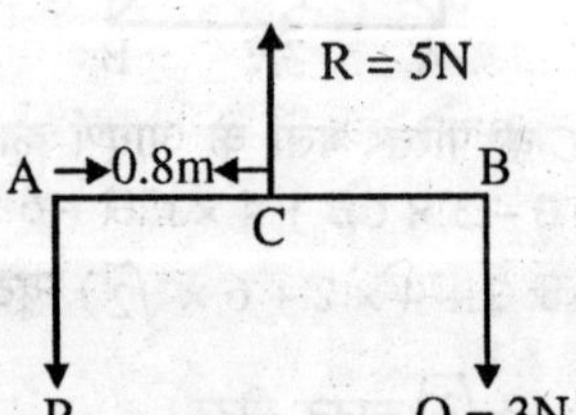

अब $\dfrac{AC}{BC} = \dfrac{Q}{P} = \dfrac{3}{2}$

$$\Rightarrow BC = \frac{2}{3}AC = \frac{2}{3}(0.8)$$

तथा $AB = 0.8 + \dfrac{2}{3}(0.8)$

$= \dfrac{5}{3}(0.8) = \dfrac{4}{3} = 1.33$ मीटर

$\therefore\ AB = 1.33$ मीटर।

वस्तुनिष्ठ प्रश्न

1. एक पिण्ड किसी नतसमतल से साम्यावस्था में रखा जाता है, जहाँ घर्षण गुणांक $\frac{1}{\sqrt{3}}$ है। जब धीरे-धीरे झुकाव कोण को बढ़ाया जाता है और पिण्ड नीचे फिसलने की अवस्था वाले बिन्दु पर होगा तब झुकाव कोण—
   (*a*) 12° हो (*b*) 30° हो
   (*c*) 60° हों (*d*) 90° हो

2. किसी त्रिभुज *ABC* में, तीन बल *P*, *Q* व *R* रेखा *OA*, *OB* व *OC* के परितः लगे हैं तथा साम्यावस्था में है। यदि *O* त्रिभुज *ABC* का अन्तः केन्द्र हो, तब—
   (*a*) $\frac{P}{\cos\frac{A}{2}} = \frac{Q}{\cos\frac{B}{2}} = \frac{R}{\cos\frac{C}{2}}$
   (*b*) $\frac{P}{OA} + \frac{Q}{OB} = \frac{R}{OC}$
   (*c*) $\frac{P}{\cos A} + \frac{Q}{\cos B} = \frac{R}{\cos C}$
   (*d*) इनमें से कोई नहीं

3. *r* त्रिज्या व *h* ऊँचाई का एक वृत्तीय बेलन क्षैतिज तल में रखा है जिसका एक सिरा सपाट है। क्षैतिज बल उसको ऊपर उठाने के लिए उसके ऊपरी सिरे पर लगाया जाता है। यदि μ घर्षण गुणांक है, तब बेलन के फिसलने से पहले स्थिति है—
   (*a*) $r = \mu h$ (*b*) $r \le \mu h$
   (*c*) $r \ge \mu h$ (*d*) $r = 2\mu h$

4. एक दृढ़ पिण्ड पर लगे समतलीय बलों को परिणामी दिशा और बहुभुज की भुजाओं द्वारा क्रम से प्रदर्शित करते हैं। तब पिण्ड समतुल्य है—
   (*a*) शून्य बल के
   (*b*) एक अशून्य बल के
   (*c*) एक बल युग्म, जहाँ बल आघूर्ण, बहुभुज के क्षेत्रफल का दो गुना है
   (*d*) इनमें से कोई नहीं

5. यदि 12, 5 और 13 इकाई भार किसी बिन्दु पर संतुलित हैं, तब उनमें से दो परस्पर होंगे—
   (*a*) 90° पर (*b*) 35° पर
   (*c*) 45° पर (*d*) 65° पर

6. किसी त्रिभुज *ABC* में भुजा *AB* व *AC* पर कार्यरत दो बलों secB व secC का परिणामी *AD* पर कार्य करेगा. जब बिन्दु *D* है—
   (*a*) *BC* के मध्य बिन्दु
   (*b*) *D*, *BC* को cosB : cosC अनुपात में विभाजित करता है।
   (*c*) *A* से *BC* पर लम्ब का पद
   (*d*) इनमें से कोई नहीं

7. एक दिए गए बल से बराबर कोण पर झुके *P* और Q घटकों में विभाजित किया जाता है, तब—
   (*a*) $P = 2Q$ (*b*) $P = Q$
   (*c*) $3P = Q$ (*d*) इनमें से कोई नहीं

8. त्रिज्या *a* व ऊँचाई *h* वाले ठोस बेलन के आधार पर एक अर्द्धगोला रखा है, जिसकी त्रिज्या *a* है। सम्पूर्ण पिण्ड का गुरुत्व केन्द्र है—
   (*a*) अर्द्धगोले के अंदर
   (*b*) बेलन के अंदर
   (*c*) दोनों सम्पर्क तल के बीच में
   (*d*) दोनों के बाहर

9. एक पिण्ड नतसमतल पर ऊपर की ओर धकेला जाता है। माना घर्षण कोण λ है। आवश्यक बल कम होगा जब वह नतसमतल से *k*λ के कोण पर होगा, जहाँ *k* का मान है—
   (*a*) 1/4 (*b*) 1/2
   (*c*) 1 (*d*) 3

10. Δ *ABC* के शीर्षों पर तीन समरेखीय समान्तर बल *P*, *Q* और *R* कार्यरत है। जिनका परिणामी त्रिभुज के केन्द्रक से होकर जाता है, तब—
    (*a*) $\frac{P}{\cos A} = \frac{Q}{\cos B} = \frac{R}{\cos C}$

(b) $\frac{P}{\tan A}=\frac{Q}{\tan B}=\frac{R}{\tan C}$

(c) $\frac{P}{a}=\frac{Q}{b}=\frac{R}{c}$

(d) इनमें से कोई नहीं

11. दो बलों P व Q का परिणामी R है। बल Q की दिशा को अपरिवर्तित रखते हुए, यदि बल P की दिशा को उलट दिया जाए तब भी दोनों बलों का परिणामी अपरिवर्तित रहता है, तो बलों P व Q के बीच का कोण होगा–

(a) 40° (b) 65°
(c) 90° (d) 30°

12. किसी बिन्दु पर कार्यरत दो बलों के परिमाणों का योग 18 है तथा उनके परिणामी का परिमाण 12 है। यदि परिणामी कम परिमाण वाले बल से 90° का कोण बनाता है। तब उनके परिमाण होंगे–

(a) 2, 5 (b) 3, 15
(c) 14, 15 (d) 7, 8

13. जब दो बल एक बिन्दु पर कार्यरत है, तों उनका अधिकतम परिणाम तब प्राप्त होता है, जब परिणामी $4N$ है। यदि बल लम्बवत् कार्यरत हो, तो उनका परिणामी $3N$ है, तो बलों के परिमाण हैं–

(a) $\left(3+\sqrt{2}\right)N$ व $\left(4-\sqrt{3}\right)N$

(b) $\left(2-\sqrt{5}\right)N$ व $\left(5-\sqrt{6}\right)N$

(c) $\left(2+\frac{1}{2}\sqrt{2}\right)N$ व $\left(2-\frac{1}{2}\sqrt{2}\right)N$

(d) $\left(2-\frac{1}{2}\sqrt{2}\right)N$ व $\left(2+\frac{1}{2}\sqrt{2}\right)N$

14. एक बिन्दु पर कार्यरत तीन समान परिमाण के बल साम्यावस्था में है। यदि α, β, γ प्रत्येक दो बलों के बीच का कोण है, तब α, β, γ है–

(a) 120°, 120°, 120° (b) 45°, 45°, 45°
(c) 65°, 65°, 65° (d) 90°, 90°, 90°

15. W भार का एक पिण्ड एक क्षैतिज बल P की सहायता से एक नतसमतल पर रखा है। वही समान भार का पिण्ड नतसमतल के समान्तर एक अन्य बल Q की सहायता से रखा है। तब $\frac{1}{P^2}+\frac{1}{W^2}$ का मान है–

(a) W sinα (b) 1

(c) $\frac{1}{Q}$ (d) $\frac{1}{Q^2}$

16. दो बल जिसमें से प्रत्येक का परिमाण P है, के बीच का कोण, जबकि उनके परिणामी का परिमाण भी P है, होगा–

(a) $\frac{2\pi}{3}$ (b) $\frac{2\pi}{5}$

(c) π (d) 2π

17. दो बलों P व Q का परिणामी R है। यदि एक बल की दिशा विपरीत कर दी जाए, तो परिणामी S हो जाता है। तब R^2+S^2 बराबर होगा–

(a) $2\left(P^2+Q^2\right)$ (b) P^2+Q^2

(c) P^2-Q^2 (d) इनमें से कोई नहीं

18. एक छड़ जिसका एक सिरा स्थिर है, के अनुदिश घूम सकती है। छड़ के भार का आधा क्षैतिज बल दूसरे सिरे पर कार्यरत है। साम्यावस्था की अवस्था में, छड़ का उर्ध्वाधर कोण है–

(a) 25° (b) 30°
(c) 45° (d) 90°

19. एक $\sqrt{5}$ इकाई का बल रेखा $\frac{x-3}{2}=\frac{y-4}{-1}$ के अनुदिश कार्यरत हैं। X-अक्ष के अनुदिश बिन्दु $(4, 1)$ के परितः बलाघूर्ण है–

(a) 0 (b) $3\sqrt{3}$
(c) $-\sqrt{3}$ (d) –5

20. तीन समदिश समान्तर बल P, Q, R, $\Delta\, ABC$ के शीर्ष पर कार्यरत हैं। बलों का परिणामी Δ के परिकेन्द्र से होकर जाएगा, यदि-

(a) $\frac{P}{a}=\frac{Q}{b}=\frac{R}{c}$ (b) $P-Q+R=0$

(c) $P+Q+R=0$ (d) $P=-Q=R$

अनुच्छेद-1 (Paragraph-1)

माना ABC एक त्रिभुज है तथा D, E, F मध्य बिन्दु हैं भुजाएँ BC, CA एवं AB के। यदि G त्रिभुज का गुरुत्व केन्द्र हो तब

21. यदि किसी पिण्ड पर कार्य करने वाले बल $\{AB\}$ एवं $\{AC\}$ से निरूपित हो तब परिणामी बल निरूपित होगी–

(*a*) $\{AD\}$ (*b*) $2\{AD\}$

(*c*) $\frac{1}{2}\{AD\}$ (*d*) इनमें से कोई नहीं

22. $G\vec{A} + G\vec{B} + G\vec{C}$ बराबर होगा–

(*a*) 0 (*b*) $3\,\overrightarrow{GB}$

(*c*) $3\,\overrightarrow{GD}$ (*d*) इनमें से कोई नहीं

23. यदि O, ΔABC के तल में कोई बिन्दु हो तब $O\vec{A} + O\vec{B} + O\vec{C}$ बराबर है–

(*a*) O (*b*) $3\,O\vec{G}$

(*c*) $3\,\overline{GO}$ (*d*) इनमें से कोई नहीं

अनुच्छेद-2 (Paragraph-2)

माना किसी कण पर कार्यरत दो बलों P एवं Q का परिणामी बल R है, तथा α , P एवं Q के बीच का कोण है तथा θ, R एवं P दिशा में कोण है–

24. यदि $P = Q$, तब R का मान–

(*a*) $2P\sin\left(\frac{\alpha}{2}\right)$ (*b*) $2P\tan\left(\frac{\alpha}{2}\right)$

(*c*) $2P\cos\left(\frac{\alpha}{2}\right)$ (*d*) इसमें से कोई नहीं

25. यदि $\theta = 90°$, तब–

(*a*) $\sin\alpha = \frac{P}{Q}$ (*b*) $\cos\alpha = \frac{P}{Q}$

(*c*) $\cos\alpha = \frac{-P}{Q}$ (*d*) इसमें से कोई नहीं

26. यदि P में इस प्रकार वृद्धि की जाए कि नया परिणामी R एवं P के बीच (मध्य) कोण को समद्विभाजित करें, तो P में वृद्धि–

(*a*) R (*b*) P

(*c*) Q (*d*) $2P$

दृढ़कथन कारण (Assertion –Reason)

निम्नलिखित चार कूटों (*a*), (*b*), (*c*) एवं (*d*) में से सही उत्तर का चयन करें।

(*a*) वक्तव्य–I सत्य है; वक्तव्य–II सत्य है; वक्तव्य–II वक्तव्य–I का सही स्पष्टीकरण है।

(*b*) वक्तव्य–I सत्य है; वक्तव्य–II सत्य है; वक्तव्य–II वक्तव्य–I का सही स्पष्टीकरण नहीं है।

(*c*) वक्तव्य–I सत्य है; वक्तव्य–II असत्य है।

(*d*) वक्तव्य–I असत्य है; वक्तव्य–II सत्य है।

27. **वक्तव्य-I :** यदि कोई पिण्ड विरामावस्था में है तो यह इसी अवस्था में रहेगी, जब इस पर तीन असमान्तर बल F_1, F_2, F_3 कार्य करें तब यह बल असंगामी (Non-con current) एक तलीय होगा।

वक्तव्य-II : यदि किसी पिण्ड पर तीन बल कार्य करते हों तथा वह संतुलन में हो तो कार्य करने वाले बल या तो समान्तर होंगे या संगामी।

28. मिलान करें (Match These)–

वर्ग–I	वर्ग–II
A. लामी प्रमेय	*p*. गति
B. न्यूटन का नियम	*q*. ज्या (sine) सूत्र
C. त्रिभुज नियम	*r*. गुरुत्वाकर्षण
D. $\lambda - \mu$ प्रमेय	*s*. बलों का योग

(*a*) $A - q,s;\ B\ \ r;\ C\ \ q;\ D\ \ p$

(*b*) $A - s;\ B\ \ p,r;\ C\ \ q,s;\ D\ \ r$

(*c*) $A - q,s;\ B\ \ p,r;\ C\ \ s;\ D\ \ s$

(*d*) इनमें से कोई नहीं

उत्तरमाला

1	2	3	4	5	6	7	8	9	10
(b)	(a)	(c)	(c)	(a)	(b)	(b)	(b)	(c)	(c)
11	**12**	**13**	**14**	**15**	**16**	**17**	**18**	**19**	**20**
(c)	(b)	(c)	(a)	(d)	(a)	(a)	(c)	(d)	(c)
21	**22**	**23**	**24**	**25**	**26**	**27**	**28**		
(b)	(a)	(b)	(c)	(c)	(a)	(d)	(b)		

व्याख्यात्मक उत्तर

1. $\mu = \tan\lambda \Rightarrow \tan\lambda = \frac{1}{\sqrt{3}} = \tan 30° \Rightarrow \lambda = 30°.$

2. लामी प्रमेय से,

$$\frac{P}{\sin BOC} = \frac{Q}{\sin COA} = \frac{R}{\sin AOB}$$

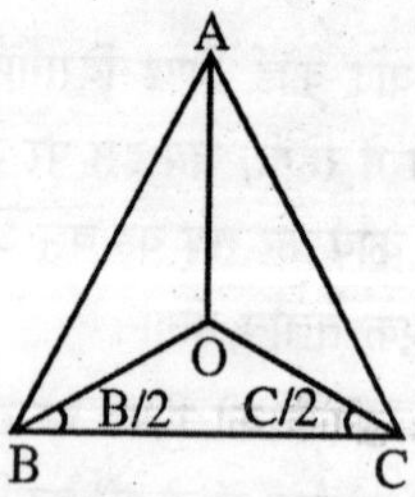

यदि त्रिभुज *ABC* का अन्तःकेन्द्र *'O'* व $\angle B$ का समद्विभाजक *OB* हो।

$$\therefore \quad \angle BOC = 180° - \left(\frac{B+C}{2}\right)$$

$$= 180 - \left(90° - \frac{A}{2}\right) = 90° + \frac{A}{2}$$

इसी प्रकार,

$$\angle COA = 90° + \frac{B}{2} \text{ तथा } \angle AOB = 90° + \frac{C}{2}$$

$$\therefore \frac{P}{\sin\left(90° + \frac{A}{2}\right)} = \frac{Q}{\sin\left(90° + \frac{B}{2}\right)} = \frac{R}{\sin\left(90° + \frac{C}{2}\right)}$$

$$\Rightarrow \frac{P}{\cos\frac{A}{2}} = \frac{Q}{\cos\frac{B}{2}} = \frac{R}{\cos\frac{C}{2}}.$$

3. माना बेलन का आधार *AB* है तथा कोई बल *P*, *O* पर कार्यरत है। माना तल की क्रिया रेखा *R* व घर्षण बल *f* है।

तथा W = बेलन का भार

साम्यावस्था में,

$R = W$ ...(*i*)

तथा $P = \mu R$ ...(*ii*)

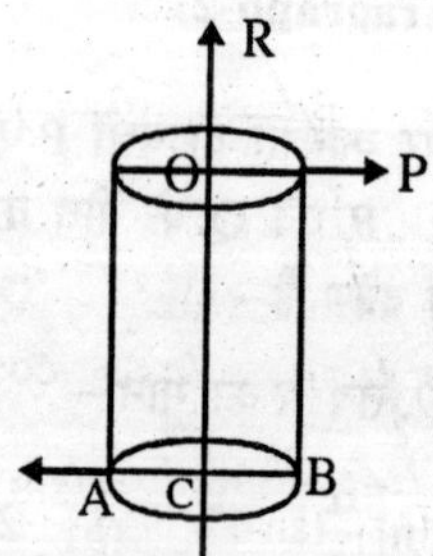

समीकरण (*i*) व (*ii*) से,

$P = \mu W$

$\therefore$ *O* बिन्दु के परितः बल आघूर्ण लेने पर,

$W \times BC - P \times OC = 0$

$$\Rightarrow P = \frac{W \times BC}{OC} = \frac{W \times r}{h}$$

यदि $\frac{W \times r}{h} \geq \mu W$ तब $r \geq \mu h.$

4. किसी दृढ़ पिण्ड पर कार्यरत समतलीय बल दिशा परिणाम को निरूपित करते हैं तथा बहुभुज की भुजाओं को क्रम में लें तो वे बलयुग्म के बराबर होंगे, जब आघूर्ण बहुभुज के क्षेत्रफल का दुगुना है।

5. $(13)^2 = (12)^2 + 5^2$

$\because \quad R^2 = P^2 + Q^2$

जब $\cos\theta = 0 \therefore \theta = 90°$

$\therefore$ इनमें से दो 90° के कोण पर हैं।

6. हम जानते हैं कि $\lambda \overrightarrow{AB}$ व $\mu \overrightarrow{BC}$ का परिणामी

$(\lambda+\mu) AG$, जहाँ G, BC को $\mu : \lambda$

या $BG : GC$ में विभाजित करता है।

जहाँ दो बल secB व secC त्रिभुज की भुजा AB व AC पर कार्यरत है, जिनका परिणामी AD है, जहाँ D बिन्दु BC पर स्थित है।

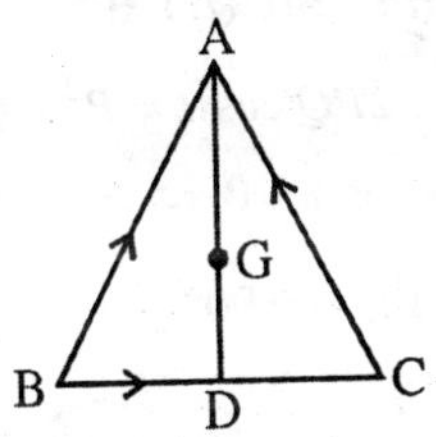

अतः $\frac{BD}{DC} = \frac{\sec C}{\sec B} \Rightarrow \frac{BD}{DC} = \frac{\cos B}{\cos C}$

$\therefore \quad BD : DC = \cos B : \cos C.$

7. चित्रानुसार, $\tan\theta = \frac{Q\sin\alpha}{P + Q\cos\alpha}$

$$\therefore \quad \cot\theta = \frac{P + Q\cos\alpha}{Q\sin\alpha}$$

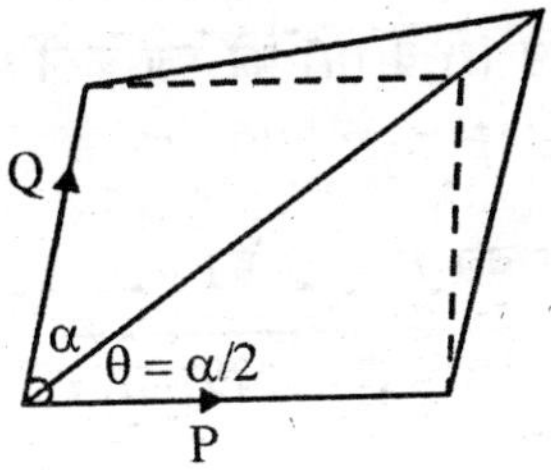

$$\Rightarrow \cot\frac{\alpha}{2} = \frac{P + Q\cos\alpha}{Q\sin\alpha}$$

$$\Rightarrow \cot\frac{\alpha}{2} = \frac{P}{Q\sin\alpha} + \frac{Q\cos\alpha}{Q\sin\alpha}$$

$$\Rightarrow \frac{\cos\frac{\alpha}{2}}{\sin\frac{\alpha}{2}} = \frac{P}{Q\sin\alpha} + \frac{\cos\alpha}{\sin\alpha}$$

$$\Rightarrow \frac{\sin\alpha\cos\frac{\alpha}{2} - \cos\alpha\sin\frac{\alpha}{2}}{\sin\frac{\alpha}{2}\sin\alpha} = \frac{P}{Q\sin\alpha}$$

$$\Rightarrow \frac{\sin\left(\alpha - \frac{\alpha}{2}\right)}{\sin\frac{\alpha}{2}} = \frac{P}{Q}$$

$$\Rightarrow \frac{\sin\frac{\alpha}{2}}{\sin\frac{\alpha}{2}} = \frac{P}{Q} \Rightarrow P = Q.$$

8. माना अर्द्धगोले का गुरुत्व केन्द्र G_1 व बेलन का गुरुत्व केन्द्र G_2 है।

माना OA व OB क्रमशः X-अक्ष व Y-अक्ष है।

गुरुत्व केन्द्र के निर्देशांक निम्नानुसार होंगे–

चित्र	भार (W)	गुरुत्वकेन्द्र	निर्देशांक
बेलन	$\pi a^2 a$	G_2	$\left(0, \frac{a}{2}\right)$
अर्द्धगोला	$\frac{2}{3}\pi a^3$	G_1	$\left(0, -\frac{3}{8}a\right)$

$$\text{अतः} \quad \frac{\pi a^3\left(\frac{a}{2}\right) + \frac{2}{3}\pi a^3\left(-\frac{3a}{8}\right)}{\pi a^3 + \frac{2}{3}\pi a^3} = \frac{3a}{20}$$

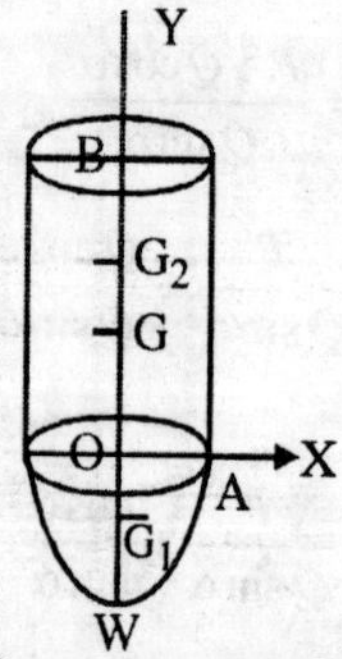

अतः सम्पूर्ण निकाय का गुरूत्व केन्द्र, उभयनिष्ठ स्तर से $\frac{3a}{20}$ की दूरी पर बेलन में स्थित है।

9. माना बल P समतल के साथ कोण θ पर कार्यरत है, R अभिलम्बवत् प्रतिक्रिया है तथा W भार है।

बलों को समतल अनुदिश व लम्बवत् वियोजित करने पर,

$$P\cos\theta = \mu R + W\sin\alpha$$

$$\mu R = P\cos\theta - W\sin\alpha \qquad ...(i)$$

$$R = W\cos\alpha - P\sin\theta \qquad ...(ii)$$

समीकरण (i) और (ii) को हल करने पर,

$$\frac{\mu R}{R} = \frac{P\cos\theta - W\sin\alpha}{W\cos\alpha - P\sin\theta} \quad (\because \mu = \tan\lambda)$$

$$\therefore \frac{P\cos\theta - W\sin\alpha}{W\cos\alpha - P\sin\theta} = \frac{\sin\lambda}{\cos\lambda}$$

$$\Rightarrow P(\cos\theta\cos\lambda + \sin\theta\sin\lambda)$$

$$= W(\cos\alpha\sin\lambda + \sin\alpha\cos\lambda)$$

$$\Rightarrow P\cos(\theta-\lambda) = W\sin(\alpha+\lambda)$$

$$\Rightarrow P = \frac{W\sin(\alpha+\lambda)}{\cos(\theta-\lambda)}$$

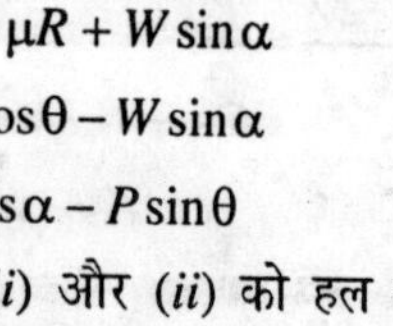

जब $\cos(\theta-\lambda)$ उच्चिष्ट है, तब P निम्निष्ठ होगा।

$$\therefore \cos(\theta-\lambda) = 1, \therefore \theta - \lambda = 0 \Rightarrow k\lambda - \lambda = 0$$

$$(\because \theta = k\lambda) \Rightarrow k = 1.$$

10. ज्या नियम से,

$$\frac{P}{\sin(180^\circ - A)} = \frac{Q}{\sin(180^\circ - B)} = \frac{R}{\sin(180^\circ - C)}$$

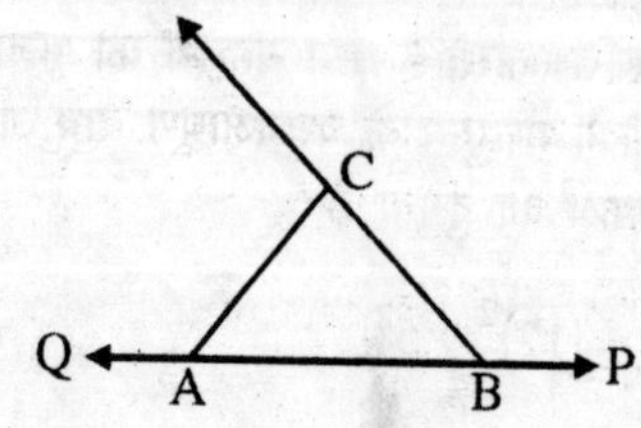

$$\Rightarrow \frac{P}{\sin A} = \frac{Q}{\sin B} = \frac{R}{\sin C}$$

$$\Rightarrow \frac{P}{a} = \frac{Q}{b} = \frac{R}{c}.$$

11. दिया है, $P + Q = R \qquad ...(i)$

$-P + Q = R \qquad ...(ii)$

समीकरण(i) से, $R^2 = P^2 + Q^2 + 2PQ\cos\alpha \quad ...(iii)$

समीकरण (ii) से, $R^2 = P^2 + Q^2 - 2PQ\cos\alpha \quad ...(iv)$

समीकरण (iii) और (iv) से,

$$P^2 + Q^2 + 2PQ\cos\alpha = P^2 + Q^2 - 2PQ\cos\alpha$$

$$\Rightarrow 4PQ\cos\alpha = 0 \Rightarrow \alpha = 90^\circ.$$

12. माना $R = 12, \theta = 90^\circ$

$$P + Q = 18 \qquad ...(i)$$

$$\tan\theta = \tan 90^\circ = \infty$$

$$\therefore P + Q\cos\alpha = 0, \cos\alpha = -\frac{P}{Q}$$

तथा $12^2 = P^2 + Q^2 + 2PQ\cos\alpha$

$$\Rightarrow 144 = Q^2 - P^2$$

$$\Rightarrow 144 = (Q-P)(Q+P) \Rightarrow Q - P = 8 \qquad ...(ii)$$

समीकरण (i) व (ii) को हल करने पर,

$Q = 13, P = 5.$

13. माना दो बल P व Q हैं।

$$\therefore R = \sqrt{P^2 + Q^2 + 2PQ\cos\alpha},$$

जब $\theta = 0°, R = 4N$

$$4 = \sqrt{P^2 + Q^2 + 2PQ} \Rightarrow P + Q = 4 \quad ...(i)$$

जब $\theta = 90°,\ R = 3N$

$$3 = \sqrt{P^2 + Q^2}$$

$$\Rightarrow\ P^2 + Q^2 = 9 \quad ...(ii)$$

समीकरण (i) व (ii) से,

$$P^2 + Q^2 + 2PQ = 16,\ 2PQ = 16 - 9 = 7$$

अब

$$(P-Q)^2 = P^2 + Q^2 - 2PQ \Rightarrow (P-Q)^2 = 9 - 7$$

$$\Rightarrow (P-Q)^2 = 9 - 7 \Rightarrow\ P - Q = \sqrt{2} \quad ...(iii)$$

समीकरण (i) व (iii) को हल करने पर,

$$P = \left(2 + \frac{1}{2}\sqrt{2}\right)N \text{ व } Q = \left(2 - \frac{1}{2}\sqrt{2}\right)N.$$

14. $\because$ बल समान परिणाम के हैं।

$\therefore\ \ \alpha = \beta = \gamma$ तथा $\alpha + \beta + \gamma = 360°$

$\therefore\ \ \alpha = \beta = \gamma = 120°.$

15. यहाँ $P\cos\alpha = W\sin\alpha\ \Rightarrow P = \dfrac{W\sin\alpha}{\cos\alpha}$

$$\Rightarrow\ P = \frac{W\sin\alpha}{\cos\alpha}$$

तथा 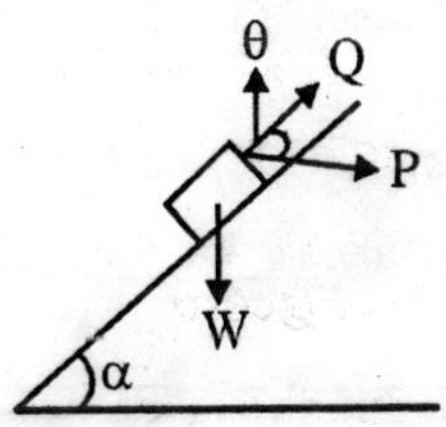

$$Q = W\sin\alpha\ \therefore\ \frac{1}{P^2} + \frac{1}{W^2} = \frac{\cos^2\alpha}{W^2\sin^2\alpha} + \frac{1}{W^2}$$

$$= \frac{\cos^2\alpha + \sin^2\alpha}{W^2\sin^2\alpha} = \left(\frac{1}{W\sin\alpha}\right)^2 = \frac{1}{Q^2}.$$

16. माना P व Q के बीच का कोण θ है, तब

$$P^2 = P^2 + P^2 + 2P^2\cos\theta$$

$$\Rightarrow\ 2\cos\theta = -1$$

$$\Rightarrow\ \cos\theta = -\frac{1}{2} = \cos\left(\pi - \frac{\pi}{3}\right) \Rightarrow \theta = \frac{2\pi}{3}.$$

17. माना P व Q के बीच का कोण α है।

$$R^2 = P^2 + Q^2 + 2PQ\cos\alpha \quad ...(i)$$

जब Q की दिशा विपरीत कर दी जाती है, तो परिणामी S हो जाता है।

$$S^2 = P^2 + Q^2 - 2PQ\cos\alpha \quad ...(ii)$$

समीकरण (i) व (ii) से,

$$R^2 + S^2 = 2\left(P^2 + Q^2\right).$$

18. B के अनुदिश आघूर्ण लेने पर,

$$W\,.\,GB\sin\theta = \frac{W}{2}\,.\,BC$$

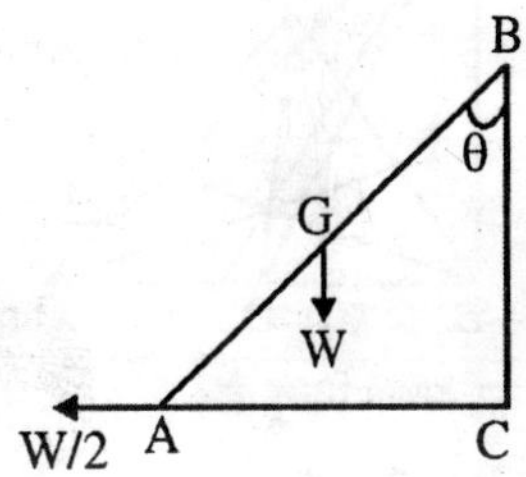

$$\Rightarrow\ \ \frac{AB}{2}W\sin\theta = \frac{1}{2}AB\cos\theta\frac{W}{2}$$

$$\Rightarrow\ \ \tan\theta = 1\ \Rightarrow\ \theta = 45°.$$

19. $\dfrac{x-3}{2} = \dfrac{y-4}{-1} \Rightarrow x + 2y - 11 = 0 \quad ...(i)$

समीकरण (i) से $(4,1)$ की दूरी

$$= \frac{4.1 + 2.1 - 11}{\sqrt{1^2 + 2^2}} = -\sqrt{5}$$

$\therefore$ बल आघूर्ण $= \left(\sqrt{5}\right)\left(-\sqrt{5}\right) = -5.$

20. $\because$ परिणामी Δ के परिकेन्द्र O से होकर जाता है।

$\therefore$ O के सापेक्ष आघूर्ण लेने पर,

$P + Q + R = 0.$

21. $\vec{AB}+\vec{AC}=(\vec{AD}+\vec{DB})+(\vec{AD}+\vec{DC})$

$=2\vec{AD}+(\vec{DB}+\vec{DC})$

$=2\vec{AD}+0=2\vec{AD}.$

22. $\vec{GA}+\vec{GB}+\vec{GC}=\vec{GA}+(2\vec{GD})$

(D, BC का मध्य बिन्दु है।)

$=\vec{GA}+2(-\vec{DG})$

$=\vec{GA}-\vec{GA}=0.$

23. $\Delta\, OBC$ में

$\vec{OB}+\vec{OC}=2\vec{OD}$ ...(i)

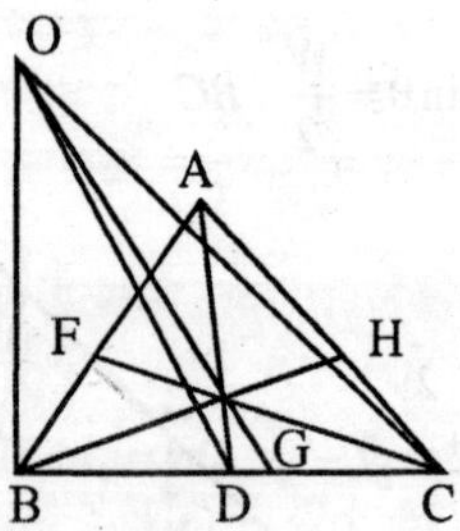

D, BC का मध्य बिन्दु है।

पुनः $\Delta\, CAD$ में,

$\vec{OA}+2\vec{OD}=(1+2)\vec{OG}$ (G, गुरुत्व केन्द्र है)

$\Rightarrow\ \vec{OA}+2\vec{OD}=3\vec{OG}$ ...(ii)

समीकरण (i) एवं (ii) से,

$\vec{OA}+\vec{OB}+\vec{OC}=3\vec{OG}.$

24. $R=\sqrt{P^2+Q^2+2PQ\cos\alpha}$

$=\sqrt{P^2+P^2+2.P.P\cos\alpha}$

$=\sqrt{2P^2.(1+\cos\alpha)}$

$=\sqrt{2P^2.2\cos^2\frac{\alpha}{2}}$

$=2P\cos\frac{\alpha}{2}.$

25. यदि α दो बलों के बीच का कोण हो तब

$\cos 90°=\frac{P+Q\cos\alpha}{R}$ (R, परिणामी बल है अतः दो बलों के बीच कोण)

$\therefore\ Q\cos\alpha=-P$

$\Rightarrow\ \cos\alpha=-\frac{P}{Q}.$

26. माना $\angle AOC'=\angle C'OC=\theta$

अब $\angle C\,C'O=\angle AOC'=\theta$ (एकान्तर अन्तः कोण)

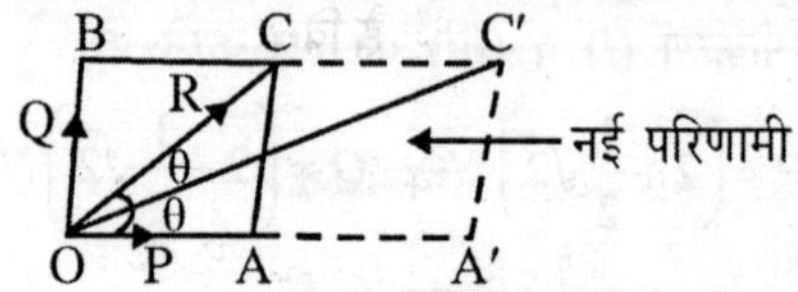

$\therefore\ \angle OC'C=\angle COC'$ (प्रत्येक $=\theta$)

$\Rightarrow\ OC=CC'$

$\Rightarrow\ AA'=CC'=OC=R$

अतः P में वृद्धि R के बराबर होगा।

27. वक्तव्य–I सही नहीं है। असत्य है।

वक्तव्य–II प्रामाणिक परिणाम है। अतः सत्य है।

28. A. लामी प्रमेय, sine सूत्र तथा त्रिभुज नियम से संबंधित है।

$A-q, s$

B. न्यूटन का गुरुत्वाकर्षण एवं गति दोनों नियम है।

$B-p, r$

C. त्रिभुज नियम, सदिशों का योग (बल के लिए)

$\therefore\ c-s$

D. $\lambda-\mu$ प्रमेय त्रिभुज नियम से प्राप्त एक सूत्र है। जिससे बलों का योग करने में सहायता होता है।

$D-s$

$\therefore$ (c) सही उत्तर है।

35

गति विज्ञान (DYNAMICS)

विज्ञान की वह शाखा जिसके अन्तर्गत कणों या पिण्डों की गति का अध्ययन किया जाता है, उसे गति विज्ञान कहते हैं।

महत्वपूर्ण परिभाषाएँ (Important Definitions)

(*i*) **विस्थापन (Displacement) :** किसी कण द्वारा निश्चित दिशा में किए गए स्थान परिवर्तन को विस्थापन कहते हैं। यह एक सदिश राशि है विस्थापन धनात्मक, ऋणात्मक एवं शून्य हो सकता है।

(*ii*) **दूरी (Distance) :** किसी कण द्वारा किए गए स्थान परिवर्तन को दूरी कहते हैं। दूरी में दिशा की चर्चा नहीं होती। यह अदिश राशि है तथा यह हमेशा धनात्मक होती है।

(*iii*) **चाल (Speed) :** वस्तु द्वारा इकाई समय में तय दूरी चाल कहलाती है।

$$\text{अर्थात् चाल} = \frac{\text{दूरी}}{\text{समय}}$$

(*iv*) **औसत चाल (Average Speed) :**

$$\text{औसत चाल} = \frac{\text{वस्तु द्वारा तय कुल दूरी}}{\text{इसमें लगा कुल समय}}$$

(*v*) **वेग (Velocity) :** विस्थापन की दर वेग कहलाती है। यदि किसी कण का विस्थापन x तथा इसमें लगा समय t हो तब

$$v = \text{वेग} = \frac{d}{dt}(x) = \frac{dx}{dt}$$

(*vi*) **त्वरण (Acceleration) :** वेग में परिवर्तन की दर को त्वरण कहते हैं।

$$a = \frac{dv}{dt} = \frac{d^2x}{dt^2}$$

(*vi*) **मन्दन (Retardation) :** यदि त्वरण का मान ऋणात्मक हो तब यह मन्दन कहलाता है।

(*vii*) **समान गति एवं असमान गति (Uniform and Non-uniform Motion) :** यदि कोई कण समय के बराबर अन्तराल में बराबर दूरी तय करता है, तब यह समान गति कहलाता है अन्यथा असमान गति होगा।

गति के समीकरण (Equation of Motion)

माना किसी कण का प्रारंभिक वेग u है तथा एक समान त्वरण a के अन्तर्गत t सेकेंड में s दूरी तय करने पर अंतिम वेग v हो जाता है तब, गति का समीकरण

(*i*) $v = u + at$

(*ii*) $s = ut + \frac{1}{2}at^2$

(*iii*) $v^2 = u^2 + 2as$

n वें सेकेंण्ड (किसी विशेष क्षण) में तय दूरी

$$S_n = u + \frac{1}{2}a(2n-1)$$

गुरुत्वाधीन में गति का समीकरण

(Equation of Motion Under Gravity)

माना किसी वस्तु को u वेग से नीचे गिराया जाता है। तब गुरुत्व के अधीन गति का समीकरण

(*i*) $v = u + gt$

(*ii*) $h = ut + \frac{1}{2}gt^2$

(*iii*) $v^2 = u^2 + 2gh$

(*iv*) $h = \frac{1}{2}(u+v)t$ तथा

(*v*) गुरुत्व के अधीन n वें सेकेण्ड में तय ऊँचाई जहाँ से वस्तु को गिराया जाता है

$$= u + \frac{1}{2}g(2n-1)$$

यदि वस्तु को उदग्र दिशा में ऊपर की ओर फेंका जाए तब गति का समीकरण

(i) $v = u - gt$

(ii) $h = ut - \frac{1}{2}gt^2$

(iii) $v^2 = u^2 - 2gh$

(iv) $h = \frac{1}{2}(u+v)t$ तथा

(v) n वे सेकेण्ड में तय ऊँचाई (गुरुत्व बल के अधीन)

$= u - \frac{1}{2}g(2n-1)$

(a) पिंड द्वारा प्राप्त महत्तम ऊँचाई $= \frac{u^2}{2g}$

(b) महत्तम ऊँचाई तक पहुँचने में लगा समय $= \frac{u}{g}$

(c) किसी दी गई ऊँचाई पर पिंड का वेग

$v = \pm\sqrt{u^2 - 2gh}$

उदाहरण 1. यदि कोई कण किसी सरल रेखा पर गतिमान है तथा t सेकेण्ड बाद यह किसी निश्चित बिन्दु O से $s = 2 - 3t + 4t^3$ दूरी पर है, तो 2 सेकेण्ड के अन्त में त्वरण ज्ञात करें।

हल : दिया है $s = 2 - 3t + 4t^3$ ...(i)

t के सापेक्ष अवकलन करने पर,

$\frac{ds}{dt} = -3 + 12t^2$ ...(ii)

पुनः t के सापेक्ष अवकलन करने पर,

$\frac{d^2s}{dt^2} = 24t$

$\Rightarrow t$ सेकेण्ड के अन्त में त्वरण $= 24 \times t$ सेंमी./सेकेण्ड^2

$\Rightarrow 2$ सेकेण्ड के अन्त में त्वरण

$= 24 \times 2 = 48$ सेंमी./सेकेण्ड^2

उदाहरण 2. किसी सरल रेखा पर कोई कन 3 मीटर/सेकेण्ड के वेग से चलना प्रारंभ करता है, जहाँ इसका त्वरण 2 मीटर/सेकेण्ड^2 है। तब 10 सेंकेण्ड के बाद इसका वेग एवं तय दूरी ज्ञात करें। 5 मीटर/सेकेण्ड वेग प्राप्त करने के लिए कण को कितनी दूरी तय करनी होगी?

हल : u = प्रारंभिक वेग = 3 मीटर/सेकेण्ड

a = त्वरण = 2 मीटर/सेकेण्ड^2

तथा t = समय = 10 सेकेण्ड

माना वेग 10 सेकेण्ड के अन्त में v हो जाता है।

तब $v = u + at$

$v = 3 + 2 \times 10 = 23$ मीटर/सेकेण्ड

माना 10 सेकेण्ड में कण x मीटर दूरी तय करती है, तब

$x = \left(3 \times 10 + \frac{1}{2} \times 2 \times 10^2\right) = 130$ मीटर।

उदाहरण 3. किसी वस्तु को उर्ध्वाधर दिशा में 24.5 मीटर/सेकेण्ड के वेग से फेंका जाता है, तब

(i) 4 सेकेण्ड के अन्त में वेग ज्ञात करें।

(ii) महत्तम ऊँचाई (वस्तु द्वारा प्राप्त) ज्ञात करें।

(iii) 29.4 मी. की ऊँचाई प्राप्त करने में लगा समय ज्ञात करें।

हल : यहाँ $u = 24.5$ मीटर/सेकेण्ड

$g = 9.8$ मीटर/सेकेण्ड^2

(i) $t = 4$ सेकेण्ड माना वेग v है।

तब $v = u - g\,t$

$v = 24.5 - 9.8 \times 4 = -14.7$ मीटर/सेकेण्ड

ऋणात्मक चिह्न वस्तु की उद्रग दिशा को दर्शाता है।

(ii) महत्तम ऊँचाई $= \frac{u^2}{2g}$

$= \frac{24.5 \times 24.5}{2 \times 9.8} = 30.625$ मीटर।

(iii) माना वस्तु t सेकेण्ड में 29.4 मीटर की ऊँचाई पर है।

तब $29.4 = u\,t - \frac{1}{2}g\,t^2$

$\Rightarrow 29.4 = 24.5 \times t - \frac{1}{2} \times 9.8\,t^2$

$\Rightarrow 29.4 = 24.5\,t - 4.9\,t^2$

$\Rightarrow t^2 - 5t + 6 = 0$

$\Rightarrow t = 2, 3$

$\therefore t =$ 2सेकेण्ड, 3सेकेण्ड।

उदाहरण 4. कोई कण किसी सरल रेखा पर एक समान त्वरण से गतिमान है। यदि पहले 1 सेकेण्ड में 7 मी. की दूरी तय करती है तथा इसके ठीक अगले 3 सेकेण्ड में 52 मी. की दूरी तय करती है। तब इसका त्वरण ज्ञात करें।

हल : माना प्रारंभिक वेग u, (A, प्रारंभन बिन्दु) तथा त्वरण a है। B तथा C कण द्वारा 1 सेकेण्ड तथा अगले 3 सेकेण्ड में तय दूरी है।

A से B के लिए दूरी

$$7 = u \times 1 + \frac{1}{2} a \times 1^2$$

$$\Rightarrow 7 = u + \frac{1}{2} a \qquad ...(i)$$

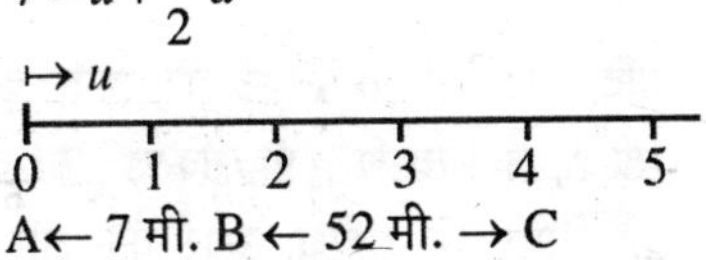

तथा A से C के लिए,

$$52 + 7 = 59 = 4 \times u + \frac{1}{2} a \times 4^2 = 4u + 8a \qquad ...(ii)$$

समीकरण (*i*) एवं (*ii*) से,

$a = \frac{31}{6}$ मीटर/सेकेण्ड^2।

चिकने नत समतल के अनुदिश गति के समीकरण (Equations of Motion Along Smooth Inclined Plane)

(*i*) $v = u + gt \sin\alpha$

(*ii*) $s = ut + \frac{1}{2} gt^2 \sin\alpha$

(*iii*) $v^2 = u^2 + 2gs \sin\alpha$

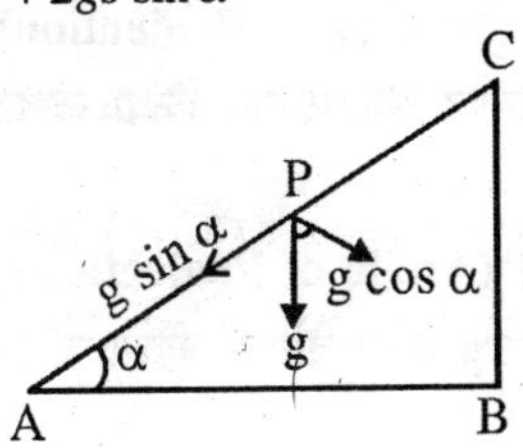

न्यूटन के गति के नियम (Newton's Laws of Motion)

(*i*) **प्रथम नियम (First Law) :** कोई पिंड गति की अवस्था में हो या विरामावस्था में, अपनी अवस्था में तब तक बनी रहेगी जब तक कोई बाहरी बल लगाकर उसकी अवस्था को परिवर्तित न कर दे। न्यूटन के प्रथम नियम से जड़ता का नियम प्राप्त होता है।

(*ii*) **द्वितीय नियम (Second Law) :** संवेग परिवर्तन की दर उस पर लगाये गए बल के अनुक्रमानुपाती होता है तथा इसमें उत्पन्न संवेग बल की दिशा में होती है।

(*iii*) **तृतीय नियम (Third Law) :** प्रत्येक क्रिया के बराबर एवं विपरीत एक प्रतिक्रिया होती है।

संवेग (Momentum)

किसी गतिमान पिंड के द्रव्यमान एवं वेग के गुणनफल को संवेग कहते हैं। अर्थात् संवेग (P) = द्रव्यमान (m) × वेग (v).

लिफ्ट में वस्तु का आभासी भार (Apparent Weight of a Body in a Lift)

माना किसी वस्तु का भार mg लिफ्ट द्वारा एक जगह से दूसरी जगह ले जाया जाता है तो आभासी भार

(*a*) $m(g + a)$ जब लिफ्ट उदग्र (उर्ध्वाधर) दिशा में ऊपर की ओर चलती है तथा त्वरण a है।

(*b*) $m(g - a)$ जब लिफ्ट नीचे की ओर आती है जहाँ त्वरण $a \leq g$

(*c*) यदि एक समान वेग से लिफ्ट ऊपर या नीचे चलती है, तब आभासी भार mg होगा।

उदाहरण 5. एक वस्तु जिसका द्रव्यमान 160 किग्रा. है, लिफ्ट द्वारा ऊपर या नीचे होता है।

(*a*) ऊपर की ओर त्वरण 3.2 मी./से.^{2},

(*b*) नीचे की ओर त्वरण 1.8 मी./से.^{2},

(*c*) एक समान वेग v मी./से. से ऊपर की ओर तो प्रत्येक स्थिति में धकेले जाने की परिमाण वस्तु द्वारा कितना अनुभव होगा?

हल : (*a*) जब लिफ्ट में ऊपर की ओर त्वरण 3.2 मी./से.^{2} है तब वस्तु पर लगने वाला बल

(*i*) वस्तु का भार 160 किग्रा. नीचे की ओर
(*ii*) प्रतिक्रियात्मक बल R ऊपर की ओर
अतः प्रभावी बल जो नीचे की ओर होगा।
$= R - 160$ किग्रा.
अतः गति की समीकरण ऊपर की ओर

$160 \times (3.2) = R - 160g \; (p = ma)$

$\Rightarrow R = 160 \times (3.2 + 9.8)$

$R = 160 \times 13 = 2080$

अतः वस्तु द्वारा अनुभव (धकेले जाने का) परिमाण
= 2080 न्यूटन

(*b*) जब लिफ्ट में नीचे की ओर त्वरण 1.8 मीटर/सेकेण्ड^2 हो तब वस्तु पर लगा बल
(*i*) वस्तु का भार 160 किग्रा. नीचे की ओर कार्यरत
(*ii*) प्रतिक्रियात्मक बल R ऊपर की ओर
अतः प्रभावी बल नीचे की ओर होगा
$= 160$ किग्रा.$-R$
$\therefore$ गति का समीकरण नीचे की ओर

$160 \times 1.8 = 160g - R' \; (p = ma)$

$\Rightarrow R' = 160 \times (9.8 - 1.8) = 160 \times 8.0$

$= 1280$ न्यूटन।

(*c*) जब लिफ्ट ऊपर की ओर एक समान वेग v से चलती हो। चूँकि v अचर है।

$\therefore \; a = \frac{dv}{dt} = 0$

$\therefore$ प्रतिक्रिया = 160 किग्रा.
अतः धकेले जाने का परिमाण = 160 किग्रा. *wt*
= 160 × 9.8 = 1568 न्यूटन।

उदाहरण 6. एक हथौड़ा जिसका द्रव्यमान m है यह ऊँचाई h से नीचे की ओर किसी काँटी पर गिरता है तथा काँटी को b गहराई तक धकेलता है। यदि काँटी का द्रव्यमान नगण्य हो तो जिस तल पर काँटी धँसता है, सिद्ध करें कि तल द्वारा प्रतिरोध बल $\left(1 + \frac{h}{b}\right) mg$ होगा।

हल : काँटी पर पहुँचने के पहले हथौड़ा h दूरी तक स्वतंत्र रूप से गिरता है। माना A (काँटी) तक पहुँचने पर वेग v हो जाता है, तब

$$v^2 = 0^2 + 2hg = 2gh \qquad ...(i)$$

चूँकि काँटी की द्रव्यमान नगण्य है, अतः हथौड़ा एवं काँटी की चाल समान होगी। माना तल द्वारा औसत प्रतिरोध R तथा मंदन a हो तब अंतिम वेग b गहराई तक पहुँचने के बाद शून्य होगा।

$\therefore \; 0 = v^2 - 2ab = 2gh - 2ab$ (समीकरण (*i*) से)

$\therefore \; a = \frac{gh}{b}$

पुनः मंदन बल $= ma$

$\therefore \; R - mg = ma$

$\Rightarrow R - mg = m.\frac{gh}{b}$

$\Rightarrow R = mg\left(1 + \frac{h}{b}\right).$

उदाहरण 7. यदि कोई आदमी लिफ्ट पर ऊपर की ओर जा रहा है, जहाँ त्वरण a मी./सेकेण्ड^2 है। वह एक गेंद को लिफ्ट के सापेक्ष ऊपर की ओर v वेग से उछालता है तथा t सेकेण्ड बाद पुनः इसे कैच करता है, तब $a + g$ का मान क्या होगा?

हल : चूँकि गेंद लिफ्ट के सापेक्ष v वेग के ऊपर की ओर उछाला जाता है। अतः गेंद में मंदन $a + g$ तथा महत्तम ऊँचाई तक गेंद को पहुँचने में लगा समय $\frac{t}{2}$ सेकेण्ड होगा।

अतः $0 = v - (a + g)\frac{t}{2} \Rightarrow a + g = \frac{2v}{t}.$

प्रक्षेप्य (Projectile) : किसी वस्तु को ऊपर की ओर किसी भी दिशा में फेंका जाये तो वह वस्तु प्रक्षेप्य कहलाती है।

प्रक्षेप बिन्दु (Point of Projection) : जिस बिन्दु से किसी वस्तु को फेंका जाता है, वह प्रक्षेप बिन्दु कहलाता है।

प्रक्षेप वेग (Veocity of Projection) : जिस वेग से किसी वस्तु या पिण्ड को प्रक्षेपित किया जाता है, उस वेग को प्रक्षेप वेग कहते हैं।

प्रक्षेप कोण (Angle of Projection) : प्रक्षेप बिन्दु से क्षैतिज रेखा के साथ प्रक्षेप वेग की दिशा के बीच बने कोण को प्रक्षेप कोण कहते हैं।

प्रक्षेप-पथ (Trajectory) : ऊपर की ओर प्रक्षेपित कोई वस्तु जिस वक्राकार पथ पर गति करते हुए पुनः तल पर गिरती है, उसे प्रक्षेप-पथ कहते हैं। यह परवलयाकार होता है।

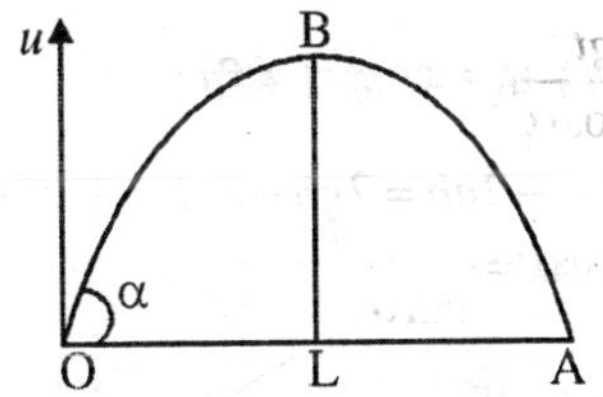

OBA प्रक्षेप-पथ है।

परास (Range) : प्रक्षेप बिन्दु एवं जिस बिन्दु पर वस्तु पुनः गिरती है, के बीच की क्षैतिज दूरी को परास कहते है। उपरोक्त चित्र में OA = परास।

उडड्यन काल (Time of Flight) : प्रक्षेप बिन्दु से प्रक्षेपित वस्तु का पुनः समतल पर गिरने में लगा कुल समय उडड्यन काल कहलाता है।

महत्तम ऊँचाई (Maximum Height) : प्रक्षेप पथ शीर्ष बिन्दु जहाँ से पुनः वस्तु नीचे की ओर लौटने लगती है, महत्तम ऊँचाई कहलाता है। उपरोक्त चित्र में,
BL = महत्तम ऊँचाई।

किसी दी हुई ऊँचाई पर प्रेक्षप्य का वेग एवं दिशा (Velocity and Direction of Projectile at any Given Height)

$$v=\sqrt{u^2-2gh}$$

तथा $$\beta=\tan^{-1}\left[\frac{\sqrt{u^2\sin^2\alpha-2gh}}{u\cos\alpha}\right]$$

प्रक्षेप्य की महत्तम ऊँचाई, $H=\dfrac{u^2\sin^2\alpha}{2g}$

महत्तम ऊँचाई तक पहुँचने में लगा समय $=\dfrac{u\sin\alpha}{g}$

प्रक्षेप्य का उडड्यन काल

$$T=\frac{2u\sin\alpha}{g}$$

क्षैतिज समतल पर प्रक्षेप्य का परास

$$R=\frac{u^2\sin 2\alpha}{g}$$

महत्तम परास $(R)=\dfrac{u^2}{g}$

उदाहरण 8. यदि किसी कण का T उडड्यन काल, R क्षैतिज परास तथा θ प्रक्षेप्य कोण हो, तो सिद्ध करें कि

$$\tan\theta=\frac{gT^2}{2R}$$

हल : हम जानते हैं, $T=\dfrac{2u\sin\theta}{g}$

तथा $R=\dfrac{u^2\sin 2\theta}{g}$

अतः $$\frac{gT^2}{2R}=g.\frac{\left(\dfrac{2u\sin\theta}{g}\right)^2}{\left(\dfrac{2u^2\sin 2\theta}{g}\right)}=\frac{g.4u^2\sin^2\theta}{g^2}\times\frac{g}{2u^2\sin 2\theta}$$

$$\Rightarrow \frac{gT^2}{2R}=\frac{2\sin^2\theta}{\sin 2\theta}$$

$$\Rightarrow \frac{gT^2}{2R}=\frac{2\sin^2\theta}{2\sin\theta.\cos\theta}$$

$$\Rightarrow \frac{gT^2}{2R}=\tan\theta$$

$$\Rightarrow \tan\theta=\frac{gT^2}{2R}.$$

उदाहरण 9. किसी कण को इस प्रकार प्रक्षेपित किया जाता है कि क्षैतिज तल पर परास R है यदि θ तथा ϕ संभव प्रक्षेप्य कोण हों तथा t_1, t_2 संगत प्रक्षेप्य काल हो, तब सिद्ध करें कि

$$\frac{t_1^2-t_2^2}{t_1^2+t_2^2}=\frac{\sin(\theta-\phi)}{\sin(\theta+\phi)}$$

हल : माना परास R के लिए, u प्रक्षेप्य वेग है। चूँकि दो संभव प्रक्षेप्य कोण θ तथा ϕ है, जहाँ

$$\theta+\phi=\frac{\pi}{2} \qquad ...(i)$$

$$\therefore\ t_1=\frac{2u\sin\theta}{g},\ t_2=\frac{2u\sin\phi}{g}$$

$$\frac{t_1^2}{t_2^2}=\frac{\sin^2\theta}{\sin^2\phi}$$

योगान्तर निष्पति द्वारा,

$$\Rightarrow\ \frac{t_1^2-t_2^2}{t_1^2+t_2^2}=\frac{\sin^2\theta-\sin^2\phi}{\sin^2\theta+\sin^2\phi}$$

$$=\frac{\sin(\theta+\phi)\,.\,\sin(\theta-\phi)}{\sin^2\theta+\sin^2\left(\dfrac{\pi}{2}-\theta\right)} \qquad \text{(समीकरण } (i) \text{ से)}$$

$$=\frac{\sin\dfrac{\pi}{2}\,.\,\sin(\theta-\phi)}{\sin^2\theta+\cos^2\theta}$$

$$=\frac{\sin(\theta-\phi)}{1}$$

$$\therefore\ \frac{t_1^2-t_2^2}{t_1^2+t_2^2}=\frac{\sin(\theta-\phi)}{\sin(\theta+\phi)} \qquad \left(\because \theta+\phi=\frac{\pi}{2}\right).$$

उदाहरण 10. किसी समय में, कोई कण u वेग से, क्षैतिज तल के साथ α कोण बनाते हुए गतिमान है, कुछ निश्चित अन्तराल के बाद उसके पथ की दिशा क्षैतिज के साथ β कोण बनाती है, तो सिद्ध करें

कि $u\cos\alpha=\dfrac{gt}{\tan\alpha-\tan\beta}$

हल : माना t समय के बाद वेग v है, तब

$$v\cos\beta=u\cos\alpha \qquad ...(i)$$

$$v\sin\beta=u\sin\alpha-gt \qquad ...(ii)$$

समीकरण (ii) में (i) से भाग देने पर,

$$\tan\beta=\frac{u\sin\alpha-gt}{u\cos\alpha}=\tan\alpha-\frac{gt}{u\cos\alpha}$$

$$\Rightarrow\ \frac{gt}{u\cos\alpha}=\tan\alpha-\tan\beta$$

$$\Rightarrow\ u\cos\alpha=\frac{gt}{\tan\alpha-\tan\beta}$$

उदाहरण 11. किसी मीनार से (जिसकी ऊँचाई 10 मी. है) एक गेंद 46 मी./सेकेण्ड के वेग से प्रक्षेपित की जाती है तथा यह भूमि पर पहुँचने में 5 सेकेण्ड का समय लेती है। यदि g = 10 मी./सेकेण्ड^2, तब प्रक्षेप्य कोण ज्ञात करें।

हल : माना α प्रक्षेप्य कोण है तब गेंद उदग्र दूरी 10 मी. (नीचे की ओर) 5 सेकेण्ड में तय करती है

$$\therefore\ -10=(46\sin\alpha)\times5-\frac{1}{2}\times10\times5^2$$

$$\left\{\because y=(u\sin\alpha)t-\frac{1}{2}gt^2\right\}$$

$$\Rightarrow -10=46\times5\sin\alpha-125$$

$$\Rightarrow\ \sin\alpha=\frac{115}{46\times5}=\frac{1}{2}$$

$$\Rightarrow\ \sin\alpha=\sin\frac{\pi}{6}\Rightarrow\alpha=30°.$$

उदाहरण 12. यदि किसी प्रक्षेप्य के दो पथों की महत्तम ऊँचाई h_1, h_2 हो तथा क्षैतिज परास R हो तब सिद्ध करें: $R=4\sqrt{h_1\,h_2}$

हल : यदि α, β दो प्रक्षेप्य कोण हो क्षैतिज परास R के लिए

$$\text{तब}\ \alpha+\beta=\frac{\pi}{2},\quad R=\frac{u^2\sin2\alpha}{g},$$

$$h_1=\frac{u^2\sin^2\alpha}{2g}\ \text{तथा}\ h_2=\frac{u^2\sin^2\beta}{2g}, \text{ जहाँ } u \text{ प्रक्षेप्य वेग है।}$$

$$\text{अतः}\ h_1\,h_2=\frac{u^4\sin^2\alpha\,.\,\sin^2\beta}{4g^2}=\frac{u^4\sin^2\alpha\,.\,\cos^2\alpha}{4g^2}$$

$$= \frac{u^4 \sin^2 2\alpha}{16g^2}$$

$$\left(\because \beta = \frac{\pi}{2} - \alpha \therefore \sin^2 \beta = \cos^2 \alpha \right)$$

$$\Rightarrow h_1 h_2 = \frac{R^2}{16}$$

$$\Rightarrow R = 4\sqrt{h_1 \, h_2}.$$

संवेग संरक्षण का नियम

(Law of Conservation of Momentum)

एक ही दिशा में दो पिण्डों के संवेगों का योग उसके टक्कर के कारण नहीं बदलता है।

अर्थात् टक्कर से पूर्व संवेग = टक्कर के बाद का संवेग।

माना m_1 एवं m_2 द्रव्यमान के दो गोले एक ही दिशा में क्रमशः u_1 एवं u_2 वेगों से गति करते हुए टकराते हैं तथा टक्कर के बाद इसका वेग क्रमशः v_1 एवं v_2 हो जाता है तब,

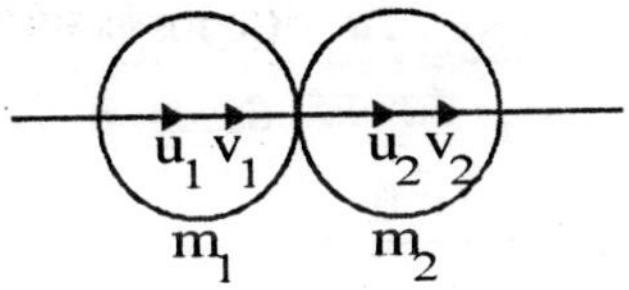

$$m_1 u_1 + m_2 u_2 = m_1 v_1 + m_2 v_2$$

पुनः $\frac{v_1 - v_2}{u_1 - u_2} = -e$ (न्यूटन के नियम से)

$$\therefore \; v_1 - v_2 = -e(u_1 - u_2)$$

$$v_2 - v_1 = e(u_1 - u_2)$$

जहाँ e प्रत्यानयन गुणांक (coefficient of resilience) $e < 1$ है।

दो असमान प्रत्यास्थ गोलों के टक्कर से गतिज ऊर्जा में हानि

माना m_1, m_2 द्रव्यमान के दो गोले क्रमशः u_1 एवं u_2 वेगों से एक दिशा में चलते हुए टकराते हैं और टक्कर के पश्चात् उसी दिशा में क्रमशः v_1 तथा v_2 वेग से चलते हैं। उनका प्रत्यानयन गुणांक e है, तब

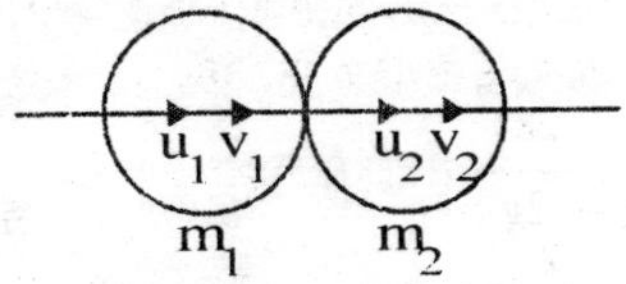

गतिज ऊर्जा में हानि $= \frac{m_1 \, m_2}{2(m_1 + m_2)} (u_1 - u_2)^2 \left(1 - e^2\right)$

साधित उदाहरण (Solved Examples)

1. किसी लक्ष्य पर गोली दागने से $\frac{1}{4}$ मी. लक्ष्य को भेदने पर गोली का वेग आधा हो जाता है, तो शेष बचे वेग से वह और कितना भेद पाएगी?

हल : माना गोली का वेग v मी./सेकेण्ड है तथा लक्ष्य द्वारा विरोध के कारण मंदन a मी./सेकेण्ड^2 है।

तब $\left(\frac{1}{2}v\right)^2 - v^2 = 2(-a)\frac{1}{4}$

$$\Rightarrow a = \frac{3v^2}{2} \qquad ...(i)$$

माना गोली x मी. भेदने के बाद विराम की अवस्था में आ जाती है, तब

$$0^2 - \left(\frac{1}{2}v\right)^2 = 2(-a)x$$

$$\Rightarrow \frac{v^2}{4} = 2\left(\frac{3v^2}{2}\right)x$$

$\Rightarrow x = \frac{1}{12}$ मीटर।

2. एक पत्थर किसी कुएँ में 28 मी./सेकेण्ड के वेग से गिराया जाता है तथा इसके पानी में गिरने की आवाज $2\frac{55}{56}$ सेकण्ड के बाद सुनाई देती है तो ध्वनि का वेग हवा में ज्ञात करें।

($g = 9.8$ मी./सेकेण्ड^2)

हल : माना कुएँ की गहराई h मी. है तथा पत्थर को पानी तक पहुँचने में लगा समय t_1 है तथा t_2 समय में आवाज कुएँ के ऊपर सुनाई देती है तथा माना कि ध्वनि का वेग v मी./सेकेण्ड है तब,

$(28)^2 = 0^2 + 2gh$ तथा $28 = 0 + gt_1$ ...(i)

$\left[\because v^2 = u^2 + 2gh \text{ तथा } v = u + gt\right]$

$$\Rightarrow h = \frac{(28)^2}{2g} \text{ तथा } t_1 = \frac{28}{g} \quad ...(i)$$

चूँकि ध्वनि अचर वेग v *m*/सेकेण्ड से गमन करती है।

$$\therefore \quad h = vt_2 \Rightarrow t_2 = \frac{h}{v}$$

$$\Rightarrow t_2 = \frac{(28)^2}{2vg} \quad \text{(समीकरण (i) से)}$$

चूँकि कुल समय $= 2\frac{55}{56}$ सेकेण्ड

$$\therefore \quad t_1 + t_2 = 2\frac{55}{56} \text{ सेकेण्ड}$$

$$\Rightarrow \frac{28}{g} + \frac{(28)^2}{2vg} = \frac{167}{56}$$

$$\Rightarrow \frac{28}{g}\left\{1 + \frac{14}{v}\right\} = \frac{167}{56}$$

$$\Rightarrow 1 + \frac{14}{v} = \frac{167}{56} \times \frac{g}{28}$$

$$\Rightarrow 1 + \frac{14}{v} = \frac{167}{56} \times \frac{9.8}{28} = 1.04375$$

$$\Rightarrow \frac{14}{v} = .04375 \Rightarrow v = \frac{14}{0.04375}$$

$\Rightarrow v = 320$ मी./सेकेण्ड

3. कोई बैलून 30 मी./सेकेण्ड की चाल से ऊपर की ओर जा रहा है। इसमें से एक पत्थर गिराया जाता है जो भूमि पर 40 सेकेण्ड के बाद पहुँचता है, तो पत्थर गिरने के समय बैलून की ऊँचाई ज्ञात करें। पुनः बैलून की ऊँचाई ज्ञात करें जब पत्थर भूमि पर पहुँचता है।

हल : पत्थर का प्रारंभिक वेग बैलून के वेग के बराबर होगा, अर्थात् 30 मी./सेकेण्ड (ऊपर की ओर)। माना बैलून की ऊँचाई h मी. है जब पत्थर को गिराया जाता है तब,

$$u = 30 \text{ मी./से.}, \quad a = -g = -9.8 \text{ मी./सेकेण्ड}^2$$

विस्थापन $= -h$ (ऊपर की ओर दिशा को धनात्मक लेने पर)

पत्थर द्वारा लिया गया समय $= 40$ सेकेण्ड

$$\therefore \quad -h = 30 \times 40 + \frac{1}{2}(-9.8) \times (40)^2$$

$\Rightarrow h = 6640$ मी.

चूँकि बैलून ऊपर की ओर 30 मी./सेकेण्ड के वेग से जा रहा है।

$\therefore$ 40 सेकेण्ड के बाद तय दूरी

$= 30 \times 40 = 1200$ मीटर

अतः भूमि से बैलून की ऊँचाई जब पत्थर भूमि पर पहुँचता है

$= 6640 + 1200 = 7840$ मीटर होगी।

4. यदि R किसी प्रक्षेप्य की क्षैतिज परास हो तथा h महत्तम ऊँचाई हो तो सिद्ध करें कि प्रारंभिक वेग $\left[2g\left(h + \frac{R^2}{16h}\right)\right]^{1/2}$ होगा।

हल : माना u प्रक्षेप वेग है तथा θ प्रक्षेप कोण है तब,

$$R = \frac{u^2 \sin 2\theta}{g} = \frac{2u^2 \sin\theta\cos\theta}{g}$$

$$\text{तथा} \quad h = \frac{u^2 \sin^2\theta}{2g}$$

$$\therefore \quad \left[2g\left(h + \frac{R^2}{16h}\right)\right]^{\frac{1}{2}}$$

$$= \left[2g\left(\frac{u^2 \sin^2\theta}{2g} + \frac{1}{16} 4u^4 \frac{\sin^2\theta\cos^2\theta}{g^2} . \frac{2g}{u^2 \sin^2\theta}\right)\right]^{\frac{1}{2}}$$

$$= \left[2g\left(\frac{u^2 \sin^2\theta}{2g} + \frac{u^2 \cos^2\theta}{2g}\right)\right]^{\frac{1}{2}}$$

$$= \left[u^2\left(\sin^2\theta + \cos^2\theta\right)\right]^{\frac{1}{2}}$$

$$= \left(u^2\right)^{\frac{1}{2}} = u$$

= प्रक्षेप वेग।

5. यदि कोई प्रक्षेप्य जिसकी क्षैतिज परास 24 मीटर है महत्तम ऊँचाई 8 मीटर प्राप्त करता है, तब प्रारंभिक वेग तथा प्रक्षेप कोण ज्ञात करें।

हल : माना α प्रक्षेप कोण है तथा u प्रक्षेप वेग है।

तब $24 = \frac{u^2 \sin 2\alpha}{g}$ ...(*i*)

तथा $8 = \frac{u^2 \sin^2 \alpha}{2g}$ ...(*ii*)

समीकरण (*ii*) को (*i*) से भाग देने पर,

$$3 = 4\cot\alpha \Rightarrow \cot\alpha = \frac{3}{4}$$

$$\Rightarrow \operatorname{cosec}^2\alpha = 1 + \frac{9}{16} = \frac{25}{16}$$

$$\Rightarrow \operatorname{cosec}\alpha = \frac{5}{4}$$

$$\Rightarrow \sin\alpha = \frac{4}{5}$$

$$\therefore \alpha = \sin^{-1}\frac{4}{5}$$

$\sin\alpha = \frac{4}{5}$ समीकरण (*ii*) में रखने पर,

$$8 = u^2 \times \frac{\frac{16}{25}}{2g}$$

$$\therefore u^2 = 16g \times \frac{25}{16} = 25 \times 9.8$$

$\therefore u = 5\sqrt{9.8}$ मीटर/सेकेण्ड।

6. दो कण एक ही बिन्दु से एक ही रेखा में चलना प्रारंभ करते हैं। पहला कण अचर वेग u से तथा दूसरा कण अचर त्वरण a से चलना प्रारंभ करता है, सिद्ध करें कि दूसरे कण द्वारा पहले कण के पकड़े जाने के पूर्व गति के प्रारंभ से $\frac{u}{a}$ समय पश्चात् कणों के बीच की महत्तम दूरी $\frac{u^2}{2a}$ होगी।

हल : माना t समय पश्चात् कणों के बीच की दूरी s है। अतः प्रथम कण द्वारा तय दूरी $= ut$ तथा दूसरे कण द्वारा तय की गई दूरी $= \frac{1}{2} + t^2$, t समय में कणों की बीच की दूरी $= \frac{1}{2}at^2$ या $s = ut - \frac{1}{2}a\,t^2$

इस दूरी के महत्तम होने के लिए

$$s = -\frac{1}{2}a\left[t^2 - 2t\frac{u}{a}\right]$$

$$= -\frac{1}{2}a\left[t^2 - 2t\frac{u}{a} + \frac{u^2}{a^2} - \frac{u^2}{a^2}\right]$$

$$= -\frac{1}{2}a\left[\left(t - \frac{u}{a}\right)^2 - \frac{u^2}{a^2}\right]$$

$$= -\frac{1}{2}a\left(t - \frac{u}{a}\right)^2 + \frac{u^2}{2a}$$

a का मान महत्तम होगा, जब $\frac{1}{2}a\left(t - \frac{u}{t}\right)^2$ न्यूनतम होगा।

अर्थात् $t - \frac{u}{a} = 0 \Rightarrow t = \frac{u}{a}$

तथा s का महत्तम मान $\frac{u}{a}$ समय में $\frac{u^2}{2a}$ होगा।

7. एक राकेट का द्रव्यमान 1 मैट्रिक टन है। उससे निकलने वाली गैसों का वेग 1000 मीटर/से. है। ईधन किस दर से जलाया जाए कि राकेट ठीक ऊपर उठ सके।

हल : प्रश्नानुसार, माना ईंधन m कि.ग्राम/सेंकण्ड की दर जलाया जाए तो

p = राकेट का भार = 10^8g = $10^8 \times 9.8$ न्यूटन

$t = 1$ सेकण्ड 1, $m = m$, $u = 0$, $v = 1000$ मी./से.

संवेग समीकरण से,

$p \times t = m\,(v - u)$

$\Rightarrow 10^8 \times 9.8 = m\,(1000 - 0)$

$\Rightarrow m = \frac{10^8 \times 9.8}{1000} = 980$ कि. ग्राम/सेकेण्ड।

8. कोई पिंड प्रक्षेप कोण α से प्रक्षेपित किया जाता है यदि प्रक्षेप वेग 9.8 मी./सेकेण्ड हो तो कितने समय बाद इसकी गति का कोण $\frac{\alpha}{2}$ होगा?

हल : यदि अभीष्ट समय t सेकेण्ड हो तब

$$\tan\frac{\alpha}{2} = \frac{9.8\sin\alpha - 9.8t}{9.8\cos\alpha}$$

$$\left[\because \tan\alpha = \frac{u\sin\alpha - gt}{u\cos\alpha}\right]$$

$$\Rightarrow t = \sin\alpha - \cos\alpha \,.\, \tan\left(\frac{\alpha}{2}\right)$$

$$= \frac{\sin\alpha \,.\, \cos\frac{\alpha}{2} - \cos\alpha \,.\, \sin\frac{\alpha}{2}}{\cos\left(\frac{\alpha}{2}\right)}$$

$$= \frac{\sin\left(\alpha - \frac{\alpha}{2}\right)}{\cos\frac{\alpha}{2}} = \tan\frac{\alpha}{2}$$

9. एक मनुष्य किसी पत्थर को 80 मीटर तक फेंक सकता है तो पत्थर किस महत्तम ऊँचाई को प्राप्त करेगा।

हल : दिया हुआ है, महत्तम क्षैतिज परास = 80 मीटर

अर्थात् $\frac{u^2}{g} = 80 \Rightarrow u^2 = 80g$

चूँकि महत्तम दूरी तक फेंकने के लिए प्रक्षेप कोण 45° होगा।

अतः पत्थर द्वारा महत्तम तय ऊँचाई

$$= \left(\frac{u^2 \sin^2 45°}{2g}\right)$$

$$= \frac{80g \times \frac{1}{2}}{2g} = 20.$$

अतः महत्तम ऊँचाई = 20 मीटर।

10. कोई कण क्षैतिज से 30° का कोण बनाते हुए 39.2 मीटर/सेकेण्ड के वेग से प्रक्षेपित किया जाता है। तब कितने समय के बाद यह प्रक्षेपण की दिशा के साथ समकोण पर होगा?

हल : यहाँ, कण का वेग क्षैतिज के साथ $(\alpha - 90°)$ के कोण पर होगा।

अतः $\tan(\alpha - 90°) = \frac{u\sin\alpha - gt}{u\cos\alpha}$

$$\Rightarrow -\cot\alpha = \tan\alpha - \frac{g\,t}{u\cos\alpha}$$

$$\Rightarrow -\cot 30° = \tan 30° - \frac{9.8\,t}{39.2\cos 30°}$$

$$\Rightarrow \frac{1}{\sqrt{3}} + \sqrt{3} = \frac{t}{2\sqrt{3}}$$

$$\Rightarrow \frac{1+3}{\sqrt{3}} = \frac{t}{2\sqrt{3}}$$

$\Rightarrow t = 8$ सेकेण्ड।

वस्तुनिष्ठ प्रश्न

1. एक कण 200 सेमी/से. वेग से एक सरल रेखा में गति प्रारम्भ करता है। यदि कण की गति में 10सेमी/से.^{2} का मंदन उत्पन्न हो जाए तो 1500 सेमी. की दूरी तय करने में समय लगेगा–

(*a*) 20 से. (*b*) 8 से., 15 से.

(*c*) 10 से., 30 से. (*d*) 15 से., 25 से.

2. क्षैतिज के एक बिन्दु से दो गेंदे 30° और 60° के कोण पर प्रक्षेपित होती है। यदि वे समान ऊँचाई तक जाती है, तब उनके प्रक्षेप के वेगों का अनुपात है–

(*a*) $2 : \sqrt{5}$ (*b*) $\sqrt{3} : 1$

(*c*) $2 : 3$ (*d*) $2 : 1$

3. एक हॉकी की गेंद जिसका औसत बल $5N$ है, को 0.01 से. के लिए विरामवस्था में रखा जाता है। यदि गेंद का भार 0.2 किग्रा हो, तब गेंद को धकेलने के बाद

गेंद का वेग है–

(*a*) 5 मी./से. (*b*) 2.5 मी./से.

(*c*) 3 मी./से. (*d*) 6 मी./से.

4. एक मीनार जिसकी ऊँचाई 100 मीटर है, की चोटी से एक गेंद 16 मी./से. के वेग से प्रक्षेपित की जाती है, यह धरातल तक पहुँचने में 5 से. लगाती है। यदि $g = 10$ मीटर/सेकेण्ड^2 हो, तब प्रक्षेप्य कोण होगा–

(*a*) 35° (*b*) 45°

(*c*) 30° (*d*) 60°

5. एक 100 किग्रा. की गाड़ी किसी चिकनी पट्टी पर चल रही है जिसके ऊपर 20 किग्रा. का पिण्ड रखा है। गाड़ी और पिण्ड के बीच सम्पर्क चिकना है। एक 60N का बल गाड़ी पर लगाया जाता है, तब 20 किग्रा. पिण्ड का त्वरण (मी./से.^{2} में) है–

(*a*) 5 (*b*) 7

(*c*) 0.8 (*d*) 0.5

6. एक कण ऊपर की ओर प्रक्षेपित किया जाता है। t_1 से. पश्चात् वह h ऊँचाई पर है तथा t_2 से. पश्चात् वह प्रारम्भ से h दूरी पर है। h बराबर है–

(*a*) $\frac{t_1 + t_2}{2}$ (*b*) $\frac{t_1 - t_2}{2}$

(*c*) $\frac{1}{2g} t_1 t_2$ (*d*) $\frac{2t_1 t_2}{g}$

7. एक पिण्ड एक सीधी रेखा में एक समान त्वरण गति कर रहा है। यह तीसरे और चौथे सेकेण्ड में क्रमशः 10 मीटर व 12 मीटर दूरी तय करता है। तब पिण्ड का प्रारम्भिक वेग (मीटर/सेकेण्ड) में होगा–

(*a*) 4 (*b*) 6

(*c*) 3 (*d*) 5

8. किसी मीनार की चोटी से कोई पिण्ड गिराया गया और उसी समय मीनार के तल से दूसरा पिण्ड उसी ऊर्ध्वाधर रेखा में उस वेग से फेंका गया जो उसे मीनार की ऊँचाई तक पहुँचाने के लिए पर्याप्त है। तब वे एक-दूसरे से जिस ऊँचाई पर मिलेंगे, वह है–

(*a*) $\frac{h}{3}$ (*b*) $\frac{3h}{4}$

(*c*) $\frac{3h}{7}$ (*d*) $\frac{2h}{7}$

9. किसी बहुमंजिले इमारत की सबसे निचली मंजिल की ऊँचाई 20 फुट है। इमारत के शीर्ष से एक पत्थर गिराया गया, जो सबसे निचली मंजिल को $\frac{1}{4}$ से. में पार कर लेता है ($g = 32$ फुट/सेकेण्ड^2)। इमारत की ऊँचाई है–

(*a*) 120 फुट (*b*) 115 फुट

(*c*) 110 फुट (*d*) 117 फुट

10. एक गोला किसी दूसरे समान गोले से सीधा टकराता है जो कि विराम में है, तब वास्तविक गतिज ऊर्जा में ह्रास है–

(*a*) प्रारम्भिक गतिज ऊर्जा का $\frac{1+e^2}{2}$ गुना

(*b*) $\frac{1-e^2}{2}$ गुना

(*c*) प्रारम्भिक गतिज ऊर्जा का $\frac{1-e^2}{2}$ गुना

(*d*) इनमें से कोई नहीं

11. 120 मी./से. के वेग से गति करती हुई 0.005 किग्रा. की गोली एक स्थिर लक्ष्य से गहराई तक भेदती है तथा 0.01 से. पश्चात् विरामावस्था में आ जाती है। भेदन बिन्दु से लक्ष्य तक की दूरी होगी–

(*a*) 5 सेंमी. (*b*) 8 सेंमी.

(*c*) 20 सेंमी. (*d*) 60 सेंमी.

12. कोई पिण्ड साम्यावस्था से चलना प्रारम्भ करता है और एक समान त्वरण a में एक सीधी रेखा में गति करता है, तब दूसरे, चौथे व आठवें से. में तय की गयी दूरी होगी–

(*a*) गुणोत्तर श्रेणी में

(*b*) 2 : 5 : 17 के अनुपात में

(*c*) समान्तर श्रेणी में

(*d*) 3 : 7 : 15 के अनुपात में

13. यदि दो पूर्णतः प्रत्यास्थ व समान गेंदें सीधी टकराती है, तब उनके टकराने के बाद–

(*a*) उसका वेग संघट्ट से नहीं बदलेगा
(*b*) उनका वेग उनकी दिशा बदल देगा
(*c*) उनका वेग आपस में बदल जायेगा
(*d*) उनका वेग दो गुना हो जायेगा

14. एक कण गुरुत्व के अन्तर्गत 29.43 मी./से. के वेग से $30°$ के कोण पर प्रक्षेपित किया जाता है। तब 9.81 मीटर की ऊँचाई पर उड्डयन काल (से. में) होगा–
(*a*) 8, 20 (*b*) 1, 5
(*c*) 1, 2 (*d*) 2.5, 3

15. एक व्यक्ति 20 किमी/घण्टा की रफ्तार से दौड़ रहा है। उसके ऊपर उर्ध्वाधर से $30°$ का कोण बनाती हुई वर्षा की बूंद पड़ रही है। यदि वर्षा नीचे की ओर उर्ध्वाधर गिरे, तब उसका वेग है।
(*a*) $8\sqrt{5}$ कि.मी./घण्टा (*b*) 12 कि.मी./घण्टा
(*c*) $45\sqrt{3}$ कि.मी./घण्टा (*d*) $20\sqrt{3}$ कि.मी./घण्टा

16. दो पिण्ड जिनका भार 9 किग्रा. व 16 किग्रा. है, 10 मीटर की दूरी पर रखे हैं। यदि वे एक-दूसरे को 1 न्यूटन बल द्वारा आकर्षित कर रहे हों, तब वे कितने समय बाद मिलेंगे?
(*a*) $\frac{25}{8}$ से. (*b*) $\frac{27}{\sqrt{5}}$ से.
(*c*) $\frac{24}{\sqrt{5}}$ से. (*d*) $\frac{20}{3}$ से.

17. एक रेलगाड़ी जिसका द्रव्यमान 16 मैट्रिक टन है, 72 कि. मी./घंटा की गति से चलती है। ब्रेक लगने के बाद वह 500 मीटर की दूरी पर जाकर रुक जाती है। तब इसे रोकने के लिए ब्रेकों पर लगाये गये बल का मान होगा–
(*a*) 7500N (*b*) 6400N
(*c*) 1550N (*d*) 3600N

18. कोई कण सरल रेखा में गति कर रहा है। t से. पर इस कण का त्वरण $(2t+1)$ मी./से.^{2} है। यदि कण का प्रारम्भिक वेग 4 मी./से. है, तब 2 से. बाद कण का वेग होगा–
(*a*) 18 मी./से. (*b*) 6 मी./से.
(*c*) 13 मी./से. (*d*) 10 मी./से.

19. M द्रव्यमान की एक बन्दूक से, m द्रव्यमान की गोली बन्दूक के सापेक्ष u वेग से छोड़ी जाती है, गोली व बन्दूक के वास्तविक वेग होंगे–
(*a*) $\frac{M-m}{Mu}, \frac{M+m}{Mu}$
(*b*) $\frac{mu}{M+m}, \frac{Mu}{M+m}$
(*c*) $\frac{u(M-m)}{M}, \frac{u(M+m)}{M}$
(*d*) इनमें से कोई नहीं

20. किसी पिण्ड के संवेग में 100% की वृद्धि की जाए, तब इसकी गतिज ऊर्जा में वृद्धि होगी–
(*a*) 120% (*b*) 300%
(*c*) 250% (*d*) 330%

21. एक पिण्ड गुरुत्व के अधीन h मीटर ऊँचाई से विरामावस्था से छोड़ा जाता है ($g = 9.8$ मीटर/से.^{2}) तथा पिण्ड अन्तिम सेकेंड में $\frac{9h}{25}$ मीटर की दूरी तय करता है तो ऊँचाई h का मान है–
(*a*) 110 मीटर (*b*) 120.5 मीटर
(*c*) 122.5 मीटर (*d*) 128.7 मीटर

22. विराम से प्रारम्भ करने वाले किसी कण का त्वरण 3मी./से.^{2} है। तब 2 सेकेण्ड पश्चात् कण का वेग है–
(*a*) 21 मी./से. (*b*) 17 मी./से.
(*c*) 3 मी./से. (*d*) 6 मी./से.

23. 15 किग्रा. का एक पिण्ड 5 मीटर/से. की चाल से बर्फ पर चल रहा है। जबकि एक 10 किग्रा का पिण्ड उर्ध्वाधर उसके उपर गिराया जाता है। तब दोनों वेग (मी./से. में) से चलते हैं।
(*a*) 5
(*b*) $\sqrt{8}$
(*c*) 17
(*d*) इनमें से कोई नहीं

24. 100 मी. ऊँचाई की एक पहाड़ी के शीर्ष पर से एक गेंद को 10 मी./से. के वेग से प्रक्षेपित की जाती है। गेंद सतह पर पहुँचने में 5 से. का समय लेती है। गेंद का प्रक्षेपण कोण है–
(*a*) $20°$ (*b*) $15°$
(*c*) $30°$ (*d*) $60°$

25. एक पिण्ड ऊर्ध्वाधर से α कोण बनाते हुए प्रक्षेपित किया जाता है ताकि उसका परास अधिकतम परास का आधा रहे, तब α का मान होगा–

(*a*) 45° (*b*) 65°
(*c*) 35° (*d*) 75°

26. दो पिण्ड किसी घिरनी पर चित्रानुसार लटके हैं, तब पिण्ड के केन्द्र का त्वरण है–

(*a*) $\frac{g}{2}$ (*b*) $\frac{2g}{3}$

(*c*) $\frac{-g}{4}$ (*d*) इनमें से कोई नहीं

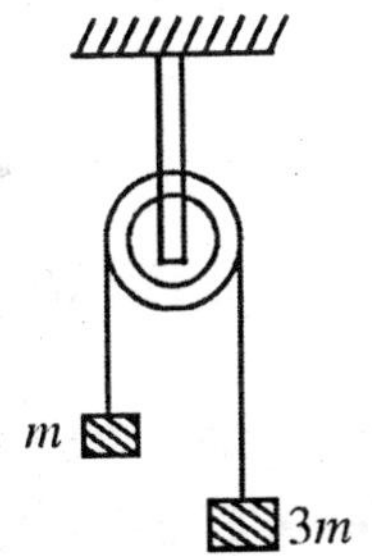

27. 10 न्यूटन का एक भार चित्रानुसार दो रस्सियों द्वारा लटकाया गया है, तब तनाव T_1 और T_2 हैं–

(*a*) $6\sqrt{3}N, 6\sqrt{3}N$ (*b*) $5\sqrt{3}N, 5\sqrt{2}N$

(*c*) $5\sqrt{3}N, 5N$ (*d*) $7N, 7N$

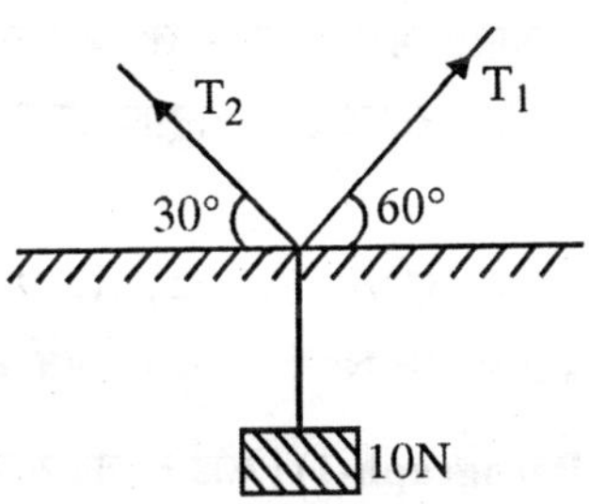

28. 15° के कोण पर स्थिर प्रक्षेप्य का परास 50 मीटर है। यदि वह 45° के कोण पर समान वेग से चल रहा है, तब उसका परास होगा–

(*a*) 55 मी. (*b*) 100 मी.
(*c*) 105 मी. (*d*) 85 मी.

29. किसी मीनार की ऊँचाई 7848 सेंमी. है। यदि मीनार के शीर्ष से 1784 सेमी/से. के क्षैतिज वेग से एक कण फेंका जाता है, तब कण द्वारा धरातल तक पहुँचने में लगा समय है। (जबकि g = 981 सेंमी/से.^{2})

(*a*) $\sqrt{7}$ से. (*b*) 3 से.
(*c*) 4 से. (*d*) $\sqrt{8}$ से.

30. 2 कि.मी./घंटा की दर से बहने वाली नदी के सापेक्ष एक व्यक्ति 6 कि.मी./घंटा के एक समान वेग से सीधा तैरता है। यदि नदी की चौड़ाई 300 मीटर है, तब प्रारम्भिक बिन्दु जिससे व्यक्ति तैरना आरम्भ करता है और दूसरे छोर का वह बिन्दु, जिस पर व्यक्ति पहुँचता है, के बीच की दूरी है–

(*a*) 250 मी. (*b*) 100 मी.
(*c*) 150 मी. (*d*) 85 मी.

31. 200 मीटर तथा 300 मीटर की लम्बाई वाली दो रेल-गाड़ियाँ एक दूसरे से 2 किमी. की दूरी पर है। वे क्रमशः 20 मी./से. तथा 30 मी./से. के वेग से एक दूसरे की ओर आ रही है। दोनों रेलगाड़ियों द्वारा एक दूसरे को पार करने में समय लगेगा–

(*a*) 100 सेकेण्ड (*b*) 150 सेकेण्ड
(*c*) 75 सेकेण्ड (*d*) 50 सेकेण्ड

32. किसी चिकनी घिरनी पर से गुजरती हुई एक हल्की डोरी के दोनों सिरों पर क्रमशः 3 किग्रा. तथा 5 किग्रा. के भार लटके हैं। यदि डोरी विरामावस्था से चलती है, तब गति का त्वरण बराबर है–

(*a*) $\frac{g}{2}$ मी./से.^{2} (*b*) $\frac{g}{3}$ मी./से.^{2}

(*c*) $2g$ मी./से^{2} (*d*) $\frac{g}{4}$ मी./से.^{2}

33. 4.9 मीटर/से.^{2} के त्वरण से ऊपर की ओर उठते हुए गुब्बारे में बैठा एक व्यक्ति गति प्रारम्भ होने के 2 सेकेण्ड पश्चात् एक गेंद नीचे गिराता है। गेंद द्वारा तय की गई अधिकतम ऊँचाई है–

(*a*) 20.6 मीटर (*b*) 13.7 मीटर
(*c*) 14.7 मीटर (*d*) 22.5 मीटर

34. एक कण पूर्व दिशा में बिन्दु A से बिन्दु B तक 4 किमी/घंटा की गति से जाता है फिर B से C तक उत्तर की ओर 5 किमी./घंटा की गति से जाता है। यदि AB = 12 किमी, BC = 5 किमी., तो A से C तक यात्रा में औसत चाल तथा औसत वेग क्रमशः है–

(*a*) $\frac{15}{8}$ किमी./घंटा तथा $\frac{13}{9}$ किमी./घंटा

(*b*) $\frac{17}{4}$ किमी./घंटा तथा $\frac{13}{4}$ किमी./घंटा

(*c*) $\frac{16}{3}$ किमी./घंटा तथा $\frac{11}{3}$ किमी./घंटा

(*d*) इनमें से कोई नहीं

35. एक गेंद 15 किमी./से. के वेग से उर्ध्वाधर, किसी मैदान से ऊपर की ओर फेंकी जाती है और वह मैदान पर उसके $\frac{1}{3}$ वेग से उछलती है, तब गेंद का मैदान पर टकराने से पहले तथा बाद में उच्चतम ऊँचाई का अनुपात है–

(*a*) 3 : 2 (*b*) 8 : 5

(*c*) 9 : 1 (*d*) 8 : 1

36. किसी h ऊँचाई के स्तम्भ की चोटी से दो समान पत्थर वेग u से इस प्रकार प्रक्षेपित किये जाते हैं कि वे एक साथ मैदान पर गिरे। यदि एक पत्थर क्षैतिज पर और दूसरा पत्थर क्षैतिज से θ कोण पर प्रक्षेपित किया जाये, तब $\tan\theta$ बराबर है–

(*a*) $\sqrt{\frac{2u}{gh}}$ (*b*) $2g\sqrt{\frac{u}{h}}$

(*c*) $2g\sqrt{\frac{u}{h}}$ (*d*) $u\sqrt{\frac{2}{gh}}$

37. $\frac{1}{4}$ मीटर/से. के वेग से घटकों, जो OA तथा OB की दिशा में है, वियोजित किया गया है जो दिये गये वेग से क्रमशः 30° तथा 45° का कोण बनाते हैं। OB दिशा में घटक है–

(*a*) $\frac{1}{8}$ मीटर/से.

(*b*) $\frac{1}{4}\left(\sqrt{3}-1\right)$ मीटर/से.

(*c*) $\frac{1}{4}$ मीटर/से.

(*d*) $\frac{1}{8}\left(\sqrt{6}-\sqrt{2}\right)$ मीटर/से.

38. दो कण एक ही प्रारम्भिक वेग u तथा क्षैतिज समतल पर परास R तथा उड्डयन काल t_1 और t_2 रखते हो, तो $t_1^2+t_2^2$ बराबर है–

(*a*) $\frac{u^2}{2g}$ (*b*) $\frac{4u^2}{g^2}$

(*c*) $\frac{u^2}{g}$ (*d*) 1

39. माना R_1 और R_2 किसी चिकने तल के ऊपर व नीचे का महत्तम परास है, जहाँ R किसी क्षैतिज तल पर महत्तम परास है, तब R, R_1, R_2 होंगे–

(*a*) गुणोत्तर श्रेणी में (*b*) हरात्मक श्रेणी में

(*c*) समान्तर श्रेणी में (*d*) इनमें से कोई नहीं

40. किसी राकेट में ईंधन जलाने की दर 100 किग्रा/से. है तथा निर्गमित गैस के निकलने का वेग 4.5×10^4 मीटर/से. है। राकेट द्वारा अनुभव किये गये प्रणोद का मान है–

(*a*) 6.5×10^6 N (*b*) 13×10^6 N

(*c*) 4.5×10^6 N (*d*) इनमें से कोई नहीं

अनुच्छेद-1 (Paragraph-1) : कोई लड़का स्कूटर से स्कूल के लिए 20 किमी./घंटा की चाल से चलना प्रारंभ करता है तथा 30 किमी./घंटा की चाल से पुनः घर लौटता है।

41. स्कूटर की औसत चाल घर से स्कूल एवं स्कूल से घर के लिए

(*a*) 24 किमी./घंटा (*b*) 25 किमी./घंटा

(*c*) 24.5 किमी./घंटा (*d*) इनमें से कोई नहीं

42. यदि यात्रा का कुल समय 20 मिनट हो, तब घर से स्कूल की दूरी

जब प्रत्येक प्रेक्षण को a से गुणा किया जाता है तब प्रेक्षण $ax_1, ax_2, ax_3 \dots ax_n$

अतः इन प्रेक्षणों का माध्य $= \dfrac{ax_1 + ax_2 + ax_3 + \dots + ax_n}{n}$

$$= a\frac{(x_1 + x_2 + \dots + x_n)}{n}$$

अतः प्रेक्षणों का माध्य $= a\bar{x}$ होगा। {समीकरण (i) से}

2. यदि संख्याओं का माध्य $27 + x, 31 + x, 89 + x, 107 + x, 156 + x$ का माध्य 82 है, तब $130 + x, 126 + x, 68 + x, 50 + x, 1 + x$ का माध्य ज्ञात करें।

हल– दिया है,

$$\frac{27 + x + 31 + x + 89 + x + 107 + x + 156 + x}{5} = 82$$

$\Rightarrow 410 + 5x = 82 \times 5 = 410$

$\Rightarrow 5x = 0 \Rightarrow x = 0$

अतः अभीष्ट माध्य

$$= \frac{130 + 0 + 126 + 0 + 68 + 0 + 50 + 0 + 1 + 0}{5}$$

$$= \frac{375}{5}$$

माध्य = 75.

3. निम्नलिखित आँकड़ों के माध्य, माध्यिका एवं बहुलक ज्ञात करें।

भार (किलोग्राम)	58	59	60	61	62	63	64	65	66
आदमियों की सं.	2	3	6	15	10	5	4	3	2

हलः माना कल्पित माध्य 62 है।

x_i	f_i	संचयी बारंबारता	$d_i = x_i - 62$	$f_i d_i$
58	2	2	−4	−8
59	3	5	−3	−9
60	6	11	−2	−12
61	15	26	−1	−15
62	10	36	0	0
63	5	41	1	5
64	4	45	2	8
65	3	48	3	9
66	2	50	4	8
कुल	50			−14

$$\text{माध्य} = 62 + \frac{-14}{50} = 62 - 0.28 = 61.72$$

बहुलक = 61 (उच्चतम बारंबारता 15)

$$\text{माध्यिका} = \frac{1}{2}\left\{\left(\frac{50}{2}\right)\text{वें पद} + \left(\frac{50}{2} + 1\right)\text{वाँ पद}\right\}$$

$$= \frac{1}{2}(25 \text{ वाँ पद} + 26 \text{ वाँ पद})$$

$$= \frac{1}{2}(61 + 61) = 61$$

अतः माध्य = 61.72, माध्यिका = 61, बहुलक = 61

4. निम्नलिखित आँकड़ों में माध्यिका से माध्य विचलन ज्ञात करें।

अंक	0-10	10-20	20-30	30-40	40-50
छात्रों की संख्या	5	8	15	16	6

हल–

वर्ग-अन्तराल	(वर्ग चिन्ह) y_i	f_i	$c.f.$ संचयी बारंबारता	$\lvert y_i - 28\rvert$	$f_i\lvert y_i - 28\rvert$
0-10	5	5	5	23	115
10-20	15	8	13	13	104
20-30	25	15	28	3	45
30-40	35	16	44	7	112
40-50	45	6	50	17	102
कुल			50		478

यहाँ $n = 50 \Rightarrow \dfrac{n}{2} = 25$

अतः माध्यिका वर्ग = 20 − 30

$$\text{माध्यिका} = l + \frac{n/2 - cf_1}{f_m} \times h$$

$$= 20 + \frac{25 - 13}{15} \times 10$$

$$= 20 + 8 = 28$$

अतः माध्य विचलन (माध्यिका से) $= \dfrac{478}{50} = 9.56.$

5. संख्याएँ 3, 7, 10, 18, 22 की चरिता (Variance) ज्ञात करें।

हल– 3, 7, 10, 18, 22 का माध्य

$$\therefore \quad \text{माध्य } (\bar{x}) = \frac{3+7+10+18+22}{5} = 12$$

अतः चरिता (variance) $= \frac{1}{n}\sum (x_i - \bar{x})^2$

$= \frac{1}{5}\{(3-12)^2 + (7-12)^2 + (10-12)^2$

$+ (18-12)^2 + (22-12)^2\}$

$= \frac{1}{5}\{81+25+4+36+100\}$

$= \frac{1}{5}(246) = 49.2$

अतः चरिता $= 49.2$.

6. प्रेक्षण −1, 0, 4 का माध्य से माध्य विचलन ज्ञात करें।

हल– माध्य $= \frac{-1+0+4}{3} = 1$

अतः माध्य विचलन (माध्य से)

$= \frac{|-1-1| + |0-1| + |4-1|}{3}$

$= 2$

$\therefore$ माध्य विचलन $= 2$

वस्तुनिष्ठ प्रश्न

1. यदि आँकड़ों का बहुलक 45 तथा माध्य 27 है, तब माध्यिका है–

(*a*) 30 (*b*) 27
(*c*) 33 (*d*) इनमें से कोई नहीं

2. $1, 2, 2^2, \ldots, 2^{n-1}$ का समान्तर माध्य है–

(*a*) $2^n - 1$ (*b*) $\frac{2^n - 1}{n}$
(*c*) $2^n + 1$ (*d*) इनमें से कोई नहीं

3. ${}^{2n}c_0, {}^{2n}c_1, {}^{2n}c_2, \ldots, {}^{2n}c_n$ (जहाँ n एक विषम संख्या है) की माध्यिका है–

(*a*) $\frac{1}{2}\left[{}^{2n}C_{(n-1)/2} + {}^{2n}C_{(n+1)/2}\right]$

(*b*) ${}^{2n}C_{n/2}$

(*c*) ${}^{2n}C_n$

(*d*) इनमें से कोई नहीं

4. 1, 3, 5, 7, ..., 99 का समान्तर माध्य है–

(*a*) 48 (*b*) 50
(*c*) 47 (*d*) 55

5. यदि किसी परीक्षा में विभिन्न विषयों के लिए विभिन्न भार निर्धारित किए गए हैं– गणित (2), रसायन (1), भौतिकी (2), अंग्रेजी (1)। एक छात्र गणित में 80, रसायन में 70, भौतिकी में 60, अंग्रेजी में 70, अंक प्राप्त करता है, तब भारित समान्तर माध्य है–

(*a*) 95 (*b*) 75
(*c*) 70 (*d*) 63

6. एक कारखाने में मजदूर तीन शिफ्टों में, शिफ्ट 1, शिफ्ट 2, व शिफ्ट 3 में कार्य करते हैं तथा शिफ्टों 1, 2 व 3 पर आधारित उनकी मजदूरी का अनुपात 4 : 5 : 6 है। शिफ्टों में मजदूरों की संख्या का अनुपात 3 : 2 : 1 है। यदि कुल मजदूरों की संख्या 1500 तथा पहली शिफ्ट में प्रत्येक मजदूर की मजदूरी 400 रु., दूसरी शिफ्ट में प्रत्येक मजदूर की मजदूरी 500 रु. तथा तीसरी शिफ्ट में प्रत्येक मजदूर की मजदूरी 600 रु. है, तब मजदूरों की औसत मजदूरी होगी–

(*a*) 365 रु. (*b*) 570 रु.
(*c*) 467 रु. (*d*) 567 रु.

7. n अवयवों का माध्य $\bar{x}$ है। यदि इन n अवयवों को क्रमशः $1^2, 2^2, 3^2 \ldots, n^2$ से बढ़ाते हैं तब माध्य में वृद्धि होगी–

(a) $\frac{(n+1)(2n+1)}{6}$ (b) $\frac{n(n+1)(n+2)}{6}$

(c) $\frac{n^2}{4}$ (d) $2n^2$

8. 50 व्यक्तियों के समूह की औसत आय 169 रु. है। बाद में पता चला कि 143 के स्थान पर 134 ले लिया गया था। सही औसत आय रुपयों में है–

(a) 163 (b) 179

(c) 165.15 (d) 169.18

9. प्रथम n सम प्राकृत संख्याओं की चरिता है–

(a) $\frac{n^2+1}{4}$ (b) $\frac{n^3}{3}$

(c) $\frac{n^2}{3}$ (d) $\frac{n^2-1}{3}$

10. 30 से मापे गए 20 प्रेक्षणों के विचलनों का योग 2 है। प्रेक्षणों का औसत ज्ञात करें।

(a) 25.5 (b) 38.1

(c) 30.1 (d) 40.5

11. आँकड़ों

आय (रु. में):	1000	1100	1200	1300	1400	1500
व्यक्तियों की संख्याः	14	26	21	18	28	15

की माध्यिका है–

(a) 1200 (b) 1400

(c) 1250 (d) 1150

12. संख्याओं 3, 4, 5, 6, 7 का माध्य विचलन है–

(a) 1.2 (b) 0

(c) 0.5 (d) 5

13. 1, 3, 5, 7, 9, ... , 99 की माध्यिका है–

(a) 55 (b) 50

(c) 48 (d) 47

14. आँकड़ों के लिए चतुर्थक विचलन है–

x:	2	3	4	5	6
f:	3	4	8	4	1

(a) $\frac{1}{3}$ (b) 0

(c) 1 (d) $\frac{1}{4}$

15. यदि 1, 2, 3, ... , n की संगत बारंबारता क्रमशः $1^2, 2^2, 3^2, 4^2, ..., n^2$ है, तब माध्य है–

(a) $\frac{2(n^2+1)}{(2n+1)}$ (b) $\frac{3(n^2+n)}{2(2n+1)}$

(c) $\frac{x^2(n+1)}{2}$ (d) इनमें से कोई नहीं

16. श्रेणी $x_1, x_2, ..., x_n$ का माध्य $\bar{x}$ है। यदि x_1 के स्थान पर λ ले, तो नया माध्य है–

(a) $\bar{x} - x_1 + \lambda$ (b) $\frac{\bar{x} - x_1 + \lambda}{n^2}$

(c) $\frac{\lambda + n\bar{x} - x_1}{n}$ (d) इनमें से कोई नहीं

17. प्रथम n प्राकृत संख्याओं का मानक विचलन है–

(a) $\frac{n+1}{3}$ (b) $\sqrt{\frac{n^2-1}{12}}$

(c) $\frac{n+1}{2}$ (d) इनमें से कोई नहीं

18. प्रथम n प्राकृत संख्याओं का चरिता गुणांक है–

(a) $50\sqrt{\frac{n-1}{(n-1)}}$ (b) $100\sqrt{\frac{n^2+1}{3n}}$

(c) $100\sqrt{\frac{n-1}{3(n+1)}}$ (d) इनमें से कोई नहीं

19. यदि चर x के मान x_i, इस प्रकार है कि $a \le x_i \le b$, $i = 1, 2, 3, ..., n$ के लिए, तब–

(*a*) $a \le$ चरिता $(x) \le b$

(*b*) $a^2 \le$ चरिता $(x) \le b^2$

(*c*) $\frac{a^2}{4} \le$ चरिता (x)

(*d*) $(b - a)^2 \ge$ चरिता (x)

20. –1, –2, –3, –4, –5, –6, –7 का मानक विचलन है–

(*a*) 3 (*b*) –4

(*c*) 5 (*d*) –2

21. निम्न आँकड़ों के लिए माध्यिका हैं–

मध्यमान	बरम्बारता
115	6
125	25
135	48
145	72
155	116
165	60
175	38
185	22
195	3

(*a*) 181.25 (*b*) 153.79

(*c*) 158.18 (*d*) 165.85

22. बंटन

x:	1	2	3	4	5
f:	4	5	k	1	2

का समान्तर माध्य 2.6 है, तब k का मान है–

(*a*) 8 (*b*) 7

(*c*) 10 (*d*) 14

23. 3 के प्रथम 10 गुणज की चरिता होगी–

(*a*) 42.35 (*b*) 55.20

(*c*) 74.25 (*d*) 85.70

24. यदि माध्यिका तथा माध्य, दोनों का मान 50 है, तब बहुलक होगा–

(*a*) 58 (*b*) 75

(*c*) 51 (*d*) 50

25. 11 प्रेक्षणों के औसत के साथ 15 को मिलाया जाता है तथा औसत अपरिवर्तित रहता है श्रेणी का औसत है तो–

(*a*) 13 (*b*) 15

(*c*) 18 (*d*) 24

अनुच्छेद-1 (Paragraph–1)

माना किसी आँकड़ें में प्रेक्षण 9, 13, 18, 23, 27, 37, 47 तथा 50 है।

26. दिए गए आँकड़े का माध्य–

(*a*) 25 (*b*) 28

(*c*) 27 (*d*) इनमें से कोई नहीं

27. यदि दिए गए आँकड़ों के प्रत्येक प्रेक्षण को 12 से बढ़ाया जाए तो नया माध्य–

(*a*) 40 (*b*) 16

(*c*) 56 (*d*) इनमें से कोई नहीं

28. आँकड़ों की माध्यिका–

(*a*) 28 (*b*) 23

(*c*) 27 (*d*) 25

अनुच्छेद-2 (Paragraph–2)

माना $x_1 = 1, x_2 = 3, x_3 = 5... , x_n = 2n - 1$

29. $x_1, x_2, x_3 ... , x_n$ का माध्य

(*a*) $\frac{n+1}{2}$ (*b*) $n + 1$

(*c*) n (*d*) इनमें से कोई नहीं

30. $x_1, x_2, x_3 \dots , x_n$ की चरिता (Variance)

(*a*) $\frac{n^2-1}{12}$ (*b*) $\frac{n^2-1}{3}$

(*c*) $\frac{n^2-1}{6}$ (*d*) इनमें से कोई नहीं

31. माध्य से माध्य विचलन जब n सम संख्या हो

(*a*) $\frac{n}{2}$ (*b*) n

(*c*) $\frac{n}{3}$ (*d*) इनमें से कोई नहीं

दृढ़कथन-कारण (Assertion-Reason)

निम्नलिखित चार कूटों (*a*), (*b*), (*c*) तथा (*d*) से सहीं उत्तर का चयन करें।

(*a*) वक्तव्य-I सत्य है; वक्तव्य-II सत्य है; वक्तव्य-II वक्तव्य-I का सही स्पष्टीकरण है।

(*b*) वक्तव्य-I सत्य है; वक्तव्य-II सत्य है; वक्तव्य-II वक्तव्य-I का सही स्पष्टीकरण नहीं है।

(*c*) वक्तव्य-I सत्य है; वक्तव्य-II असत्य है।

(*d*) वक्तव्य-I असत्य है; वक्तव्य-II सत्य है।

32. माना $x_1, x_2, x_3 \dots , x_n$, n धन संख्याएँ हैं

जहाँ $x_1 x_2 x_3 \dots x_n = 1$

वक्तव्य-I : $x_1 + x_2 + x_3 + \dots + x_n$ का मान n से कम नहीं हो सकता।

वक्तव्य-II : किसी धन संख्याओं का समान्तर माध्य इसके गुणोत्तर माध्य से कम नहीं हो सकता।

33. माना $x_1, x_2, x_3 \dots x_n$ n धनात्मक संख्याएँ हैं, तब

वक्तव्य-I : $(x_1 + x_2 + x_3 + \dots x_n)\left(\frac{1}{x_1}+\frac{1}{x_2}+\dots\frac{1}{x_n}\right)$ का न्यूनतम मान n^2 होगा।

वक्तव्य-II : किसी धनात्मक संख्याओं का समान्तर माध्य इसके हरात्मक माध्य से कम नहीं हो सकता।

34. मिलान करें (Match These)–

	वर्ग-I		वर्ग-II
A.	1, 3, 5, 7, 9 का माध्य	*p.*	8
B.	प्रेक्षण 1, 3, 5, 7, 9 की माध्यिका	*q.*	5
C.	1, 3, 5, 7, 9 की चरिता (Variance)	*r.*	2
D.	2, 4, 6, 8, 10 की चरिता (Variance)	*s.*	–8

(*a*) A—*q*; B—*q*; C—*p*; D—*p*

(*b*) A—*p*; B—*q*; C—*r*; D—*s*

(*c*) A—*q*; B—*p*; C—*p*; D—*s*

(*d*) इनमें से कोई नहीं

उत्तरमाला

1	2	3	4	5	6	7	8	9	10
(*c*)	(*b*)	(*a*)	(*b*)	(*c*)	(*c*)	(*a*)	(*d*)	(*d*)	(*c*)
11	**12**	**13**	**14**	**15**	**16**	**17**	**18**	**19**	**20**
(*c*)	(*a*)	(*b*)	(*c*)	(*b*)	(*c*)	(*b*)	(*c*)	(*d*)	(*d*)
21	**22**	**23**	**24**	**25**	**26**	**27**	**28**	**29**	**30**
(*b*)	(*a*)	(*c*)	(*d*)	(*b*)	(*b*)	(*a*)	(*d*)	(*c*)	(*b*)
31	**32**	**33**	**34**						
(*a*)	(*a*)	(*a*)	(*a*)						

व्याख्यात्मक उत्तर

1. बहुलक = 3 माध्यिका − 2 माध्य

$\Rightarrow 45 = 3$ माध्यिका $- 2 \times 27 \Rightarrow$ माध्यिका = 33.

2. समान्तर माध्य

$$= \frac{1+2+\dots+2^{n-1}}{n} = \frac{2^n-1}{(2-1)\,n} = \frac{2^n-1}{n}.$$

3. जब n एक विषम संख्या हैं तथा ${}^{2n}c_0, {}^{2n}c_1 \dots, {}^{2n}c_n$ द्विपद गुणांक है जिनकी संख्या सम है तथा मध्य पद ${}^{2n}C_{\frac{n-1}{2}}$ व ${}^{2n}C_{\frac{n+1}{2}}$ हैं, तब

$$\text{माध्यिका} = \frac{1}{2}\left[{}^{2n}C_{\frac{n-1}{2}} + {}^{2n}C_{\frac{n+1}{2}}\right].$$

4. समान्तर माध्य

$$= \frac{1+3+5+\dots+99}{50} = \frac{50}{2}\,\frac{(1+99)}{50} = 50.$$

5. भारित समान्तर माध्य =

$$\frac{\sum_{i=1}^{n} w_i x_1}{\sum_{i=1}^{n} w_i} = \frac{1\times70+1\times70+2\times60+2\times80}{6}$$

$= 70.$

6. पहली शिफ्ट में मजदूरों की संख्या = 750

पहली शिफ्ट में प्रत्येक मजदूर की मजदूरी = 400 रु.

दूसरी शिफ्ट में मजदूरों की संख्या = 500

दूसरी शिफ्ट में प्रत्येक मजदूर की मजदूरी = 500 रु.

तीसरी शिफ्ट में मजदूरों की संख्या = 250

तीसरी शिफ्ट में प्रत्येक मजदूर की मजदूरी = 600 रु.

$$\therefore \text{माध्य} = \frac{750\times400+500\times500+250\times600}{1500}$$

= 467 रु. प्रति मजदूर।

7. $$\bar{x} = \frac{x_1+x_2+\dots+x_n}{n},$$

$$\Rightarrow \bar{x} = \frac{x_1+1^2+x_2+2^2+\dots+x_n+n^2}{n}$$

$$= \frac{x_1+x_2+\dots+x_n}{n} + \frac{1^2+2^2+\dots+n^2}{n}$$

$$= \bar{x} + \frac{(n+1)(2n+1)}{6}$$

अभीष्ट वृद्धि $= \dfrac{(n+1)(2n+1)}{6}$ होगी।

8. $$169 = \frac{\sum x}{50}$$

$$\therefore M = \frac{169\times50+9}{50} = 169+\frac{9}{50} = 169.18 \text{ रु.।}$$

9. $$\sigma^2 = \frac{1}{n}\sum x_i^2 - \left(\frac{1}{n}\sum x_i\right)^2$$

$$= \frac{1}{n}\left\{2^2+4^2+6^2+\dots+(2n)^2\right\}$$

$$-\frac{1}{n^2}(2+4+\dots+2n)^2$$

$$= \frac{4n(n+1)(2n+1)}{6} - \frac{4}{n^2}\cdot\frac{n^2(n+1)^2}{4}$$

$$= \frac{n^2-1}{3}.$$

10. दिया है, $\sum_{i=1}^{20}(x_i-30) = 2$

या $\sum_{i=1}^{20} x_i - \sum_{i=1}^{20} (30) = 2$

या $\Rightarrow \frac{1}{20}\sum_{i=1}^{20} x_i - \frac{20}{20}(30) = \frac{2}{20}$

$\therefore \quad \bar{x} = 0.1 + 30 = 30.1.$

11.

आय	f	$C.f$
1000	14	14
1100	26	40
1200	21	61
1300	18	79
1400	28	107
1500	15	122

$\therefore$ n = सम संख्या = 122

$\therefore$ माध्यिका =

$$\frac{\frac{n}{2} \text{ वें पद का मान} + \left(\frac{n}{2}+1\right) \text{ वें पद का मान}}{2}$$

$$= \frac{61 \text{ वें पद का मान} + 62 \text{ वें पद का मान}}{2}$$

$$= \frac{1200+1300}{2} = 1250.$$

12. माध्य विचलन $= \frac{1}{5}\sum_{i=1}^{n} |x_i - \bar{x}|$

$$= \frac{1}{5}\{|3-5|+|4-5|+|5-5| +|6-5|+|7-5|\}$$

$$= \frac{1}{5}\{(2+1+1+2\} = 1.2$$

13. 1, 3, 5, 7, ..., 99 की माध्यिका

$$= \frac{\frac{50}{2} \text{ वें पद का मान} + \left(\frac{50}{2}+1\right) \text{ वें पद का मान}}{2}$$

$$= \frac{49+51}{2} = 50.$$

14. $\sum f_i = 20, Q_1 = \frac{1}{4}(20+1)$ वे पद का मान = 3

तथा $Q_3 = \frac{3}{4}(20+1)$ वें पद का मान = 5

$\therefore$ चतुर्थक विचलन $= \frac{Q_3 - Q_1}{2} = \frac{5-3}{2} = 1$

15. माध्य $= \frac{1.1^2 + 2.2^2 + ... + n.n^2}{1^2 + 2^2 + ... + n^2}$

$$= \frac{\sum n^3}{\sum n^2} = \frac{\left[\frac{n(n+1)}{2}\right]^2}{\frac{n(n+1)(2n+1)}{6}}$$

$$= \frac{3(n^2+n)}{2(2n+1)}.$$

16. $\bar{x} = \frac{x_1 + x_2 + x_3 + ... + x_n}{n}$,

$$\Rightarrow \bar{x} = \frac{\lambda + x_2 + x_3 + ... + x_n + x_1 - x_1}{n}$$

$$= \frac{\lambda - x_1 + n\bar{x}}{n}.$$

17. मानक विचलन $(\sigma) = \sqrt{\frac{1}{n}\sum x_i^2 - \left(\frac{1}{n}\sum x_i\right)^2}$

$$= \sqrt{\frac{1}{n}.\frac{n(n+1)(2n+1)}{6} - \frac{1}{n^2}\frac{n^2(n+1)^2}{4}}$$

$$= \sqrt{\frac{n^2-1}{12}}.$$

18. चरिता गुणांक $= \frac{\sigma}{\bar{x}} \times 100 = \sqrt{\frac{n^2-1}{12}} \times 100 \times \frac{2}{n+1}$

$$= 100\sqrt{\frac{n-1}{3(n+1)}}.$$

19. $\because$ मानक विचलन $\le$ परास

$\sigma \le b - a \Rightarrow \sigma^2 \le (b-a)^2.$

20. समान्तर माध्य $= \frac{-(1+2+...+7)}{7} = -4$

$\therefore \sigma^2 = \frac{\sum x_i^2}{n} - (\bar{x})^2 = \frac{140}{7} - (-4)^2 = 20 - 16 = 4$

$\Rightarrow \sigma = \pm 2.$

21.

वर्ग अन्तराल	f	$c.f.$
110-120	6	6
120-130	25	31
130-140	48	79
140-150	72	151
150-160	116	267
160-170	60	327
170-180	38	365
180-190	22	387
190-200	3	390

माध्यिका वर्ग = 150–160

यहाँ $l = 150$, $h = 10$, $f = 116$, $\frac{n}{2} = 195$, $c = 151$

$\therefore$ माध्यिका $= l + \frac{\frac{n}{2} - c}{f} \times h = 153.79.$

22. $\frac{1 \times 4 + 2 \times 5 + 3 \times k + 4 \times 1 + 5 \times 2}{4 + 5 + k + 1 + 2} = 2.6$

$\Rightarrow \frac{28 + 3k}{k + 12} = 2.6$

$\Rightarrow k = 8.$

23. 3 के प्रथम 10 गणज 3, 6, 9, 12, 15, 18, 21, 24, 27, 30 हैं।

x_i	$y_i = \frac{x_i - 15}{3}$	y_i^2
3	– 4	16
6	– 3	9
9	– 2	4
12	– 1	1
15	0	0
18	1	1
21	2	4
24	3	9
27	4	16
30	5	25
	$\sum y_i = 5$	$\sum y_i^2 = 85$

माध्य, $\bar{x} = A + \frac{\sum y_i}{n} \times h$

$= 15 + \frac{5}{10} \times 3 = 16.5$

चरिता, $\sigma^2 = \frac{h^2}{n^2}\left[n\sum y_i^2 - \left(\sum y_i^2\right)^2\right]$

$= \frac{9}{100}(10 \times 85 - 25)$

$= \frac{7425}{100} = 74.25.$

24. बहुलक = 3 × माध्यिका –2 माध्य

= 3 × 50 – 2 × 50 = 50.

25. $\therefore M = \frac{\sum x}{11}$

$M = \frac{\sum x + 5}{12} = \frac{11M + 15}{12} \quad \therefore \quad M = 15$

26. अभीष्ट माध्य

$= \frac{9 + 13 + 18 + 23 + 27 + 37 + 47 + 50}{8}$

$= \frac{224}{8} = 28.$

$\therefore$ (b) सही उत्तर है।

27. जब प्रत्येक प्रेक्षण में 12 की वृद्धि की जाए तो माध्य में भी 12 की वृद्धि होगी।

अर्थात माध्य = 28 + 12 = 40

$\therefore$ (a) सही उत्तर है।

28. आँकड़ों को आरोही क्रम में व्यवस्थित करने पर, पुनः प्रेक्षणों की संख्या सम (8) है।

माध्यिका $= \frac{1}{2}\left\{\left(\frac{8}{2}\right) \text{वे पद} + \left(\frac{8}{2} + 1\right) \text{वें पद का मान}\right\}$

$= \frac{1}{2}$ (4 था पद + 5 वाँ पद)

$= \frac{1}{2}(23+27) = 25$

अतः (*b*) सही उत्तर है।

29. अभीष्ट माध्य $= \frac{\sum x_i}{n} = \frac{1+3+5+\ldots+2n-1}{n}$

$= \frac{n^2}{n} = n$ ($\because$ प्रथम n विषम संख्याओं का योग $= n^2$)

अतः (*c*) सही उत्तर है।

30. 1, 3, 5, 7 ... $(2n-1)$ के स्थान पर 2, 4, 6 ..., $2n$ की चरिता ज्ञात करेंगे क्योंकि प्रत्येक प्रेक्षण को समान संख्या से वृद्धि या कमी की जाए तो चरिता में कोई परिवर्तन नहीं होता है।

$$\text{चरिता} = \frac{2^2+4^2+6^2\ldots(2n)^2}{n} - \frac{(2+4+6+\ldots 2n)^2}{n}$$

$$= \frac{4(1^2+2^2+\ldots+n^2)}{n} - 4\frac{(1+2+3+\ldots n)^2}{n}$$

$$= \frac{4n(n+1)(2n+1)}{6n} - 4\left(\frac{n+1}{2}\right)^2$$

$$= 2(n+1)\frac{(4n+2-3n-3)}{6}$$

$$= \frac{(n+1)(n-1)}{3} = \frac{n^2-1}{3}$$

$\therefore$ (*b*) सही उत्तर है।

31. जब $n =$ एक सम संख्या, $n = 2m$

तब दी हुई संख्याएँ 1, 3, 5, ... , $2m-1$, $2m+1$,..., $4m-3$, $4m-1$ तथा माध्य $= n = 2m$

अतः माध्य से माध्य विचलन

$$= \frac{1}{n}\{|1-2m|+|3-2m|+\ldots+|2m-1-2m|$$
$$+|2m+11-2m|+\ldots+|4m-3-2m|$$
$$+|4m-1-2m|\}$$

$$= \frac{1}{n}\{(2m-1)+(2m-3)+\ldots+1+1+$$
$$3+\ldots+(2m-3)+(2m-1)\}$$

$$= \frac{2}{n}\{1+3+\ldots+(2m-3)+(2m-1)\}$$

$$= \frac{2}{n}(m^2) = \frac{2}{n}\left(\frac{n}{2}\right)^2 = \frac{n}{2}$$

$\therefore$ (*a*) सही उत्तर है।

32. दिया है, $x_1 x_2 x_3 \ldots x_n = 1$

चूँकि A.M $\geq$ G.M

अतः $\frac{x_1+x_2+\ldots+x_n}{n} \geq (x_1 x_2 \ldots x_n)^{\frac{1}{n}}$

$\Rightarrow \frac{x_1+x_2+\ldots+x_n}{n} \geq (1)^{\frac{1}{n}}$

$\Rightarrow x_1+x_2+\ldots x_n \geq n\,(1)^{\frac{1}{n}}$

$\Rightarrow x_1+x_2+\ldots x_n \geq n$

अतः वक्तव्य-I सत्य है तथा वक्तव्य-II प्रामाणिक परिणाम है तथा सही स्पष्टीकरण है।

$\therefore$ (*a*) सही उत्तर है।

33. वक्तव्य-II प्रामाणिक परिणाम है अतः सत्य है।

H.M $\leq$ G.M $\leq$ A.M

अर्थात् $\frac{n}{\frac{1}{x_1}+\frac{1}{x_2}+\frac{1}{x_n}} \leq (x_1 x_2 \ldots x_n)^{1/n}$

$$\le \frac{x_1 + x_2 + ... + x_n}{n}$$

$$\Rightarrow \frac{n}{\frac{1}{x_1} + \frac{1}{x_2} + ... + \frac{1}{x_n}} \le \frac{x_1 + x_2 + ... + x_n}{n}$$

$$\Rightarrow (x_1 + x_2 + ... + x_n)$$

$$\left(\frac{1}{x_1} + \frac{1}{x_2} + \frac{1}{x_3} + ... \frac{1}{x_n}\right) \ge n^2$$

वक्तव्य-I भी सत्य है तथा वक्तव्य-II सही स्पष्टीकरण है।

$\therefore$ (*a*) सही उत्तर है।

34. *A*. माध्य $= \frac{1+3+5+7+9}{5} = 5$

$A - q$

B. माध्यिका $= \left(\frac{5+1}{2}\right)$ वाँ पद = 3 रा पद

= 5 (आरोही क्रम में)

$B - q$

C. चरिता $= \frac{1^2 + 3^2 + 5^2 + 7^2 + 9^2}{5} -$(माध्य)^2

$= 33 - 25 = 8$

$\therefore C - p$

D. 2, 4, 6, 8, 10 की चरिता वही होगी जो 1, 3, 5, 7, 9 की है क्योंकि इस प्रेक्षण में 1 की वृद्धि प्रत्येक में करने पर चरिता का मान नहीं बदलेगा।

अतः $D - p$

अतः (*a*) सही उत्तर होगा।

37

गणितीय विवेचन (MATHEMATICAL REASONING)

विज्ञान की वह शाखा जो विवेचन पर आधारित है उसे तर्क कहते हैं। तर्क के विज्ञान को तर्क शास्त्र कहते हैं। जॉर्ज बुले ने "The Mathematical Analysis of Logic" नामक पुस्तक लिखी है जो गणितीय तर्क पर आधारित है, अतः गणितीय विवेचन को बुलीयन तर्क (विवेचन) भी कहा जाता है।

कथन (Statement)

कथन एक घोषित वाक्य है जिसकी सत्यता एवं असत्यता निर्धारित की जा सकती है तथा जो विचारों को पूर्ण रूप से प्रकट करती है। परन्तु वाक्य (Sentence) प्रश्नवाचक, भाववाचक इत्यादि नहीं हो सकता।

कथन को प्रायः $p, q, r...$ से सूचित करते हैं।

जैसेः $\sin^2 x + \cos^2 x = 1$ कथन है।

$5 + 3 < 9$ कथन है।

प्रत्येक वर्ग समचतुर्भुज है, कथन है।

त्रिभुज की भुजाएँ बराबर हैं, कथन न होकर वाक्य है।

खुला कथन (Open Statement)

एक वाक्य जिसमें चर इस प्रकार हो कि चरों को एक निश्चित मान देने पर वह एक कथन बन जाता है, खुला कथन कहलाता है। जैसेः "वह बुद्धिमान व्यक्ति है।" यह एक खुला कथन है क्योंकि इस वाक्य में वह के स्थान पर कोई भी व्यक्ति आ सकता है।

मिश्र कथन (Compound Statements)

दो या अधिक कथनों को संयोजित करने पर मिश्र कथन बनते हैं। इन्हें संयोजित करने के लिए कुछ चिह्नों का प्रयोग किया जाता है जिसे संयोजक कहते हैं। जैसेः निषेधन (Negation) $(\sim)$, और (AND) $(\cap)$, या (OR) $(\cup)$

यदि...तब $(\Rightarrow)$, यदि और केवल यदि $(\Leftrightarrow)$

सत्य मान तथा सत्य सारणी

(Truth Value and Truth Table)

सत्य मान (Truth Value) : एक कथन या तो 'सत्य' होगा या (असत्य) इसे कथन का सत्य मान कहते हैं। इसे T एवं F से निरूपित करते हैं।

जैसेः $p : \sqrt{7}$ एक अपरिमेय संख्या है।

q: दो अपरिमेय संख्याओं का योग हमेशा अपरिमेय होता है।

p – सत्य, q – असत्य कथन है।

सत्य सारणी (Truth Table) : किसी मिश्र कथन के सभी चरों को सभी सम्भव मान निर्धारित करने पर प्राप्त सत्य मानों के सारांश को सत्य सारणी कहते हैं।

कथनों के प्रकार (Types of Statements)

(i) **प्रतिबंध कथन (Conditional Statement) :** यदि कोई मिश्र कथन का रूप "यदि p तब q" हो तब इसे प्रतिबंध कथन कहते हैं। तथा इसे $p \to q$ या $p \Rightarrow q$ से निरूपित करते हैं।

जैसेः p : यदि वर्षा होती है।

q : फसल अच्छी होगी।

$p \to q$: "यदि वर्षा होती है तब फसल अच्छी होगी"

(ii) **सप्रतिबन्ध कथन (Biconditional Statement) :** यदि कोई मिश्र कथन का रूप "यदि और केवल यदि" द्वारा जुड़ा हो तब सप्रतिबन्ध कथन कहलाता है। इसे $p \to q$ या $p \leftrightarrow q$ या $p \Leftrightarrow q$ से सूचित करते हैं।

जैसेः

p : ΔABC समबाहु त्रिभुज होगा।

q : ΔABC की तीनों भुजाएँ समान हैं।

यदि और केवल यदि तीनों भुजा समान हो।

ΔABC समबाहु त्रिभुज है $\Leftrightarrow AB = BC = CA$

कथन का निषेधन (Negation of Statement)

दिए गए कथन में 'नहीं' शब्द का प्रयोग करके कथन में नकारात्मक भाव, कथन निषेधन कहलाता है।

जैसेः p एक कथन है, तब p का निषेधन $\sim p$ द्वारा सूचित करते हैं।

p	$\sim p$
T	F
F	T

प्रारंभिक संक्रियाएँ (तर्क पर आधारित)

(i) **संयोजन (Conjunction) :** दो सरल कथनों p एवं q को संयोजक "और" (AND) द्वारा मिश्र कथन बनाने को संयोजन कहते हैं और इसे $p \wedge q$ द्वारा सूचित करते हैं। जैसे– $p \wedge q \equiv$ सभी परिमेय संख्या वास्तविक हैं तथा सभी वास्तविक संख्या सम्मिश्र संख्या नहीं हैं।

(ii) **वियोजन (Disjunction) :** दो सरल कथनों p तथा q को संयोजक "या" (OR) द्वारा मिश्र कथन बनाने को वियोजन कहते हैं। इसे $p \vee q$ से सूचित करते हैं। $p \vee q$:किसी पूर्णांक का वर्ग ऋणात्मक या धनात्मक होता है।

(iii) **अन्तर्भाव या सप्रतिबंध (Implication or Biconditional) :** दो सरल वाक्यों p तथा q को संयोजक यदि...तब... का प्रयोग कर एक भिन्न वाक्य बनाया जाता है। तो इसे p एवं q, अन्तर्भाव कहते हैं। इसे $p \leftrightarrow$ या $\Leftrightarrow q$ से सूचित करते हैं।

पुनरुक्ति (Tautology)

एक मिश्र कथन पुनरुक्ति (Tautology) कहलाता है। यदि कथन का सदैव सत्यमान हो चाहे इसके घटकों का सत्य मान कुछ भी हो।

जैसेः कथन $(p \Rightarrow q) \wedge p \Rightarrow q$ एक पुनरुक्ति है।

p	q	$p \Rightarrow q$	$p \Rightarrow q \wedge p$	$(p \Rightarrow q) \wedge p \Rightarrow q$
T	T	T	T	T
T	F	F	F	T
F	T	T	F	T
F	F	T	F	T

विरोधोक्ति (Contradiction) : एक मिश्र कथन विरोधोक्ति कहलाता है यदि इसका सत्य मान सदैव F हो जबकि इसके घटकों का सत्य मान कुछ भी हो।

जैसेः कथन $p \wedge p$ एक विरोधोक्ति है।

P	$\sim p$	$\sim p \wedge p$
T	F	F
F	T	F

प्रस्तावना बीजगणित (Algebra of Proposition)

1. (a) $p \vee p \Leftrightarrow p$
   (b) $p \wedge p \Leftrightarrow p$
2. (a) $(p \vee q) \vee r \Leftrightarrow p \vee (q \vee r)$
   (b) $(p \wedge q) \wedge r \Leftrightarrow p \wedge (q \wedge r)$
3. (a) $(p \vee q) \Leftrightarrow q \vee p$ (क्रम विनिमेय नियम)
   $p \wedge q \Leftrightarrow q \wedge p$ (क्रम विनिमेय नियम)
4. (a) $p \vee (q \wedge r) \Leftrightarrow (p \vee q) \wedge (p \vee r)$ वितरण नियम
   (b) $p \wedge (q \vee r) \Leftrightarrow (p \wedge q) \vee (p \wedge r)$ वितरण नियम
5. $p \vee F \Leftrightarrow p$
   $p \vee T \Leftrightarrow T$
6. $p \vee \sim T \Leftrightarrow T$
   $p \wedge \sim T \Leftrightarrow F$
7. $p \vee (p \wedge q) \Leftrightarrow p$
   $p \wedge (p \vee q) \Leftrightarrow p$

स्विचिंग परिपथ (Switching Circuits)

यह एक व्यवस्था होती है जिसमें बैटरी के दो टर्मिनल एक लैम्प के साथ परिमित संख्या में स्विच से एक दूसरे से जुड़े रहते हैं। इन स्विचों को अक्षरों द्वारा निरूपित किया जाता है।

स्विच एक युक्ति है जो एक वैधुत परिपथ है। ये स्विच 'ON' या 'OFF' अवस्था में से किसी एक अवस्था में हो सकता है।

'ON' अवस्था : इस अवस्था में स्विच बन्द होता है तथा परिपथ में धारा प्रवाहित होती है तथा लैम्प प्रकाशमान होता है।

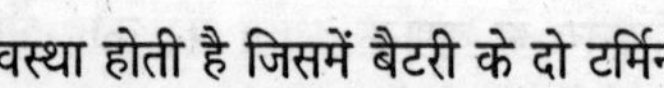

'OFF' अवस्था : इस अवस्था में स्विच खुला होता है तथा परिपथ में धारा प्रवाहित नहीं होती है तथा लैम्प प्रकाशमान नहीं होता है।

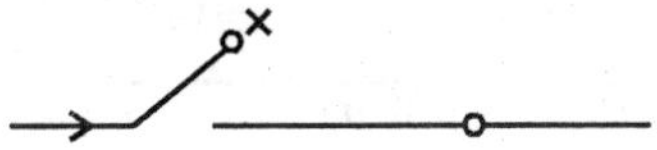

चर अवस्था (Variable State)

चर अवस्था में स्विच X चित्रानुसार निरूपित होता है –o×o– यहाँ दो आधारभूत तरीके हैं, जिनके स्विचों को परस्पर जोड़ा जाता है।

(*i*) श्रेणी क्रम।

(*ii*) समान्तर क्रम।

(*i*) **श्रेणी क्रम :** दो स्विचों a तथा b को श्रेणी क्रम में कहा जा सकता है यदि धारा प्रवाहित होती है जब परिपथ बंद हो तथा धारा प्रवाहित नहीं होती है जब परिपथ में दोनों या एक स्विच खुला हो। जैसेः

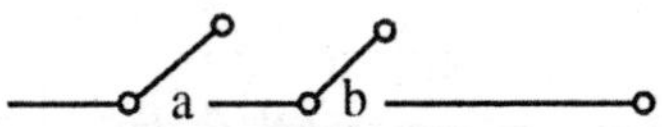

(*ii*) **समान्तर क्रम :** दो स्विचों a तथा b को समान्तर क्रम में कहा जाता है यदि धारा प्रवाहित होती है, जब परिपथ में एक या दोनों स्विच बंद हो, तथा धारा प्रवाहित नहीं होती है जब दोनों स्विच खुले हों।

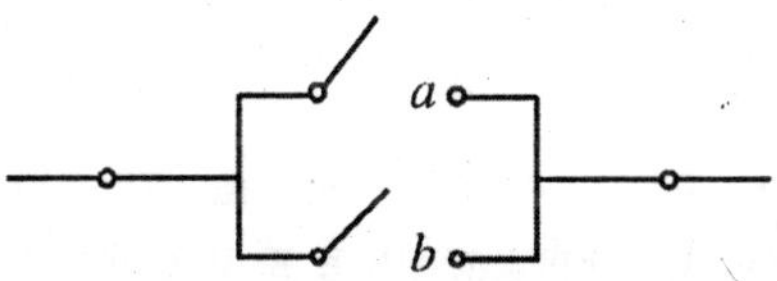

परिपथों पर संक्रियाएँ (Operations on Circuits)

बुलीयन बहुलीकरण या गुणन (Boolean Multiplication) दो स्विच r तथा s हैं, जो श्रेणी क्रम में है, बुलीयन (Boolean) गुणन की संक्रिया दर्शाता है।

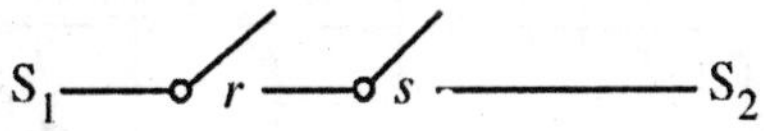

स्पष्टतः जब एक या दोनों r एवं s खुले हों बिन्दु S_1 से S_2 तक धारा प्रवाहित नहीं होती है तथा जब दोनों बंद होते हैं तो धारा प्रवाहित होती है

$r - s$ के लिए सत्य सारणी निम्न है।

r	s	$r.s$
1	1	1
1	0	0
0	1	0
0	0	0

संक्रिया चार में से एक दशा में सत्य है अर्थात् जब दोनों स्विच बंद हों।

बूलीयन योग (Boolean Addition)

योग की दशा में दोनों स्विच समान्तर क्रम में चित्रानुसार होते हैं।

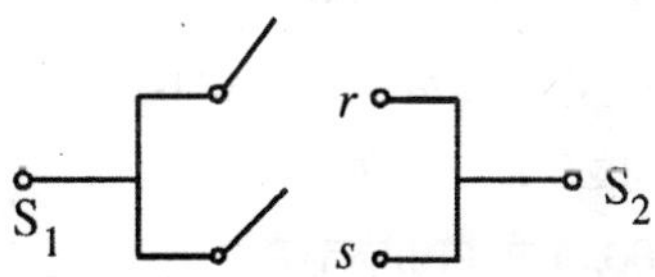

परिपथ दर्शाता है कि जब एक या दोनों स्विच बंद हों, तो धारा प्रवाहित होती है। परन्तु जब दोनों स्विच खुले हो, तो धारा प्रवाहित नहीं होती है।

$r + s$ के लिए सत्य सारणी निम्न है–

r	s	$r+s$
1	1	1
1	0	1
0	1	1
0	0	0

संक्रिया चार में से एक दशा में सत्य नहीं है अर्थात् जब दोनों r एवं s स्विच खुले हों।

साधित उदाहरण (Solved Examples)

1. यदि n पूर्णांक, है तो सिद्ध करें कि यदि n^2 विषम है, तो n भी विषम होगा।

हल : माना $p : n^2$ एक विषम पूर्णांक है

$q : n$ एक विषम पूर्णांक है

तो सिद्ध करना है कि $p \Rightarrow q$ सत्य है।

अब $\sim q \Rightarrow \sim p$

माना q सत्य नहीं है $\Rightarrow$ n एक विषम पूर्णांक नहीं है।

तो n एक सम पूर्णांक होगा माना $n = 2k$

$\Rightarrow n^2 = 4k^2 \Rightarrow n^2 = 2.2k^2 \Rightarrow n^2$ सम है।

$\Rightarrow p$ सत्य नहीं है।

अतः $\sim q \Rightarrow \sim p$

अतः $p \Rightarrow q$.

2. निम्नलिखित कथन का निषेधन लिखें।

(*i*) 100, 7 एवं 5 से विभाजित है।

(*ii*) विषमतलीय रेखाएँ (Skew Lines) न तो प्रतिच्छेदी होती है न ही समान्तर।

(*iii*) राम लम्बा तथा स्वस्थ है।

हल : (*i*) दिया गया कथन p तथा q जहाँ

p : 100, 7 से विभाजित है।

q : 100, 5 से विभाजित है।

$\therefore$ अतः उपरोक्त कथन का निषेधन

$\sim(p$ तथा $q) = \sim(p \wedge q) = \sim p \vee \sim q$

अतः या तो 100, 7 से विभाजित नहीं है। या यह 5 से विभाजित नहीं है।

(*ii*) दिया गया कथन p एवं q है जहाँ

p : विषमतलीय रेखाएँ प्रतिच्छेदी नहीं होती है।

q : विषमतलीय रेखाएँ समान्तर नहीं होती।

उपरोक्त कथन का निषेधन

$\sim(p \wedge q) = \sim p \vee \sim q$

अर्थात् या तो विषमतलीय रेखाएँ प्रतिच्छेदी होगी या समान्तर।

(*iii*) माना कथन p तथा q जहाँ

p : राम लम्बा है।

q : राम स्वस्थ्य है।

$\therefore$ उपरोक्त कथन का निषेधन

$\sim(p$ तथा $q) = \sim(p \wedge q) = \sim p \vee \sim q$

अर्थात् या तो राम लम्बा नहीं है या वह स्वस्थ्य नहीं है।

3. सिद्ध करें : $(p \to q) \wedge (q \to p) = p \leftrightarrow q$

हल : सत्य सारणी से.

(1)	(2)	(3)	(4)	(5)	(6)
p	q	$p \to q$	$q \to p$	$(p \to q) \wedge (q \to p)$	$p \leftrightarrow q$
T	T	T	T	T	T
T	F	F	T	F	F
F	T	T	F	F	F
F	F	T	T	T	T
		$(1) \to (2)$	$(2) \to (1)$	$(3) \wedge (4)$	$(1) \leftrightarrow (2)$

उपरोक्त से स्पष्ट है कि अन्तिम दो स्तम्भ तत्समक (Identical) है। जो परिणाम को सिद्ध करता है।

4. निम्नलिखित कथन को संकेत के रूप में लिखें : ''यदि वह सफल होता है तब या तो *M.B.A.* में दाखिला लेगा या *C.A.* में'' इस कथन का निषेधन भी लिखें।

हल : माना p : वह सफल होता है।

q : वह *M.B.A.* में दाखिला लेगा।

r : वह *C.A.* में दाखिला लेगा।

तब दिया गया कथन संकेत के रूप में

$p \to (q \vee r)$

अतः इसका निषेधन $\sim[p \to (q \vee r)]$

$= p \wedge \sim(q \vee r)$

$= p \wedge (\sim q \wedge \sim r)$

अतः निषेधन : वह सफल होता है। लेकिन न तो *M.B.A.* में दाखिला लेता है न ही *C.A.* में।

5. सिद्ध करें : $\sim(p \to q) = p \wedge \sim q$

हल : सत्य सारणी से,

1	2	3	4	5	6
p	q	$\sim q$	$p \to q$	$\sim(p \to q)$	$p \wedge \sim q$
T	T	F	T	F	F
T	F	T	F	T	T
F	T	F	T	F	F
F	F	T	T	F	F
		$\sim(2)$	$(1) \leftrightarrow (2)$	$\sim(4)$	$(1) \wedge (3)$

उपरोक्त सारणी से स्पष्ट है कि अन्तिम दो स्तम्भ तत्समक (Identical) है जो परिणाम को दर्शाता है।

6. निम्न सारणी में रिक्त स्थानों की पूर्ति करें।

p	q	$p \wedge q$	$p \vee q$	$p \to q$	$p \downarrow \sim q$
		T			
			F		
				F	
					T

हल :

p	q	$p \wedge q$	$p \vee q$	$p \to q$	$p \downarrow \sim q$
T	T	T	T	T	F
F	F	F	F	T	F
T	F	F	T	F	F
F	T	T	T	T	T

7. यदि $(P \wedge \sim r) \to (\sim p \vee q)$ असत्य है तब p, q, r का सत्य मान क्या होगा?

हल : दिया है, $(P \wedge \sim r) \to (\sim p \vee q)$ असत्य है

$\Rightarrow p \wedge \sim r$ सत्य है तथा $\sim p \vee q$ असत्य है

$\Rightarrow$ दोनों p तथा $\sim r$ सत्य है

तथा दोनों $\sim p$ तथा q असत्य है

$\Rightarrow p$ सत्य है, r असत्य है तथा q भी असत्य है

अतः T, F, F, होगा।

8. सिद्ध करें: $\sim p \wedge q \equiv \sim (q \to p)$

हल : सत्य सारणी से,

p	q	$\sim p$	$\sim p \wedge q$	$q \to p$	$\sim (q \to p)$
T	T	F	F	T	F
T	F	F	F	T	F
F	T	T	T	F	T
F	F	T	$F =$	T	$= F$

वस्तुनिष्ठ प्रश्न

1. निम्न में से कौन पुनरूक्ति है?

(a) $p \wedge f$ (b) $p \vee f$

(c) $p \vee \sim p$ (d) $p \vee t$

2. यदि प्रत्येक कथन $p \to \sim q$, $\sim r \to q$ तथा p सत्य है तब–

(a) r असत्य है (b) r सत्य है

(c) a सत्य है (d) इसमें से कोई नहीं

3. निम्न में से कौन सबसे अलग है?

(a) $p \to q$ (b) $(\sim q) \to (\sim p)$

(c) $\sim p \vee q$ (d) इसमें से कोई नहीं

4. यदि p, q तथा r का सत्य मान क्रमशः T, T, F है तब सत्य मान–

(a) $p \wedge q$ का F (b) $p \vee q$ का F

(c) $p \wedge (q \vee r)$ का T (d) $q \wedge r$ का T

5. माना p तथा q दो कथन है तब–

$(p \vee q) \wedge (\sim p \wedge \sim q)$

(a) पुनरुक्ति

(b) विरोधोक्ति

(c) न तो पुनरुक्ति न ही विरोधोक्ति

(d) दोनों पुनरुक्ति एवं विरोधोक्ति

6. यदि p एवं q दो कथन हैं तब

$\sim (p \wedge q) \vee \sim (q \Leftrightarrow p)$ है–

(a) पुनरुक्ति

(b) विरोधोक्ति

(c) न तो पुनरुक्ति न ही विरोधोक्ति

(d) या तो पुनरुक्ति या विरोधोक्ति

7. माना $p \wedge (q \vee r) = (p \wedge q) \vee (p \wedge r)$, तब यह नियम कहलाता है–

(a) क्रमविनिमेय (b) साहचर्य

(c) डी मार्गन (d) वितरण

8. यदि $p =$ वह लम्बा है; $q =$ वह शक्तिशाली है।

तब कथन "यह गलत है कि वह लम्बा या शक्तिशाली है।" का चिह्नात्मक रूप है–

(a) $\sim p \vee q$ (b) $\sim(p \vee q)$

(c) $\sim(p \wedge q)$ (d) $p \vee \sim q$

9. निम्न में से असत्य कथन है–

(a) $p \wedge (\sim p)$ एक विरोधोक्ति है।

(b) $(p \Leftrightarrow q) \Leftrightarrow (\sim q \Rightarrow \sim p)$ एक विरोधोक्ति है

(c) $\sim(\sim p) \Leftrightarrow p$ एक पुनरुक्ति है।

(d) $p \vee (\sim p)$ एक पुनरुक्ति है।

10. निम्न परिपथ के लिए स्विचिंग फलन है–

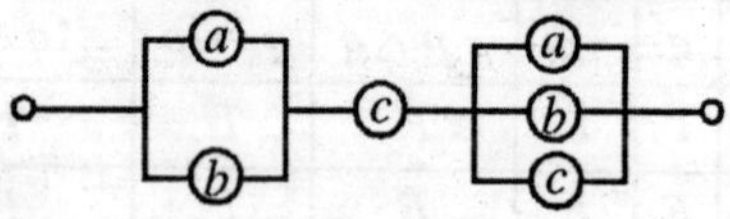

(a) $(a \wedge b) \vee c \vee (a' \wedge b' \wedge c')$

(b) $(a \wedge b) \vee c \vee (a' \wedge b \wedge c')$

(c) $(a \wedge b) \wedge c \wedge (a' \wedge b' \wedge c')$

(d) उपरोक्त में से कोई नहीं

11. यदि p : एक आदमी खुश है। q : एक आदमी अमीर है। तब कथन "यदि आदमी खुश नहीं है, तब वह आदमी अमीर नहीं है" को लिखा जा सकता है–

(a) $\sim p \rightarrow \sim q$ (b) $\sim q \rightarrow p$

(c) $\sim q \rightarrow \sim p$ (d) $q \rightarrow \sim p$

12. कथन $(\sim p \wedge q) \vee \sim q$ है–

(a) $p \vee q$ (b) $p \wedge q$

(c) $\sim(p \vee q)$ (d) $\sim(p \wedge q)$

13. निम्न स्विचिंग परिपथ को लिए स्विचिंग फलन है–

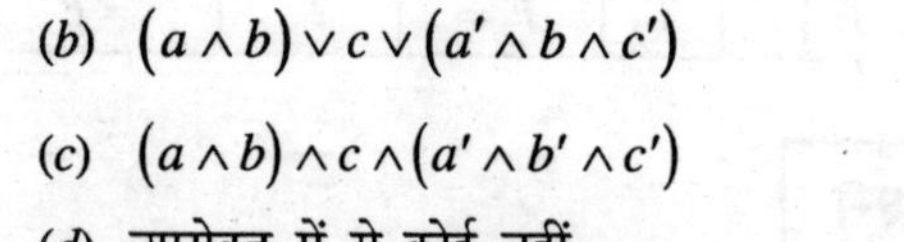

(a) $(x \wedge y') \vee (y \wedge z') \vee (z \wedge x')$

(b) $(x \wedge y \wedge z) \vee (x' \wedge y' \wedge z')$

(c) $(x \vee y') \wedge (y \vee z') \wedge (z \wedge x')$

(d) उपरोक्त में से कोई नहीं

14. निम्न परिपथ के लिए स्विचिंग फलन है–

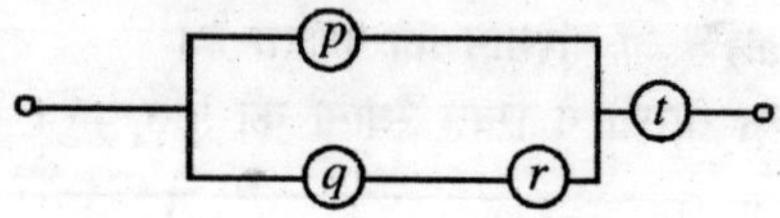

(a) $(p \wedge q \vee r) \wedge t$ (b) $(p \wedge q \vee r) \vee t$

(c) $p \vee r \wedge q \vee t$ (d) इसमें से कोई नहीं।

15. यदि $p = \Delta ABC$ समबाहु है तथा $q =$ प्रत्येक कोण $60°$ है। तब कथन "ΔABC समबाहु हैं, यदि और केवल यदि इसका प्रत्येक कोण $60°$ हैं" का चिह्नात्मक रूप होगा–

(a) $p \vee q$ (b) $p \wedge q$

(c) $p \Rightarrow q$ (d) $p \Leftrightarrow q$

16. दो सरल कथनों को संयोजक 'या' के साथ जोड़ने पर बनने वाला मिश्र कथन कहलाता है–

(a) संयोजन (Conjunction)

(b) वियोजन (Disjunction)

(c) अन्तर्भाव (Implication)

(d) इसमें से कोई नहीं

17. निम्न में से कौन-सा तार्किक कथन नहीं है?

(a) $3 \leq 3$

(b) प्रत्येक वर्ग एक समचतुर्भुज है।

(c) पंखे का स्विच ON करो।

(d) त्रिभुज के तीनों कोणों का योग $180°$ होता है।

18. निम्न में से कौन-सा सत्य है?

(a) $p \wedge \sim p = T$

(b) $p \vee \sim p = F$

(c) $p \rightarrow q = q \rightarrow p$

(d) $p \rightarrow q = (\sim q) \rightarrow (\sim p)$

19. यदि p : 4 एक सम अभाज्य संख्या है

q : 6 , 12 का भाजक है।

r : 4 एवं 6 का म.स. 2 है।

तब निम्न में से कौन-सा कथन सही है?

(a) $p \wedge q$ (b) $(p \vee q) \wedge (\sim r)$

(c) $\sim(q \wedge r) \vee p$ (d) $\sim p \wedge (q \wedge r)$

20. यदि $p \to (\sim p \vee q)$ असत्य है, तब p, q के सत्य मान क्रमशः होंगे–

(*a*) F, T (*b*) F, F

(*c*) T, T (*d*) T, F

21. $(p \wedge \sim q) \wedge (\sim p \wedge q)$ है–

(*a*) पुनरुक्ति (Tautology)

(*b*) विरोधोक्ति (Contradiction)

(*c*) (*a*) और (*b*) दोनों

(*d*) न तो (*a*) ना ही (*b*)

22. निम्न में से कौन-सा कथन पुनरूक्ति है–

(*a*) $\{(\sim q) \wedge p\} \wedge q$

(*b*) $(\sim q \wedge p) \wedge (p \wedge \sim p)$

(*c*) $(\sim q \wedge p) \vee (p \vee \sim p)$

(*d*) $(p \wedge q) \wedge \sim (p \wedge q)$

23. $p \to (q \to p)$ के समतुल्य है–

(*a*) $p \to (p \leftrightarrow q)$ (*b*) $p \to (p \to q)$

(*c*) $p \to (p \vee q)$ (*d*) $p \to (p \wedge q)$

24. निम्न में से कौन-सा Proposition (प्रस्तावना) नहीं है–

(*a*) $\sqrt{3}$ एक अभाज्य है (*b*) $\sqrt{2}$ एक अपरिमेय है।

(*c*) गणित रोचक है (*d*) 5 एक सम पूर्णांक है।

25. यदि p एवं q दो कथन है तब $(p \vee q) \vee \sim p$ है–

(*a*) पुनरुक्ति (*b*) विरोधोक्ति

(*c*) (*a*) एवं (*b*) दोनों (*d*) इसमें से कोई नहीं

अनुच्छेद : (Paragraph)

माना कथन $r : p \to (\sim p \vee q)$ जहाँ p तथा q दो तार्किक कथन है।

26. यदि p एवं q का सत्य मान F तथा T है, तो r का सत्य मान क्या होगा?

(*a*) T (*b*) F

(*c*) T या F (*d*) इसमें से कोई नहीं

27. यदि r का सत्य मान F हो तो p एवं q का सत्य मान क्या होगा?

(*a*) T, T (*b*) F, F

(*c*) F, T (*d*) T, F

28. कथन r का Contrapositive (विरोधात्मक)–

(*a*) $(\sim p \vee q) \to p$

(*b*) $(p \wedge \sim q) \to (\sim p)$

(*c*) $p \wedge \sim q$

(*d*) इसमें से कोई नहीं

दृढ़कथन-कारण (Assertion-Reason)

निम्नलिखित चार कूटों (*a*), (*b*), (*c*) तथा (*d*) में से सही उत्तर का चयन करें।

(*a*) वक्तव्य–I सत्य है; वक्तव्य–II सत्य है; वक्तव्य–II वक्तव्य–I का सही स्पष्टीकरण है।

(*b*) वक्तव्य–I सत्य है; वक्तव्य–II सत्य है; वक्तव्य–II वक्तव्य–I का सही स्पष्टीकरण नहीं है।

(*c*) वक्तव्य–I सत्य है; वक्तव्य–II असत्य है।

(*d*) वक्तव्य–I असत्य है; वक्तव्य–II सत्य है।

29. **वक्तव्य–I** $(p \wedge \sim q) \wedge (\sim p \wedge q)$ एक असत्य (Fallacy) है।

वक्तव्य–II $(p \to q) \leftrightarrow (\sim q \to \sim p)$ एक पुनरुक्ति है।

30. मिलान करें (Match These)–

	वर्ग–I		**वर्ग–II**
A.	$\sim (p \wedge q)$	*p*.	$\sim p \leftrightarrow q$
B.	$q \to \sim p$	*q*.	$p \to \sim q$
C.	$\sim (p \leftrightarrow q)$	*r*.	$\sim p \leftrightarrow \sim q$
D.	$\sim \{p \to q\} \wedge (q \to p)$	*s*.	$\sim p \vee \sim q$

(*a*) $A \to p$; $B - q$; $C - r$; $D - s$

(*b*) $A \to s$; $B - s$; $C - p, q$; $D - p, q$

(*c*) $A \to s$; $B - q$; $C - p$; $D - q$

(*d*) इसमें से कोई नहीं

उत्तरमाला

1	2	3	4	5	6	7	8	9	10
(c)	(b)	(d)	(c)	(a)	(c)	(a)	(b)	(b)	(a)
11	**12**	**13**	**14**	**15**	**16**	**17**	**18**	**19**	**20**
(a)	(d)	(a)	(b)	(d)	(b)	(c)	(d)	(d)	(d)
21	**22**	**23**	**24**	**25**	**26**	**27**	**28**	**29**	**30**
(b)	(c)	(c)	(c)	(a)	(a)	(d)	(b)	(b)	(b)

व्याख्यात्मक उत्तर

1. p जो भी हो, हम जानते हैं $p \vee \sim p = t$, $p \wedge f = f$, $p \vee f = p$ तथा $p \wedge t = p$, अतः (*c*) सही उत्तर है।

2. चूँकि p सत्य है तथा $p \to \sim q$ भी सत्य है। अतः $\sim q$ सत्य है–

$\Rightarrow$ q असत्य है

पुनः $\sim r \to q$ सत्य है, अतः $\sim r$ असत्य है।

$\Rightarrow$ r सत्य है

(*b*) सही उत्तर है।

3. हम जानते हैं,

$$p \to q = (\sim q) \to (\sim p) = \sim p \vee q$$

अतः सभी कथन तार्किक रूप से समतुल्य है।

$\therefore$ (*d*) सही उत्तर है।

4. चूँकि p तथा q दोनों सत्य है, अतः $p \wedge q$ तथा $p \vee q$ सत्य कथन है, पुनः $q \wedge r$ असत्य है चूँकि r एक असत्य कथन है, अतः $p \wedge (q \vee r)$ सत्य कथन है।

(*c*) सही उत्तर है।

5. स्पष्टतः (*a*) सही उत्तर है।

6. सत्य सारणी

p	q	$p \wedge q$	$\sim(p \wedge q)$	$q \Leftrightarrow p$	$\sim p \Leftrightarrow q$	$\sim(p \wedge q) \vee \sim(q \Leftrightarrow p)$
T	T	T	F	T	F	F
T	F	F	T	T	F	T
F	T	F	T	F	T	T
F	F	F	T	F	T	T

अतः (*c*) सही उत्तर है।

7. (*a*) सही उत्तर है।

8. दिए गए कथन का चिह्नात्मक (संकेतात्मक) रूप $\sim(p \vee q)$ है।

(*b*) सही उत्तर है।

9. $p \Rightarrow q$, $\sim q \Rightarrow \sim p$ के समतुल्य है,

$\therefore$ $(p \Rightarrow q) \Leftrightarrow (\sim q \Rightarrow \sim p)$

(*b*) सही उत्तर है।

10. सम्पूर्ण फलन का स्विचिंग फलन है,

$(a \wedge b) \vee c \vee (a' \wedge b' \wedge c')$

अतः (*a*) सही उत्तर है।

11. $\because p$: एक आदमी खुश है।

q : एक आदमी अमीर है।

$\therefore$ दिए गए वाक्य को $\sim p \to \sim q$ के रूप में लिखा जा सकता है।

$\therefore$ (*a*) सही उत्तर है।

12. $(\sim p \wedge q) \vee \sim q \equiv \sim q \vee (\sim p \wedge q)$ क्रम विनिमेय से,

$\equiv \sim q \vee (q \wedge \sim p)$ क्रम विनिमेय से,

$\equiv \sim p \vee q(\sim q \vee \sim p)$ (वितरण से)

$\equiv \sim (q \wedge p)$

$\equiv \sim (p \wedge q)$

$\therefore$ (*d*) सही उत्तर है।

13. $\therefore$ स्विच x तथा y' समान्तर क्रम में है, जिसे $x \wedge y'$ द्वारा निरूपित किया जाता है।
इसी प्रकार y एवं z' तथा z एवं x' समान्तर क्रम में है। जिसे $(y \wedge z')$ तथा $(z \wedge x')$ द्वारा निरूपित किया जाता है। अब $x \wedge y'$, $y \wedge z'$ तथा $z \wedge x'$ श्रेणी में है। अतः दिए गए फलन का स्विचिंग फलन

$(x \wedge y') \vee (y \wedge z') \vee (z \wedge x')$

$\therefore$ (*a*) सही उत्तर है।

14. दिए गए परिपथ का स्विचिंग फलन $(p \wedge q \vee r) \vee t$ होगा।

$\therefore$ (*b*) सही उत्तर है।

15. दिए गए कथन का चिह्नात्मक रूप $p \Leftrightarrow q$ होगा।
$\therefore$ (*d*) सही उत्तर है।

16. (*b*) सही उत्तर होगा।

17. यह Imparative Sentence है।

$\therefore$ (*c*) सही उत्तर है।

18. (*a*), (*b*), (*c*) सत्य नहीं है।

चूँकि $p \wedge \sim p = F$,

$p \vee \sim p = T$

तथा $p \to q = \sim q \to \sim p$

अतः (*d*) सत्य है।

19. यहाँ, p असत्य है, q तथा r दोनों सत्य है।

$\Rightarrow$ $\sim p$ सत्य है, $q \wedge r$ सत्य है।

$\Rightarrow$ $(\sim p) \wedge (q \wedge r)$ सत्य है।

$\therefore$ (*d*) सही उत्तर है।

20. $p \to (\sim p \vee q)$ असत्य है अतः p सत्य है।
तथा $\sim p \vee q$ असत्य है।
अतः (*d*) सही उत्तर है।

21. $(p \wedge \sim q) \wedge (\sim p \wedge q)$

$= (p \wedge \sim p) \wedge (q \wedge \sim q) = f \wedge f = f$

(साहचर्य एवं क्रम विनियोग के प्रयोग से)

(*b*) सही उत्तर है।

22. चूँकि $p \vee \sim p = t$

अतः $(\sim q \wedge p) \vee (p \vee \sim p)$

$= (\sim q \wedge p) \vee t = t$

$\therefore$ (*c*) सही उत्तर है।

23.

q	p	$q \to p$	$p \to (q \to p)$	$p \vee q$	$p \to (p \vee q)$
T	T	T	T	T	T
T	F	F	T	T	T
F	T	T	T	T	T
F	F	T	T	F	T

$\therefore$ कथन $p \to (q \to p)$, $p \to (p \vee q)$ के समतुल्य है।

(*c*) सही उत्तर है।

24. "गणित रूचिकर है" Logical वाक्य नहीं है। यह कुछ व्यक्तियों के लिए रूचिकर है तथा कुछ के लिए नहीं।

$\therefore$ यह Proposition नहीं है।

$\therefore$ (*c*) सही उत्तर है।

25. सत्य सारणी

p	q	$p \vee q$	$\sim p$	$(p \vee q) \vee \sim p$
T	T	T	F	T
T	F	T	F	T
F	T	T	T	T
F	F	F	T	T

अतः यह स्पष्ट है $(p \vee q) \vee \sim p$ एक पुनरूक्ति है।

(*a*) सत्य है।

26. p असत्य है, q सत्य है।

$\Rightarrow \sim p$ सत्य है तथा q सत्य है।

$\Rightarrow \sim p \vee q$ सत्य है।

$\therefore \quad p \rightarrow (\sim p \vee q)$ एक सत्य कथन है।

($\because F \rightarrow T$ का सत्य मान T है)

(*a*) सही उत्तर है।

27. जब r असत्य है, तब p सत्य है तथा $\sim p \vee q$ असत्य है।

($\because$ केवल $T \rightarrow F$ असत्य है)

$\Rightarrow$ p सत्य है तथा $\sim p$ तथा q, दोनों का सत्य मान F है।

$\Rightarrow$ p सत्य है तथा q का सत्य मान F है।

अतः (*d*) सही उत्तर है।

28. $p \rightarrow (\sim p \vee q)$ अतः r का विरोधात्मक

(Contrapositive) $\sim(\sim p \vee q) \rightarrow \sim p$

$\Rightarrow \quad (p \wedge \sim q) \rightarrow \sim p$

(द मार्गन नियम से)

$\therefore$ (*b*) सही उत्तर है।

29. यहाँ, $(p \wedge \sim q) \wedge (\sim p \wedge q)$

$= (p \wedge \sim q) \wedge (q \wedge \sim p)$

$= f \wedge f = f$ असत्य है (fallacy) तथा

$(p \rightarrow q) \leftrightarrow (\sim q \rightarrow \sim p)$ एक पुनरूक्ति है, क्योंकि

$p \rightarrow q$ तथा $\sim q \rightarrow \sim p$ समतुल्य है।

अतः दोनों कथन सत्य है।

(*b*) स्ही उत्तर है।

30. A. $\sim(p \wedge q) = \sim p \vee \sim q$

द मार्गन नियम से,

$A - s$

B. $\quad q \rightarrow \sim p$

$= \sim q \vee \sim p$

$= \sim p \vee \sim q$

$B - s$

C. $\quad \sim(p \Leftrightarrow q)$

$= (\sim p) \leftrightarrow q = p \rightarrow \sim q$

$C - p, q$

D. $\quad \sim\{(p \rightarrow q) \wedge (q \rightarrow p)$

$= \sim(p \leftrightarrow q)$

$= \sim p \leftrightarrow q = p \Leftrightarrow \sim q$

$D - p,q$ सही उत्तर है।

$\therefore$ (*b*) सही उत्तर है।